权威性·科学性·准确性·实用性

河北经济年鉴

HEBEI ECONOMIC YEARBOOK

2007

(总第23卷)

河北省人民政府　主办

中国统计出版社
China Statistics Press

（京）新登字041号

图书在版编目（CIP）数据

河北经济年鉴．2007/ 河北省人民政府办公厅等编．—北京：中国统计出版社，2007.6
ISBN 978－7－5037－5134－9

Ⅰ．河…
Ⅱ．河…
Ⅲ．地区经济－统计资料－河北省－2007－年鉴
Ⅳ．F127.22-54

中国版本图书馆CIP数据核字（2007）第049506号

河北经济年鉴－2007

作　　者/ 河北省人民政府办公厅 河北省统计局 河北省社会科学院
责任编辑/ 郑淼淼 谢英欣 潘保海
E－mail/ yearbook@stats.gov.cn
责任校对/ 李俊杰 杜荣水
封面设计/ 郝　巍
出版发行/ 中国统计出版社
通信地址/ 北京市西城区三里河月坛南街57号 中国统计出版社
邮　　编/ 100826
电　　话/ (010)63376907
印　　刷/ 中国标准出版社秦皇岛印刷厂
经　　销/ 新华书店
开　　本/ 889×1194毫米 1/16
字　　数/ 167万字
印　　张/ 41.75
印　　数/ 1-5000册
版　　别/ 2007年8月第1版
版　　次/ 2007年8月第1次印刷
书　　号/ ISBN 978-7-5037-5134-9/F・2434
定　　价/ 260.00元

编　辑　说　明

《河北经济年鉴－2007》是本书出版以来的第23卷，主要记载2006年河北省经济社会发展和改革开放的业绩与历程。

2006年，全省人民在省委、省政府的正确领导下，坚持以邓小平理论和“三个代表”重要思想为指导，以科学发展观为统领，认真贯彻落实党的十六届六中全会和省第七次党代会精神，紧紧围绕实现更好更快发展和构建和谐河北两大主要任务努力奋斗，全省经济社会发展呈现出“五新”：一是经济结构出现新变化；二是重大项目建设取得新突破；三是改革开放迈出新步伐；四是节能减排和环境保护工作取得新进展；五是和谐河北建设取得新成效。实现了“十一五”起好步、开好局的目标。但发展中仍存在一些矛盾和问题，主要是经济结构仍不尽合理，增长方式粗放的状况还没有根本转变，农民持续增收难度增大，部分工业企业亏损比较严重，就业压力仍然很大，节能降耗、环境保护、资源有效利用的任务依然艰巨。本卷对此都尽量予以全面、系统、忠实地记载。

本《年鉴》作为中国统计出版社出版的省级年鉴系列丛书，在总体结构和指标体系上，继续与国家和各省市保持规范、统一。由于统计口径不同等原因，本书文字部分的个别数字，可能与统计资料部分不相吻合，使用时应以后者为依据。

如有错误与不当之处，恳请读者批评指正。

《河北经济年鉴》编辑部

2007年7月

《河北经济年鉴－2007》编委会、编辑人员名　　单

地区生产总值及指数

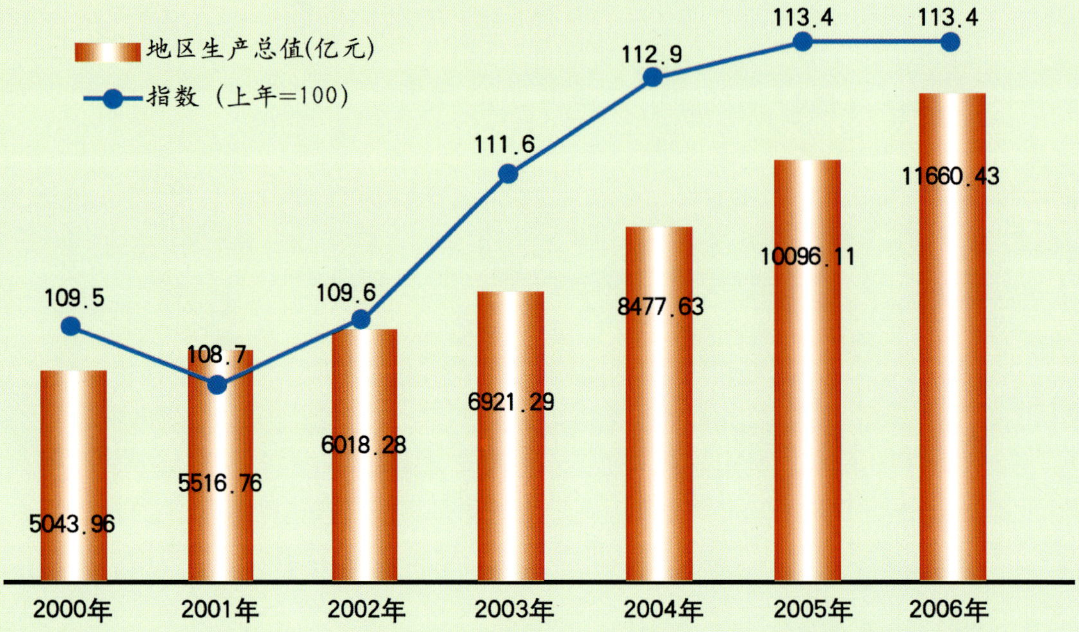

就业人员构成(%)

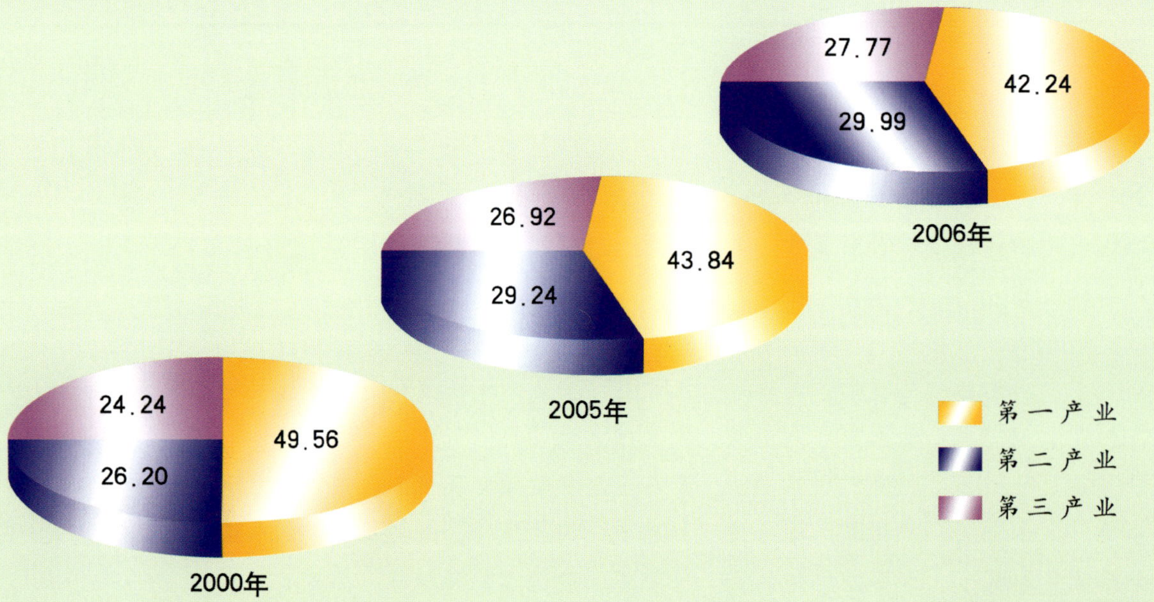

全社会固定资产投资总额(亿元)

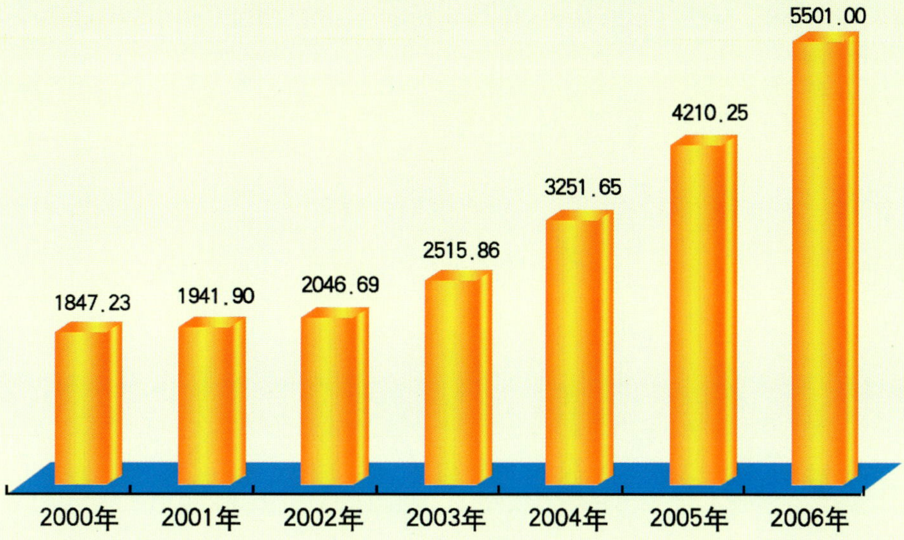

地方财政收入与支出(亿元)

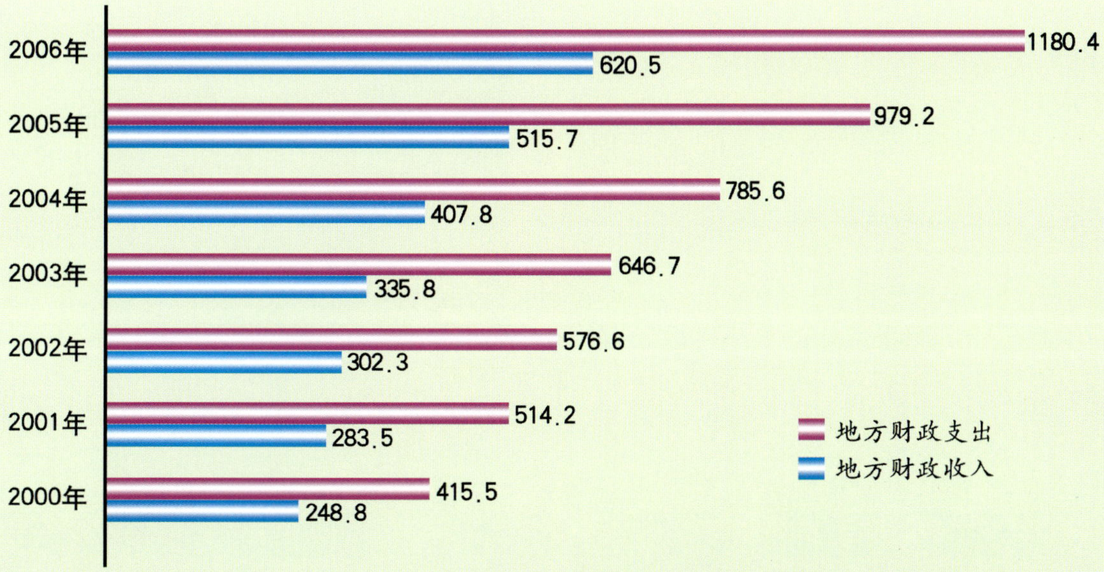

居民消费价格指数(上年=100)

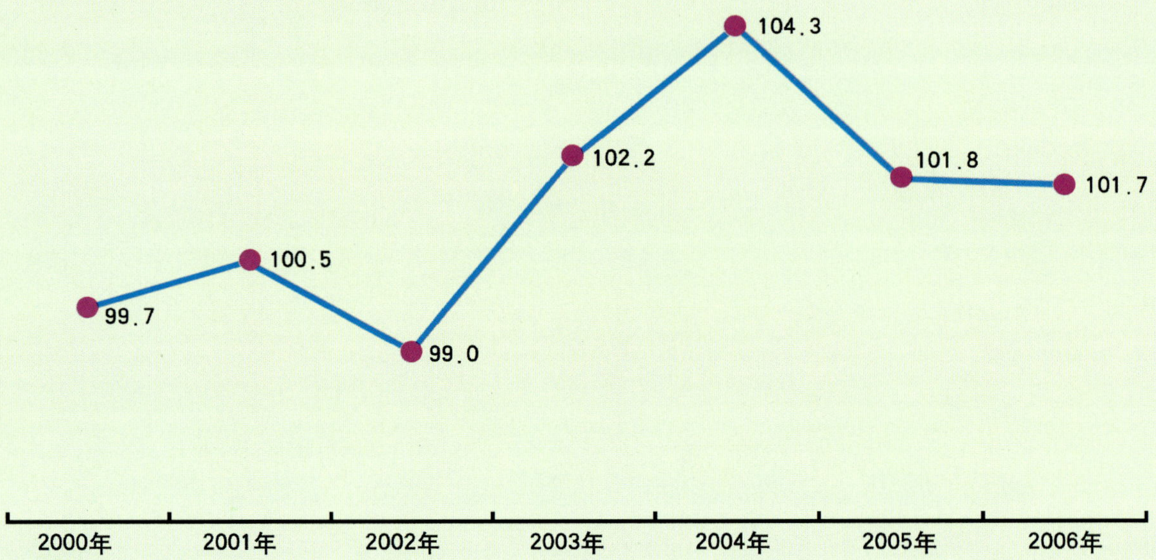

社会消费品零售总额(亿元)

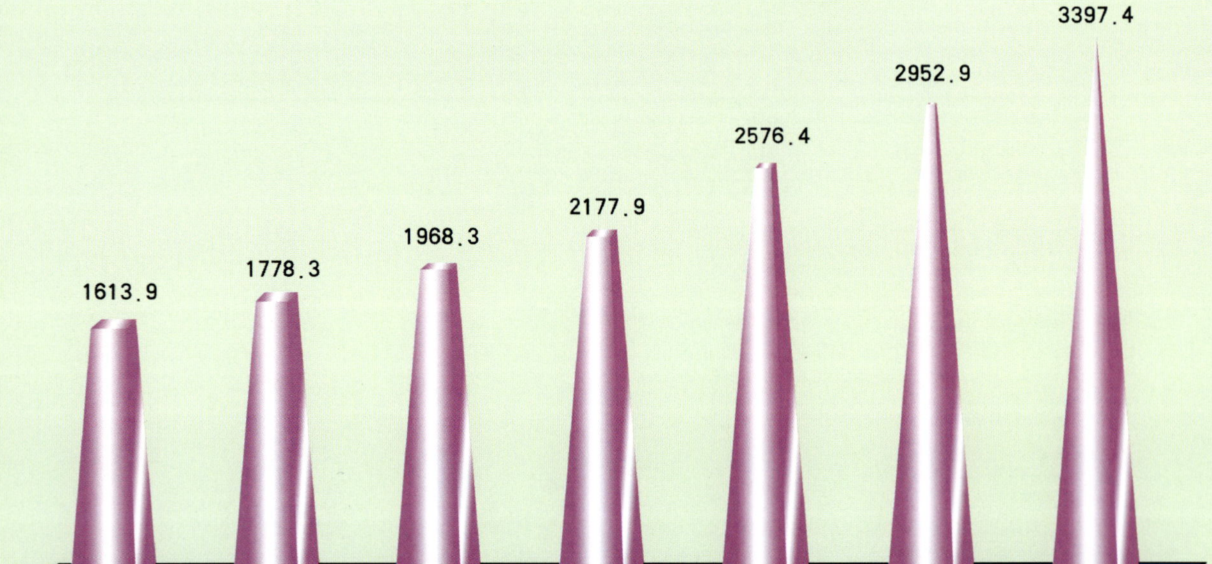

实际利用外资额（亿美元）

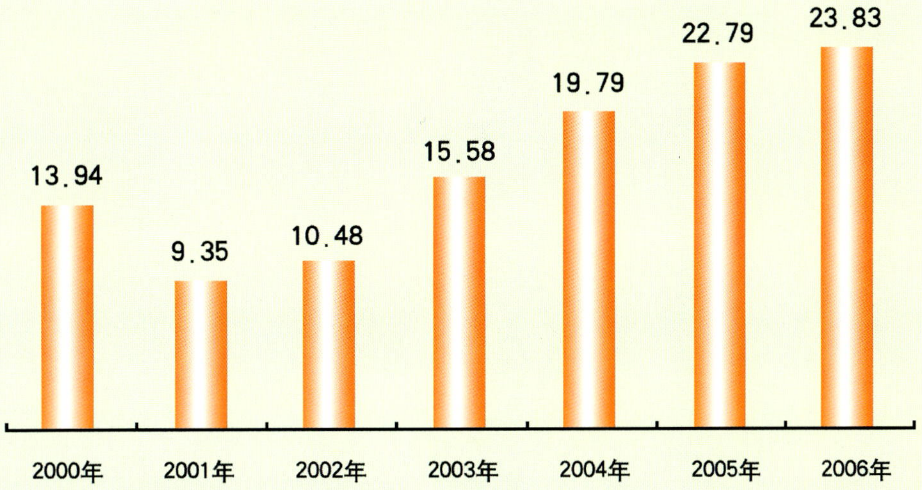

城乡居民人均收入（元）

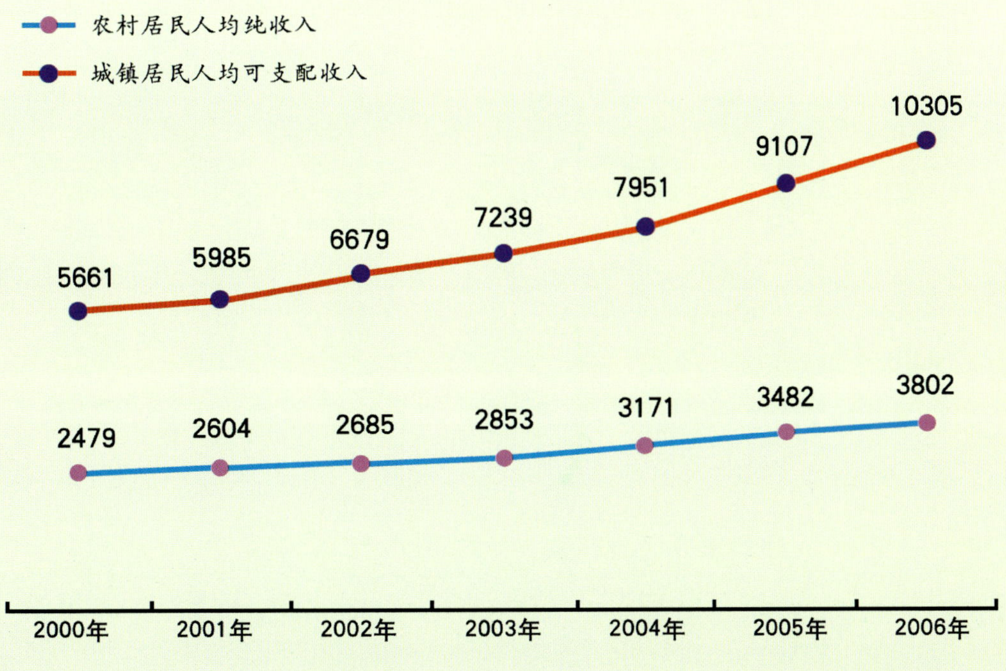

省七次党代会隆重召开，京畿大省迈向沿海强省 2006年11月9日至13日，中国共产党河北省第七次代表大会胜利召开。700多名来自全省各地的代表以对党和人民的事业高度负责的精神，认真审势过去五年六届省委的工作，深刻分析河北面临的发展形势，精心谋划河北未来发展，确立了建设沿海经济社会发展强省的奋斗目标。图为大会会场

金昌植摄

盘点2006
"十一五"实现良好开局

曹妃甸工程写入国家"十一五"规划，"河北一号工程"打造科学发展示范区 2006年3月17日，国家"十一五"规划纲要公布，"曹妃甸"工业区建设被"纲要"多处列入。7月29日，胡锦涛总书记在视察曹妃甸工业区时提出，一定要按照科学发展观的要求，把曹妃甸工业区建成科学发展的示范区。图为首钢与唐钢联合建设的精品钢材项目正在曹妃甸进行5000立方米高炉桩基施工

省"十一五"规划纲要出台，河北绘就发展新蓝图 2006年4月7日，河北省"十一五"规划纲要正式出台。这个规划提出了实现全省经济社会更好更快发展和构建和谐河北两大主要任务。在一项项切实的举措中，人们感受到建设和谐河北的民生关怀。图为中航（保定）惠腾公司生产的风电叶片正在装运。保定新能源产业基地将在"十一五"期间进一步发展壮大，为人们提供更多清洁无污染的新能源

马通生摄

盘点 2006

“十一五”实现良好开局

省委、省政府出台《指导意见》，燕赵新农村建设扎实推进 2006年6月27日至28日，中共河北省委、河北省人民政府召开全省推进社会主义新农村建设工作会议；6月29日，出台《关于推进社会主义新农村建设的指导意见》，对全省建设社会主义新农村的重要意义、指导思想、基本原则进行了深刻阐述，对发展目标、工作重点等作了明确要求和部署。图为大会会场

郭 昭摄

农民铸鼎别“田赋” 2006年1月1日，中国农民依法彻底告别缴纳农业税的历史。9月29日，河北省灵寿县农民王三妮铸“告别田赋鼎”，以纪念这一历史性的大事

赵永辉摄

盘点2006

“十一五”实现良好开局

丰收的喜悦 2006年全省各项惠农政策得到落实，全面取消了农业税，粮食总产达到2702.8万吨，为2000年以来最高水平，单产创历史新高

田瑞夫摄

我国最大的吊装横梁在徐水问世 2006年，河北省工业集中度进一步提高，钢铁、石化、装备制造等七大主导产业增加值占规模以上工业比重上升到80%

杜柏桦摄

下岗职工创新业 2006年全省城镇新增就业44.3万人，登记失业率为3.8%，低于调控目标0.8个百分点

郭 昭摄

快乐搬迁 2006年全省改造农村中小学危房105万平方米，落实“两免一补”资金3.2亿元

郭 昭摄

盘点2006

“十一五”实现良好开局

激战正酣 2006年南水北调中线工程京石段全线铺开，南水北调总干渠途经河北省邯郸、邢台、石家庄、保定，总长464公里，全部完工后，河北省中南部将形成“两纵六横十库”的地表水网络系统，可提供稳定的工业水源，改善城市供水条件及供水区生态环境，增加农业灌溉用水

郭 昭摄

创新河北渐行渐近 2006年6月25日至26日，省委、省政府召开全省科学技术大会，对河北省“十一五”科技工作进行了全面部署，提出了提高自主创新能力、建设创新型河北的战略目标。2006年，全省科技创新能力增强，建设省级以上企业技术中心、工程（技术）研究中心、重点实验室、中试基地210家。图为保定天威英利新能源有限公司拥有的全国最完整的单晶硅光伏发电产业链条

赵山涛摄

冀京签署合作备忘录，环渤海区域合作提速 2006年10月11日，河北、北京两省市政府在北京饭店举行经济与社会发展座谈会并签署《北京市人民政府、河北省人民政府关于加强经济与社会发展合作备忘录》。中共中央政治局委员、北京市委书记刘淇，河北省委书记白克明等出席会议。图为签约现场

周晓喻摄

盘点 2006

“十一五”实现良好开局

展示燕赵文化艺术繁荣硕果 文化艺术展演成为百姓节日 由省委宣传部、省文化厅主办的为期一个月的“2006河北文化艺术展演”，围绕“和谐文化、魅力河北”主题通过戏剧、歌舞、摄影、书市、评选河北历史文化名人等多种形式，在河北城乡演出三千场，观众逾千万。激发了干部群众知河北、爱河北、兴河北的热情

千余名演员登上舞台，庆祝2006河北文化艺术展演胜利闭幕

田瑞夫摄

《俏夕阳》表演现场

郭 昭摄

帝华企业集团
DIHUAGROUP

迅速崛起的

总经理 李在明

帝华企业集团成立于1992年，总注册资金6.8亿元，是一家从事钢铁生产、贸易和房地产开发的大型企业集团，经济实力雄厚。企业以“聚精会神搞建设、一心一意谋发展”为指导思想，始终发扬“靠勤俭建基业，求真实能成功，重情义得朋友，守信誉赢天下”的企业理念，以“大思路、大手笔、大运作”统领全局，在董事会的带领下，与时俱进，开拓创新，迅速成长壮大为业务跨河北、河南、山西、江苏四省十一市，房地产和钢铁两业并举的企业集团。

在房地产行业，集团旗下拥有河北帝华房地产集团有限公司、河南缔华房地产集团有限公司、商丘缔华房地产开发有限公司、洛阳帝华房地产开发有限公司、连云港帝华房地产开发有限公司等五家房地产公司。

河北帝华房地产集团有限公司现拥有房地产开发二级资质，员工800余人，其中90%的员工具有大专以上学历，70%的员工具有丰富的房地产开发经验。在河北省会石家庄市近郊先后斥巨资开发了龙泉花园、龙海新区、龙头花园、龙泉现代城、龙海南苑等多个龙系新城，总开发规模达400万平方米。

河南缔华房地产集团有限公司是帝华企业集团于2004年在河南注册的全资房地产开发企业，注册资金2000万元。公司现有可开发储备用地近13000亩。现已成功开发巩义东方现代城、中牟星城国际花园两大型生态住宅区。公司现有员工200余人，其中，具有中高级职称者占70%。

商丘缔华房地产开发有限公司成立于2004年，现拥有开发储备用地800亩，已开发建设的帝景花园是商丘市的高科技经典社区。2006年总开发面积突破25万平方米。

交通银行

党委书记、行长 吴春节

交通银行石家庄分行是交通银行设在河北省省会石家庄的省级分支机构，下辖唐山分行和秦皇岛分行。作为河北省的首家股份制商业银行，石家庄分行自组建以来，以支持地方经济和企事业单位发展、服务广大个人金融客户为已任，艰苦创业，锐意改革，各项事业取得长足发展，已经成为一家“发展战略明确、经营管理先进、内部控制严密、金融服务优质”的交通银行分支机构。

明确的发展战略。面对复杂的外部经营环境、日趋刚性的资本约束和逐步推进的利率市场化改革，积极实施管理和发展的战略转型，努力朝着“创新型银行、经营集约化银行、管理先进型银行”的目标迈进，创办一流现代金融企业。

先进的经营管理。秉承“发展是硬道理，是第一要务；质量是硬约束，是第一责任；效益是硬任务，是第一目标”的经营理念，始终坚持业务发展和风险控制并重，实施以经济资本绩效考核为核心的激励约束机制；按照总行要求

办公大楼

石家庄分行

积极推进组织架构再造、人力资源管理改革等一系列重点项目；根据总行统一部署分两期上线了功能先进的数据大集中工程。

严密的内部控制。通过转变观念、改进流程和引进工具，独立性、有效性和权威性较强的风险防范和内控体系初步建立，信用风险、市场风险和操作风险得到有效控制，风险过滤、监察名单、风险提示、逐笔拨备、迁徙分析等先进管理技术和工具被普遍采用，减值贷款占比继续下降。

交通银行总行副行长叶迪奇到石家庄分行调研并指导工作

优质的金融服务。充分发挥自身优势，依托先进的科技实力和电子化手段，不断探索创新，形成了产品覆盖全面、科技手段先进的业务体系，通过传统网点“一对一”服务和全方位的现代化电子服务渠道相结合，为客户在公司金融、私人金融、国际金融和中间业务等领域提供全面周到的专业化服务。拥有以“外汇宝”、“太平洋卡”、“基金超市”为代表的一批品牌产品，受到了广大客户的欢迎。

交通银行石家庄分行珍视与每一位客户的合作。该行将坚持“诚信永恒、稳健致远”的经营理念，致力于向客户提供更优金融方案，持续创造共同价值。

携手体育明星，促进业务发展

交通银行石家庄分行新建成的设施完备、功能先进、管理规范的综合档案库

太平人寿保险有限公司河北分公司

太平人寿保险有限公司河北分公司于2003年9月正式成立，目前已在河北省唐山、保定、邯郸、沧州、廊坊等市设立了中心支公司，从事包括个人业务、银行保险业务和团体业务在内的全部人寿保险业务。

太平人寿河北分公司倡导“诚信正直、客户为先”的企业核心价值观，并制定“诚信经营，稳健发展”的经营策略，秉承“高素质、高品质、高绩效”的“三高”理念和专业化寿险运作模式，业务规模和管理品质不断步上新台阶，产品和服务越来越为河北人民所接受和青睐。

2006年，河北分公司在河北省委、省政府和各级部门的关心支持下，在总经理陶连立的带领下，规范经营、持续创新，连续三年实现跨越式发展，其卓著的表现获得了多方的肯定，诚信品牌建设工作取得多项成果。分公司下属的五家分支机构全部荣获“服务质量达标单位”称号，成为河北保险行业先进典型的代表。分公司被中国保护消费者基金会评选为“维护消费者权益诚信服务满意单位”，被河北省诚信促进会评选为“河北省AAA级诚信单位”。在全国保险诚信教育知识竞赛中，河北分公司获得多个奖项。2006年11月，太平人寿成功签约秦港集团，成为河北省企业年金“国有大型企业第一单”，为“构建和谐河北，完善社会保障”做出了积极贡献。

“盛世中国，四海太平”。太平人寿河北分公司将继续坚持以科学发展观为统领，致力于提升河北人民的生活品质，促进河北寿险市场的全面繁荣。

太平人寿河北分公司与工商银行河北省分行签署企业年金“全面合作协议”

陶连立总经理出席太港集团企业年金签约仪式

太平人寿河北分公司全体保险代理人诚信宣誓

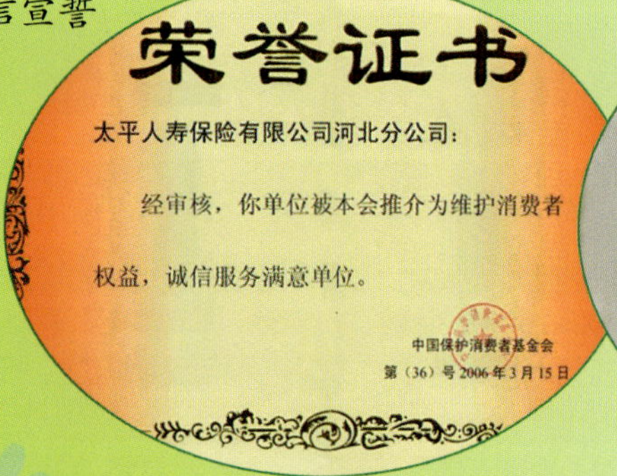

荣誉证书

太平人寿保险有限公司河北分公司：

经审核，你单位被本会推介为维护消费者权益，诚信服务满意单位。

中国保护消费者基金会

第（36）号 2006年3月15日

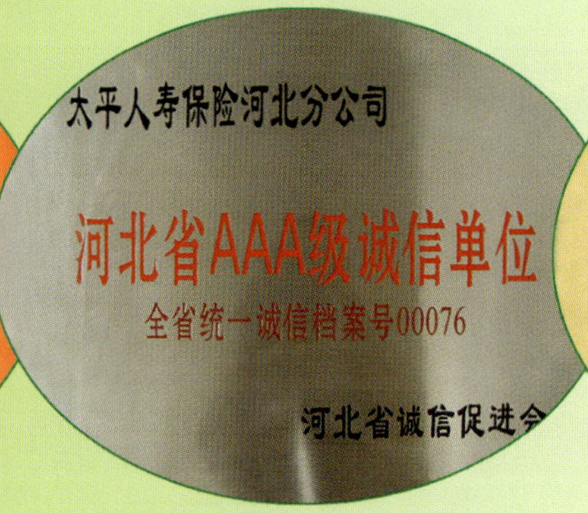

太平人寿保险河北分公司

河北省AAA级诚信单位

全省统一诚信档案号00076

河北省诚信促进会

荣誉证书

陶连立在2005年创新工作，追求卓越，特授予中国保险（控股）有限公司“特殊贡献奖”。

中国保险（控股）有限公司

二〇〇六年一月

河北省法学会

新当选会长王其江同志作重要讲话

近年来，河北省法学会开展了一系列的工作，成绩突出。一是组织召开了河北省法学会第四次会员代表大会。2006年12月29日在石家庄召开了第四次会员代表大会。省委副书记张毅，省委常委、省委政法委书记、省检察院检察长王其江，省人大常委会副主任张士儒，省政协副主席刘健生，省高级人民法院院长刘瑞川，省武警总队总队长杨士武等领导出席了会议。中国法学会副会长兼秘书长宋树涛等领导专程来石家庄参加了会议。张毅、王其江、宋树涛同志分别作了重要讲话。参加会议的183名代表认真听取并审议通过了省法学会第三届理事会工作报告和河北省法学会章程（修改草案）；选举产生了河北省法学会第四届理事会125名理事、50名常务理事，省委常委、省委政法委书记、省检察院检察长王其江当选为会长、王宽当选为常务副会长、刘甦当选为副会长兼秘书长、田沧生当选为副会长，同时选举10名兼职副会长。二是围绕省委、省政府中心工作开展法学研究。为贯彻中央和省委提出的构建和谐社会的指导方针，2005年9月组织召开了“构建和谐社会法制保障”研讨会，省委常委、政法委书记车俊及省政协、省人大法工委、省委政法委、省社科联领导出席研讨会并作重要讲话。研讨会得到社会广泛关注，参会研讨论文60余篇，其中省委党校杨亚佳的《法治与社会主义和谐社会》论文，被推荐参加中国法学会组织的全国论坛，获二等奖（一等奖空缺）。研讨会提出的十个方面法制建议，得到省委、省人大、省政府领导机关高度重视，省委常委、副省长郭庚茂和省委常委、秘书长张力专门批示，将有关建议吸收到省委六届八次全会审议的“构建和谐河北”草案中。会后编辑出版了《构建和谐社会法制保障文集》。三是理顺了关系，加强了法学会机关建设。2005年1月，经省委研究同意，将省法学会领导体制由原来的“省委政法委领导，省司法厅代管”调整为：省委有关领导联系，省委政法委代管。2006年11月，省委同意成立省法学会党组，决定王宽同志任省法学会党组书记，刘甦、田沧生同志任省法学会党组成员。

河北省法学会第四届理事会会长、副会长、常务理事合影

省委副书记张毅同志出席大会并作重要讲话

河北省法学会第四次会员代表大会会场

出席会议的领导与全体代表合影

Union Life 合众人寿

合众人寿保险股份有限公司河北分公司

合众人寿保险股份有限公司（以下简称合众人寿）经中国保险监督管理委员会批准于2005年2月正式开业。企业性质为全国性、股份制寿险公司。作为综合性人寿保险公司，公司可经营一切人身险险种（含各种法定保险）。

合众人寿股东由中发实业集团、意大利欧利盛金融集团(Eurizon Financial Group s.p.a.）等国内外知名企业组成。中发实业集团创建于1993年，是集房地产、金融、医药、物业管理等为一体的大型股份制民营企业。集团现有成员企业13家，其中控股企业5家，参股企业8家，资产总额近百亿元人民币。2006年11月，欧利盛金融集团（Eurizon Financial Group s.p.a.）以每股6.5元的价格购入合众人寿19.9%股份，成为合众人寿第二大股东，这一价格也刷新了公司首次引进外资的记录。

2006年4月25日，合众人寿河北分公司开业庆典盛大举行

在经营管理上，作为保险业的后起之秀，合众人寿“取之所长，去之所短”。秉承稳健经营的理念，自创业之日起，就建立了科学、明晰的投资组织架构、专业化的决策体系及风险管控体系，保证了投资决策的稳健性和有效防范风险。目前，保费规模跃居全国前十强，在新兴寿险公司中更是一枝独秀，并得到了各级政府和保险监管部门及广大客户的高度认可。

合众人寿保险股份有限公司河北分公司于2006年4月25日隆重开业，目前已经在保定、唐山等六个地区开设分支机构，还有几家机构筹备中，计划2008年底完成全省重点地区机构铺设工作。公司拥有先进整合的综合金融服务平台，实现了公司企业文化、品牌传播、IT技术、人力资源、计划管理和风险控制等集中统一，可以为个人客户和企业客户提供系列的个性化产品和服务。合众人寿河北分公司正逐步将合众的优势化服务及品牌推广到河北全省，实现合众和河北百姓在一起！

2006年4月26日，室外开业庆典特别早会吸引大批市民驻足观看

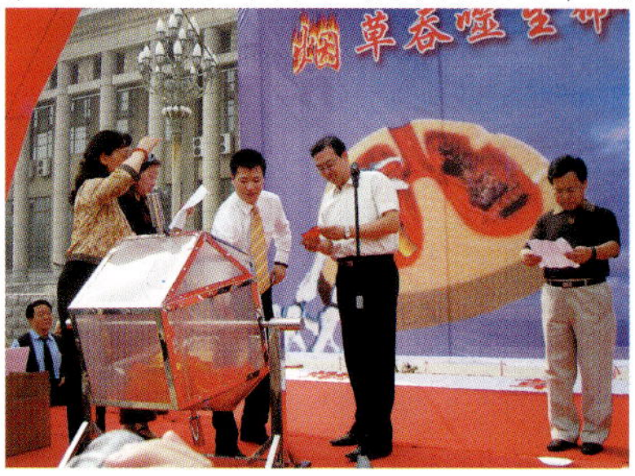

2006年5月31日，分公司经理同河北省副省长、卫生厅长、副厅长等省市领导出席世界无烟日广场戒烟活动

合众人寿董事长戴皓先生多次亲临指导分公司经营工作

2006年3月8日，分公司举办第一场事业说明会

“星光大道”表彰会上内勤员工演出的节目

河北保监局领导到分公司指导工作

热心公益、捐助家庭贫困优秀大学生

落实保险“三进入”，送保险知识进社区

目 录

特 载

综 合 篇

产 业 篇

区域经济篇

改革开放篇

统计资料篇

农村经济

工　业

建筑业

运输　邮电

大 事 记

附 录

CONTENTS

Featured Articles

General Survey

Industries

Regional Economy

Reform and Opening to the Outside World

Statistical Date

Public Finance

Price

People's Livelihood

Events

Appendix

特　　载

FEATURED ARTICLES

全面贯彻落实科学发展观，为建设沿海经济社会发展强省而团结奋斗

——在中国共产党河北省第七次代表大会上的报告

白克明

（2006年11月9日）

同志们：

现在，我代表中共河北省第六届委员会向大会作报告。

中国共产党河北省第七次代表大会，是在我们全面实施“十一五”规划、加快推进河北现代化建设新的历史起点上召开的一次十分重要的会议。大会的主题是：高举邓小平理论和“三个代表”重要思想伟大旗帜，全面贯彻落实科学发展观，抢抓新机遇，打造新优势，为把我省建设成为沿海经济社会发展强省而团结奋斗。

确定这样的主题，是时代发展的迫切要求，是全省各族人民的强烈愿望。

一、五年回顾和主要工作经验

过去的五年，是河北发展历史上很不平凡的五年。特别是党的十六大以来，我省改革开放和现代化建设步入了快速发展的轨道。十六大后不久，胡锦涛总书记率中央书记处的领导同志来西柏坡学习考察，向我们提出了交一份优异答卷的殷切期望。面对中央的期望和全省人民加快发展、改变面貌的迫切要求，省委认真总结历史经验，研究采取了一系列重要措施，团结带领全省各级党组织和广大干部群众，齐心协力、真抓实干，使我省经济社会发展和党的建设取得了明显进展。

（一）*有利于发展的政治局面进一步形成。*省委着眼于凝聚人心、汇聚力量，提出了“树正气、讲团结、求发展”的总要求，得到各级党组织和广大党员干部的热烈响应。围绕落实这一总要求，省委作出加强民主集中制建设的决定，组织开展专题教育，从省委常委会做起健全党内生活和议事决策制度。坚持用党的原则和纪律狠刹歪风邪气，旗帜鲜明地开展反腐败斗争。积极推进人大、政协和新世纪新阶段统一战线工作，加快民主法治和政治文明建设进程。正确处理改革发展稳定的关系，扎实开展“平安河北”建设，全力维护社会和谐安定。经过全省上下的共同努力，群策群力谋发展、同心同德干事业的氛围日益浓厚，呈现出人心思进、团结奋进、开拓前进的生动局面。

（二）*综合经济实力上了一个大台阶。*为活跃经济工作全局，我们研究制定了全面建设小康社会“翻两番、三步走”的奋斗目标。部署推进四项重点经济工作，确定“一条主线、两大支撑”工作思路，展开“一线两厢”区域发展布局，以积极的、有作为的态度全面落实中央宏观调控政策，实现了经济的持续快速健康发展。五年来，全省生产总值增速逐年加快，2005年达到13.4％，年均增长11.2％。结构调整力度加大，重点项目建设成效显著，作为河北“一号工程”的曹妃甸工业区开发建设为世人瞩目。国有企业和行政管理体制等各项改革取得实质性进展，民营经济总量由“三分天下有其一”上升到现在的“半壁江山”，对外经济合作日趋活跃。2005年，全省生产总值和全部财政收入分别超过一万亿和一千亿元。

（三）*新农村建设走出了一条好路子。*我们高度重视“三农”工作，认真落实中央各项强农惠民政策，对加快农村小康社会建设作出全面部署，有力地促进了农村的发展。农业结构进一步优化，农业产业化水平不断提高，农村综合改革扎实推进，粮食生产连年丰收，农民生活持续改善。从2003年开始，在全省农村广泛开展的文明生态村创建活动，以发展经济为基础，以改善人居环境为突破口，以协调推进“三个文明”建设为目标，取得了积极成效，目前全省约有五分之一的村进入了创建工作先进行列。这是具有河北特色的建设社会主义新农村的成功实践。

（四）*社会事业发展步伐明显加快。*按照经济与社会协调发展的要求，我们分别就加强科技、教育、文化工作作出决定。2005年省级科技和教育投入均比上年增长16％以上，为五年来最高增幅。科技创新能力不断增强，各级各类教育加速发展，文化大省建设全面展开，群众性精神文明创建活动深入推进。抗击非典斗争取得重大胜利，公共卫生体系建设步伐加快，人口和计划生育工作成效显著。体育事业成绩喜人。生态建设和环境保护工作力度加大。民族宗教、外事侨务和其他方面工作都取得了新的成绩。国防后备力量建设明显加强，军政军民关系更加密切。

*（五）改革发展成果更多惠及了人民群众。*2003年，我们在全省部署实施了十项“民心工程”，为群众办了大量实事。三年来，城镇累计新增就业116万人，下岗失业人员再就业80多万人，减少农村贫困人口86万人。城市低保实现了应保尽保，农村低保初步建立，社会保障体系逐步健全。城镇建设步伐加快，城市化率由2000年的26.1％提高到2005年的37.7％。农村基础设施建设实效明显，乡村道路、广播电视、电话通信等“村村通”工程均已完成预期任务。去年全省城镇居民人均可支配收入、农民人均纯收入分别达到9107.1元和3481.6元，五年平均增长10％和7％。

*（六）党的执政能力建设和先进性建设得到加强。*切实加强理论武装，各级领导班子的思想和工作水平进一步提高。不断深化干部人事制度改革，一大批优秀干部脱颖而出。扎实推进基层组织建设，党组织的凝聚力战斗力增强。全面推行民主评议、行政权力公开透明运行和机关效能建设，改进了干部队伍作风。严格执行党风廉政建设责任制，坚持开展警示教育，查处了一批腐败案件。深入开展保持共产党员先进性教育活动，紧密联系实际解决问题，收到了提高党员素质、加强基层组织、服务人民群众、促进各项工作的明显成效。

回顾过去的五年，全省党员干部和人民群众共同走过了一段难忘的历程，省第六次党代会确定的目标任务基本完成。我们深深感到，我省改革建设的每一项成就，都体现着党中央的正确领导和深切关怀，都凝聚着广大干部群众的心血和汗水、智慧和力量。在这里，我代表中共河北省委，向辛勤工作在各条战线上的党员、干部和人民群众，向始终关心全省工作的离退休老同志，向同我们长期合作、荣辱与共的各民主党派、工商联和无党派人士，向为我省改革发展稳定做出积极贡献的人民解放军驻冀部队和武警官兵、政法干警，向支持我省现代化建设的港澳台同胞、海外侨胞和国际友人，表示衷心的感谢并致以崇高的敬意！

这些年来的实践，使我们进一步加深了对河北现代化建设规律的认识，积累了宝贵的经验。

第一，坚持用党的基本理论和马克思主义中国化的最新成果武装头脑，坚定不移地同党中央保持高度一致。切实用邓小平理论和“三个代表”重要思想武装头脑、指导实践，全面贯彻落实科学发展观，坚决贯彻执行中央的决策部署，是对各级党组织和党员干部的基本政治要求，是确保我省各项事业与时俱进、健康发展的根本所在。只有在这个问题上保持高度的自觉性和坚定性，才能始终做到不脱离时代、不脱离实际、不脱离群众，推动河北改革建设不断取得新的胜利。

第二，坚持弘扬树正气、讲团结、求发展的主旋律，形成推动河北科学发展、和谐发展的强大合力。树正气、讲团结、求发展，是我们总结河北党组织建设历史经验提出的总要求。坚持不懈地贯彻这一总要求，唱响这一主旋律，就能顺应我省广大党员干部和人民群众的意愿，树立正确的思想导向，排除各种阻力和干扰，使各方面的积极性、主动性和创造性竞相迸发，在新的历史征程中团结一致、开拓奋进。

第三，坚持解放思想、实事求是、一切从实际出发，根据河北省情创造性地开展工作。一切从实际出发，是党的思想路线的核心，是解放思想的本质。以经济建设为中心，实现更快更好发展，是我们各项工作的主题。在继续前进的道路上，只要我们坚持与时俱进，以宽广的眼界观察形势、以创新的思维谋求发展，把中央精神同河北实际紧密结合起来，创造性地开展工作，就能不断开创发展的新局面。

第四，坚持把为广大人民群众谋利益作为最高准则，带着感情、责任、追求，努力干事、创业、为民。人民的利益高于一切，是我们党的根本政治观点。立党为公、执政为民，是我们党执政的基本理念。只要各级领导班子和干部队伍，有对河北这片热土的深厚感情，有干事创业的强烈责任，有造福人民的不懈追求，就能够自觉做到察民意、虑民计、为民生、谋民利，就能够在人民群众的支持下创造出无愧于时代的业绩。

第五，坚持用辩证、全面、发展的观点认识和解决问题，统筹经济社会发展和党的建设各项工作。在着眼全局中加强分类指导，在统筹兼顾中实施重点突破，在促进发展中解决各种矛盾，是我们必须把握的重要思想方法和工作方法。坚持一手抓加快改革发展、一手抓社会和谐稳定，一手抓经济建设、一手抓反对腐败，一手抓全面建设小康社会的伟大事业、一手抓党的建设新的伟大工程，我们就能在未来发展的道路上走得更快、更稳、更好。

第六，坚持以求真务实的作风把工作往深里做、往实里做，锲而不舍地抓好各项决策部署的落实。推进河北的各项事业发展，既要作出正确决策，更要狠抓工作落实；既要有干事业的激情，更要有干实事的作风。大力弘扬埋头实干、务求实效的良好风尚，坚决反对形式主义、做表面文章，使我们的各级干部都以咬定青山不放松的精神干事业，都以不达目的不罢休的韧劲抓落实，河北的振兴就大有希望。

同志们，总结过去的工作，我们也清醒地看到存在的困难和问题。我省的经济社会发展水平与广大群众的要求仍有较大差距，地处沿海、环绕京津的优势发挥得还很不充分。经济结构不尽合理、增长方式粗放的状况尚未根本转变，资源、环境的约束日益明显。城乡、区域、经济社会发展不够协调，人民群众的收入水平还不高。改革开放的任务还相当繁重，体制机制问题仍是制约发展的根本性因素。影响社会和谐稳定的矛盾仍比较多，各种突发性事件和安全生产事故时有发生。一些干部的思想作风与新形势新任务的要求还不适应，一些领域的消极腐败现象比较严重。从省委的工作看，我们对有些问题研究得不够透彻，理论思维和战略思维能力需要进一步提高；有些工作安排部署后，调查研究、督促检查和帮助基层解决实际问题不够；在领导方式和工作方法上也有许多需要认真改进的地方。对我省改革建设以及省委工作中存在的问题，应继续采取有力措施，认真加以解决。

总结过去，良好局面来之不易，应该倍加珍惜；面向未来，新的征程任重道远，应该倍加努力。我们要继往开来、与时俱进，继续谱写河北改革发展的新篇章！

二、历史机遇和未来奋斗目标

今天，我们正站在新的历史起点上。未来五到十五年，是必须紧紧抓住并且可以大有作为的重要战略机遇期，也是我们全面贯彻落实科学发展观，实现河北科学发展、和谐发展的关键时期。能否如期或提前实现我省全面建设小康社会的奋斗目标，这一时期至关重要。

置身经济全球化深入发展的时代浪潮，我们面临着承接产业转移和技术扩散、打造新的竞争优势的难得机遇。和平、发展、合作是当今时代的主题，国际生产要素流动和全球范围的经济结构调整步伐加快，世界经济正处于新一轮恢复和增长期，这些都有利于我们赢得较长时间的和平发展环境，更好地参与国际分工与合作，发展开放型经济。

置身我国经济社会步入科学发展的历史进程，我们面临着转变经济增长方式、实现更快更好发展的难得机遇。当前，新的发展理念、新的发展方略、新的发展模式，正在引领全国改革开放和现代化建设新的伟大实践，必将加速经济结构和消费结构的优化升级，推动经济社会全面协调可持续发展。这既为我们立足于河北发展的阶段性特征、推动更快发展开辟了广阔空间，又为我们全面提高经济素质、实现更好发展创造了极为有利的条件。

置身环渤海地区加速崛起的发展大势，我们尤其面临着充分发挥河北独有的“两环”优势、加快自身发展的难得机遇。中央已经把加快环渤海地区发展作为重大战略举措，积极推进京津冀都市圈和天津滨海新区的发展，“环渤海”正在成为继“珠三角”、“长三角”之后我国新的经济增长极。对我省来说，这是作用最直接、影响最深远的一次历史性机遇，为我们把区位优势转化为经济优势，实现发展的新跨越，提供了极为重要的前提条件。这些年我省综合实力的增强，基础设施和港群体系的逐步完善，特别是曹妃甸的大规模开发建设，为我们用好这一机遇提供了有力的战略支撑。只要乘势而上、顺势而为，我们就可以在“环渤海”的崛起中大有作为。

机遇难得，稍纵即逝。抓住机遇，我们就能充分释放“两环”潜能，打造新的开放优势、产业优势，用好国内国外两个市场和两种资源，做大做强我省主导产业，加快我省现代化建设进程。在这关系河北发展前途的重要关口，胡锦涛总书记特别嘱咐我们，要牢牢把握难得机遇，充分发挥自身优势，不断开创改革开放和现代化建设的新局面。这是党中央的殷切期望，也是6800万燕赵儿女的强烈意愿。我们决不能丧失机遇，必须以强烈的使命感和责任感，抢抓新机遇，打造新优势，再创新业绩！

综合分析我省面临的形势，深入思考河北未来的发展，我们应该把建设沿海经济社会发展强省作为今后的奋斗目标鲜明地提出来。确定这个目标，是抓住机遇，顺应“环渤海”崛起的战略选择；是发挥优势，改变我省“东部区位、中部水平”状况的必然要求；是振奋精神，激发全省人民振兴河北巨大热情的迫切需要。这个目标是经济社会全面发展的目标，不仅要求经济更快更好发展，而且要求社会更加和谐进步；不仅要求整体经济实力持续增强，而且要求人均发展水平不断提升。实现这个目标，是一个较长时期的奋斗过程，需要全省上下和各个地方共同努力。实现这个目标，是惠及全省各族人民的宏伟事业，我们应该有这样的雄心壮志，我们应该有这样的坚定决心！

当前和今后一个时期我省工作总的指导思想是：坚持以邓小平理论和“三个代表”重要思想为指导，以科学发展观统领经济社会发展全局，弘扬树正气、讲团结、求发展的主旋律，紧紧围绕实现更快更好发展和构建和谐河北两大主要任务，深入实施科教兴冀、两环开放带动、城市化、可持续发展四大主体战略，扎实推进经济、政治、文化、社会建设，着力加强党的建设，加快全面建设小康社会步伐，坚定不移地朝着建设沿海经济社会发展强省的宏伟目标迈进。

根据这一指导思想，到2010年，要全面完成“十一五”规划，提前实现“翻两番、三步走”第二步战略目标，人均生产总值达到3000美元。到2015年，提前五年基本实现“翻两番”的战略目标。到2020年，把我省建设成为基本实现工业化、经济总量和人均水平位于全国前列、市场化和国际化程度居于全国先进水平的沿海经济社会发展强省，全省人民过上生活更加富裕、精神更加充实、环境更加优美、发展更加全面、社会更加和谐的小康生活。

未来五年的主要奋斗目标是：

——经济发展水平和综合竞争力明显提高。全省生产总值年均增长11%左右，经济结构战略性调整取得较大进展，主导产业集中度和整体竞争力有较大提高。经济增长方式有明显转变，科技创新能力显著增强。重点领域改革和制度建设取得重大进展，市场经济体制进一步完善，对外开放达到新水平。

——社会主义民主和法治建设水平明显提高。人民代表大会制度、共产党领导的多党合作和政治协商制度进一步健全。民族区域自治制度更加完善。新世纪新阶段的统一战线得到巩固和壮大。依法治省更加落实，社会和谐程度逐步提高，基层民主不断扩大，人民的权益得到切实保障。

——文化建设水平和社会文明程度明显提高。现代国民教育体系更加完备，国民平均受教育年限达到10年。公共文化服务体系比较健全，文化设施显著改善，文化产业取得较大发展。群众文化生活需求得到更好满足，公民思想道德素质和科学文化素质普遍增强。

——社会发展水平和人民生活质量明显提高。社会就业比较充分，社会保障体系更为健全。公共卫生、医疗服务和全民健身体系不断完善。社会管理和公共服务得到加强。城乡居民收入显著增加。城乡差距、地区差距、贫富差距扩大趋势得到有效遏制。生态环境和人居环境进一步改善。社会治安进一步加强。

——党的执政能力和先进性建设水平明显提高。保持党的先进性长效机制不断完善，党群、干群关系更加密切。各级党组织的领导水平和广大党员干部的思想政治素质进一步提高，科学执政、民主执政、依法执政能力明显增强。选人用人机制更加健全，党风廉政建设取得更大成效。

实现今后的奋斗目标，关键在于坚持以科学发展观统领经济社会发展全局。这就要求我们必须树立科学发展、和谐发展的强烈意识，坚持以经济建设为中心，始终把发展作为解决一切问题的关键；坚持以人为本，把经济社会协调发展和人的全面发展作为各项工作的出发点和落脚点；坚持以经济结构调整为主线，加快全省经济结构的优化升级；坚持以转变增长方式为着力点，走资源节约、环境友好的可持续发展道路；坚持以改革开放和自主创新为动力，不断提高我省核心竞争力。

我们的任务艰巨而繁重，我们的责任重大而光荣。全省各级党组织一定要以坚定的信念、拼搏的精神、务实的作风，朝着既定目标，一步一个脚印地把各项工作推向前进！

三、经济建设和推动改革创新

推进河北的经济建设，必须从我省经济发展的特定历史阶段出发，按照“十一五”规划的总体部署，进一步完善发展思路，明确发展重点，强化发展举措，努力突破要素制约，切实解决体制机制方面的突出问题。

（一）*打造沿海经济隆起带，构筑区域发展的新格局。*大力推进沿海地区开发开放，加快培育沿海经济隆起带，是建设沿海经济社会发展强省的突破口和战略重点。

要坚持统筹谋划，整体推进。加快整合秦皇岛、京唐、曹妃甸、黄骅四大港区资源，形成布局合理、优势互补的港群体系。强力推进临港工业园区建设，大力发展临港工业和现代物流业，积极发展海洋经济。采取支持政策，促进要素向沿海地区聚集。构建港口、港城和工业区统一高效的管理运行体制。抓紧完善港区与省内各地的交通运输体系，密切各市间的经济联系。加快与周边省份交通干线的连接，发挥我省“东出西联”的枢纽作用。

要重点建设好临港经济区。曹妃甸工业区，要高起点编制总体规划及港口、产业、城市等专项规划，高质量发展钢铁、装备制造、化工、物流等临港产业，高水平利用深水岸线和临港资源，努力建设成为“科学发展示范区”。沧州临海工业区，已经具备大规模开发的基本条件，要作为“十一五”时期全省的重点工程，加快建设综合性港口和邯黄铁路，发展以化工、物流为主的临港产业，积极进行综合配套改革试验，创新管理体制和发展模式，成为拉动冀中南和朔黄铁路沿线发展的新引擎。秦皇岛临港经济区，要拓展港口功能，大力发展高新技术、重大装备、食品加工、滨海旅游等产业，成为环渤海经济带上的新亮点。

要坚持沿海与腹地互动，统筹推进沿海经济隆起带与其他地区的发展。各地要按照京津冀都市圈区域规划和“一线两厢”区域发展布局，发挥各自优势，参与分工协作。“一线”地区要加快先进制造业、高新技术产业和现代服务业的发展，继续发挥领跑作用。“南厢”地区要壮大主导产业，大力提升邯郸在四省交界区域的经济中心地位，积极发展衡水、邢台及黑龙港流域其他地区的特色产业集群。支持“北厢”张承二市加快基础设施建设，发挥特色资源优势，重点发展绿色环保型产业，培育区域经济增长极。积极建设太行山和坝上生态经济带。沿海各市与其他地区要相互支持、加强协作，形成协调联动、互利共赢的发展格局。

（二）*加快产业结构战略性调整，迈出增长方式转变的新步伐。*我们必须抓住有利时机，按照存量调强、增量调优的方针，做强做大钢铁、装备制造、石化等战略支撑产业，改造提升医药、建材、食品、纺织服装等传统优势产业，加快发展高新技术、现代物流、文化旅游等新兴产业，促进经济增长向集约型转变。

存量调强，就是要加快对现有产业的改组改造、调整升级，强化比较优势。以资本为纽带，加快相关企业的并购重组，促进产业集中度的提高。积极推进全省钢铁产业的联合，打造钢铁产业“航空母舰”，提升我省钢铁业在全国乃至全球的竞争力。以市场为导向，加大重点企业的更新改造力度，淘汰落后生产能力，提高产业和产品的科技文化含量，增强自我发展能力。

增量调优，就是要加快发展壮大具有高成长性的新兴产业，加强与国内外大企业的战略合作，创造新的产业优势。重点支持唐山、秦皇岛、张家口、邢台重型装备和保定汽车、新能源设备等制造基地建设，努力把我省建成全国装备制造业的重要基地。加快发展电子信息、生物医药、新材料、新能源等高新技术产业，重点在石家庄、廊坊等地做大总量，提高水平，形成强势。加快发展现代服务业，建设辐射“三北”、融合京津、联通国际的现代物流业。积极培育一批大型文化企业集团，大力发展文化产业；完善基础设施，打造精品名牌，构建与周边省市融合贯通的大旅游圈，使文化和旅游产业逐步成为我省新的支柱产业。要继续加强重大项目谋划和建设，突出抓好引领河北未来发展的重点产业支撑项目，培育更多年销售收入过百亿乃至上千亿元的大公司。要高度重视完善消费政策，改善消费环境，逐步扩大消费需求对经济增长的拉动作用。

无论存量调强还是增量调优，都要坚持循环经济的理念，把节约资源、保护环境放在突出位置，做到开发与节约并重、节约优先。要大力节水节能，集约利用土地，合理开发利用和保护矿产、海洋等资源，使经济发展与资源承载能力相适应。加大节能减排工作力度，抓好现有企业的污染防治，严格新上项目的环评把关，确保实现节能降耗和污染物排放控制目标。积极建设一批循环经济示范区，推进企业的循环式生产、产业的循环式组合、资源的循环式利用。加快生态省建设步伐，重点推进大清河、子牙河等流域和白洋淀、衡水湖等区域的污染防治，抓好太行山绿化、京津风沙源治理等生态工程建设，积极建设资源节约型和环境友好型社会。

（三）加快城市化进程，构建加速发展的新平台。环渤海地区的崛起尤其是京津冀都市圈的快速发展，为解决我省城市化水平偏低、城乡二元结构矛盾突出问题创造了有利条件。要协调推进工业化和城市化，不失时机地推动产业、人口等要素向城镇聚集，力争“十一五”末城市化率达到全国平均水平。

坚持突出重点、梯级推进的方针，优化城镇布局，完善城镇体系，促进大中小城市和小城镇协调发展。加快环京津地区城市群的发展，重点建设好石家庄、唐山两个省域中心城市，发挥他们在冀中南城市群和冀东城市群发展中的龙头作用。完善各设区市城市功能，使其成为地区工业化中心；加快中小城市发展步伐，使其成为区域工业集聚和商贸流通中心；加强县城和重点镇基础设施建设，使其成为县域经济中心。支持一批有条件的小城市发展成为中等城市，促进一批县城和重点镇向小城市迈进，扶持一批经济大镇和文化名镇快速发展。

坚持走产业兴市的路子，积极引导和推动产业向园区集中，园区向城镇集中，人口向城镇有序转移。坚持适宜人居、集约发展的理念，加强城市规划与建设，提升基础设施和绿化美化水平，凸显城市自身特色和文化品位。要适应城市迅速发展的要求，切实改进城市管理，以方便群众生活、提高城市运行效率。

（四）推进县域经济发展和文明生态村建设，谱写社会主义新农村建设的新篇章。我省60%以上的人口在农村，必须始终把解决好“三农”问题作为全党工作的重中之重。要按照生产发展、生活宽裕、乡风文明、村容整洁、管理民主的总要求，紧紧围绕发展农村生产力和促进农民增收这个中心，以县域经济发展为重要支撑，以文明生态村创建为主要载体，以城乡统筹为基本途径，扎实推进新农村建设。

县域经济是富民强县、建设新农村的物质基础。要坚持工业化、城市化、农业产业化整体推进，逐步形成城乡互动、优势互补的生产力布局。积极发展县域工业，努力做大农产品加工业，壮大特色产业集群。巩固农业基础地位，落实国家耕地保护政策和各项惠农政策，加快农业科技进步，提高农业综合生产能力。优化农业结构，稳定粮食、提高菜果、做强畜牧，建设现代农业。大力推进农业产业化，支持发展农民合作经济组织，鼓励探索适度规模经营。深化农村综合改革，继续推进扩权强县改革，促进县域经济发展。

深入开展文明生态村创建工作。坚持产业强村，发展“一村一品”，实现增值增收；坚持文化兴村，抓好“村民中心”建设，提高农民科学文化素质；坚持生态建村，改善村容村貌，创造舒适卫生的人居环境；坚持民主治村，健全村务公开和民主议事制度，充分发挥农民在新农村建设中的主体作用。力争到2010年全省有40%左右的行政村跨入创建工作先进行列。

推进新农村建设，必须加快建立以工促农、以城带乡、城乡良性互动的长效机制。要加强政府统筹，推动基础设施和公共服务向农村延伸，各级财政支出、预算内固定资产投资和信贷投放向“三农”倾斜。进一步加大扶贫工作力度，完善政策措施，坚持开发式扶贫，加快革命老区、民族地区和贫困地区发展，使更多贫困人口实现稳定脱贫。要加强对市场的引导和调控，努力保护好农民的利益，促进农村的发展。要动员和鼓励社会各方面力量，以多种形式支持和参与新农村建设。社会主义新农村建设是一项长期任务，既要积极推进，又不能急于求成，更不能搞形式主义。要遵循客观规律，尊重农民意愿，发挥农民的主体作用，积极探索符合实际的建设途径。

（五）大力发展民营经济，开拓全民创业的新局面。民营经济是富有活力的经济，全民创业是经济发展的强大动力。要毫不动摇地支持民营经济加快发展，大力推进全民创业。

发展民营经济，重要的是落实好一视同仁的政策措施，解决好制约发展的突出问题。要在市场准入上给予同等待遇，凡法律法规未禁入的非公有资本均可进入，凡外资可进入的国内非公有资本均可进入。要在金融支持上给予同等待遇，加快信用担保体系建设，引导商业银行增加对中小企业贷款，积极开展小额贷款试点，支持民营企业股份制改造、上市融资和发行债券。要在土地使用上给予同等待遇，把符合条件的民营项目纳入重点项目管理，帮助解决用地困难。要加强和改进对民营企业的管理，引导他们守法经营、文明从业。

大力激发人民群众的创业热情。改进创业服务，加强政策和信息引导，办好创业辅导基地，积极培育一大批民营企业家。实施中小企业成长工程，支持成长型、科技型企业上规模上水平。培育创业文化，树立创业光荣、致富光荣的社会观念，形成崇尚创业、竞相创业的浓厚氛围。

（六）破除体制机制障碍，实现改革开放的新突破。解决我省经济生活中的突出矛盾，必须适应发展先进生产力的要求，破除束缚发展的体制机制障碍，为科学发展、和谐发展提供保障。

抓好重点领域和关键环节的改革。着力推进行政管理体制改革，转变政府职能，优化组织结构，加快公共财政体系建设，有效提高经济调节和市场监管水平，强化公共服务和社会管理职能。进一步调整国有经济布局，推动国有企业股份制改造和联合重组，建立健全现代企业制度，增强国有经济活力，完善国有资产监管体制。按照政事分开的原则，加快推进事业单位改革。积极发展商品、资本、技术、劳务、信息等市场，着力完善市场体系和运行机制。改革投融资体制，发挥国有商业银行金融主渠道作用，稳步发展地方投融资机构和保险、证券等金融业务，加强与省外、境外金融机构的合作，积极扩大直接融资。

不断提高经济发展的开放度。对外开放，要注重在国际产业转移重组中引进战略投资者，更加有效地利用外资。加快转变外贸增长方式，优化进出口商品结构，扩大加工贸易和服务贸易。支持有条件的企业“走出去”。对内开放，要注重发挥自身优势，主动参与区域经济协作，加强与发达地区、周边省份和大企业大集团的合作，尤其是与京津的合作。积极开展对外宣传，不断提高我省的知名度和影响力。

（七）建设创新型河北，为经济社会发展注入新动力。经济发展必须依靠科技进步，科技进步必须依靠自主创新。要以提高核心竞争力为目标，以增强自主创新能力为着力点，积极实施重大科技专项，大力开发具有自主知识产权的关键技术，推动经济增长从资源依赖型向创新驱动型转变。

促进科技资源向全省经济社会发展的重点领域、产业、产品集聚。围绕解决制约发展的关键技术，整合科技资源，组织联合攻关，力求取得突破。重点支持装备制造业、高加工度原材料工业、农产品深加工等产业开展科技创新，不断提高研发、设计、制造和系统集成能力。依托骨干企业和重点产品，汇集创新要素，形成一批自主知识产权和技术标准，造就一批知名企业和知名品牌。完善重大科技基础设施，促进科技资源共建共享。加快重点领域和行业信息技术应用步伐，推进国民经济信息化。

建立以企业为主体、市场为导向、产学研相结合的技术创新机制。引导企业与科研单位、高等院校紧密合作，建立研发机构，增加科技投入。鼓励科研单位和高等院校面向社会开展科技攻关，推动应用型科研院所直接进入企业或转制为企业。大力发展科技中介服务，促进科技成果推广转化。实行激励政策，改革完善收入分配办法，充分发挥科技人员的积极性。

创新的关键在人才，人才的基础在教育。落实教育优先发展战略，进一步巩固和提高九年义务教育普及水平，重点发展农村教育，大力发展职业教育，稳步发展高等教育，全面提高教育质量。切实加强素质教育，着重培养青少年的创新精神和实践能力。完善终身教育体系，创建学习型社会。落实人才强省战略，加快创新型人才队伍建设，抓紧培养造就一大批具有创新能力的学术技术带头人，一大批懂科技、会经营、善管理的企业家，一大批专业化、高技能的实用型人才。采取更加灵活的政策引进急需人才，鼓励各类人才来河北创业，注重把引进项目与引进人才结合起来。完善人才选用、职称评聘等制度，用事业、待遇和感情拴心留人，努力做到人尽其才、才尽其用。

（八）切实改进公共服务，创造有利于经济发展的新环境。发展环境是一个地方思想解放程度、市场发育程度的重要标志，是党委、政府领导能力和管理水平的重要体现。哪里环境良好，生产要素就向哪里聚集。要围绕有利于广大群众自主创业，有利于各地客商投资置业，下大力解决有些部门和单位存在的服务意识差、工作效率低、政策不透明、办事不规范等突出问题。

营造高效优质的政务环境。深化行政审批制度改革，进一步清理减少审批事项，简化审批环节，缩短审批时限。全面推行"一站式"服务，认真落实首办负责制和限时办结制，加快电子政务建设，积极推行网上审批，提高办事速度，提高工作质量。

营造公平竞争的市场环境。严格执行市场准入标准，加强市场监管，严厉打击商业欺诈、不正当竞争等违法行为，整顿和规范市场秩序。坚决反对地方和部门保护主义，打破各种形式的区域封锁和市场分割，促进商品和各种要素自由流动。

营造规范严明的法治环境。完善经济法规和制度，建立健全行政执法的工作标准和程序，规范行政行为，增强办事透明度。加强行政监督，落实行政执法责任追究制，严格对执法人员的管理。开展专项治理，严肃查处破坏发展环境的行为，切实保护市场主体的合法权益。营造诚实守信的人文环境。尽快建立包括政府、企业、中介组织和个人在内的社会信用体系，切实提高政府的公信度和企业、个人的信誉度，增强人人都是发展环境的责任意识，提高公民和法人履约践诺的道德水准，在全社会形成共同创造、悉心维护发展环境的良好风气。

四、社会发展和构建和谐河北

党的十六届六中全会通过的《关于构建社会主义和谐社会若干重大问题的决定》，是我们构建和谐河北的行动指南。河北作为京畿重地，更要把促进社会和谐摆在全局工作的突出位置。建设和谐社会，是一个不断推进的历史发展过程，是一项复杂的社会系统工程。要从亟待解决的问题入手，从能够做到的事情做起，扎实有效地予以推进。

（一）高度关注民生，发展社会事业，着力解决人民群众最关心最直接最现实的利益问题。经济发展靠的是人民群众，发展成果也理应惠及人民群众。必须尽快改变社会事业滞后状况，提供更多公共服务，让人民群众的幸福感随着经济发展而增强。

千方百计扩大就业。要将扩大就业与经济增长放到同等重要位置，努力提供更多的就业机会，并引导群众通过创业实现就业。在产业政策上，既要大力发展资本和技术密集型产业，又要注重发展劳动密集型产业；既要重视培植提供高税收的企业，又要重视扶持提供高就业的企业。在工作摆布上，要把解决下岗失业人员再就业和城镇新增劳动力就业、高校毕业生就业、零就业家庭就业、被征地农民就业、退役军人就业和安置作为重点。要统筹城乡就业，做好农村劳动力转移就业工作，逐步形成城乡统一、机会平等的就业制度。完善劳动关系协调机制，发展和谐稳定的劳动关系。规范收入分配秩序，着力提高低收入者的收入水平。

加快社会保障体系建设。努力完善城镇各种保险和被征地农民社会保障制度，积极建立农村养老保险和农民工社会保险制度。加强对困难群体的社会救助，逐步建成以最低生活保障、灾民救助和五保供养为基础，以医疗、教育、住房等专项救助为辅助，以社会帮扶为补充的覆盖城乡的新型社会救助体系。逐步提高城镇低保标准，不断完善农村低保制度。加大经济适用房和廉租房建设力度，保障中低收入家庭的基本居住条件。大力发展社会福利和残疾人事业，鼓励社会力量参与公益事业。

完善社会事业发展政策。要着重解决"上学难"、"看病难"问题。教育资源要向农村和欠发达地区倾斜，切实保障公民平等接受教育的权利。完善贫困学生扶助政策，设立专项资金资助家庭经济困难学生。从2007年开始，对农村义务教育阶段学生全部免收学杂费，对城乡贫困家庭学生免费提供课本和补助寄宿生生活费。保障农民工子女接受义务教育。坚决制止教育乱收费。以农村为重点加强公共卫生体系建设，健全县、乡、村三级医疗卫生服务网络，到2008年在全省农村基本建立以大病统筹为主的新型合作医疗制度。整合城市卫生资源，发展社区卫生服务，规范药品流通秩序，切实减轻患者负担。认真做好人口和计划生育工作，稳定低生育水平。积极推进全民健身，提高群众健康素质。

（二）充分发扬民主，加快法治进程，创造政通人和、公平正义的社会环境。民主团结、生动活泼、安定和谐的政治氛围，依法行政、严格执法、公正司法的法治环境，是实现更快更好发展的重要基础，是构建和谐河北的重要内容。

完善民主权利保障制度，扩大公民有序的政治参与。坚持和完善人民代表大会制度，支持各级人大及其常委会依法履行职责，充分发挥好人大代表的作用。坚持和完善共产党领导的多党合作和政治协商制度，支持人民政协围绕团结和民主两大主题履行政治协商、民主监督、参政议政职能，发挥协调关系、汇集力量、建言献策、服务大局作用。加强基层民主政治建设，围绕民主选举、民主理财、民主议事三个重点，健全基层自治组织和民主管理制度，保障人民群众依法行使民主权利。健全民意表达、批评建议等利益诉求机制，探索推进社会听证、公开公示等公民政治参与方式，大力推进政务、厂务、村务公开，保证人民群众依法参与管理公共事务。

全面推进依法治省进程，确保各项工作在法治轨道内有序运行。加强和改进地方立法工作，制定和完善与国家法律法规相配套、与我省经济社会发展相适应的地方性法规和规章。加快建设法治政府，严格按照法定权限和程序行使权力、履行职责。以司法公正、高效、权威为目标，深入开展社会主义法治理念教育，全面加强政法队伍建设，不断提高政法机关和法律服务业的社会公信力。认真落实执法为民要求，强化对公民、法人合法权益的保护，切实解决群众反映强烈的问题。强化法律援助，保证公民不因财产、身份等因素影响法律权利的行使。认真落实“五五”普法规划，增强全社会法治意识。

（三）切实保障民安，化解社会矛盾，全力维护社会稳定。富裕是人民群众的迫切愿望，平安是人民群众的基本要求。我们必须正确处理改革发展稳定的关系，正确处理新形势下的人民内部矛盾，毫不懈怠地抓好维护社会治安和社会稳定工作，保障人民群众安居乐业。

创新社会管理体制，提高社会管理水平。要适应社会组织形式、就业方式和社会结构的深刻变化，更新理念，整合资源，逐步形成党委领导、政府负责、社会协同、公众参与的社会管理新格局。要通过改变党政部门以往介入市场过多的“越位”和在提供社会公共服务方面的“缺位”，做到不该管的坚决放手、退出，该管的一定管到、管好。积极培育、依法规范各类社团和中介组织，充分发挥他们在社会管理中的作用。要创新基层管理体制，强化社区自治功能，夯实社会管理的微观基础。加强各种自然灾害的预测预报，加强安全生产监管，健全突发公共事件应急处置机制，提高保障公共安全和应对突发事件的能力。

正确处理人民内部矛盾，维护社会大局稳定。要注重从源头上防止和减少矛盾的发生，想问题、办事情要统筹兼顾社会各方面的利益，避免因决策失误和工作不当引发或激化矛盾。注意综合运用经济、行政、法律手段和教育、协商、调解办法解决问题，加快完善人民调解、行政调解、司法调解“三位一体”的矛盾纠纷调解工作体系，把问题解决在基层，化解在萌芽状态。以解决问题为着眼点，不断加强和改进信访工作。高度关注社会生活中苗头性、倾向性问题，努力提高预防和处置群体性事件的能力。

建设平安河北，不断增强人民群众安全感。积极构筑城乡一体化的社会治安防控体系，坚决依法打击各种刑事犯罪活动，整治治安混乱地区，及时解决群众关注的突出问题。对境内外敌对势力和邪教组织的渗透、破坏活动要严密防范、严厉打击，切实维护国家安全和社会政治稳定。更加注重社会治安综合治理基层基础工作，真正把工作重心转到预防为主上来。充分发挥人民群众在平安河北建设中的主体作用，人人参与平安建设，人人共享平安成果。

（四）积极塑造民魂，建设和谐文化，为构建和谐河北提供精神支撑。和谐文化是和谐社会的灵魂。构建和谐河北，必须大力推进文化大省建设，培育和谐文化与新时期河北人文精神。

要以建设社会主义核心价值体系为根本，坚持马克思主义在意识形态领域的指导地位，牢牢把握社会主义先进文化的前进方向，弘扬民族优秀文化传统，借鉴人类有益文明成果，倡导和谐理念，培育和谐精神，进一步形成全社会共同的理想信念和道德规范，打牢全体党员和人民群众团结奋斗的思想道德基础。

要积极探索和谐文化的丰富内涵、建设规律和实现途径。大力弘扬以爱国主义为核心的民族精神和以改革创新为核心的时代精神，使之成为社会和谐的重要精神纽带。树立以“八荣八耻”为主要内容的社会主义荣辱观，扎实开展社会公德、职业道德和家庭美德建设，积极营造相互欣赏、相互支持的人际关系和社会氛围，为促进社会和谐提供强大思想道德力量。要发现培养、宣传表彰各行各业的先进典型，引导广大党员和群众向李家庚、林秀贞、陈印田、范振喜等先进模范人物学习，激发广大群众的爱心意识、敬业精神和社会责任感。宣传舆论工作要坚持正确导向，提高舆论引导水平，营造积极健康向上的思想文化氛围。要把和谐文化建设落实到共产党员发挥先进性作用的实践中，落实到群众性精神文明创建活动中，落实到建设沿海经济社会发展强省的进程中。

我省悠久的历史文化和丰富的革命文化，孕育形成了既与民族精神相统一、又有地方特色的河北人文精神。在新的历史条件下，要以民族精神为根、时代精神为魂，着力弘扬以坚韧质朴、重信尚义、宽厚包容、求实创新为主要内容的新时期河北人文精神，使其成为构建和谐河北的重要支撑。要广泛宣传、大力弘扬新时期河北人文精神，让热爱河北、关心河北、建设河北成为全省人民群众的自觉行动。

（五）大力促进民和，协调各方关系，推动全社会和谐相处。积极促进政党关系、民族关系、宗教关系、阶层关系、党群关系的和谐，实现各族各界各方面的团结，既是构建和谐河北的必要条件，也是构建和谐河北的重要目的。

要认真贯彻长期共存、互相监督、肝胆相照、荣辱与共的方针，进一步加强同民主党派和无党派人士的真诚合作。认真贯彻党的民族政策，广泛开展民族团结进步活动，巩固和发展平等、团结、互助、和谐的社会主义民族关系。认真贯彻党的宗教信仰自由政策，加强信教群众同不信教群众、信仰不同宗教群众的团结，发挥宗教在促进社会和谐方面的积极作用。正确认识和处理社会各阶层之间的关系，坚持全心全意依靠工人阶级的方针，发挥包括知识分子在内的工人阶级和广大农民推动经济社会发展根本力量的作用，鼓励和支持包括新的社会阶层在内的全体社会主义事业的建设者团结一致地为经济社会发展贡献力量。要在全社会广泛开展和谐创建活动，积极促进地区之间、单位之间、社区之间、邻里之间、家庭成员之间和睦相处。要充分发挥工会、共青团、妇联以及其他群众团体在构建和谐河北中的重要作用。加强国防动员和后备力量建设，深入开展双拥共建工作，巩固军政军民团结。

党同人民群众的团结和谐，是引领社会和谐的关键所在。要坚持立党为公、执政为民，认真贯彻党的群众路线，全心全意为人民群众办实事、谋利益，最大限度地增加和谐因素，最大限度地减少不和谐因素，进一步密切党群干群关系。只要我们各级党组织和人民群众心心相印，只要社会各个方面和衷共济，建设和谐河北、追求美好生活的愿望就一定会变成现实！

五、党的领导和加强党的建设

实现科学发展和谐发展、建设沿海经济社会发展强省，最根本的在于加强和改进党的领导。我省各级党组织和广大党员干部，有着光荣的革命传统，有着振兴河北的强烈愿望。面对新形势和新任务，我们必须全面加强党的执政能力和先进性建设，积极推进党的建设新的伟大工程，为全省改革开放和现代化建设提供坚强保证。

（一）加强领导班子建设，形成政治坚定、团结一致、开拓创新的领导层。要着眼于提高执政能力和领导水平，始终坚持解放思想、实事求是、与时俱进，大力弘扬树正气、讲团结、求发展的主旋律，把各级领导班子建设成为带领干部群众不断开创工作新局面的坚强领导集体。

坚持把理论武装作为思想政治建设的首要任务。党的理论创新每推进一步，理论武装工作就要跟进一步，思想观念的解放和更新就要提升一步。对邓小平理论、“三个代表”重要思想和马克思主义中国化的最新成果，领导干部一定要学得更全面，领会得更深透，指导实践更自觉。当前，特别要深入学习科学发展观和中央关于构建和谐社会等一系列重大战略思想，坚持以县处级以上领导干部为重点，组织开展大规模的理论培训，真正把科学发展、和谐发展的要求转化为谋划发展的正确思路、促进发展的有力措施、领导发展的实际本领。

坚持以加强民主集中制建设作为提高领导班子战斗力的根本保证。要以民主集中制增进班子团结，通过充分发扬民主，创造团结和谐的氛围；通过实行集中统一，形成步调一致的局面。要以民主集中制保证科学决策，坚持集体领导、民主集中、个别酝酿、会议决定的原则，不断完善议事规则和程序，积极推进决策的民主化、科学化、制度化。要以民主集中制促进工作落实，每个班子成员都要对集体领导负责，严格实行工作责任制，确保各项决策部署落到实处。

坚持为党和人民的事业选好人用好人。选人用人的根本标准就是德才兼备。衡量干部的德与才，主要看政治上是否清醒和坚定，工作上是否有创新和实绩，作风上是否廉洁和勤勉，人民群众是否公认和拥护。要严格执行有关规定，按规范程序选拔使用干部。继续深化干部人事制度改革，建立科学的干部考核评价体系和选人用人机制，大力推行公开选拔、竞争上岗、轮岗交流等措施。识人要拓宽视野，选人应不拘一格，用人不求全责备，积极创造有利于优秀干部脱颖而出的良好环境。尤其要注意从工作有起色、发展有活力的地方发现和选拔干部，给肯干事的人以机会，给能干事的人以舞台，给干成事的人以激励。要大胆选拔使用优秀年轻干部，注意发挥不同年龄层次干部的积极性。做好培养选拔妇女干部、少数民族干部和党外干部的工作。要从政治上、生活上切实关心离退休干部，使他们老有所养、老有所为。

（二）加强基层组织建设，使之成为落实科学发展观的组织者、推动者和实践者。要巩固和发展保持共产党员先进性教育活动成果，不断推进基层党建工作的创新，努力把党的基层组织建设成为坚强的战斗堡垒。

创新组织建设。坚持不懈地做好后进基层党组织的转化工作，抓住选好带头人这个关键，通过“内选”与“外派”相结合，把基层党组织书记选准配强。积极选派优秀机关干部到基层任职，努力为每个村培养或选派一名大学生村干部。继续实施党员干部“素质工程”，每年对基层组织主要干部进行一次集中培训。做好在生产一线和青年中发展党员的工作。建立健全基层干部激励约束机制和生活保障制度，保护和发挥他们的积极性。加大在新经济组织和社会组织中建立党组织的工作力度，扩大党的工作的覆盖面。

改进工作方式。利用现代远程教育、电化教育、信息网络等手段，拓展党员教育管理的新途径。加强对流动党员的服务和管理，构建流入流出地党组织密切配合、有机衔接的工作格局。推行党员设岗定责、承诺服务、结对帮扶等做法，搭建党员服务群众的新平台。坚持用优秀党员的先进事迹教育党员、引导群众。

完善工作制度。建立健全党员长期受教育、永葆先进性的长效机制。切实落实基层党建工作责任制，进一步完善上级党委定期研究基层党建工作制度、基层党建联系点制度、联系帮扶后进基层组织制度。深化县乡村党组织“三级联创”活动，推动城乡基层党组织携手创优。继续推行村级组织“一制三化”，完善党组织领导下的村民自治机制。

（三）加强党风廉政建设，真正做到为民、务实、清廉。要以造福人民为基本原则，以真抓实干为基本准则，以清正廉洁为基本守则，牢记“两个务必”，践行“八个坚持八个反对”，遵守“四大纪律八项要求”，扎实推进党风廉政建设和反腐败斗争。

大兴为民之风。想问题、做决策、办事情，都要倾听群众呼声，集中群众智慧，反映群众意愿。要经常深入基层、深入群众，时刻把人民群众的衣食住行、安危冷暖挂在心上，扑下身子为人民群众办实事、解难题，始终保持同人民群众的血肉联系，把最广大人民群众的根本利益实现好、维护好、发展好。

大兴务实之风。要把调查研究作为领导工作的基本功，深入掌握实际情况，切实解决实际问题。对确定的工作任务，要扭住不放，一抓到底，务求实效。力戒浮躁情绪，防止急功近利，不喊哗众取宠的空洞口号，不做华而不实的表面文章，坚决反对教条主义、官僚主义和形式主义。要让实干成为党员干部队伍的风尚，让实绩成为衡量工作成效的标尺。

大兴清廉之风。坚持标本兼治、综合治理、惩防并举、注重预防的方针，建立健全教育、制度、监督并重的惩治和预防腐败体系。深入开展反腐倡廉教育，特别是要抓好正面典型示范教育、反面典型警示教育和党纪政纪条规教育，引导广大党员干部筑牢拒腐防变的思想道德防线。积极拓展从源头上防治腐败的工作领域，全面推行行政权力公开透明运行，积极探索党务公开，坚决防止以权谋私。严格执行党风廉政建设责任制，切实做到一把手负总责，一级抓一级、层层抓落实。进一步加大反腐败工作力度，严肃查处违纪违法案件。不论什么人，不论职务多高，只要触犯党纪国法，都必须受到严厉惩处。

（四）加强体制机制建设，推进科学执政、民主执政、依法执政。改革和完善党的领导体制与工作机制，是加强党的执政能力和先进性建设的重要内容，对各级党组织更好地承担起领导改革建设的重任具有重要意义。

进一步完善领导体制。各级党委要按照总揽全局、协调各方的要求，充分发挥领导核心作用。要把主要精力放在把方向、议大事、管全局上，认真谋划和制定经济社会发展的战略思路和工作重点，加强和改进对经济社会重大事务的综合协调，选好用好能够担当重任的领导干部，确保中央大政方针和省委各项部署的贯彻落实。要支持人大、政府、政协和审判、检察机关依照法律和章程独立负责、协调一致地开展工作，支持各民主党派、人民团体围绕党的中心任务独立自主地开展工作。积极解决一些工作多重领导、多头管理等问题，以减少环节、提高效率。

进一步改进领导方式。在实施地方党委领导班子配备改革和扩大全委会组成人员的新情况下，应更加注意发挥好常委会集体领导作用和全委会重大事项决策作用。要调整完善常委会的议事内容和决策规则，加强对重要事项的沟通和酝酿，完善科学决策、民主决策机制，制定落实议定事项的有效办法，提高常委会整体工作效能。要健全常委会集体领导下的分工负责制，既要防止遇事不敢负责的倾向，又要防止重要事项不提请集体研究决定的倾向。要健全常委会向全委会负责、报告工作和接受监督的制度，保证全委会对改革建设大政方针和重要人事任免事项决策作用的充分发挥。

同志们！未来五年，机遇与挑战并存，希望与困难同在。实现这次大会确定的目标任务，必须靠全省各级党组织和广大干部群众的团结奋斗。团结是党的生命，团结是力量所在。全体党员尤其是党员领导干部，都要把团结作为一种能力来锻炼和提高，作为一种文化来继承和弘扬，作为一条纪律来遵守和执行，坚决维护党的团结和统一。在这个基础上，进一步形成全省干部队伍的大团结，全省干部与群众的大团结，全省各族人民的大团结，这样我们就能迎接挑战，克服困难，无往而不胜！

让我们更加紧密地团结在以胡锦涛同志为总书记的党中央周围，高举邓小平理论和“三个代表”重要思想伟大旗帜，全面贯彻落实科学发展观，励精图治，开拓进取，为把河北建设成为沿海经济社会发展强省而努力奋斗！

政府工作报告

——在河北省第十届人民代表大会第五次会议上

河北省代省长　郭庚茂

（2007年1月16日）

各位代表：

现在，我代表河北省人民政府向大会作工作报告，请予审议，并请省政协委员和列席会议的同志提出意见。

一、2006年工作回顾

刚刚过去的一年，是“十一五”开局之年。全省人民在党中央、国务院和中共河北省委的领导下，在省第七次党代会精神的鼓舞下，高举邓小平理论和“三个代表”重要思想伟大旗帜，全面贯彻落实科学发展观，高扬树正气、讲团结、求发展主旋律，团结奋斗，开拓进取，较好地完成了省十届人大四次会议确定的任务，实现了起好步、开好局的目标。

——经济平稳较快发展。预计全省生产总值完成11500亿元左右，比上年增长约13%；全部财政收入达到1223.1亿元，其中地方一般预算收入620.2亿元，分别增长18.1%和20.3%。居民消费价格指数上涨1.7%，稳定在较低水平。

——新农村建设扎实推进。不折不扣地落实各项惠农政策，全面取消农业税。粮食总产达到2702.8万吨，为2000年以来最高水平，单产创历史新高。县域经济发展进一步加快，农村基础设施和农民生产生活条件继续改善，文明生态村创建活动取得新进展。

——投资消费增长较快。全社会固定资产投资5530亿元，增长30%以上。社会消费品零售总额3396亿元，增长15%。

——居民收入持续增加。城镇居民人均可支配收入突破万元，达到10300元，增长13%；农民人均纯收入3801.8元，增长9.2%。

——就业超过预期目标。城镇新增就业44.3万人，登记失业率为3.8%，低于调控目标0.8个百分点。

去年，在全省上下共同努力下，我省经济社会发展指标完成较好，发展势头进一步趋好、发展环境进一步优化、发展能力进一步提高，呈现出速度效益同步提升，结构质量继续改善，经济社会协调发展的良好局面。

一是经济结构调整的效果初步显现，发展的可持续性增强。坚持把结构调整作为主线，积极转变增长方式。农业结构不断优化，畜牧、蔬菜、果品三大支柱产业占农业总产值比重达70.2%，农业产业化经营率达到51.5%，提高2.1个百分点。工业集中度进一步提高，钢铁、石化、装备制造等七大主导产业增加值占规模以上工业比重上升到80%。积极推进产品结构升级，钢材板带比达到50%以上，提高7个百分点。华北石化500万吨炼油扩建等一批项目建成投产，邯钢结构优化升级工程等一批项目开工建设，沧化集团12万吨己内酰胺等一批项目获得国家审批或核准。华为北方产业基地等一批战略合作项目的实施，使我省高新技术产业的发展进入一个新阶段。大力开展资源节约型、环境友好型社会建设，节能减排工作取得新成效，单位生产总值能耗降低，扭转了“十五”以来的上升趋势。落实生态省建设规划纲要，生态环境有所改善，城市环境和空气质量继续好转。

二是基础设施基础产业的支撑力得到提升，发展的后劲增强。坚持统筹规划、适度超前的原则，扎实推进能源、交通、水利、通信等建设。港口建设取得历史性突破，曹妃甸煤码头、原油码头开工建设，秦皇岛港煤五期建成运营，全省港口吞吐量达到3.3亿吨，居沿海省市第6位。路网建设加快，在建高速公路16条段、1484公里；新建改建农村公路1.3万公里，全省92%的建制村通了油路；迁曹铁路建成通车，张集铁路开工建设，京沪高速铁路河北段国家批准立项。电源建设取得新进展，西柏坡电厂三期等一批重点电源项目建成投产，新增发电装机容量392万千瓦。南水北调中线工程京石段全线铺开，完成15座大中型水库除险加固。通讯设施日益完善，通信能力不断提高，电话普及率达到57%，宽带网用户达到180万户。

三是改革开放取得重要进展，发展的活力增强。行政管理体制改革深入进行，行政权力公开透明运行工作全面展开，财政、投融资等体制改革继续深化。国有企业战略性重组取得新进展，新唐钢、金能两大集团正式挂牌运营，整合优势逐步显现。上市公司股权分置改革和厅局属企业改制脱钩走在全国前列。农村综合改革稳步推进，农村流通体制和金融服务体系改革步伐加快，国有粮食购销企业改革基本完成。民营经济发展势头强劲，增加值达到全省经济总量的50%左右。外贸增长方式好转，机电产品、高新技术产品出口比重提高，全省进出口总额185.3亿美元，其中出口128.3亿美元，增长17.5%。对内对外合资合作项目质量水平明显提高，与中石油、中石化、中电科等中央企业的战略合作取得新的重大进展，世界500强企业富士康科技集团落户河北。

四是社会事业发展步伐明显加快，发展的协调性增强。积极推进和谐河北建设，深入实施“十项民心工程”。就业再就业工作取得新成效。社会保险覆盖面逐步扩大，提高了企业离退休人员基本养老金和城市低保标准，初步建立了农村低保制度。解决了10万贫困人口的温饱问题和61万农村人口饮水安全问题。千方百计筹措资金，解决了一批历史遗留问题，企业离退休人员养老金拖欠全部兑现，2000年前欠发的12.9亿元公教人员工资基本消化，国家增资政策全部落实到位。加强安全生产工作，重特大事故明显下降。科技、教育投入显著增加，实施一批重大科技专项，改造农村中小学危房105万平方米，落实“两免一补”资金3.2亿元。文化事业发展加快，省艺术职业学院落成并投入使用，河北博物馆、省图书馆改扩建等一批设施开工建设，广电网络整合取得积极进展。公共卫生和医疗服务体系建设成效明显，已有1170.4万农民参加新型农村合作医疗，342.5万人次得到补偿，补偿金额3.1亿元。重视和加强人口与计划生育工作，人口自然增长率控制在6.8‰以内。国防动员和“双拥”共建深入开展。民族宗教、外事侨务、妇女儿童、体育、人防、地震、气象、档案等各项工作取得新成绩。过去的一年，各级政府认真贯彻《公务员法》，切实履行政府职能，在搞好经济调节和市场监管的同时，更加注重社会管理和公共服务，科学行政、民主行政、依法行政的能力不断提高，落实科学发展观的自觉性增强。健全和完善政府决策机制，加强对重大战略性问题的研究论证，更好更快发展的战略思路、战略重点、战略举措更加明确。认真执行人大及其常委会决议，自觉接受法律监督和民主监督，积极办复人大代表议案、建议和政协委员提案。坚持一切从实际出发，创造性地开展工作，积极有作为地推动发展。大力推进政府廉政建设和机关效能建设，实施“双提”工程，把各项工作往深里做、往实里做，群策群力谋发展、同心同德干事业的氛围日渐浓厚。

各位代表，一年来我们取得的新成就，是党中央、国务院和省委正确领导的结果，是全省广大干部群众共同奋斗、辛勤劳动的结果。我代表省人民政府，向广大工人、农民、知识分子、各级干部和社会各阶层建设者，向人大代表、政协委员，向各民主党派、工商联、无党派人士和人民团体，向驻冀人民解放军、武警官兵和政法干警，向中直机关驻冀各单位，向关心支持河北发展的香港与澳门特别行政区同胞、台湾同胞、海外侨胞和国内外朋友，致以崇高的敬意和衷心的感谢！

当前，总体形势有利于我们加快发展。科学发展观日益深入人心，国际和国内发达地区的产业转移和技术扩散加快，特别是环渤海地区迅速崛起和京津冀都市圈规划的制定实施，给我们带来了难得的历史机遇。党的十六大以来，我省综合经济实力上了一个大台阶，全省上下政通人和，求进图强，燕赵大地到处涌动着干事创业的激情，有利于发展的社会环境进一步形成。越是形势好，越要保持清醒的头脑。我们充分认识到，我省经济社会发展长期积累的一些深层次矛盾和问题依然存在。一是“东部区位、中部水平”的局面还没有明显改观，与先进省份的差距没有缩小，中西部快速追赶的压力没有减轻。二是经济结构不合理、增长方式粗放的状况还没有根本转变，产业发展的核心竞争力不强，资源浪费、环境污染现象尽管得到遏制，但仍然相当严重。三是工业化城市化水平低的问题还没有根本改变，农村二、三产业发展不快，基础设施和公共服务仍然较差，工业反哺农业、城市带动农村的能力不强。四是城乡居民收入总体水平偏低的问题还未得到有效解决，企业职工劳动收入不高，农民持续增收难度加大，机关事业单位平均工资水平相对较低，还有187万农村人口尚未稳定脱贫，仍有部分群众生活比较困难。五是体制机制性障碍的束缚还远未根除，改革总体滞后，对外开放度低，自主创新能力较弱。与此同时，随着经济结构调整和社会加快转型，以利益关系为重点的社会矛盾不断凸显，就业压力依然很大，社会保障亟待完善，企业改制、城镇拆迁、环境污染等引发的社会矛盾增多。政府职能转变任务仍很艰巨，工作方式和思想作风与新形势新任务的要求还不适应，一些机关部门还存在着形式主义、官僚主义，少数公务人员不作为、乱作为和以权谋私的问题时有发生，一些领域的消极腐败现象还比较严重，这不仅损害了人民群众的利益，而且败坏了党和政府的声誉。进一步发展我省的好形势，必须采取有效措施，既立足当前，认真解决涉及群众利益的突出问题，又着眼长远，加快解决经济社会运行中的深层次矛盾。

各位代表，我们正处于改革发展的关键时期，面临的机遇前所未有，面临的挑战也前所未有，但总体上机遇大于挑战。省第七次党代会在准确把握发展大势的基础上，适时鲜明地提出了建设沿海经济社会发展强省的奋斗目标和重大举措，极大地鼓舞了全省人民的斗志。改革开放特别是党的十六大以来的实践证明，只要我们团结一心，尊重规律，依靠群众，把各方面的积极性创造性凝聚起来、发挥出来，就一定能够在迎接挑战中用好机遇，在突破障碍中乘势而上，夺取沿海经济社会发展强省建设的新胜利！

二、2007年工作目标要求

做好今年的工作，用改革发展的丰硕成果迎接党的十七大胜利召开，为建设沿海经济社会发展强省奠基，意义重大而非凡。政府工作的总体要求是：坚持以邓小平理论和“三个代表”重要思想为指导，认真贯彻党的十六届六中全会和省第七次党代会精神，全面落实科学发展观，弘扬“树正气、讲团结、求发展”的主旋律，紧紧围绕实现更好更快发展、构建和谐河北两大主要任务，更加注重调整经济结构和转变增长方式，更加注重资源节约和环境保护，更加注重改革开放和科技创新，更加注重统筹城乡和区域协调发展，更加注重促进社会发展和解决民生问题，加快全面建设小康社会步伐，坚定不移地朝着建设沿海经济社会发展强省的宏伟目标迈进。

按照上述要求，综合考虑各方面因素，今年经济社会发展的主要目标是：全省生产总值增长11%以上，单位生产总值能耗降低4.4%，主要污染物排放总量减少3%；全部财政收入增长12%，其中地方一般预算收入增长11.3%；城镇居民人均可支配收入增长10%，农民人均纯收入增长6%以上；全社会固定资产投资增长23%，居民消费价格上涨幅度不超过3%；新增城镇就业45万人，登记失业率控制在4.6%以内；人口自然增长率控制在6.8‰以内。

实现今年的目标任务，最根本的是以科学发展观统领经济社会发展全局，最关键的是抓住主要矛盾突破发展瓶颈，最重要的是以“抢抓新机遇、打造新优势”的要求推动工作落实。为此，必须把握好以下几个方面：

——坚持把实现更好更快发展作为主题。建设沿海经济社会发展强省，我们面临着“补课”和赶超的双重压力，必须正确处理“好”与“快”的关系。好是快的基础，没有好就会走弯路，快也难以持久。快是好的应有之义，没有快就没有跨越，很多问题也难以解决。要把更好更快统一于发展的全过程，努力做到好中求快、快中见好。

——坚持积极、有作为地贯彻落实中央宏观调控政策。中央加强和改善宏观调控，旨在保持经济持续快速健康发展，防止大起大落。要以此为契机，着力优化投资结构，提高投资质量，保持合理投资规模，坚决遏制盲目投资和不合理的重复建设；着力扩大消费需求，提高居民收入，拓宽消费领域，增强消费对经济增长的拉动作用。

——坚持把调整经济结构和转变增长方式作为紧迫任务。这是提高全省经济综合实力和实现可持续发展的必由之路，也是我省产业和企业提高竞争能力的必由之路。对此，必须统一认识，大力推进，务求取得实效，把经济增长从过分依赖资源能源消耗转到更多依靠科技进步和提高劳动者素质上来。

——坚持把改革开放和科技创新作为根本动力。更好更快发展，活力之源在于改革开放，根本出路在于科技创新。我们必须以更大的决心破除各种思想和体制障碍，加快形成落实科学发展观的体制机制保障；以更大的魄力推进开放，不断拓展发展空间；以更加积极的态度建设创新型河北，努力增强科技进步对我省经济社会发展的支撑作用。

——坚持把统筹城乡发展放在活跃全局的位置。深入推进工业化、城市化、农业产业化“三化互动”，加快建立以城带乡、以工促农的长效机制，把挖掘农业自身潜力与工业反哺农业结合起来，把扩大农村就业与农村劳动力向城镇转移结合起来，把社会主义新农村建设与推进城市化结合起来，实现城乡协调发展、共同进步。

——坚持把解决民生问题作为构建和谐河北的着力点。社会和谐，民生是基础。必须从满足人民群众日益增长的物质文化需求出发，谋发展、促发展；从人民群众最需要解决的问题入手，办实事、解民忧，尤其要帮助困难群众解决实际问题，努力形成全省人民各尽其能、各得其所而又和谐相处的局面。

建设沿海经济社会发展强省，是全省人民的宏伟事业，需要一个较长时期的艰苦奋斗。开创未来必须抓住当前，要从现在做起，以时不我待的责任感、只争朝夕的紧迫感，脚踏实地，加倍努力，一步一个台阶地向着既定目标攀登！

三、促进经济更好更快发展

不断增强综合经济实力，是建设沿海经济社会发展强省的首要任务。要坚持以经济建设为中心，凝神聚力谋发展，抓重点、解难题、破瓶颈，继续保持经济平稳较快发展的良好态势。

第一，加快经济结构战略性调整。坚持存量调强、增量调优，把壮大优势产业、做强龙头企业和创建名牌产品结合起来，提高竞争能力，实现速度质量效益同步增长。

抓住结构调整的核心，培育壮大主导产业。一是强化三大战略支撑产业。推动钢铁产业整合，落实《河北省钢铁工业结构调整总体实施方案》，抓好产品结构调整和深加工，分批淘汰落后产能，促进钢铁产业由产能扩张向提升质量转变。装备制造业要与钢铁工业互为支撑，加快重型装备、汽车、新能源设备等特色产业基地建设。石油化工业要加强合作，积极推进与中石油、中石化、中国化工等中央大企业集团战略合作协议的落实，加快石家庄化工基地、任丘石化产业基地和沧州化工城建设，推进曹妃甸大型炼化一体化基地等重大项目前期工作。二是大力发展高新技术产业。在电子信息、新材料、新能源、生物医药等领域组织实施产业化工程，突出抓好廊坊信息产业、保定“中国电谷”、石家庄半导体照明等重要基地建设，积极培育产业集群，力争2010年电子信息产业销售收入突破1000亿元，成为第四大战略支撑产业。三是改造提升传统优势产业。食品工业，要壮大龙头企业实力，加快产业化基地建设，提升其在经济发展和扩大就业中的战略地位；纺织服装业，重点抓好新产品、新装备、新材料的开发应用，增加吨纤维产品附加值；医药产业，加快技术引进和新产品开发，着力抓好石家庄国家生物医药基地等重点项目建设；建材建筑业，加快新型建材的研发推广，积极推行建筑材料工厂化预制和定向配送，推进建筑材料革新和建筑业升级。四是加快发展服务业。大力发展生产性服务业，改造提升生活性服务业，鼓励发展劳动密集型服务业，重点抓好现代物流、文化、旅游产业。积极发展第三方物流，着力推进十大物流园区建设。鼓励大型商贸流通企业发展连锁经营、特许经营等现代物流方式和组织形式。制定加快文化产业发展的政策措施，培育文化主导产业。借助奥运契机，壮大旅游业市场主体，打造旅游精品景区，构建与周边省市融合贯通的大旅游圈。

把握结构调整的关键，促进企业和产品结构优化。以品牌为龙头、技术为核心、资本为纽带，通过市场机制加快企业并购重组，形成一批主业突出、核心竞争力强、带动作用大的大公司大集团。重点推进钢铁企业联合重组，鼓励民营钢铁企业与国有控股企业联合。加大对规模以下工业企业的支持力度，促进集群发展，提高专业分工水平，做特做精做强。大力实施品牌战略，支持“河北制造”，鼓励“河北创造”，开发一批高档次、高附加值的新产品，改造提升一批传统产品，淘汰一批落后产品。培育“中国驰名商标”、“中国名牌”、“中国畅销品牌”，筛选50个优势产品予以重点扶持。加强知识产权和知名品牌保护，加快推进国际质量、管理、环保等标准认证，为创建知名品牌奠定基础。

构筑结构调整的支撑，加强重大项目建设。突出抓好重大产业项目的实施，按照“一企一策”的原则重点支持首批10个战略支撑产业项目建设，抓紧做好后续项目筛选。推动大型船舶制造、重型汽车等一批合作项目取得实质性进展。围绕提高保障能力，进一步加强能源、交通、水利等重大基础设施建设。强力推进蔚州煤电路一体化和冀蒙煤电合作开发，加快承德钒钛制品基地建设。实施石家庄、山海关机场改扩建工程。加快南水北调工程建设。狠抓重大项目谋划，增强项目储备，确保不断档、不停步。

第二，打造新的区域经济增长极。建设沿海经济社会发展强省，是全省的共同奋斗目标，各地都是建设者和受益者。各级各部门要强化沿海意识，树立开放思维，选准主攻方向，加强分工协作，增创新优势，培育新亮点，努力形成“一线带动、两厢并进、突破沿海、协调联动、整体腾飞”的区域发展格局。

加快建设沿海经济隆起带。坚持规划引领、产业突破和机制创新三措并举。一要抓好规划。秦皇岛市要进一步完善城区、港口和港区规划，调整功能分区和岸线布局，开辟腹地通道，拓展港口功能，建设综合性大港。唐山市要尽快完成唐山港总体规划，按照建设“科学发展示范区”的要求，高起点编制曹妃甸港口、港区和港城规划。沧州市要着眼临港地区的统筹发展，编制岸线开发、港口建设、临港产业、沿海城镇和配套基础设施综合规划，特别要尽快审定黄骅港港口总体规划。二要抓好产业项目。以港口带产业，以产业促发展，培育沿海经济增长点。曹妃甸示范区，要力保精品钢铁基地早日开工，积极推动大型炼化一体化基地、重型装备制造、电厂等重大项目前期工作。京唐港区要研究确定战略定位，加大招商引资力度，加快产业发展。沧州渤海新区要抓好TDI等一批重点项目建设，尽快形成产业启动点。秦皇岛临港经济区要科学利用岸线资源，大力发展高新技术、先进制造、现代物流和旅游等产业，努力谋划建设一批具有战略带动作用的大项目，壮大临港产业规模。三要抓好体制机制创新。研究建立港口、港城和工业区统一高效的行政管理体制，理顺条块之间，政府、工业区和企业之间的关系。积极争取国家政策支持，探索异地投资税收分享办法，促进生产要素合理流动与科学配置。

大力培育区域经济增长点。沿海的开发开放和腹地发展互为依托，要统筹谋划、协调推进。省里着重抓一批能够促进经济结构调整的战略性产业，能够推动生产力布局优化的工业园区和重大项目。各地都要从本地实际出发，发挥各自优势，培育壮大新的经济增长点。要加强研究谋划和科学论证，选准发展的重点和突破口，抓成一批带动作用强、综合效益高、立市立县的大项目。要着眼竞争，分工错位，推进特色主导产业的规模化、集约化发展，努力形成经济发展的新优势。

积极构筑“东出西联”的互动格局。“东出”，就是发挥港口优势，推进对外和对沿海发达地区的开放；“西联”，就是加强沿海地区与省内各地的协调联动，加强与周边省份的互利合作。通过扩大开放，更深地融入经济全球化进程，更好地利用国内外两个市场、两种资源。交通设施是“东出西联”的基础，要统筹港口、公路、铁路、航空规划与建设。发挥港口的龙头作用，完善秦皇岛、京唐、曹妃甸、黄骅四大港区功能，形成布局合理、优势互补的港群体系。加快疏港公路建设，黄骅市至港口和沿海高速公路确保建成通车，廊沧高速公路尽早开工，抓紧做好承秦高速公路前期准备。加快邯黄铁路前期工作，增加冀中南地区出海通道。加快石太铁路客运专线建设，力争京石、津秦铁路客运专线开工，加强石家庄、保定、衡水、邯郸等区域交通枢纽地位。大力推动与周边省份交通干线的连接，积极发展航空支线运输。第三，深入推进社会主义新农村建设。新农村建设关系经济社会发展全局，要按照“一个中心”、“三大保障”、“四个一批”的思路，以统筹城乡发展为基本途径，以县域经济为主要支撑，以创建文明生态村为重要载体，推动新农村建设健康发展。

坚持以发展农村经济为中心任务，努力增加农民收入。一是加快发展现代农业。按照“稳定粮食、提高菜果、做强畜牧”的既定方针，继续调整农业结构，优化区域布局。大力发展畜牧、蔬菜、果品三大产业，实施千万吨奶工程，建设优质专用菜果和畜牧生产加工基地。推进农业集约化经营，加强农田水利设施建设，提高粮食综合生产能力，稳定粮食产量。加快农业科技创新与成果转化，抓住“良种、技术、设施、推广”四个关键环节，深入实施“一县一业一园”科技示范工程，加强农业引智示范推广基地建设。健全农业标准、检验检测和认定认证三大体系，加强动物重大疫情防治，提高农产品质量安全水平。继续巩固完善各项支农惠农政策，特别是落实好四项直补政策和粮食最低收购价政策。二是大力发展农产品加工业。突出乳品、肉类、粮油、果蔬、生物质能五个重点，实施“111行动计划”，抓好农产品加工示范基地县建设、重点龙头企业建设。大力推进农业产业化经营，支持发展农民专业合作经济组织，提高农村经济集约化程度和劳动生产率水平。三是培育壮大特色产业集群。抓好园区建设，促进企业集聚、产业集约发展。重点支持50个县域特色产业集群，扩大规模、提升水平、延伸链条、做大做强。四是着力发展劳务经济。落实培训补贴政策，继续实施“阳光工程”。完善劳务输出网络，改进服务，促进劳务输出组织化、规模化发展。认真落实国务院和我省解决农民工问题的实施意见，积极改善农民进城就业环境，建立健全农民工工资保证金制度，推动农民工参加社会保险，逐步形成预防和解决工资拖欠、社会保障等问题的长效机制，切实维护农民工合法权益。

建立健全农村“三大保障”，改善农民生产生活条件。完善农民基本生活保障，着力解决农民衣食住行等方面急需解决的问题，确保基本生活需要。强化农村基础设施和社会事业保障，财政支农投入的增量继续高于上年，固定资产投资用于农村的增量继续高于上年，加强农村公路、桥涵、水利、电网、信息等设施建设和维护管理，增加对农村教育、文化、卫生等社会事业投入。健全新农村建设体制保障，加快推进以乡镇机构、农村义务教育和县乡财政体制改革为主要内容的农村综合改革，协调推进集体林权制度、农村金融等各项改革，深入实施“万村千乡市场工程”。

协调推进“四个一批”，因地制宜搞好新农村建设。按照城乡统筹的要求，以县域为单元，以经济发展为基础，积极创建文明生态村，探索符合我省实际的新农村建设方式。一是转变一批。城中村和位于城郊的村庄，要与城镇一体规划、一体建设，加快农村向城市、村组向社区、农民向市民转变。二是提升一批。具有较强产业基础和带动能力的村庄，着眼于培育区域经济中心，联手周边村庄，集中规划、联片建设，向小城镇发展。三是改善一批。具有一定人口规模的村庄，立足现有基础，健全公共设施，改善人居环境，逐步发展为中心村。四是迁建一批。对少数地处偏远，人口较少，不宜生存和发展的村庄，逐步向城镇和有条件的村庄集中。推动新农村建设，要坚持遵循客观规律，尊重农民意愿，发挥农民的主体作用，防止形式主义和损害农民利益。

第四，加速城市化进程。深入实施城市化战略，是缩小区域差距和促进城乡协调发展的重要途径，必须加大推进力度，迈出更大步伐。不断壮大城镇产业基础。坚持产业兴市、产业兴镇，把产业发展放在城市化的首要位置，以工业化带动城市化。区域中心城市要大力发展优势产业，做大做强主导产业。中小城市要搞好协作配套，发展特色产业，壮大综合实力。要统筹经济发展、生产力布局和城镇建设，引导产业向园区集中、园区向城镇集中，通过产业集聚发展，提供更多就业岗位，促进农村劳动力向城镇转移。

提高城镇综合承载能力。着力完善城市功能，按照服务生产、适宜人居、提高品位的要求，加强供水、供气、供热、园林绿化、污水和垃圾处理、公共交通以及文化体育等公用设施建设。重视省会建设，发展壮大区域中心城市，积极发展县城和重点镇。加强城市管理，深化市政公用事业改革。改进户籍管理制度，降低外来从业人员进城落户门槛，保障新落户居民合法权益。

抓好规划编制的修编。按照全省城镇体系规划，做好城市总体规划修编工作，完成设区市和县级市的修编任务。与城市总体规划修编和产业发展规划衔接，尽快完成土地利用总体规划修编的前期工作。积极参与京津冀城市群规划编制，启动沿海城市带规划编制工作。

第五，大力推进经济增长方式转变。把节能降耗、集约用地、环境保护和发展循环经济作为突破口和重要抓手，落实责任，强化措施，务求取得实效。

狠抓节能降耗。落实我省关于加强节能工作的决定，实行上级政府与下级政府、政府与企业双向目标责任制，完善实绩评价考核机制。推进“双百企业节能工程”，对重点企业逐户提出节能措施并抓好督导，力争如期达标。在冶金、化工、建材等高耗能、高污染行业，实施燃煤锅炉改造等十大重点节能工程，抓好绿色照明等示范项目建设，开发应用余热余压回收、能源梯级利用等重大节能先进技术。新建民用与公共建筑，要严格执行节能节水标准。充分发挥价格、财税、政府采购等政策的调节作用，促进能源节约和高效利用。增强全民节约意识，广泛开展节约型机关、节约型企业、节约型社区和节约型社会创建活动。

促进环境改善。重点抓好水、大气、土壤的污染防治，严格实行强制淘汰和限期治理制度，依法关停、搬迁、改造一批重污染企业，限期治理一批污染企业。全面实施排污许可证制度，对超过环境容量或污染物排放总量控制指标的区域，限期削减总量。严把新上项目环境准入关，控制发生新的污染。以创新机制为重点，以中水利用为切入点，加快城市污水处理厂建设。加强水源地保护，狠抓大清河、子牙河流域及白洋淀、衡水湖等区域污染防治。依法管理海域，加强海洋环境监测和保护。抓好大气污染治理，确保二氧化硫排放总量达标。扎实推进生态省建设，继续实施太行山绿化、京津风沙源治理、首都水资源可持续利用等重大生态工程。加强城市环境综合整治，努力使更多的城市进入环保先进行列。

节约集约用地。切实加强耕地特别是基本农田保护，严格禁止违法违规用地、滥占耕地。合理调整土地利用布局，千方百计增加建设用地供给。加大城乡闲置荒废土地的整治利用，促进工业用地向开发区和工业区集中，推动土地集约使用。强化对投资强度、容积率、建筑密度、绿地率等指标控制，提高土地利用率。按照“集中指标保重点，一般项目靠挖潜”的原则，统筹安排建设用地。加强建设用地监管，逾期不用的依法收回。科学整合、合理开发矿产资源，严厉打击违法勘查、违法开采行为。加大重点矿种地质勘查力度，提高矿产资源后续保障能力。

发展循环经济。重点抓好曹妃甸循环经济示范区等4个国家级试点，在石家庄、唐山、秦皇岛、邯郸、廊坊等城市和部分产业园区、企业开展省级试点。抓紧制定循环经济试点技术指标体系和验收标准。落实钢铁行业发展循环经济方案，研究制定建材、化工行业的实施办法。制定和完善再生物资回收的政策措施，实施节能、节水专项规划，推进工业“三废”和废旧资源循环利用。

四、推进改革开放和科技创新

实现经济社会更好更快发展，根本途径在于改革开放、科技创新。要加强对改革开放的总体指导和综合协调，加大科技创新力度，努力在一些重要领域和关键环节取得突破。

第一，着力推进重点领域改革，为科学发展提供体制

机制保障

以产权制度改革为重点，加快推进国有企业改革。突出抓好国有大型企业战略重组和产权制度改革，完成石钢整体公司制改造，推进华药集团合作重组。完善国有资本有序进退、合理流动机制，加快省属和省直部门所属企业改革步伐，完成11户省属煤炭企业政策性关闭破产。加快中小企业改革，完成市县属国有企业改制扫尾工作。强化国有资产监管，尽快完善国有企业业绩考核体系，加强对企业财务风险的防范管理。

以转变政府职能为重点，积极推进行政管理体制改革。深入落实《行政许可法》，对政府审批事项进行全面评估检查，进一步削减行政许可项目，把依法行政纳入行政机关和公务员考核体系。强化社会管理和公共服务职能，着力解决群众反映强烈的突出问题。加快建设公共财政，合理界定地方各级财政支出责任，清理归并省级专项转移支付项目，增强财政调节服务功能。加强预算项目库建设，建立绩效评价体系，确保财政资金有效使用和运行安全。探索建立财政监督新机制，理顺行政事业单位资产管理体制，提高使用效益。推进事业单位改革，加强行业协会建设和管理，为政府职能转变创造条件。

以提高要素利用效能为重点，大力推进现代市场体系建设。积极发展土地、技术和劳动力等要素市场，切实加强资本市场建设。对国有资源、资产、资本、资金统筹运作，探索资源转化为资产、资产转化为资本、资本转化为资金投入的有效途径，完善地方投融资体系。支持符合条件的企业上市和发行债券。完善企业和个人征信体系，支持金融机构创新金融产品，优化信贷结构，繁荣金融市场。改造提升传统商品市场，推动批发市场和大型零售市场改造升级。深化国有流通企业改革，落实减债脱困政策，培育骨干流通企业。强化市场监管责任，整顿规范市场秩序，严厉打击制售假冒伪劣商品等扰乱市场、危害群众的违法行为。

第二，进一步优化发展环境，推进民营经济快速健康发展

毫不动摇地鼓励支持和引导民营经济发展。中小企业是民营经济的主体，要着力抓好政策落实，推动制定我省中小企业促进条例，制定实施中小企业成长工程若干意见。支持千家成长型民营企业加快发展，支持百家规模型民营企业做大做强。积极发展个体工商户，繁荣城乡市场，方便群众生活。以园区为载体，打造民营经济发展平台。与金融机构合作，探索推广担保平台、风险评估平台和信用评价小组三位一体运作方式，拓宽中小企业融资渠道。探索发展小额贷款公司。加快信用担保机构建设，扩大规模，防范风险，全省信用担保资本金达到60亿元。抓紧出台开展全民创业活动的决定，建立健全社会化服务体系，推进创业辅导基地建设，培育壮大民营企业家队伍。加强舆论宣传，弘扬创业文化，形成全社会崇尚创业、竞相创业的浓厚氛围。

第三，加强科技创新，推进创新型河北建设

科学技术是提升综合竞争力的决定性因素。要深入实施“十一五”科技发展规划，加快建立以企业为主体、市场为导向、产学研相结合的技术创新体系。

精心组织实施重大科技专项。围绕破解产业发展中的关键技术难题，抓紧实施12个重大科技专项，突出抓好50个重点科技项目，着力推进钢铁、石化、装备制造等战略支撑产业的技术研发和转化，推进高新技术产业、现代农业和现代服务业中重点领域的技术和产品开发。省级财政新增科技投入全部用于重大科技项目，通过共性技术和关键技术的创新，带动产业产品结构升级。

加强科技创新平台建设。以重点企业、科研单位和大学为依托，启动建设河北汽车、卫星导航、纺织服装等一批工程技术研究中心，推进一批企业技术中心建设，确保亚稳材料设备技术与科学等21个国家及省级重点实验室建成并投入使用。支持各地创业服务中心等科技企业孵化器建设，加强技术市场、科技传播站等科技服务机构建设，逐步完善科技中介服务体系。

创新科技成果转化机制。积极探索产学研结合的新形式，借助以高校为依托共建的河北清华发展研究院、以科研单位为依托建立的石家庄信息产业基地、以企业为主体建立的廊坊研发与孵化基地等模式，创新技术转化机制。引导基础类研究机构与高校合作或重组，推动应用类研究机构实行企业化转制或直接进入企业。加强省内外院校与企业的科技合作，联合实施重大科技工程。以省科技风险投资公司、信息产业投资公司为依托，联合国内外风险投资主体共同建立融资平台，发展创业风险投资。

加快人才队伍和创新团队建设。深入实施人才强省战略，大力开发人力资源，实施各类人才的集聚和培训工程。加强领军人才开发，把培养引进人才与重大项目建设紧密结合起来。研究制定科学的人才评价制度，围绕科技成果的研发和转化，完善人才选用、职称评定、收入分配等方面的制度和办法，健全人才市场，努力形成有利于人尽其才、人才辈出的良好环境。

第四，积极适应新形势，努力提高对内对外开放水平

我国加入世贸组织过渡期已经结束，对外开放进入一个新阶段。要研究新情况，把握新特点，创新开放思路，改进工作方式，在更大范围、更广领域、更高层次上参与国内外经济竞争与合作，不断提高在扩大开放条件下加快发展的能力和抗风险能力。

提高利用外资质量和水平。着眼我省产业优化升级，更多地引进先进技术、管理经验和高素质人才。加强品牌开发区和名牌企业建设，吸引国际产业转移重组中的战略投资者。抓住国际服务业加快转移的机遇，下大力抓好服务外包。从全省发展的战略需要出发，提出分区域、分国别的招商及合作重点。进一步改进招商方式，建立大企业大集团信息库，加强信息搜集和筛选，增强招商引资的针对性和实效性。抓好已签约项目特别是1000万美元以上大项目的落实，提高合同履约率和外资到位率。

加快转变外贸增长方式。优化出口商品结构，提高机电、高新技术产品出口比重，扩大技术贸易、服务贸易和农产品出口，减少“两高一资”产品出口。加强出口主体

建设，支持出口基地和重点出口企业加快发展。加强出口品牌建设，扶持品牌产品进入世界主体市场网络。大力发展加工贸易，加快秦皇岛出口加工区建设，推动廊坊出口加工区尽快封关运行。扩大关键设备、先进技术和短缺资源进口，支持有条件的企业"走出去"，开展油气、矿产、农业等重要资源的合作开发。

进一步改善口岸环境。加快海陆空口岸的规划建设与开放步伐，完善口岸功能，健全运行协调机制。发展电子口岸，推进"大通关"建设，提高通关效率。积极开展与周边重点口岸的区域通关合作，加快石家庄内陆港建设，逐步建立连接我省内地与沿海的国际物流体系。

加强与国内大公司大集团和重点区域的战略合作。主动加强与国内知名企业尤其是中央企业的联系，广泛开展战略合作。按照"融入沿海，联合京津，平等错位，合理分工"的思路，推进京津冀区域合作迈出实质性步伐，努力实现优势互补，共同发展。加强与沿海发达地区的合作，吸引更多的大企业大集团到河北投资置业。积极推动与中西部地区的合作，特别是资源合作开发。

五、加快和谐河北建设

发展靠的是人民群众，发展的成果理应惠及广大群众。要把建设和谐河北摆在更加突出的位置，围绕"关注民生、发扬民主、保障民安、塑造民魂、促进民和"，继续实施"十项民心工程"，着力解决群众最关心、最直接、最现实的利益问题。

第一，把扩大就业作为重民生的头等大事来抓。就业是民生之本。要广辟就业渠道，研究制定就业性战略产业发展规划，大力发展劳动密集型及技术密集与劳动密集复合型产业，完善和落实扶持自主创业的政策措施，推动全民创业。完善就业服务，加强就业、创业和再就业培训，建立重大项目建设与技能人才培养对接机制，实施新技师培养计划。加强就业指导和就业援助，重点做好下岗失业人员再就业、零就业家庭及就业困难人员就业、高校毕业生和退伍转业军人就业工作。切实维护劳动者合法权益，继续实施劳动合同制度三年行动计划，建立劳动用工登记和企业执行工资指导线备案制度。加强劳动力市场监管，完善调解与仲裁衔接机制，妥善处理劳动争议，促进劳动关系和谐。

第二，把加强社会保障作为解民忧的关键环节来抓。社会保障是调节分配关系的重要机制，是社会和谐的稳定器。要进一步健全社会保险制度。扩大社会保险覆盖面，重点抓好非公有制经济组织人员、城镇灵活就业人员和农民工的参保工作。完善企业职工基本养老保险制度，加快事业单位养老保险制度改革。研究制定城镇居民参加医疗保险的具体办法，实施农民工工伤保险"平安计划"，鼓励农民工参加大病医疗保险。健全保险基金监管制度。抓紧制定社会保险关系省内跨地区转移的接续办法。完善社会救助体系。加强城镇低保，适当提高补助水平。进一步完善农村低保制度，逐步扩大保障覆盖面。落实农村"五保"供养政策，做到应保必保。健全城乡医疗救助制度。切实做好救灾救济工作。发展残疾人事业，开展多种形式的老龄服务。增强公民慈善意识，积极发展慈善事业。

第三，把发展社会事业作为造民福的战略任务来抓。社会事业为广大群众提供公共服务，是构建和谐社会的重要载体。优先发展教育事业。大力实施素质教育。贯彻落实新义务教育法，实施农村义务教育经费保障机制改革，全部免收农村义务教育阶段学杂费，对农村贫困家庭学生免费提供课本和补助寄宿生活费。确保教师工资、公用经费和危房改造资金按时足额到位。完成农村中小学现代远程教育工程建设任务，开展农村学区建设改革试点。把加快发展职业教育作为重大而紧迫的任务，扩大规模，提升档次，建成一批高水平的专业实训基地和校外实习基地，实施高职高专示范学校建设工程，力争1－2所进入国家建设规划。提高高等教育质量，相对稳定招生规模，调整优化专业设置，适应社会需求。提高全民科学素质，繁荣发展哲学社会科学。深入推进文化大省建设。开展以"八荣八耻"为主要内容的社会主义荣辱观教育，弘扬"坚韧质朴、重信尚义、宽厚包容、求实创新"的新时期河北人文精神。抓好文化单位体制改革试点，开展多种形式的群众文化活动。加快河北博物馆建设进度，基本完成省图书馆改扩建工程，积极推进广播电视村村通、数字电视平移和乡镇文化站建设。抓好山海关长城维修等重点项目，力争避暑山庄及周围寺庙和清东西陵文物保护项目在国家立项，做好第二批国家级、省级非物质文化遗产申报和评选工作。启动河北体育中心项目建设，办好省第十二届运动会，推进全民健身运动。加快发展卫生事业，着力解决群众看病难、看病贵问题。新型农村合作医疗试点县（市、区）增加103个，达到县（市、区）总数的80%以上，覆盖农民总人口的98%。乡镇卫生院改造今年全部完成。城市社区卫生服务街道覆盖率力争达到75%。完善医院管理评价制度，切实减轻患者负担。加大传染病预防控制力度，提高突发公共卫生事件应急处置能力。继续实施"计生惠民"行动，综合治理出生人口性别比偏高，统筹解决人口问题，稳定低生育水平。加强国防动员和后备力量建设，深入开展"双拥"共建，落实优抚安置政策。

第四，把改善人民生活作为谋民利的根本要求来抓。高度重视并逐步解决我省城乡居民总体收入水平偏低问题，努力使老百姓的日子过得越来越好。完善工资集体协商机制，实行企业最低工资制度，调整提高工资指导线，适当提高初次分配中劳动报酬比例。加强收入分配调节，着力提高低收入者的收入水平，扩大中等收入者比重，有效调节过高收入，坚决取缔非法收入。认真解决城市困难群众的住房问题，改进和规范经济适用住房管理办法，加快建设廉租住房和中小套型、中低价位商品住宅。加大扶贫开发力度，继续支持张承地区改善交通、电力等基础设施条件，加快黑龙港流域扶贫开发步伐。高质量完成第二批贫困村整村扶贫开发计划，扎实推进"四帮一"扶贫工程，启动第二批5万户扶贫入户项目，编制实施三年扶贫移民搬迁规划，稳定解决20万农村贫困人口的温饱问题。新建改建农村公路1万公里，新增沼气30万户，解决200万人的饮水安全问题。

第五，把维护社会秩序作为保民安的基础工作来抓。平安是人民群众的基本要求，也是实现人民群众根本利益的重要前提。加强民主法制建设，扩大基层民主，深化政务公开、厂务公开、村务公开、公用事业单位办事公开制度。加强行政执法监督检查，做好法律服务和法律援助工作。落实“五五”普法规划，深入开展普法宣传教育。全面贯彻党的民族政策，依法管理宗教事务。正确处理人民内部矛盾，加强和改进信访工作，完善人民调解、行政调解、司法调解“三位一体”的社会矛盾纠纷调处工作体系。积极预防和妥善处置群体性事件，坚持依法办事，按政策办事，既帮助解决实际问题，维护群众正当权益，又依法维护社会安定团结。深入开展平安河北创建活动，加强社会治安综合治理，依法严厉打击各种刑事犯罪。开展食品药品专项整治，切实保障群众健康安全。下大力抓好安全生产，严格落实安全生产责任制和重大安全生产事故责任追究制，加强煤矿、非煤矿山、危险化学品、交通和森林防火等重点领域安全工作，搞好地震气象预测预报，坚决遏制重大安全事故发生。

六、加强政府自身建设

全面完成今年目标任务，推进沿海经济社会发展强省建设，各级政府责任重大、使命光荣。面对新的形势和繁重任务，必须切实加强政府自身建设。要坚持依法行政，推进社会管理法制化和行政执法规范化，建设法治政府；牢记为人民服务宗旨，认真履行工作职责，干事创业为民，建设服务政府；提速工作过程，提高服务质量，推广电子政务，建设效能政府；大力反腐倡廉，健全和落实教育、制度、监督并重的惩治和预防腐败体系，建设廉洁政府。省政府要从自身做起，带头转变职能，带头转变作风，为全省树榜样、作表率。

第一，解放思想，以更加宽广的眼光和战略思维推进工作。解放思想才能视野宽阔，解放思想才能与时俱进。要用马克思主义中国化的最新理论成果武装头脑、指导实践，用现代经济、科技、法律、管理等知识丰富自己，努力做到始终不脱离时代、不脱离实际、不脱离群众。要加快转变思想观念，破除墨守成规、固步自封的思想束缚，树立大胆探索、勇于创新的思想理念；破除小富即安、稍进则满的小农意识，树立奋发有为、敢于争先的精神风貌；破除封闭内敛、抱残守缺的保守心态，树立大开放、创新业、建强省的共同理想和坚定信念，以思想的大解放推动事业的大发展。

第二，求真求是，努力提高科学决策水平。坚持讲究科学，尊重规律，善于从纷繁复杂的社会现象中抓住主要矛盾，形成正确决策思路。对涉及经济社会发展的重大决策，要征询各方面意见，避免决策失误。对长远规划、重点建设、战略布局的重大事项，要引入国际国内权威机构参与论证评估，力求科学缜密。对一些关系全局、影响长远的重大问题进行系统分析，研究制定解决方案，努力突破经济社会发展中的症结性矛盾。

第三，强化服务，为更好更快发展创造良好环境。优化发展环境，归根结底是要改善政府服务。要进一步转变工作作风，增强服务意识，拓宽服务领域，改善服务态度，想群众所想，办群众所需。要顾全大局，协调配合，坚决反对推诿扯皮、敷衍塞责、各自为政，确保政令畅通。要大力优化发展环境，在努力改善硬环境的同时，着力优化政务环境、市场环境、法制环境和人文环境，以良好的环境促进发展，成就事业。

第四，狠抓落实，确保各项工作取得新成效。坚持说实话、办实事、求实效，力戒形式主义，不做表面文章。努力提高政府执行力和公信力，建立健全抓落实的制度，重要事项都要分解到部门，落实到人头，明确工作标准和完成时限。要以创新的精神促进落实，以实干的行动推进落实，把精力集中在想干事上，把本领体现在会干事上，把目标锁定在干成事上，使抓落实成为各级各部门和广大公务员的自觉行动。

第五，团结创业，形成加快发展的强大合力。团结就是力量。要把团结作为一种能力来锻炼和提高，作为一种文化来继承和弘扬，作为一条纪律来遵守和执行。切实加强上下之间、部门之间、地区之间的团结协作，发扬团队精神，形成整体合力。要不断增进公务员队伍的团结，增进公务员与群众的团结，增进军政军民的团结，增进全省各族人民的大团结，把团结的氛围搞得浓浓的，把发展的干劲鼓得足足的。

第六，廉洁从政，切实做到为民、务实、清廉。大力发扬艰苦奋斗的精神，坚决反对铺张浪费。严格执行党风廉政建设责任制，继续推进行政权力公开透明运行，深入治理商业贿赂。充分发挥监察、审计等监督机关的作用，强化对行政机关履行职责的监督检查，严肃查处违法违纪案件和腐败分子。深入开展民主评议活动，切实纠正部门和行业不正之风，认真解决各种损害群众利益的问题。

各位代表，政府的一切权力都是人民赋予的，必须对人民负责，为人民服务，接受人民的监督。我们要自觉接受同级人民代表大会及其常委会的法律监督和工作监督，接受人民政协的民主监督，认真听取民主党派、工商联、无党派人士和各人民团体的意见，同时接受新闻舆论和社会公众监督，确保权力在阳光下运行。

各位代表，历史是人民创造的，任何困难都不能改变河北人民创造幸福生活的美好愿望，任何挑战都无法阻挡我们建设沿海经济社会发展强省的前进步伐。展望未来，我们充满信心。让我们紧密团结在以胡锦涛同志为总书记的党中央周围，在省委的正确领导下，高举邓小平理论和“三个代表”重要思想伟大旗帜，深入贯彻落实科学发展观，树正气、讲团结、求发展，同心同德，开拓奋进，全面完成今年的各项目标任务，以优异的成绩迎接党的十七大胜利召开！

关于河北省2006年国民经济和社会发展计划执行情况与2007年国民经济和社会发展计划（草案）的报告

——2007年1月16日在河北省第十届人民代表大会第五次会议上

河北省发展和改革委员会主任　沈小平

各位代表：

受省政府委托，我向大会作河北省2006年国民经济和社会发展计划执行情况与2007年国民经济和社会发展计划（草案）的报告，请予审议，并请省政协委员和其他列席人员提出意见。

一、2006年计划执行情况

“十一五”开局之年，全省各级各部门坚持以科学发展观为统领，紧紧围绕省十届人大四次会议确定的目标任务，继续积极、有作为地落实国家宏观调控政策，调整经济结构，推进改革开放，狠抓节能减排，促进社会和谐，经济社会保持了良好的发展态势，绝大多数指标达到或超过既定计划目标。

——生产总值预计完成11500亿元左右，同比增长约13%，高于计划目标2个百分点。

——全部财政收入完成1223.1亿元，其中地方一般预算收入完成620.2亿元，分别增长18.1%和20.3%，高于计划增速6.1个和9.3个百分点。

——城镇新增就业人数44.3万人，完成年计划的108%。城镇登记失业率为3.8%，控制在4.6%的计划目标以内。城镇基本养老保险覆盖人数增长5.8%，超额完成计划目标。

——居民消费价格总水平上涨1.7%，控制在3%的计划目标以内。

——城镇居民人均可支配收入10300元，增长13%，高于计划增速3个百分点。农民人均纯收入3760元，增长8%，高于计划增速2个百分点。

——全社会固定资产投资完成5530亿元，增长30%以上，高于计划增速10个百分点。其中，城镇固定资产投资完成4532亿元，增长34%，高于计划增速9个百分点。

——社会消费品零售总额完成3396亿元，增长15%，高于计划增速3个百分点。

——进出口总值185.3亿美元，增长15.3%，高于计划增速3.3个百分点。其中，出口总值128.3亿美元，增长17.5%，高于计划增速7.5个百分点。

——实际利用外资23.8亿美元，增长4.4%，低于计划目标1.7亿美元。主要原因是部分利用外资大项目实际到位外资及企业境外上市融资未能实现年初预期。

——工业固体废物综合利用率为52.2%，超额完成计划。城市污水集中处理率为52%，达到计划目标。单位生产总值能耗比上年有所下降，扭转了“十五”以来的上升势头。

——规模以上高新技术产业增加值增长20%以上，完成年度计划。

——普通高校招收研究生7721人，中等职业教育招生41万人，均超额完成年度计划。由于全国高校招生管理方式发生变化，加之部分已录取学生没有报到，地方普通高校实际招收本专科生25.8万人，比计划少0.5万人。

——人口自然增长率为6.5‰，控制在6.8‰的计划目标以内。科技、文化、卫生、体育等社会事业全面发展。

与此同时，经济生活中仍存在一些突出矛盾和问题：一是农民持续增收难度加大。受农产品价格下跌和农资价格上涨的双重挤压，一产经营性收入增速减缓；工资性收入短期内难有大的提高，政策性增收空间有限。二是工业亏损企业亏损额增加。由于产成品销售价格与能源原材料价格“倒挂”，石油加工炼焦、非金属矿物制品、化学原料及制品等行业的亏损企业增亏较多。三是要素供应依然紧张。建设用地指标缺口较大，企业特别是中小企业流动资金紧缺。煤电气运等要素供应紧张的状况总体上虽有所缓解，但区域性、结构性、时段性供需矛盾仍然存在。四是节能减排任务艰巨。能源消费水平偏高，资源利用方式粗放，环境污染较为严重，能源资源环境约束趋紧的问题日益凸显。五是就业再就业形势严峻。部分城镇新增劳动力未能及时就业，国企改革进程中一些职工有待分流安置，农村还有大量富余劳动力需要转移，扩大就业任务繁重。对上述问题，必须高度重视，并采取有效措施努力加以解决。

二、2007年主要发展目标

按照科学发展、和谐发展的要求，今年经济社会发展计划主要目标的安排，减少了一些产品产量指标，增加了部分质量效益、节能减排和社会发展指标。

——宏观经济保持平稳较快发展。生产总值增长11%以上。全部财政收入增长12%，其中地方一般预算收入增长11.3%。

——城乡居民收入继续提高。城镇居民人均可支配收入增长10%，农民人均纯收入增长6%以上。居民消费价格总水平涨幅控制在3%以内。

——经济发展付出的代价减小。单位生产总值能耗降低4.4%，单位工业增加值用水量降低8.5%，主要污染物排放总量减少3%。耕地保有量降幅控制在0.3%以内。

——经济社会发展的协调性不断增强。城镇新增就业45万人，登记失业率控制在4.6%以内。城镇基本养老保险覆盖人数增加41.4万人。新型农村合作医疗以县为单位覆盖率达到80%以上。人口自然增长率控制在6.8‰以内。

全省生产总值预期增长11%以上，主要基于以下考虑：

从三大需求的拉动作用分析，投资方面，2006年在建和新开工项目约有5400亿元投资结转实施，还有一批投资额较大的能源、交通和制造业项目开工建设，预计全社会固定资产投资增长23%。消费方面，随着城乡居民收入的增加和社会保障水平的提高，市场需求将稳步扩大，预计社会消费品零售总额增长14%。出口方面，受国家调整部分商品出口退税率、人民币升值、贸易摩擦增多等因素影响，外贸出口增速会有所回落，预计在10%左右。根据“十五”以来三大需求与经济增长的弹性系数预测，今年生产总值增幅在12%左右。

从三次产业支撑能力分析，在巩固和完善支农惠农政策，加大新农村建设投入力度等因素的推动下，农业生产将稳步发展，预计第一产业增加值增长5%以上。受国家抑制固定资产投资过快增长、加强产能过剩行业调控等因素的影响，我省钢铁行业生产增势会有所减缓；装备制造、食品等行业将保持较快增长态势，石化行业生产经营形势可望好转，预计第二产业增加值增长13.5%左右。随着现代物流、文化旅游等新兴服务业的规模扩张，商贸流通等传统服务业的不断升级，服务业将继续较快发展，预计第三产业增加值增长12%以上。通过对三次产业预期增速加权测算，生产总值增幅可达11.8%。

综合分析各种因素，经济增长目标预期在11%以上，既考虑了扩大就业、增加财政收入等方面的需要，又与“十一五”规划确定的年均增速相衔接，也留有一定的余地。这样安排，有利于引导各方面更好地落实科学发展观，切实把工作的着力点放到调整经济结构、转变增长方式、促进和谐发展上来。计划实施中，要力争更好更快些。

实现上述目标，需着重把握以下原则：

——围绕主题，突出重点。着眼于实现更好更快发展，抢抓新机遇，打造新优势，集中力量培育沿海经济隆起带，加快形成“东出西联”的开放格局，为建设沿海经济社会发展强省构筑战略支撑。

——优化结构，提高效益。继续积极、有作为地落实国家宏观调控政策，遵循产业演进和技术进步规律，调优增量，调强存量；把节约资源、保护环境放在突出位置，大力推动节能减排，促进增长方式转变。

——深化改革，扩大开放。更加注重用改革的办法解决深层次矛盾和问题，为科学发展、和谐发展提供体制保障；更加注重发挥两环优势引进战略投资者，提高开放的质量和水平，不断为经济社会发展注入新的动力。

——统筹兼顾，关注民生。坚持把实现经济社会协调发展和人的全面发展作为各项工作的出发点和落脚点，公共资源配置更多地向群众直接受益的领域倾斜，更多地向农村倾斜，让广大群众共享改革发展成果。

三、工作重点和主要措施

今年是建设沿海经济社会发展强省的起步之年。我们要按照省第七次党代会的部署，落实关键举措，解决突出问题，努力做到好中求快，快中见好。

（一）着力培育沿海经济隆起带，打造新的区域增长极。加强规划引导。编制沿海经济隆起带发展规划，统筹谋划港口功能定位、临港产业布局、基础设施建设等重大问题。争取国家尽早批复曹妃甸港区和循环经济示范区产业发展总体规划，加快黄骅港总体规划报批进度，调整秦皇岛港规划布局。

坚持基础设施先行。加快曹妃甸煤码头、原油码头建设进度，争取液化天然气码头早日开工。全面启动黄骅港路、电、水、讯等基础设施工程，力促矿石、杂货泊位开工。结合秦皇岛港功能拓展，搞好岸线布局调整并完善配套设施。实施港口通道专项工程，确保沿海高速公路年内通车，加紧建设唐曹、保沧等高速公路，积极推进邯黄铁路和承秦高速公路等项目前期工作；进一步加强与周边省份交通干线的连接，逐步形成便捷的出海通道，努力拓展港口经济腹地。

做大做强临港产业。发展曹妃甸示范区精品钢铁、现代物流产业，谋划大型炼化一体化、重型装备制造等后续临港产业。壮大沧州临海地区化工产业，培育机械制造、现代物流等产业。加快秦皇岛临港经济区高新技术、先进制造业发展步伐，提升滨海旅游、食品加工等产业水平。

推动政策、机制创新。在对外开放、土地使用、财税金融等方面，争取曹妃甸工业区享受国家政策支持。探索实行异地投资税收分享等办法，促进沿海地区开发开放。谋划港口资源整合思路，逐步形成港口、港城和工业区统一高效的运行机制。

促进区域协调发展。按照“一线两厢”区域发展布局，加快石家庄、保定、廊坊等地区先进制造业、高新技术产业和现代服务业发展步伐，支持邯郸、邢台、衡水等地区优势特色产业扩大规模、提高水平，推进张承地区基础设施建设和绿色环保型产业发展，形成各具竞争优势的经济增长点。

（二）抓好重大项目建设，促进产业结构优化升级。把发展十大主导产业作为着力点。钢铁工业，以实现品种、质量的历史性跨越为目标，启动曹妃甸精品钢铁基地主体工程，加快邯钢结构优化产业升级项目建设步伐。大力推进一批钢铁深加工项目，扩大用钢产业规模。装备制造业，以壮大十强企业为重点，加快唐山高速动车组、哈动力秦皇岛出海口基地二期等项目建设，力争山海关百万吨造船、天威超高压交直流输变电成套设备等项目开工。石化产业，以延伸链条为着力点，搞好石家庄、任丘石化基地和沧州化工城建设，争取石化纤16万吨已内酰胺等项目开工，华北石油8万吨苯乙烯等项目投产。高新技术产业，以培育六大基地为重点，力促华为通讯网络整机、宁晋晶龙太阳能电池等项目年内建成投产，京东方移动平板显示、涿州万吨非晶带材等项目加快实施进度，石家庄通用飞机制造、富士康手机关键零部件等项目尽早开工。同时，推进华药新工业园、耀华整体搬迁、三鹿牛乳深加工、高阳宏润新型面料等一批重大项目，带动医药、建材、食品、纺织服装等行业改造升级。搞好邯郸综合物流、山海关古城开发与保护等项目建设，促进现代物流和文化旅游业加快发展。

增强基础设施和基础产业保障能力。强力推进蔚州煤电路一体化、冀蒙煤电合作等重大项目，力争一批大型燃煤电站项目前期工作取得突破性进展，坝上地区百万千瓦级风电基地内的项目全部开工。落实“8+3”省部合作建设铁路协议，确保京石、津秦客运专线年内开工；支持桑张、遵小等地方铁路建设。争取大广、长深高速公路尽快开工，抓好邢汾、荣乌等高速公路项目前期工作。

力促重大项目顺利实施。加强对首批10个重点产业支撑项目的协调督导，确保取得阶段性成果；抓紧筛选后续批次项目，逐项研究提出扶持政策。按照“用地指标保重点、一般项目靠挖潜”的原则，增加省重点项目用地指标。通过建立合作机制，引导金融机构扩大信贷投放；壮大地方投融资机构实力，搭建政府引导性资金与社会资本有效对接的融资平台，拓宽重点项目资本金筹措渠道。修订完善重点项目收费目录，实行重大项目“一卡通”制度，着力优化建设环境。

（三）扎实推进社会主义新农村建设，千方百计增加农民收入。积极发展现代农业，重点抓好“三业一化一支撑”。突出畜牧业主导地位，继续实施千万吨奶工程，搞好良繁体系建设，加强动物疫病防治；大力发展农产品加工业，支持一批农业产业化龙头企业和示范基地建设，实施“111行动计划”；推广节水农业，新增节水灌溉面积200万亩；推进农业生产标准化，扩大绿色、无公害农产品生产；健全农业科技支撑体系，实施农业科技示范工程，搞好19个科技入户示范县建设。加快邯郸等大型商品粮基地建设和石津等大型灌区改造。粮食播种面积稳定在9300万亩。

拓宽农民增收渠道。完善粮食和农资综合直补政策，扩大良种和农机具购置补贴的范围和品种。继续实行粮食最低收购价政策，稳定农业生产资料价格。加强对外出务工人员的技能培训，扩大有组织的劳务输出。推行农民工工资保证金制度，逐步建立预防和解决欠薪问题的长效机制。

增强文明生态村创建的载体功能。围绕改善农民生产生活条件，新改建农村公路1万公里、电网线路4000公里，新增沼气用户30万户，抓好乡镇文化站（室）和村民中心建设，加快街道硬化、街院净化和村庄绿化。力争有30%的行政村跨入创建工作先进行列。

（四）加强运行调节，努力保持经济平稳较快增长。搞好生产要素供需衔接。在组织好省内煤炭生产的同时，继续推进与周边能源大省的合作，帮助重点企业建立长期稳定的煤炭供应渠道。优化电力调度方式，强化需求侧管理。积极争取天然气资源，努力缓解京邯管线及沧州大化等重点用户气源紧缺状况。完善与铁路部门的协调机制，最大限度地满足重点企业和重要物资的运输需求。

提高工业经济运行效益。坚持分类指导，优化生产要素配置。对盈利大户，支持其开足马力，实现高产高效；对亏损大户，引导其调整经营策略，努力减亏增效；对即将竣工项目，帮助企业提前做好流动资金、原燃材料供应等准备，确保如期投产达效。开展企业安全生产主体责任落实年活动，防止重特大事故发生。

发挥消费需求的拉动作用。落实收入分配调节政策，增加居民特别是城镇低收入者和农民的收入。完善鼓励消费的政策措施，引导金融机构增加消费信贷。培育和扩大消费热点，促进居民增加电信、文化、健身、旅游等方面的消费。继续实施“万村千乡市场工程”，支持连锁流通企业向农村延伸。提高市场监管水平，维护消费者合法权益。

（五）大力推动节能减排，加快经济增长方式转变。严把源头关口。完善固定资产投资节能评估和审查制度，把能耗作为项目审核的强制性门槛。健全主要工业耗能设备能效指标，对不达标的限期进行节能改造。认真执行产品能效标准，扩大强制性能效标识实施范围。完善能耗考核公报制度，严格节能工作实绩评价考核。

实施重点突破。把钢铁、化工、建材等高耗能行业作为节能工作的重中之重，及时总结推广重点耗能行业节能降耗的有效做法。加大“双百企业节能工程”推进力度，尽快完成能源审计报告和节能规划编制工作，逐户提出节能措施并抓好督导，力争全部如期达标。

发展循环经济。制定电力、建筑、建材等行业发展循环经济推进计划，规范技术指标体系和验收标准。实施冀衡集团等国家级试点方案，并筛选确定首批省级试点。在再生金属回收利用、废旧家电回收处理和汽车零部件再制造等领域，开展资源节约和综合利用试点。抓好28项清洁生产技术的推广应用，确保5个燃煤电厂完成烟气脱硫改造。

淘汰落后产能。落实钢铁工业淘汰落后产能推进结构调整工作方案，促使首批淘汰的26家落后装备企业如期退出市场，筛选确定并公布后两批淘汰名单。做好电力上大压小工作，制定小火电机组关停方案和年度计划，鼓励大型电力企业兼并、收购、重组小火电机组。

加强环境治理和保护。严格实行污染排放总量控制和排放许可制度，搞好敏感水域和城市大气污染防治。认真执行环境影响评价制度，把好新上项目环评关。

（六）引导产业合理集聚，加快城市化进程。发挥规划的指导和约束作用。出台全省城市化“十一五”规划，完成城市总体规划修编，扩大控制性详规覆盖范围。搞好城市规划与土地利用总体规划、产业发展规划的衔接，努力实现重大产业和基础设施项目在空间上合理布局。

坚持走产业兴市的路子。按照集中、集约、集聚的要求，在大中城市，以优势产业为依托，以重大项目为载体，建设好一批工业园区和开发区；在县城和重点镇，以培育壮大特色产业为着力点，以协作配套为主要模式，引导企业合理聚集，不断增强县域经济实力。通过产业规模扩张，带动人口有序转移，逐步形成工业化与城市化互促并进的良性循环。

完善城市功能。加强城市基础设施建设，新增垃圾、污水日处理能力3500吨和55万吨，燃气普及率达到96%。搞好公共服务设施建设，着力解决城市管理中的热点、难点问题。加快市政公用事业市场化进程，鼓励、引导社会资本参与建设和经营。合理确定住宅建设规模，增加中低价位、中小套型普通商品住房供应。

（七）加快改革开放和自主创新步伐，增强发展的动力和活力。加强对经济体制改革的总体指导和统筹协调，努力在重点领域和关键环节取得突破。抓好国有大型企业股份制改革，完成华药、邢钢、石钢等省属国有企业的整体改制；推进重点地区钢铁企业整合。深化行政管理体制改革，创新政府管理方式，强化行政问责制。修订政府核准的企业投资项目目录，出台省本级政府投资非经营性项目推行代建制实施意见。深化农村综合改革。

支持民营经济加快发展。全面落实促进民营经济发展的政策措施，切实帮助其解决在市场准入、资金融通、人才培训等方面的实际困难。扩大信用担保资本金规模，发挥其放大和引导作用。改进创业服务，年内建成辅导基地30个。指导民营企业更好地把握产业政策，进一步提升项目谋划质量。

提高对内对外开放水平。引导企业适应出口退税政策变化，努力优化出口商品结构。支持11家出口基地和16家重点出口企业加快发展，培育一批自主品牌。落实国家鼓励进口的政策措施，增加关键设备和重要原材料进口。完善口岸功能，开展与周边重点口岸的“区域通关”合作。改进招商方式，积极寻求与世界500强的有效对接，突出抓好协议利用外资千万美元以上项目，努力提高合同履约率和资金到位率。发挥我省比较优势，大力推进与国内大公司、大集团的战略合作，扩大与京津及其他省份的经济技术协作。鼓励有实力的企业“走出去”，开发国际资源和市场。

增强科技创新能力。提升燕山大学亚稳材料制备技术与科学等省级以上重点实验室水平，加快建设保定风帆等工程（技术）研究中心和企业技术中心。制定主导产业技术进步指南，实施50个重大科技攻关项目。建立科技贷款平台，扩大风险投资规模。支持一批重点企业与科研院所加强合作，加速科技成果产业化进程。

（八）继续实施民心工程，着力解决涉及群众切身利益的问题。支持吸纳就业能力强的服务业、中小企业、非公有制企业加快发展，尽可能多地创造就业岗位。落实促进就业再就业优惠政策，鼓励自主创业、自谋职业和灵活就业。加强高校毕业生和退役军人就业指导和服务，帮助下岗失业人员再就业和零就业家庭、就业困难人员就业。扩大农民工工伤保险范围，开展农民工参加大病医疗保险行动。完善农村最低生活保障制度，提高城市居民低保补助水平。

继续实行农村义务教育“两免一补”政策，在国家扶贫开发工作重点县、民族自治县和革命老区县启动农村初中改造工程，加强职业院校基础设施和实训基地建设。抓好349个农村卫生服务体系项目建设，新增103个新型农村合作医疗试点县（市、区），建立健全城市社区卫生服务体系。加快河北博物馆、省图书馆等社会事业项目建设，实施20户以上自然村广播电视村村通工程和农村电影“2131”工程，开展“百村示范、千村创建”乡村旅游活动。

增加对张承地区、太行山区和黑龙港流域等区域的扶贫开发投入，扎实推进农村饮水安全工程。完善农村五保供养和特困户、灾民救助等制度，帮助贫困家庭解决看病、住房、子女上学等实际问题。强化食品、药品、餐饮卫生监管，切实保障群众健康安全。坚决纠正在土地征用、城市拆迁、环境污染等方面损害群众利益的行为，促进社会和谐发展。

各位代表，2007年全省经济社会发展的任务十分繁重。我们要牢固树立和落实科学发展观，高扬树正气、讲团结、求发展的主旋律，锐意进取，真抓实干，为圆满完成全年各项目标任务而努力奋斗！

关于河北省2006年省级预算和省总预算执行情况及2007年省级预算和省总预算草案的报告

——2007年1月16日在河北省第十届人民代表大会第五次会议上

河北省财政厅厅长　齐守印

各位代表：

受省政府委托，我向大会作2006年省本级预算及省总预算执行情况和2007年省本级预算及省总预算草案的报告，请予审议，并请省政协各位委员和其他列席人员提出意见。

一、关于2006年财政预算执行情况

2006年，在省委的正确领导下，全省各级各部门认真落实科学发展观，高扬“树正气、讲团结、求发展”主旋律，紧紧围绕科学发展、和谐发展，狠抓各项决策部署的落实，财政收支实现持续快速增长，预算执行情况良好。

（一）省本级财政预算执行情况

省十届人大四次会议批准的2006年省本级一般收入预算为153.52亿元。由于经济较快增长、效益有所提高、财税部门加强征管，财政收入完成进度较快。去年11月，经过认真测算，报经省十届人大常委会第二十五次会议批准，省本级一般收入预算调整为162.1亿元。据快报统计(下同)，2006年省本级一般预算收入完成166.8亿元，为调整预算的102.9%，比上年增长21.9%。

省十届人大四次会议批准的2006年省本级一般支出预算为159.43亿元。执行中由于收入超收，报经省十届人大常委会第二十五次会议批准，根据超收新增财力追加支出预算6.21亿元。此外，省级支出预算还发生以下变动：一是中央财政下达专款224.43亿元；二是中央财政增加财力性转移支付与省下达各市转移支付资金相抵后增加省级支出预算0.59亿元；三是上年结转本年支出32.86亿元；四是省级下达市县专款相应减少省级支出预算145.2亿元。据此，报经省十届人大常委会第二十六次会议备案，省本级支出预算变动为278.32亿元。对超收财力的安排，严格按照公共财政支出范围，本着集中财力办大事原则，主要解决了一些年初预算不能安排的重点、急办事项。其中：增加农业支出500万元，用于国家农业综合开发资金的配套；弥补省直重点项目建设资金缺口13589万元，主要用于河北博物馆、省图书馆、省体育中心、省人民医院门诊医技病房楼建设；安排全省亏损农村信用社股金专项补贴3200万元；安排省级安全生产应急救援体系建设、质量安全专用检测设备及检验检测、工商系统基层执法办案装备及设施购置等经费2356万元，加大政府执法监管力度，保证履行公共服务职能需要；专项收入超收3.99亿元，按照专款专用的原则安排了相关专项支出。2006年省本级一般预算支出完成247.7亿元，为调整预算的89%（扣除预留规范津补贴资金后为94.4%），比上年增长12.7%。

省十届人大四次会议批准的2006年省本级基金收入预算为131.89亿元，执行中考虑超收因素，经省十届人大常委会第二十五次会议批准调整为142.66亿元。2006年省本级基金收入完成148.81亿元，为调整预算的104.3%，比上年增长10.7%。省十届人大四次会议批准的2006年省本级基金支出预算为131.89亿元，报经省十届人大常委会第二十六次会议备案，调整为136.86亿元。2006年省本级基金支出完成132.63亿元，为调整预算的96.9%。

（二）全省财政预算执行情况

省十届人大四次会议审议通过的2006年全省一般收入预算为573.34亿元，一般支出预算为857.2亿元；基金收入预算为276.12亿元，基金支出预算为271.81亿元。执行中，由于超收、上年结转、中央增加转移支付和下达专款，报经省人大常委会备案，一般收入预算调整为615.98亿元，一般支出预算调整为1287.87亿元；基金收入预算调整为315.3亿元，基金支出预算调整为342.9亿元。

2006年，全省一般预算收入完成620.2亿元，为调整预算的100.7%，比上年增长20.3%。加上上缴中央级收入602.9亿元，全省全部财政收入完成1223.1亿元，为年初计划的105.4%，增长18.1%。全省财政一般预算支出完成1171.4亿元，为调整预算的91%，增长19.6%。

全省基金预算收入完成319.3亿元，为调整预算的101.3%；基金预算支出完成310亿元，为调整预算的90.4%。

上述全省和省本级财政预算执行情况均为12月31日的快报统计数据，在完成决算审查汇总以及与中央财政结算后还将有一些变化，届时再报请省人大常委会审议批准。

总的看，2006年省本级和省总预算执行情况良好，均实现了当年收支平衡，较好地完成了省十届人大四次会议确定的目标任务。综合分析2006年预算执行情况，呈现出六个特点：

——财政收入保持了持续快速增长。全省全部财政收入在2005年跃上1000亿元台阶的基础上，2006年又突破1200亿元，增长18.1%。全部财政收入占GDP比重继续提高，预计达10.6%，比2005年提高0.3个百分点。财政收入质量进一步改善，税收收入占全部收入比重达87.9%，比2002年提高4.7个百分点。

——财政对经济发展的支持和调控作用进一步增强。一是积极支持重点项目建设，促进全省经济增长和结构调整。中央国债专项资金、全省基本建设支出37.7亿元，支持了重点流域水污染防治、农村饮水安全工程和京津风沙源治理等重点项目建设。国土资源专项资金支出15.7亿元，支持了重点矿种勘察、矿山环境保护治理等。全省农村公路建设投入52亿元，保证了村村通建设按规划顺利进行。二是努力增加财政科技投入，全省科技支出12.6亿元，增长15.4%，重点支持了主导产业关键技术创新、高新技术研发及产业化等12个重大科技项目，着力推动创新体系建设。三是落实补助资金和优惠政策，积极推进国有企业改革与发展。筹措资金7.9亿元，完成了39户省属企业和厅局属企业改制工作；争取中央补助资金2.1亿元，完成了25户中央企业分离办社会职能工作，接收中小学校和公安机构114个，职工7561人；争取中央破产补助资金15.2亿元，解决了6户破产企业的职工安置问题。四是落实中小企业创业、创新资金4810万元，促进中小企业加快发展；推进中小企业信用担保体系建设，全省担保资金规模达51.3亿元，进一步缓解了民营企业融资难问题。五是积极促进对外开放，争取国际金融组织和外国政府贷款7523万美元，争取中央财政外贸发展基金2亿元，促进了外资、外贸发展。

——财政资金和政策进一步向农村倾斜。一是全省农业、水利、气象支出69.8亿元，增长10.4%，围绕新农村建设，重点支持了粮食安全、畜牧良种繁育等十大工程建设。其中，农业综合开发资金15.9亿元，改造中低产田146万亩，完成生态综合治理12万亩，扶持农业产业化经营项目56个，有力推进了粮食生产核心区建设。二是全面取消农业税，进一步减轻农民负担6.1亿元，实现了农民农业税收零负担。至此，农村税费改革前，全省农民每年57.5亿元的农业税及“三提五统”等负担全部减除，人均减负108元。同时，积极推进国有农场税费体制改革，将农场职工土地承包费中类似“乡镇五统”的费用全部免除。争取中央转移支付9.98亿元，弥补了乡村两级及农场新增支出缺口，保证了农村义务教育正常经费和国有农场分离办社会职能的资金需要。三是加大农村补贴政策实施力度。新增用于对种粮农民生产资料涨价的综合直补资金9.4亿元，粮食直补资金也增加到7.5亿元，全省1424万农户、5468万农民受益。发放良种补贴1.8亿元，增长13.8%，补助范围由115个县扩展到121个县（市、区），涉及1030个乡镇的19700个行政村，补贴面积1810万亩，310多万农民受益。发放农机补贴4500万元，增长69.8%，支持农民新购置农机具9591台，带动农民和农机服务组织投入资金1.3亿元，受益农户达1.9万。

——和谐河北建设得到较好财力支撑。一是社会保障投入进一步加大。全省养老金支出171亿元，保障了161万离退休人员养老金按时足额发放，人均月保障标准比2005年提高170元；低保资金支出7.5亿元，保障了86万城镇低保对象和68万农村低保对象低保金的发放；城乡医疗救助资金支出4500万元，救助群众32万人次。中央和省级救灾资金支出1.5亿元，保障了灾区的社会稳定。优抚安置资金支出9.3亿元，保障了30余万优抚安置对象的基本生活。落实补助资金10.3亿元，支持了就业再就业工作，全省城镇新增就业人员44.3万人，下岗人员再就业25.8万人。二是大力推进城乡公共卫生体系建设。全省医疗卫生支出49.9亿元，增长10.7%。中央和省级农村卫生基础设施建设资金支出1.7亿元，支持了乡镇卫生院、县医院等改造建设项目415个；落实新型农村合作医疗制度试点补助2.4亿元，36个试点县有1170万农民参加了合作医疗，454万人次得到了补偿。三是教育事业投入不断加大。全省教育事业费及教育费附加支出203亿元，增长10.8%。在保障教师工资及时足额发放和中小学正常公用经费需要的前提下，重点支持了农村义务教育布局调整、中小学危房改造、落实“两免一补”政策和职业教育发展等，共撤并中小学2702所，完成危房改造100万平方米，资助贫困生133万人，建立职业教育实训基地28个。四是重点文体项目建设和计划生育惠民工程资金得到较好落实。文体广播事业费支出28.5亿元，同比增长13%。落实资金2.5亿元，支持河北博物馆、省图书馆、省医院、省体育中心等重大公益项目建设。安排计划生育奖励扶助资金5131万元，对10.3万名符合条件的农村居民进行了奖励；安排资金700万元，为900万名农村育龄妇女提供了免费健康检查。

——地区基本公共服务均等化水平进一步提高。一是实施激励性财政体制，促进各地区竞相发展。2006年各市县比原体制预计多得财力24亿多元，进一步调动了市县发展经济、增加收入的积极性，促进了县级财政收入的快速增长。全省136个县（市）一般预算收入可比增长24.9%，比全省增速高4.6个百分点。县级一般预算收入占全省的比重达49%，同比提高0.2个百分点。二是加大转移支付力度，促进地区基本公共服务均等化。2006年，省对财政困难县一般转移支付41.6亿元，较上年增加11.6亿元；将“五奖二补”扩大为“六奖二补”，奖补资金18.1亿元，比上年增加7.7亿元；对革命老区县补助1.56亿元，比上年增加0.5亿元；对民族自治县补助7155万元，比上年增加6705万元。这使得财政支出明显向基层倾斜，2006年省、市、县三级一般预算支出比例为21.1：19.2：59.7，县级比重比上年提高2.5个百分点。三是强化转移支付导向作用，制定转移支付绩效管理办法，明确政策目标，着手开展一般转移支付和激励性财政体制返还资金绩效评价，提高了受助地区财政基本保障能力。县乡公教人员月工资水平由2002年的810元提高到2006年的1357元，2000年底前欠发工资12.9亿元基本消化，国家增资政策不落实问题全部解决。

——财政运行机制进一步完善。一是预算管理改革取得新进展。按照财政部统一部署，全面进行了政府收支分类改革；着力推进预算项目库建设，修订完善了预算项目管理办法和管理信息系统，进一步加强预算项目管理，2007年省级专项资金预算项目，全部实现了直接从预算项目库中提取。积极开展绩效评价工作试点，对环保、教育、科技、社保等专项资金开展了绩效评价。二是继续深化国库管理制度改革，支出程序进一步简化和规范，改革试点进一步向基层延伸。省级107个一级预算部门全部纳入改革试点，纳入改革范围的二、三级预算单位由2005年的145个增加到240个；市县改革也取得较大进展，唐山、秦皇岛、廊坊三市将改革扩大到市本级所有预算单位，市级试点单位由2005年的323个增加到616个。三是政府采购规模和范围进一步扩大。全省政府采购金额100.1亿元，增长21.2%，与预算相比节约资金13.9亿元，资金节约率达12.3%。四是财政监督和法制建设取得新进展。省政府颁布实施了《河北省财政监督规定》。财政监察委派制度试点由省直部门拓展到设区市财政部门，在石家庄、邢台等六个设区市财政部门开展巡回监察。全省会计管理工作进一步规范，会计执法力度不断加强。五是着眼于促进县域经济科学发展，推进县乡财政体制改革。在81个县（市）进行了改革试点，根据财政经济不同情况，分别试行统收统支加激励和比较规范的分税制体制。

在总结成效的同时，我们也清醒地看到，与全省人民的期盼相比，财政工作还有不少差距，财政经济运行中仍存在一些不容忽视的问题，主要表现在：虽然财政收入增加较多，但财源基础尚不稳固，人均财力和人均支出水平较低；财政紧张状况尚未根本好转，大量支出需求难以满足，部分县乡财政还很困难；财政供给范围和支出结构有待进一步调整，政府间支出责任不明晰的问题亟待解决；预算管理改革还远未到位，彻底解决资金配置效益较低的问题任重道远；会计信息失真、截留财政收入、挪用专项资金、铺张浪费等问题依然存在。上述问题既是各界关注的热点，也是财政工作的难点，需要通过进一步深化财政改革、加强财政管理、健全财政职能，逐步加以解决。我们决心在省委的正确领导下，在省人大的监督支持下，扎实认真地抓好工作，努力向全省人民交出一份更加满意的答卷。

二、关于2007年财政预算草案

2007年是全面贯彻落实科学发展观、推进和谐社会建设的重要一年，也是贯彻落实省第七次党代会精神的第一年。根据省委关于2007年全省经济工作的总体部署，2007年预算编制的指导思想是：以邓小平理论和“三个代表”重要思想为指导，全面贯彻党的十六届六中全会、中央经济工作会和省七次党代会精神，以科学发展观统领全局，落实国民经济和社会发展第十一个五年规划纲要，紧紧围绕实现更好更快发展和构建和谐河北两大主要任务，按照“以人为本”和“五个统筹”的要求配置财政资源，着力调整和优化财政支出结构，积极促进经济结构调整和增长方式转变；大力发展教育、科技、卫生、文化等各项社会事业，突出体现对建设社会主义新农村的支持和倾斜；增强政府履行社会管理和公共服务职能的能力，整合各种财政性资金，集中财力解决收入分配、和谐社会建设两大问题，努力为建设沿海经济社会发展强省提供财力保障。

按照上述指导思想，充分考虑全省经济社会发展形势，综合分析各种增减收因素，经过反复测算，2007年全省全部财政收入计划安排1370亿元，比上年快报完成增长12%。其中：国税系统计划安排799.4亿元，增长13%；地税系统计划安排386.6亿元，增长11%；财政系统计划安排186.5亿元，增长9.9%；增值税退税计划安排5亿元，中央分配所得税计划安排2.5亿元。这样安排是与国民经济增长11%以上的预期目标基本相适应的。

2007年全省地方一般预算收入安排690.4亿元，比上年快报完成增长11.3%。按照现行财政体制测算，全省当年一般预算收入690.4亿元，加中央补助收入409.7亿元，调入资金4亿元，减去上解中央支出26.5亿元，一般预算可用财力为1077.6亿元。按照积极稳妥、量入为出、收支平衡的原则，相应安排全省一般预算支出1077.6亿元，比上年年初预算增长25.7%。教育、科技、农业等三项支出安排落实了有关法律规定要求，按国家规定考核口径（政府收支分类改革前老口径），全省教育支出218.24亿元，比上年增长18.8%；科技支出13.66亿元，比上年增长19%；农林水事务支出46.4亿元，比上年增长17%，均高于经常性财政收入增长幅度（16.69%），达到法定增长要求。全省基金收入预算（根据政府收支分类科目改革要求，2007年政府基金收支中不再包括社会保障基金收支，下同）安排156.7亿元，比上年快报完成增长7%；当年基金支出预算安排150.5亿元。

2007年省本级一般预算收入安排182.42亿元，比上年快报完成增长9.3%。其中：税收收入136.62亿元，增长12.8%，包括增值税63.5亿元，增长12.9%；营业税25.74亿元，增长11%；企业所得税39.42亿元，增长

14.8%；个人所得税7.96亿元，增长8.4%。非税收入45.8亿元，包括专项收入12.15亿元，减少7.5%；行政事业性收费25.0亿元，增长9.3%；罚没收入7.31亿元，增长0.4%；国有资本经营收入、国有资源有偿使用收入及其他收入1.34亿元，与上年持平。

按照现行财政体制测算，省本级一般预算收入182.42亿元，加中央补助409.74亿元、市县上解收入34.56亿元，减去上解中央支出26.48亿元、补助市县支出407.46亿元，2007年省本级一般预算可用财力为192.78亿元。上述中央补助收入包括：两税返还126.47亿元、所得税基数返还30.91亿元、一般转移支付补助46.5亿元、增资转移支付补助134.32亿元、农村税费改革及农业税减征转移支付补助52.7亿元、国有农场税费改革转移支付补助2.6亿元、定额补助16.24亿元。省补助下级支出包括：中央两税返还77.17亿元、所得税基数返还25.64亿元、省"四税"体制增量返还64.94亿元、一般转移支付47.5亿元、增资转移支付118.40亿元、农村税费改革及农业税减征转移支付54.82亿元、国有农场税费改革转移支付2.6亿元、定额补助8.51亿元、结算补助2.9亿元、省属企业分离办社会等政策性补助4.98亿元。

2007年省本级一般预算支出安排192.78亿元，比上年年初预算增长20.9%。按照国家规定考核口径，教育支出安排16.11亿元，比上年预算可比增长15.0%；科技支出安排4.46亿元，比上年预算增长21.96%；农业支出安排9.67亿元，比上年预算增长13.0%。以上三项支出增幅分别超过省级经常性财政收入增幅（12.97%）2.03、8.99、0.03个百分点，也均达到了法定增长和省委关于省级一般预算安排的教育和科技投入增长要高于省级当年经常性财力增长幅度2个百分点以上的要求。

2007年省本级政府基金收入预算安排87.99亿元，比上年快报完成增长1.2%，相应安排当年基金支出预算87.99亿元。

需要说明的是，虽然预计2007年财政收入仍将保持较快增长，但财政收支矛盾依然突出：一是国家调整收入分配政策，实施机关事业单位工资制度改革和规范提高津贴补贴，带来的增支压力十分突出；二是为实现科学发展、和谐发展，国家集中出台了一些解决社会困难群体生活困难问题、缓解社会矛盾、发展社会事业和维护社会稳定等方面的硬性支出政策，教育、卫生、文化、就业再就业、社会保障、生态环境、公共基础设施、社会治安等方面对财政支出的需求巨大。经审核梳理，2007年省级新增支出需求是新增一般预算可用财力的2倍多。

鉴于上述情况，为确保预算平衡，2007年省本级支出预算总体安排坚持"一个保障、两个突出"，即保障教育、科技、农业等法定增长政策的落实；集中财力突出解决调整收入分配关系和建设和谐社会两大问题。在具体支出安排上，努力优化存量结构，权衡轻重缓急，量财办事，保重点、压一般，不留"硬"缺口。首先，按照"一要吃饭、二要建设"的要求，增加个人经费17.59亿元，保证省直机关事业单位工资制度改革及规范津补贴等增资资金需要。其次，按照集中财力办大事原则，切实整合各类资金，科学合理地安排发展性支出。

2007年省本级发展性资金（包括一般预算、政府基金预算、预算外等）的具体安排，紧紧围绕贯彻落实科学发展观，以实现更好更快发展和构建和谐河北为目标，以推进经济结构调整、增长方式转变、社会主义新农村建设和促进重点经济社会事业发展为着力点，集中财力解决省级事权范围内经济社会事业发展中的薄弱环节和瓶颈问题，努力推进沿海经济社会发展强省建设。重点安排以下八个方面：一是围绕合理调节社会收入分配、加强社会保障、强化社会救助、促进社会和谐，安排支出82.34亿元，用于保障机关事业单位职工和企业离退休等相关人员待遇和生活补助、促进就业和再就业、完善医疗保障体系、支持助残事业、自然灾害救济等。二是围绕增加农民收入、发展现代农业、提高农业竞争力、推进社会主义新农村建设，安排支持农业发展资金17.3亿元，用于落实惠农补贴政策、扶贫开发、壮大农业主导产业、提高农业社会化服务能力和文明生态村建设等。三是围绕推进经济结构调整和增长方式转变，打造沿海经济隆起带，安排80.07亿元，重点支持主导产业技术改造、产业技术创新、信息产业发展和交通基础设施建设等。四是围绕支持国企改革、促进对外开放，安排7.7亿元，用于深化国有企业和地方金融企业改革，调整国有经济布局，鼓励、支持和引导民营经济加快发展，落实出口退税政策，对重大招商引资等活动给予必要经费补助。五是围绕促进社会进步、发展社会事业、提高人民群众生活质量，安排教育专项资金16.13亿元、科技专项资金2.78亿元、公共卫生及医疗专项资金2.15亿元、文体宣传等事业经费5.31亿元。六是围绕建设环境友好型、资源节约型社会，促进人与自然相和谐，安排20.69亿元，重点支持环境污染防治、资源保护、生态环境建设、发展循环经济和加强人口控制等。七是围绕加强执法能力建设、增强社会管理和公共服务能力，安排7.37亿元，用于党的方针政策宣教、干部培训、村级组织活动场所建设，立法、执法监督和政法部门执法办案，电子政务建设，以及推进食品药品放心工程实施、市场监管和生产安全监督管理等。八是围绕加大支持困难地区力度、促进区域协调发展，2007年继续实行激励性财政体制，安排"四税"增量返还64.94亿元、对下一般性转移支付资金1亿元、农村税费改革转移支付补助3.3亿元。

需要说明的是，2007年是正式实行新的政府预算收支分类的第一年，提交大会审议的预算文本是按照新科目编制的。同时，为强化绩效约束，各种发展性专项支出都明确了绩效目标和确保实现目标的工作措施，以便预算执行后进行绩效评价，促进财政资金使用效益的提高。

三、积极发挥财政职能，促进更好更快发展，确保完成全年预算任务

2007年，我们将在省委的正确领导下，积极贯彻预算安排的指导思想，认真执行省人大及其常委会关于财政工作的决议，主动接受人大及其常委会的监督，及时办理好人大代表提出的建议，虚心听取各方面的意见和建议，紧紧围绕更好地发挥财政职能、加快公共财政体系建设和提高财政资金使用效益，突出"发展、改革、和谐"主基调，重点抓好以下五方面工作，确保圆满完成全年预算任务。

（一）狠抓增收节支，确保完成全年预算收支任务。2007年，由于经济、政策和基数等多种因素叠加影响，财政增收的不确定性仍然较大。因此，必须坚持依法治税管费，加强财政经济运行分析，对重点税种、重点行业和重点地区收入实施动态监控，实现税费及时足额入库，保证财政收入持续稳定增长。同时，严格执行省人大审议批准的年度预算，坚持集中财力办大事，严格控制一般性支出增长，厉行节约，坚决制止铺张浪费行为，进一步硬化预算约束，强化支出管理，加快支出进度，为实现科学发展、和谐发展提供资金保障。

（二）继续完善公共财政支出体系，大力支持"和谐河北"建设。一是完善财政支农支出管理，继续增加对新农村建设的投入，新增教育、卫生、文化支出体现向农村倾斜。在稳定现有粮食直补规模的基础上，加大农资综合补贴、良种补贴、农机具购置补贴力度，完善补贴政策和方式。加强财政支农资金监督管理，确保支农惠农政策落实到位。二是完善财政社会保障支出管理，适当提高保障水平，着力维护人民群众切身利益。规范就业再就业资金管理，落实扶持政策，促进就业再就业目标的实现；统筹调度资金，确保养老金及时足额发放；落实城市、农村居民最低生活保障制度，努力实现应保尽保。三是完善财政社会事业支出体系，促进经济社会协调发展。全面推行农村义务教育经费保障机制改革，落实好改革补助资金；扩大新型农村合作医疗制度改革试点，落实城市社区公共卫生服务财政补助政策，进一步规范城乡医疗救助基金管理，促进城乡卫生服务体系统筹发展。加大对文化、体育、计划生育等社会事业投入。四是研究政策，筹措资金，加快步伐，努力解决机关事业单位职工工资性收入水平偏低问题。同时，着眼于促进社会和谐与社会公正，统筹分析、研究解决与财政分配相关各个社会群体、各个层面基本收入和福利待遇问题。

（三）推进省内财政体制改革，为建设沿海经济社会发展强省提供体制保障。一是着眼于打造沿海经济隆起带，研究制定财政收入体制优惠政策，促进曹妃甸工业区和沧州渤海新区等沿海经济增长极加快发展；研究试行税收调节措施，促进经济资源的合理配置与流动，以利于省内规模以上异地搬迁性投资项目，向土地资源相对丰富的沿海工业区转移。二是研究制定扶持黑龙港流域尽快发展的过渡性财政激励政策，积极支持这一区域的扶贫开发。三是针对激励性财政体制即将到期，继续遵循激励发展的原则，研究完善各级财政收入划分体制，促进各地加快协调发展。四是加大县乡财政体制改革试点推进力度，强化县域经济发展和推进城镇化的体制保障。总结经验，完善制度，扩大试点范围。同时，结合我省实际，推行"乡财县管乡用"监管模式。五是研究界定地方各级财政支出责任，与此相衔接，清理归并省级专项转移支付项目，集中财力解决重点问题，提高资金使用效益。

（四）创新和完善财税政策，推动经济结构调整和增长方式转变。一是继续落实好稳健财政政策，加强国债项目管理，认真谋划符合国家宏观调控方向和行业政策的建设项目，积极争取国债资金，支持我省重点项目建设和产业结构调整。二是加强基本建设资金和重点项目资本金管理，积极支持战略支撑项目建设，促进钢铁、石化、装备制造等主导产业做强做大；积极支持冶金、建材、化工等高耗能行业改造技术、节能降耗，促进循环经济发展。三是大幅度增加科技支出，改进管理使用机制，大力支持12个重大科技专项和战略支撑产业等方面的重点科技项目，推进重点领域加快科技创新步伐；大力支持以重点企业、科研单位、高等院校为依托的工程技术研究中心、企业技术中心和国家级、省级重点实验室建设，加快构建创新创业平台。充分利用财税扶持政策，鼓励和引导企业增加研发投入，提高自主创新能力。四是加大生态建设和环境保护投入，继续支持重点流域水污染防治、大气污染治理、京津风沙源治理等生态工程，促进生态省建设。五是积极促进企业改革与发展。多渠道筹集资金，落实好国有企业分离办社会、破产关闭、改制重组等财政财务政策。进一步完善中小企业信用担保体系，加大担保资金落实力度，用好中小企业发展资金，支持中小企业做专、做精、做强，促进民营经济加快发展。

（五）深化财政管理改革，完善财政支持经济社会发展的体制基础。一是继续深化预算管理改革，进一步提高财政资金配置效率。按照公共财政原则，进一步清理财政支出范围；着力加强预算项目库建设，早抓、抓实，试行三年滚动预算；加大零基预算、绩效预算和预算执行结果绩效评价的实施力度；从预算编制上强化公共设施共建共用、公共资源共享机制；总结对十所骨干大学实行综合定额预算拨款管理的经验，完善机制和办法，逐步扩大推行范围，促进事业单位改革。二是继续推进国库管理改革，进一步规范和简化支付程序，扩大试点面。三是深化政府采购改革，加强制度建设，提高采购效率，强化监督检查，进一步扩大采购范围和规模。四是继续推进财政派驻监察试点，进一步扩大派驻范围，探索完善财政监督新机制。五是切实推进以乡镇机构、农村义务教育和县乡财政管理体制改革为主要内容的农村综合改革，为社会主义新农村建设提供体制保障。六是继续深化收支两条线管理改革，进一步规范收费、罚没行为，优化经济发展环境。

各位代表，2007年全省财政预算任务艰巨而繁重。我们将在省委的正确领导和省人大的监督支持下，全面落实科学发展观，乘省第七次党代会东风，群策群力，同心同德，开拓创新，扎实工作，努力完成全年收支预算和各项工作任务，为实现建设沿海经济社会发展强省的宏伟目标作出积极贡献。

中共河北省委　河北省人民政府关于推进社会主义新农村建设的指导意见

（2006年6月29日）

为认真贯彻落实《中共中央国务院关于推进社会主义新农村建设的若干意见》，扎实推进我省社会主义新农村建设，特制定如下指导意见。

一、建设社会主义新农村是现代化进程中的重大历史任务

（一）建设社会主义新农村，是经济社会发展规律的必然要求。建设社会主义新农村，是我们党按照树立和落实科学发展观、构建和谐社会的要求，从我国总体上已进入工业反哺农业、城市支持农村的发展阶段出发，着眼于统筹城乡发展、与时俱进地解决“三农”问题、造福亿万农民群众而采取的一项重大战略举措。河北是农业大省，农村人口比重很高，解决“三农”问题的任务紧迫而艰巨。目前，我省已进入工业化中期阶段，初步具备了加大力度扶持“三农”的能力和条件。扎实推进社会主义新农村建设，符合河北省情，符合广大农民的根本利益，对于全面建设小康社会，构建“和谐河北”，加快推进我省现代化建设，具有极为重要的现实意义和深远的历史意义。

（二）建设社会主义新农村，必须准确把握其科学内涵和本质要求。我们要建设的社会主义新农村，是经济建设、政治建设、文化建设、社会建设和党的建设协调推进的新农村，是富裕、民主、文明、和谐的新农村，是尊重农民意愿、维护农民利益、增进农民福祉的民心工程。建设新农村，促进生产发展和农民增收是关键，全面提高农民素质是根本。必须始终把发展农村生产力放在第一位，着力夯实新农村建设的物质基础；必须始终把促进农民增收作为中心任务，广辟农民增收渠道，逐步建立完善农民增收的长效机制；必须始终把全面提高农民素质作为重要环节，加强教育和培训，加快培养造就有文化、懂技术、会经营的新型农民。因此，建设社会主义新农村，是一个全面的综合性目标，而不是简单的村庄建设；不仅是解决当前主要矛盾和问题的应对之策，更是促进农村全面、协调和可持续发展的长久之计；不仅是“十一五”时期的重要任务，而且贯穿于全面建设小康社会和现代化建设的全过程。

（三）建设社会主义新农村，我省既面临难得的历史发展机遇，又面对复杂的矛盾和问题。国家采取统筹城乡发展的基本方略和工业反哺农业、城市支持农村的基本方针，不断加大对农业农村的投入力度，为我省社会主义新农村建设提供了有利条件；我省农业农村经济有了较大发展，为社会主义新农村建设奠定了较好的基础；我省文明生态村创建活动成效显著，为社会主义新农村建设积累了经验；京津冀都市圈加速崛起，将促进我省经济更快更好地发展，为社会主义新农村建设提供了难得的机遇。但是，我们也要清醒地认识到，我省尚处于工业化中期的初期发展阶段，生产力总体发展水平还不高，与先进省市相比还有较大差距，推进新农村建设面临着复杂的矛盾和问题。主要表现在：城市化水平较低，财政实力较弱，城市带动农村、工业反哺农业的能力相对不足；城乡二元结构体制障碍尚未消除，城乡产业对接、资源共享、要素流动的渠道不够畅通；传统农业格局尚未发生根本性改变，农民增收的长效机制尚未形成，农业农村经济整体上还处于爬坡阶段；农村社会事业发展相对滞后，社会保障水平较低，农村民主政治制度还不够完善。加之区域发展严重不平衡，尚有相当数量的农村人口处于贫困状态，使我省社会主义新农村建设更具复杂性。对此，必须有一个正确认识与科学把握，既要增强紧迫感和责任感，紧紧抓住机遇，积极组织推动，加快建设步伐，又要充分认识新农村建设的长期性和艰巨性，树立长期奋斗的思想，坚持从基础抓起，避免急功近利，确保我省社会主义新农村建设扎实推进。

二、建设社会主义新农村的指导思想、基本原则和发展目标

（四）指导思想。以邓小平理论和“三个代表”重要思想为指导，全面落实科学发展观，贯彻统筹城乡发展的基本方略，实行工业反哺农业、城市支持农村和“多予少取放活”的基本方针，按照“生产发展、生活宽裕、乡风文明、村容整洁、管理民主”的总体要求，以经济建设为中心，以发展壮大县域经济为着力点，加快建设现代农业、完善基础设施、发展社会事业、推进民主政治建设，加大扶持力度，深化农村改革，加强组织领导，扎实稳步地推进我省社会主义新农村建设。

（五）基本原则。

——坚持统筹城乡经济社会发展，推进城市化与建设新农村两大战略举措一起抓，充分发挥城市对农村的带动作用，调整国民收入分配格局，建立以工促农、以城带乡的长效机制。

——坚持以经济建设为中心，发展壮大县域经济，加快建设现代农业，促进农民持续增收，不断解放和发展农村生产力，为新农村建设提供坚实的物质基础。

——坚持科学规划，因地制宜，分类指导，根据各地生产力发展水平和现实基础，合理确定阶段性目标和建设任务，有计划有步骤有重点地加以推进。

——坚持以农民为主体，政府扶持、社会力量广泛参与，充分调动社会各方面的积极性，使社会主义新农村建设成为全省人民的共同行动。

——坚持一切从实际出发，把握规律、循序渐进，不搞形式主义，不盲目攀比，不强迫命令，不加重农民负担，优先解决农民生产生活中最迫切的实际问题。

（六）发展目标。建设社会主义新农村，是一个长期的历史过程。“十一五”时期是我省社会主义新农村建设打基础的关键时期，经过努力，力争达到以下目标：

——产业发展形成新格局。现代农业建设取得明显成效，农产品区域布局更加合理，畜牧业占农业总产值的比重达到52%以上；特色主导产业更加明显，农村二、三产业有较大发展，县域生产总值年均增长10%以上。

——农民生活得到新改善。农民收入稳步提高，年均增长6%以上；农村公共服务设施明显加强，所有具备条件的行政村通油（水泥）路，自来水普及率达到70%以上；农村社会养老保险体系初步建立，最低生活保障制度更加完善，新型合作医疗覆盖率达到85%以上。

——农民素质实现新提高。义务教育普及巩固，职业技术教育快速发展，科技文化素质较大提高；文明健康的生活方式逐步建立，崇尚科学、诚信友爱、懂法守法、厉行节约的社会风气基本形成。

——村容村貌呈现新变化。村庄规划科学合理，房屋建设经济实用，街道整洁，环境良好，40%以上的行政村实现村内道路硬化、街院净化和村庄绿化。

——乡村治理形成新机制。农村基层党组织的凝聚力和战斗力进一步增强，核心作用得到充分发挥；村民自治机制比较健全，民主管理制度得到有效落实；农村新型社会化服务组织更加完善；农村社会稳定，农民安居乐业。

（七）创建文明生态村活动是建设社会主义新农村的重要载体。开展文明生态村创建活动，是我省从实际出发，建设社会主义新农村的积极探索和有益尝试，是在实践中摸索出的有河北特色的建设社会主义新农村的好路子。创建文明生态村，与建设社会主义新农村在本质要求和发展方向上是一致的，是社会主义新农村建设的重要内容、重要载体和重要抓手。各级党委和政府要把文明生态村创建纳入新农村建设的总体规划，统筹安排和部署，坚定不移地开展下去。要认真总结推广创建经验，突出创建重点，改进方式，保持特色，不断向深度和广度拓展。继续以治理村容村貌为突破口，抓好道路硬化、街院净化和村庄绿化，努力改善农村人居环境。以提高农民素质和农村文明程度为重要内容，大力加强思想道德建设和文化建设，倡导健康文明的生活方式，培养造就新型农民。通过深入开展文明生态村创建活动，把农村精神文明建设与物质文明、政治文明、和谐社会建设有机结合起来，促进农村各项事业全面进步。到2010年，力争40%的行政村跨入创建文明生态村先进行列。

三、统筹城乡发展，构建以城带乡良性互动新机制

（八）统筹推进城市化与新农村建设。要把城市与农村发展紧密结合起来，妥善处理工农城乡关系，建立平等和谐的经济社会发展新机制。这既是工农城乡关系的重大调整，也是农村发展方式的重大变革。没有城市化的带动，“三农”问题不可能得到根本性解决；没有新农村建设，城市发展就缺乏坚实基础。要把新农村建设纳入国民经济和社会发展大局，把城市化摆在活跃全局的战略位置。按照以城带乡、城乡互动的原则，对城市与农村的发展统筹考虑，统一规划，使城乡在产业发展、社会事业、基础设施、人力资源开发和就业等方面，实现协调发展和共同进步。

（九）充分发挥城市对农村的带动作用。要制定有效的政策措施，增强城市带动农村产业发展、吸纳农村劳动力和转移农村人口的能力。鼓励城市企业通过产业链条延伸实施产业扩散，加快与农村产业对接，促进农村资源开发和农民就业，增加农民收入。对成效显著的，省里给予政策扶持和专项奖励。要把促进农民进城务工就业放在更加突出的位置，加快农村劳动力转移。实行城乡平等的就业制度，建立健全城乡就业公共服务网络，为农民免费提供政策咨询和就业服务。严格执行最低工资制度，完善农民工劳动合同制度，逐步建立农民工社会保障制度，保障农民工合法权益。认真解决农民工在居住条件、子女上学等方面的实际问题。加强输入地与输出地的联系协调，提高劳务输出的组织化程度。“十一五”期间，力争全省每年转移农村劳动力50万人以上。要采取有力的政策措施，推动农村人口城市化。对进城临时务工人员，实行亦工亦农、城乡双向流动的政策，落实劳动合同和劳动用工登记制度，依法保障其合法权益；对在城市已有稳定职业和住所的进城人员，要创造条件使之转为市民，依法享有当地居民应有的权利；对因城市建设而被全部征用土地的农村人口，要转为城市居民，城市政府要在就业援助、技能培训、失业保险和最低生活保障等方面提供支持和服务。

（十）建立农业农村投入稳定增长机制。认真落实中央“三个高于”政策，积极调整国民收入分配格局，各级财政支出、预算内固定资产投资和信贷投放，要按照存量适度调整、增量重点倾斜的原则，不断增加对农业农村的投入，并逐步形成新农村建设稳定的资金来源。扩大公共财政覆盖农村的范围，把基础设施建设投入的重点转向农村。财政新增教育、卫生、文化等专项事业费70%以上用于农村；调整预算内基本建设投资结构，在确保国债资金用于“三农”比例不降低的同时，新增预算内固定资产投资主要用于“三农”；提高耕地占用税税率，新增税收主要用于“三农”。各级预算超收资金安排要向“三农”倾斜。抓紧制定将土地出让金一部分收入用于农业土地开发的管理和监督办法，依法严格收缴土地出让金和新增建设用地有偿使用费，土地出让金用于农业土地开发的部分和新增建设用地有偿使用费安排的土地开发整理项目，都要将小型农田水利设施建设作为重要内容，建设标准农田。进一步稳定、完善和强化扶持政策，增加对农民种粮直接补贴、良种补贴、农机具购置补贴，增加对产粮大县和财政困难县的财政转移支付。积极推进支农资金在各级次的整合，认真搞好以县为单位的资金整合试点工作，努力提高资金使用效率。金融机构要不断改善服务，切实履行支持“三农”的职责。优化农村投资环境，探索建立政策引导机制，促进社会资本向农业农村投入，逐步建立起多元化的农业农村投入稳定增长机制。

（十一）加大扶贫开发力度。要把统筹城乡发展与统筹区域发展结合起来，实现区域协调发展。“十一五”时期，要把消除贫困、扶持欠发达地区发展作为新农村建设的重点。继续坚持开发式扶贫的方针，加大整村推进力度。以张承地区基础设施建设、太行山区综合开发和黑龙港地区特色经济发展为重点，完善专项规划，整合扶贫资源，明确扶贫责任，确保如期完成任务。加强扶贫重点项目建设，实施产业化扶贫，抓好贫困地区劳动力转移培训，提高贫困地区自我发展能力。规范“周转畜、周转棚”项目管理，提高周转效益。对缺乏基本生存条件的贫困人口，积极稳妥地实施移民搬迁。继续增加扶贫投入，完善管理机制，提高使用效益。以“四帮一”活动为重点，进一步开展社会帮扶工作。到2010年，基本解决农村贫困人口的温饱问题，确保已解决温饱的低收入人口稳定脱贫。

四、加快建设现代农业，提高农业产业竞争力

（十二）推进农业结构战略性调整。按照稳定粮食、提高菜果、做强畜牧的思路，进一步优化农业结构与区域布局，提升农产品质量，增强市场竞争力。粮食生产，要突出抓好节本降耗，实施优质粮食产业工程，稳定建设4000万亩优质高产粮田。蔬菜和果品业，要重点抓好提质增效，加快培育壮大一批标准化生产基地和出口创汇基地。畜牧业，要切实转变增长方式，发展循环经济，推进规模化集约化养殖，大力实施千万吨奶工程，不断提高畜牧业在农业总产值的比重。水产业，要重点扩大优质水产品养殖，促进远洋渔业发展，合理保护和综合利用渔业资源。加强农业标准、检验检测和产地认证三大体系建设，提高农产品质量安全水平。积极发展外向型农业，不断扩大农业对外开放。

（十三）提高农业产业化经营水平。抓好重点项目建设，促进龙头企业上规模、上水平。省、市、县都要抓一批突破性、标志性大项目。完善政策措施，加大扶持力度，对带动我省农村经济发展和农民增收作用明显的省级重点农业产业化龙头企业，要进一步研究制定积极的财政支持政策。鼓励和扶持龙头企业整合资源，开展跨区域、跨行业、跨所有制的联合与合作，形成一批产业关联度高、辐射带动作用强、有竞争力的龙头企业集团。创新龙头企业与农户利益联结机制，鼓励龙头企业吸收专业生产农户参股，为农户提供担保服务，资助农户参加农业保险。加强银企对接，扩大招商引资，切实解决龙头企业发展资金不足问题。加强农产品加工基地建设，增强产业辐射带动力。“十一五”期间，全省农业产业化经营率每年增长2个百分点，省级重点龙头企业达到300家，建成省级农产品加工示范基地40个以上。

（十四）强化农业科技支撑作用。把农业科技创新和技术推广放在公共财政支持的优先位置，加快建立和完善以政府为主导、社会力量广泛参与的多元化农业科技投入机制。积极探索对公益性职能与经营性职能实行分类管理的办法，健全和完善农技推广的社会化服务机制。建立和推行农业科技特派员制度。加快培育科技推广重点示范户，扩大重大农业技术推广项目专项补贴规模。加强农业新品种新产品新技术的联合攻关，提高农业科技自主创新能力与核心竞争力。鼓励企业建立农业科技研发中心，并在财税、金融和技术改造等方面给予扶持。抓好先进适用技术组装配套，促进良种良法良机推广普及，力争三年基本实现“一县一业一园”，逐步达到“一村一品”。到2010年，全省农业科技进步贡献率达到58%左右。

（十五）大力发展循环农业。按照减量化、再利用、资源化要求，积极推进资源节约型、环境友好型和循环农业发展。合理有效利用农业资源，把发展节水农业放在更加突出的位置。鼓励生产使用节电、节油型农业机械和农产品加工设备。大力推广农作物及秸秆综合利用技术，促进植物生产、动物转化和微生物还原。积极推进农业标准化、专业化、规模化生产，实现农业集约化经营。围绕推进生态省建设，切实搞好退耕还林还草、京津风沙源治理、重点流域水土保持等重点生态工程，稳定完善政策，培育后续产业。以农村废弃物资源循环利用为切入点，组织实施生物质工程，培育生物质产业，促进农业可持续发展。

五、加大政策扶持力度，发展壮大县域经济

（十六）进一步完善支持县域经济发展的体制和政策。县域涵盖“三农”，连接城乡，县域经济是城乡经济的结合点。要打破城乡壁垒，把农村的资源、城市的产业与农民就业有机结合起来，形成城乡协调、良性互动的区域经济。积极调整产业发展政策，抓住城市扩张、产业转移等重要契机，切实做好产业转移承接工作，千方百计融入城市产业体系，形成城乡衔接的产业格局。要制定有效的政策措施，积极推进全民创业行动，激发县域经济发展活力。完善和落实扩权强县政策，逐步扩大扩权县范围，增强县域经济自主发展能力。省要选择一批有条件的中心镇，抓紧开展扩权强镇试点。继续加大转移支付力度，实施激励性财政体制，不断增强困难县的财政保障能力。建立和完善县域经济监测评价体系和考核办法，激励处于不同层次的县（市）争先进位，加快发展。按照"城乡统筹、三化（城市化、工业化、农业产业化）互动、富民强县"和"抓两头，带中间"的工作思路，加大推动力度，实行科学指导，通过强县带动和弱县奋进，促进县域经济跨越式发展。

（十七）着力培育县域特色主导产业。要把培育壮大主导产业、发展特色产业集群，作为增强县域经济实力、实现可持续发展的有效途径。以区域特色为依托，综合分析资源、市场、人才等方面优势，合理确定产业发展方向，培育特色经济，努力打造一批有较强市场竞争力的知名品牌。特色主导产业已经形成的地方，要加快促进产业成长，提升技术层次，延长产业链条，带动周边发展，尽快形成区域经济中心；特色主导产业已具雏形和发展潜力的地方，要在政策上给予重点扶持，整合资源，深度开发，逐步形成具有竞争力的产业集群。要按照企业向园区集中、产业向集群发展、人口向城镇转移的思路，推动县域产业布局优化。

（十八）加快发展民营经济。进一步完善政策措施，放宽市场准入，强化社会服务，优化发展环境。积极支持民营中小企业发展，实施中小企业成长工程，推进技术进步，转变增长方式，增强自主创新能力。调整优化中小企业布局，着力扶持百强民营企业、百家成长型企业、百个名牌产品，建设一批具有核心竞争力的民营企业集团。引导民营企业发展本地优势产业，在资金、项目、技术、用地等方面予以重点支持，加快形成一批有较强竞争力的中小企业集群，为农村城市化奠定产业基础。完善创业辅导、信用担保、人才培训三大服务体系，到2007年各县要建成一个创业辅导基地，2010年全省担保资金达到100亿元，并切实提高担保资金的实际使用率。抓好民营企业上市融资，支持民营企业与国内外知名企业合资合作，促进更多民营企业走出去，拓宽发展领域，实现新的跨越。"十一五"末，全省县域民营经济增加值占县域生产总值的比重达到80%以上。

（十九）建设农村现代流通体系。加快农产品批发市场升级改造，抓好"双百市场工程"建设，促进入市农产品质量等级化、包装规格化，培育大型农产品流通企业。大力发展农产品、农业生产资料和消费品连锁经营，建立以集中采购、统一配送为核心的新型营销体系，改善农村市场环境，促进农村消费。抓好"万村千乡市场工程"，建设连锁化"农家店"。各级供销合作社要进一步创新服务方式，广泛开展联合、合作，加快现代经营网络建设。大力推进县级供销社综合改革，积极实施农村"社区综合服务中心"建设工程，提高服务质量和水平。积极支持发展农村流通专业合作组织，继续发展农村经纪人队伍，搞好鲜活农产品"绿色通道"建设，努力改善农产品物流环境，促进农产品运销。到2010年，力争实现"万村千乡市场工程"覆盖全省90%的乡镇和70%的行政村。

六、加强基础设施建设，改善农村生产生活条件

（二十）加强农业基础设施建设。加强农田水利基本建设，完善田间配套工程。大力推广农业综合节水技术，加强小型灌区节水改造、雨水集蓄和黑龙港流域咸淡混浇工程建设。进一步加强农业综合开发，重点抓好粮食主产区改造中低产田和中型灌区节水改造，积极发展节水农业和旱作农业。加强耕地质量建设，实施新一轮"沃土工程"，全面提升地力。抓好农村土地开发治理和村庄占地整理工作。加强农村信息网络建设，逐步形成覆盖广大农村的信息服务体系。加强农业防灾体系和动物防疫、植物保护、森林草原防火体系建设，提高保障水平。进一步做好高致病性禽流感等重大动物疫病和人畜共患病的防控工作。积极预防和治理农村面源污染，加强土壤污染和养殖污染治理，提高农民环保意识，切实保护农村生态环境。加强气象工作，提高农业气象服务和人工影响天气水平。

（二十一）加强农村基础设施建设。继续抓好乡村道路建设，积极推进村内街道硬化。大力推进新农村电气化建设工程，有效改善农村供用电条件。加强农村饮水安全工程建设，优先解决水质不达标地区的饮水安全问题及局部地区饮水困难问题。加强农村沼气等清洁能源建设，大幅度增加农村沼气建设投资规模，带动农村改圈、改厕、改厨。"十一五"期间，农村沼气普及率年均提高2个百分点。搞好村民中心建设，力争实现每个行政村有一个综合活动场所。

（二十二）加强村庄规划与建设。依据新农村建设的总体规划要求，优化县域村庄空间布局，搞好村庄规划。以农民集中居住为导向，加强规划建设审批管理，确保新建翻建农房按规划建设。各级都要安排专项资金支持编制村庄规划，免费向农民提供经济安全适用、节地节能节材的住宅设计图样。采取有力措施，加快治理"空心村"，引导规模过小和具备条件的村庄适当合并，促进村庄布局优化和人口集中，有计划有步骤地推进中心村建设。引导农民自己动手，搞好农村污水、垃圾处理，改善农村环境卫生。村庄治理要突出特色，保护好有历史文化价值的古村落和传统民居。防止大拆大建，防止加重农民负担，防止形成新的集体不良债务。

七、发展农村社会事业，培养造就新型农民

（二十三）巩固和发展农村义务教育。坚持教育优先发展，普及和巩固农村九年制义务教育。建立和完善各级政府责任明确、财政分级投入、经费稳定增长、管理以县为主的农村义务教育管理体制。进一步强化以政府投入为主的经费保障机制，确保农村教师工资发放和学校正常运转所需经费。2007年起，对全省农村义务教育阶段学生全部免除学杂费，对贫困家庭学生免费提供教科书并补助寄宿生生活费。继续实施农村现代远程教育工程和对口支援贫困地区学校工程。调整优化农村中小学布局，有计划、分地域兴办一批寄宿制学校，提高农村教育质量和水平。加强农村教师队伍建设，积极开展城镇教师支援农村教育活动，促进城乡义务教育均衡发展。强化对农村学校收费的规范和监管，切实减轻农民的教育负担。重视抓好农村特殊教育工作，保障残疾学龄人口的受教育权利。

（二十四）全面提高农民素质。围绕培育有文化、懂技术、会经营的高素质农民，着力提高广大农民的生产经营技能、创业就业能力、科学文化素质和思想道德素质。各级财政要将农村劳动力培训经费纳入预算，逐年增加投入。整合各种教育培训资源，形成培训合力，提高培训效果。加快发展农村职业技术教育，积极推进高中阶段教育。加强县级职教中心建设，建立和完善农民职业教育培训网络，农村初、高中毕业后未升入高一级学校的学生，力争全员接受技能培训。大力开展“绿色证书”培训和各种农业适用技术培训，促进现代农业建设。继续实施农村劳动力转移培训“阳光工程”，扩大实施规模，完善补贴办法，提高补助标准，重点培育社会需求量大的制造业技术工人和专业服务人才。支持用人单位建立稳定的劳务培训基地，发展订单式培训，抓好岗位技能培训，提高生产技术水平。积极推进创业培训，培养一批创业带头人。继续实施“一村一名大学生工程”，引导和鼓励大中专毕业生回村创业，对做出突出成绩的予以重用和奖励。广泛开展群众性精神文明创建活动，推动移风易俗，促进乡风文明，全面提高农民群众的整体素质。

（二十五）振兴农村文化事业。加大对农村文化事业的投入，加快农村文化设施建设，到2010年县（市）要有文化活动中心、图书馆和文化馆，乡（镇）要有综合文化站，行政村要有文化活动场所。实施文化信息资源共享工程、太行山革命老区宣传文化工程、广播电视“村村通”工程和农村电影放映工程。继续实施文化、科技、卫生“三下乡”，传播先进思想，普及科学知识，丰富农民精神文化生活。积极开展多种形式的群众文体活动，推动实施农民体育健身工程。强化农村文化市场管理和监督，抵制腐朽落后文化。实施河北省民族民间文化保护工程，加强对农村传统优秀民间文化艺术的整理和保护，培育发展一批“民间艺术之乡”、“特色文化之乡”。

（二十六）发展农村卫生事业。把卫生工作的重点放在农村，加快推行新型农村合作医疗制度，2008年在全省农村基本普及新型农村合作医疗制度，2010年基本覆盖全省农村居民。加强县、乡、村三级医疗卫生服务和医疗救助体系建设，完善以乡镇卫生院为重点的农村医疗卫生基础设施建设，2008年完成所有乡镇卫生院的改造，实现每个行政村有一个标准卫生所（室）。建立与农民收入相适应的农村药品供应和监管体系，规范农村医疗服务。实施万名医师支援农村卫生工程，加强县级医院和乡镇中心卫生院建设。鼓励社会各方面力量参与农村卫生事业发展。对乡村医生定期实施培训，不断提高诊治水平。加强农村计划生育体系建设，实施农村计划生育家庭奖励扶助制度和“少生快富”工程，推行优生优育。

（二十七）逐步建立农村社会保障制度。按照统筹城乡发展的要求，加大公共财政对农村社会保障的投入力度。认真落实农村五保供养制度，加强服务机构建设，保障农村五保供养对象生活。健全和完善社会救助制度，切实做好农村特困户生活救助和灾民救助等工作。进一步建立和完善农村最低生活保障制度，适当提高低保标准，逐步做到应保尽保。积极探索建立与农村经济发展水平相适应、与其他保障措施相配套的农村养老保险制度。落实优抚政策，确保优抚对象生活不低于当地群众平均生活水平。加强农村福利事业建设，关注残疾人生产生活。鼓励社会团体和个人参与农村扶贫济困，增强社会救助能力。

八、加强农村民主政治建设，完善乡村治理新机制

（二十八）加强农村基层党组织和党员队伍建设。建设社会主义新农村的各项任务，最终要靠农村基层党组织和广大基层干部团结带领农民群众通过自己的艰苦奋斗去实现。必须着力建设坚强的农村基层党组织和一支高素质的农村党员干部队伍，为新农村建设提供坚强的组织保证。要以建设社会主义新农村为主题，建立保持共产党员先进性教育的长效机制，有针对性地解决基层党组织和党员队伍中存在的突出问题。组织农村广大党员认真学习和履行党章规定的权利和义务，牢固树立社会主义荣辱观，充分发挥农村党员在建设社会主义新农村中的骨干和引领作用。深入开展以创建“五个好”村党支部、乡镇党委和农村基层组织建设先进县为内容的农村党的建设“三级联创”活动，不断提高农村基层党组织的创造力、凝聚力和战斗力。积极探索基层党组织新的建设形式，推进农村党组织设置和活动方式改革。拓宽村级干部的选用范围，省、市、县都要选派一批符合条件的年轻干部和大学毕业生到农村任职，改善农村班子结构。大力实施农村基层干部“素质工程”。集中抓好后进村党组织整顿转化工作。发挥好农村共青团和妇联组织的作用。

（二十九）进一步完善村务公开和民主管理制度。健全村党组织领导的充满活力的村民自治机制，完善村务公开和民主管理的各项制度，让农民群众真正享有知情权、参与权、管理权、监督权。既要维护和保障好农民群众的民主权利，又要引导村民遵守民主议事规则，履行应尽的义务和责任，形成有效的议事决策机制。建立健全村民“一事一议”制度，完善农民自主筹资筹劳的机制和办法。通过财政扶持、项目带动、以奖代补等多种形式，引导农民投工投劳，自主开展农村公益性设施建设，项目决策要经村民民主讨论，实施过程要接受村民监督。加强农村集体资产管理，积极探索村级集体财富积累新机制，增强集体经济实力和服务功能。

（三十）努力建设和谐乡村。深入开展农村普法宣传教育，提高农村干部群众的法律意识和依法办事能力。加强农村矛盾纠纷排查，妥善处理新时期农村各种社会矛盾。加强和改进农村信访工作，着力解决好农民在土地承包、征地拆迁等方面反映强烈的突出问题。切实落实农村社会治安综合治理的各项措施，依法严厉打击各种违法犯罪活动和农村黑恶势力以及“黄赌毒”等社会丑恶现象，创造安居乐业、和谐发展的农村社会环境。

九、深化农村改革，增强农村发展活力

（三十一）深化农村土地制度改革。稳定农村土地承包关系，依法保障农民土地承包权。健全在依法、自愿、有偿基础上的土地承包经营权流转机制，鼓励有条件的地方发展多种形式的适度规模经营。改革现行土地征用制度，严格界定公益性和非公益性事业占地，完善对被征地农民的合理补偿机制，加强对失地农民的技能培训和就业安置工作，建立失地农民基本生活保障制度。维护好流动就业农民在土地承包经营方面的合法权益。继续实行最严格的耕地保护制度。

（三十二）加快推进乡镇职能转型。积极稳妥地推进乡镇机构改革，科学界定乡镇政府职能，合理调整乡镇机构设置，提高社会管理和公共服务水平。严格控制财政供养人员总量，五年内乡镇机构编制和财政供养人员只减不增。推进乡镇事业单位清理整顿工作，整合和改革现有事业站所，妥善安置分流人员。积极稳妥地推进乡村行政区划调整。抓紧进行乡镇职能转型试点，适时制定出台全省推进乡镇职能转型的实施意见。

（三十三）完善县乡财政管理体制。建立科学合理的县乡财政体制，抓好县乡财政体制改革试点工作，积极稳妥地推进相对规范的分税制和统收统支加激励的财政体制。规范县乡两级财政转移支付制度，加强乡级财政管理，推进“乡财县管乡用”改革。逐步加大对村级转移支付力度，保证村级组织正常运转，有条件的地方要把村干部补贴纳入县或乡财政统一管理。清理核实乡村债务，适时开展化解乡村债务试点工作。

（三十四）推进农村经济组织创新。把加快农村组织创新作为改革的重要内容，提高农民的组织化程度和自我服务能力。积极引导和支持农村发展各类专业合作组织，推进合作组织立法进程，建立有利于农民专业合作组织发展的信贷、财税和登记等制度。到2010年，力争全省特色产业突出的专业乡村普遍建立起农民专业合作组织，各类农民专业合作组织辐射带动农户达60%以上。围绕我省主导产业，加快建立健全畜禽产品、蔬菜、果品、水产品等重点出口农产品的行业协会，引导农业生产者和农产品加工、出口企业加强行业自律，搞好信息服务，维护成员权益，促进行业和产业健康发展。鼓励发展农村法律、财务等中介组织，为农民生产经营、维护合法权益提供有效服务。

（三十五）加快农村金融和保险业发展。各级金融机构要不断创新金融产品，改善服务手段，加大信贷资金对新农村建设的投入力度。县域内各金融机构在保证资金安全的前提下，应将一定比例的新增存款投放当地，支持农业和农村经济发展。农村信用社要充分发挥支农主力军作用，新增贷款主要用于“三农”。积极推行农户小额信用贷款和农户联保贷款等信贷品种，适度提高对农户的授信额度，延长贷款期限。鼓励和引导邮政储蓄资金返还农村。积极培育农村金融中介组织，加快农村信用担保机构建设，不断完善信用担保体系。鼓励在县域内设立多种所有制的社区金融机构，大力培育由自然人、企业法人或社团法人发起的小额信贷组织，引导农户发展资金互助组织。积极探索建立农业政策性保险机构，引导各类商业保险机构面向农村开展保险服务，开办多种形式、多种渠道的农业保险，降低农业经营风险。

十、加强组织领导，不断开创社会主义新农村建设的新局面

（三十六）加强调查研究。各级党委和政府要从全面建设小康社会、加快推进社会主义现代化的战略高度，深刻认识建设社会主义新农村的重大意义，把新农村建设作为一件大事，真正列入议事日程，切实抓紧抓好。要进一步解放思想，与时俱进，勇于探索，大胆实践。深入开展调查研究，全面把握情况，不断研究新问题、开拓新思路、探索新办法。认真总结群众在实践中创造的新鲜经验，不断增强工作的针对性。要组织各方面的研究力量，加强对全局性、前瞻性重大课题的研究，及时、全面、准确地认识和把握建设社会主义新农村的新情况新特点，研究制定促进农业和农村发展的具体政策措施。各级领导干部要切实转变工作作风，建立健全新农村建设工作联系点制度，深入实际、深入农村，加强指导服务，帮助基层解决新农村建设中遇到的各种矛盾和实际问题。

（三十七）建立协调联动工作机制。各级党委和政府要加快建立任务明确、分级负责、协调联动的工作机制。全省推进新农村建设工作，在省委、省政府的统一领导下，由省委、省政府农村工作领导小组组织实施，统筹负责新农村建设的综合协调、调查研究、工作指导、督导检查等工作。市、县两级党委和政府要把主要精力和工作重心放到社会主义新农村建设上，理顺领导体制，强化工作机构，加强统一领导，明确职责分工，切实抓好本地区的新农村建设工作。省直各部门要根据本意见精神，制定本系统、本部门的具体实施意见，认真抓好各项工作和目标任务的具体落实。要加快建立符合科学发展观和正确政绩观要求的工作评价和激励机制，加强监督检查，防止急功近利、弄虚作假、搞形式主义，确保各项政策措施落实到位。我省推进新农村建设，不搞层层验收和达标升级，重在取得实效和农民群众满意，对做出突出成绩的先进集体和先进个人，各级要给予表彰奖励。

（三十八）科学编制社会主义新农村建设规划。推进新农村建设，必须坚持规划先行。各级要紧密结合当地实际，科学制定新农村建设的总体规划，明确推进新农村建设的工作思路、目标和措施，统筹安排各项建设任务。要尊重自然规律、经济规律和社会发展规律，与“十一五”规划、全面建设小康社会、文明生态村创建以及生态省建设等规划相衔接，广泛征集社会各方面特别是农村基层干部群众的意见和建议，增强规划的科学性、民主性、可行性。要按照以县域为单元整体推进的思路，搞好县域城镇体系规划、产业发展和村庄整治等规划。要立足当前，着眼长远，区分轻重缓急，突出建设重点，分步实施，扎实推进。要从解决农民群众生产生活中要求最急迫、受益最直接的问题入手，让农民群众得到实实在在的好处。

（三十九）加强干部培训和宣传教育。建设社会主义新农村，是一场关系到亿万农民生产方式、生活方式和农村管理方式的深刻社会变革，涉及面广，工作量大，统一思想认识的任务很重。要有针对性地加强干部培训，尤其要加强对县、乡和村干部的培训，提高认识、转变观念、坚定信心、明确思路，增强团结带领农民群众建设新农村的本领。年内，省、市两级要对县级主管领导和乡镇党政主要领导轮训一遍；县、乡两级要对村“两委”班子成员，特别是村党组织书记和村委会主任轮训一遍。要切实加强和正确引导对社会主义新农村建设的宣传，重点宣传建设新农村的重大意义、原则要求和主要任务，宣传党在农村的各项方针政策，宣传在新农村建设中涌现出来的先进典型，提高和深化全社会对建设新农村的思想认识。农民是社会主义新农村建设的主体，是主要参与者和直接受益者，要充分发挥他们的重要作用，积极引导农民群众正确处理国家扶持和自身努力的关系，发扬自力更生、艰苦奋斗的优良传统，用自己勤劳的双手改变农村面貌、建设美好家园、创造幸福生活。

（四十）努力形成建设社会主义新农村的强大合力。建设社会主义新农村是一项庞大的系统工程，需要动员社会各方面的力量广泛参与。各行各业都要积极关心和支持新农村建设，为新农村建设献计出力。要加强舆论导向，完善政策措施，建立社会各界支持和参与新农村建设的激励机制。鼓励各种社会力量投身社会主义新农村建设，引导党政机关、人民团体、企事业单位和社会各界以各种方式与乡村进行结对帮扶，促进人才、智力和资金等社会资源流向农村、支持农业、服务农民，努力营造全社会关心、支持、参与社会主义新农村建设的浓厚氛围。

综合篇

GENERAL SURVEY

综　　述

2006年，在省委、省政府的正确领导下，全省各地各部门紧紧围绕实现更好更快发展、构建和谐河北两大主要任务，积极有为的贯彻落实国家宏观调控政策，扎实推进重点工作，经济社会发展迈出新步伐，实现了“十一五”起好步、开好局的目标。

——经济平稳较快增长，人均水平跃上新台阶。全省生产总值实现11660.4亿元，比上年增长13.4%。其中，第一产业增加值1606.5亿元，增长5.0%；第二产业增加值6115.0亿元，增长15.1%；第三产业增加值3938.9亿元，增长14.3%。自2003年以来，GDP已连续四年保持两位数增长，经济平稳快速增长的区间进一步拉长。人均生产总值达16962元，比上年增长12.6%，按美元折算，突破2000美元，达2127.8美元。

——产业结构变化积极，主导战略支撑产业作用增强。坚持把结构调整作为主线，努力转变增长方式，产业结构呈现二、三产业比重上升，一产业比重下降的积极变化。第一产业增加值比重降低，占GDP的比重由2005年的14.9%下降到13.8%。农业内部结构不断优化。全年粮食总产量2702.8万吨，增长4.0%，为2000年以来最高水平。畜牧、蔬菜、果品三大支柱产业带动作用明显，实现产值占农林牧渔业总产值的比重达70%以上。农业产业化水平继续提高，产业化经营率达51.8%，提高2.4个百分点。

第二、三产业增加值比重上升。第二产业比重由51.8%上升到52.4%。工业主导产业带动作用明显。七大主导产业增加值占规模以上工业的比重达到80.5%，比上年提高2.1个百分点，对工业生产增长的贡献率达87.1%。其中钢铁工业、装备制造业、石油化工三大战略支撑产业增加值占规模以上工业的比重分别为31.1%、13.2%和14.6%。高新技术产业发展步伐加快，比重提高，高新技术产业增加值占规模以上工业的8.4%，比上年提高0.6个百分点。第三产业发展势头强劲，增速为1996年以来最快水平，增加值比重由上年的33.3%上升到33.8%。

——投资消费增长较快，对外经贸规模进一步扩大。全社会固定资产投资完成5501.0亿元，增长32.9%。其中城镇固定资产投资完成4434.0亿元，增长34.0%。坚持有保有压，加大对新开工项目的清理，对151个手续不完备的新开工项目，提出了“暂停建设、限期整改”的处理意见。淘汰了落后钢铁企业26家，涉及炼铁能力398万吨，炼钢能力373万吨。在“压”的同时，加强对优势主导产业投入。装备制造业、食品、纺织、建材工业投资增速均在46%以上。

消费市场稳中见旺。社会消费品零售总额实现3397.4亿元，增长15.1%，增速比上年加快0.5个百分点。其中城市零售额增长16.6%，农村零售额增长13.7%。住宿和餐饮业增势强劲，零售额增长20.0%。

进出口和利用外资规模均创历史最高水平。进出口总值完成185.3亿美元，其中出口总值128.3亿美元，分别比上年增长15.3%和17.5%。出口结构进一步优化。初级产品出口下降0.7%；工业制品出口增长21.4%，占出口总值的比重为85.0%，提高2.7个百分点。机电产品和高技术产品出口所占比重分别由上年的20.4%和2.1%提高到26.3%和3.8%。实际利用外资完成23.8亿美元，增长4.6%。

——运行质量同步提高，居民收入实现突破。财政收入增长较快。全部财政收入完成1223.5亿元，其中地方一般预算收入完成620.5亿元，比上年分别增长18.2%和20.3%。全部财政收入占GDP比重达到10.5%，比上年提高0.2个百分点。

工业效益水平继续提高。规模以上工业经济效益综合指数为205.8，比上年提高13.5个百分点，是1993年以来最好水平。实现利润884.7亿元，在上年增长30.7%的基础上增长28.2%。

城乡居民收入实现新突破。城镇居民人均可支配收入突破万元，达到10304.6元，比上年增长13.1%。高低收入户收入差距缩小，占调查户总数10%的低收入户人均可支配收入增长16.1%，比占调查总户数10%的高收入户增速快4.4个百分点，高低收入户收入差距由去年的6.22∶1缩小到5.98∶1（以低收入户居民收入为1）。农民人均纯收入突破3800元，达到3801.8元，增长9.2%。其中，农民人均工资性收入1514.7元，增长17.1%，是1998年以来速度最快的一年，对农民增收的贡献率达69%，农民务工收入成为农民增收的亮点。居民居住条件逐步改善。城镇居民人均住房使用面积21.8平方米，增长1.3%；农民人均居住面积29.1平方米，增长2.7%。

——经济内在活力增强，民营经济占到“半壁江山”。进一步放宽市场准入，允许中小企业进入法律法规未禁止的所有行业和领域，鼓励支持全民创业，加强资金支持，促进了民营经济快速健康发展。民营经济实现增加值5857.1亿元，比上年增长14.7%；占全省生产总值的比重达到50.4%，对经济增长的贡献率为53.8%。实缴税金568.7亿元，增长22.8%；占全部财政收入的46.5%，比上年提高1.8个百分点。就业人员1250.4万人，增长4.6%，已成为吸纳就业的重要渠道。

金融贷款增加较多，支撑了经济的较快增长。2006年末，全省金融机构各项贷款余额7411.9亿元，比年初增加996.7亿元，同比多增314.3亿元。

企业自主投资的积极性较高。在投资资金来源中，企事业单位自筹资金比上年增长41.5%，占全部到位资金的71.9%，提高3.2个百分点。

——发展的协调性增强，和谐河北建设迈出新步伐。经济呈现高增长、低物价、稳就业的良好态势。居民消费价格总水平上涨1.7%，城镇登记失业率为3.84%，比上年回落0.09个百分点，控制在4.6%的调控目标之内。

经济社会发展协调性增强。社会保障水平提高，年末参加基本医疗保险和失业保险人数分别为615.9万人和470.8万人，分别比上年增加53.8万人和9.6万人。福利事业稳步发展。年末全省各类收养性社会福利单位床位达7.6万张，收养各类人员5.0万人。城镇建立社区服务设施达6576个，其中综合性社区服务中心222个。社会保险覆盖面继续扩大。科技投入增加，科技成果显著。R&D经费支出占GDP的比重为0.7%，比上年提高0.1个百分点。全年共取得省部级以上科技成果2132项，其中国际领先的43项，国际先进的379项。文化事业加快发展。

年末全省共有艺术表演团体127个，文化馆162个，公共图书馆156个，博物馆46个，档案馆205个。广播电视自然村"村村通"工程进展顺利，广播综合人口覆盖率达98.63%，电视综合人口覆盖率达98.55%。卫生事业得到加强，全省共有卫生机构3394个，卫生技术人员19.9万人，床位17.3万张。农村有医疗点的村数占总村数的99%，乡村医生和卫生员7.3万人。已有1170万农民参加了新型农村合作医疗。体育事业蓬勃发展。在国内外重大比赛中，河北省运动健儿获金牌38枚，银牌44枚，铜牌30枚。

综合分析，全省经济正朝着更好更快方向发展，为建设沿海经济社会发展强省奠定了坚实基础。但也应看到，经济生活中还存在一些突出矛盾和问题，主要是：经济结构不合理，服务业发展相对滞后；增长方式粗放的状况还没有根本转变，节能降耗的任务艰巨；农业生产资料价格持续上涨，农民持续增收难度增大；部分工业企业亏损比较严重，规模以上工业亏损企业亏损总额增亏55.4%；就业压力依然很大。这些矛盾和问题需要在今后工作中采取有力措施加以解决。

2007年，是建设沿海经济社会发展强省的起步之年，也是实施"十一五"规划的重要一年。为保持经济社会发展的良好势头，应进一步加快结构调整步伐，转变经济增长方式；狠抓项目建设，增强经济发展的后劲；优化出口结构，扩大对外经济；加强市场监管，保持价格稳定。

（河北省统计局　靳占恒）

宏观调控

2006年是"十一五"规划开局之年，河北省坚持以科学发展观为统领，紧紧围绕实现更好更快发展、构建和谐河北两大主要任务，继续积极、有作为地落实国家宏观调控政策，调整经济结构，推进改革开放，狠抓节能减排，加强薄弱环节，经济社会保持了良好的发展态势。生产总值达到11613.7亿元，比上年增长13.2%。

结合实际，积极有作为地落实国家宏观调控政策。一是及时制定政策措施。为保持经济平稳快速增长，出台了贯彻落实全国经济形势电视电话会议精神切实做好后几个月经济工作的建议，明确了总体思路及七个方面的具体措施。按照国办发〔2006〕44号文件要求，提出了做好新开工项目清理工作的实施意见，并认真组织开展了新开工项目清理工作。二是力促主导产业健康发展。研究制定了加快振兴装备制造业的实施意见，修订了服务业振兴计划。出台了推进产能过剩行业结构调整实施意见，确定了完善差别电价政策的实施方案，并在唐山市钢铁行业进行差别水价试点；组织实施了钢铁行业淘汰落后产能工作方案，公布了26家首批淘汰落后装备企业名单。三是着力化解建设难题。加强省重点项目用地需求和年度农用地转用指标的对接，尽力保障重点项目建设用地；积极推进省政府与开发行、建行等金融机构信贷合作协议的落实，制定了曹妃甸精品钢铁基地和"8+3"铁路项目的资本金筹措办法和省交通投资公司组建方案；成立了行政许可受理中心，统一受理申请，统一送达决定，提高了行政服务效率。

着眼长远，认真组织实施"十一五"规划。一是对《纲要》确定的主要目标和任务进行分解。研究制定了落实《纲要》主要目标和任务工作分工意见，将约束性指标和重大工程建设、重大改革任务、重大政策制定等进一步细化分解，明确了责任主体。尤其是在国家对8项约束性指标尚未下达具体方案的情况下提前进行分解，为各地各部门及早开展工作提供了依据。二是加强对专项规划和区域规划编制的组织协调。省政府确定的72个专项规划、2个区域规划涉及33个部门和单位。为加快编制进度，多次召开协调会议，及时通报编制进展情况，并就涉及的重大问题进行深入研究，有针对性地搞好衔接，解决问题。现代物流业等31个规划开始实施，七大工业主导产业等23个规划上报待批，其他规划正在抓紧论证完善。三是补充编制了一些专项规划。为发挥规划的导向作用，争取国家在生产力布局上的重点支持，对曹妃甸港区和循环经济示范区产业发展总体规划进一步作了调整充实，并通过国家发改委组织的专家论证；燃料乙醇产业发展规划编制完成并已上报，煤化工产业、核电发展等规划正在加紧编制。同时，积极参与国家组织的京津冀都市圈区域规划编制工作。

多措并举，加快推进社会主义新农村建设。大力发展现代农业，积极落实扶持粮食生产的各项政策，认真实施优质粮食产业工程和大型商品粮基地工程，粮食总产达2702.8万吨，增长4%。培育壮大支柱产业，畜牧、蔬菜、果品三大产业产值占农林牧渔业总产值的比重提高到70.2%。努力增强农产品深加工能力，新增省级重点龙头企业69家，农业产业化经营率提高2.4个百分点。文明生态村创建活动扎实推进，新改建农村公路1.3万公里，新增农村沼气用户30万户，解决了3733户无电户的通电问题。落实"两免一补"资金3.2亿元，改造农村中小学危房105万平方米，建设农村寄宿制学校71所。40个新型农村合作医疗试点县（市、区）农民参合率达79%，有342.5万人次享受医疗补偿3.1亿元。农民人均纯收入达3801.8元，增长9.2%。

督导落实，狠抓重大项目建设。出台了《关于进一步推进重点项目建设的指导意见》，省政府先后筹备组织了两次省重点建设领导小组会议，协调解决实际问题，保证了项目建设的顺利进行。全年共分两批下达了163项省重点建设项目（包含660个单项），完成投资1093.8亿元。其中，中兴北方产业基地等210个单项开工建设，长城汽车技术中心改造等118个单项建成投产。着眼于培育一批销售收入超百亿元企业，省政府下达了第一批10个省重点产业支撑项目，并逐项研究制订了财税政策、资源保障等方面的扶持措施。为打造区域经济增长极，加快推进曹妃甸工业区的开发建设，精品钢铁基地可研报告已通过中咨公司评估，煤码头和原油码头获核准并开工建设，迁曹铁路通车运营。全社会固定资产投资完成5499.4亿元，增长32.8%。

提速增效，加强工业经济运行调节。针对年初工业生产和效益下滑的问题，召开全省工业发展运行工作电视电话会议，及时提出了确保工业经济持续稳定增长的10条具体措施，促进了生产和效益的稳步回升。针对生产要素供应紧张状况，积极争取省外煤炭资源，协调煤电双方落实电煤合同；加快黄骅电厂等电源点建设，新增装机320万千瓦，实施了一批蓄冷蓄热、节约用电等电力需求侧管理项目；落实与北京、太原路局的协调机制，邀请铁路部门到运力紧张地区现场解决问题；先后三次召开了成品油供应调度会，争取国家临时调增河北省天然气指标1000立方米/日。坚持分类指导，对有市场、有效益的骨干企业，支持其开足马力，实现高产高效；对重点亏损企业，引导其进行适应性调整，努力减亏增效。规模以上工业的增加值和实现利润分别增长19.8%和30.4%。

节能降耗，大力推动资源节约和综合利用。抓目标责任落实，依据2005年能耗基数，明确了各设区市、221家重点耗能企业的节能任务，并签订了目标责任书，实施“双百企业节能工程”，切实搞好重点领域、重点行业、重点企业的督导落实。抓政策和资金引导，《河北省节约能源条例》颁布施行，出台了加强节能工作的决定。认定资源综合利用企业110家，协调兑现各项优惠政策。争取国债资金1.1亿元，支持宣钢、唐山三友等企业的15个节能环保项目。抓循环经济示范，制定了加快发展循环经济实施意见和钢铁工业发展循环经济实施方案，冀衡集团、西柏坡电厂等国家首批循环经济试点方案已通过国家级专家论证。单位生产总值能耗比上年有所下降，扭转了“十五”以来逐年上升的势头。

突出重点，加大改革开放力度。加强对经济体制改革的总体指导和协调，制定了2006年全省经济体制改革重点工作指导意见，并将10个方面37项改革任务分解落实到34个部门。国有大型企业战略重组和产权制度改革稳步推进，新唐钢、金能集团正式挂牌运营，华药集团完成债转股公司注册。上市公司股权分置改革和厅局属企业改制脱钩走在全国前列。针对扩权强县改革政策落实过程中49个操作层面上的问题，逐项研究提出解决办法并付诸实施。进一步深化投资体制改革，企业投资项目备案实现网上运行。出台了促进中小企业发展的若干政策意见，中小企业担保机构发展到250家，累计担保贷款79.4亿元。民营经济完成增加值、实缴税金分别增长14.7%和22.8%。

努力转变外贸增长方式，壮大了11个省级出口商品基地，扶持16家出口超亿美元大型企业。进出口总值增长15.3%，其中出口增长17.5%。加大招商引资力度，共签订协议外资千万美元以上的大项目91个，协议外资29.1亿美元。实际利用外资比上年增长4.6%。积极推动对内开放，河北省与北京市签订了加强经济和社会发展合作备忘录，与中石油、中石化等大公司合作的一批战略项目正在扎实推进。

协调并进，促进社会和谐发展。认真落实促进就业再就业的各项优惠政策，城镇新增就业46.5万人，下岗失业人员再就业22.9万人，城镇登记失业率为3.8%。进一步扩大社会保险覆盖面，提高了企业离退休人员基本养老金和城市低保标准，企业离退休人员养老金拖欠全部兑现。城镇居民人均可支配收入增长13.1%。扶持16所省级重点职业中专、技工学校改善教学和实验实训设施。争取国家资金支持了91个城市污水、垃圾处理项目和京津风沙源治理、首都水资源可持续利用等重大生态工程。大力实施扶贫开发工程，解决了10万贫困人口的温饱问题和61万农村人口饮水安全问题。

（河北省发改委　王素文　李　燕）

全省生产总值的生产与使用

2006年，全省上下以科学发展观统领经济社会发展全局，大力推进和谐河北建设，全省经济继续保持快速稳定发展态势，生产总值突破1.1万亿元，经济结构进一步优化，经济效益进一步提高，真正实现了“十一五”开好局、起好步的目标。

一、全省生产总值的生产

（一）经济快速平稳增长。2006年，经济增长内生动力进一步增强，全省经济保持了快速平稳发展的态势。实现地区生产总值11660.43亿元，增长13.4%，比1979—2005年年均增速高2.8个百分点，比“十五”期间年均增速高2.2个百分点，经济继续在新一轮增长周期的高平台上运行。

1. 农业持续平稳发展，主导产业支撑强劲。2006年，是全面推进社会主义新农村建设的第一年，全省认真贯彻落实各项惠农政策，农民的生产积极性继续提高，农村经济保持了良好发展态势。全年第一产业实现增加值

1606.48亿元，比上年增长5%。其中，农业实现增加值940.4亿元，增长5.9%，增速同比下降0.2个百分点，占第一产业的比重为58.5%，同比提高2.1个百分点；受国家退耕还林任务影响，林业实现增加值33.73亿元，增长-4.3%，占第一产业的比重为2.1%，同比提高0.1个百分点；畜牧业发展稳中趋缓，2006年创造增加值536.81亿元，增长3.3%，同比回落3.7个百分点，占第一产业的比重为33.4%，同比减少2.5个百分点；渔业生产步伐加快，实现增加值51.36亿元，增长12.2%，增速同比加快8.1个百分点，占第一产业的比重为3.2%，同比提高0.2个百分点。全省畜牧、蔬菜、果品三大支柱产业实力提升，产业支撑作用增强，占农林牧渔业总产值比重已达70.2%。第一产业对国民经济增长的贡献率为5.6%，比上年回落0.9个百分点，拉动地区生产总值增长0.7个百分点，拉力同比减弱0.2个百分点。

2. 工业化进程加快，对全省经济的贡献率提高。2006年，第二产业实现增加值6115.01亿元，增长15.1%，对经济增长的贡献率达为58.7%，拉动经济增长7.9个百分点，同比降低0.2个百分点。其中全部工业实现增加值超过5000亿元，达到5490.54亿元，同比增长16%，为1997年以来最快水平，增速呈现出一种高速上扬的态势。全部工业对第二产业支撑强劲，带动第二产业增速高出GDP增速1.7个百分点。占全省生产总值的比重达47.1%，比上年同期提高0.9个百分点，国民经济增长的13.4个百分点中，工业拉动增长7.4个百分点，拉力同比增强0.2个百分点，对全省经济发展的带动作用强劲。

2006年，河北省建筑业企业积极开拓市场，加快企业结构调整，企业整体经济实力显著提高。2006年建筑业实现增加值624.47亿元，增长8.3%，同比减缓5.2个百分点，对经济增长的贡献率为3.5%，拉动全省生产总值增长0.5个百分点。

3. 服务业发展步伐加快，经济发展活力增强。服务业的发展水平是衡量一个地区综合经济实力和竞争力的重要标志。2006年，河北省服务业发展迅猛，实现增加值3938.94亿元，增长14.3%，增速居全国第七位，超过GDP增速0.9个百分点，为12年以来发展最快的一年。对经济增长贡献率为35.7%，同比提高2.7个百分点。拉动全省生产总值增长4.8个百分点，拉力比2006年增强0.4个百分点。

在服务业内部，交通运输、批发零售等传统服务业继续保持快速发展，分别增长14.4%和9.7%。金融业发展势头强劲，实现增加值279.72亿元，增长30.3%，增速同比加快28.2个百分点。房地产业突飞猛进，成长为拉动经济增长的亮点，从1998年住房制度改革基本完成起，五、六年时间内房地产市场得到培育和进一步壮大，完成了让城镇居民从“有房住”到“住好房”再到“求舒适”三个阶段的过渡，住房需求空前高涨，房地产行业迅速崛起，实现增加值354.6亿元，同比增长19%，增速比上年同期加快13.8个百分点，达13年以来最快增长速度，对经济增长的贡献率为4.1%。人民生活、娱乐等更高层次的精神和文化需求大幅提高，2006年文化、体育和娱乐业，信息传输、计算机服务及软件业，租赁和商务服务业等也呈快速发展态势，分别增长31.4%、19.9%和23.8%，初步形成了传统重点行业发展良好、新兴服务业亮点频出的格局。

（二）收入分配结构出现新变化。从收入分配角度看，劳动者报酬所占比重有所下降，营业盈余所占比重呈上升趋势。在地区生产总值中，劳动者报酬4510.24亿元，占38.7%，同比降低2.5个百分点；生产税净额1524.09亿元，占13%，与上年持平；固定资产折旧1491.98亿元，占12.8%，同比提高0.4个百分点；营业盈余4134.12亿元，占35.5%，同比提高2.1个百分点。

（三）运行质量同步提高，居民收入实现突破

1. 全省人均生产总值突破2000美元。2006年全省人均生产总值16962元，比上年增加2180元，按可比价格计算，比上年增长12.6%，增速同比减缓0.1百分点，按人民币对美元年平均汇价折算，约合2128美元，首次迈上2000美元台阶。

2. 全社会劳动生产率继续提高。2006年达到32485元/人，比上年增加3988元/人，按可比价格计算，比上年增长11.9%，增速同比加快0.1个百分点。其中，第一、二、三产业劳动生产率分别为10399元/人、57520元/人和40129元/人，分别比上年增加939元/人、6128元/人和4222元/人。

3. 城乡居民收入实现新突破。城镇居民人均可支配收入突破万元，达到10304.6元，比上年增长13.1%。高低收入户收入差距由上年的6.22：1缩小到5.98：1（以低收入户居民收入为1）。农民人均纯收入突破3800元，达到3801.8元，增长9.2%。其中，农民人均工资性收入1514.7元，增长17.1%，是1998年以来速度最快的一年，对农民增收的贡献率达69%，农民务工收入成为农民增收的亮点。

（四）民营经济总量过半，对经济增长的贡献过半。2006年，民营经济创造增加值5857.1亿元，增长14.7%，增速高出全省生产总值1.5个百分点，呈加速趋势；占全省生产总值的比重突破50%，达到50.4%，同比提高2.4个百分点，为近年来的最高水平；对全省经济增长的贡献率为53.8%，拉动经济增长7.1个百分点，已成为推动经济更好更快发展的生力军。

（五）总体平稳北厢强势。2006年，河北省“一线”五市实现地区生产总值6870.7亿元，比上年同期增长13.4%，占各市GDP之和的58.5%，比重较上年同期下降0.1个百分点；“南厢”四市实现地区生产总值3979.0亿元，增长13.5%，占33.5%，比重较上年同期下降0.4个百分点；“北厢”二市实现地区生产总值1036.2亿元，增长15.8%，占7.8%，比重较上年同期提高0.2个百分点，发展势头强劲。

二、全省生产总值的使用

（一）内需保持有力拉动，外需拉力增强

1. 消费需求活跃，带动全省经济更好更快发展。2006年，全省最终消费为4987.29亿元，增长13%，增速同比加快0.4个百分点，对经济增长贡献率为41.7%，同比提高0.2个百分点，拉动经济增长5.6个百分点。其中，居民消费增势迅猛，政府消费增幅回落。居民消费3399.15亿元，增长12.6%，增速同比加快1.8个百分点，占地区生产总值的29.2%，与上年持平。政府消费1588.14亿元，增长13.9%，增速同比减缓3.2个百分点，占地区生产总值的13.6%，与上年持平。

2. 投资需求回落，仍是经济增长的第一拉动力。2006年，全省资本形成总额5505.8亿元，增长16.8%，增速同比减缓2.3个百分点，对经济增长贡献率为57.8%，同比减少0.5个百分点。其中，第一产业资本形成总额为225.56亿元，占4.1%，同比降低2.8个百分点；第二产业资本形成总额为2739.61亿元，占49.8%，比上年提高4.4个百分点；第三产业资本形成总额为2540.63亿元，占46.1%，比上年降低1.6个百分点。全省固定资本形成总额为5094.34亿元，增长18%，增速同比减缓3.2个百分点。其中，第一产业为219.38亿元，占4.3%，同比下降1个百分点；第二产业为2555.31亿元，占50.2%，同比提高4个百分点；第三产业为2319.65亿元，占45.5%，比上年下降3个百分点。

存货增加速度提高。2006年全省存货增加为411.46亿元，同比增加22.1亿元，增长4.3%，比上年提高3.7个百分点。分产业看，第一产业6.18亿元，同比减少88.18亿元，占1.5%，同比下降22.7个百分点；2006年受原材料价格上涨、新产品开发能力弱等多重因素制约，企业产销衔接度下滑，导致第二产业存货有所增加，为184.3亿元，比上年增加43.51亿元，占44.8%，同比上升8.6个百分点；受批发零售业存货增加影响，第三产业存货增加为220.98亿元，比上年增加66.77亿元，占53.7%，同比上升14.1个百分点。

3. 外需拉力趋强，经济外向度有所回升。全省货物和服务净流出总额为1167.34亿元，增长0.6%，对经济增长的贡献率为0.5%，同比提高0.3个百分点，拉动国民经济增长0.1个百分点。其中货物和服务的流出总额为9082.00亿元，增长0.2%，同比下降0.9个百分点；货物和服务的流入总额为7914.66亿元，比上年增长0.1%，同比下降1.1个百分点。

（二）城乡居民消费差距继续扩大，发展不协调的问题仍很突出。2006年，城镇居民消费为2187.76亿元，所占份额为64.4%，比上年上升1.9个百分点；农村居民消费为1211.39亿元，所占份额为35.6%，比上年下降1.9个百分点。其中，城镇居民人均消费水平为9008元/人，增长13.6%，同比提高1.9个百分点；农村居民人均消费水平为2725元/人，增长11.3%，同比下降1.7个百分点。城乡居民人均消费水平的差距扩大为6283元/人，比2006年扩大了805元/人，城乡居民消费水平差距继续呈逐年扩大趋势。

（河北省统计局　贾　雯）

资产负债核算

2005年，全省经济资产规模实现了新突破，财富实力增强，“家底儿”增厚，为全省经济实现“双超一”，经济发展实现新跨越奠定了雄厚的物质基础，保证了国民经济平稳较快增长的良好态势。

一、资产负债总量

2005年末，全省资产总量为56651.8亿元，比上年增加6198.9亿元，增长12.3%；总负债26070.61亿元，减少157.76亿元，下降0.6%；资产负债差30581.19亿元，增加6356.66亿元，增长26.2%；资产负债率为46%，在上年下降0.4个百分点的基础上，又下降6个百分点；人均资产82120元，比上年增加8033元，增长10.8%，增速提高0.7个百分点。资产总量的增速止跌回升，总负债出现负增长。

二、资产负债结构

（一）资产结构——金融资产继续位居主导地位，但比重下降。2005年末，全省非金融资产27136.49亿元，增长13.9%，占总资产的比重为47.9%，比上年提高0.7个百分点；金融资产为9515.31亿元，增长0.9%，比重为52.1%，下降0.7个百分点。金融资产增长出现下滑，而且增速低于非金融资产3个百分点，从而使非金融资产的比重得以提高。

1. 固定资产较快增长为非金融资产比重提高奠定了坚实基础。2005年末，固定资产23128.96亿元，比上年增加3393.77亿元，增长17.2%，增幅提高13.9个百分点，占非金融资产和总资产比重分别为85.23%和40.83%，比上年分别提高2.4和1.7个百分点；存货2498.17亿元，比上年总量增加101.48亿元，增长4.2%，占非金融资产和总资产的比重分别为9.2%和4.4%，较上年分别下降0.9和0.4个百分点；其他非金融资产1509.36亿元，下降11%，占非金融资产和总资产比重分别为5.6%和2.7%，分别下降1.5和0.7个百分点。

2. 其他金融资产负增长成为金融资产比重下降的主要原因。2005年末，其他金融资产7584.34亿元，比上年减少1254.03亿元，下降14.2%，占金融资产比重为25.7%，比上年下降7.5个百分点。

3. 金融资产中贷款和社会存款增长步伐加快，金融资产比重提高。2005年末，省内金融机构贷款7136.03亿元，比上年增长31.5%，占金融资产的比重为24.2%，较上年提高3.8个百分点；全社会存款10888.3亿元，增长16.0%，增速提高0.5个百分点，占金融资产比重为36.9%，提高1.6个百分点。

4. 金融资产中通货、股票及其他股权、证券、保险准备金增势紧随市场，资产比重均有提高。2005年末，通货909.71亿元、股票及其他股权1762.27亿元、有价证券687.02亿元、保险准备金547.64亿元，较上年分别增长15.6%、42.9%、15.9%和52.0%，占金融资产比重分别为3.1%、6.0%、2.3%和1.9%。较上年，通货、有价证券平稳增长，股票及其他股权和保险准备金增势较猛，资产比重分别提高0.1、1.4、0.2和0.5个百分点。

（二）负债结构——“接受存款”、其他负债和直接投资三大负债总量减少，比重下降；“接受贷款”平稳增长，比重提高。

1. 三大负债出现负增长是总负债下降的主要原因。2005年末，省内金融机构接受存款8204.38亿元，比上年下降5.4%，占全部负债的31.5%，负债比重下降1.6个百分点；应收应付款等其他金融负债8243.73亿元，下降0.5%，负债比重31.6%，与上年持平；省内企业发行股票及直接投资2192.07亿元，下降5.0%，负债比重为8.4%，下降0.4个百分点。

2. 接受贷款止跌回升。全社会接受贷款为6480.77亿元，比上年末增长.3%，占全部负债的24.9%，增速比上年下降1.3个百分点，负债比重提高1.4个百分点。

3. 有价证券发行存量稳步增长。2005年末，各种有价证券发行存量116.95亿元，比上年增长15.4%，负债比重为0.5%，提高0.1个百分点。

4. 保险准备金继续强势增长。2005年末，保险准备金547.64亿元，比上年增长52%，负债比重为2.1%，比上年提高0.7个百分点。

三、资产所有制结构

非公有制经济占国民资产总量的比重突破51%，首次超越公有制经济，占据国民资产主体地位。

国有单位资产增长缓慢，集体单位资产仍呈收缩态势，使得公有制经济资产比重下降。2005年末，公有制经济资产27388.04亿元，占全省资产总量的比重跌破50%，为48.3%，比上年下降6.5个百分点，比2000年下降15.3个百分点，公有制经济资产已脱离了国民经济存量资产的主体地位。

在公有制经济资产中，国有单位资产占全省资产总量的42.4%，比上年下降3.9个百分点，但在全省国民资产经济类型分类中仍占居主位；近几年，集体单位经营机制发生很大变化，资产存量下降，占全省总资产的比重不断下滑，占全省资产总量的比重由上年的8.5%下滑至6%，比2000年下降9个百分点。

2005年末，非公有制经济资产29263.76亿元，同比增长28.3%，占全省资产总量的51.7%，比上年提高6.5个百分点，比2000年提高15.3个百分点，资产比重首次超过公有制经济。非公有制经济已成为全省经济发展的主力军，起着举足轻重的作用。

四、部门资产分布结构

2005年末，非金融企业部门、金融机构部门、政府部门、住户部门资产分别达到22338.14亿元、10974.76亿元、3351.94亿元和19986.96亿元，分别比上年增加3098.74亿元、－484.57亿元、285.82亿元和3298.91亿元，增速分别为16.1%、－4.2%、9.3%和19.8%，部门比重分别为39.4%、19.47%、5.9%和35.3%。与上年相比，非金融企业部门、住房部门资产比重略有上升，金融、政府两部门有所下降；在资产增长方面，非金融企业部门、住户部门发展较快，比上年分别提高9.0和6.4个百分点；金融机构部门、政府部门增速下滑，分别回落17.2和2.2个百分点。在非金融企业部门中，农业企业、工业企业、建筑业企业和国有企业资产分别为1144.88亿元、11348.13亿元、2737.99亿元和12675.45亿元，占非金融企业部门资产的比重分别为5.1%、50.8%、12.3%和56.7%。

五、区域资产分布结构

“一线两厢”区域经济资产呈“一线”居多，“南厢”次之，“北厢”最少布局。2005年末，“一线”五市区域资产总量为31464.09亿元，占全省区域资产总量的60.5%，其中，石家庄、唐山、秦皇岛、保定和廊坊的区域资产比重分别为20.8%、14.9%、6.9%、11.9%和6.9%；“南厢”四市区域资产总量为16028.78亿元，占全省区域资产总量的30.84%，其中，邯郸、邢台、沧州和衡水的资产比重分别为11.6%、6.6%、8.8%和3.8%；“北厢”区域资产总量为4484.01亿元，占全省区域资产总量的8.6%，其中，张家口和承德的资产比重分别为4.5%和4.1%。“一线”、“南厢”和“北厢”区域资产总量比例为7：3.6：1。

唐山、秦皇岛、沧州沿海三市资产总量为15500.86亿元，占全省区域资产总量的29.8%。

（河北省统计局　解一平）

资金流量核算

2005年全省经济总量快速扩张，全省生产总值超过万亿元，是1997年以来增长速度最快的一年。经济的迅猛增长促使资金流量规模进一步扩大，全省初次分配总收入、可支配总收入、总储蓄的增长势头强劲。各机构部门的初始流量经过不同的收入分配环节之后，资金流量格局发生变化，住户部门占据了全省初次分配总收入、可支配总收入三分之二左右的份额，政府部门的可支配总收入比重增加幅度最大。

一、基本情况

2005年，全省初次分配总收入为9808.76亿元，比上年增长19.8%，可支配总收入10190.98亿元，比上年增长19.6%，总储蓄为5875.78亿元，比上年增长21.2%，总储蓄率为57.7%。初次分配总收入、可支配总收入、总储蓄的现价增长速度都超过19.5%，显示了资金流量在经济高峰期的特点。

二、资金的初始流量及结构

增加值在资金流量表（收入分配部分）表现为平衡项，是机构部门在一定核算期内生产活动的最终成果，是收入分配过程的初始流量。

2005年，全省增加值为10096.11亿元，比上年增长13.4%。从各机构部门增加值构成情况看，非金融企业部门为5235.40亿元，占初始流量总额的51.9%，金融机构部门为211.17亿元，占初始流量

总额的2.1%，政府部门为848.99亿元，占初始流量总额的8.4%，住户部门为3800.55亿元，占初始流量总额的37.6%，显然，在收入分配的初始流量当中，非金融企业部门比重最大，占据了二分之一的份额。

三、初次分配总收入及构成

2005年，全省初次分配总收入为9808.76亿元，比上年增加1622.47亿元，增长19.8%，增幅同比提高1.7个百分点。

在初始流量的基础上，通过劳动者报酬对劳动因素、财产收入对资本因素的分配，以及生产者因生产活动与政府发生的生产税和补贴的转移，形成了各机构部门的初次分配总收入。2005年，非金融企业部门的初次分配总收入为2339.02亿元，占国民初次分配总收入的比重为23.8%，比上年下降2.5个百分点，金融机构部门的初次分配总收入为79.22亿元，比重为0.8%，比上年下降1.1个百分点，政府部门的初次分配总收入为1164.39亿元，比重为11.9%，比上年上升0.2个百分点，住户部门的初次分配总收入为6226.13亿元，比重为63.5%，比上年上升3.4个百分点。以上数据显示，从初始流量到初次分配总收入的收入分配过程中，非金融企业部门向住户部门分配支付劳动者报酬、向政府部门支付生产税净额、向金融机构等部门支付财产净收入（利息等），非金融企业部门的比重已由初始流量的51.9%下降至初次分配总收入的23.8%，向其他部门分配支付净额达2896.38亿元；金融机构等部门向其他部门支付劳动者报酬、财产收入等净额为131.95亿元，比重由初始流量的2.1%，下降至初次分配总收入的0.8%；政府部门获得企业部门和其他部门支付的生产税收入净额共315.40亿元，比重由初始流量的8.4%上升至初次分配总收入的11.9%；而住户部门获得其他部门分配支付来的劳动者报酬、财产收入等净额共2425.58亿元，比重由初始流量的37.6%上升至63.5%。住户部门占据了全省初次分配总收入约三分之二的份额。

四、可支配总收入及构成

2005年，全省可支配总收入10190.98亿元，比上年增加1666.64亿元，增长19.6%，同比提高2个百分点。

可支配收入分配环节是在初次分配的基础上，通过经常转移的支付和获得，而形成新的收入分配格局的过程，也称作国民收入再分配过程。这一过程的主要项目是经常转移，含收入税、社会保险缴款、社会保险福利、社会补助、其他经常转移等指标。2005年非金融企业部门的可支配总收入为2067.36亿元，占全省可支配总收入的比重为20.3%，比上年下降2.9个百分点；金融机构部门的可支配总收入为119.15亿元，比重为1.2%，比上年下降1个百分点；政府部门的可支配总收入为1853.04亿元，比重为18.2%，比上年提高0.4个百分点；住户部门的可支配总收入为6151.44亿元，比重为60.3%，比上年上升3.5个百分点。以上数据显示，在收入再次分配环节，由于非金融企业部门向政府部门及其他部门支付收入税、社会补助、其他转移等，分配支付净额达271.66亿元，非金融企业部门占全省的比重已由初次分配总收入的23.8%下降至可支配总收入的20.3%；金融机构部门经过再分配环节获得分配净额39.93亿元，比重由初次分配总收入的0.8%上升至可支配总收入的1.2%，增加0.4个百分点；而住户部门获得政府部门和其他部门分配支付来的社会保险福利、社会补助、其他经常转移，再扣除向政府部门支付的收入税、社会保险缴款、其他经常转移后，分配支付净额为74.69亿元，比重由初次分配总收入的63.5%降至60.3%，住户部门仍然占据了全省可支配总收入将近三分之二的份额。政府部门获得其他机构部门和省外部门（中央补助收入）分配支付来的经常转移净额共688.65亿元，比重由初次分配总收入的11.9%上升至可支配总收入的18.2%，增幅达6.3个百分点，是收入再分配环节比重增加幅度最大的一个部门，反映了近年来收入分配向政府部门倾斜的趋势特征。

五、总储蓄及储蓄率

2005年全省总储蓄为5875.78亿元，比上年增加1028.67亿元，增长21.2%，同比下降0.4个百分点。总储蓄率为57.7%，比2004年提高0.8个百分点。

总储蓄率是可支配总收入减最终消费的余额，是各机构部门投资的重要资金来源。在可支配总收入的基础上，减去政府消费1370.82亿元，政府部门的总储蓄为482.22亿元，比重占国民总储蓄的8.2%；减去居民消费2944.38亿元，住户部门的总储蓄为3207.06亿元，比重占国民总储蓄的54.6%；非金融企业部门和金融机构部门不是最终消费部门，它们的总储蓄等于各自的可支配总收入，占国民总储蓄的比重分别为35.2%和2.0%。住户部门和非金融企业部门的总储蓄最多，占据了国民总储蓄的89.8%，这两个机构部门成为全省净金融投资的主体。

当总储蓄的增长快于可支配总收入时，表明收入的增长快于消费的增长，自有资金增加。2005年，全省总储蓄比上年增长21.2%，可支配总收入增长19.6%，总储蓄比可支配总收入增速快1.6个百分点，全省可供投资的自有资金增加。

注：增加值速度指标为不变价计算，其余速度指标均为现价计算。

（河北省统计局　方东娜　于　洁）

农村经济

2006年，全省深入推进社会主义新农村建设，狠抓多项支农惠农政策的贯彻落实，全省农业农村经济继续保持平稳发展，综合生产能力不断增强，经济总量稳步扩

大，农业结构逐步优化，农业农村经济发展势头良好。

一、农业基础设施不断完善，现代化配置水平提高

一是农业基础设施不断完善。全省新增有效灌溉面积12.5万公顷，比上年增长19%；有效灌溉率达77.7%，比上年提高1.8个百分点。新增节水灌溉面积13.1万公顷，比上年增长24.8%。全省自来水受益村数4.03万个，占全省村委会个数的82%，比上年提高0.7个百分点；通汽车的村数4.85万个，占98.7%，提高0.4个百分点；通电话村数4.90万个，占99.7%，提高0.4个百分点；通电村数4.91万个，占村委会个数近100%；通有线电视村数2.05万个，比上年增加2005个，增长10.8%，占41.8%，提高4.5个百分点。

二是农业机械化程度提高。全省农业机械总动力8795.8万千瓦，比上年增长3.6%；大中型拖拉机11.1万台，比上年增加了1万台，增长10.1%；配套农具20.6万台，比上年增加了2.2万台，增长12%；联合收割机达6万台，总动力达237.2万千瓦，分别比上年增长7.9%和10.4%。全省机耕地面积476.9万公顷，比上年增长0.5%；机播面积535.5万公顷，增长1.4%；机收面积262.3万公顷，增长5.8%。

二、农村就业结构逐步优化，劳动力外出转移加快

一是农村从业人员结构进一步优化。2006年，全省共有乡村从业人员2817.8万人，比上年增加了11.9万人，增长0.4%。其中，一产业从业人员1513.0万人，比上年减少39.7万人，减少2.6%；二产业从业人员830.8万人，增加36.7万人，增长4.6%；三产业从业人员474万人，增加14.9万人，增长3.3%。全省乡村从业人员一、二、三产业比重分别为53.7∶29.5∶16.8，其中一产从业人员比重比上年下降了1.6个百分点，二、三产从业人员比重分别提高了1.2和0.4个百分点。

二是农村从业人员外出明显加快。全省不断加强对农民工的劳动技能培训及采取一系列促进劳动力就业等措施，有力地促进了劳动力向外转移。2006年，全省乡村从业人员中到县外从事二产业的人员达122.6万人，比上年增加24.6万人，增长25.1%；到县外从事三产业的人员84.4万人，比上年增加17.1万人，增长25.4%。

三、生产保持平稳，总量创历史新高

全年完成农林牧渔业总产值2771.8亿元，比上年增长5.5%。其中农业产值增长6.0%，畜牧业产值增长4.9%，渔业产值增长8.3%，服务业产值增长8.8%，林业产值减少7.2%。完成农林牧渔业增加值1606.5亿元，增长5.1%。

一是种植业生产态势良好。全年粮食生产呈现“一减两增”态势。即播面减、单产增、总产增。全省粮食播种面积9299万亩，比上年减少0.7%；粮食亩产为290.7公斤，增长4.7%；粮食总产量为2702.8万吨，增长4.0%。棉花生产由于受上年价格大幅提高影响出现较大转机，产量达到62.8万吨，由上年减少13.3%转为增长8.8%。蔬菜生产更加注重提质增效，加强无公害生产基地建设，保持平稳增长，全省蔬菜产量6647万吨，比上年增长2.8%。水果产量受价格大幅提高的带动发展良好。水果产量1453万吨，增长3.9%；其中园林水果969万吨，增长5.5%。

二是畜牧业发展稳中趋缓。全省畜牧业生产克服了高致病性禽流感疫情、红心鸭蛋事件的冲击和饲料价格上涨、畜禽市场价格低迷等不利因素的影响，保持了平稳发展的态势。全省肉类总产量606万吨，增长5.0%；禽蛋产量465万吨，增长1.3%；牛奶产量408万吨，增长19.8%。

三是林业生产任务基本达标。全省完成造林面积294万亩，其中人工造林面积237.7万亩，分别完成年度计划的96.4%和95.3%。干果生产喜获丰收，产量达19万吨，增长15.5%。

四是渔业生产平稳增长。由于近年来加大了水库渔业资源保护力度，库区渔业资源量日趋丰富，同时水产品价格比较平稳，渔业生产保持了平稳发展态势。水产品产量108万吨，比上年增加9万吨，增长9.1%。

四、农业结构调整优化，产业化经营水平提高

一是主导产业支撑强劲。全省畜牧、蔬菜、果品三大支柱产业完成产值1946.4亿元，占农林牧渔业总产值的比重达70.2%，比上年增长0.2个百分点。

二是种植结构更加优化。全省优质冬小麦播种面积1800万亩，比上年扩大274万亩，增长18%；优质品率49.6%，比上年提高6.7个百分点。优质专用玉米种植面积达2200万亩，比上年增加550万亩，增长25%；优质品率为55.2%，比上年提高14.2个百分点。

三是产业化经营水平又有新提高。全省农业产业化经营率达51.8%，比上年提高2.4个百分点。

五、拓宽农民增收渠道，农民收入较快增长

2006年全省认真贯彻落实中央支农、惠农政策，努力拓宽农民增收渠道，全年农民收入继续保持较快增长态势。全省农民人均纯收入3801.8元，比上年增加320.2元，增长9.2%。其特点为：一是农民人均工资性收入1514.7元，比上年增加221.2元，增长17.1%，对农民收入增长贡献率高达69%。二是农民人均第一产业纯收入1490.2元，比上年增加34.3元，增长2.4%。三是农民人均家庭经营非农产业纯收入549.4元，比上年增加16.7元，增长3.1%。四是农民人均财产、转移性纯收入247.5元，比上年增加47.9元，增长24.0%。

（河北省统计局　郁守环）

城市经济

2006年，在省委、省政府的正确领导下，全省各地各部门以科学发展观为统领，紧紧围绕实现更好更快发展、构建和谐河北两大主要任务，深入实施城市化战略，加快推进城市化进程，城市带动作用增强，综合功能不断完善，为建设沿海经济社会发展强省奠定了坚实的基础。

（一）城市经济平稳较快发展，结构调整步伐加快。经济实力进一步增强。全省11个设区城市实现生产总值3901.7亿元，占全省生产总值的33.5%；人均生产总值32092元，是全省平均水平的1.9倍；完成全部财政收入629.7元，占全省财政收入的51.5%；人均全部财政收入5179元，是全省平均水平的2.9倍。产业结构趋于优化。设区城市非农产业增加值占生产总值的96.6%，服务业占44.6%，分别比全省平均水平高10.4和10.8个百分点。

（二）城镇聚集能力逐步增强，聚集效应日益显现。产业聚集水平提高。设区城市就业人员614.5万人，占全省的17.0%，比上年提高0.3个百分点。其中，非农产业就业比重为83.9%，比全省高26.1个百分点，比上年提高0.9个百分点。人口聚集效应显现。全省城镇人口达到2674.0万人，比上年增长3.6%；城市化率达到38.77%，比上年提高1.08个百分点；其中，“一线”、“南厢”和“北厢”地区城市化率分别为40.48%、36.98%和37.17%，分别比上年提高0.84、0.99和2.72个百分点。

（三）城市建设积极推进，综合功能不断完善。基础设施承载能力提高。全省城市道路面积1.8亿平方米，比上年增长11.2%；年末拥有公共交通运营车数11655台，增长9.7%。节水成效显著。人均日生活用水量132.6升，下降8.3%。技术设施建设日益完善。年末电话用户达1533.8万户，比上年增长14.0%；年末国际互联网用户239.3万户，占全省的82.2%，比上年提高12.1个百分点。服务设施保障能力增强。全省设区城市用电量729.7亿千瓦小时，比上年增长4.8%；天然气供气总量3.8亿立方米，增长49.7%；集中供热面积1.9亿平方米，增长2.1%；燃气普及率达到94.5%。

（四）城市环境治理取得成效，环境质量进一步改善。环境治理积极推进。城市污水综合处理率为63.6%，比上年提高9.9个百分点；建成区绿化覆盖率达35.6%，提高0.5个百分点；生活垃圾无害化处理率为46.5%，提高0.7个百分点。城市环境继续改善。城市园林绿地面积4.7万公顷，建成区绿地面积4.2万公顷，分别比上年增加2445公顷和4240公顷；公园绿地面积11391公顷，比上年增长10.4%；工业烟尘排放量为55.3万吨，下降1.2%。

（五）城镇居民收入实现突破，生活水平稳步提高。城镇居民人均可支配收入突破万元，达10304.6元，比上年增长13.1%；人均消费性支出7343.5元，比上年增长9.6%。消费结构不断优化，生活质量进一步改善。每百户城镇居民家庭拥有家用汽车和家用电脑分别为4.5辆和42.7台，比上年分别增长14.2%和13.4%；城镇居民恩格尔系数为33.9%，比上年降低0.6个百分点；城镇居民人均住房使用面积达到21.8平方米，比上年增加0.3平方米。

（六）社会事业全面发展，各项工作得到加强。科技事业继续发展。全省科技活动人员13.3万人，比上年增长5.9%；R&D（研究与发展）经费支出占生产总值的比重为0.66%，提高0.07个百分点；专利申请量与专利授权量分别增长12.8%和15.2%。各类教育稳步发展。每万人拥有高等学校在校学生数125.1人，增长10.7%；设区城市高等学校在校学生数80.3万人，增长9.9%。文化设施继续完善。全省每100万人拥有公共文化设施数8.7个，比上年增加0.06个。卫生事业得到加强。设区城市拥有医生数3.5万人，增长1.4%。社会保障工作成效明显。全省城镇登记失业率为3.84%，比上年降低0.09个百分点；社会保障化程度继续提高，享受低保人数占社会救济总人数比例达99.82%，比上年提高6.86个百分点。每万人刑事案件立案数为36件，比上年增加3.6件。

（河北省统计局　姚立云）

工业经济

2006年，全省工业战线坚持以科学发展观为统领，认真落实宏观调控政策，创新发展思路，加快经济结构调整，工业经济保持了良好的运行态势，生产平稳较快增长，产销基本衔接，效益稳步提高。但也存在一些值得关注的问题。

一、主要特点

（一）工业生产平稳较快增长。2006年，全省规模以上工业完成增加值3880.2亿元，比上年增长19.8%，高于全国平均水平3.2个百分点，比一季度、上半年和前三季度分别加快2.0、0.6和0.4个百分点，是全年各月累计的最快增速。产销率为98.2%，高于全国平均水平0.1个百分点，比上年提高0.4个百分点。

1. 主导产业支撑作用增强。钢铁、装备制造、石化、建材、纺织等七大主导产业共完成增加值3070亿元，比上年增长21.6%，占全省规模以上工业的80.5%，提高2.1个百分点，对工业增长的贡献率达87.1%。其中，钢铁、装备制造、石化3个行业对全省工业的贡献率分别为43.0%、14.9%和10%。多数工业行业保持快速增长。在统计的38个行业大类中，35个行业保持增长，增幅超过全省平均水平的有19个行业。

2. 各经济类型企业均保持较快增长。国有及国有控股企业完成增加值1292.2亿元，增长13.1%；集体企业完成增加值132.2亿元，增长18.7%；股份合作企业完成增加值18.0亿元，增长16.9%；股份制企业完成增加值2334.0亿元，增长23.1%；外商及港澳台商投资企业完成增加值681.2亿元，增长25.8%；其他经济类型企业完成增加值333.5亿元，增长30.1%。股份制、外商及港澳台商投资、其他经济类型企业增速均高于全省平均水平。

3. 主要产品产量保持快速增长。原材料、能源等基础工业品增长较快。如钢材增长32.2%，生铁增长19.7%，平板玻璃增长16.6%，水泥增长10.6%。产品结构进一步优化。一些高附加值产品增长较快，汽车增长39.3%，自动化仪表及系统增长23.7%，光通信设备增长1.3倍，复印机械增长45.3%，组合音响增长50%，金属切削机床增长91.1%。

（二）经济效益稳步提高

1. 工业经济效益整体情况趋好，综合指数继续攀升。规模以上工业经济效益综合指数为205.8，高于全国平均水平14.6个百分点，比上年提高19.5个百分点。七项效益指标表现良好，总资产贡献率为15.6%，比上年提高1.0个百分点；资本保值增值率为120.6%，提高2.3个百分点；产销率98.2%，提高0.4个百分点；流动资产周转率为2.8次，提高0.1次；全员劳动生产率为13.2万元/人，增加2.4万元/人；成本费用利润率为7.4%，提高0.4个百分点；资产负债率为61.4%，下降0.4个百分点。

2. 实现利润增幅保持扩大态势。全省规模以上工业实现利润884.7亿元，比上年增长30.4%，分别比一季度、上半年、前三季度增幅提高25.5、8.7和0.4个百分点，呈逐季加快态势。在统计的38个工业大类行业中，31个行业利润增长，其中有色金属矿采选业、专用设备制造业、电气机械及器材制造业、农副食品加工业、黑色金属矿采选业、黑色金属冶炼及压延加工业等10个行业利润增长强劲，增幅超过40%。

二、突出问题

（一）部分工业企业增亏幅度较大。尽管企业亏损面有所缩小，但部分亏损企业亏损额增幅一直居高不下。2006年，全省规模以上工业亏损面为16.2%，比上年下降0.2个百分点。亏损企业亏损额126.7亿元，比上年增长55.4%。亏损企业亏损额主要集中在石油加工、炼焦及核燃料加工业，塑料制品业、非金属矿物制品业，电力、热力的生产和供应业这4个行业，分别亏损42.9亿元、21.0亿元、9.3亿元和4.9亿元，亏损额合计达78.1亿元，占全省亏损企业亏损额的61.6%。

亏损企业增亏幅度较大，主要受两方面因素影响：一是价格影响。近几年，由于部分行业工业品出厂价格与原材料、燃料、动力购进价格倒挂，造成部分行业和企业亏损严重。2006年，全省工业品出厂价格上涨0.8%，原材料、燃料、动力购进价格上涨5.0%，“高进低出”差为4.2个百分点，比上年扩大了1.6个百分点，加大了企业生产成本，压缩了企业盈利空间。二是政策影响。提高贷款利率等措施的出台和实施，在一定程度上加大了企业生产成本。规模以上工业企业利息支出146.5亿元，比上年增长21.0%。

（二）外需拉动力偏弱。一是出口规模小、增速低。规模以上工业完成出口交货值638.6亿元，仅占工业总产值的4.7%；出口交货值比上年增长23.1%，低于工业总产值增速1.8个百分点。二是出口增长较快的高附加值商品规模相对偏小。机电产品出口仅占全省出口总值的26.3%；高技术产品出口仅占全省出口总值的3.8%，比重分别比全国平均水平低30和25个百分点。

（三）新产品开发能力不强。全省新产品产值567.3亿元，仅占规模以上工业总产值的4.2%，低于全国平均水平。据了解，在全省规模以上工业企业中多数企业没有新产品产值。新产品开发能力弱制约了工业经济竞争力的提升。

（河北省统计局　张　红）

非国有经济

2006年，河北省进一步贯彻落实国务院关于鼓励支持和引导个体私营等非公有制经济发展的若干意见，在放宽市场准入、加大财政金融支持、完善社会服务等方面，为非国有经济（注：本文所称的“非国有经济”指国有及国有控股以外的经济单位，下同）快速健康发展营造浓厚宽松的外部环境，全省非国有经济呈现出运行质量好、社会贡献多、产业结构优、集群效应大和外贸出口快的特点，总体实力进一步增强。

到2006年底，全省非国有经济单位达到189.6万个，比上年增长6.3%，其中非国有企业16.6万个，个体工商户172.9万个。从业人员达到1382.9万人，比上年增长5.9%，其中非国有企业597.5万人，个体工商户785.4万人。完成增加值6175.5亿元，比上年增长16.4%，其绝对量分别比2004、2005年增加了2199亿元、870.9亿元。实缴税金557亿元，比上年增长24.1%；个体户缴纳规费102.9亿元，比上年减少21.9亿元。

2006年，河北省非国有经济的运行有以下特点：

运行质量稳步提高。全省非国有经济增加值6175.5亿元，同比增长16.4%，比全省生产总值的增幅高3.2个百分点。劳动生产率达到44656.2元/人，比上年提高了4036元。11个设区市非国有经济全面发展，有7个市非国有经济增加值、税金增速达两成以上。唐山市（1546.6亿元）、石家庄市（1376.5亿元）、邯郸市（987.9亿元），完成增加值和上缴税金总量均在全省排前三名，三市增加值、税金总量分别占到了全省非国有经济增加值、税金总量的63.3%和54.3%。实现营业收入突破两万亿元，达到23396.3亿元，同比增长24.2%；实现利润2246亿元，同比增长19.5%。反映经济效益的税金和利润指标增幅均高于增加值指标增速，表明总体经济运行质量稳步提高。

社会贡献份额增加。非国有经济在全省国民经济中的地位和作用日益凸显，拉动国民经济增长。民营经济实现增加值占全省生产总值的比重达53.2%，比上年提高了0.8个百分点；对全省生产总值增量（1497亿元）的贡献率为58.1%。非国有经济实缴税金在全省全部财政收入中的比重达45.5%，比2005年提高了2.1个百分点，对全省全部财政收入增量（188亿元）的贡献率为57.4%。扩大社会就业渠道。非国有经济从业人员占全省全社会二、三产业就业人数的比重达66.5%，比上年提高了1.2个百分点；其中安置下岗职工31.8万人，民营经济已成为增加社会就业的重要渠道。提高居民收入。2006年非国有经济职工人均工资收入达7378.7元，人均增资875.9元，占2006年全省城镇居民人均可支配收入增加额（1197元）的73.2%。

产业结构进一步优化。近年来，非国有企业积极推行两个转变，坚持可持续发展，五小行业的整体改造，钢铁企业的强力整合，使民营企业结构调整取得新进展。三次产业结构改善，第三产业快速发展。2006年全省一、二、三产业增加值比为0.9：74.4：24.7，第三产业比重比上年提高了3.3个百分点；批发零售、交通、运输、仓储和邮政业、住宿和餐饮业及房地产业都有较快增长，现代物流成为第三产业新的增长点。布局结构明显改善，产业集群发展壮大。2006年全省产业园区484个，入区企业73648家。同时依托专业村、专业镇和工业园区，形成了一批极具地方特色和区域竞争优势的产业集群，年营业收入5亿元以上的产业集群达到202个，完成增加值、营业收入占到了全部民营经济总量的1/4。超过100亿元的产业集群达8个，比上年增加了3个；超50亿元的产业集群达37个。重工业发展仍快于轻工业，农业加工业成为民营经济的亮点。轻重工业比重29.8：70.2，重工业比上年提高了5个百分点，2006年新增规模工业企业中90%为重工业；全省农产品加工企业达到8.2万个，其中规模以上企业2683个，比上年增加了271家；实现农产品加工增加值633亿元，占全部民营经济的10.3%。骨干企业扩张迅速，企业规模效益提高。2006年全部规模以上工业企业达8742家，比上年增加了1064家；实现营业收入同比增长34.3%，较整体平均增幅高出10多个百分点。营业收入超亿元的企业1161家，实现营业收入占全部民营经济的21.5%，其中工业企业超100亿元的有4家，50亿元以上的企业18家，10亿元以上企业80家。传统产业改造步伐加快，企业创新意识增强。截至2006年全省民营企业研发机构达到1980个，省级名牌产品达到183个，省级优质产品达到251个，中国名牌产品达11个，占全省40.7%；河北省著名商标484件，占全省73.1%；中国驰名商标8个，占全省1/3。

外贸出口步伐加快。全省非国有经济积极贯彻实施“走出去”战略，抓住经济全球化机遇，通过项目招商、对外交流，参加博览会、贸易洽谈会等渠道，积极开拓国际市场，提高了民营经济的外向度。民营经济完成出口产品交货值845.6亿元，同比增长22.8%；其中非公企业完成外贸出口额63.6亿美元，占全省出口总量的49.5%。从出口方式看，企业自营出口不断增加，自营出口产品占出口总额的70.4%；从出口企业规模看，竞争实力不断增强，出口产品交货值500万元以上企业1477家，完成的出口产品交货值占总量的近2/3；从出口产品种类看，出口商品涵盖了九大类，其中纺织服装、机电产品和畜产品占主要份额，高新技术产品出口增长加快。

固定资产投资快速增加。截至2006年末，河北省民营经济完成固定资产投资2690.8亿元，占全社会固定资产投资的比重为48.9%；有8个市投资总量超过100亿元，石家庄市、邯郸市、唐山市投资总额都超过了300亿元。如石家庄完成固定资产投入447亿元，是历史上投入最多的一年，医药、电子、精细化工、装备制造业，成为民企投资热点。邯郸市围绕“四大”战略，以大产业为脊梁、大基地为依托、大园区为平台、大项目为支撑，投资超亿元的项目达120个。唐山市民营经济中有60%以上的资金重点用于节能降耗减排的技术改造项目。近几年来，河北省各级政府采取了一系列扶优扶强的强力措施支持民营经济发展。省民营办制定了重点扶持100家成长型企业的措施，并将任务目标分解到有关部门组织实施，省直有关部门按照分工，对重点帮扶对象给予了精心指导和强有力的支持，使百家成长型企业获得了快速发展。近几年，全省民营企业平均规模逐步扩大，核心竞争力进一步增强，全省规模以上民营企业平均实现营业收入达7千万元以上，增加值对全部民营经济的贡献达34.7%。

服务体系日益完善。河北省各级政府都把发展非公有制经济作为促进县域经济发展的突破口，在继续贯彻落实《国务院鼓励支持和引导个体私营等非公有制经济发展的若干意见》的基础上，省政府又制定出台了《河北省人民政府关于促进中小企业发展若干政策的意见》、《关于加快中小企业产业集群发展的指导意见》，各设区市结合本地实际，也制定完善了一系列配套措施。省局围绕实施“中小企业成长工程”，为企业搭建创业辅导、融资担保、信息网络、人才培训、技术支持、信用管理、对外开放、法律服务等八个服务平台。已建成创业辅导基地107个，为创业者提供了厂房、水电等硬件设施及各类服务。建成中小企业担保机构250家，比2005年增加了44个；到位担保资本金51.3亿元，累计担保额79.4亿元。建成了百个中小企业远程教育培训基地，大力实施人才战略，民营企业中中专学历以上人数达157.9万人，初级职称以上人数达49.3万人。

（河北省中小企业局　郑　萍）

个体私营经济

2006年，全省个体私营经济健康快速发展。年内个体工商户开业14.86万家，从业人员31.74万人，注册资金44.06亿元，与上年同比，户数减少1.50万户，降低了10.06%，从业人员减少2.05万人，降低6.45%，注册资金增加2033.56万元，增长0.46%。年内私营企业开业3.48万家，与上年同比增加1.58万户，增长

82.8%；从业人员4.87万人，同比增加1.55万人，增长4.63%；注册资本484.92亿元，同比增加245.02亿元，增长50.53%。个体临时经营18947万家（城镇10210万户，农村8737户），注册资金1.83亿元（城镇8312.7万元，农村9994.8万元）；注销51769万户（城镇23436万户，农村28333万户）。

至2006年底，全省个体工商户达116.54万户（城镇43.34万户，占37.19%；农村73.20万户，占62.81%），与上年同比增加7.76万户，增长7.14%；从业人员283.23万人（城镇96万人，占33.9%；农村187.22万人，占66.1%），增加13.27万人，增长4.91%；注册资金309.64亿元（城镇106.55亿元，占34.41%；农村203.09亿元，占65.59%），增加27.27亿元，增长9.66%。

个体工商户按产业划分：第一产业1.21万户、从业人员2.79万人、注册资金3.87亿元，分别占全省个体工商户总数的1.03%、0.98%和1.25%，与上年同比分别下降0.19%、1.27%和0.15%。第二产业113.97万户、从业人员277.75万人、注册资金302.97亿元（城镇42.83万户、94.85万人、105.39亿元），分别占总数的97.79%、98.06%和97.85%，同比分别增长0.26%、0.41%和0.15%；第三产业13634户、从业人员26922人、注册资金2.80亿元（其中城镇4190户、9629人、7765.5万元），分别占总数的1.17%、0.95%和0.9%，同比分别下降0.08%、0.12%和0.1%。

私营企业按产业划分：第一产业3384户、从业人员3.18万人、注册资金38.83亿元，分别占全省私营企业总数的2.15%、1.52%和1.84%，与上年同比分别增加0.45%、－0.2%和0.01%。第二产业15.06万户、从业人员204.29万人、注册资金1980.19亿元（其中城镇7.50万户、70.8万人、954.25亿元），分别占总数的95.59%、97.41%和94.07%，同比分别增长－0.77%、0.11%和－0.46%；第三产业3568户、从业人员2.26万人、注册资金86.10亿元（其中城镇2005户，8978人、55.36亿元），分别占总数的2.26%、1.08%和4.09%，同比分别增长0.32%、0.1%和1.08%。

年内，全省个体工商户总产值为714.62亿元，其中：第一产业69.53亿元，第二产业645.09亿元，与上年同比减少4246.5万元；销售总额或营业收入1423.07亿元，其中：第一产业43.54亿元，第三产业111.14亿元，同比减少15.48亿元；社会消费品零售总额795.20亿元，其中：第一产业20.28亿元，第三产业22.22亿元，同比减少83.63亿元。

全省私营企业总产值为1396.21亿元，其中：第一产业72.80亿元，第二产业1323.40亿元，与上年同比增加81.82亿万元；销售总额或营业收入1078.63亿元，其中：第一产业52.45亿元，第三产业11.54亿元，同比增加230.70亿元；社会消费品零售总额926.62亿元，其中：第一产业16.80元，第三产业4.12亿元，同比增加242.21亿元。

（一）大力发展农村个体私营经济，推进社会主义新农村建设。进一步加强工商职能延伸服务的再创新，把支持和引导农村个体私营经济同推进农村经济结构调整和农业产业化经营相结合，促进农业增效、农民增收、农村发展。认真落实农民从事商品销售和服务等行业经营活动的备案工作，2006年对17.2万户农民在集贸市场从事销售和服务的进行了备案，免于工商注册登记。同时，为了方便农民经营，对申请登记注册的农村种植和养殖专业户开通注册登记绿色通道，材料齐全，及时办理，积极推进新农村建设。截止到2006年年底，全省私营集团达到459户，同比增长21.3%，农村个体私营企业81.2万户，从事农产品加工的2.7万户，有力地促进了农村经济的发展。

（二）民营企业赴贫困地区投资结硕果。各级工商行政管理部门深入抓好扶贫开发的项目落实，建立了签约项目档案，同时落实了签约项目督办责任制，对每个签约项目都确定一名领导干部为责任人，帮助企业协调解决遇到的困难和问题。2005年正式签约的136个项目已建成投产48个，上缴税金6691万元；有44个项目正在建设中，13个意向签约项目已转为正式签约项目，其中已建成投产一个。自组织民营企业到贫困地区扶贫开发以来，新建企业已投入资金5个多亿，吸纳当地富余劳动力12000多名，成为带动当地经济发展的一个重要增长点，有力地推进了当地经济建设。

（三）大力支持下岗职工和高校毕业生从事个体私营经营。各级都在注册登记大厅专门设立了下岗职工失业人员和高校毕业生自主创业服务窗口，对下岗职工和高校毕业生自主创业办照优先办理，下岗职工和高校毕业生自主创业办理个体经营登记手续齐全符合政策规定的，当场办结。充分发挥个体私营企业协会的作用，积极联结个体私营企业和下岗职工，鼓励支持下岗职工和高校毕业生从事个体私营经济。全省下岗失业人员持《再就业优惠证》申办个体工商户为26229人，免收工商费共计2318.35万元，下岗失业人员投资兴办私营企业2082人，个体工商户吸纳下岗失业人员就业1.8万人，私营企业吸纳下岗失业人员就业2.5万人。高校毕业生申办个体工商户为3267人，免收工商费共计87.9万元，高校毕业生投资兴办私营企业1295人，个体工商户吸纳高校毕业生就业6129人，私营企业吸纳高校毕业生就业26887人，为社会稳定、和谐发展作出了积极贡献。

（四）积极为个体私营经济发展创造良好环境。一是加大案件查处力度。全年共立案查处各类违反企业登记法规行为的案件7742起，案值2.3亿元，罚没款1239.3万元。二是深入清理无照经营。5月开展了无照经营清理月活动，在无照经营高发期进行集中清理，并结合经济户口管理加大日常监管力度，共取缔2.1万户，补办执照4.5万户。三是开展网吧的清理整顿活动。共检查登记注册网吧3450多户，查处取缔无照经营“网吧”289户，查处违法经营“网吧”156户，没收非法经营电脑580多台，处罚金额330万元。保护合法经营，打击非法经营，维护了市场经济秩序。

（五）热忱为个体私营经营者提供上门服务。各级工商部门进一步改变工作作风，以经营者的需求为工作的出发点和着力点，继续深入开展为个体私营企业办实事活动。巡回年检和上门年检（验照）成为2005年度个体验照和企业年检工作的主旋律。全省共抽调2800名得力的业务骨干，出动车辆1.1万辆次，组成专门的年检队伍，对全省182个县（区）的18.5万户企业进行了巡回上门年检，占全省企业户数的71.3%。同时加大预约年检、集中年检、委托年检的力度。全省各级企业注册监管部门已开通年检预约电话193条，为有特殊情况和偏远地区企业预约年检2.4万户。唐山市制定了2005年度预约集中年检企业名录，事先征求企业意见，在企业自愿的基础上约定年检时间、地点，同时指定专人做好预约服务登记记录，对预约的600多户企业无一爽约和推迟，得到企业的高度赞扬。保定市根据辖区内企业分布情况，科学分配时间，组织人员下所为企业集中年检。石家庄市针对大市场较多的特点，把年检的现场设在市场内，利用10天时间对市场内8千多名的商户进行了集中年检。秦皇岛市率先在全省开通年检网站，并不断完善功能，网上年检企业2000多户，极大地方便了经营者，提高了工作效率。据不完全统计，年检期间，共为个体私营企业节省费用2000多万元。巡回上门年检的做法在全省引起了强烈的反响，受到了企业的欢迎。唐山市48户企业联名给省长季允石同志写信，称赞工商部门服务企业的做法。

（河北省工商局　赵　婕）

固定资产投资

2006年，全省建设领域认真贯彻省委、省政府的决策部署，积极有为地落实国家宏观调控政策，加强对新开工项目清理和房地产市场调控，坚持有保有压，突出结构调整主线，强化重大项目建设力度，固定资产投资增速逐步回落，全省投资总体保持平稳较快的增长态势。

一、运行特点

2006年，全省全社会固定资产投资跃上5000亿元台阶，完成5501.0亿元，比上年增长32.9%，比上年提高3.4个百分点。其中，城镇固定资产投资完成4434.0亿元，增长34.0%。农村固定资产投资完成1067.0亿元，增长28.3%。

（一）宏观调控效果显著。2006年全省认真贯彻落实国家的各项宏观调控政策，对照国家规定清理新开工项目的要求，对新开工项目进行了全面清理，对问题项目"暂停建设、限期整改"，使河北省下半年固定资产投资增速呈逐月回落的态势，全社会投资与城镇投资比上半年分别回落了10.1和10.4个百分点，表明国家清理新开工项目等调控措施取得成效。国家重点调控的钢铁行业投资保持低速增长，全年完成投资395.4亿元，增长22.6%，增速同比回落11.2个百分点；其中：黑色金属冶炼及压延加工业完成投资326.2亿元，同比增长16.0%，回落9.4个百分点，占城镇投资比重由上年同期的8.5%下降到7.4%。

（二）投资结构出现积极变化。一是坚持一手抓基础设施项目建设，一手抓重大工业项目、高新技术及农业产业化项目建设。年初省政府决定选择50个投资10亿元以上的重大项目作为产业支撑项目，首批已确定10亿元以上的重点项目10个，促进投资结构调整有了明显变化。二是三次产业投资均保持较快增长。第一产业投资完成83.7亿元，增长36.7%。第二产业投资完成2242.1亿元，增长36.7%，占城镇投资的50.6%，比上年提高1个百分点，对城镇投资的贡献率达到53.5%，拉动城镇投资增长18.2个百分点。第三产业投资完成2108.2亿元，增长31.2%。

三是制造业投资比重继续提高，特别是装备制造业投资快速增长。制造业投资1634.1亿元，增长38.5%，占城镇投资的36.9%，提高1.2个百分点。其中，装备制造业投资416.0亿元，增长62.8%。

四是食品、纺织、建材等主导工业产业增长较快。食品业投资148.0亿元，增长65.1%。纺织业投资151.7亿元，增长48.3%。建材业投资132.8亿元，增长48.3%。

五是新兴行业投资增长较快。金融、租赁和商务服务业、居民服务和其他服务业、文化体育和娱乐业完成投资分别为9.8、50.3、14.1和37.6亿元，分别增长1.4倍、67.7%、1.3倍和70.8%。

（三）集体企业与私营企业快速增长。内资企业完成投资4127.5亿元，增长36.1%，占城镇投资比重93.1%，比上年提高1.4个百分点。其中集体企业投资239.1亿元，增长51.9%；私营企业完成815.7亿元，增长1.1倍，分别占城镇投资的5.4%和18.4%，提高0.6和6.4个百分点。

（四）大项目投资拉动作用大。全省城镇在建项目16082个，比上年增加2810个。其中计划总投资亿元以上项目1225个，增加214个，投资1946.6亿元，增长24.1%，占城镇投资的43.9%。河北省"一号工程"曹妃甸循环经济示范区项目投资完成99.0亿元，同比增长129.6%。上安电厂三期、冀东油田、唐钢130万吨冷轧、邯钢集团新区建设、张石高速、任丘500万吨炼油扩产、南水北调中线干线工程等一批重大项目建设进度快、完成投资多，带动全省投资较快增长。

（五）资金到位情况良好。全省到位资金4592.9亿元，增长38.0%，资金到位率达到103.6%。其中国内贷款596.1亿元，自筹资金3301.1亿元，分别增长28.3%和41.5%，分别占全部到位资金的13.0%和71.9%。利用外资74.0亿元，下降5.5%，占到位资金的1.6%，下降0.8个百分点。

（六）房地产开发投资平稳增长。全省房地产开发投资呈持续平稳增长态势，1—2月增速为25.3%，1—5月提高到35.9%，之后逐月平稳回落，全年投资481.6亿元，增长23.0%。

从用途分析，住宅投资特别是普通住房投资快速增长。住宅投资379.6亿元，增长30.0%，其中90平方米以下住房投资150.3亿元，占房地产开发投资的31.2%；经济适用房完成30.9亿元，下降15.8%，占房地产的6.4%，下降3个百分点；别墅、高档公寓22.7亿元，占4.7%。办公楼11.3亿元，增长16.5%；商业营业用房46.3亿元，下降2.1%。房屋施工面积4769.5万平方米，增长24.8%，增幅提高7.9个百分点。房屋竣工面积1378.9万平方米，增长22.0%。竣工住宅10.3万套，增长36.6%。

（七）商品房销售仍以住宅为主。商品房销售面积1817.9万平方米，增长29.0%。其中住宅销售面积1692.4万平方米，占全部商品房销售面积的93.0%，增长28.0%。住宅的销售面积是竣工面积的135.8%，高于竣工房屋面积，期房与现房的销售套数比例为1.5∶1，表明以个人为主体的商品房市场需求较为旺盛。

期房的销售价格上涨快于现房。商品房平均销售价格2111元/平方米，其中住宅平均价格2028元/平方米，分别比上年增长13.4%和14.1%，增幅分别回落2.1和5.8个百分点。期房平均销售价格为2218元/平方米，增长18.4%，现房平均价格为1952元/平方米，增长5.5%。

二、存在问题

（一）改建和技术改造投入不足。全省新建和扩建项目投资3400.3亿元，增长36.4%，占城镇投资的76.7%。而改建和技术改造投资比重明显偏低。完成投资402.5亿元，增长43.4%，占投资的9.1%。

（二）港澳台商投资下降。港澳台商投资111.3亿元，下降31.0%，占城镇投资的2.5%，下降2.4个百分点。

（三）经济适用住房投资下降。经济适用住房投资30.9亿元，下降15.9%。施工面积394.3万平方米，下降27.6%；竣工面积128.6万平方米，下降2.6%。销售面积143.8万平方米，下降7.7%。下降原因之一是利润空间小，平均售价为1461元/平方米，比住宅均价低500元以上。

（河北省统计局　林　文）

国有资产监管

一、突出监管效能，国有资产监督管理取得新成效

2006年，省、市国资委从履行出资人职责角度出发，不断完善国资监管体系，提高国资监管的效率和水平，为确保国有资产的保值增值奠定了机制基础。

一是完善国资监管法规体系。2006年，省国资委代省政府起草了《各设区市企业国有资产监管工作指导监督暂行办法》，各市按照国家和省国资监管的政策法规，结合本地实际，制定出台了一系列规范性文件。廊坊市政府常务会议专题审议通过了《关于理顺和完善市属经营性国有资产管理体制的实施意见》，明确将市政府各部门开办管理的国有及国有控股参股企业、企业化管理事业单位、政府投融资机构等纳入国资监管范围，并确定公布了首批纳入监管的31家企（事）业单位名单。石家庄市制订了《关于进一步规范国有企业改革工作的若干意见》等文件。保定市制定了《关于在履行出资人职责企业实行企业法律顾问制度的实施意见》，选聘了市国资委常年法律顾问，并下发了《关于聘请法律顾问或律师事务所服务改革工作的实施方案》。各市在清产核资、财务审计、资产评估等关键环节公开选聘中介机构，夯实企业资产；中介费用从国有资产收益中列支，杜绝了企业与中介机构之间的暗箱操作，保证了企业资产的完整准确。

二是完善企业负责人业绩考核和奖惩体系。各市积极探索国有企业负责人经营业绩考核、奖惩的有效途径，优化了业绩考核指标，增强了考核的科学性、针对性和有效性。唐山市重新修订了《企业经营业绩考核暂行办法》和《企业年度薪酬管理暂行办法》，将企业效益、职工工资增长与企业领导人员年薪结合起来，业绩考核工作的强激励、硬约束作用更加突出。邯郸市制订出台了《市政府国资委履行出资人职责企业负责人薪酬管理实施细则》，对考核指标进行了全面优化和完善，进一步突出了考核工作和考核体系的科学性。承德市在业绩考核的基础上，兑现了薪酬奖励，同时，制定了《企业负责人重大经营责任追究办法》，有效解决了企业自定薪酬的问题。省国资委突出分类考核的特点，在全国国资系统率先将经济增加值（EVA）引入考核指标体系，重点考核企业盈利来源和结构，增加了与全国同行业进行横向对比内容，优化和完善了经营业绩考核指标体系；重新修订和细化了《省政府国资委履行出资人职责企业负责人重大经营责任追究办法（试行）》，增强了责任追究办法的可操作性，初步形成了宽松严谨、疏而不漏，到位规范、及而不过，适时高效、节而不费的闭环运行的监管工作新格局。

三是进一步加大了监督检查力度。各市加快健全监事会组织机构，不断完善监事会制度。石家庄、秦皇岛、唐山、沧州、承德等市已向出资企业派驻了监事会，并紧密结合本地和监管企业的实际，制定了一系列行之有效的办法和工作制度。省国资委修改完善了《监督检查报告编制办法》，及时向监管企业下达《整改意见通知书》，扩大派驻监事会的企业范围，基本实现了对出资企业监督的全覆盖；进一步完善国有出资人财务监督体制，建立了企业年度财务决算批复制度；研究建立了国有资产运行风险管理体系，制定了河北省国有企业经济运行分析报告制度，实现了"数出一门、资源共享"，减轻了企业负担；严格执行对企业法定代表人进行离任审计的有关规定，认真开展经济责任审计，切实履行职责，有效防止了国有出资人权益受损。

四是积极推动国有股权有序流转。各市下大力营造公开透明、"阳光交易"工作机制，积极做好国有产权股权管理工作。沧州市在破产企业资产处置中，对参与破产企业资产处置的拍卖机构采取公开选聘的方式确定，有效降低了拍卖费用。唐山市围绕国有产权“阳光交易”，先后实施了项目专家评审、纪委全程参与、产权交易抽查等监督措施，进一步规范了国有产权管理。廊坊市开展了国有产权转让专项检查，完善了产权交易程序。省国资委研究制订了《河北省省属企业国有资产评估管理工作规范》和《关于进一步规范和加强全省企业国有产权转让监管工作有关问题的通知》，严格选择确定从事企业国有产权交易活动的产权交易机构，在提高企业国有产权交易的进场率、挂牌率和竞价率三个方面，进一步规范企业国有产权进场交易行为，有效防止了国资流失。同时，还建立了全省企业国有产权管理信息报送制度和企业国有产权管理信息数据库，及时掌握企业国有产权的变动情况，为各级领导科学决策提供依据。

五是积极探索新时期企业领导人员管理的新途径。石家庄市完善领导班子考核评价体系，对80家企业的领导班子进行了考核，部分进行了调整，并从提高理论素质、树立世界眼光、培养战略思维、加强党性修养等方面对领导干部进行培训。承德市在对各企业领导班子进行认真考核的基础上，理顺管理关系，对8家所出资企业和6家党委职责企业38名领导人员重新履行了任命手续，制定了《企业领导班子2006—2010年建设规划》，建立了后备干部人才库，入库后备干部33名。省国资委研究制定了《关于国有独资公司董事会建设的指导意见（试行）》，进一步规范了董事会运行规则；研究制定了《所出资企业领导人员任职试用期暂行规定》，对提拔任职的企业领导人员，实行试用期制度。

二、坚持以发展引领改革，国有企业改革迈出新步伐

一是国有企业产权制度改革取得重大进展。2006年，河北省各市以产权制度改革为突破口，破难题，解瓶颈，市县属国企改革取得了新进展。全省市县属国企改制面达到99.6%。其中改为国有不控股企业8048户，占96.3%，总体进度处于全国上游水平。省政府国资委履行出资人职责的国有大中型企业股份制改造深入推进。华药与DSM合资的初审已顺利通过；石钢引入中信泰富实施整体改制方案已上报国家发改委审批；邢钢海外上市工作有序推进；省医药公司、圣仑集团改制顺利挂牌。

二是大力推进国有上市公司股权分置改革和国企上市工作。2006年，河北省辖区内21家地方国有控股上市公司已完成股权分置改革。其中，石家庄市石家庄常山纺织股份有限公司、石家庄宝石电子玻璃股份有限公司和石家庄东方热电股份有限公司3家国有控股上市公司的股权分置改革方案顺利通过。保定市太行股份公司、随着证券市场“新老划断”的实施，早股改早受益效应明显。唐山市完成了冀东水泥和陶瓷股份两家上市公司的股权分置改革工作。秦皇岛市完成渤海物流控股股份有限公司、秦皇岛耀华玻璃股份有限公司等2户上市公司股权分置改革。河北省G股公司融资工作取得了重大进展。保定市完成了天威保变股份等3家上市公司的股权分置改革，天威保变定向配售3500万股，直接融资5.95亿元，成为我国证券市场停发5年来河北省首家通过证券市场再融资的企业。全省12家拟上市公司中沧州明珠已成功上市，廊坊荣盛等公司已正式上报中国证监会审批。保定天威英利积极引入战略投资者，外资并购资金1701万美元和第二次私募资金8000万美元已经到位，已变更为中外合资企业，为实现境外上市搭建了平台。

三是劣势企业退出工作取得重大进展。河北省研究出台了《省属国有劣势企业先行安置职工操作实施意见》，为加快省属国有劣势企业退出创造了条件。目前，已累计完成51户省属劣势企业审核认定工作。2006年，河北省争取新增了16个项目列入国家政策性破产计划，涉及职工3.8万人，可核销呆坏账13.6亿元。

四是国企“两分”继续深入推进。市县属国有企业完成辅业单位改制123户；省属企业辅业改制单位总数达到111户；积极配合做好中央在冀企业、铁道部在冀5个分局办社会机构分离工作，已接收中小学校237个，共涉及职工4.8万人。

五是积极开展债务重组，减轻企业债务负担。依托各设区市国有资产经营公司平台，下大力组织国企与各金融资产管理公司、商行反复洽谈，石家庄、张家口、承德、唐山、廊坊、沧州、邢台等市共回购金融机构债务62.07亿元。省国资委所出资企业回购债务、股权112.08亿元，债转股47.2亿元，实现债转股收益58.9亿元。

六是盘活和引入生产要素，加快企业重组改造。唐山市新组建了5个资产经营公司，对工业、流通、基建、能源、陶瓷体系进行资本运作，为盘活国有存量资产打下了基础。石家庄市属国企整体搬迁工作取得显著成效，金刚、泵业集团等通过搬迁改造，转换了机制，提升了整体装备水平，提高了竞争实力，步入了改革发展的良性循环。邢台市将国企改制与招商引资紧密结合起来。通过组织邢台轧辊、河北轮胎、长征汽车等市属企业招商引资，共吸纳内资5.12亿元、外资2500万美元。张家口市开展振兴百家优势工业企业活动，狠抓工业大项目，宣工大马力推土机等一批有发展优势、市场前景好、经济效益高的新的经济增长点纷纷动工兴建，有的已竣工投产。省政府国资委组织企业参加国家和省组织的冀港投资贸易洽谈会等重点经贸洽谈活动，成功举办了“河北省国有企业产权转让及招商项目恳谈会”，签约5项，利用外资1.36亿元；组织企业参加“9.8中国投资贸易洽谈会”，签约24项，协议利用外资1.84亿美元。

三、适应国企改革要求，企业党建工作取得新成效

2006年，河北省各设区市国资委党委按照省委、各市委的部署，认真贯彻落实党的十六届四中、五中、六中全会精神和省第七次党代会精神，紧密围绕国企改革发展稳定的中心工作，以加强国有企业党的先进性长效机制建设为契机，以增强国有企业基层党组织的创造力、凝聚力和战斗力为着力点，充分发挥党组织的政治核心作用、战斗堡垒作用和党员的先锋模范作用，努力开创党建工作新局面，为推动国有企业改革发展发挥了重要保证作用。

秦皇岛、保定、邯郸、廊坊、邢台、承德等市国资委党委紧密围绕国企改革和生产经营，深入开展以“创新、创优、创先、创效”为内容的“四创”活动，将“四创”活动落实到国资监管法规体系建设，融入到国有企业产权制度改革，体现在关心企业员工生活和渗透到企业文化建设中，取得了较好的效果。保定市国资委以“抓党建、保稳定、促发展”为主题，努力打造共产党员先锋岗工程，积极开展党员示范岗、党员先锋岗、党员责任区等一系列活动，使党员成为维护企业稳定、支持企业改革、促进企业发展的骨干力量。承德市实施“紫塞先锋”工程，开展“先进基层党组织”和“优秀共产党员”争创活动，积极探索新时期、新形势下加强和改进国有企业党建工作的新方法、新机制，总结、宣传和推广党建工作的典型经验，产生了良好的影响。

（河北省政府国资委　董文艺　温志学）

重点项目建设

2006年，河北省加大前期项目谋划和跑办力度，狠抓在建项目协调督导，努力优化投资环境，切实解决工作中遇到的难点问题，全省重点项目建设取得了新成绩。

2006年共安排省重点建设项目163项，按单项计算为660项，其中：谋划和前期项目105项，新开工项目264项，续建项目291项；项目总投资9046亿元，其中：谋划和前期项目4816亿元；续建和计划新开工项目4230亿元，当年计划投资894亿元。

2006年，省重点项目共完成投资1093.8亿元，为年计划的122.2%，其中：续建和计划新开工项目完成投资1020.2亿元，前期项目中已开工项目完成投资73.6亿元。完成投资中：工业项目完成418.4亿元，为年计划的113.7%；基础产业及设施项目完成544.2亿元，为年计划的147.4%；农业产业化、信息产业和高技术产业化项目、服务业及社会事业项目分别完成33.8亿元、30.7亿元和66.7亿元，分别为年计划的104.5%、57.4%和92.5%。完成投资较多的市是唐山、石家庄、邯郸和廊坊，分别为222亿元、123亿元、121.2亿元和115.3亿元。

2006年已有118个重点项目（按单项统计）建成投产。工业方面，唐钢冷轧及表面涂镀层和超薄热带二期试生产，长城汽车技术中心提升改造、河北高阳宏润高效抗菌面料、华北石化500万吨炼油扩能工程、武安新峰水泥水泥熟料生产线等项目建成投产。能源方面，黄骅电厂一期、西柏坡电厂三期等5个燃煤电站项目建成投产，新增发电装机容量320万千瓦；威县、晋州、成安生物质发电项目并网发电；国华尚义风电二、三期、康保卧龙兔山风电一期、张北县满井风电一期投产发电。交通方面，秦皇岛港煤五期建成投产，张石公路张北至旧罗家洼等4条段（187公里）以及迁曹铁路建成通车；水利方面，岗南水库除险加固工程基本完成。城市基础设施方面，张家口市污水处理、沧州临港化工园区污水处理厂等项目建成投入使用。社会事业方面，河北科技大学新校区一期、承德医学院新校区、保定金融专科学校、武邑教育苑、武安一中迁建、唐山北方物流中心等项目建成投入使用。

2006年已推进的重大前期项目有：曹妃甸精品钢铁基地可研报告已上报国务院，LNG码头重新选址问题与中石油达成一致意见。沧化实业集团12万吨己内酰胺项目通过国家发改委核准，中兴公司北方生产基地和中科廊坊科技谷项目已完成备案。蔚州煤电路一体化综合开发项目，总体开发方案已上报国家发改委，坑口电厂基本具备核准条件。张家口百万千瓦风电基地规划和电网接入规划已通过国家发改委和国家电网公司审查。青兰（邯郸至涉县段）、京化、保阜高速公路开工建设。京石、津秦铁路客运专线、京沪高速铁路已通过评估，邯黄铁路预可研报告编制完成。

2006年谋划的重大项目有：曹妃甸大型炼化一体化基地，中石化已委托咨询公司编制了总体实施方案。为统筹规划LNG接收站、30万吨级原油码头、千万吨级炼油厂和200万立方米原油商业储备基地等项目，中石油已委托规划总院编制《中国石油曹妃甸港区业务发展总体规划》。《河北省燃料乙醇“十一五”发展专项规划》和衡水30万吨燃料乙醇项目申请报告已上报国家发改委。根据省政府与国家电网公司签署的《关于开发建设生物质能源项目合作框架协议书》，首批开展前期工作的10个生物质发电项目，总装机容量30万千瓦。核电项目，中广核集团、中核集团分别在河北成立了工作机构，厂址普查已全面展开；全省核电发展规划已编制完成初稿。

采取的主要工作措施：一是加大力度，强化跑办。全国“两会”期间，围绕推进重大项目前期工作，省领导与国家发改委等10家国家部委和大集团公司领导会见洽谈，取得丰硕成果。本省关注的一些重点问题得到了解决，冀蒙煤电合作、蔚州煤电路综合开发、华北制药合资、衡水燃料乙醇等项目取得重要进展。二是加强协调，搞好服务。围绕项目建设中的热点、难点问题进行协调，努力为重点项目创造良好的外部环境。重点协调了京石客运专线和廊涿高速公路交叉问题、中国成功大广场消防问题和进出道路方案论证、迁曹铁路供电方案、承姜500千伏输电线路压矿问题、曹妃甸VS导航以及港区规划与天津港4号锚地布局等问题，为项目早日开工建设奠定基础。组织召开电网建设调度会，及时解决电网建设中的问题。与省国土资源厅联合调度项目用地情况，督促、指导项目建设单位做好征地组卷等各项工作，加快项目征地审批进度。三是深入调研，出台政策。为了规范重点项目建设，为河北省主导产业发展和基础设施建设创造规范的、制度化的环境，经过广泛调研，省重点建设办公室代省政府起草了《关于加快电网建设的指导意见》，已经政府办公厅印发执行；起草了《关于支持铁路建设指导意见》。为构筑河北省经济发展战略支撑，进一步推进重点项目建设，以抓大产业、大基地、大园区、大项目为核心，起草了《关于进一步推进重点项目建设的指导意见》，经广泛征求意见后将上报省政府审定。

（河北省重点建设领导小组办公室　张存良）

对外经济贸易

2006年在国家继续实施宏观调控政策的背景下，全省对外经济实现了“十一五”的良好开局。进出口总值持续快速增长，对外贸易结构调整迈出了较大步伐，利用外资继续增长，国际旅游发展加速，对外经济技术合作活跃。

一、利用外资呈现四大亮点

2006年，全省实际利用外资23.8亿美元，比上年增长4.6%。其中，外商直接投资20.1亿美元，增长5.3%；对外借款1.1亿美元，下降38.7%；外商其他投资2.6亿美元，增长37.6%。

——食品等四大主导行业支撑外商投资增长。全年工业外商投资18.1亿美元，比上年增长14.5%，占全省外商直接投资的90.0%，比上年提高7.2个百分点。食品、钢铁、石化和装备制造等四大主导行业成为工业外商投资的增长点，食品业到位外资2.7亿美元，增长1.1倍；钢铁到位外资5.3亿美元，增长45.0%；石化到位外资1.4亿美元，增长31.3%；装备制造到位外资3.6亿美元，增长21.8%。四行业合计到位外资13.0亿美元，占全省外商直接投资的64.6%。

——香港成为外商投资贡献最大的地区。作为河北省外资的主要来源地，全年来自香港地区的外资为8.6亿美元，比上年增长38.9%，占全省外商直接投资的比重达42.9%，比上年提高10.4个百分点，成为最近三年首次超过40%的年份，投资回升势头显著。

——并购成为外商投资的主要方式之一。截至2006年底，全省已批准并购企业达79家，其中当年新批并购企业16家，合同外资额2.7亿美元，占当年新批合同外资的17.8%。2006年，并购企业到位外资4.0亿美元，占全省外商直接投资的19.8%，其中国有资产并购2.4亿美元，占并购到位外资额的60.1%。

——外商其他投资快速增长。全年外商其他投资达2.6亿美元，比上年增长37.6%，占全省实际利用外资的10.9%，比上年提高2.6个百分点。

二、对外贸易构筑三大支撑

2006年，全省进出口总值完成185.3亿美元，比上年增长15.3%。其中，出口总值128.3亿美元，增长17.5%，增速比上年加快0.5个百分点；进口总值56.9亿美元，增长10.6%，回落12.3个百分点，已连续三年回落幅度都在10个百分点以上。

——出口商品结构优化加快。工业制品增长加快，比重提高。全年完成出口总值109.1亿美元，比上年增长21.4%，增速比上年提高1.3个百分点，占全省出口总值的比重达85.0%，比上年提高2.7个百分点。其中，机电产品出口33.8亿美元，增长51.5%；钢材、钢坯及粗锻件出口21.2亿美元，增长1.2倍；高技术产品出口4.9亿美元，增长1.1倍。三类商品出口合计占全省的46.6%。初级产品出口由增转降，全年完成出口总值19.3亿美元，由上年增长4.4%转为下降0.7%。

——出口主体和市场多元化战略成效显著。外企和私企出口较快增长，规模继续扩大。出口额分别为45.0亿美元和37.6亿美元，比上年分别增长30.5%和19.7%，快于全省平均水平13和2.2个百分点；所占比重分别为35.1%和29.3%，分别提高3.5和0.5个百分点。出口市场多元化取得积极进展。全省亿美元以上的出口市场达到27个，涵盖了传统的美、韩、日、俄以及欧盟、东盟等国家和地区市场。与上年相比，增加了乌克兰、新加坡、以色列和伊朗4个国家。出口在1千万美元至1亿美元间的市场，同比也增加了5个，达到56个国家和地区。对非洲出口达到5.9亿美元，增长42.3%。

——加工贸易和对外承包工程的快速发展不断促进出口方式多样化。加工贸易和对外承包工程分别出口17.5和2.1亿美元，分别比上年增长20.3%和95.8%，快于一般贸易16.3%的增长水平。所占比重也有所提高，占全省出口总额的比重分别为13.8%和1.6%，同比分别提高0.6和0.7个百分点。一般贸易出口比重达84.7%，比上年降低0.9个百分点。

三、国际旅游发展加速

2006年，全省共接待入境游客72.5万人次，创汇2.4亿美元，分别比上年增长15.7%和16.2%，分别提高2.8和5.8个百分点。

——传统市场稳步发展，张家口、沧州和衡水等地市场增长强劲。承德和秦皇岛一直是入境游客来河北省的首选目的地，排在前两位，分别接待入境游客21.6和19.9万人次，分别比上年增长15.9%和11.3%，两市合计占全省入境游客的57.2%；创汇额分别为0.5和1.0亿美元，增长21.1%和11.8%。张家口、沧州和衡水增长强劲，分别接待入境游客2.2、0.5和0.4万人次，分别增长48.1%、46.0%和30.9%；创汇额分别为388.1、175.0和92.5万美元，分别增长68.0%、66.2%和32.3%。增速都远超全省平均水平。

——以亚洲和欧洲游客为主，非洲和美洲增长较快。来自亚洲和欧洲的游客分别为31.6和21.6万人次，占全省的入境游客的76.2%，增速分别为5.6%和17.6%。来自非洲和美洲的游客分别为0.9和6.4万人次，增速分别达1.1倍和36.7%。

四、对外经济技术合作蓬勃发展

2006年，全省共签订对外经济技术合同168份，比上年增加16份；合同总金额达17.6亿美元，比上年增长59.1%；完成营业额8.3亿美元，增长44.4%。对外经济技术合作继上年成倍增长后，今年继续保持了快速增长的势头。

（河北省统计局　杨喜进）

财　　政

2006年，全省各级财税部门密切关注财经形势，对重点税种、行业和地区实施动态监控，依法加强税收组织和非税收入征管，全省全部财政收入完成1223.5亿元，同比增收188.3亿元，增长18.2%。其中，中央级收入603亿元，完成计划的102.8%，同比增收83.4亿元，增长16.1%；地方一般预算收入620.5亿元，同比增收104.8亿元，增长20.3%。全省一般预算支出1180.4亿元，占调整预算的89.9%，增长20.5%。全省基金预算收入完成321.6亿元，完成调整预算的109.9%，同比增收55.3亿元，增长20.8%；基金预算支出311.9亿元，占调整预算的88.8%。全省财政实现了当年收支平衡。

充分利用政策和资金手段，有效促进全省经济更好更快发展。一是调整和完善财政体制，促进各地区竞相发展。2006年，按照激励发展、分类指导的原则，继续实行激励性财政体制，对张家口、承德两市和其他市所属34个扶贫重点县实行省级四税“定额分享、超收全返”，对其他市县实行“超分成增长率收入全返”的政策，调动市县加快发展经济、增加财政收入的积极性，促进不同地区经济社会协调发展，推进城市化进程。各市县在2003—2005年比原体制多得财力44亿元的基础上，2006年又多得24.6亿元，进一步调动了市县发展经济的积极性，促进了县级财政收入的快速增长。全省136个县（市）全部财政收入增长21.3%，比全省增速高3.2个百分点；136个县（市）全部财政收入占全省的比重达44.1%，同比提高1.1个百分点。着眼于促进沿海经济隆起带形成，省财政研究制定了促进沿海地区加快发展的激励性财政体制。自2006年起，省对曹妃甸工业区和沧州渤海新区核心区实行“四税收入定额分享、超收全返”政策；省对曹妃甸首钢京唐精品大钢项目建设实施财政特殊支持政策。同时，调整省与衡水市过渡性财政激励政策，促进黑龙港流域加快发展；制定实施廊坊市高新技术开发区财税优惠政策，促进高新技术产业发展。二是大力支持重点项目建设，促进全省经济增长和结构调整。在市场经济条件下，各级财政切实转变支持经济发展的方式，综合运用财政体制、政策和补贴、贴息等多种手段，发挥财政杠杆“四两拨千斤”的作用，增强经济发展的动力机制，促进经济资源合理配置和质量效益不断提高。2006年，全省各级财政部门认真贯彻省委、省政府“一条主线、两大支撑”的经济发展思路，研究制定促进重点项目建设和经济结构调整的财政政策措施。争取和安排中央国债专项资金、基本建设补助资金37.7亿元，支持了重点流域水污染防治、农村饮水安全和京津风沙源治理等重点项目建设；全省投入农村公路建设资金52亿元，保证了村村通工程建设按规划顺利进行；落实国土资源专项资金15.7亿元，支持了重点矿种勘察、矿山环境保护治理等。三是努力增加财政科技投入，促进产业产品结构优化升级。全省科技支出12.8亿元，重点支持了科技创新平台建设、高新技术研发及产业化等12个重大科技项目，促进了产业产品结构优化升级。四是积极落实资金和政策，推进企业改革与发展。筹措资金7.9亿元，完成了39户省属企业和厅局属企业改制工作；落实中央补助资金2.1亿元，完成了25户中央在冀企业分离办社会职能工作；落实中央破产补助资金15.2亿元，解决了6户破产企业的8000余名职工安置问题。落实中小企业创业、创新资金4810万元，督导各方面落实担保资金51.3亿元，促进中小企业加快发展。五是积极争取资金，促进全省对外开放。利用国际金融组织、外国政府贷款7523万美元，争取中央外贸发展基金2亿元，促进了外资、外贸发展。

全面落实支农惠农政策，积极推进新农村建设。一是积极深化农村税费改革。全面取消农业税，进一步减轻农民负担6.1亿元，实现了农民农业税收零负担。至此，全省农民农村税费改革前“三提五统”等负担57.5亿元全部减除，人均减负108.4元。推进国有农场税费改革，将农场职工土地承包费中类似“乡镇五统”的费用全部免除。落实中央转移支付9.98亿元，弥补乡村两级及农场相关支出缺口，保证了农村义务教育正常经费和国有农场分离办社会职能的资金需要。二是认真落实各类涉农补贴。加大涉农补贴政策实施力度，新增种粮农民生产资料涨价综合直补9.4亿元，粮食直补增加到7.5亿元，全省1424万农户、5468万农民受益。发放良种补贴1.8亿元，对121个县（市）的19700个行政村进行补贴，310多万农民受益。发放农机补贴4500万元，增长69.8%，支持农民新购置农机具9591台，带动农民和农机服务组织投入资金1.3亿元，1.9万个农户受益。三是进一步加大财政支农专项支出力度。全省完成农业财政支出70.6亿元，增长11.5%，围绕新农村建设，重点支持了农业服务体系、粮食安全、综合生产能力和文明生态村建设等。其中，各级财政投入农业综合开发资金8亿元，改造中低产田146万亩，完成生态综合治理12万亩，扶持农业产业化经营项目56个，有力推进了粮食生产核心区建设。四是扎实开展农业专项资金整合试点。积极探索财政支农新机制，在围场、献县、张北、巨鹿、栾城5个县开展了农业资金整合试点，投入增量撬动资金4000万元，启动试点县存量整合资金1.3亿元，拉动社会投资6亿元，促进了试点县农业主导产业发展。五是积极推进农村金融体制改革。落实保值储蓄补贴资金5.6亿元，帮助农村信用社逐步化解历史包袱，促进农村金融体制改革深化，更好地为农业发展服务。

加大社会事业投入力度，着力促进“和谐河北”建设。一是完善教育事业投入机制。根据中央精神和河北省实际，研究制定了全省农村义务教育经费保障机制改革方案及《农村中小学公用经费支出管理暂行办法》、《农村义务教育阶段学生免收学杂费实施管理办法》、《农村中小学校舍维修改造专项资金管理暂行办法》、《关于确保农村义务教育经费投入、加强财政预算管理的通知》等四个配套文件，形成了经费保障制度体系，为2007年全面实行改革做好了准备。全省教育事业费及教育费附加支出204.7亿元，增长11.5%，重点保障了教师工资和中小学正常公用经费，支持了农村义务教育布局调整、危房改造、落实“两免一补”政策和职业教育发展等，共撤并中小学2702所，完成危房改造100万平方米，资助贫困生133万人，建立职业教育实训基地28个。二是认真落实重点文体项目建设和计划生育惠民工程资金。落实资金2.5亿元，支持河北博物馆、省图书馆、省医院等重大公益项目建设。安排计生专项资金5831万元，对10.3万名符合条件的农村居民进行了奖励扶助，为900多万名农村育龄妇女提供了免费健康检查；建立计划生育救助公益金，1.2万多户家庭得到救助。三是大力支持公共卫生事业发展。全省医疗卫生经费支出50.2亿元，增长11.3%。农村卫生基础设施建设资金支出1.7亿元，支持了乡镇卫生院、县医院等改建项目415个。落实农村合作医疗制度试点补助资金2.4亿元，36个试点县1170万农民参合，454万人次得到补偿。四是进一步加大社会保障资金投入力度。全省养老保险支出172.8亿元，月人均标准比上年提高170元，保障了160万离退休人员养老金按时足额发放；低保资金支出8.8亿元，保障了87万城镇低保对象和69万农村低保对象低保金的发放。中央和省级优抚安置资金支出17.9亿元，保障了30余万优抚安置对象的基本生活及退役军人的安置培训工作。就业补助支出12亿元，全省城镇新增就业人员44.3万人，下岗人员再就业25.8万人。五是积极推进公务员工资制度和津补贴制度改革。统筹安排资金，对市县转移支付补助31亿元，从2006年7月起，实行国家统一的职务与级别相结合的公务员工资制度。全面清理整顿公务员津贴、补贴，研究制定了全省规范公务员津贴补贴制度实施方案和省级改革方案，并积极争取中央批准了方案。

努力缓解县乡财政困难，促进区域协调发展。2006年，省对市县一般转移支付41.6亿元，较上年增加11.6亿元；将“五奖二补”扩大为“六奖二补”，增加了鼓励县乡化解政府债务功能，奖补资金达到18.1亿元，比上年增加7.7亿元；对革命老区转移支付1.56亿元，比上年增加5000万元；对民族自治县补助7155万元，比上年增加6705万元。省对下转移支付力度的不断加大，使可用财力和财政支出进一步向县级倾斜，促进了地区间基本公共服务均等化。2006年省、市、县三级一般预算支出比例为21.1∶19.2∶59.7，县级比重比上年提高2.5个百分点。同时，强化转移支付导向作用，制定绩效管理办法，明确政策目标，提高了受助地区财政基本保障能力。2006年12月份，全省县乡公教人员月平均工资水平比2002年提高547元；2000年底前12.9亿元的欠发工资基本消化，国家增资政策不落实问题全部解决。

积极深化财政改革，财政管理创新迈出新步伐。一是省以下财政体制进一步完善。在全国率先开展了省以下政府间支出责任划分研究，形成初步框架，为全面完善省以下财政体制奠定基础。在81个县（市、区）的871个乡镇开展了县乡财政体制改革试点，其中184个乡镇实行了比较规范的分税制，659个乡镇实行了统收统支加激励的财政体制。二是预算管理改革取得新进展。全面试行政府收支分类改革，2007年预算编制全部采用了新科目；着力推进预算项目库建设，修订完善了预算项目管理办法和管理信息系统，加强预算项目管理，2007年省级专项资金预算项目，全部实现了从财政项目库中直接提取，集中财力办大事水平有新的提高；大力推行绩效预算管理，对环保、教育、科技、社保等专项资金进行了绩效评价。三是国库管理制度改革继续深化。加强制度建设，进一步简化和规范支出程序，支付效率有了新的提高。改革范围继续扩大，省级107个一级预算单位纳入改革试点，基层试点单位由上年的145个增加到240个；11个设区市改革也取得较大进展，唐山、秦皇岛、廊坊三市将改革扩大到市本级所有预算单位，市级试点单位由去年的323个增加到616个。四是政府采购规模和范围继续扩大。全省完成采购金额100.8亿元，同比增长18.2%，资金节约率达12.4%。五是财政监督和法制建设取得新进展。省政府颁布实施了《河北省财政监督规定》。财政监察委派工作由省直部门扩展到市县，向石家庄等六个设区市财政部门派驻了财政监察员，对市县进行巡回监察。认真开展会计师事务所年度检查工作，切实加强会计行业监管，促进会计信息质量的提高。

（河北省财政厅　孙如喜）

金　　融

2006年，河北省金融运行总体平稳，各项存、贷款稳定增长，信贷结构进一步调整和改善，有力支持了地方经济发展。

截至2006年底，河北省全部金融机构本外币各项存款余额12675.86亿元，增长16.4%，当年新增1783.40亿元，比2005年多增401.90亿元。其中人民币各项存款余额12551.62亿元，增长16.6%，当年新增1782.50亿元，比2005年多增387.80亿元。一是存款活期化趋势明显。2006年末，河北省全部金融机构人民币活期存款（口径为企业存款及储蓄存款）余额4462.80亿元，当年新增737.40亿元，比2005年多增307.30亿元，定期存款则比2005年少增51.30亿元。企业活期存款增量占比比2005年提高了17.5个百分点，显示企业即期支付和投资能力增强；储蓄活期存款增量占比比2005年提高11.3个百分点，表明居民定期、活期储蓄偏好正在发生改变，储蓄存款中定期存款减少表明居民储蓄投资出现分流，以储蓄存款作为投资的意愿降低，转而投向获利丰厚的其他金融资产如股票、基金等，2006年居民投资基金的热情高涨，据统计，2006年全省基金销售总量（认购＋申购）

达147.7亿元；二是新增存款市场份额发生变化。国有商业银行市场份额下降，2006年，其人民币存款增量占全部金融机构的56.2%，比2005年下降5.7个百分点；股份制商业银行和农村信用社份额上升，比2005年分别提高1.1个百分点和1.5个百分点。

截至2006年底，河北省全部金融机构本外币贷款余额7480.19亿元，增长14.5%，当年新增1000亿元，比2005年多增372.40亿元。其中，人民币各项贷款余额7411.88亿元，增长14.6%，当年新增996.70亿元，比2005年多增314.30亿元。一是贷款投放先快后慢，宏观调控效果明显。2006年上半年人民币贷款增加718.8亿元，占全年贷款增量的72%，其主要原因：各地新开工项目投资增速提高、“十一五”重大项目建设启动，贷款需求上升；商业银行股改上市后，资本金得到补充，为了提高资产收益率和股东回报，贷款扩张的动机增强；进入三季度，各家银行认真执行国家各项宏观调控政策，贷款增长过快的势头得到遏制，贷款由快速增长趋向平稳；二是中长期贷款增长较快，票据融资大幅波动。从贷款期限结构看，人民币短期贷款当年新增354.90亿元，比2005年多增37.60亿元，新增短期贷款占全部新增贷款的35.6%，比2005年下降10.9个百分点；中长期贷款当年新增556.30亿元，比2005年多增239.60亿元，占全部新增贷款的55.8%，比2005年提高9.4个百分点；票据融资大幅波动，2006年四个季度的增量分别为139.10亿元、71.40亿元、－50亿元和－85.40亿元，主要由于各家银行在控制贷款过快增长时，采取压缩票据的方法来调节贷款的总量所致；三是农业贷款稳定增加，乡镇企业、三资企业、私营及个体企业贷款大幅萎缩。农业贷款当年新增136.40亿元，比2005年多增36.30亿元，有力支持了新农村建设。乡镇企业、三资企业、私营及个体企业贷款比年初下降3.10亿元；四是贷款向经济发达地区倾斜明显。分地区看，唐山、石家庄和邯郸市贷款分别增加208.90亿元、168.30亿元和107.50亿元，三个市的贷款合计占全省贷款总量的51.5%，贷款继续向经济发达地区集中。其中，唐山市贷款增量超越石家庄市，跃居第一位，表明唐山市以曹妃甸为代表的重点项目建设步伐加快，对资金的吸纳能力正在逐步增强；五是贷款的行业集中度较高。全省新增贷款投向钢铁、电力、石化、纺织、制药、电信等行业和基础设施建设的贷款达523亿元，占全省贷款增量的52.5%。

房地产金融发展迅速，新增量创近年来最高水平。2006年末，金融机构自营性房地产贷款新增160.5亿元，同比多增37.2亿元，新增额占金融机构人民币各项贷款的比为16.1%。其中，房地产开发商贷款新增46.1亿元，同比多增5.6亿元，个人住房贷款增加106.6亿元，同比多增35.2亿元。房地产贷款质量较好，自营性房地产贷款余额和不良率分别比年初下降5.7亿元和1.5个百分点，其中个人住房贷款下降1亿元和0.5个百分点。全省个人住房公积金贷款增势平稳，当年新增19.4亿元，同比多增2亿元。公积金贷款质量较好，不良率为0.3%。

金融机构经营效益提高。2006年，河北省金融机构在加快业务发展的同时，积极采取措施，将防范和清收不良贷款放在工作突出位置，信贷资产质量得到进一步提高，金融机构经营状况良好。全省全部金融机构人民币业务当年实现账面结益79.20亿元，比2005年多盈利54.50亿元。其中，国有商业银行、股份制商业银行和农村信用社分别实现账面盈利36.40亿元、9.90亿元和16.90亿元，比2005年分别多盈利33.80亿元、2.70亿元和11.70亿元。

同业拆借市场。2006年河北省网上拆借业务全年累计金额为4亿元，较2005年同期减少3.98亿元，减幅为49.9%，全部为拆出业务。一是银行间拆借市场继续萎缩。河北省网上拆借业务处于继续萎缩状态，河北省银行间拆借市场成员较少，而且个别网上成员对拆借业务不熟，开展网上拆借业务的积极性不高；市场成员资金宽裕，对拆借业务需求较弱；二是网下拆借业务交易不够活跃。国有商业银行分支行在资金管理上严格按照上级行要求，没有系统外资金拆借活动，头寸不足通过本行系统内资金调剂解决。农村信用社之间的资金余缺，分别由省、市联社在辖区内通过系统调剂方式解决，多余的闲置资金上存省联社统一运作，使得基层农村信用社同业拆借业务不活跃。

金融服务水平不断提高。河北省人民银行系统加快支付清算体系建设，提高社会资金运行效率。大额支付系统运行平稳，该系统于2006年3月27日在全省成功上线运行，大额、小额支付系统全年累计处理清算业务802万笔、57044亿元。2006年8月11日，以影像技术为支撑的石家庄市票据清分机系统顺利上线试运行，实现了转账支票在石家庄辖区通用。2006年12月18日，支票影像交换系统上线试点运行，实现了全国试点6省（市）范围内的支票通用。工商银行充分发挥票据中心的龙头作用，在创新、提速、稳健发展上狠下功夫，提高金融服务水平，票据业务实现跨越式发展，票据融资业务已发展成为该行主要利润增长点之一。通过创新考核机制，创新业务品种，结合企业融资需求，适时推出“买方付息”、“代理贴现”等业务品种，通过扩大票据融资业务内容，提升票据业务的吸纳能力，进一步拓展了盈利空间。农业银行积极采取措施，加大金融支持力度，向全省1050家中小企业集中授信103亿元，并提供一揽子金融产品和优质服务，授信企业涉及农产品加工、化工、医药、机械制造、物流、商贸、电子等16个行业，覆盖全省123个县（市）。该行在经济强县建立信贷“直通车”制度，优先配置资源；在特色产业县重点支持产业集群中的骨干企业；在农业县大力培育农业产业化龙头企业；在扶贫开发重点县着重支持产业结构优化升级。该行还采取多种授信方式着力解决中小企业融资难问题，为中小企业融资和县域经济发展提供有效支撑。建设银行积极发展中间业务，针对2006年证券市场出现的“井喷”行情，该行相继与多家券商开通了银证转账业务，与人寿、太保等多家保险公司联合举行旺季营销竞赛活动，积极开拓中间业务。该行同时抓住消费升级契机，采取措施拓展商户收单业务，主动出击，成功营销了一大批优质商户，不仅改善了银行卡受理环境，而且树立了建行良好的社会形象，使收单收入、消费交易额等项指标创该行历史最好水平。农业发展银行积极改进金融服务，一是积极提供差异化、个性化信贷服务，有效支持优质骨干企业做大做强；二是及时提供信息服务，密切关注市场动向和价格走势，主动向客户提供价格信息服务，帮助企业全面分析市场行情，规避市场风险，还利用自身行业资源优势，积极为企业提供产、供、销方面的资讯，主动牵线搭桥，服务客户的整体水平不断提高；三是搞好现金供应，为售粮农民提供高效、便捷的服务。

金融系统积极支持三农。人民银行合理运用货币政策工具，有效传导政策意图。2006 年全省共发放支农再贷款 2.56 亿元，支持了“三农”发展合理的资金需求。加强利率管理，建立了定期利率监测制度，快速、准确地反馈利率政策执行效果，引导金融机构合理定价。金融机构积极改善信贷结构，重点支持农业产业化龙头企业。全省已建成规模以上重点龙头企业 800 多家，其中，国家级重点龙头企业 21 家，省级重点龙头企业 161 家，市级重点龙头企业 650 家。河北省年销售收入亿元以上的龙头企业已达 130 多家。农业发展银行作为支持“三农”的主要力量，紧紧围绕河北省新农村建设，加大支农力度，优化贷款投向，改进金融服务，有力地支持了全省农业和农村经济的发展。2006 年累计投放贷款 178.92 亿元，同比多投放 14.18 亿元，增幅 8.69%。特别是拓展了服务空间，贷款范围从粮油流通领域扩大到了加工和生产领域，贷款对象从粮棉油购销企业扩大到了农业产业化龙头和加工企业，涉及农副产品加工、纺织服装、仓储、食品制造、养殖等八大行业，支持企业累计实现销售收入 103.98 亿元，创利 5.59 亿元，有力支持了全省农业经济发展，带动了农民增收。

河北省是一个民族工作大省，现有 6 个少数民族自治县、3 个民族县，9 个县中有 8 个是国家重点贫困县。为加大对民族地区的支持力度，河北省将 9 个民族自治县和民族县全部列入农业开发立项建设范围，2006 年项目总投资达 1.24 亿元，其中财政资金 7400 万元，比全省农业开发县平均投资高出 180 万元。支持 9 个县累计完成中低产田改造 140 万亩，新增灌溉面积 75.7 万亩，改善灌溉面积 45 万亩，项目区基本达到“田成方、林成网、路贯通、旱能灌、涝能排”，新增粮食生产能力 2.1 亿公斤，新增种植业总产值 3.71 亿元，项目区农民年人均纯收入增加 300 元。

各项惠农支农政策措施成效明显。农业税全部取消，结束了两千年来农民交“皇粮国税”的历史。各级政府对“三农”投入不断增加。2006 年中央和省共安排各类直补资金 19.10 亿元，比 2005 年增长 128%。农民工问题得到高度关注，农民工生产生活条件得到改善，2006 年农民人均工资性收入 1514.70 元，增长 17.1%。

外汇管理取得新进展。2006 年，河北省外汇管理部门紧紧围绕总局中心工作，结合实际，进一步转变管理理念，加大调研和创新力度，认真贯彻落实各项外汇改革举措，不断提升外汇管理和服务水平，各项工作取得了新的进展。2006 年，河北省国际收支总量 210.81 亿美元，同比增长 12.4%，顺差 82.17 亿美元，同比增长 17.03%。银行结售汇总额 183.35 亿美元，同比增长 13.71%，顺差 80.31 亿美元，同比增长 27.32%。全省进出口总值 185.26 亿美元，同比增长 15.3%。全省外商投资企业 4680 家，投资总额 280.91 亿美元。境外投资企业 21 家，中方投资总额 2.22 亿美元，是 2005 年同期的 1.4 倍。全省外汇债务余额 39.34 亿美元，同比增长 10%。

（中国人民银行石家庄中心支行　曾玉玲）

劳动工资

2006 年，全省就业总量稳定增长，就业结构进一步优化，职工工资水平稳步提高，社会保障制度不断完善，各项保险覆盖范围逐步扩大，保障水平进一步提高，实现了“十一五”规划的良好开局。

一、就业总量稳定增长，就业结构进一步优化

1. 就业总量稳定增长。2006 年底，全省就业人员达 3609.99 万人，比上年增加 41.02 万人，增长 1.15%。其中，城镇就业人员为 909.19 万人，增加 32.59 万人，增长 3.72%；乡村就业人员为 2700.80 万人，增加 8.43 万人，增长 0.31%。就业人员的增加主要依靠城镇经济的发展和就业岗位的开拓，城镇增速快于乡村 3.41 个百分点。

2. 就业再就业工作目标任务超额完成。2006 年，全省共完成城镇新增就业 46.50 万人，下岗失业人员再就业 25.75 万人，困难就业对象再就业 8.98 万人，分别完成全年目标任务的 116%、129%和 225%，城镇登记失业率为 3.84%，比上年下降 0.09 个百分点，控制在 4.6%的目标任务以内。

3. 城镇非公有制经济就业人员较快增长。2006 年，全省 909.19 万城镇就业人员中，公有制经济 396.68 万人，比上年减少 4.54 万人，非公有制经济 512.51 为万人，增加 37.13 万人。在非公有制经济就业人员中，私营个体 302.39 万人，比上年增加 15.23 万人，增长 5.30%；各种形式灵活就业和其他 105.58 万人，增加 11.69 万人，增长 12.4%；其他单位 104.54 万人，增加 10.21 万人，增长 10.82%。

4. 就业结构进一步优化。2006 年，全省农业劳动力继续向二、三产业转移，第一产业就业人员为 1524.89 万人，比上年减少 39.83 万人，比重为 42.24%，比上年下降 1.60 个百分点；第二产业就业人员为 1082.66 万人，增加 39.10 万人，比重为 29.99%，提高 0.75 个百分点；

第三产业就业人员为1002.44万人，增加41.75万人，比重为27.77%，提高0.85个百分点。

二、工资水平稳步提高，工资差距较为明显

1. 工资总额较快增长。2006年，全省城镇单位在岗职工工资总额达809.58亿元，比上年增发93.51亿元，增长13.06%。其中，国有单位581.95亿元，增发55.90亿元，增长10.63%；集体单位为36.98亿元，增发2.82亿元，增长8.26%；其他单位190.65亿元，增发34.79亿元，增长22.32%。

2. 工资水平稳步提高。2006年，全省城镇单位在岗职工平均工资达16590元，比上年增加1883元，增长12.80%，扣除物价因素，实际增长10.92%。其中，国有单位17152元，为各种经济类型单位之首，增加1861元，增长12.17%；其他所有制单位16882元，增加2047元，增长13.80%；集体单位首次突破万元大关，达10337元，增加1296元，增长14.33%。

3. 工资水平居全国位次后移2位。2006年，河北省工资水平仅居全国第26位，比上年后移2位，比全国平均工资低4411元，差距比上年扩大713元。其中，国有单位居第26位，后移2位，比全国低4960元，；集体单位居第26位，后移1位，比全国低2677元；其他单位居第19位，前移3位，比全国低3873元。

4. 各设区市工资水平差距继续加大。2006年，全省11个设区市的工资水平比上年都有不同程度提高，但工资水平差距继续加大。最低衡水市（13365元）与最高秦皇岛市（19648元）相差6283元，在上年的基础上又扩大了792元。

5. 行业间工资水平差距大。2006年，各行业单位工资水平都有不同程度提高，但行业间工资水平差距依然很大。信息传输、计算机服务和软件业，电力、煤气和水的生产和供应业，科学研究、技术服务和地质勘查业，采矿业，金融业，居民服务和其他服务业6个行业的平均工资均超过2万元，在27394元22781元间；卫生、社会保障和社会福利业、交通运输、仓储和邮政业也超过全省的平均水平；其余11个行业工资水平均低于全省平均工资水平。最高与最低行业工资水平相差20773元。

三、社会保障制度不断完善，各项保险覆盖范围逐步扩大

1. 努力推进城镇各类企业职工、个体工商户和灵活就业人员参加企业职工基本养老保险，覆盖范围进一步扩大。2006年底，全省企业基本养老保险参保人数达614.91万人，比上年增加33.46万人。其中，私营企业30.72万人、农民工14.15万人；机关事业单位132.63万人，增加6.14万人；农村社会养老保险参保人数达224.22万人，共有7.45万名农民领取了养老金。

2. 失业保险参保人数继续增加。2006年底，全省失业保险参保人数达470.77万人，比上年增加9.57万人。年末领取失业保险金人数为13.38万人，与上年基本持平。全年共为21.89万名失业人员提供了不同时限的失业保险待遇，比上年增加1.65万人。

3. 医疗保险覆盖范围逐步扩大，参保人数大幅增加。2006年底，全省基本医疗保险参保人数达615.93万人，比上年增加53.83万人，增长9.58%。以解决农民工大病医疗保障为重点，积极将农民工纳入医疗保险制度范围，农民工参保人数达到50.55万人，灵活就业人员参保人员达14.78万人。

4. 工伤、生育保险制度加快推进。2006年，全省继续推进各类企业职工、个体工商户、农民工参加工伤保险。到年底，全省工伤保险参保人数达402.44万人，比上年增加41.08万。其中，农民工参保人数为41.32万人。全省生育保险参保人数达264.18万人，比上年增加48.30万人。全年共有1.66万人次享受了生育保险待遇，比上年增加0.82万人次。

（河北省统计局　龚小红）

安全生产监督

2006年，河北省的安全生产工作负重前行、开拓创新、攻坚克难，取得较大进展。全省安全生产形势保持了总体平稳、趋于好转的发展态势，省政府确定的“全面完成国家下达的安全生产控制指标，杜绝特别重大事故，遏制重特大事故，减少一般事故”的总体目标如期实现。在全国32个省级统计单位中，河北省事故死亡人数下降幅度排名第一，煤矿百万吨死亡率下降幅度排名第一，完成国家年度考核指标排名第二。

2006年全省共发生各类生产安全事故16088起，死亡4265人，同比分别减少3393起、894人，分别下降17.4%和17.3%。事故总量和死亡人数实现了双下降。其中：道路交通事故8632起、死亡3486人，同比减少2555起、589人，分别下降22.8%和14.5%；煤矿事故39起，死亡107人，同比减少29起、210人，分别下降42.7%和66.3%；消防火灾事故6915起，死亡61人，同比减少767起、31人，分别下降10%和33.7%；危险化学品事故12起，死亡17人，同比增加1起、上升9.1%，少死亡2人、下降10.5%；非煤矿山事故61起，死亡89人，同比增加1起、上升1.7%人，少死亡26人、下降22.6%；烟花爆竹事故7起，死亡17人，同比增加1起、2人，分别上升16.7%和13.3%；建筑施工事故42起，死亡68人，同比增加3起、17人，分别上升7.7%和33.3%。

重大事故明显下降。发生一次死亡3—9人重大事故69起，死亡275人，同比减少30起，少死亡102人，分别下降30.3%和27.1%。其中：煤矿9起，死亡45人；非煤矿山事故4起，死亡17人；建筑业事故9起，死亡31人；烟花爆竹事故3起，死亡11人；其他工商贸企业6起，死亡25人；道路交通事故37起，死亡143人；火灾事故1起，死亡3人。

特大事故大幅度下降。发生一次死亡10人以上的特大事故2起，死亡30人，同比减少6起、240人，分别下降75%和88.9%。这两起事故分别是：张家口市蔚县水东煤矿炸药库爆炸事故，死亡17人；邯郸峰峰矿区和村镇隆鑫煤矿火灾事故，死亡13人。全省未发生特别重大事故。

2006年，张家口、承德、唐山、邢台、石家庄、沧州、保定、秦皇岛、廊坊、衡水等10个设区市的事故起数和死亡人数都是双下降，11个设区市事故起数和死亡人数都在控制指标之内。

2006年主要抓了七项工作：

一是深入开展“双百日承诺”行动。经省政府批准，省安委会在全省重大危险源企业及相关企事业单位中开展了“法人代表安全生产双百日承诺”行动。这一行动取得了三方面的效果，第一在全省形成了一个党政齐抓、上下联动、全社会高度关注的新局面。全省有71208家企事业单位签订了承诺书。第二反响强烈，促进了全社会安全生产意识的提高。通过广泛动员，企业内部层层签订承诺书，每个职工都受到了教育。各新闻媒体进行了大量报道，给予了高度评价，扩大了“双百日承诺”行动的影响。第三促进了企业安全生产主体责任的落实。企业签订承诺书后，对承诺书的具体内容进行了分解，将安全生产责任落实到了每个岗位和职工。

二是认真落实安全生产责任制。年初，省长季允石同志与各市和省直有关部门的主要负责人签订了安全生产责任书。各设区市和各县（市、区）政府也层层签订责任书，将安全生产责任目标分解到乡镇、村、企业、矿点，形成了一级抓一级，一级保一级，逐级负责的安全生产目标责任体系。从年底考核情况看，各级、各部门和各单位2006年责任目标完成情况普遍较好。

三是进一步加大高危行业安全生产专项整治力度。整顿关闭工作取得重大进展，经过各级各部门共同努力，全省共关闭煤矿211处，完成了全年关闭计划，其中承德、邯郸市超额完成了关闭任务。关闭非煤矿山企业886家、危险化学品生产企业100家、危险化学品经营单位446家、烟花爆竹生产企业32家。在煤矿专项整治中，强力推进“先抽后采”，继续向国有重点煤矿派驻了瓦斯治理督导组，开展了“煤矿瓦斯集中整治月”活动，对建设项目进行了认真核查。在非煤矿山专项整治中，重点对矿井安全出口、提升系统、采空区进行了整治，对矿山集中、矿业秩序混乱、事故多发的3个县（市）和40个矿区实施了重点监控。在危险化学品专项整治中，深入开展了液氯、液氨、液化石油气等重点危险物品的生产和运输整治，推动安全距离不符合要求的6家化工企业实施了搬迁，10家正在实施搬迁，20家已制定了搬迁计划，9家拟实施关闭。在烟花爆竹专项整治中，严肃查处企业“三超”行为，不断完善烟花爆竹生产经营单位的安全设施和储存条件。道路交通、消防、民爆器材、建筑等行业和领域也根据实际情况，认真开展了专项整治活动。

四是切实加强安全生产法制工作。省政府先后出台了《河北省落实生产经营单位安全生产主体责任暂行规定》等6个政策性文件。《河北省安全生产违法行为行政处罚规定》已经省政府常务会议原则通过。在执法队伍和机构建设方面，全省11个设区市全部设立了安全生产监察支队，有近半数的县（市、区）成立了安全生产监察大队。在安全生产行政执法方面，组织各市开展了行政执法互查和案卷评查活动，进一步规范了执法行为。省政府、省安委会先后组织6次全省范围的安全生产大检查和督查活动。一年来，省、市、县安全生产监察机构检查企业4.4万家，发出执法文书12.6万份，罚款2015万元。

五是全面加强基层基础工作。一是县、乡、村安全生产监管工作得到加强。保定市开展了“无重大事故县（市、区）、无重大隐患乡镇、无违章操作企业”等活动，基层、基础工作得到加强。二是加强非公有制企业安全监管。廊坊市制定了《非公有制企业安全管理标准》，推行了安全生产责任保证金制度。沧州市在非公有制企业实行了注册安全副职制度。三是积极推进安全生产应急救援体系建设。出台了《河北省生产安全事故灾难应急预案》及全省危险化学品、烟花爆竹、非煤矿山事故灾难应急预案，为17支专业救护队伍配备救护装备200台（套），分5期对全省321名专职矿山救护队指挥员进行了培训，组织各级各类应急救援演练700多次。四是强化安全生产教育培训。全面实行了先培训后上岗制度，各级各部门共培训各类人员35万人次。五是在机械制造、建筑、电力等行业开展了安全标准化活动，一批企业达到国家三级以上安全标准。

六是建立健全安全生产行政许可制度。安全生产许可证颁证工作取得阶段效果，全省有569处煤矿、4369家非煤矿山企业、1373家危险化学品生产企业、68家烟花爆竹生产企业、25家民爆器材生产企业、3243家建筑企业办理了安全生产许可证。

七是积极营造安全生产氛围。组织开展了“安全生产月”、“安全生产燕赵行”、安全生产“心连心”艺术团慰问演出、“安全生产宣传咨询日”等一系列活动。各新闻媒体积极宣传安全生产法律法规和安全知识，推广先进典型和有效做法，揭露安全生产违法行为，为加强安全生产营造了有利氛围。

2006年河北省的安全生产工作有以下几个特点：

一是各级领导高度重视安全生产工作。省委、省政府相继作出了一系列重要举措，9月29日，省委书记白克明亲自致信各市主要负责同志，对进一步做好安全生产工作、遏制重特大事故提出明确要求。郭庚茂同志在就任代省长的第二天，就主持召开了全省安全生产工作会议。付双建副省长、张和副省长等省领导也多次对安全生产工作作出批示，亲自带队检查指导安全生产工作。省政府召开安全生产工作会议、电视电话会议、政府常务会议等多达8次，出台安全生产文件12件。各市市委、市政府也都采取了许多切实有效的措施，主要领导和主管领导亲自部署、亲自检查，有力地促进了安全生产工作。

二是各级、各部门协调联动、齐抓共管。省有关部门按照国家和省政府的安排部署，研究制定了一系列标本兼治、重在治本的政策措施。各级政府部门以及各级纪检、检察、法院和各级工会、共青团组织、新闻媒体等组织开展了一系列联合执法、专项督查、事故查处、宣传教育等活动。在开展煤矿整顿关闭等重点工作中，各级、各部门密切配合，联合执法，形成了合力，取得了较好效果。

三是企业安全生产主体责任得到进一步加强。通过开展“双百日承诺”行动，大多数企业在履行安全生产法律法规、建立健全规章制度、加大安全投入、治理安全隐患、加强职工培训等方面，做了大量工作，取得了明显进展。各重点行业和领域的不同类型企业，都出现了一批安全生产工作比较扎实、安全业绩良好的典型企业。

四是人民群众广泛参与社会舆论高度关注。生产安全事故及事故隐患奖励举报制度进一步完善，省局全年共受理举报243起，105起得到核实，兑现奖金9.08万元。

（河北省安全生产监督管理局　白瑞理）

物　　价

2006年，全省各级物价部门积极有效开展价格宏观调控工作，整顿市场价格秩序，深化价格改革，加强市场价格监管，各项工作取得较好成绩。

价格宏观调控工作取得显著成效，2006年国家两次较大幅度调整成品油价格，使供水、天然气等公用事业价格调价压力增大，对市场物价总水平形成一定的上涨推力。在价格上涨压力较大的情况下，各级物价部门加大价格监管的力度，密切关注群众生活必需品市场价格走势，同时加强价格监测、预警及走势分析预测，发现问题后及时提出价格调控的政策建议。修订了《河北省价格监测报告制度》，坚持直接向农本调查户电话询价上报制度，进一步完善重要工业品价格定期报告制度，认真做好种子、农产品和农资价格的监测，以及各市调、定价事项资料备案等基础工作，为省政府和局领导及时了解市场情况和调整政策提供了有力的信息保障，为确保全省市场物价基本稳定发挥了积极作用。2006年全省居民消费价格总水平上涨1.6%，价格整体走势比较平稳。

整顿规范市场价费秩序。一是着力整顿教育医疗等群众反映强烈的价格和收费热点问题。严格规范公办高中择校生收费，设区市市区和直属省级示范性高中择校生比例由原来的40%降为30%，年可减轻学生家长经济负担约8000万元。对中小学改制收费和大中专学校住宿收费进行了全面清理，规范完善了有关政策。规范了大学英语四、六级考试费和高校招生艺术、体育及对口升学类专业测试报名考务费收费标准。对高校招生艺术、体育和对口升学类专业测试报名考务费收费标准实行物价部门备案制管理。按照国家八部委《印发关于进一步整顿药品和医疗服务市场价格秩序的意见的通知》精神，进一步规范河北省城市社区卫生服务医药价格行为，减轻群众医药费用负担。认真贯彻落实药品降价措施，共涉及800多个剂型规格，平均降价幅度23%。分六批出台了2023个规格的药品全省临时最高零售价，平均降幅为20%。两项合计可减轻病患者负担约1.8亿元。二是规范房地产价格和收费，减轻企业负担。认真审核经济适用住房价格，严格审定住房成本。城市廉租住房租金标准管理工作逐步展开，会同有关部门清理规范了涉及企业的土地证工本费、土地使用金等5项收费标准。在充分调研的基础上，对7个设区市基础设施配套费减半政策延长两年，既缓解了城市建设配套资金不足的问题，又减轻了企业负担。完成了各市物业服务收费分等定级的工作，推动了物业服务的规范管理。三是开展了涉车收费专项调查和清理整顿。取缔了特行管理费、特行培训费等7项乱收费项目。对公路客货运输车辆减半征收个体工商户管理费，对出租汽车免收个体工商户管理费。对出租车减半征收养路费，降低了高速公路客运专线车辆养路费，年可减轻车主负担1.3亿元。四是研究制定了扶持家禽业发展和鼓励下岗失业人员、高校毕业生从事个体经营的收费优惠政策。对家禽业免收公路客运附加费等6项行政事业性收费，减半征收畜禽及禽产品防疫检疫费等7项行政事业性收费，年可减轻家禽业收费负担5000多万元。对从事个体经营的下岗失业人员和高校毕业生免收个体工商户管理费、税务登记证工本费等19项收费，全省年减免8600多万元。五是调整了部分景点价格管理权限，完善了红色旅游景点门票价格及宗教活动场所有关游览参观点价格管理的政策，对红色旅游景点票价实行了保本微利核定原则，实行了宗教活动场所有关游览参观点对宗教人士门票优惠政策，进一步规范旅游价格秩序。六是加强和改进收费许可证管理。进一步规范了收费许可证核发和年审程序，在全省建立了行政事业性收费统计报告制度。

积极稳妥地推进了资源性产品价格改革。一是认真贯彻国家石油价格综合配套改革方案。按照国家发改委的统一部署，认真做好成品油价格形成机制改革工作。省政府对这项工作高度重视，责成省局专门成立了领导小组，拟定了《关于贯彻落实国家成品油价格综合配套改革方案的实施意见》等工作方案和预案，各地也相应制定了《稳定成品油销售价格措施》、《应对液化气价格调整突发事件紧急预案》等措施，积极做好宣传解释工作，杜绝客运、出租车等行业价格出现大的波动，做到调而不乱，社会各界反应良好，两次成品油价格调整，出台顺利，运行平稳。这项工作得到省政府领导肯定。二是继续深化电价改革。认真做好全省煤电价格联动工作，对河北北网、河北南网销售电价进行了调整，较好地解决了电价中存在的突出矛盾。出台了企业自备电厂向接网的电网公司支付系统备用费政策。制定了《河北省关于完善差别电价政策的实施方案》，由省政府办公厅转发实施。结合河北省实际情况，合并非普工业、商业和非居民用电销售电价，实行城乡用电同价。增设大工业趸售电价，切实减轻大工业用户不合理电费负担。召开了“关于适当调整居民生活用电价格听证会”，方案已经省政府批准，省局已经下发了关于调整全省居民生活用电价格的文件，从12月10开始执行，并同时对低保家庭实行优惠政策。三是积极推进水价改革。按照省政府《关于深化水价改革促进节约用水保护水资源的实施意见》，在充分听取供用水双方的意见，综合平衡水利工程供水、城市供水、污水处理费及水资源费等价费水平的前提下，调整了河北省水利工程供工业及城市用水价格。制定了曹妃甸工业区供水工程临时供水价格。审批了张家口等部分城市供水价格、污水处理费及水资源费的调整方案。向省政府上报了2007—2008年南水北调干渠工程基金标准和征收任务。四是积极疏导运输价格矛盾。积极研究完善车辆通行费计费方式，在充分调查研究、模拟运行的基础上，研究提出了河北省高速公路载货车辆计重收费费率标准方案，并报省政府。实施了公路客运管理改革，放松价格管制，放开了包车客运价格，班车客运价格由政府定价改为政府指导价；建立了与浮动运价相配套的道路旅客运价、票价备案制度。制定颁布了《河北省道路旅客运输价格管理办法》。建立了出租汽车油运价格联运机制，与有关部门配合对成品油价格改革财政补贴情况、出租汽车行业专项治理工作进行了检查督导和检查验收，保证了相关政策的落实，有效缓解了成品油价格上涨的冲击。五是规范河北省的热力价格，调整了煤气出厂价格。省局起草的《河北省热力价格管理办法》，已经列为2006年省政府立法计划内项目，并进行了论证和公示。综合考虑各种利益关系，调整了煤气出厂价格。六是研究制定了有线数字电视基本收视维护费收费标准。在严格核定基本收视维护费标准的基础上，对基本服务内容和增值业务收费实行了备案管理。确定了享受最低生活保障的特困户优惠政策。七是对河北省中小学教材价格重新进行了核定，降低了教材正文印张、封面及插页价格，平均下降幅度7.86%，切实减轻学生家长负担。

加强价格监督检查，维护群众合法权益。一是围绕服务新农村建设，开展了以化肥为主的农资价格和涉农收费检查，通过严肃查处各种价格违法行为，维护了农民合法权益，稳定了农资价格，为农民增收创造了条件。二是围绕社会反响强烈的价格问题开展重点检查，查处了一批乱涨价、乱收费问题，维护了企业和群众利益。从解决群众“看病贵”的问题入手，着力查处集中招标采购药品、医疗服务、一次性医用卫生材料等方面的乱加价、乱收费，规范药品生产经营企业、医疗单位和药品招标代理机构的价格行为，促进药品和医疗服务价格改革顺利实施。在全省开展了成品油价格专项检查。开展了电力价格、出租汽车行业收费、教育收费为重点的专项检查。开展了元旦、春节、“五一”、“十一”节日期间市场价格检查。三是在全省范围内开展了对电信行业存在的价格欺诈行为以及电信资费执行情况的监督检查。通过媒体宣传价格法律法规，揭示通信行业价格欺诈行为，提高了社会各界对查处通信行业价格欺诈行动的关注程度。四是进一步强化“12358”价格投诉电话品牌建设，建立了省级价格举报信息管理平台，实现了省、市两级价格举报信息管理系统联网，提高了举报案件的快速处理能力和受理反馈速度。各级价格举报中心实行严格的价格举报24小时值班制度，确保12358电话畅通，做到热情接待、耐心解答、不推诿、不扯皮，对举报案件做到及时检查、及时处理、及时回复。2006年全省共受理各类价格举报案件10658件，查处违法案件2686件，办结率99.9%，为群众挽回经济损失592.16万元，受到了广大消费者的好评。

（河北省物价局　帅红波）

消费品市场

2006年，河北省继续深化流通体制改革，加快推进市场建设，大力发展现代流通方式，消费品市场呈现繁荣活跃的态势，社会消费品零售总额快速平稳增长，全年完成3397.4亿元，比上年增长15.1%。

一、市场运行情况

（一）批发和零售贸易业市场主导地位稳固。2006年，全省批发和零售贸易企业社会消费品零售额实现2913.1亿元，增长14.6%，占社会消费品零售总额的85.7%，市场主导地位明显，引导生产和消费的作用日益突出，支撑了全省市场的快速发展。

（二）住宿和餐饮业保持较快增长。近年来，随着人们餐饮习惯的改变，饮食文化的不断浓厚，外出就餐的个人和家庭逐步增加，商务活动频繁，婚宴数量剧增和档次的提高，节日休闲旅游活动等对零售和餐饮带动作用不断加强。住宿和餐饮业的零售额完成419.4亿元，增长20.0%，拉动全省社会消费品零售总额增长2.4个百分点。

（三）城乡市场共同快速发展。城市市场全年表现较为活跃，城市消费品零售额实现1612.1亿元，增长16.6%；农村消费品零售额实现1785.3亿元，增长13.7%。

（四）限额以上批发和零售贸易企业销售活跃。限额以上批发和零售贸易企业全年保持了销售活跃的良好势头，实现零售额511.3亿元，增长25.0%；限额以下批发零售贸易企业和个体零售额实现2401.8亿元，增长12.6%。

（五）商品销售亮点凸现，消费升级加快。

1. 吃、穿、用商品普遍热销。受消费观念、健康意识和收入增加的影响，人们越来越注重生活质量的提高，吃、穿、用商品的消费量不断加大，消费档次也不断提升。在全省限额以上批发零售贸易企业中，食品饮料烟酒类商品零售额累计完成72.1亿元，增长21.2%，服装鞋帽针纺织品类商零售完成82.4亿元，增长21.6%，化妆品类商品零售额完成10.3亿元，增长21.1%，金银珠宝类商品零售额完成9.9亿元，增长33.0%。

2. 石油及制品类商品和建筑装潢材料类商品销售快

速增长。近两年，成品油市场价格一路攀升，连续上调，而且燃油需求不断扩大，导致石油及制品类商品销售旺盛。受商品房销售不断大幅增长，家居装修品味提高的影响，建筑装潢材料类商品的销量增长迅速。在限额以上批发零售贸易企业中，石油及制品类商品零售额累计完成101.9亿元，增长23.5%，建筑及装潢材料类商品零售额累计完成1.5亿元，增长高达53.8%。

3. 与消费结构升级相关的商品畅销。受城乡居民消费结构升级的影响，汽车逐步进入家庭、住房条件不断改善，一些商品在城市升级换代，在农村逐渐普及。汽车、住房、手机、电脑、大屏幕等离子彩电等发展型、享受型商品销量不断上涨，成为市场消费的闪光点。

（六）全省商品市场稳步发展。全省市场规模不断扩大，成交额稳定增长。截至2006年底，全省共有入统的商品市场4195个，成交额完成3670.3亿元，比上年增长10.9%，投资额完成34.1亿元，增长18.8%。

二、支撑消费品市场快速增长的主要因素

（一）宏观经济形势趋好。国家继续实施稳健的宏观调控政策，国民经济保持平稳较快发展，经济发展的内在需求较大，另外，河北省工业、固定资产投资、进出口较快增长，物价总体保持稳定，为消费品市场的快速稳定增长创造了良好的外部环境。

（二）城乡居民收入不断提高。2006年，河北省城镇居民人均可支配收入达到10304.6元，增长13.1%；农民人均纯收入达到3801.8元，增长9.2%。城乡居民收入的不断增长，为消费品市场的快速增长提供了强大的内在动力。

（三）社会经济改革政策作用推动。近年来，中央推出了一系列经济改革措施，如取消农业税、实行种粮补贴、农村医疗改革、城市生活最低保障提高。这些政策的出台，不但减轻了负担，增加了收入，而且提升了人们的消费信心，推动了消费的增长。

（四）企业促销更具吸引力。2006年，全省商业企业竞争进一步加剧，特别是大型商业企业的设施不断改善，购物环境凸现优雅高档，同时更加注重营销策略的多样化，用文化搭台、销售唱戏，折扣、返券、馈赠等促销手段不断翻新，促销活动充满文化性和人性化，吸引了大量不同消费层次的顾客，销售额不断增长，为市场注入活力，使得整体消费品市场充满繁荣活的气氛。

（五）消费观念转变。随着人民收入的不断增长和国民素质的提高，人们的消费观念逐步发生变化，越来越注重生活质量的提高，消费档次不断提升，消费结构升级加快，吃、穿、用商品全面旺销。信贷消费逐步被人们所接受，用明天的钱圆今天的梦，信贷消费为扩大消费拉动经济增长注入了新的动力。

三、存在的主要问题

（一）消费环境、市场秩序有待进一步提高。首先，河北省商业构架以城市为中心，商业网点比较密集，而农村市场的基础设施建设，商业网点布局、市场发育程度远远落后于城市，限制了农村消费的进一步扩大。其次，市场诚信体系落后，以次充好、缺斤少两、虚假广告、销售伪劣假冒商品等商业欺诈行为依然存在，消费纠纷频发，特别是食品、药品安全事故时有发生，使居民难以放心消费。强制性消费、价格垄断、霸王条款等问题迟迟得不到解决，不平等的商业规则制约了市场经济正常发展。

（二）企业规模偏小，市场拉动作用弱。河北省限额以上批发零售业企业、限额以上连锁零售业和餐饮业企业个数和规模偏小，而且缺乏知名品牌，对整体市场的拉动作用偏弱。

（三）消费政策有待进一步完善。随着我国经济体制改革的深入，住房实行商品化，教育负担不断推向家庭，医疗费用持续增长。医疗、教育、住房等预期消费正在对即期消费形成强烈“挤压”。

（河北省统计局　孙国庆）

企业景气观察

一、年度企业景气状况概述

据国家统计局河北调查总队对全省企业景气监测调查结果显示，受国内、国际市场对产品需求以及主要原材料和能源价格有所回落等原因，企业生产成本下降、效益上升。纵观2006年度企业家信心指数和企业景气指数双双呈上升态势，生产经营保持稳定向好态势，信心指数和生产经营指数均在较高景气区间运行。

（一）总体上分析。全年企业家信心指数和企业景气指数均在较高位运行，总体指数比上年有所上升。其中二季度企业家信心指数和企业景气指数双双创历史最高点。四个季度的企业家信心指数除一季度有所下降外，其他三个季度呈上升态势。据调查资料显示，2006年1—4季度企业家信心指数分别为122.58、134.17、126.95、130.78，较上年分别上升了－3.47、13.37、5.52、17.29点。由于国家宏观调控政策逐步实施，措施逐步到位，企业经营环境得到改善，全年企业景气指数在较高区间运行。1—4季度全省景气指数分别为123.08、137.12、133.72、130.14，较上年分别上升了0.36、10.02、4.84、11.55点。企业生产经营呈健康态势。

（二）分行业观察。国民经济八大行业各季度企业景气指数均在较高景气区间运行。与上年相比，八大行业呈全面上升的态势，工业、建筑业、交通运输业、批零业、房地产业、服务业、信息业和住宿餐饮业整体景气度比上年分别提高3.18、12.29、3.08、16.27、22.58、11.51、21.46和7.03点。

（三）分经济类型观察。不同经济类型的企业景气指数年平均值均处临界线以上的景气区间运行。除外商及港澳台投资企业景气指数年平均值低于上年1.44点外，国有企业、集体企业、有限责任公司、股份有限公司、私营企业景气指数年分别高于上年5.25、0.8、9.36、7.97、

5.45点。

（四）分企业规模观察。大型（含特大型）企业景气指数处于较强景气区；大、中、小型企业景气指数呈“一升两降”的态势。大型（含特大型）企业景气度比上年上升7.5点，中型企业和小型企业景气度分别比上年分别下降2.2和11.1点，

二、企业整体经济效益稳步提升

据调查资料显示，河北企业在煤电油运供需矛盾突出等诸多不利因素的影响下，企业仍然保持了良好的发展势头，企业整体经济效益稳步提升。

（一）生产总量增加景气指数提升。1—4季度全省生产总量景气指数分别为95.82、137.21、130.05和121.13，比上年全省生产总量整体景气度提高3.25点。

（二）企业间货款拖欠情况得到有效改善。1—4季度全省企业间相互拖欠货款的情况有所改善，货款拖欠景气指数分别为105.24、111.19、99.97和116.15，除了第三季度呈现不景气状况，其他各季度都在景气区间，同时比上年整体景气度提高3.93点。

（三）企业整体盈利水平提高。1—4季度全省企业盈利景气指数分别为108.31、125.84、124.42和110.42，比上年企业盈利整体景气度提高11.18点。尤其是工业企业盈利增加9.31点。

（四）产品销售整体向好。1—4季度全省企业产品销售景气指数分别为113.84、134.2、119.23和126.61，比上年整体提高9.34点。其中工业产品销售景气指数四个季度分别为119.87、141.8、123.64和134.45，比上年整体提高10.19点。

（五）企业劳动力需求增加。1—4季度全省企业劳动力需求景气指数分别是96.36、106.05、107.52和103.48，比上年整体提高6.94点。除工业、建筑业、纺织业这些劳动密集型企业对劳动力需求仍然较旺外，其他房地产业、服务业、软件业、信息传输业等都提高了对劳动力的需求。

三、企业在生产经营中面临的问题

整体上看，2006年河北省企业家对经济发展持乐观态度，企业经营呈上升发展势头，但同时看到，河北省宏观经济运行中面临的问题还是存在的，形势也是严峻的。

（一）企业融资困难。2006年央行连续调高存款准备金率的政策在各行业反应明显。企业普遍认为，调高存款准备金率，表明央行希望在不影响利率的情况下抑制贷款的快速增长，实际是起到了紧缩市场资金供应的效果，这使得本来已经融资相当困难的企业更加难以筹资。从1—4季度的企业融资景气指数看，分别是78.51、87.88、87.21和88.98，河北省企业融资困难，融资景气指数长期在不景气区内运行。

（二）流动资金短缺。长期以来，流动资金紧张一直困扰着企业的发展，特别是中小企业。由于融资困难且渠道不畅，一些有发展前途、产品有市场的中小企业迫于资金困扰，无力进行技术设备更新，不能扩大生产规模，直接影响企业的生产上规模、质量上档次，流动资金紧张被企业喻为发展道路上的“拦路虎”。2006年，河北省企业流动资金紧缺的问题依然没有明显改观，1—4季度景气指数分别是75.8、83.52、83.17和79.29，虽然整体比上年提高6.54点，但是依旧在不景气区间运行。

（三）房地产市场资产投资依然过热。2006年1—4季度全省房地产企业家信心指数分别为147.32、139.75、154.18和144.11，分别比上年上升13.2、15.54、31.43和11.82点，全年维持在140点左右的较强景气区间。同时1—4季度全省固定资产投资景气指数分别为90.16、125.66、121.96和117.39，与上年整体投资景气度比较仅提高0.65点。但是，人们敏感的房地产投资景气指数1—4季度分别是94.99、119.07、124.0和133.04，呈逐季上升势头，年末达到最高值。表明房地产市场投资依然过热。

四、国有企业当家人有如下盼望和倡议

“十一五”期间，国家将继续推进国有企业所有制结构调整，大力推动社会资本的进入及优化组合，解决国有资本分布散、素质低、效益差的问题。河北省参与企业景气调查的国有企业当家人的盼望和倡议。

（一）国企当家人的四盼。一盼国家所有的改革政策能够真正落到实处，真正有可供实际具体操作的模式；二盼企业有更多的资金用于技术改造、科技创新；三盼银行降低贷款利率，搞好银企关系；四盼社会养老、企业担负问题越早解决越好，真正让国有企业能与其他企业一样轻装上阵、平等竞争。

（二）国企当家人倡议要增强河北企业十种意识。一是产业结构调整意识；二是科技创新意识；三是苦心节约资源意识；四是环境保护意识；五是可持续发展意识；六是名牌战略意识；七是产品效益意识；八是售后服务意识；九是社会责任意识；十是和谐发展意识。

（国家统计局河北调查总队　邵广华）

消费品价格

2006年，河北省认真贯彻执行国家的宏观调控政策和措施，经济持续稳定发展，市场物价温和上扬。与2005年相比，全省居民消费价格总水平上涨1.7%，商品零售价格上涨1.5%，物价水平呈现低幅波动、平稳运行态势。

一、主要特点

（一）总体平稳，众多热点大幅波动。2006年河北居民消费价格总水平同比上涨1.7%，分月看，除12月份因粮、油、肉、蛋及相关食品价格普遍上涨带动消费价格总水平上升3.1%，涨幅稍高以外，其他各月涨幅均维持在0.9%—2.1%之间，运行态势比较平稳。然而细观各类之变化，就会从中发现，在总水平平稳运行的表面下，却隐含着众多热点价格的大幅波动。

1. 粮食价格逐步攀升。1—4月全省粮食价格涨幅在1.1%—1.3%之间波动，5—7月跃至2.0%—2.3%间运行，8—10月上升到3.0%—3.9%，11月份上涨5.7%，12月份则达到9.3%，粮食价格跳跃上涨，逐步攀升。

2. 鲜菜价格先扬后抑。年初的1、2月份，河北鲜菜价格同比分别上涨44.2%和26.5%，3—6月涨幅有所回落，7月份伴随着本地菜的大量上市，价格指数由升转降，部分品种甚至出现"卖难"现象，7、8、10、11四个月鲜菜价格均呈下降态势，全年菜价先扬后抑特征明显。

3. 鲜瓜果价格涨势凶猛。1—6月，全省鲜瓜果价格同比分别上涨28.5%、30.2%、36.5%、53.8%、65.3%、73.4%，其凶猛的上涨态势在河北水果史上实属罕见。昔日本地的苹果、梨跃身一变成了水果"贵族"，红富士苹果最贵卖到了10.00元/公斤，梨价涨到5.00元/公斤。尽管下半年涨势有所减缓，但全年平均鲜瓜果价格涨幅依然高达29.2%，列各类消费品之首。

4. 猪肉价格先降后升巨幅波动。自2005年9月份开始，河北猪肉价格出现回落，之后一路下跌，到2006年6月份，市场猪肉零售价每公斤仅9.50元左右，部分县（市）甚至降至8.00—8.50元，跌幅接近三成。进入7月份，全省猪肉价格止跌回升，11月中下旬，受粮油及相关食品价格上涨影响，回升速度加快，到年底时，全省猪肉平均价格已达到15—16元/公斤，价格指数也相应由6月份的75.9跳到12月份的121.3，半年时间里，猪肉价格出现了冰、火两重天的走势特征。

5. 油价上涨带动相关商品价格上行。受国际原油价格持续飚升影响，2006年国内成品油价格在上年4次调升的基础上，再度两次向上调整，河北汽油价格平均上调15.6%，柴油价格平均上调14.6%，并由此带动全省长途汽车票、出租汽车费、液化石油气等分别上涨16.3%、7.2%和13.5%。

（二）价格变动结构特征比较明显。分类看，在调查的八类商品中呈现出"五升一平两降"的态势，其中居住类同比上升4.5%，食品类同比上升3.2%，是推动全省消费价格总指数上涨的主要力量，其他六类升降幅度在0.1%—0.6%之间。

（三）垄断产品依然涨价不止。垄断产品价格历来是只涨不降，2006年也不例外。除上述列出的成品油、液化石油气、长途汽车、出租汽车外，其他垄断性产品也几乎全线上涨。如自来水价格同比上涨了18.5%，公园景点门票价格同比上涨了15.5%，金银首饰同比上涨了30.5%，信件邮寄同比上涨了6.4%，管道燃气同比上涨了2.6%等。

二、影响因素分析

1. 食品价格上涨，是推动消费价格总水平上升的主要因素。2006年河北食品类价格同比上涨3.2%，由此拉动全省消费价格总指数上升0.97个百分点，占全部涨幅的57.4%。主要是鲜菜、鲜果涨幅较高，此外粮价上涨对总水平上升也产生了一定拉动作用。

2. 居住价格涨幅较高，成为影响总水平上升的重要力量。2006年河北居住类价格比上年上涨了4.5%，是八类商品中涨幅最高的一类，由此拉动全省消费价格总水平上升了0.63个百分点，影响力度仅次于食品，位居第二。

3. 政策性价格调整，对总水平上升影响较大。2006年河北相继出台了一些调价项目，先后对成品油、自来水、液化石油气、管道燃气、长途汽车、出租汽车、公园景点门票、信件邮寄等价格进行了调整，由此推动全省消费价格总水平大约上升0.5个百分点，影响较大。

三、价格调控应重点关注的几个问题

1. 价格上涨对低收入家庭的影响最重。收入水平越低，承受的涨价压力越大，应尽快建立和完善政策性调价对低收入群体的补助机制，最大限度地降低价格调整对其生活带来的影响。

2. 垄断性产品定价机制应予以完善。诸如学杂费、医疗费、公交汽车票、自来水、液化石油气等与居民生活息息相关的重要商品的价格始终被一些行业所垄断，不少项目涨幅已达几十倍甚至几百倍，就其绝对价位而言，有些项目早已严重超过其应有水平，加之垄断行业人员工资增长过快，收入水平过高，使得消费者对垄断产品定价机制难以理解。

3. 政策性调价，要适时适度，把握好出台时机。从长远看，煤、油、水等不可再生资源的供需矛盾将越来越严重，价格调整不可避免。但由于此类商品多是居民基本生活难以避让的商品，人们的敏感程度极高，对其价格改革，必须要充分考虑各方面的承受能力，适时、适度，把握好出台时机，并力求防止因价格联动而产生轮番涨价问题。

（国家统计局河北调查总队　朱桂英）

工业品价格

2006年，随着国家宏观调控政策的不断实施，科学发展、和谐发展观的贯彻落实，全省经济总体保持了良好的发展态势，工业生产较快发展，工业产品价格与上年同期相比（下同）总水平运行平稳、重点行业价格有升有降，有的变动较大。

一、"平稳"是2006年全省工业品价格运行的主旋律

（一）工业品出厂价格总水平运行平稳。2006年全年工业品出厂价格与上年同期相比，上升0.78%，升幅较上年同期回落3.61个百分点，是自2003年以来运行最为平稳的一年。

（二）两大部类价格变化不大。生产资料和生活资料两大部类价格指数同在100上下浮动，其中生产资料价格上升0.92%，所包含的采掘类和原料类价格分别上升4.45%和1.65%，加工类价格略降0.37%；生活资料价格微降0.09%，所包含的食品类、衣着类和耐用消费品类价格分别上升1.04%、1.08%和0.35%，一般日用品下降3.54%。

（三）六成工业大类行业价格升降幅度较小。在调查的37个工业大类行业中，价格指数在98—102之间的有23个，占62.16%。重点行业：

1. 煤炭开采及洗选业。价格全年平均同比微升0.64%。所调查的10个主要产品中，洗精煤、洗中煤价格分别下降0.30%和2.72%，无烟煤、洗块煤、烟煤价格分别上升2.25%、0.49%和0.38%。

2. 农副食品加工业。价格全年平均同比微升0.58%。其中谷物磨制业、屠宰及肉类加工业和饲料加工业分别下降3.20%、3.28%和0.33%，植物油加工业和水产品加工业则分别上升0.34%和0.04%。

3. 纺织业。价格全年平均同比上升1.87%。其中棉化纤纺织及印染精加工业、纺织制成品制造业和毛纺织加工业价格分别上升0.81%、0.99%和4.89%。

4. 化学原料及化学制品业。价格全年平均同比下降0.07%。其中基础化学原料制造业、农药制造业、日用化学产品制造业价格分别下降1.07%、1.72%和0.54%，合成材料制造业则上升1.28%。

5. 部分设备制造业。通用设备制造业价格上升0.35%，其中锅炉及原动机制造业上升0.62%、金属加工机械制造业下降1.52%；交通运输设备制造业下降1.50%，其中铁路运输设备制造业下降1.47%、汽车制造业下降1.98%；专用设备制造业上升1.01%。

二、稳中有变是2006年工业品价格运行的关注点

（一）工业品价格运行轨迹呈前低后高态势。2006年全省工业品出厂价格与原材料购进价格总体水平较上年同期均表现为前低后高。其中出厂价格总水平前5个月在负值区间运行，降幅在0.75%—2.48%；后7个月在正值区间运行，升幅在1.16%—3.97%。原材料购进价格12个月均在正值区间运行，前5个月升幅在5%以下，后7个月升幅在5%以上。这与2005年的前高后低正好相反。

（二）部分重点行业价格有升有降，有的变动幅度较大

1. 有色金属冶炼及压延加工业。价格全年平均上升30.85%，升幅较上年扩大21.34个百分点，此类升幅为37个大类行业之最。其中常用有色金属矿采选业、有色金属合金制造业、贵金属矿采选业和有色金属压延加工业价格分别上升49.58%、29.23%、28.25%和15.45%。

2. 有色金属矿采选业。价格全年平均上升24.12%，升幅较上年扩大7.86个百分点，此类升幅仅次于其后续加工业，居第二位。其中常用有色金属矿采选业、贵金属矿采选业价格分别上升96.83%和14.71%，而稀有稀土金属矿采选业价格则下降19.06%。

3. 石油和天然气开采业。价格全年平均上升21.37%，升幅较上年回落14.95个百分点。主要产品天然原油和天然气价格分别上升21.59%和19.32%，其中天然气2006年以来各月升幅在10%—23%之间波动，而天然原油价格起伏明显，最高点为2月份的上升45.27%，最低点为11月份的下降6.11%。

4. 水的生产与供应业。价格全年平均上升20.47%，升幅较上年扩大12.99个百分点。其中自来水的生产与供应业价格上升21.51%，污水处理及再生利用类价格上升4.17%。

5. 医药制造业。价格全年平均下降9.27%，降幅较上年扩大8.23个百分点，此类降幅为37个大类行业之最。其中化学药品原药制造业下降11.69%，是拉动此类价格继续下降的主因。

6. 黑色金属冶炼及压延加工业。价格全年平均下降4.90%，与上年相差5.81个百分点。所调查的四大类价格全部呈降势。其中炼钢业、钢压延加工业、炼铁业和铁合金冶炼业价格分别下降4.53%、5.01%、5.65%和11.52%。分时期看，价格表现为先抑后扬，其中一季度下降13.85%、二季度下降6.74%、三季度下降2.16%、四季度转为上升3.13%。

（国家统计局河北调查总队　盛亚平）

农产品生产价格

农产品生产价格的高低，直接关系到农民收入能否持续增加。据国家统计局河北调查总队对42个县1590个农户、51个非农户生产单位调查，2006年，河北省农产品生产价格总体平稳，比上年仅涨0.22%，涨幅比2005年回落2.23个百分点。

一、走势特征

分行业看，呈两涨两跌态势，种植业和林业产品生产价格上涨，牧业和渔业产品生产价格下跌。

（一）种植业产品价格小幅上涨。种植业产品生产价格总体趋涨，比上年上涨2.27%。分类看，除棉花、豆类价格下跌外，其他均呈涨势。

1. 棉花、豆类小幅下跌。棉花生产价格比上年下跌1.95%，其主要是由于四季度下跌所致，四季度棉花生产价格比上年同期下跌7.14%。豆类价格比上年下跌1.77%，主要是由于大豆和绿豆价格下跌所致，两者分别比上年下跌1.84%和1.34%%。

2. 谷物、油料小幅上涨。谷物生产价格比上年上涨1.58%。分品种看，除小麦价格下跌1.23%外，玉米、稻谷、谷子、高粱和莜麦价格均呈涨势，分别比上年上涨3.43%、4.59%、2.61%、0.75%和5.48%。油料生产价格比上年上涨2.24%，其中花生和向日葵价格分别上涨3.18%和0.09%，油菜籽和芝麻价格分别下跌3.16%和0.57%。

3. 蔬菜价格明显上涨。蔬菜价格比上年上涨3.86%。分品种看，在调查的18品种中有14项上涨，其中黄瓜、茄子、西红柿、四季豆、芹菜和鲜蘑等主要品种分别上涨6.32%、0.98%、10.76%、1.80%、1.83%和12.80%。。

4. 水果价格涨幅较大。水果价格继续保持良好的上涨势头，比上年上涨6.43%。分品种看，苹果、梨、葡萄、柿子、甜瓜和杏的价格呈涨势，分别比上年上涨

6.77%、20.92%、7.23%、16.11%、1.63%和10.46%，而西瓜和红枣价格则分别下跌9.05%和3.58%。

（二）林业产品价格大幅上涨。林业产品生产价格大幅度上涨，比上年上涨18.77%。其主要是由于核桃、板栗和花椒生产价格上涨所致，分别比上年同期上涨12.03%、39.33%和25.21%。

（三）牧业产品价格由涨转跌。牧业产品价格在经过连续几年上涨后，由涨转跌，比上年下跌2.95%。从分季走势看，前三季度呈持续下跌趋势，分别比上年同期下跌3.75%、7.65%和4.13%，四季度大幅回升，比上年同期上涨10.08%。牧业产品价格下跌，主要是由于猪产品和禽产品下跌所致，2006年猪产品价格比上年下跌6.68%，肉禽价格比上年下跌5.96%，禽蛋价格比上年下跌7.35%。而牛、羊和奶产品价格则呈涨势，分别上涨6.88%、0.90%和2.75%。

（四）渔业价格小幅下跌。渔业产品生产价格指数为97.73。其中海水产品比上年下跌2.66%，其主要是受由于扇贝的价格下跌所致；淡水产品亦呈跌势，比上年下跌1.52%，其中草鱼、鲤鱼和鲢鱼价格分别下跌4.28%、2.39%和0.27%。

二、拉动因素分析

（一）支撑因素

1. 水果。拉动农产品生产价格上涨0.69个百分点，支撑力度最强，其中苹果拉动0.21个，梨拉动0.45个百分点。其拉动力一是源于出口增加，2006年河北省水果不但成功重返美国、加拿大、澳大利亚等高端市场，还打开了智利、秘鲁、阿根廷等新市场，出口实现了质量、规模和效益全面提升。二是源于基期价格较低。

2. 牲畜。拉动农产品生产价格上涨0.59个百分点。2006年，受禁牧政策影响，农户舍饲圈牛、羊的成本增加，加之生产资料价格上涨，致使活牛、活羊和奶产品价格上涨，进而拉动农产品价格上涨。

3. 谷物。拉动农产品生产价格上涨0.31个百分点。其主要源于玉米拉动作用。2006年，以玉米为原料的生化制品、燃料乙醇、麦芽糖、柠檬酸、赖氨酸等生产规模不断扩大，对玉米需求量增多，加之玉米出口量增多，使市场供求趋紧，价格上涨，拉动农产品价格上涨0.38个百分点。

4. 蔬菜。拉动农产品生产价格上涨0.26个百分点。蔬菜价格的拉动作用一是源于成本拉动，受生产资料价格上涨和上半年由于干旱使灌溉量增多的影响，使蔬菜生产成本增加；二是源于外销增加，2006年河北省蔬菜外销率达65.31%，拉动了价格上涨。

5. 坚果与香料。拉动农产品生产价格上涨0.18个百分点，其中板栗拉动上涨0.13个百分点，核桃拉动上涨0.04个百分点。其主要是由于春季低温冷冻，导致核桃板栗和花椒等林产品之在扬花时期遭灾，主产区的产量大幅减少，供应不足，使价格上涨。

（二）抑制因素

1. 猪产品。抑制力度最强，拉动农产品生产价格下跌1.17个百分点。其一是由于生猪养殖量增加，货源充足，抑制价格上升；二是由于2005年价格较高，致使价格呈跌势。

2. 禽产品。拉动农产品生产价格下跌0.68个百分点，其中禽肉拉动下跌0.24个百分点，禽蛋拉动下跌0.44个百分点。禽产品价格下跌主要是受禽流感的影响。

3. 棉花。拉动农产品生产价格下跌0.20个百分点。其一是由于今年产量增多，2006年度全国棉花产量创历史最高水平，河北省棉花总产量也比上年增长8.8%。二是受人民币升值压力的影响，人民币升值后国内外棉花价差进一步拉大，纺织企业上半年大量的使用进口棉来替代国产棉，打压了国内市场，从而使棉花价格下跌。

（国家统计局河北调查总队　李文奎）

城镇居民生活

2006年，在经济快速增长的同时，河北城镇居民的生活水平有了明显的提高，呈现出收入快速增长、收入差距缩小、居民消费逐步升温的良好态势。据对全省2380户城镇居民家庭抽样调查，2006年河北城镇居民人均可支配收入突破万元大关，达到10304.56元，同比增长13.1%；人均消费性支出达到7343.49元，同比增长9.6%。

一、收入快速增长

2006年河北省城镇居民人均总收入为10887.19元，同比增长13.2%。在总收入构成中除财产性收入略有下降外，工薪收入、经营净收入、转移性收入均呈良好增长态势。

1. 工薪收入稳步增长。2006年河北城镇居民人均工薪收入7065.29元，比上年增长11.3%。主要原因：一是2006年河北省相继出台了一系列增资政策。如上调了工资指导线、上调了最低工资标准等，这些措施有力地促进了社会平均工资的提高，也为2006年城镇居民可支配收入的增长奠定了基础。二是随着经济快速发展，优化产业结构，企业经济效益提高，职工工资、奖金及补贴比以往增多。

2. 经营净收入增势迅猛。2006年河北城镇居民人均来自经营的净收入为779.27元，同比增长21.0%，增幅居各项收入之首。经营净收入快速增长，主要是由于省委、省政府“再就业工程”的不断完善及各项优惠政策的实施，拓宽了居民收入渠道，一些下岗、待业以及内退人员逐步走上了自主创业之路，从事起个体经营，收入明显增加。

3. 转移性收入快速增长。2006年河北城镇居民人均转移性收入2929.14元，增长16.7%，增幅比上年快9.9个百分点。主要是河北省上调、补发了离退休人员的养老金及离退休金；占转移性收入86.7%的养老金及离退休金比上年增长16.1%，增幅快10.8个百分点。另外，辞退金、赔偿收入、保险收入、捐赠收入等都出现了大幅度的增长。

4. 财产性收入小幅下降。2006年河北城镇居民人均财产性收入为113.49元，比上年下降3.4%。居民来自股息与红利的收入下降63.4%，是拉动财产性收入下降的主要原因。

二、消费性支出稳步增长

2006年居民用于支配日常生活的消费性支出达7343.49元，比上年增长9.6%，增幅同比回落5.5个百分点。从八大项消费看，呈全面增长的态势，其中增幅低于10%仅有食品、衣着和教育文化娱乐三项，其余皆在10%以上。

1. 医疗保健支出增幅居首位。2006年，河北城镇居民人均医疗保健支出为737.43元，同比增长14.7%。其中增幅最高的为保健器具，人均支出19.85元，增长72.8%；其次是人均滋补保健品支出为77.69元，增长32.4%；医疗费支出、购买药品支出分别为240.31元、379.08元，分别增长14.5%、11.8%。

2. 居住类支出增幅紧随其后。随着原材料价格的上涨，各地普遍调高了水、电、气的价格，从而使居民家庭支出相应增加。2006年河北省城镇居民用于居住类支出为864.92元，同比增长13.5%。其中，水费支出人均52.14元，增长18.2%；电费人均190.93元，增长12.7%；管道煤气费人均62.54元，增长12.6%；增幅分别高于消费性支出9.6、3.1和3.0个百分点。

3. 交通和通信成为消费亮点。2006年河北城镇居民人均用于交通和通信方面的支出875.43元，同比增长13.3%。其中，交通增长17.7%，通信增长9.0%。居民家用汽车、摩托车、助力车、移动电话数量的增加以及燃油价格居高不下，是交通与通信支出增长的主要原因。2006年末每百户居民家庭拥有汽车4.5辆，比去年同期增长14.2%；与此相对应的车辆燃料及配件的费用增长35.0%；车辆使用费增长1.5倍。2006年末每百户居民家庭拥有手机136.53部，增长9.6%；百户购买量同比增长25.9%。

4. 服务性消费需求增加，生活质量得到提高。随着社会交往的增多及需求变化，人们越来越加注重自身的形象。美容、化妆、首饰消费提升，是拉动杂项商品和服务支出快速增长的主要原因。2006年人均杂项商品和服务支出235.88元，同比增长12.6%。其中，人均购买金银珠宝饰品支出18.08元，增长10.0%；人均美容消费支出23.94元，增长20.9%；洗衣费、烫衣费、擦鞋费等其他服务支出增长60.6%。

5. 膳食结构更趋优化，恩格尔系数继续下降。随着居民生活水平的逐步提高，人们越来越注重生活质量。2006年河北城镇居民人均食品消费支出2492.26元，比上年增长7.6%；恩格尔系数为33.9%，同比下降0.7个百分点。居民生活消费更加注重营养、科学、合理搭配，肉禽蛋水产品类消费支出有所下降，鲜菜、干鲜瓜果、鲜奶消费支出和在外饮食消费增长较快。调查资料显示，2006年河北城镇居民肉禽蛋水产品类人均支出584.56元，较上年下降3.3%。人均蔬菜类支出279.27元，同比增长9.8%；人均干鲜瓜果类支出215.83元，增长16.4%；人均奶及奶制品支出140.61元，增长4.7%；人均在外饮食支出409.48元，增长23.9%。

（国家统计局河北省调查总队　侯丽敏）

农村居民生活

2006年，认真贯彻落实中央支农、惠农政策，全面取消农业税，继续并加大补贴力度，使农民直接获利的同时，积极增加农业和农村基础设施投入，发展农业生产和农村劳务经济，使农村经济稳定发展，农民收入和农民生活消费水平得到了较大提高。

一、农民收入增长特征

1. 农民收入继续保持较快增长态势。2006年，河北农民人均纯收入3801.8元，比上年增加320.2元，增长9.2%，各项收入全面增长。其中，农民人均工资性收入1514.7元，比上年增加221.2元，增长17.1%，对农民收入增长贡献率高达69%；家庭经营第一产业纯收入1490.2元，比上年增加34.3元，增长2.4%；家庭经营非农产业纯收入549.4元，比上年增加16.7元，增长3.1%；农民财产、转移性纯收入247.5元，比上年增加47.9元，增长24.0%。

2. 农民收入增加额连续三年超过300元。2004—2006年，河北农民收入增长速度年均10%，增加额连续三年超过300元。其中，2004年农民收入增加额317.8元，增长11.1%，这是1997以来年增加额首次超过300元，也是1998以来年增长速度首次超过10%。2005年农民收入增加额310.6元，增长9.8%；2006年增加额320.2元，增长9.2%。农民增收形势出现了多年期盼、十分难得的好局面。

3. 惠农政策对农民增收的促进效应明显显现。全省农民因“四取消”、“四补贴”，以及退耕还林还草补贴等，2006年与2003年比，平均每个农民实际增收118.1元，占2004—2006年农民收入增加额的12.5%。其中，2006年与2003年相比，因全面减免农业税，相当于农民人均增收63.5元，占同期农民收入增加额的6.7%。因粮食直补、良种补贴、农具补贴及综合补贴的收入人均得到34.7元，退耕还林还草补贴人均得到19.9元，与未开展补贴的2003年相比，农民人均增加补贴收入54.6元，占同期农民收入增加额的5.8%。

4. 工资性收入成为农民增收的亮点。2004—2006年，河北省农民工资性收入增长速度逐年加快，2006年比2003年增长41.3%，增幅比同期农民人均纯收入高8.1个百分点。其中，2004年增长3.6%，2005年增长

16.4%，2006年增长17.1%，是1998年以来速度最快的一年；这期间工资性收入增加442.9元，对农民收入增长贡献率达46.7%，成为农民增收的主要推动力；工资性收入在农民收入构成中所占份额逐年扩大，2004年35.0%，2005年37.2%，2006年达39.8%。

5. 农民收入质量持续提高。一是农民收入结构不断优化，农民非农业收入（工资性收入与家庭经营非农产业收入之和）比重提高，农业收入（农林牧渔业收入之和）比重下降。2006年，农民非农业收入比重高达54.3%，比2004和2005年分别提高1.1和1.8个百分点，而农业收入比重降至39.2%，比2004年和2005年分别下降2.1和2.6个百分点。二是农民收入市场化程度逐步提高。2006年，农民现金纯收入人均3281.6元，增长10.0%，占农民纯收入比重86.3%，分别比2004年和2005年提高6.4和0.7个百分点。

6. 农民收入增长与收入分配比较和谐。2004—2006年，农民收入实现了持续快速增长，与此同时，农村居民内部收入分配差异并没有明显扩大。从基尼系数看，2006年为0.3363，与2003年的0.3339相比，仅高0.0024；从20%最高收入户与20%最低收入户收入比值（20%最低收入户收入为1）看，2006年为6.0，2003年为5.9，仅高0.1。

二、农民生活消费特点

2006年，河北农民人均生活消费支出2495.33元，比上年同期增加329.20元，增长15.2%。呈现以下明显特征：

1. 生活消费全面增长。2006年，人均食品消费915.50元，增长3.1%；衣着消费167.87元，增长7.9%；居住消费531.66元，增长33.3%；家庭设备、用品及服务消费115.84元，增长14.1%；交通通讯消费285.70元，增长28.7%；文教娱乐用品及服务消费265.38元，增长17.5%；医疗保健消费166.34元，增长23.4%；其他商品及服务消费47.03元，增长20.8%。

2. 消费结构趋于优化。随着农民生活消费水平的提高，消费结构日趋优化。生存性消费比重有所下降，2006年，农民生活消费中，吃、穿、住等生存性消费比重为64.7%，比上年同期下降2.0个百分点。同期，农民生活消费恩格尔系数由上年的41.0%下降为36.7%。

3. 居住环境进一步改善。2006年，农民住房面积29.13平方米，比上年增长2.7%；每百户使用水冲式厕所的有4.1户，增长51.9%；每百户使用暖气的有47.9户，增长10.65%；每百户饮用自来水的有57.6户，增长1.8%；99.5%的村通了公路，100%的村通电、通电话、能接受电视节目。

4. 耐用消费品拥有量增加。2006年，每百户拥有洗衣机77.2台，比上年增长4.0%；电冰箱32.6台，增长6.5%；空调5.5台，增长22.2%；抽油烟机4.9台，增长28.9%；微波炉1.4台，增长55.6%；热水器8.3台，增长12.2%；摩托车61.5辆，增长5.7%；汽车1.3部，增长18.2%；固定电话78.6部，增长2.5%；移动电话50.5部，增长36.1%；彩色电视106.2台，增长4.0%；影碟机34.4台，增长3.3%；计算机2.0台，增长66.7%。

5. 社会保障逐步完善。2006年，被调查的农户中有343人参加养老保险，占被调查人口的2.1%，参保人数比上年增加15人，比重上升0.1个百分点；有5003人参加医疗保险，占被调查人口的30.6%，参保人数比上年增加3385人，比重上升20.8个百分点。

（国家统计局河北调查总队　马米珍）

人　口

2006年河北省人口发展呈现以下特点：人口总量保持惯性增长，生育水平继续保持稳定的低水平，流动人口规模增大，城镇化水平进一步提高，人民健康水平进一步改善，老龄化进程明显加快，人口素质稳步提高，家庭户规模继续缩小，婚姻状况稳定。

一、人口总量持续稳定增长

在经历了上世纪90年代人口增速持续下降的阶段后，2002年起，河北省人口增长速度开始加快，人口自然增长率逐年上升，年净增人口也呈逐年增加的趋势。2006年人口变动抽样调查结果显示，全省年末常住人口为6897.86万人，比上年增长0.69%，全年净增47.03万人，是近年来人口增长幅度较大的一年。其中，出生人口88.10万人，增加0.38万人；死亡人口45.29万人，减少0.82万人；自然增长率为6.23‰，比上年提高0.14个千分点。这表明河北省目前人口仍处于人口增速不断提高，人口总量惯性增长的阶段。由于河北省人口基数大，即使在低生育水平下，每年全省人口仍将以40—50万人的速度增长，人口对社会、经济、环境的压力越来越大，因此人口控制工作决不能放松，计划生育的基本国策必须长期坚持。

二、出生增长加速，人口出生处于高峰时期

20世纪90年代以来，河北省的出生率水平呈现先抑后扬的发展态势，2001年人口出生率为11.16‰，是建国以来的最低水平。自2002年起，出生率平均以每年0.3个千分点的速度持续递增，2006年末，人口出生率为12.82‰，与上年基本持平，出生人口达到88.10万人，比上年增加0.38万人。

河北省出生人口增长加速的主要原因是育龄妇女结构发生了较大的变化。受第三次生育高峰惯性的影响，2002起，河北省开始步入为期十年的出生高峰期，育龄妇女总量和生育旺盛期妇女总量开始出现同步上升的态势；2006年生育旺盛期妇女总量为579.75万人，比上年增加25.43万人，提高4.5个百分点。

2006—2010年，生育旺盛期妇女每年将以20万人的规模逐年递增，年均增长4.30%，2010年将达到峰值

680万人。生育旺盛期妇女总量的持续增加，必然推动出生率的稳步上扬。同时，河北省的生育政策规定夫妻双方为独生子女的可照顾生育二胎，这样，随着20世纪80年代初出生的独生子女逐步进入婚育期，照顾生育二胎的范围也将不断扩大，生育水平也会逐渐上升。未来四年，河北省平均每年出生90—100万人，年平均出生率将达到13.53‰。

三、迁移流动频繁，省际间人口迁移基本平衡

随着市场经济的发展，河北省人口迁移流动的规模、构成、流向都发生了重大变化，迁移模式呈现出比较明显特征：一是省际间迁入迁出大体平衡，省外迁入人口略大于省内迁出人口。2006年人口变动抽样调查结果显示，2006年全省净迁入人口4万人。二是省内迁移构成迁移人口的主体。在全部迁移人口中，省内迁移人口占迁移人口总量的84.12%，省际间迁移人口占16.88%。三是省际间迁移中，迁入迁出流向明显不对称。河北省人口向外省的迁出地主要集中在周边省份，仅流出到华北四省、市的人口占全部流出到外省人口的77.96%，其中，流出到北京市的最多，占全部迁出人口的51.60%，其次是天津、山西和内蒙，分别占9.38%、8.74%、8.24%；而流入地的分布比较分散，以黑龙江省为最多，占外省迁入河北省全部人口的19.23%。四是11个设区市间迁移状况差异较大。石家庄、唐山、廊坊和秦皇岛四市为人口净迁入地区，2006年净迁入人口分别为3.50万人、3.01万人、1.92万人、1.03万人；张家口、承德两市为人口净迁出地区，2006年净迁出人口分别为2.28万人、2.13万人，其他市迁入迁出基本平衡。

人口的迁移流动是市场经济发展的必然结果，大量迁移流动人口的存在，对河北省的社会经济及人口发展都会产生重要影响，一方面人口的流动使劳动力资源得到合理配置，促进了技术的交流和推广，为经济的健康持续发展注入了活力，同时加速了城镇化的发展和产业结构调整。另一方面，大规模的人口流动，加大了城市的公共设施负担，对交通、医疗卫生、教育等造成巨大压力，也使计划生育管理的难度加大，同时对社会治安造成一定的影响，对社会稳定形成一定的冲击。因此，必须强化政府的宏观管理力度，积极引导，综合治理，创造良好的迁移流动环境，推动人口迁移流动健康有序地发展。

四、城镇化进程加快

人口变动抽样调查结果显示，2006年末河北省城镇人口2674.30万人，城镇化率为38.77%，与上年相比，城镇人口增加了92.15万人，城镇化率上升了1.08个百分点，河北省城镇化进程已进入了快速发展的集中性阶段。

近年来，河北省国民经济增长加速，工业化进程加快，人民生活富裕，消费总量迅速增长，消费品层次提升，促使产业结构优化升级，促进了企业、资金、技术、人才等生产要素不断向城镇聚集，城市的资本和劳动力聚集能力增强，推动乡村人口不断向城镇流动。特别是随着城镇化战略的全面实施，河北省初步建立起有利于加快城市化发展的政策框架，在城市规划、户籍制度、土地制度、市政公用事业、行政区划、投融资体制、充分就业制度、社会保障等方面进一步深化改革，从体制上清除城市化发展的主要障碍，有效地推动城市化进程，城镇化率以每年1个多百分点的速度递增，但是，与全国及发达省份相比，河北省城镇化无论速度、水平还是规模都存在较大的差距，因此，必须认真落实省委省政府城镇化发展的指导思想，加快发展壮大中心城市，积极发展中小城市，有重点地发展小城镇，按照“一线两厢”空间布局，加快城镇体系，加速城镇化进程。

五、人口老龄化程度进一步加剧

2006年，在全省人口中，65岁及以上的老年人口为585.63万人，占总人口8.49%。与上年相比，老年人口增加了25.91万人，老年人口占总人口的比重上升了0.32个百分点。按国际上通用的人口老龄化标准衡量，河北省已步入了典型的老年型社会，整个年龄结构呈现不断老化的趋势，并且人口老龄化进程不断加快。未来10年，河北省老龄人口将以每年4.27%的速度快速增长，到2016年全省老龄人口比重将达到10.41%。

人口年龄结构发生显著变化的原因，一是人口控制取得了显著效果，全省生育水平迅速下降，新增人口占总人口的比重不断下降，老年人口的比重相应地不断上升；二是随着社会经济的快速发展，人民生活水平不断提高，医疗卫生保健事业有了较大的发展，人口的平均预期寿命不断提高，老年人口占总人口的比重不断增大。人口的老龄化将对社会和经济运行产生深刻影响，因此建立和完善社会保障制度，积极应对人口老龄化对经济发展的挑战将是我们今后面对的重要课题。

六、人口文化素质提高

2006年末，全省小学、初中、高中、大专及以上各种受教育文化程度人口占6岁及以上人口比重分别为30.3%、47.2%、12.03%和4.49%，其中，小学受教育文化程度的人口2090.05万人，比上年增加30.69万人，初中受教育文化程度的人口3255.79万人，增加85.91万人，高中受教育文化程度的人口829.81万人，增加4.97万人，大专及以上受教育文化程度的人口309.71万人，减少14.33万人。特别是反映一个国家或地区人口文化素质高低的重要标志的文盲率有较大幅度降低，文盲率由上年的7.18%下降到6.39%，文盲人口减少54.12万人。全省人口的文化素质有了明显提高，反映了在“科教兴冀”战略的指导下，全省在扫除青、壮年文盲，普及九年义务教育，大力发展高等教育和重视人才，引进人才等方面所取得的可喜成果。全省人口文化素质的整体提高，必将为建设沿海经济强省提供有力的智力支持。

七、家庭户规模继续缩小，婚姻状况稳定

随着人们生育观念的逐步转变以及人民生活水平和综合素质的不断提高，河北省家庭户呈规模不断缩小、代际关系趋于简单的趋势。2006年末河北省平均每个家庭户3.30人，比上年减少0.02人。伴随着家庭规模的不断缩小，家庭结构也日趋简单化，多代同堂的现象越来越少，

“两代、三口”构成社会家庭的主体。从家庭户规模的分布来看，三人户的比例最高，达到29.07%，四人户、二人户分别为24.23%和21.97%，列为第二、第三位，从家庭户类别来看，两代户的比例最高，以两代户组成的家庭是河北省家庭户的主体，其中核心家庭（父母同未婚子女组成的家庭）占两代户家庭的90%以上，成为其主要组成形式。

在河北省15岁以上人口中，未婚者占19.84%，有配偶者占74. 34%，丧偶者占5.25%，离婚者占0.58%。有配偶比例高，离婚比例低，表明婚姻关系比较稳定。目前，离婚水平虽较低，但离婚人口绝对规模大，呈现逐年递增的趋势。这一方面反映了人们在思想观念不断更新的情况下，对婚姻的质量要求越来越高，另一方面离婚会给社会和家庭带来许多问题，直接涉及到家庭结构及子女的抚养和教育等问题，应引起社会的关注。

（河北省统计局　王曙光）

计划生育

2006年，全省围绕稳定低生育水平、统筹解决人口问题这一任务，总结“十五”、谋划“十一五”，重点抓了计划生育基层基础工作、利益导向机制建设、农村育龄妇女免费服务“民心工程”、出生人口性别比治理、基层计生服务体系建设等五项工作。据河北省统计局人口变动抽样调查结果推算，2006年全省总人口6897.8万人。出生人口88.1万人，出生率为12.82‰；死亡人口45.3万人，死亡率为6.59‰；净增人口47.0万人，自然增长率为6.23‰，比上年提高0.14个千分点。据计划生育报表统计，2005年10月1日至2006年9月30日，全省共出生78.26万人，同比减少1.25万人，出生率为11.33‰，符合政策生育率的占93.72%，女性初婚晚婚率为41.06%，独生子女领证率为16.06%，综合避孕率90.36%，与去年同期相比，各项指标完成情况良好。

“六位一体”计划生育利益导向机制初步形成。在全省范围内推出“计生惠民行动”，积极构建“少生奖励、特困救助、服务免费、政策优先、贫困扶持、养老扶助”六位一体的计划生育利益导向机制。全年全省农村独生子女父母奖金落实率达80%，比上年提高了20个百分点。省、市、县三级筹集计划生育救助公益金4456万元，全省累计发放救助公益金2600万元，救助独生子女死亡、伤残家庭12000多户。全年有近6万名学生享受到中高考加10分的优惠，同时在给农村计划生育家庭增加福利、减免医疗费、减免学杂费等方面作了大量工作。年内省财政安排专项贴息资金200万元，可利用贷款资金约3000万元，在20个贫困县实施了财政小额贴息贷款少生快富试点。在全省全面推行了农村部分计划生育家庭奖励扶助制度，确定奖励扶助对象10余万名，发放奖励扶助金6000多万元。实行计划生育得实惠的局面初步形成。2006年10月16日，孙士彬副省长在全国农村部分计划生育家庭奖励扶助制度和“少生快富”工程全面实施工作会议上作了《以“两项制度”为先导构建“六位一体”计划生育利益导向机制》的发言。

基层计生技术服务站升级改造工程取得突破性进展。2006年，全省各级共投入3.7亿元，新建及改、扩建县级服务站133个，乡级服务站1283个。其中秦皇岛市共投入建设资金505.1万元，新建和改扩建服务站（室）3135平方米。全市7个县区服务站中，已有5个达到了优质服务型标准，有2个达到基本服务型标准；68个乡级站中，有39个达到了优质服务型标准，有29个达到基本服务型标准；有1309个村服务室达到了基本服务型标准，有502个达到了优质服务型标准。农村已婚育龄妇女生殖健康检查免费服务“民心工程”进一步规范，免费服务群众近1000万人。全省有3个县（市、区）被评为国家级优质服务先进单位，10个县（市、区）被评为省级优质服务先进单位。2006年6月，孙士彬副省长在全国人口计生科技大会上以《探索公共服务推进计生惠民》为题介绍了河北的做法。

综合治理出生人口性别比升高问题。2006年9月27日，省综合治理出生人口性别比升高问题工作小组召开综合治理工作座谈会。副省长孙士彬出席会议并讲话，石家庄等8个设区市政府分管领导及省直有关部门负责同志参加了会议。会议要求重点抓好四方面工作：一是加大集中整治力度，进一步查处“两非”案件；二是营造有利于女孩成长和发展的舆论环境；三是坚持从源头抓起，完善落实各项管理服务制度；四是强化利益导向机制，完善和落实对计划生育女儿户的优惠政策。当年，全省共查处非法进行胎儿性别鉴定和非法人工终止妊娠的案件317例；继续在全省开展了农村已婚育龄妇女生殖健康检查免费服务“民心工程”。承德市投入专项资金448.3万元，抽调技术服务人员602人，成立132支服务队，为全市53.9万名农村已婚育龄妇女免费进行了妇科内诊、B超、乳透三项生殖健康检查服务，占农村已婚育龄妇女总数的83.2%。根据省人大主任会议决定，2006年人大常委会赴石家庄市和邢台市开展了出生人口性别比升高问题的执法调研。京、津、冀三省市共同组织举办了“扬起爱的风帆——关爱女孩主题晚会”，广泛开展婚育新风进万家宣传活动。

表彰奖励2005年度人口计生工作先进单位。2006年4月19日，省委、省政府召开全省人口和计划生育工作电视电话会议，表彰奖励先进单位。省长季允石出席会议并讲话，省委副书记刘德旺主持会议，副省长孙士彬宣读了表彰决定。唐山市、廊坊市、石家庄市获得“2005年度落实人口和计划生育奖励奖扶政策成效突出奖”；邢台市、衡水市获得“2005年度人口和计划生育工作抓后进促转化成效突出奖”；承德市、保定市获得“2005年度关爱女孩治理出生性别比成效突出奖”；沧州市、秦皇岛市获得“2005年度生殖健康免费服务工作成效突出奖”；邯郸市、张家口市获得“2005年度人口和计划生育队伍能力建设成效突出奖”；石家庄市获得“2005年度计划生育协会工作成效突出奖”，并给每个市颁发奖金5万元。正定县等33个县（市、区）获得“2005年度人口和计划生育工作先进县（市）奖”，并给每个县（市、区）颁发奖金2万元。鹿泉市、青县、清河县荣获了“全国计划生育优质服务先进县（市）”荣誉称号。

全国新农村建设与人口文化事业发展研讨会在定州市召开。2006年6月20日，中国人口文化促进会在享有“贫民教育之乡”的定州市召开“社会主义新农村建设与人口文化事业发展研讨会”。九届全国人大常委会副委员长、中国人口文化促进会会长彭珮云，国家人口计生委副主任赵白鸽，河北省副省长孙士彬，部分省（市）人口计生委领导以及各地人口文化促进会代表、企业界代表和一些专家学者出席了研讨会并分别作了发言。

河北省人口学会第七届理事会产生。2006年3月31日，河北省人口学会第七次会员代表大会在石家庄召开。会议听取了第六届理事会所作的工作报告，通过了新修改的学会章程，选举了第七届理事会。河北省人口计生委副主任张志逊当选河北省人口学会会长。李澍卿、王俊祥、纪玉瑄、吕红平、周伟文（女）、葛京凤（女）、刘士卓、孙文生当选副会长。赵新、王虎森、李树莳、李仰溪、任立忠、杜洪波、高元祥、杜尚福为顾问。纪玉瑄兼秘书长。

全省人口计生系统文秘工作岗位技能竞赛。按照省人口计生委“岗位练兵”的统一部署，从2005年开始，各地组织开展了人口计生系统文秘工作岗位练兵活动。经过县、市层层选拔，产生了全省人口计生系统文秘工作岗位技能标兵50名。省人口计生委于2006年10月9日组织50名标兵在保定市涞水县进行了文秘工作岗位技能竞赛。王志勇、白锋、周剑飞荣获全省人口计生系统岗位练兵文秘技能竞赛一等奖。

（河北省人口和计划生育委员会　张树朝）

省直工委工作

2006年，省直工委以科学发展观为统领，认真学习贯彻党的十六届六中全会和省第七次党代会精神，围绕构建和谐河北、实现更好更快发展和加强党的先进性建设、执政能力建设，全面推进了省直机关党的建设。

围绕省委中心工作抓大事。召开省第七次党代会，是2006年全省政治生活中的一件大事。省直工委以高度的政治责任感和严谨细致的工作作风，认真做好省七次党代会召开前后的各项工作。（一）组织召开省直机关党代表会议，选好出席省第七次党代会代表，突出抓了四个方面：一是组织省直单位推荐提名代表候选人初步人选。采取自下而上、上下结合、充分酝酿协商、逐级遴选的方法，共推荐提名代表候选人初步人选217名。二是提出代表候选人初步人选名单。根据多数机关党组织和党员意见，提出省直机关出席省第七次党代会代表候选人初步人选95名。三是按照党的基层组织选举工作条例和省委要求的构成比例，圈选确定了代表候选人预备人选。四是召开省直机关党代表会议，选出出席省第七次党代会的正式代表74名。体现了省直代表特点，展示了良好形象。（二）着力抓好省七次党代会精神的学习贯彻。省七次党代会是在全面实施“十一五”规划、加快推进河北现代化建设新的历史起点上召开的一次十分重要的会议。白克明同志代表省委在会上的工作报告，是做好全省各项工作的纲领性文件。会议提出的建设沿海经济社会发展强省的宏伟目标，是全省党员干部凝心聚力的号角。认真抓好党代会精神的学习贯彻，是工委的重要职责。省直工委从三个方面开展了工作：一是省党代会闭幕后，工委班子立即学习会议精神，研究省直机关传达贯彻问题。在随后召开的省直机关会议上，省委常委、秘书长、省直工委书记张力同志传达了会议精神，部署了学习安排，并作了学习辅导。二是深入调查研究。张力同志直接深入到省发改委、省环保局等单位调研，要求省直单位把握学习重点，掌握精神内涵，认清发展机遇，找准部门定位，把党代会精神落到实处。三是加强督导。根据省委主要领导同志的指示精神，工委组成5个督导组，深入到68个厅局督促检查学习情况。总结学习典型，编发16期简报，使省直机关迅速兴起了学习贯彻党代会精神的热潮。（三）做好党的十七大代表推荐提名工作。根据中央和省委通知要求，首先起草了省直机关推荐提名工作方案，在省直各部门机关党委专职副书记会上作了细致安排。然后各部门根据多数党员意见，提出初步人选；各单位机关党委根据多数党支部的意见，对人选进行遴选。经过“三上三下”，推荐出党的优秀分子。三是加强领导，精心组织，严格按照党章办事，尊重和保障党员的民主权利，通过推荐提名工作，使省直机关各级党组织和广大党员受到一次贯彻执行党的民主集中制制度的教育。

建设学习型机关，促进理论武装。（一）抓好各部门党组中心组学习。省直工委与有关部门联合召开全省党委（党组）中心组学习科学发展观经验交流会，举办了5场辅导报告会，省直机关6000多名党员干部听取了关于科学发展观、构建和谐社会、建设新农村等理论辅导。抓好《江泽民文选》学习，总结推广学习典型。将第六届厅局干部学理论获奖文章、部门党组中心组学习科学发展观经验材料等辑印成书，供机关党员干部学习。举办处级干部培训班5期，培训332人；青年干部培训班1期43人。工委获全省理论教育工作先进单位。（二）建设学习型机关。按照《省直建设学习型机关三年计划》，在去年“搭建框架，形成氛围”的基础上，2006年着重抓了“打牢基础，培训提高”工作。编发了29期《简报》，制定了加强机关党员干部科学素质的措施，推广典型经验，筹备了建设学习型机关观摩交流会，按照建设学习型机关考核办法，抽查通报了35个省直单位。（三）开展社会主义荣辱观教育。一是把荣辱观教育作为机关党建重要内容，通过纪念学雷锋43周年、回顾“十五”展望“十一五”以及党员教育五项竞赛等活动，教育机关党员干部树立正确的世界观、人生观、价值观。在此基础上，评选推荐省级思想政治工作先进单位11个、先进工作者8名，5个项目荣获全省思想政治工作创新奖。二是开展精神文明创建活动。印发了120个省直部门开展帮建文明生态村活动情况通报。组织50个省直单位种植"公仆林"200亩，为绿化美化省会做贡献。评选出158个省直文明单位，135个省直文明处室，10个"十佳文明处室"，推荐60个省级文明单位。评审政工师94名，评审推荐高级政工师等112名。

总结先进性教育经验，指导党建工作实践，加强机关党的建设，巩固和扩大先进性教育整改成果。根据中央和省委部署，用3个月时间，督导省直第二批教育活动单位巩固和扩大整改成果并进行"回头看"，向省委教育办写出专题报告。工委召开了党的先进性建设研讨会，65个省直部门提交理论研讨文章163篇，其中厅局级党员领导干部撰写文章27篇，评选出15篇优秀论文。多篇论文入选《河北省"保持共产党员先进性教育活动与党的先进性建设"理论研讨会论文集》。各部门围绕先进性长效机制建设，总结经验，按照"科学、管用、长效"的原则，建立健全六个方面机制1449项。强化党务干部培训，加强基层组织建设。以国家工委拓展训练基地为依托，举办了省直机关党建活动培训班，42名机关党委专职副书记参加培训。按照有关规定，指导11个部门机关党委进行了换届选举，任免机关党委书记12人，专职副书记27人。"七一"前夕，省直机关1个先进基层党组织和1名优秀党务工作者受到中央表彰；10个先进基层党组织，3名优秀共产党员，14名优秀党务工作者受到省委表彰；93个先进基层党组织，45名优秀共产党员，57名优秀党务工作者受到工委表彰。开展学习贯彻党章活动，完善党员教育机制。工委把学习党章、遵守党章、贯彻党章、维护党章作为加强省直机关党风廉政建设的重要举措，纳入省直部门党组中心组学习计划，纳入处级干部培训内容，纳入机关党校学习教材，融入部门活动和工作实践之中。4万多名党员干部参加了学党章知识竞答。组织以"学习贯彻党章，永做先锋不褪色"主题党建活动，评选出"十佳党建活动奖"10名，党建活动优秀奖和组织奖40名，深化了学习效果。

推进机关效能和党风廉政建设，促进作风转变。(一)抓好机关效能建设，促进机关作风转变。实行网上审办3975项，督查投诉事项20件。取消行政许可事项264项，减少审批环节239个，办理信访事项6499件，查处违纪案件81件，处理191人。54个部门参与了《阳光热线》活动，30个省直部门"一把手"在河北电视台"阳光对话"节目中畅谈了抓效能建设新思路、新举措。(二)贯彻落实《实施纲要》，推进惩治预防腐败体系建设。工委将党风廉政教育纳入省直机关党建整体规划，并进行目标分解，形成齐抓共管局面。2006年开展了4次案例讲座，由部门领导上党课1034次。按照"四大纪律八项要求"，及时向省直机关发出两节期间严格遵守廉洁从政规定通知，与省检察院联合赠发预防职务犯罪宣传画册，转发党员干部提示信，营造良好换届环境。以及对新任处级干部发"诫勉书"、对有苗头性问题的党员干部发"廉洁自律通知书"和进行诫勉谈话，加强从政行为监督。(三)加大案件查处力度，切实解决突出问题。一是健全信访处理机制，拓宽案源渠道。全年收到群众来信503件，转发处理362件，筛选案件线索61件，诫勉谈话304人次。二是严格依纪依法查办案件。加强与司法、审计等执法执纪部门联系，搞好配合信息共用，形成查办案件大格局。同时帮助涉案单位查找漏洞，剖析原因，完善制度，做到查处一案、教育一片。今年以来直查案件初核16件，其中省委领导批办5件。立案查处6件，调查终结14件，为国家挽回经济损失300多万元。三是严格审理程序，提高办案质量。全年共审理终结处级干部违纪案件12件，其中给予开除党籍处分6人，留党察看1人，党内严重警告4人，免予处分1人。

调动各方面积极因素，为构建和谐河北提供思想政治保证。2006年，省直工委组织了"迎奥运、健步走"比赛，186个省直单位7000多名干部职工参加，4名省级、300名厅级干部带头比赛；组织开展了劳动竞赛和经济技术创新活动，取得成果3288项。加大工会劳动保护力度，连续获全国"安康杯"竞赛优秀组织奖。增强基层工会组织活力，新建工会24家，发展会员1.4万名。召开了百家工会主席学习观摩会，举办慰问农民工专场文艺晚会，为特困职工及子女发放救助金23.72万元。省直有3人获全国和省"五一劳动奖章"，2个单位获省"五一劳动奖状"。在省直团员青年中广泛开展"我与祖国共奋进，青春奉献十一五"主题实践活动，组织青工大比武、科技创新成果评比、摄影书画比赛等，评选出省直"十大青年文明号标杆"、红旗团委等先进团组织和优秀团员青年。采取多种形式开展"我为河北献才华"活动，教育广大妇女遵守职业道德，坚持岗位建功，组织评选百名三八红旗手和先进组委会等。开展"绿色家庭"资源节约行动大赛等，为"五好文明家庭"活动注入了活力。组织开展统战知识答题竞赛活动，与有关部门联合举办《盛世腾龙书画艺术联展》，推进创建"党外人士之家"，开展处级以上党外人士情况摸底调查，建立充实《党外重点人物档案库》，促进了统战工作科学化、规范化。集中编写《国防教育干部读本》，开展"弘扬长征精神，共筑钢铁长城"主题国防教育活动。及时发放训练经费、器材。建立了30个民兵组织和20个基层武装部，配备专武干部48人，加强了国防后备力量。全面贯彻全省防范工作会议精神，以开展"春雷行动"为主线，以摸底排查为重点，严格责任，强化措施，抓关键环节，抓重点部门，抓重点人，确保了节日和"两会"期间的安全稳定。组织老干部到东北抗日战争纪念馆、曹妃甸工程等地参观考察，走访慰问，发挥余热，贡献力量。直属学校充分利用自身优势，挖掘招生潜力，增加生员数量，加大管理力度，改善学习环境，完成了教学管理任务。

(河北省直工委　吴博新)

产 业 篇

INDUSTRIES

农　业

【种植业】　2006年，是全面推进社会主义新农村建设的开局之年。全省农业系统以科学发展观统领工作全局，认真贯彻落实中央1号文件精神，按照省委、省政府关于农业农村工作总体部署，紧紧围绕建设社会主义新农村重大历史任务，以发展农村经济作为中心任务，狠抓各项重点工作和关键措施的落实，全省种植业保持了良好的发展势头。

一是粮食生产连续第三年实现增产。全省农业系统按照“依靠科技、主攻单产，提高总产、增效增收”的总体要求，认真落实“一减三补”惠农政策，发布粮食主导品种、主推技术，组织大规模技术培训，动员万名农业技术人员下基层指导农业生产，调动了粮农生产积极性，全省粮食播种面积9299万亩，比上年减少0.65%；总产2702.8万吨，比上年增加4%，是2000年以来全省粮食总产最高的一年；亩产达到290.65公斤，比上年增加13.03公斤，创全省历史最高水平。同时，粮食品种结构继续得到改善，优质专用品种面积进一步扩大。全省优质专用小麦发展到1800万亩，占到小麦播种面积的49.5%，比上年增加274万亩。优质专用玉米、优质大豆、优质薯类分别发展到2000万亩、201万亩和295万亩，分别比上年增加350万亩、12万亩和2万亩。二是棉花生产出现较大转机。播种面积934.5万亩，比上年增长8.7%；总产62.8万吨，由2005年下降转为增长8.8%，面积和总产量均超额完成了全年指导性计划目标。地膜棉面积占棉田总面积的95.5%，抗虫棉面积占97.6%。国产抗虫棉发展迅速，2006年以GK—12、邯284、冀668、SGK321等为主的国产抗虫棉占播种面积的70%以上，扭转了国外棉花品种独霸市场的局面。优势区域内棉花生产进一步稳定，黑龙港流域优势棉区邯郸、邢台、沧州、衡水四个棉花主产市植棉面积占全省总面积的81.6%，比上年增加1.6个百分点。棉田间作套种扩大，进一步加大棉花与小麦、棉花与洋葱、棉花与西瓜、棉花与大蒜、棉花与马铃薯、棉花与甘蓝等主要栽培模式的推广力度，棉田间套面积发展到228.7万亩，比上年增加32万亩。三是油料生产获得好收成。由于近两年粮食播种面积扩大，油料播种面积在上年减少的基础上继续减少。全省油料作物播种面积为806.75万亩，比上年减少31.8万亩，减3.8%。由于今年雨水条件适宜，油料单产水平提高，达到192.1公斤，比上年增加9.97公斤，增5.47%；总产量150.3万吨，下降1.6%。四是蔬菜生产稳步增长。播种面积1684.5万亩，增长1.6%；总产量6646.8万吨，增长2.8%。其中设施面积达到730万亩，比上年增1.2%。河北蔬菜在北京、天津市场的占有率已连续六年稳定在50%和40%左右，在东南沿海、东北及山西内蒙的市场占有率也逐步上升，辐射27个省市区，出口俄罗斯、日本、韩国等十多个国家和地区。蔬菜品种增多、产量增长、品质提高已成为近几年河北蔬菜产业发展的突出特点。2006年全省农民人均纯收入达到3801.8元，比上年增加320.2元，同比增长9.2%，连续三年增长300元以上，高于全国平均水平3.2个百分点。

【农业产业结构】　按照稳定粮食、提高蔬菜、做强畜牧、加快发展特色水产业的思路，大力发展畜牧、蔬菜等主导产业，促进生产要素向优势产业聚集，构筑资源有效利用、比较优势充分发挥、竞争力明显增强的高效农业产业体系，农业规模效益和产业竞争能力不断提升。在种植业方面，重点是优化结构，在促进协调发展上下功夫。一是稳定发展粮食生产。狠抓优质粮产业工程、良种补贴、测土配方施肥、小麦节水技术推广等重点工作，努力在提高粮食单产上求突破，实现用较少的土地和水肥资源保证稳定的粮食产量，为深入推进种植业结构调整、节本增效创造条件。二是进一步制定完善小麦、玉米、棉花、油料等主要农产品的发展规划和综合配套技术方案，合理扩大青贮玉米、小杂粮和高油、高蛋白大豆的种植面积。三是提高棉花质量。积极做好超早熟短季棉的试验示范工作，示范特色蔬菜—超早熟短季棉生产模式，大力推广棉田间作套种综合技术模式，提高综合效益。规范棉花采摘、晾晒、运输、包装行为，解决棉花“三丝”混杂问题，提高棉花质量。四是做强蔬菜产业。优化蔬菜种植和产品结构，增加特色品种，加快蔬菜加工业发展，实施出口带动战略。加快无公害蔬菜标准化村建设，推进蔬菜产业由数量扩张型向质量效益型转变。五是培育壮大特色新兴产业。加快发展食用菌、芦笋、中药材等高效经济作物，提高深加工水平和出口能力。经过努力，全省形成了京山、京广沿线优质专用粮食产区、黑龙港优质棉花产区、冀东坝上优质油料产区以及六大特色蔬菜产区、十大畜牧优势产区和三大水产养殖带，资源要素和生产能力向优势产区集中，区域优势得到发挥。优势主导产业进一步壮大，规模和效益明显提高。

【农业产业化】　以培育龙头企业为重点，加快基地和农民专业合作经济组织建设，落实扶持政策，加强协调服务，推动农业产业化经营整体水平的提高。2006年，全省农业产业化率达到51.5%，提高2.1个百分点。一是以项目建设为重点，实施农业产业化“111行动”计划，积极培育壮大龙头企业。全省共谋划“111行动”项目1561项，投资总额达884亿元，比上年增加31.2%；开工1133项，竣工607项，占年内谋划建设项目总数的38.9%；完成投资292亿元，占项目投资总额的33%，均超额完成了年度计划。二是组织了全省农业产业化龙头企业的评选，认定省级农业产业化重点龙头企业230家，比上年增加69家。三是大力实施农产品加工示范工程，建设农产品加工示范基地县20个，示范县销售收入100万元以上农产品加工企业达到3627家，实现销售收入746亿元，加工转化率达到80%，农户参与度达70%以上，充分发挥了示范带动作用。四是积极组织农业产业化专题招商引资活动。完成招商引资项目501个，总投资

381.6亿元，实际到位资金121亿元，83个亿元以上大项目全部开工建设。银企对接工作进展顺利，向531个市级以上龙头企业提供金融贷款113.7亿元。五是开展全省农民专业合作经济发展情况调研，提出了农民专业合作经济组织建设实施计划，筹备全省农民专业合作经济组织建设经验交流会议。组织实施“十、百、千”示范带动工程，积极推动农民专业合作经济组织建设，全省比较规范的农民专业合作经济组织发展到4178个，直接带动150多万农户，占全省农户总数的10.5%，辐射带动农户500多万户，占农户总数的37%。

【农业科技进步】 把提高农业科技含量作为促进全省农业跨越式发展的重要支撑，抓住“良种、技术、设施、推广”四个关键环节，创新机制，加快成果转化和推广，推进农业科技进步，全省农业科技进步贡献率达54.5%，比上年提高1.2个百分点。一是贯彻落实全省科技创新大会精神，制定了《河北省农业厅关于加强农业科技创新推进农业科技进步的意见》，确定了“十一五”期间全省农业科技发展的总体要求、主攻方向和100项农业科技重点项目，在全省推广。二是统筹农业生产、科研、教学农业科技力量，大力推进农科教结合，积极探索共同促进河北农业发展、农民增收的新机制，为加快农业科技转化、提高农业科技服务水平、促进农民增收打下了好的基础。三是农业科技服务水平不断提高。积极推进农业科技推广服务体系向基层延伸，新建科技进村服务站1000个，总数达到1.16万个，覆盖全省23%的行政村，推进了农业先进适用技术进村入户；新建乡镇科技示范场12个，总数达到141个；河北农业信息网与全省11个市、138个县、20个大型市场实现互联。四是抓好高碑店等9个农业部确定的全国农业科技入户示范工程项目县（市、区）建设，成立领导小组和专家组加强指导，项目县行政推动指导体系、专家支撑保障体系、科技指导示范体系实现了对接互动，科技入户工作取得了初步成效。五是加大农民培训力度。完成绿色证书培训9万人，普及性培训1000万人次，在藁城、隆化、尚义等12个新型农民科技培训项目县(市)，深入实施“新型农民科技培训工程”，培训农民技术骨干3万多人，农民科技素质进一步提高。六是积极开展农作物病虫害防治，防治小麦病虫7000万亩次，统一灭鼠面积1100万亩，防治东亚飞蝗328万亩次。外来入侵生物管理力度加大，防治和拔除黄顶菊50余万亩次。

【农产品质量安全监管】 立足推动农产品“放心消费”，进一步强化农产品质量安全监管。全省农业系统认真贯彻《农产品质量安全法》，积极应对北京蔬菜市场准入新情况，认真查处“红心鸭蛋”事件，组织开展了多宝鱼等水产品的检查，召开专题会议进行部署，开展畜产品、禽蛋、水产品、蔬菜等农产品专项整治活动，农产品质量安全监管工作进一步加强。一是农产品质量标准进一步健全。新制定省级农业地方标准29项，省级农业地方标准达648项，基本形成覆盖85%以上农产品品种无公害质量标准体系。二是产地建设取得新进展。认定无公害农产品产地556个，面积738.8万亩，获得国家无公害农产品认证的产品198个，年产量535.04万吨；认定无公害畜产品产地727个，认证无公害畜产品54个；认定无公害水产品基地122个、面积231万亩，占水产养殖面积的81.3%，认证无公害水产品79个。三是产品质量例行检测全面展开。今年以来抽检蔬菜样品2293个、畜产品样品1400批、水产品样品280个，合格率达到96%以上，保持了较高水平。四是绿色食品和有机食品开发取得新进展。全省有效使用绿色食品标志的产品达到214个，比去年增23%。有8家企业18个产品获得有机食品认证。

【重点项目建设】 立足服务新农村建设，坚持集中财力办大事，积极争取国家有关部委支持，切实加强农业重点工程建设，谋划实施了一批带动力较强的农业重点项目。同时加强项目和专项资金监管，加强项目检查督导，规范申报、管理、支出程序，严格落实责任制，确保了项目建设顺利进行。2006年，全系统争取中央和省级支农资金14亿元，实施了一批重点工程项目。种子工程：主要农作物良种覆盖率达到97%，玉米、小麦、棉花、大豆等良种更新2650万亩。生态家园富民工程：新建沼气池31.2万户，全省户用沼气池累计达到182万户，年户均增收2000元以上，受益人口700多万，改善了180万亩耕地土壤肥力状况，保护了180多万亩山林植被免遭砍伐，改善了农村脏乱差卫生状况，提高了农民生活质量。旱作农业：推广综合配套技术2600万亩，年蓄水容量3687万立方米的集雨工程明显改善了旱区农业生产条件。测土配方施肥：全省落实重点示范县45个，建立核心示范区43万亩，推广测土配方施肥技术2010万亩，超全年目标任务10万亩，施用配方肥44.36万吨，惠及农民220万户，节本增收4.1亿元以上。农业信息化：信息服务体系建设逐步深入，河北农业信息网实现与全省11个市、138个县、80%乡镇、1万个村、34个批发市场、1450个龙头企业、4500个中介组织、10多万农业生产经营大户和农村经纪人的互联，发布信息100多万条，手机短信、电话语音、“三电合一”等服务模式不断创新。河北农业信息网入选“2006中国农业网站百强”，继续在全国保持领先地位。乡村清洁循环利用工程：按照农业部部署，加快河北省24个乡村清洁循环利用示范村基础设施建设，完善乡村清洁循环利用建设机制和模式，示范村内每年每亩可节支增收150元以上，每年每户可节支增收1000多元。农机化工程：新增玉米收获机800台，总量达到1600台，推广小麦机械化保护性耕作92.6万亩，秋收速度明显加快；推广节水精播机1600台，完成作业面积87.8万亩。植物保护工程：在16个县新建设优质粮工程“农业有害生物预警与控制区域站”，全省形成以省级农业有害生物监控中心为骨干、15个蝗虫地面应急防治站、32个农业有害生物监控与预警区域站、1个黄骅治蝗专用机场为重要组成部分的植物保护体系。基层动物防疫体系建设：全省配备村级防疫协助员4.2万余名，基本实现了国务院提出的基层有机构、有队伍、有能力实施各项综合防治措施的要求。农业对外开放：农业对外交流与合作进一步增强，招商引资步伐加快，中法葡萄种植及酿酒示范农场项目落成揭牌。此外，统筹协调，搞好宏观指导和协调管理，扎实推进“一县一业一园”农业科技示范工程建设，充分发挥农业投资的辐射示范带动作用，培育特色主导产业，实现增值增收。

【农业改革】 积极推进基层农技推广体系改革、国有农场改革、种子管理体制改革和农业综合执法体系改革。在基层农业技术推广体系改革方面，认真贯彻落实《国务院关于深入改革加强基层农业技术推广体系建设的意见》(国发〔2006〕30号）和《河北省人民政府关于推进基层农业技术推广体系改革工作方案》，把强化公益性职能、合理设置机构、保障工作经费、创新推广形式作为改革重点，因地制宜，从实际出发，切实解决条块分割、管人和管事分离而导致的一线农技推广人员管理缺位、经费无保障等实际问题。各市农业部门加强了对县乡农技推广体系改革的督导检查工作，及时掌握县乡改革中的动向，发现问题及时解决。按照河北省改革方案，在村一级逐步建立农民技术员制度，构建“一推到村”的推广体系，解决农技入户“最后一公里”问题。在国有农场改革方面，按照省政府的统一部署，细化、分解工作任务，倒排工期，加强调度。各司其职，各负其责，坚决做到谁的任务谁完成，谁的责任谁承担，确保改革顺利推进。在对省属9大国有农场管理体制进行全面改革的基础上，召开国有农场改革工作会议，对进一步深化国有农场改革工作进行部署，配合有关部门制定了《河北省国有农场税费改革方案》，落实国家税费改革政策。争取省级财政资金3050万元，积极推进农垦分离办社会职能工作。国有农场改革步伐加快，农垦经济取得了新的成效，全年预计完成农垦生产总值84.7亿元，比去年增长24.2%，实现利税11.7亿元，比去年增长15%。在种子管理体制改革方面，按照《国务院办公厅关于推进种子管理体制改革加强市场监管的意见》(国办发〔2006〕40号）和《省政府办公厅关于推进种子管理体制改革加强市场监管的实施意见》(冀政办函〔2006〕65号）要求，强化信息交流，及时通报各地改革进展，反映改革过程的难点、热点问题，推广先进经验和好的做法。同时加强督导检查，发现问题及时协调解决，确保改革工作顺利进行。在推进农业综合执法改革方面，按照省政府办公厅印发的《河北省关于推进农业行政综合执法工作方案》的要求，协调有关部门，切实做好机构设置、职责调整、编制落实和人员配置等工作，加强市县两级农业综合执法机构和保障能力建设。全省7个市、133个县（市、区）实行了综合执法，比上年增加1个市和9个县，分别占市、县总数的64%和83%。农资打假专项治理深入开展，结案843起，为农民挽回经济损失1126.7万元。

【落实农村政策】 按照“监管与发展并重，稳定与创新并重”的思路，切实加大工作力度，开展专项治理，党的农村政策得到较好落实。一是立足“以人为本”，认真落实惠农政策。认真分析近几年在落实良种补贴、农机购置补贴等惠农政策中存在的问题，抓住关键环节，完善各项制度，改进实施办法，加强宣传引导，让农民群众得到实惠。全省落实小麦、玉米良种补贴1810万亩，补贴资金1.81亿元，其中优质专用小麦补贴项目涉及97个示范县市（农场）965个乡镇19123个行政村，受益农户达308.18万户，占全省产麦区农户的42%。农机购置补贴4500万，落实农机购置补贴机具9587台（套)。二是完善现行制度，维护农民利益。完善农民负担监管“四项制度”，加强监督检查，继续开展专项治理。推动农村土地承包纠纷仲裁试点工作，土地承包纠纷得到依法妥善化解。进一步加强农村财务管理规范化工作，积极清理村级债务，开展债务化解试点工作，村级债务得到有效制止。三是深入调查研究，从源头上、政策上寻求解决新问题的办法。进一步健全和完善“一事一议”办法，认真贯彻落实《农村土地承包法》和省有关要求，做好土地延包后续工作，引导农村土地承包经营权规范流转。四是健全完善农业行政执法体系，加强执法监督，进一步提高依法行政水平。切实规范行政许可、行政处罚行为，建立健全规章制度和监督机制。落实行政执法责任制，加强监督检查和评议考核工作。

（河北省农业厅　严春晓）

【农机购置补贴】 2006年，中央财政为河北省安排农机购置补贴专项资金2500万元，在全省52个县实施；省财政安排农机购置补贴资金2000万元（其中节水穴播机400万元)，在全省88个县（市、区）实施。河北省各级农机管理部门根据中央农机购置补贴资金使用管理暂行办法及实施方案的要求，精心组织，严格管理，按照有关程序将9587台补贴机具全部落实到位。其中：拖拉机2172台，玉米收获机463台，水稻收获机7台，秸秆还田机2079台，播种机2532台，其它配套机具2334台。根据河北省农业生产需求，在机具选型过程中坚持公平、公正、科学的原则，规范选型程序，科学制定标准，由专家择优选型，通过机具选型委员会专家评选、网上公示、复议，领导小组确认了包括大中型拖拉机、玉米收获机械、小麦免耕播种机和打捆机等大中型动力机械和科技含量较高的新式、复式作业机具共计六大类二十个品种的农业机械；补贴标准不超过机具销售价格的30%，单机最高补贴金额不超过3万元；在省级补贴资金中对节水精播机适当提高了补贴标准（2500元/台，补贴率60%左右)。

按照农业部要求，省局制发了一系列文件和管理措施，规范了管理程序，明确了实施范围、规模、标准、申报程序等工作要求，确定了各级农机部门职责分工和目标责任，对实施县的执行情况和组织落实购机情况进行了督导检查，并分区域开展工作调度，确保享受补贴的机具能及时落实到农民手中，在农业生产中能够发挥效益。

国家优质粮食产业现代农机装备推进工程是国家跨年度支持农业机械化发展的又一重大政策。在项目执行的过程中，省、市、县三级严格落实项目实施方案，在藁城市、宁晋县、景县、赵县四县，全部完成了总投资任务；清苑县、滦南县分别完成总投资的91.5%和41.33%。农机装备推进项目共补助机具1525台（套)，其中：大中型拖拉机415台，小麦免耕施肥播种机278台，小麦精少量施肥播种机190台，玉米精少量免耕施肥播种机172台，玉米联合收获机114台，秸秆还田机252台，其他机具设备29台（套）。

【关键农时的农机化生产】 一是春耕生产。落实省政府和农业厅的工作部署，下发了《关于做好春季农机生产的通知》，确保春耕生产及时、有序地开展。全省各级农机部门早准备、早安排，全力以赴抓好春耕备耕工作，及时做好农机具的检修保养，组织乡镇农机站和乡村农机维修网点，根据农机具技术状况，深入乡村逐户帮助机手调试、检修、维护机械，提高机具技术状态，确保春耕生产不误农时。针对河北省旱情严重的形势，在张、承地区和干旱地区大力推广了保护性耕作、节水精播等技术，各地还组织农机大户发挥补贴机具的作用，扩大作业规模，推进了春耕生产进度。二是小麦机收跨区作业。“三夏”期间，全省各级农机部门以市场需求为导向，以农民增收为目标，加强管理，优化环境，强化服务，推动了小麦机收和跨区作业继续在市场化和高收益方面发展。省农机局与公安、交通、石油等部门联系，取得有关部门的支持配合，为小麦机收和跨区作业营造了外部环境，保证了全省3620万亩小麦抢收抢打、实现了颗粒归仓；外出跨区作业机具数量、作业面积和经济效益再创佳绩，充分展示了农业机械在“三夏”生产中的主力军作用和河北省小麦机收会战的组织管理水平。市、县两级农机部门通过加强管理，强化服务，认真做好组织工作，实现了区域内小麦机收和跨区作业的安全、高效、流动有序。全省共组织9个市、92个县、170支跨区作业队、1.6万台联合收割机（其中农机部门组织1万台，其他中介机构组织6000台）到河南、山东、安徽和湖北等省参加跨区作业，在2006年燃油价格提高的情况下，仍获得较好的经济效益，跨区作业面积达到680万亩，单机平均作业425亩，实现作业收入1.9亿元。全省夏收期间共出动各类农业机械100多万台，其中联合收割机7.5万台（引进外省1.2万台）。从6月5日到6月25日，历时21天，全省完成小麦机收面积3433万亩，占小麦收获面积的96%，其中联合收割机收获占89.5%。各级农机部门组织农机帮扶服务队1600多个，收割机和其它机械1.2万台，为8000多户军、烈属和在外务工人员家庭、困难户排忧解难，有效地解决了缺机和少劳力户的困难。三是秋季农机作业。2006年秋季，河北省各级农机管理部门积极推广玉米机收、机械化秸秆综合利用、保护性耕作等节本增效农机化新技术，取得明显成效。全省“三秋”作业投入拖拉机120万台，玉米收获机近2000台，秸秆还田机6.8万台，完成作业面积：玉米机收117万亩，机械化秸秆还田2027万亩，机耕3799万亩，机播小麦3290万亩，其中保护性耕作92.59万亩，秋收进度明显快于往年，往年秋收一般要半个月，2006年大部分地区8—10天玉米收获即可结束，而且作业质量好。在组织秋季农机作业过程中，省局对机械维修、技术推广、跨区作业、安全生产等工作进行了安排部署。在廊坊市香河县召开了秋季农机作业汇报暨现场观摩会，组织有关人员多次深入石家庄、邢台、保定等市进行督导检查补贴机具质量、作业进度、柴油供应、服务收费等情况。秋收期间，省农机鉴定站技术人员对玉米收获机和免耕播种机进行质量跟踪，调查玉米收获机等机械的质量和可靠性、适应性。2006年，大部分玉米收获机首次故障前工作时间和平均故障间隔时间延长，质量、性能明显提高，保护性耕作机械的可靠性、适应性也在不断增强。此外，河北省秋季跨区作业规模也在扩大。往年只有石家庄市部分县组织秋季农机跨区作业，2006年除石家庄市外，邢台、邯郸、保定、衡水、廊坊等市都组织了跨区作业队。作业区域由原来的本省范围拓展到河南、山东、北京、天津等省市，廊坊市组织的玉米机收作业队到黑龙江省进行远程跨区作业。6个市参加玉米收获、秸秆还田、旋耕等跨区作业的机械达到2765台。

【重点农机化新技术示范推广】 2006年，河北省把保护性耕作列为重点农机化新技术推广项目并做了以下工作：一是将保护性耕作机具作为重点农机购置补贴的对象，实施方案中加大了保护性耕作机具的购置补贴力度，以加快推进示范推广进程。二是以部级项目示范区为龙头带动。认真贯彻农业部陕西保护性耕作会议精神，召开了部级保护性耕作项目座谈会，对项目的管理、实施工作提出了具体的要求，在重要农时季节加强了督查和技术指导，确保了项目的顺利实施。全省完成小麦免耕播种面积92.59万亩。三是做好保护性耕作机具的技术改进和新型机具的研发工作。对开发设计的新一代免耕播种机，由省局牵头，组织相关省农机事业站，联合农机科研、院校和农机生产企业，成立多个工作小组，各负其责，进行试验和示范。

【农机及零配件市场专项整治】 河北省农机局按照《2006年河北省农资打假专项治理行动实施方案》要求，开展了全省农机零配件销售市场专项治理行动，突出重点品种、重点市场，根据重点农时季节，抓好源头，强化管理，促进农机维修市场秩序，杜绝假冒伪劣农机产品流入销售市场。全省共出动执法人员980余人次，车辆268部，检查农机维修厂点2753个/次，农机配件经销点785个/次，在一定程度上规范了市场秩序，特别是几个比较大的农机配件市场，杜绝劣质农机产品进入流通领域，保护了广大农民的经济利益和合法权益。

（河北省农机局　郭　恒）

【农垦概况】 2006年全系统农垦生产总值达88.92亿元，比去年增长30.38%，其中，第一产业增加值19亿元，增长9.07%；第二产业增加值46.25亿元，增长42.40%；第三产业增加值23.67亿元，增长29.34%。人均GDP净增加4912元，达22212元，比上年增长28.39%。人均纯收入5289元，比上年增长9.59%。2006年底，河北省农垦系统共有国营农（牧）场29个（23个农场，6个牧场）和1个省级农垦科学研究所，其中市属场14个，县属场15个。全系统共有人口40.75万人，其中从业人员21.76万人，占总人口的53.39%。共有各类学校151所，其中：成人高等学校1所，普通中等专业学校1所，中学30所。教职工4770人，其中教师4257人，在校生5.45万人。医疗条件逐渐得到改善，医疗环境进一步优化，公共防疫、医疗急救应急机制初步形成。2006年农垦系统共有卫生医疗单位126个，其中医院23个，病床1121张，医务人员1223人。土地总面积354.88千公顷，其中耕地82.93千公顷，草场67.65千公顷，林地96.24千公顷，水面45.09千公顷，居民工矿企业占地25.33千公顷，海岸线总长度9.1公里。2006年，产业结构格局稳定，经济运行质量和效益进一步提高。一、二、三产业增加值在农垦生产总值中的比重分别为21.37%、52.01%、26.62%，第一产业比重比上年下降了4.17个百分点，第二产业比重比上年上升了4.38个百分点，第三产业比重下降了0.21个百分点。

【农垦第一产业】 农业的基础地位进一步加强，农业生产经营水平得到了稳步发展和提高，高效经济作物、牧草业、高效水产养殖业成为农业经济新的增长点，农业标准化生产和农业科技合作速度加快，成为农业发展的重要动力。随着农业综合生产能力的明显提高，有条件的农场实施了节水农业、设施农业、生态农业、高效农业等示范工程，农业生产集约化、生产机械化、加工专业化、管理科学化和标准化水平有了进一步提高。

农业生产稳步发展。全年实现农林牧渔业总产值36.08亿元，增长7.7%。其中：种植业12.37亿元，林业0.20亿元，牧业10.26亿元，渔业9.75亿元，服务业3.50亿元。全年农作物总播种面积为91.96千公顷，比上年增加4.06千公顷。其中：粮食播种面积58.28千公顷，减少1.11千公顷，比上年下降1.87%，占农作物总播种面积的63.38%；棉花22.81千公顷，增加1.36千公顷；油料1.61千公顷，增加0.69千公顷；蔬菜、瓜类4.37千公顷，增加0.98千公顷。其他作物4.72千公顷，增加2.03千公顷。全垦区全年农作物总用种量5315吨，其中，杂交水稻1392吨，杂交玉米544吨，棉花491吨。种子基地种子播种面积2424公顷，生产量10938吨；加工厂7个，加工生产能力34750吨；种子公司6个；年末从业人员651人，其中技术人员50人；种子质量检验室8个，种子检验人员28人。粮食总产量较去年略有增长。全年粮食总产为34.21万吨，比上年增加0.29万吨，上升0.85%；为国家提供商品粮25.57万吨，比上年增加3.24万吨。由于气候、灾害等原因，小麦、玉米产量降幅较大。

畜牧业生产持续快速发展。2006年主要牲畜存栏和畜产量增加，其中奶牛存栏数量、猪存栏数量及牛奶产量大幅增加。牛奶产量增加2.57万吨，察北牧场等农场奶牛数量大幅增加是牛奶产量增长的主要原因。至2006年底，有种绵羊场1个，年存栏3549只，能繁母畜1828只，当年生产胚胎4400枚。水产养殖业发展迅速。全年水产品产量82854吨，比上年增加13921吨，增长20.19%。其中：淡水产品产量74138吨，增长21.61 %；海水产品产量8716吨，增长9.4 %。对虾产量达到7194吨，增长5.7%。林业建设步伐进一步加快，防沙治沙建设进一步加强。全年植树造林面积6883公顷，其中防护林6413公顷。退耕还林36公顷。农业基础设施建设进一步加强，农业生产条件继续改善。2006年末农业机械总动力536083千瓦，比上年增长5.37%。农用排灌动力机械8634台，120824千瓦，大中型农用拖拉机1085台，小型拖拉机18341台，机动脱粒机8063台。

【农垦第二产业】 第二产业发展态势良好，增长速度较快，结构调整成效显著。传统产业改造升级步伐加快，优势行业带动作用明显。一是以饲草（料）、奶牛养殖、乳品加工一体化为特色的产业链发展规模不断扩大，已成为河北省农垦的第一大主导产业。二是各场结合实际，充分依托自身在技术、人才、资源等方面的优势，围绕市场需求，抓质量、上规模、增效益，大力发展具有区域特色的地方经济，势头良好，对经济的带动作用日益突出，已经由过去的农业加工型向资源优势型转化。全年实现工业增加值46.25亿元，比上年增长42.40%，第二产业增加值占农垦生产总值的52.01%，其中：工业增加值42.20亿元，比上年增长44.35%；建筑业增加值4.05亿元，比上年增长25%。工业企业总数为849个，其中规模以上工业企业（即国有工业企业及年产品销售收入500万元以上的非国有工业企业）195个，销售产值139.79亿元，增加43.21亿元，增长44.74%。柏各庄农场、芦台农场、中捷农场、汉沽农场、南大港农场、察北牧场的工业销售净增加均在5亿元以上。2006年，乳业生产仍保持快速发展。乳制品产量达到3.03万吨，比上年增长44.69%，液体乳产量达到23万吨，是上年的两倍多。主要由于察北、沽源、汉沽等场与蒙牛等企业合作新增了生产线、乳制品加工厂，提高了生产加工能力。2006年实现工业总产值159.71亿元，净增加44.46亿元，比上年增长38.46%，国有工业总产值36.29亿元，轻工业总产值53.89亿元。其中农副食品加工业3.41亿元；食品制造业13.78亿元（主要为液体乳及乳制品制造业）；纺织业1.97亿元；纺织服装、鞋、帽制造业6.48亿元；化学原料及化学制品制造业18.84亿元；造纸及纸制品业17.85亿元；黑色金属冶炼及压延加工业26.23亿元；交通运输设备制造业9.77亿元；石油化工及炼焦业35.41亿元。建筑业平稳发展。建筑企业88个，在岗职工6780人。全年实现增加值40477万元，增长24.84%，年末固定资产原值达24701万元，全年承包的施工单位或单项工程266个，全年施工房屋建筑面积62.96万平方米。

【农垦非国有经济】 非国有经济成为农垦经济发展新的增长点。“十五”以来，坚持把加快非国有经济发展，作为经济结构战略性调整的重要组成部分，通过实施“两个打开”，即打开农牧场大门吸收场外法人加盟农场经济建设，打开国有经济大门吸收民营经济加盟国有经济的举措，结合农垦自身优势，落实各项优惠政策，切实解决非国有经济发展中存在的问题，有力促进了非国有经济的快速发展，使个体私营经济成为农垦经济发展新的增长点，并成为繁荣市场和增加就业岗位的重要渠道。2006年，非国有经济全年实现农垦生产总值622548万元，比上年增长41.56%，占全社会经济总量的70.01%。其中第一产业增加值45506万元，第二产业增加值373282万元，第三产业增加值203760万元。各产业占非国有经济农垦生产总值的比重分别为：7.31 %、59.96%、32.73%。安置下岗人员近2万人。私营企业营业收入500万元以上的46家，超过1000万元的26家，超过5000万元的6家，超亿元的3家，形成了芦台农场自行车零配件及整车生产工业园区、中捷农场临港化工园区等一批带动区域经济快速发展的经济带，其中芦台农场已成为我国北方最大的自行车零部件生产加工基地，年产车圈达1000多万对，占全国总量10.3%。亨利公司已成为全国最大的铝圈生产厂，非国有经济已成为农垦经济发展的重要支撑。

【农垦科技】 科技进步和创新取得新突破。全系统针对自身实际，以技术创新、农业标准化、农业科技园区建设为工作重点，加快实施“科技兴垦”战略，以企业为主体的产学研和科技创新体系初步形成。一是大力引进和推广先进实用农业技术。二是围绕农垦支柱产业，以市场为导向，以产业升级为核心，以建设大中型企业技术开发中心为重点，指导组织开展技术改造和新产品、新技术的研制、开发工作。目前，25家骨干企业已有三分之二建立了技术开发中心，完成了21个有市场前景、高附加值新产品的引进开发。三是推进农业标准体系建设，提高农业标准化水平。重点围绕农业部农垦局“无公害农产品行动计划”，确定实施无公害农产品的发展重点和区域布局，加大农产品质量标准体系的制定、实施力度。四是大力推进多种形式的产学研联合。与中国科学院、中国农科院、上海水产大学、国家水产技术推广总站等28家大专院校、科研院所进行了优质罗非鱼选育与繁种、无公害奶牛生产基地建设等10余项技术攻关合作，有些项目取得了阶段性成果。南大港农场优种羊扩繁基地利用从国外引进的胚胎和冲洗技术扩繁超细毛羊，毛肉兼用，发展前景良好，已达到国际先进、国内领先水平。芦台农场与中国农业大学农业生物技术国家重点实验室合作，共同开展奶牛体细胞“克隆”技术研究，标志着我国对地方品种牛克隆技术的成功。

【农垦现代农业建设】 现代农业建设步伐进一步加快。一是制定下发了《河北省农业厅关于加快推进农垦现代农业建设的指导意见》，指导农垦现代农业示范带动工程建设。二是组织各场开展创建现代农业示范区，各场申报择优确认全省农垦第一批创建现代农业示范区18个。被农业部确认为第一批50个农垦系统现代农业示范基地中，有河北省察北牧场的良种奶牛养殖示范区和柏各庄农场的水稻优质高产高效示范区。三是组织全省农垦系统农业工作人员在现代农业较好的察北、大曹庄等农场召开了现代农业建设现场观摩会。四是根据河北农垦现代农业发展的实际情况，结合农业部农垦局对现代农业建设的要求，制定了河北农垦现代农业示范区的量化标准。

【农垦特色主导产业】 依据农垦优势和国家产业政策，坚持以市场为导向，以企业增效和职工增收为目标，积极调整产业和产品结构，特色主导产业得到大力发展。一是绿色食品、无公害产品，良种繁育等区域性主导产业得到了较快发展，乳业已形成了以饲草（料）——奶牛养殖——乳品加工一体化为特色的产业链，发展规模不断扩大，已成为河北省农垦的第一大主导产业。预计到2006年底，全系统良种奶牛发展到8.4万头，同比增长15.1%，全系统日处理鲜奶能力达到2100吨。二是各场结合实际，依托自身技术、人才、资源等方面的优势，围绕市场需求，抓质量、上规模、增效益，大力发展具有区域特色的地方经济，对经济的拉动作用日益突出，中捷农场的染化、石化，芦台农场的自行车配件、成车装配和休闲家具，汉沽农场的建材，柏各庄农场的造纸等均已经形成数亿元的产业规模，成为农垦经济发展的支柱产业，且发展势头良好，潜力巨大。

（河北省农业厅农垦局　杨　康）

林　　业

【造林绿化】 京津风沙源治理、退耕还林、三北防护林、太行山绿化等重点林业工程扎实推进，全民义务植树、部门绿化、民营造林等蓬勃发展。全年完成造林绿化34.8万公顷（其中造林19.6万公顷，封山育林15.2万公顷），占年度目标任务的103.4%；完成义务植树1.1亿株，新建义务植树基地378个。结合社会主义新农村建设，全省完成县级以上道路绿化里程1256千米，乡村道路绿化4128千米，村庄绿化1万公顷，分别完成年度任务的104.7%、103.3%、100.6%。编制完成了全省第一个防沙治沙规划。

【林果产业】 2006年完成以新发展名特优和树体改造为主的果树结构调整面积23万公顷，为目标任务的172.5%，果品出口基地建设18.67万公顷，为目标任务的140%，果品产量987.5万吨，为目标任务的112.9%。通过实施“良种工程”，在优势产区大力引进、培育和推广优良品种，加大优质、畅销果品的发展力度，全省新发展名特优果树5.67万公顷，改劣换优3.87万公顷。大力推广以“树开心”为主的树体改造和树形改良技术。全省完成以梨、枣、苹果为主的树体改造17.33万公顷。全面推行增施有机肥、果园覆盖和测土配方施肥，全省果树增施用有机肥、秸秆覆盖面积占施肥总面积的70%以上。果品无公害标准化生产比例达到82%，果农增收明显。辛集市、乐亭县、黄骅市、遵化市、赞皇县被国家林业局确定为全国经济林产业示范县。2006年全省完成速生丰产林造林6.9万公顷，为年度任务目标的103.49%；新增强化地板生产能力400万平方米，新增高档人造板生产能力30万立方米，全省人造板产量949.9万立方米。深州长城等6家林板（纸）企业被省政府认定为省级农业产业化龙头企业。全省林业总产值达到482.8亿元，同比增长6.5%。

集体林业产权改革取得新进展。河北省人民政府出台了《关于进一步推进集体林业产权制度改革的意见》，在平山等19个县（市、区）开展了集体林业产权改革试点工作，试点单位全部完成林地保护利用规划编制、报批工作，规划林地面积133.6万公顷，明晰集体林产权面积100万公顷，完成林权登记59万公顷，新发林权证12万多份。通过改革，各试点县（市、区）农民造林育林的积极性逐步提高，资金、技术等生产要素开始向林业聚集，促进了当地林业建设和农村经济社会发展。

森林资源保护取得新成效。2006年，河北省遇到建国五十多年来最严重的旱情，全省森林防火和森林病虫害防治任务异常艰巨。各级林业部门加强组织领导，积极争取各级政府和有关部门的支持，采取超常规措施，强化预防工作，积极开展防治，夺取了森林防火和林业有害生物防治两大攻坚战的胜利。2006年全省共发生森林火灾209起，其中森林火警180起，一般森林火灾29起，没有发生重特大森林火灾，森林火灾发生次数比上年下降19.5%，森林火灾受害率控制在0.05‰，完成了省政府提出的0.3‰的控制目标。同时还加强了补救能力建设。举办了全省森林防火指挥系统电视电话培训班，全系统2400多名指战员参加培训；全省新成立专业扑火队40支，新增专业扑火队员1200人。制定了《关于加强森林火场应急通讯工作的意见》，整合通讯资源，充分利用现有通讯设备，服务森林防火工作；购置了一批卫星电话、超短波电台等通讯设备，提高了火场应急通讯保障能力。2006年在美国白蛾严重发生的形势下，全省林业部门精心组织，广泛发动，多措防治，有效控制了美国白蛾等危险性林业有害生物，全省林业有害生物成灾率控制在5‰以下，无公害防治率达到85%以上。通过两大攻坚战的实战检验和锻炼，各级林业部门森林防火和森林病虫害防治应急反应能力和队伍战斗力得到新的提高。湿地、野生动植物保护和自然保护区建设迈出新步伐，全省林业系统自然保护区达到21处，总面积45.6万公顷。

科教兴林与依法治林取得新进步。2006年9月25日省十届人大常委会第23次会议审议了《河北省义务植树条例（修正草案）》。全省已发布实施省级林果地方标准342项，启动3个国家级、8个省级林果标准化示范区，加快了全省林果标准化建设步伐。《河北省可持续发展林业战略研究》通过专家审定，退耕还林模式及效益、固沙植物引种及栽培模式、枣病虫害防治、景观生态林建设等一批科研项目研究取得初步成果。加强种苗质检体系建设，积极开展林木品种审定和推广，全面启动林木种质资源普查，推进了林木良种化进程。林业科技“16推”、质检体系建设、科技示范点建设和林业推广中心站建设取得新进展，建立了覆盖全省的技术专家咨询网络。完成了国家森林资源连续清查第六次复查，森林资源信息系统建设初具规模。2006年省森林公安、林业综合执法机构通过在全省开展“打团伙、挖窝点、破大案、追积案”的“破案攻坚战”，打击涉林违法犯罪的“燕赵绿剑”等专项打击行动，共查处森林案件5361起，处罚5292人次。

林业项目资金工作取得新突破。在国家实施“双稳健”的财政政策、林业整体投资大幅度削减的形势下，2006年全省共落实省级以上林业建设资金24.3亿元，比上年同期增加5%，创下河北省林业资金投入历史新高。落实新增项目30多个，再造三个林场三期、重点湿地和国家级自然保护区建设、重点龙头企业产业化及世行、德援等利用外资项目取得实质性进展。

【林业重点工程】 2006年，京津风沙源治理工程完成建设任务17.42万公顷，其中人工造林2.93万公顷，飞播造林2.44万公顷、封山育林5.82万公顷；农田林网0.227万公顷，退耕还林2.67万公顷，匹配造林3.33公顷，全面完成了国家下达的造林绿化任务。工程建设以提高质量为目标，强化科技支撑，容器苗造林达到1.8亿株，占项目区荒山造林的72%，容器育苗品种达到13个，造林成活率平均提高13个百分点；强化飞播造林种子包衣示范，在内蒙古鄂尔多斯对2.5万千克飞播用种进行了机械化包衣处理，率先在张家口、承德两市进行了飞播试验，提高了飞播造林出苗率；强化督导检查，经过现场检查核实，造林面积核实率99.1%，核实合格率99.3%，人工造林平均成活率81.3%。退耕还林工程（京津风沙源治理区以外地区），完成退耕还林任务4万公顷，其中退耕地造林0.67万公顷，匹配造林3.33万公顷。完成补植补造4.33万公顷，推广退耕还林高效种植模式0.67万公顷。“三北”防护林四期工程，完成人工造林1.64万公顷，封山育林1.07万公顷，其中新封0.27万公顷，续封0.8万公顷；荒山造林推广容器苗70%，飞播造林0.33万公顷，均完成或超额完成年度任务。太行山绿化工程，全年完成新造林8.59万公顷，工程建设以容器苗造林、飞播造林种子包衣和封山育林围栏禁牧等为重点，加大资金、技术和管理投入，取得了显著成效。据调查，人工造林成活率均达到85%以上，飞播样地有苗地频度达40%以上，是近年来最好的。

【首届城市森林论坛】 2006年10月26—27日，由河北省绿化委员会主办、廊坊市人民政府承办的河北省首届城市森林论坛在廊坊市举行。全国政协副主席阿不来提·阿不都热西提，国家林业局党组副书记、副局长李育材，河北省副省长、省绿化委员会主任宋恩华，中共廊坊市委书记王增力、市长王爱民、省直有关部门负责同志、各设区市主管市长及绿委办、林业、城建（园林）部门的负责同志和城市森林研究领域的知名专家150多人参加了论坛各项活动。这次论坛的主题是“城市·森林·和谐”，旨在提高人们对城市森林建设的认识，在全社会营造建设城市森林的浓厚氛围，促进人与自然和谐。

全国政协副主席阿不来提在讲话中指出，城市森林建设是城市人与自然和谐相处的重要基础，城市森林作为城市生态系统中最有效、最持久、最积极的因素，对于维护城市的生态平衡、涵养水源、净化空气、调节湿度、降低噪声等都具有最直接、最重要的作用。城市森林建设是城市人与人、人与社会和谐发展重要内容。城市森林是城市中唯一有生命的基础设施，满足了城市人群与自然亲近的渴望，改善了人居环境和生活质量，城市森林文化作为城市文化的重要组成部分，对人们的审美意识、道德情操起到了潜移默化的作用。城市森林建设是提升城市品位形象的重要载体。建设城市森林，是构建充满活力、富有竞争力城市的重要途径，有利于增强城市对整个经济发展的辐射带动作用。城市森林建设是构建和谐城乡的重要保障。城市森林所倡导的城乡生态一体化发展，要求将市区、市郊和农村纳入统一的大系统中一起谋划、共同建设。

国家林业局党组副书记、副局长李育材在讲话中指出，河北省作为京畿大省，把改善生态状况、保障国土安全、促进农民增收作为林业的一项重要工作来抓，极大地推动了以生态建设为主的林业发展战略的实施。今天，在中央提出构建和谐社会、统筹城乡发展的新形势下，河北省在全国率先举办省级城市森林论坛，形式新颖，效果显著，在促进城乡生态建设一体化发展方面实现了新的跨越。

宋恩华副省长在讲话中指出，城市森林是一个城市可持续发展的生态基础，是落实科学发展观、构建和谐社会的重要内容。目前，全省森林覆盖率已经达到23.25%，但是森林资源总量不足、分布不均的问题仍然十分突出。全省城市建成区绿化覆盖率和绿地率分别为35%和28%，人均公共绿地面积7.8平方米，这与中国可持续发展林业战略提出到2010年城市建成区绿化覆盖率和绿地率分别达到40%和35%以上，人均公共绿地面积达到10平方米以上的目标还有较大差距，加快城市森林建设的任务十分艰巨。各地各部门要按照省委、省政府的统一部署，把城市森林建设纳入全省林业发展战略，加快构建城乡协调、布局合理、功能齐全的林业生态体系。

河北省绿化委员会副主任、省林业局局长武国堂主持了论坛闭幕式并就贯彻落实中央和省领导在论坛上的讲话精神，加快全省城市森林建设提出要求：第一，要提高认识，把城市森林建设和构建和谐社会紧密结合起来。第二，要明确思路，大力促进城乡生态建设一体化发展。第三，要创新机制，认真履行法律赋予的职责。第四，各级绿化委员会及其办公室要加大力度，采取切实有效的工作措施，加大全省城市森林建设的工作力度，让广大城镇居民尽快充分享受森林带来的幸福。

【森林资源】 2006年3月9日，河北省林业局召开“河北省森林资源新闻发布会”，省林业局新闻发言人、纪检专员张振宇通报了全省最新森林资源状况。根据全省森林资源规划设计调查统计，到2005年底，全省森林资源状况如下：一是林业用地状况。全省林业用地面积为858.14万公顷，占全省总土地面积的45.72%。在林业用地中，郁闭度达到0.20以上的有林地面积为434.13万公顷，国家特别规定的灌木林面积2.21万公顷，一般灌木林面积109.16万公顷；郁闭度为0.10～0.19的疏林地面积10.64万公顷；未成林造林地面积83.32万公顷；苗圃地面积4.53万公顷；无林地面积214.14万公顷。二是森林覆盖率。全省森林覆盖率为23.25%。三是林木蓄积状况。全省活立木总蓄积量为1.02亿立方米。四是有林地状况。全省有林地面积434.13万公顷，按类别分：生态公益林面积269.84万公顷，占62.16%；商品林面积164.28万公顷，占37.84%。按起源分，天然林面积186.86万公顷，占43.04%；人工林面积247.27万公顷，占56.96%。按权属分，国有林面积55.94万公顷，占12.89%；集体林面积223.66万公顷，占51.52%，非公有制林面积154.53万公顷，占35.59%。五是森林资源区域分布状况。按森林覆盖率高低排序，全省11个设区市中，森林覆盖率最高的是承德市，为46.09%，其他各市依次排序为：秦皇岛市40.4%，唐山市18.26%，石家庄市18.01%，张家口市17.29%，廊坊市16.97%，沧州市16.61%，保定市15.21%，邢台市11.84%，衡水市10.35%，邯郸市最低，为7.82%。在全省五大地貌类型中，冀北山地森林覆盖率最高，为47.65%，其它类型区依次排序为：冀西北山地21.45%，太行山区19.84%，坝上地区12.70%，平原地区（含沿海）10.92%。

【重点龙头企业】 河北省人民政府以冀政函〔2006〕48号文件公布了新认定的2006～2007年度省级农业产业化重点龙头企业。

果品及其加工类（30家）：石家城神喻王果蔬科技开发有限公司、河北天华实业有限公司、河北晋州市长城经贸有限公司、河北昌山实业有限公司、涿鹿县果仁食品有限责任公司、蔚县杏扁经销总公司、露露集团有限责任公司、河北怡达食品集团有限公司、承德红源果业有限公司、承德哈露食品饮料有限公司、承德御室金丹药业有限公司、兴隆县朝阳食品有限公司、宽城佳禾农产品开发有限公司、承德太平洋饮品有限公司、遵化栗源食品有限公司、唐山蓝猫饮品集团有限公司、遵化市马兰峪板栗专业合作社、河北迁西板栗集团有限公司、迁西县金地甘栗食品有限公司、唐山山源食品有限公司、河北天丰农产有限公司、泊头东方果品有限公司、沧州崔尔庄枣业有限公司、沧州沛然世纪生物食品有限公司、泊头亚丰果业有限公司、深州市华发果品有限公司、河北东方绿树食品有限公司、河北富岗食品有限责任公司、邢台益发实业公司有限公司、河北绿岭果业有限公司。林板（纸）类（6家）：河北深州长城木业发展有限公司、三河市鑫生木业有限公司、易县亚林板业有限责任公司、河北省青县纸业有限责任公司、河北省冀州市华林板业有限责任公司、邯郸全球木业有限公司。葡萄酿酒类（5家）：中国长城葡萄酒有限公司、华夏葡萄酿酒有限公司、中化河北地王集团公司、香格里拉（秦皇岛）葡萄酒有限公司、定州市黄家葡萄酒庄有限公司。园艺及花卉（3家）：唐山豪门园林有限公司、廊坊市润绿园艺科技有限公司、三河燕赵园林绿化有限公司。市场类（5家）：乐亭县冀东果菜批发市场、石家庄市西三教花卉市场、怀来县京西果菜批发市场有限责任公司、平泉县榆树林子蔬菜果品批发市场有限公司、邯郸（魏县）天仙果品批发交易市场开发中心。其他（1家）：药都制药集团股份有限公司。

【绿化先进受到表彰】 2006年3月31日，国务院在人民大会堂召开全国造林绿化表彰动员大会。全国绿化委员会对在国土绿化建设中取得突出成绩的城市（区）、县

(市)、单位进行了表彰；全国绿化委员会、人事部、国家林业局联合对在绿化祖国和改善生态环境、促进经济社会发展过程中，涌现出的先进集体和模范人物进行了表彰。河北省在会上受到表彰，并被授予相应荣誉称号的有：1个城市、6个县（市）、8个单位、9个集体、10名个人。

廊坊市荣获“全国绿化模范城市”称号；迁安市、承德县、邢台县、栾城县、文安县、唐县荣获“全国绿化模范县（市）”称号；中国人民解放军石家庄机械化步兵学院、邯郸市公路养护管理处、开滦集团有限责任公司、邢台市交通局、峰峰集团有限公司梧桐庄矿、华北石油管理局第十四综合服务处、邯郸钢铁集团有限责任公司、石家庄市桥西污水处理厂被授予“全国绿化模范单位”称号。

河北省绿化委员会办公室、赞皇县人民政府、邱县人民政府、峰峰矿区人民政府、河北省交通厅公路管理局、清河县人民政府、景县人民政府、定兴县人民政府、桃林口水库管理局被授予“全国绿化先进集体”称号；吴勤梅、张玉芳、吕俊余、魏尚清、丁喜庭被授予“全国绿化劳动模范”称号；刘建智、孔祥柱、李艳芝（女）、高柏成、胡士彪被授予“全国绿化先进工作者”称号。

（河北省林业局　魏红侠）

畜牧兽医

【概述】 2006年全省畜牧兽医部门以科学发展观总揽全局，坚持“速度与效益同步、发展与保护并重、当前与长远并举”的基本方针，有效遏制了动物疫情和市场波动对畜牧业发展的严重冲击，畜牧业继续保持了健康平稳的发展态势。全省畜牧业总产值达到1136亿元，同比增长1.07%，畜牧业产值占农林牧渔业总产值的41%。肉蛋奶产量分别达到606.36万吨、465.09万吨和417万吨，同比分别增长了4.98%、1.33%和19.61%。

【畜禽生产】 针对畜牧业市场低迷、价格下滑等不利局面，河北省积极推进养殖小区和规模场建设，不断优化产业区域布局，努力转变畜禽养殖方式，提高畜牧生产组织化程度，增强了抗御市场风险的能力。认真落实各项扶持政策，指导养殖场户克服困难，调整经营思路，适应市场变化。自2006年下半年以来，全省畜禽生产逐步恢复，市场交易趋向活跃，畜产品价格不断攀升，主要畜禽生产保持了平稳发展态势。

【兽医保护】 本着“积极稳妥、量力而行”的原则，立足强化基础，着眼提升兽医保护工作力度，努力理顺兽医行政管理体制，构建动物疫病防控长效机制。一是动物防疫体系建设初见成效。兽医行政执法体系和兽医技术支持体系得到加强和完善，基层防疫体系建设基本到位，进一步完善全省动物卫生监督执法体系，加强和规范了全省动物疫病预防控制工作，全省培训动物防疫员、监督员、检疫员、协防员5万多人，进一步提高了基层防疫队伍的政治业务素质。初步实现了国务院提出的基层有机构、有队伍、有能力实施各项综合防治措施的要求，基层防疫体系的基础地位进一步显现。二是重大动物疫病防控成效显著。有力、有序、有效地开展高致病性禽流感防控工作，河北省成为全国连续三年无高致病性禽流感疫情的7个省份之一。坚持春秋两季集中强制免疫与常年补免相结合的基本思路，口蹄疫防控实现历史性突破，成为全国8个无疫情省份之一。猪瘟、新城疫等其它重大动物疫病防控成效显著，位居全国领先水平。重大动物疫病防控工作的阶段性胜利，有力地促进了畜牧业健康发展，维护了公共卫生安全和社会稳定。

【标准化建设】 坚持整体推进、重点突破的原则，加快标准化建设步伐，畜牧业标准体系、检验检测体系和认定认证体系不断完善，畜产品质量安全水平和市场竞争力明显提高。一是标准化示范基地发展迅速。从培育标准化示范基地入手，积极扶持引导，广泛宣传发动，大力倡导标准化生产、规范化管理、科学化饲养，全省建设标准化示范基地90个，为转变畜牧业生产方式起到了示范带动作用。二是畜产品检测工作全面启动。省畜产品质量检测中心强化管理，完善功能，通过了国家质检总局和农业部的双认证，检测能力和管理水平处于全国领先地位。11个市级畜产品质量检测中心基础设施建设基本完成，陆续启动运行，石家庄、唐山、廊坊、沧州四个市级中心已经具备常规检测和筛选检测能力，其他市正在陆续启动检测工作。三是标准制定工作稳步推进。全年共制定省级地方标准36项，其中24项通过专家审定，即将发布实施。市级地方标准和技术规程制定工作步伐加快，全省畜牧业标准体系已具雏形。四是认定认证工作富有成效。以优势畜产品和优势产区为重点，突出重点，严格标准，认真开展无公害畜产品产地认定和产品认证工作，全年完成无公害畜产品产地认定260余家、产品认证23家。目前全省有效期内的产地认定企业达到756家，产品认证53个，位居全国第二位。石家庄、唐山作为畜牧业大市，对无公害畜产品产地认定和产品认证工作高度重视，积极推进，走在了全省前列。

【畜禽良繁体系】 坚持引进与培育相结合的方针，以实施良种工程为载体，以推广奶牛移植胚胎技术为重点，加快良种繁育推广步伐，全省畜禽良种覆盖面不断扩大，养殖效益明显提高。一是奶牛良种工程项目进展顺利。千方百计争取资金项目，全省纳入国家奶牛良种补贴项目县由4个增加到19个，补贴资金由312万元增加到1500万元，项目县数量和补贴资金分别占全国的九分之一和六分之一，居全国第一位。省级财政扶持奶业资金达到2800万元，优质奶牛冻精补贴项目县增加到46个，较上年有了较大幅度的提高。在项目实施过程中，坚持公开、公平、公正的原则，公开招标选定奶牛冻精供应单位和胚胎移植技术承担单位，采购进口优质冻精6万支、国产优质冻精170万支，可改良奶牛88万头，占全省可繁奶牛总量的78%。河北奶牛良种补贴项目操作模式得到农业部和省政府的肯定，成为省财政补贴示范项目。二是种畜禽监管不断强化。严格鉴定验收程序，依法加强种畜禽市场监管，全年共核发种畜禽生产许可证409个，获得种畜禽生产经营许可证的种畜禽企业全部实行网上公布和查询，为养殖场户引种提供了便捷服务。严厉打击生产经营假冒伪劣种畜禽活动，对鉴定验收不合格和《种畜禽生产经营许可证》过期企业在新闻媒体予以公布，种畜禽市场秩序明显好转。启动特种动物养殖场的行政许可工作，纳入种畜禽管理范畴，为促进特养业健康发展起到了积极作用。三是品种引进和资源调查工作稳步开展。充分发挥部门职能作用，积极组织开展品种引进工作，优化畜禽品种结构，提高养殖效益，年内共引进国内外优良畜禽17.29万头(只)，进一步加快了种畜禽品种改良步伐。按照农业部统一部署，对全省31个县的28个地方畜禽品种开展实地调查，摸清底数，健全档案，为选育提高地方优良品种奠定了基础。

【饲料兽药监管】 坚持审批、执法、监管和服务相结合的方针，健全兽药饲料安全监管制度，全面履行执法监督职能，进一步规范了饲料兽药生产经营秩序。一是行政执法不断加强。明确职责，突出重点，强化措施，加大对饲料企业和养殖场户的饲料产品和动物源性饲料的监督抽查力度。省、市多次组织对饲料生产经营企业和规模养猪场户进行拉网式检查，共计查处各类无证生产企业53家。严厉打击非法销售和使用违禁药品的不法行为，"瘦肉精"等违禁药品检出率明显降低，处于全国领先水平。二是市场监管进一步完善。积极开展饲料、兽药市场专项治理整顿，规范生产经营行为，严格审批条件，统一验收标准，对不符合准入条件的兽药和饲料企业坚决查处，违规建厂、违规生产问题得到基本遏制，全省饲料兽药市场准入秩序明显好转。同时，对获证企业加强跟踪监管，发现问题及时纠正并限期整改，有力维护了依法行政的权威。三是兽药生产企业GMP改造步伐明显加快。帮助兽药生产企业积极开展GMP改造，全省通过GMP改造的企业达到110家，其中今年新增39家，总数名列全国第二位。认真清理地方兽药标准，强化兽药规范化管理，兽药质量有了明显提高。

【草原建设】 以综合治理重点地区沙化、退化草地为突破口，进一步加强草原建设与保护工作，促进了畜牧生产与草原建设的协调发展。一是草原建设不断加强。认真组织实施京津风沙源治理工程，加强牧草种子管理，推广先进适用技术，强化人工种草、飞播牧草、草地改良等综合配套措施，完成草地建设278万亩。全面落实和完善草原家庭承包责任制，积极推行基本草原保护、草畜平衡和严格的禁牧制度，草原建设步伐进一步加快。张家口、承德两市认真开展风沙源草地治理工作，牧草种植面积不断扩大，草地质量显著提高，为畜牧业持续发展和生态环境改善提供了有力保障。二是草原监管不断深入。积极开展草原法律法规宣传，提高农牧民法律意识，加大执法力度，规范执法程序，严厉打击破坏草原的各类违法行为，及时查处非法开垦草原事件，严肃追究相关人员责任，被垦草原得到及时恢复，草原生态环境得到有效保护。三是草原"三防"成效显著。严格落实草原防火措施，加大督查工作力度，在防火期干燥少雨的严峻形势下，保持了全省连续五年未发生等级以上草原火灾的记录，得到省领导的充分肯定。草原鼠虫害防治工作进一步加强，全省防治虫害251.5万亩、鼠害409万亩，分别完成全年计划的118.5%和179.3%，超额完成年初计划目标。

【畜牧业对外开放】 畜牧业国际交流与合作更加活跃，利用外资额度稳步增长，全面推动了畜牧业生产方式转变、畜禽品种改良和畜产品加工企业升级步伐。一是利用外资项目取得新进展。顺利完成世行贷款"小规模肉牛项目"，得到世行和农业部的肯定与表彰，同时"河北利用亚行贷款养殖小区项目"成功列入农业部贷款项目规划。全省共利用国外资金项目10个，合同利用外资4722.2万美元，同比增加34.5%。二是对外交流与合作日益活跃。全年来访外宾60多人次，派出多个团组40多人赴国外考察、访问和交流，与俄罗斯平扎州达成畜牧业合作意向，成功邀请了美国、德国、以色列的多名专家来河北省工作。成功举办了"河北—以色列奶业生产技术培训班"，为提高全省奶业生产水平发挥了积极作用，以此为契机，与省外国专家局建立了良好的合作关系，为进一步推进人才与科技交流奠定了基础。三是畜牧业外向型经济发展势头良好。成功举办了"河北省第十届畜牧业畜产品交易会"，达到了活跃流通、扩大市场，展示形象、加强交流的目的。有关畜牧学会、专业协会积极组织企业和养场户参加各类畜牧展示展销会、博览会和招商引资洽谈会，加强了与有关部门和社会各届的交流与合作，对增强畜牧业发展活力发挥了良好作用。

（河北省畜牧兽医局　王广林）

渔　业

【概况】 2006年，河北省各级水产主管部门按照科学发展观的要求，以加快特色渔业发展和加强渔业资源养护为重点，大力调整结构，狠抓增长方式转变，着重提高渔业综合生产和可持续发展能力，全省渔业经济保持了良好发展态势。全省水产品总产量首次突破百万吨大关，达到108万吨，比2005年增长9.2%。水产养殖开发持续升温，养殖总面积达到18.95万公顷，比上年增长14.8%。海洋捕捞产量31.4万吨，比上年增长0.9%；海水养殖产量30.5万吨，增长16.7%；内陆渔业产量46.2万吨，增长10.8%；渔业经济总产值达122亿元，增长7.3%；渔民人均收入达7150元。

【产业结构】 海洋捕捞业，在推进转产转业的同时，认真落实国家渔用柴油价格补贴政策，通过捕捞渔船生产能力结构的调整和生产组织形式的优化，远、外海生产船只发展到上千艘。水产养殖业，按照"三大产业带"、"八大基地"的总体布局，大力培育发展水产特色优势品种和支柱产业，进一步壮大规模，提升发展的质量和效益。以唐山为主的对虾养殖面积达到40多万亩，总产量达到近3万吨；以秦皇岛为主的浅海扇贝养殖达到38.5万亩，总产量达到16万多吨，面积新增7.5万亩，产量增加3万吨。河鲀、梭子蟹、甲鱼、冷水鱼、观赏鱼等特色品种以及海蜇、海参等新推品种发展步伐加快，其中海参池塘造礁养殖面积达到1.5万亩，产量达1400多吨，产值达1.6亿多元。水产品加工、流通业注重龙头企业和成长型企业的引导和培育，已有6家水产企业进入新一轮省级农业产业化龙头企业行列。全省水产品出口量达到2万多吨，创汇额达1.1亿美元。休闲渔业成为各地渔业发展的亮点，大中城市周围普遍建起了形式多样的休闲渔业区，拓展了渔业发展空间和渔民增收渠道。

【健康养殖】 大力推广健康、生态养殖技术，全省共筛选海水池塘多品种养殖、浅海和内陆湖库生态综合利用、盐碱地开发利用、标准化生产、循环水利用等示范场点20个。其中，唐海县十里海养殖场等8个场点被农业部选定为全国示范场点。全省水产健康养殖示范区生态养殖总面积已达11.5万亩，水产品总产量达4.5万吨，产值5.1亿元；示范区健康养殖户达1300多户，辐射带动了约1.3万户养殖渔民、80万亩养殖水面。

【增殖放流】 为尽快恢复自然水域渔业资源，2006年河北省在近海海域和内陆13个大型湖库，共增殖放流中国对虾苗3亿尾、海蛰苗1000万头、梭子蟹苗300公斤、河蟹大眼幼体555公斤、黄颡鱼苗200万尾、淡水鱼种30多万公斤、池沼公鱼卵62亿粒，特别是在围场县小滦河流域首次放流国家二级保护动物——细鳞鱼5万尾，对濒危野生动物保护具有重要的推动作用。渔业资源增值放流活动的开展，使全省渔民年人均增收100元以上。

【科技推广】 紧紧抓住良种、养殖模式两个关键环节，大力推广优良种苗和海水工厂化、盐碱地池塘养殖、虾蜇虾参混养等健康高效养殖技术。“冀研1号”红鳍东方鲀良种选育和“黄海1号”中国对虾、漠斑牙鲆、欧洲鳎、半滑舌鳎、条斑星鲽、俄罗斯鲟等一批名贵水产品种的引进、繁育、试养均取得成功。全省海水工厂化养鱼面积达到80万平米，比上年新增20万平米；以沧州为重点的盐碱地苦咸水养殖开发面积达到6.7万亩，新增1万亩；虾蟹、虾蜇、虾鱼、虾贝、虾参混养面积达到25万多亩，其中唐山市虾蜇混养面积达到8万亩。

【渔业标准化】 在加强和完善水产标准化体系建设方面，组织科研、技术推广部门新制订省级水产地方标准7项，承担制定国家行业标准1项，新建水产标准化示范区6个。在水产品质检体系建设方面，省“生态渔业环境监测站、水产品质量监督检验测试中心、水产养殖病害防治监测总站”项目已经竣工试运行。制定了《河北省水产养殖病害测报技术规范》，水生动物疫病防控和水产养殖病害测报工作得到了加强。

【质量安全监管】 2006年全省有237万亩养殖水面、122个生产基地通过了省无公害水产品产地认定，占总养殖面积的83.4%；有79个产品获得农业部无公害水产品认证中心的认证，产量8.4万吨，占养殖产量的12.5%。水产品药残监控工作进一步加强，全省共抽检16批次、297个样品，涉及11个地级市、30个县的养殖场和批发市场、农贸市场的甲鱼、鲤鱼、鲫鱼、花鲢、白鲢、草鱼、虹鳟、对虾、河蟹、河豚等15个品种，检测氯霉素、乙烯雌酚等8种禁用药物残留，检测合格率为99%。

【渔业资源与环境保护】 省政府下发了《关于贯彻落实中国水生生物资源养护行动纲要的通知》(冀政函〔2006〕127号)，为河北省今后实施渔业资源与环境保护提供重要指导。伏季休渔工作扎实、稳妥、有力；护渔“2006”行动规范了渔船管理，从源头上控制了捕捞违法行为；陆域渔业资源保护以大水面渔业资源的保护为重点取得了新的经验。水生野生动物保护工作力度加大，全省累计发放水生野生动物特许证件1556份；渔业水域环境保护工作不断强化，依法对白洋淀水域污染、渤海大面积原油污染等重大渔损事故进行调查处理，最大限度地维护了广大渔民利益：渔业生态环境监测、水产品质量检测体系初步建立；渔业水域突发性污染事故调查处理机制初步形成；涉海工程项目环境影响评价工作逐步深入，积极参与省内曹妃甸煤码头等涉海重大工程的环评工作。据不完全统计，2006年全省查处各类渔业违规案件1000多起，渔业污染案件30余起，其中大型污染案件3起。

【发展规划】 在深入调查研究的基础上，编制了《河北省“十一五”渔业发展规划》、《河北省水产良种体系“十一五”建设规划》和《河北省浅海与滩涂增养殖功能规划》。邯郸、承德、衡水、廊坊4个设区市和灵寿、永年等65个县（市、区）的水域滩涂养殖功能规划编制已经当地政府批准实施。

2006年共争取国家和省支持项目36个，其中农业部项目24个，省财政项目6个及其它项目6个。项目资金总计为14722.16万元，其中中央投资12249.91万元，省级投资1091.25万元。

（河北省水产局　雷　霞　马志敏）

工业综合

【概况】 2006年，全省工业系统认真贯彻落实省委、省政府各项决策部署，牢固树立和落实科学发展观，紧紧围绕实现更好更快发展主题，突出工业结构调整，加强经济运行调节，圆满完成了全年各项目标任务。2006年，河北省工业经济运行的总体趋势是：低位开局、稳步回升，完成情况好于年初预期。主要经济指标尤其是经济效益指标，一季度低位运行，上半年恢复到基本正常水平，下半年特别是第四季度实现快速增长。主要特点：一是工业生产平衡较快增长。全省入统工业累计完成增加值3816亿元，同比增长19.8%，较上年同期回落3.1个百分点，比全国平均水平高出3.2个百分点。轻重工业生产均保持较快增长，增速分别为20.46%和19.68%，轻重工业增加值所占比重为22∶78（全国为30∶70）。11个设区市中有5个设区市生产增速在20%以上。38大类工业行业中有35个行业实现增长，18个行业增速在20%以上，12个行业完成增加值超过百亿元。80类主要工业产品中有65类实现增长，其中30类工业产品生产保持20%以上的快速增长。二是工业品产销衔接良好。入统工业产销率98.18%，同比提高0.4个百分点，高于全国平均水平0.08个百分点。其中重工业为98.28%，提高0.47个百分点；轻工业为97.81%，提高0.13个百分点。8个设区市产销率在97.5%以上。38大类工业行业中有22个行业产销率高于97.5%。三是工业品出口较快增长。累计实现出口交货值622.48亿元，同比增长23.11%，低于上年同期0.9个百分点，高于全国平均水平0.21个百分点。国民经济工业行业38大类中有30个行业实现出口，其中有22个行业出口同比实现增长。钢铁行业出口快速增长，达到65.99%；机械装备制造工业出口整体继续保持快速增长。四是经济效益快速增长。实现主营业务收入13011.55亿元，增长23.23%；实现利税1465.43亿元，增长26.72%；实现利润888.14亿元，增长30.42%，增速比一季度、上半年、三季度分别回升25.49、9.76、0.46个百分点，同比提高2.03个百分点。主营业务收入、实现利税、利润总额均位居全国第8位。工业经济效益综合指数为205.8，同比提高19.5个点，高于全国平均水平14.6个点。9个设区市实现利润增幅在20%以上。38个行业大类中有33个行业利润实现增长，20个行业利润增幅在20%以上；2个行业出现全行业亏损。装备制造、钢铁、食品、建材工业整体运行质量较好。增利前5位行业（包括黑色金属冶炼及压延加工业、石油和天然气开采业、化学原料及化学制品制造业、黑色金属矿采选业、电气机械及器材制造业）实现利润合计537.78亿元，同比增长40.28%，同比增利合计154.4亿元，拉动全省利润增长22.67个百分点；石油加工炼焦及核燃料制加工业为主要减利行业，亏损30.93亿元，同比增长79.69%，同比减利13.72亿元，下拉全省利润增长2.01个百分点。

【结构调整】 落实河北省“十一五”规划纲要，组织实施工业七大主导产业专项规划，积极有作为地贯彻国家宏观调控政策，按照“抓质量、抓品种、抓整合”的结构调整思路和“上大压小、扶优汰劣”的实现途径，加强重点项目建设，加快淘汰落后产能，工业结构进一步优化，发展后劲进一步增强。

工业主导作用进一步增强。全省工业增加值占GDP的比重达到46.95%，比“九五”末提高4.74个百分点；工业对GDP增长的贡献率达到55.5%，比“九五”末提高4.97个百分点；规模以上工业企业税收总额占全部财政收入的48.1%，全部工业企业税收总额约占财政收入的60%以上（不含基于工业增加的间接税源）。与2002年相比，全部工业完成增加值增加1倍；规模以上工业完成增加值增加1.7倍，实现利润增加3.2倍；七大工业主导产业对工业增长的贡献率提高7.6个百分点；全员劳动生产率提高8.61万元/人。

产业结构调整步伐加快。一是省政府决定筛选50个投资10亿元以上重点产业支撑项目，作为年度重点工作全力推进。第一批共10个项目以省政府办公厅冀政办函〔2006〕40号下达，项目预计总投资1371.8亿元，项目完成后年可新增销售收入1911.3亿元，新增利税264亿元，到“十一五”末，有七个企业的销售收入将超过100亿元，一批重大装备制造、信息产业、钢铁、化工项目的建成投产，将使河北省以能源依赖和资源依赖为主的产业格局发生根本性改变。其他项目正加紧筛选，这些项目的建设，将对河北省产业结构调整产生重大而深远的影响。二是推进钢铁产业结构调整。按照“抓品种、抓质量、抓整合”的指导思想，通过“增高减低、上大压小、扶优限劣”，一批规模小、设备差、污染严重的小钢铁企业和设备被强制淘汰。全省淘汰高炉11座、炉容1607立方米、能力170万吨；转炉9座、炉容148吨、能力178万吨，电炉18座、炉容269吨、能力110万吨，合计炼钢能力288万吨。向社会公布了第一批2007年底前淘汰落后装备企业名单，共涉及钢铁企业26家、炼铁能力397万吨、炼钢能力376万吨。按照国家有关规定，对列入淘汰名单的企业执行差别电价政策，迫使其尽快退出市场。三是加快振兴装备制造业。出台了《河北省关于加快振兴装备制造业的实施意见》，谋划实施了一批重大装备制造业项目，对河北省装备制造业的结构调整和产业升级将起到很大的带动和促进作用，到“十一五”末，装备制造业在全省工业中的比重将明显提高，产品结构更趋优化。这些措施的实施，既保障了国家宏观调控政策的落实，又使河北省的产业结构得到了优化。全员劳动生产率达到13.16万元/人，提高2.42万元/人。

产品结构不断优化。一是一批技术含量高、市场前景好的产品产量大幅度增长。二是工业品出口较快增长，出口交货值同比增长23.11%；外贸结构继续优化，交通运输设备、通用设备出口分别增长53.85%和34.54%，资源性产品出口增幅减缓。三是规模以上工业产销率达到98.18%，同比提高0.4个百分点。通过结构调整，钢材板带比由35.4%提高到44.8%，螺纹钢、线材等长材所占比重同比下降4.3个百分点；新型干法水泥比重同比提高2个百分点。

发展后劲稳步提升。重点项目建设和前期工作取得实质性进展。列入2006年重点建设的297个工业项目，累计完成投资357.4亿元，为年计划投资的97.3%，占全部重点建设完成投资的38.81%；已有唐山乐亭宽厚板、津西钢铁集团H型钢二期、武安新峰水泥、峰峰煤焦油深加工等34个项目建成投产或试生产；计划新开工工业项目中已有邯钢结构优化升级、定州旭阳煤化工、保定天威英利三期、京东方显示系统产业化、长城汽车、唐山机车高速电动车组、保定新能源设备等67个项目开工建设；37个前期项目中福田重机二期工程、石家庄化纤16万吨/年己内酰胺等项目已提前启动。曹妃甸精品钢铁基地一期工程可研报告已上报国家，河北省的前期工作已基本完成，开工条件已基本具备，正等待批复；山海关造船、衡水燃料乙醇项目的核准报告已正式上报国家发改委；曹妃甸大型炼化一体化基地中石化已完成实施方案的编制工作；宇康与南方汽车合资重型车、保定天威输变电成套设备、石家庄常山纺织工业园等项目前期工作速度加快，河北“一号工程”曹妃甸示范区产业规划及重大产业项目正积极推进，一批重大产业支撑项目的落实和推进，使河北省工业的发展后劲明显增强。

存在的主要矛盾和问题。在区域发展方面，各市发展不平衡。唐山、石家庄、邯郸、沧州（包括华北油田）四个市2006个实现增加值占全省总量的66.6%，其他各市工业规模相对较小。在产业结构方面，河北省工业结构仍然偏重，规模以上重工业占全部规模以上工业增加值的77.7%，煤炭、电力、石油、冶金、装备制造、建材、化工等重化工业的年利润总额占全省工业的80%以上，轻工、食品、纺织服装、信息产业、高新技术产业所占比重仍然偏低，结构调整和产业升级压力很大，完成节能减排目标任务艰巨。在增长方式方面，全省工业资源依赖和能源依赖特点明显，高投入、高消耗、高排放、低效率特征突出，资源制约和环境压力仍在加剧，可持续发展的难度越来越大。在经济运行方面，工业经济运行速度有加快的迹象，存在由偏快转向过热的风险；煤、电、油、运等生产要素区域性、时段性紧张依然存在；企业盈利能力不强，效益的提高主要受外部因素左右，内部因素支撑偏弱。

（河北省发改委工业局　马贞年）

煤炭采选业

【概况】 2006年，河北省煤炭工业经济总量持续稳定增长，煤炭市场供需基本平衡，产品结构调整力度，资源整合步伐进一步加大加快，煤炭价格随着市场需求波动变化，但总体仍处平稳运行。煤炭行业通过内挖外扩，保证市场供应，基本实现产销平衡，全省煤炭工业经济运行质量总体呈现良好发展态势。2006年全省原煤产量7927万吨，处历史较高水平，在全国28个产煤省中，原煤产量居第九位。国有重点煤矿完成6000万吨，同比增产332万吨，增幅5.86%；地方煤矿完成1927万吨，同比减产361万吨，减小15.78%，其中：国有地方煤矿完成900万吨，同比减小10.79%；乡镇煤矿完成1027万吨，同比减小19.71%。2006年省属国有重点煤矿炼焦精煤产量1671.67万吨，同比增长6.81%。其中：开滦集团722.84万吨，峰峰集团502.4万吨，金能集团446.43万吨。2006年省属国有重点煤矿完成工业总产值239.76亿元，比上年增加23.4亿元，增幅10.81%。工业增加值完成124.4亿元，比上年增加21.71亿元，增幅21.14%。产品销售收入238.85亿元，增加23.69亿元，增幅11.01%。吨煤成本增加1.75元。

2006年全省原煤消耗约1.78亿吨，比上年增加1300万吨，其中电力7900万吨，冶金5100万吨，建材1600万吨，化工1700万吨，其它1500万吨。河北省积极利用省内外资源，调入煤炭11800万吨，调出2000万吨，净调入9800万吨，保障了煤炭供应。

河北省老矿区多，煤炭开发强度大，探采比例失调，后备资源严重不足，多年来，由于勘探资金严重不足，勘探工作滞后，造成煤田勘探基础性工作停滞，重点煤炭生产企业资源保障度低，勘探规模和煤矿建设规模没有同步发展，致使部分矿井和矿区出现资源接替危机。

2006年河北实现了煤矿事故起数、死亡人数、重特大事故和百万吨死亡率“四下降”。全省共发生煤矿死亡事故38起，死亡90人，同比减少225人，下降71%。其中，国有重点煤矿21起27人，减少13人；国有地方煤矿2起11人，减少15人；乡镇煤矿15起52人，减少197人。全省发生重大事故9起，死亡45人，减少11人，发生特大事故1起，死亡13人，减少32人。全省煤矿没有发生特别重大事故，百万吨死亡率为1.21，为河北省历史最好水平。

【改革与发展】 为解决我国煤炭工业发展中存在的问题，促进煤炭工业尽快步入健康发展的道路，2005年，国务院颁布了《国务院关于促进煤炭工业健康发展的若干意见》，这对于促进煤炭工业的健康发展，有着重要的现实意义和深远的历史意义。为促进河北煤炭资源和煤层气资源的合理开发及科学有序布局，河北省编制了《冀中煤炭基地规划》、《河北省煤炭工业“十一五”发展规划》和《河北省煤矿瓦斯治理和安全技术改造实施规划》。2006年，河北省依靠科技进步，加大生产组织协调和管理力度，以建设高产高效矿井为目标，积极推广应用新技术、新工艺、新装备，生产效率显著提高。大型机械化采煤比重达到75%；经过重介洗选工艺改造，冶炼用9级以上洗精煤供应能力提高到72%，增强了煤炭企业发展后劲。

冀中煤炭基地已列入国家13个大型基地之一，集团化建设步伐加快，先后有开滦集团和蔚州矿业公司合并，邯矿集团与盛源公司合并，邢矿集团、邯矿集团、井陉矿务局合并形成了河北金牛能源集团。河北省已形成开滦、金能、峰峰三大煤炭企业集团三足鼎立的局面，三大集团占全省煤炭产量的70%。在省、市政府的推动下，三大煤炭企业集团在整合兼并矿区周边煤矿方面迈出了坚实步伐，促进了河北省煤炭工业采矿秩序的好转。开滦集团与大唐国际发电股份有限公司共同投资设立河北蔚州能源综合开发有限公司，对蔚州矿区煤炭、电力、铁路资源进行循环利用综合开发，项目完成后，可形成1000万吨/年的原煤生产能力。《蔚州矿区发展循环经济实施煤电路一体化综合开发方案》已由国家发改委函复。单侯矿井已建成，北阳庄矿井前期工作已开展。根据河北省人民政府、内蒙古自治区人民政府、中国国电集团公司三方签定的合作开发煤电框架协议，省建投与国电集团合资组建了“国电建投内蒙古能源有限公司”，规划开发内蒙古自治区鄂尔多斯市40亿吨煤炭资源，全部项目建成后每年能为河北省提供2000万吨优质煤炭，所发电力将供应河北南部电网。

按照财政部、国家发展改革委、国家安全生产监督管理总局、国家煤矿安全监察局四部门下发的《关于调整煤矿生产安全费用提取标准，加强煤炭生产安全费用使用管理与监督的通知》（财建〔2005〕168号）通知要求，煤炭生产企业足额提取煤矿安全费用，其中峰峰集团维简费达到了30元/吨。并按规定用于了煤矿安全生产。

【重点项目建设】 河北省为冀中煤炭基地，是国家确定的13个煤炭基地之一，基地包括开滦、峰峰、邯郸、邢台、井陉、蔚县、宣化下花园、张家口北部等8个矿区和隆尧、大城平原含煤区，涵盖了除承德兴隆矿区以外河北省所有矿区。在2020年之前，全省原煤产量将保持在7000万吨左右。截至2006年底，全省共有开滦集团蔚县矿区单侯矿井等在建新矿井3处，建设规模225万吨/年；峰峰集团羊渠河矿井改扩建等11处在建改扩建矿井，建设规模471万吨/年；届时新增生产能力696万吨/年。2006年，河北经过筛选，共安排了41个符合国家政策的煤矿安全技改项目，总投资16.49亿元，其中国家补助2.37亿元。这些项目实施后将会有力促进煤矿安全生产。

（河北省发改委能源处煤炭办　甄军民）

轻　工　业

【概况】 2006年，全省规模以上轻工企业2697家，完成工业总产值2199亿元，同比增长23.67%，占全国的3.73%，增速高于全国0.45个百分点；实现主营业务收入2051.87亿元，同比增长23.16%，占全国的3.62%，增速高于全国0.18个百分点；实现利润113.14亿元，同比增长26%，占全国的4.16%，增速高于全国2.98个百分点；完成利税178亿元，同比增长22.65%，占全国的3.93%，增速低于全国2.15个百分点；实现出口交货值165亿元，同比增长8.07%；累计产销率为97.78%，保持了良好的发展态势。

【工业总产值】 2006年，全省轻工业工业总产值稳步增长。从行业分类来看，在全省轻工业八大行业中，农副食品加工业完成工业总产值628.23亿元，同比增长25.58%；食品制造业完成工业总产值292.10亿元，同比增长25.05%；皮革皮毛及其制品业完成工业总产值275.80亿元，同比增长14.67%；造纸及纸制品业完成工业总产值221.81亿元，同比增长22.49%；塑料制品业完成工业总产值187.02亿元，同比增长19.62%；饮料制造业完成工业总产值130亿元，同比增长13.90%；金属制品业完成工业总产值136.42亿元，同比增长37.36%；玻璃陶瓷制品业完成工业总产值73.99亿元，同比增长30.87%。

【主要产品产销】 2006年，全省轻工业累计完成产销率为97.78%，完成出口交货值165.38亿元，比上年同期增长8.07%。产销率较高的有：眼镜制造产销率为133.38%；焙烤食品制造101.57%；营养保健食品制造100.00%；塑料板、管、型材的制造99.61%；软饮料制造99.50%；纸制品制造99.13%；日用塑料制造99.03%；碳酸饮料制造98.77%；调味品、发酵制品制造98.67%；酒精制造98.62%；皮革制品制造98.48%；液体乳及乳制品制造98.25%。出口交货值数额较大的行业有：玻璃、陶瓷制品制造业完成出口交货值28.24亿元；金属制轻工业产品制造业完成17.55亿元；毛皮鞣制及制品加工完成14.88亿元；塑料制品业完成13.53亿元；皮革制品制造完成12.22亿元；食品制造业完成8.51亿元。

【重点企业】 2006年，河北省轻工企业主营业务收入在1亿元以上的共有420家，仅占全省规模以上轻工企业总数的15.57%，累计完成工业总产值1469.15亿元，占全省轻工业总产值66.81%的份额；累计完成主营业务收入1412.81亿元，占全省轻工业主营业务收入68.85%的份额；累计实现利税123.21亿元，占全省轻工业利税总额的69.19%；累计实现利润80.01亿元，占全省轻工业利润总额的70.72%。这些企业累计完成的主要经济指标占全省同指标的份额均在65%以上，是河北省轻工企业的骨干，带动着整个轻工业经济的发展。

【八大行业】 在全省轻工业18行业中，农副食品加工、食品制造、饮料制造、造纸及纸制品、塑料制品、皮革皮毛及其制品、金属制品、玻璃陶瓷制品八大行业共完成工业总产值1946.27亿元，占全省轻工业88.51%的份额，拉动全省轻工业增长20.46个百分点。2006年，全省农副食品加工业完成主营业务收入589.15亿元，占全国农副食品加工业主营业务收入的4.73%；食品制造业完成主营业务收入284.91亿元，占全国食品制造业主营业务收入的6.23%；饮料制造业完成主营业务收入121.22亿元，占全国饮料制造业主营业务收入的3.12%；皮革、毛皮、羽毛（绒）及其制品业完成主营业务收入254.53亿元，占全国同行业同指标的6.46%；造纸及纸制品业完成主营业务收入184.51亿元，占全国同行业主营业务收入的3.77%；塑料制品业完成主营业务收入175.04亿元，占全国同行业的主营业务收入的2.86%；玻璃陶瓷制品制造业完成主营业务收入72.81亿元，占全国同行业主营业务收入的6.27%；金属制品制造业完成主营业务收入124.74亿元，占全国同行业主营业务收入的4.76%。

【主要行业产品产量】 2006年，全年河北省乳制品行业产量214.2万吨（全国同行业产量1459.57万吨，占全国的14.67%，居全国第二位，其中液体乳产量187.71万吨，全国液体乳产量为1244.049万吨，占全国的15.09%，居第二位）；轻革产量，占全国的20.13%，位居浙江之后，居第二位；日用玻璃制品完成62.30万吨，占全国的 6.26%，居全国第六位；日用陶瓷完成 55255.78 万件，占全国的 4.6%，居全国第五位；机制纸及纸板完成 370.46 万吨，占全国的 5.44%，居全国第六位；白酒产量 1.32 亿升（全国白酒产量为 38.71 亿升），占全国的 3.31%，居第十一位；轻饮料占全国的 4.36%，居第八位；啤酒产量为 13.84 亿升（全国同行业产量为 351.52 亿升），占全国的 3.94%，居第十三位。

【项目建设】 2006 年，全省轻工行业共核准项目 1 个，备案 140 个，总投资 381.76 亿元。核准项目为河北省迁安市华丰纸业有限责任公司年产 9.6 万吨杨木化机浆及 8 万吨轻量涂布纸工程项目，总投资 6.32 亿元。备案的主要项目有保定华样科技发展有限公司年产 200 万套空调器，总投资 9.36 亿元；霸州市前进实业有限公司年产 600 万件金属家具建设项目，总投资 5.55 亿元；三河汇福粮油集团有限公司汇福农副产品综合深加工项目，总投资 13.13 亿元；河北汇源食品饮料有限公司年产 15 万吨果汁及果汁饮料、纯净水生产线项目，总投资 5 亿元等等。项目建成后，行业结构将进一步优化，行业发展后劲大大增强。

（河北省发改委工业局　鲍　蕾）

【饲料加工业】 2006 年，全省建成时产 1 吨以上（含 1 吨）的饲料生产企业 810 家，比上年减少 2 家；其中时产 5 吨以上（含 5 吨）的饲料生产企业 280 家，比上年增加 20 家，增幅为 7.7%。全省饲料生产能力达 2990 吨/时。饲料产品总产量 745.2 万吨，比上年增加 4.9 万吨，增长 0.7%；其中配合饲料 579.1 万吨、比上年增加 4.9 万吨，浓缩饲料 154.1 万吨、比上年增加 4.0 万吨，添加剂预混合饲料 12.1 万吨。饲料加工业总产值达 138.2 亿元，比上年增加 2.9 亿元，增幅 2.1%。全省共有饲料添加剂生产及分装企业 133 家，各种饲料添加剂总产量 12.7 万吨（其中维生素类 0.6 万吨、微量元素类 0.5 万吨、氯化胆碱 8.7 万吨、其它类 0.8 万吨）；单一饲料生产企业 56 家，总产量 277.0 万吨（其中鱼粉 18.7 万吨；骨粉、肉骨粉 1.3 万吨；磷酸氢钙 11.6 万吨；其它原料近 212.2 万吨）；还有饲料机械制造专业和兼业厂家 3 家，共生产饲料机械 870 台（套）。

加强对非法制售和使用“瘦肉精”等违禁药品的查处。一是加强领导，明确责任。省畜牧兽医局下发了“关于印发《2006 年河北省查处‘瘦肉精’等违禁药品专项治理行动实施方案》的通知”，进一步明确了责任和管理权限，理顺了关系，解决了管理混乱的问题；二是明确监管重点。省局要求各市全面开展普查，每个市至少对三个养猪重点县（市）进行“瘦肉精”拉网式检查，在法定节日之前，各市要进行重点检查；三是加强督导检查。2006 年春秋两季，省饲料工作办公室组织四个检查组，对 11 个市“瘦肉精”等违禁药品的查处工作进行了督导检查，共检查了 11 个市的 46 个县（市、区）92 个饲料生产企业、108 个饲料经营企业和 58 个养殖场（户），抽检样品 1081 批次；四是积极配合农业部对河北省重点屠宰厂（点）和养殖场（户）进行了“瘦肉精”拉网式检测。2006 年，共进行“瘦肉精”拉网式检查和调研等活动三次，召开座谈会三次，抽检，监测了 7 个屠宰厂及 232 家养猪场（户）的猪尿 984 批（次），经对“瘦肉精”、莱克多巴胺的检验确认，采集样品全部阴性。

加强饲料、饲料添加剂生产企业市场准入管理。一是严格审批条件，统一验收标准。省饲料办制定了《河北省饲料生产企业现场审核表》，明确要求对新申报的企业必须根据验收评分标准，严格进行评分。县市饲料办对新报企业要严格审查把关，经省饲料办实地验收合格后才能发证。2006 年，河北省饲料办向国家饲料办申报饲料添加剂生产许可证 20 家、添加剂预混料生产许可证 57 家、核发产品批准文号 477 个；新发动物源性饲料产品生产企业安全卫生合格证 33 家；新发其它饲料生产企业审查登记证明 98 家。二是积极配合农业部专家审核委员会，对本省饲料添加剂和添加剂预混料获证企业进行抽查。根据农业部《关于开展 2006 年饲料生产许可证获证企业检查工作的通知》精神，4 月 15 日至 24 日，农业部派两个专家组对沧州市和石家庄市进行抽查，共检查了 22 家企业，经专家组认真检查和评估，这 22 家企业全部符合农业部的有关规定。三是通过对饲料和饲料添加剂获证企业的年度备案和年检工作，加强事后监管。为了随时了解和掌握获证企业的生产经营情况，结合年度备案和年检工作，省饲料办对 11 个市的 41 家获证企业的生产条件、检验设施、人员素质、安全生产、质量标准、饲料标签及环境条件等进行了全面检查，对发现的问题要求及时纠正并限期整改，以确保发证质量。四是加强对无证企业的查处工作。2006 年，查处无证非法生产饲料添加剂、添加剂预混料的企业 42 家。通过以上工作，进一步规范了河北省的饲料、饲料添加剂生产秩序。

加大监管力度，治理整顿饲料市场。2006 年，重点开展了四项专项行动。一是对饲料标准、饲料标签和检验合格证等的使用情况进行专项整治，对填写产品质量检验合格证和饲料标签不规范的及时纠正，并限期整改，对无证、无号、无产品质量标准或伪造、挪用、假冒证号及产品质量标准的，依法查处；二是加强对饲料生产企业产品的质量监测。共抽查 11 市的饲料和饲料添加剂生产企业产品 139 批，合格 135 批，合格率为 97.1%；三是加强对饲料经营和使用环节质量监管。共抽检经营企业饲料和饲料添加剂产品 84 批，合格 75 批，合格率为 89.3%；抽检使用环节饲料产品 40 批，合格 38 批，合格率为 95.0%；四是加强反刍动物饲料中牛、羊源性成分的监测，防范“疯牛病”的发生。抽检商品牛羊饲料 118 批，合格 116 批，合格率 98.3%；抽检牛羊养殖场（户）自配饲料 26 批，均未检出牛羊源性成分，合格率 100%；进口动物源性饲料 19 批，合格 18 批，合格率 94.7%；国产动物源性饲料 45 批，合格 42 批，合格率 93.3%。

加强培训工作。结合对饲料、饲料添加剂生产企业的换证（发证）工作，加强对饲料监督员和饲料生产企业质检人员的培训。2006 年省饲料办举办培训班 11 期，培训人员1200多人（次），其中：饲料监督员培训班一期，饲料电脑技术培训班两期，饲料技术培训班8期，进一步提高了饲料监督员和饲料生产企业管理及质检人员的法律知识及专业技术水平。

加强交流，促进行业健康发展。为展示河北省饲料工业的发展成就和企业形象，省饲料办组织本省24家企业27个展位参加了6月份在南京召开的2006中国饲料工业展示交易会，河北获“优秀组织奖”。2006年，省饲料办还成功组织了三次考察学习活动。一是5月份，组织凯特、鲲鹏、大午等企业30多人，对河南牧鹤集团、宏展集团等进行了为期3天的学习考察；二是6月份，组织本行业48人对江苏、上海等地的饲料工业进行了为期7天的学习考察；三是10月份，组织本行业11人对美国、加拿大的饲料工业进行了为期14天的学习考察。通过参加交易会和组织学习考察，开阔了视野，学习了国内外饲料行业的先进技术和管理经验。

2006年4月13—14日，在杭州召开的“第九届全国饲料添加剂大会”上，河北华荣制药有限公司、河北大洋动保饲料有限公司、沧州市环球药业有限公司、沧州市圣源生物科技有限公司4家企业荣获“全国饲料添加剂科技创新优秀企业”称号。

（河北省饲料工作办公室　郭丽鲜）

【制盐业】 河北盐区连续几年气象条件异常，盐田设施屡遭破坏，2006年春季气温又持续偏低，蒸发量小，降水量大，特别是沧州盐区多次遭受暴风雨袭击，6月25日、28日，黄骅盐区降水量超过100mm，最大阵风达到12级，7月29日—31日，河北盐区再次遭受强降雨过程，沧州沿海降雨量达到160—260毫米，唐山沿海40—70毫米，给全省盐业生产造成极大影响。面对困难，在各级党委、政府领导下，行业职工齐心协力，奋力拼搏，全年共生产原盐395万吨，完成年度生产目标的127.4%，产品质量稳步提高；销售各类盐斤325.61万吨，完成内控计划的101.75%，其中销售工业盐302.42万吨，完成内控计划的105.7%，销售食盐22.05万吨，同比增加6.19万吨，省内销售食盐18.43万吨，同比增长了47%。

原盐生产保持平稳。面对突发性天气过程，在积极组织生产自救的同时，强化以下措施：一是加强指挥督导。针对春晒、汛期、秋晒不同时期的气候条件和工作重点，各制盐企业及早部署、科学管理、加强调度，利用天时、严密组织，并将人员、物资、资金向一线倾斜；省市局的主管领导和有关处室，主动深入盐区指导调研，针对各企业存在的问题，提出指导性意见和建议，协调解决企业的困难和问题；10月中旬，召开了全省盐业生产和经济运行工作会议，对全省秋晒生产做出了安排布署；沧州市局还组织了生产联查，黄骅、海兴两市县局也适时召开生产调度会，确保了生产工作的协调有序。二是加大技改投入。各单位在资金十分紧张的情况下，仍投入资金对基础设施设备进行维修和更新改造，更换塑苫、整修滩田。沧州盐区仅在滩田维修等方面的投入就达1000多万元，塑苫面积达到了13万公亩，为盐业稳产、高产打下了坚实的基础。三是深化管理改革。各企业普遍实施了联产承包责任制，将生产成本及原盐产量与职工工资直接挂钩，极大地调动了干部职工的生产积极性，使吨盐生产成本有了不同程度的下降。

产品质量进一步提高。省盐务局调整充实了省盐及盐制品质量检测站的人员和设施，强化检测手段；组织质检人员参加全国海盐质量化验员培训班培训；对《碘盐标志产品技术条件》和《碘盐标志生产企业的管理规范》二个管理性标准在全省盐区广泛宣传；依据《国家食盐定点生产企业质量体系技术规范》要求，对重点食盐定点生产企业进行了抽查。各制盐企业把提高产品质量作为工作的重点，注重改进结晶工艺，加强结晶管理和塑苫管理，原盐质量有了进一步的提高。食盐生产企业对食盐产品质量管理全部实行岗位目标责任制，严把进料、生产、出厂三个环节，对质量事故实行责任追究。2007年1月10日，省疾控中心发布河北省2006年第四季度加碘盐厂监测情况通报，对省内加碘盐厂进行了21批次的抽检，抽检盐样189份，盐厂抽检合格率为100%，样品抽检合格率为100%。

工业盐运输秩序好转。2006年初省政府办公厅下发《关于加强和改进工业盐管理的通知》，省盐务局根据《通知》精神印发了《河北省盐务管理局关于加强工业盐运输管理的通知》，对工业盐的生产、销售和运输做出了明确规定，初步建立起了工业盐分类监管机制。对两碱工业用盐实行购销核查，统一实行持票运输；对外省市销售到河北省境内和过境的工业盐，依照《通知》精神进行了监管；对两碱以外工业用盐，进一步明确了进货渠道，统一了小工业盐价格。同时，加强工业盐运销票据领取、换发、开具、保管、检查等环节的管理，并对衡水、邯郸、唐山、沧州等两碱用盐企业进行了专项检查和调研，对检查中发现的问题妥善解决，确保了该项工作的贯彻落实。目前河北省工业盐运输市场秩序明显好转，工业盐销售保持了平稳运行，食盐销售量也有明显增加。

食盐计划得到较好落实。食盐计划是食盐专营的核心。2006年产销双方密切合作，狠抓计划落实。一是认真贯彻《河北省盐务管理局关于严格盐业运销计划管理的通知》，狠抓计划提报、下达、执行三个环节。给分公司增任务，加压力，签订目标责任制，层层分解计划，调动各方积极性。二是加强食盐准运证的管理，进一步明确管理责任，强化对计划执行的监督管理，维护计划的严肃性。三是积极协调省内外销区用户的关系，及时沟通信息，完善协商机制，研究改进计划管理的措施，并主动提请省发改委协调解决食盐计划落实中的矛盾和困难。四是主动协调干线运输。针对雨季期间棚车较紧情况，积极与铁路部门协调，在省发改委和北京铁路局的大力支持下，保障了铁路运输畅通无阻。五是积极衔接产销计划。成功召开了2007年产销衔接座谈会，68个单位、159人参加了会议。经产销双方共同努力，衔接了2007年食盐计划、工业盐合同。全年销售食盐23.3万吨，同比增加7.34万吨，其中省内销售18.43万吨，同比增长47%，确保了食盐市场供应。

整顿规范盐业市场秩序取得成效。一是积极落实工业盐管理规定。为使省政府办公厅《关于加强和改进工业盐管理的通知》和省盐务局《关于加强工业盐运输管理的通知》精神落到实处，及时召开全省盐政工作会议和省内制盐企业及化工企业负责人会议，对盐政稽查做出部署，对合同备案和接受稽查提出要求。二是严格执行工业盐按票运输制度。依据严肃性、真实性和方便企业的原则，执行工业盐按票运输制度，根据制盐企业的分布状况，在全盐区设立了12个开票点，坚持24小时服务。并积极与外省市盐政管理部门沟通，共同维护盐业市场秩序。三是进一步完善稽查手段。对盐政110专用执法车辆进行了清理整顿，对唐山、沧州市盐务局配备了110专用车辆，要求为南堡、京唐港、黄骅市盐政所重新配备执法车辆，提高盐政执法快速反应能力。四是加强重点部位和重点环节的监管。对食盐定点生产厂、畜牧盐加工企业等重点单位指派驻厂员，实施二十四小时监控；对重点路段组织盐政执法人员坚持昼夜巡查；对涉盐村镇进行不定期排查；对所有持证企业开展了专项检查，对存有问题的加工盐企业责令限期整改，依法规范；在黄骅盐区进行了为期一个月的集中整顿，对各类盐产品的监管落实了责任制，有效遏制了私盐的贩销行为。全年共审查备案合同185份，涉及盐斤443万吨，核查化工用盐企业11家，对39个获证企业实行年检，接待群众来信来访50多人次，化解了矛盾。查处盐业违规违法案件100起，罚没盐斤1195.70吨，罚款55.31万元。其中唐山市盐务局与唐山市公安局刑警联合执法，查处天津张强贩运私盐劣质盐140吨，罚款7万元大案，引起强烈社会反响，维护了本地区盐业市场稳定。

加强执法队伍建设和法制宣传。建立了《执法人员岗位责任制》，组织省局机关执法人员参加了全省法律知识培训。沧州市局组织两期执法人员培训班，培训执法人员68人次，完善各项规章制度17项，并提出“三个不准”的总体要求。唐山市局组织一局两所执法人员学习培训，对丰南区盐务局新上岗人员进行了重点培训，并制定了行政执法依据、职权、责任分解及相关配套制度。积极做好盐业法规宣传。在贫困山区井径县和盐区开展了第十三届碘盐宣传日活动，发放宣传材料6000份，接待群众法律咨询百余人，收到了很好的效果。

（河北省盐务管理局　高秀华）

纺织工业

【概况】 2006年，全省纺织工业入统工业企业924家，从业人员32.8万人，资产总额434.11亿元。2006年全行业完成工业增加值165.96亿元，同比增长13.51%；实现销售收入630.39亿元，同比增长23.32%；实现利税44.11亿元，同比增长12.30%；实现利润26.27亿元，同比增长11.66%；完成新产品产值6.3亿元，同比增长21.32%。

主要产品产量完成情况：化学纤维25.31万吨，同比增长14.71%，居全国第11位；纱86.38万吨，同比增长24.51%，居全国第6位；布28.23亿米，同比增长24.34%，居全国第5位；印染布10.87亿米，同比增长13.19%，居全国第5位；绒线9.62万吨，同比增长4.52%，居全国首位；服装3.8亿件，同比增长16.93%，居全国第8位。印染布、服装、绒线产量相对稳定，化纤、纱、布产量均保持了较高增长。

2006年，全行业实现出口创汇31.7亿美元，同比持平，占全省出口额的四分之一，居全省各行业出口第一位；其中服装出口创汇23.52亿美元，占全行业出口创汇总额的74.19%。产品销往美国、日本、伊朗等50多个国家和地区。

【项目建设】 用高新技术和先进适用技术改造提升纺织工业，积极推进河北宏润新型面料公司抗菌纱面料服装生产线、邯郸海盛威纺织印染集团有限公司结构调整产业升级项目、石家庄常山纺织股份有限公司整体改造优化升级项目等一批重大项目建设，并取得了实质性进展。河北宏润新型面料公司抗菌纱面料服装生产线项目，总投资39.2亿元人民币，征地5300亩，拟建设抗菌纱、抗菌面料、成衣、家纺生产线。主要建设内容：百万纱锭项目；高档面料、家纺及高档针织内衣项目；环保印染加工项目。2006年新增纱锭10万枚，同时新上高档毛巾、浴巾技术改造，共计完成投资2.15亿元。邯郸海盛威纺织印染集团有限公司搬迁改造、结构调整、产业升级项目，建设地点为邯郸市马头纺织服装工业园，总投资30亿元，征地3000亩；新建20万纱锭、3000台无梭织机、印染生产线8000万米、家纺和服装600万件；搬迁改造30万纱锭、3000台织机、印染生产线1亿米、服装600万件。2006年该项目完成投资1.2亿元，基础设施开始施工建设，两横、两纵道路已完工，首个入园项目主体厂房已完工。石家庄常山纺织股份有限公司整体改造优化升级项目完成选址。河北宏润新型面料公司抗菌纱、抗菌面料、成衣、家纺生产线项目列入河北省第一批重点产业支撑项目，对该项目省政府将按照“一项一策”的原则，从财税政策、资源保障、融资等方面予以重点扶持。这些项目建成后，产品结构将进一步优化，市场竞争力将大大增强。

2006年纺织服装业全年备案项目共计74个，其中化纤项目3个，棉纺织项目37个，印染项目5个，毛纺织项目10个，服装项目15个，产业用纺织品4个；总投资169.23亿元，新增固定资产投资153.23亿元，同比增长106.75%。

【专项资金】 为促进纺织行业健康发展，中央财政对纺织行业加快结构调整转变增长方式予以专项资金支持。河北省石家庄常山纺织股份有限公司多组分差别化纤维面料开发、河北宏润新型面料有限公司多纤生态面料的研究与开发、邯郸海盛威纺织印染集团有限公司吸湿快干系列面料纺织染技术及产品一条龙开发、河北宁纺集团有限责任公司短流程印染工艺开发、阜城县华兴服装有限公司差别化纤维交织布及产品一条龙开发、邯郸纺织机械有限公司3000吨芳纶1313纤维生产线等六个项目因其技术含量高、有创新点得到了国家专项资金1500万元的支持。

（河北省发改委工业局　韩　品）

石油和化学工业

【概况】　经过几十年的发展，河北省石油化学工业已经形成了包括石油化工、海洋化工、煤化工、基本化工原料、农用化工、精细化工、生物化工、高分子材料、橡塑制品、化工机械等十几个门类的完整的石油化学工业生产体系。一批在国内同行业中具有很大影响的大型骨干企业已经形成，其中：中石油华北油口分公司、中石油华北石化分公司、中石化石家庄炼油厂、中石化沧州炼油厂、唐山三友碱业集团有限公司、中国乐凯胶片公司、沧州大化集团、河北冀衡集团、旭阳焦化、峰峰集团、正元集团、中阿化肥等十几家企业已进入国家大型企业行列。乐凯胶片集团的信息化学品、中阿化肥的高浓度复混肥料、三友碱业的纯碱、沧州大化的TDI、石家庄白龙化工的苯二甲酸酐、河北威远的阿维菌素、东光华戈化工的DSD酸、捷虹染化的酞菁染料、沧县建新化工厂的染料中间体等一批中小企业的特色精细化工产品在国际国内市场具有很高的知名度，有的已形成相对垄断。一批各具地方特色的区域小企业群逐步壮大，如景县的钢丝编缠胶管、衡水市桃城区的工程橡胶制品、井陉县的碳酸钙、雄县的乳胶气球、巨鹿县的V带、保定的输送带、武强县的染料及中间体等。这些小企业群的产量总和，均占据国内市场的重要份额，为河北石油化工的发展做出了有益的贡献。

河北省环绕京津，具有较好的区域及市场优势，为河北石化行业的发展提供广阔的市场腹地。公路、铁路交通网络发达，境内有秦皇岛港、唐山港、黄骅港三大港口，石油、煤炭、液体化学品的进出十分方便。特别是唐山曹妃甸30万吨原油码头、LNG码头，秦皇岛、黄骅原油码头、液体化学品码头的建设，将为大型石化基地的建设提供得天独厚的条件。

河北省自然资源丰富，境内有华北、冀东、大港三大油田，原油年产量近千万吨，天然气近10亿立方米。煤炭资源丰富，年产原煤近8000万吨，在全国28个产煤省中居第九位。开滦、峰峰两大煤田是我国重要的煤炭基地。海盐年产量近500万吨，居国内第二位，是我国重要的海盐产地，南堡、长芦、大清河等盐场是国内最大的盐场。磷、钙、镁等其他各种化学矿的蕴藏量也十分丰富，为石油化学工业的发展提供了资源条件。但总体来讲，河北省石油化工行业的产业构成中基础化工原料、肥料、农药、涂料、染料及装备制造等能源，资源密留校和高污染行业所占比例明显高于全国平均水平。但在原油和天然气开采能力与全国平均水平基本持平的情况下，与石油化工密切相关的原油加工及石油制品、有机化学原料、合成材料等在产业构成中的比例却均低于全国平均水平。尤其是合成材料差距更大，甚至不到全国平均水平的一半。

2006年，全行业实现销售收入达到1443.05亿元，同比增长24.81%、实现利润155.15亿元，增长29.68%、资产总值1111.04亿元，增长19.15%，分别居全国第八、第六和第十一位；完成工业增加值558.3亿元，同比增长13.54%。完成出口交货值80.39亿元，同比增长25.16%；新产品产值38.14亿元，增长36.02%。销售收入、实现利润和工业增加值分别占全省经济总量的11.09%、17.47%和14.63%。成为河北省的主导产业之一。重点项目建设进度较快，累计完成固定资产总投资215.45亿元，同比增长59.06%，居国内第九位。主要产品产量均有较大幅度增长，其中天然原油开采量610.81万吨，同比增长8.6%；原油加工量975.84万吨，同比增长1.8%；成品油669.25万吨，与上年基本持平，汽柴比1：1.94；硫酸（折100%）96.89万吨，增长－2.4%；浓硝酸6.34万吨，增长88.7%；盐酸（含量31%以上）38.53万吨，增长5.7%；纯碱187.64万吨，增长5.8%；烧碱（折100%）73.03万吨，增长29%，其中离子膜烧碱21.85万吨，增长108.9%；合成氨357.44万吨，增长5.4%；农用化肥（折纯）210.54万吨，增长1.3%，其中尿素134.55万吨，增长7.3%；化学农药3.35万吨，减少2.9%，其中杀虫剂1.92万吨，减少11.1%，杀菌剂1216吨，增长38.4%，除草剂7368吨，增长26.4%；纯苯7.32万吨，增长13.8%；精甲醇52.36万吨，增长17.3%；冰醋酸7.96万吨，增长86%；油漆11.11万吨，增长5.8%；颜料13.33万吨，增长22.6%；塑料树脂及共聚物64.52万吨，增长2.4%，其中聚氯乙烯树脂41.3万吨，增长0.5%，聚乙烯树脂1.5万吨，增长10.3%，聚丙烯树脂20万吨，增长5.4%；合成纤维单体7.41，增长7.7%；己内酰胺7.19万吨，增长4.5%；聚酯2.43万吨，增长35%；化学纤维25.3万吨，增长14.7%；粘胶纤维16.25万吨，增长19.1%；胶鞋2129.39万双，增长1.6%。目前拥有入统石油化工企业900多家，其中大中型企业110多家，产品品种2000多种。

【基地建设】　根据河北省石油化学工业的基础条件和外部环境，充分依托沿海临港优势，延伸完善石油化工、煤化工、盐化工、精细化工四大产业链，形成以唐山、石家庄、任丘和沧州“三化一城”为龙头，共同发展的石油化工产业格局。依托曹妃甸大型进口原油码头，LNG码头、原油商业储备，建设世界级大型炼油化工一体化石化产业基地，最终形成以石油化工、煤化工、盐化工为主线的产业链。依托唐山丰富的煤焦油资源优势，建设煤焦油加工项目、焦炉煤气制甲醇等煤化工深加工装置。依托三友集团大力发展纯碱化工和氯碱化工，建设大型盐化工基地。

形成石油化工、煤化工、盐化工“三化合一”的完整产业链。依托中石化石家庄炼化公司、电化厂、焦化厂等企业，以做大做强石油化工和煤化工、氯碱化工三大产业为目标、以为医药等行业提供原料和中间体为立足点，以16万吨/年己内酰胺和800万吨/年炼油扩能改造项目为龙头，建设石家庄精细化工基地。依托华北石化分公司，以千万吨炼油装置改扩建为龙头，并进一步向石油化工联合装置方向发展，建设炼油化工一体化产业基地。沧州化工城主要依托中石化沧州炼油厂、中国化工沧州化工基地和黄骅液体化学品码头，遵循一体化理念，重点建设乙烯丙烯联合装置、己内酰胺、PVC、TDI、MDI等项目，形成完整的产品链。以做大做强冀衡循集团消毒剂产业为目标，建设循环经济示范园区，形成消毒剂产量居世界第二位、上下游配套、环境友好的消毒剂生产基地。依托石家庄、邯郸、邢台、张家口、唐山等较好的煤炭资源、区位及市场优势和产业基础，以峰峰、旭阳、建滔、正元、开滦等为载体，大力发展煤化工产业，重点发展后续加工产品，延伸产业链，打造后续战略支撑产业。通过实施大基地、大集团战略，形成河北省石油化学工业新的经济增长极。

【发展规划】 按照河北省政府的统一要求，河北省发改委在深入调研和认真分析本省石油化学工业行业现状、优势和劣势的基础上，编制了《河北省石油化工行业“十一五”专项发展规划》，经过充分论证、修改完善，已上报省政府。《规划》从指导思想、总体目标、发展重点、政策建议等诸方面进行了充分的论述、分析，提出了具体指导意见，为河北省石油化学工业较快、健康和可持续发展奠定了基础。按照国家发展改革委《关于加强煤化工项目建设管理、促进产业健康发展的通知》（发改工业〔2006〕1350号）要求，积极开展了《河北省煤化工产业发展规划》的编制工作，经国家发展改革委确认后，规范和引导全省煤化工产业的健康发展，着力将煤化工产业打造成河北省的后续战略支撑产业。

【重点项目】 一批重点项目前期和建设工作取得突破性进展。曹妃甸30万吨级大型进口原油接卸码头项目已经开工建设，预计2007年底竣工；曹妃甸大型炼油化工一体化产业基地总体实施方案已完成初稿；《中国石油曹妃甸港区业务发展总体规划》已经完成；唐山三友集团20万吨烧碱、20万吨PVC工程基本完工；沧州12万吨己内酰胺项目已通过国家发展改革委核准；中国化工沧州化工产业基地5万吨TDI扩建工程已开工；石家庄炼油厂800万吨炼油、16万吨己内酰胺扩能改造项目各项前期准备工作正在进行中；华北石化分公司500万吨炼油扩建项目已基本竣工，大型炼油化工一体化产业基地前期准备工作已经启动；河北冀衡集团循环经济项目已纳入国家第一批循环经济试点计划，工程已全面铺开。

【企业改革】 通过改组改制和资产重组，建立现代化企业管理制度，大型企业集团建设取得突破性进展。近20家企业跻身全国化工500强企业，13家企业跨入全国大型企业行列，石家庄炼油、沧州炼油、唐山三友、中阿化肥、沧州大化、乐凯胶片、冀衡集团等七家企业跻身河北省百强企业。华北油田、石家庄炼油、沧州炼油、华北石化分公司、唐山三友集团、沧州化工、中阿化肥、沧州大化、乐凯胶片、廊坊立邦涂料等20多家企业步入河北省工业企业销售收入300强企业行列。河北冀衡集团等一批企业已完成企业的重组改制工作，国有资本全部退出。沧州大化与中国化工集团通过股权转让和资产重组，组建中国化工沧州化工产业基地。

（河北省发改委工业局　吴树军）

医药制造业

【概况】 医药工业是河北省在全国具有传统优势的主导产业之一。全省的化学原料药、中成药和中药饮片等生产加工规模及产量居全国前列。特别是抗生素原料药、中间体和维生素C等产品的产量、技术和质量指标在国内处于领先地位。但河北省医药工业的结构性矛盾突出，在产品结构方面主要是：大宗化学原料药比重过大，产品结构单一；高附加值化学药品原料与制剂以及中药、生物制药比重偏低。随着国内外医药市场竞争的不断加剧，这种结构性矛盾对河北省医药工业发展的制约作用日益显现。2006年，河北省医药工业经历了严峻的考验。受能源、原材料涨价，产品降价，同业竞争加剧以及政策环境等外部因素和本省医药产业自身结构性矛盾的影响，全省医药工业增长放缓，部分指标下滑。2006年全省共有医药工业企业175家，其中化学药品工业企业81家，中药工业企业60家，医疗器械企业11家，其它企业23家。全省医药工业企业完成工业总产值（现价）227.77亿元，同比增长5.16%；主营业务收入219.95亿元，同比下降1.71%；出口交货值36.21亿元，同比增长6.04%；实现工业增加值65.31亿元，比上年减少1.37%；实现利润总额14.87亿元，同比增加6.10%；实现利税总额25.17亿元，同比增长5.38%。其中，工业总产值、工业增加值、主营业务收入在全国位次均比上年度有所下降，分别居全国第7位、第11位和第8位；利润总额和利税总额均居全国第9位，与上年度持平；出口交货值居全国第6位，比上年晋升一位。

2006年，河北省化学原料药总产量达到48.42万吨，比上年增长51.72%，居全国第一位。全省有4家医药工业企业主营业务收入进入全国100强，其中石药排在第4位，华药排在第7位、河北恒利制药集团排第82位、神威药业第89位。

造成河北省医药工业增长放缓、部分指标下滑的原因，除能源、原材料涨价，产品降价和有关医药政策性影响等外部因素外，主要原因在于省内医药工业结构调整正处于攻坚阶段，相关措施和改造项目正在实施，还没有完全到位。2004年以来，国家多次下调药品的零售价格。

特别是2006年8月份国家下达了第十九次限价通知，主要涉及99种抗生素类药品，国内制药企业的相关产品价格降低60%以上，对河北省医药工业影响较大。在药品价格频频降低的同时，生产企业的成本却不断攀升。药品的原材料如粮食、淀粉和酒精、丙酮等产品价格都出现了较为明显的上涨。再加上燃料以及运输费用的上升，对制药企业尤其是毛利率较低的企业形成了较大的压力。去除市场和原材料涨价等外部因素之外，造成全省医药工业整体效益下滑的内在原因主要是省内医药产业结构不合理。如按销售收入分析，全省化学制药工业、中药工业和医疗器械比重分别为77.79%、19.10%和3.10%，化学药品比重高于全国17个百分点，中药工业和医疗器械等工业分别低于全国7个百分点和10个百分点。应该指出的是，近年来全省中成药工业生产、效益增长速度好于化学制药生产企业，神威药业有限公司的利润、利税指标均已超过华药、石药利润、利税指标的总和。但由于中成药工业总体规模偏小，中成药工业生产、效益的增长还不足以完全抵消化学制药工业下滑的趋势。此外，全国化学药品工业制剂销售收入占全部化学药品工业销售收入的比重为51.33%，河北省仅为9.21%（按工厂法统计口径计算），华药、石药集团产品的原料药与制剂比均为7∶3左右，结构明显偏重。在国内外同业竞争日趋激烈的情况下，以低附加值大宗原料药生产为主的大企业集团难以承受竞争的压力，企业赢利能力受到挑战。

【发展规划与重点项目】 依据国家统计年报和河北省医药产业发展实际，年初，对《河北省医药产业"十一五"专项发展规划》进行了修订，调整了发展目标，充实了规划内容，于6月上报省政府。配合国家发改委《医药行业"十一五"发展指导意见》的编制工作，组织有关市发改委和大企业进行座谈，依据本省医药产业发展实际情况认真提出反馈意见，主要意见在国家的《指导意见》中得以吸收。6月份国家发改委《医药行业"十一五"发展指导意见》正式印发，对河北省医药产业结构调整和项目建设起到了重要的指导作用。在2005年谋划大项目的基础上，华药新工业园、石药工业园、中药现代化工业园和中国药都健康城四个医药重点发展项目列入河北省发展和改革委员会编制的《河北省国民经济和社会发展第十一个五年规划纲要》的专栏项目，为今后这几个大项目的顺利实施创造了有利条件。按照省政府的统一部署，经多次考察和研究，谋划了"华药集团新产品工业园区建设"、"石药集团高科技工业园"及"河北医大生物医学工程中心"三个规模大、效益好、拉动作用明显的大项目作为河北省重点产业支撑的备选项目。在协调推进重点项目的实施方面，建立了省医药重点建设项目调度与协调机制。明确了调度与协调内容、参加单位及人员等具体要求，并定期召开项目协调调度会，为推进医药重点项目的实施发挥了一定作用。积极推进华药集团与DSM公司合作及实施战略转型项目上报国家核准，完成了项目申请报告的审核与上报，该项目的审核工作进展比较顺利。

【协会工作】 河北省医药行业协会于2005年底正式成立。按照省政府《河北省行业协会发展指导意见》的精神，省发改委工业局积极做好与行业协会的联系工作。一是将执行国家发改委运行局《医药行业统计制度》的工作正式行文授权给省行业协会，并于3月份召开了全省2005年医药统计年报和2006年医药定期统计报表工作会，使全省的医药行业统计工作步入正规。二是与协会沟通协商，就当前企业普遍关心的药品价格问题等进行了专项调研。三是将一些专业性、事务性的工作如组织专家进行项目评审等委托协会承担，较好地发挥了行业协会的作用。

（河北省发改委工业局　刘彦斌）

建材工业

【概况】 2006年，全省建材工业积极而有作为地贯彻落实国家宏观调控政策，坚持总量调控、结构调整的方针，以推进节能减排为突破口，加快增长方式转变，努力实现"由大变强"的目标，行业整体素质和发展水平不断提高。2006年，全省主要建材产品产量保持较快增长。水泥产量8493万吨，同比增长10.6%；平板玻璃产量5808万重量箱，同比增长16.6%；卫生陶瓷产量1853万件，同比增长20.4%；建筑陶瓷产量1.2亿平方米，同比增长32.8%。全省规模以上建材工业完成增加值202亿元，同比增长29.7%，增速明显加快。规模以上建材工业实现产值694亿元，同比增长31.8%；其中产成品库存39.6亿元，产销率为94.3%，总体产销实现较好衔接。生产较快增长的同时，经济效益实现更快增长。规模以上建材工业实现销售收入650亿元，同比增长28.3%；实现利润40.1亿元，同比增长24.7%；实现利税67亿元，增长22.6%。

【结构调整】 2006年，全省建材工业按照国家宏观调控精神，充分发挥政策引导作用，继续坚持"控制总量、调整结构、提高质量、保护环境"原则，以工艺技术进步为依托，加快技术改造步伐，加大淘汰落后力度，推进节能减排，全面推动行业结构优化升级。一是加强规划和政策引导。按照省政府统一部署，起草完成了建材工业"十一五"专项发展规划，进一步明确了建材工业发展方向、目标和有关措施，根据全省水泥工业发展过程中出现熟料与粉磨产能不匹配、市场恶性竞争、产品质量下降等问题，结合贯彻落实国家发改委颁布的《水泥工业产业发展政策》，组织展开深入调研，向省政府报送了《关于全省水泥工业落实产业政策调控发展运行工作情况报告》，明确了淘汰立窑与发展新型干法相结合等具体措施，受到省政府肯定。为规范平板玻璃行业发展，启动了部分地区行业发展规划的制定工作。二是规范固定资产投资。从产业政策、规划布局、市场准入、环境监督等方面入手，坚决防止水泥、平板玻璃等高耗能、高污染、资源型产品产能盲目扩张。为抑制产能过快增长，暂停了水泥等固定资产投资项目核准或备案，按照国家的统一部署和要求，对建材工业固定资产投资项目进行了清理检查，对违法违规建设行为进行了查处和纠正。与此同时，冀东集团四条大型新型干法水泥生产线、遵化镀膜玻璃加工、沙河大规格抛光砖等一批行业重大结构调整项目相继实施或开工。三是加快淘汰落后产能。通过落实产业政策、强化调控措施、加强督导检查等工作，全省建材工业淘汰落后进程开始加快。水泥行业严格执行“上大压小、等量或超量淘汰”方针，通过环保、生产许可、项目核准等手段，在新上新型干法水泥的同时，相应淘汰立窑产能。10月份，《河北省人民政府办公厅转发关于完善差别电价政策实施方案的通知》（冀政办函〔2006〕49号）下发执行，提出了差别电价政策的指导思想、目标和原则，制定了有关措施，明确了水泥等部分高耗能行业差别电价执行标准，对淘汰落后起到重要促进作用。四是开展专项整治活动。通过多部门协同配合，认真开展建材市场专项整治工作，坚决清理严重扰乱市场秩序的假冒伪劣建材产品，清理查处建材行业无证生产行为，贯彻执行《水泥工业大气污染物标准》，大力开展清洁生产和污染治理，全面规范建材生产经营活动。特别是对第十届全国人民代表大会第四次会议第6800号建议《关于坚决取缔高能耗、重污染、劣质玻纤产品生产的建议》，对秦皇岛、任丘两地劣质玻纤及制品生产经营进行了专项整治，省政府以“冀政案字〔2006〕22号”就治理情况向张志法等8位代表给予了答复，并得到充分肯定。2006年，全省建材工业呈现出结构优化、素质提高的发展运行态势。新型干法水泥占总量的比重达到37%，其中预分解窑水泥熟料产量1404万吨，同比增长11.3%。钢化玻璃产量319万平方米，增长33.5%；夹层玻璃产量184万平方米，增长1.08倍。在平板玻璃总量增幅不大的情况下，加工玻璃产量大幅提高。新型墙材、装饰装修材料、防水保温材料、无机非金属新材料行业整体实力继续增强，新型建材发展势头强劲。冀东水泥继续强势扩张，惠达陶瓷行业地位进一步巩固，耀华玻璃搬迁重组开始酝酿，龙头企业总体呈现良好发展势头。

【散装水泥】 以保护环境、节约资源为目标，强化散装水泥专项资金导向作用，大力开拓散装水泥市场，加快预拌混凝土和干粉砂浆发展，全省散装水泥推广工作取得明显进展。《河北省散装水泥和预拌混凝土管理条例》起草完成，并提交省人大审议，部分设区市有关管理法规开始实施，依法推散取得新进展。专项资金生产性投入力度加大，引导、带动了社会和企业相应投资的加快，沧州沧兴年产60万立方米预拌混凝土生产线、邯郸150万立方米的混凝土搅拌站及部分企业的散装罐、车设施等项目相继投入使用。充分发挥内邱散装示范县的作用，在全省开展了经验学习和交流活动，农村用散工作取得成效。2006年，全省完成散装水泥供应量2208万吨，较上年增加216万吨，同比增长10.8%，增速提高了3.5个百分点；全省水泥散装率达26%。

【新型墙材】 适应节能减排和建设节约型社会的要求，全省新型墙材改革工作力度进一步加大。在继续推进有关扶持新型墙材和限制粘土制品政策落实的基础上，把禁止实心粘土砖生产使用与启动农村墙改为突破口，结合新型墙材发展情况，确立了对实心粘土砖限产与禁用并举，对新型墙材扶持与监管并重的工作原则。继11个设区市“禁实”之后，2006年全省又有12个县级市列入第二批“禁实”名单，其中辛集、遵化、武安、涿州、泊头、迁安、定州、鹿泉、任丘9市已提前禁实。沙河、三河、冀州有关工作也不断加快。一批高水平、大规模的节能利废新型墙材项目相继开工或投产。结合新农村建设，沧州积极推进新型墙材农房建设工作，当年建成13万平方米，为全省农村推广新型墙材起到示范带动作用。2006年，全省关停砖窑173座，减少粘土砖产能12亿块标准砖；新型墙材产量172亿块标准砖，新型墙材率达43.8%，同比提高了3.8个百分点，实现节地2.8万亩，利用粉煤灰、煤矸石等工业废渣700多万吨。

（河北省发改委工业局 徐建良）

冶金工业

【概况】 2006年，全省主要冶金产品产量：生铁8250.14万吨、粗钢9096.29万吨、钢材8467.10万吨、铁矿石2.50亿吨、焦炭3209.12万吨、十种有色金属4.25万吨、铝材17.30万吨，分别比去年增长19.74%、20.71%、32.34%、61.30%、30.37%、－43.86%和5.07%。其中，铁矿石、生铁、粗钢及钢材产量在全国各省市自治区中继续保持第一的位次。黑色冶金业发展强劲，有色冶金业增速缓慢。

【黑色冶金业】 在生产发展的同时，经济运行质量进一步提高。产销实现良好衔接，重点冶金企业产销率达到105.90%，同比增长1.78个百分点。技术经济指标普遍改善，省重点钢铁企业平均铁水合格率、高炉利用系数、喷煤比，钢水合格率、转炉钢铁料消耗、转炉利用系数、连铸比，轧钢综合成材率、钢材合格率等项指标均好于全国重点钢铁企业平均水平。产品出口快速增长，黑色金属冶炼及压延业完成出口交货值73亿元，同比增长65.99%。科技创新取得新进展，黑色金属冶炼及压延业完成新产品产值205.57亿元，同比增长42.92%，比销售产值增幅高17.47个百分点。经济效益稳步提高，黑色金属冶炼及压延业完成主营业务收入3903.12亿元、同比增长20.76%，实现利税409.64亿元、同比增长38.48%，创利润254.76亿元、同比增长172.31%；黑色金属矿采选业完成销售收入370.46亿元、同比增长33.51%，实现利税98.18亿元、同比增长22.17%，创利润56.33亿元、同比增长20.22%。冶金工业在全省国民经济中的地位日益提高，在全省39大类工业行业中，黑色金属冶炼及压延业成为第一个工业增加值突破一千亿大关的行业，达到1001.19亿元，同比增长24.78%，占全省工业增加值的26.24%。

【有色冶金业】 2006年全省有色金属矿采选业和有色金属冶炼及压延业分别完成主营业务收入17.23亿元和187.77亿元，同比分别增长96.34%和31.53%；完成工业增加值分别为6.90亿元和41.53亿元，同比分别增长91.50%和－2.80%；实现利税分别达到7.16亿元和8.18亿元，同比分别增长234.89%和12.57%；实现利润分别达到5.38亿元和5.10亿元，同比分别增长249.15%和16.07%。

【结构调整】 全省钢铁工业结构调整工作继续取得新的进展。在企业组织结构方面，唐钢、宣钢、承钢三家企业组建了新的唐钢集团，唐山市有冶炼能力的钢铁企业由57家减至26家，武安市12家民营钢铁企业联合重组为新武安钢铁集团，全省钢铁企业组织结构调整已迈出坚实的步伐。截至2006年底，有24家钢铁企业钢产量超过100万吨，其中唐钢集团达到1906万吨，邯钢、唐山国丰超过500万吨，300—500万吨企业有1家，200—300万吨企业有9家，100—200万吨企业11家，百万吨以上钢铁企业钢产量占全省总产量的77.02%。通过组织结构调整，河北省产业集中度进一步提高。在产品结构方面，钢材板带比达到53.94%，同比提高10.72个百分点，高于全国平均水平12.16个百分点。

【宏观调控】 河北省积极贯彻落实国家宏观调控政策，认真开展淘汰落后钢铁生产能力工作。年初，省政府下达了保障全省钢铁工业平稳运行任务分解表，将控制钢铁产能过快增长和淘汰落后钢铁产能工作分解到省直各有关部门和各涉区市，省发改委、国土资源厅、水利厅、环保局、工商局、安监局、质监局、银监局等部门和单位分别开展了专项检查，有效控制了全省钢铁工业投资过快增长，促进了全省淘汰落后钢铁产能工作的开展。2006年，河北省黑色金属冶炼及压延加工业固定资产投资320.75亿元，同比增长14.03%，增幅低于全省城镇固定资产投资19.92个百分点，增幅同比下降9.87个百分点，投资过快增长现象得到有效遏制；全省共淘汰高炉7座、炉容1100立方米、能力118万吨，淘汰转炉8座、炉容134吨、能力161万吨，淘汰电炉1座、炉容20吨、能力10万吨，合计炼钢能力171万吨。11月，省政府召开新闻发布会，在全国各省区率先向全社会公布了河北省第一批淘汰落后钢铁生产能力企业名单，共涉及企业26家，淘汰炼铁能力398万吨，炼钢能力373万吨。

【重点项目】 邯钢结构调整产业升级项目正式开工建设且进展顺利，累计签订合同274项、合同金额55.21亿元（含外汇1.42亿美元、8930万欧元），累计完成财务支出25亿元；曹妃甸大钢项目前期工作取得实质性进展，国务院成立了"首钢搬迁调整工作协调小组"，中咨公司完成了大钢可研报告的评估论证工作，并将咨询评估报告上报国家发展改革委。

（河北省发改委工业局　胡继红）

机 械 工 业

【概况】 2006年，全省机械工业入统企业2482家（包括交通运输设备制造业、专用设备制造业、金属制品业、电气机械及器材制造业、通用设备制造业、仪器仪表及文化办公用机械制造业，共计6个大类），职工54.7万人，总资产1491.6亿元。全行业实现销售收入1800.35亿元，同比增长37.09%；完成工业增加值502.7亿元，同比增长27.10%；实现利税171.65亿元，同比增长41.15%；实现利润121.4亿元，同比增长45.91%；完成出口交货值178.94亿元，同比增长51.77%；完成新产品产值155.62亿元，同比增长82.2%；亏损企业270家，比上年减少99家，亏损额9.25亿元，比上年增亏1.06亿元，占全省工业亏损额的8.8%，全行业增亏12.94%。

2006年，全省机械工业的销售收入、工业增加值、利税、出口交货值、新产品产值分别占全省工业的13.84%、13.17%、11.71%、28.75%、31.07%，属第三大行业，主要指标在全国机械工业中位居12位左右。

交通运输设备制造业、专用设备制造业、金属制品业、电气机械及器材制造业、通用设备制造业、仪器仪表及文化办公用机械制造业6大行业产值分别为413、285、399、398、362、25亿元，占全省机械工业的比重分别为22%、15.2%、21.2%、21.1%、19.2%、1.3%。

主要产品产量。农业运输机械7941辆，增长－8.95%；汽车26.84万辆，增长36.97%，其中摩托车46.23万辆，增长28.50%；交流电动机993.87万千瓦，增长16.22%；变压器7333.55万千伏安，增长22.79%；电力电缆907.46万公里，增长18.40%；蓄电池801.03万千伏安时，增长15.11%；泵（液体泵）21.69万台，增长19.61%；金属冶炼设备（冶炼设备）7.58万吨，增长29.15%；金属轧制设备1.03万吨，增长－17.46%；采矿设备（矿山设备）12.93万吨，增长11.15%；电动手提式工具（电动工具）12.65万台，增长36.09%；铸造机械3281台，增长14.48%；滚动轴承（轴承）7107.79万套，增长12.52%；液压元件43.97万件，增长0.82%；缝纫机25.73万架，增长－7.45%；电工仪表仪器20.37万台，增长－2.24%。在这些领域中，形成了一批全国同行业排头兵企业，如保定天威集团有限公司、邢台机械轧辊（集团）有限公司、河北长安汽车有限公司、长城汽车股份有限公司、风帆股份有限公司、河北电机股份公司等。

2006年全行业销售收入超过10亿元的企业达到19家，比上年增加4家，主要有：保定天威集团有限公司60亿元、长城汽车股份有限公司47.67亿元、河北长安汽车有限公司38.03亿元、唐山恒通精密薄板有限公司海港分公司29.24亿元、廊坊华洋线缆有限公司27.67亿元、戴卡轮毂制造有限公司26.91亿元、天威英利新能源有限公司20.01亿元、风帆股份有限公司18.30亿元、河北凌云工业集团有限公司17.75亿元、邢台机械轧辊（集团）有限公司16.89亿元、河北中原钢管制造有限公司15.04亿元、中国北车集团唐山机车车辆厂14.08亿元、中铁山桥集团有限公司13.84亿元、张家口煤矿机械有限公司13.48亿元、沧州华北石油专用管材有限公司13.46亿元、巨力集团有限公司13.10亿元、河北中兴汽车制造有限公司12.61亿元、河北宝丰线缆有限公司12.40亿元、山海关船厂12.31亿元。利润过5000万元的企业达到21家，比上年增长7家，主要有：保定天威集团有限公司36亿元、长城汽车股份有限公司59.25亿元、河北长安汽车有限公司4.79亿元、廊坊华洋线缆有限公司22.17亿元、戴卡轮毂制造有限公司7.10亿元、风帆股份有限公司7亿元、河北凌云工业集团有限公司17.3亿元、邢台机械轧辊（集团）有限公司11亿元、中铁山桥集团有限公司5.02亿元、张家口煤矿机械有限公司6.78亿元、河北宝丰线缆有限公司13.7亿元、中国南车集团石家庄车辆厂5630万元、保定长城华北汽车有限责任公司1.95亿元、河北圣春散热器股份有限公司4.84亿元、保定长城内燃机有限公司28.32亿元、河北华北石油荣盛机械制造有限公司10.24亿元、唐山冶金矿山机械厂6407万元、华升富士达电梯有限公司4.70亿元、斯必克冷却技术（张家口）有限公司14.83亿元、唐山松下产业机器有限公司19.23亿元、唐山东盛精密铸件有限公司4.57亿元。

【发展环境建设】 一是认真贯彻《国务院关于加快振兴装备制造业的若干意见》（国发〔2006〕8号）精神，结合河北省实际，省政府印发了《河北省人民政府关于加快振兴装备制造业的实施意见》（冀政〔2006〕72号）文件，明确了加快振兴河北省装备制造业的方向，提出了相应的政策措施，为加快装备制造业发展提供了良好的政策环境。二是装备制造业是省政府确定的河北省三大战略支撑产业之一，省政府办公厅以冀政办函〔2006〕40号文件将天威集团输变电成套设备及太阳能光伏电池、长安汽车定州基地、山海关船厂造船设施改造三个项目列入河北省第一批重点产业支撑项目，对这些项目省政府将按照“企业有需求，政府能办到，一项一策”的原则，从财税政策、资源保障、资金融通、行政服务等方面予以重点扶持。三是省政府组织河北省钢铁、装备制造业47家企业和曹妃甸管委会参加了由国家发展改革委等七部委和上海市政府主办，中国机械工业联合会协办的2006中国国际工业博览会。通过参展达到了宣传河北工业，特别是装备制造业和钢铁工业的发展成就，进一步扩大本省企业在国内外的影响，提高知度的目的。同时，也为河北省企业搭建了一个学习、交流，引进技术、项目、资金，开展对内、对外合作的平台。四是组织并成功举办了2006中国河北国际汽车零部件博览会，为零部件企业与整车企业产需对接提供了一个平台。五是企业改革进一步深化，大部分企业完成了公司制改造，建立了现代企业制度，国有经济战略性调整迈出实质性步伐，资本结构多元化初步形成，民营及三资企业资本占总资产的比重达到了90%以上，行业发展的活力不断增强。

【重点项目建设】 2006年，河北省机械工业在按照省政府的统一部署，集中精力全力推进一批配套能力强，对结构调整、产业升级具有积极带动作用的产品和项目，并取得实质进展。一是保定天威500千伏及以上特大型变压器技术改造（秦皇岛出海口基地）基本完工，并开始试生产。1000千伏特大型变压器已试制出样机，拟在国家试验线试用。同时硅太阳能电池扩建项目（英利三期）进展顺利，正在按计划积极推进。风力发电设备项目前期工作取得实质性进展，已完成征地工作。这些项目的建设将使保定天威成为集输变电和风电、太阳能发电设备为一体的电力设备制造企业，进一步增强了企业的竞争力，提升了在国际、国内同行业的地位。二是哈动力秦皇岛分公司百万千瓦级核岛主设备制造（出海口二期）、山海关造船重工有限公司造船设施改造、唐山机车车辆厂时速300公里电动车组、长安定州汽车基地和保定长城汽车股份有限公司年产20万辆新型乘用车项目等一批重点项目进展顺利，并按计划积极推进。

（河北省发改委工业局　王建军）

电子及通信设备制造业

【电子信息产业】 全省电子信息产业完成销售收入269.37亿元，比上年增长39.82%；实现利税41.12亿元，增长47.12%，其中利润30.34亿元，增长51.7%；完成工业增加值83.92亿元，增长13.31%；出口创汇6.26亿美元，增长84.66%；完成固定资产投资30.69亿元，增长65%；实际利用外资1.13亿美元，增长26%。超额完成了全年目标任务。

重大项目建设取得突破性进展。省委、省政府对信息产业发展、信息化建设高度重视，省领导多次亲自洽谈协调项目建设，有关市、有关部门共同努力，促成了一批重大项目引进和开工建设，其中总投资10亿元以上的大项目10个，中国电子科技集团石家庄信息产业基地、京东方（固安）移动平板显示基地、宁晋单晶硅生产基地扩产、保定天威英利多晶硅太阳能电池二期工程竣工投产；华为北方通讯生产基地近期投产；富士康电子信息产业（廊坊）制造基地、航天信息涿州基地已开工建设；中兴通讯北方产业基地、航天科工集团（涿州）产业基地、富士康（秦皇岛）制造基地、石家庄半导体照明产业化项目已开展前期工作。多晶硅、卫星导航等重大项目正在积极谋划。

自主创新水平不断提高。信息技术转化孵化器建设初见成效，秦皇岛信息技术转化中心已投入使用，承德、廊坊、保定信息技术转化中心正在建设。石家庄久乐公司的电子安全气囊，新奥博为公司的核磁共振、工业机器人、三维扫描仪，汉王制造公司的汉王笔、汉王智能电话、汉王税控收款机，华夏神农信息技术公司的智能电话查询系统、农业专家系统开发平台，保定华仿公司的仿真支撑系统软件等一批拥有自主知识产权的产品，已形成较强的市场优势。新认定软件企业 41 家，登记软件产品 246 个，全省软件企业和产品分别达到 221 家和 1234 个。中电科技集团、中国信息产业集团、京东方等百强企业落户河北，提高了全省信息产业自主创新的整体水平。

现有优势企业和产品竞争力不断增强。通过优化环境、改善服务、政策引导和专项资金扶持，全省优势企业快速发展，宁晋单晶硅、保定天威英利、风帆股份、乐凯手机屏膜等 4 家企业全年销售收入达到 82 亿元，占全省信息产业销售收入总额的 32.2%。通信、液晶显示(LCD)、发光二极管（LED）、太阳能电池等领域产业链进一步延长，市场占有率进一步提高。

信息产业平台聚集作用明显。制定出台了《河北省信息产业基地和园区认定管理办法》，正在组织第一批省级信息产业基地、园区和县域信息产业示范区的评审工作。石家庄、保定、秦皇岛三个软件园区建设了软件开发公共服务平台。保定电力电子、承德仪器仪表特色产品基地已具雏形，其中保定电力电子特色产品基地以浪拜迪公司为龙头，带动了周边 40 多家相关企业发展。承德市仪器仪表特色产业聚集企业近 40 家，到 2008 年预计可实现销售收入 20 亿元。省信息产业厅、省信息产业投资公司与国家开发银行河北省分行分别签署了《开发性金融合作会谈纪要》、《开发性金融合作协议》，进一步拓宽了基地、园区企业融资渠道。

【重点应用系统建设】 围绕省委、省政府中心工作，深化应用系统建设。以信息化手段支持全省行政权力公开透明运行工作，开通了“河北省行政权力公开透明运行网”，为全省 5829 项行政权力提供了公开运行平台；网上审批系统一期工程顺利完成，涉及行政许可事项所有部门的全部行政许可项目相关资料实现网上公开和下载，其中 10 个部门 286 项行政许可项目实现了网上结果公示；固定资产投资项目备案子系统自去年 5 月试运行以来，网上办理备案项目 1125 项，累计为企业节约资金 560 多万元。全省酒类批发企业实行许可证网上报审，每年可为企业节省 7000 多个工作日和 150 多万元的费用。社会保障信息系统建成企业养老数据库，入库人数达到 599.6 万人，邢台市“五险合一”建设模式和应用效果在全国处于领先水平。全省 5876 家企业加入产品质量电子监管网，查假信息机和查询终端覆盖全省主要商业网点和农资经营点。河北远程教育系统初步形成集教育教学、服务“三农”、农村党教和人才培养为一体的综合教育服务平台，已覆盖全省 21000 多所中小学校。公共卫生信息系统的省级突发公共卫生事件应急指挥与决策系统被列为国家卫生部试点项目。文化信息共享工程新建各类文化信息资源 2.2T，新建县、乡和基层文化服务点 284 个。石家庄、唐山、邯郸、沧州等市在城市数字信息亭或“一卡通”建设上先行一步，邯郸“社会保障（市民）一卡通系统”被列为“中欧信息社会”合作项目。保定市建立了全市统一的社区信息化工作平台，在全国信息化推进大会上作了典型发言。企业信息化和电子商务快速发展，中国河北招商网、河北电子商务网规模不断扩大，已有上万家企业注册。全省 16 个项目列入国家电子信息技术应用“倍增计划”，27 家大企业进入 2006 年度中国企业信息化 500 强。“中国河北”门户网站内容和服务功能进一步增强。

【农业信息化】 已形成了省有交换平台、市有区域中心、县有采集中心、乡有服务站（点），计生网、远程教育网连接乡村的农业信息网络体系；“三电合一”、手机短信、乡村信息服务站、“12316”特服电话和各类农业特色网站等多种为农信息服务的模式被广泛采用。农业信息数据库、专家咨询、农产品的报价、网上推介展示及物流配送等应用系统的建设，提升了对农信息服务层次。张家口、邯郸两市被信息产业部列为全国首批“国家农村信息化综合信息服务”试点。建成县域经济特色网站 23 个，安平县被国务院信息办列为全国首批国家级县域经济信息化试点，完成《县域经济信息化建设大纲》软课题研究，整合形成了中国丝网电子商务服务平台，开展了中小企业促进与服务工程，安平县在全国信息化推进大会上作了经验介绍。

【信息资源开发利用和网络信息安全】 完成省级电子政务网络建设整合工作，公务内外网省到市统一传输通道和省级城域网正式开通，形成了全省统一电子政务网络基础框架。全省统一机关视频会议系统、信息交换与共享平台正加紧建设。基础数据库建设进一步深化，人口与人力资源数据库已入库 6700 万人口数据，法人基础信息数据库确立了建设方案，自然资源和基础地理数据库建立了 16 个自然资源数据库和1：25万、1：10万基础地理信息库；历史公共文献数据库已扫描档案 30 万幅，完成河北省三级志书 1 亿字的电子化转换。基于信息资源规划的信息化应用建设与管理模式试点通过国务院信息办组织的终期评审，提出了具有创新性和实用性的系统建设管理模式框架；组织 12 个省直部门开展了基于信息资源规划的模式应用试点，对统筹规划、有效组织和推动信息化建设发挥了重要作用。坚持以安全保发展、以发展促安全，继续加强网络与信息安全工作，组织开展《河北省信息安全发展战略》研究，建立了信息安全协调和应急处理机制，建成河北省信息安全测评中心暨中国信息安全产品测评认证中心河北分中心，并对 10 个重要应用系统进行了安全测评。

【信息产业发展环境】 组织编制了《河北省国民经济和社会发展信息化“十一五”规划》、《河北省信息产业“十一五”发展规划》、《关于加强全省“十一五”期间电子政务建设的指导意见》、《河北省政府关于加快农业和农村信息化建设指导意见》等政策文件，并以省委、省政府名义印发。加强法规建设，印发了《关于加强信息化工程招投标工作的意见》和《河北省省级信息化建设项目验收管理办法》等规范性文件和《省级信息产业发展专项资金绩效评价报告》。初步建立了市级信息化水平测评指标体系。扩大国际交流与合作，与中欧信息社会项目办公室合作举办了“中欧信息社会—政府信息公开应用与实践”培训。组织了赴加拿大的政务应用系统整合与信息共享培训。深入开展调研，完成了“河北省信息产业发展环境研究”、“河北省多晶硅和太阳能电池产业发展思路与建议”等16项专项课题报告。

【无线电管理】 目前全省各类无线电台站总数已达9万余部，手机用户2800万户，在全国排第8位。为保障2008年北京奥运会期间通信安全，全力做好无线电台站数据清理登记工作，进一步规范了频率台站管理。严格无线电执法，全年共查处违法案件114起，特别是查处了中国电信河北分公司“大灵通”（SCDMA）基站受恶意干扰事件，维护了企业和用户的合法权益。为省重点项目建设提供优质服务，经过军地34次协调和论证，圆满完成曹妃甸港和京唐港雷达站频率指配和设台审批，保证了两港区通信设施顺利建设。全力做好无线电应急处置工作，及时查处了中非合作论坛北京峰会期间无线电专用频率受干扰事件。完成了中国电信3G试验网技术保障任务。基本完成了国家监测中心北戴河监测站基建工作。圆满完成重要活动和重大节日期间无线电监测值班任务，保障了无线电通信顺畅和信息安全。

“十一五”期间，河北在信息产业进一步发展和信息化应用系统建设方面还存在一些问题：主要是信息产业规模小，结构不合理，集群化、外向度低，高附加值整机产品少；信息技术自主创新能力不强，应用水平不高；信息化建设管理的一些体制性和机制性障碍依然存在；信息化在部门间、地区间和社会不同领域发展不平衡；信息资源开发利用不够，互联互通和共享程度低。

（河北省信息产业厅　宋进珠）

电力生产与供应

【概况】 2006年，全省期末发电设备容量2709万千瓦，其中装机容量百万千瓦及以上电厂12座；年发电量1461亿千瓦时，居全国第七位，比上年增长9.1%；发电设备平均利用小时5920小时，在全国位居前列；供电标准煤耗率370克/千瓦时，与上年持平。35千伏及以上变电站2875座、变电容量13403万千伏安，其中500千伏变电站13座、1530万千伏安；220千伏变电站141座、4245万千伏安；110千伏变电站727座、5401万千伏安；35千伏变电站1994座、2226万千伏安。35千伏及以上输电线路总计4337条，线路总长度54474千米，其中500千伏68条5432千米；220千伏353条9988千米；110千伏1307条17140千米；35千伏2609条21915千米。全社会用电量1735亿千瓦时，全国排名第五位，比上年增长15.5%；在全社会用电量中，三次产业和城乡居民生活用电分别为134、1304、119和178亿千瓦时，比上年分别增长15.0%、15.8%、11.8%和16.5%。线路损失率5.5%。

【河北南网】 河北省电力公司是国有大型骨干电网经营企业，负责河北南部电网规划建设、运营管理和电力交易。至2006年末，公司所属供电、科研、设计、施工、修造、培训中心等基层单位16个，职工人数2.64万人，资产总额320亿元，利税总额22.61亿元。营业区域包括石家庄、保定、衡水、沧州、邢台、邯郸6市，县级供电企业102个，面积8.38万平方公里，人口约4719万人。

河北南网以220千伏与500千伏构成主网架，北部通过500千伏房保线、保霸线与京津唐相联，西部通过500千伏神保双线、侯北线与山西电网相联，南部通过500千伏辛洹线与华中电网相联，通过500千伏辛聊双线与山东电网相联，陕西锦界电厂通过500千伏忻石双线并于石北站，王曲电厂通过500千伏潞辛双线并于辛安站。2006年底，全网拥有500千伏变电站8座，变电容量850万千伏安，线路3052千米；220千伏变电站87座，变电容量2589万千伏安，线路6225千米；发电装机容量1615万千瓦，外购电力189万千瓦；发电量859亿千瓦时，同比增长10.66%；发电设备平均利用小时6066小时；全社会用电量959亿千瓦时，比上年增长12.5%。

河北省电力公司近年进一步加大了电网建设投资力度，电网逐步坚强，为电网安全稳定运行奠定了良好的物质基础；同时，在管理上，从制度、机制、设备、素质、环境等方面入手，创新举措，狠抓落实，大力加强电网调度运行和并网电厂安全管理，精心组织“安全周”活动，深入开展隐患排查，狠抓薄弱环节治理，河北南网全年没有发生重大及以上电网和设备事故。

【电力供需】 2006年，全网发购电能力增长创历史最高水平。截至年末，全网省调发购电能力达到1639万千瓦，同比增加362万千瓦，增长28.3%。河北南网最大用电负荷需求创历史新高，达1450万千瓦（6月19日），同比增加66万千瓦，增长率为4.8%；实际最大用电负荷为1450万千瓦（6月19日），同比增加252万千瓦，增长率为21%；平均最大用电负荷1171万千瓦，同比增长126万千瓦，增长率为12.1%。

随着网内大机组较大规模投产和外购电力增加，发购电力增长远高于用电需求增长，电力供需形势明显缓解，全网限电2天，同比减少90天。

【电网发展】 2006年5月9日，国家电网公司与河北省政府成功举行高层会谈，并就加快河北电网建设步伐、实现河北农村“户户通电”签署会谈纪要。河北电网“十一五”发展规划、六地区及城市电网发展规划全部纳入地方经济社会发展总体规划；河北省首次出台了关于加快电网建设的指导意见，110千伏及以上电网工程全部纳入省重点项目，有力地保证了电网建设顺利进行。

河北省电力公司坚持科学发展，加速电网建设，电网投资和开工、投产规模创历史新高。全面实施主网、城网、农网的统一规划和归口管理，加强前期工作，加大资金投入，全面推广典型设计，广泛应用先进适用技术，着力提升电网技术装备水平，强化设计、施工、监理、调试及投产的全过程控制与考核，电网建设步伐明显加快。

全年固定资产投资53.91亿元，比上年增长20.7%。其中电网建设投资51.89亿元，比上年增长85.3%。全年投产500千伏变电站2座、扩建1座，容量250万千伏安，线路488千米；投产220千伏变电站11座，容量390万千伏安，线路419千米；投产110千伏变电站24座，容量384万千伏安，线路639千米。220千伏及以上工程全部实现达标投产，优质工程率达66.7%。

【农电发展】 河北省电力公司实施“三新”农电发展战略，率先完成“户户通电”任务，受到国家电网公司表彰，得到省政府高度评价，被评为2006年河北十大新闻之一。全面启动“井井通电”、“户户持卡”工程，全年完成无电井通电8256眼，改造计量装置43266套。首次引入全日制和非全日制用工形式，全面规范地完成4万多名农电工劳动合同签订工作，保障了农电工的切身利益和队伍稳定。积极推动新农村电气化建设，完成了1个县、10个乡、192个村的电气化建设，孟村回族自治县获首批“新农村电气化县”称号。

（河北省电力公司　邢荣英）

建设与建筑业

【概况】 2006年，全省建设事业持续健康发展，实现了起好步、开好局的目标。以实施城市化战略活跃建设工作全局，全省城市化快速健康发展。省政府召开城市化工作观摩座谈会，把发展城市集群确定为河北省推进城市化的主体形态，并对打造石家庄、唐山两大省域中心城市、加快发展沿海城镇带、提高城镇综合承载能力等进行部署。白克明等省领导先后到秦皇岛、廊坊等市视察，对城乡建设工作提出了要求。《河北省城市化“十一五”发展规划》编制完成。京津冀城镇群规划编制工作全面启动，沿海城镇带发展规划研究深入开展。城市化发展的支持政策和领导机制进一步完善。先后出台近30项配套政策措施，完成了2004、2005两个年度的《河北省城市化发展报告》。适应城市化发展需要，继续加大城市基础设施建设力度，全年完成投资336亿元，比上年增长20%。

更加注重解决人民群众身边的“生活难题”。全省各市县均建立了最低收入家庭住房保障制度、稳定的政府投资主渠道和规范的保障程序，为2.5万户人均住房建筑面积12平方米以下的城镇最低收入家庭提供了住房保障。全省清理拖欠工程款62.54亿元，占拖欠总额的98.25%。其中，清理政府投资工程拖欠28.19亿元，占拖欠总额的99.28%。提高了城市房屋拆迁管理水平，平稳有序拆迁房屋230万平方米，均符合拆迁计划，做到了拆迁程序规范、行为合法、补偿到位。建设了大量城建便民工程，新建或改建公厕458座、背街小巷231条、绿地4100公顷，新辟公交线路66条，同时建设了一批集贸市场、停车场、公交站亭等项目。衡水、邢台、沧州、张家口完成供水水质监测站建设、计量认证等工作。铺设城市盲道312公里，超额完成省委、省政府下达的责任目标。大中型建筑、居住小区等无障碍设施建设加强，基本形成以点带面的无障碍设施环境。认真贯彻落实《信访条例》，实行属地管理、分级负责的信访责任制，建立和完善信访工作内部运行机制，认真受理每一件来信来访。全年受理信访1100余件，均妥善进行了处理，没有发生群体性恶性事件。

【城乡规划】 按照省政府“保证质量、严格程序、加快进度”的工作要求，强力推进城市总体规划修编工作。107个市县完成城市总体规划修编，占全部市县的74.8%；完成规划纲要的24个，占16.8%；正在编制纲要的12个，占8.4%。为保证城市总体规划修编质量，制定了相应技术文件，规范编制内容和深度。改进编制办法，推行“政府组织、专家领衔、部门合作、公众参与、科学决策”的工作机制。将国家级、省级开发区纳入新修编的城市总体规划，为开发区进一步发展预留空间。完成省培育的50个省级重点镇规划修编，基本完成全省县（市）域村庄空间布局规划，全面启动第二批文明生态村及新农村建设“十县百村”联系点规划。

为强化规划实施，研究起草《河北省城市控制性详细规划管理办法》，编制控制性详细规划，基本实现城市近期建设地段控制性详细规划全覆盖。出台了《河北省建制镇总体规划编制导则（试行）》、《河北省新农村建设村庄规划编制导则》。完善城市规划监督机制，开展阳光规划行动，规划公示公布制度正在向县（市）推开。廊坊市规划展示馆建成使用，促进了城市规划的公众参与。探索城乡规划统筹机制，保定市启动了城乡规划管理体制改革。开展城乡规划效能监察活动，严肃查处违法建设行为，保障了城乡规划有效实施。积极推动历史文化名城保护工作，邢台、定州、蔚州编制和深化了历史文化名城保护规划，承德、山海关列入“十一五”国家历史文化名城资金补助项目。

【城市建设管理】 改善基础设施投资结构，加大城市污水、垃圾处理等生态环境项目、供水供热燃气等地下管网建设、改造项目工作力度。建成7座污水处理厂和3座垃圾处理场，污水和生活垃圾处理率达到54.5%和49%。在全国率先出台公共交通优先评价体系，建立了科学的评价机制。石家庄、邯郸两市列为建设部数字化城市管理试点。

城市品位不断提高，坚持高起点、大投入，带来城市功能和面貌的大变化。石家庄汉河改造项目荣获“中国人居环境范例奖”。石家庄市荣获“中国人居环境奖”水环境治理优秀范例城市。“燕赵杯”城市容貌环境治理竞赛、“河北人居环境奖”和“园林城市”创建活动深入开展，有力地带动了宜居城市建设。滦县被命名为国家园林县城，辛集市、栾城县、涉县被命名为省级园林城市。邢台市解放纪念碑雕塑群荣获全国优秀城市雕塑大奖。

进一步推进城市市政公用事业改革，市场运行机制更趋完善，符合现代企业制度要求的经营机制正在建立，市政公用产品和服务供给能力得到提高。全省设区城市53个市政公用事业单位，51个实现政事分开，39个市政公用企业全部实现政企分开。城市供水、燃气、供热等特许经营配套政策不断完善。改制后的市政、园林、燃气、供热企业分别占企业总数的54%、78%、85%和52%。河北省市政设施维护养护、园林绿化养护、环境卫生作业等定额均已出台。大部分设区市对城市供水价格、污水处理费标准按市场形成机制做了调整，比较客观地反映了成本。供热体制改革由试点扩大到全省，供热补贴基本实现由“暗补”变“明补”。新建住宅实现分户控制。承德、石家庄出台了供热计量收费办法。

【房地产业】 认真贯彻国家调整住房供应结构、稳定住房价格政策措施，省政府办公厅及时印发了通知，对调整住房供应结构、完善住房保障制度、整顿规范市场秩序等工作提出明确要求。总的看，全省房地产市场保持了平稳健康发展。城镇住房建设完成投资540亿元，竣工面积2300万平方米，其中，竣工经济适用住房272万平方米，占11.8%。住房结构调整有了良好开端。11个设区市和24个县（市）完成住房调查，基本摸清住房状况和住房需求；11个设区市和33个县（市）编制了住房建设规划，明确了普通商品住房、经济适用住房、廉租住房建设目标和用地布局；2006年6月1日以后，设区城市市区新审批的商品住房，90平方米以下套型所占比例达到70%。各地普遍加强了经济适用住房和住房公积金管理工作，经济适用住房的建设标准、供应对象和售后交易审查进一步规范。住房公积金管理覆盖面达到全省职工的70.5%，比上年提高5个百分点，全年归集86.43亿元，发放贷款31.95亿元。开展了交易秩序专项整治，规范住房二级市场，合理引导住房消费，投机和投资性购房明显减少，市场秩序有所好转。

【建筑业】 省政府印发《关于加快建筑业发展的意见》，确定了调整建筑业结构，提高核心竞争力的政策措施。全省建筑业市场竞争力不断提高，完成增加值430.5亿元，比上年增长10.4%。省政府主要领导连续三年视察河北省在京施工工程和建筑企业，鼓励企业做大做强，大力开拓外埠市场。分别在上海、山西组织全省建筑业发展论坛和相关会议，促进了外埠和国际建筑市场的拓展，出省施工人数和产值分别达到60万人次和190亿元，比上年增长3.2万人次和10亿元。建筑农民工培训工作加强，完成建筑业职业技能培训鉴定4.68万人。在全国建筑职业技能大赛中，河北省取得一等奖一名、三等奖两名、技术能手三名的好成绩。以推行工程量清单报价、低价中标和工程担保“三项制度”为主线，加大建筑市场规范和整治力度，开展招投标检查和招标代理机构检查，查处了违法违规行为。

设计、审图、施工、监理等市场责任主体、中介机构的质量责任进一步强化，质量巡查、工程质量检测治理、建筑材料装备管理等工作成效明显，工程质量保持稳中有升。河北大学逸夫教学楼、张家口市主城区污水处理厂两项工程，荣获2006年度中国建筑工程鲁班奖。工程造价咨询和标准定额工作取得新成绩。调整了建设工程计价依据中的人工费单价，努力解决建筑市场人工费倒挂问题。制发《CL结构设计规程》及《民用建筑节能工程质量验收规程》等标准。

安全生产实现重大事故和死亡人数“双下降”。定期分析安全生产形势，研究制定遏制重特大事故的对策措施。对危险性较大的深基坑、高大模板、起重吊装等7类分部分项工程，加强施工安全技术管理。开展建筑施工安全质量标准化，安全生产基础工作和施工现场环境得到改善。加强运行安全检查和应急管理，确保了城市公用设施安全运行。

【建设科技】 大力推进建设科技创新，50项科技新成果通过鉴定，其中3项处于国际领先水平，8项达到国际先进水平。荣获省科技进步奖6项，华夏建筑科技奖1项。13个项目分别列入省、部科研计划。信息化建设不断推进。制定了建设事业信息化和城市综合管理信息化“十一五”发展规划，编制了住房保障管理、城市规划管理等信息系统数据标准。建筑市场、房地产市场监管信息系统在全省推开。设区市、扩权县（市）建设部门全部建立网站，“河北建设”网站群初具规模。建设系统网上协同办公系统开通运行。

建筑节能等资源节约工作取得新进展。开展建筑节能调研、检查和督导宣传等活动，使节能意识深入人心，节能技术得到广泛应用。设区市新建建筑全部执行节能设计标准，县（市）达到60%以上，全年完成节能建筑1500万平方米。三个居住小区项目，列为建设部建筑节能示范工程。启动了《河北省建筑节能发展规划》、《建筑节能65%设计标准》编制工作。唐山市中德合作既有建筑节能改造示范项目通过验收，建设部将改造经验向全国推广。

（河北省建设厅办公室　姬立强）

交通运输业

【概况】 “十一五”开局之年，全省交通建设投资规模再创历史新高，公路建设和铁路建设增势强劲，运输和港口生产实现快速增长，“东出西联”的交通基础正在形成，交通服务经济的能力进一步增强。

交通建设。2006年全省完成交通运输业固定资产投资348.4亿元，再创历史新高，但同比增长速度由上年的32.8%下降为17.9%，增长速度回落了14.9个百分点。其特点为：一是公路建设成效明显，路网密度日益增大。2006年全省公路建设完成投资243.7亿元，同比增长17.5%，增幅提高1.8个百分点。全省公路总里程达到14.38万公里（含6.73万公里的村道），比上年增加0.22万公里，增长1.6%。公路网密度达到76.6公里/百平方公里，每平方公里比上年增加36.2公里。年底实现了93.1%的建制村通油路，其中沧州、廊坊、唐山、石家庄四市相继实现了市域内村村通油（砼）路。二是港口建设有序推进，通过能力跃居全国第三。2006年全省港口建设投资完成66.1亿元，比上年减少13.5亿元。沿海港口货运生产性泊位达到84个（其中万吨级以上泊位70个），设计通过能力达到3.55亿吨，集装箱泊位通过能力达到30万标准箱。沿海港口货运生产泊位设计通过能力跃居全国第三位，仅次于广东和浙江。三是铁路建设实现新突破，投资规模快速增长。2006年全省地方铁路建设完成投资35.9亿元，比上年增长435.8%。2006年国家铁路建设完成投资15.0亿元。年底境内铁路运输营业里程已达5084公里，其中国铁3594.9公里，全省铁路路网密度达到2.71公里/百平方公里。

运输生产。全年运输生产继续保持平稳增长，民航、港口生产迈上新台阶。其特点：一是公路运输主导地位更加突出。2006年公路运输完成全社会旅客运输量7.79亿人，旅客周转量516.1亿人公里，同比分别增长3.3%和6.3%。公路货物运输量7.33亿吨，货物周转量748.9亿吨公里，同比分别增长6.7%和8.3%。除客运量增速比上年下降0.7个百分点外，旅客周转量、货运量、货运周转量增速分别比上年了2.2个、3.0个和3.3个百分点。二是铁路运输实现了较快发展。2006年铁路运输实现了较快增长。铁路完成客运量6024万人，增长9.7%，比上年提高5.5个百分点，旅客周转量552.5亿人公里，增长9.5%，比上年提高4.2个百分点；完成货运量1.96亿吨，增长2.6%，货物周转量2331.1亿吨公里，增长9.9%。地方铁路发展态势良好，完成货物运输量6214万吨，货物周转量20.7亿吨公里，分别比上年增长9.2%和2.5%，创历史最好水平。三是民航运输继续保持较快发展。2006年，河北机场集团不断加大航线密度，初步形成了以石家庄为中心，辐射全国各大城市的航线网络。全年共完成飞机起降5.08万架次，同比增长38.9 %。完成旅客吞吐量64.22万人次，增长34.5%，其中石家庄机场63.02万人次，增长38.1%；完成货邮吞吐量1.2万吨，国内货邮吞吐量8090.6吨，同比增长32.4%；完成国际货运包机257架次。四是水上运输出现新变化，沿海运输实现高速扩张，远洋货运出现回落。2006年，全省水路运输完成货运量2778万吨，货物周转量2051亿吨公里，同比分别增长9.4%和7.5%。其中，沿海运输完成货运量1112万吨，货物周转量316亿吨公里，同比分别增长35.4%和185.5%；远洋运输完成货运量1666万吨，货物周转量1735亿吨公里，同比分别下降3.0%和3.5%。沿海运输呈不断扩张趋势，运量占全省水运份额的40.0%，同比提高7.7个百分点。五是港口生产快速增长，实现历史性突破。2006年全省完成港口货物吞吐量3.38万吨，突破3亿吨大关，同比增长23.6%。其中外贸货物8216万吨，同比增长13.2%，集装箱吞吐量实现30万TEU，同比增长110.4%，港口产量跃居沿海省市第6位。分货类看，完成煤炭吞吐量27181万吨，同比增长20.1%；石油及天然气制品558万吨，同比增长58.5%；金属矿石3613万吨，同比增长39.3%；钢材1259万吨，同比增长55.6%；粮食230万吨，同比增长5.5%；集装箱30万标准箱，同比增长110.4%。煤炭占总量比重由上年的82.8%下降到80.4%，港口整体功能正向多元化的方向发展。六是管道运输继续低位运行。2006年管道完成货运量1098.8万吨，增长1.1%，货物周转量26.0亿吨公里，下降13.7%，货物周转量已经连续六年下降。

运力情况。2006年全省民用车辆拥有量达956.79万辆，比上年增长4.0%。其中民用汽车301.74万辆，增长6.6%。在民用汽车中，载货汽车70.39万辆，下降0.7%；载客汽车149.52万辆，增长24.6%。全省营运汽车达到93.92万辆，增加1.45万辆，其中载客汽车9.78万量，载货汽车54.35万辆，分别增加1721辆和8953万辆。全省出租车达到5.45万辆，增加2100辆。私人轿车72.87万辆，增加19.75万辆，增长37.2%。民用运输机动船舶2852艘，与上年基本持平。其中海上运输机动船保有量为79艘、283万载重吨，与上年比，减少了9艘、45万载重吨。

（河北省统计局　彭永明）

【固定资产投资】　2006年，全省完成交通固定资产投资348.4亿元（不含国铁），为年计划的109.8%，同比增长17.9%，实现了整体快速增长。

（一）一般干线和农村公路建设强势反弹。公路建设完成投资243.7亿元，完成年计划的111.7%，同比增长17.5%，增幅提高1.8个百分点。年底，全省公路总里程达到14.38万公里（含67275.2公里的村道），其中：高速公路达到2329公里，二级以上公路达到18879公里。公路网密度达到76.6公里/百平方公里，二级以上公路占公路总里程比重达到13.13%。路网结构进一步完善，“西联”的交通基础正在夯实。一是高速公路建设成效再现。施工16条（段），总里程1486公里，全年完成投资139.1亿元，完成年计划的103.0%，同比增长9.4%。其中续建项目12条段1159公里，完成投资131.8亿元，完成年计划的105.4%。大广公路承德至北京界段、长深公路南小营至唐山段、张石公路张北至旧罗家洼段、威乌支线石黄公路沧州至黄骅港段，4条段194公里建成通车。年内新开工青兰公路邯郸至涉县段98公里、京化公路冀京界至土木段22公里、保阜公路保定至阜平段145公里、唐曹公路唐山至曹妃甸段62公里，计4条段327公里，完成投资6.2亿元，完成年计划的68.9%，施工规模继续扩大。二是一般干线公路投资大幅反弹，路网状况继续得到改善。全年完成投资52.1亿元，完成年计划的121.1%，同比增长42.3%。建成通车388.1公里，其中：一级公路25.7公里，二级公路362.4公里，路网状况继续得到改善。三是农村公路建设步伐加快，投资又呈现快速增长。农村公路建设完成投资52.5亿元，完成年计划的131.3%，同比增长20.1%。新改建12953公里，新改建通油路建制村4187个，其中新增通油（砼）路建制村2703个。年底实现了93.1%的建制村通油路，其中沧州、廊坊、唐山、石家庄四市相继实现了市域内村村通油（砼）路。

（二）农村客运网络建设继续深化。全年场站建设完成投资2.6亿元，完成年计划的76.3%，同比增长55.6%。建成迁安、丰宁、冀州3个县级客运站，以及300个乡镇客运站、800个候车亭和3000个招呼站牌。邯郸客运北站、邢台客运北站和衡水客运东站开工建设。农村客运网络建设进一步深化、扩展。

（三）港口建设取得突破性进展，通过能力跃居全国第三位。港航建设完成投资66.1亿元，完成年计划的89.8%。唐山港投资移居三港之首，超越秦皇岛港，完成投资42.8亿元，占全省港口投资的64.8%；秦皇岛港完成16.7亿元，占25.3%；黄骅港完成6.6亿元，占9.9%。秦皇岛港煤五期4个泊位，设计通过能力5000万吨，投入运营。全省沿海港口货运生产性泊位达到84个（其中万吨级以上泊位70个），设计通过能力达到3.55亿吨，集装箱泊位通过能力达到30万标准箱。沿海港口货运生产泊位设计通过能力跃居全国第三位，仅次于广东和浙江。主要工程有：秦皇岛港煤五期扩建、2万吨化工码头和改造20万吨航道等工程；黄骅港拓宽外航道和新建设液体化工码头等工程；唐山港京唐港区建设32—34号煤炭专用泊位、7万吨航道疏浚和挡沙堤二三期工程，以及曹妃甸港区10万吨煤炭泊位建设等工程。曹妃甸港区原油码头及配套工程项目已经国家发改委核准。这些工程的实施正在构筑着河北省"东出"经济的交通基础。

（四）铁路建设快速推进。地方铁路建设完成投资35.9亿元，为年计划的163.1%。迁曹铁路完成投资35.2亿元，全线232公里于2006年12月26日建成通车。张双铁路二期完成投资6778万元，征地拆迁基本完成，开始进行路基桥涵施工。遵小铁路承德段控制性工程于2006年12月13日开工建设。另外，国家铁路建设完成投资15.0亿元，主要建设石太客运专线和津沈电气化铁路改造等工程。部省合作项目由8项增至11项，全省总规模达到2746公里，是"十五"期间的4倍。年底境内铁路运输营业里程已达5084公里，其中国铁3594.9公里，全省铁路路网密度达到2.71公里/百平方公里。

【运输和港口生产】 2006年，全省公路、水路、地方铁路运输完成货物运输量8.23亿吨、2821亿吨公里，分别完成年计划的105.1%和106.9%，同比分别增长7.0%和7.7%。公路运输完成旅客运输量7.79亿人、516.1亿人公里，分别完成年计划的100.2%和103.7%，同比分别增长3.4%和6.3%。港口生产完成货物吞吐量3.38亿吨，完成年计划的116.6%，同比增长23.6%。公路、水路、地方铁路运输在综合运输体系中的比重进一步提高，货运量占84.88%，同比提高0.7个百分点，客运量占93.38%，同比提高0.2个百分点。

（一）港口生产快速增长，实现两个历史性突破。2006年，全省完成港口货物吞吐量3.38万吨，同比增长23.6%，突破3亿吨大关，港口产量跃居沿海省市第6位。其中外贸货物8216万吨，同比增长13.2%，集装箱吞吐量实现30万TEU，同比增长110.4%。秦皇岛、黄骅、唐山三港产量占全省比重分别为60.6%、24.1%和15.3%，秦皇岛、黄骅同比下降2.3和0.7个百分点，唐山上升3.0个百分点、唐山港在三港中的比重明显上升。全省港口在生产增长的同时，主要货类构成不断调整，煤炭占总量比重由上年的82.8%下降到80.4%，金属矿石比重由上年的9.5%上升为10.7%。港口整体功能正向多元化的方向发展。秦皇岛港务集团公司加强了集装箱码头的基础设施建设，接卸能力提高。集装箱生产已随之成为继煤、油、矿、粮四大货类之后的一个新的货类增长点。秦皇岛港煤四期扩容、煤五期工程的相继投产和黄骅港二期的功能成熟，煤炭吞吐能力大大增强。曹妃甸矿石码头的建成投产带动了本省矿石吞吐量的迅猛增长，同时唐山腹地钢铁经济的发展对京唐港股份公司的矿石吞吐量需求产生了较大影响，钢材出港也较去年同期增长了58.0%。

（二）沿海运输迅速扩张，远洋运输增势跌落。全省水路运输完成货物运输量2778万吨、2051亿吨公里，同比分别增长9.4%和7.5%。其中，沿海运输完成货物运输量1112万吨、316亿吨公里，同比分别增长35.4%和185.5%；远洋运输完成货物运输量1666万吨、1735亿吨公里，同比分别下降3.0%和3.5%。沿海运量占全省运量份额升至40.0%，同比提高7.7个百分点，沿海运输呈不断扩张趋势。2006年国际、国内航运市场比较平稳，下半年市场需求逐渐转旺，第四季度开始活跃。由于市场竞争、燃油价格上涨等因素影响，河北省的航运企业总体发展势头受挫。唐山、沧州两市沿海运输企业发展较快，受其带动沿海运输从4月开始迅速回升，呈较快发展的态势，而远洋运输增势从7月份开始回落，8月份运量出现负增长，11月份周转量开始呈负增长。全省海上运输增势减弱除市场因素外，与运力的变动也有直接关系。年底海上货运船舶保有量为78艘、283万载重吨，同比减少9艘、45万吨。远洋公司船舶结构调整2006年卖出11艘、86万载重吨，买入3艘、48.6万载重吨，年平均投放运力256.1万载重吨，比上年减少15.1万载重吨。

（三）公路运输在综合运输体系中的地位更加突出。公路运输完成全社会旅客运输量7.79亿人、516.1亿人公里，货物运输量7.33亿吨、748.9亿吨公里，同比分别增长3.4%、6.3%和6.7%、8.3%。公路客、货运量在综合运输体系中的比重分别达到93.38%和75.60%，同比分别提高0.2和0.43个百分点，运输地位更加突出。其主要特点是：一是农村客运网络化建设取得明显进展。当年解决了994个行政村通客车问题，到2006年底，全省96%的行政村实现通客车，同比提高了2个百分点，唐山、廊坊两市实现了行政村村村通客车。全省农村客运班线达到了3158条，客运车辆发展到9533辆，农村客运网络化全面铺开，为农民提供了安全、便利、经济的出行条件。二是旅游和"假日经济"带动效应明显，2006年，河北省旅游部门开展了"民俗游"、"生态游"、"城市周边游"等活动，推动了旅游业的发展，旅游包车由上年的693辆增加到981辆，同比增长41.6%，其中高级车同比增长95.8%。在"春运"、"五一"和"十一"黄金周三个高峰期，汽车客运业集中高档运力，承担了主要角色，实现了较好的经济和社会效益。同时，适应需求，客运业不断进行结构调整，客车结构日趋合理。至2006年底，全省营业性客车达7.67万辆、75.77万客位，同比分别增长5.1%和10.6%。随着农村客运网络化的进一步推进和车辆更新速度的加快，班线客车中，中、小型车辆发展迅速，中高级客车比重进一步提高，班线客车的中高级客车比例由上年的43%上升到48%。三是受经济增长拉动，道路货运业继续调整、扩张。“一线两厢”战略的全面实施、京津冀都市圈建设的稳步推进，以及奥运经济的带动，河北省道路货物运输市场日趋活跃，运输结构不断调整，矿石、建材、煤炭、钢铁、蔬菜等运输需求旺盛。在铁路运力不足的情况下，道路货物运输能力快速增长，全省营运载货汽车由上年的39.2万辆，增加到41.1万辆。各大运输企业加大在货运方面的投人，积极开拓市场，加快运输转型，积极发展厢式、罐式货车，大型、重型车和专用运输车辆，运输专业化程度显著提高。厢式货车、罐车、牵引车和重型车增长迅速，年底，厢式车、罐车、牵引车、重型车分别达到12102、8226、34278和73000辆，分别增长39.6%、28.8%、78.5%和22.2%，市场适应能力大大增强。

（四）地方铁路运输平稳增长，增势减弱。目前，新增迁曹铁路尚未形成生产能力，地方铁路运输营运基本处于平稳发展态势。全年完成货物运输量6214万吨、20.7亿吨公里，同比分别增长9.2%和2.3%，增幅同比分别回落17.1和22.7个百分点。一年来，地方铁路部门加大了与国家铁路部门的沟通，争取计划、配空等方面的支持，保障了重点企业、重点项目的物资运输。从运输构成看，货物平均运输距离缩短，本期货物平均运距33.3公里，同比缩短2.3公里，短途货物运输比重提高。从货类看，煤炭作为主要货种，在总量中的比重进一步提升。全年完成煤炭运输量3528万吨、15.5亿吨公里，同比分别增长11.4%和10.2%，运量比重由上年的54.5%提高到56.8%，上升了2.3个百分点。其中，秦皇岛处、开滦分公司、首钢矿运部和滦港公司煤炭运量增幅较大，分别增长88.0%、29.1%、23.9%和14.4%。其他主要货类，钢铁运输539万吨，同比增长3.0%；非金属矿石运输405万吨，同比增长75.2%；金属矿石运量呈下降态势，全年完成1065万吨，同比下降8.7%。分企业看，重点企业生产形势较好。在运量500万吨以上的6个企业中，承钢运输部运量同比下降6.2%，其他5个企业开滦分公司、秦皇岛处、滦港公司、峰峰运输分公司和首钢矿运部，同比分别增长72.8%、40.0%、11.3%、10.9%和1.6%。

（河北省交通厅　孙明山）

【民航运输】　安全形势保持平稳。落实安全生产责任制，积极开展了整章建制工作，建立了安全信息报告和检查结果通知单等制度。开展了安全专项整治。开展了控制区秩序、危险品运输等专项整治工作。进一步加强了对控制区秩序、安全检查、飞机配载、预防鸟击和不停航施工等10个“安全关键点”的监督检查，取得了良好成效。全面启动了航空安全保卫审计工作。编制了石家庄机场航空安全保卫方案，成立了航空安全保卫委员会和审计办公室，开展了前期工作。不断增强应急处置能力。先后制定、完善了危险品运输、突发公共卫生事件、航班大面积延误和除冰雪等工作预案，积极配合国家和省市有关部门进行了国家反劫机演习和防治高致病性禽流感应急演练，组织了应急救护和除冰雪演练，保证了机场运行安全、有序。集团公司全年共完成飞机起降5.08万架次，同比增长38.9%，其中石家庄机场5.06万架次，同比增长39.5%，保证了飞行安全、航空地面安全和空防安全，实现了集团公司第3个安全年，河北民航机场连续安全运营22周年。

航空运输稳步增长。2006年，机场集团进一步加大了与河北省政治、经济、旅游往来密切的上海、广州、成都、厦门、南京、深圳、重庆、昆明等城市间的主流航线航班密度，保证了每天都有通往以上城市的航班；适应市场需求，新增和恢复了至长沙、青岛、温州、乌鲁木齐、福州等城市的航班；适时增加了飞往大连、呼和浩特、杭州、海口等旅游城市的航班，初步形成了以石家庄为中心，辐射全国各大城市的航线网络。2006年，共有15家航空公司（石家庄机场14家）运营河北省机场航线航班，航线数量28条（石家庄机场26条），通航城市24个（石家庄机场23个），周最高进出港航班达到246班（石家庄机场232班），同比增长25.5%（石家庄机场增长36.5%）。加强了与代理人和旅行社的合作，推出了呼和浩特、哈尔滨、秦皇岛经石家庄至华东、中南、西北、西南等地区中转航线，对河北省机场周边地区市场占有率明显提高。集团公司全年共完成旅客吞吐量64.22万人次，同比增长34.5%，其中石家庄机场63.02万人次，同比增长40%；完成货邮吞吐量1.2万吨，国内货邮吞吐量8090.6吨，同比增长32.4%；完成国际货运包机257架次。

服务质量进一步提高。石家庄机场大力推广“城市候机楼”精品服务项目，进一步拓展、丰富了“从家飞”品牌服务的外延、内涵。开展了“星级服务员”评定等工作，有力推动了机场整体服务质量的持续提升。石家庄机场旅客满意率达到了90%以上，售票、行李处理和候机服务满意率平均达98%以上，航班不正常服务满意率较以往有了很大提高。“从家飞”服务品牌逐步得到了社会的认可。

奥运机场建设顺利推进。石家庄和秦皇岛机场改扩建工程全面开工建设，石家庄机场新建停机坪3.2万平方米和南、北快速滑行道3.9万平方米，完成助航灯光工程，候机楼改扩建工程于12月22日正式开工。秦皇岛机场完成场道改造工程，12月26日通过了民航华北地区管理局组织的行业验收。

企业内部管理进一步加强。进一步完善了专业技术任职资格评审工作；制定了岗位津贴和专业技术人员职业技能津贴方案，调动了员工的劳动积极性，稳定了人才队伍。成立了集团公司培训中心，全年举办集中培训90余次，培训员工900余人次。实现了年度财务指标季度控制，严格控制了成本费用支出。多渠道筹措资金，落实了安全专项整治、机场改扩建资金和银行续贷等工作，保证了生产资金需求。认真谋划企业发展战略，完成了河北支线航空发展规划和现代物流发展规划，进一步修订了河北省民航“十一五”发展规划，并着手制订集团公司发展战略。

（河北机场管理集团公司　卢元奎）

邮　政　业

【概况】　2006年，河北邮政在实施“进位”战略和进位工程的基础上，以“转变增长方式、调整业务结构、提高企业效益”为主旋律，把工作重点放在进一步提高企业运行质量上，企业业务收入、经济效益、服务水平、精神文明建设等都迈上了新台阶。2006年，全省邮政实现业务收入24.9亿元，完成国家局下达计划的105.56%．业务收入比前四年年均增长率增长37.15%，比全国前四年平均增长率24.78%高出50%，增幅列全国第7位，年均递增8.22%，是全国同期平均增幅的1.44倍。收入绝对值列全国第8位，比2002年前进了5位。全省邮政服务用户满意度2006年上半年达到96.13分，在全国的排名由2002年的第7位上升到第1位。文明单位占全省邮政企业总数由2002年的98%提高到99.5%。认真抓好学历教育和职工教育培训，对17个工种的10085人次进行了职业技能鉴定。到2006年底，全省大专以上学历的员工占员工总数的比例达到21%，比2002年提高了8.8个百分点。

邮政业务持续稳定增长。2006年，河北邮政坚持在发展中调整业务结构，大力发展各专业中的高效、长效、竞争性和成长型业务。函件专业着力推进数据库营销和账单业务、邮政贺卡业务，在民用信函不断萎缩的情况下，保持了稳步发展。2006年，全省实现函件收入1.93亿元，比2002年增长18.35%。报刊发行专业在千方百计抓好订阅业务的同时，下大力发展报刊零售，积极参与教辅图书征订。业务收入在全国的排名由2002年的第15位前进到第10位。2006年实现收入2633万元，比2005年增长16.2%。集邮专业重点开发定向邮品、个性化邮票，同时精心组织邮票首发式、新邮预订、集邮展览等，2006年实现业务收入1.03亿元，其中集邮品收入8375万元，占业务收入比重达到了81.38%，比2002年提高了5.83个百分点。速递专业积极开发精品区域业务，下大力开发县域市场和国际速递业务市场，2006年实现业务收入2.99亿元，比2002年增长79.46%。物流专业确立了一体化物流、中邮快货、农资分销三大物流业务的产品定位和服务对象，开发了3个全国性一体化项目和260个中邮快货协议客户。2006年，全省实现物流收入8183万元，比2002年增长285.63%。邮政储蓄积极推进增长方式的“三个转变”，不断优化业务结构。2006年，全省实现储蓄收入14.4亿元，比2002年增长58.47%。汇兑专业着力推介账户汇款、网汇通、商务汇款、西联汇款等新业务，实现收入3512万元。代理保险业务实现代理保费41.78亿元，实现收入7887.13万元，与2002年相比，年均分别递增69.1%和55.83%。代理和信息业务不断巩固扩大和运营商的合作，实现收入3631万元。

通信能力不断增强。在提高市场竞争力上，河北邮政按照国家邮政局的部署，组织实施了“全夜航”、“卡哈拉”、环渤海区域速递“次晨达”业务、行邮专列运邮等重点项目。加快报刊传递速度，在北京、石家庄设立了零售报刊中转站，利用铁路快件发运零售报刊，使到货时间提前了3—4个小时，杂志提前了1—3天。在信息化建设上，完成了电子化支局统版工程，电子化支局联网网点达到1330个，自办局所联网率达到84.2%。实施“绿卡工程”，实现了邮政储蓄全国范围内的通存通兑。完成了银联卡2.0版本改造和邮政储蓄统一版本工程，建成了邮政储蓄、中间业务及代理保险等多个应用系统相融合的邮政金融计算机系统。建成了邮政绿卡中间业务平台，开办了代收话费、水电费，代发工资、养老金，代理保险等20多种“代”字类业务。完成了邮政储蓄与电子汇兑两网互通工程，实现了邮政储汇业务的优势互补。推进名址信息库建设，已拥有基础地址信息292.86万条，组织机构信息38.06万条，个性化名址信息360.4万条。开发了商函投递信息系统、速递大客户揽收系统。物流业务实现了市级信息的实时采集和集中处理。完成了报刊发行系统“930”、“1230”工程。顺利实现了185到11185的升位，开发了短信平台系统，开通了邮政储蓄、电子汇兑、速递、储蓄电子稽查等短信业务。实施邮件条码化，提高了实物网的技术含量，实现了实物网与信息网的有效融合。依靠信息化提高企业管理水平，建成了邮政经营管理系统、邮运生产指挥调度系统、报刊发行系统、邮资票品管理系统、邮区中心局生产作业系统、物流连锁配送系统等。建成了企业信息化管理平台，建立了企业数据中心，对管理决策水平发挥了积极的作用。建成了量收统计分析系统，综合数据采集率达到99.8%，为实现企业数据集中化、管理扁平化和决策科学化奠定了基础。利用综合网通信线路资源，开通了省内会议电视电话系统和综合网省内内部电话系统。顺利完成了国家邮政局在河北省的邮政金融电子稽查系统试点工作，迈出了中国邮政金融稽查工作实现电子化、实时化的第一步。

服务水平进一步提高。2006年，河北邮政积极履行普遍服务和特殊服务义务。认真抓好机要通信、党报党刊发行、义务兵免费通信、农村及偏远地区的通信服务等工作。机要通信连续九年质量全红，重点党报党刊发行量在全国名列前茅。对全省服务网点进行了整修，改善了用邮环境。成立了“河北省邮政用户投诉受理中心”，2006年受理用户业务咨询及投诉2421件，解决率达到100%。在“村邮工程”建设中，新增邮政农村服务网点10062处，总数达到21972处，其中免费提供场地的20588处。增强了通信能力，延伸了服务链条。另外，河北中邮物流公司成为商务部“万村千乡市场工程”省直试点企业，首批申报的258处网点全部通过了验收。

精神文明建设取得新成果。各级党政工团广泛开展各种形式的精神文明建设活动。企业协会在全省开展了理财文化等活动，工会积极开展建功立业活动，组织各种练功比赛867次、劳动竞赛1283次、职工提合理化建议被单位采纳3826条；在“送温暖”活动中，慰问救济困难职工2582人次，慰问一线职工6053人次，发放慰问金464万元。全省共建成国家级文明单位1个、省级文明单位32个、地市级108个、县级19个，省局2006年首次被评为省级文明单位。

【交通管理信息邮寄送达合作】 2006年3月22日，河北省邮政局与河北省公安交通管理局正式签订了交通管理信息邮寄送达合作协议。根据协议，全省交警系统道路交通安全违法信息和相关法律文书将通过邮政渠道采用邮寄方式告知和送达。协议明确了合作方式，交管部门首先将需要告知的信息及时传输到当地邮政局专用信箱，由邮政部门打印专用信封、告知单，封装，最终投寄到须告知者手中。交寄方式主要有三种：1、通过交通技术监控设备记录的车辆违法信息（含异地转入），通过挂号信邮寄。2、当场未发现驾驶人累计记满12分的信息；对异地驾驶人作出暂扣，吊销驾驶证等处罚和记满12分当事人未提出就地学习、考试，要求需转递的文书及相关证件；对拖拉机驾驶人作出暂扣、吊销驾驶证处罚及记分处理需送交农机部门的处罚决定书、证件及有关情况通报；依法作出强制排除障碍、受理或不予受理听证、行政复议决定等需要送达当事人的法律文书，均通过特快专递邮寄。3、有关公安交通部门其它需告知、通知、送达当事人的信息和法律文书等可参照执行邮寄。

【开发建行个人理财账单业务】 2006年5月21日，河北省邮政局与河北省建设银行就个人理财账单全省集中制作、寄递业务正式签署合作协议。建行理财账单系建行为个人理财客户新提供的一项特殊服务，账单客户数据不仅涉及个人隐私，而且涉及建行商业机密，因此该项业务数据安全要求高，对妥投率、及时率要求也很高。获悉省建行计划给理财卡客户寄递对账单信息后，省函件局主动上门多次与对方沟通，并针对该账单的业务特点及省建行提出的集中制作的要求，制订了适宜建行河北分行理财账单综合服务的数据安全管理制度、生产组织方式、投递服务解决方案，参加了建行投标活动，最终得到了建行个人金融部、技术部、客服部的一致认可，签订了建行理财卡账单全省集中制作综合服务项目协议书。

【邮政金融指纹身份认证系统】 河北邮政金融指纹身份认证系统工程是国家邮政局要求第一批上线的工程。河北省邮政局自2006年7月10日正式启动该工程，到2006年8月30日顺利切换上线，共完成了全省1250个储蓄网点的安全上线。系统主要包括指纹认证平台和指纹管理系统。该系统的上线可对邮政储蓄、电子汇兑等邮政金融业务加强监管，从技术层面上控制了系统操作人员的登录和业务授权的身份认证，能有效防止相关人员非法进入系统及业务人员越权操作，降低了邮政金融风险，加强了邮政金融系统的安全防护，也为今后邮政金融稽查工作提供了方便。

【邮政三农服务站】 2006年8月21日至25日，河北省商务厅正式开始对河北邮政申请加入“万村千乡”市场工程的三农服务站进行现场验收。验收采取随机抽查的方式，首先对河北沧州局进行验收，该局申请加入“万村千乡”市场工程的69个邮政三农服务站全部验收合格。

（河北省邮政公司　曹福生　田银娟）

【河北省邮政管理局成立】 根据《国务院关于印发邮政体制改革方案的通知》和《国务院办公厅关于印发省（区、市）邮政监管机构机构设置主要职责和人员编制规定的通知》，2006年9月5日，河北省邮政管理局正式成立。河北省人民政府副省长付双建、国家邮政局副局长张亚非出席成立大会并作重要讲话。河北省邮政管理局局长韩瑞林和省邮政局局长白学林先后发言。国家邮政局人教司王梅副司长宣布国家邮政局“关于组建邮政管理局的通知”和国家邮政局党组“关于邮政管理局领导成员的任命决定”。中共河北省委组织部张义珍副部长，省发改委王吉科副主任，省通信管理局徐世奎副局长也参加了成立大会。河北省邮政管理局的成立标志着河北邮政政企正式分设。河北省邮政管理局属副厅级建制，编制16人。实行垂直领导体制，由国家邮政局直接领导。主要职能是：贯彻执行国家关于邮政行业管理的法律法规、方针政策和邮政服务标准；监督管理所在地区邮政市场；组织协调所在地区邮政普遍服务以及机要通信、义务兵通信、党报党刊发行、盲人读物寄递等特殊服务的实施；保障邮政通信安全；办理国家邮政局交办的其他事项。内设三个职能部门：综合处、普遍服务处、市场监管处。综合处职能是研究提出本地区贯彻落实邮政业的发展战略、发展规划具体方案并组织实施等。普遍服务处职能是贯彻邮政服务标准。协调本地区邮政普遍服务以及机要通信、义务兵通信、党报党刊发行、盲人读物寄递等特殊服务的实施等。市场监管处职能是维护信件寄递业务的专营权。依法落实对快递等邮政业务的市场准入制度并监督管理。负责组织邮政市场和集邮市场的监督检查。负责邮政通信安全的管理和监控制度的执行等。12月8日，河北省邮政监管工作座谈会在石家庄召开。会议明确了政企分开过渡时期，邮政行业监管的组织实施原则，委托各市邮政局原行业管理机构履行市场监管职责。

（河北省邮政管理局　丁建利）

通　信　业

【概况】 截至2006年底，在基础电信领域，全省共有中国网通集团河北省分公司、河北移动通信有限责任公司、中国联通河北分公司、中国铁通河北分公司、中国电信河北分公司、中国卫通河北分公司等六家电信运营企业，分别在本地通信、长途通信、移动通信和数据通信等电信业务中展开竞争与合作。在增值电信领域，全省增值电信业务经营单位共有1249家（省内466家，跨省备案783家），非经营性互联网信息服务（ICP）已备案登记的有56016个，电信行业从业人员已经超过15万。随着国家、省两级行业监管机构的建立和政府监管工作的全面开展，全省通信行业已基本形成政府监管有力，市场竞争有序，企业关系融洽，业务持续快速发展的良好态势。

电信业务总量增长与业务收入不同步，收入结构发生变化。2006年，全省电信业务总量达到611亿元，比上年同期增长21%；全省电信业务收入完成273.9亿元，比上年同期增长13%，稍高于2005年的12%，但低于2003年、2004年的17%、18.7%的增速。收入增长放缓主要是因为电话用户增长放缓。在收入增长放缓的同时，电信业务收入结构有一定变化，其中移动通信收入仍是电信业务收入的主要组成部分，占业务总收入的49%；数据通信虽然仅占业务收入的6%，但增长速度很快。固定本地通信、长途通信收入比例仍在下降，移动通信、数据通信业务收入比例上升。

电话用户增长放缓，互联网宽带化趋势明显。2006年，全省电话用户增长放缓。其中固定电话增速下降严重。全年新增固定电话用户仅30万户，用户数为1657.2万户；其中公用电话用户为98万户，较上年增15万户；城市电话用户为1005万户，较上年增58万户；农村电话用户为652万户，较上年减28万户；无线接入用户为334万户，较上年增41万户。固定电话增长放缓的原因，一是因为移动电话的竞争，二是因为城市固定电话趋于饱和，农村电话受实际消费能力的限制，移动分流影响加大，2006年农村用户甚至出现减少现象，无线市话发展后劲不足。全省移动电话用户发展势头不减，新增465.5万户，高于2005年的272.6万户，达到2251万户。移动电话相对固定电话的异质竞争更加明显。2006年新增移动电话是固定电话的15.5倍，如果将具有移动通信特征的无线市话用户按移动电话用户计算，2006年传统固定电话共减少11万户，而移动电话和无线市话新增506.5万户。传统的互联网拨号及专线用户为99万户，继续以较大幅度下降，较上年末减少80万户，其原因在于越来越多的集团和个人用户开始使用互联网宽带业务，宽带用户达到191.8万户，较上年新增60.1万户。

通信业务量继续平稳发展。2003—2006年在长途电话方面，固定长途、移动及IP电话形成三足鼎立局面，同步平稳增加，但增幅均不大；在本地通话方面，移动电话通话量以较快速度增长，固定电话业务量变化不大，移动电话较固定电话有明显增长优势。

行业投资、通信能力稍有增长。2006年，全省电信固定资产投资完成83.3亿元，运营企业投资审慎。主要原因：一是现有网络大规模建设期已经基本结束，运营企业主要进行网络的扩容和优化；二是企业对3G的发展预期影响投资；三是企业创新能力不足，缺乏新的投资热点。2006年，全省光缆线路总长度达21.9万公里，其中长途光缆长度为2.5万公里；局用交换机容量1335万门，接入网设备容量990万门，移动交换机容量2777万门，长途交换机总容量为39.68万路端，互联网拨号服务器端口3.7万个，互联网宽带接入端口257万个。

电信行业同比发展分析。2006年，全省电信业务总量完成611亿元，居全国第6位，较上年同期增长21%，低于全国26%的增速；全省电信业务收入完成274亿元，居全国第7位，较上年同期增长15%，高于全国11.7%的增速；全省固定电话用户为1657.2万户，居全国第8位，移动电话用户为2251万户，居全国第6位。河北省在全国处于中部地区，经济欠发达，通信业整体发展水平低于东部省份；同时，由于人口基数较大，行业平均发展水平还低于部分西部省份。比如河北省的固定电话普及率为24.2%，居全国16位，移动电话普及率为32.9%，居全国15位。

【电信监管】 强化引导职能，加强行业统筹规划，促进了全行业和谐健康发展。一是根据河北电信业实际，与《河北省国民经济“十一五”发展规划》相衔接，编制完成了《河北省电信业“十一五”规划》。确定了“十一五”期间通信发展的目标和任务，对各电信运营企业进行通报、宣传，认真抓好《河北省电信业“十一五”规划》的贯彻落实。二是继续做好普遍服务工作，保障本省农村电话的网络维护和通信服务质量，鼓励电信企业对部分偏远贫困地区给予更多的政策倾斜，保证农民“用得上、用得起、通得好”。在2005年完成全省行政村“村村通电话”的基础上，启动了自然村“村村通电话”工程。自然村通信状况调查等基础性工作即将完成。三是按照公平竞争、合理使用和可持续发展的原则，进一步做好码号资源的科学规划和管理，合理分配和有效使用码号资源，在做好码号资源收费的基础上，审批了本地电话网局号165个、96短号码13家、SP代码139家。同时召开了本地电话网升八位研讨会，启动了本地电话网升八位专题规划工作。并对用11位移动号码作固网小交换机的接入行为进行了查处。四是积极开展短消息服务代码的调整和审批工作。共受理审批了139家SP的代码调整申请，发放了使用证书，并在局网站予以公布。

深入开展系列专项整治活动，努力营造公平、有效的市场竞争环境。2006年以来，省局按照信息产业部的统一部署，相继开展了“畅通网络，诚信服务”、“阳光．绿色网络工程”、“移动信息服务业务资费和收费行为治理”以及互联网接入服务市场专项治理等一系列专项活动，取得了显著成效，基础电信运营企业和移动信息服务企业依法经营的意识不断加强，用户投诉率显著下降，社会反映明显好转，市场消费环境得到进一步改善。2006年，全省备案互联网站53144个，清理未备案网站4000余个，配合相关部门查处违法违规互联网站案件12件，共处罚违规SP企业3家，关停违规SP 74家，查处违规电话声讯台4家，配合公安机关关停违法手机151部。一是继续开展“畅通网络·诚信服务”活动，紧紧依托网间结算及互联互通监测控系统和现场拨测等方式，加快对典型问题调查取证进度，加大对责任企业的考核、处罚力度；年初出台了《河北省电信网间通信障碍处理工作制度》，改进了网间障碍处理流程，为互联互通长效管理打下基础；5月份在全国率先开发了“网间通信障碍处理在线管理系统”并纳入统一平台，实现了网间通信质量管理工作组织机构网络化、企业沟通程序化、问题处理流程化，节约了管理成本，提高了工作效率。二是深入开展了移动信息服务业务资费和收费行为专项治理和“阳光绿色网络工程”等专项活动，加强了对互联网网站和短信息服务业务以及电话信息服务业务单位的监督和管理，与相关职能部门协调联动，加大执法检查力度和频次，严厉查处违规行为，有效解决当前广大消费者关注的“短信陷阱”、“虚假、误导宣传”等热点难点问题。三是加强通信建设安全生产管理，一方面通过召开专门会议和督导、检查，切实提高各建设企业安全生产的责任和意识，另一方面在做好政策、法规宣传的同时，加大对参建单位的现场检查。全年检查施工单位32家，对网通廊坊文安分公司的违规行为进行了查处，保障了通信建设的安全生产和市场秩序。在资质审批和审查过程中，认真做好政策宣传和资料核查，严格执行资质的准入管理。全年共审批通信建设施工资质32家，审查设计、施工和招投标资质2家，培训概预算和项目工程师590人。四是认真落实信部联清204号、408号文件，加大电信资费管理力度，把资费管理重点放在完善审批备案程序上，全年受理并结案企业涉及资费违规的申告6起，维护了全省电信市场有序竞争。五是全面规范市场主体的准入行为。2006年新增增值电信业务经营单位149家，全省增值电信业务经营单位已达466家；备案互联网站56016个，清理未备案网站4000余个；完成对全省741家经营单位及分支机构年检工作；加强对经营单位退出市场的管理，全年共有56家增值业务经营单位退出市场；查处违规经营的增值电信业务经营单位15家。配合相关部门查处违法违规互联网站案件12件，处罚违规SP企业8家，关停违规SP 74家，查处违规电话声讯台7家，配合公安机关关停违法手机151部。

以行风建设为载体，提高电信服务水平，保护电信用户的合法权益，诚信经营的消费环境初步形成。一是进一步贯彻落实《电信服务规范》，通过开展“阳光·绿色网络工程”、“畅通网络，诚信服务”等活动，妥善解决社会关注的电信服务热点问题，电信服务整体水平显著提升。二是积极开展电信用户满意度测评和“评优帮差”活动。全省电信企业有2个班组被评为“全国用户满意电信服务明星班组”，5位职工被评为“全国用户满意电信用户服务明星”。三是充分发挥社会监督的作用，建立、拓宽行业与社会的沟通渠道。3月8日，省局和省消费者协会共同举办了“消费与电信环境”座谈会，强化省电信用户申诉受理中心的各项工作，全年共受理电信用户各类申诉450件，正式立案查处2件，占申诉总量的0.4%，定期在媒体和网站上通告全省电信行业服务质量状况，实现了“政府监管、企业自律、社会监督”机制的良性运行。

重视网络信息安全管理。一是从源头上加强对互联网信息安全的管理。开展以虚拟主机、主机托管为重点的互联网接入服务市场专项治理，规范互联网接入服务行为，杜绝未备案网站接入。组织开展了“阳光·绿色网络工程”主题系列活动，加强对手机短信息、电子邮件、互联网信息管理，建立和完善净化网络环境的长效机制，努力营造阳光绿色网络环境。2006年，全省备案互联网站53144个，清理未备案网站4000余个，配合相关部门查处违法违规互联网站案件12件。二是按照“谁接入、谁负责，谁经营、谁负责”的原则，督促电信运营企业建立健全网络安全责任制，建立健全网络运行安全分析报告制度，提高企业和社会对保障通信网络安全的认识。充分利用国家中心的技术平台，对网上信息进行严密监控，对有害信息及时封堵、删除。三是完善应急预案和工作机制，圆满完成了国际反贪大会的通信保障任务；健全信息动员机构和各项管理制度，完善省内信息资源调查的动态管理，推动信息动员支前以及信息保障队伍建设工作，通过了北京军区的检查；及时协调了保定3G实验网的工程建设和南水北调通信线路的搬迁工程的顺利实施。

（河北省通信管理局　高德生）

【中国网通河北省分公司】　2006年，中国网通河北省分公司（以下简称“省分公司”）以科学发展观为统领，按照集团公司提出的建设“宽带通信和多媒体服务提供商”的企业定位，一手抓生产经营，一手抓企业转型，企业综合竞争力进一步提升，较好地完成了各项工作任务。

树立“经营资源”观念，搞好经营策划，促进各项业务健康发展态势。一是积极探索组合营销。研究制定了以“亲情1+”、大众电话为代表的组合营销策略。通过大力发展“亲情1+”业务，发展客户42万户，在全集团排名第一，其比例已达到城区公众客户的10%，组合后业务收入较单产品收入增长4%以上。通过分区域、分时段推进大众电话业务发展客户260万户，客户比例达到农村公众客户的42%，进一步巩固了中国网通河北省分公司在农村通信市场的主导地位。通过积极探索“接入+内容”，即宽带接入+燕赵新天地的组合营销模式，加快了宽带业务发展。二是精心组织全省性系列营销。省、市分公司都成立了营销管理委员会，在全省范围内先后启动了以“阳光新锐”、“灵通风暴”、“亲情1+”为主的三项业务营销活动和以“七大战役”为主的“亮剑行动”营销大会战。通过上下协调联动，强化执行，确保了系列营销活动的成功。在开展阳光新锐活动的120天中，累计发展小灵通5.4万户、宽带1万户；在全省建立阳光新锐品牌店36家，基本形成了校园营销工作长效机制。三是以结构化营销促发展。建立目标客户数据库，对固话客户实行电话营销，对小灵通客户实行短信营销，提高了营销的针对性和有效性。四是强化大客户营销。成功竞标并建设实施了电子政务网项目、省信联社四级网项目、曹妃甸工业区项目、省体彩VPDN组网及省建行金库监控项目等重大项目。积极推广转型产品，推广大客户一揽子解决方案，提高了大客户价值。

通过开展以上营销活动，使传统业务在保质增量方面取得了明显成效。无线市话、互联网、增值业务成为拉动收入增长的主要因素。无线市话净增45万户，收入同比增长16.4%，增幅在集团排名第一；互联网业务收入增长32.5%。无线市话、宽带业务的ARPU值扭转了下滑趋势，比年初均有所增长。增值业务收入同比增长50%。加强了驻地网营销队伍建设，确保了驻地网市场份额达到90%以上。省传输局积极开展代维、代办工程，为企业发展做出了贡献。

树立"信息应用空间无限"的观念，开展企业发展战略转型研究和探索。2006年，省分公司党组按照集团公司提出的建设"宽带通信和多媒体服务提供商"的企业定位，结合河北省省情和本企业实际，组成专门班子，全面开展了企业发展战略研究和探索工作。从5月份开始，通过深入调研，历经半年，数易其稿，形成了共计30余万字的公司发展战略转型报告、各专业分年度演进路标、公司发展战略转型路标和2006、2007年的估值盈利模型。该报告明确提出，省分公司面临着广阔的信息化市场空间和巨大的商机，全体员工要从传统的通信业务运营模式中走出来，抓住信息化大发展的机遇，大胆地向ICT和信息内容领域迈进。

省分公司紧紧抓住地方党委、政府加快推进社会经济信息化的机遇，立足新的企业发展定位，积极探索拓展业务。一是抓紧启动了信息魅力、宽视界、网站合作、电子商务等9大重点转型项目的研究实施。二是借势借力，完成了和省信息产业厅的沟通工作，与该厅正式签订"合作备忘录"，结成战略合作伙伴关系；与省商业厅密切合作，共同推进信福工程和电子商务示范应用工程建设；与省公安厅加强联系，积极参与平安河北建设，启动实施了廊坊"平安中国3111工程"试点营销工作。三是大力促进中小企业信息化建设。自主研发并全面推广了宽带商务产品——"信息魅力"，受到市场欢迎。"信息魅力"单位客户超过1万户，业务发展和收入额均列集团首位。"信息魅力"作为信息化典型产品，代表中国网通首次亮相国际通信展。四是积极探索农村信息化、社区信息化建设。国务院信息化办公室正式批准衡水安平为全国唯一的国家级县域经济信息化试点县，"信息魅力"被当地政府确定为安平县"企业信息化工程"首选产品。另外还启动实施了石家庄、邯郸信息化社区试点工作，为进一步推广信息化社区建设积累了经验。五是进一步加快了转型产品、增值业务产品的研发工作。组织完成了宽频空间PC＋TV发展模式论证、终端测试和选型工作。电话导航、同号等新业务研发工作已基本完成，进入试推广阶段。

网络技术支撑能力进一步增强。一是在网络建设方面：通信能力进一步增强。公司适时引进新技术，进行网络优化，逐步实现网络融合、业务综合、内容共享，实现向下一代网络的平滑演进。现已建成联接全国、通达全省各市、县、乡（镇）和行政村的技术先进、超大容量、安全可靠的基础传输网；全部11个地市的11个本地传输网都建成了10G/2.5G高速环网，直达发达乡镇。拥有布局合理、安全可靠、扩容方便、能及时提供业务的交换网、智能网、基础数据和互联网；功能齐全，能够提供全面运营支撑能力的七号信令网、数字同步网和通信网管网等。公司本地电话网遍布城乡，功能完善，本地网交换机、无线市话总容量达到2200万门（线）。公司在全国率先实施了本地网网络优化项目，获得中国通信学会科学技术奖二等奖。基础数据网与互联网覆盖全省所有乡镇，互联网出省带宽达到70G。加快了增值应用类、支撑类项目建设，完成了信息魅力等转型业务平台建设。实行投资预算滚动管理，根据市场需求及时安排预算外应急支撑项目23个。积极做好3G业务筹备工作，完成了3G业务规划。二是在网络运行和维护方面：网络平稳运行，各项网络运行质量、业务支撑指标均达到或超过考核指标要求，保障了通信服务质量。建立了网络资源分析机制，初步实现了网络资源动态管理。强化了网络基础管理工作，在圆满完成集团新版维护规程宣贯工作的同时，跟踪、制定了转型业务维护规程。全省机房安全整治工作历时三年全面完成，共对601个中心机房及9652个无人局站机房进行了安全整治，消除了机房安全隐患。三是在信息化支撑方面：集团2＋1项目进展顺利。按期完成了集中计费项目阶段性工作；完成了ERP试点项目，系统正式上线运行，启动了外挂延伸项目建设；完成了DCN网络优化工程，初步建成了安全可靠、可控可管的企业信息系统承载网络。面向客户、市场的信息化支撑能力进一步增强。抓紧实施了九七系统改造，支持了组合营销业务发展。完成了综合客户服务支撑系统一阶段工作。完善了营维支撑管理系统，初步实现了对社区经理层的信息化支撑，该项目获得全国通信行业管理创新成果二等奖。

服务质量进一步提高。一是高度重视服务工作，2006年省分公司将服务工作列为当年"一把手工程"，在全公司大力弘扬"以客户满意为标准，以客户感动为目标"的服务理念。二是健全服务组织机构。在各市分公司成立了监管与法律事务部。进一步强化省投诉中心作用，将其业务划归省公司直接管理。探索大客户延伸服务，实施了石家庄、保定、唐山大客户障碍响应中心试点工作。三是创新服务举措。实施主动服务和客户关怀，实施分级回访，全年共回访客户7141万户次。认真梳理服务流程，实行了"预约服务"、"限时服务"、"当日清"等服务措施。四是以强化服务监督、妥善处理投诉为重点，加强服务管理。开展了全省性服务质量大检查，对发现问题及时整改。强化了服务分析，建立了客户投诉预警机制。实施了客户满意度提升保障计划，将服务内容与相关业务部门职责挂钩。加强了售后服务管理，开展了线路、设备专项整治工作，有效降低了网络障碍率。2006年，中国网通河北省分公司被中国通信企业协会评为"全国通信行业用户满意企业"。被中国质量协会、全国用户委员会授予"全国用户满意企业"称号。被省行风办评为行风建设免评单位，被省委、省政府授予"政风行风建设优秀单位"称号。石家庄市分公司网络优化部、保定市分公司10060客户服务组被国资委授予"中央企业学习型红旗班组"荣誉称号；9个基层单位被评为全国青年文明号集体；1个单位被授予全国精神文明建设工作先进单位称号；3个单位被评为中国网通集团级文明单位。

（中国网通河北省分公司　曹嘉众）

商 贸 流 通

【概况】　2006年全省实现社会消费品零售总额3397.4亿元，同比增长15.1%。围绕解决农民买难、卖难问题，大力实施“万村千乡市场工程”和“双百市场工程”建设。2006年新建和改造“万村千乡市场工程”农家店1万家，有3家农产品批发市场和3家大型农产品流通企业得到商务部重点扶持。围绕解决国有流通企业历史债务问题，实施了石家庄市“减债脱困”工程，可解决25家企业8.1亿元的债务负担。围绕满足人民群众日益提高的消费需求，加快了社区商业发展，5个社区被商务部评为国家级商业示范社区，7个设区市公布实施了城市商业网点规划，推进了零售业态分等定级，改进了成品油管理方式，启动了美容美发星级评定，推动了再生资源回收利用，规范了拍卖、典当、报废汽车拆解、二手车流通的监管。特别是下大力推进了餐饮业发展，开展了酒家酒店分等定级和“弘扬燕赵饮食文化，培育冀菜品牌”活动及冀菜饮食文化展演活动，冀菜在第二届餐博会上获20多项大奖。围绕加强市场监测和应急管理，扩大了重点流通企业、重要生活必需品和重要生产资料监测范围，建立完善了生猪和食糖储备制度。围绕加强市场监管和整顿规范市场经济秩序，开展了保证食品安全、打击商业欺诈、打击非法传销、保护知识产权等专项整治，打击食品、生活日用消费品、餐饮业违法违规行为专项行动和诚信兴商宣传月活动。加强了生猪定点屠宰管理和酒类打假。组织了保护知识产权宣传周活动，参加了保护知识产权成果展，建成了保护知识产权举报投诉中心。建立了环渤海5省市整规工作区域协作机制。

【行业监管】　一是开展酒家酒店等级评审工作，积极推进创建绿色饭店工作。组织了2期国家标准培训，培训企业60多家。在6月底召开的全国酒家酒店等级评定工作会议上，河北介绍了经验。二是根据《美容美发企业星级评定标准》，起草了实施办法、评分细则等相关配套文件，认真做好美容美发企业星级评定的前期准备和启动工作。三是开展零售业态分等定级试点工作。石家庄市的试点工作已经展开，初评出3家企业；四是进一步深化对成品油经营企业行政许可的管理，大力推进行政权力公开透明运行。在去年实行网上申报、网上审批的基础上，从今年起对各市上报的新建加油站实行集中审批。起草了《河北省成品油市场波动应急预案》，已上报省政府。积极推进成品油零售行业开展“星级”评定和诚信经营，制定下发了《河北省成品油经营违法行为查处规定》，促进成品油企业依法经营。五是制定《河北省拍卖业监督管理实施细则》和《河北省拍卖业“十一五”发展规划》。组织了拍卖企业2005年度核查。建立了拍卖退出机制，结合核查，收回了4家企业的拍卖经营许可证。六是组织典当行年审工作。共审计典当行57家，52家获得A类通过，5家获得B类通过。结合贯彻《典当管理办法》，制定了《关于加强典当行监管工作的通知》，对建立典当行退出机制奠定了基础。七是下发《报废汽车行业规划发展指导意见》。按照适度竞争的原则，在秦皇岛、邯郸各增设一家报废汽车拆解企业。会同省公安厅、工商局、国税局、地税局等部门，联合印发了《关于贯彻落实〈二手车流通管理办法〉有关事宜的实施意见》。

【万村千乡市场工程】　4月份省政府常务会议专题听取了商务厅关于“万村千乡市场工程”的专题汇报。7月筹备召开了全省“万村千乡市场工程”现场会。8月“万村千乡市场工程”和“双百市场工程”被纳入省委、省政府制定的《河北省推进社会主义新农村建设任务目标分解实施方案》，制定了《关于扎实推进“万村千乡市场工程”和“双百市场工程”加快建设农村现代流通体系的实施意见》，同时制定了“万村千乡市场工程”实施规划和实施方案，对“十一五”期间工程的开展提出了明确的工作思路、目标、重点和措施。2006年建成配送中心167个，新建和改造符合部颁标准农家店9000家。累计全省配送中心已达221个，标准化农家店达14080家。

【双百市场工程】　按照商务部统一安排部署，2006年2月底省厅印发通知，对本省“双百市场工程”工作提出具体要求。4月中下旬，省厅赴全省10个市会同当地有关部门，通过考察、评分，推荐了7家大型农产品批发市场和6家大型农产品流通企业上报商务部。商务部批复将乐亭冀东果菜市场等3家大型农产品批发市场和石家庄双鸽集团等3家大型农产品流通企业列入“双百市场工程”。9月，在全省市场体系建设座谈会上对列入“双百市场工程”的六家企业进行了对接，项目建设已全部按期完工。“双百市场工程”将争取国家补助资金1125万元。根据商务部等四部委的通知要求，河北省制定印发了《河北省推行农产品批发市场标准化工作实施方案》。

【品牌建设】　一是成立了河北省商务厅品牌万里行活动领导小组和河北省商务厅自主品牌评审委员会，统一指导协调品牌建设工作；二是制定了《河北省自主品牌建设工作方案》、《河北省自主品牌建设宣传活动实施方案》，经省政府、省委宣传部批准，印发实施；制定了《河北省自主品牌建设展览展示及推介活动实施方案》、《河北省自主品牌建设网络信息服务平台暨“品牌在线”建设方案》、《河北省畅销品牌评选办法（暂行）》。三是组织了河北省自主品牌建设宣传培训活动。举办了两期企业品牌发展管理人员培训班；组织开展了“品牌万里行—走遍河北”系列宣传报道活动，会同省两报、两台组成联合专题报道组，对河北省50家自主品牌建设重点培育企业逐一进行了深度采访，挖掘了本省企业在自主品牌建设方面的特色和亮点，在四家媒体进行了宣传报道，扩大了河北省企业影响和知名度，增强了企业创建自主品牌的信心，效果良好。四是认真开展了自主品牌建设展览展示及推介活动。利用品牌资金共支持境内外展会17个，参加企业400余家，对促进企业增强市场竞争力起到了积极作用。五是启动了“河北畅销品牌”评选工作。按照省政府批准的《河北省自主品牌建设工作方案》和《河北畅销品牌评选办法》（暂行），在企业品牌、商品品牌、服务品牌三个层面组织开展“河北畅销品牌评选”活动。推荐河北省20个自主品牌产品参加2006年度“中国畅销品牌”评选。2007年1月30日商务部公布了评定结果，并将“中国畅销品牌”修订为“最具市场竞争力品牌”，河北省“五得利”、“珍极”、“三鹿”等10个品牌入选。

【减债脱困工程】 石家庄市属于商务部国有流通企业“减债脱困工程”首批试点城市，共涉及石家庄市的国有流通企业25家，职工7390人，债务总额80849.3万元。2006年，该市采取“资产公司让一块、企业自筹还一块、地方财政补一块、商务部支持一块”的办法，推动这项工作取得了阶段性成果。其做法：一是加强领导。市政府成立领导小组，制定了“国有流通企业减债脱困工程实施方案”（石政发〔2006〕20号），确定石家庄市建设投资有限责任公司（后改为河北国信投资股份有限公司）作为“减债脱困工程”的平台。二是制定优惠政策。“减债脱困工程”涉及的国有土地转让，出让金留市部分实行先征后返、转到市改革基金专门账户，作为市财政支持资金；涉及的房产交易，免收企业应缴的各种费用；对国有流通企业的历史债务，政府实行统一打包回购，所需资金由市改革基金先行垫付；改革基金不足时，由财政资金支持。三是积极组织协商。此次石市“减债脱困工程”涉及的8.08亿元债务中，华融公司的债权涉及15家企业，债务51661.2万元；信达公司的债权涉及17家企业，债务29188.1万元。经反复协商，华融公司债权以2500万元的价格回购。信达公司的债权，以3550万元的价格回购。四是多方筹措回购资金。市财政拨2000万元，其他回购资金由河北国信投资股份有限公司融资，并积极争取商务部中央外贸发展基金补贴。通过以上工作，石家庄市这25家国有流通企业平均资产负债率由114.7%降到了66.1%，下降了48.6个百分点。企业资产净值由原来的2.27亿元增加到5.21亿元，国有资产净增加值为7.48亿元，大大改善了企业的资产负债结构，降低了资产负债率，呆滞的固定资产得以解封，职工就业和生活得到改善，为企业发展注入了新的活力。

【“中华老字号”认定】 为引导老字号创新发展，传承和弘扬优秀文化，打造自主品牌，促进经济增长，根据《商务部关于实施“振兴老字号工程”的通知》精神，经组织申报、有关机构和专家审核、向社会公示，河北省共有八家企业（品牌）被商务部认定为第一批“中华老字号”。这八家企业（品牌）是：石家庄洛杉奇食品有限公司，品牌名称“金凤扒鸡”，创立时间1908年；河北保定槐茂有限公司，品牌名称“槐茂”，创立时间1671年；河北刘伶醉酒厂，品牌名称“刘伶醉”，创立时间1948年；河北裕丰实业股份有限公司，品牌名称“衡水老白干”，创立时间1956年；承德乾隆醉酒业有限责任公司，品牌名称“板城烧锅酒”，创立时间1773年；河北省刘美实业有限公司，品牌名称“刘美烧鸡”，创立时间1906年；玉田县鸿源酒业有限公司，品牌名称“丰年牌玉田老酒”，创立时间1903年；唐山鸿宴饭庄，品牌名称“鸿宴”，创立时间1937年。

【弘扬燕赵饮食文化】 2006年10月，省商务厅、省烹饪协会组织本省重点餐饮企业参加了“第二届中国餐饮业博览会”，取得了丰硕成果。一是菜品与文化有机交融。河北玉兰香保定会馆通过展板宣传、图册资料、影像播放等多种形式，生动再现了直隶官府菜创新发展历程和浓郁的饮食文化。承德满汉全席富丽堂皇，气势恢宏，彰显大家风范。各类绝活表演，令人赞叹不已。二是推出了菜品模特表演，此举属全国首创，成为大赛一大亮点。三是久已失传的青花器皿，如温盘、浓汁盅、鲍鱼盏等重现展场，大放异彩。四是荣获了20多项大奖。除获“最佳展团组织奖”和“最佳展台设计奖”外，河北玉兰香保定会馆被中国饭店协会授予“中国十佳酒店”，董事长梁连起被国家商务部评为“中国餐饮业优秀企业家”；一批菜品分获“中国名菜、名点、名宴奖”，锅包肘子、黄焖鸡脯、油淋白鸭、官府烧腌鱼和华鼎御面等入选2008北京奥运会推荐食谱菜品；石家庄珍极酿造集团公司和唐山隆达骨质瓷有限公司被评为“2006中国餐饮十佳供应商”。

【流通政策落实】 按照省政府《关于促进流通业发展的实施意见》（冀政〔2005〕75号文），以经营规模、竞争实力为主，兼顾行业和业态结构，筛选了20家大型流通龙头企业，报经省政府批准，作为政策扶持的重点对象，促其加快做强做大。经多方协调，河北省在编制2006年电价调整方案时，将商业用电、非居民照明用电和非普工业用电三类价格，统一合并为一般工商业及其他用电类，实行城乡用电同网同价，于2006年6月30日起执行。在各类电价不同程度上调的背景下，商业用电价格相对降低，在争取工商用电同价方面取得进展。

【市场运行监测】 一是研究起草了《河北省流通领域公共信息服务体系建设规划》，经省政府常务会议审议通过，以省政府办公厅名义印发实施。商务部对河北省的《规划》充分肯定、全文转发，要求各省市商务部门学习借鉴。二是加强全省商务系统运行监测工作的软硬件建设，2006年争取到省级市场运行监测专项资金200万元，并列入了财政预算。三是建设、完善了河北省市场监测调控网络，2006年6月中旬投入试运行，网站日访问量在1400人次以上，单月累计访问量为4.2万多次。设计开发了11个设区市的市场运行监测调控网，初步形成了省、市两级协调运行的监测网络体系。目前，数据收集上报网络系统已经完善，内贸流通数据库的信息收集和储存、市场运行分析、智能图表分析、信息发布四方面的功能已基本实现。利用商务部“商务天气预报”省级平台，建立了“河北商务天气预报”信息平台，及时发布相关信息，增强了商务公共信息的服务功能。四是研究制定了《河北省市场运行监测工作考核办法》，使运行监测工作进一步规范化、制度化。五是监测成果初步显现。通过快讯、简报等形式，及时向商务部、省委省政府反馈市场运行的动态信息，定期通报全省社会消费品零售额及市场总体运行情况，为各级领导及时了解市场运行情况提供了方便。综合分析报告、专题调研等一系列“信息品牌”，在信息引导和为领导决策服务等方面取得良好的效果。

【市场调控】 一是对2006年“元旦”、“春节”、“五一”、“十一”黄金周市场提前谋划、提早安排，确保了节日市场繁荣稳定和人民群众的消费安全，同时及时监测调控节日市场，提供节日市场信息。二是加强行业管理工作。加强对定点屠宰工作的指导协调，在全省开展定点屠宰企业等级评定工作；及时果断地处理了“注水肉”、“黑心肉”问题，制定整改措施，进一步强化行业监管；起草《河北省牛羊鸡定点屠宰管理暂行办法》，经省政府78次常务会讨论通过后实施；认真做好调味品和茧丝绸行业管理工作，对调味品管理办法进行了修订。争取国家政策扶持，促进河北省茧丝绸行业发展。三是积极推进食品安全和三绿工程。按照省委省政府实施“十项民心工程”、“食品放心工程”的部署，积极采取措施，推进全省商务系统的“食品放心工程”“三绿工程”建设，以肉类、酒类、绿色市场认证三大工作为重点，大力加强食品安全方面的行业管理工作。此外，在应急管理工作方面，加强了储备管理，对省级生猪活体储备基地进行了公检，组织了2006年度的省级生猪活体储备招标工作，配合商务部对河北省的国家生猪储备基地进行资质审核认定；研究制定了河北省级食糖储备管理办法，落实了2006年度省级食糖储备计划；根据省国民经济动员办公室的要求，研究制定了《河北省国民经济动员肉类应急供应预案》。

【整顿、规范市场秩序】 一是强力推进食品放心工程。认真落实《2006年食品放心工作实施方案》和《2006年食品安全专项整治实施方案》。已累计制定省级农业地方标准648项，市级地方标准1039项，形成了覆盖85%以上农产品品牌的无公害质量标准体系。加强了农产品质量例行监测工作，1—10月份全省抽检蔬菜、畜产品、水产品样品3593个，抽检合格率在96.7%以上。全省共有4378家企业的4719种产品获得了食品生产许可证，米、面、油、酱油、醋5类获证食品的市场占有率已达97.3%，肉制品、乳制品等10类获证食品的市场占有率已达88.6%。二是严打传销。共出动工商执法人员17890人次，查处传销案件210起，罚没款项18余万元，端掉传销窝点1016个，驱散、遣返各类传销人员35650人次，移送司法机关处理6起。共立案传销刑事案件10起，破获7起，刑拘37人，逮捕37人，教育遣返传销人员9947人次，解救受骗群众349人。三是打击商业欺诈。全省组织开展了打击违法医疗、药品、保健食品广告集中执法行动，重点整治生活类报纸广告，广播电台的坐堂广告，电视台的健康快车、健康广场等栏目广告，利用患者、专家和医生名义发布的广告等。全年共查办违法广告案件813起，罚没款467.5万元。四是其它专项整治成果丰硕。农业系统积极开展放心农资下乡活动，严厉查处制售假劣农资行为。全年共检查整顿农资市场7867个次，立案633起，结案548起，涉案货值974万元，挽回经济损失1126万元。卫生系统开展了染发类化妆品的整治，检查化妆品生产企业54家，查处不合格化妆品30箱。检查化妆品专卖店、药店、美容美发店6782家，立案219起，罚款34万元。质监系统坚持开展区域性产品质量治理整顿，邢台的人造板、献县的建筑扣件等区域性产品质量迈上了新的台阶。省通信管理局围绕电信市场消费者反映的突出问题，开展了畅通网络诚信服务活动、互联网接入服务市场整治、短信服务市场整治等，清理未备案网站4000余个，查处违规互联网站案件12起，查处违规电视声讯台4家，净化了通信服务市场。五是多措并举，深入开展知识产权保护工作。认真贯彻落实《国务院办公厅关于印发保护知识产权行动纲要的通知》精神，联合制定了《河北省保护知识产权行动工作方案》，并组织开展了一系列知识产权保护行动。精心组织了《中国保护知识产权成果展》河北展区的展出。组织开展了“2006年保护知识产权宣传周”活动。成立了“河北省保护知识产权举报投诉服务中心”，开通了12312专线举报电话，建立了“中国保护知识产权网”河北子站，完善了内部软硬设施。共受理各类咨询、投诉306件，查处案件2起。开展了系列专项整治。重点对大中型商场、专业批发市场进行执法检查，共出动执法人员805人次，检查商业场所270个次，查验可疑商品7881件。六是建立了环渤海五省市整规工作协作机制。就打击跨区域破坏市场经济秩序违法犯罪，案件协查、信息共享、工作交流、政策调研等方面达成一致意见，并就统一市场准入标准、协调整规工作政策、促进区域经济一体化等方面达成共识。七是组织开展了“诚信兴商宣传月”活动。按照全国整规办、中宣部等十三部门《关于深入开展“诚信兴商”活动的意见》（整规办发〔2006〕26号）的文件精神，成立了河北省“诚信兴商活动领导小组和办公室”及“诚信兴商宣传月活动组委会”，制定了“诚信兴商宣传月”活动方案，召开新闻发布会，开展了一系列宣传活动。

（河北省商务厅　曹国华）

【农村供销】 2006年，全省供销社系统坚持科学发展观，积极参与社会主义新农村建设，以县级供销社综合改革为重点，全面构建以“两个体系、一个中心”（农村合作经济组织体系、现代流通体系和综合服务中心）为目标的农村经营服务体系，把供销社打造成为农民合作经济的主导力量，农村现代流通的主体力量，农业社会化服务体系的主要力量，使供销社活力增强，流通功能提升，为农服务的水平和实力提高，经营结构得到进一步优化，各项业务工作取得了较大进展。全系统实现购进总额307.7亿元，销售总额327.9亿元，实现利润总额1.0117亿元。

供销社流通体制改革稳步推进。2006年，全省供销合作社系统以县级供销社综合改革为重点，努力构建农村合作经济组织体系、现代流通体系和综合服务中心，并以此为切入点，大力参与社会主义新农村建设，总体态势良好。一是通过靠大连强，优化资本等措施做大做强龙头企业，龙头企业规模扩大，带动农户能力增强。2006 年，全系统共有农业产业化龙头企业 32 个，同比增长 3.23%。其中，农副产品加工企业 12 个，农副产品经营企业 10 个，农副产品批发市场 10 个，全年龙头企业实现销售收入 31.1 亿元，同比增长 1.88%，帮助农民实现收入 6.2 亿元，同比增长 11.24%。二是体制改革取得新进展。各级农民合作经济联合会的成立，为河北省各类合作经济组织的健康、快速发展，提升农民合作经济的发展规模和运行质量提供了一个平台；县级供销社改革的首要任务就是发展现代流通网络。到 2006 年 9 月底，有 90 多个县的供销网络建设显著发展，有 100 个县开展了连锁配送业务；有 30 个县实行了与龙头企业对结和合作的模式；销售额同比增长 10%—20%的有 21 个，增长 20%以上的有 28 个。据统计，到年底连锁配送企业达到 123 个，同比增长 27 个，呈现出强劲的发展势头。三是加强专业合作社和综合服务中心建设，专业合作社运行质量、规模进一步提高和扩大。按照《农业法》和全国总社《专业合作社示范章程》、《专业合作社指导办法》的规定和要求，对全系统专业合作社和综合服务中心进行了行业规范。2006 年，全系统共建专业合作社和综合服务中心 12407 个，入社农户 64.3 万户，实现销售收入 23.7 亿元，帮助农民增收 6.1 亿元。

农业生产资料连锁经营快速发展。2006 年，全省各级供销社农资企业在进一步发展和完善以连锁经营等现代流通方式为主要内容的经营网络的同时，采取一系列惠农、利农、便农的措施，确保农民用上质优价廉的化肥和其他农业生产资料。2006 年，全系统共建农资连锁经营企业 55 家，发展直营店及加盟店共 7703 个。一是参与“万村千乡工程”，加强与中农、中化等大中型农资企业合作，发展直营店或加盟店。二是发挥省、市农资连锁企业龙头带动作用，整合系统和社会资源，发展和完善连锁经营。省农资公司共发展直营店和加盟店 1973 家。邯郸、张家口、承德等市级社的农资连锁企业共发展连锁网点 344 家。四是对县基联营进行改造，与连锁经营模式进行对接，实行“四统一”即统一标识、统一进货、统一价格、统一结算。到年底共销售给农民各类农业生产资料 67.6 亿元，同比增加 40.69%，较好地发挥了农业生产资料流通主渠道作用。

日用消费品连锁经营发展态势良好。2006 年，各级供销社继续把发展和完善日用消费品连锁经营作为拓展农村市场、建立现代流通网络的重大举措来抓，取得了明显成效。到年底，全系统共有日用品连锁企业 68 家，发展直营店、加盟店共 6418 个，实现销售额 19.5 亿元。一是加快市级供销社连锁企业的建设步伐。邯郸、石家庄、张家口、承德、唐山、廊坊、秦皇岛等市级供销社所属的日用消费品连锁企业共发展连锁店 606 家。二是继续抓好和加快县级供销社连锁经营的发展。到年底，全系统县级供销社共建起了日用消费品连锁企业 53 家，发展连锁店 5812 个。全系统实现日用消费品销售额 94.8 亿元，同比增长 13.99 %。

盐业专营工作取得新的成绩。2006 年，全系统盐业购进 61 万吨，同比增长 5%，完成年计划的 105%，销售 62 万吨，同比增长 6.9%，完成年计划的 106.9%。一是加强计划管理，加强监督检查，周密部署，确保了食盐计划的落实到位。二是积极推进连锁经营网络建设，在推广枣强县布点建网经验，进一步完善已建经营网络的同时，又确定了鹿泉、永年等 11 个县为“海晶”食盐特许连锁试点县，设计了海晶特许连锁经营全省统一标识和标牌。三是坚持以市场为导向，积极调整食盐结构，既丰富了城乡市场，又扩大了销售。今年多品种盐销售在全省已全面铺开，各个品种的销售呈上升趋势。全年多品种盐销售 4400 吨，同比增加 8%。四是强化服务功能，加强队伍建设，推动盐业流通体制改革，发挥协会作用，延伸服务网络，为食盐购销工作保质保量的完成奠定了坚实基础。

（河北省供销合作总社　史义庆）

【烟草专卖】　2006 年，河北省烟草专卖局、中国烟草总公司河北省公司（以下简称省局〈公司〉）实现了“十一五”良好开局。2006 年，河北烟草商业系统销售卷烟 202.61 万箱，同比提高 2.25%，实现利税 27.56 亿元，同比提高 31.51%。按照国家局的统一部署，大力推进烟草企业母子公司体制改革，理顺了资产管理体制。目前，省烟草公司是中国烟草总公司的全资子公司，并作为出资人在全省投资设立 11 个市级全资子公司，现在各级公司已按照公司章程开展工作。从 2007 年起，省公司不再直接从事卷烟和烟叶的生产经营，不再进行新的多元化投资，主要从事资产经营和综合管理，指导全省卷烟销售网络建设，对卷烟销售价格、品牌、库存、结构等进行宏观监测与质量监督，推广普及科学种烟技术，增强烟草自主创新能力。地市级公司作为省公司的全资子公司，是烟草市场经营的主体，其主要职能是执行省公司制定的经营目标和计划，自主组织公司的经营管理工作，实现国有资产的保值增值。

坚持科学发展观，保持持续健康发展。2006 年，河北省局（公司）按照有利于充分发挥专卖体制优势、切实维护国家利益和消费者利益、保持市场供求关系稳定的发展原则，努力追求具有发展潜力、留有增长空间、保持强大后劲的平稳发展；进一步深化以理顺行业资产管理体制为重点的改革，转变省、市公司职能，推进企业制度和机制创新，建立健全与母子公司制相适应的企业管理制度和运行机制；大力加强地市级公司市场营销主体建设，狠抓卷烟销售网络建设水平的全面提升，进一步完善和发展“五统一”的卷烟销售网络模式，切实加强物流建设，加快实现向现代流通的转变；积极推进以“国家利益至上、消费者利益至上”为核心价值观的企业文化建设，深入开展“两个维护在岗位”主题实践活动，努力维护国家利益和消费者利益；全面实施以电子商务、电子政务和管理决策三大应用体系为主体的信息化建设，加快全省网络信息安全体系建设，全力打造数字烟草；切实加强各级领导班子和干部队伍建设，深入开展党风廉政建设和反腐败工作，建立健全教育、制度、监督并重的惩防体系，不断完善和严格落实全省行业干部教育培训规划，深化分配制度改革，加强劳动用工基础管理工作，干部职工队伍整体素质显著提高，为行业持续健康发展提供了有力保障。

深化行业改革，强化专卖管理和卷烟经营。按照国务院办公厅《关于进一步理顺烟草行业资产管理体制深化烟草企业改革的意见》的要求和国家局的统一部署，河北省局（公司）把理顺行业资产管理体制，实施母子公司制改革作为全年工作的突出重点。在国家局有关部门的具体指导下，出台了国有产权划转若干财务问题的意见，制定了母子公司体制实施方案、省市公司章程等推进改革的指导性、基础性文件，顺利完成了全省烟草商业的资产上划及下投等工作，母子公司管理体制基本形成。坚持打击制假源头和打击售假网络并重，充分发挥公检法烟联合“双打”机制和华北五省市卷烟联合打假工作机制的作用，坚持联席会议、信息共享、联合办案、挂牌督办等制度，严厉打击各种制售假烟违法犯罪活动。全年共查处假烟案件25211起，查获假烟.38461万支，捣毁制假贩假窝点1014个，缴获各类制假烟机43台，抓获制售假烟涉案人员601人，拘留333人，逮捕108人，判刑32人。成功打掉销售假烟网络15个，其中案值100万元以上的12个，被国家烟草专卖局、公安部联合授予“全国卷烟打假工作特殊贡献奖”。积极开展完善客户关系管理和品牌培育机制试点、《地市级烟草公司卷烟销售网络业务规范》的贯标以及省局（公司）投诉中心建设、制定网络突发事件应急预案、加强农村卷烟销售网络建设等工作，全省网建水平全面提升。2006年，全省入网销售率、一库式大配送普及率、访送分离零售客户比例、电话订货率均达到了100%，城区电子结算率达到了83.26%。全面启动了全省的现代物流建设，在多方考察、多次论证的基础上，对全省的物流建设进行统一规划，各市公司陆续进入具体规划、设计和实施阶段。

健全监督体系，提高管理水平。2006年，根据国家局开展行业内部专卖管理监督检查和同级审计工作检查的安排部署，河北省局（公司）加强领导，明确责任，制定方案，突出重点，强化督导，围绕业务经营、财务管理、内控制度和监管机制等内容，组织全省行业认真进行自查复查。在各单位自查工作取得初步成效的基础上，省局（公司）抽调专卖、经营、财务、审计人员，认真组织集中培训，全面进行复查。按照“边查、边改、边规范”的原则，对全省行业2005年经营管理工作中存在的问题和管理漏洞彻底进行了整改。同时，抓住带有普遍性、规律性的问题，进一步建立健全了规章制度。在国家局的重点抽查中，受到充分肯定。全省行业认真落实《建立健全教育、制度、监督并重的惩治和预防腐败体系实施纲要》，制定相应的落实办法和分工方案，下发了实行领导干部诫勉谈话、函询及述职述廉制度的暂行办法。全省11个市局（公司）基本配齐了纪检组长，充实了市局监察部门人员，并为135个县级局选派了专职纪检监察干部。健全完善了各级纪检监察机构开展工作的配套制度、规定和程序。各级纪检监察机构切实履行职责，对干部选拔任用、招标比价采购、投资项目审批等进行有效监督，保证了权力规范运行。深入开展行风建设，推进权力公开透明运行。全省行业以对领导干部的监督、审计监督、内部专卖管理监督、民主监督、纪检监察再监督为主要内容的内部监督体系初步形成，企业管理逐步走向法制化、制度化、规范化，保障了行业经济和干部队伍的两个健康成长和两个安全。

（河北省烟草专卖局办公室　丁兰国）

【落实小麦最低收购价政策】　为认真落实《中共中央国务院关于推进社会主义新农村建设的若干意见》（中发〔2006〕1号）精神，切实保护种粮农民利益，经国务院批准，国家发改委等六部门联合出台了《2006年小麦最低收购价执行预案》（以下简称《预案》）。执行《预案》的小麦主产区为河北、江苏、安徽、山东、河南、湖北6省。小麦的最低收购价以2006年生产的国标三等小麦为标准品，白麦每市斤0.72元，红麦、混合麦每市斤0.69元，相邻等级之间等级差价为每市斤0.02元。执行最低收购价的企业为中储粮总公司及其有关分公司，上述6省地方储备粮公司以及北京、天津、上海、浙江、福建、广东、海南等7个主销区省级地方储备粮公司。《预案》的执行时间为2006年6月1日至9月30日止，在此期间，当小麦市场价格低于最低收购价格时，由中储粮总公司和有关省地方储备粮公司按照最低收购价格，在河北等6个小麦主产区挂牌收购农民交售的小麦。

河北省各级粮食部门积极配合中储粮北京分公司等部门开展工作，确定了131个委托收储库点和754个延伸收购库点。经过各级粮食部门和基层粮食企业共同努力，小麦最低收购价政策得到了较好落实。6至9月份，全省国有粮食经营企业按最低收购价收购小麦451.7万吨，占当期小麦收购总量的94%，有效地稳定了市场粮价，保护了农民利益。各级粮食部门和粮食企业还抓住玉米价格上涨的有利时机，大力开展粮食经营，1至12月份，全省国有粮食企业累计销售粮食754.5万吨，同比增加43万吨，取得了较好的经济效益。同时，较好地完成了军粮等政策性粮食供应任务，受到了国家粮食局和驻冀部队的好评。

【国有粮食购销企业改革】　按照省政府的要求，在巩固改革成果的基础上，一方面要求改制较慢的县市加快步伐，重点督促指导，一方面按照分级负责、严格标准的原则，展开检查验收。到2006年底，基本完成了全省国有粮食购销企业改革任务，原有的2210家企业中，有201家改制为国有独资公司，480家改制为国有控股公司，159家改制为国有参股公司，849家改为报账制购销站点，521家实行了民营制改革；各市、县成立具有粮食国有资产管理职能的机构145家，形成了责任明确的国有资产监管体系。2006年，全省国有独资、国有控股粮食购销企业统算实现利润5289万元，实现了省政府提出的统算不亏损的目标；同时，省粮食局被国家粮食局评为“全国国有粮食企业改革工作先进单位”。对2006年度全省粮食工作，特别是国有粮食购销企业改革任务的基本完成，省委、省政府领导给予了充分肯定。郭庚茂省长在省粮食局报送的《关于全省国有粮食购销企业改革情况的报告》上批示：“粮食流通体制改革取得重大突破，成绩应予肯定。希望粮食局和有关部门再接再厉，深入推动，不断完善、活跃粮食流通，发展产业化经营，为建设沿海经济社会发展强省做出贡献”。

【粮食产业化经营】 按照年初省局提出的“粮食产业发展年”的要求，各级粮食部门把粮食产业化经营作为全年工作的重点，积极向前推进。一是抓基础，掌握底数。从4月份开始，利用半年时间，全省上下开展了涉粮情况调查，从生产到消费、从品种到布局、从加工到仓储，基本摸清了各项粮情底数，为谋划粮食产业发展奠定了基础。二是抓项目，培育产业龙头。共谋划粮食产业化龙头项目126个，其中在建项目53个，预计项目建设总投资66.5亿元，建立了粮食产业化龙头企业项目库。经筛选推荐，河北柏乡国家粮食储备有限公司等56家企业，列为了国家粮食局和农发行重点扶持的粮油产业化项目。三是抓联合，开展对外合作。6月份省政府与中粮集团签署战略合作框架协议后，经与中粮集团有关部门建立工作协调机制，就有关问题多次进行沟通协调，推动了30万吨乙醇、廊雪面粉、骊华淀粉等签约项目的落实。在“9.26”中国（廊坊）第十届农产品交易会上，全省粮食行业成功举办了首届粮油精品展，集中展出粮油精品115类3525种，向国内外客商推荐发布项目36个，签订粮食购销合同和意向协议40份，成交粮油299万吨，金额44.3亿元。10月份，又组织参加了在郑州市举办的第六届中国粮油精品展，也取得了较好效果。两次展销活动，集中展现了全省粮食行业发展的新风貌，得到了省政府和国家粮食局的充分肯定。四是抓典型，进行工作推动。8月份，省局在张家口、承德召开了全省粮食产业化经营经验交流会，推广了8个单位的典型经验，实地参观了部分企业，对全省粮食产业化经营工作进行了动员和部署。

【粮食宏观调控体系建设】 在制度建设上，年初《河北省粮食流通管理规定》发布后，省粮食局会同省工商局对《河北省粮食收购资格审核管理暂行办法》进行了修订，《河北省省级储备粮业务管理规定》和粮食行政执法考核评议办法、责任追究制度等文件将陆续印发执行。在应急体系上，《河北省粮食应急预案》已由省政府办公厅以冀政办〔2006〕12号文件正式印发，省、市两级应急指挥系统、粮食应急加工、供应、储运企业指定工作正在抓紧落实。在储备体系上，到2006年底，全省地方储备粮已到位77.4%。同时，对35家仓储企业上报的中央储备粮代储资格进行了认真审理，经过国家粮食局审核批准，全省共有32家企业获得了中央储备粮代储资格认证。

【安全生产与科学储粮】 省局对市局、市局对县局，继续实行了安全生产目标管理责任制和岗位安全责任制，加大了监督检查和责任追究力度。按照《河北省安委会2006年“安全生产月”活动方案》，在全系统广泛开展了“安全生产月”活动，加强了仓储保管的基础工作，完善了各项规章制度，对全省800多名仓储保管人员进行了专项培训，对基层企业不定期开展检查，全系统没有发生任何安全生产责任事故，粮食企业“一符四无”库站率继续保持在95%以上，连续三年被评为全省安全生产达标单位。2006年，省局还与河南工业大学合作，在石家庄藁城、栾城各选择100家农户进行了农户科学储粮实验，经过储粮器具研制、储存实验，均取得成功，很受农民欢迎。

【粮食流通的监督检查】 在机构建设上，全省11个设区市粮食局除廊坊外都已成立了监督检查内设机构，155个县级粮食行政管理部门中，已有68个设立了监督检查机构，占总数的44%。在执法队伍建设上，3月份，省局连续举办了三期粮食行政执法培训班，全系统共有1200余人参加了培训，对从事粮食监督检查工作并考试合格的1081人，核发了《粮食监督检查证》，建立了全省粮食执法人员管理档案。12月上旬，又举办了两期粮食行政执法实务培训班，各市县粮食局主管领导及业务骨干500多人参加了培训。在制度建设上，为规范粮食行政执法行为，12月初，省局制定下发了《河北省粮食监督检查行政处罚程序（试行）》等4个规范性文件，粮食监督检查工作开始进入实质性操作阶段。在执法检查上，一年来，省、市、县三级粮食局共开展各种单项和综合检查1552次，出动监督检查人员8323人次，被检查单位7468个次。圆满完成了粮食库存检查、小麦最低收购价政策执行情况等专项检查，有效地维护了粮食市场秩序，保证了国家粮食政策的落实。2006年，省局和承德、张家口市粮食局被国家粮食局评为省、市级“全国粮食流通监督检查工作先进单位”。

（河北省粮食局　陈建军）

旅　游　业

【概况】 2006年，是实施“十一五”旅游发展规划的开局之年，在省委、省政府的正确领导下，在全省旅游战线干部职工的共同努力下，河北省旅游业持续快速发展。一年来，入境旅游、国内旅游和出境旅游协调发展，旅游资源开发和项目建设继续加快，海内外旅游市场不断拓展，旅游环境和产业素质快速提升，旅游业发展速度迅猛。2006年全省共接待海内外游客9125.3万人次，实现旅游收入509.32亿元，分别比上年增长12.23%和20.09%。其中，接待入境游客72.48万人次，创汇2.43亿美元，同比增长15.70%和16.24%。旅游业在拉动经济增长，促进区域合作和文化交流，改善消费结构，提高人民生活质量，增加就业再就业等方面发挥了重大作用。

【乡村旅游发展】 2006年是“中国乡村旅游年”。河北省旅游局加快推进发展乡村旅游，全力助推社会主义新农村建设。2006年1月1日，国家旅游局和河北省人民政府在平山西柏坡共同举办“2006中国乡村游”启动仪式，全面拉开乡村旅游发展帷幕。一是召开乡村旅游发展工作会议。3月中旬，省旅游工作领导小组召开了全省乡村旅游座谈会，对发展全省乡村旅游工作进行了重点动员和部署。9月上旬，省政府召开全省乡村旅游工作会议，传达全国乡村旅游现场会精神，总结交流全省乡村旅游发展情况，部署今后一个时期乡村旅游工作。会前，省政府常务会议专题研究了乡村旅游工作，省政府出台了《加快乡村旅游发展的实施意见》，明确提出了开展“百村示范，千村创建”活动。这是全国首个省级政府出台的乡村旅游发展政策。二是制定乡村旅游工作方案和服务规范。研究制定了《河北省发展乡村旅游工作方案》，出台了《河北省乡村旅游服务规范（试行）》，并印制了1万份分发到全省乡村旅游服务单位和农家旅舍张贴宣传。编印了《河北省乡村旅游培训手册》，并分期分片开展多层次的系列培训，全年培训近万人次。三是指导乡村旅游规划和建设。12月初，召开了全省首批乡村旅游规划洽谈会，遴选出19个不同类型的乡村旅游示范村（点），与来自北京、深圳及河北省等地的10多家规划单位洽谈签约。四是强化乡村旅游宣传促销。国家旅游局2006年1月1日在河北省西柏坡举办全国乡村旅游年启动仪式后，河北省重视和加强乡村旅游产品的整体包装推介，在央视以“春到河北”为主题播出了乡村旅游形象广告，在中国旅游报、河北日报、河北电视台等省内外多家媒体进行了宣传报道，在河北旅游网开办了河北乡村旅游专栏，印制了《中国河北乡村游手册》等一批特色鲜明的河北乡村旅游宣传品，拍摄了十集《河北乡村旅游启示录》专题片在河北电视台播出。

【旅游资源开发】 2006年，完成了《河北省旅游业发展“十一五”规划纲要》的编制并下发实施；20多个旅游重点县和景区也完成了规划编制和评审工作。全省加快了新老景区的建设与改造。“食、宿、行、娱、游、购”旅游产业配套体系以及产品结构进一步优化。一是推动百项重点工程项目建设。全年全省新开工旅游项目125个，在建项目225个，竣工项目77个，完成旅游项目总投资53亿元，其中利用外资5000万美元，是历年来旅游建设项目最多、投资规模最大、利用外资最好的一年。山海关古城、崇礼滑雪场、涿州旅游度假区、乐亭新戴河、衡水湖风景区、邢台奇峡群、永年广府古城、任丘白洋淀码头等一批大项目进展顺利。总投资1亿欧元的中意塞北—多乐美地滑雪场一期工程当年完工并投入运营。目前，环京津、环省会地区已建成八处滑雪场、十个高尔夫球场和近二十处温泉疗养地，促进了旅游产品结构优化。目前已初步建成自然生态、历史文化、红色旅游、休闲度假、工农业旅游等十大产品系列，形成了“行、游、住、食、购、娱”旅游要素综合配套的产品体系，实现了由单一观光旅游向观光与度假、专项旅游协调发展方向的转变。二是继续加强老景区改造升级。大部分3A级以上景区都制定了切实可行的改造方案，加快完善景区停车场、游客中心、步游路、标识标牌等基础设施。据不完全统计，全省已新修或改造步游路200多公里，新建或改建停车场近百个、旅游厕所230多个，新设或更换旅游标识牌上千处。三是加大招商引资力度。会同省财政厅争取到530万元国家旅游发展基金支持，用于11个项目的基础设施建设。组织参加了“2006河北省（香港）投资贸易洽谈会”，白洋淀温泉城旅游度假区与香港投资商签订2000万美元投资协议。在“2006中国旅游投资洽谈会”上，石家庄、秦皇岛、沧州、保定等市共签约十几个项目，投资金额达4.5亿元人民币。

【旅游市场宣传促销】 2006年，河北省加大旅游市场宣传力度，开展一系列旅游宣传促销活动，旅游市场占有率进一步提高。一是重点促销入境旅游目标市场。3月、4月、6月分别赴韩国进行宣传推介和邀请韩国、台湾旅行商来河北省进行实地考察旅游线路。5月赴俄罗斯远东地区重点推介秦皇岛、承德、唐山等地适合俄罗斯游客的旅游产品和线路。9月份赴美国、日本参加旅游推介会，进一步巩固传统旅游市场。11月初，组团参加台湾旅游交易会。12月初，会同北京“中旅国际”赴印度、马尔代夫开展联合促销，争取启动印度这一新兴市场。河北省在多元化开发旅游市场过程中，对港澳台及东南亚、俄罗斯、日、韩等重点客源市场，集中力量全方位、多层面叠加促销。港澳台市场，印尼、菲律宾、泰国、印度等亚洲市场，美国、加拿大、法国、俄罗斯等欧美市场年度增幅都在30%以上。目前，入境旅游万人客源国和地区已首次达到15个，3万人次以上客源国和地区增至9个。二是抓好大型旅游节庆活动。指导举办了张家口崇礼滑雪节、顺平桃花节、石家庄万人乡村踏青游、秦皇岛“天下第一关”武术大赛、秦皇岛国际华乐节、张家口草原节、保定敬老健身节等系列节庆和旅游活动，烘托活跃市场。同时，以活动为媒，全年共邀请海内外记者和旅行商600多人来河北省实地考察旅游产品和线路。三是成功举办“2006中国北方旅游交易会”。6月2日至4日，2006中国北方旅游交易会在廊坊国际会展中心成功举行。全国政协副主席罗豪才、国家旅游局局长邵琪伟、河北省有关领导出席开幕式。参展单位辐射到全国23个省市区和境外13个国家或地区，涵盖了169个城市；参展单位达2140家，共设展位1467个；参会代表1.2万人，公众参观人数近10万人次；共签订旅游合作协议11653份，涉及食、住、行、游、购、娱和教育等多个领域。会后，组织境内外旅行商和媒体对河北省重点线路进行了实地考察。目前，北交会已成为继中国国际旅游交易会、中国国内旅游交易会之后的我国第三大旅游交易盛会。台湾同行首次参展，乡村旅游、奥运旅游成为热点。会间，还举办了奥运旅游论坛。四是突出做好旅游包机和专列工作。全年全省共组织和地接旅游专列29列，旅游包机（船）近30架（班）次。旅行社与机场集团合作包机航线4条，其中石港包机进出港航班208班，运送旅客1.7万多人次。

【提升旅游产业整体素质】 一是加强旅游法制化建设。继续宣传贯彻《河北省旅游条例》。对《河北省旅游投诉办法》和《河北省旅游区旅游点导游人员管理办法》两部政府规章进行了立法后评估。完善旅游行政许可配套制度，建立了行政执法责任制实施方案。继续加强和推进全省旅游执法队伍建设。二是加强旅游标准化建设。大力实施景区创A、城市创优、饭店评星工程。2006年新增3A级以上景区15家（其中4A级景区5家，总量达到46家），认真完成初评并上报5A景区3家，国家旅游局已于2006年底检查验收。新评全国工农业旅游示范点8家。武安市入围中国优秀旅游城市行列，至此河北省中国优秀旅游城市已达到8个。制定了“中国旅游强县”创建标准，近期将进行首批评定。新增星级饭店40家（总数已达到379家，其中五星级3家、四星级53家）。评定“中国绿色旅游饭店”9家。三是加强旅游信息化建设。继续完善旅游信息采集制度，全面充实旅游信息库。重点加强旅游管理应用系统的开发和利用，推进了网上报名、网上查询等业务的开展。继续加强与省内外知名旅游网站的联网与业务合作，努力扩大河北旅游网的覆盖面和影响力。及时向省委省政府、国家旅游局报送信息，全年共发布各类旅游信息1000余条，分别被省委办公厅、省政府办公厅评定为信息工作优胜单位和先进单位。四是加强旅游队伍建设。以诚信建设和服务奥运为核心，开展了旅游行政管理人员、旅游企业管理人员、旅游企业一线员工和旅游师资培训。全年已培训近20万人次。编印出版了奥运培训系列读本。举办了首届燕赵旅游论坛。与省委组织部、省委党校联合举办了旅游重点县主管县长培训班。组织开发导游考试管理信息系统并成功投入使用，在全国尚属首家。圆满完成1.4万多人参加的全省导游资格考试和近500人参加的全省中级导游等级考试。组织参加了全国红色旅游导游技能大赛，获优秀组织奖。一年来，全省共有4000多人获导游资格，110人获旅游景区点导游资格，250多名初级导游晋升中级导游资格，10名导游获全国优秀导游员称号，遵化清东陵文物管理处赵英健获全国模范导游员称号。此外，还组织实施了全省旅游人力（人才）资源调查及开发规划研究工作。

【推进诚信旅游体系建设】 一是建立工作机构。成立了河北省“规范旅游市场，建设诚信体系”工作领导小组，召开了全省规范旅游市场，建设诚信体系工作会议，明确了政府部门、行业协会、旅游企业、社会公众四个不同层面的责任和义务。二是制定工作方案和规范。制发了河北省旅游局《关于加强旅行社管理的若干意见》、《关于加强旅行社门市部管理的指导意见》、《关于在全省开展“规范旅游市场建设诚信体系”主题活动的实施方案》，印发了省旅游局修订的国内旅游和国际旅游合同范本。三是建立表彰和惩戒机制。制定了诚信旅行社和诚信景区、饭店等评定标准和具体的表彰、惩戒办法，建立由管理部门、网络和社会媒体、行业协会和执纪执法单位不同渠道构架的综合评价体系，全面开展创建诚信旅行社和诚信旅游景区点活动。四是完善市场监管方式。采取联合执法、明察暗访等多种形式，加强对无证经营、超范围经营、承包挂靠的旅行社以及“黑导”、“黑店”、“黑车”等进行重点查处，并对重大违规公示。进一步完善投诉受理和处理机制，公布了诚信旅游监督投诉电话，在媒体开设了诚信旅游专栏。全年全省共受理投诉案件100起，结案率100%，游客满意率95%以上。

（河北省旅游局　孙　丽）

金　融　业

【人行石家庄中心支行】 2006年，人民银行石家庄中心支行认真执行稳健的货币政策，努力维护金融稳定，稳步提高金融服务水平，不断改善外汇管理，促进了全省经济持续快速健康发展，支持了和谐河北建设。2006年末，全省全部金融机构本外币各项存款余额12675.9亿元，增长16.4%，当年新增1783.4亿元，比2005年多增401.9亿元；全省全部金融机构本外币贷款余额7480.2亿元，增长14.5%，当年新增1000亿元，比2005年多增372.4亿元。

加强管理和协调，推动各项工作开展。2006年，各项工作继续坚持“稳、严、新、实、廉”的总体要求，以“抓落实、抓内控、抓创新、抓调研、抓安全”作为工作着力点和突破口。将抓落实作为保证各项工作高效、高质量完成的重要手段，将抓内控、抓安全作为保证各项工作科学、规范、安全运行的基础条件，将抓创新、抓调研作为突出工作特色、提高干部素质、提升整体工作水平的根本保证。

抓落实：中心支行党委明确提出全年工作要从班子抓起，从班子做起，加强总体调度部署和检查指导，督促各项重点工作开展，并研究制定了《关于进一步推动工作落实的意见》，在增强自觉性、提高能力、夯实基础、明确重点、严格奖惩、优化环境等方面提出明确要求，形成了全行上下协调联动、共抓落实的良好氛围。各单位、各部门按照抓落实的要求，将全年工作分解落实、细化量化，督查部门加强对创新工作、重点工作的督促检查，及时向行领导反馈工作进展情况，促进了全行工作效率和质量不断提高，确保了全年各项工作任务的圆满完成。

抓内控：加强对内控管理的组织领导，成立了中心支行内控建设领导小组，制定完善了《关于加强内部控制和监督管理的意见》、《内控体系建设实施方案》、《重点岗位和风险点内部检查监督制度》、《县支行内控规范化管理细则》等多项规章制度，建立了较完整的内控制度体系。组织加强岗位风险点排查和监控，及时消除风险隐患，并对照天津分行内控状况专项审计，深入组织整改，严密工作组织程序，狠抓各项规章制度的落实，形成了按制度办事、靠制度管人的良好机制。

抓创新：确定了2006年度17项全行性创新工作项目、21个部门性创新工作项目，并逐项制定实施计划和时间表，加强督促指导，研究解决存在问题。主办部门注意加强与政府有关部门、金融监管部门、金融机构的沟通协调，并及时向总行、总局、天津分行反馈有关情况，取得了显著的工作成果，有20多项创新工作得到了总行、总局、天津分行的肯定和表扬，3项创新工作在全国推广应用，充分发挥了创新工作的典型带动作用，促进了全行整体工作水平的提高。

抓调研：树立“研究立行”的思想，积极构建“大研究”工作格局，组织制定行领导调研工作计划和中心支行重点课题研究计划，确定了35个全行性重点研究课题，并先后承担了总行、总局、天津分行下达的大量调研任务；积极整合行内、行外调研人才资源和信息资源，实施了《河北省人民银行系统金融研究人才管理暂行办法》、《河北省经济金融特色研究实施意见》；一年中取得了丰硕的调研成果，行长调研报告《金融支持社会主义新农村建设实证分析》、《关于京津冀区域一体化进程中的外汇管理思考》被总行《分支行长调研报告摘要》刊发，《河北省金融机构存差问题分析》、《换汇成本：对河北省外向型经济可持续发展的思考》等调研报告得到省政府领导的肯定，并且有近百篇调研报告和金融实务研究文章在《金融时报》、《中国金融》、《华北金融》、《河北金融》等刊物发表，为上级行、地方政府部门做好经济金融决策，为中心支行更好地贯彻实施货币政策、完善金融服务提供了有力的依据，并有效推动了中心支行“五型”干部队伍建设。

抓安全：强化大安全理念，建立“大安全”运行机制以及考核评价体系。制定《河北省人民银行系统枪支弹药管理及使用操作规程》，完善货币押运安全管理办法，确保枪弹和货币押运安全。倡导河北省人民银行系统特色安全文化，创新安全教育方式，举办了“安全教育日”专题讲座，对中心支行机关处长、安全员、辖内各县（市）支行行长进行了安全心理测试，开展以安全是“1”为主题的全省人民银行系统“立足业务讲安全”专题演讲比赛活动，推动了全员安全意识的提高。

发挥货币信贷政策引导作用，提高政策实施的有效性。一是加强政策引导，加大金融支持新农村建设力度。制定《关于金融支持社会主义新农村建设的指导意见》，督导省内金融机构改善金融服务，加快金融创新，支持县域经济发展，得到省政府宋恩华副省长、总行金融市场司穆怀朋司长批示表扬。发挥牵线搭桥作用，行领导带领省内各金融机构主要负责同志深入衡水、沧州、邢台等地，与当地政府交流研讨、调查研究新农村建设情况。积极支持国家开发银行开发性金融覆盖到县工作的开展。河北省金融学会与金融时报社联合举办“社会主义新农村建设与金融发展”论坛，起到了良好的宣传作用；二是贯彻落实各项宏观调控政策，充分发挥“窗口指导”作用。针对2006年全省金融机构贷款，特别是中长期贷款和票据融资增长迅猛形势，积极引导金融机构贯彻中央有关决策部署及总行相关调控措施，合理把握贷款投放节奏，严格坚持“有保有压”原则，从严控制固定资产和房地产等过热、产能过剩行业贷款。加强对国家助学贷款、下岗失业人员小额担保贷款等经济薄弱环节的信贷支持，制定了《河北省支持小企业贷款风险补偿基金办法》、《关于加强和改善农民工金融服务工作的实施意见》等，推动了各项工作扎实有效开展。三是完善经济金融监测分析指标体系，提高调查分析水平。加强与各金融监管机构的协调配合，建立“一行三局”信息共享制度。建设运行河北省央行宏观经济时间序列（过渡）数据库，实现中心支行职能处室的信息共享。在认真完成金融统计、物价、汇率改革等调查任务的同时，探索应用新的分析方法和分析工具，密切关注经济金融运行中的热点、难点问题，突出河北特点，搞好特色调研和反馈，提高了调查统计和金融研究工作质量。

支持金融改革和发展，维护辖区金融稳定。一是农村信用社改革动态监测考核工作扎实有效开展。做好农村信用社体制改革资金支持工作，加强改革进展情况的动态监测和考核，督导农村信用社完善法人治理结构、转换经营机制、增强服务功能，支持“三农”和县域经济发展；督促农村信用社按照票据兑付标准提高投资股比重、优化股权结构，为做好全省农村信用社票据兑付工作奠定基础；二是加强金融风险监测评估，搞好风险问题警示。充分利用金融风险监测系统，密切关注风险较为突出的信托投资公司、城市商业银行、城乡信用社等中小金融机构。以金融风险监测分析系统为依托，以撰写《金融稳定报告》为载体，定期对全省金融业风险状况做出整体评估和基本判断，并及时向监管部门和金融机构通报风险情况，提出风险警示；三是积极处置区域金融风险，维护全省金融秩序稳定。与政府有关部门、银监局密切配合，认真做好停业整顿城市信用社、典当行市场退出工作，全省77家停业整顿金融机构共有55家被批准退出市场。加强金融稳定再贷款管理，收回人民银行自办金融机构再贷款1360万元，收回政府借款本息5.08亿元。

加强金融生态环境建设，推进征信体系建设深入开展。一是积极发挥推动作用，促进全省金融生态环境改善。与省政府金融办密切配合，起草并积极推动《河北省人民政府关于加强金融生态环境建设的指导意见》的落实。组织制定《河北省地区金融生态环境评价方法（草案）》。成立河北省信用评级管理委员会，企业信用评级试点工作全面铺开，目前已推荐参评企业426户，评定级别企业91户；二是开发信用信息远程申报系统，方便企业信用信息录入。以方便企业办理业务、提高企业信用信息录入效率为目标，开发应用“企业信用信息基础数据库企业（财务报表）远程申报系统”，解决了企业办理贷款卡业务时，信息录入工作量大、财务人员排队滞留等问题，得到总行征信管理部门领导充分肯定；三是加强征信管理体系建设，提高社会诚信水平。全省企业、个人征信系统建设顺利进行，企业信用信息基础数据库切换上线。加强与政府有关部门的协调，非银行信用信息采集工作取得重大进展，全省5家电信运营商信息和石家庄市社保信息已采集上传。征信知识宣传不断深入，以“珍爱信用记录、享受幸福人生”为主题，通过知识进校、知识下乡、知识竞赛等形式普及征信知识，收到了良好社会宣传效果。

强化基础业务管理，提高金融服务水平。一是加快支付清算体系建设，提高社会资金运行效率。大额支付系统运行平稳，小额支付系统2006年3月27日在全省成功上线运行，大额、小额支付系统全年累计处理清算业务802万笔、57044亿元。2006年8月11日，以影像技术为支撑的石家庄市票据清分机系统顺利上线试运行，实现了转账支票在石家庄辖区通用。2006年12月18日，支票影像交换系统上线试点运行，实现了全国试点6省（市）范围内的支票通用。组织有关部门签署《河北省银行卡受理市场建设公约》，制定《河北省奥运城市银行卡发展规划》，不断规范河北省银行卡受理市场，促进银行卡产业发展；二是加强金融科技管理，搞好重要业务数据异地备份。在确保支付清算、账户管理、国库管理、货币金银管理、企业和个人征信等重要业务系统安全运行基础上，研制开发了全省人民银行重要应用系统异地数据备份系统，并于2006年8月18日正式投入运行，确保了重要数据的安全性。组织开展全省信息安全检查，建立了信息安全技术防范体系；三是强化国库业务管理，提高经理国库水平。在安全高效做好国库日常核算基础上，组织开发推广“国库统计分析业务系统”，使国库收支信息真正成为了经济运行和预算执行的“晴雨表”，得到总行国库局充分肯定，并组织在全国推广。研发推广“国库内控评价管理系统”，完善了国库风险监测体系，增强了国库内控管理的可操作性；四是加大货币管理创新力度，确保钞票处理安全。研发应用清分完整券塑封包装技术，提高了人民币清分完整券钱捆质量和钞票处理的安全性，得到总行货币金银局肯定。加强发行基金调拨，保证了全省合理的现金供应。完成跨行政区划发行基金调拨和回笼券清分试点工作。加强发行库和残损人民币销毁管理，确保安全无事故。深入开展反假货币宣传月和“七个一”活动；五是发挥反洗钱联席会议作用，认真搞好反洗钱工作。加强与有关部门的信息共享，制定《反洗钱工作报告制度（试行）》、《反洗钱现场检查操作规程（试行）》等制度，并组织对部分金融机构及营业网点进行现场检查。积极开展《反洗钱法》宣传工作，提高金融机构和社会公众反洗钱意识。

加大外汇管理创新力度，提高外汇管理水平。一是强化管理和服务创新。研发推广“国际收支统计申报业务查询系统”、“外汇管理内控风险评价系统”和银行非现场数据筛选剥离分析系统，得到总局高度评价。规范外汇管理工作程序，编制《河北省外汇管理工作质量标准》，推动了外汇管理由结果控制向过程控制转变。制定《外汇管理依法行政纲要》、《河北省经常项目外汇检查监督制度》，依法合规做好外汇管理工作。探索监管新方式，制定《完善进口付汇非现场监管促进贸易便利化实施方案》。完善外汇监管工作机制，与省保监局联合制定《合作监管联系制度》，对河北省保险市场外汇业务操作起到了规范作用；二是落实各项外汇改革政策，支持外向型经济发展。加强外汇收支形势分析，并认真做好外汇改革政策实施情况的跟踪调查和反馈工作。积极调整服务贸易项下售付汇政策和保险业务外汇管理政策，为全省企业创造良好用汇环境。认真做好外商投资企业年检工作。加强境外投资外汇管理工作，下放管理权限，简化审批手续，鼓励企业“走出去”政策取得明显成效，企业境外投资总额同比增长2倍多。组织开展外汇业务专项检查，立案查处部分企业骗取外汇登记、进出口逾期未核销行为，维护了外汇市场秩序。

健全落实内部管理机制，提升内控管理水平。一是创新监督管理手段，认真搞好内部审计工作。完成了离任审计和基建项目、发行库业务、支付结算和会计核算审计等审计项目。对机关2005年部分费用开支情况进行资金使用效益分析，并提出改进建议和措施。探索将履行职责审计由合规审计上升到绩效评价，制定《中心支行领导干部履行职责审计绩效评价实施细则》，积极对领导干部履行职责和业务管理情况做出绩效评价；二是加强事后监督工作，完善事后监督工作机制。辖内8个县（市）支行实现全年“零差错”，全省共有60个网点实现了全年“零差错”。加强固定资产规范化管理，组织开发了固定资产实时记账系统。三是加强应急工作管理，健全完善应急预案体系。组织制定了《突发事件总体应急预案》、《金融机构突发事件应急预案》等13项应急预案，并修订了一批部门性应急预案，为做好应急管理工作奠定了基础；先后组织了IT系统、机关地震灾害等10多次应急演练，达到了熟悉应急程序、完善应急预案、锻炼应急队伍、积累实战经验的目的；四是落实内部管理制度，建设和谐机关、节约型机关。制定和落实《关于建设节约型央行机关的实施意见》。2006年中心支行所有会议一律安排在机关召开，全年节约会议费120多万元。按照“依托政府采购中心，实行阳光采购”的思路，组织做好集中采购工作，降低大宗采购成本。中心支行重点库区办公楼装修工作顺利完成，10月份投入使用，进一步改善了办公环境。加强纪律管理，印发《关于加强管理严明纪律的通知》，强化劳动纪律监督检查。经过各部门的共同努力，中心支行办公秩序、工作纪律、精神面貌良好，后勤保障工作有效加强，和谐机关建设不断深化。

【外汇管理】 2006年，河北省外汇管理部门紧紧围绕总局中心工作，结合实际，进一步转变管理理念，加大调研和创新力度，认真贯彻落实各项外汇改革举措，不断提升外汇管理和服务水平，各项工作取得了新的进展。2006年，河北省国际收支总量210.81亿美元，同比增长12.4%，顺差82.17亿美元，同比增长17.03%。银行结售汇总额183.35亿美元，同比增长13.71%，顺差80.31亿美元，同比增长27.32%。全省进出口总值185.26亿美元，同比增长15.3%。全省外商投资企业4680家，投资总额280.91亿美元。境外投资企业21家，中方投资总额2.22亿美元，是2005年同期的1.4倍。全省外汇债务余额39.34亿美元，同比增长10%。石家庄市商业银行是河北省唯一参与银行间外汇市场交易的金融机构。截至2006年12月31日，该行在银行间外汇市场共交易144笔。其中美元累计交易119笔，交易总量为5434万美元，比2005年同期增加206万美元，增幅为3.9%；其中买入20万美元，卖出5414万美元；港币累计交易15笔，交易总量为10440万港币，比2005年同期增加1938万港币，增幅为22.8%，其中买入4840万港币，卖出5600万港币；欧元累计交易10笔，交易总量为205万欧元，比2005年同期增加124万欧元，增幅为153.1%，其中买入155万欧元，卖出50万欧元。交易特点：一是客户多为出口型企业，使得河北省业务主要以结汇为主而且业务集中在美元品种，外汇市场上平盘交易也以卖出美元为主；二是由于河北省经济保持快速增长，企业经济效益稳步提高和企业使用外汇的自主权得到进一步扩大，企业结汇业务稳步增长；三是欧元和港币交易依旧低迷，业务清淡。

河北省金融机构开办的外汇业务主要包括代客买卖业务、外币理财业务、远期结售汇业务和外汇期货期权业务。2006年河北省经济保持快速增长，企业经济效益稳步提高，加之企业使用外汇的自主权得到进一步扩大，使得对公外汇买卖业务量同比稳步增长。截至2006年12月31日，对公外汇买卖业务年累计交易33573万美元，同比增长14.9%；个人实盘外汇买卖业务增加较快，一是2006年人民币汇率持续走强，居民个人结汇意愿仍较为强烈；二是河北省出国旅游人数增加，尤其四季度有明显上升，成为推动居民售汇规模不断扩大的主要因素；三是由于经常项目外汇政策的调整，大幅提高了居民个人购汇的限额，促使个人客户持有外币的意愿大大降低，促进了居民售汇业务的增长。截至2006年12月31日，个人实盘外汇买卖业务年累计交易61862万美元，同比增长6.9%。2006年受人民币对美元一直呈现加速升值趋势以及美元处于弱势的影响，加之人民币投资品种不断增多、收益高，外币理财的实际收益率有所降低，部分客户将手中的理财产品转换为人民币业务，使得河北省全年业务量较2005年有减少。截至2006年12月31日，河北省外币理财业务累计交易3741万美元，较2005年同期减少19.6%。截至2006年12月31日，远期结售汇业务累计交易21701万美元，较2005年同期增长7%。

（一）提高国际收支统计申报数据质量，确保新版国际收支统计监测系统的推广上线。开发使用国际收支统计申报业务查询系统，从源头上规范申报主体和银行的申报行为。严格执行对中心支局、外汇指定银行数据报送时间、质量等方面的考核通报制度，组织开展了对部分外汇指定银行省分行和各地分支行的国际收支现场核查，对发现的问题及时进行整改，确保了国际收支申报数据质量和时效，在总局的各月考核中全省国际收支收付汇申报率均达到100%。做好新版国际收支统计监测系统推广上线工作。分局成立了新系统推广工作领导小组，制订实施方案，督导全省新系统的推广工作。按照总局各阶段部署及时间要求，完成了新系统上线前的业务培训、系统安装调试等各项准备工作。全省建设银行新版国际收支统计监测系统于2006年12月4日正式上线运行，新系统正式上线运行以来，建设银行国际收支数据导入和外汇局端系统运行基本正常。

（二）经常项目外汇管理改革政策得到全面落实，进一步促进贸易便利化。2006年经常项目外汇管理改革涉及服务贸易、居民个人、外汇账户、进出口企业结汇等方面，全省外汇管理部门积极投身改革，突出工作重点，认真组织改革的实施，从实施方案的制定，政策传导机制的畅通，到宣传培训的组织，政策实施效果的反馈，每项工作都开展得扎扎实实、有条不紊，这些政策的贯彻落实为全省企业和个人创造了良好的用汇环境。其中，对贸易收汇结汇实行分类管理，全省4078家出口企业中确定为“关注企业”的有122家，占全省企业总数的2.5%，对“关注企业”实行严格的真实性审核，便利绝大多数合规经营企业的正常资金使用。进一步促进贸易便利化，对非现场监管方式进行了有益的探索。起草了河北省分局《完善进口付汇非现场监管，促进贸易便利化实施方案》，实现了全省进口名录共享，便利了企业经营；制定了《河北省出口加工区外汇管理实施细则》，扩大出口加工区企业结汇范围，简化结汇管理手续，降低了企业财务成本；主动协调省保监局，联合制定了河北省外汇保险监管制度，对全省保险公司实行协作监管；继续做好出口收汇网上核销推广工作，加大对企业网上核销的培训和推广力度，截至2006年12月底，全省网上核销开户企业占出口企业总数的80%，网上核销金额占同期出口收汇核销总额的99%。

（三）转变管理理念，促进资金合理有序流动。积极支持企业“走出去”，进一步下放和明确业务办理权限，积极探索为企业提供后续用汇需求及境外融资便利的途径。企业进行境外股权融资已成为全省利用外资的一种重要方式，截至2006年12月底，境外募集资金总额共计8.51亿美元。全省办理境外投资主体中方外汇资金来源审查22笔，同比增长29%，中方投资额2.22亿美元，是2005年同期的1.4倍。加强外债管理，按照新划定的审批权限，做好对外提供外币按揭贷款担保的审批工作。召开外商投资企业外债管理问题企业座谈会，加强短期外债的分析监测，防范外债风险。规范外资流入房地产，抑制投机性资本流入房地产作用开始显现。截至2006年12月底，全省境内机构和个人购买境内商品房的金额很小，仅为51.61万美元，全部为境内个人结汇购房。通过与相关部门的密切配合，督促考核辖区年检进度和数据质量，外商投资企业年检工作顺利完成。全省实际参加年检企业2884家，参加外汇年检并报送外汇收支情况表等材料的企业为2952家，参检率为102.36%。河北省分局被总局评为外商投资企业外汇年检工作优秀单位，并在全国外商投资企业外汇年检工作总结会议上做经验发言。

（四）加强监督管理，开展外汇检查。按照总局的统一部署，全省组织开展了企业跨境关联交易专项检查，运输、建筑服务、计算机和信息服务行业的非贸易外汇业务专项检查，对部分外汇指定银行外汇业务合规情况的常规性检查等多项检查活动，全面掌握了被检查对象的相关外汇业务情况，对发现的问题及时进行了处理和督促整改。全年共组织各种专项检查31次，检查企业221家，银行

49家；处理外汇违规案件48起，查处违规金额2399.69万美元，处罚金额44.26万元。积极开展“诚信兴商”宣传活动，扶优限劣，营造企业良好的经营环境，确保诚信经商深入人心。省分局连续两年被总局评为信用体系建设及“诚信兴商”宣传活动先进单位，并在2006年总局召开的信用体系建设及“诚信兴商”宣传活动总结表彰会上做经验介绍。

（五）创新管理方式，全面提高外汇管理工作水平。在做好各项基础工作的同时，坚持“提速工作过程、提升管理水平、提高服务质量”的原则，从手段创新和制度创新入手，积极开展工作创新。全省共完成17项外汇创新性工作，有4项列入人民银行石家庄中心支行重点创新项目，7项在全省推广，2项得到了总局领导的批示（外汇管理内控风险评价和银行非现场数据采集分析系统），1项在全国进行了推广（外汇违法信息披露办法）。这些创新工作呈现出数量多、质量高，种类多、覆盖面广，效果好、实用性强的特点，从不同角度提高了外汇管理的工作效率，促进了长效机制的建立，增强了外汇服务的水平。全省外汇创新工作开展得有声有色，从完成的情况来看，各市中心支局都围绕外汇管理创新做了大量的工作，廊坊、秦皇岛、保定、邯郸、唐山、邢台等市中心支局承担完成了分局重点推广创新项目，成绩更为突出一些。

（六）突出调研实效性，不断强化为宏观决策服务的职能作用。全省外汇局系统紧跟外汇管理新形势，结合工作实际，注重服务性、宣传性、转换性，对地方政府侧重开展地方经济分析性调研，为地方经济发展服务；对系统内部侧重新政策实施效果的反馈调研，为上级决策服务，深入开展各类调查研究，形成了一批较高质量的调研文章。全省外汇局系统共有53篇调研报告受到了上级或各级地方政府的肯定，10余篇得到了省政府领导的批示。《换汇成本：对河北省外向型经济可持续发展的思考》得到省政府领导充分肯定，省商务厅高度重视，原文上报商务部，并邀请分局在银企高层座谈会上讲课。《河北省外商直接投资状况及对策建议》引起省政府重视，政府专报信息给予转发。《邯郸是如何打赢建国以来全省最大全国第二的欧盟反倾销官司的》、《保定市反映六方面因素影响汽车出口持续增长》等文章得到了省政府有关领导的批示。唐山市中心支局的《NDF交易介入投资收益汇出业务应引起关注》、衡水市中心支局的《国际收支平衡表距离我们有多远——对2005年中国国际收支平衡表认知度的调查》引起了总行、总局有关领导的关注。2006年，编发《河北外汇信息》26期，采用文章211篇，编发上报外汇总局信息62篇，其中被总局采用19篇。编辑出版了调研文集《京津冀经济一体化与外汇管理》和《金融研究》专刊，收集全省外汇局系统近两年的调研文章157篇。

（*人行石家庄中心支行　曾玉玲*）

【金融监管】 高风险城市信用社（城市商业银行）风险处置任务圆满完成。在各级地方政府的积极配合和支持下，经过全局上下共同努力，截至2006年末，10家待处置社全部处置完毕；57家停整社已有55家批准撤销，占应退市总数的96.5%。高风险城市商业银行（城市信用社）的综合治理取得突破性进展，全省城市信用社累计置换不良资产16.37亿元，平均不良贷款比例降至4.19%，主要相关指标已达到或接近银监会要求的组建城市商业银行的标准；秦皇岛、石家庄市商业银行的风险处置综合治理方案正在实施中。河北省高风险城市商业银行（城市信用社）风险处置工作得到了银监会和省政府领导的充分肯定和高度评价。

城市商业银行和农村信用社改革工作深入开展。大力推进城市信用社改制，设立城市商业银行工作，承德市商业银行于5月29日挂牌成立。强化资本约束理念，完成了承德、沧州两家城市商业银行增资扩股工作。促进城市商业银行走联合发展之路，河北省6家城市商业银行发起设立了“河北省城市商业银行合作组织”，共同签署了《河北省城市商业银行合作组织框架协议》，实现了河北省首次地方金融机构之间的战略合作。

加快推进农村信用社统一法人社组建工作进度。已批准145家县（市）联社开业、2家筹建，完成统一法人改革计划目标的96%，超额完成本年度计划的110%。全面完成农村信用社贷款五级分类初分工作。举办农村信用社信贷资产风险分类培训班46期，培训农村信用社高管人员3000多人，培训农村信用社人员近6000人，交流到商业银行学习214人，为全面实现农村信用社信贷资产的动态监管，准确衡量农村信用社的风险创造了条件。

非银行金融机构风险化解工作取得初步成效。密切关注河北省信托投资有限责任公司重组工作，严格审查股东变更和股权结构调整方案，通过重组成功化解了多年来的金融风险。

积极稳妥地做好高风险信托投资公司的市场退出工作。多次向银监会和省政府汇报河北省高风险信托公司市场退出工作进展情况和存在的问题。针对秦皇岛市信托投资公司市场退出实际，提出切实可行的工作建议，并依法批准秦皇岛市信托投资公司市场退出，为河北省其他地市信托投资公司的市场退出工作积累了经验，探索了路子。

妥善处理“三非”（非法金融机构、非法金融业务和非法集资）协调工作。积极配合银监会和地方政府做好北京亿霖木业集团有限公司涉嫌非法集资案等9起非法集资的调查取证工作。

现场检查、非现场检查工作持续开展。先后开展了房地产信贷业务检查、个人消费贷款、非信贷资产分类情况、操作风险检查、集团客户授信业务等20多项现场检查工作，监督银行业金融机构不断强化资产管理。共派出检查组113个，累计工作量11875人天，检查各类机构1012家，发现各类违规问题625项。通过现场检查，全面了解了银行业金融机构的风险状况，并督促被查机构认真整改，促进了银行业金融机构依法合规经营。

加强非现场监管工作。在全辖共设立了主监管员36名、非现场监管员240名，实现了现场检查与非现场监管职能和机构（岗位）的分离。继续加强对不良资产的监测、分析和考核，狠抓不良贷款“双降”工作。2006年末，河北省主要银行不良贷款比例较年初下降2个百分点。

积极督导辖内银行业金融机构认真做好核销坏账工作。按照“准确分类—提足拔备—做实利润—资本充足率达标”的持续监管要求，该局抓住时机，集中行动，采取监管会谈、印发文件、个案指导等方法，督导辖内银行业金融机构认真做好核销坏账工作。各银行业金融机构对于资产损失核销工作的重视程度普遍提高，力度明显加大。

银行业案件专项治理工作和治理商业贿赂专项工作取得阶段性成果。先后召开四次案件专项治理工作会议，部署银行业金融机构案件专项治理工作，并及时跟进督促指导和检查。建立了案件督导例会制度，定期对各银行业金融机构案件专项治理、内控建设、重大经营活动等情况进行督导和提示。加大警示力度，对4起典型案件情况进行了通报。同时，该局依法采取监管措施，对案件查处迟缓的2家银行业金融机构分别给予了暂停一年之内机构准入、新业务准入和暂停行政许可事项审批的处罚，进一步强化了震慑作用。截至三季度末，全省各银行业金融机构发现案件42件，成功堵截和防范案件共12件，堵截率70.4%。加大自查力度，案件自查发现率为81%。

全力推进银行业治理商业贿赂专项工作。多次深入银行业金融机构进行现场检查和专项督查，确保了辖内银行业金融机构的治理商业贿赂专项工作的有效开展。积极发挥银行业协会的作用，向全省银行业金融机构发出了《关于自觉抵制商业贿赂倡议书》，进一步推进了反商业贿赂专项工作的深入开展。

行政许可事项监管力度不断加大。加强对行政许可事项的检查和规范工作。开展了行政许可事项合规情况的专项检查，对擅自变更高级管理人员和擅自变更分支机构等问题进行了立案查处，分别给予有关银行业金融机构限期整改、通报批评、重新核准任职资格、暂停有关业务和实施经济处罚等处理，有效提高了被监管机构的合规风险意识；制定下发了《关于规范农村信用社行政许可行为促进企业文化建设的指导意见》，得到银监会领导的充分肯定。加强对银行业金融机构高级管理人员的监督考核，对辖区高级管理人员进行了履职考核评价，进一步规范了高级管理人员的履职行为。认真做好行政许可事项的审批工作，严格《金融许可证》管理。

小企业金融服务工作稳步推进。建立和完善小企业贷款配套机制，出台了《河北省小企业贷款违约信息通报机制的实施意见》，建立了银行业金融机构完善“小企业贷款六项机制”进展情况季度报告制度，研制开发了“小企业贷款违约客户管理信息系统”软件，与石家庄市辖14家银行业金融机构签订了《银行业小企业贷款违约信息通报共享协议书》，并将小企业贷款违约信息定期向银行业金融机构发布，为小企业贷款创造了良好信用环境，推进了小企业贷款业务稳健发展。

（河北省银监局）

【国家开发银行河北省分行】 2006年，国家开发银行河北省分行抓住机遇，开拓创新，扎实工作，全面完成各项工作计划。年末管理资产余额达到651亿元，比年初增加148亿元，增长30%。发放贷款274亿元，继续保持历史高位。承诺贷款项目29个183亿元；新开发项目61个，申请开行贷款513亿元。社会发展瓶颈领域贷款计划超额完成。全省136个县的金融合作圆满完成计划，并在辛集、霸州两县级市进行了“八项前移”试点。年末存款余额42亿元，日均存款33亿元。实现利润7.1亿元，资产利润率为1.63%。在开行全系统考核中取得第15名的好成绩，比2005年考核提升5个位次，各项业绩进入优秀分行行列。

加大对重点项目支持力度，保证重点项目资金供给。一是2006年省开发银行积极向省政府领导汇报工作，得到了郭庚茂等省领导的大力支持和帮助。5月份，郭庚茂同志带领省直有关部门负责同志来该行视察召开省长专题办公会，研究推进双方合作问题。确定将合作领域拓展到关系河北省经济发展建设的重大项目、基础设施、城建、县域经济、中小企业、“走出去”等15个方面。二是从建立、健全曹妃甸、公路、铁路、煤炭等重点行业和项目工作组制度入手，紧紧围绕各地、各部门“十一五”规划，培育、开发了8个高速公路、5个电力和唐钢投资首钢搬迁、曹妃甸煤码头、天威英利及省内“8+3”铁路等重点项目，为支持河北省重点项目建设做好准备。三是按照中央宏观调控政策，主动争取各方面资金，及时调整信贷规模和增速，均衡发放各类贷款。在贷款规模十分紧张的情况下，向国家和省重点项目发放各类贷款达176亿元，占该行2006年全部贷款发放额的65%，满足了首钢搬迁、曹妃甸工业区基础设施、黄骅电厂、张河湾电厂、秦皇岛港煤四煤五码头等重点项目资金需求，保证了河北省重点项目的顺利建设。

以完善县域开发性金融合作体系为突破口，开拓创新，大力支持新农村及县域经济建设。省开发银行针对河北省县市多、工作量大等特点，创新贷款模式，深入县域开展工作，对全省136个县全部实现了“六大覆盖”，圆满完成辛集、霸州两县级市“八项前移”试点工作，进一步加大了对河北省县域经济和新农村建设的支持力度。主要做法是：一是以“万村千乡市场工程”为载体，创新贷款模式，支持河北好日子公司和河北省农资公司推进农村“加盟店”建设。二是为解决中小企业融资困难问题，运用“两台一组”模式，发放贷款4830万元支持霸州中小企业发展；运用回购股权新方式向廊坊市发放4000万元政策性贷款，支持其参股中小企业担保中心建设。三是为解决农民看病难、上学难、交通不便等问题，支持了鹿泉市人民医院改造工程、肃宁县第一中学迁建、肃宁镇道路改造工程、辛集乡村公路和农村沼气、赵县垃圾处理、固安新农村建设试点等新农村建设项目，为支持新农村建设做出了不懈的努力。

发挥开发性金融的作用，配合政府解决热点难点问题，支持构建和谐社会。一是针对河北省助学贷款难的问题，与省主管部门签署《国家助学贷款框架合作协议》，目前正大力推动实施。二是为解决低收入户住房问题，选择廊坊市为经济适用房试点，承诺贷款1亿元，已发放5000万元。三是为香港中信泰富公司收购西澳铁矿项目创制了多品种、分期限、控风险、兼优惠的融资方案，最终促成中信泰富在众多国内、国际银行中选择开行作为主牵头行，为其安排一、二期项目所需融资33.55亿美元，已实现2.1亿美元贷款发放。四是引入风险投资模式，支持河北省科技风险投资平台建设。五是向沧州国企发放贷款5亿元，盘活46户破产企业闲置资产，帮助解决了职工安置问题。六是与省劳动保障厅共同推进农民工培训基地建设，联合报送的河北省6个农民工培训基地项目全部通过总行审核，列开行系统第一名，其中1个项目已实现贷款发放。七是为支持台资企业发展，与台资企业保定味群食品公司签订2300万元贷款合同，发放1100万元。还与省水利厅签署了《开发性金融支持河北省水电农村电气化及小水电代燃料工程项目会议纪要》，与团省委签订了《青年创业贷款合作会谈备忘录》。

加强与省内外金融机构的合作，引导社会资金投向河北省重点项目建设。面对国家宏观调控紧缩信贷规模的形势，省开发银行作为牵头行运用直接银团贷款、联合贷款、信托贷款、CDO、CDS等贷款方式和创新产品，积极与省内、外商业银行、信托投资公司等28家金融机构合作，融通资金57亿元，其中从省外引进资金35亿元，为河北省重点项目建设提供资金保障。其中张石高速公路石家庄段、张家口段直接银团贷款的操作成功，既满足了这些重点项目的资金需求，提高了银行的工作效率，同时分散了贷款风险。该行还积极探索与中小金融机构的合作，通过政府平台参与中小金融机构重组，并通过体制、机制建设引导中小金融机构资金满足社会经济发展瓶颈领域的融资需求。

2006年，省开发银行大力加强信用和信贷业务制度建设，认真开展业务培训，定期召开信贷管理座谈会，广泛开展信贷大检查，继续加强信贷基础管理，积极配合内外部监管部门进行各类稽核检查，对存在的各类问题及时整改。认真做好资产质量五级分类工作，严把项目资产质量关。2006年，该行当期和累计贷款本息率继续保持双100%，不良贷款率继续为零，项目资产质量保持优良。

（国家开发银行河北省分行　李　炜）

【农业发展银行河北省分行】　2006年，中国农业发展银行河北省省分行全面贯彻落实科学发展观，紧紧围绕支持新农村建设，认真履行农业政策性银行职能，各项工作均取得了明显成效。全年累计发放贷款178.92亿元，同比增加14.18亿元。年末，各项贷款和存款余额分别达389.59亿元和61.08亿元，同比分别增加19.47亿元（剔除消化中央政策性棉花挂账贷款和核销呆账因素后，增加40.93亿元）和9.77亿元。不良贷款比年初下降0.74亿元，不良贷款比例下降0.95个百分点。全年实现账面盈利4.72亿元，同比增盈3.33亿元。全辖11个市级分行首次实现全面盈利。资产利润率同比上升0.78个百分点；收入成本率同比下降6.18个百分点；人均利润同比增盈8.66万元；人均存款同比增加27.78万元；人均中间业务收入同比增加1480元。

优化贷款投向。2006年，省农发行为全力支持河北省新农村建设，在贷款投向上抓了三方面工作。（一）制定《商业性贷款重点支持的区域和产业指引》、《河北省优势农产品区域布局与农发行商业性贷款项目营销重点》等文件，进一步明确信贷资金应该投向的优势区域和优势行业，合理引导信贷资金流向。（二）合理认定贷款资格。一是坚持布局合理原则。充分考虑粮棉种植面积、生产流通数量、购销企业分布等情况，因县制宜进行认定，确保不出现区域性卖难问题。二是坚持区域优势原则。对粮棉产量较大、区位优势较强、企业经营状况较好的县域，适当增加了认定数量。三是坚持有进有退原则。首先选择支持储备企业和国家指定的执行最低价收购政策的企业；其次选择支持优质的具有粮棉收购资格的产业化龙头、加工或转化企业；最后对产权制度明晰、经营机制先进、抗风险能力强的优质的传统粮棉购销企业进行支持。2006年，新认定贷款资格企业信用等级在A级以上的335家，占比98.8%，同比提高了51个百分点，既促进了国家宏观调控政策的落实，确保了粮棉收购不出现大的问题，又优化了客户结构，减轻了监管压力，切实增强了抗风险能力。（三）突出信贷支持重点。一是优势区域。重点支持粮棉资源丰富、相关产业集中、信用环境较好的区域发展，逐步在全省形成了淀粉加工、面粉、食品加工、种子、纺织和养殖等十几个产业集群地，充分发挥了规模效应。二是优质客户。重点支持41家“黄金客户”和100家“优质客户”。全年直接或报请总行批准对大型优质企业公开授信14.55亿元。三是特色项目。重点支持科技含量高、市场前景好、抗风险能力强、惠农富农、辐射和带动作用明显的农业产业化龙头企业和精深加工企业中具有较强核心竞争力的特色产品。（四）提高办贷质量和效率。制定了《规范贷前调查流程，切实提高项目调查质量和效率的实施意见》、《贷款主调查人和主审查人管理办法》、《贷款审查委员会工作规则》等办法，规范了办贷行为，明确了工作职责，理顺了操作流程，提高了办贷效率和质量。2006年，全年累计发放贷款178.92亿元，同比增加14.18亿元，增幅8.6%。其中发放粮油储备贷款12.42亿元，支持企业储备和轮换粮油30.5亿斤，保证了中央粮油储备轮换和地方粮油储备增储计划的顺利完成；发放化肥、活体储备贷款1.55亿元，支持企业入储化肥6.34万吨，入储活体821吨；发放调控粮食收购贷款73.6亿元，支持企业收购最低价小麦97.4亿斤，同比分别增长117%和94%，确保了小麦最低价收购政策的落实，为稳定市场粮价、保护农民利益发挥了积极作用；发放商品粮油贷款53.6亿元和棉花购销贷款15.26亿元，支持企业收购、调入小麦27.7亿斤，玉米77.6亿斤，皮棉251万担，促进了粮棉购销活动的有效开展；发放产业化龙头企业和加工企业贷款17.24亿元，支持农业产业化经营，带动了农民增收。同时，通过全行上下共同努力，贷款结构明显优化。年末，月均贷款余额达386.7亿元，同比增加56.24亿元，增幅17.02%。其中，储备、调控粮油贷款和产业化龙头及加工企业贷款余额比年初增加了85亿元，占有效贷款的比重同比提高了33个百分点，而传统粮棉购销贷款则比年初下降了43亿元，占有效贷款的比重同比下降了31个百分点。

加强风险防控。2006年，农发行河北省分行进一步增强风险管理理念，细化措施，强化管理，确保了不良贷款“双降”目标的实现。（一）狠抓促销收贷。一是及早安排布置。1月中旬，就下发了促销收贷通知，并先后三次召开促销工作调度会。各级行及时督促企业加快销售进度，足额收贷收息。二是搞好工贸对接。充分运用基准利率和利率下浮的政策优势和农发行系统整体优势，为工贸对接搭桥，鼓励和支持产业化龙头企业、加工企业从购销企业购买粮棉，帮助购销企业拓宽销售渠道。三是严格期限管理。对购销企业2005及以前年度商品粮棉贷款逾期的，原则上不再展期，按规定计收加罚息，督促企业加快销售。四是坚持销贷挂钩。把企业2005及以前年度商品粮棉贷款本息“双结零”情况与秋季粮棉收购贷款资格认定和发放新的流转贷款挂钩，促进企业促销压库。五是开展“一查两清”。8月份在全辖组织开展了以“核查商品粮棉库存，清收结算资金、清收贷款本息”为主要内容的“一查两清”工作。年末，开户企业2005及以前年度流转粮食和准政策性粮食占用贷款由年初的47.5亿元降到了4.8亿元；2005年度棉花全部销售，占用贷款由年初的28.8亿元降到了0.77亿元；粮棉贷款收回率分别达到96%和98%。2004、2005年度小麦、玉米购销比例在全国均位居前列。（二）加强结算资金占用贷款管理。一是加强销售监督。督促企业严格执行“钱货两清”、“票货两清”结算方式。加强对销售回笼货款监督，确保货款足额归行，并及时收贷收息。二是加强监测分析。建立了结算资金占用贷款定期分析报告制度，将开户企业结算资金占用贷款登记造册，及时监测。三是采取针对性清收措施。分解清收目标，明确清收责任，充分运用经济、法律等手段清收。全年累计收回结算资金占用贷款1.36亿元。（三）大力清收不良贷款。一是及早摸清底数。二是坚持一企一策。三是强化监测督导。逐级建立了不良贷款监测台账，按月监测分析不良贷款的迁徙变化情况，适时进行重点督导。四是突出现金清收。全年累计通过现金收回不良贷款3.07亿元。五是认真做好中央政策性棉花财务挂账本息消化工作。（四）加强贷后管理。制定了《商业性贷款贷后检查管理办法（试行）》、《关于落实〈中国农业发展银行担保贷款管理办法（试行）〉的操作指引》等，进一步明确了省、市、县三级行对商业性贷款的管理职责。创新贷款管理方式，对粮棉购销贷款，强化期限管理，督促企业边收购、边加工、边销售，加速资金周转，分散经营风险。对项目贷款，适时组织专项检查，及时发现和纠改了存在的问题。对新增商业性贷款全面推行担保贷款方式，对贷款额度超亿元的企业省分行直接监测分析，及时向有关行下发风险提示函，切实加强了贷后管理，严格控制了新增贷款风险。

狠抓业务经营，提升经营绩效。2006年，农发行河北省分行进一步增强经营核算意识，加大增收节支力度，确保了全行全年经营目标的顺利实现。（一）完善经营考核机制。制定了《经营绩效考评试行办法》，努力使各行站在同一起跑线上竞争；制定了《经营指标专项量化考核办法》，对不良贷款下降额、旬均存款增加额和中间业务收入三项指标，核定任务，量化考核。（二）加强资金计划管理。一是全面实行分类管理。对政策性贷款计划，及时安排，足额保证；对商业性短期贷款计划，优先安排粮棉油收购贷款需求；对产业化龙头和加工企业流动资金贷款计划，择优安排，提高了信贷资金的使用效益。二是灵活调度资金。及时准确测算资金需求，资金占置费逐月下降，信贷资金运用率不断提高。年末，全行信贷资金运用率达99.88%，同比提高2.01个百分点，相应减少向总行借款8亿元，减少系统内借款利息支出0.24亿元。三是加强对财政补贴资金的监督拨付。全年督促省财政厅下拨各类财政补贴资金38.8亿元，占应下拨的106.89%。督促财政部门拨付省农发行政策性挂账利息3.04亿元，收息率达84.15%，同比提高21.43个百分点。（三）加强存款组织工作。一是积极营销财政性支农资金存款。全年有9个市级分行的58个县级支行累计吸收财政性支农存款9.11亿元，余额2.93亿元，财政性支农资金累计发生额和余额均居全国农发行首位。年末，全行专项存款余额达40.36亿元，位居全国农发行首位。二是认真做好企业存款组织工作。制定了《建立贷款关系协议》，明确了企业回笼货款在农发行存款的比例要求。年末，全行企业存款（剔除机关团体活期存款）和有效贷款比为11.06%，同比提高1.35个百分点。三是积极开办同业存款业务。全辖累计营销同业定期存款1000万元。年末，旬均各项存款余额达55.27亿，同比增加9.3亿元，增幅20.2%。（四）努力增加中间业务收入。在已与太保产险和人保财险公司合作的基础上，又与中国人寿、平安财险等6家产、寿险公司签订了《业务合作协议》，合作伙伴由2家增加到8家，合作业务范围进一步扩大。全年实现代理保险收入441万元，同比增加254.7万元，增幅136.7%。对全辖闲置房产进行了摸底调查，督导有关行加大处置力度，全辖实现房屋出租收入157万元，同比增加48万元，增幅44%。

（农发行河北省分行　刘学森）

【工商银行河北省分行】　2006年，中国工商银行河北省分行本外币各项存款及同业存放较年初增加207.9亿元，其中人民币存款较年初增加208.1亿元；人民币新增存款中，储蓄存款、公司存款、机构存款分别增加101.4亿元、66.1亿元、40.6亿元。本外币各项贷款较年初增加107.32亿元，其中人民币各项贷款较年初增加108.98亿元，同比增加5.08亿元。人民币新增贷款中，项目贷款、住房开发贷款、个人类贷款分别新增80.79亿元、23.71亿元和39.65亿元，上述三类贷款增加额占全部新增贷款的132%；一般流动资金贷款余额下降36.32亿元，贷款结构进一步优化。全行实现中间业务收入4.52亿元，较上年增加1.15亿元；占营业净收入比重为8.96%，同比提高1.6个百分点。办理国际结算34.19亿美元；办理结售汇19.75亿美元，同比增加0.78亿美元。有效信用卡新增9.42万张，较上年增长47.8%；消费交易额25.2亿元，较上年增长209.6%。企业、个人网上银行开户数分别较年初增加8680户和32万户，增长97.3%和94.1%。销售个人理财类产品76.09亿元，同比增加47.1亿元，增幅162.53%；其中销售基金40.89亿元、保险8.64亿元、国债11亿元。

着力推进经营结构调整。以高速公路、铁路、港口、城市基础设施等重大项目建设为重点，加大营销力度，全年项目贷款新增80.79亿元，同比增加1.04亿元。积极做好信贷储备工作，对处于拟建和规划阶段的重大优质项目，及时营销跟进。改进消费信贷业务营销管理体制，进一步整合优化开发贷款审查审批流程，建立严格的考核激励机制，强化住房开发贷款与个人按揭业务捆绑销售。根据河北区域经济特点，全面启动了全省30强县市支行住房金融业务，初步形成了住房金融业务健康有序、梯次发展的良好布局。经过努力，全年个人住房贷款较年初增加41.98亿元，同比增加14.22亿元，增量排名位居全系统第三位；增幅31.8%，连续两年居全系统首位，继续保持了河北省内第一按揭银行的地位。初步构建起适应客户需求、反应灵敏、协调联动的票据业务专业化经营管理体系。同时，进一步健全营销激励机制，极大地调动了各级机构发展票据融资业务的积极性。全年票据贴现量达到550亿元，同比增加212亿元；实现净收益2.83亿元，同比增加1.07亿元。在票据业务快速发展的同时，不断完善业务信息传导和风险监测、预警机制，严格业务操作规范和流程，有效控制了票据业务风险，全年票据业务继续保持零风险。

大力开拓个人金融业务市场。全年资产在5万元以上的中高端客户新增10.56万户，其中资产在20万元以上的"理财金账户"客户新增1.48万户。全年信用卡新增发卡15.03万张，同比增加9.47万张；实现消费交易额25.23亿元，同比增加17.09万亿；信用卡发卡量和消费额均创历史新高。牡丹灵通卡新增发卡128.9万张，同比多增48.18万张；实现消费交易额76.96亿元，同比多增36.78亿元。深入推进电子银行重点支行建设和电子银行服务专区示范工程，进一步发挥电子银行和自助设备对物理网点的替代作用，积极提升电子银行业务的发展层次和水平，推动网上银行、电话银行、手机银行和自助银行四大渠道的全面发展。电子银行业务全年交易额实现1.26万亿元；离柜业务占全部业务量的比重达到32.8%，同比提高6.4个百分点。

大力拓展中间业务和新兴业务市场。大力拓展投资银行、现金管理、企业年金及托管、个人理财、电子银行、代理保险等高附加值业务品种，抢占投资银行业务市场制高点。与秦皇岛港务集团公司、太平养老保险公司签署企业年金合作协议。加大中小企业结算推广营销工作，全年新增法人账户5952户；营销组合套餐2481套；新增账户存款余额达14亿元，拓宽了全行的效益渠道。全年完成外汇资金业务量20.87亿美元，同比增加1.31亿美元，增长6.7%。

积极开拓存款和资金市场。加强对优质系统大户、集团大户的综合服务以及财政、社保、军队、住房公积金管理中心、银行同业等系统机构客户服务工作。同时，大力拓展业务资源丰富、综合贡献度大、交叉销售业务广泛的优质客户。大力压缩非盈利和低盈利资金占用，推进资金业务转型和多元化发展，提高全行资金营运的效益和效率。加强资金成本分析预测，努力降低高成本负债占比，促进负债结构优化调整。针对流动性过剩的实际，积极发展理财等负债替代型产品，不断加大大理财产品营销力度，全年销售个人理财类产品76.1亿元，同比增加47.1亿元。

着力强化内部管理。在全行组织开展信贷业务整顿活动。在对全行3600多名信贷人员进行为期近2个月的信贷业务集中培训基础上，全面开展了法人客户信贷业务自查互查工作，检查覆盖面达到100%，是建行以来对信贷业务进行的范围最广、最为彻底的业务检查。完善内控管理组织架构，强化对规章制度的整合梳理，抓住关键风险点，规范各项业务操作流程和授权管理工作。认真落实银监会和总行关于案件专项治理和反商业贿赂治理的工作部署，继续深入开展"扫雷工程"和员工行为评价工作，加强对重点环节、特殊岗位及重要业务的监控防范。全面落实支行总会计和网点营业经理委派制。按照银监会有关重大案件责任追究办法，进一步完善了问责制度，强化了对案件责任人及相关人员的责任追究机制。加大对营业网点、金库守护、现钞押运、枪支管理、自助银行等重点部位的安全检查力度，严防案件事故。积极扎实做好开展反洗钱工作。积极、稳妥地推进守押社会化体制改革。

积极推进机制体制改革。及时改进二级分行行长经营绩效考评办法，稳步推行经济资本配置管理，实行了以经济增加值（EVA）为核心的经营绩效考核机制，初步建立起多元化指标考核体系，引导全行走价值创造型、高品质的发展道路。及时把握业务发展的新形势新特点，进一步调整了万元绩效工资含量考核办法，强化了绩效工资的配置效率和激励效应。进一步深化财务集中改革，完善预算评价体系，初步形成了"条块结合"的精细化预算评价模式。大力推进机构网点布局的优化调整，进一步加快营业网点撤并整合步伐。

加强党建和队伍建设。组织开展了先进性教育与党的先进性建设理论研讨活动和纪念建党85周年活动。突出抓好《国有企业领导人员廉洁从业若干规定（试行）》和"四大纪律八项要求"的落实。进一步建立和完善了防范商业贿赂的长效机制。加强宣传思想工作，以"八荣八耻"为切入点开展员工思想道德教育，深入开展"建设创新型银行，打造国际一流商业银行"主题教育活动和各级经营管理者思想状况调查，大张旗鼓地开展了全行"优秀员工”评选表彰活动。按照“四好班子”要求，加强各级行领导班子建设。切实加强转型期员工培训工作，分层次开展不同内容的经营管理知识培训，促进了员工综合素质的提高。积极参加地方政府组织的行风评比活动，深入推进现代企业文化建设，进一步增强了全行的凝聚力和向心力。

（工商行河北省分行　孙爱民）

【中国银行河北省分行】　2006年，中国银行河北省分行以科学发展观统领全局，坚持以质量、效益为中心，进一步优化客户结构和资产结构，强化风险管理和内控建设，加快流程整合和IT蓝图建设步伐，推进职位聘任、薪酬改革和机构网点调整优化，积极建设企业文化，更新观念、抢抓机遇，推动了各项工作顺利开展。到2006年末，本外币资产余额1286.87亿元，较年初增加79.73亿元，增长6.6%。其中人民币资产余额1217.61亿元，较年初增加83.87亿元，增长7.4%。人民币各项存款余额1150.44亿元，较年初增加156.2亿元，增长15.71%。其中，公司存款余额443.81亿元，新增60.78亿元，增长15.87%；储蓄存款余额684.37亿元，新增87.88亿元，增长14.73%；金融机构存款余额49亿元。人民币各项贷款余额703亿元，较年初增加96.69亿元。其中公司贷款余额459.78亿元，新增73.47亿元；票据融资余额106.77亿元，新增2.02亿元；消费贷款余额136.45亿元，新增21.2亿元。中间业务迅猛发展。全年实现国际结算量88亿美元，同比增加6.71亿美元，增长8.26%，市场占比48.47%。人民币资金业务实现收益582.5万元，同比增长18.2%，实现外汇资金业务收益3282.34万元人民币。实现银行卡业务收入3323.07万元，当年新增各类信用卡55091张。全辖实现中间业务收入3.58亿元，同比增加8732万元，增长32.2%。资产质量进一步改善。全年清收各类不良资产8.65亿元，按照五级分类口径，不良率为3.92%，较年初下降了0.61个百分点，处于较低水平。盈利能力显著提高。全年实现净收入34.48亿元，同比增加4.19亿元，增长14%。实现本外币营业利润16.94亿元，同比增加1.48亿元，增长10%。资产利润率（ROA）为0.69%。

2006年初，中行河北省分行通过对外部环境和自身经营状况的认真分析研究，确立了2006年的工作指导思想和奋斗目标。制定了业务发展、中间业务发展和机构发展三个三年规划。以科学发展观统领全局，加快转变业务增长方式，确定以资产、负债和中间业务并重的发展思路，各项业务快速、协调、健康发展。优选行业和客户，加快发展资产业务。结合河北省经济特点和产业发展政策，根据省行重点客户准入标准，确定了能源、电力、交通、公共设施、文教卫生等129个重点客户，积极跟进，全力营销，加强向行业内重点产业及上下游行业的延伸。对大、优项目实行分层管理、分级负责制。注重拓展中小企业贷款；有所侧重，加快发展零售贷款业务；突出效益，大力发展票据贴现业务。加强重点区域的发展，充分发挥重点分行的带动作用。加强成本核算，理性发展负债业务。深刻领会理性发展的科学内涵，注重成本效益测算，通过优化客户结构、调整定活存款结构等方式来降低吸存成本。向客户提供个性化、全方位、高附加值的金融服务产品，拓宽吸存渠道，提高吸存的多样性和灵活性。基层网点逐渐从以往单纯吸收存款为主的经营模式，向提高综合网点效益转变，培养发展长期、稳定、忠诚度高的中高端客户。发挥网点的营销职能，积极推进网点转型工作。创新经营理念，全面促进金融机构业务发展。充分运用外汇理财产品，发挥个人理财中心功能，稳定优质客户，拓展新客户，外汇存款止跌回升。广开销售渠道，大力发展中间业务。逐步完善中间业务发展机制建设，设立重点产品奖励，对于增量奖励和重点产品奖励不设上限，鼓励各行快速发展。在国际结算业务上，坚持以效益为中心，兼顾国际、国内两个市场，调整客户结构、授信融资结构和结算产品结构，加强营销和机制建设。积极拓展新产品和贸易融资业务，努力做大国内结算产品市场，增加业务收益。进一步做大做强资金业务，提高资金业务在全行收入中的贡献度。以效益为中心，以发卡和收单为手段，在有效控制风险的前提下大力发展银行卡业务。狠抓系统性客户和集团客户营销，兼顾发展有份量的中小客户，推动网上银行业务快速发展。重点抓好债券、代理、保险、基金等业务，实现效益增长方式的转变。

2006年，中行河北省分行重点推进了职位聘任、薪酬改革和机构网点调整优化。编写了各职位说明书，制定、实施了职位设置方案，指导各分行、管辖支行做好专业技术和技能操作类职位的聘任工作。制定下发了《中国银行河北省分行薪酬管理办法（试行）》、实施细则及配套文件。确定了各薪酬等级岗位工资、绩效工资标准。积极做好员工的宣传解释工作，为改革顺利推进创造了条件。统筹规划，认真做好机构网点布局的调整和优化。对低产低效机构网点加大了整合力度，全年共办理44家机构迁址、68家机构升格、58家机构更名、42家机构变更隶属关系、84家机构扩大业务范围，撤销储蓄所8家、分理处22家。经过整合，中行河北省分行机构总数由年初的627家减少到608家，城市网点占比由56.94%上升到58.55%，机构趋于经济、高效、精简、合理，逐步走向集约化和城市化。继续深化“两个机制”建设。修订完善了二级分行及管辖支行绩效考核指标体系。本着“以效益为中心”、“多挣、多花、多贡献”的原则，继续突出对核心财务指标的考核。进一步提高了进步率指标权重，加强了当年贡献率、进步率的考核，鼓励各行争先进位，大力发展业务的考核导向更加明确。高度重视、扎实推进业务流程整合和IT蓝图建设试点工作。一是认真做好业务流程整合工作。结合本行实际，指定相关部门为公司业务单元、个人业务单元、运营服务单元流程梳理的牵头部门；指定廊坊分行、石家庄市机场路管辖支行分别负责二级分行、管辖支行及其以下机构的流程梳理工作。初步制定了单元内部模块设置及单元之间责、权、利划分意见，提出了在省会管辖支行实行“加强条线管理，调整管理职能”

的改革思路；研讨流程梳理过程中上下协调、条块结合的问题，进一步完善并初步形成了河北分行的具体实施意见。二是扎实推进核心银行系统工作。于6月下旬成立了核心银行系统驻总行项目组，并陆续派驻了39名业务骨干，积极参与总行功能规格书确认以及系统研究与差异分析工作，形成了《河北省分行数据清理及补录实施方案》。对核心银行系统所支持的200多项产品进行了认真梳理，对中行河北省分行的32个特色系统逐一进行分析，初步制定了《河北分行特色系统技术方案》。正式启动全省数据清理和信息补录工作。三是积极开展管理信息系统工作。组织了对MIS建设的调查和确认工作，涉及15个部门并覆盖全辖，提供了详细的系统说明材料。完成了"对分行自建系统数据源情况的调查"、"对分行数据查询类需求的调查"等工作。

强化风险管理和贷后监督工作，切实防范业务风险。2006年，中行河北省分行实施了部分行业授信风险预警，对公司信贷、贴现、各类垫款和承兑汇票四类业务进行分析评价，为授信结构调整提供指导。制定了《重点客户授信资产监控管理办法》，按照差别管理和动态管理原则，监控借款人的财务及非财务因素，及时掌握企业经营管理动态情况，排查各类风险隐患，确保本行存量授信资产安全。还制定了《小企业授信管理办法》，对小企业的划分标准、授信条件、行业投向、授信品种、担保条件以及操作流程进行了明确规定，有针对性地提出了六条授信审查要点，有效防范和控制小企业授信风险。2006年，中行河北省分行制定了《授后监督工作指引》，启动了对省行本部公司业务贷款和全行前十大正常、关注类授信项目的贷后监督工作。各分行将部分公司客户授信纳入授后监督工作范围，贷后监督开展率达100%。贷后监督对规范贷后管理、提高风险预警的重要作用初步显现。同时加大了清收盘活工作力度。根据不良资产的实际情况制定有针对性的清收策略，确定了4000万元以上的16家不良大户为省行重点监控、督导企业，重点清收2005年剩余40户拟退出企业。通过采取债务重组、减免表外利息、以物抵债等多种手段化解授信资产风险，进一步优化资产质量。另外，在全辖范围内开展了对经营性分支机构的大检查活动，业务检查和稽核覆盖面均达到了100%。省行组织廊坊、邢台两个试点分行共同研究治理商业贿赂工作，推动了全辖治理商业贿赂工作的深入开展。建立了基层经营性分支机构负责人代职制度。落实了各行基层经营性分支机构代职人选，完成203个基层机构的代职工作，对已代职网点进行了后评价。还组织全体员工学习《中国银行股份有限公司员工守则》和《中国银行股份有限公司员工违规处理办法》。严格落实基层机构负责人和重要岗位员工的交流、轮岗、休假制度，进一步防范风险。切实做好安全保卫工作，为全行业务顺利开展提供了保障。

加强中行企业文化建设。省行提出"提供规范服务，追求资本回报，鼓励效率优先，实现自我价值"的企业文化核心价值理念后，在全辖部署了企业文化核心价值研讨。员工共撰写各类研讨文章1000余篇，举办辩论会500多场，参加辩论的员工有3000余人，占到全辖员工的四分之一。通过对核心价值的研讨，促使全行员工深刻理解了省行的总体发展战略、经营理念，积极参与全行的重大问题决策，为全行长远发展踊跃献计献策。

（中行河北省分行　刘　东）

【建设银行河北省分行】　2006年是中国建设银行公开上市后的第一年。一年来，建设银行河北省分行按照总行要求，积极践行"以客户为中心"的经营理念，狠抓市场营销，强化基础管理，严控经营风险，积极稳妥地推进综合改革，市场竞争能力和盈利能力稳步提高，各项工作取得了较好成绩。经营效益持续提高，实现拨备前考核利润24.7亿元，创历史最好水平；成本收入比为41%，比年初下降3个百分点。主营业务快速增长，全口径存款余额为1983亿元，比年初增加209亿元。各项贷款余额为991.1亿元，比年初增加160.7亿元。实现收费类业务收入5.3亿元，比上年多实现3亿元。资产质量继续改善，不良资产率比年初下降0.29个百分点。集约经营水平明显提高，实现点均利润338.4万元，比年初增加52.6万元；点均全口径存款为2.7亿元，比年初增加0.3亿元。

狠抓优质业务营销，各项业务快速增长。2006年，该行充分把握年初总行与河北省政府签订《银政合作协议》的有利时机，抓住河北省经济"十一五"开局之年建设项目较为丰富的战略机遇，深入开展高层营销，以个性化金融服务，成功营销了石太高速铁路、国投曹妃甸煤码头等一批优质重点项目。指导各行成立了中小企业经营中心，依托"速贷通"和"成长之路"两个特色品牌，加快发展中小企业信贷业务。深入开展"增占比、上位次，个贷余额超百亿"营销活动，实现了个人住房贷款快速增长，个人消费贷款止跌反弹。积极培养员工主动负债意识，坚持"开源"、"截流"两手抓，千方百计发展低成本负债，全力以赴分流置换中长期存款，实现了负债业务质量与速度同步增长。大力强化中间业务考核与激励，继续巩固借记卡、代理基金、代理保险、速汇通等传统产品的收入贡献，加强产品开发与创新，努力培育新的收入增长点，正式启动了GTS全球资金管理、企业年金管理、证券承销等一批新业务。努力扩大战略性业务规模，国际业务、电子银行业务和信用卡业务等实现了快速发展。

全面落实宏观调控政策，信贷结构有效优化。2006年，该行认真贯彻国家宏观调控政策，按照银监会提出的"十项规定"和总行"六点要求"，严格控制钢铁、水泥等产能过剩行业及制造业的信贷准入与投放，积极采取有效措施，加快从高风险、低效益的产品与客户中退出。在认真筛选目标客户、提高新客户准入门槛基础上，按照总行统一风险偏好，重新修订了省分行级重点客户名单，进一步明确了支持和营销的重点。建立了对公贷款业务规模审核制度，严格执行《公司客户信贷准入退出标准》，按照收益与风险相匹配原则，深化强化利率价格管理，从严控制贷款价格随意下浮行为，既有效调控了信贷投放节奏，优化了信贷经营结构，又提高了该行价值创造能力。落实国家宏观调控政策一年来，该行贷款区域结构、客户结构和产品结构得到进一步优化。

加强资产质量管理，努力控制不良资产反弹。2006年，该行认真落实资产质量的“一把手”工程，从加强精细化管理入手，下大力气夯实信贷管理基础，研究制定了《公司类客户信用等级审定操作细则》，按照总行三项新的信贷审批制度要求，稳步推进无条件审批，前移风险管理关口。认真做好信贷风险分类工作，创新关注、次级类贷款风险细分方法，有效引入违约概率（PD^2）方法，加强风险分类结果认定，提高了风险分类的准确性、科学性。围绕价值创造这一核心，多策并举，加快处置千万元以上不良贷款项目、非剥离债转股和抵债资产，加紧核销符合条件的损失类贷款，抓紧处置“无本有息”户，最大限度地减少账面资源占用，积极做好“假按揭”贷款还原公司类贷款等工作，有效缓解了不良贷款反弹势头。

强化基础管理，内部控制能力明显增强。2006年，该行围绕依法合规经营、防范案件风险，积极开展案件专项治理工作，按照银监会确定的“防范操作风险十三条”和总行提出的“两级机构和两个环节”检查要求，对“四个重点”、“八项制度”进行了重点检查，按照总行统一部署，开展了“防范案件风险、确保资金安全”专项检查，以支行网点为单位，开展了“讨论问题，提高认识，对照自查”活动。深入落实风险防控制衡机制，继续推进对公网点会计主管委派工作，落实对私网点柜员主管委派制度，启动了违规行为积分管理工作，有效抑制了有章不循、违规操作行为。积极配合总行审计工作组、河北省银监局、毕马威会计师事务所等有关单位做好监管与审计工作，对审计或检查中发现的问题，该行认真落实整改责任制，深入开展“回头查、回头看”活动，进一步夯实了经营管理基础。

落实总行战略部署，各项改革稳步推进。2006年，该行按照总行部署，深入推进风险管理体制改革，向二级分行派遣了风险主管，完成了平行作业风险经理划转，正式启动了大型客户平行作业试点工作。全面实施会计管理和业务营运管理体制改革，在省市分行组建了营运管理部，基本完成了账务、重要空白凭证等全部11个项目的集中管理工作。稳步推进资产保全业务单元制改革，实现了千万元以上不良资产项目由省分行直接经营，公司类不良贷款由二级分行直接经营。加快推进中心城市行改革，制定了《关于进一步推进中心城市行发展的实施意见》，从推进个人银行事业部制改革、加大授权权限和资源配置力度等方面细化了改革内容及整体框架。积极实施信贷流程和风险管理模式再造，稳步推进对公信贷“横向集中、纵向上移”，以个贷中心为依托，加快推进个贷中后台作业“横向集中”。

积极践行“以客户为中心”的经营理念，整体服务水平不断提高。2006年，该行牢固树立和实践“以客户为中心”的经营理念，坚持从上级行、从中后台抓起，积极引导省分行和二级分行本部，特别是中后台员工，增强服务意识，转变工作作风，加强内部服务，深入开展了“规范工作秩序，为基层解难题，为客户送服务”专项活动，较好地解决了一些工作流程不畅、环节过多、影响工作质量和效率的问题。为树立股份制商业银行良好社会形象，该行狠抓营业网点视觉形象建设，高质量地完成了145个网点的装修改造任务，着力解决营业网点客户排队问题，新配置大堂经理103人，新增ATM机185台，有效疏导和分流了柜面业务，缓解了客户排队压力。继续实施“服务品牌示范工程”，强化网点服务督导检查工作，建立了“秘密访客”制度，进一步提高了营业网点的客户服务质量。2006年，该行被中国质量协会、全国用户委员会授予了“全国用户满意服务”称号。

构建和谐文化，班子队伍建设进一步加强。2006年，该行以构建和谐建行为主线，以加强各级领导班子和员工队伍建设为重点，狠抓员工整体素质提高和工作作风转变，努力营造和谐向上的企业文化。积极开展了保持共产党员先进性教育“回头看”活动，认真落实党委中心组理论学习制度，大力加强民主集中制建设，组织开好党员领导干部民主生活会，进一步增强了各级领导班子的战斗力和凝聚力。各级管理人员注意改进工作作风，经常深入基层，切实帮助员工解决了网点通风、取暖等实际问题。认真落实离退休人员的“两个待遇”，省分行在研究制定补充医疗保险制度过程中，充分考虑了全行离退休和内退人员的实际情况，在政策上给予了适当倾斜。积极开展“双节”送温暖活动，向164名特困员工发放了特困补助金，启动了员工“互助基金”，对13名特困员工实施了救助行动。通过这些措施，进一步解除了员工的后顾之忧，确保了员工队伍的思想稳定。各级组织还广泛开展了各种形式的文体活动，丰富员工业余文化生活，激发了广大员工积极向上的工作热情。

（建行河北省分行　史庆辉　赵亚旗）

【交通银行石家庄分行】　2006年，交通银行石家庄分行全面落实科学发展观，积极推进战略转型，主要业务指标再创历史新高，改革、发展和管理全面跃上新台阶。

以提升经营效益为目标，加快业务发展和结构调整。全辖业务联动发展，经营实力进一步壮大，市场占比稳步攀升。加强全辖业务的紧密型一体化联动发展，强化全辖联动、全方位、多层次的营销模式，通过三大前台业务部门的精心谋划、全力推动和全行的共同努力，实现了存贷款主体业务的快速增长。全年成功营销了千万元以上存款大户48个，新增存款32.5亿元，拓展了迁曹铁路、曹妃甸填海造地、开滦集团、沧州大化等亿元以上重点贷款项目8个，新增授信20.3亿元。2006年末，全辖人民币各项存款余额283.7亿元，较年初增加39.2亿元，增长16%，完成总行下达全年任务125.9%，市场占比继续攀升，达到7.17%。全年累计发放贷款209亿元，累计收回171.9亿元，年末人民币贷款余额167.5亿元，较年初增长28.4亿元，增长20.4%，贷款余额同业市场占比7.1%，较上年上升0.52个百分点。

紧盯目标市场，转变营销策略，强化创新支撑，推进战略转型。2006年以来，全行坚持以推进战略转型为主线，积极推动营销策略由被动到主动，由粗放到集约的转变，通过倾斜资源配置、加快业务创新、加大考核力度等措施，促进了个金、中间业务的加快发展。2006年末，全辖沃德客户达到2522个，较年初增加1297个；个人贷款余额达到19.6亿元，较年初增加4.7亿元，增长31.5%。积极推进业务创新，短期融资券、企业年金、外国政府转贷款等创新型中间业务取得较大进展。全省第二笔短期融资券业务，三友化工4.5亿元短期融资券已由交行石家庄分行成功代理发行，石药集团、天威保变、沧州大化等3户13.6亿元短期融资券发行工作稳步推进。与石药集团、开滦集团、秦山化工等6家企业签订了企业年金合作协议，参加职工1.6万人。全年实现投行业务收入135万元。通过高层互访、加强联谊等形式，密切了与国开行的合作，向保津高速公路项目发放2亿元间接银团贷款，向曹妃甸填海造地项目发放5.125亿元联合贷款。中间业务收入呈多元化增长态势，全年实现中间业务收入7686万元，较上年增长31%。

坚持本外币一体化经营，大力发展国际业务。推出了满金宝、同业出口押汇、国内信用证、进口押汇、离岸业务等国际业务新产品，满足了客户多层次需求，提升了交行国际业务的知名度，全年共拓展对公国际业务客户60家，实现国际结算22.7亿美元，较上年增加5.4亿美元，增长31%。国际业务中间业务收入完成3880万元，占全行中间业务总收入的50.5%。

在发展中调整结构，在调整结构中加快发展。认真落实总分行授信指导意见，继续坚持有所为有所不为、扶优限劣的方针，加大向交通、石油、电力、电信、通讯等行业的省内重点项目和重点支持企业的信贷投入，大力压缩房地产、住宿、餐饮等行业贷款，年末1—5级贷款占比达到80%，较年初上升14.5个百分点，超额9.5个百分点完成总行下达的全年计划，7级以下贷款占比6%，较年初下降6.6个百分点，超额4.8个百分点完成总行下达的全年计划。加大低成本结算存款、同业存款的营销力度，全年平均存款利率1.28%，较上年降低0.15个百分点。贷款平均利率5.48%，较上年上升0.16个百分点，存贷利差4.2%，较上年同期提高0.31个百分点。

坚持效益当先，增强盈利能力。2006年全辖资产收益率ROA达到1.69%，较上年增加0.52个百分点。全年实现拨备后利润4.77亿元，较上年同期增加1.34亿元，增长39.2%，完成总行全年任务的118%。人均创利30.7万元，较上年同期增加8.8万元，增长40.2%。

加快改革创新，完善经营机制，为发展注入新的活力。扎实推进人力资源管理改革一期项目。按总行部署顺利完成了全辖职位、薪酬切换工作，全行1700名员工信息全部导入新的人力资源管理系统，全行正式执行新的职位、薪酬和绩效管理体系。

进一步加大了人才交流力度。根据业务发展和锻炼干部需要，在省分行与省辖行、省分行机关与支行、支行与支行间，全年共交流65人次，实现了人力资源的有效使用和合理配置，拓展了员工发展空间。

进一步理顺管理体系。继续分步推进营业机构扁平化管理工作。省分行年内对11家支行实施了直属管理，基本实现了分行—支行两级管理模式。根据扁平化管理需要，对授信管理体制进行了改革。成立了电子银行部，实现了对电子银行包括自助设备、电话银行、网上银行业务和客户服务中心的集约化、专业化管理；按照“以客户为中心，前中后台分离，核心产品专业化经营”的原则，对个人金融部内部架构进行调整。进一步强化公司部的营销职能，连续两次调整充实人员，在对部分支行提供授信业务支持的同时，进一步加强了对系统性大客户的营销力度。

加速推出各类新系统、新产品。省分行开立了交行系统内首笔国内信用证，推出了对公快汇、国内保理、外国政府转贷款、美元联合贷款、交行汇丰联名快汇业务。唐山、秦皇岛分行也先后推出了报账通、太平洋借记银卡等新产品。经过会计、科技等条线员工半年多的艰苦努力，先后在省分行、省辖行上线了数据大集中二期系统。

加强网点建设。成立了省分行网点建设领导小组，研究出台了网点建设规划，规范了报批及租赁合同。完成了两家支行和1个离行式自助区的搬迁改造，在开发区设立了支行。在省分行和秦皇岛分行营业部分别筹建了B类OTO网点。建立了分行档案中心，实现了全行档案综合管理，投用时间及建设规模仅次于南京分行，列交通银行系统第二，一举解决了全行各类档案四处积存、管理使用不便的问题。唐山分行进一步加大了网点调整改造力度，所有网点在唐山市组织的规范化服务达标活动中全部达标。秦皇岛分行对低产低效网点进行调整撤并，并按照城区发展格局调整网点，优化了网点布局。

紧紧围绕提升质量，夯实内控基础，强化监督制约，为业务发展提供管理支撑。加强全辖业务运营情况的监控分析。每季召开全辖资产负债分析会，对全行经营状况进行深入研究分析，适时调整经营思路，提高了决策应变能力。推出了主要业务指标滚动预报和月末监控制度，将预算管理纳入日常业务管理的全过程，提高了对业务走势的判断和调控能力。

加强授信管理，有效防范授信风险。认真贯彻总行授信政策，切实加强制度建设，研究制定了分行《正常类授信业务审查要点指引》、《正常类授信客户管理尽职考核办法》等制度办法。防范行业系统性风险，对受宏观调控政策影响较大，行业占比较高的钢铁、医药行业进行了专门的行业调查，提出了具体管理意见，对钢铁行业的发展实行了名单管理，对华药集团名下15家贷款企业实施了集团客户集中授信管理模式，在总体收缩授信额度的同时，强化了保全措施。加强集团客户、交叉授信等重点领域的风险管理。先后完成了唐钢集团、华药集团、鸿锐集团等6家主要集团客户的集中授信工作，涉及客户35个，占集团客户贷款总余额的59%。根据总行授信管理一体化的要求，明确了交叉授信业务的管理要求，完成了全辖交叉授信客户的统一报批工作。

加强风险预警和不良资产的清理清收。综合运用负险过滤、风险提示、监察名单、迁徙分析等先进的管理工具监控信贷风险，建立了矩阵式风险监控报告制度，加大监察名单客户的管理，逐户跟踪、检查变化情况和风险化解进度，并重点加强国家调控行业贷款、异地贷款、集团贷款的控制和管理。加大存量不良资产的清收转化力度，全年共清收压缩不良信贷资产12519万元，完成总行任务的125.2%，其中现金收回不良贷款11617万元；年末不良贷款占比3.16%，较年初下降0.99个百分点；收回监察名单贷款10239万元，情况好转退出16400万元，存量贷款风险进一步化解。

深入开展案件查防和专项治理工作。为消除案件隐患，成立了案件专项治理领导小组，定期组织召开案件分析例会，组织全行性拉网式风险点排查、整改；多次进行安全保卫大检查；配合监管部门和总行审计部门进行全面内控制度执行情况检查；实施了票据专项检查、会计条线风险控制、财务检查、现金库存突击检查等一系列检查；组织监察部门就资金管理、营业机构费用开支等开展执法监察等。通过多层次、多形式的查防活动，及时发现经营中存在的问题，并认真组织整改，严肃责任追究。省分行对在贷款审查、票据传递等环节出现问题的15名直接责任人和主要负责人进行了行政处分和经济处罚，对32名违反行风行纪的人员进行了通报批评和经济处罚，严肃了行风行纪。

加强基层营业机构管理。针对行业内操作风险高发的态势，重点对空白凭证管理、现金尾箱款项调剂和交接管理、授权管理、印鉴管理、开销户、银企对账等部位和环节进行监控、检查，对营业机构会计主管实施分行委派，并对任职达到一定年限的主管营业厅的副行长进行了轮岗交流，切实防范了操作风险。

（交通银行石家庄分行　崔希义）

【民生银行石家庄分行】　2006年，民生银行石家庄分行一般性存款余额164.30亿元、较年初增加38.61亿元，其中对公存款余额130.56亿元、较年初增加25.07亿元，储蓄存款余额33.74亿元、较年初增加13.54亿元。各项贷款余额102.32亿元，较年初增加32.79亿元。资产规模达到172.50亿元、较年初增加39.78亿元。2006年重点开展了以下工作：

转变发展模式，全面推动业务发展。（一）整合资源，推进公司业务体系改革，促进公司业务向专业化营销、专家化团队、扁平化管理转变。一是按照总行“规划、团队、考核、流程”八字方针，根据客户导向、员工自愿、双向选择、人尽其才和规范管理五项原则成立了10个行业金融部，确定了公司业务战略定位、区域定位和行业定位，重新整合了行内的客户和客户经理资源，制定了各行业金融部的开发规划和营销策略，促进了销售体制向专业化、团队化的重大转变。二是加强公司理财、业务咨询及财务顾问等银行增值服务，在资金结算、资产管理等中间业务方面进行了创新和发展，从多方面加深了与客户的合作，初步实现了客户财务顾问身份的转变，开创了新的业务发展模式。三是做大做强公司银行管理部，完善考核机制，促进经营管理向扁平化发展，促进了经营模式和经营理念的根本性转变，并初步解决了客户私有化、专业服务水平低和深度开发不力等问题。（二）专业营销，推进零售业务改革，建设零售专业支行。一是对分行零售银行组织架构进行改革，在分行层面设立了零售银行市场营销部、运营保障部、个贷管理部三个独立的一级部室，从分行层面做到组织架构与业务发展相统一；二是加强队伍建设，通过行内整合和行外招聘，在各个支行组建了销售、理财、服务等专业化销售团队，分别负责客户开发、客户维护与提升与客户服务工作，将原有的全功能支行转变为零售销售与服务平台为主要职能的零售专业支行；三是完善了3+N贵宾服务体系建设，开通了机场贵宾通道、建立了贵宾体检中心、成立了高尔夫俱乐部，提升了该行零售业务品牌；四是依照规划开办了丰富多彩的营销活动，先后组织了“相约春天，走进民生”系列营销活动、“民生贵宾客户‘国美电器’专场特卖会”、“关注民生、宝马有约、快乐高尔夫”客户联谊活动、“民生银行送电影进社区”等营销活动，收到了良好效果。目前，该行各营业网点的业绩均处在全面提升阶段，尤其是红旗大街支行、分行营业部、槐南路支行、中山路支行各项业绩较以往有了突飞猛进的发展。

坚持从严治行，全面防范风险。一是不断完善各项规章制度，并结合制度落实情况开展了多次“经营与内部管理”自查活动，使内部管理逐步向制度化、规范化靠近，有效提高了内控管理水平；二是以案件专项治理活动和反商业贿赂活动为契机，对分行各项业务环节进行了全面检查，扎扎实实推进了内控建设；三是严肃行风行纪，强化纪检监察作用，专门成立纪检监察室，同人力资源部一起对该行行风行貌、员工异常行为、全行客户经理培训等一系列工作进行有效的组织监督，并对违反行内规章的员工进行严肃处理；四是建立健全基层党组织，做好新党员发展工作，提高全体党员的法制观念、职业道德水平和风险防范意识，充分发挥党组织的战斗堡垒作用和共产党员的先锋模范作用；五是预防为主，深入开展“三防一保”工作，建成了石家庄第一个集中监控中心，实现了集中管理、实时监控、控制风险的目的，并通过开展全员安全警示教育、签订目标责任状、召开全员大会、不定期安全检查等多种活动，使全行员工深刻领会“安全保效益”的重要内涵，从思想上构筑起防案件、保安全的防线。

以市场需求为导向，积极推动产品创新和业务营销。一是搭建了厂商工作室和保理工作室等产品推动平台，建立了一套完整的工作制度、操作流程，为客户经理开展厂商动产融资业务提供了强有力的支持和保障；二是根据石家庄市场的实际需求，研发了人民币理财产品、“两得利”理财计划、动产融资理财产品等，解决了同业理财产品同质化问题，在当地树立起该行创新银行的良好形象。

加强企业文化建设，提高团队凝聚力。一是开展员工职业素质教育，实施岗位资格认证制度，组织了“客户经理提升计划”、“员工素质工程”等长期培训活动，有效提高了员工的整体素质，截至目前，该行累计组织各类培训80多次，培训人数突破7000人次；二是以“争先创优”活动为载体，营造良好的内部环境，在全行开展争创“文明规范服务先进集体”、“先进个人”、“最佳服务明星”、“技术标兵”、“金九银十”等劳动竞赛活动，全面提高员工服务质量。在6月份石家庄金融工委组织的金融系统职工职业技能技术比赛中，该行荣获团体第三的好成绩，2名选手也分别获状元和技术能手称号；三是积极开展各种文体活动，丰富员工业余生活，组织了乒乓球、羽毛球、足球比赛等形式多样的文体活动，激发员工的工作热情，增进企业的凝聚力。

强化形象建设，打造民生品牌。一是积极参与社会公益事业，向“希望工程”捐款3万元，向国家级贫困县保定顺平县河口乡北下邑村捐赠了部分物资，树立了良好社会形象；二是先后举办了“春之韵民歌精品合唱音乐会”、“关注民生、宝马有约、快乐高尔夫”客户联谊会、“民生银行金秋高尔夫峰会”、“民生银行，爱心助学，真情回‘报’”等营销活动，扩大了贵宾客户群体、提高了民生银行的社会知名度；三是在全市近40个写字楼和中高档社区发布电梯广告，促进了各项理财产品销售，带动了储蓄存款的增长。通过这些活动和品牌宣传，密切了民生银行与社会各界的联系，使社会各界更加认识民生、了解民生、信任民生。

（中国民生银行石家庄分行）

【华夏银行石家庄分行】 2006年，石家庄分行在认真研究市场、分析客户的基础上，坚持以科学发展为主题，以经营效益为中心，以结构调整为主线，以完善考核机制为保障，积极推进集中营销和资产保全模式的转变，经营管理水平不断提升，经营业绩达到建行以来最好的水平。2006年，石家庄分行实现利润13047万元，增长35.78%，完成总行计划的112.41%；营业费用为10297万元，控制在总行计划之内；中间业务收入为1304万元。各项存款总额为132.97亿元；贷款总额为75.24亿元。一般性存款余额首次突破100亿元，达到120.68亿元，增长26.13%，完成总行计划的110.71%；国际结算量实现42752万美元。同时，各项基础管理工作进一步夯实，整体运营能力进一步增强。

经营效益的中心作用更加突出。切实发挥以效益为中心的龙头带动作用，统领各项业务实现有机发展。一是在全年的经营计划中，把经营效益作为经营和管理的中心，摆在突出位置。二是在综合考评体系中，建立以经营效益为中心的考核机制，突出量化指标考核，降低了主观评价因素，有力地指导了各项业务的发展。通过推进财务体制改革，建立了科学的财务管理体系。同时，注重发挥利率杠杆作用和资金调控功能，坚持不懈地抓好票据业务，累计办理贴现和转贴现68亿元，实现利息收入8010万元。财务实力明显增强，盈利能力显著提高。

结构调整迈出了新步伐。在资产结构调整方面，按照国家宏观调控政策，结合河北省经济发展的实际情况，着力进行了信贷客户结构的调整。重点支持了河北省钢铁行业中的优质企业、交通企业以及优质的中小企业。2006年，累计发放贷款57.64亿元，主动退出10户、退出授信2.85亿元；压缩调整22户、压缩授信1.26亿元，贷款结构和信贷资产质量不断得到优化。在负债结构调整方面，为降低存款成本，有效地调控了保证金存款的利率结构，对票据业务敞口的不足额保证金存款全部执行活期利率。同时，鼓励吸收低成本资金，年末同业存款余额达到12.4亿元。在网点结构调整方面，以提高网点单产为目标，按照网点规模大小，采取了分类指导的策略。对于规模小的支行，一方面给予政策支持，另一方面在考核上加大力度，充分调动其积极性。对于规模较大、发展较快的支行，进一步加大激励力度。经过一年的努力，彻底消灭了5亿元以下的网点，其中：营业部年末存款余额达到26.8亿元，裕东支行达到20.1亿元。

客户营销工作呈现新变化。继续坚持“以市场为导向、以客户为中心”的营销思路，2006年，石家庄分行新增对公客户319家，其中优质客户73家。坚持实施“三进”战略，开展“扫马路”式营销，对繁华街道的商铺进行挨门挨户的营销。通过“扫大街”、“进市场”、“串商户”，及时了解个体商户和普通百姓的需求，向他们介绍特色产品和优势服务，真正把他们变成自己的客户。

集中营销的运作模式进一步理顺。2006年，石家庄分行按照总行要求，实施了以产品经理制为核心的集中营销管理体制，初步实现了四个统一，即：对集团客户、重点行业客户、贷款1000万元以上的非集团客户统一制定服务方案；统一客户经理小组进行维护；统一客户的授信；统一客户风险监控。制定并完善了运作流程，明确了对产品经理的岗位职责、业务考核等内容。同时，进一步加强了客户经理管理，建立了以业绩考核为中心，定期考核、绩效挂钩、能上能下的科学考核机制，促进了客户经理队伍的健康发展。

不良贷款的清收转化工作取得阶段性进展。2006年，石家庄分行将问题授信全部上收到资产保全部进行直接经营和管理，同时，采取多种渠道、多种方式进行清收化解。通过逐户的分析和实地考察，制定了一户一策、一户多策的化解方案，并且将客户分解到人，按月落实。对问题授信、表内外业务垫款、表外应收利息等，拉出清收企业名单张榜公布，动员全行人员清收，并对问题授信清收工作做出实质性贡献的员工，按清收奖励办法进行奖励。此外，分行党委及时调整工作重心，从抓不良贷款清收方案的落实入手，加大工作的管理和督导力度，保证重点问题重点解决。不良贷款化解进度得到了有效保证，较好地完成了全年任务。

风险管理工作进一步加强。为推动尽职问责调查工作的开展，分行成立了尽职调查工作领导小组，出台了《关于按季度开展尽职调查工作的通知》，分两次对上半年新增逾期贷款、新发生欠息贷款以及关注贷款进行了尽职问责调查。2006年，共对13户22731万元贷款进行了尽职问责调查，尽职调查共涉及授信工作人员156人次，其中，尽职评价结果为尽职的共106人次，占比为67.9%；基本尽职的共43人次，占比为27.5%；不尽职的共7人次，占比为4.4%。尽职调查工作的开展，促使授信各环节人员对尽职履责的认识有了新的提高。同时，制定问题授信风险抵押金管理办法，进一步加强了授信责任管理。2006年，对16户问题授信进行了风险抵押金认定和收缴，共涉及责任人48人，已收缴风险金36.98万元。

信贷系统顺利实现上线运行。通过连续召开动员和督促会议，使全行提高了对信贷系统上线工作的理解和认识，增强了做好工作的动力。成立了领导小组，制定了《信贷系统单线运行推广工作考核办法》，明确了目标任务和职责分工，细化了工作质量奖罚标准。坚持集中培训和专门培训相结合的方法，加大科学培训的力度，对全体客户经理进行了两次大规模的集中培训，让各流程信贷人员较快地熟悉了系统，规范了操作。在总行的抽查考试中，合格率达到了100%。通过全行上下努力工作，达到了与总行检查同步、上线同步的目标，对有效提高信贷管理水平起到了极大的促进作用。

服务水平和形象建设再上新台阶。一方面，以技术创新为保障，以防范会计结算风险为中心，以加强内控管理为主线，完善会计操作流程，得到了总行的表扬。石家庄分行自行研发的会计档案光盘备份系统得到总行肯定，并在石家庄召开现场会，向华夏银行全系统进行推广。改进银企对帐方式，实行集中对账，对账单回收率达到90%以上，被总行作为全国试点行。授权日志工作解决了要素不全等难题，弥补了总行的空白，也已经在全国推广。圆满完成本外币资金清算工作，差错率为零。积极推进反假币工作，石家庄分行在河北省“反假币知识竞赛”中获得了第二名的好成绩。另一方面，在2006年全国文明优质服务窗口的评选中，石家庄分行营业部荣获“国家级文明优质服务窗口”的荣誉称号，中华北大街支行荣获“河北省文明优质服务窗口”的荣誉称号。

党风廉政建设取得新进展。2006年，石家庄分行党委和各基层支部扎实开展各项工作，坚持“一岗双责”，扎实落实党建目标责任，先进性教育成果得到进一步巩固，“创先争优”树典型活动全面开展，认真组织“读一本好书”活动，党建基础管理工作得到进一步规范。与此同时，以落实党风廉政建设责任制为龙头，以贯彻《实施纲要》为主线，立足教育，着眼防范，努力实现了监察工作日常化、普法教育经常化、廉洁档案规范化。

（华夏银行石家庄分行　董占江）

【中信银行石家庄分行】　2006年石家庄分行定位为“管理年”，紧跟总行部署，扎扎实实抓管理、兢兢业业谋发展，坚持规模、质量、效益协调发展的主题，强化管理、加强创新，以追求过滤掉风险的真实利润为目标，坚持合规经营，在战略、机制、创新、文化四个方面进行了积极探索，按照“做好公司业务、做大零售业务、做强中间业务”的经营思路，坚持发展与风险防范并重的原则，通过全行员工的艰辛努力，在业务发展、结构调整、资产质量、市场形象、内部管理等诸多方面取得了新成绩。截至2006年12月31日，全行各项资产总额为183亿元人民币，比年初增加57亿元人民币，增幅45.24%；实现账面利润折计人民币1.92亿元，完成计划的109%。各项存款余额折计人民币122.89亿元，其中自营存款119.1亿元，比年初增加38.33%。对公存款余额折人民币93.87亿元，较年初增加21.32亿元，增幅29.39%；储蓄存款余额折人民币25.24亿元，比年初增加11.67亿元，增幅86%，完成总行下达新增计划的687%。各项贷款余额折计人民币87.94亿元，较年初增加15.82亿元，增幅21.94%；实现进出口收付汇量2.88亿美元，全年累计办理有效信用卡17395张，完成总行下达全年新增计划的193%。不良率为0.62%。储蓄存款、信用卡、有效理财宝卡、资金产品交易量等业务指标均超额完成，储蓄、信用卡等指标提前半年完成总行下达的全年任务。

积极推进营销体制改革，促进公司业务全面发展。2006年初，石家庄分行审时度势，在深入调研、反复论证基础上，对公司业务营销体制按照准事业部制进行了改革，在公司银行部内下设立了七个营销事业部和两个管理部。通过公开竞聘，一批优秀员工走上领导岗位，公司业务焕发了新的活力。展开了多层次、多方位的营销活动：一是组织开展三月末存款冲刺活动、五一战略客户考察、向行庆五周年献礼活动、七月底冲刺活动、收获金秋和年末冲刺活动等；二是建立了重点项目库、协调成立银财通、银税通等项目攻关小组；三是组织授信客户挖潜增效活动。通过上述举措，该行公司业务很快得到全面提升，一举扭转了2005年以来对公存款停步不前的被动局面。在实行部制改革的同时，分行发挥产品优势，使分行各项产品均取得了不同程度的突破。通过“银财通”，市财政局大幅度增加了在该行的财政存款；市住房维修基金办理了开户手续；市财政局非税收入指定该行为代理行；省财政非税收入营销工作也取了突破性进展。通过“银税通”，市地税局指定该行为代理行，市地税六个分局开立了代保管专户。通过“关贸一点通”，与石家庄海关、电子口岸签订了合作协议，已有5家客户正式要求使用该行网上付税系统。通过“信E通”，成功完成了网银4.0版本的上线测试工作，“信E通”客户数达140余户，网银交易额与借方发生额占比达到9.07%，列总行第七位。

传导总行零售银行战略，规划分行零售业务发展。石家庄分行年初召开零售工作会议，提出了继续深入贯彻总行零售业务发展战略，深化“三维四动”发展策略，强化主线管理、加强交叉销售。建立调整新的零售营销体系。一是加强零售业务部主线管理职能，使其成为规划中心、研发中心、运营保障中心、品质管理中心和销售管理中心；二是建设零售专业支行，把支行定位在零售业务销售终端，强化其区域市场营销职能；三是建设零售专业营销队伍，按照零售支行的要求重新选聘支行长，促进了零售业务大幅度提升，在总行“夺标”行动中，分行共有三家支行跻身全国支行储蓄前四十强；四是发挥分行各部门在零售营销体系中的基础作用，全员参与，共同营销。健全零售业务考核机制。借鉴同业和系统内先进经验，以计算模拟创利为原则，制订了分行零售业务绩效考核办法。考核对象包括员工个人和支行物理网点，考核产品涵盖了总行考核的所有零售指标。通过狠抓落实，按月考核，及时兑现，充分调动了员工开展零售业务的积极性。实施推出理财新产品。2006年成功自主开发了“望子成龙”系列理财产品，拉动了储蓄的增长。在资产业务上，推出了直客式、二手房按揭、车位贷款、阶段性固定利率、接力还款、二手房资金代保管等产品，通过短信通知等方式进行积极营销，收到了很好的效果。结合中信出国全程通、中信魔力卡、中信基金、理财产品、望子成龙A计划等产品的推广，举办了留学生及家长联谊会、中信贵宾答谢会、中信魔力女士贵宾沙龙、06宜居城市展览会、“献给母亲的爱”大型营销活动以及一些专题贵宾沙龙活动。集中进行了全行理财产品“双季计划”、“新年计划”等销售推动，集中管理“旺季营销”、“社区风暴”等全行重大的营销活动。通过这些活动，进一步提高了该行的品牌知名度，促进了零售业务的快速发展。

保持特色营销，确保国际业务不断拓展。针对该行国际业务大客户少，小客户多；生产性客户少，外贸公司客户多；授信客户少，非授信客户多的现状，进一步规范和协调全行国际业务战略营销工作，重点抓了以下几项工作：一是制定了《国际业务战略客户营销试行管理办法》，规范了对战略客户的管理。二是在贸易融资产品稳步推进基础上，又推出了保险后押汇业务。截至2006年末，贸易融资没有产生一笔不良。三是注重对客户产品的包装设计，加大了向国际贸易融资业务的倾斜。在授信时专门设立了国际贸易融资专项额度，初步改变了该行长期以来单纯靠服务发展国际业务的局面。四是开展对现有客户的国际业务挖潜工作，对国际业务长期处于休眠的客户要求有关人员在规定的时间内开发达标。五是积极探索团队营销和专业营销相结合的营销模式。国际业务专业人员介入营销活动，根据客户的特点，从国际业务专业的角度参与营销。

积极推动票据直贴业务，促进全行利润增长最大化。石家庄分行在认真研究总行政策的基础上，结合当地金融发展和本行实际业务发展情况，积极调研，主动出击。一是先后出台制订了银票直贴业务考核奖励办法、票据中心主线考核奖励办法，充分调动票据中心、主线部门和支行等方面的积极性；二是紧跟总行政策变化，将工作重点定位直贴业务，兼顾发展转贴、回购业务，并争得总行的资金支持，平均从总行拆入资金50亿元左右；三是合规经营，过滤风险；四是紧盯市场，快速反应。该行抓住机遇，灵活调整利率，最大限度地持有票据，仅9月份，就实现利息收入3000多万元；五是发挥票据业务蓄水池作用，对信贷规模合理调控，同时，持有票据结构向商票倾斜。

2006年，中信银行石家庄分行在大力发展业务的同时，狠抓管理、苦练内功，完善管理机制，保障了各项业务的健康发展。一是加强风险内控管理，确保合规经营无事故；二是加强会计计财工作，为业务发展提供制度保障；三是加强队伍建设，为业务发展提供人才保障；四是加强科技及后勤保卫工作，为业务发展提供保障支持；五是努力营造企业文化。企业文化建设是企业发展的精神动力，2006年，工会和党团分别组织和开展了多种的文体活动。成功举办建行五周年系列庆祝活动，在提升该行社会影响的同时，进一步激发了员工的荣誉感和归属感，激发了员工的爱岗敬业的奉献精神。

（中信银行石家庄分行办公室）

【省农村信用社联合社】 2006年是河北省农村信用社实施第一个五年发展规划的开局之年。省联社在省委、省政府的正确领导和人民银行、银监局等有关部门的指导帮助下，坚持以邓小平理论和“三个代表”重要思想为指导，紧紧围绕实现农村信用社全面、协调、可持续发展这一主题，坚持改革、发展、管理并重方针，统筹扎实地推进各项工作。一年来，全省农村信用社产权制度与组织形式改革逐步深入，管理工作得到有效加强，业务经营呈现出规模、质量与效益协调并进的良好势头。截至2006年末，全辖各项存款达到2567.68亿元，较上年增长13%；各项贷款余额1616亿元，比上年末增长19%；不良贷款占比较上年末下降5.5个百分点，特别是从省联社成立以来至2006年底，全辖新增贷款不良率仅为1.3%；全辖实现拨备前利润34.5亿元，较上年增长127%。

着眼于增强发展活力，进一步推进产权制度改革和经营机制转换，做好专项票据兑付准备工作。以统一法人工作为切入点，深化产权制度改革。为克服农村信用社多级法人体制弊端，转变粗放经营方式，增强抗风险能力，积极推进产权组织形式改革，加快以县（市、区）为单位统一农村信用社法人工作步伐。截至2006年末，146家统一法人的县级联社已获银监部门批准开业。在统一法人工作中，把调整优化股权结构、增加投资股占比作为产权制度改革的重点工作来抓，构建新的产权关系。截至2006年末，全辖投资股占比由2005年末的11.7%提高到29%，股本稳定性明显提高。以统一法人工作为契机，指导县级联社完善法人治理结构，探索建立科学决策、高效运作、有效制衡的法人治理机制，确保管理责任得到落实。以深化用人、用工和分配制度改革为切入点，加快经营机制转换步伐。一是，建立能上能下的用人机制。上半年对全省县级联社领导班子成员进行了异地交流和调整，交流面达到了60%。同时，对省联社办事处、市联社进行了整编，对基层信用社主任和县级联社中层管理人员实行竞聘上岗。二是，建立能进能出的用工机制。全辖统一招录应届全日制大学本科毕业生508人，优化了员工队伍结构。指导各地在统一法人工作中开展了“三定两考”工作，积极分流城区（县城）富余人员，充实了基层信用社力量。三是，在收入分配制度改革上，推行以岗位绩效为主体的工资分配制度，探索建立与岗位绩效全面挂钩的可持续的薪酬分配制度，发挥收入分配的正向激励作用。

加强领导，落实责任，认真做好改革专项票据兑付准备工作。省联社成立了改革专项票据兑付考核领导小组，制定了《关于做好专项票据兑付工作的指导意见》，逐级落实兑付责任制。同时，实施票据兑付达标自查方案，建立月度报表制度，根据各县级联社不同情况进行分类指导，重点调度。

着眼于防范和化解风险，全面推进规范化管理。省联社把加强管理作为巩固和发展改革成果的根本措施，摆在各项工作的重中之重。适应改革发展需要，重点在收入分配制度改革、加快业务创新和稽核监督等方面完善了管理制度体系。以“治乱”为突破口，深入开展行风建设活动，进一步端正了队伍风气，严明了各项纪律，增强了员工依法合规经营意识。贯彻风险防范优先的原则，切实加强信贷管理。一是，狠抓贷款风险问责。对1997年以来因农村信用社自身管理问题形成的不良贷款，逐笔进行责任认定，落实了责任人与清收措施。2006年共认定责任不良贷款171.1亿元，涉及农村信用社员工6078人，根据不同情况对责任人采取在岗清收或离岗清收措施，认定责任的不良贷款目前已清收回22.4亿元。二是，从严控制新增贷款质量。把2005年7月1日后发放的新增贷款的不良率，作为重要的考核指标严格进行考核。三是，改革信贷审批制度，完善信贷管理制度和操作规程，推行审贷岗位分离制度。四是，全面推行贷款五级分类工作，实现了由以期限为基础的贷款四级分类向以风险管理为基础的贷款五级分类过渡。五是，加强信贷投向指导。省联社及各办事处、市联社建立了信贷业务咨询委员会，把风险提示和投向指导作为工作重点，规避因产业结构政策调整可能导致的贷款风险。加强财务管理，控制费用开支。一是，逐级建立了大额财务开支审查委员会，重点把好固定资产购建、大额财务开支等环节，实行大宗物品公开招标采购。据统计，省联社成立以来，通过推行招标采购，节省费用1.8亿元。二是，积极开展创建节约型企业活动，细化节约措施，在降低费用、减少开支上下功夫。2006年全辖综合费用率比2005年降低7.8个百分点。建立健全监督检查体系，加大稽核监督和案件查处力度。省联社、各办事处（市联社）、县级联社分别成立了稽核总队、大队和分队，对稽核队伍实行双重管理，实行稽核人员检查责任终身制。围绕全省农村信用社中心工作认真开展稽核检查，保障经营管理工作健康规范开展。同时，深入开展案件专项治理和治理商业贿赂工作。

着眼于实现可持续发展，积极转变粗放增长方式。制定了《河北省农村信用社2006—2010年发展规划纲要》，明确了今后五年的改革发展指导思想、目标与保障措施，增强改革发展的科学性和计划性。以效益和可持续发展为导向，调整优化网点布局。一是全面清理撤销农村信用代办站。二是规范设立新的营业网点。

坚持“服务三农、支持县域经济发展”的市场定位，巩固和扩大在农村金融市场的强势地位。指导农村信用社在继续做好农户小额贷款、充分满足不同层次农户合理贷款需求的同时，积极优化资金投向，重点支持农业产业化和县域主导产业的发展，大力支持县域经济发展。2006年全省农村信用社贷款发放量较上年增长19%，农业贷款余额为842亿元，其中，农户小额信用贷款和农户联保贷款余额为94.8亿元。农业贷款在农村信用社各项贷款中占主体地位，农村信用社发放的农业贷款占全省金融机构农业贷款的90%以上。

树立人均和效益理念，实现资金规模与收益同步增长。一是引进人均存款概念，增加低成本存款占比，2006年末，全省农村信用社人均存款由2005年6月底的240万元提高到487万元；低成本存款占比提高了2.35个百分点。二是，加强资金营运。通过比例控制、利率杠杆引导和集中运作，2006年全省农村信用社增加资金收益2.87亿元。

加快电子化建设步伐，搭建业务创新、管理创新的科技平台。在组织各地顺利完成人民银行大、小额支付系统上线的同时，积极推进全省综合业务网络建设，2006年下半年，衡水市农村信用社已经实现联网，其他地区已经进入全面推广阶段，预计2007年6月全辖实现通存通兑。

（省农村信用社联合社　侯　刚）

保　险　业

【概况】　2006年，河北保险业以科学发展观为统领，认真落实《国务院关于保险业改革发展的若干意见》，保费收入253.37亿元，同比增长16.59%，超过全国平均增幅2.19个百分点；保费规模继续位居全国第7位。其中，财产险保费收入63.14亿元，同比增长17.73%；人身险保费收入190.23亿元，同比增长16.22%。全行业效益水平继续在全国保险大省中位居前列。2006年末，河北辖内保险公司资产总计610.53亿元，增长26.68%，保险业整体实力得到进一步加强。全省保险深度为2.18%，保险密度为367.32元，保险业对国民经济发展的贡献度逐年提高。

《国务院关于保险业改革发展的若干意见》颁布后，省委、省政府高度重视此文的落实。省委书记白克明、常务副省长郭庚茂等省领导多次作出重要批示，郭庚茂同志亲自部署，提出明确要求。省政府第72次常务会议听取了河北保险工作汇报，《河北省人民政府关于保险业改革发展的指导意见》和关于农业保险、商业养老和健康保险、责任保险的实施意见等三个配套文件已下发，省政府召开了首次河北省保险工作会议，副省长付双建、保监会纪委书记陈新权等领导出席会议并作重要讲话。《国务院关于保险业改革发展的若干意见》对促进河北保险业又好又快发展，使河北保险业更好地为建设沿海经济社会发展强省服务已产生重要影响。2006年，河北省又有4家产险和1家寿险省级分公司相继开业，为保险市场增添了新的生机与活力。全年共核准和审批762家保险分支机构开业，其中，中心支公司31家，支公司20家，营销服务部706家；审批设立保险中介法人机构18家，分支机构108

家。截至2006年末，河北省共有保险公司省级分公司24家，另有5家省级分公司正在筹建，分支机构2710家，保险专业中介法人机构76家，分支机构185家，保险兼业代理机构1941家，保险从业人员13万多人，营业网点遍布城乡。引进外资保险机构工作取得新进展。组建法人保险机构的前期准备工作积极有序进行。保险产品种类日益丰富，全省保险产品达到3608个。2006年，河北保险业紧紧围绕全省经济社会发展大局，积极拓宽服务领域，为经济社会发展提供风险保障。在农业保险、商业养老和健康保险、责任保险等重点领域，加大工作力度，积极推动业务发展，不断拓宽保险的覆盖面，保险功能得到有效发挥。当年，河北辖内各保险公司累计承担风险总额30087.78亿元，同比增长19.62%。其中，财产保险业务保险金额17339.72亿元，增长21.87%；人身保险业务保险金额12748.06亿元，增长16.70%。赔款与给付支出52.31亿元，同比增加11.89亿元，增长29.42%，增幅大于保费收入近13个百分点，起到了经济发展“助推器”和社会“稳定器”的作用。

积极推动“三农”保险业务发展，充分发挥保险在安农、支农、促农方面的积极作用，服务社会主义新农村建设。河北保监局引领和推动县域保险发展，全年共批设县域保险机构767家。各公司县域保险发展的目标明确，措施得力，效果明显。政策性农业保险试点工作取得进展，起草了试点方案和基金管理办法，郭庚茂省长、宋恩华副省长已批示原则同意。与卫生部门沟通协调，研究探索保险机构参与新型农村合作医疗管理的有效方式。争取国土资源厅、劳动和社会保障厅支持，加快开展被征地农民养老保险业务。与省计划生育协会合作，共同推进计划生育保险。

积极推动商业养老健康保险发展，进一步发挥商业保险在完善社会保障体系中的作用，服务和谐社会建设。截至2006年底，各寿险公司累计提存寿险责任准备金604.62亿元，长期健康险责任准备金15.75亿元，商业保险成为社会保障体系的重要组成部分。目前，河北省已有7家企业选择保险公司作为受托人和投资管理人建立企业年金制度。其中，太平人寿与省秦港集团签署的企业年金合作协议，为我国“港口企业年金规模最大一单”。国寿河北省分公司承保了7个设区市、71个县（市）的城镇职工补充医疗保险，累计承保264万人，占全省参加基本医疗保险城镇职工的47%。

积极推动责任保险发展，进一步发挥保险的社会管理功能，服务安全生产保障机制和社会突发事件应急机制建设。2006年责任险发展势头良好，累计保费收入14508.79万元，同比增长16.76%。加强与交管部门的政策协调和信息沟通，确保了交强险制度的顺利实施和平稳运行。加大与有关部门的协调沟通，全面推动火灾公众责任保险、旅游责任保险、高危行业雇主责任保险，积极参与平安建设。

2006年，河北保监局认真履行监管职责，创新监管理念和手段，采取多种措施加强和改善保险监管，维护了良好的市场秩序，促进了保险业持续健康发展。一是修订印发了《河北保险业“十一五”发展规划》，对“十一五”时期保险业发展作出了安排。进一步完善市场监控体系，发挥风险防范和预警作用。二是不断创新监管理念和手段，建立健全市场行为、偿付能力和公司治理结构三支柱的现代保险监管体系。依法查处了市场违法违规行为。加强了行业诚信建设，建立投保提示制度和客户回访制度，完善理赔服务。指导省保险行业协会制定了多项行业服务标准、服务承诺和自律公约等行业自律性规定。

通过实施上述监管措施，2006年河北保险业呈现出发展速度快、经济效益好、社会效益优良的良好局面。

（河北保监局　冯小哲）

【人保财险河北省分公司】　2006年，中国人民财产保险股份有限公司河北省分公司（以下简称：人保财险河北省分公司），面对保险市场已进入全面开放的新形势，面对改制上市后的新机制、新环境，坚持“以市场为导向，以客户为中心”的经营理念，依靠PICC知名品牌、专业技术人才和诚信优质服务，积极参与河北地方经济建设，努力为构建和谐河北提供良好的保险保障服务，实现了由大型国有保险公司向国有资本和非公有资本参股的混合型股份有限公司的转变，经过全省系统广大员工齐心协力，团结拼搏，使公司业务实现了持续健康发展，经营效益稳步提高。目前，已为全省25万多个企业，200多万个家庭，162万辆机动车办理了各种保险，每年为社会提供11168亿元有效风险保障。在经济生活中充分发挥了保险主渠道作用和社会管理功能，有力地促进了河北省经济的稳定发展。2006年，全省系统保费收入38.117亿元，完成计划101.50%，同比增长4.04%，业务规模居全国第五位。

努力为国家重点建设项目保驾护航。人保财险河北省分公司把为国家重点建设项目保驾护航当做一项重要的工作来抓，围绕全省第七次党代会提出的“建设沿海经济社会发展强省”宏伟目标，为打造沿海经济隆起带、京津冀都市圈区域规划、“一线两厢”区域发展布局、调整产业结构和加快城市化进程等战略举措提供配套保险服务。积极为港群体系建设、临港工业园区建设、临港经济区建设提供全方位、“一揽子”保险保障；针对河北省钢铁、装备制造、石化等战略支撑产业，医药、建材、食品等传统优势产业，以及高新技术、现代物流、文化旅游等新兴产业，提供专业化保险服务。相继承保了北京—秦皇岛、北京—张家口、天津—上海、北京—承德、青海—银川等高速公路工程项目，唐山曹妃甸工程、黄骅港北坡防护堤一期工程、秦皇岛戊己煤码头等一大批重点建设项目。

充分发挥保险的经济补偿职能。人保财险河北省分公司秉承“人民保险为人民”的服务宗旨，充分发挥保险的经济补偿职能和社会管理功能。在发生大的自然灾害和保险事故时，急人民群众之所急，帮人民群众之所需，鼎力相助，雪中送炭，一如既往地支援受灾企业及时恢复生产和灾后重建，为全省经济建设、深化改革、稳定社会、造福人民作出积极贡献。2006年先后为河北省电力公司财产一切险扩展供电责任险赔款409万元，为宣化钢铁集团有限公司机器设备损坏险赔款333万元，在服务经济社会和群众生活中发挥了“助推器”和“稳定器”作用。自2003年以来，人保财险河北省分公司共处理各类保险赔案100多万件，赔款达80多亿元。其中，2006年，人保财险河北省分公司先后处理各类赔案24万多件，赔款达20多亿元。2006年，人保财险河北省分公司在全省系统开展了“加快理赔速度，提高服务质量”竞赛活动，并制定了具体措施，调整政策，简化手续，大大提高了核保的工作效率。在全省构建了统一的保险服务网络，大力推行了限时理赔和简易赔案处理等办法，并着力在缩短理赔周期、加快理赔结案速度，提高理赔服务质量上下功夫。不少基层公司推出了“首问责任制”、“一站式”、“一条龙”等服务新举措。同时，加强了人保财险“95518”专线服务质量建设，加强了出险报案、预约投保、客户咨询、投诉举报、客户回访、车险救援等服务举措。到2006年底，全省系统95518专线服务共开设座席80部，开通专线电话100余部，配备专线信息员160名，全年共计呼入呼出电话288万多次，比2005年同期增加27%。客户回访率100%，实现了24小时全天候服务。近三年来，共收到客户赠送的“保险王牌、保户救星”、“95518是救命恩人”等锦旗300余面，感谢信1000多封，感谢电话15000多次，赢得了客户对人保财险公司的信赖，受到中国质量万里行检查组的高度评价。

积极参与平安建设，大力发展责任保险。平安建设关系民生、民安。人保财险河北省分公司依据财险公司经营范围，认真落实省金融办、河北保监局联合下发的《关于大力发展责任保险实施意见》。重点拓展机动车强制责任保险、公共场所火灾公众责任保险、雇主责任保险、医疗责任保险、道路承运人责任保险等。密切与有关职能部门的沟通与协调，在共同推进平安建设中充分发挥保险的辅助社会管理功能。

不断丰富保险产品，积极为社会各界提供所需的保险险种。人保财险河北省分公司注重保持公众公司形象，注重社会责任，始终坚持把社会效益与经济效益的统一放在第一位，努力为河北省企事业单位、及城乡百姓提供更广泛的险种。公司在广泛开展企业财产保险、机动车辆保险等传统险种的基础上，不断开发适销对路的产品。目前，人保财险河北省分公司已开办的险种达600多个，涉及财产保险、机动车辆保险、责任保险、意外伤害保险、健康保险、保证保险等众多方面。目前，重点推广“第三代金牛”保险、家庭综合保险、家用燃气综合保险、旅行综合保险、物业管理责任保险、停车场责任保险、家庭自用汽车保险、摩托车保险、人身意外伤害保险、学生幼儿意外伤害保险、“天之骄子”人身意外伤害保险以及“家和保”、“神州游”、“人财两旺”、“合家欢乐”等组合产品和定额保单，覆盖财产保险、责任、人身、种植业和养殖业等众多方面，最大限度地满足社会需求。国务院出台《关于保险业改革发展的若干意见》后，面临新的发展机遇，人保财险河北省分公司作为河北省财产保险市场的主导力量，制定出台了《加快发展县域保险支持服务“三农”的决定》，河北省常务副省长郭庚茂，副省长宋恩华作了重要批示，对人保财险河北省分公司的做法给予了充分的肯定。常委副省长郭庚茂批示：人保财险河北省分公司结合本省实际，积极贯彻落实国务院《关于保险业改革发展的若干意见》，体现了大局意识、政治意识和责任意识。充分发挥保险的社会管理功能，支持服务“三农”，对促进社会主义新农村建设非常重要。各级政府应重视和支持保险公司开展县域保险业务，提高全省农村保险保障水平。副省长宋恩华批示：利用保险的形式支持服务“三农”，探索和完善符合本省特点的农村经济保障体系，人保财险河北省分公司的做法值得肯定。各级政府应给予政策支持，推动县域保险发展。人保财险河北省分公司将“十一五”期间县域保险作为全省系统业务发展的重点领域，切实采取措施加快发展县域保险，支持服务“三农”。预期目标是：“十一五”期间，全省系统县域保险业务年平均增幅在10%以上，到“十一五”末，全省系统县域保险业务占比达到总体业务的55%以上；用3—5年的时间，发展一批适应县域经济发展需求、有一定规模的骨干险种，培育一批保险业务强县（市），提高保险深度和保险密度，初步形成较为完善的县域保险和农村保险服务体系。

扎实开展保险“三进入”活动。人保财险河北省分公司根据中国保监会党委《关于做好保险“三进入”工作的通知》和河北保监局的有关要求，紧密结合实际，扎实开展保险进学校、进社区、进农村的工作。一是积极开展保险进学校的宣传普及工作，把工作重点放在开展《校园方责任保险》和《学生、幼儿意外伤害保险》的宣传普及工作上。同时，针对大学生特点，采用定额保单的形式，积极开办《天之骄子——意外伤害保险》，并采取措施加快宣传普及和推广工作。二是组织宣传小分队深入社区，深入开展保险进社区宣传普及工作。在保险进社区方面，人保财险河北省分公司积极组织各种宣传小分队，深入到社区进行保险宣传活动，通过开展保险咨询、宣讲风险管理及保险知识，介绍财产保险产品和服务标准，积极引导社区居民正确认识保险，增强保险意识和树立科学的保险消费观念，以提高广大市民的保险意识。三是结合实际，多措并举，深入开展保险进农村宣传普及工作。充分利用其业务网点健全、服务网络遍及全省城乡及拥有一大批高素质保险专业人才的特点和优势，广泛在县、乡（镇）开展普及保险活动，开展送保险下乡活动，选配精干人员组成保险服务小分队，进村串户，采取举办保险知识讲座和案例分析、设立农村保险服务网点、宣传“三农”保险知识，帮助农民找到转移和化解风险的方法和途径，提高农民防灾防损的能力。

不断拓展服务领域，努力提升服务水平。为了更好地为河北省企事业单位和城乡百姓提供优质的保险保障服务，人保财险河北省分公司始终坚持依靠服务来提升自己的整体水平。在全省系统启动了“金牌服务工程”，并从服务承诺、服务标准入手，向社会推出以理赔服务为重点，效率和规范为主题的"理赔无忧—车险快捷服务承诺"活动。主要内容包括对出险原因清楚、责任明确、未涉及第三者、本车定损金额在5000元以下的事故车辆，提供从索赔到汽车修理的全程服务，客户可以在定损完毕后5天之内直接到指定地点提车；对于客户选择自行修车的，在客户提交修车发票、事故证明等相关索赔单证后3个工作日之内支付赔款。与此相配套，各市分公司根据自身优势，结合地方特点提供事故救援服务、短信服务、建立汽车俱乐部等特色服务。

自2003年以来，人保财险河北省分公司连续三年被河北省委、省政府评为"民主评议行风优秀单位"称号，有83个市县分支公司被评为优秀或先进单位。省精神文明办公室、省文化经济促进会和省千家企事业单位诚信联盟活动组委会授予该公司"诚信示范单位"荣誉称号。在人保财险系统开展的"全国百城服务竞赛"中，人保财险石家庄分公司被评为第二名，荣获金奖。2006年，人保财险河北省分公司又被河北省工商行政管理学会授予"重合同，守信用"单位，被河北省诚信建设促进会评为"河北省百佳诚信单位"，被河北省消费者协会授予"消费者信得过单位"称号。

（人保财险河北省分公司　张忠义）

【中国人寿河北省分公司】　2006年，中国人寿河北省分公司以科学发展观为统领，积极拓展市场，深入调整结构，着力夯实基础，切实提高效益，实现了持续健康发展，在中国人寿系统和河北寿险市场保持了领先地位。2006年度保费总收入121.65亿元（含股份公司业务和代理集团公司业务），市场份额64.6%。其中，股份公司业务总收入115.17亿元，市场份额占61.2%。在香港会计准则下，风险型保费及投资型管理费收入56.7亿元。（市场份额来源于河北保险行业协会公布数据）。

2006年，中国人寿河北省分公司深入调整经营结构，长险首年期交保费同比增长9.8%，占长险首年保费的比重同比提高0.4个百分点。10年期以上首年期交保费收入同比增长28.9%，占长险首年期交保费的比重同比提高6.91个百分点。风险型业务保费收入同比增长30.9%，占保费总量的比重同比提高6.03个百分点。新业务内涵价值明显提升，带动了公司经营效益的提升。在总公司组织的经营绩效考核中，该公司连续第四年评为最高档次——甲类AAA级。在市场拓展方面，2006年河北省分公司实行适度倾斜政策，增强城市市场拓展能力。5家市分公司进入全国系统大中城市分公司序列，其中唐山和石家庄两家分公司受到总公司表彰。加强县市支公司和农村营销服务部建设，增强农村市场拓展能力。2006年度，保费收入超亿元的县市区支公司达到19家。

在基础建设方面，业务管理、财务管理、客户服务和信息技术的省级集中开始启动，数据集中程度进一步提高，为打造新一代后援支持系统奠定了基础。着力加强销售人员管理，销售队伍规模和素质稳步提高。2006年度，持证保险营销员总数达到40876名。规范营销服务部设立、申报以及重要事项变更的管理流程，营销服务部达到1215个，同比增加469个。2006年河北省分公司努力探索销售创新，推广中介渠道产品说明会销售模式，深度开发银邮客户资源。将职场营销引入农村市场，形成了新的销售模式。积极探索中介渠道发展期交业务的经验，得到总公司充分肯定，在沧州分公司召开了全国系统中介期交业务发展现场会予以推广。2006年河北省分公司进一步做好内部控制和风险防范。继续推进404条款遵循工作，按照国际先进的内部控制办法，对各个业务环节进行标准化管理，管控能力进一步提高。加大内部审计和效能监察力度，有效防范和化解经营风险。严格落实监管规定，认真组织开展治理商业贿赂等专项工作，提高依法合规经营水平。

发挥保险职能，履行社会责任。一是服务于社会保障体系建设，2006年，人寿河北省分公司共承保长期险和短期险客户1200多万人次，保险金额达1500多亿元。处理各类理赔案件26.2万件，支付各类赔款2.87亿元，各项给付8.14亿元。其中医疗给付2.25亿元，年金给付2.98亿元，为提高城乡居民养老和医疗保障水平做出了贡献。到2006年底，累计 提取长期险保单业务责任准备金435.3亿元，为解决城乡居民未来的养老和医疗问题积累了大量资金。通过 基金型业务和短期健康险业务两种形式，承保了7个地市、71个县（市）的城镇职工补充医疗保险业务，累计承保264万人，占全省参加基本医疗保险城镇职工的47%。二是积极服务三农。到2006年底，该公司在全省一半以上的乡镇建立了销售和服务机构，农村营销服务部数量达到1026家，在农村地区培养了1.6万名保险营销员，服务范围覆盖到全省所有乡镇和村，为农民群众提供了方便、快捷的保险服务。三是积极服务社会弱势群体。累计为4100多名失地农民提供了养老保险服务，为32万多名建筑行业的农民工提供了110多亿元的风险保障。

（中国人寿河北省分公司　刘永波）

【平安人寿河北分公司】　2006年，平安人寿河北分公司认真贯彻落实国务院、省政府及保监局的各项政策、文件，充分利用有利的政策环境和社会环境，紧贴市场脉搏，全力推动业务发展，2006年分公司业务发展上了一个新台阶，今年1—11月份分公司总资产达到71.08亿元，承保利润6676.44万元。1—11月实现总保费20.28亿元，较去年同期增长19.4%。其中：个险保费18.05亿元，占比88.99%，其中个险新契约保费3.71亿元；团险保费收入9636万元，占比4.75%；银代保费收入1.27亿元，占比6.26%。

为促进公司的长足稳健发展，落实以"产品内涵价值"为导向的经营理念，分公司优化产品结构，注重产品内涵价值的提升，使险种逐步向效益型转变。2006年，分公司确立业务计划与内涵价值计划并驾齐驱的发展思路，持续推进新"三鸿"（鸿祥、鸿利、鸿盛）重新组合产品的销售，提高新"三鸿"保费增量；调低万能件均保费、改变万能销售方式，提高万能活动量以稳住平台提高附加险附加率；有重点地提高传统保障型、健康型产品及短期意外险的占比，为客户提供全面合理的保障。

个险续期业务是公司利润重要来源之一。2006 年分公司加强了郊县续期收费转账力度，并及时对老客户的账号信息进行维护。为推行续收自动化项目，构建成熟的续收信息化平台，提升全省郊县续收业务的发展，分公司在总公司保费部续收自动化项目电脑及网线设备配备规划的基础上，以提高续收自动化重点考核指标达标率为目标，对郊县保全员当月重点考核指标合格并且其所属机构当月续收自动化重点考核指标达标率 90%以上，予以相应的奖励，以激发保全员续期收费的积极性。

分公司内控管理组织体系和管控手段日趋完善。目前全系统通过双轨制、派驻制和监审合一的形式，有效实现了“教、防、查、处、改”五方面职能，其中二级机构稽核受总部、分公司双重领导，双重考核，实现有效制约；全国分区设立稽核分部，实现了统一领导、下查多级、标准统一、利益超脱，每年分部都对分公司和 50%的三级机构进行常规稽核。

加强“业评会”的执行力度，切实解决营销员误导和理赔难的问题。上半年，分公司下发了《河北分公司业评会管理办法》，并开发应用了“个人寿险业务人员品质管理系统”。“业评会”开展以来，分公司共解决案件 79 起，分别根据不同情况予以了相关当事人解除代理合同、记过、警告、扣款等处分。

加大诚信建设力度，并开展了一系列诚信教育和宣传活动，分公司将中国保监会组织编写的《保险诚信读本》、《保险职业道德教育读本》、《保险法律法规诚信要求摘要》和总公司组织编写的《诚信的平安》作为学习教材分发到各业务单位进行学习。在每日晨会里增加“诚信教育每日一语”分别利用广播早会形式向广大内勤员工进行宣导；专门制作诚信宣传海报分发于业务单位；稽核监察部在全省范围内开展诚信教育系列讲座的宣讲活动，同时编制诚信教育宣教材料，利用公司内部网“廉政园地”的形式组织全体内外勤员工学习，通过多种宣传方式强化干部员工的诚信经营、合法经营意识。

全面拓展保险的各项功能，围绕经济社会发展和人民生活需要，充分发挥保险在促进经济社会发展和构建和谐社会中的积极作用。截至目前，分公司支付赔款与给付 19905 万元。今年 1—11 月份，分公司提存寿险责任准备金 57.89 亿元，充分发挥了商业保险在完善社会保障体系中的作用。2006 年分公司吸纳社会各类人员就业 5300 多人，为政府减轻了就业和再就业的压力。

积极进行保险产品创新，以不断满足居民不同层次的保险需求。1—11 月，个险开办新险种 11 个（健康医疗险 5 个，分红险 2 个，意外险 3 个，定期险 1 个）；银行保险开办新险种 4 个（两全保险 2 个，万能险 1 个，分红险 1 个），团险开办新险种 3 个（万能险 1 个，年金险 1 个，健康险 1 个）。

努力推进“管理创新，服务创新”。“E 行销”是平安人寿推出的运用科技化手段设计的专业化的行销方式。它通过金领软件功能模块，依据客户当前的家庭经济状况，对未来的规划和风险偏好，利用经验值和数学模型，快速计算客户保险需求的种类和额度，从而提供分析结果的解决建议的报告书。企业年金作为企事业养老保险的有效补充，成为保障人民生活水平、构建和谐社会的有效手段之一。为促进企业年金业务的顺利开展，分公司团险一方面与省劳动厅接触，准确把握监管部门动态；另一方面与交行、工行和光大银行等商业银行进行了多种形式的沟通，为后续合作奠定了基础。分公司团险联合平安产险河北分公司，采取产寿联合的方式进行整体攻关；同时配合养老金公司绿叶计划，进行了企业年金的深入推动。为满足客户终身医疗补贴及重大疾病的保障需求，平安人寿今年推出了“附加守护一生”终身健康保险。根据客户的收入水平、年龄层次和保险需求的不同，公司特别设计了大众型（包含 3 万元重大疾病保险和 4 万元住院津贴保险）、小康型（5 万元重大疾病保险和 6 万元住院津贴保险）和富裕型（10 万元重大疾病保障和 12 万元住院津贴保障）三个档次的保障计划。该计划提供包括恶性肿瘤在内常见重大疾病，种类更是高达 58 种（男性 28 种、女性 30 种），该保险计划涵盖多达 8 种医疗津贴：住院日额保险金、重症监护日额保险金、急救运送保险金、住院门诊保险金、重大手术保险金、特别病房保险金、特别住院日额保险金、住院营养日额保险金，其中前五项保障为各年龄段客户均可以享有。继续加强同省会二十余家新闻媒体及各地市主流媒体良好的沟通关系，制定了公共媒体联络制度，确保与媒体经常性沟通，加大了公司对外宣传的力度，分公司全年累计在各级媒体发布新闻稿件 500 余篇，同时，及时通过省市媒体向社会与客户宣传平安大事件、大举措，进一步提升了公司品牌美誉度。

（平安人寿河北分公司）

【中华保险河北分公司】 中华联合财产保险股份有限公司河北分公司成立于 2004 年 9 月 30 日，公司成立两年多来，在总公司和河北保监局的正确领导下，全体员工团结一心，艰苦创业，理性经营，紧紧围绕“树立科学发展观，坚持以经济效益为中心不动摇，坚持把业务做大做强不动摇”这一核心指导思想，全面贯彻吴定富主席“速度、效益、诚信、规范”八字方针，强化经营管理，内强素质，外树形象，实现了高起点开局，高标准建设，高品质发展。

2004 年仅三个月，公司实现保费收入 2619.8 万元，利润 214 万元；2005 年实现保费收入 3.23 亿元，利润 492 万元；2006 年实现保费收入 6.06 亿元，年增长速度 88%。目前，公司已拥有 10 家地市级机构，55 家县支机构，员工千余人，实现社会就业岗位 4000 余个，资产累计 3.4 亿元，上缴税收 5500 万元，位居河北省财险市场第三位。

为适应和满足市场对保险业的新需求，公司不断开辟新的保险服务领域，业务经营范围涉及车辆保险、财产保险、责任保险、货物运输保险、人身意外伤害保险等23个大类，100多个险种。根据客户需求，公司为客户设计合理的保险方案，提供优质的专业水准的保险服务。成立至今，该公司承保了京沪、京张、京秦高速公路，唐钢、秦皇岛港务局、承德供电局等一大批重点项目工程和招标项目，已为千余家企业，近万户家庭，20多万辆机动车提供了保险服务，500多亿元资产得到了风险保障，累计赔款2.7亿元，为河北经济的稳定发展，构建和谐河北做出了应有的贡献。

中华联合财产保险股份有限公司河北分公司始终坚持速度与质量，规模与效益并重，千方百计创造效益，坚持规范、健康、可持续发展。一是严把承保关，向业务质量要效益。在承保政策上，要求保持清醒头脑，不打价格战，守住“三条底线”（盈亏临界点、历史经验数据、依法合规），坚持有所为有所不为；二是严把理赔口，向管理要效益。抓好理赔队伍建设，提高专业化服务水平，严格5项指标考核（现场勘察率、定损误差率、结案率、案均赔款、赔付率）；三是实行成本核算法，向节约要效益。公司成立伊始，中华保险就用“持家犹如针挑土，败家却如浪淘沙”这一治家之道来警示每一名经营管理者，来指导公司每一笔经营费用开支；四是坚持从领导自身做起，从机关做起，形成“艰苦创业，以司为家”的向上风气，向一点一滴要效益，全司上下形成了处处事事讲究管理成本，坚持办节约型公司的良好风气。

狠抓根本，坚持不懈，持续发展。两年多来，中华保险河北分公司抓住班子和队伍这个根本不动摇，实施了员工素质教育和领导班子能力建设两大工程。在公司的教育下，一大批以司为家，以做大做强中华保险为己任的领导干部逐渐成长起来，公司已经建立起了“以人为本、实现个人价值”为核心的长效培训、使用机制，使学习工作化，工作学习化。公司仅2006年一年，组织全省性各类培训达20余次，投入经费八十余万元。中华保险河北分公司在内部实行竞聘上岗、竞聘试用期制，让有为的人有位，想干事的人有机会，能干事的人有舞台，干成事的人有地位。此外，公司还经常性开展各种文体活动，创造中华保险“家”文化。

紧抓服务，不断提升服务水平，实现了由一般服务向优质、系统、特色服务的转变，并不断根据客户需求，进行服务创新。一是树立“以客户为中心”的先进理念，坚持“快速、准确”的理赔原则，坚决做到“三个必须”，即：第一、二现场必须查勘；理赔手续齐全必须当日赔付；查勘定损、理赔结案电话回访必须做到两个100%。二是形成了覆盖全省、辐射周边省份的查勘定损网络。公司现有查勘车110余部，专职查勘员二百余人，保证了市区30分钟、县区45分钟赶到出险现场。三是细化再造理赔流程，提高理赔效能，突出“快”字，对事故责任和保险责任明确，索赔资料齐全、真实、合法，双方确认无异议，不涉及人员创伤的2000元以下赔款，建立快捷的理赔服务机制，畅通简易案件“绿色通道”。对索赔手续齐全的赔案：10000元以下的，1个工作日内理算核赔完毕；10000—50000元的，2个工作内理算核赔完毕；50000元以上的，5个工作日内理算核赔完毕。四是建立起了95585专线客户服务电话网络，形成了全省联网、联动局面，客户回访率100%，客户满意率97%以上，实现了24小时全天候服务；五是通过环节控制，严防“跑、冒、滴、漏”现象，挤压理赔水分，加大假骗赔案的查处力度，两年来共查出假骗赔案40余起，挽回经济损失300多万元，充分展现了公司的理赔管理技术水平；公司还注重职业培训和职业操守教育，设立了理赔“高压线”，不断创新服务手段，提升服务质量，视客户为亲人，不拿客户“一针一线”，建立并完善了客户投诉处理机制，切实维护客户的合法权益。

为了体现公司“珍惜信赖、回报社会”的服务宗旨，2006年中华保险河北分公司在全省系统范围内开展了“答谢客户、回报社会”大规模客户回访活动，开展了“解忧帮困，助学圆梦工程活动”，已先后为高校贫困生、希望小学、贫困地区等捐款捐物达二十余万元，近千人得到了资助。中华保险河北分公司赢得了社会各界的广泛赞誉，获得了良好的口碑，连续两年被河北省工商行政管理协会授予“重合同、守信誉”单位，被河北省消费者协会授予“河北省消费者信得过单位”称号。经过河北中华保险人的不懈努力，河北中华保险已在河北市场站稳了脚，迈开了步，正朝着建设具有核心竞争力的品牌公司大踏步前行。

（中华保险河北分公司）

【太平人寿河北分公司】 太平人寿河北分公司崇尚诚信为先，坚持品质服务，秉承“高素质、高品质、高绩效”的“三高”理念和专业化寿险运作模式，以银行保险为突破口，以团险为重点，以个险为基础，其产品和服务越来越为河北人民所接受和青睐。2006年，太平人寿河北分公司累计达成规模保费比上年增长32%，其中新契约保费超过3亿，个人业务新契约保费比上年翻了一番，团险业务“两差”指标达总公司计划200%以上，银行保险业务超额达总公司计划，银保业务市场排名跃居河北省前列。

银行保险业务。银行保险业务是太平人寿的重要业务渠道，复业五年来始终处于国内市场的领先地位。太平人寿先后与中国工商银行、中国农业银行、中国建设银行、中国银行四大国有银行以及各大股份制商业银行建立了全面合作关系，在全国各地的分支机构所在地拥有数千家银行代理网点。太平人寿在国内银行保险业务领域坚持创新：首创与银行成立共同委员会，规划与银行整体合作共同发展策略；在国内首家推出“银保通”系统，投保客户5分钟内可在柜面拿到公司保单；首家在银行销售综合理财产品，开启银行保险产品的“低柜”时代。河北分公司银行保险业务秉承规范经营、稳健发展的经营思路，进一步深化与工、农、中等各银行的战略合作伙伴关系，银保业务持续增长。尤其期缴业务发展良好，占比逐渐增大。2006年，太平人寿河北分公司银保业务在保证柜面实时出单、保证高质的客户服务的基础上，完成承保规模保费2.7亿元，同比增长19%，所占市场份额排名跃居河北第四位。

个人寿险业务。太平人寿河北分公司个险业务经营围绕人力发展和业绩增长两条主线进行，强化活动管理，提高拜访量和客户积累，加强行业培训、产品培训、职业道德培训，规范展业行为。2006年，分公司个人业务累计完成保费4000余万元，新契约保费比上年翻了一番。一是在销售队伍建设方面，施行“高素质、高品质、高绩效”的“三高”团队发展战略，走精英化的销售管理模式。2006年年底，河北分公司营销人力突破1000人，代理人持证率100%。二是在制度建设方面，出台新《基本法》。与以往注重绩效考核的基本法相比，首次将“诚信建设”和“个人发展”列为重点内容，为代理人的职业发展规划了方向。成立以个险业务部为核心的督导体系，专人负责，按层级、按区域做好追踪，及时发现并解决问题。三是在网点建设方面，着力推进营业单位建设，打造创业型团队，拉动人力、业绩、指标提升。在5家中心支公司顺利拓展各线业务的同时，新增唐山中心支公司迁西、遵化、玉田和邯郸中心支公司大名营销服务部顺利开业，有力增强了网点布局业务开拓能力。

团体保险业务。太平人寿团险业务，以利润和长期价值为导向，以专业化和国际化管理为标准，为客户度身定制，提供一站式服务，客户遍及国内钢铁、冶金、建筑、制造、交通、服务等行业和领域。太平人寿坚持以创新促发展，在经营理念、产品开发、行销技能、大项目管理等方面保持领先，以VIP服务团队、全国统一标准服务、综合科技服务（网上服务、IVR服务等）、VASH服务（健康延伸服务）等差异化优势打造“科技领先、服务卓越”优势。作为世界最大的跨国公司团体保险共保计划IGP（International Group Program）在中国大陆地区唯一的成员，向跨国公司在中国大陆地区的子公司或合资、合作企业提供国际标准的团体保险服务。配合国家社会保障体制改革，全力推进企业年金业务。2005年3月26日，太平人寿河北分公司与河北省劳动和社会保障厅共同举办“河北省企业年金政策与操作实务研讨会”，拉开河北省企业年金市场运作序幕，全省18家大型企业参会，会上太平人寿河北分公司与6家大企业签署合作意向。2006年11月29日，太平人寿成功签约秦港集团，企业年金首次缴费近7000万元，成为河北省企业年金“国有大型企业第一单”，有力推动了河北省社会保障事业的发展。2006年分公司团险累计完成承保保费已超过2300万元，“两差”达成远超计划目标。

服务质量管理。“客户满意度是衡量工作成就的唯一标准，客户是我们进行一切经营活动的出发点”，这是保险公司生存与发展的基础。作为一家金融服务机构，不仅要满足客户的基本需求，还要为客户提供超值的服务享受。一是重视产品服务的创新。例如，率先采用运营集中、数据集中的模式巧妙解决异地理赔的难题，开通“智能短信服务”系统，在客户承保、理赔以及生日或节假日以及保单周年日，客户都能接到公司的问候和信息；另外还提供跨地区服务，为危困中的客户解决有关保险服务事宜。新契约保单服务和客户服务体系先后获得ISO9001：2000质量管理体系认证，运营服务提前进入全新的智能化时代。二是推行“服务前置”的指导思想和“人性化服务”的理念。通过客户服务中心为客户提供的全方位、追踪式服务，快捷的“一站式”服务以及高附加值服务为每一客户、每一保单负责到底。全国统一客户服务电话“95589”的正式启用，也使公司的客户服务水平进入了一个全新的阶段。三是高度重视理赔服务质量。太平人寿自在国内复业以来，在理赔服务方面，实行垂直管理、层级授权的工作流程。凭借统一、标准的业务流程及核心系统的优势，不断完善理赔管理服务水平。2002年，公司推出了异地理赔服务；2006年4月，公司在全国成功实施小额理赔案件现场给付，对于赔付金额不超过500元的理赔简易案件可进行现场给付。从客户申请索赔到拿到赔款，最快只需几分钟。目前，太平人寿理赔管理服务已通过国际权威认证机构BSI（英国标准协会）的ISO9001：2000质量管理体系认证。2006年，太平人寿河北分公司个险共受理理赔案件2000多件，常规件两天结案，保证了理赔时效，赔付差错率为零。

诚信品牌建设。太平人寿落户河北以来，凭借自身的行业优势，在分公司总经理陶连立带领下，规范经营、持续创新，连续三年实现跨越式发展，在诚实守信方面赢得业界和社会各界的广泛赞誉。2006年，按照中国保监会《关于深入开展诚信教育的通知》和河北保监局《河北保险业诚信教育实施方案》的相关要求，河北分公司开展了保险诚信教育及自查评议工作和组织全员参与了“保险诚信教育知识竞赛”。太平人寿河北分公司下属的五家分支机构全部荣获“服务质量达标单位”称号，成为河北保险行业先进典型的代表。2006年，河北分公司被中国保护消费者基金会评选为“维护消费者权益诚信服务满意单位”，被河北省诚信促进会评选为“河北省AAA级诚信单位”。

基础管理工作。2006年6月26日，《国务院关于保险业改革发展的若干意见》正式发布。在落实《意见》过程中，太平人寿河北分公司将做好河北保险“进社区、进学校、进农村”（三进入）作为重要工作贯彻实施。分公司所属各机构因地制宜、因势利导，精心谋划，深入社区、学校和农村宣传保险常识。工作人员利用讲座、座谈、平面宣传多种形式，定期更换社区宣传橱窗保险内容，内容贴近群众、贴近生活、贴近实际，让社区居民更好、更方便地了解了保险常识。在“进学校”方面，利用暑假，通过各种形式组织一部分大学生深入了解保险行业情况，增加对保险的认识。其次，河北分公司把落实《意见》与抓企业的长远稳健发展紧密结合，把贯彻落实《意见》中的“四个有利于”及总体目标作为全体共产党员、干部职工学习的重要内容，要求大家把做好保险服务与真诚奉献社会结合起来，并使之成为企业的持续追求。再次，2006年太平人寿河北分公司在业务经营稳步发展的同时，强化风险管控。以监管机关规定为依据，进一步增强基础管理，完善内控机制。在公司内部形成相应的授权审批制度，严格执行稽核制度，发现问题及时处理，使风险降至最低点。

（太平人寿河北分公司　马晓东）

税　务

【国税收入】　2006年，河北省国税系统累计组织税收收入768.6亿元，比上年增收120.9亿元，增长18.7%。其中：国内增值税完成566.4亿元，同比增收76.8亿元，增长15.7%；国内消费税完成41.3亿元，同比增收5.5亿元，增长15.5%；国内“两税”合计完成607.7亿元，同比增收82.3亿元，增长15.7%。企业所得税完成85亿元，增长41.4%；涉外企业所得税完成19.5亿元，增长13.3%；个人储蓄存款利息所得税完成24.1亿元，增长22.9%；车辆购置税完成32.3亿元，增长27.1%。另外，海关代征税收37.6亿元，增长44.2%；办理出口退税75.9亿元，增长3.1%。主要收入特点：一是税收收入平稳较快增长，整体税负进一步提高。全省国税收入增速为18.7%。国税收入占GDP的比重为6.8%，比上年提高约0.4个百分点。二是税收增长呈现前稳后快的态势。前8个月平均增速为12.8%，9月份以后增速明显加快，9、10、11、12四个月的增速分别为27.1%、28.7%、36.3%、43.7%。三是企业所得税增幅最高，其他各税增长平稳。企业所得税完成85亿元，增收24.9亿元，增长41.4%，对拉动税收增长贡献较大。四是增值税为增收主体。全年增值税增收76.8亿元，占税收增收总额的63.52%。五是11个市全部圆满完成税收任务。其中，承德、廊坊、沧州、石家庄、邢台五个市税收增速超过20%。六是企业欠税减少，查补税款增加。企业欠税余额比上年减少7.8亿元，下降28.1%；全年入库查补税款7.2亿元，同比增加2.2亿元，增长43.3%。

【税收征管】　一是加强户籍管理。扎实做好税务登记证换证工作，共为46.5万户纳税人办理了换证。利用换证的机会，清理漏管户1.98万户，清理税额798万元。二是实行分类管理。按照“抓大、控中、规范小”的思路，对重点税源企业采取派驻厂员、驻厂组的办法加强管理，对中小企业实行划片或分行业管理，对个体户实行划片、分街道、分乡镇属地管理。三是完善税收管理员制度。制定税收管理员管户责任制度和工作手册，实行工作日志和工作底稿制度，明确了税收管理员的职责任务，加强了对税收管理员的监督考核。全省共确定税收管理员10683名，占一线征管查人员的60%。四是积极开展纳税评估。制定了纳税评估实施办法和增值税、所得税纳税评估办法。采取人机结合、以人为主的方式，对重点税源企业、废旧物资和农产品加工行业、商贸企业、加油站企业以及零申报、负申报、低税负企业等进行了评估。五是完善发票管理。针对“7.26”案件和“枣强案件”的发生，完善了废旧物资发票和农副产品发票管理规定，并对每个市用票量在前20位的大户进行跟踪监控。明确管理责任，进一步落实了发票验旧购新和限额限量发售制度。六是加强信息化建设。组织召开全系统信息化建设工作会议，对金税三期建设进行了全面部署。推行了“一机多票”、车购税、货运发票系统，开通了多元化电子申报纳税系统、视频会议系统和短信服务平台，并在硬件配置、网络改造、网站建设等方面做了大量工作。建立数据分析和通报制度，针对税收管理中容易出现的问题，定期不定期地抽取并发布数据信息，指导基层有针对性地加强管理。省局在广泛征求意见和综合各市数据应用经验的基础上，开发出了近300张数据统计分析报表。

【依法治税】　一是认真落实税收执法责任制和执法过错责任追究制，加大执法过错责任追究力度。全年共追究执法过错人员9683人次，经济追究金额96.2万元。二是强化执法监督工作。认真组织税收执法检查，对减免税、一般纳税人认定、税务处罚、案件移送、执行民族自治区域税收优惠政策等情况进行了重点检查。严格税收规范性文件的审核会签，进行了文件清理工作。三是严肃整顿税收秩序。配合总局和公安部联合工作组查处“枣强案件”，对衡水市枣强县皮毛加工企业一般纳税人和“枣强案件”涉及的省内外贸出口企业进行全面检查，并对部分县(市)的皮毛加工企业进行了税收专项整治。加大了涉税违法大案要案和举报案件的查处力度。开展了房地产及建筑安装业、邮电通讯业、金融保险业、移动手机市场等税收专项检查。全省各级稽查机构共检查各类纳税人2.63万户，发现有问题的企业1.3万户，补税罚款入库6.7亿元。其中，立案检查10691件，向公安机关移送案件125件。

【增值税管理】　一是认真落实增值税优惠政策，减、免、退增值税近30亿元。二是加强新办商贸企业管理，对辅导期一般纳税人开展专项检查，共检查纳税人5505户，查出执行政策或报表填写错误的2347户，占总户数的42.6%；查出未按“先比对，后扣税”政策申报的增值税抵扣凭证49317份，补税罚款4597.5万元，追究责任人员775人。三是开展对无税企业的专项评估，发现存在问题的企业339户，移交稽查182户，调减留抵税额3377.27万元，补税罚款277.66万元。四是深化“一窗式”管理，对管理流程进行了优化重组，将采用网上申报方式的纳税人由原来的“先报税后申报，再比对”调整为“先网上申报缴税，后报税，再比对”，既减轻了纳税人负担，又提高了纳税遵从度。五是开展农业产品进项税额、废旧物资抵扣异常、增值税专用发票存根联滞留票等核查工作，补税罚款1.26亿元，进项税额转出7285万元。六是加强福利企业管理，对各市申报的156户新办福利企业逐一审核比对，查出53户企业不符合享受增值税优惠政策的条件。七是推进增值税信息化建设。加强增值税征管信息系统管理，保持了系统的高质量运行。利用信息化手段加强了“四小票”信息的稽核比对。按月对增值税专用发票失控率、作废率、负数发票率和四小票采集、稽核结果等重要数据进行分析，并通报全省。推行了增值税专用发票抵扣联网上认证系统，全省约1000户企业通过网上认证系统认证发票。认真抓好防伪税控“一机多票”系统推行工作，累计推行“一机多票”企业66522户。

【企业所得税管理】 一是搞好汇算清缴。认真贯彻新的《汇算清缴管理办法》，加强对企业的辅导培训，及时为企业提供信息咨询服务。严格审核企业上报的各项审批和备案事项，搞好服务，提高效率。共查补净增所得税873万元。二是加强税前扣除项目和减免税审批工作。根据国家税务总局《税收减免管理办法》和《企业财产损失所得税前扣除管理办法》，省局研究制定了具体实施办法，明确了审批权限。同时，成立了重大减免税事项审批委员会和重大税前扣除事项审批委员会。全省共审批222户企业的财产损失9.64亿元，26户企业的坏账损失9787.2万元，547户企业的呆账损失65.09亿元，123户企业的管理费2.74亿元。审批了22户企业的国产设备投资抵免项目，可抵免企业所得税1.42亿元；批复了2172户企业的减免税，减免企业所得税9.06亿元。三是做好纳税评估工作。确定了企业所得税纳税评估指标体系，制定了评估指标预警值测算方法及评估操作方法。对全省有代表性的9个行业进行全面测算，计算出各个行业的评估指标预警值，认真筛选评估对象，作出定性和定量的判断。对评估分析中发现的问题，分别采取税务约谈、调查核实、处理处罚、提出管理建议、移交稽查部门查处等方法进行处理。全省共评估企业3636户，其中有问题的企业867户，移交稽查46户；共调增应纳税所得额1.36亿元，调减亏损额9480.3万元；应补缴所得税3374万元，入库税款1023.7万元、罚款和滞纳金7.08万元。同时，按期完成了新申报表的推广应用工作，强化了企业所得税分类管理。

【征文和大讨论活动】 为推进决策的科学化、民主化，更好地谋划全省国税工作思路，河北省国税局从9月中旬至11月底，在全系统组织开展了“假如我是省局局长”征文活动和“汲取案件教训，推进科学化精细化管理”大讨论。对这两项活动，各级国税机关高度重视，严密组织，领导干部积极带头，广大税务人员踊跃参加。全系统共撰写征文5000余篇。大讨论中，各级认真汲取几起重大税案的教训，全面查摆思想、工作中存在的问题，有针对性地制定整改措施。通过征文和大讨论，系统上下统一了思想认识，找到了薄弱环节，找准了工作定位，明确了努力方向，为做好今后工作奠定了良好的基础。

【干部队伍建设】 一是加强思想政治建设。组织干部职工认真学习“三个代表”重要思想、《江泽民文选》、科学发展观、《党章》和党的十六届六中全会精神，深入开展社会主义荣辱观教育和事业观教育、法纪教育、职业道德教育，进一步增强了干部职工的思想政治素质。二是加大教育培训力度。省局举办了科级干部、军转干部、新录用人员、税收统计分析人员、税收管理员、办税服务厅人员、稽查人员、车购税管理人员等培训班13期，培训干部1012名。同时，与河北经贸大学联合举办了第三期稽查人员高级进修班，参训学员52名。三是加强税务文化建设。在全系统组织了“1211”教育活动，即：树立一种“以人为本，以德为先，和谐国税，共享文明”的理念，研读《学哲学用哲学》和《细节决定成败》两本书，开展一次“团队活动”，与省妇联联合组织一次“巾帼国税杯”风采展示活动。通过教育活动，进一步提高了干部职工的精神境界，增强了干部职工的团队意识和大局意识。同时，深入开展青年文明号创建活动，全系统有7个单位被命名为“全国青年文明号”，94个单位被命名为“河北省青年文明号”。四是加强巡视工作。制定了《关于加强巡视工作的意见》、《关于巡视工作的暂行规定》、《巡视工作规程》等制度规定。完成了对保定和沧州市局领导班子及其成员的巡视工作。创新巡视工作方法，对177个基层单位进行了明察暗访，并制成了明察暗访专题片。

【国税党风廉政建设】 2006年，河北省国税系统坚持标本兼治、综合治理、惩防并举、重在预防的方针，进一步加大了党风廉政建设和反腐败工作力度。一是推进惩治和预防腐败体系构建工作。按照保留有效的、完善配套的、建立急需的原则，对反腐倡廉制度进行了梳理，在探索建立教育、惩治、评估预警等配套工作制度方面做出了努力。加强对惩防体系构建情况的考核，制定了具体考核方案，进一步量化了考核指标和内容。二是认真落实《税务系统领导班子和领导干部监督管理办法（试行）》。编发了《〈税务系统领导班子和领导干部监督管理办法（试行）〉学习手册》。制定了落实《监督管理办法》的责任分解意见。将整个《监督管理办法》分为6大类15项67条责任内容，明确了牵头单位和配合单位。三是加强廉政文化建设。以沧州市局为试点，以建立“为民、清廉、和谐、文明”的廉政文化体系为目标，开展了形式多样的廉政文化建设活动。省局在全系统开展了廉政文化建设征文活动，共收到各类文章260多篇；举办了总局反腐倡廉漫画巡回展在河北的展出活动，取得了良好效果。四是强化“两权监督”。实施立项监督项目591个，开展执法监察708次，提出执法监察建议914条，协助建章立制322项，挽回经济损失1686.7万元。全面推进行政权力公开透明运行工作，制定了工作方案，编制了行政职权目录和工作流程图，细化了公开内容，明确了公开方式。五是严肃查处违法违纪案件。受理群众信访举报297件，同比减少111件，下降27%；查办案件34件，处分违纪人员18人。六是深化行风建设。广泛征求纳税人和社会各界的意见，努力解决群众反映强烈的问题。全系统共聘请特邀监察员6343名，发放征求意见函2万多份，解决群众反映的问题328个，制定优化环境和便民措施225项，网上解答反馈各类咨询42件。

（河北省国家税务局 赵东明）

【地税收入】 2006年，全省地税系统共组织各项收入546.34亿元，同比增收87.7亿元，增长19.12%，再创历史新高。其中：税收收入完成348.33亿元，增收53.41亿元，增长18.11%，是年初计划的107.31%，超收23.73亿元；基本养老保险费完成160.69亿元，增收28.95亿元，增长21.98%，是考核目标的103.67%，超收5.69亿元；失业保险费完成12.03亿元，增收1.33亿元，增长12.4%，是考核目标的109.36%，超收1.03亿元；教育费附加等其它7项收入共计完成25.29亿元。在税收收入中，中央级收入完成80.29亿元，增收4.16亿元，增长5.5%，是年计划的101.2%；省级收入完成45.05亿元，增收6.78亿元，增长17.72%，是年计划的108.15%；市县级收入完成222.99亿元，增收42.45亿元，增长23.51%，是年计划的109.52%。在基本养老保险费收入中，省级完成61.84亿元，是考核目标的101.97%，增收11.11亿元，增长21.91%；市县级完成98.85亿元，是考核目标的105.44%，增收17.84亿元，增长22.02%。2006年地税收入的主要特点：一是收入规模实现历史性突破。2006年组织收入总量突破500亿元大关，达到546.34亿元，同比增收87.7亿元，增长19.12%，收入规模再创历史新高。2006年税收收入总量在全国地税系统中排第11位，税收增量排第12位。二是中央级、省级、市县级税收收入均超额完成年初任务。三是主体税种权重大，小税种增幅快。营业税、企业所得税、个人所得税三个主体税种完成税收267.26亿元，占税收收入总量的76.73%。资源税、城建税、土地增值税分别完成17.5亿元、33.42亿元和3.64亿元，分别增长58.64%、14.26%和3.26倍。四是房地产和建筑安装业税收增收明显。全年房地产业仅营业税和企业所得税即完成35.74亿元，增收11.61亿元，增长48.12%；建筑安装业营业税和企业所得税完成41.75亿元，增收7.19亿元，增长20.81%。两行业的营业税和企业所得税共增收18.8亿元，占全部税收增量的35.2%。

【地方税收征管】 2006年，河北地税系统继续深入开展“管理年”活动，大力推进科学化、精细化管理，着力提高征收管理的质量和效率。一是完成了《业务工作规程》的修改、完善，进一步规范了基层岗责体系和业务流程，并着重抓了新《规程》的学习培训。二是以税收经济分析为龙头，积极探索提高征管质量和效率的新机制。省、市两级都成立了税收分析领导小组，认真搞好数据采集，定期开展税收分析，制定宏观税负、行业税负和税收弹性分析指标，确定营业税、企业所得税等重点税种和重点行业的税收负担率，同时积极探索建立税收分析、税源监控、纳税评估和税务稽查良性互动机制。三是继续完善税收管理员制度，制定了《税收管理员制度实施办法》，细化了管理员的职责和权限，进一步完善纳税评估操作规程，充实评估指标，合理调整征管力量，管理员的工作机制不断完善。四是不断探索分行业、分税种加强管理的措施，堵漏增收效果明显。五是加强发票管理，规范代开发票和发票“双奖”工作，强化货物运输业发票管理；继续扩大发票管理软件使用范围，减少了发票管理随意性。六是扎实有效地做好社保费征收工作。各市局积极开展费源普查，完善联合办公方式，推广“征缴一体化”，大力清缴欠费，保证了社保费征收任务的完成。七是加大稽查力度，大力整顿规范税收秩序，组织开展了房地产业、建筑业、商业企业、个人所得税专项检查，严肃查处一批涉税大案要案，全年检查纳税户2.04万户，查补收入9.8亿元，同比增长27.85%，罚款率、入库率分别达到13.45%和98.79%。

【地税法制建设】 全省地税系统深入贯彻落实国务院《全面推进依法行政实施纲要》，大力推行执法责任制，重点推广了执法责任制公开透明化管理软件和人机结合的执法监控考核软件，实现了对执法行为的网络监控，全年全系统共追究各类税收执法过错行为14261人次。

不断加大税收执法力度，在全省组织开展了房地产业、建筑业、商业企业、个人所得税专项检查。全年检查纳税户2.04万户，查补收入9.8亿元，同比增长27.85%，罚款率、入库率分别达到13.45%和98.79%，有效打击了各种偷逃骗税行为，维护了国家利益。认真落实国家的各项税收政策，特别是落实好国家及省委、省政府关于支持下岗职工再就业、促进高新技术产业发展、支持国有大中型企业主辅分离等方面的税收优惠政策，全系统全年共审批减免、抵免税收14.95亿元，为促进全省经济结构调整和增长方式转变做出积极贡献。

【地税信息化建设】 大力推进税收信息化建设，在全系统推广了稽查软件、执法监控考核软件、网上申报纳税软件、双定户定额管理软件、人事管理软件等多个软件，完成了12366纳税服务热线与征管应用系统的接口，应用系统的功能得到进一步加强。修改完善了一户式查询、综合查询、申报征收和票证管理软件，开发应用了财务数据采集功能，完成了分行业、分税种纳税评估预警值计算和税收负担率计算，数据综合分析利用水平明显提高。对省局到市局广域网主干线路进行了扩容和优化，对11个市局的数据存储空间进行了扩充，搭建了征管灾备系统，信息化的基础建设、运行维护、安全管理等工作都有新的提升。

【地税党风廉政建设】 一是严格执行《廉政准则》、领导干部重大事项报告、收入申报和礼品登记等有关制度和规定，狠抓领导干部廉洁自律工作。全年对领导干部实行廉政谈话165人（次），有152名地税干部进行了重大事项报告。同时，认真落实党内监督条例，重点就干部提拔使用过程中的不正之风，领导干部的配偶、子女和身边工作人员利用领导干部职权和职务上的影响谋取私利，少数党员干部参与赌博等问题进行了集中清理。二是继续做好纠正行业不正之风和专项治理工作，针对地税工作特点，对“吃、拿、卡、要、报”等问题进行了重点检查，对发现的问题及时进行了纠正。三是着力加强内部审计和执法监察工作，省局重点对沙河、玉田、平泉三个县局进行解剖审计，各市局分别对11个县（区）局做了审计，对执法不严、为税不廉等问题进行了查处。四是加大案件查办力度，重点查处了沙河市局陈向红挪用公款案、栾城县局协税员李肖娟挪用税款案等违法违纪案件，全年全系统共立案19件，结案15件，有21人受到党政纪处分，5人受到刑事处理。按照国家税务总局和省纪委要求，组织开展了治理商业贿赂专项工作，在系统内部进行了自查自纠。五是认真执行党风廉政建设责任制，省局对市局、市局对县局分别签署廉政建设责任状，强调"一岗双责"，严格责任追究，对促进党风廉政建设和反腐败工作发挥了重要作用。六是在全系统大力推行权力公开透明运行，完善权力公开透明运行的工作制度，清理行政权力，制定行政权力目录及权力运行流程图并向社会公开，自觉接受社会监督，收到较好效果。七是着力加强廉政文化建设和廉政教育工作。开展了"廉政文化进机关"等活动，下发了《珍惜权利——预防职务犯罪教育读本》等系列教育材料，认真开展警示教育，从思想上筑牢拒腐防变的思想道德防线。

（河北省地方税务局　高军波）

工商行政管理

【概况】　2006年，河北省工商系统认真贯彻落实科学发展观，以"抓班子、带队伍、保稳定、促发展"为总体思路，坚持改革创新，不断加大监管力度；发挥职能作用，促进经济社会发展；着眼基层建设，努力巩固扩大成果；切实转变作风，狠抓各项工作落实。广大干部职工始终保持干事创业的昂扬斗志，有力推动了全省工商事业蓬勃发展，圆满完成了各项工作任务。

红盾护农专项行动。按照"工商监管、行业自律、农民参与、社会监督"的工作思路，开展了春、秋两季红盾护农专项执法行动，查处假劣农资案件7128起，案值6700多万元，为农民避免经济损失1.3亿元。

食品安全专项执法行动。开展了节日食品市场、食品安全执法月、"一县一品"整治以及毒奶瓶、假劣奶粉、红心鸭蛋等专项整治。检查各类食品经营主体16余万户次，取缔无照经营3592户，查处各类食品违法案件7931起，违法总值900多万元。全省开展的"一县一品"整治活动，得到了各级领导和社会各界的一致好评。

打击虚假广告、商业欺诈。以医疗、保健品、药品、化妆品为重点，采取监测通报、告诫督导、责令停止发布、取消广告经营资格等有效措施，净化广告市场。检查广告104万条次，涉嫌违法广告3.2万条次，违法率3.1%，广告违法率大幅度下降。开展了打击商品房买卖和房屋中介服务合同欺诈行为专项行动，受到了新闻媒体的广泛关注和群众的高度评价。查处各类不正当竞争案件5.1万件、各类行业垄断案件92件，案值2.8亿元。

打击侵犯注册商标专用权。按照属地监管原则，加强日常巡查，形成执法合力。共查处侵犯商标专用权等假冒伪劣案件3100余起，没收侵权商标标识13万（套）件，捣毁制假窝点256个。

治理商业贿赂。查处商业贿赂案件524件，涉案金额1287万元。在国家工商总局治理商业贿赂专项工作会议上河北省介绍了本省工作的经验和做法。

打击非法传销。坚持打防并举、露头就打、综合治理的方针，查处非法传销案件210件，端掉传销窝点1016个，驱散、遣返传销人员3.6万人次。各级进一步加大粮食、棉花、成品油、汽车、煤炭等市场的监管力度，有效维护了市场秩序和社会稳定。

【提高登记服务水平】　各级严格执行新修订的《公司法》和《公司登记管理条例》，把好市场主体准入关，加大对重点行业和领域的监督力度，吊销不具备资格的小煤窑349户。认真落实有关政策，有效激发了发展潜能，各类市场主体呈现出发展快、质量优的良好态势。全面实施了"一审一核"，减少了登记环节，提高了工作效率。继续采取了上门巡回年检新举措，共出动工商干部2800多人次，为18.5万户企业提供了上门年检服务，上门年检率达71.3%，为企业节约费用5000多万元。外资企业实现了网上申请、网上年检，减轻了企业负担；落实了外资企业属地监管，提高了服务效率和服务水平，拉近了与企业的距离，受到了国家外资局的高度评价。

【发挥农村经纪人作用】　河北省工商局把发展农村经纪人作为服务新农村建设的切入点和主要抓手，制定了《河北省农村经纪人发展规划纲要》，明确了全省农村经纪人发展的思路和目标，提出了八项保障措施，促进了农村经纪人快速发展。截至2006年底，全省登记注册的农村经纪人9.53万户，从业人员27.3万人，经纪额725.3亿元，经纪额超500万元的经纪组织达1808家，河北省农村经纪人队伍，无论是总体数量还是单体规模，均在全国居领先地位。组织千名农村经纪人开展了赴外省市销售农产品签约活动，共签订合同4900份，合同金额达42.3亿元。河北省局被省委、省政府列为推进社会主义新农村建设先进单位。开展了"维修服务到农村"大型公益活动。10月26日至30日，全省工商系统统一行动，组织6200多名维修技术人员，在456个乡镇、3191个村开展了义务维修服务活动，为农民维修农机具、家用电器、交通工具等2.1万件，免收维修费用近百万元，中央电视台《新闻联播》报道了这一做法。

【实施商标战略】　各级积极采取上门服务、召开座谈会、聘请专家讲座等形式，引导和帮助企业制定商标战略规划，谋划具体实施方案，有效提高了河北企业和产品的市场竞争力。为推进商标战略的实施，省局筹备成立了省商标协会。2006年，全省共延续认定河北省著名商标199件，新认定著名商标237件，省著名商标总数达到了830件；梅花味精、CP塑料管件、福成肉制品、蓝贝啤酒等4件商标被国家商标局认定为中国驰名商标，全省驰名商标总数达到32件。农副产品商标、地理标志证明商标、集体商标发展到4500余件，促进了农业结构调整和农民增收。

【基层工商所建设】　2006年，全系统共投入资金9221万元，新建和改扩建工商所193个，投资5822万元，为基层配备执法专用车774辆，基层工商所的办公条件、执法装备明显改观。工商所平均拥有车辆1.9辆，是2003

年的5.3倍。在保定召开了现场会，掀起了城市工商所建设高潮；12月中旬，在迁安、张家口召开了现场会，提出了构建“三型”工商的目标，明确了今后一个时期基层建设乃至全省工商事业的发展方向。

【信息化、规范化建设】 制定了《基层工商所制度规范》，从名称、标志、软硬件设施到机构设置、政务公示等，都进行了明确规定。在信息网络建设上，建成了以内部网、外部网、政府协作网相联系的网络，基本联通了省、市、县三级视频会议系统，开通了企业登记管理网和食品安全监管网，实现了企业年检事项网上咨询、资料表格网上下载、登记结果网上查询，食品安全监管信息网上发布和反馈等。全面推广了综合业务管理、12315申诉举报、企业信用分类监管、财务管理远程监控等系统。开展了“信息网络学习推广应用年”活动，完成了对全系统所有公务员的培训考试，全省平均分数83.65分，522人取得了满分的好成绩，推动了计算机知识普及，加快了信息化应用进程。

【市场监管体制机制创新】 河北省工商局始终坚持把工商体制机制的创新作为落实科学发展观的有效选择。2006年，按照设置科学、分工明确的原则，顺应形势需要，分别设立了注册登记机构和企业监督管理机构，从体制机制上改变了重登记、轻监管的局面。在各市局成立了消费者权益保护机构，健全了消保维权组织体系。大力推进12315行政执法体系建设，完善了网络，制定了工作制度、行为规范和绩效考核办法，整体效能明显提升。截至2006年底，12315申诉举报系统共受理各类投诉35万余件，其中申诉2.4万件、举报2.7万件、咨询30万件、建议3524件。根据群众举报共立案1.72万件，案值4000余万元，查处1.2万件，查处率达73%，根据群众申诉，成功调解消费纠纷近2万件，为消费者挽回经济损失近亿元。进一步巩固、深化“一会两站”成果，新增消协分会61个、“两站”1399个，89.2%的乡镇设立了消费者协会分会，总数达到了2354个；92.5%的行政村建立了“两站”，在市场、商场、超市建立“两站”1578个，总数达50022个。“一会两站”共受理消费者投诉6.82万件，调解处理4.3万件，受理举报1584件，为消费者挽回损失700多万元。

【干部队伍建设】 2006年，省工商系统狠抓思想政治建设、组织建设、执政能力建设和先进性建设，进一步健全和完善了各级党组中心组学习制度，积极探索民主集中制实现形式，各级领导班子的政治理论水平和科学决策水平明显提高。在干部选拔使用上，认真贯彻《干部任用条例》，坚持公平公正公开的原则选拔使用干部，进一步优化了各级领导班子的年龄结构、文化结构和综合素质结构，增强了班子活力。一年来，选拔任用处级干部15名、科级干部280名，交流处级干部15名、科级干部162名，基层工商所长全部实行了竞争上岗。在干部教育培训上，按照明确重点、突出效果、统筹规划、分级实施的原则，对2005年以来新任职的350名副科级以上干部和1000余名股级干部进行了任职培训；对新招录的200名公务员进行了为期40天的初任培训。在党风廉政建设和行风建设上，按照《实施纲要》要求，不断探索和建立符合系统实际、体现工商特色的惩防体系。认真贯彻落实党风廉政建设责任制，采取多种形式，加强对干部的监督，严肃查处违法违纪案件。按照免评不免建的原则，狠抓行风建设和机关效能建设，全面推行行政权力公开透明运行工作，梳理执法依据，列出权力清单，将法定职权分解到具体的执法机构和岗位，明确具体的标准和要求，并将权力运行的各个方面、各个环节置于阳光之下，广泛接受监督，有效规范了广大干部的行为。在提高依法行政水平上，完善了行政执法考核评议办法、行政执法监督办法、错案和执法过错责任追究办法等行政执法责任制度，建立了领导干部学法用法长效机制，制定实施了《领导干部任职前法律法规知识考试规定》，为每一位执法办案人员建立了电子档案，首次在全系统评选出了14位执法办案能手。全系统的行政执法监督考核和奖惩机制不断完善，依法行政的意识和水平明显提高。

（河北省工商局　王建锋）

【消协工作】 2006年，河北省消费者协会大力开展“消费与环境”年主题活动，着力加强消费教育和消费指导、对商品和服务的社会监督、受理消费者投诉和救助工作，稳步推进消协自身建设，求真务实，开拓创新，各项工作取得了新的成效，为构建和谐河北作出了积极贡献。

认真开展消费维权年度十件大事和十大案件评选，推动政府保护消费者权益办公会议制度落实。3月初，省政府召开保护消费者合法权益办公会议，二十多个成员单位负责人参加。会议听取了省消费者协会关于3·15国际消费者权益日纪念活动安排及办公会议办公室、食品药品监督管理局、建设厅、农业厅等部门消费维权工作情况；对全年工作作出了安排部署。此次会议，首次推出了消费维权年度十件大事和十大案件评选。在办公会议各组成部门申报的60余件大事中评选出了“一会两站”在河北蓬勃发展、“万村千乡市场工程全面启动”等十件大事；在20余件案件中评选出了巨鹿、任县部分企业生产销售劣质糖果案，武强县部分企业生产销售劣质花生豆案等十大典型案件。这次评选，引起了各有关部门的重视，也引起了相关媒体和广大消费者的广泛关注，新华社、《河北日报》、《河北经济日报》、人民网河北频道等多家媒体都对评选活动和结果作了报道。通过这次活动，展现了政府及相关部门、消费者协会的维权成果，树立了各执法部门依法行政、执政为民和消费者协会全心全意为消费者服务的良好形象，进一步扩大了消费维权工作的社会影响。会议还决定吸纳省旅游局、粮食局、供销社、盐务局为消费者权益保护办公会议组成单位，壮大了维权力量，维权体系更加完善。

积极开展消费宣传和教育，推动“消费与环境”年主题落实和消费环境进一步改善。一是围绕年主题召开一系列座谈会。先后组织召开了“消费与环境”年主题启动座谈会、“强化企业自律意识，探寻可持续发展之路”家装企业座谈会、“诚信医疗服务、杜绝虚假宣传”医疗行业座谈会、“诚信经营”电信行业座谈会等，广泛听取行政部门、专家学者、基层群众对消费者权益保护工作的意见，查找问题，探寻解决办法，推动消费环境的改善。二是广泛开展纪念3·15活动。据统计，3·15期间，全省县以上消费者协会共设点320多个，组织开展宣传活动370多场次，发放宣传材料32.4万余份，为消费者提供咨询4万人次，掀起了年主题宣传高潮。省消协继续开展了网上3·15活动，通过网络发布信息1140篇，回复网上咨询770件。继续举办了电视文艺晚会，通过案件曝光、权威发布、生活小品、文艺歌舞等形式宣传消费维权，深受群众喜爱。三是参与省多个行政部门组织的“诚信兴商宣传月”活动。活动以“以诚实守信为荣，以见利忘义为耻”为主题组织广大经营者和消费者广泛参与，取得了良好的社会效果，受到了省整规办的通报表彰。四是开展空气质量监督检测，呼吁社会关注公共环境。省消费者协会与省环保局在2006年元旦和春节期间，联合检测主要城市辖区内大型商场、超市、书店、候车厅、宾馆、饭店、运动场所、学校及其他人流较大的公共场所363家单位。结果有80家单位空气质量不合格，合格率仅为77%。在省消费者协会、省环保局的监督下，不合格单位认真查找了原因，进行了治理和整改。五是加强对消费教育工作的研究，制定了《消费教育工作指导意见》，对全系统消费教育工作提出了具体目标和实施步骤，为实现消费教育五年规划目标打下了坚实的基础。六是出版《河北消费者》，免费向理事单位、下级协会和兄弟省市赠阅。

积极开展社会监督和消费指导，努力营造良好的市场环境。一是大力清剿农村市场捆扎及非“B”瓶啤酒。针对石家庄市及周边地区夏季频频发生啤酒瓶炸伤消费者事件，省消协组织了对全省农村销售捆扎啤酒和非“B”瓶啤酒情况的调查。查出58%的经销点有捆扎啤酒，12%的经销点有非“B”瓶啤酒 。面对混乱的啤酒市场，省消协积极发布消费警示，呼吁广大消费者抵制捆扎和非“B”瓶啤酒。同时，报请省工商局，在全省迅速开展了农村啤酒市场专项联合检查行动。出动38329人次，检查副食商店26510个，超市6195个，农村集市2612个，农村小卖部30789家，小吃部13808家，共查获88254捆捆扎啤酒，非“B”瓶101516瓶，有效地净化了农村啤酒市场。二是开展“霸王条款”点评，规范企业行为。重点围绕具有独占地位的优势企业和房地产、农资、超市等领域开展，邀请行业专家参与，规范了点评程序，提高了点评准确率，增强了点评效果。在3·15电视晚会上，省消协公布了对房地产的点评结果，对企业触动很大。根据中国消费者协会的要求，对前几年点评过的单位开展了“回头看”活动，通过走访、调查等形式，重新梳理了1000多条格式条款，对仍然存在不平等格式条款的单位批评并督促其改正，为营造公平的消费环境做出了努力。三是发布消费警示，加强事前预警防范。各级消费者协会从大量投诉、调查信息中，发现带有普遍性、苗头性的涉及消费者权益问题，发布消费警示，提示消费者注意，预防消费纠纷的产生。去年各级消费者协会共发布各类消费警示、提示1300多条。四是开展电视屏幕尺寸调查，揭露屏幕标注尺寸暗藏的玄机。实地调查、测量了省会市场畅销的国内外10个品牌34个型号的彩色电视机，其中22个型号的电视机标注尺寸与实际测量不符。根据实测结果，省消协向相关生产企业提出了修改标签和产品说明书的要求。多数企业认同，并表示及时改正。五是组织省会安全用电调查，关注居民安全消费环境。与省产品质量监督检验院联合检测了市区100户不同住宅小区的消费者家庭。结果用电环境完全达标的仅占21%，突出问题是电热水器安装、使用不规范。为此，省消协专门召开新闻发布会，提醒广大消费者务必重视用电安全。六是开展服务体察活动，敦促民航提高服务水平。省消协派出工作人员在石家庄机场现场动员志愿者参加，发放并由志愿者填写体察表。总的看，消费者对民航服务比较满意，但也反映出民航服务中存在航班延误后服务不到位、行李损坏后的赔偿不合理、机场餐饮价格畸高等问题。对此，省消协及时作了反馈，并建议民航管理部门加强对航空企业的监管，切实保护消费者的权益。七是发放消费指导手册，指导消费者科学消费。分别组织了《乳胶漆消费手册》、《奶与生命之旅》宣传活动，同时提供法律咨询和受理投诉。活动期间共发放宣传资料3万余份。八是参与有关部门对商品和服务的监督检查。一年来，各级消费者协会按照法律赋予的职能，参与有关部门对商品和服务的监督检查1600余次，维护了市场秩序。

积极开展受理消费者投诉和救助工作，切实保护消费者的合法权益。全省各级消费者协会2006年共受理消费者投诉39072件，比上年下降了14.86%。在受理的39072件投诉中，解决38617件，占98.84%，为消费者挽回经济损失3087.98万元。从投诉的商品类别看，投诉较多的是百货类15553件，占39.81%；家用电子电器类10967件，占28.07%；服务类4883件，占12.5%。从消费者投诉问题的性质看，涉及商品质量方面的问题26543件，占67.93%；涉及价格2719件，占6.96%；涉及假冒伪劣1105件，占2.83%。重大投诉数量明显减少，共51件，较上一年下降70.69%。比较突出的是啤酒瓶爆炸、劣质化妆品、劣质机动车、劣质电器、燃气热水器使用等方面问题。

省消协与省律师协会正式组建了消费维权律师团，吸收100名连续执业三年以上，热心消费维权工作，具有较高业务能力的律师，为协会提供法律支持，为消费者提供维权咨询服务。

积极推进自身建设，进一步规范和提高消协组织创新能力。一是巩固和发展了“一会两站”建设。积极推进“一会两站”进社区、进商场、进市场、进企业。加强了对“一会两站”站长和工作人员的培训，保证了“一会两站”在乡村换届期间工作的正常开展。参与组织了“一会两站”服务社会主义新农村大讨论，集思广益，解决了“一会两站”建设中存在的一些实际问题，推动了工作到位、上位。二是通过年度工作考核，全系统形成争先创优的浓厚氛围。进一步完善了考核制度，规范了考核内容，通过严密组织实施，收到了良好的效果。三是在系统内首次开展年度“工作创新奖”评选，石家庄井陉县消协开展消费评议、承德宽城县消协创办消费教育流动学校等6项工作榜上有名，激励了大家的开拓意识，促进了消费维权工作的创新。四是积极开展业务培训，提高服务技能。除在基层开展对消协分会和消费者投诉站、12315联络站工作人员培训外，全省县级以上消费者协会组织各类培训120次，培训系统工作人员3200人次。五是选聘义务监督员。省消协公开遴选了240名为人正直、责任心强、热心公益事业、熟悉相应行业的首批义务监督员，壮大了社会监督力量。六是信息化建设有了新发展。省消协秘书处达到人均一部电脑，引进了“信息魅力”管理系统，目前通过电脑可以实现日常管理和无纸化办公。省消协网站进一步完善，信息量和点击率不断增加。各市级消协网站也取得了较大进步。

隆重纪念省消费者协会成立二十周年。2006年5月20日是省消费者协会成立二十周年纪念日。二十年来，全省消协组织认真履行职能，不断开拓创新，为保护消费者权益和促进经济社会发展作出了积极贡献。为认真总结二十年发展经验，扩大消费维权工作的社会影响，进一步推动全省消费维权事业快速发展，省消费者协会隆重开展了二十周年系列纪念活动。一是组织召开了纪念大会。省委书记白克明、省长季允石、中国消费者协会专门发来贺信。省人大韩葆珍副主任、省政府孙士彬副省长、省政协赵铁练副主席、中消协常务副会长兼秘书长母建华出席了会议。会议庄重热烈，圆满成功。二是成功举办了“构建安全消费环境”高层论坛。共收到包括中国社科院研究员刘俊海、中消协常务副会长兼秘书长母建华、河北经贸大学教授卢嘉瑞、河北省社会科学院法学研究所副研究员刘淑娟等同志发来的高质量论文20余篇。三是制作纪念画册和专题片。全面详细地记述了省消费者协会二十年发展历程，系统深刻地总结了二十年维权经验。四是表彰了一批多年来在消费维权工作中做出突出贡献的先进个人和先进集体。

（河北省工商局　赵耀伟）

【省工经联（省经团联）】　2006年，省工业经济联合会（省经济团体联合会）［以下简称省工经联（省经团联）］自觉服从和服务于本省经济社会发展大局，围绕中心，发挥优势，认真履职，开拓进取，在促进全省改革开放和经济建设，协助政府及其部门推进行业协会发展和建设，引领行业协会发展壮大等方面进行了积极探索和有益尝试，较好地完成了年初确定的各项工作任务，在政府和行业、企业间发挥了桥梁和纽带作用。

发挥组织优势，当好参谋助手。省工经联（省经团联）作为本省经济界、工业界主要群众团体，具有广泛的社会资源和良好的工作基础。目前，省工经联（省经团联）理事会有理事单位276家，涵盖了全省大中型优势企业、行业协会、科研院校、市县（市）工经联（经团联），初步形成了联系广泛、上联下结、左右衔接的组织体系。2006年，省工经联（省经团联）进一步发挥组织优势，一是围绕增强企业自主创新能力建言献策。组织指导主导产业行业协会，深入部分百强企业研究增强本省企业自主创新能力的对策。形成了《关于增强我省企业自主创新能力对策建议的报告》上报省政府，受到省政府主管领导及省发改委高度评价和重视。省发改委按照省领导批示，把《报告》提出的对策建议分解为十四项43条，要求有关单位深入研究，抓好落实。同时，总结推广了唐钢、邯钢、乐凯、三鹿等15家企业坚持自主创新、促进企业发展的典型经验，在主席团企业中率先加强自主创新体制、机制建设，带动理事、会员企业自主创新能力的提高。二是围绕保障钢铁工业平稳运行创新工作思路。组织指导省冶金、建材、机械、现代物流、住宅与房地产、煤炭、电力、建筑业等与钢铁工业关联度较高的上下游产业的行业协会，采取措施，各尽所能，引导本行业企业在保障钢铁工业平稳运行中有所作为。同时，深入霸州钢木家具、安平丝网、永年标准件、泊头模具等用钢较多的区域性产业集群进行调查研究，就延伸钢铁产业链条、组建钢铁产业联盟进行探讨，已取得一定成效。三是围绕做好百强企业排序开展深度研究。2006年，河北开展了第六届百强企业排序。唐钢、邯钢等入选“河北百强”企业，21个行业的188家企业入选“行业排头兵”。百强企业入围门槛由2005年的11亿元提高到14.41亿元，表明河北省企业发展势头强劲，充满活力。《2006年河北百强企业报告》受到省政府领导高度评价。省政府办公厅《政务交流》第29期摘要刊发，《河北日报》、《河北经济日报》也都进行了刊载，在社会各界特别是企业界引起良好反响。四是围绕促进工业经济发展，做好基础性服务工作，建立了重点行业（产业）信息发布会制度，举办了四次重点行业信息发布会；指导省冶金、石化、机械等十个重点行业协会开展了行业统计、行业分析和行业预测预警；在省冶金、石化、机械三个行业开展了《行业发展通鉴》编纂工作；组织省冶金、食品、纺织等行业协会总结唐钢、沧州东塑等17家企业改革创新促发展的典型经验，为全省工业企业深化改革、创新发展提供了借鉴；进一步办好“河北工经网”，宣传河北工业发展。同时，带动行业协会网络化建设，省冶金、建材等48家行业协会已先后建立网站，并与“河北工经网”实现有效链接。五是围绕完备组织体系，积极推进市、县（市）工经联发展与建设。衡水、邢台等7个设区市政府相继授权市工经联为全市性经济类行业协会业务主管单位。随着鹿泉、新乐等县（市）工经联（经团联）的建立，目前河北县级工经联（经团联）已发展到50家。

认真履行职责，不断提高监管能力。目前，由省工经联（省经团联）作为业务主管单位的全省性经济类行业协会共有170家，其中设有专业委员会和分支机构的109家；协会会员单位13725个，协会专门从业人员884人；协会专职工作人员中现有党员408名，建有独立党支部11个，临时党支部18个，联合党支部14个。全省性经济类行业协会基本覆盖了河北经济各个领域。2006年，省工经联在监管方面，一是创新管理方式，切实加强管理。根据《社会团体登记管理条例》和省政府有关文件精神，结合河北实际，研究制定了全省性经济类行业协会“规范调整”、“开展调查研究”、“加强经济交流与合作”、“加强党建工作”、“建立健全运行机制”、“制定和实施行规行约”、“加强公共信息服务平台建设”、“行业协会基本工作规程”、“行业协会评价办法”等九个专项指导性文件，使全省性经济类行业协会的管理工作逐步走向制度化、规范化、程序化。二是积极争取政策支持，注重提高行业协会自我发展能力。协助省发改委、财政厅、编办等部门起草、制定《河北省行业协会发展规划》、《河北省进一步加强行业协会建设的若干意见》，在理顺行业协会同政府行业行政管理部门关系、委托或授权行业协会职能、建立政府资助行业协会发展和向行业协会购买服务机制等重大问题上同有关部门充分协商和沟通。三是加强组织指导，营造良好发展环境。建立了重点行业协会秘书长联席会议制度；加强了同省发改委、民政厅及行业行政管理部门的联系与沟通，协力推进行业协会发展与建设；创办了“行业协会导刊”，每周五在河北经济日报第三版整版刊出，为省工经联（省经团联）指导行业协会改革与发展提供重要平台。四是积极引导行业协会开展自律性行业管理。指导各行业协会按照《河北省行业协会制定和完善行规行约加强行业自律的指导意见》，参与制定行业标准、质量标准和服务标准，监督会员企业的产品、服务质量和经营行为，大力协助政府的行业行政管理部门开展行业管理。省测绘、成品油、酒类流通、食品等36家协会已制定并实施了符合本行业特点的行规行约、行业守则、诚信公约。

引领行业协会在经济建设主战场发挥作用，发展壮大。一是开展调研撰写《行业发展报告》。2006年度《行业发展报告》已在主导产业和优势产业的行业协会中率先开展。省冶金、石化、煤炭、医药、食品等29家重点行业协会撰写调研报告60余篇，其中《关于推进矿区社会主义新农村建设，解决好压煤村庄搬迁问题的报告》、《2005年河北钢铁工业发展的回顾与思考》、《我省医药行业技术创新的现状、问题及建议》等调研报告上报后已引起省领导及有关部门的高度重视。二是高质量完成了《河北人才发展蓝皮书》产业专题篇的撰写工作。省冶金、医药、纺织、建材、建筑、石化、机械、食品等主导产业协会，高质量地完成了本行业人才发展报告的撰写，受到省委组织部和省人事厅及省人才研究所的高度评价。三是社会公共服务活动空前活跃。2006年，由行业协会举办的展览展销、项目推介等活动270多项次。省信产协会举办的“河北省科研院所和大专院校IT专家与企业家经济技术恳谈会”、省机械协会主办的“2006中国电线电缆产业发展及区域合作论坛”、省食品工业协会举办的“‘平安糖业杯’河北省食品企业高峰论坛”、省农业产业协会举办的“第三届国际特色农业精品展销会”等活动主题新、层次高、规模大，对加强企业间的经济技术交流与合作，促进行业发展产生了积极影响。

［河北省工经联（省经团联）］

【省工商联工作】 （一）参政议政。一是组织开展千家民营企业调研活动。上半年，省工商联对全省1000家民营企业进行了专题调研，并就有关情况形成4份专题调研报告报省委、省政府，为省工商联向党委、政府建言献策提供了重要的依据。二是积极做好参政议政工作。一是主动做好向省政协全会提交提案工作，提交集体提案8份。二是认真完成省政府课题调研任务。组织力量深入各地，会同各级工商联组织深入开展调研工作，并认真撰写出了调研报告。三是组织编辑出版了《河北省民营经济发展报告》，集领导讲话、政策法规、省和11个省辖市工商联民营经济发展报告为一体，为省委、省政府决策提供了参考。

（二）思想政治工作。一是召开了全省民营企业思想政治工作先进单位工作经验交流暨表彰大会。由各级宣传部、统战部、工商联按照严格的程序，在全省评选出51家民营企业思想政治工作先进单位，并授予“河北省民营企业思想政治工作先进单位”的称号。全国工商联副主席沈建国到会并讲话，省委、省人大、省政协的领导出席会议，省委常委、原宣传部长赵勇代表省委在会上做了重要讲话。二是把思想政治工作与办实事、解决实际问题和困难结合起来。多次举办和组织民营企业参加法律、政策、经营、管理等各类教育培训活动，不断增强企业家的法律、政策意识。省工商联进一步完善了人才交流中心、信息中心、教育培训中心、职业技能培训学校为推动非公有制经济的健康发展发挥了作用。

（三）推进新农村建设。一是制定了省工商联《关于贯彻〈全国工商联关于组织、引导和支持民营企业参与社会主义新农村建设的意见〉的实施意见》。二是召开了各市工商联会长会议，专题研究建设社会主义新农村工作。省工商联撰写上报的专题报告受到了多位省领导的重视、肯定和支持。三是积极探索和推进新农村建设的实现形式。通过确定光彩事业重点项目，推动河北省农业产业化龙头项目的建设，以公司加农户的方式带动县域经济的快速发展。会同省委统战部组织开展了帮扶十个重点村脱贫致富，实施百个光彩事业支农项目和培训一千名农村劳动力为主要内容的“光彩事业十、百、千活动”，全省共实施光彩支农项目116个，投资额达1.54亿元，培训了农村劳动力7150人。

（四）构建和谐企业。一是组织民营企业开展招聘周活动。省工商联与省劳动和社会保障厅、省总工会按照国家有关部门的统一部署，在全省11个设区市同时开展了民营企业招聘周活动。招聘周期间全省参加招聘的民营企业共有12535家，提供空岗信息总数113263个，达成就业意向51060人，累计发放宣传资料8.5万份，发放求职跟踪卡32570张。其中，国家确定的100个重点城市中，河北省石家庄、秦皇岛、唐山、保定、邯郸5个城市，在招聘周期间进场招聘的企业6383家，提供岗位70281个，达成就业意向28766人。二是组织开展了大学生就业、择业、创业报告会。由省工商联牵头，省委组织部、省委宣传部、省教育厅、省人事厅、团省委等部门共同举办了大学生就业、择业、创业报告会，省会各院校1300余名即将毕业的大学生参加了报告会。三是举办了百姓创业巡讲活动。省工商联与上汽通用五菱公司联合举办了“‘立志创未来’——百姓创业巡讲活动”。活动从4月30日启动，至5月20日结束，先后在石家庄、保定、沧州等城市举办大型创业讲座4场，包括大学生、企业家和社会待业人员共有2000多人次听讲，有三位省领导出席了活动启动仪式。

（五）组织建设。一是按照“积极发展、坚持标准、优化结构、动态管理”的原则，加强了会员发展和管理工作。截至2006年底，全省共有各类会员112680个，其中非公有制经济会员99592个，占会员总数的88.4%；会员中有企业会员49658个，团体会员907个。在企业会员中，民营企业占93%以上。全省112680个会员中，企业团体会员的比例达到44.9%，比全国平均水平高出9.8个百分点。企业和私营企业会员数在全国排第五位，会员发展工作在全国处于先进行列。二是按照“加强服务，规范管理”的原则加强对直属会员的工作。三是根据市场经济发展和企业的需要，建立健全工商联基层组织，积极组建行业商会。到2006年底，全省县级以上工商联组织为184个，基层组织总数达1522个，其中乡镇商会1347个，行业（同业）组织560个。省工商联还建立了省级行业商会5个，异地商会1个，并有3个商会正在筹备中。各市工商联也积极着手建立了一批行业商会，全省行业商会已发展到560个。行业商会和基层工商联组织数分别列全国的第二位和第三位。四是根据非公有制经济发展的新情况、新趋势、新特点，加强非公有制新代表人物的发现、培养，推荐和政治安排。省工商联与省委统战部、发改委、工商局、人事厅、中小企业局联合开展了第三届河北省优秀中国特色社会主义事业建设者评选活动，评选出44名代表人士。经省推荐有3名代表人士受到中央统战部、全国工商联等五部门举行的全国第二届优秀中国特色社会主义事业建设者表彰活动的表彰。积极而稳健地做好政治安排人选的考察和推荐工作，现全省已有46名非公有制经济代表人士担任了市县（区）工商联会长职务。同时有1771名会员担任了各级人大代表；有3925名会员担任了各级政协委员。省工商联还推荐了500多名非公有制经济人士加入全联委员名鉴。

（河北省工商联）

审计　统计

【审计概况】　2006年，全省各级审计机关以科学发展观为指导，以贯彻落实党的十六届五中、六中全会和省委六届八次、九次全会精神为主线，以服务第一要务为宗旨，以强化对权力运行的监督为重点，以提高审计质量为核心，以加强队伍建设和廉政建设为保障，坚持“全面审计，突出重点”的工作方针，大力开展经济效益审计，强力推进计算机辅助审计，不断提高依法审计监督的能力，较好地完成了各项审计任务。全年共完成审计单位和项目4401个，查出各类违规资金104.44亿元、管理不规范资金138.00亿元、损失浪费资金1.21亿元。对于审计查出的问题，审计机关依法进行了处理，审计决定基本得到了落实，共上交财政18.54亿元，减少财政拨款2563万元，归还原渠道资金5.95亿元。此外，通过审计，向纪检监察部门及司法机关移送事项（案件）43件，涉及资金8424万元。

【财政审计】　为推动全省财政管理体制改革，促进建立社会主义公共财政体制，按照“摸清家底、揭露问题、规范管理、促进改革、制约权力、提高效益”的总体思路，对873个单位开展了预算执行审计，查出违规资金38.29亿元，审计处理后已上交财政12.33亿元。各级审计机关代政府所作的预算执行审计工作报告普遍引起各级党委、人大、政府的重视和关注，要求有关部门对报告中揭示的问题严肃查处，切实加强整改。此外，审计机关还完成了对364个单位的财政决算审计，共查出违规资金22.83亿元，已上交财政4.17亿元。

【经济责任审计】　紧紧围绕增强党的执政能力这个主题，以对各级领导干部依法行政、依法理财的监督为重点，以科学发展观和正确的政绩观为评价标准，创新审计方法，规范审计内容，健全审计评价体系，重视审计成果利用，有效地促进了领导决策和干部监督管理的科学化。修订后的《审计法》进一步明确了审计机关开展经济责任审计的职责。一年来，共完成经济责任审计项目657个，对687名领导干部的任期经济责任进行了审计，查出各类违规资金13.47亿元，管理不规范资金21.07亿元。审计结果也为各级党委、政府或组织部门考察任免干部提供了决策依据。

【专项资金审计】　为了加强对涉农专项资金管理和使用的监督，服务新农村建设，按照省委、省政府的部署，结合全国审计工作座谈会提出的要求，5月至10月，省审计厅组织省、市、县三级审计机关1700余名审计人员开展了对2003至2005年全省各级财政和有关部门安排使用的农业专项（农机补贴、良种补贴、优质粮工程、旱作农业）、退耕还林、小流域治理、森林草原防火、畜牧防疫、移民安置、农业综合开发、农村公路建设等8项重点涉农专项资金的审计，圆满完成了审计工作任务。审计工作引起了省领导的高度关注。按照郭庚茂、付志方、臧胜业等省领导的批示和省政府整改通知要求，各市政府对审计出的问题认真进行了整改，建章立制，进一步加强了专项资金的管理。

与此同时，加强了住房、医疗、教育、社会保障等专项资金的审计监督，共完成各类专项资金审计项目1221个，查出各类违规资金16.31亿元。省审计厅组织市级审计机关开展了全省2005年度住房公积金专项审计调查，揭示了住房公积金在管理、使用中存在的突出问题，有针对性地提出了审计建议。围绕社会关注的看病难、看病贵等热点问题，组织开展医疗机构财务收支和收费审计调查。

【效益审计】 以揭露管理不善、决策失误造成的严重损失浪费和国有资产流失为重点，以促进提高财政资金管理水平和使用效益，维护国有资产安全完整和保值增值为目标，通过审计，促进河北省经济增长方式的转变和财政资金使用效益的提高。为指导和推动全省效益审计工作的开展，省审计厅制定下发了《关于开展效益审计工作的指导意见》，并确定了62个重点效益审计项目。

【企业审计】 根据审计署的授权，省审计厅组织各市、县审计机关对全省55个国家电网公司所属企业2005年度财务收支情况进行了审计。对邯钢、承钢、宣钢和邢台矿业集团等重点国有企业2005年度财务收支情况进行了审计，对唐钢集团在进行财务收支审计的基础上开展了效益审计。此外，还组织开展了对全省40户重点国有及国有控股企业职工收入的审计调查。

【金融审计】 全省审计机关对31个国有及国有控股金融机构进行了审计，查出各类违规资金9443万元。省审计厅对华北制药集团财务有限责任公司和河北财达证券公司总部及所属8个营业部2005年度资产负债损益情况进行了审计，为深化金融企业改革、推进全省资本市场发展发挥了积极作用。

【投资审计】 共审计建设项目228个，查出各类违规资金5.11亿元，核减工程款2.56亿元。各级审计机关注重投资效益，加强了对重点财政性资金和国债建设项目的审计监督力度。省审计厅组织部分市、县审计机关继续开展了县城电网改造项目竣工决算审计，按审计署要求完成了对秦皇岛奥体中心体育场馆建设项目的审计，开展了对河北省建设投资公司资产负债损益情况审计，并对邢台国泰电厂和邯郸监狱工程项目进行了竣工决算审计。

【外资审计】 完成了农林畜牧业发展、疾病控制、环境治理以及城市基础设施建设等16个国际贷援款项目的审计，据实向世界银行和亚洲开发银行等国际金融组织出具了审计报告。对全省11个市及24个县的65个外资公证审计项目进行了审计质量检查。

（河北省审计厅　刘元飞）

【统计】 2006年，河北省统计系统贯彻落实科学发展观，积极进取，开拓创新，围绕中心，狠抓落实，全省统计改革和建设事业呈现出良好的发展局面。

健全完善数据质量控制措施。强化数据质量这个核心不动摇，把数据质量控制措施贯穿于各项工作和工作的各个环节，多管齐下，切实做细、打牢各专业统计基础工作。坚持和完善数据质量分级责任制，严格执行数据审核评估制度，做到了数出有据和准确及时。圆满完成了2005年年报、2006年各类定报，顺利通过国家统计局相关专业组织的联审。发挥统计职能，加大了对经济、社会、文化、科技，以及人口与就业等信息的调查与监测力度，限下批零贸易、住宿和餐饮企业及个体户抽样调查，劳动力调查，人口变动情况抽样调查，城市化发展统计监测和县域经济发展综合评价等一系列统计调查和监测评价工作取得了新成绩。

为党政决策和社会公众提供优质统计服务。密切跟踪宏观经济运行态势，深入开展进度经济形势分析。《整体经济起步良好》、《供需“双轮”驱动 确保较快增长》等多篇进度经济形势分析受到省领导肯定。围绕经济社会发展中的新情况、新问题，有针对性地加大重点课题研究力度，实施精品战略，产出了包括《聚、特、绿——“一线两厢”区域成长点选择》在内的等一大批重点课题研究成果。适应省领导对统计数据资料的需求，多次为省委、省政府、省人大和省政协领导提供及时快捷的统计信息和资料服务。与此同时，充分满足了省直相关部门的统计需求。服务社会公众，加强统计信息和宣传，做好统计数据的发布和利用，满足了企事业单位对统计信息资料的需求。

加快GDP核算体制改革步伐。加强市级GDP核算数据联审工作，促进省、市GDP核算数据之间、专业统计数据与核算数据之间、核算数据与抽样调查数据之间的衔接。从2006年起，实施了对各设区市地区GDP核算以及主要专业统计数据下管一级制度，做到了统一核定重点专业和主要指标，统一使用核定的数据，统一使用相同的计算方法，统一数据反馈和对外发布。加强GDP核算规范化、制度化建设，修订完善了GDP核算方案，明确了服务业分行业增加值测算工作责任和职责分工，规范了市级服务业增加值测算。

全力做好全国第二次农业普查前期准备工作。强化行政推动，积极争取省政府支持。建立了各级政府普查领导责任制、局领导包市、进度通报、情况报告、信息反馈和值班制度在内的一系列工作制度。狠抓机构、经费、物资、宣传等普查保障措施落实。成立了各级第二次农业普查领导小组及其办事机构。加大了普查宣传工作力度，举办了普查宣传月等各类大型宣传活动，全方位、多角度地掀起普查宣传高潮，为普查工作顺利实施，创造了良好的社会舆论氛围。扎实做好普查业务技术准备，配合国家农普办完成了在我省举办的普查表专项试点。河北省率先开展了省级综合试点。此外完成了普查方案编写、布置和培训；地址编码布置、审核和上报等多项重要业务技术准备工作，受到国家局的肯定。

健全完善统计调查体系和制度方法体系。围绕可持续发展和节约型社会建设，进一步加强能源统计和资源统计工作，修订了能源统计制度，建立了覆盖全社会的能源统计工作体系，试行了资源统计制度。承担了八项约束性指标的收集与提供任务，开展了各市基数指标核算和能源平衡表编制。建立了GDP能耗考核公报制度和全国千家企业能耗跟踪监测制度。围绕省委振兴服务业的部署，进一步改进和加强服务业统计工作，完善了服务业统计报表制度和调查方法。围绕建设文化大省的战略部署，大力加强文化产业统计，正式建立了文化产业统计报表制度，并完成了文化产业增加值及其相关的基础数据测算。积极参与地方领导干部工作实绩的考核，研制考核体系，并承担了多项指标的考核评价工作。围绕加快县域经济发展，改进了县域经济发展实力综合评价工作，调整扩大了参与评价的范围。

大力推进统计法制化建设。深入开展统计法制宣传，启动了“五五”统计普查宣传，在全省范围组织了声势浩大的“12.4”统计普查宣传活动。开展了《河北省统计条例》执行情况大检查，加大统计违法案件查办力度，2006年全年立案和结案数量分别达三百余件。加强教育培训，提高统计人员依法行政意识。规范地方和部门调查项目管理，严格履行审批备案程序，颁布实施了《河北省地方重大调查项目管理暂行办法》。

夯实统计基层基础。把统计基层基础建设列为2006年全省重点工作之一，研究部署了一系列加强基层基础建设的措施。开展了以基层基础建设为主题的调研月活动。成功召开了河北省统计史上规模空前的统计基层基础建设工作会议。与省编制部门就进一步加强基层统计机构建设进行了合作与沟通。

提高统计信息化和现代化水平。实施了统计信息广域网建设工程，逐步推进县乡联网，效果初步显现。重视网站建设与管理，维护网络安全，实现了系统网络运行管理、网络安全管理、网络配置管理和故障管理的动态实时监控。推进网络应用和数据库系统的开发建设，开通了国家统计局与省局的网络视频电视电话会议系统和省、市、县三级互通的IP电话系统，建成了动态更新的全省名录库数据系统、全省统计系统人事管理信息系统。此外，民营企业数据库、分性别统计数据库、妇女儿童发展纲要统计监测数据库、全省区划数据库以及人口信息数据库建设与开发工作稳步实施。

（河北省统计局　白　洁）

科学技术

【科技事业概况】　2006年初，党中央、国务院召开了新世纪第一次全国科技大会，作出了走中国特色自主创新之路，建设创新型国家的重大决策和部署。6月份，省委、省政府召开了全省科技大会，明确了加强自主创新、建设创新型河北的战略任务。全省科技系统以科学发展观为指导，全面贯彻落实全国科技大会和全省科技大会精神，以增强自主创新能力为主线，以实施十二个重大科技专项为抓手，狠抓各项工作落实，全省科技事业呈现良好的发展态势。科技队伍不断壮大，年末从事科技活动人员12.9万人，比上年增长3.2%，其中科学家和工程师8.9万人，增长3.5%。科技创新能力增强，建设省级以上企业技术中心、工程（技术）研究中心、重点实验室、中试基地210家。全年组织实施重点技术创新项目24项，高新技术产业化项目82项，其中在建国家重大专项和示范工程34项，新增国家重大专项和示范工程12项。科技成果显著，全年共取得省部级以上科技成果2132项，其中国际领先的43项，国际先进的379项，国内领先的1073项，国内先进的390项。知识产权保护工作加强，专利事业较快发展，全年专利申请量7220件，同比增长12.8%，在全国排在第15位，授权量4131件，同比增长15.2%，在全国排第16位。技术市场活跃，全年共签订技术合同3725份，技术合同成交金额15.9亿元，分别比上年增长11.6%和53.0%。争取国家科技资金规模进一步提高，200多个“国字号”科技项目落户河北，争取国家资金超过2亿元，比上年翻一番。

【自然科学研究】　2006年河北省应用技术研究与开发资金1.31亿元（包括计划管理费400万元，财政追加522万元），共安排指令计划项目284项，经费1.27亿元，其中：攻关计划项目192项，经费8215万元；成果推广计划项目23项，经费360万元；星火计划项目2项，经费220万元；软科学研究项目46项，经费897万元；国际科技合作计划项目14项，经费260万元；基础研究项目3项，经费1260万元；重点实验室建设2项，经费1450万元。事业费专项86项，经费2094万元。农业科技成果转化资金计划项目16项，经费500万元。科技型中小企业创新资金计划项目73项，经费1140万元。下达省科学技术研究指导计划2批，共安排指导计划项目1772项，其中：攻关计划1572项，星火计划12项，软科学研究项目180项，国际合作计划2项，成果推广计划项目6项。

2006年度，共转发国家政策引导类指导项目3类，39项；转发国家科技计划项目66项，经费4438万元，其中：支撑计划13项，2224万元；富民强县专项计划4项，681万元；星火计划4项，250万元；火炬计划3项，100万元；重点新产品计划13项，300万元；科技兴贸4项，80万元；软科学研究2项，13万元；科技型中小企业创新资金23项，790万元。

2006年度，共申报河北省科学技术奖640项，有598项符合参评条件，准予参评。经过评审、争议处理、省科技厅审核，省政府批准，2006年度河北省科学技术奖授奖项目共286项（人）。其中：突出贡献奖（集体）2项；自然科学一等奖2项，二等奖2项，三等奖9项；技术发明二等奖1项；科技进步一等奖10项，二等奖45项，三等奖213项；国际科技合作奖2人。

2006年度，河北省推荐国家科学技术奖11项，有6个项目获国家科技进步二等奖。在这6个项目中，唐山钢铁股份有限公司、河北理工大学、钢铁研究总院、唐山科技职业技术学院完成的“唐钢超薄热带生产线技术集成与自主创新”，河北农业大学完成的“枣疯病控制理论与技术”，河北以岭医药研究院、中国医学科学院阜外心血管病医院、中山大学基础医学院、上海长征医院、中国医科大学附属第一医院完成的“络病理论及其应用研究”，燕山大学完成的“无缝钢管减径产品工艺优化及其质量控制”4项是由河北省单独完成或以河北省为主完成的；其他两项是由省农科院棉花研究所与外单位合作完成的“野生与特色棉花遗传资源的创新与利用研究”、河北省农业技术推广总站与外单位合作完成的“农业专家系统研究及其应用”。

在应用基础研究方面，2006年共鉴定（验收）126项，其中达到国际先进水平以上的85项。申报专利34项，其中发明专利27项；发表学术论文1413篇，比上年增加174篇，增长14%，被SCI、EI、ISTP国际三大检索收录论文736篇；出版学术著作44部，参加学术会议425次，其中国际学术会议190次。省基金资助项目获省部级以上科技奖励35项。本省研究人员获国家自然科学基金资助项目97项，资助经费2956万元，是同期省基金的2.45倍，其中，重点项目3项，487万元；国家杰出青年基金1项，200万元，比上年的2282多万元增长了674万元，是历年来增幅最大的一次，获国家基金资助的项目中70%是在省基金前期资助基础上获得的。

【高新技术发展与产业化】 2006年全省规模以上高新技术产业增加值达到300亿元，增长20%以上。一是高新技术企业及产品有较大发展。新认定高新技术企业413家，高新技术产品640项。新认定企业累计实现销售收入373亿元，实现利润37亿元，上缴税收17亿元。截至2006年底，河北省高新技术企业累计达到3352家。生物及医药产业规模居全国第四位，半导体材料产业已形成太阳能级、元器件和集成电路级、固体照明三个产业链，单晶硅产量居世界第一。保定天威英利只用了短短5年时间，其太阳能光伏发电技术就赶超了发达国家20年的发展水平。二是高新技术攻关成果显著。年内共组织实施高新技术攻关项目35项，资助总额达1850万元，内容涉及电子信息、新材料、新能源、机电一体化等领域。重点支持了半导体照明、风力发电、太阳能利用、信息资源开发利用等一批重点项目。三是高新区实现高速增长。全省高新区实现技工贸总收入673亿元，同比增长近30%。到位外资8206万美元，同比增长70%；高新技术产值416亿元，同比增长27%；出口创汇7.2亿元，同比增长62%；固定资产投资49亿元，同比增长58%。2006年，全省高新区新获得创新资（基）金立项32项，有力推动了高新区自主创新能力的提升。四是科技型中小企业发展壮大。共组织实施国家和省科技型中小企业基（资）金项目96项，其中国家23项，省73项，对加快科技成果转化起到了巨大的推动作用。各市也都加大了科技型中小企业创新资金投入力度，大力支持中小企业开展技术创新活动。五是特色产业基地建设进一步加强。出台了《河北省特色产业基地认定管理办法》，认定了清河羊绒等区域特色产业基地15家。邯郸新材料产业基地、廊坊信息产业基地、唐山焊接产业基地、承德仪器仪表产业基地和宁晋太阳能硅材料产业基地被国家科技部认定为特色产业基地，目前，全省国家级特色产业基地已达13家。

【科技进步与主导产业发展】 积极运用高新技术和先进适用技术改造提升传统产业。钢铁、装备制造、纺织服装、建材建筑、食品、石油化工、医药等七大主导产业完成增加值3070.0亿元，比上年增长21.6%；占规模以上工业增加值的80.5%，比上年提高2.1个百分点，对工业生产增长的贡献率达87.1%。产品结构调整优化，钢材板带比达53.9%，比上年提高6.4个百分点；原材料、能源等优势产品增长较快，钢材产量增长32.3%，平板玻璃增长16.6%；一批高附加值产品呈现快速增长，汽车产量增长39.3%，自动化仪表及系统增长23.7%，光通信设备增长1.3倍，复印机械增长45.3%。高新技术产业保持较快增长，实现增加值288.5亿元，增长21.2%。

组织实施对主导产业关键技术的引进消化再创新和重大产品集成创新，取得了唐陶“无铅骨质瓷”等一批具有自主知识产权的重大成果，加快了产品更新和技术升级。天威集团的750—1000kV特高压变压器项目，成功解决了制约行业发展的瓶颈问题，为我国电力建设特别是西北电网建设做出了突出贡献。沧州大化的TDI项目已成为全国最大的TDI生产企业，在国际市场也有较大影响。唐山机车厂与德国西门子公司签约合作生产60列高速动车机组，3列在西门子生产，57列在唐山机车厂消化吸收国外技术生产，届时国产化率将达到70%，将大大提高我国高速机车的生产技术水平。

制造业信息化稳步推进，有31家企业进入“中国企业信息化500强”企业。冶金行业重点企业主体装备达到了国际先进水平。

【农业科技进步】 一是太行山星火产业带建设进展顺利。2006年2月，省政府和国家科技部共同举办了河北太行山星火产业带建设启动仪式，制定星火产业带建设实施方案，确立了30项研发项目和山区苹果、核桃、大枣等15个产业示范基地。2006年底，科技部已正式将河北太行山星火产业带列入“十一五”第一批启动实施的国家星火产业带建设计划。二是农业新品种选育应用水平有了新提升。2006年，共有44个农作物新品种通过了省级审定，13个杂粮、果蔬新品种通过省级鉴定，有100多个苗头新品系参加省级以上区试。围绕新品种的示范和推广，建示范基地86个，重点组织实施了优质强筋小麦“河农4198”、转基因抗虫三系杂交棉“邯杂98—1”等10余项重大转化项目。河北省的杂交棉花、杂交谷子的育种与应用已达到国际领先水平，小麦、棉花、油料、杂粮、果树育种继续在国内保持领先水平，玉米、蔬菜、畜禽、水产品种选育与改良在全国也处于先进行列。三是实施国家“粮食丰产科技工程”取得新突破。实现了“不增土地，不增投入，让粮食增产”和“小麦只浇一水，亩产超千斤”的目标。从2004年河北省实施国家重大科技专项“粮食丰产科技工程”以来，累计增产粮食203万吨，增加经济效益37.3亿元。2006年，石家庄正定县示范区17亩小麦节水高产攻关田平均亩产640.14公斤，在严重干旱的气候条件下，再创河北小麦单产的新纪录。深州15亩小麦亩产623.8公斤，在大旱之年，实现了黑龙港地区节水条件下的小麦大面积高产和大幅度增产。示范区100万亩小麦增产增效显著，辐射带动了1000万亩增产增收。四是农业公共关键技术攻关取得新进步。实施了滨海平原盐碱区水土资源高效利用等一批重点技术研究、技术集成项目，开发出一批产业标准化生产技术，建立一批基地，为区域农业主导产业发展做出了示范。共鉴定农业科技成果287项，其中：国际领先11项，国际先进107项，国内领先102项。五是“一县一业一园”现代农业科技示范工程取得新成效。2006年4月工程正式启动，省科技厅会同省农业厅、省林业局等部门，先后制定下发了工程实施总体方案、管理办法、示范园建设标准等一系列文件，确定了41个省级示范县，并决定2007年开始，设立工程专项资金。目前，科技示范园核心区面积达到12.9万亩，示范区面积达到89.6万亩，示范、推广先进适用技术249项，推广面积达250万亩。引进、开发新产品347个，农产品知名品牌达到105个，示范县产业产值增加56.3亿元。结合“一县一业一园”工程实施，强化农业科技传播站建设，建设试点总数已达到101个，进站工作的专家和技术人员达到了530多名，其中省外专家30多名。六是星火计划实施取得新进展。以国家星火计划实施20周年纪念活动为契机，组织20个项目参加全国星火科技成就展，推介15个项目参会交流。在国家科技部星火计划20周年纪念活动会议上河北省有29个先进集体和个人获表彰。在张家口、秦皇岛市进行了科技特派员工作试点。沧州科技专家大院建设取得了新进展。

【科技进步与社会发展】 一是社会发展领域科技成果增长显著。2006年全省社会发展领域计划内项目共完成成果鉴定343项，其中，医药卫生领域333项，资源环境领域10项，比2005年增长近两倍。中西医结合治疗颈椎动力平衡失调的实验及临床研究等7项成果达到了国际领先水平，25项成果达到国际先进水平，另有204项达到了国内领先水平。二是CDM项目及能力建设又取得新进展。为推动河北省清洁发展机制工作（CDM），省科技厅组织有关单位与中国21世纪管理中心签署CDM合作协议，与日本开展了第三期中日CDM项目开发合作，与荷兰、瑞典等国际机构开展了CDM项目合作开发，与日本中部电力株式会社签订了沽源风电项目二氧化碳减排量购买协议。截至目前，全省通过国家审批的CDM项目共11项，二氧化碳减排量合计达916万吨。三是社会发展领域重大科技专项取得阶段性成果。2006年，省科技厅谋划和组织实施了“发展循环经济，建设资源节约型社会”、“创新药物研究及产业化开发”和“重大疾病及常见病预防治疗关键技术研究”重大科技专项，三个专项安排了34个项目。这些项目进展顺利，已取得阶段性成果。四是社会发展领域科研实力逐步提升。2006年，河北省承担社会发展领域的国家科技支撑和863计划项目共28项，争取科研资金5621万元。五是科普工作进一步加强。以“携手建设创新型国家”为主题，组织开展了19个专题科普宣传活动；积极组织参加了河北省文化、科技、卫生“三下乡”活动，在广大农村推广农业科学技术。

【创新创业平台建设】 2006年，河北省把推进创新创业平台建设作为增强自主创新能力的关键措施来抓，不断提升科技平台的层次和水平，一批平台进入“国家队”。一是产学研结合的创新平台建设取得新进展。围绕企业技术创新，建立工程技术研究中心和企业研发中心。依托省农科院、沧州科润化工有限公司等单位，新建河北省农业有害生物综合防治工程技术研究中心、河北省绿色农药中试基地等一批平台。全省省级以上工程技术研究中心和中试基地已达26家。乐凯胶片、宝丰电缆、保定天威、风帆股份、华北制药、石药集团等6家企业研发中心被国家科技部、发改委批准为国家级企业技术中心。截至目前，全省国家级企业研发中心已达17家，成为本省区域创新体系的重要组成部分。二是国家级和省级重点实验室建设取得新突破。燕山大学“亚稳材料制备技术与科学国家重点实验室”顺利通过了科技部组织的专家论证，省长季允石、常务副省长郭庚茂和科技部有关领导亲自为实验室揭牌。依托河北师范大学，建立了河北省数学研究中心。同时，新建省级重点试验室6家，全省省级以上重点实验室已达47家。三是科技企业孵化器和生产力中心建设取得新成效。经科技部、教育部批准在河北工业大学建设国家级大学科技园，加上燕山大学国家大学科技园，目前全省国家大学科技园已有2家。邯郸开发区创业中心被评为国家级科技创业服务中心。石家庄市生产力促进中心、沧州孟村弯头管件行业生产力促进中心等4家县域特色生产力促进中心被评为国家级示范中心。四是农业科技创新转化平台建设迈出新步伐。2006年12月，国家棉花改良中心河北分中心在省农科院棉花研究所落成，目前全省共有国家改良中心1个、分中心5个。五是河北省网上技术市场健康发展。全省网上技术市场自正式运行以来，通过连接11个市级市场网站和省内主要企业、科研院所、大专院校、风险投资机构、技术中介机构等众多交易交流网点，形成覆盖全省链接全国的市场组织网络平台系统，推动了技术合作，2006年全省合同交易额达到15.9亿元，比2005年增长53%。

【科技合作】 一是京津冀科技合作更加紧密。制定了“十一五”京津冀科技发展规划，明确了京津冀科技合作的重点领域。与北京、天津、内蒙古、山东、山西6省（市、区）签署了《环渤海区域大型科学仪器设备共享平台建设协议书》。同时，与京津大专院校、科研院所和大中型企业的技术合作也更加广泛和深入。2006年9月，省政府与中国农科院、中国农大签订“十一五”期间农业科技合作协议，有35个合作项目在签字仪式上签约；对河北省与中科院技术合作的24个项目进行了调度，部分项目取得了阶段性成果。全省11个市也积极开展与京、津等省外高校、科研院所合作，并取得良好效果。二是积极推进与中央驻冀重要科研院所和科技型企业的合作。重点与中电科集团13所、54所、45所合作在石家庄、廊坊建立信息产业基地，加强了与中船集团邯郸718所、涿州东方地球物理公司、秦皇岛玻璃工业设计研究院等单位的科技合作。三是河北省第四次院士联谊会取得新成效。省委、省政府等主要领导到会讲话，省委书记白克明亲自为10位院士颁发了“河北省院士突出贡献奖”，签订了55个科技合作项目。四是科技招商引资活动取得新进展。组织企业参加了2006年河北省（香港）投资贸易洽谈会及河北省（香港）文化周活动、第九届中国北京国际科技产业博览会、廊坊“5·18经贸洽谈会”。

【科技改革】 一是企业的技术创新主体地位进一步加强。支持企业独立或与高等院校、科研院所联合建立研发机构，推进产学研结合。改革科技计划支持方式，建立企业牵头组织、高等院校和科研院所参与的科技项目实施机制，优先支持企业承担重点科技计划项目和重大科技专项。完善技术转移机制，大力发展为企业服务的各类科技服务机构，加强企业之间、企业与高等院校和科研院所之间的知识流动和技术转移。二是科技投资体制进一步完善。2006年12月河北省科技厅与国家开发银行河北省分行签订了《开发性金融合作会谈纪要》，以河北科技风险投资公司为高科技创业投融资平台，2006年至2011年期间提供5亿元政策性贷款，支持本省高新技术产业发展，开行首批贷款已经落实到位。在高新技术产业密集区或特色产业基地，省风险投资公司积极吸引地方政府及民间资本建立创业风险投资基金，首批启动建立了河北邯郸新材料创业发展基金、河北廊坊科技园发展基金、河北清华科技园发展基金，逐步形成全省的创业风险投融资体系，实现创业风险投资资金总量的快速放大，推动创业投资事业发展。三是科技计划管理改革稳步推进。创新管理体制，积极推行科技计划决策咨询、重点项目集体会审、重大项目论证等制度，提高了科技项目立项的科学性和公正性。坚持集中财力办大事，省科技厅安排的科技经费70%集中到了12个重大科技专项上，并把载体建设、项目攻关、人才培养有机结合起来，依托基地育项目，通过项目育人才，使资源向创新能力强、效率高的创新团队聚集。四是重大技术创新项目管理改革全面实施。按照“集成优势、支撑产业、服务发展”的原则，制定了《河北省重大技术创新项目管理暂行办法》，围绕钢铁、装备制造、石油化工、生物技术、电子信息、新能源等重点产业的重大技术创新，组织科技攻关，省将对重大技术项目提供高额无偿资助，最高资助额度可达1000万元。

【知识产权工作】 2006年，全省专利申请7220件，同比增长12.8%，在全国排第15位。其中，发明、实用新型、外观设计分别为1597件、3894件、1729件，同比增长25.5%、7.6%、14.5%；专利授权4131件，同比增长15.2%，在全国排第16位，其中，发明、实用新型、外观设计分别为407件、2699件、1025件，同比增长9.7%、20.2%、5.9%。一是知识产权政策环境进一步优化。编制了《河北省知识产权“十一五”发展规划》，并首次纳入河北省国民经济和社会发展规划序列；启动了第二次《河北省知识产权保护状况》白皮书编写工作。二是保护知识产权专项行动取得新成效。全省专利系统全年出动执法人员计1047人（次），检查商业场所372次，检查商品8422件，与其他部门协作执法13次。查处冒充专利案件12件，受理专利侵权纠纷29件、其他专利纠纷案件2件。三是企事业知识产权试点工作取得新进展。开展企事业单位知识产权试点工作。华药、乐凯、唐钢顺利通过全国第二批企事业知识产权试点单位验收，其中华药、乐凯被评为全国企事业知识产权试点工作先进单位。完成了第三批全国企事业知识产权试点单位申报工作，全省有4家企业被列为第三批试点单位。石家庄市通过了国家知识产权试点城市验收。四是知识产权宣传培训深入开展。在“4·26”保护知识产权宣传周活动期间，省知识产权局在3所高校举办了“当代大学生与知识产权”主题讲座，召开了“知识产权与自主创新”座谈会，联合工商、版权、文化等部门广泛发布了知识产权公益广告。在河北新闻联播播出17期专题节目。组织开展了第三届河北省巾帼发明家评选表彰活动，评出12名新世纪巾帼发明家。举办了全省新闻工作者知识产权培训班、全省专利行政执法人员培训班、全省高校科研管理部门负责人知识产权培训班和省直部门科技处长知识产权培训班等一系列培训活动。五是国家知识产权局专利局石家庄代办处服务质量和水平进一步提高。全年共受理专利申请5697件，比去年增长36.5%，办理专利收费13220笔，做到了账目清楚，结转及时。

【科技发展环境】 科技创新的关键是环境。一是政策支持力度进一步加大。继2005年省委六届七次全会，做出《关于加强科技工作的决定》之后，2006年6月，省委、省政府召开全省科技大会，对河北省“十一五”科技工作进行了全面部署，提出了提高自主创新能力、建设创新型河北的战略目标。制定并实施了《河北省科学和技术发展“十一五”规划及2020年远景目标》和《关于实施科技发展“十一五”规划的若干政策指导意见》等文件，确定了“十一五”时期全省科技发展的目标任务、基本原则和政策措施，为科技创新提供有力的政策保障。二是科技投入大幅增加。省委、省政府把加大科技投入作为加强科技工作的重要支撑来抓，建立了财政投入稳定增长机制，确保了财政科技投入的法定增长。省委、省政府决定，省级一般预算安排的科技投入增长幅度每年要高于当年经常性财力增长幅度2个百分点以上。2006年，全省科技支出12.6亿元，增长15.4%。张家口、承德、保定等市应用技术研发资金实现了翻番。三是科技法制环境进一步优化。科技立法得到加强，先后制定和实施了《河北省人民政府关于实施“十一五”科技规划纲要及2020年远景目标的若干配套政策》、《科技型中小企业（民营科技企业）认定管理办法》、《河北省科技创新型龙头企业认定办法》等有关文件，为全省科技发展“十一五”规划的顺利实施和加强科技创新提供了法制保障。同时，科技执法力度进一步加大。开展2006年以前有关起草实施的政府规章和规范性文件评估工作，并继续对行政事业费专项资金的使用进行监督，严格科技专项资金的使用管理。加强知识产权保护，会同有关部门在全省组织开展了知识产权联合执法行动，维护市场竞争秩序，为鼓励自主创新提供保障，为建设创新型河北奠定了基础。

（河北省科技厅　殷绪群）

【河北省社科联工作概述】 2006年，省社科联以科学发展观为统领，贯彻落实中央和省委关于进一步繁荣发展哲学社会科学的文件精神，围绕全省工作大局，组织开展社会科学活动，各项工作取得了新成绩。

（一）积极推进思想道德建设，深入研究和大力弘扬社会主义荣辱观。胡锦涛总书记年初提出以“八荣八耻”为主要内容的社会主义荣辱观，为新时期的社会主义道德建设指明了方向，在社会上产生了强烈反响，也为社会科学工作者提出了新的研究与宣传的任务和要求。对此，省社科联一方面组织机关的同志认真学习领会其重要意义和精神实质，另一方面，及时印发通知，号召全省社科团体和广大会员要把研究宣传社会主义荣辱观作为全年社会科学活动的重要内容，用理论的力量积极推动全社会的社会主义道德实践活动。同时，组织召开省会社科界树立社会主义荣辱观座谈会，与会专家就社会主义荣辱观的深刻内涵、理论意义和实践意义进行了座谈讨论，明确社会科学工作者在宣传和践行社会主义荣辱观中肩负的责任，提出了一些有待深入研究的课题和进行重点宣传的内容。

省社科联组织社科专家成立课题组，编写了《光荣与耻辱——树立社会主义荣辱观八讲》一书，由河北人民出版社出版，省委领导赵勇同志作序。该书较全面系统地阐释了社会主义荣辱观的思想内涵和实践要求，推动了社会主义荣辱观宣传教育进社区、进校园，受到社会各界的好评。为了进一步扩大宣传的社会效果，还邀请社科专家将该书的主要内容在河北电台开办系列讲座，并改编成理论文章在河北社科网上转载。此外，省社科联还与省委宣传部等七部门联合组织了“‘弘扬中华民族传统美德与建设和谐河北’高层论坛”征文活动。这些系列化的活动，为推动弘扬和践行社会主义荣辱观发挥了社会科学工作的优势和作用。

（二）紧密结合全省工作大局，深入开展燕赵人文精神和建设沿海经济社会发展强省的专题理论活动。围绕省委、省政府中心工作确定工作项目，开展专题活动是2006年省社科联工作的重点。在河北文化艺术展演期间，省社科联发挥自身优势，积极参与，承担并成功举办了“和谐文化与新时期河北人文精神”燕赵文化论坛，论坛围绕“东方人类的根系、中华文明的源泉、时代精神的张扬”三大板块，挖掘燕赵历史文化内涵，弘扬新时期河北人文精神。论坛特邀了清华大学李学勤等著名专家到会作专题报告，并与省内社科界人士进行切磋，大大提升了论坛的层次，深化了河北的文史研究。论坛结束后，省社科联将有关资料汇编成册送省领导和有关部门参阅，在长城在线网站开通了“燕赵文化论坛”专题网页，又进一步拓展了这项活动的影响，受到省委领导和有关部门的好评。

省第七次党代会明确提出建设沿海经济社会发展强省的宏伟目标。为贯彻落实省委的战略决策，省社科联与京、津两市社科联和河北工业大学在天津共同举办了以“创新、整合与合作”为主题的“京津冀协同发展论坛”。来自三省、市高校、研究机构和党委、政府研究部门以及其他有关省市的70余位专家学者参与了此次活动。与会专家围绕建设沿海经济社会发展强省与京津冀协同发展中的理论问题和实际问题，进行了深入探讨，提出了许多建设性的意见和建议。其中，建设沿海经济社会发展强省与京津冀制造业的协同发展、与京津冀产业分工与协作、与京津冀资源整合与协调等问题的许多观点，引起省领导和有关部门的高度重视。《河北日报》、河北电视台等省级媒体对此次活动进行了深入专访或广泛报道。会后，将主要观点整理后呈送省领导和有关部门参考。

为了深入宣传省第七次党代会精神，省社科联与河北日报社联合举办了“学习贯彻省第七次党代会精神 建设沿海经济社会发展强省”知识竞赛活动。竞赛题涉及省第七次党代会报告的诸多新概念、新观点、新决策。题目在河北日报刊发后，得到了社会上的广泛呼应，11万余干部群众直接参与了答题活动。这项工作有力推动了全省干部群众对省第七次党代会精神全面系统的学习、理解和把握。

（三）按照贴近实际、贴近生活、贴近群众的要求，积极做好理论武装工作和社科宣传普及。省社科联注重提升理论武装和社科宣传的影响力，在组织热点问题的调研与宣传，开展有影响的科普活动，加强刊物和网站等宣传阵地建设方面进行了新的探索。围绕树立科学发展观，省社科联组织社科专家成立课题组，深入研究理论热点问题，撰写了《坚持人民在科学发展中的主体地位》一文，在《人民日报》理论版发表；围绕加强新时期党的执政能力建设，完成了《新时期保持和发展党的先进性的行动指南》，在河北日报刊发；围绕深化社会主义荣辱观研究，组织专家撰写了探讨林秀贞先进事迹系列理论文章《时代先锋 道德楷模》，文章在《河北日报》发表，并得到了中宣部的肯定。这些理论宣传活动，都密切关注干部群众关心的难点和热点问题，收到较好的社会效果。

在社科知识的宣传普及工作中，省社科联发挥“联”的优势，整合全省社科资源，组织举办了“河北省第二届社会科学普及周”活动。社科普及周的主题紧扣时代脉搏，采取多种形式，大力宣传科学发展观和社会主义荣辱观，全省数千名社科工作者走上街头或深入厂矿、农村、社区进行服务宣传，各团体会员在全省各地开展了诸如知识竞赛、电视辩论、专题演讲、有奖征文等丰富多彩的宣传活动，活动受众逾15万人次。此外，按照全省的统一安排部署，省社科联组织社科工作者参与全省“三下乡”集中活动和“第四届全国科普日河北系列活动”。

在宣传阵地的建设方面，《社会科学论坛》坚持正确的办刊方向，发表了一系列有较高水准、有较大影响的学术性研究成果和对实际工作有参考价值的应用性成果，刊物在全国和省内的学术影响和社会影响不断扩大。“河北社会科学网”网站建设不断加强，开设了音像视频栏目，加快了信息传播速度，设计了网上信息发布平台，链接了省内外三十多家社科联网站，已经成为省社科联及时快捷对外传播社科信息的重要阵地。

（四）坚持正确的评奖导向和严格的评审标准，完成了河北省第十届社科优秀成果评奖工作。根据修订后的《河北省社会科学奖励办法》，省社科联组织开展了河北省第十届社会科学优秀成果评奖。本次评奖活动按照规范化、程序化的要求，经过宣传发动，受理申报成果，资格审查，专家组初评，省评委会评定等步骤，高标准完成了评奖的组织工作。共评出获奖成果201项，其中一等奖10项，二等奖48项，三等奖140项，社会科学优秀图书编辑奖3项。

整个评奖活动呈现三个特点：一是评奖工作指导思想明确，坚持了正确导向；二是严格执行评奖程序和标准，评审结果客观公正；三是获奖成果的覆盖面广，具有一定的广泛性和代表性。在河北省第十届社会科学优秀成果颁奖大会上，省委常委、宣传部长聂辰席，副省长龙庄伟到会向获奖者代表致贺并颁奖。聂辰席同志还做了题为《紧密联系实际，创新理论研究，努力开创我省哲学社会科学繁荣发展新局面》的重要讲话，充分肯定了评奖成绩，对全省社科工作者提出了新的要求，与会同志深受启发和鼓舞。

（五）开展建设效能机关活动，加强对社科团体的组织管理和机关自身的建设。省社科联以提高工作效能为重点，以创建学习型机关为载体，以提高工作水平和服务水平为目标，服务意识和工作水平明显提高。依据有关规定加强了对社科团体的组织管理和学术管理，完成了所属学会的年检及审核工作。积极做好新学会的组织发展工作，批准成立了会展经济学会、文化传媒协会等4个社科团体。组织了全省第六届优秀社团和优秀社团工作者的评选工作，共评选出27个优秀社团和62名优秀社团工作者。推广了卫生经济学会的先进经验，促进了学会各项工作。继续完善河北省社会科学发展课题的管理，2006年共受理申报课题300余项，从中审定立项课题87项，同时对往年的立项课题进行了结项清理，课题管理工作进一步纳入规范化、制度化的轨道。

在机关自身建设方面，省社科联党组强化制度建设，着力抓好机关工作的程序化和规范化。适应新的形势和任务的要求，重新修订了机关规章制度，印发了规章制度专辑，机关工作有了新的面貌。为提高机关工作人员的整体素质，有计划地邀请省内社科专家在机关开办12期社科理论和业务知识系列讲座。其中，法律、公文写作等专题收到明显的效果。

（河北省社科联　孙　浩）

【河北省社科院科研工作进展】　2006年，河北省社会科学院共实现科研成果506项，其中著作28部，论文311篇，调研报告55项。13项成果获省级奖励，其中一等奖2项，二等奖4项。227项成果达到了院优秀科研成果奖励标准，获奖作者中40岁以下中青年科研人员占40.5%。2006年在申报的纵向课题中，国家社科基金课题获准立项4项，占全省立项数的21%；省社科规划项目获准立项7项，申报立项率为30%，占全省立项总数的8.7%；科技计划（软科学）项目立项6项，获资助额居全省各单位前列。

编制十一五规划，促进社科院工作全面发展。2006年在广泛调研和征求全院职工意见的基础上，省社科院编制了十一五发展规划。“规划”使全院职工深化了认识、统一了思想、达成了共识，确立了“为省委省政府决策服务，为全省经济社会发展服务，为基层服务”的办院方针，明确了“出成果、出人才、出效益”的总体工作要求，提出了“省级一流、国内知名”的五年奋斗目标。这个“规划”决定着社科院未来发展的基本走势，对于凝聚全院力量，实现新的发展，更好地发挥“思想库”、“智囊团”作用，具有重要的现实和长远意义。

贴近河北经济社会发展实际，积极开展科研服务。贴近发展实际，开展对策研究。2006年，有33份研究报告上报后被省级领导同志肯定并批转应用，其中有6项研究成果受到省主要领导批示肯定。研究报告《总体平稳显波动，解决热点唤公平》、《改造京畿情结强化海洋意识重塑河北人文精神》、《关于加强我省人才需求预测预报的建议》引起克明同志重视，并批转有关领导参阅。研究报告《关于开展〈“十一五”时期我省文化产业群的培育与区域布局导向〉的设想》，庚茂同志批示“选题准确，确有必要，设计亦好，基本可行，建议按审核程序立项，有关部门给予支持。抄报士彬同志，送发改委、省政府研究室、文化厅参阅。”研究报告《“十一五”时期培育壮大我省新区域增长极和高增长产业群对策研究》得到常务副省长郭庚茂同志的高度肯定，批示：“这份研究报告很有参考价值，对于河北省如何调整优化产业结构，培育新增长极（点）提出了系统的建设性意见”，要求以“研究报告”的形式转发，推动“十一五”规划纲要的落实。研究报告《河北生态省建设主要障碍因素及对策》，郭庚茂同志阅后要求省发改委会同有关厅局借鉴研究报告成果，进一步研究制定促进生态省建设的政策措施，并向省政府提出建议。研究报告《关于加强人才需求预测预报的建议》，郭庚茂同志认为提出了一个很重要的课题，批转省人事厅，要求认真研究实施意见和工作措施。此外还有27项研究成果分别得到了张毅、付志方、赵勇、张力及其他省领导的批示肯定。起草的《河北省科学和技术发展“十一五”规划及2020年远景目标》、《河北省“十一五”期间市场体系发展规划》、《河北省现代物流发展规划》、《河北省服务业振兴规划》以省政府文件形式印发。围绕建设和谐河北，发挥智囊作用。省第七次党代会报告中河北人文精神“坚韧质朴、重信尚义、宽厚包容、求实创新”十六字表述，在内容和句式主要采用了省社科院上报的建议方案。《河北省社会各阶层思想动态分析》引起省委书记白克明同志高度重视。主要由历史所魏建震等同志承担的《影响中国历史进程的河北名人》名人征集和编纂工作圆满完成。名人征集活动列入“2006年河北文化艺术展演”活动，社会各界参与投票13万张，网络点击20余万次，反响广泛。《影响中国历史进程的河北名人》编纂方案经白克明、赵勇同志审定后，组织院内外力量，半年多时间完成了编纂出版工作。该书坚持学术性与通俗性的统一，对繁荣燕赵文化、弘扬新河北人文精神产生了积极作用。发挥咨询优势，服务科学决策。省社科院两位首席专家应邀为省委常委理论学习中心组作专题讲座。彭建强同志《关于河北省建设社会主义新农村的几个主要问题》、薛维君同志《关于我省〈“十一五”规划纲要〉若干重大问题的分析》受到好评。白克明同志听了薛维君同志的讲座后评价：“这个讲解发人深省，令人警觉”。

研究与宣传党的理论创新成果，发挥研究基地的主体作用。推出了《中国特色社会主义事业发展的行动纲领》、《发展与公平：构建社会主义和谐社会的永恒主题》、《继续弘扬“树正气、讲团结、求发展”的主旋律》等一批有理论深度和创新价值的成果。《文明生态村工作指南》撰写基本完成。这些成果在河北省党员干部理论武装工作中发挥了积极作用。

提升学术水平，扩大学术影响。继续出版《河北发展蓝皮书》系列丛书，2006～2007年度出版了经济卷、农村卷、社会卷、文化卷、人才卷，共五卷本；第一批河北省社会科学院学者文库出版工作顺利进行，2006年已经出版了《河北新发现石刻题记与隋唐史研究》、《巴赫金哲学思想研究》、《翻身道情——解放区小说主题叙事研究》三本；其他著作出版颇丰，有《品牌发展战略》、《从周树人到鲁迅》、《哲学与传播学的双重观照》、《文化生产力：一种社会文明驱动源流的个人观》、《发展社会主义民主政治根本问题研究》、《构建社会主义和谐社会的基本理论研究》等20多部著作；《文学资本在信息文化中的话语权》、《公仆精神爱民情怀——写在周恩来总理视察邢台地震灾区40周年之际》等9篇论文在《人民日报》、《光明日报》发表；《中共早期党报发行研究》等22篇论文在全国性专业报刊发表；《手机新闻类信息传播的优势、创新及实用价值》、《“三个代表”重要思想与唯物史观研究》、《先秦赵氏多神崇拜试探》、《提高领导干部驾驶市场经济的能力》、《唐宋兵制变化与唐宋社会变化》、《中外国家控制腐败体系比较研究》等6项成果被《新华文摘》、《人大报刊复印资料》转载，展示了学术水平。

搭建学术平台，提供智力支持。2006年1月，郭庚茂同志到省社科院就河北“十一五”规划进行调研，并与科研人员进行学术交流。去年4月，与省委宣传部共同举办了“河北省建设社会主义新农村理论研讨会”，赵勇同志到会并作重要讲话，对全省社会主义新农村建设起到了积极的理论推动作用。“民国时期河北高等法院档案与近代华北社会”学术研讨会、“文艺现象专题”讨论等活动，在学术界引起了较好反响。积极开展对外学术交流，接待国外专家、学者4批9人次，组织中小型学术交流和研讨活动4次，安排出访3批10人次。今年2月2日，在河北省社科院召开了“环渤海经济圈崛起与建设沿海经济社会发展强省研讨会”。研讨会由省委常委、秘书长张力同志提议，省委办公厅牵头，省社科院和河北日报报业集团主办。张力同志出席会议并作重要讲话。周文夫同志主持会议，本院部分专家参加了大会研讨。与会领导和专家围绕建设沿海经济社会发展强省目标，就河北省在环渤海经济圈崛起过程中如何找准定位，借机造势，抢抓机遇，打造沿海经济隆起带继而带动腹地经济增长，实现河北更好更快发展，进行了深入交流。研讨会成果在《河北日报》发表，会议情况在河北电视台播出，并向省委专题报告。

积极探索科研创新，为持续发展奠定基础。2006年，省社科院面向全省各级党委政府、省直部门、大型企业，开展了“十一五”期间河北省经济社会发展重大研究课题征集活动，共发布调查问卷近千份，在全省引起积极反响。省委、省人大、省政府、省政协的许多领导同志给予了极大的关心和指导，有的领导亲自提出选题意见；许多市委、市政府和省直部门的主要领导同志亲自复函，对活动高度赞扬，并表明加强合作的意向。2006年在原有的《重要科研成果专报》和《对策与建议》的基础上，创办了《决策建议》和《决策参考》直报件，直接向省委省政府主要领导报送本院具有创新价值的研究成果。合计编发10期，共计约3万字。被省领导批示5期。这些措施为省社科院贯彻落实“为省委、省政府决策服务，为全省经济社会发展服务，为基层服务”的办院方针发挥了积极作用，为实现本院可持续发展提供了保障条件。

（河北省社会科学院　孟庆凯）

气象与防震

【气候概况】 2006年，全省年平均气温比常年偏高，年降水量较常年偏少，年日照时数较常年偏少。年内旱情重，雷暴、大雾多，寒潮降温天气频繁，酸雨严重，沙尘、风雹、暴雨等灾害时有发生。气象灾害较重，属中等偏重年份。

气温。全省年平均气温为12.4℃，比常年偏高1.0℃，较上年偏高0.4℃，属偏暖年份。冬季，平均气温为－2.9℃，接近常年。春季，平均气温为13.4℃，比常年偏高0.9℃。夏季，平均气温为25.6℃，比常年偏高1.0℃。秋季，平均气温为14.1℃，比常年偏高2.3℃，是有气象观测记录以来历史同期的最高值。

降水。全省年降水量为418.2毫米，较常年偏少20％。冬季，平均降水量为7.0毫米，比常年偏少41％。春季，平均降水量为71.3毫米，比常年偏多10％。夏季，平均降水量为299.7毫米，比常年偏少17％。秋季，平均降水量为38.4毫米，比常年偏少54％。

日照。全省年平均日照时数为2208.2小时，较常年偏少389.7小时，属异常偏少年份。冬季，平均日照时数436.3小时，较常年偏少111.6小时。春季，平均日照时数698.0小时，较常年偏少38.3小时。夏季，平均日照时数554.2小时，较常年偏少143.3小时，是1971年以来夏季日照时数最少的年份。秋季，平均日照时数558.0小时，较常年偏少59.5小时。

【主要气象灾害】 干旱。冬春连旱，秋旱较重。2005年11月至2006年3月，全省大部分地区基本无有效降水，全省平均降水量仅9.5毫米，比历史同期偏少71％。全省气温明显偏高，中南部31个县（市）的平均最高气温达1971年以来同期最高值。全省356座水库干涸，地下水位大幅下降，236.7万公顷土地干旱严重。秋季，全省降水偏少，中南部大部分地区降水量较常年偏少50%以上，同时气温显著偏高，全省季平均气温出现1951年以来历史同期最高值，部分地区的旱情发展迅速。至11月21日，全省大部地区发生不同程度旱情，且达重旱或特旱程度，全省受旱面积226.7万公顷，3.7万公顷冬小麦因旱无法播种，8.7万公顷缺苗断垄现象严重，部分地区出现饮水困难。

沙尘。全省125个县（市）出现了沙尘天气，其中21个县（市）发生了沙尘暴。沙尘影响范围超过20个县（市）的天气过程有7次。3月26～27日，出现全年范围最大、强度最强的大风沙尘天气，沙尘覆盖了全省102个县（市），其中89个县（市）出现扬沙，38个县（市）出现浮尘，18个县（市）出现沙尘暴，其中6个县（市）出现强沙尘暴。

寒潮降温。共出现12次大范围的强降温过程。3月11～12日，出现全年最强的一次寒潮降温天气过程，覆盖全省所有地区。3月12日，全省大部地区日平均气温48小时降幅10℃以上，全省各地降温幅度均达到强寒潮级别，是有气象记录以来历史同期（3月）出现强寒潮范围最大的一次。4月11～12日，34个县（市）出现1971年以来的最晚降雪日。全省大部分县（市）平均气温48小时降温幅度为8.0～20.0℃，部分地区出现寒潮和强寒潮。9月8～9日，全省大部分地区平均气温48小时降幅4.0～11.0℃，部分地区出现霜冻及低温冷害。4月11～12日和9月8～9日的强降温和雨雪天气过程，致使51个县（市）遭受大面积低温冷冻灾害，造成小麦、果树、蔬菜、玉米等农作物遭受不同程度损失，农作物受灾面积达9.3万公顷，直接经济损失4.1亿元。

冰雹大风。全省出现冰雹大风101个县（市）次。全年受灾人口117.6万，受灾面积22.3万公顷，倒塌毁坏房屋675间，导致1人死亡，5人失踪，30人受伤，直接经济损失11.9亿元。

高温。全省高温天气日数较常年偏少，大范围的高温天气主要集中在6月中旬。其中6月11日、12日、15日、16日、18日和19日等6天全省50%以上的区域日最高气温超过35.0℃。6月16日，武安等17个县（市）的日最高气温超过40.0℃；6月19日，沙河等13个县（市）的日最高气温超过40.0℃。

暴雨。主要有四次强降水过程。7月14日，全省大部分地区出现降雨，栾城等17个县（市）出现暴雨，部分地区出现大暴雨。7月30—31日，全省大部分地区先后出现强降雨天气。30日，卢龙等7个县（市）出现暴雨；31日，18个县（市）出现暴雨，其中海兴等6个县（市）出现大暴雨。8月12—14日，全省大部分地区出现强降雨天气，遵化等21个县（市）出现暴雨，其中赵县和高邑出现大暴雨。8月28—30日，出现2006年持续时间最长的一次降雨过程。邢台、清河等17个县（市）出现暴雨，其中邢台和肥乡出现大暴雨。整个夏季暴雨洪涝造成农作物受灾面积4.9万公顷，倒塌毁坏房屋3115间，受灾人口52.6万，其中5人死亡，直接经济损失1.8亿元。

雷暴。雷暴天气发生较为频繁，影响范围在50个县（市）以上的有29天，80个县（市）以上的13天，100个县（市）以上的5天。其中，6月28日全省有125个县（市）出现了雷暴天气。年内共发生严重雷电灾害18次，导致15人死亡，9人受伤，造成严重的经济损失。

酸雨。年内共出现了酸雨32站次，是1992年以来酸雨次数最多的一年。秦皇岛的酸雨最为严重，酸雨出现频率达62%，其中强酸雨频率为12%；年平均的降水PH值5.38，是该监测点的有酸雨观测记录以来降水酸度最强的一年。

大雾。全省平原大部地区大雾日数为20～60天，局部达60天以上。中南部大部地区大雾日数较常年偏多，部分地区偏多10天以上，局部偏多30～40天。大雾造成部分地区空气质量下降，高速公路部分路段被迫关闭，对交通运输造成不利影响，致使15人死亡，15人受伤。

【天气预报服务】 春季森林草原防火气象服务取得较好效果。2006年春季天气气候干燥，大风日数较多，降水异常偏少，森林火灾频繁发生。省气象台在4月4日到5月31日启动了森林草原防火气象服务日报告紧急预案，每天向省森林草原防火指挥部办公室等有关单位发布"春季森林草原防火气象预报"等，受到了省领导和防火指挥部门的高度评价。

麦收期气象服务准确、到位。省气象台从6月5日至23日，每天三次发布"麦收天气预报"，每周两次向省委省政府主要领导及有关生产部门发送"麦收天气专报"。并及时通过各种媒体向农民朋友介绍麦收期天气趋势预报及灾害性天气的防御知识，在多家媒体上开设麦收期间的气象预报服务咨询热线，有利地保障了全省麦收工作的顺利完成。

汛期气象服务工作保障有力。充分利用新一代天气雷达资料、FY—2C卫星云图、加密自动站资料密切监视天气变化，对河北省出现的6次大范围降水过程提前做出准确预报，及时传送到各级政府主要领导、有关部门和新闻单位。省委书记白克明对7月30日的"暴雨预报"作出重要批示：近期雨水较多，且已进入"七下八上"时期，务必提高警惕，防汛防灾切不可掉以轻心。同时，要积极利用汛期，科学合理地进行蓄水。省长季允石批示要求：通知各地，高度重视，认真应对。省委常委、常务副省长郭庚茂，副省长宋恩华也分别就做好当前防汛工作做出批示。

应急气象服务取得良好社会效果。6月12日，大沙河污染突发事件发生后，省气象台和保定市气象局立即启动了"应对突发公共事件气象应急保障服务预案"，派出有关技术人员进行现场服务，并加强了对大沙河流域的天气监测和预报，每天两次专门制作"大沙河流域煤焦油污染区天气预报"，发布专题气象服务信息23期，为取得防控煤焦油污染事件的决定性胜利做出了应有贡献。2006

年春季，昌黎滦河口海域出现原油污染，秦皇岛市气象局多次与国家卫星中心联系，利用卫星增强显示来观测该海域污染情况。从3月25日至8月30日，共发布污染区专题气象服务报告130期，为污染防治发挥了重要作用，得到有关部门的充分肯定。

为重要建设项目和社会活动提供优质气象保障服务。先后为北京军区综合军事演练、张家口清水河蓄水改造、飞播造林等项目和全省少数民族运动会提供了优质气象服务，受到了有关部门的好评。

【农业气象服务】 成功实施了森林草原火灾监测。入春后，利用EOS和NOAA系列卫星先后成功监测到河北省森林火点159处，及时向有关部门提供了信息服务。

干旱与作物长势监测服务及时。利用卫星遥感监测、全球定位系统等现代化手段，对河北省农业干旱程度的分布情况、发生发展的变化情况，进行了动态跟踪监测，定期发布干旱、植被监测信息36期，不定期发布干旱和冬小麦长势监测信息26期，为政府组织抗旱减灾提供了客观的决策依据。

农业气象灾害预测服务水平有所提高。年初，结合2005年本省气候概况，及时向省政府和有关部门提出了“春季河北省大部地区主要以干旱、低温冻害、冰雹和冬小麦病虫害为主”的灾害预测和防灾建议。5月下旬及时向省植保站提供了《蝗虫灾害预报》服务信息，为有关部门制定灭蝗方案提供了决策依据。

按时完成粮棉产量预报服务。利用“MODIS”卫星遥感监测结果，在分析全省冬小麦播种以来农业气象条件的基础上，结合实地调查和模式计算，发布了全省冬小麦产量综合定量预报。

积极做好环评工作。5月，白洋淀污染事件发生后，河北省气象科研所与有关部门联合完成了白洋淀生态环境规划评价。

【人工影响天气】 人工影响天气为支持和保护农业做出新成绩。在积极实施飞机人工增雨作业中，充分利用2005年引进的新型机载PMS探测仪器，增雨作业效果明显提高。共计开展人工增雨及大气探测飞机作业58架次、累计飞行近150多小时，增水约14亿立方米。飞机架次、飞行时间、增雨效果以及经济社会效益都显著好于往年。宋恩华副省长先后两次对飞机人工增雨工作做出批示。在做好飞机人工增雨作业的同时，还多次组织了森林火情监测飞行，并将监测情况及时通报了有关部门。

全省火箭高炮人工增雨防雹作业效果显著，大大缓解和解除了局部地区旱情，补充了地面水资源，在防雹作业效果区未出现冰雹灾害，为农民增产增收和建设社会主义新农村做出了积极贡献。

【公共气象服务体系建设】 电视天气预报节目制作水平有了新提高，气象服务的社会覆盖面进一步扩大。在河北电视台8个频道开办了电视天气预报节目，每天制作节目24套。在10月份举办的“第六届华风杯全国电视气象节目观摩评比活动”中，河北省制作的气象节目取得团体第二名的好成绩。在省政府的支持下，省气象局与有关部门联合，把防灾减灾信息通过手机短信及时发布到了水利、农业、林业、环保等行业。组织开发了针对农村的“气象灾害预警专用发布系统”，为有效解决农村气象灾害预警“最后一公里”问题进行了尝试。

【气象业务现代化建设】 气象业务现代化建设取得阶段性进展。新一代天气雷达建设进度加快。张北雷达通过现场验收，投入业务试运行。承德雷达、秦皇岛雷达相继开工建设。

加强区域气象观测网的建设与应用。2006年建成加密自动气象站1444个。开发了基于网络地理信息系统(WEB—GIS)的加密雨量信息分析显示软件，实现了气象信息与三维地形图、交通线路、水库、河流等基本地理信息的综合分析显示，在汛期气象服务中发挥了应有的作用。

拓展观测内容与手段，努力提高综合观测能力。在石家庄、廊坊、秦皇岛、沧州建立了闪电定位观测系统。全省建设30个GPS/MET观测站、张家口L波段探空雷达站开始建设。

【气象科技】 发展气象科学技术纳入政府重要议程。5月18—19日，宋恩华副省长在北京参加了全国气象科技大会。6月30日，省政府召开第六十七次常务会议，专门听取了省气象局关于贯彻落实全国气象科技大会精神的汇报，就加快气象科技创新能力建设进行了专题研究，并以《会议纪要》形式印发。为认真贯彻落实全国气象科技大会和省政府第六十七次常务会议精神，省气象局研究编制了全省气象科技发展规划和《气象科技创新体系实施方案》等。

深入实施科技兴气象战略取得新进展。以生态环境监测省级重点实验室建设为依托，搭建全省气象科技创新平台。设立了开放式科研基金，面向社会公开征集研究项目。组织推荐2007年中国气象局入库项目17项，申报国家自然科学基金等各类科研项目20项。筹资40万元支持多轨道业务科研开发工作，安排50万元用于支持5个研究型业务项目。“河北省蝗虫灾害气象监测预测方法研究”成果，获2006年河北省科技进步三等奖。“省市级MODIS土壤水分和农作物遥感监测技术”在全国部分气象部门及大专院校推广。“日光温室低温寡照灾害预警技术推广等科研成果”面向华北区域推广。

【国发〔2006〕3号文件的落实】 加快气象事业发展得到政府高度重视。根据《国务院关于加快气象事业发展的若干意见》(国发〔2006〕3号)，9月4日，省政府下发了《关于进一步加快气象事业发展的实施意见》(冀政〔2006〕70号)。《意见》结合河北省实际，明确了加快气象事业发展的指导思想和总体目标，强调要加强气象基础保障能力建设和气象综合服务及保障能力建设，要科学合理开发利用气候资源。《意见》提出了加快气象事业发展的主要措施：健全地方气象标准体系；加强统筹规划和管理；加快气象科技创新；加大财政投入力度；抓好气象人才队伍建设。《意见》要求各级各部门要高度重视气象工作，将气象事业纳入地方国民经济和社会发展规划及科技发展规划，进一步细化加快气象事业发展的目标和要求，抓紧制定和落实各项具体措施，统筹安排，加强协作，促进气象事业全面、协调、可持续发展。

【气象法制与精神文明建设】 行政执法责任制和气象法制建设得到进一步完善。清理了63个涉及气象社会管理的项目，提高了依法行政的透明度。对所有国家和地方气象法律法规规章所涉及60余项行政处罚、11项行政许可、以及行政强制、行政备案事项，进一步明确了行政主体、执法依据、执法机关、职责和职权划分，完善了责任制度，规范了行政行为。组织起草了《河北省防雷减灾管理办法》，已列入2007年政府立法计划。

精神文明建设取得丰硕成果。全省气象部门建成省级文明单位17个，市级92个，县级38个。秦皇岛和涿州市气象局被中国气象局授予全国气象部门"文明台站标兵"称号。

（河北省气象局　刘文奎　张冀梅）

【防震减灾】 2006年3月22日至23日，由中国地震局和河北省人民政府联合主办、省地震局和邢台市政府联合在邢台市承办了纪念邢台地震40周年学术研讨会。中国地震局局长陈建民、副局长岳明生，省政府副省长龙庄伟等领导出席会议并讲话，中国地震局、全国地震系统、中国科学院、当年在地震现场工作的老科技工作者代表及其他行业的代表共220多人参加了会议。会议期间，代表们还出席了由邢台市委、市政府举办的纪念邢台抗震救灾40周年大会，参观了邢台地震纪念碑、邢台地震资料陈列馆，观看了邢台市委、市政府举办的纪念邢台地震40周年专场文艺演出。会上18位专家就监测预报、城市预防、应急救援等领域进行了广泛交流，会议圆满成功。在纪念邢台地震40周年、唐山地震30周年期间，河北省地震局组织了一系列纪念和宣传教育活动。一是组织了河北省"网通杯"防震减灾知识竞赛，利用电视、报纸、网络等媒体传播防震减灾知识。二是组织了邢台地震40周年、唐山地震30周年座谈会，缅怀唐山地震中遇难的同仁，回顾总结40年来河北省监测预报工作的艰难历程。三是参与唐山地震30周年纪念大会的筹备工作，圆满完成了纪念大会期间地震安全保障任务。四是对唐山地震中遇难同仁的坟墓进行了修葺，7月29日举行了墓前的悼念活动，中国地震局局长陈建民出席悼念活动并致词。五是组织青年党团员开展了"我与防震减灾事业共奋进，青春奉献十一五"的主题实践活动。

成功组织2006亚太地区地震演练。2006年8月在石家庄成功举办了2006年亚太地区地震演练。这项活动是受联合国人道主义事务协调办公室委托、由中国地震局和河北省人民政府联合主办、石家庄市人民政府承办的。这次演练规格高，由联合国人道主义事务协调办公室、中国地震局和河北省人民政府共同组织；规模大，参加演练活动的人员近300人，其中包括17支国外地震救援队，17支国内省级地震救援队还有中国国际地震救援队；时间长，筹备工作历时5个多月，演练前后持续近一周时间；任务重，上下及横向联系协调的单位很多。场地勘选、部门协调、会议安排、演练人员和志愿者培训等经过周密的安排部署，演练活动取得圆满成功。

防震减灾工作联席会议。根据省政府的部署，2006年10月27日河北省人民政府防震减灾工作联席会议在石家庄召开。会议的主要内容是传达国办发〔2006〕54号文件精神，河北省地震局、省建设厅、省民政厅交流贯彻落实国办发〔2006〕54号文件的意见，省地震局介绍当前和今后一段时间的震情形势，安排部署2007年防震减灾工作。省政府副省长龙庄伟出席会议并讲话。龙副省长重点强调了三个方面的问题：一是要高度重视并切实加强防震减灾工作。二是认真贯彻落实国办发〔2006〕54号文件精神，努力提高防震减灾能力。提高地震监测预测能力，要牢固树立"震情第一"的观念，以科学的态度，认真做好年度地震危险区的震情跟踪和短临预报工作。加快河北省防震减灾与国内高水平及国际水平接轨的步伐。三是密切协调配合，形成工作合力。防震减灾工作是一项社会系统工程，必须依靠全社会的力量。会上，李靖副秘书长传达了国办发〔2006〕54号文件精神。省地震局局长周清良作了《关于进一步做好防震减灾工作的通知》(征求意见稿)起草情况的说明。省建设厅、省民政厅的代表分别就农村民居防震保安工作、救灾物资储备和灾民救助工作作了发言。省地震局分析预报中心副主任张跃刚通报了河北省当前和今后一个时期的震情形势。省政府防震减灾联席会议成员各单位负责同志及联络员，河北省地震局机关处级和直属事业单位副高职以上共60余人参加了会议。

严密监视地震活动。河北省地震局始终牢固树立震情第一的观念，把地震监测预报、震情跟踪工作当作首要任务来抓。根据全国地震趋势预测意见和河北省年度地震趋势会商结论，监测预报部门严密监视震情，认真组织周、月、半年、年度会商，及时核实异常，制定并组织实施地震短临跟踪方案，改进了会商方式方法等，取得了较好的成效。2006年7月4日发生在文安的5.1级地震，是河北省境内近几年来的一次重要地震事件。地震发生后，全省地震系统迅速响应、统一行动、积极应对、稳妥处置，并加强了地震短临跟踪措施，开展了强化地震知识宣传，为维护一方安定作出了贡献。

观测资料评比成果显著。2006年度河北省地震局参加中国地震局组织的监测预报评比工作，在全国统评的单项工作共89项，优秀率100%，获得全国学科综合评比和单项前三名共12项，比上年增加了5项。张家口台获地壳形变学科第一名、倾斜潮汐形变单项第一名，易县台获地壳形变学科第三名、洞体应变第一名，后土桥台获电磁学科第三名、地电场第二名、地磁Ⅱ类台第三名，红山台获定点核旋第二名，怀来台获倾斜潮汐形变综合台第二名、气氡第二名、气汞第三名，保定流动观测组获流动重力观测第三名。2006年，遥测台网共处理地震信息1000余条，爆破事件200余条，并每天定时将各类原始数据及信息以日报形式向大华北数据共享系统发送，全年完成地震速报19次，速报时间及精度等指标全部符合中国地震局规定。编辑河北省地震目录、观测报告共计22册，向中国地震局 APNET 网报送快报 50 余期，拨号强震台站旬检 50 余次，获得近场强震加速度记录 20 余台条。

逐步加大防震减灾行政执法力度。河北省地震局积极推进《河北省地震安全性评价管理条例》的修订工作。2006 年 7 月该《条例》已由省政府常务会议通过，并列入 2007 年修订计划。制定了《河北省地震安全性评价报告评审费使用管理办法》、《河北省地震安全性评价报告评审管理办法》等地震安全性评价管理制度。完善了地震安全性评价报告的申报制度和备案制度。2006 年共审批完成地震安全性评价报告评审 148 项，其中批复省重点建项目 6 项，参与了 3 项省重点工程的前期可行性研究论证会。完成各项管理程序制度的上墙公开方案，向社会公开省级重点建设项目抗震设防要求和地震安全性评价行政许可的事项等各项行政职权。推进地震安全性评价注册执业资格准入制度。2006 年 10 月，受河北省发改委委托，由河北省工程咨询院主持召开了河北省城市活断层探测与地震危险性评价可行性研究论证会，会上省地震局对该项目做了全面介绍，并一致通过了专家论证。11 月 20 日，该项目的立项已经正式得到省发改委的批复。项目估算投资 11073.31 万元，省财政补贴 3400 万元，由省预算内基本建设资金解决。

农村民居地震安全工程建设和"三网一员"建设稳步推进。2006 年 6 月，国务院在新疆召开了全国农村防震保安工作会议，对全国农村地震安全民居工程建设进行了全面部署。会后，省地震局主动联合省建设厅向省政府提出了关于河北省的贯彻落实意见。10 月 23 日，省政府常务会听取了省地震局关于全国农村民居防震保安工作会议精神及贯彻落实意见的汇报，原则同意河北省贯彻落实全国农村防震保安工作会议精神的安排意见。并议定成立河北省农村民居防震保安工作领导小组，统一协调领导全省农村民居抗震保安工作。待《国务院关于农村民居地震安全工程实施意见》印发后，由省地震局会同省有关部门，结合全省实际研究制定贯彻落实意见，报省政府审查印发实施。

地方地震工作成效显著。2006 年 5 月，河北省地震局参加了由中国地震局组织的 2005 年度全国市（地）防震减灾工作综合评比，在此次评比中，唐山市地震局荣获了"全国市(地)防震减灾工作综合评比一等奖"，石家庄市地震局和邯郸市地震局荣获了"全国市(地)防震减灾工作综合评比创新奖"，迁安市科技局、香河县科技局、永年县地震局、青龙满族自治县地震办公室、河间市地震局、隆尧县地震局荣获了"全国县级防震减灾工作先进单位"。

地震应急预案与组织体系建设进一步完善。完成了省市两级地震应急预案修订工作。协助省政府修订印发了《河北省地震应急预案》，对原《河北省地震局地震应急预案》（冀震发〔2003〕21 号）进行了重新修订，规范了应急程序和信息格式，进一步增强了实用性；制定了河北省地震应急通信工作方案；组建了"河北省地震局地震现场应急工作队"；紧急救援队建设取得新进展，社会地震应急救援工作稳步推进；2006 年抓了石家庄市联盟社区和邯郸市复兴区邯钢三社区两个试点，继续推进全省城市社区地震应急救援志愿者队伍建设。省地震局参加了 2006 年 12 月在北京召开的华北地区地震应急区域协作联动会议，共同制定了《华北地区地震应急区域协作联动联席会议章程》和《华北地区地震应急区域协作联动工作实施方案》，为应急联动工作做准备。

（河北省地震局　王加林　王智慧）

【地震活动】　据河北省数字遥测地震台网测定，2006 年河北省及京津地区共发生地震 847 次，ML1.0 级以下地震 144 次，ML1.0—1.9 级地震 611 次，ML2.0—2.9 级地震 82 次，ML3.0 —3.9 级地震 7 次，ML4.0—4.9 级地震 2 次，ML5.0 以上 1 次最大地震为 2006 年 7 月 4 日河北文安（38°54′　1116°17′）的 M5.1 级地震。2006 年 7 月 4 日河北文安的 M5.1 级地震和 2006 年 5 月 3 日发生在唐山的 ML4.0、4.2 级两次地震都是非常显著的地震，2006 年河北省及津京地区的地震活动仍然比较活跃，小震活动集中在张渤带及河北平原带。唐山老震区的小震活动仍然是唐山地震的余震活动，而晋冀蒙交界地区和河北南部地区的小震丛集表明，晋冀蒙交界地区和冀鲁豫交界地区的震情仍未缓解。

2006 年的地震频度有所下降，小震频度只有 847 次，低于历史平均水平；小震活动仍集中分布在唐山、邢台、张家口地区的 3 个地震活跃部位；地震活动与 2005 年相比，京津唐地区无论是地震频度还是地震能量都比较高，成丛型比较明显，活动范围都比较大；河北平原地震带中部小震较少，京西北及京津地区小震活动有所增强。

（河北省地震局　刘继录）

国土资源监管

【概况】　2006 年，河北省土地总面积为 2.83 亿亩。按一级地类统计，农用地 1.96 亿亩，占辖区总面积的 69.4%；建设用地 2655.83 万亩，占辖区总面积的 9.4%；未利用地 5990.31 万亩，占辖区总面积的 21.2%。按二级地类统计，农用地中，耕地 9473.65 万亩、园地 1057.43 万亩、林地 6623.56 万亩、牧草地 1202.51 万亩、其它农用地 1261.78 万亩，分别占农用地的 48.3%、5.4%、33.8%、6.1%、6.4%；建设用地中，居民点及独立工矿用地 2288.81 万亩、交通运输用地 175.62 万亩、水利设施用地 191.40 万亩，分别占建设用地的 86.2%、6.6%、7.2%；在未利用地中，未利用土地 5176.68 万亩、其它土地 813.64 万亩，分别占未利用土地的 86.4%、13.6%。

河北省矿产资源丰富，矿业经济发达，目前已发现各类矿种 151 种，有查明资源储量的 120 种，排在全国前 5 位的矿产有 34 种。现已探明储量的矿产地 1005 处，其中大中型矿产地439处，占43.7%。全省已开发利用矿产地786处，现有各类矿山6290家，从业人数40.8万人，年开采矿石总量近5.0亿吨，采掘业年产值达362亿元，形成了以冶金、煤炭、建材、石化为主的矿业经济体系。地质灾害主要有崩塌、滑坡、泥石流、地面塌陷、地裂缝、海水入侵等。

河北省海岸线长487公里，海岸带总面积11379.88平方公里（其中陆地面积3756.38平方公里，潮间带面积1167.9平方公里，浅海面积6455.6平方公里）。有海岛132个，岛岸线长199公里，海岛面积8.43平方公里。河北省沿海地区处于环渤海经济圈的中心地带，是全国五个重点海洋开发区之一，海洋生物、港口、原盐、石油、旅游等海洋资源丰富，气候环境适宜，海洋灾害少，是发展海水养殖、盐和盐化工、港口运输、滨海旅游等产业的优良地带，适合进行各种形式的综合开发，具有发展海洋经济的巨大潜力。目前主要海洋产业是水产、交通运输、修造船、原盐、盐化工、石油和旅游。

【服务经济建设】 全省坚持“集中指标保重点，一般项目靠挖潜”的原则，用好增量、盘活存量，积极主动地做好用地计划指标的安排使用和建设用地审查报批工作，狠抓存量建设用地挖潜和未利用地利用，努力增加建设用地有效供给。截至2006年底，完成了国家下达的10.575万亩农用地转用计划，年底前又争取了国家追加农用地转用计划指标2.025万亩，使用了国家直接掌握的用地计划指标5.91万亩。年内，经批准，各市、县还使用未利用地4.113万亩，存量建设用地挖潜也超过了上年，为全省经济社会发展提供了有力的用地保障。

【耕地保护】 在严格建设用地审批管理、认真执行耕地占用补偿制度、确保耕地占补平衡的同时，适度开发整理，增加耕地面积。年内完成土地开发整理项目274个，补充耕地20.05万亩，比国家下达计划超出1.3万亩。编制了河北省《东中部粮食主产区基本农田整理工程实施方案》，制定了基本农田保护示范区建设方案，栾城、赵县等6个县（市）被国土资源部确定为基本农田保护示范区。强化基本农田保护基础工作，规范基本农田保护图、帐、表、卡等基础资料，更新和增加基本农田保护标志，形成了“一乡一图，一村一档，一户一书，一地一牌”的管理模式。

按照监察部和国土资源部的部署，对土地市场治理整顿以来土地违法违规问题及处理情况进行了执法检查，对部分设区市应用遥感技术开展了土地执法检查，对全省新开工项目的用地进行了清理，与监察部门一起在全省开展了查处土地违法违规案件专项行动，并采取挂牌督办、公开曝光等一系列强有力措施，严肃查处土地违法案件。年内全省共查处土地违法违规案件5701起，给予党内处分77人，给予行政处分22人，追究刑事责任49人。省公开处理了8起土地违法案件，市、县公开曝光处理了180起典型土地违法案件，有力地打击了土地违法行为。

为切实严格土地管理，强化耕地保护工作，省政府与各设区市政府签订了《土地管理目标责任书》，在全省强化“三严”，实行“六个坚决不批”，即：凡不符合国家产业政策、达不到市场准入条件的项目用地坚决不批；凡不符合土地利用总体规划、没有用地计划指标的坚决不批；凡未落实补充耕地方案、占用耕地补充不到位的坚决不批；凡未按有关规定足额缴纳新增建设用地土地有偿使用费的坚决不批；凡达不到单位面积投资强度和容积率控制标准、用地效率低下的坚决不批；凡未严格履行征地程序、补偿标准低于国家和省有关规定、补偿安置费用不到位、社会保障费用不落实、引发群体性事件又没有妥善解决的征地坚决不批。

【矿产资源管理】 一是着力抓好整顿工作。全面完成了“一矿一卡”和“一勘查项目一卡”清查任务，狠抓了137个重点矿区专项整治，依法打击无证采矿、越层越界等违法行为。同时，加强地上巡查、井下实测，建立防范机制，巩固整顿成果。一年来，全省共查处矿产资源违法案件998起，矿产资源违法行为得到有效遏制，矿产资源开发秩序保持基本稳定的态势。二是大力推进矿产资源整合。在2005年抓好17个重点矿区整合试点的基础上，在全省全面部署开展了整合工作，全省矿产资源总体整合方案已基本编制完成，非煤矿产的资源整合工作取得良好进展，其中省厅审批权限内的矿种，已有近20个矿区的整合方案报经省政府批准实施；设区市审批权限内的矿种，部分市、县已基本完成了整合任务。在煤炭资源整合上，根据国办82号文件和国家安监总局等十一部委文件，及时调整了煤矿整合最低生产规模，并按照新的标准对所有煤矿矿区重新编制整合方案。三是规范矿权管理。全面实行了探矿权采矿权设置方案制度，建立了采矿许可证延期预警机制，严格采矿权延续审批，严把新办矿山和勘查项目准入关。矿权设置方案制度的实施，促进了矿产资源的优化配置和合理开发利用。

【海域使用管理】 年内全省批准用海538宗，面积9554.4公顷，征收海域使用金9427.5万元；按时完成了河北省7条县际海域界线的协议签署工作。同时积极做好曹妃甸工业区用海工作，促进重大用海项目建设。新修订的《河北省海洋功能区划》去年11月初已经国务院批准，到2010年为曹妃甸填海预留了128平方公里，保障了曹妃甸工业区建设用海需求。曹妃甸一期建设工程用海15平方公里已经国务院批准，二期建设工程中的煤码头、华润电力曹妃甸电厂、液化天然气（LNG）码头和原油码头及配套设施四个重点项目，以及精品钢基地建设项目后续9.1平方公里用海，去年通过了国家海洋局预审并出具了用海预审意见，其中精品钢基地、煤码头、原油码头及配套设施项目通过了国土资源部用地预审，为项目的审批核准奠定了基础。

【地质勘查】 认真落实省政府《关于加强重点矿种勘查工作的意见》，在全省启动了新一轮以铁、煤等重要矿产资源为重点的地质勘查工作。设立了省级地质勘查基金，建立了重点矿种勘查激励机制。年内全省共安排省级地勘资金3.25亿元，实施地勘项目95个，其中安排铁矿勘查资金1.27亿元，实施项目31个；安排煤炭资源勘查资金

1.25亿元，实施项目20个。用于铁、煤的勘查资金占到了全年地质勘查资金总额的77%。各地认真抓好地勘项目的实施，加大了地质勘查工作力度，取得了一批找矿成果。

【“和谐国土”建设】 维护群众合法权益。一是认真做好征地补偿安置工作。全面落实征地补偿最低保护价制度，依法履行法定征地程序，防止了损害被征地农民利益问题的发生。完成了全省征地区片综合补偿标准制订工作，测算成果已经省政府同意上报国土资源部。二是切实加强信访工作。深入开展排查调处工作，年内全省妥善处理信访隐患苗头和矛盾纠纷390多起。把群众反复上访、可能引发进京访的问题作为重点，实行领导包案、专人负责、限期解决，年内妥善处理和解决了一批重大疑难信访案件。全省国土资源信访工作实现了“三下降一好转”：省厅受理来信总量和接待来访总量、全省进京访总量分别比2005年有了明显下降，国土资源信访秩序进一步好转。三是狠抓灾害防治和环境保护。年内全省共发生地质灾害28起，未造成人员伤亡和重大财产损失，因灾害造成的经济损失较2005年有所减少。出台了《河北省矿山生态环境恢复治理保证金管理暂行办法》，推动了矿山生态环境保护。全省抓了70个省级、50个市级“绿色矿山”示范区建设，促进了矿区环境改善。承德市大力实施百矿披绿工程，邯郸市以“千矿万亩”工程为载体，大力推进“绿色矿山”建设。加强地质公园建设，涞源白石山、涞水野三坡与北京联合申报世界地质公园获得成功，填补了河北省内空白。在海洋环境保护上，编制了《河北省海洋环境保护规划》、《河北省沿海环境保护总体规划》，沿海三市加强了海洋环境监测预报系统建设，加大了监测预报工作力度。出台了《河北省突发性地质灾害应急预案》、《河北省海洋灾害应急预案》，强化了地质灾害和海洋污染事件应急管理。厅和沿海市、县局积极协助地方政府做好海上原油污染处置工作，最大限度地减少了污染损失。

【基础建设】 在地籍管理上，认真抓好土地利用现状更新调查和城镇地籍补充调查以及“两库”建设工作，125个县（市、区）土地利用现状更新调查及数据库建设通过了验收，5个设区市完成了城镇地籍补充调查及数据库建设并已投入使用。唐山市局、秦皇岛市局、廊坊市局市区分局等一批市、县局被评为全国地籍管理工作先进单位。在矿产资源储量管理上，进一步规范储量评审行为，提高了评审质量；建立和完善矿业权评估制度，增强了评估工作的透明度；完成了对生产矿山第一轮资源储量检测工作，全面启动了全省矿山储量动态监管工作，矿产资源储量登记统计工作进一步规范，地质资料管理进一步加强，社会化服务水平进一步提高。在科技工作上，狠抓国土资源科技管理、科技创新和重大专项项目的实施，“908”专项工作和国土资源遥感监测专项工作取得良好进展，科技项目管理和科技信息服务工作进一步加强。省厅和廊坊市局被评为全国国土资源系统科技工作先进单位，沧州市局被评为全国海洋科技工作先进单位。在信息化建设上，编制了全省国土资源信息化“十一五”规划和总体实施方案，狠抓了厅政务审批系统改造，开展了国土资源数据中心改造工程建设；加快市、县级国土资源政务审批系统建设步伐，基本完成了全省统一的国土资源电子政务系统平台建设，沧州市局、石家庄市局、黄骅市局、鹿泉市局已实现与省厅联网审批。

【依法行政】 一是推进了管理体制改革。截至2006年底，全省136个县（市）国土资源局已有134个完成体制改革任务，占总数的98.5%；36个市辖区国土资源分局已有35个实行垂直管理，占总数的97.2%；21个市辖开发区国土资源分局已有17个纳入市局垂直管理，占总数的81%；全省已完成317个国土资源所的设置和2426人的招录工作，分别占40%和42%。二是大力推进依法行政。省人大颁布实施了《河北省地热资源管理条例》和《河北省海域使用管理条例》，理顺了全省地热资源管理职责，增强了海域使用管理的操作性。省厅制定实施了全面推进依法行政五年规划、立法五年规划、普法五年规划。扎实做好行政复议、行政诉讼等工作，认真开展了征地协调裁决调研，促进了国土资源行政管理救济渠道的畅通。各地积极推进依法行政制度建设，努力建设法制国土、效率国土、责任国土，全系统依法行政水平有了新的提高。三是进一步推进行政权力公开透明运行。狠抓了11个设区市局、49个试点县局、厅属事业单位试点的行政权力公开透明运行工作，推进了全系统政务公开建设，促进了工作效率和服务质量的提高。四是着力抓好全系统干部队伍建设。厅党组从加强和改进思想政治工作入手，抓好厅机关和全系统干部队伍建设。成立了思想政治工作领导小组，召开了全系统思想政治工作联席会议，加强了以支部为单位的基层党组织建设。加强与设区市市委组织部的沟通协调，按照《党政领导干部选拔任用工作条例》的规定，做好县处级干部任免工作，市局领导班子年龄结构和知识结构有了较大改善。制定了干部教育培训计划，坚持理论培训与业务培训相结合、政治素质与业务能力相结合，强化干部教育培训工作，全系统“三个能力”有了明显提高。与此同时，出台了加强国土资源所管理的若干意见，狠抓了治理商业贿赂以及专项资金综合治理等工作，党风廉政建设和机关效能建设取得了良好成效。系统各级认真落实省厅部署，加强干部队伍建设。

（河北省国土资源厅　杨淑梅）

测　　绘

【概况】 2006年，全省测绘系统以科学发展观为指导，努力为全省经济社会发展提供测绘保障。着重加强对全省测绘工作的统一监督管理，依法行政、严格监管测绘市场，加强基础测绘工作，着力测绘科技创新，提升测绘公共服务水平。经过广大测绘工作者的团结奋斗，各方面工作都取得了新的进展，为全省经济、社会发展和社会信息化建设提供了有力的保障。

测绘法制建设。组织起草了《河北省测绘成果管理办法》（草案）已报送省政府；制定印发了《河北省测绘行业法制宣传教育第五个五年规划》，按照省政府法制办公室关于开展立法后评议工作的有关要求，提交了《河北省基础测绘管理办法》、《河北省地籍测绘管理办法》、《河北省测量标志保护办法》和《河北省地图编制出版管理办法》修正案；为建立健全行政执法责任制及其配套制度，制定印发了《河北省测绘局行政执法责任制规定》、《河北省测绘局行政执法责任制实施方案》和《河北省测绘局听证程序规定》等规范性文件。按照省纪委和省政府法制办公室的有关要求，对省测绘局的测绘行政权力进行了全面清理、归纳，并在河北测绘网等媒体上公开。开展了测绘行政执法评议考核活动，对全省11个设区市和26个县（市）测绘行政主管部门的测绘行政执法情况进行了全面的考核，其中6个市被评为二〇〇六年度全省测绘行政执法先进单位。

测绘行业管理。认真贯彻《河北省人民政府关于国土资源管理体制改革的实施意见》，年内在全省11个设区市、136个县（市）国土资源局加挂了测绘管理办公室的牌子，测绘行政管理的职能得到了进一步的落实。在加强测绘市场准入方面，与省教育厅等7部门联合转发了国家测绘局、教育部等7部门《关于加强外国的组织或者个人来华测绘管理工作的通知》，与省建设厅联合印发了《关于进一步加强房产测绘机构管理有关问题的通知》。在地图市场监管方面，与省委宣传部、省教育厅等10部门联合印发了《关于开展政府网站自查工作的通知》，专门组成专家组对全省各级政府部门的网站进行了全面的检查和疏理，对加挂地图图形中存有问题的网站提出了整改要求；5月份对河北省东北亚国际商务节活动中各参加单位挂载中国、世界地图图形的宣传资料、展牌进行了全面检查，及时纠正存在问题。年内共受理地图审核21项，审批17项，承办省级测绘项目备案登记41项，全省共查处测绘违法案件72起，有效地净化了测绘市场、地图市场的环境。

测绘法制宣传。6月份，省局印发了关于贯彻实施《河北省实施〈中华人民共和国测绘法〉办法》的意见，组织了以“加强测绘成果管理，促进测绘成果广泛应用”为主题的全省“8·19”测绘法集中宣传活动。8月29日全省各市、（县）采取多种形式、大张旗鼓地开展了测绘法规宣传日活动，其中省人大城建环保工委、省国土资源厅、省测绘局的有关领导参加了省会石家庄的宣传。省测绘局编印了国家版图知识宣传画12万张，分发到各市（县），组织开展国家版图知识展览；完成了百所学校国家版图知识巡展活动。

测绘成果管理。加强对测绘成果的监督管理，认真落实测绘成果汇交、管理、使用制度。年内共进行610项成果使用行政审批，其中为省外测绘单位申请使用63项；为省内66个测绘单位使用外省市区测绘成果办理了相关手续。在测绘成果汇交方面，接收基础测绘成果9批，其中包括1：1万DLG117幅，嶂石岩、小五台的GPS高程测量成果，全省1：10万三维数据，全省似大地水准面成果等；接收测绘成果目录4批，其中包括南水北调工程邢沧干渠、沙河干渠及周边D级GPS网以及二、三等网测量成果目录，部分青兰高速、廊沧高速1：2000地形图目录。

测量标志管理。加强了对测量标志及基础设施的维护管理。依法查处损坏测量标志事件6起，迁建测量标志1座；按照省国土资源厅要求，将具有使用效能的测量标志以及新建立的测量标志逐步委托各国土资源所保管。

基础测绘工作。编制印发了河北省基础测绘“十一五”规划。完成的主要测绘项目有：1：1万数字线画图586幅；部分市、县（市）1：1000、1：2000比例尺地形图数据采集、建库；全省136个县（市）地图的编制出版，河北省数字线画图编辑建库工程；河北省资源地图集的编制，国家文物局、国家测绘局下达的河北境内的明长城调查测绘试验，以及经国家财政部、发展和改革委员会审批同意的河北省卫星定位综合服务系统项目的可行性研究、总体方案技术论证、基准站点的主体土地等。

测绘科技创新。省第二测绘院与德国GGS公司、路徕公司合作，开展了低空数字摄影系统的试验，该项目将为河北省应急信息系统建设适时提供数字地形图，项目成果经国家测绘局专家组鉴定，认定其技术水平达到了国际先进。省第二测绘院、省基础地理信息中心与澳大利亚新南威尔士大学合作的利用合成孔径雷达干涉测量技术，监测矿区地面沉降实施项目，已基本完成数据采集、分析等工作，该项目的应用将为政府矿产管理部门监测矿区超范围开采提供依据。省基础地理信息中心与省文物局等有关单位合作，利用多重激光扫描技术，建立了山海关长城立体模型，为河北省修建山海关长城提供详实的数据，该技术成果被国家测绘局认定为国际先进水平。

测绘成果保障。省基础地理信息中心和省测绘资料档案馆坚持测绘成果为各级政府宏观决策服务，为全省经济社会发展服务的方向。全年共接待各级政府部门、经济建设部门来访610多人次，为全省资源管理、建设、规划、环保、交通、水利、农业、林业、电力、通信、勘测等部门提供了大量的各类测绘成果数据，其中1：5000DLG99幅，1：1万DOM1734幅，1：1万DEM271幅，1：1万DLG662幅，1：5万DEM24幅，1：5万DLG276幅，1：25万DLG65幅；提供各种模拟测绘成果，包括1：1万地形图4810幅，1：5万地形图1512幅，1：10万地形图276幅，1：25万地形图91幅，1：50万地形图6幅。

【省级基础测绘“十一五”发展规划】 经省发展和改革委员会审核报省政府同意，2006年10月，省测绘局印发了《河北省省级基础测绘“十一五”发展规划》。其指导思想和原则为，坚持以邓小平理论和“三个代表”重要思想为指针，按照十六大提出的全面建设小康社会的目标要求，全面落实以人为本，全面、协调、可持续科学发展观，坚持“统一监督、项目推动，资源共享、开拓创新、服务社会”的原则，增强基础测绘保障能力，丰富社会服务产品，提高公共服务水平，实现基础地理信息共建共享，初步形成“信息测绘、公共测绘、全面测绘”的现代测绘格局。“十一五”发展的主要目标：一是以测绘科技为先导，促进测绘数字化技术体系向信息化测绘体系转化。建立新一代的河北省大地测绘基准，建成三维、动态、多功能的基础地理信息数据库，建立覆盖全省的公益性测绘信息服务交换网络体系，形成为电子政务、社会公共服务的网络化机制。二是实现全省陆地 2.5 米分辨率的遥感数据覆盖率达 95%，平原地区 1：1 万基础地理信息数据覆盖率达 80%，领海内基础地理信息数据覆盖率 80%以上的工作目标。三是形成全省基础测绘一线两面多点保障的格局。即一线的石家庄、保定、廊坊、唐山、秦皇岛等市，其地理信息数据更新周期为 2—3 年；南北两面的邯郸、邢台、沧州、衡水、张家口、承德等市，其地理信息数据更新周期为 3—5 年；多点的 22 个扩权县（市）的地理信息数据更新周期为 4—5 年。四是加大基础地理信息产品开发力度，不断开拓测绘应用服务领域，积极为各级政府管理、国民经济和社会发展、社会信息化、人民群众生活等提供服务。

【接待瑞典国家土地测量局局长】 6 月 27 日—7 月 1 日，应河北省测绘局邀请，瑞典国家土地测量局局长杨森、瑞典海外测量公司总经理韦伯格、副总经理奥斯特伯格一行访问河北省测绘局。6 月 28 日常务副省长郭庚茂会见了瑞典国家土地测量局局长一行，对河北省测绘局与瑞典国家土地测量局十多年来的技术合作给予了高度的评价。6 月 29 日，国土资源部副部长、国家测绘局局长鹿心社会见了瑞典客人，鹿心社表示，国家测绘局对中瑞进一步的合作计划表示支持，希望双方的合作在地域上不仅仅局限于河北，可以扩大到全国；在领域上可开展更深层次、高新技术方面的测绘与地理信息领域的合作。河北省测绘局与瑞典国家土地测量局从 1995 年开始合作，已先后建成了河北省多用途地籍信息系统，秦皇岛、保定、邯郸 3 市城市管理地理信息系统项目。在这次访问中，主要是进一步协商建设河北省卫星定位综合服务系统，以及与瑞典海外测量公司成立合资公司等事宜。通过交流、考察，已就以上两个项目达成合作意向。

【高精度多功能测绘计量综合检定集成系统】 2006 年 11 月，河北省测绘产品质量监督检验站完成的《高精度多功能测绘计量综合检定集成系统的研究》项目获省科技进步三等奖。该项目根据国家计量检定规程，在分析研究河北省测绘基础设施和地质构造特征以及测绘仪器的功能特点的基础上，利用现代测绘技术、计量技术的理论和方法，建立了包括仪器原始信息登记、内业数据采集、外业数据采集、检定计算、证书打印查询、原始技术档案打印查询、管理查询、分项实时查询等功能的网络管理信息系统，成功解决了各种 GPS 解算软件和数据传输软件以及 EFC—6 测距仪、全站仪等频率检测系统移植的难题。该项目集计量检定和信息管理为一体，克服了传统的手工操作工作量大、查询繁琐、容易出错、原始记录不易保存等弊端，系统自动化程度高，操作方便，在国内首次实现了测绘计量智能化网络管理。

【低空数字航空摄影系统】 2006 年 11 月 25 日，河北省第二测绘院完成的“低空数字测绘航空摄影系统”科研项目专家鉴定会在北京举行。这次鉴定会由国家测绘局牵头组织，由院士李德仁、刘先林及国内 9 名航空摄影方面的知名专家组成专家鉴定委员会。专家鉴定委员会在听取了项目实施单位河北省第二测绘院所做的技术报告、工作报告、查新报告、用户报告及检测报告，观看了成果演示，并对有关问题进行了质询后，对此项目进行了鉴定。结论为：该项目采用低空数字摄影中的有关技术难点，成果达到国际先进水平，具有较强的推广应用价值。

该“系统”的研建，为公共突发事件的应急处置提供了新的测绘信息技术保障；为土地利用动态监测、林资源动态监测、大比例尺小范围地形图测绘等提供了快捷的数据获取方式。其数字成果可直接为国土资源、农业、林业、城乡规划、城镇管理、交通、水利、旅游等部门提供服务，应用前景广泛。

【河北省优秀测绘成果奖】 经原省科学技术委员会授权，依据《河北省优秀测绘成果奖评选办法》，2006 年 9 月，河北省测绘学会组织专家组，对全省有关测绘单位申报的 32 项测绘成果进行了认真评审，共评出优秀测绘成果一等奖 5 项、二等奖 11 项、三等奖 13 项。其中，石家庄市房产管理局《石家庄城市数字房地产地理信息系统》、河北省第一测绘院《石家庄市基础控制网测量工程》、河北省建设勘察研究有限公司《武安市 1：1000 地形测量及地下管线测量》、东方地球物理公司装备事业部测量服务中心《GPS 车辆监控跟踪系统》、姚承宽编纂的（专著）《测绘行政管理基础》等项目获一等奖；河北省制图院《昌黎国家级自然保护区科普展厅设计及布展工程》、河北省第一测绘院《华北地区大地水准面精化》、中国建材地质勘查中心河北总队《保定市城区地籍更新调查（地形测绘）工程控制测量》、河北省水利水电勘测设计院《南水北调河北省配套工程首级平面控制网测量》、河北欣航测绘院《廊坊市规划区 1：1000 比例尺城乡一体化地籍信息系统建设》、河北省第三测绘院《西安三环外 1：1000 航测数字化成图工程（标段 2）》、河北省电力勘测设计研究院《上都电厂—承德 500kV 线路工程终勘定位测量》、河北省第二测绘院《华北石油管理局矿区建设图集》、河北中色测绘中心《燕郊地下管线普查与建库工程》、河北天元地理信息科技工程有限公司《南京市 1：500 比例尺航测数字线划图（DLG）》、沧州市地产开发服务中心《沧州市区城镇地籍信息系统》等项目获二等奖；河北省制图院《第三采油厂地面建设图集》、河北省第一测绘院《唐山市 1：500 比例尺地形图测绘》、保定新星石化工程有限责任公司《长岭炼化公司 1：500 地形图测绘》、沧州水利勘测设计院《沧县四等水准网测量》、邢台市勘察测绘院《邢台市西部 1：5000 比例尺地形图测绘》、河北省第二测绘院《唐山市 1：500 比例尺数字地形图测绘》、河北九华勘查测绘有限责任公司《迁安市地下管线普查工程》、核工业航测遥感中心《闻喜县城地籍调查》、河北天元地理信息科技工程有限公司《张家界 1：500、1：2000 航空摄影测量外业》、河北天元地理信息科技工程有限公司《沈阳市1∶500比例尺地形图修补测》、韩宝孝撰写的《对GIS发展及市场前京的探讨（论文）》、苗宇宽撰写的《地下管线探测过程的质量控制（论文）》、唐山市交通勘察设计院《唐山市邦宽线（蓟县遵化界—遵化城区段）改建工程》等项目获三等奖。

（河北省测绘局　宣龙华）

水利管理业

【概况】　2006年，全省水利系统认真贯彻落实科学发展观，从本地实际情况出发，谋划全局，开拓进取，实现了起好步、开好局的目标。战胜了1956年以来的严重干旱，保证了粮食生产安全；下达水利投资计划23.73亿元，一批水利工程得以建设和恢复，防洪抗灾能力进一步加强；新增节水灌溉面积235.7万亩，解决了62万人饮水不安全问题，治理水土流失面积2036平方公里，各类水电发电量3.6亿千瓦时，节水型社会取得初步成效，南水北调工程稳步推进，为新农村建设提供了基本支撑，保障了全省经济社会快速发展。

【防汛】　2006年全省降雨量400毫米，比常年平均偏少23%，属干旱少雨年份。汛期全省平均降雨量301毫米，比常年同期偏少27%，降雨次数多强度小，时空分布适宜，没有发生较大的暴雨洪水。各级水利部门以对人民生命财产安全高度负责的精神，严格落实防汛责任制，抓好抢险专业队伍和各类人员的培训，做好防汛抢险物质储备，做到常抓不懈，防患未然。与气象部门配合，新建、改建雨量监测站1532个，全省雨量监测站网总数达到2324个，全面提升了防汛抗旱的信息采集能力。各地还针对汛期降雨次数多、强度小的特点，尽最大努力拦蓄雨洪资源，全省大中型水库、洼淀共蓄水26.42亿立方米，为2007年春季抗旱储备了宝贵的水源。

【抗旱】　2006年春季，全省遭遇了1956年以来的严重干旱，特别是进入9月份之后，旱情尤为严重。全省最大受旱面积3620万亩，有60多万人发生临时性饮水困难。面对严重的旱灾，为确保大旱之年农业增产、农民增收，全省共投入资金15亿多元，新打、维修机井3.44万眼，安装地下管道5410公里，改善了农田灌溉条件。各地科学调度水源，从各类水利工程调水13.7亿立方米，浇地8533万亩次。黑龙港地区和山丘地区，针对不同的自然条件，大力发展咸淡水混浇、风能提水、座水点播等新技术，最大限度地减轻了旱灾损失。大旱之年，全省粮食总产量为2000年以来最高水平，水利基础设施发挥了重要作用。

【水利基础设施建设】　全年病险水库除险加固工程共完成投资1.65亿元，续建了岗南、西大洋等10座大中型水库的除险加固工程，开始实施了临城、闪电河、红领巾3座水库的除险加固工程。骨干河道治理完成投资4841万元，重点用于滹沱河、千里堤等骨干河道治理，提高了河道的行洪能力。在建工程项目严格执行“四制”，确保了工程质量、进度和资金安全，共完成28项除险加固工程的竣工验收，验收率达96.3%，高于全国平均水平。

【人饮解困工程】　2006年全省有155个县完成了农村饮水安全总体规划的编制，为构建全省新农村供水保障体系奠定了基础。全年共投入资金2.45亿元，解决了62万人饮水不安全问题，其中有40多万人实现了联村集中供水。巨鹿县、永清县推进整县户户通自来水工程，赢得了群众的广泛赞誉。

【农田水利建设与水土保持】　全省累计投入农田水利建设资金30.9亿元，完成工程项目24.9万项。新增灌溉面积87.4万亩，新增节水灌溉面积235.7万亩。继续兴建塘坝、水池、水窖，全省小型集雨工程，蓄水能力达到8000万立方米。通过几年来对灌区的持续更新改造，渠道水利用系数由原来的0.5提高到0.54。为提高农建资金的使用效率，在元氏等7个县（市）开展了农田水利综合规划编制试点。继续组织开展了农田水利基本建设“海河杯”竞赛活动，有22个县（市、区）受到省政府的表彰。易县、武安市、丰宁县、衡水市桃城区被评为全国农田水利建设先进县（市、区）。继续实施京津风沙源治理工程、21世纪初期首都水资源可持续利用规划、太行山国家水土保持重点建设工程以及省级重点水土保持建设项目，全年治理水土流失面积2036平方公里。省级水土保持示范城镇增加到15个。张家口市国家级水土保持大示范区建设达到了水、土、林、田、路综合治理的预期效果，通过了水利部验收。

【农村水电】　全省新建在建的水电项目25处，装机容量3.3万千瓦，总投资2.5亿元。全年发电量3.6亿千瓦时，超额完成全年2.8亿千瓦时的发电任务。水利部正式批准了平山、涉县、涞源、赤城4个县列入国家小水电代燃料项目计划。

【南水北调工程】　南水北调工程建设，紧紧围绕确保京石段2008年4月具备通水条件的总目标，一是落实了31亿元的征迁安置投资，累计完成资金兑付18.2亿元，基本完成了京石段应急供水工程征迁安置任务，向工程建设单位移交永久征地4.58万亩、临时用地2.2万亩，完成房屋拆迁面积16.7万平方米，安置人口4.27万人。二是委托河北省的4个控制工期建筑物建设进展顺利，滹沱河、唐河倒虹吸工程建设基本完工。委托河北省建设管理的各标段已全部开工建设，高峰时进场人员1.3万人，机械设备5000余台（套）。已开工建设的项目通过了国家南水北调办、国家发改委等有关部委的稽查，滹沱河倒虹吸工程被赞誉为南水北调标杆工程。三是在继续做好干渠可研、初设等前期工作的同时，开展了配套工程的前期工作。中线总干渠漳河北至古运河南段可行性研究报告得到国家的审批，完成了漳河北至邢台界、邢石界至古运河南两渠段初步设计报告。

【水资源节约与保护】　在“河北省节水型社会建设年”期间，完善和推广“用水双控、计量到户、节奖超罚、协会自治、市场激励、群众参与”的节水新机制，全省已建立用水者协会2000多个。全面启动廊坊（国家级）和22个市级、10个扩权县（市）级节水型社会试点建设，全省节水型社会试点达到45个县（市），占全省县（市）总数的30%。通过任务目标的层层分解，采取用水大户节水技术改造，钢铁工业取水专项整顿，新建、扩建项目水资源论证和取水许可等措施，实现了全省万元工业增加值取水量降低7.8%的目标。

2006年建立了城市饮用水水源地水质旬报制度、城市饮用水水源地保护联席会议制度和重大水污染事件报告制度，初步形成了由水行政部门牵头、相关部门配合、上下互联互动的格局。启动了岗南、西大洋水库上游两个国家级防治面源污染整治试点。妥善处理了白洋淀水污染和阜平大沙河上游煤焦油污染事件，最大限度地减轻了水污染损失。

【引水调水】 2006年11月24日，实施了引黄补淀调水工程，到2007年3月5日从黄河调水4.2亿立方米，进入河北省境内水量3.4亿立方米，其中进入白洋淀水量1亿立方米，确保2007年汛前不干淀；向衡水湖、大浪淀各补水0.65亿立方米。按照水利部的部署，组织了张家口市6座水库第四次向北京输水3200万立方米，保障首都用水安全。

【水利管理】 2006年完成了42项重点工程项目储备；完成了45件涉水法规立法后的评估；依法查处了西柏坡电厂拒缴水资源费问题；组织力量清理整顿了白洋淀违章建筑；协调解决冀京拒马河水事纠纷；对400余家河道采砂项目进行了论证、审批；小型农村水利工程产权制度改革累计完成154.2万处，占小型水利工程总数的96.2%，基本实现了预期目标。

【水利科技】 国家“948”灌溉设备引进项目已完成，纳米材料合金管项目已投入生产运行。全年下达科研计划52项，完成16项，8项获省科技进步奖。积极推进科技成果的转化，井灌区节水综合技术等9项成果在生产中得到了较好的应用。积极进行国际科技合作，与荷兰南荷兰省签署了水资源统一管理等3项合作备忘录。

（河北省水利厅　孙雪峰）

质量技术监督

【产品质量电子监管网推广应用试点】 3月份协助国家总局成功举办了在河北省召开的全国产品质量电子监管网推广应用现场会，季允石省长出席了会议。乘会议东风，组成了省质监局推广应用办公室，局主要领导亲自挂帅。全系统有236人战斗在推广应用第一线，省局投入380万元用于监管网的建设。目前，全省已有5876家企业签订了入网协议，2685家企业应用了电子监管码，1305家企业申请了电子密钥，超过了中信国检公司力争到年底实现1000家的函告要求，111个商场、超市、专卖店安装了城市查询终端240台，1687个农资经营网点安装了查假信息机。完成了二维码到一维码的成功转换，为最终确定全国监管网推进的具体形式提供了经验，在全国质检系统工作会上做了典型发言，得到省委、省政府和国家质检总局领导的高度赞扬。

【质量管理】 制发了《河北省人民政府关于进一步推动名牌战略实施的意见》、《关于制定河北省名牌产品和各项质量奖培育计划的通知》和《关于进一步深入开展质量兴县活动的意见》。10月20日省政府批示同意成立河北省质量与名牌战略领导小组，加大对推动质量管理和名牌战略工作的领导力度。举办了全省62个县级领导干部参加的质量知识培训班，组织全省85家企业的112人参加《卓越绩效评价准则》国家标准培训班，举办了79人参加的系统内质量工作人员培训班，组织了大型质量报告会。全省15家企业的16项产品获得2006年中国名牌产品称号，达到历史最高水平；审定通过省名牌产品180项、省优质产品124项、省质量管理奖企业10家、省质量效益型先进企业54家、省服务质量奖单位50家，邯郸市峰峰矿区、唐山市丰南区获得全国质量兴市先进市县。

【生产许可证管理】 全年共受理1271家企业的各项产品换（发）证，为1263家企业颁发了1263张生产许可证证书。对全省437家化肥等涉农产品生产企业进行了一次生产条件检查，发现无证企业22家，立案查处15家，帮助整改29家；对电线电缆、电热毯等产品生产企业进行了全面检查，有效净化了市场。

【区域产品质量升级】 先后对20多个产品、50多个重点区域进行了集中整治，提出了“区域产品质量升级工程”新命题。确定了以沧州市献县和唐山市丰润区为试点，组织开展建筑扣件和水泥产品质量升级工程，促进了县域经济走产业集群化、质量效益型的良性发展道路。

【打假治劣】 深入开展专项执法打假，严厉打击制假违法犯罪分子，全省质监系统出动执法人员19.38万人（次），查处制假售假案件2.32万件，捣毁制假售假储假窝点437个，查获假冒伪劣产品货值2.43亿元。利用“12365”举报投诉热线，共解决群众投诉6226起，查处群众举报案件5230起。制定下发了《河北省县级质量技术监督局区域监管责任制暂行规定》，初步奠定了“县为基础、划分区域、明确责任、省市督办、严格奖惩”的区域监管责任长效机制的基础。

【标准化管理】 全年完成列入省政府目标管理的采标任务140项，完成年初计划的140%；实施采标标志72项，完成年初计划的206%；列入《河北省二OO六年高新技术产业投资项目计划》的20项重点采标项目全部完成；评选表彰20家采标先进单位。制定了《2006年度河北省地方标准制修订计划项目》，制修订省级农业地方标准86项，完成全年计划的108%。农业标准化示范区建设连续两年被列入全省“十大民心工程”中“食品放心工程”的重要内容，18个第四批国家级农业标准化示范区中16个已经顺利通过验收。在建的36个第五批国家级示范区和64个省级农业标准化示范区的建设工作进展良好。组织制定和发布实施了《社区服务通用要求》河北省地方标准，研究制订的《社会主义文明生态村建设规范》河北省地方标准已通过专家审定，为全省社会主义新农村建设提供了科学规范。2006年10月，与中国标准化研究院合作，在河北省标准化研究院成立国家标准馆的第一个省级分馆。

【计量管理】 积极拓展计量工作新领域，省计量院建标对全省的动态公路车辆自动衡进行计量检定；印发了“关于开展雷达测速仪进行计量检定的通知”；切实加强煤矿在用计量器具的监督管理。热情关注民生，举办《定量包装商品计量监督管理办法》和《定量包装商品净含量检验细则》培训，安排了与老百姓生活密切相关的米、面粉、方便面、食用植物油等定量包装商品生产企业的计量监督抽查，加强了电能表的计量监督管理。对全省机动车安全技术检验机构在用计量器具进行监督检查，共检查机动车安全技术检验机构126家，机动车安全检测线149条。在建设节约型社会中积极作为，与6个重点耗能协会组成节能降耗服务队，在唐山市举办了全省“节能降耗计量服务活动”启动仪式，为经济社会发展提供计量保障。全省有6546家企业通过了国家或省计量检测体系合格确认。

【特种设备安全监察】 基本构建起全省特种设备动态监管体系，聘请企业及各地群防群治人员9千余人。对可能造成群死群伤的重点场所和重点设备实施分类管理，建立了监管档案。全省共出动人员3.04万人次，检查单位1.67万个，检查设备4.30万台，发现隐患7370处，隐患整改6907处，确保了特种设备安全。进一步完善了特种设备事故等突发事件应急救援体系，编制印发了《河北省特大事故应急预案》，提高了应对突发事件的能力。

【食品监管】 全年共有826家企业获得了871张食品生产许可证，米、面、油、酱油、醋5类获证食品的市场占有率已达到97.28%；肉制品、乳制品等10类获证食品的市场占有率已达到88.62%。全面加强了对食品小作坊的监管，集中力量组织开展了食品生产加工小企业、小作坊、滥用添加剂和以非食品原料生产加工食品专项整治工作，坚决取缔了无生产许可证生产食品的企业。全面实施了以“三员四定、三进四图、两书一报告”为主要内容的食品安全区域监管责任制，划分了937个责任区，明确了1482名责任人，实现了全省辖区监管责任全覆盖。已经形成了在大中城市的商场、超市无QS标志的食品不上货架，消费者无QS标志的食品不购买的社会氛围。开展了食品安全“春雷”行动，共查处无证生产加工食品企业434家，经销无证食品企业96家，使用无证食品企业84家，取缔无证生产加工窝点30余个。

【产品认证】 新受理了7家认证咨询机构的申请，重新登记审批了3家认证咨询机构。对全省所有列入《强制性产品认证目录》的电线电缆生产、销售和经营活动的企业进行专项监督检查，出动8500多人次，检查相关单位1475家，查处无证单位9家，超范围生产的企业5家，停产企业44家。全省通过无公害农产品认证的有77家143种产品，绿色食品认证企业65家164种产品，HACCP认证企业91家，有机产品认证4家企业，饲料认证企业3家，良好农业规范（GAP）认证1家。对全省149家省级授权机构和750家市级质检机构进行了年度审核。

【行政执法】 组织全系统6000多名执法人员参加了政府法制部门公共法律知识考试。在全国质检系统法律知识选拔赛上，河北质监代表队取得了第三名的好成绩。在全省依法行政工作经验交流会议上，重点介绍了全省质监系统加强依法行政的经验和做法，并被省政府确定为依法行政示范单位。与河北日报、河北电视台合办了“质量与生活”、“质量周报”专栏，深受群众欢迎。

【地理标志产品保护】 到2006年末，河北省地理标志保护产品达到14项，年产值达到60多亿元，促进了区域经济的发展。仅“京东板栗”的保护区域就达到226.6万多亩，产值10亿多元，成为全国目前最大的地理标志产品保护区域。

【基础设施建设】 按照省政府要求，组织编制了质监系统事业发展“十一五”规划。省产品质量检测大楼于6月6日正式奠基。市、县共投入基建资金6000多万元，投入540多万元，配备了食品监管专用车和质量检测专用车，质监部门的检测环境明显改观。开展了广域网建设和视频系统建设，“金质工程”建设不断向前推进。

【质检科技】 全年组织申报国家质检总局、省科技计划项目17项，申报省科学技术奖项目8项，有4项获得省科技进步三等奖，是近几年获奖最多的一年。申报并批准立项省科技平台建设项目1项，申报省重点实验室1个。筹集资金360万元，重点支持了24个县局，基本完成了省、市食品实验室建设。投入资金1180万元，重点支持一批市场急需的检验检测项目，对系统48个技术改造项目给予倾斜。

【党风廉政建设和行风工作】 集中开展了以治理商业贿赂和专项资金清查为重点的严肃财经纪律专项整治工作，下大力解决不作为、乱作为问题，深入开展民主评议政风行风工作，在行风评比中，省局连续两年评为优秀，进入免评行列，在全省行风工作会议上介绍了经验做法，11个市局全部评为优秀，10个市局进入免评行列，全省质监系统在社会树立了良好形象。

（河北省质量技术监督局　田晓平）

食品药品监管

【整顿和规范药品医疗器械市场秩序】 2006年，河北省食品药品监督管理系统广大干部职工认真贯彻落实国务院关于整顿和规范食品药品市场秩序的决策部署，大力整顿和规范食品药品市场秩序。在药品研制环节，全面启动了药品注册资料审核和药品注册现场核查工作，对260个品种的药品注册资料进行了审核，对不符合要求的55个品种予以退审，查处了部分企业的违规行为；组织27位专家，分两次对省内33家企业的122种药品注册情况进行了现场核查，对发现的问题，责令企业整改，严肃纠正了药品注册申报中的弄虚作假行为。按照国家食品药品监督管理局的统一部署，认真开展药品批准文号普查，到年底，共完成了8662个药品批准文号的普查工作，并将普查结果上报了国家食品药品监督管理局。

在药品生产环节，以督促企业完善质量管理体系，严格落实药品生产质量管理规范，查处违规生产行为为重点，开展药品生产企业专项检查。检查药品注射剂、生物制品等生产企业200家，对违规生产企业进行了严厉查处，依法收回了廊坊市永光制药厂以及石家庄市瑞生药业有限公司口服液的药品GMP证书，责令河北元森制药有限公司等5家企业停业整顿。加强对药品生产企业GMP认证飞行检查和跟踪检查。组织飞行检查120次，跟踪检查覆盖面达100%。对4家药物临床试验机构所承担的项目进行了抽查。建立了由药品安全监管部门牵头，市场监管、稽查部门配合的特殊药品监管机制，实行了麻醉药品批发企业月检查制度。

在医疗器械研制和生产环节，加强对医疗器械产品注册的专项检查，对有效期内的注册证书组织企业进行了自查和初步审查；对企业申报注册的医用电气产品进行了安全指标检测；对原来分类不明确，按二类产品注册的人工烧伤敷料，请示国家食品药品监督管理局进行了重新分类界定，要求企业按三类产品向国家食品药品监督管理局申请重新注册。对40家生产企业的34个重点监管品种进行了监督检查，责令3家企业停产整顿。对110余家生产企业进行了日常检查，下达限期整改通知书40余份。对计生用品生产企业进行了重点检查，对产品包装中产品名称、商标混用，标注不规范，不易界定等问题，提出了规范要求。

在药品医疗器械流通环节，开展了企业诚信体系建设，进一步加强了市场监管。制定了药品购销发票和药品清单管理办法，组织开展了发票和清单专项检查。建立了企业营销人员备案管理制度和营销人员诚信档案。全省11个市均建立了营销人员网上诚信查询系统。严格审查药品广告，加大违法药品广告曝光和警示力度。向社会公布典型违法药品广告公告4期，消费警示4期。加强GSP认证跟踪检查，检查企业167家，抽查药品医疗器械226个品种，1009批次。积极探索药品医疗器械稽查工作新模式，初步建立了案件调度指挥机制、快速反应机制和稽查信息共享机制，实现了全省稽查工作一盘棋的总体目标。全年全省共出动执法人员20.8万人次，查处违法案件2.5万件，查处违法药品医疗器械货值约3900余万元，捣毁制假窝点26个。严厉查处了国务院领导关注的石家庄南枫医药科技发展有限公司制售假冒“A型肉毒毒素”案等一批涉及面广、影响较大、群众反映强烈的大案要案。将违法情节严重的3家药品经营、使用单位列入“黑名单”，对其实施了特别监管。

【食品药品突发事件】 2006年在全国范围内先后发生了齐齐哈尔第二制药有限公司“亮菌甲素注射液”假药案、安徽华源生物药业有限公司“克林霉素磷酸酯葡萄糖注射液”（欣弗）不良事件，河北省境内发生了假冒“A型肉毒毒素”案、不法商户制售“红心”鸭蛋案等食品药品突发事件。各级食品药品监管部门认真贯彻落实国务院和省委、省政府领导指示精神，按照国家食品药品监督管理局的统一部署，迅速行动，妥善处置，防止了假劣食品药品的继续流通使用。在“齐二药”假药清查行动中，共出动执法人员2.3万余人次，检查药品生产、经营和使用单位5400余家，发现并查封“齐二药”生产的药品34个品种共计138.35万支。在清查“欣弗”的行动中，共检查药品经营企业6671家、医疗单位1.02万家，流向市场尚未被使用的31.20万瓶“欣弗”被全部追回。秦皇岛食品药品监督管理局采取稽查执法、药品检验和不良反应监测“三管齐下”的方式对“欣弗”进行清查，并利用清查“欣弗”的机会组织专家深入基层，现场指导确认和上报药品不良反应，普及了药品不良反应监测常识，使基层医疗机构报告不良反应病例实现了零的突破，提升了药品不良反应监测水平。

平山、井陉、安新等地不法商户制售“红心”鸭蛋事件发生后，各级食品药品监管部门迅速启动了应急预案，组织有关部门展开了对生鸭养殖、禽蛋制品生产加工等环节的检查和对有害禽蛋制品的清查行动，查封可疑蛋品2000余公斤，全部有害“红心”鸭蛋被销毁。

【食品安全监管和食品放心工程】 认真开展食品综合性评价抽验。先后投入抽验经费398万元，组织河北省农产品质量监测中心等8家检测机构，对全省流通领域的肉及肉制品等18类256种食品进行了综合性评价抽验。从抽验结果看，多数食品抽检合格率比上年有较大提高，其中豆制品合格率比上年提高30个百分点，乳制品合格率比上年提高18.65个百分点，全省食品质量状况进一步好转。5月25日至6月20日，对秦皇岛北戴河区冷冻饮品等10类夏季高危食品进行综合抽检评价，抽检总合格率为92.2%。其中从“中直”直供单位抽样29个批次，全部合格。

组织有关部门认真实施食品放心工程。一是积极推行食品市场准入制度。全省共有4928家食品加工企业的5278种产品获得食品生产许可证。米、面等5类获证食品和肉制品、乳制品等10类获证食品县级以上市场占有率达95.05%，比上年提高3.68个百分点，比食品放心工程规定的年度目标高出5.05个百分点；县级以下市场占有率达93.7%，比上年提高11.48个百分点，比食品放心工程规定的年度目标高出33.7个百分点。糖果制品等13类获证食品县级以上市场占有率达80.68%，比食品放心工程规定的年度目标高出0.68个百分点；县级以下市场占有率达58.59%，比食品放心工程规定的年度目标高出8.59个百分点。二是组织有关部门深入开展食品市场专项整治，严厉打击制假售假行为。查处制售假冒伪劣食品和无证食品生产加工企业1200余家，取缔制假售假窝点108个。严厉查处了“东方”牌劣质奶粉案等食品大案要案。三是组织农业、质监等部门积极推进农产品标准化生产，对进入省内12个大中城市的主要农产品实行包装上市、产地编码、标识追溯制度，保定、衡水等6市推广应用了“河北省无公害农产品信息管理系统”。四是食品实验室建设得到加强，全省纳入规划的67个国家、省、市、县四级食品实验室中，已有60个具备了规划要求的检测能力和场地环境，达到了满足28类食品监督检验和为企业服务的要求，检测网络已覆盖全省。经过各有关部门的努力，2006年食品放心工程的各项工作目标圆满完成，多项指标高于食品放心工程规定的年度目标。

各市食品药品监管部门紧紧依靠当地党委、政府，结合本地实际，积极探索履行食品综合监督职能的方法途径，推动了食品安全监管体制机制的创新和食品安全监管责任的落实。石家庄市有关部门起草了餐饮卫生监督管理办法和蔬菜市场准入办法，提交地方立法。廊坊市制定了《食品安全监督管理办法》，建立了食品安全专家库，市县两级政府都拨付了食品安全监管经费。沧州、承德等市争取市政府拨付食品安全监管经费，并列入地方财政预算。张家口市开展了食品药品安全年活动，进一步加强了食品市场整治。唐山市加强对农村食品市场的监管，初步建起了县、乡、村三级食品安全社会监督网。承德市强化流通环节食品的监管，推行了食品流通网、监管责任网、群众监督网“三网”建设。邯郸市政府制定了《食品安全监督暨食品放心工程综合评价考核奖惩办法》，政府拨付10.5万元专项资金用于食品安全监管工作考核奖惩，并自2007年起将该项资金列入财政预算。

【治理商业贿赂】 全省食品药品监督管理系统认真贯彻落实中央、国务院和省委、省政府的决策部署，按照机关、企业两条线同步推进，自查自纠、查办案件、建立长效机制三项工作同时展开的工作格局，认真开展治理商业贿赂工作，取得了阶段性工作成果。一是各级食品药品监督管理部门成立了治理商业贿赂专项工作领导小组，制定了治理商业贿赂专项工作实施方案，对治理商业贿赂工作进行了充分的思想发动，在全系统形成了治理商业贿赂的良好氛围和推动工作开展的强大声势。全系统共组织各类治贿会议及活动560余次，组织警示教育213次，发放宣传资料52，242份，印发简报633期。二是坚持方法和效果的统一，建立了分步制定实施方案、分阶段抓好工作落实等工作制度，保证了工作的扎实有序推进。全系统共下发阶段性实施方案等文件115份，先后召开监管部门和企业负责人座谈会293次，各级督导组到基层督导检查396次，到1626个机关、企事业单位进行了检查督导。三是坚持自我教育、自我纠正的工作方针，自查自纠取得明显成效。在食品药品监督管理系统，以国家食品药品监督管理局规定的六个方面的内容为重点，认真开展自查自纠，着重纠正监管人员违规投资入股医药企业、违规兼职等行为。同时各级食品药品监督管理部门积极开展工作作风整顿，机关作风有了明显好转。在企业自查自纠工作中，一些企业认真查找生产经营活动中存在的薄弱环节，建立健全了内部监督机制，堵塞了经营管理上的漏洞。四是从加强制度建设入手，积极探索建立防治商业贿赂的长效机制，全省食品药品监督管理系统针对监管薄弱环节建章立制207个。省食品药品监督管理局制定了《河北省食品药品监督管理局防治商业贿赂行为守则》，重新核定了行政审批事项审批标准，制作行政审批事项流程图66项、160条。药品医疗器械生产经营企业按照有关规定，自觉规范自己的生产经营行为，制定治贿工作措施1856条，建立长效机制226项。

【农村“两网”建设】 制定了《河北省农村药品“两网”建设工作标准》，明确了“两网”建设目标责任、工作任务和考核体系。制定了《河北省农村药品“两网”建设宣传培训实施方案》，加强了对农村药品监督员、协管员和信息员的培训，全年共组织对药品监督员、协管员、信息员的培训42期，培训35000余人，超额完成了国家食品药品监督管理局下达的培训任务。积极探索适应农村实际情况的药品供应新模式，通过鼓励支持各类资本以多种形式开办药品零售企业，鼓励支持偏远山区或无医无药的农村发展乙类非处方药专营药店或专营药柜等多种方式，扩大农村药品供应网覆盖面。确定武安市为全国“两网”建设示范县。武安市在22个乡镇配备了22名专职药品监督员，由地方财政发工资，药品监督管理部门考核聘用；建立了药品网上稽查系统，对全市药品批发零售企业和乡镇以上医疗机构的药品实施网上监控。到年底，全省共有1976个乡镇、45930个行政村建起了药品监督网络，分别占乡镇和行政村总数的99%和97%。共有1949个乡镇和42110个行政村实现了药品配送进村，分别占乡镇和行政村总数的96%和88%。

【监管方式创新】 为提高监管效率，2006年3月，省食品药品监管局以邯郸武安市食品药品监督管理局为试点，建立了“药品流通实时监控系统”对创新监管方式方法进行了积极探索。该系统以互联网为信息平台，将药品经营企业与药品监管部门联网，实现了药监部门对药品来源和去向的快速查询、汇总和及时监控，降低了监管成本，提高了监管工作效率。省食品药品监管局3月18日在武安召开了全省药品医疗器械市场监管工作暨农村药品两网建设现场会，组织市县两级食品药品监管部门主管领导现场观摩学习这一新的监管模式。2007年3月省食品药品监管局制定下发了《关于在全省药品批发企业中推广应用“药品流通实时监控系统”的通知》，要求各市局按照“先行试点、积极推进、分步实施、全面推广”的原则，在2007年底前，所有药品批发企业纳入该网。

（河北省食品药品监督管理局　杜会杰）

环境保护

【概况】 2006年，全省环保工作以科学发展观为统领，认真贯彻落实国务院《关于落实科学发展观加强环境保护的决定》、全国第六次环境保护大会和全省第七次环境保护大会精神；按照全省经济社会发展的总体要求，把解决突出环境问题、维护公众权益作为出发点和落脚点；下力防治水、大气、土壤污染，不断加大工作力度，各项环保工作取得了新进展。一是以确保饮水安全为中心，加快了子牙河等重点流域水污染防治步伐；二是以治理空气首要污染物为重点，促进了城市环境空气质量的改善；三是以推进经济增长方式转变为着眼点，加快了循环经济和清洁生产试点示范建设；四是以开展环保创建为契机，推动了生态省的建设；五是强化环境法制，通过环保专项行动解决了一批群众反映强烈的环境问题；六是夯实基础，环境保护能力建设有了新提高。2006 年，全省环境污染治理投资 167.03 亿元。其中城市环境基础设施建设投资 107.2 亿元，工业污染源治理投资 36.70 亿元，新建项目“三同时”环保投资 23.13 亿元。2006 年环境污染治理投资占国内生产总值的 1.44%。

【生态省建设】 2006 年，河北省生态省建设工作迈出重要步伐。2006 年 4 月 28 日，省政府召开河北省生态省建设工作电视电话会议，全面安排部署生态省建设的各项工作，并通过了《河北省生态省建设领导小组工作规则》、《河北省生态省建设领导小组及办公室职责》和《河北省生态省建设 2006 年工作要点》等文件。5 月 10 日，省政府印发了《河北生态省建设规划纲要》。7 月 13 日，省十届人大常委会第二十二次会议审议并通过了《关于推进生态省建设的决定》。建立了有效的保障推进机制，将生态市、县建设列入了对各级政府的目标考核经济范围，生态省建设进入全面实施阶段。8 月 31 日，省政府召开了全省第七次环境保护大会，会议全面总结了“十五”以来的环境保护工作，分析了当前面临的环境形势，安排部署了“十一五”期间环境保护工作。省政府还印发了《关于贯彻〈国务院关于落实科学发展观加强环境保护的决定〉的实施意见》，就加快构建环境友好型社会、环境管理体制、机制等方面提出了具体措施。

【水环境】 2006 年，省环保局认真落实省政府关于加强水污染防治工作的通知，全面开展了对水环境的执法监督，严肃查处各种环境违法行为。3 月，下发了《关于开展子牙河水系污染源排查确保水质稳定达标的通知》和《关于加强水环境安全严防污染事件发生的紧急通知》。各市高度重视水环境安全问题，全面开展水环境安全大检查，对辖区内排污企业进行了全面排查。4 月份，省环保局组成督导组对子牙河水系水污染问题进行了督导检查。9 月份，省环保局组成 5 个调查组对子牙河水系进行了检查，并将检查情况专题向省委省政府进行了报告。为迅速扭转子牙河水系水污染恶化趋势，加快改善子牙河水系水环境质量，10 月份，省政府召开了子牙河水系污染综合治理工作会议，深入分析了子牙河水系污染面临的严峻形势，研究了扭转子牙河水系污染恶化的重大措施。当前和今后一定时期，要重点开展“企业违法排污集中整治战役，重点污染源治理攻坚战役和跨界断面水质全面达标战役；还要突出抓好七项重点工作。为配合子牙河水系污染治理，2006 年，完成了子牙河流域 5 个水质自动监测站项目，建立了水质自动监测站周报制度。

2006 年，全省废水排放总量为 22.23 亿吨（其中，工业废水排放量 13.04 亿吨，生活污水排放量 9.19 亿吨）；化学需氧量排放量为 68.78 万吨（其中，工业排放量 35.82 万吨，生活排放量 32.96 万吨）；氨氮排放量为 8.20 万吨（其中，工业排放量 3.17 万吨，生活排放 5.03 万吨）。全省工业废水排放达标率为 93.41%，其中重点工业企业废水排放达标率为 93.77%，非重点工业企业废水排放达标率为 90.58%。完成了 4 座污水处理厂建设，新增污水处理能力 82 万吨/日。在建污水处理厂 53 座，建成后可新增处理能力 198 万吨/日。2006 年，全省河流 151 个监测断面中，20 个断面断流。在监测的 131 个断面中，55.7%的断面水质为Ⅴ类、劣Ⅴ类，13.7%的断面水质为Ⅳ类；30.6%的断面水质为Ⅲ类或好于Ⅲ类。河流主要污染物是氨氮、化学需氧量、生化需氧量、高锰酸盐指数、石油类、挥发酚。

【大气环境】 2006 年，加强了总量管理工作。针对河北省结构性污染突出、污染物排放量大的实际情况，在制定削减指标时，确定了要严于国家要求的指导思想。经过调研、测算，确定化学需氧量削减率为 17.6%，二氧化硫削减率为 16.5%，分别高于国家 2.6 和 1.5 个百分点。在省第七次环保大会上，省政府与各设区市政府签订了总量削减目标责任书。对全省二氧化硫排放总量按照“分类控制、分区要求”的原则实施管理，完成了全省电力企业二氧化硫总量指标初始分配。为贯彻落实国家环保总局关于公布火电项目环境影响报告书受理条件的 39 号公告，组织实施了《河北省火电行业建设项目二氧化硫总量指标核定书》。为了保证“十一五”全省脱硫任务的完成，制定了《河北省电厂脱硫重点项目竣工环境保护验收书》，进一步规范了电厂脱硫验收、上网电价申报等工作，加快了全省脱硫工作进程。为保障北京 2008 年奥运会空气质量，启动了“北京与周边地区大气污染物输送、转化及北京市空气质量目标研究”项目，组织对 11 个设区市进行了培训，全面开展了有关影响大气质量的污染源调查工作，研究制定了《河北省迎奥运空气质量保障实施方案》。对 2005 年省政府下达的第一批限期治理项目完成情况进行了督促检查，完成了石钢、邯钢、新兴铸管、天铁、国电一五〇电厂等企业限期治理项目的验收。组织全省 6 个非重点城市开展了大气环境容量测算，截至 2006 年底，全省 11 个设区市已全部完成大气容量核定工作。2006 年，河北省二氧化硫排放量为 154.55 万吨（其中，工业排放量 132.57 万吨，生活排放量为 21.98 万吨）；氮氧化物排放量为 118.24 万吨（其中，工业排放量为 99.19 万吨，生活排放量为 19.05 万吨）；烟尘排放量 72.32 万吨（其中，工业排放量为 55.31 万吨，生活排放量为 17.01 万吨）；工业粉尘排放量为 64.58 万吨。2006 年全省 11 个设区市城市环境空气质量达到或好于Ⅱ级标准的天数平均为 299 天，比上年增加 4 天，达到了年初省政府提出的阶段性目标要求。全省城市空气质量状况与上年相比，综合污染指数降低了 5.5%。主要污染物是二氧化硫和可吸入颗粒物。综合可吸入颗粒物、二氧化硫、二氧化氮三项主要污染指标，秦皇岛．廊坊两个城市达到了国家二类区的环境空气质量标准。石家庄市2006年达到或好于Ⅱ级的天数为287天，占全年的78.6%，与上年相比增加了4天，空气环境质量有所好转。

【声环境】 2006年，影响城市区域环境的噪声源主要为生活噪声、交通噪声、工业噪声、施工噪声和其它噪声五类，分别占56.8%、23.4%、9.7%、4.7%、5.4%。生活噪声所占比例比上年减少4.6个百分点．交通噪声所占比例比上年增加4.4个百分点，两者之和为80.2%。影响面广的噪声源是生活噪声和交通噪声，污染强度大的噪声源是交通噪声。2006年，11个设区市区域环境噪声平均等效声级分布在51.8—56.6dB（A）之间，面积加权平均值是54.2 dB（A），与去年相比增加了0.2 dB（A）。其中保定、秦皇岛、邯郸、衡水、石家庄、承德、沧州市区域声环境质量达到国家1类标准，唐山、廊坊、邢台和张家口市区域声环境质量达到国家2类标准。2006年，全省11个设区市共监测道路长度为907.7公里，其中169.9公里的路段等效声级超过70dB（A），占监测路段总长度的18.7%，与上年相比下降19个百分点。全省11个设区市平均等效声级分布在65.7—70.5dB（A）之间，除沧州外其它城市全部达到国家标准，全省道路交通噪声长度加权平均等效声级为67.8dB（A），与去年相比基本持平。11个设区市均进行了昼、夜功能区噪声监测。11个城市只有秦皇岛市设有0类功能区，按照各市各功能区噪声年均值统计，0类功能区昼间功能区噪声年均值达标，夜间未达标；1类功能区昼间达标率为100%，夜间均未达标；2类功能区昼间达标率为90.9%，夜间达标率为100%；3类、4类功能区昼间达标率为100%，夜间达标率为100%。

【工业固体废物】 修改完善了《河北省危险废物经营许可证审批管理程序》；对全省危险废物产生、利用和处置单位进行了全面检查，规范了河北省危险废物的管理。为加强对限制类进口废物利用单位的监督管理，下发了《关于对进口废五金电器、废电线电缆和废电机定点加工利用企业进行检查的通知》，在全省开展了普查。通过普查，对符合国家规定的加工企业，要求其进一步加强日常管理；对现场管理较差的企业，督促其立即采取措施。对进口废物档案进行了规范，建立了完善的台账制度。组织部署了全省危险废物产生源调查工作。印发了《关于开展全省工业危险废物申报登记试点工作及重点行业工业危险废物产生源专项调查的通知》，制订了调查方案。2006年，全省工业固体废物的产生量为14229.22万吨；工业固体废物排放量为41.96万吨；工业固体废物的综合利用量为8850.46万吨，综合利用率为61.68%。

【辐射环境】 2006年，全面组织开展了辐射安全许可证颁证工作。举办辐射工作持证上岗培训班，发放辐射工作岗位证6058个，73家辐射工作单位申领了辐射安全许可证。全年共办理放射源使用许可267项。其中，放射性同位素转让审批247项，异地使用放射性同位素备案20项。收贮闲置废弃放射源152枚，有效消除了污染隐患。河北省城市放射性废物库异地扩建项目进展顺利，2006年2月领取了项目土地使用证，8月配合国家发改委完成了建设项目的初步设计审核。2006年，全省辐射环境常规监测表明，全省陆地γ辐射剂量率为44.5—125.3nGy/h，平均值为72.3nGy/h；室内氡浓度一年的变化范围为15.9—78.0Bq/m^3，平均值为41.6Bq/m^3；均为正常本底水平；土壤放射性核素和空气气溶胶总α、总β放射性水平监测表明，未发现人工放射性核素污染。电磁辐射污染源数量增长较快，电磁辐射环境质量总体上保持稳定，满足国家相关电磁辐射环境保护规定。

【建设项目环境管理】 2006年，省级审批建设项目共计485个，其中编制环境影响报告书的170个，编制环境影响报告表的315个。经审查，否决73个。全年共组织环境保护竣工验收项目120余个。

2006年，全省共审批建设项目12665个，涉及总投资4264.8亿元，预计环保投资138.8亿元，占总投资的3.3%。环评执行率达98%以上，“三同时”执行率达97%以上。

开展了建设项目环评和“三同时”制度执行情况大检查。查处了一批违规建设项目，并对临港化工园区、石家庄高新技术开发和经济技术开发区、晋州市、无极县、深泽县和枣强大营镇皮毛工业区实施了“区域限批”，从源头上严把了环境准入关。

【环境政策法制建设】 2006年以来，环境法制工作以推进依法行政为中心，以贯彻落实行政许可法为重点，加强了环境保护立法工作，加大了环保执法力度，强化了环保执法监督检查，全省环保法制工作取得了新突破。起草了《河北省环境污染监督管理办法》。制定了《河北省环境保护局执法责任制实施方案》、《环境违法案件移送办法》。组织修订了《河北省环境监测管理办法》、《河北省环境保护产业管理办法》。组织完成了立法后评估工作，对有关环保方面的省政府规章和规范性文件进行了全面清理。此外，还编制完成了《河北省环境保护“十一五”规划》。

印发了《关于进一步规范环保行政处罚工作的通知》，撤销下级环保部门违法处罚决定8起，及时纠正了违法执法、越权执法等现象，推进了依法行政工作。2006年，全省共实施环境处罚2039件，罚款4955万元，严厉打击了环境违法行为。为规范案件移送工作提供了依据。

【环保创建活动与清洁生产】 2006年，开展了国家级自然保护区示范工程建设，促进河北省自然保护区向“质量效益型”转变。完成了赛罕坝、木兰围场、南大港、茅荆坝四处自然保护区晋升国家级自然保护区的相关工作。塞罕坝自然保护区已被正式批准为国家级自然保护区。新建青崖寨、于鹤山、都山三处省级自然保护区。全省已建立不同级别、不同种类型的自然保护区34个，其中国家级8个，省级20个。保护区总面积达到56万公顷，占全省面积的2.99%。生态示范区是生态省建设的细胞工程，2006年，平山县、遵化市、迁西市、唐海县、隆化县、涿州市、巨鹿县、邢台县等8个试点地区顺利通过了国家验收，被正式命名为“国家级生态示范区”。全省现有国家级生态示范区13个县（市），国家生态示范区建设试点47个。2006年，邯郸大名县城、涉县涉城镇等12个城镇被省环保局、省建设厅批准命名为省级环境优美城镇。截至目前，全省共创建全国环境优美乡镇3个、省级环境优美城镇32个，131个小城镇完成了环境保护规划。

2006年，全省共完成了327家清洁生产审核企业的验收。企业实施清洁生产低费方案4007个，中高费方案449个，总投资约7.2亿元，共取得8.94亿元的经济效益。通过实施清洁生产，达到废水排放量削减510.12万吨/年，一类污染物削减2096.28吨/年，减C0D4800吨/年、烟尘4800吨/年、二氧化硫12000吨/年、粉尘10900吨/年；少废气排放12164.19万标立米/年、废物12.45万吨/年、危险废物2100吨/年；节约用水3812.79万吨/年，节电28491.14万kwh/年，节煤14.60万吨，节约蒸汽1.21万吨，节约天然气1029.2万标立米/年。重点审核企业污染物排放量减少，废水排放量减少57万吨/年、COD减少400吨/年、烟尘减少500吨/年、二氧化硫减少80O吨/年、粉尘减少1000吨/年，为改善河北省环境质量起到了重要作用。

【土壤污染状况调查与绿色GDP试点】 2006年，河北省根据国家环保总局要求，全面启动了土壤污染状况调查工作，成立了土壤污染现状调查工作领导小组和领导小组办公室，负责组织指导全省土壤污染状况调查工作。编写完成了《河北省土壤污染状况调查实施方案》，并于12月通过了国家环保总局组织的专家论证。为落实科学发展观，建立绿色GDP核算体系和环境污染经济损失估算体系，国家环保总局和国家统计局联合开展了绿色GDP试点工作，河北省是十个试点省市之一。省环保局对此高度重视，成立了领导小组和工作小组，开展了两方面试点：一是环境污染经济损失调查，发放调表四万余份，覆盖全省一千多家企事业单位和上万个家庭；二是GDP核算，运用环境统计数据和调查系数，进行了实物量、价值量核算，撰写了核算报告。2006年12月底，河北省核算工作顺利通过了国家环保总局、国家统计局联合组织的验收。

【环境监察】 2006年，全省征收排污费8.1亿元；省直收电力企业排污费征收2.67亿元。对5个设区市和22个扩权县的监察机构排污费征收管理情况进行了稽查。对钢铁、水泥、化工等重污染企业和工业园区内地方政府“保护”的47个排污单位的排污费缴纳情况进行了稽查，稽征排污费1400余万元。2006年全省共出动10562人次，检查矿山企业3436家，责令574家企业进行整改，消除了环境隐患。关闭、取缔361家，查处相关责任人30人。各级监察稽查机构共有2709人参加了培训，136个环境监察机构通过了标准化验收。

【环境投诉和环境信访工作】 2006年，省环保局共接办环境违法案件702件，其中，中央领导批示4件，省领导批示18件，国家环保总局环境监察局及信访办转办321件，省信访局转办13件。全年共受理各类环境举报案件14445件，其中，举报中心共接到群众举报2143件、群众来访22批87人次、局长接待群众来访173批280人次，群众来信450封；国家环保总局转办的321件，已全部反馈。

【环保专项行动】 2006年专项行动中，先后印发了《开展整治违法企业保障群众健康环保专项行动的通知》等文件13件，编发环保专项行动简报18期，组织召开电视电话、部门联席会议3次。全省共出动执法人员74589人次，检查企业40455家，挂牌督办案件268件，取缔企业121家，限期治理、停产治理302家，对344家企业进行了处罚，罚款金额300多万元，处理相关责任人35人。

【环境宣传教育】 2006年，全省环境宣传教育取得了新的突破，围绕河北省“十五”环保工作成就、环保专项行动、生态省建设、第七次全省环保大会、子牙河污染排查等工作，在各级各类新闻媒体发表稿件1500余篇。全省各地抓住“6·5”世界环境日有利时机，采取多种形式，动员各方面力量，大张旗鼓地宣传环境保护基本国策。省环保局与有关部门共同举办了大学生省环保演讲比赛、“十百千”宣传教育活动、环保诗歌、散文笔会、“为了绿色家园”专题晚会、“与我同行、爱我家园”青年志愿者行动、发送环保短信、“6·5”专题报道等丰富多彩的宣传活动，产生了良好的社会效果。省环保局、省文明办、省建设厅、省卫生厅、省旅游局联合命名了首批66家省级“绿色机关、绿色社区、绿色医院．绿色饭店”，省环保局、省教育厅命名了第四批43所省级“绿色学校”。并于2006年9月在遵化市召开了现场会，总结和推广了环境保护“十百千”宣传教育工程的经验。成立了“河北省环保联合会”，为公众参与环境保护搭建了平台，促进了与民间环保组织和有志于环保公益事业的各界人士的沟通和联系。

（河北省环保局　解立虎）

教　育

【概况】 2006年，全省教育战线认真落实科学发展观，以巩固义务教育成果、大力发展职业教育、提高高等教育质量为主要任务，全省教育事业保持了持续健康协调发展的局面。2006/2007学年初，全省共有各级各类学校24576所（不包括技工学校），在校生总规模1154.66万人；幼儿园5616所，在园幼儿133.62万人。

【义务教育】 继续坚持义务教育重中之重地位，以农村学区建设为重点，大力推进县域内义务教育均衡发展。全面启动农村义务教育经费保障机制改革，建立和完善了中小学校舍维修改造长效机制，继续大力实施中小学布局调整工程、农村中小学寄宿制学校建设工程和中小学现代远程教育工程，推动全省义务教育不断向高标准、高质量迈进。全省共有小学19162所，比上年撤并减少1721所；招生80.07万人，比上年增加8.07万人；在校生470.25

万人，比上年减少30.11万人，校均规模245.4人，比上年增加5.8人。普通初中3663所，比上年撤并减少255所；招生107.49万人，比上年减少7.71万人；在校生336.82万人，比上年减少33.61万人；校均规模919.5人，比上年减少26人。职业初中9所，招生0.15万人，在校生0.53万人。全省小学、初中适龄人口入学率分别达到99.41%和96.10%，其中女童入学率分别为99.48%和96.26%；初中生年辍学率2.36%，比上年略有下降。每万人口小学、初中在校生分别为686.4人、492.4人。

全省共有小学教职工33.87万人，专任教师31.53万人，专任教师学历达标率99.68%，其中专科及以上学历教师所占比例为70.53%，比上年提高4.74个百分点。小学高级技术职称以上专任教师14.1万人，比上年增加1.15万人，高级职称教师所占比例为的44.73%，比上年提高4.33个百分点。生师比（每个专任教师培养学生数）14.92，每个专任教师培养学生数比上年减少0.71人。

普通初中有专任教师20.89万人，比上年减少0.77万人；学历达标率97.59%，比上年提高1.04个百分点；其中本科及以上学历专任教师所占比例为45.53%，比上年提高6.77个百分点；具有中学一级及以上专业技术职称的专任教师9.12万人，比上年增加0.75万人，中学一级及以上教师占总数的43.65%，比上年提高4.95个百分点。初中生师比16.12，每个专任教师培养学生数比上年减少0.97人。

【特殊教育和幼儿教育】 全省共有特殊教育学校124所，比上年新增7所；特殊教育在校生由上年的1.14万人增加到1.15万人，残疾儿童少年入学率达到86%，有106个县（市、区）基本普及了特殊教育，比上年增加28个。

全省幼儿教育保持了旺盛增长势头。幼儿园5616所，比上年增加1582所；新入园幼儿83.4万人，比上年增加5.79万人；在园幼儿133.62万人，比上年增加13.26万人。平均每万人口在园幼儿195.04人，比上年增加18.27人。全省幼儿园和在园幼儿数量增长幅度连续3年位居全国第一，学前3年教育普及率达到58.13%，比全国平均值高出12.22个百分点；有141个县（市、区）基本普及了学前3年教育。

【高中阶段教育】 高中阶段教育的工作重点，一是以省市两级示范性高中建设为抓手，努力扩大优质资源，提高普通高中教育质量；二是以就业为导向，面向市场需求，大力发展中等职业教育。全省高中阶段招生人数92.9万人，比上年增加3.6万人；在学总规模245.7万人，比上年增加15万人；每万人口高中阶段在校生341.8人，比上年增加4.3人；中等职业教育招生和在校生占高中阶段招生和在校生总规模的比例分别为46.14%和41.47%，分别比上年提高1.76和2.57个百分点；全省初中毕业生升学率69.62%，比上年提高10.83个百分点。

全省共有普通高中801所，比上年减少15所；其中省级示范性高中221所，比上年增加20所。普通高中招生49.70万人，比上年略有增加；在校生143.81万人，比上年增加4.7万人，其中在省级示范性高中就读的学生达到60%以上；校均规模1795.38人，比上年增加276.66人；每万人口在校生209.91人，比上年增加5.61人。普通高中专任教师7.82万人，生师比18.39人，比上年略有降低；专任教师学历达标率84.94%，比上年提高2.96个百分点；其中研究生学历教师所占比例为0.79%，比上年提高0.37个百分点；中级职称以上专任教师所占比例为50.01%，比上年提高1.01个百分点。

全省共有中等职业学校718所（不含技工学校），比上年增加32所；招生37.69万人，比上年增加2.34万人；在校生90.4万人，比上年增加9.36万人；校均规模1259.05人，比上年增加77.6人。每万口中，中等职业教育在校生131.95人，比上年下降3.17人。

中等职业学校中，普通中专231所，在校生36.75万人；职业高中290所，在校生47.11万人；成人中专197所，在校生6.54万人。

中等职业学校共有教职工6.54万人，其中专任教师4.36万人，比上年增加0.39万人；生师比20.74，比上年略有提高；中级职称以上专任教师所占比例为60.57%，比上年提高1.74个百分点。

【高等教育】 2006年，围绕大力提高教育质量和办学水平，推动高等教育整体工作。一是以强势特色学科带动高水平大学建设。24个强势特色学科省拨经费都已经到位，学科水平明显提高，燕山大学亚稳材料实验室正式成为国家重点实验室，河北工大电气工程学科被评为全国优秀博士后流动站。河北大学省部共建、河北工业大学“211工程”建设得到加强，燕山大学实现委（国防科工委）、省共建。二是加大教育教学评估力度，推动高等教育质量的提高。河北理工大学、石家庄铁道学院通过教育部评估。河北广播电视大学通过教育部开放教育试点项目评估。省对8所高职高专院校进行了评估。三是高层次人才培养力度加大。高校招收研究生7712人，比上年增长16.85%。开展了对全省硕士点的评估工作，促进了硕士点教育质量的提高。四是进一步加强高校科技创新，以市场需求为导向，大力推进高校与科研院所、企业的合作，促进了高校科技工作水平的提高。

全省共有普通高校88所，普通高等教育本专科招生30.97万人，其中本科12.55万人；在校生86.26万人，其中本科39.54万人。普通高校校均规模9802人，比上年增加1214人。

全省地方普通高校84所，新增2所；其中本科院校26所。普通高等教育本专科招生30.09万人，其中普通高考招生25.80万人，专科起点本科招生2.35万人，初中起点专科阶段招生1.94万人；普通本专科在校生83.63万人，比上年增加8.65万人。其中本科招生11.99万人（包括专科起点本科），在校生37.81万人。共有独立设置的成人高校11所，成人本专科招生7.71万人，在校生23.42万人。平均每万人口高等教育在校生160.09人，比上年增加15.79人；其中万人均普通本专科在校生125.91人，万人均成人本专科在校生34.18人。

全省共招收研究生7712人，比上年增加1112人；

20088人，比上年增加4302人。地方高校招收研究生7625人，其中招收博士生427人；在学研究生19861人，其中博士生1522人。

全省普通高校共有教职工80809人，其中专任教师47428人，具有研究生学历或硕士及以上学位的专任教师18626人，所占比例为39.27%，比上年提高5.17个百分点；具有副高级及以上专业技术职称的专任教师18045人，所占比例为38.05%，比上年下降1个百分点以上。全省独立设置的成人高校共有教职工4636人，专任教师2628人。

全省普通高校校舍建筑总面积2063万平方米，生均26.65平方米；其中教学及辅助用房面积987.8万平方米，生均12.76平方米。固定资产216.60亿元，其中教学仪器设备总值40.53亿元，生均5236.47元；图书馆藏书4654.0万册，生均60.1册。

全省地方普通高校校舍建筑总面积2411.6万平方米，生均28.47平方米；其中教学及行政用房面积1146.7万平方米，生均13.86平方米。普通高校教学仪器设备总值46亿元，生均5353.4元；图书馆藏书5385.3万册，生均63.3册。

【解决热点难点问题】 一是深入实施高校招生“阳光工程”，严格执行教育部“六公开”、“六不准”政策，维护了高招工作的公平、公正。二是加大资助家庭贫困学生工作力度。落实“两免一补”资金3.2亿元，资助义务教育阶段学生135万人。完善奖、贷、助、补、减和绿色通道制度，资助高贫困生完成学业。建立了中等职业教育助学金和奖学金制度，投入6200万元，资助6.3万人。三是切实做好高校毕业生就业工作。进一步健全促进毕业生就业的政策体系，努力为毕业生提供有效的就业指导和服务。四是深入治理教育乱收费。全面清理各级各类学校收费项目和标准，把设区市市区省级示范性高中择校生比例由40%下调到30%，狠抓义务教育“一费制”政策的落实。省人大常委会第23次会议对治理教育乱收费工作进行了审议，给予充分肯定。进一步加强了学校党建和思想政治工作，各级各类学校保持了安全稳定的良好局面，促进了教育健康协调持续发展。

（河北省教育厅　李生棵　徐献彬）

卫　生

【公共卫生体系建设】 全省疾病预防控制体系和医疗救治体系项目建设任务基本完成。142个疾病预防控制体系项目全部竣工，106个医疗救治体系项目（11个市级紧急救援中心和95个传染病医院（病区））基本竣工，疾控机构和医疗救治机构仪器设备装配工作进展顺利。加强突发公共卫生事件应急指挥体系建设工作，启动了省市两级网络支撑平台项目建设。全省11个市级卫生行政部门均成立了卫生应急管理机构，初步形成了统一指挥、反应灵敏、协调有序、运转高效的突发公共卫生事件应急机制。进一步完善预案体系，制发了《河北省人感染高致病性禽流感应急预案》等5个卫生应急预案，编制了《河北省突发公共卫生事件应急处置流程》，制发了《河北省突发公共卫生事件相关信息报告管理工作方案（试行）》，组织开展了全省核辐射、救灾防病和突发公共卫生事件相关信息报告管理培训。加强传染病疫情和突发公共卫生事件信息网络直报系统建设，全省99.57%的县以上医疗机构和99.63%的乡镇级医疗机构实现了网络直报。调整完善卫生应急救治队和专家库，建立了河北省突发公共卫生事件专家咨询委员会，组织开展实战模拟演练，提高了疫情防控和突发公共卫生事件应急处置能力。全年全省共处理突发公共卫生事件279起。贯彻落实《省、地、县级疾病预防控制中心实验室建设指导意见》，对全省疾病预防控制机构实验室管理人员进行了培训，进一步提高了实验室检验检测能力。组织开展《传染病信息报告管理规范》及《学校和托幼机构传染病疫情报告工作规范（试行）》培训，规范了传染病信息报告管理工作。部署开展了全省疾病预防控制系统技术大练兵活动，进一步提高了疾病预防控制服务能力。

【农村卫生】 把新型农村合作医疗作为提高农民群众健康保障水平的关键措施来抓，推进试点工作健康发展和规范运行。召开了全省试点工作会议，对试点县（市、区）合作医疗运行情况进行了总结，指导基金结余较多的试点县（市、区）开展分析测算、科学调整实施方案，保证了参合农民最大限度受益。制发了《河北省新型农村合作医疗定点医疗机构管理暂行规定》。建立定点医疗机构准入、退出和考核评估制度，进一步规范定点医疗机构服务行为，保证新农合制度的规范有序运行。指导试点县（市、区）建立了卫生部门经办、财政部门审核、代理银行支付的基金管理办法，保证基金的封闭运行，并与省审计部门联合对试点县（市、区）合作医疗基金开展专项审计。与省财政厅、农业厅联合完成了对36个试点县（市、区）试点工作的考核评估，总结了全省新型农村合作医疗试点工作取得的经验，分析了存在的问题及原因。实施网络化管理。全省36个试点县（市、区）已有22个县（市、区）实现了网上审核、报销、支付、结算，10个县管理软件正在安装调试。制发了《河北省2007年新型农村合作医疗补偿方案基本框架》和推荐使用的2个实施方案，对各市实施方案审核小组人员、县（市、区）卫生局长、经办机构负责人等进行了培训。2006年，全省36个新型农村合作医疗试点县（市、区）覆盖农业人口1486.16万人，参合农民1170.39万人，参合率为79%。全年共有453.7万人次参合农民得到合作医疗补偿，总费用为4.24亿元，其中住院补偿费用3.47亿元，平均每住院病人补偿868.82元，平均住院补偿比为30%，大病统筹基金使用率为81%。

推进农村卫生基础设施项目建设。制发了《河北省创建标准化乡镇卫生院实施方案》、《河北省标准化乡镇卫生院考核标准》，在全省启动了创建标准化乡镇卫生院活动。对全省村卫生室设置情况进行了摸底调查，加强对村卫生室规范化的管理。积极协调省发改、财政等部门，新安排农村卫生建设项目396个。据统计，自2004年至2006年年底，全省已累计安排建设项目乡（镇）卫生院1047个、县医院22个、县中医院15个、县妇幼保健机构36个，总投资达到了7亿元。开工814个、竣工712个，项目开工率、竣工率分别为73%和64%，符合进度要求。

继续实施“双万名医师支援农村卫生工程”，组织召开了全省卫生支农工作现场经验交流会。实施“双万名医师支援农村卫生工程”以来，全省共派出下乡医务人员5848人，诊治病人74万人次，抢救危重病人4576人次，开展手术5232例，培训基层卫生技术人员126718人次，免费接收进修人员2493人次，帮助基层开展新技术856项，赠送药品器械价值1289多万元。石家庄市组织开展医学专家下乡活动，得到了中宣部部长刘云山、卫生部部长高强、省委书记白克明等领导同志的肯定。

开展基层卫生人员培训，制发了《河北省执行中央2005年农村卫生人员培训实施方案》，举办了全省乡镇卫生院急诊急救师资培训班、乡镇卫生院长师资培训班和县卫生局长培训班，累计培训285人。继续组织实施乡村医生中专学历教育项目，第一批8116名乡村医生顺利毕业，第二批2100余名学员已经入学。

【社区卫生】 围绕贯彻落实全国城市社区卫生服务工作会议和国务院《关于发展城市社区卫生服务的指导意见》精神，不断规范和提高全省社区卫生工作水平。协助省政府组织召开了专门会议，制发了《河北省人民政府关于发展城市社区卫生服务的实施意见》，成立了“河北省城市社区卫生工作领导小组”，建立了联席会议制度。根据国家下发的关于发展城市社区卫生服务的9个配套文件，协调、配合有关部门制定下发了《河北省城市社区卫生服务补助政策的意见》、《河北省公立医院支援社区卫生服务工作的实施意见》、《城市社区卫生服务中心、站基本标准》、《关于在城市社区卫生服务中充分发挥中医药作用的意见》和《关于促进医疗保险参保人员充分利用社区卫生服务的实施意见》、《河北省城市社区卫生服务和药品价格管理实施意见》6个配套文件，《河北省城市社区卫生服务机构管理办法》、《河北省关于加强城市社区卫生人才队伍建设的实施意见》、《河北省城市社区卫生服务机构设置和编制标准实施意见》3个文件正在征求意见。组织对全省社区卫生服务机构进行了摸底调查，按照卫生部新颁《城市社区卫生服务中心、站基本标准》，对全省676个社区卫生服务机构重新进行审核验收。四是组织开展创建省级社区卫生服务示范区活动，制发了《河北省创建省级社区卫生服务示范区考核评估标准》，全省共有10个市辖区申报创建省级社区卫生服务示范区。

【疾病预防控制】 起草了《河北省遏制与防治艾滋病行动计划（2006—2010年）》，制发了鼠疫、结核病、乙肝、麻风病等4个重点传染病防治“十一五”规（计）划，进一步明确疾病预防控制工作的目标和措施。落实传染病防控协调机制和“双关双控”措施，加强对SARS、人禽流感疫情监测和不明原因肺炎病例筛查。组建了省人感染高致病性禽流感防治专家组，开展了全省人感染高致病性禽流感防控工作督导检查和不明原因肺炎病例、不明原因死亡病例主动搜索、高危人群禽流感病毒（H5N1）抗体水平调查和哨点监测医院流感监测工作，为预测预警提供了科学依据。

协调11个部门联合下发了《关于联合实施农民工预防艾滋病宣传教育工程的通知》，启动了农民工预防艾滋病宣传教育工程，组织开展了针对各级党政领导干部的艾滋病防治形势与政策任务宣讲活动。艾滋病综合防治示范区和全球基金艾滋病项目取得了新进展，全省172个县（市、区）疾控机构均建立了合格的艾滋病抗体筛查实验室，全省艾滋病抗体筛查实验室总数达到了292个，对43029名新进监管场所的被监管人员进行了常规检测筛查。落实“四免一关怀”政策，全省累计为112543人提供免费咨询服务，其中96478人接受检测，发现艾滋病病毒抗体阳性47人。全省累计免费抗病毒治疗238人，实施母婴阻断3例。

组织对张家口鼠疫防治措施落实情况进行暗访，召开专门会议对鼠疫防治工作进行强化部署，加强了省鼠防所和坝上8个监测点的基础建设，落实监测和灭鼠两个关键环节，确保实现了“鼠间鼠疫不下坝、人间鼠疫不发生”。强化肠道传染病疫情监测工作，全省未发现霍乱疫情。完成了结核病防治规划中期评估，启动了乡镇卫生院查痰点工作，全省共发现肺结核病人36813例，涂阳病人26295例，其中新涂阳病人21899例。制发了《河北省入托、入学儿童查验预防接种证实施办法》和《河北省预防接种门诊建设标准及工作规范》，完成了全省接种单位和预防接种人员资质认证工作，全省共指定接种单位15963个，认证有资质预防接种人员37258名。组织开展脊灰疫苗强化免疫，完成了全省卫生系统生物医学实验室脊灰野病毒登记工作。落实食盐加碘消除碘缺乏病措施，全省居民食用碘盐合格率达94.38%。对2144个改水工程进行了督导检查和水质监测，完成高氟改水工程16处，全省新增受益人口10万人。建立慢性病综合防治示范区23个，覆盖人口102.8万人，开展了高血压、糖尿病筛查和管理工作。设立慢性病监测点16个、国家级死因监测点8个、国家级伤害监测点2个，组织开展了全死因监测、伤害监测工作。巩固与农业部门人畜共患疾病防治机制，与北京铁路局、省交通厅、省出入境检验检疫局和省民航管理集团建立了传染病预防控制工作协调机制，与省军区建立了军地传染病防控机制。

【卫生执法监督】 制发了《河北省卫生系统开展法制宣传教育第五个五年规划》、《河北省食品卫生许可证发放管理办法》、《河北省卫生行政许可文书规定》和《河北省卫生行政许可档案管理规定》，梳理卫生行政执法依据196部，分解行政执法职权323项，明确了执法标准。清理涉及行政许可、行政处罚、行政强制、行政裁决以及内部管理等权力141项。推进卫生监督体系建设，全省11个设区市和165个县（市、区）成立了卫生监督机构。起草了《河北省关于卫生监督体系建设的实施意见》，明确了卫生监督机构性质、职责定位、人员编制、运行机制和保障措施。利用中央转移支付资金和省政府配套，为5个市和69个县的卫生监督机构进行了车辆、设备和取证工具装备。制发了《河北省重大活动食品卫生监督工作方案》和《河北省重大活动食品污染和食物中毒事件应急处理预案》。组织开展食品、化妆品专项整治，全省全年共检查食品生产经营单位82089户次，化妆品生产企业54家，化妆品专卖店、药店、美容美发店和经营单位6782家，立案3248起，罚款367.869万元，吊销卫生许可证117个，取缔无证生产经营单位2735个。组织实施国家和省健康相关产品监督抽检，全省累计抽检14类1400种食品，发现不合格产品357种，涉及省内食品生产经营单位258户，均依法进行了查处。制定了《河北省建设项目职业病危害分类管理办法》和《河北省建设项目职业卫生审查规定》，部署开展了职业卫生、放射卫生、集中空调通风系统、生活饮用水卫生监督检查。组织开展打击非法行医专项行动，全省共出动卫生监督执法人员146460人次，取缔无证行医4881家，查处聘用非卫生技术人员3385家，出租承包科室164家，其他违规行为6387家，没收违法所得128.61万元，罚款730.56万元。查处张家口市传染病院、秦皇岛市军工医院等违法违规典型案例七起。

【妇幼保健】 制发了《河北省执行中央2005年降低孕产妇死亡率和消除新生儿破伤风项目实施方案》、《项目资金和设备管理办法》等6个规范性文件。将50个项目县全部纳入了妇幼监测网络管理。制发了《河北省市级妇幼保健机构规范化建设标准》，组织培训市、县、乡三级妇幼卫生人员2.1万人，投资350万元为50个县妇幼保健机构装备了310台（件）医疗保健设备，全省51%的县级妇幼保健机构达到了规范要求。制发了《河北省新生儿听力筛查管理办法》，组织开展对非医学需要的胎儿性别鉴定和选择性别人工终止妊娠专项治理活动，查处违法案件134起，取消执业资格17人，收缴B超机38台、引流产器械117台。组织实施“中国母亲援助——复明12号流动眼科手术车和母亲健康快车项目”，为415名白内障患者进行了复明手术。起草了《河北省产前诊断技术规范》，举办了产前诊断和筛查人员培训班，对开展产前诊断、遗传病诊断、助产技术服务的机构和人员进行了审核。制发了《〈河北省妇女发展规划（2001—2010）〉和〈河北省儿童发展规划（2001—2010）〉卫生工作中期评估方案》，组织开展了“两纲”和“两个规划”中期评估。在5个项目县开展了预防艾滋病母婴传播免费咨询、孕产妇检测和宣传教育工作。

【健康教育与促进】 制发了《河北省执行中央2005年健康教育与烟草控制项目实施方案》和《河北省城乡社区健康教育试点工作方案》，举办了市、县两级疾控中心和健康教育专业技术人员培训班。组织参加“2006年国际戒烟竞赛”和“全国首届疾控人员戒烟竞赛”，获得“2006年国际戒烟竞赛”中国赛区组织奖。在石家庄桥西区和唐山滦县开展了烟草干预试点工作，创建“无烟学校”、“无烟医院”34个。积极开展爱国卫生运动。以农村为重点，组织开展了春季灭鼠、爱国卫生月、改厕和人畜共患病健康教育活动。在全省30个县开展了农村饮水与环境卫生现况调查，完成农村改厕1.5万座。开展创建卫生城市、卫生乡镇、卫生单位活动，迁安市成为河北省第一个“国家卫生城市”。

【卫生科技与教育】 组织起草了《河北省卫生科技发展“十一五”规划纲要（讨论稿）》、《河北省卫生厅关于促进卫生科技工作发展的实施意见（讨论稿）》，修订完善了《河北省医学专业重点学科建设与学科带头人培养五年规划》、《河北省医学重点学科建设专项经费管理和使用办法》和《河北省医学重点学科建设评估指标体系》。先后选送38名中青年学科骨干国内进修，推荐5人参加了美国中华医学基金会（CMB）资助的“第七期全科医师规范化培训班”。组织申报国家“十一五”科技支撑计划重大课题9项，河北医科大学第四医院牵头的“食管癌早期治疗技术的多中心临床研究”中标，获资助经费500万元。争取河北省2006年科学技术研究与发展计划支持课题282项，评定2006年重点医学科研项目314项，获省科技进步奖近50项。推荐国家级继续医学教育项目80个，审定省级继续医学教育项目572个。河北省继续医学教育工作在全国评估中名列第五，被卫生部授予“全国继续医学教育先进单位”荣誉称号。联合省教育厅对全省33所高、中等医学院校的临床医学、护理专业进行了技能考核。为26个县级疾控机构实验室配置了相关设备，举办实验室生物安全技术、规范和相关知识培训班3期，累计培训350余人。对10家申请开展辅助生殖技术的医疗机构进行了现场评估。举办了两期“卫生部十年百项适宜技术推广培训班”，提高了基层卫生技术人员业务水平。

【中医药工作】 开展“中医特色年”建设活动，承德市被国家中医药局命名为“全国农村中医工作先进市”，献县和涉县被命名为“全国农村中医工作先进县建设单位”。继续实施中医药适宜技术试点推广工作，新确定市级试点1个区、县级试点5个。加强中医药社区卫生服务工作，组织邯郸市丛台区申报了“全国社区卫生服务中医药特色示范区”。实施“河北省优秀中医临床人才培养”、“3515”项目，加强“师带徒”工作，对第二批46名和第三批39名师带徒学术继承人进行了出师考核验收。强化乡、村两级中医药人员培训，在全省遴选、总结和推广了30名优秀农村基层中医的临床经验，全年累计培训乡镇卫生院中医骨干350人。2006年全省确定中医药、中西医结合计划课题226项，筛选推广中医药诊断新技术、新成果14项。省中医药管理局被国家中医药管理局命名为“全国中医药继续教育先进集体”和“中医药科技管理工作先进集体”。

【卫生行风建设】 组织全省卫生系统开展社会主义荣辱观教育，明确了具有河北医疗卫生行业特色的“八荣八耻”具体标准。评选表彰全省卫生系统健康卫生楷模，召开了健康卫生楷模先进事迹报告会，在全省卫生系统组织开展了向健康卫士楷模学习活动。深入实施“医疗惠民工程”，制定了《医疗机构临床检查结果互认制度实施意见（试行）》，省直7所、各市200余所医疗机构实行了检验检查结果互认制度。制发了《关于试行单病种质量费用综合管理的通知》，省内23所三级综合医院、284所二级医院选择了5—15种常见病、多发病，试行了单病种质量费用综合管理。出台了《关于设立“惠民医院”和“惠民病房”方便贫困患者就医的意见》，在各设区市和省直设立惠民医院12所，二级以上医院设立惠民病床6665张，共收治贫困患者5.15万人次，为贫困患者减免费用1844.25万元。邯郸市第一医院实施“医疗惠民工程”成效显著，受到中央先进性教育领导小组办公室充分肯定。以创建“诚信医院”为载体，深入开展“医院管理年”活动，制发了《医院管理评价实施细则》，组织对全省医院管理年、创建“诚信医院”活动进行了督导考评，建立了全省临床实验室室内质控实时监测网络、医院感染管理监控网络和全省抗菌药物临床应用监测网络，定期开展医疗质量、安全、服务、费用检查评价并向社会公示。继续推行药品集中招标采购、医院单品种药品用量“双排序”、“双公示”和临床医生单品种用药总量监控公示、用药合理性评价，严格落实省卫生厅纠风工作“六条高压线”和卫生行业“八不准”，促进了卫生行风的进一步好转，省、市卫生部门委托统计部门对省直和各市所属259家医疗单位进行调查，患者对医疗单位的综合满意率为98.14%。

【治理医药购销领域商业贿赂】 建立健全治理医药购销领域商业贿赂组织领导体系，开展层层签订责任状和“五级全员承诺”活动，制发了专项治理《实施方案》，明确了治理医药购销领域商业贿赂专项工作的目标要求、工作重点和阶段任务。深入进行教育动员，印发了专项治理工作相关政策“具体意见”、自查自纠和查处商业贿赂案件实施意见以及专项工作督导方案等一系列文件，实现了自查自纠受教育面100%、政策知晓率100%的“双百”目标，推进了治理商业贿赂专项工作扎实开展。各级卫生行政部门和医疗卫生单位严格按照省卫生厅部署，采取“以会促纠”、“以学促纠”、“以查促纠”、“骨干帮纠”等形式，营造出了主动自查自纠、积极自查自纠、踊跃自查自纠的良好氛围，绝大多数存在不正当交易行为的人员通过开展自查自纠，积极上缴了不正当交易所得财物，得到了卫生部和省治贿办的充分肯定。

（河北省卫生厅　周志山　刘　波）

劳动和社会保障

【就业再就业】 2006年，全省城镇新增就业46.5万人，完成全年任务的116%；下岗失业人员再就业25.8万人，完成129%；困难对象再就业8.98万人，完成224.5%。城镇登记失业率3.84%，控制在4.6%的目标之内。一是就业政策体系进一步完善。国发〔2005〕36号文件下发后，省、市及相关部门都及时出台了相应的政策和配套措施，对原有就业政策进行了延伸、扩展、调整和充实，在9个方面突出了河北省特点。二是就业政策得到较好落实。全省有60万人享受各类补贴4.9亿元，为307户企业和2.84万名下岗失业人员减免税9873万元。筹集小额贷款担保基金1.09亿元，累计发放1.32亿元，直接扶持7068名下岗失业人员自谋职业和自主创业。三是就业服务得到改善。组织实施了再就业援助、春风行动、民营企业招聘和大中专技校毕业生就业服务等专项活动。为“4050”人员、零就业家庭等重点扶助对象提供公益性岗位7.38万个，发放补贴2.79亿元。开展了创建“充分就业社区”活动，全省共有320个社区达到充分就业社区标准。培训农村劳动力120.4万人，完成目标的120.4%，其中技能培训41.3万人。农村劳动力向非农产业转移193.5万人次。

【社会保障体系建设】 社会保障体系进一步完善，突出表现在五个方面：一是社会保险扩面进展较快。2006年底，城镇基本养老、医疗、工伤和生育保险参保人数分别达到747万人、615万人、402万人和264万人，均超额完成扩面任务。失业保险平均参保人数稳定在470万人。列入“十一五”规划约束性指标的城镇基本养老保险覆盖人数增幅达到6.4%，超过目标1.4个百分点，是近几年新增参保人数最多的一年。二是社会保险制度改革加快推进。贯彻国发〔2005〕38号文件，印发了《河北省完善企业职工基本养老保险制度实施意见》（冀政〔2006〕67号），改革了基本养老金计发办法，统一了城镇个体工商户和灵活就业人员的参保政策。企业年金制度已经起步，全省有9家企业建立了企业年金。会同有关部门制定了事业单位和民间非营利组织参加工伤保险的相关政策。三是社保待遇得到较好落实。全年共发放离退休人员养老金212.5亿元，做到了按时足额发放。企业退休人员养老金月人均增加185元，并提高了冬季取暖补贴和洗理费标准。调整了事业单位离退休职工养老金待遇。为21.9万名失业人员及时发放失业保险金5.5亿元，上调了失业保险金标准，冬季取暖期个人失业保险金增发20%。为2.37万名伤残、职业病职工和因工死亡职工供养亲属支付各项工伤保险待遇2.85亿元。医疗保险待遇和服务进一步改善。四是社会化管理服务水平逐步提高。全省企业退休人员社会化管理服务率达到93.7%，社区管理服务率71.4%，比上年提高3.9个百分点。失业人员管理服务逐步向街道社区延伸并取得初步成效。五是社会保险基金监管得到加强。组织实施了企业养老保险内控制度检查，进一步规范了内部管理制度，受到劳动保障部的充分肯定。

【职业培训】 一是高技能人才成长环境进一步优化。组织了“河北省优秀高技能人才先进事迹报告团”，赴11个市巡回报告，收到了较好效果。二是新技师培养计划加快实施。全年培养新技师1.3万人，完成目标的118.3%。

三是技工教育加快发展。全省有28所院校纳入国家开发银行扶持技工学校贷款项目“十一五”规划，其中6所学校列入2006年试点项目，总贷款额度为4.7亿元，石家庄铁路运输学校一期500万元贷款已经到位。同时有18所技工院校获得国债资金支持，可望争取资金5930万元。技工教育呈现供需两旺的好势头，全省计划招生4.5万人，实际招生5.9万人；毕业生3.8万名，已经就业3.4万名，当年就业率达到89.2%。四是职业技能鉴定工作稳步推进。启动实施了“国家技能资格导航计划”，全年技能鉴定33.3万人，完成目标任务。

【劳动关系调整】 一是组织开展了劳动关系和谐企业创建活动。与总工会、企业家协会等组织联合在全省范围内开展了劳动关系和谐企业创建活动，对2005年度142家3A级和谐企业进行了表彰，引起较大的社会反响。二是大力推行劳动合同制度。加快实施劳动合同制度三年行动计划，劳动合同签订率明显提高。三是调整了最低工资标准，由420元—520元提高到440元—580元。发布了工资指导线，企业职工货币平均工资年均增长上线为18%、中线11.5%、下线4.5%，引导企业合理适度提高职工工资水平。四是加强了执法检查。在坚持日常巡查的同时，组织开展了劳动用工、农民工工资支付情况等5项专项监察活动，检查用人单位5.56万户，为56.4万名劳动者补签了劳动合同，补发工资1.37亿元，其中农民工工资1.29亿元，补缴社会保险费9580万元。五是劳动争议处理能力逐步增强。全年共受理劳动争议仲裁案件1.26万起，立案处理7884件，到期结案率97%。接待群众来信来访8.58万批件次，妥善处理群体访2067批，有效地维护了企业和社会的稳定。

【保障农民工权益】 贯彻国发〔2006〕5号文件，制定了河北省解决农民工问题的实施意见，为农民工流动、管理、服务创造了良好的政策环境。建立了由省直30个部门和单位组成的农民工工作联席会议，加强对农民工工作的组织推动。制定了河北省农民工养老保险的参保政策。组织实施了农民工参加工伤保险的“平安计划”，全省大中型煤矿企业农民工全部参加了工伤保险，小煤矿、非煤矿山企业参保率达到50%。出台了农民工参加基本医疗保险的暂行办法，大力开展农民工参加医疗保险专项行动，年底参保人数达到50万人。全省市、县两级公共职业介绍机构全部向农民工开放，免费提供就业服务。强力推行农民工工资保证金制度，加强工资支付监控，农民工工资支付情况有了明显好转。

【劳动保障基础工作】 各级劳动保障部门深入贯彻《行政许可法》，进一步规范行政审批程序，建立行政执法责任制，大力推动行政权力公开透明，劳动保障系统干部职工的法制意识和依法行政水平有了新的提高。金保工程建设步伐加快，社会保险统一软件本地化开发工作基本完成，省、市两级的企业养老保险监测数据库基本建立，统一的数据中心建设取得较大进展，12333电话咨询服务系统建成并即将投入内部试运行。全省劳动和社会保障事业发展“十一五”规划以省政府名义印发。组织开展了“建设和谐机关，促进事业发展”主题教育活动，取得初步成效，机关作风明显好转。廉洁从政规定和党风廉政建设责任制得到较好落实，政风行风建设成果进一步巩固，劳动保障部门的整体形象逐步提升。

（河北省劳动和社会保障厅　侠文龙）

民　　政

【救灾工作】 2006年，全省先后遭受了低温冷冻、干旱、病虫害、风雹、洪涝、地震等自然灾害。从总体来看，干旱严重，洪涝较轻，风雹频发，低温冷冻、病虫害偏重，灾害损失略大于去年，属于中等偏重年份。重灾区主要分布在张家口、承德、沧州、衡水、保定、石家庄等市。据统计，全省因灾造成农作物受灾面积2848.9千公顷，受灾人口2420.2万人次，因灾死亡14人，因灾受伤16人，倒塌房屋1149间，损坏房屋13116间，部分交通、电力、通讯及水利设施因灾遭受不同程度破坏，共造成直接经济损失83.7亿元。面对各地灾情，全省民政部门先后多次派人深入全省80多个县（市）查看灾情，指导救灾工作，核查灾民基本生活状况，并根据灾情和灾民需救济情况及时向民政部上报，争取国家支持。同时，多方筹措救灾资金，妥善安排灾民生活。全年全省共发放救灾资金达到24245万元，其中，争取中央救灾补助资金12300万元；省财政下拨配套救灾资金2500万元，直接募集发放社会捐赠款540万元；各市、县财政列支5950万元，募集发放社会捐款2955万元。为保证灾民安全过冬，还下拨救灾棉被5000床。全年共救助灾民750万人次，有效地保障了灾民的基本生活，维护了灾区社会的稳定。

进一步强化备灾工作，救灾应急反应能力得到有效提高。2006年省民政厅采购了300万元救灾棉被、棉褥和棉衣等救灾物资，对各级救灾专业人员进行了救灾专业知识培训，加强了灾情信息处理能力。为贯彻落实《河北省救灾应急预案》，提高救灾工作的应急反应能力，遇有重大灾害时能做到迅速、准确、有序、高效地开展救灾工作，7月，在赞皇县举行了一次涉及一个乡两个村的救灾应急演练，同时召开了“全省救灾应急演练现场观摩会”，提高了全省各级民政部门领导和救灾工作人员的防灾救灾能力。民政部国家减灾中心和省防汛抗旱办公室、地震局、气象局等部门的有关领导观摩演练后，给予了很高的评价。

认真开展了“社区减灾平安行”活动和减灾知识竞赛工作。按照国家减灾委、民政部关于开展“社区减灾平安行”活动的要求，全省以形式多样的宣传方式，广泛深入地开展了“公共安全、避灾减灾知识进社区、进乡村、进学校”活动，并组织参加了全国“社区减灾平安行”应急减灾知识电视大赛，河北省代表队取得了第一名的优异成绩，受到了国家减灾委员会、国务院应急管理办公室、民政部的表彰。

进一步推进了社会捐助接受站点和“爱心超市”建设，全省经常性社会捐助接收站点和“爱心超市”分别达到1811个和284个，累计发放物品折款300多万元，有10.8万城乡困难群众受益。组织开展了经常性社会捐赠和“送温暖、献爱心”集中社会捐赠活动，累计接收现金3495.4685万元、衣被59.8163万件，全部发往灾区和贫困地区，救助困难群众112万多人次。

（河北省民政厅　艾　军　梁爱华）

【社会救助】　第一，城乡社会救助体系建设。到2006年6月底，全省11个设区市、172个县（市、区）都出台了城乡社会救助体系的文件，成立了政府负责同志任组长、有关部门参与的社会救助体系领导小组，建立健全了政府领导、归口管理、部门协作、社会参与的社会救助工作管理体制，一个内容全面、体系完备的救助体系初步成型。第二，城乡居民最低生活保障。城市低保实现了动态管理下的应保尽保和分类施保，能及时将符合条件的人员全部纳入了保障范围，截至12月底，全省城市共月保障86.5万人次，全年累计发放保障金7.2亿元，全年月人均补差71元。农村低保以农村低保的规范完善和提高补差水平为重点，取得了新进展。加强具体指导和资金筹措力度。截至12月底，全省农村共保障68.5万人，月人均补助21元，全年全省共发放农村低保资金1.6亿元。第三，农村五保供养。一是研究出台政策，加强工作指导。为贯彻落实新《农村五保供养工作条例》，4月，省政府出台了《关于进一步加强农村五保供养工作的通知》，明确了五保供养的标准和财政资金保障渠道，有效保障了全省五保对象的基本生活。10月，省民政厅、省发改委和省财政厅联合下发了《关于贯彻落实〈农村五保供养工作条例〉的通知》，对确保五保供养资金落实、加强供养服务机构建设与管理、妥善解决农村五保对象的突出困难等提出了具体要求和明确安排。二是调查摸底，组织推动。3月份，按照民政部《关于开展农村五保供养对象一次性调查的通知》要求，全省统一部署、集中时间对符合五保供养条件的农村特困人员的开展了全面摸底。3月和9月，又召开了两次全省工作会议，对全面推进农村五保工作进一步推动和部署，指导各地重新确定上报了本地农村五保供养标准，除省级财政在一般转移支付中安排供养资金外，各级财政列支五保供养资金1.06亿元。三是协调资金，争取五保服务机构建设项目。4月和10月，在市、县审核推荐的基础上，河北省对57个供养服务机构建设分两批予以资金支持（其中30个项目上报民政部、27个由省级福彩资金支持）。9月份，省民政厅与省发改委联合发文，对编制农村五保敬老服务机构“十一五”建设规划进行了安排部署。截至12月底，全省共保障五保对象20.3万人。为鼓励先进，宣传典型，促进全省五保供养和敬老院建设工作，2006年，河北省继续开展了创建“省甲级敬老院”活动，命名了97所敬老院为甲级敬老院。第四，城乡医疗救助。省民政厅通过与各市签订责任书、赴各地调研指导、推广典型、定期通报督导、及时下拨补助资金等措施，使全省172个县（市、区）在6月底全部出台了适合本地实际的医疗救助实施细则。全年共下拨中央和省级城市医疗补助资金2630万元，累计支出2224万元。到年底，全省共救助59536人次。农村医疗救助工作重点抓了制度的规范完善，如降低起付线、扩大救助面、增加常见病救助、简化操作程序及相关的政策舆论宣传工作，全省全年共救助31.3万人次，资金支出4295万元，其中资助25万人参加了新型农村合作医疗，资助资金407万元，缓解了农村困难群众看病难。第五，救助管理。2006年省厅继续深入贯彻《城市生活无着的流浪乞讨人员救助管理办法》，加强与有关部门协调和配合，积极研究制定河北省关于流浪乞讨病人和未成年人救助管理的相关政策，印发了《关于转发加强流浪未成年人工作意见的通知》、《关于切实做好城市流浪乞讨人员中危重病人、精神病人和传染病人救治工作的通知》，共救助21894人，其中，未成年人1621人，危重病人、精神病人、痴呆傻等1971人，保障了城市生活无着的流浪乞讨人员的基本生活权益，维护了社会稳定。

（河北省民政厅　朱　昆　王国亮　梁爱华）

【社会福利】　一是残疾孤儿手术康复明天计划。残疾孤儿手术康复明天计划（以下简称“明天计划”）主要为有先天性心脏病、脑瘫、脊柱裂、小儿麻痹后遗症、唇腭裂、先天性手、臂、腿、脚、耳等器官的缺陷、尿道疾病等儿童实施手术。为保障好手术质量和进度，河北省从规范手术程序着手，严格审验残疾孤儿康复手术材料，全年为206名残疾孤儿成功实施了手术，为他们走向社会和家庭创造了条件。二是社会福利事业。2006年以规范管理为重点，初步建立了以国办社会福利机构为示范，其他多种所有制形式的社会福利机构为骨干，社区福利为依托，居家养老为基础的社会服务网络。福利院基础设施建设逐渐改善，服务水平逐步提升，供养人员生活水平不断提高，《河北省社会福利院管理规范》的各项要求得到全面贯彻落实。特别是石家庄市长安区养老服务社会化全国示范点，作为民政部在河北省设立的首家示范点，目前已走出了一条以社区服务为依托，综合利用社会资源，把居家养老和社区服务相结合作为突破口，适合本地实际的养老服务社会化新路子。在民政部7月召开的《全国养老服务社会化经验交流会》上，他们向全国介绍了先进经验。为切实保障孤儿及特困儿童的基本生活，省民政厅协调14个部门联合转发了民政部等15个部门《关于加强孤儿救助工作的意见》，结合新《农村五保供养条例》的出台，在深入基层调查研究的基础上，提出了根据孤儿年龄、生存状况等因素而采取不同供养方式的建议。为加强社会福利机构建设，向民政部申报了包括石家庄市福利院、秦皇岛市儿童福利院、石家庄市长安区老年公寓、承德市双滦区福利院、沧州市南皮福利院在内的5个项目，共争取到资金185万元。三是社会福利企业。创办社会福利企业，发展社会福利生产，是保障残疾人劳动权益，集中安置残疾人就业的一个重要途径。通过完善年检制度，增强服务意识，规范审批程序，落实各项优惠政策，共审批社会福利企业148家，安置残疾职工1036人，社会福利企业实现了健康、稳步发展。四是"微笑列车"唇腭裂矫治项目。省民政厅继续承担了为贫困唇腭裂患者免费实施矫治手术的"微笑列车"慈善项目。在与各手术定点医院密切配合的基础上，共为1383名贫困唇腭裂患者免费实施了手术，没有一例唇腭裂患者发生手术质量问题。为扩大宣传，"六一"期间，组织"微笑列车"医务人员和记者开展了"微笑列车"千里行活动，深入到太行山区、张家口坝上等僻远地区进行了大规模宣传，行程达1000多里。

（河北省民政厅　魏子衡　梁爱华）

【社会行政管理】　民间组织管理工作。合理安排年检计划、严格年检制度，采用寄发文件和网上通知的方式，将年检时间、受检方式、提交材料等要求及时公布。对省科协、社科联等管理社团比较多的业务主管单位，主动上门年检，为社团提供方便，节省时间。为保证《民间非营利组织会计制度》的实施，要求申报民间非营利组织会计报表，专门聘请会计师事务所两名会计师现场办公，讲解、指导民间组织财会人员合理设置和调整账目。截至2006年9月底，832个全省性民间组织中，应检770个，实际参检722个，合格721个，不合格36个（含未参检民间组织），注销登记6个，撤消登记7个。加大培育发展民间组织的力度，重点发展行业协会和农村专业经济协会。配合省发改委、省工经联等单位，培育发展了河北省焦化行业协会等重点行业协会，调整行业布局，为160余个行业协会办理了变更业务主管单位手续，为做大做强行业协会奠定基础。全省已注册行业协会2375个。大力培育发展适合当地经济发展和需要的农村专业经济协会，在已有河北省食用菌协会、奶牛业协会基础上，又培育发展了河北省渔业协会、河北省农产品经济人协会、河北省肉牛行业协会等新型农村专业经济协会组织。支持和配合省供销合作社审批成立了河北省农村合作经济组织联合会，积极推进市、县农村合作经济组织联合会的培育发展。全省各级农村合作经济组织联合会已有145个，已注册各级农村专业经济协会1632个。组织、推荐河北省板栗协会、河北省植物油产销协会和河北省食用菌协会参加了全国民间组织服务社会主义新农村建设的倡议活动，鼓励三协会联合向社会发出倡议书，呼吁全省民间组织结合自身特点，及时调整工作思路和方向，大力发展服务农村、服务农民的培训、合作项目。深入开展自律与诚信建设活动，加强民办非企业单位规范化建设。省民政厅下发了《关于进一步深入开展民办非企业单位自律与诚信建设活动的通知》，把2006年继续作为民办非企业单位自律与诚信建设活动年，要求各地采取有力措施，敦促和指导民非单位，不断完善章程和各项内部规章制度，制订诚信方案和自律举措。全省民办非企业单位积极响应号召，自觉参与公益事业。各级民办学校纷纷为贫困学生减免学费、发放奖学金和助学金，民办医院也为患者减免医药费等，直接社会效益达660万元。7月，在平山县召开了"全省民办非企业单位自律与诚信建设活动先进单位表彰大会"，表彰了77家全省民办非企业单位自律与诚信建设先进单位和16家组织先进单位。加强对民间组织的监督管理，加大打击和查处违法、非法民间组织的力度，维护社会稳定。制止了河北省诚信建设促进会筹备组未经登记就以社团组织名义开展评比活动的错误行为，为企业避免了损失；停止了9家未按时限要求申报登记成立的社会团体筹备组的筹备活动；责令49家未按规定参加年检的民间组织限期整改；制止了一些违法行为的扩大和蔓延，严肃了行政审批的权威性。省民政厅对本省民间组织对外交往情况，以及境外非政府组织在华活动情况进行了调研，并将调查报告上报民政部和省外办，为政府决策提供重要依据。

区划地名工作。逐步理顺了设立街道办事处的审理程序，新增街道办事处3个。办理乡镇级区划调整专件6个。按照民政部的年度安排，与内蒙古自治区民政厅共同完成了全长1552.66公里冀蒙线的联合检查任务，对在检查中发现的跨界经营等违法行为进行了纠正；积极组织、认真督导全省县市区开展省内县界联检工作，对98条县级界线进行了检查。在石家庄正定县和井陉县召开了全省地名工作现场会，对民政部提出的"地名公共服务工程"中的地名规范化管理、地名规划、数字地名等4个专项事务进行了安排部署。全年有80%的县（市、区）完成了地名规划工作；78个县（市、区）开展了地名设标工作。积极开展对全省地名文化遗产的保护工作，河北省县名在千年以上的有86个，全年对12个有千年以上历史的县名进行了申报、命名、挂牌；组织编写了约120万字的地名文化遗产丛书《千年古县》。

婚姻管理。全省共办理结婚登记554925对，其中涉外、涉港澳台华侨结婚登记310对；办理离婚登记56941对，其中涉港澳台华侨离婚登记15对；办理补领婚姻登记证36690对。各级围绕依法登记主要做了以下工作：一是按照民政部的部署，继续开展婚姻登记规范化建设。各地认真落实各项规范化内容和要求，取得了显著成效，三河市等11个县级民政部门婚姻登记处被民政部命名为"全国婚姻登记规范化建设窗口单位"。二是继续广泛深入地开展星级标准化婚姻登记处创建活动。省民政厅印发了《关于深入开展婚姻登记规范化建设活动 全面提升星级标准化婚姻登记处创建水平的通知》，增加了新的创建内容，提高了创建标准。深泽等23个县（县级市、市辖区）民政局婚姻登记处、滦南等31个县（县级市、市辖区）民政局婚姻登记处、饶阳等13个县（县级市、市辖区）民政局婚姻登记处分别被省民政厅命名为"一星"、"二星"、"三星"省级标准化婚姻登记处。三是加快了婚姻登记信息化建设步伐。省民政厅在石家庄市举办了全省婚姻登记信息管理系统培训班，在全省201个婚姻登记处推广了新的《婚姻登记信息管理系统单机版软件》。已在全省启用这个软件。四是进一步加强了婚姻证书管理。各地民政部门认真执行《河北省婚姻登记证管理办法》，依法管理和使用婚姻证书。各市共购领婚姻证件1385500本，全省购证率为106.86%。唐山、邯郸、沧州、张家口、廊坊、秦皇岛、保定、邢台、承德、石家庄市民政局主管婚姻登记工作的科（处）被省厅授予“河北省婚姻证件管理先进单位”称号。

殡葬管理。殡葬改革继续以火化为中心，以殡葬设施建设为依托，以骨灰处理多样化为纽带，以降低丧葬费用为目标，重点开展了以下五方面工作。一是开展纪念毛泽东等老一辈无产阶级革命家倡导火葬50周年系列活动。省民政厅组织全省民政系统特别是殡葬服务系统开展了包括书法、绘画、摄影、理论研讨、文艺汇演等系列活动，总结河北省殡葬改革50年取得的成绩和经验，对殡葬改革提出了新的要求，评选出了全省优秀殡仪馆长、优秀公墓主任、行业标兵等先进个人及开展各项活动的优胜单位及优胜个人。二加强宣传，推进丧俗改革。充分发挥农村红白理事会的作用以及基层民政部门的监督管理职能，抓住清明节祭奠高峰时机，加大宣传力度，强化三项治理（治理骨灰装棺土葬、丧事大操大办和封建迷信、坟头占地），推进丧俗改革。三是加大公墓监管力度，大力推进骨灰处理工作。适应殡葬改革的需要，积极引导各地采取树葬、深埋不留坟头、骨灰撒放等文明的骨灰处理方式。强化公墓监管。制定下发了《河北省经营性公墓年检办法》。针对霸州市非法公墓问题，在天津市《每日新报》进行了公告，有效遏制了非法公墓的建设和销售。四是调整全省殡葬基本服务项目收费标准。省民政厅下发了《关于调整我省殡葬基本服务项目收费标准的通知》，对火化费、运尸费收费标准相应提高。通过努力，火化在河北省已经基本普及，土葬反弹得到有效遏制，社会火化率稳固在达到85%。

收养登记。通过宣传贯彻《中华人民共和国收养法》、《河北省收养登记办法》等，收养登记工作水平不断提升，2006年以来共办理国内收养登记1228例，涉外收养登记16例，合格率达100%。

（河北省民政厅　刘永辉　陈　忠　王六一　魏子衡　梁爱华）

【老龄工作】　开展了各项老龄工作评比表彰活动。3月到11月，河北省首次对全省各行业中涌现出的孝亲敬老先进人物进行评选，授予20名同志“河北省孝亲敬老楷模”荣誉称号。11月在全国第二届敬老爱老助老主题教育活动中，衡水市枣强县林秀贞同志、涞源县张胜利同志分别被授予“中华孝亲敬老楷模”和“中华孝亲敬老楷模提名奖”荣誉称号；154名同志被评为“全国孝亲敬老之星”；另有4篇文章被评为“敬老好文章”，河北省青年志愿者行动指导中心被授予“优秀组织者奖”。在“全国敬老模范村居（社区）”评选活动中，石家庄市长安区建明南路社区等172个村居（社区）受到了表彰。在全国老龄办、公安部、司法部联合组织的“全国老年维权示范岗”评选表彰活动中，石家庄市桥东区老龄工作委员会办公室等32个单位获此殊荣。

积极组织开展各项社会活动。10月20日至23日，在石家庄市博物馆举行了“迎重阳河北省第二届老年书画展”，画展展出作品近400幅，已将全部作品集结成册。10月22日，“河北省第二届老年人健康知识竞赛”决赛在河北电视台成功举行。省老龄办还与省电视台联合拍摄了电视专题片《河北长寿老人》，片中汇集了全省15位长寿老人的风采，在广大老年人中倡导了科学文明的养生方式和养老方式。结合“建设社会主义新农村”规划，下发了《关于印发〈河北省老年知识分子援助欠发达地区行动实施方案〉的通知》，并积极开展了“银龄行动组织奖”和“银龄行动杰出老人奖”评选活动，不断深化“银龄行动”，为“老有所为”提供条件、搭建了平台。

进行了《老年法》执法调研。6月至9月，省老龄办协同省人大内司委对全省部分市区贯彻落实《中华人民共和国老年人权益保障法》和《河北省老年人优待办法》、老龄事业发展规划和经费投入以及老年社会保障体系建设等情况进行了调研，形成了情况报告，省人大进行了审议。开展了高龄特困老人救助活动。11月22日，“河北省高龄特困老人救助活动启动仪式”在石家庄隆重举行。省财政支出43万元，作为专项资金用于对全省各地860名高龄特困老人进行生活救助。编印了《老年人维权手册》3.3万册，分送各设区市、县、乡镇等涉老部门，以及敬老模范单位和个人等，为广大老年人学习和运用法律武器维护自身的合法权益提供方便。

（河北省民政厅　于连军　梁　铭　梁爱华）

文化产业

【概况】　2006年，全省文化系统贯彻落实科学发展观，以全面建设小康社会、构建和谐河北，统揽文化工作全局，对内不断增强凝聚力，对外不断扩大影响力，综合实力得到了明显提升。

文化产业管理基础工作进一步加强，建立了全省文化产业数据库和项目库；成功举办了全省文化系统文化产业研讨班；以省政府文件形式出台了《关于推动我省动漫产业加快发展的实施意见》。文化产业蓬勃发展，组团参加了第二届深圳国际文化产业博览会和首届中国北京国际文化创意产业博览会，签约了一批文化产业项目；河北易水砚有限公司入选第二批国家文化产业示范基地。

文化基础设施建设再现新局面。河北博物馆、河北省图书馆作为省级重点工程全面启动；河北艺术职业学院改扩建工程建成投入使用；河北乐舞中心完成主体工程建设。廊坊市图书馆、博物馆建设，承德市图书馆和云岭影院改造，唐山市燕山影院改造，秦皇岛市文化广场等一批文化设施相继完成和开工。县级文化馆、图书馆建设继续推进，乡镇文化站建设工程进入调研准备阶段。

文化体制改革进一步深化。积极构建公共文化服务体系，把满足人民群众文化需求和社会效益放在首位。启动实施了流动舞台车工程，在文化部、财政部和省委宣传部、省财政厅的支持下，购置了适宜下乡演出，功能完备的16台流动舞台车，省河北梆子剧院、大厂回族自治县评剧团等16个基层单位成为第一批受惠者，不仅解决了下乡难、搭台难、转点难的问题，也增加了演出场次，提高了演出质量，群众看戏难问题有所缓解。

【艺术生产】 专业艺术工作坚持以繁荣和发展为主题，大力实施精品战略，狠抓文艺创作，推出一批优秀作品，一批优秀剧（节）目和优秀演员获得高规格奖励。2006年度河北省戏剧、杂技、歌舞、美术等艺术门类共获得全国和国际性比赛奖励155项。其中，杂技《小蹬人》获俄罗斯索契市国际青少年马戏爱好者比赛金奖第一名，《雏凤凌空—女子集体车技》和《窗花—女子柔术》双双荣膺第五届全国青少年杂技比赛文化杂技节目创作金奖，《追星逐月—流星》获第七届中国武汉国际杂技艺术节芳草金奖；河北梆子《大都名伶》获全国地方戏优秀剧目评比展演一等奖；评剧《达瓦丹珠》获第三届全国少数民族文艺汇演表演金奖；舞蹈《河北民间舞》获第八届“桃李杯”保护传统文化贡献奖；戏曲电视剧《西柏坡》获第23届中国电视金鹰奖优秀中短篇电视剧奖。袁淑梅、闫少哲等人获第五届中国评剧艺术节优秀表演奖；马蛟龙、韩三杰获第八届“桃李杯”舞蹈大赛三等奖；赵紫叶、李晨阳获第十届全国“小梅花”大赛金奖。两篇论文获第20届田汉戏剧奖论文二等奖。创排了河北梆子《长剑歌》、评剧《徐流口》、《大山的儿子》，皮影戏《观世音传奇》，修改加工了河北梆子《大都名伶》、话剧《棋盘岭传》、《丰年好大雪》，豫剧《蓝花碗，金豆子》等一批思想性、艺术性、观赏性俱佳，并具有鲜明河北地域特色的优秀作品。举办了第七届河北省戏剧节，共推出55台剧目，其中大戏39台，小戏16台。现代戏29台，新编历史故事剧20台，改编传统戏6台。显示出河北省艺术繁荣发展的良好势头。

举办了2006河北文化艺术展演·百场大戏下基层活动、第五届中国评剧艺术节、“太行情·老区行”文艺巡演、盖亚艺术下基层、进校园等活动。此外，还举办了庆新年交响音乐会、河北梆子优秀剧目展演、系列美术作品展等活动20多项，形成了规模，扩大了影响，树立了文化系统的良好形象。

艺术研究和艺术教育工作再上新台阶。省艺术研究所完成的调研报告《农村文化建设新模式的调查》入选中宣部《决策参考》（2006年12月29日第93期）。艺术考级工作平稳有序进行，加强了对跨省考级机构在河北省委托的考级承办单位的管理。2006年全省艺术考级承办单位共备案52家，各考级承办单位都注重考级质量，提高考级水平，推动了社会艺术教育事业的健康发展。

【群众文化】 群众文艺精品创作硕果累累，全省共开展广场文化活动8000余场次，宣传群众1000余万人次，新创文艺作品3000多件。组织参加了首届中国少儿合唱节、第五届全国“四进社区”文艺展演，共有62件作品获省内奖项，3个单位获国家奖项。组织举办了河北省第八届燕赵群星奖评选活动、2006年河北省彩色周末暨假日文化工程等系列群众文化活动；为满足特殊群体文化需求，开展了庆“六一”系列文艺演出、“城市因你而美丽——文化艺术进工地”等系列活动；在第八届全国老年合唱节和全国第三届少数民族文艺会演中，2个剧节目获金奖。

文化信息资源共享工程进展顺利。网络平台的构建，加速了资源整合。配合文明生态村创建活动，开发了“河北省文化信息资源共享工程网站农村版”，征集资源作品近200种，新建各类资源2.2TB，整合购买财经视频节目4000多部。加强基层中心建设，新建开通了284个县级分中心、乡镇基层中心和农村基层点，使共享工程全省各级分中心、基层中心、基层服务点达到近600个。研发了“网上跟我唱”互动系统，在全省农村基层服务点推广，受到广大农民群众的欢迎。

农村电影工作取得新进展。以纪念中国电影诞生100周年为契机，在全省组织开展了优秀电影进农村进社区公益电影放映活动，共放映公益电影8479场，宣传观众457万人次。向全省57个县（市）资助流动电影放映车26辆，电影放映机121套，电影放映双机20套，数字电影放映机4套，优秀故事影片168部，科教影片112部，支持新建乡镇电影放映队200支。截至目前，全省农村电影放映队达6400余支，全年放映电影55万场次，宣传观众3亿人次，基本实现了农村电影放映“2131”工程目标。

送书下乡工程覆盖面进一步扩大。文化部、财政部对全省20个国家级贫困县图书馆和部分国家级贫困县乡镇图书室送书10万余册，价值135万余元。引导社会资金向贫困地区文化基础设施投入，香港汉荣书局给全省40个市、县图书馆赠送港台版中文图书8万余册。

非物质文化遗产保护更加注重名录体系建设。全省9类共计39项非物质文化遗产名列首批国家级名录，数量居全国第四位。省政府印发的《关于公布第一批省级非物质文化遗产名录的通知》，正式批准公布包括河北梆子、吴桥杂技、女娲祭典等在内的13类130项省级非物质文化遗产名录。同时，以庆祝第一个文化遗产日为契机，开展了丰富多彩的宣传活动，举办了河北省非物质文化遗产保护成果展、河北省传统工艺美术作品展等大型展览。

【文化市场监管】 2006年文化市场管理按照“一手抓繁荣、一手抓管理”的方针，把打击非法音像制品、网吧违规接纳未成年人和非法演出活动为重点，加强重点时期的文化市场管理工作，认真组织法制宣传和集中销毁活动，规范文化市场经营秩序，推动文化市场结构调整和优化升级，提高市场主体竞争力和发展水平。

依法打击各类文化市场违规经营活动。组织人员到廊坊、承德、邢台等地进行督查和调研，查处音像黑库，收缴了一批非法音像制品，组织了三次大规模的全省非法音像制品公开销毁活动，共销毁非法音像制品248万余张。

会同省工商局、公安厅对廊坊、衡水等市网吧市场进行了督查，取缔了一批黑网吧。在全省文化市场“反盗版百日行动”和集中执法季行动中，共出动执法人员4.69万人次，检查音像店9552家次、网吧2.07万家次、娱乐场所2286家次、电子游戏厅461家次，收缴非法音像制品49.7万张、网吧电脑及附属设备1279件、电子游戏机118台，停业整顿音像、网吧门店202家，配合工商、公安部门取缔黑网吧100余家，取缔非法演出活动18个，组织查处了一批违法音像制品超万张的大案要案。

积极扶持引导文化市场健康发展，发挥宏观调控和市场机制作用，不断优化结构，引导互联网上网服务营业场所向规模化、连锁化、主题化、品牌化方向健康发展，鼓励和支持网吧连锁经营企业开设直营店，加强对利用互联网经营艺术品、音像制品、网络游戏、演出活动的日常监管；进一步做好网吧监管平台建设与维护，提高对网吧等互联网上网服务营业场所管理的科技含量和管理效能；加强网吧的正面引导，培育发展绿色网吧、商务网吧和公益网吧；改造网吧的经营模式和赢利模式，推进网吧行业协会组建，充分发挥社会监督和行业自律作用，探索网吧管理长效机制。

【对外文化交流】 全年对外及港澳台文化交流项目53批，832人次。其中派出团组31批，409人次；来访团组22批，423人次。为学习借鉴国外文化管理的先进理念，组织了文化管理干部赴外考察活动，收到良好的效果，对外文化交流的平台作用获得新突破。

外演市场进一步拓宽，河北省杂技团、沧州市杂技团、河北省歌舞剧院分别赴意大利、美国、新西兰、沙特阿拉伯、泰国、新加坡、马来西亚等国进行商业演出，取得了良好的社会效益和经济效益。

在香港成功举办了“河北（香港）投资贸易洽谈会暨河北省（香港）文化周”活动；承办了由文化部和省政府主办的2006年“艺海流金—燕赵之旅”活动；组织14名民间手工艺人分批赴澳门进行为期4个月的表演教学；4月份至10月份期间，唐山市皮影剧团和省京剧院裴艳玲同志赴台湾进行了讲学与交流演出。

（河北省文化厅　巩雅琼）

【新闻出版】 2006年，全省新闻出版系统围绕中心、服务大局，奋发进取、扎实工作，在多方面取得新进展、新成效，为推进文化大省建设，促进全省经济社会协调发展做出了积极贡献。一是积极谋划和实施“冀版精品出版工程”，策划出版了一批优秀出版物，同时继续推进出版产业园区（基地）建设，全省新闻出版业继续保持良好的发展态势；二是继续加强对新闻出版活动和出版物市场的监管，确保了全省新闻出版工作导向正确，出版物市场繁荣健康发展；三是进一步强化新闻出版公共服务职能，切实发挥新闻出版工作在推动和谐社会建设、社会主义新农村建设和沿海经济社会发展强省建设中的作用和功能；四是继续抓好版权管理和著作权保护工作，全社会版权保护意识进一步增强，发展和保护版权产业社会舆论氛围进一步浓厚。

在精品生产方面，积极谋划和扎实推进“冀版精品出版工程”。确定了首批包括《河北读本》、《中华大典·宗教典》等50种、199册精品图书选题。《河北读本》等图书已经出版发行。还通过制定河北省“十一五”重点图书出版规划，有21种图书和4种音像电子出版物选题列入“十一五”国家重点图书和音像电子出版规划；同时围绕党和国家的中心工作，组织策划了一批重点出版物选题，《巍巍太行山》、《红旗颂》两种图书选题入选国家新闻出版总署40种纪念建党85周年重点图书出版计划。

在产业发展方面，2006年，将《全省新闻出版业“十一五”发展规划》进一步修改后，经省委、省政府领导同意，省发改委审定，已向社会公布。各市根据《规划》要求，结合本地实际，研究制定区域行业宏观指导意见或措施，大力推动产业发展。石家庄市局出台了新闻出版业发展规划、版权保护和版权产业发展纲要两个指导性文件。承德市局、邢台市局采取扶持政策，鼓励规模大、信誉好的印刷、发行企业上规模、上档次；沧州市加快推进肃宁印刷工业园区和民营书业园的建设，目前一期占地100亩，投资4500万元的印刷园区和占地20亩、营业面积10000平方米的民营书业园已经建成投入使用；秦皇岛市去年新增了两家营业面积在5000平方米，注册资本分别超过500万元和1000万元的图书发行网点；三河市出版产业发展步伐继续加快，2006年，印装工业总产值完成19亿元，实现利税2.2亿元，各项经济指标均创历史最好水平。在促进报刊业发展方面，采取有效措施，扶持重点报刊做大做强。2006年，经省委研究，将《共产党员》、《河北日报》、《河北广播电视报》、《张家口日报》列入全省文化体制改革试点。《思维与智慧》和《语文周报》通过整合资源，创新管理体制和经营机制，已呈现良好的发展势头。同时，还积极调整报刊结构，优化出版资源，经过努力，正式创办了《衡水晚报》和《产业科技论坛》等报刊，进一步促进了报刊繁荣。

在社会服务方面，10月份成功举办“2006河北书市”。省委、省政府和新闻出版总署主要领导同志出席开幕式，省委书记白克明同志对这次书市的成功举办给予充分肯定。书市期间参观、购书人数达32万人次，订货码洋395万元，零售码洋257万元，实现了社会效益和经济效益双丰收。各市也在繁荣出版物市场方面做了许多工作。石家庄市开展了以“九进”工程为主要内容的读者俱乐部杯全民读书活动，并举办了第七届春韵书市；保定市成功组织了第十一届古城书市。通过举办这些活动，进一步活跃了全省人民的文化生活，有效地推动了全民阅读活动。同时，全省新闻出版系统按照省委关于建设文明生态村和新闻出版总署关于新闻出版要为社会主义新农村建设服务的要求，把“新农村书屋”工程作为履行公共服务职能的重点，精心调研谋划，积极推进实施。确定了第一批22个试点，并为这22个“新农村书屋”授牌，同时为全省55个村、110所中小学和12所图书馆捐赠了200多万码洋的优秀图书。

在社会监管方面，继续加强对敏感选题和重大选题的审核把关，严格履行报批备案手续。切实加大出版物审读力度，研制和推广“图书编校质量差错率统计软件”。总署领导对软件开发给予了充分肯定，认为这是“新闻出版管理部门采用先进技术手段落实质量要求的一次很好探索，是对传统图书审读、编校技术的升华，为提高全行业图书出版质量做出了重大贡献。”总署专门下发文件，要求在全国出版单位推广。继续加强对新闻出版采编人员的教育管理，严肃查处个别出版社“一号多用”和少数报刊社违规出版行为。年初组织力量对全省光盘复制企业进行了认真调查，核实了有关涉案情况，及时拿出了处理意见，受到了总署表扬。以精心组织“反盗版百日行动”为重点，大力推动“扫黄打非”斗争深入开展。“反盗版百日行动”期间，省市县三级新闻出版管理部门协作联动，保证了行动取得扎实成效。衡水市、邢台市推行区、县异地执法；邯郸市、廊坊市把部分县、区执法力量统一编组，实行联合执法；沧州市不定期抽查部分县区市场，及时发现问题，严肃处理；保定市新闻出版、工商、公安等部门抽调精干执法人员，分三组对全市25个县（市、区）的出版物市场进行了集中检查，对发现的问题给予了果断处理；石家庄、秦皇岛、唐山、承德、张家口等市都安排人员对各县区工作进行了督导。行动期间，成功查获了定州非法出版物案、石家庄盗版音像窝点案、唐山盗版电子出版物案等一批大案要案。同时还组织集中销毁活动，销毁盗版音像制品20余万盘。一年来，通过在全省组织“反盗版百日行动”、封堵政治性非法出版物、打击盗版教材教辅、打击非法报刊等专项行动，共收缴各类非法出版物135万册，查处违规经营单位300多家，停业整顿170多家，取缔关闭非法出版物店档、摊点、印刷厂700余家，取缔非法报刊25种，破获一批大案要案，狠狠打击了不法分子，有效地维护了出版物市场的正常秩序。

在版权管理方面，经积极协调、争取，省直机关已落实软件正版化资金1166万元，以场地许可的方式使省直单位办公软件全部实现了正版化。石家庄市已经完成招标，秦皇岛市落实资金234万元，保定市则以供应商预先垫支的方式，先期为政府部门全部更换了正版软件。其他各市、县政府软件正版化工作也正在扎实推进。在抓好政府软件正版化的同时，积极推进企业软件正版化工作，出台了《河北省推进企业使用正版软件工作实施方案》。继续抓好著作权法宣传普及工作，推荐河北省有关单位的作品参加中国保护知识产权成果展。在“世界图书与版权日”、“世界知识产权日”期间，组织著作权法大型宣传活动，回答群众咨询。石家庄市举办了版权法规知识竞赛，邢台市组织了“拒绝盗版、从我做起”保护知识产权万人签名活动，其他各市也都组织了宣传咨询活动，进一步在全社会普及了版权知识，人民群众版权保护意识也得到进一步提高。去年，共有200多件作品在省局进行了版权登记，在保护版权相对人的合法权益的同时，提高了版权管理部门的权威，得到了社会各界认可。

（河北省新闻出版局　杜中伟）

【文物工作概况】　2006年度全省文物部门有文博事业单位217个，从业人员6206人（其中具有高级职称人员242人、中级职称人员629人）。文物部门有博物馆46个，从业人员1335人，其中省属馆2个、174人，地级市属馆11个、754人，县级（县市）馆33个、407人。文物部门还有经营性文化产业单位49个、从业人员1391人。其中文化旅游业46个、1335人，文物和艺术品业3个、16人。全省文博事业单位本年收入39114万元，其中财政拨款和上级补助收入20748万元，事业收入16083万元，经营和其他收入2283万元。分别占总收入的53%、41%和6%；文物部门现有文物藏品523534件，其中一级品1119件、二级品11431件、三级品49952件；在藏品总数中，古代文物311441件，近现代文物78164件，自然标本254件；本年从有关部门接收文物4850件，藏品征集43065件，修复藏品3572件；举办各类展览193个，观众达755万人次。本年从事文物保护维修的单位有60个，其中国家重点文物保护单位43个、保护费支出1643万元，省级文物保护单位14个、支出112万元，县市级文物保护单位3个、支出226万元。2006年5月25日，在国务院核定、公布的第六批全国重点文物保护单位中，河北省新增80处，由原来的88处增至168处，居全国第三位。

【文物保护重点项目建设】　河北博物馆项目开工建设。4月，国家发改委批复河北博物馆可行性研究报告，核定总建筑面积3万平方米，总投资4.1亿元。省领导要求，河北博物馆要建成具有河北特色的标志性工程和传世之作，省文物局组织邀请了国内名院著名设计师进行了方案设计和比选，选定清华大学建筑学院设计方案，并认真组织了设计方案的优化修订。9月6日举行了隆重的开工奠基仪式，白克明书记、原省长季允石等省领导，省直有关部门的负责同志，以及石家庄市有关领导出席了开工奠基仪式。年底已完成基槽开挖，进入桩基施工阶段，其他各项工作进展顺利。

山海关关城城墙修复项目开工。4月，中央政治局常委李长春同志和中直有关部委领导到山海关调研，并作出重要指示。白克明书记、郭庚茂代省长、孙士彬副省长，国家文物局单霁翔局长多次到现场办公，听取工作汇报，提出指导意见。本项工程经费总投入预算2.7亿元。为保证2008年奥运会前修复完工，专门成立了项目协调推进领导小组和项目工程办公室，对各类材料购进、施工单位的选定，都采取了分标段、按规范招投标方法进行。大宗材料采购和对施工、监理单位招标等都已顺利进行。编制完成了《山海关关城及东罗城城墙保护维修工程方案》和《山海关关城及东罗城城墙施工图设计》，经过专家评审后，已上报国家文物局并被批复同意。牧营楼南110米城墙修缮加固工程和东罗城南城墙修缮加固工程，已完成了工程量的30%。

南水北调京石段文物保护工作取得重大进展。邀请中国社科院考古研究所等17家具有团体领队资质的考古研究机构，380多名专业人员参与该项工作。完成勘探面积约80余万平方米，发掘面积7.88万平方米，发掘古墓葬500余座，出土铜器、瓷器、铁器等文物5000余件，圆满完成了年度发掘任务，取得一批重要文物资料。

冉庄地道战遗址保护工程全面启动。《冉庄地道战遗址文物保护规划》经省政府批准公布实施，经费概算1.07亿元。6月份举行了启动仪式，完成了保护区内重点民居抢险维修工程；文物本体保护、基础设施建设、纪念馆迁建等工程进展顺利。

【文物保护维修】 完成了全国重点文物保护单位新城开善寺整体保护、武安舍利塔维修、定州贡院整体维修、临城普利寺塔维修、峰峰响堂山石窟加固等文物保护工程。其中紫荆关长城一期修缮工程、响堂山石窟加固工程，已通过国家文物局验收。工程质量和工程竣工验收资料均受到国家文物局专家的高度评价。

【文物调查及数据库管理系统建设】 该项目是财政部、国家文物局联合开展的一项基础性工作，河北省为2006年项目推广省份。已完成黄骅市博物馆文物调查扩展试点，并按国家文物局的要求组织了验收。组织开展了全省馆藏未定级文物的鉴定定级工作。省文物保护中心、省文物研究所、省民俗博物馆和承德市珍贵文物数量增加12500余件。举办了两期“馆藏文物信息指标文本采集”培训班，有150家文物收藏单位完成了“珍贵文物信息指标文本”的填写，为下一步开展数据库项目建设奠定了基础。

【文物勘察设计及施工资质管理】 根据国家文物局的要求和授权，完成了河北省首批文物保护工程勘察设计乙级及以下资质单位和文物保护施工二级及以下资质单位的评审工作。经审定，河北省规划设计研究院等7家单位获得乙、丙级文物保护勘察设计资质；省文物保护中心等10家单位获得二、三级施工单位资质。完成全国第二批甲级设计单位、一级施工单位申报工作。

【基本建设考古工作】 完成了廊沧高速公路、京石铁路客运专线、围场火力发电厂等基本建设项目的文物勘探工作。张石高速公路、蔚县发电厂、承朝高速公路等考古发掘工作取得重要成果，勘探面积420余万平方米，发掘面积2万余平方米，出土完整或可复原文物3000余件。南宫市后底阁和小关村寺庙遗址考古发掘工作取得重要收获，出土佛教石造像324件，为佛教研究提供了珍贵的实物资料。

【依法管理文物】 《河北省实施中华人民共和国文物保护法办法（草案）》经省政府常务会议审议通过后，已提交省人大常委会并通过了第一次审议。保定市理顺了文物管理体制。召开了全省文物保护单位管理座谈会，组织各市对文物保护单位的保护情况进行全面检查，对一些违法进行建设的问题进行了纠正，查处了对文物本体及周边环境造成严重危害的事件。获得国家文物局行政处罚案卷评比三等奖和优秀案卷鼓励奖。通过加强文物行政执法，提高了各级领导和广大群众的文物法制意识，体现了国家法律法规的威力和作用。

【馆藏文物保护管理】 在全国率先制定了《河北省馆藏文物保护管理操作规程》。对文物接收、建档、移动以及库房和展厅文物的管理，做了明确的规定，规范了文物藏品管理。加强了文物保护专项经费财务管理和文博事业经费预算管理，提高了财政资金使用效益。与河北师范大学历史文化学院合作，举办了首届全省文物局长培训班，第一期全省博物馆馆长、文保所所长培训班，邀请省内外的领导和专家授课，理论学习与实地考察相结合，提高了基层管理人员的业务素质。

【文化遗产保护规划编制】 《河北省文物事业“十一五”发展规划纲要》已经省政府同意发布。“规划”明确了“十一五”期间全省文物工作的指导思想、基本原则、发展目标和主要任务。加强了世界文化遗产保护方案的编报。组织编制了清东陵、清西陵和承德避暑山庄及周围寺庙的整体维修方案，经省政府同意后已上报请国务院。正定县全国重点文物保护单位保护规划已获国家文物局批准。燕下都、邺城遗址保护规划的编制已完成，国家文物局已审核通过；泥河湾遗址、中山古城遗址、磁县北朝墓群、宣化下八里辽墓群、涿州永济桥、鸡鸣驿城等15处全国重点文物保护单位的保护规划正在组织编制。

【长城资源调查】 国务院批准了长城保护工程（2006—2014）计划，长城资源调查是其中一项重要的基础性工作，河北是国家文物局确定的试点省份。该项目4月份正式启动，成立了领导机构，各地文物部门组建了调查队，与省测绘局合作，采取传统调查手段与现代科技相结合的方式，经过艰苦努力，已完成山海关区、抚宁、青龙、卢龙段长城资源调查和勘测工作，实地调查测绘明长城223公里，做到了资料完整准确，新发现了一批相关遗存点。为开展全国的长城调查做了调查规范、技术标准等准备工作，为编制长城档案积累了经验。同时，通过开展长城保护管理和执法情况调研，初步掌握了全省9市、50个县（区），共257处长城区段文物保护管理的基本情况。

【京杭大运河河北段文物资源调查】 在全国率先开展了京杭大运河文物遗存调查工作。从廊坊开始，自北向南途经沧州、衡水、邢台，采用先进科技手段对运河两岸进行了调查，共发现与运河有关的桥闸、码头、沉船点、城址、墓葬、碑刻等各类文化遗存309处，其中新发现246处，摸清了运河本体的保护现状和沿线文化遗存的分布情况，建立了较完整的大运河文物记录档案。国家文物局已将京杭大运河列入了《中国世界文化遗产预备名单》。

【文物普查前期工作】 在围场、丰宁两县进行文物普查试点。以野外徒步调查为主，辅以查证相关资料，共调查文物遗存901处，新发现206处。对已发现的文物点现场核实档案记载，补充新的资料和信息，运用科学的方法，现代的设备，最大限度地获取文物信息，对调查数据进行数字化处理和保存，为开展全省文物普查工作积累了经验。

全省工业遗产普查工作初见成效。按照国家文物局要求，对河北省工业遗产进行了普查，发现包括矿山、工厂、水利枢纽等工业遗产遗存点55处，对河北省工业遗产分布及保存现状有了初步了解。

【文物宣传展示】 6月10日是我国第一个“文化遗产日”。6月9日，孙士彬副省长发表电视讲话，号召全社会关注文化遗产保护工作。“文化遗产日”当天，在省博物馆广场举办了系列宣传活动，省四大班子领导出席，省委常委、宣传部部长赵勇作重要讲话，全省有60多处文物保护单位、博物馆、纪念馆向公众减免费开放。各级文物部门组织了展览、讲座等活动，宣传文化遗产保护，营造了全社会共同参与文化遗产保护的良好氛围。2006年还组织了首届“文物保护好新闻”评选，开展了“南水北调记者行”活动，围绕河北博物馆建设、南水北调文物保护、文化遗产日、山海关古城保护、长城资源调查、大运河考古调查等重大活动，进行了多种形式的保护文化遗产宣传。

落实“三贴近”的社会需求，积极推出新展览。2006年省博物馆先后举办了《艺海流金——燕赵之旅港澳书画作品联展》、《潘天寿绘画艺术展》等16个展览。全省各级各类博物馆全年共举办各类陈展200余个，丰富了人们的文化生活。组织专家对磁县磁州窑博物馆、秦皇岛市博物馆、阳原泥河湾博物馆、迁安博物馆、涿州文化遗产博物馆陈列大纲进行论证和修改，提高了博物馆的服务和展示水平。积极做好对外展览的组织协调工作，文物对外交流与合作不断扩大。参加赴德国《球类游戏—足球历史展》，积极筹备赴芬兰《金缕玉衣》展、赴菲律宾和南非的《华夏文明》展等。举办了首届“河北省博物馆陈列展览精品”评选。全省共有22家博物馆、纪念馆及文物开放单位参加了评选，其中包括两家非文物系统单位。河北省博物馆的《书画艺术厅——书画艺术系列展》、磁县磁州窑博物馆的《黑与白的艺术》、河北省文学馆的《河北文学史陈列》等5个陈展获精品奖，涉县129师陈列馆的《我们在太行山上》、承德避暑山庄管理处的《避暑山庄古建艺术展》等5个陈展获优秀奖。

（河北省文物局　王志敏）

【档案业】 2006年，省档案局（馆）紧紧围绕省委、省政府工作大局，积极探索档案工作更好地实现“资政惠民”的路子，努力开展“建设创新型档案局”活动，增强了创新意识，探索了创新途径，提高了创新本领。全年重点工作有新突破，常规工作有新进展。

研究出台《河北省档案事业发展“十一五”规划》。在深入研讨、广泛征求意见的基础上，《河北省档案事业发展“十一五”规划》2006年3月正式出台。《规划》强调，档案系统要全面落实以人为本和全面、协调、可持续的科学发展观，紧紧围绕省委、省政府和各级党委、政府的工作大局，牢固树立为经济建设中心服务、为和谐河北建设服务、为社会发展服务的思想，以国家档案资源建设为核心，以档案信息化建设为重点，以档案法制建设为保障，依托科技、教育和人才建设，全面提高档案工作水平，促进档案事业与经济社会协调发展，进一步开创全省档案事业新局面。

大力加强以县级为重点的国家档案馆建设，全省三级国家档案馆建设呈现可喜局面。河北省县级国家档案馆建设，滞后于河北的经济发展，落后于先进的兄弟省市。2006年，全省各级档案部门，投入最大力量，着力解决县级国家档案馆建设滞后的问题。4月14日，在启动新馆建设的迁安市，召开了河北省县级国家档案馆建设工作会议。国家档案局局长、中央档案馆馆长毛福民，河北省人民政府副省长孙士彬出席会议并分别作了重要讲话。与此同时，起草了《关于加强县级国家档案馆建设的意见》，以省政府办公厅的名义转发。这两项举措，调动了各地建设新馆的积极性，全省开始涌现出加强国家档案馆基础设施建设的热潮，有三分之一的县制定了新馆的建设计划，11个设区市，也有半数以上谋划建设新档案馆。

国家重点档案的抢救保护工作取得很大成效。2006年，财政部、国家档案局联合制发了《国家重点档案抢救和保护补助费管理办法》，加大了资金投入力度。省档案局抓住这一有利时机，围绕河北省国家重点档案抢救和保护项目申报，采取了一系列措施，在短时间内完成了对全省需抢救与保护的国家重点档案的调查摸底，筛选46个项目，上报财政部、国家档案局。同时，还建立了179项全省国家重点档案抢救与保护项目库，为在“十一五”期间做好全省国家重点档案抢救与保护工作提供了依据。

广泛深入开展调查研究，有效促进全省档案工作迈上新台阶。2006年5月至7月，对省直123个厅级单位开展档案资源大调查，摸清了省属单位档案资源的底数，为下一步科学整合档案资源，加强国家档案资源建设提供了科学的依据。10至11月，又组织对11个设区市、172个县（市、区）开展了规模空前的档案事业综合评估调查。通过评估调查，摸清了情况、锻炼了队伍、促进了工作，特别是促进了各级党委、政府对档案工作的重视和支持，使一些历史遗留下来的困难和制约档案事业发展的瓶颈问题得到了解决，对各地档案事业的发展具有现实的重大意义和长久的促进意义。

搭建数字化建设平台，启动传统载体档案数字化工程。成立了省档案局（馆）档案信息化建设领导小组，印发了《河北省传统载体档案数字化工程实施意见》，明确传统载体档案数字化工程的启动时间、范围、主要内容和达到的目标。印发了《河北省档案局关于进行全省档案系统分布式数据库联网的通知》，明确了联网的基本方法、范围、联网的基本条件等，为传统载体档案数字化工程的实施，奠定了基础。到年底，全省完成数字化转换278万幅。

其他各项业务工作顺利开展。各级档案部门，通过编研、展览、公共媒体、档案信息网站等多种形式，积极开发利用档案资源，为领导决策服务，为经济建设服务，为人民群众服务，开发利用工作效果明显；积极发挥档案部门的优势，努力建设与河北省国民经济和社会发展相适应的农村档案事业体系，为新农村建设提供优质服务；在继续抓好国有企业档案工作的同时，进一步加强了对民营企业档案工作的指导，起草了《河北省民营企业档案管理办法》；依法加强对重点建设项目档案工作的监督指导，特别强调做好对重点建设项目档案的专项验收，确保重点建设项目档案的齐全、完整和有效利用。

【家庭建档工作】 家庭是社会的细胞，和谐家庭是和谐社会的基础。家庭档案记录着家庭生活的历史，反映着社会的发展变化，是家庭和社会的宝贵财富。建立并保管利用好家庭档案，对于提高家庭生活质量、提升公民道德素质，推动社会的文明进步具有重要的现实意义和深远的历史意义。倡导建立家庭档案，是档案工作的延伸和发展，是档案工作为人民群众服务、为构建和谐社会服务的重要举措。在2006年年初的全省档案工作会议上，省档案局明确提出要大力加强对家庭建档工作的宣传和指导，积极推广试点经验，通过典型示范、举办展览等形式，宣传家庭建档的功效，提高全体公民的档案意识。为了推动这项工作的全面开展，省档案局下发了《河北省档案局关于倡导建立家庭档案的通知》，明确了家庭档案的收集范围、分类标准、整理规范和保管要求，为开展好家庭建档，提供了有力的保障。秦皇岛市档案局将家庭建档工作作为全年的工作重点，深入到社区居民家中进行现场指导，把建档标准和档案装具送到百姓手中，并与市文明办、市教育局等单位联合印发了《关于在全市开展家庭建档活动的通知》、《关于倡导建立学生成长记录活动的通知》，配合市妇联开展了“星级档案家庭”的评选活动。邯郸市以市委、市政府两办的名义印发了《关于成立邯郸市“档案进家庭”活动领导小组的通知》，并以市委、市政府的名义召开了全市“档案进家庭”活动动员大会。市档案局会同市文明办、市总工会、市妇联和市民政局联合印发了《关于在全社会开展“档案进家庭”活动的通知》，对家庭建档工作提出了具体的实施意见，并编印了家庭建档手册，制作了家庭建档光盘，设计制作了家庭档案盒等，为家庭建档提供服务。到年底，全省已有2万多户家庭建立起家庭档案。

【出台《河北省著名人物档案收集管理办法》】 2006年9月，《河北省著名人物档案收集管理办法》正式印发并实施。该办法对“著名人物”和“著名人物档案”的范围进行了界定，对著名人物档案的收集内容、收集形式、管理方式等进行了规范，并明确了各级国家档案馆和管理相对人的权利义务。《河北省著名人物档案收集管理办法》正式印发并实施，受到了社会各界的广泛关注。11月，石家庄市人民政府举行了石家庄著名人物档案捐赠仪式，市委办公厅、市政府办公厅、市委组织部、市文联等有关部门以及捐赠档案的著名人物、亲属代表、社会人士和各县（市、区）档案局局长、新闻媒体记者等120余人参加了仪式。名人档案捐赠仪式在社会上引起很大的反响，扩大了档案工作的知名度。承德市建立了原承德市委书记张唤群、原承德市市长范文彬等名人档案，并将34名老红军档案集中到市档案馆统一保管。饶阳县收集整理复制耿长锁档案，拟建耿长锁纪念馆。遵化市在原有王国藩个人全宗的基础上，也加大了收集征集力度。一个收集整理复制名人档案的热潮正在全省兴起。

（河北省档案局 李 静）

广 播 电 视

【概况】 2006年底，全省共有省市级广播电台12座、电视台12座，县级广播电视台139座。全省共有中波发射台30座，发射机43部300千瓦；有调频发射台129座，发射机174部131.16千瓦；有电视发射台235座，发射机304部286.61千瓦。全省共有卫星收转站13311座，有线传输干线总长度8.91万公里，有线电视用户达到540.55万户，其中：数字电视用户达到9.42万户，付费数字电视用户为2.33万户。全省广播和电视综合覆盖率分别达到98.63%和98.55%。全省全年共开播广播节目94套、电视节目179套，播出广播节目38.12万小时，播出电视节目66.14万小时。全年共制作广播节目20.84万小时，制作广播剧224部276集，全年制作电视节目11.91万小时，制作完成电视剧9部243集。2006年，全省广播电视固定资产共计53.95亿元，从业人员2.9万人，全年实现创收23.05亿元。

【宣传】 围绕落实科学发展观、“十一五”发展、构建和谐河北、保持共产党员先进性教育活动和重大纪念活动等主题新闻宣传活动，先后组织开展了建设社会主义新农村、社会主义荣辱观教育、纪念唐山抗震30周年和红军长征胜利70周年、省第七次党代会、河北文化艺术展演、林秀贞先进事迹等一系列宣传战役和规模报道，集中反映了全省各地干部群众围绕实现更好更快发展、构建和谐河北两大任务所进行的生动实践和取得的丰硕成果。积极探索舆论监督有效形式，在服务大局、化解矛盾、解决问题等方面发挥了重要作用。为促进全省经济社会发展营造了良好的舆论氛围。在第十六届中国新闻奖评选中，河北电台《阳光热线》赢得了中国新闻名专栏的荣誉，成为全国省级电台中唯一获此殊荣的节目，国家广电总局为此在石家庄召开经验交流会，推广《阳光热线》的经验；河北电台王喜民获得中国新闻界先进人物最高奖——长江奖，成为获此荣誉的第一位河北新闻工作者。在第23届中国电视金鹰奖评选中，河北影视中心程生生、河北电台于辉和电视剧《小小的我》、《西柏坡》、广告片《大话西游之大圣出山》分别荣获最佳摄像、优秀电视节目主持人、优秀中短篇电视剧奖和优秀广告片奖。河北电台在中央台发稿545篇，居全国各省级台第3位。以中央电台《直播中国》节目为平台，先后组织了《走进邢台》、《走进廊坊》、《走进沧州》3次大型直播活动，并在澳大利亚成功举办了“魅力河北广播周”大型宣传活动。河北电视台在中央电视台发稿502条，先后成功举办了国家节目合作会和《蓝天下的河北》韩国电视展播周活动，继续通过美国SCOLA卫星电视网播出节目81部（集），约2500分钟，多角度、多层面地宣传了河北在改革开放和经济建设中所取得的成绩。

【事业和产业】 年内完成了对全省2407个50户以上通电自然村“村村通”工程的省级验收，并对10483个20户以上通电自然村“村村通”工程建设方案进行了调研和论证。列入省政府“十项民心工程”的“提高有线广播电视覆盖率”工作进展顺利，年新增有线电视用户74万户，完成了年递增15%的目标。旨在提高农村地区广播电视节目无线覆盖水平的农村中央广播电视节目无线覆盖工程开始实施，按照国家财政部和广电总局的要求，完成了6个台站、7个频率（频道）的建设任务。2006年，河北广电信息网络股份有限公司成功招商10亿元，建成了省数字电视平台和9个设区市的分平台，召开了数字电视基本收视维护费收费标准价格听证会，确定了收费标准并经省政府批准，原有线电视用户的整体平移工作即将铺开。按照以项目促进产业发展的思路，积极推进京东文化产业园区、数字移动电视、手机广播、手机电视等产业项目，广播电视经营创收新的增长点逐步形成。

【行业管理】 对各市、县广播电视播出机构完整转播中央和省台节目情况进行了重点检查，严肃处理了违反宣传纪律和乱播滥放的行为。出台了一系列管理意见和管理办法，违规播放广告的现象得到有效治理，收听收看工作和电视剧的生产管理进一步规范化、制度化。会同工商、公安等部门对全省卫星电视传播秩序进行了集中清理整治，取缔非法经销窝点320个，没收非法卫星电视接收设施3100多套，处罚非法销售、安装单位和个人1500多个（户），有效遏制了非法销售、安装和使用卫星电视接收设施的势头。与省公安部门合作，对从事网上播放视听节目业务的网站和宽带小区进行了专项治理，对部分存在严重违规问题的单位进行了查处。加强了全省广播电视安全播出和技术维护管理工作，充分运用检测手段，发现和处理非正常播出情况61起，圆满完成了全年广播电视安全优质播出任务，全省广播电视技术维护管理工作在全国竞赛评比中继续了保持优秀位次。

（河北省广播电视局　汪少峰）

体　　育

【群众体育】 一是构建全民健身服务体系试点工作取得阶段成效。认真贯彻落实中共中央国务院和省委省政府《关于进一步加强和改进新时期体育工作的意见》，牢固树立“以人为本”的思想，大力推进群众体育社会化，努力构建面向大众的亲民、便民、利民的多元化全民健身服务体系。试点单位不断加强健身设施建设，发展壮大健身组织，举办形式多样、喜闻乐见的健身活动，推动了河北省构建全民健身服务体系工作广泛深入开展。二是积极谋划“环京津健身休闲圈”建设。制定了《河北省体育局“环京津健身休闲圈”工作指导意见》（征求意见稿），并召开了研讨会。通过研讨，进一步提高了认识，拓宽了思路，搭建了基本框架。三是实施河北省新农村体育健身工程。根据国家体育总局的统一部署，结合河北省创建文明生态村工作，制定了《河北省新农村体育健身工程实施方案》，计划在“十一五”第一阶段（2006—2008年）建设4000个农村体育健身工程。选定的230个试点村正在陆续安装器材。另外，为200个村民中心配置了健身路径；投资1000多万元在全省建设了22个社区健身苑和430多条全民健身路径；3个“雪炭工程”项目已开工建设。四是全民踊跃参与的各类群众体育活动精彩纷呈。在国家体育总局“全民健身与奥运同行”的大主题下，在全省范围内唱响了“健康快乐迎奥运”的口号，举办了丰富多彩的群体活动，掀起了健身热潮；成功举办了河北省第三届职工运动会、第七届少数民族运动会、第六届残疾人运动会暨“体彩杯”第二届特殊奥林匹克运动会、第二届扩权县（市）乒乓球比赛；参加第三届全国体育大会，获得1枚金牌、1枚银牌、7枚铜牌；参加全国第四届特殊奥林匹克运动会，获得19枚金牌、20枚银牌、26枚铜牌。五是加强社会体育指导员培训。举办各类社会体育指导员培训班71期，培训了2874人。经国家体育总局、劳动和社会保障部批准，河北省体育行业特有工种职业技能鉴定站于4月份挂牌成立，5月底进行了首批健美操初级社会体育指导员培训和鉴定。六是完成了第二次国民体质监测。摸清了河北省国民体质的基本状况和存在的问题，为今后开发利用监测成果，为广大人民群众科学健身提供了科学依据。省体育局荣获国家体育总局“第二次国民体质监测工作贡献奖”，省体科所，石家庄市、承德市、沧州市、任丘市体育局荣获国家体育总局“第二次国民体质监测工作先进单位”。

【竞技体育】 一是在2006年全国最高水平赛事中，河北省运动员共获得金牌12枚（列全国第11位），总分957分（列全国第9位）。全年共获得各级各类世界比赛冠军8个，全国冠军19个。二是奥运会和全运会备战工作扎实推进。对河北省全部运动项目的一线教练员进行了公开招聘，从外省引进了部分优秀人才；做好运动员队伍组建工作，选调充实了181名年轻运动员（目前在国家队集训的河北省队员有50余人）；确定了第十一届全运会目标任务，并分解到各运动项目管理中心；各运动项目管理中心在反复研究、论证的基础上，制定了备战工作方案；对备战工作进行全面调度和部署，召开了训练单位主要负责人、教练员、运动员座谈会和全省优秀运动队训练工作会议；积极配合国家体育总局运动项目管理中心做好河北省备战奥运会运动员的训练、管理和服务工作，争取有更多运动员入选奥运会中国代表团；出台了一系列激励政策，进一步调动了各方面的积极性；坚持科学原则指导下的“三从一大”训练原则，加强和完善“训科医”一体化，提高运动成绩的科技含量；加强信息工作，在省体科所建立信息情报室，加强了情报信息的收集、分析和利用；做好全方位的保障工作，对运动项目、运动员实行分类管理，在经费、器材、饮食、科研、医疗等方面给予全力保障；坚持不懈地做好反兴奋剂工作，省体育局成立了反兴奋剂领导小组，运动项目管理中心设反兴奋剂联络员，加强反兴奋剂宣传与教育，严抓训练过程中的兴奋剂工作，对运动员实行行踪报告，对部分项目的部分运动员进行抽查，起到了警钟长鸣、防患未然的作用。三是第十二届省运会赛事顺利进行。除田径、游泳、射击3个项目放在2007年进行外，其他19个项目的决赛均如期举行，46人2队破47项省青少年记录，发现了部分有发展潜力的苗子运动员，各项赛事总体基本顺利。四是开展了省级高水平后备人才基地认定工作。命名表彰了8个省级高水平体育后备人才基地、5个省级体育后备人才基地。组织召开了河北省体育后备人才培养工作座谈会和河北省高水平体育后备人才基地负责人会议，研究、部署了后备人才培养和基地建设工作，促进了业训的开展。

【体育总会工作】 一是参加了5月20日至30日在苏州市举行的第三届全国体育大会，河北省代表团由群体处牵头、省体总办组织，共参加了28个设项中的21项预赛，最终取得16项决赛权。获得1金、1银、7铜、8个第四名、9个第五名和6个第六名的好成绩，总体成绩超上届，并荣获了体育道德风尚奖。二是加大了体育社团规范管理力度，推进体育社团建设。修订出台了《河北省体育局体育社团管理暂行办法》。新的《河北省体育局体育社团管理暂行办法》共29条，对体育社团成立、换届、组织机构、人员构成等都提出了明确要求；细化了工作流程，修正了原来一些比较含混的概念，对不适应工作实际的内容进行了删改；有针对性地增补了相关内容；强化了体育社团管理工作中党建工作的重要性。新《办法》严谨、规范，可操作性强。三是加强健身气功工作，健身气功“和谐站点”建设出现新亮点。一年来，河北省的健身气功工作围绕“环北京体育健身休闲圈”建设目标，以“全民健身与奥运同行”主题口号为主线，扎实推进，在“和谐站点”建设工作中成效明显，省体育总会和唐山市体育总会双双荣获国家健身气功“和谐站点”建设十佳省、市级单位。河北省的健身气功站点已达200多个，站点建设覆盖率不断增大，习练群众人数大大增加。省体育总会和省反邪教协会联合举办了两次以“崇尚科学、反对邪教”为主题的四种健身气功大型展示活动，11月份举办了以“全民健身与奥运同行”为主题的展示活动，各市也陆续举办了形式多样的健身气功交流活动，参与人数逾万，宣传了健身气功，为满足群众健身需求、促进社会和谐作出了积极的贡献。四是参加蒙牛“城市之间”全民健身活动喜获佳绩。蒙牛“城市之间”全民健身活动是由国家体育总局社体中心、中央电视台体育频道和蒙牛乳业联手打造的一个大规模的民间体育活动。河北省有张家口、石家庄、保定、唐山4个单位参加。经过激烈角逐，张家口市在北方赛区中脱颖而出，获得了参加决赛资格，并在决赛中跻身10强，获得进军法国的总决赛权。

【体育科研】 一是备战亚运会和2008年奥运会的科研攻关工作全面展开。为各项目管理中心完善了实验室建设，配备了科研仪器，培训、配备了专门的科研人员。目前各项目管理中心实验室已正常运转；为各运动队和重点队员有针对性地制定营养恢复方案，对各运动队使用的营养品严格进行用前检测，以保证使用安全。反兴奋剂工作常抓不懈。订购了宣传手册并发放到教练员、运动员手中；聘请总局专家传授反兴奋剂知识，根据总局制定的随时上报行踪和用药豁免的新规定，协助各中心做好了工作。在备战亚运会期间，检测河北省运动员100多人次，发现异常情况立刻追踪测试，对有怀疑的样品还送到总局进行检测确认，保证了河北运动员在备战周期中没有出现使用兴奋剂事件。全年为各运动队进行各种生理、生化测试3000多人次，为教练员科学训练提供了参考和依据。二是2006年河北省青少年运动员网上注册、骨龄测评和制卡工作圆满完成。年初，竞体处出台了2006年河北省青少年运动员注册和骨龄测评管理办法，省体科所承担了运动员网上注册培训工作和所有注册运动员的骨龄测评工作。组织拍片人员和各项目中心注册工作人员，完成了全省十一个市1000多名运动员骨龄拍片工作。抽调各市骨龄评定人员进行评定、登统、复议，随后为参赛运动员进行了制卡，并于5月底全部完成，保证了省比赛的顺利进行。协助竞体处完成了河北省运动员网上注册工作，为2007年骨龄测评工作打下了基础。三是重点实验室建设和课题研究工作取得新成绩。《中国人骨发育标准修订》已制定新的体育行业标准；《中国青少年儿童手腕骨发育成熟度及评价方法》得到国家体育总局的批准，于7月1日起在全国实施，协助总局科教司对全国各省市体育局相关人员进行培训，培训合格后，由河北省体科所发给合格证书。总局奥运攻关课题《我国优秀射击运动员神经生物学特征及训练监控的研究》正按计划进行；《运动性混合果汁饮料》课题在按计划进行。省级课题成果《竞技体育关于运动员肌肉保护素项目的研究》现正申报奖项。在重点实验室建设方面，，与国家体科所、国家运医所、北京体育大学、上海体科所、山西体科所、河北师大学体育学院、河北体院等科研单位联合，充分利用实验室现有的设备，积极开展对优秀运动员科研和科技服务工作。已申报总局重点实验室，现正待验收。

【体育产业】 一是开展体育产业理论研究。组织了省体育局本级体育产业课题研究，完成了组织申报、专家评审和立项工作，确定了本年度研究课题17个，其中指令性课题13个，指导性课题4个。按照国家体育总局要求，利用河北省第五次全国体育场地普查数据，确定了河北省体育局的8个研究课题，组织开展了全省体育基础设施发展的深层次研究。参加了“全国体育产业统计课题研究”的大课题组，完成了相关工作任务。组织、引导有研究能力的单位积极申报全国体育产业社会科学研究课题。通过开展多方向、多层次研究，为河北省体育产业的发展寻求理论支持。二是体育服务业不断发展。积极探索“政府扶持，市场运作，企业管理”的发展新模式，河北省体育服务业不断发展。按照省政府的统计口径，2006年全省体育服务业法人单位（包括体育组织、体育场馆、其他体育、休闲健身娱乐等）共有180个，全年总计收入32.4亿元，从业人员达到1万余人。2006年省全民健身活动中心营业额达到427万元，开业以来累计接待健身人数150万人次，创收1600万元。省滑雪基地、廊坊、沧州健身中心进入试运营阶段，秦皇岛、邯郸、西山健身中心正在筹建，以省、市健身中心为龙头的体育健身娱乐业发展步伐加快；全省青少年俱乐部发展到97个；利用非国有资产举办的省级体育类民办非企业单位由原有7家增加到10家，注册资金200多万元，目前市场运行良好；在新的全运会周期，河北省运动队今年有8个运动项目与社会联办俱乐部，吸纳社会资金458万元，为竞技体育发展注入活力。三是体育彩票发行取得好成绩。2006年成功引资6500万元，解决了即开型体育彩票的分散销售问题。完成了全省体育彩票销售系统升级任务，扩建销售网点800多个，填补了乡镇网点空白。全省发行体育彩票13.2亿元，超额完成了“保7亿、争8亿、拼9亿”的任务目标。全年共筹集公益金4.62亿元，为国家上缴个人所得税3000多万元，为河北省体育事业发展提供了强有力的资金支持。

【体育法制建设】 一是广泛开展了法制宣传教育工作。全面总结“四五”普法工作，安排部署“五五”普法任务，召开了全省体育系统普法依法治理工作会议，制定下发了“五五”普法规划，成立了“五五”普法依法治理领导小组和普及法律常识办公室，深入开展以宪法为核心、以《体育法》为主要内容的、灵活多样的法制宣传教育活动，“五五”普法全面启动。全省体育系统法制建设不断加强。六月份，省体育局获国家体育总局表彰，被评为“全国体育系统‘四五’普法先进单位”。二是稳步推进体育立法。原《河北省优秀运动员选招与退役安置办法》经省政府研究同意，拟由省政府规章上升为河北省地方法规，已报省人大审议，目前省人大已组织了省外调研；3月30日唐山市发布了《唐山市全民健身条例》；4月30日石家庄市发布了《石家庄市体育经营活动管理办法》。按照省政府的部署，认真组织开展政府立法后评估，召开了专家论证会和管理相对人座谈会，充分听取专家及管理相对人意见，增强了政府体育立法的针对性，为建立完善的体育法制体系奠定了基础。三是初步建立行政执法责任制。认真贯彻落实省政府《关于推行行政执法责任制的实施意见》，全面梳理了省体育局的执法依据，完成了省体育局法定行政权力的梳理工作。共梳理行政权力30项，其中行政许可类6项；行政处罚类9项；监督检查类8项；行政确认类3项；其他类4项。编制了行政职权的目录，解决了职权底数不清问题，使权力的行使明晰，程序规范。编制起草了《河北省体育局行政执法责任制（草案）》，制订了受理与送达、审查与处理、听取意见、听证、评议考核、责任追究、监督管理等8项配套制度，印发了行政许可文件汇编、法律法规汇编，进一步细化了审批条件、程序，制定了审批工作流程图，制发了层级审批权限的说明，建立了省体育局行政审批窗口，组织了各市法制机构负责人培训，省体育局行政执法责任制初步建立。

【体育设施】 省体育中心筹建工作进展顺利。完成了立项，环评报告已编制完成上报待批，完成了可行性研究报告初稿，确定了总体规划及单体设计方案。省体育局训练服务中心综合楼一期工程已开工建设。省体育局摔拳跆中心三个主体工程已完工（综合训练馆、训练馆和综合办公楼）。崇礼高原训练基地二期工程的综合训练馆已完成施工图纸设计和审核；综合楼已完成现场考察；田径场已确定施工图纸设计单位。省体育局游泳跳水训练中心跳水馆改造工程已完成施工图纸设计。省体育局水上中心二期工程正在积极运作。

（河北省体育总会办公室　魏东霁）

区域经济篇

REGIONAL ECONOMY

石家庄市

2006年，石家庄市在市委、市政府的领导下，以邓小平理论、“三个代表”重要思想和科学发展观为指导，认真贯彻落实党的十六届六中全会、省七次党代会和市八次党代会精神，紧紧围绕实现更好更快发展、构建“和谐石家庄”两大任务，凝心聚力求突破，全力以赴抓落实，经济建设和社会建设都取得了新成绩，圆满完成了“十一五”开局之年的各项目标任务。全市经济持续快速健康发展，社会各项事业全面进步，城乡人民生活水平和质量得到提高。

一、综合

全市经济持续快速健康发展，地区生产总值迈上2000亿台阶。2006年实现地区生产总值2023亿元，按可比价格计算，增长13.2%，第一产业平稳增长，实现增加值258亿元，增长4.2%；第二产业增速较快，实现增加值976亿元，增长14.5%；第三产业实现增加值789亿元，增长14.7%。

财政收入保持持续稳定增长。全部财政收入完成190.1亿元，增长14.7%，其中一般预算收入完成77.4亿元，增长17.4%。全年免农业税6573万元。全市一般预算支出127.1亿元，增长17.6%，其中基本建设支出8.5亿元，增长22.0%；科技三项费用支出1.8亿元，增长4.9%；城市维护费支出8.6亿元，增长34.6%；抚恤和社会福利救济费支出5.1亿元，增长21.0%。全市向低保人员发放补助9400万元，其中向农村低保人员发放补助1440万元。向企业离退休人员发放养老金24.6亿元，保障了特殊社会群体的资金需要，促进了社会的和谐、稳定发展。

金融秩序稳定，存、贷款余额继续增加。年末全市金融机构本币存款余额2968亿元。城乡居民储蓄存款余额继续增加，城乡居民本币储蓄存款余额1553亿元，比年初增加198亿元。金融机构本币贷款余额1732亿元，比年初增加171亿元。

认真落实配套政策措施，民营经济呈现良好发展势头。通过不断优化发展环境，拓展发展空间，民营经济成为经济发展和保持社会稳定的重要力量。全年民营经济实现增加值1170亿元，比上年增长17.1%，占全市GDP的比重达到56.7%；上缴税金87.4亿元，比上年增长23.7%，占全市财政收入的比重达到46%。

二、工、农业发展与项目建设

农业生产保持稳步发展，农业综合生产能力稳定提高。2006年全市农林牧渔业总产值473亿元，比上年增长4.2%，其中农业产值212亿元，增长2.6%，牧业产值237亿元，增长5.3%，农林牧渔服务业产值14亿元，增长9.3%。粮食生产获得丰收，全年粮食总产量达到485.2万吨，比上年增加了2.8万吨，粮食亩产439公斤与上年持平。农业产业结构得到优化，产业化经营率逐年提高。农业产业化经营率达到59%，在上年增加1个百分点的基础上，又提高了1个百分点。农业机械化基本普及，农业用电有较大增长。

工业产销衔接良好，工业生产与效益保持了快速增长。全市规模以上工业企业完成增加值679亿元，比上年增长19.8%，其中国有控股工业完成增加值142亿元，增长6.3%，但亏损企业亏损额增加。全市规模以上工业产销率达98.0%，规模以上工业实现利税255亿元，增长20.8%。“五大基地”建设全面启动，主导产业支撑作用增强。

积极推动重大项目建设，主导产业得到健康发展。以经济结构调整为主线，国家生物产业基地、循环经济化工示范基地等“五大基地”建设取得进展，基础设施投资力度不断加大，固定资产投资呈现较快增长。全社会固定资产投资突破1000亿元，达到1097亿元，比上年增长18.1%，其中城镇投资完成998亿元，增长25.7%。建设项目投资完成866亿元，增长29.7%；施工项目个数3423个，增长2.8%，新开工项目2992个，增长9.0%；房地产开发完成投资132亿元，增长8.6%，施工面积和竣工面积达到940万平方米和244万平方米，分别比上年增长34.8%和125.8%。

三、消费品市场

消费品市场供需两旺，居民消费价格稳中有升。消费品市场呈现繁荣稳定的良好态势。全年实现社会消费品零售总额699亿元，比上年增长15.3%。消费品市场保持较快增长，增速为近几年来较高水平。全市共有商品交易市场716个，其中消费品市场651个，生产资料市场65个，全年商品交易市场成交额达1237亿元，比上年增长7.3%。南三条小商品市场和新华商贸中心成交额分别达到307.0亿元和303.3亿元，分别比上年增长13.1%和11.6%。居民消费价格稳中有升，达到101.8，涨幅同比回落0.1个百分点。原材料、燃料动力购进价格指数104.0，同比回落3.6个百分点，工业品出厂价格指数100.6，同比回落1.8个百分点。

四、对外贸易与旅游业

外贸进口增加，出口有所下降。全年外贸进口7.8亿美元，比上年增长11.1%；出口34.0亿美元，下降8.6%。在出口中，外商投资企业出口额9.29亿美元，增长7.7%，国有企业出口9.10亿美元，下降21.8%，集体企业出口1.92亿美元，下降23.7%。

提高利用外资质量和水平，利用外资保持平稳增长。年内新批准设立外商投资企业56个，新增合同总金额6.5亿美元，合同外资额2.6亿美元。年末实有三资企业个数632家。全市实际利用外资4.9亿美元，增长12.4%，其中直接利用外资4.4亿美元，增长13.5%。全年引进市外资金180亿元，比上年增加33亿元，增长22.4%。

旅游业进入良好发展时期，旅游人数和收入快速增长。全年共接待入境游客人数8.97万人次，其中外国游客8.10万人次，分别比上年增长20.5%和18.7%。国际旅游创汇收入2785万美元，比上年增长16.3%；全年接待国内游客人数1753万人次，比上年增长9.1%，国内旅游收入80.8亿元，比上年增长13%。全年实现旅游总收入83亿元，比上年增长13.6%。

五、科技、教育、卫生、体育等事业

科技创新水平不断提高，自主创新能力明显增强。全年取得科技成果274项，其中达到国际领先水平3项，达到国际先进水平51项。全年获省级科技进步奖33项。申请专利1494项，授权909项。

高等教育、职业教育发展较快，义务教育质量提高。全市共有普通高等院校39所，在校生27.3万人。全市普通中学619所，在校生71.5万人。中等职业学校169所，在校生20.4万人。小学2402所，在校生69.0万人。全市幼儿园660所，在园人数15.1万人。

推进基层文化设施建设，文化事业繁荣活跃。年末共有艺术表演团体19个，艺术表演场所19个。文化馆、群艺馆24个，公共图书馆21个。广播综合覆盖率99.3%，电视综合覆盖率99.2%。

医生、床位数继续增加，卫生事业建设取得新成绩。全市共有医疗卫生机构（含诊所）2019个，其中医院137个。年末卫生机构实有床位2.74万张。全市拥有卫生技术人员3.64万人，其中执业医师1.71万人。民营医院发展迅速。

体育事业蓬勃发展，全民健身运动深入开展。全市举办、承办市级以上运动会25项，参加运动会的运动员9677人次。年末全市拥有健身路径900余条，比上年增加140多条。

六、居民收入

城乡居民收入持续增长，生活质量进一步提高。全市在岗职工年平均工资为16911元，比上年增长11.0%。市区城市居民人均可支配收入11495元，增长14.5%，人均消费支出8287元，增长14.1%。农民人均纯收入为4486元，增长8.9%。居民家庭耐用品拥有量继续增加。截至2006年末，市区城镇居民家庭每百户拥有彩电126台，电冰箱、冰柜117台，洗衣机101台，空调器124台，家用汽车3辆，钢琴2架，移动电话131部，家用电脑45台；农村居民百户拥有彩电106台，洗衣机83台，移动电话68部，电脑5台，空调18台，电冰箱39台。城乡居民住房条件进一步改善。城市居民人均住房使用面积21.7平方米，比上年增加0.2平方米；农民人均住房面积37.1平方米，比上年增加1.5平方米。

七、环境保护与社会保障

城市公用事业快速发展，城市功能进一步完善。年内发展天然气用户1.6万户，煤气用户1.8万户。供热管道总长度570公里，比上年增加20公里，城市集中供热面积达5080万平方米，比上年增加了500万平方米。城市公共汽车营运线路达100条，营运车辆2100辆，营运线路长度1238公里，年客运总量3.02亿人次。

环境保护效果显著，生态环境明显改善。积极组织环保执法专项行动，加大大气污染综合整治力度，市区二级以上优、良天气达287天，比上年增加4天。全市工业烟尘排放达标率99.6%，工业企业废水排放达标率99.0%，工业固体废物处置利用率92.9%。全市以创建园林城市、改善人居环境为主题，强力推进建园扩绿，为城市增景添美。园林绿化成绩斐然，年末城市公园37个，公园面积603公顷；人均公共绿地面积8.9平方米，比上年增加1.3平方米。各项绿化指标达到国家园林城市标准。

社会保险覆盖范围不断扩大，社会保障体系不断完善。年末全市各类企业在职职工及个体工商户共有72.3万人参加基本养老保险，比上年增加5.1万人；22.7万名离退休人员参加基本养老保险社会统筹，比上年增加0.8万人；年末全市机关事业单位共有13.2万人参加基本养老保险，3万名离退休人员参加基本养老保险社会统筹，人数均比上年有所增加。城镇职工失业保险参保人数达86.0万人，失业保险覆盖率为95%。农村社会养老保险参保59.0万人。年末全市101.8万人参加了医疗保险，比上年增加5.4万人，增长5.6%，医疗保险覆盖率达88.4%，比上年提高了4.7个百分点。城乡困难家庭、特困群体得到有效救助，年末全市共有73838人享受城镇居民最低生活保障。

（石家庄市统计局　郑向军）

承　德　市

2006年，承德市以科学发展观为统领，紧紧围绕“十一五”规划，着力构建和谐承德，致力于保持国民经济和社会事业的持续、稳定、快速发展，全年经济运行速度快，质量较好，人民生活水平进一步提高，社会各项事业不断进步，实现了良好开局，为实现更好更快发展奠定了坚实基础。

一、经济运行良好，总量持续增长

经济总量快速增加。2006年全市实现生产总值425.9亿元，比上年增长17.3%，创1997年以来的最高增速。其中，第一产业增加值75.1亿元，增长9.0%；第二产业增加值223.4亿元，增长23.7%；第三产业增加值127.4亿元，增长11.8%。三次产业结构由上年的18.2∶51∶30.8调整为17.6∶52.5∶29.9。

财政收入持续高速增长。全年全部财政收入完成58.6亿元，比上年增长29.3%。地方一般预算收入完成24.3亿元，增长40.7%，其中，增值税收入4.1亿元，增长18.3%；营业税收入5.6亿元，增长28.1%。一般预算支出56亿元，增长20.2%。财政收入占GDP的比重为13.8%，比上年提高1.2个百分点。

物价总体保持平稳增长。2006年居民消费价格总指数为101.4，比2005年下降了0.4个百分点。其中，城市和农村均比上年下降0.4个百分点。价格变动结构特征明显，食品类价格上涨2.2%，其中粮食类价格上涨2.8%。商品零售价格上涨1%，工业品出厂价格指数为96.75。

城镇就业人员增加，在岗职工工资总额较快增长。年末全市城镇从业人员44.6万人，比上年增长11.6%，其中城镇单位在岗职工23.6万人，比上年末增加0.3万人。在岗职工工资总额36.2亿元，比上年增长9.2%。年末城镇登记失业率为4.3%。

二、工农业生产快速增长

农业生产稳步增长。2006年，虽然遭受干旱、早霜等自然灾害，仍取得较好收成，总产量109万吨。畜牧、蔬菜、果品等支柱产业带动作用明显，牧业产值占农林牧渔业产值的45%，蔬菜、果品产量分别比上年增长10.89%和19.97%，农业增加值增速仍保持增长9%。年末实有林地面积193.6万公顷，增加14.5万公顷，年末林地覆盖率49.0%。农业产业化水平进一步提高，全市产业化经营率达49%，比上年提高3个百分点。

工业生产持续高速增长，经济效益逐步提高。2006年，全部工业增加值达192.1亿元，比上年增长26.3%。年末全市规模以上工业实现增加值144.96亿元，总量由上年的全省末位跃居第九位，增长33.5%。户均增加值达2989万元，增加253万元。

产销衔接较好，经济效益逐步提高。全年产销率为96.4%，重点产品产量实现大幅增长。规模以上工业全年实现主营业务收入426.7亿元，增长26.3%；实现利润总额29.2亿元，增长35.2%；税金总额实现27.4亿元，增长35.5%，比去年高出19.4个百分点，对全市财政收入增长的贡献率高达54.1%，比2005年提高36.8个百分点。

三、需求拉动趋强

投资需求拉动依然不减。2006年，全市全社会固定资产投资完成230.5亿元，比上年增长32.5%。其中，城镇固定资产完成投资188.5亿元，增长33.8%；农村固定资产投资完成额42亿元，增长27%。

消费需求拉动增强。2006年，全市实现社会消费品零售总额132.88亿元，比上年增长12.7%，扣除价格因素，实际增长11.1%，达到近10年来的新高。其中城市社会消费品零售额41.77亿元，增长13.5%。在各行业中批发零售贸易业增长12.3%，住宿餐饮业增长16.8%。

出口需求快速增长。据海关统计，全年进出口总值达16904万美元，比上年下降25.7%，其中，出口总值达14619万美元，增长37.6%。

四、旅游、外经工作取得新进展

旅游业创历史新高。2006年，全市共接待境内外游客702.38万人次，旅游总收入38.80亿元人民币，分别比上年增长12.9%和16.2%。其中境外游客21.55万人次，境外游客收入4702.06万美元，分别增长15.9%和17.9%。

外商投资取得新进展。2006年，全市实际利用外资1144万美元，其中：外商直接投资达到457万美元。全市新批三资企业5个，新批三资项目合同外资额4496万美元，年末实有三资企业105家。

五、基础设施进一步完善

交通建设迈出重大步伐。高速公路实现零的突破，境内通车里程达77公里；年末全市公路通车里程达到18036公里，比上年末增加8950公里，其中：干线公路2186公里，县乡公路6919公里，增加138公里。全年公路货运周转量27.63亿吨公里，比上年增长19.7%；公路客运周转量31.06亿人公里，增长19.9%。

邮政、通讯业快速发展。全年完成邮政业务总收入9978.2万元，比上年增长9.2%。电信业务总收入12.17亿元，增长17.5%，本地固定电话用户（含小灵通）56.21万户，比上年增加1.53万户，其中：乡村电话用户33.06万户，增加3.49万户。年末全市移动电话用户90.5万户，比上年增长33.1%；国际互联网用户10.65万户，增长122.3%。

环境质量不断改善。2006年市区综合改造干道8条，小街巷5条，铺设彩色便道21640平方米。年末市区公共供水生产能力19.7万立方米/日；供热面积508万平方米，比去年增加13万平方米；全年新增公交车40部，新增运营线路2条。市区环境空气质量二级以上天数达277天，比2005年增加21天，创历史新高；19项创建省级环保模范城指标基本达标，顺利通过省级技术评估；承德县下板城镇建成全市首个环境优美乡镇。

六、金融保险稳步发展

各项存贷款稳定增长。年末全市全部金融机构各项存款余额达454.4亿元，比年初增加76.02亿元，其中：城乡居民储蓄存款余额达300亿元，增加43.8亿元。各项贷款余额达284.8亿元，比年初增加53亿元。

保险业快速发展。全市各家保险公司全部保费收入10.6亿元，比上年增长6.11%，其中：寿险保费收入8.3亿元，增长8.65%。给付赔款1.8亿元，其中：财产险给付赔款1.55亿元，寿险给付赔款2464.8万元。

七、科、教、文、卫、体等社会事业稳步发展

科技创新推动了产业发展。2006年，国家科技部批准，承德仪器仪表产业基地被认定为“国家火炬计划承德仪器仪表产业基地”。平泉县被科技部列为国家科技富民强县试点县。列入国家级“星火”、“火炬”、“支撑”等计划项目13项，省各类科研项目32项，共争取国家、省项目资金1148万元，创历史新高。

各类教育进一步发展。2006年，全市高校（不含电大）共招生9943人，在校生29584人；全市中等职业教育学校在校生33183人，毕业生7070人。高中在校生7.07万人；初中在校生13万人；小学在校生23.9万人。幼儿园在园儿童7.05万人。

文化广播电视业继续发展。年末全市有艺术表演团体8个，文化馆9个，图书馆10个，剧场、影剧院10个。广播人口覆盖率87.82%。电视人口覆盖率90.65%，有线电视用户56万户，比上年增长7.2%。

卫生、体育事业全面发展。乡镇卫生院标准化建设达标率为96.6%，建成1019个规范化村卫生室，基本解决了农民看病难问题。新型农村合作医疗已有三个县的农民

75万余人参加，全年报免16.3万人次，受益面为21.1%，报免费用2855.86万元。体育事业成绩显著，年内举办综合运动会27次，单项比赛133次，共获奖牌51枚，其中金牌16枚，银牌16枚，铜牌19枚。

八、社会保障体系逐步完善，居民生活质量稳步提高

社会保障体系进一步完善。年末全市有27.2万职工参加了失业保险；有18.9万人参加了基本养老保险，比上年增长7.3%；参加医疗保险人数达27.5万人，比上年增长8.6%。2006年社会救济总人数达15.65万人，比上年下降12.1%；其中，城镇居民最低生活保障人数7.96万人，增长2.1%；农村居民最低生活保障人数7.69万人，下降23.1%。社会福利事业全面发展，社区建设更加完善。

城乡居民收入保持增长。全年全市城镇居民人均可支配收入8153.3元，比上年增长9.6%，其中市区居民人均可支配收入8476.9元，增长8.1%，农民人均纯收入达到2918元，比上年增长13.0%。城市居民人均住房使用面积15.87平方米；农村居民人均居住面积21.85平方米。

（承德市统计局　鲍景欣）

张家口市

2006年，张家口市紧紧围绕更好更快跨越式发展主题，全面落实科学发展观，同心协力，开拓进取，全市经济在连续三年较高增长的基础上继续保持快速增长，为“十一五”经济发展奠定了良好基础。

一、综合

经济运行速度加快。近年来，全市经济一直处在较高平台上运行，2003年全市生产总值增长11.5%，2004年增长13.0%，2005年增长13.1%。2006年，全市实现生产总值484.09亿元，比上年增长13.8%，其中第一产业增加值79.25亿元，增长16.2%；第二产业增加值214.72亿元，增长13.1%；第三产业增加值190.11亿元，增长13.7%。人均生产总值11579元，增长16.4%。

财政收入较快增长。2006年全市全部财政收入完成83.85亿元，比上年增长15.6%，其中地方一般预算收入完成24.28亿元，增长15.0%。全部财政支出80.49亿元，增长15.1%，其中地方一般预算支出68.61亿元，增长16.9%。

金融运行平稳健康。2006年全市金融机构存款余额610.67亿元，比上年增长15.6%，其中城乡居民储蓄存款431.66亿元，比上年增长14.7%。全市金融机构贷款余额399.05亿元，比上年增长23.5%。

城乡居民收入增加。2006年，城市居民人均可支配收入为8940元，比上年增加1226元，增长15.9%，农民人均纯收入为2757元，比上年增加428元，增长18.4%。全年城市居民人均消费性支出6510元，比上年增长10.1%。城市居民恩格尔系数为36.5%，比上年下降1个百分点。

消费价格基本平稳。2006年全市居民消费价格指数为101.7%，涨幅比上年回落0.3个百分点。其中城市居民消费价格上涨1.6%，涨幅比上年提高0.3个百分点；农村居民消费价格上涨2.0%，涨幅比上年回落1个百分点。

就业形势看好。2006年全市城镇在岗职工达34.53万人，比上年增长0.1%，实现了近十年来首次增长。年末全市城镇从业人员66.84万人，增长7.8%，新增就业3.74万人，下岗失业人员再就业2.01万人，年末城镇登记失业率4.5%。

二、固定资产投资

项目建设成效显著，投资规模不断扩大。2006年，全市完成全社会固定资产投资223.85亿元，比上年增长42.5%，其中城镇固定资产投资190.07亿元，增长43.8%。在城镇建设项目中计划总投资超亿元的建设项目70项，比上年增加22项，完成固定资产投资89.51亿元，占城镇固定资产投资的比重达47.1%。生产性投资较快增长。生产性投资完成72.90亿元，增长35.8%，占城镇固定资产投资的比重为38.4%。房地产投资大幅增长。2006年全市完成房地产开发投资35.06亿元，比上年增长63.6%，增速比上年提高49.1个百分点，拉动城镇固定资产投资增长10.3个百分点。

三、农业

农业生产获得丰收。2006年，全市农林牧渔业总产值达到141.29亿元，比上年增长15.3%。其中种植业产值69.48亿元，增长17.8%；林业产值4.87亿元，下降17.8%；牧业产值63.78亿元，增长14.8%；渔业产值1.03亿元，增长119.5%；服务业产值2.12亿元，增长25.6%。全年粮食总产量达到126.48万吨，比上年增长18.7%；油料产量5.66万吨，增长44.0%；蔬菜产量449.25万吨，增长9.5%。“百万头奶牛行动计划”深入实施。全市年末奶牛存栏达43.6万头，增长39.6%，牛奶产量达70.61万吨，增长32.1%。

四、工业

工业生产稳步增长。2006年，全市规模以上工业实现增加值152.45亿元，比上年增长14.5%。工业结构调整迈出新的步伐，支柱产业支撑带动作用有所增强，冶金、机械、能源、卷烟、化工、食品加工六大产业实现增加值145.49亿元，占全部规模以上工业增加值的95.4%。民营工业增势强劲。2006年实现增加值45.84亿元，比上年增长66.6%，占规模以上工业的比重由上年的21.5%上升到30.1%，提高了8.6个百分点。

经济效益不断攀升。2006年，全市规模以上工业经济效益综合指数为169.5，比上年提高17.8个百分点。全市实现产品销售收入422.10亿元，比上年增长16.0%；实现利税65.69亿元，比上年增长29.4%，其中实现利润24.31亿元，比上年增长53.4%；亏损企业亏损额4.64亿元，比上年减亏0.6%。10家大型工业企业全部盈利，实现利润16.67亿元，占规模以上工业的68.6%。

五、国内贸易

消费市场繁荣活跃。2006年，全市实现社会消费品零售总额165.21亿元，比上年增长13.1%，增速比上年提高1个百分点，增速创近十年新高。从销售区域看，2006年，全市县城地区实现零售额37.43亿元，比上年增长15.1%，高出市区零售额增长2.6个百分点；县以下地区实现零售额41.12亿元，比上年增长12.6%，高出市区零售额增长0.1个百分点。全市亿元以上市场达到29个。

六、对外经济

对外贸易发展良好。2006年，全市实际利用外资3514万美元，比上年下降21.6%。其中外商直接投资2520万美元，比上年增长5.1%。全年新批外商投资项目22个，比上年增加3个，增长15.8%，涉及合同外资额13240万美元，比上年增长24.8%。全年进出口总额41226万美元，比上年增长25.5%。其中进口总值12118万美元，比上年下降7.0%；出口总值达到29108万美元，比上年增长46.9%。

七、旅游业

旅游业欣欣向荣。2006年，张家口市全力打造“历史文化早天下、坝上夏季爽天下、崇礼滑雪名天下、军事旅游冠天下”四大旅游品牌，不断加强与京津晋蒙等周边旅游城市的合作，旅游业发展迅速。全年共接待国内游客530.3万人次，比上年增长20.3%，国内旅游收入25.95亿元，比上年增长27.6%；接待国外游客21500人次，比上年增长48.1%，国际旅游创汇388.08万美元，比上年增长68.0%。

八、社会各项事业

科技：2006年，全市共组织鉴定验收科技成果65项，其中国际领先2项、国际先进2项、国内领先21项、国内先进18项。共有58项获张家口市科技进步奖，其中一等奖15项、二等奖19项、三等奖24项。荣获省级科技进步二等奖1项，获省级科技进步三等奖4项。

教育：2006年，全市中等职业学校在校学生4.49万人，比上年增加0.55万人。其中中等专业学校在校学生2.55万人，比上年增加0.32万人。全市普通中学258所，年末在校学生24.44万人，普通中学专任教师1.60万人。小学2269所，其中教学点1207个，年末在校学生30.64万人。小学适龄儿童入学率达到98.8%；初中入学率达到87.5%。

文化：2006年末，全市共有艺术表演团体10个，全年演出场次2168场。艺术创作取得成绩。晋剧小戏《WWW.喜顺沟.COM》和《巧帮忙》参加了由文化部社会司和山东省文化厅等单位主办的第四届“中国滨州·博兴小戏艺术节”，分获“最佳推荐剧目一等奖”和“优秀推荐剧目二等奖”。《泥河湾》、《WWW.喜顺沟.com》、《还钱》、《农家婚事》、《特殊婚礼》等5台剧目参加了省第七次戏剧节的演出，获三个优秀剧目一等奖和二个剧目二等奖。

体育：2006年，张家口市承办了“优胜者杯”全国中学生排球锦标赛等20多次体育比赛。在全省第十二届运动会上，获得金牌11.8枚、银牌17枚、铜牌25枚，并取得全省排名第八的较好成绩。大型群众性体育活动蓬勃开展，在承办“蒙牛《城市之间》全民健身活动”中，调动社会各界近万人参加了预赛和晋级。在大连复赛中，张家口代表队在北方40个城市中名列第二名，成功进入全国总决赛，取得了进军法国的国际版比赛入场券。

社会福利及保障：2006年，城市居民最低生活保障人数为12.71万人，农村居民最低生活保障人数为10.08人。区域性敬老院建设力度加大，已开工建设敬老院20所，14所建成并投入使用，入住五保老人1147人。社区基础设施全面改善，社区建设水平不断提升。全市城市社区总数由194个调整为147个，社区资源得到有效整合。

（张家口市统计局　郭晓娟　忻加国）

秦皇岛市

2006年，全市人民在市委、市政府的正确领导下，以邓小平理论和“三个代表”重要思想为指导，全面落实科学发展观，注重统筹发展，注重速度与结构、质量、效益的统一，注重体制机制创新，经济运行的稳定性、协调性进一步增强，社会事业取得全面进步，城乡居民生活水平继续提高。全市实现生产总值551.47亿元，按可比价格计算，比上年增长12.6%。其中，第一产业增加值58.19亿元，增长12.3%；第二产业增加值207.89亿元，增长14.1%，其中工业增加值180.75亿元，增长15.2%；第三产业增加值285.39亿元，增长11.6%。三次产业比重为10.6：37.7：51.7。按户籍人口计算人均生产总值19724元，按可比价格计算比上年增长11.7%。经济社会发展中存在的主要问题是：经济发展的结构性矛盾依然比较突出，自主创新能力不够强，农民增收的长效机制还没有完全建立起来，经济社会发展与能源资源供需矛盾有所加大，就业再就业压力比较大，社会保障体系尚待进一步完善等。

一、农林牧渔各业全面发展，新农村建设扎实推进

完成农林牧渔业总产值110.55亿元，比上年增长15.4%。粮食总产量84.87万吨，创近八年以来最高水平，比上年增长0.3%。多数农林牧渔业产品产量保持增长态势。农机装备水平和服务能力进一步提高。年末农机总动力达到266万千瓦，增长10.4%。全年完成机耕作业面积99.61千公顷，机播面积44.72千公顷，机收面积28.8千公顷。

农业产业化经营水平得到提高。年内新增6家龙头企业、1家中介服务组织，2家农产品生产（加工）基地，有效带动了农村经济的发展，对农民增收起到一定的积极作用。农业产业化经营总量达到117.1亿元，比上年增长

59.4%；农业产业化经营率达63.8%，比上年提高13.4个百分点。

农村基础条件改善。农村用电量7.82亿千瓦小时，比上年下降4%。化肥施用折纯量11.96万吨，增长0.2%。农田有效灌溉面积124.36公顷，增长0.8%。农村“路、水、电、医、学”和环境整治建设加快推进，在村村通电的基础上，基本达到村村通电话，通汽车村数比重上升到97.3%，通有线电视村数比重上升到71.6%；自来水受益村数比重上升到36.6%。

二、工业生产保持较快增长，经济效益有所回落

规模以上工业完成增加值136.66亿元，增长18.1%。国有及国有控股工业增加值33.67亿元，增长6.9%。外商及港澳台投资工业增加值63.57亿元，增长19.1%。大中型工业增加值102.95亿元，增长17.9%。轻、重工业增加值分别为33.52亿元和103.14亿元，分别增长3.3%和21.3%。全年工业用电量49.66亿千瓦时，增长17%。

坚持走新型工业化道路，工业结构不断调整优化。积极利用先进适用技术改造提升传统产业，增强支柱行业的支撑带动作用，制造业发展水平进一步提高。全年完成制造业增加值114.65亿元，比上年增长15.7%。食品工业、机械工业、玻璃建材业、金属冶炼及压延加工业等四大主导行业完成增加值92.07亿元，增长8.2%，占规模以上工业增加值的72.7%。其中机械工业实现增加值38.55亿元，增长21.5%；金属冶炼及压延加工业增加值26.1亿元，增长39.7%。产品结构继续优化，工业新产品产值48.26亿元，比上年增长19.6%。主要工业产品产量多数保持增长，在列统的56种主要工业产品中，保持增长的有34种，下降的有22种。

工业经济效益有所回落。受原燃材料价格上涨、工业品售价下跌以及资金短缺等因素影响，企业总体盈利水平下滑。全市规模以上工业企业主营业务收入576.27亿元，比上年增长15.5%；产品销售率99.6%，比上年提高1.1个百分点；工业经济效益综合指数为143.8，提高4.6个百分点；实现利税24.11亿元，下降12.1%，其中利润5.35亿元，下降58.6%。

三、固定资产投资保持快速增长，项目建设投资效果显著

完成全社会固定资产投资211.85亿元，比上年增长36.8%。其中，城镇固定资产投资完成175.54亿元，增长35.2%；农村固定资产投资36.31亿元，增长45.2%。在城镇固定资产投资中，第一产业投资1.51亿元，比上年增长159.7%；第二产业投资85.09亿元，增长163.2%；第三产业投资88.94亿元，下降8.3%。工业投资83.5亿元，增长161.4%。其中制造业投资70.62亿元，增长242.9%；电力、燃气及水的生产和供应业投资12.88亿元，增长23.7%。在第三产业投资中，房地产开发投资47.72亿元，增长55.5%；交通运输仓储和邮政业投资16.6亿元，下降59.7%；公共设施管理投资8.54亿元，增长1.1%。

项目建设投资成效显著。全年城镇施工项目359个，新开工项目268个。其中计划总投资在亿元以上的项目47个，完成投资共计93.79亿元，比上年增长36.7%，占城镇固定资产投资的53.4%。在全市投资增加额中，有67%以上的投资是靠项目建设拉动的，项目建设占全市固定资产投资的60.5%，是推动今年投资增长的重要因素之一。重点大项目建设投资成为拉动全市投资增长的先行者，为促进全市经济持续稳定增长起到了积极的推动作用。

四、消费品市场稳中趋旺，价格总水平涨幅趋缓

实现社会消费品零售总额167.81亿元，比上年增长14.2%。分城乡看，城市市场零售额118.74亿元，增长14.2%，农村市场零售额49.07亿元，增长14.1%。分行业看，批发零售业零售额144.35亿元，增长13.8%，以86%的份额占据主导地位；住宿餐饮业零售额23.03亿元，增长18.1%。限额以上批发零售贸易企业经营状况良好。全年实现商品销售总额192.88亿元，比上年增长55.6%，其中批发业158.70亿元，零售业34.18亿元，分别增长62.8%和29.2%。以住房、汽车、信息通讯、旅游等为代表的新型消费保持较快增长，居民消费结构升级加快。限额以上批发零售贸易企业食品饮料烟酒类、服装鞋帽针纺织品类、金银珠宝类、石油及制品类和汽车类等重要商品的零售额分别增长17.9%、56.7%、32.5%、24.4%和22.2%。各类商品市场较快发展。年成交额在亿元以上的商品交易市场12家，成交额63.87亿元。以现代经营方式为主的新型流通业态发展较快。

居民消费价格比上年上涨1.8%，涨幅比上年提高0.7个百分点。其中，服务项目价格上涨1.9%，消费品价格上涨1.8%；城市上涨2.3%，农村上涨1.1%。工业品出厂价格下降0.3%，涨幅回落3个百分点；农业生产资料价格上涨1.0%，涨幅回落7.2个百分点。固定资产投资价格上涨1.0%。房屋销售价格上涨5.4%，其中新建住宅商品房销售价格上涨6.9%。农业生产资料价格上涨1.0%，其中化肥价格下降2.1%，农用机油价格上涨24.4%。

五、对外贸易继续稳步增长，利用外资规模和水平提高

全年进出口总额28.93亿美元，比上年增长8.4%。其中出口总额19.6亿美元，增长6.5%；进口总额9.33亿美元，增长12.7%。出口商品结构不断优化。机电产品3.7亿美元，比上年增长79.4%，占出口总额的18.9%；工业制成品出口18.15亿美元，增长8.6%，占总额的92.6%；加工贸易出口2.13亿美元，增长29.2%，占总额的10.9%。对北美洲和欧洲市场的出口分别达到3亿美元和1.6亿美元，增长90%以上；对亚洲国家的出口仍占绝对比重，出口总额14.09亿美元，占71.9%。有3家工业企业产品出口突破亿美元，有23家企业出口超过千万美元。龙头企业的增多不仅提高了外贸企业的出口规模，也提升了产品附加值和发展竞争力。

全年实际利用外资26634万美元，比上年增长12.5%；其中直接利用外资26629万美元，比上年增长

12.8%，创自1984年对外开放以来的最高点。年内新批准外资项目35个，比上年减少20个，新批准项目总投资、合同外资额（包括增减资）分别为7722万美元和3868万美元，比上年分别下降92.0%和93.3%。年内新注册三资企业34家，比上年减少33.3%，其中有增资行为的企业有15家，比上年减少3家；新注册企业项目投资总额为5444万美元，比上年下降90.8%。外商投资在三次产业间的结构比为5∶94∶1。

六、交通运输业较快增长，旅游业快速发展

全年完成旅客运输量6597万人次，货物运输量5956万吨，分别比上年增长4.7%和5.5%；完成港口货物吞吐量2.03亿吨，增长19.2%。年末全市公路通车里程8253公里。全市投资3.38亿元用于农村公路及一般干线建设，新改建农村公路835公里，完成村村通油路工程682公里，新增通油路村222个。全市有90%的行政村通油路或水泥路。65公里沿海高速公路全线施工，进入加快建设阶段。

邮电通信业持续较快增长。全年邮电业务收入7.22亿元，比上年增长4.7%。其中邮政业务收入1.37亿元，电信业务收入5.85亿元，分别增长2.7%和5.2%。年末固定电话交换机总容量86.83万门，移动电话交换机总容量达147万门。年末固定电话用户63万户，新增1万户；小灵通电话用户17.04万户，新增2.78万户；移动电话用户117万户，新增1万户。年末互联网用户达22.49万户。

全年接待国内游客1407万人次，比上年增长8%；接待境外游客19.96万人次，比上年增长11%。旅游总收入77.94亿元，增长13%；旅游外汇收入1.02亿美元，增长19%。

七、财政收支结构进一步调整，金融总体上运行平稳

完成全部财政收入66.54亿元，占预算的111.2%，比上年增长19.6%。地方财政一般预算收入32.33亿元，占预算的121.7%，增长25.4%。其中营业税完成10.96亿元，增长26.3%；企业所得税完成1.8亿元，增长23.5%；个人所得税完成1.37亿元，增长2.5%；契税完成2.22亿元，增长3.4%。财政支出74.44亿元，比上年增长36.8%。其中一般预算支出55.62亿元，增长26.2%。基金预算支出18.81元，增长82.3%。全年农林水气象支出2.29亿元，增长12.9%；社会保障补助支出1.87亿元，增长14%；医疗卫生支出2.18亿元，教育支出9.07亿元，科学支出0.07亿元，分别增长32.1%、12.4%和18%；基本建设拨款2.79亿元，比上年下降0.4%；企业挖潜改造资金0.69亿元，增长31.4%。

年末金融机构人民币存款余额709.89亿元，比年初增加84.87亿元，比上年末多增24.25亿元。其中居民储蓄存款余额432.89亿元，比年初增加33.51亿元，比上年末少增11.4亿元；企业存款余额198.34亿元，比年初增加40.78亿元，比上年末多增37.49亿元。金融机构人民币贷款余额438.79亿元，比年初增加71.51亿元，比上年末多增37.92亿元；其中短期贷款余额203.05亿元，比年初增加19.79亿元，比上年末多增11.68亿元。

八、人口增长继续得到控制，城乡居民生活质量显著提高

年末全市户籍总人口280.54万人，其中市区人口78.88万人，分别比年初增加1.89万人和1.25万人。全年出生人口2.88万人，出生率为10.30‰；死亡人口1.52万人，死亡率为5.45‰；净增人口1.36万人，人口自然增长率为4.85‰。

据抽样调查，城镇居民人均可支配收入突破万元，达到10356元，比上年增长10.2%；城镇居民人均消费性支出7320元，增长7.1%，其中食品支出2464元，增长9.6%。城镇居民人均现住房使用面积19.98平方米。城镇以上单位在岗职工年平均工资19648元，比上年增长12.1%。农民人均纯收入3832元，比上年增长13.5%；人均生活消费支出2213元，增长7.5%。其中食品支出832元，增长4.5%；用于文教娱乐方面的支出305元，增长29.6%。农村居民人均住房面积30平方米，增长3.1%。

（秦皇岛市统计局　杨素玲）

唐　山　市

2006年，唐山市全面落实科学发展观，以建设繁荣文明和谐新唐山为目标，紧紧抓住曹妃甸工业区开发建设的历史机遇，积极推进经济结构的战略性调整和产业优化升级，国民经济和社会发展取得明显成效，实现了“十一五”的良好开局。

一、综合

国民经济持续快速发展。唐山市完成地区生产总值2362.14亿元，比上年增长14.6%。其中，第一产业增加值256.00亿元，增长5.1%；第二产业增加值1367.46亿元，增长17.1%；第三产业增加值738.68亿元，增长13.7%。三次产业增加值构成由上年的11.6∶57.3∶31.1调整为10.8∶57.9∶31.3。唐山市人均生产总值为32953元，比上年增长13.9%。

物价涨幅有所回落。居民消费价格总水平上涨1.3%，同比回落0.9个百分点，其中城市上涨1.2%，农村上涨1.4%。农业生产资料价格上涨2.8%，同比回落6.2个百分点。工业品出厂价格下降3.1%，其中生产资料价格下降3.3%，生活资料价格上涨0.9%。

就业再就业工作取得新进展，农村劳动力转移进程加快。年末从业人员394.41万人。其中第一产业134.73万人，比上年减少6.91万人。全年农村富余劳动力向非农领域转移累计达16.3万人次；第二产业145.69万人，增加6.97万人；第三产业113.99万人，增加6.18万人。年末城镇登记失业率为4.35%，低于省控制目标0.15个百分点；全年有3.16万下岗失业人员实现再就业。

二、农业

农村经济全面发展。全年完成农业总产值426.67亿元，比上年增长6.1%。其中，农业产值197.02亿元，林业产值10.81亿元，牧业产值157.92亿元，渔业产值50.08亿元，分别增长4.8%、16.4%、7.8%和8.0%。牧业、渔业产值占农业总产值的比重达48.7%。农业产业化水平不断提高，农业产业化经营率达57.0%，比上年提高2个百分点。

农业生产稳定增长。全年粮食总产量282.51万吨，增长4.1%，实现连续三年增产；棉花总产量3.76万吨，增长3.5%；油料总产量23.42万吨，增长0.8%；蔬菜总产量1225.8万吨，增长0.9%，其中设施蔬菜319.9万吨，设施菜和露地菜的比例接近1∶1。

畜牧水产业带动作用增强。全年肉类总产量83.6万吨，增长3.7%，其中猪肉产量55.1万吨，增长6.0%；禽蛋产量39.3万吨，增长7.4%；奶类产量137.6万吨，增长17.2%，其中牛奶产量132.1万吨，同比增长18.1%。唐山市已初步形成了国内最大的乳品企业加工集群，产业链条得到了进一步延伸，奶业已成为农村经济发展中的优势产业，并被授予“全国牛奶生产强市”称号。全年水产品产量52.6万吨，其中，海水产品产量31.5万吨，淡水产品产量21.1万吨，分别增长2.5%和8.8%。唐山市海水工厂化养殖面积达到53.69万平方米，同比增长5.4%。水产品养殖带建设初具规模，养殖产品比重达60.4%，比上年提高1.8个百分点。

农业基础设施得到加强。唐山市财政用于农业生产支出6.58亿元，比上年增长25.3%。农田有效灌溉面积达49.91万公顷，其中，节水灌溉面积达到27.02万公顷。农业机械总动力886.86万千瓦，增长4.0%。农村用电量103.23亿千瓦时，增长27.8%。

三、工业和建筑业

工业经济持续快速增长。全年全部工业完成增加值1269.15亿元，比上年增长17.4%。其中规模以上工业企业完成增加值971.85亿元，增长22.7%。工业化进程稳步推进。重工业完成增加值904.91亿元，占规模以上工业的93.1%，同比增长23.4%，比轻工业快7.5个百分点。唐山市主要工业产品产量较快增长，高附加值产品比重进一步增大。

产业集中度进一步提高，区域比较优势明显增强。基础能源、优质建材、精品钢材、装备制造和重化工五大产业基地增加值占规模以上工业增加值的80.8%，对工业增长的贡献率为70.0%，拉动规模以上工业增长15.9个百分点。

工业发展由速度型向效益型转轨初显成效。唐山市规模以上工业企业实现利税额431.55亿元，比上年增长34.7%。实现利润279.08亿元，增长40.5%。规模以上工业企业经济效益综合指数达到235.2%，比上年提高26.1个百分点。产销衔接良好，产品销售率达到98.39%，比上年提高0.39个百分点。

四、固定资产投资

固定资产投资保持适度较快增长。全社会固定资产投资完成765.48亿元，比上年增长20.4%。其中城镇投资完成596.13亿元，增长31.7%；农村投资完成169.35亿元，下降7.4%。曹妃甸工业区开发建设取得突破性进展，全年完成投资98.95亿元，比上年增长1.3倍。

投资结构进一步改善。钢铁行业投资过热现象得到抑制，农业和交通基础设施投资快速增长。在城镇固定资产投资中，第一产业完成投资3.30亿元，增长1.2倍；第二产业完成投资342.09亿元，增长10.5%，占城镇固定资产投资的57.4%。在工业投资中，钢铁行业投资增长3.8%，增速比上年下降44.3个百分点，石油和天然气开采业增长58.4%，金属制品业增长2.6倍；第三产业完成投资250.74亿元，增长77.0%。其中交通运输业增长1.8倍，房地产开发投资完成48.41亿元，增长23.7%。

新开工项目增加，投资规模不断扩大。年末唐山市城镇在建项目1695个，同比增长65.7%，平均项目规模9104万元，比上年减少63万元。本年新开工建设项目1242个，同比增长88.8%。

五、国内贸易

消费品市场繁荣活跃，流通业现代化建设步伐加快。全年实现社会消费品零售总额544.28亿元，比上年增长16.2%。其中，城市零售额320.97亿元，增长16.7%；农村零售额223.30亿元，增长15.0%。分行业看，批发零售贸易业零售额459.93亿元，增长15.4%；住宿餐饮业零售额75.57亿元，增长19.2%。

现代流通业态加快发展，消费市场规模效应明显增强。唐山市城乡商品交易市场达543个，其中各类专业市场65个，实现商品成交额405.47亿元，其中成交额超亿元的市场24个，实现市场成交额207.71亿元，增长16.1%。

六、对外经济和旅游

对外贸易再上新台阶，出口快速增长。全年进出口总额34.64亿美元，比上年增长30.7%。其中进口总额14.92亿美元，出口总额19.72亿美元，分别增长2.7%和64.7%。出口产品结构明显改善。国际贸易市场进一步扩大，商品出口到171个国家和地区，比上年增加2个。

利用外资质量明显提高。全年实际利用外资5.07亿美元，比上年增长0.5%，其中外商直接投资4.79亿美元，增长4.0%。全年批准外商投资合同34项，合同总金额3.37亿美元，下降75.1%；合同外资额1.27亿美元，下降74.8%。外商投资对传统产业优化升级产生积极作用。对外经济合作发展势头良好。全年新签对外承包工程与劳务合作合同额2.45亿美元，比上年增长6.0%，实现营业额1.22亿美元，增长26.0%。外派劳务1231人，比上年增加170人。

旅游业快速发展。全年共接待国内外游客658.5万人次，增长15.9%，旅游总收入28.0亿元，增长17.6%。其中，接待国际游客3.7万人次，增长17.7%，旅游外汇收入1386.7万美元，增长37.2%。

七、财政

财政收入稳步增长。全年全部财政收入264.29亿元，比上年增长16.7%。其中，地方财政一般预算收入93.38

亿元，增长20.3%。基金收入32.54亿元，增长17.4%。地方财政一般预算支出151.54亿元，增长18.6%。支出结构不断优化，财政支出向强化保障职能、突出公共服务、统筹城乡协调发展方向倾斜。全年农业支出增长25.3%，教育支出增长12.3%，医疗卫生支出增长27.3%，城市维护费支出增长31.8%，抚恤和社会福利救济费及社会保障补助支出分别增长29.3%和14.3%。

八、人口、人民生活

城乡居民收入快速增长，生活质量进一步提高。全年城市居民年人均可支配收入12376元，比上年增长18.0%（扣除物价实际增长16.5%）；人均住房建筑面积22.41平方米，比上年增加0.04平方米；城市居民恩格尔系数为35.0%，比上年下降1.4个百分点。农村居民年人均纯收入5155元，比上年增长12.5%；人均住房面积30.6平方米，比上年增加1.1平方米；农村居民恩格尔系数为37.5%，比上年下降2.2个百分点。

人口总量继续保持低速增长，低生育水平得到巩固。年末唐山市总人口719.12万人，比上年末增加4.61万人，其中市区301.17万人，增加2.22万人。唐山市人口出生率为11.12‰，比上年下降1.59个千分点；死亡率5.67‰，比上年下降0.95个千分点；自然增长率5.45‰，比上年下降0.64个千分点。

（唐山市统计局　郝　明）

廊　坊　市

2006年，廊坊市坚持以科学发展观为统领，继续围绕“全党抓经济，重点抓工业，集中精力上项目”的工作重点，国民经济和社会发展取得新成就，为“十一五”时期更好更快发展打下了坚实的基础。

一、综合

宏观经济增长提速。全市地区生产总值突破700亿大关，实现722亿元，增长15.2%，同比提高2.1个百分点，增速成为1998年以来的最好水平。其中，一产实现106.8亿元，增长2.8%；二产实现400.7亿元，增长19.0%；三产实现214.5亿元，增长15.1%。财政收入占GDP比重为10.3%，同比提高0.9个百分点。

财政收支增长较快。全市实现财政收入74.4亿元，增长27.3%。其中，地方一般预算收入30.5亿元，增长25.7%（按省可比口径增长27.8%）。全年财政支出66.3亿元，增长23.6%，其中一般预算支出59.6亿元，增长24.2%。

金融存贷平稳增长。年末全市金融机构本外币口径各项存款余额837.1亿元，比年初增加135.6亿元。其中，城乡居民储蓄存款余额543.2亿元，比年初增加67.2亿元。各项贷款余额480亿元，比年初增加88.4亿元。现金收支相抵净投放货币135.9亿元。

物价涨幅稳步回落。全年居民消费价格总水平比上年上涨0.4%，商品零售价格总水平上涨0.8%，涨幅分别比上年回落0.8个和1.1个百分点。农业生产资料价格指数99.5，工业品出厂价格指数97.8，涨幅分别比上年回落3.4个和1.4个百分点，市场物价趋于稳定。

利用外资增长平稳。全市实际利用外资3.15亿美元，增长19.3%。其中，外商直接投资1.9亿美元，下降2.5%。外贸进出口持续快速增长。全市外贸进出口总额达16.3亿美元，增长45.5%。其中，外贸进口总额7.7亿美元，增长44.7%；出口总额8.6亿美元，增长46.3%。

就业再就业工作取得新成效。年末全市从业人员213.4万人，增长0.7%，其中全年新增就业岗位3.5万个。全年下岗再就业人数达9157人，年末城镇登记失业率为1.0%，低于全年控制指标2.5个百分点。全市农村劳动力向非农产业转移24万人，劳务输出17万人。

二、农业与工业

农业生产形势良好。全年实现农林牧渔业总产值193.3亿元，增长1.8%。粮食生产喜获丰收。全年粮食总产量176万吨，增长4.4%；棉花总产量5万吨，增长3.2%；蔬菜总产量616.4万吨，增长3%。畜牧业、渔业生产稳定增长。实现产值分别为74.0亿元和3.0亿元，分别增长1.1%和3.9%。肉类、禽蛋和牛奶产量分别达到41.4万吨、21.9万吨和8.0万吨，分别增长0.6%、1.0%和16.8%。林业生产有所下降。实现产值1.6亿元，下降1.7%。农业生产条件进一步改善。年末拥有农业机械总动力621.0万千瓦，增长2.9%；农田有效灌溉面积425.7万亩，增长1.8%；农村用电量38.2亿千瓦小时，增长9.3%。

工业生产增长加快。全部工业实现增加值351.3亿元，增长20.3%，其中，规模以上工业实现增加值191.2亿元，增长28.1%。完成销售产值806.5亿元，增长35.1%；工业产品销售率97.9%；实现利税56.2亿元，增长33.1%，其中利润总额37.7亿元，增长43.6%。

三、投资与消费

投资需求快速增长。全社会固定资产投资完成460.1亿元，增长47.1%。其中，城镇固定资产投资完成380.5亿元，增长47.5%。投资结构进一步调整。在城镇固定资产投资中，三次产业投资结构为1.8：55.5：42.7。从施工项目看，全市城镇固定资产投资施工项目1161个，同比增加180个，增长18.3%。其中亿元以上项目个数117个，同比增加38个，增长48.1%。

消费需求稳步扩大。全市实现社会消费品零售总额206亿元，增长15.6%。分行业类型看，批发零售贸易业增长平稳，餐饮业市场增势强劲。批发零售贸易业实现零售额171.8亿元，增长14.1%；住宿、餐饮业实现零售额32.3亿元，增长25.0%，增速居各行业之首。分销售地区看，市、县、县以下三级社会消费品零售额分别增长35.3%、16.5%和7.5%。

四、交通与邮电

交通运输业稳步发展。公路运输业完成全社会货运量

5352万吨，增长3.0%，货运周转量42.1亿吨公里，增长3.0%；完成客运量5316万人，增长3.1%，客运周转量41.4亿人公里，增长5.9%。全年完成公路建设投资5.6亿元，止2006年底，全市通车里程达到7724公里。

邮电通讯业发展迅猛。全年完成邮电业务总量49.0亿元，增长20.1%。其中，邮政业务量2.2亿元，增长22.4%。年末局用电话交换机总容量90.2万门，固定电话用户111.7万户，移动电话用户181.2万户。

五、居民生活与人口

城乡居民生活水平继续提高。全市城镇居民人均可支配收入11263元，增长10.9%。人均总支出10291元，增长9.2%。其中，消费支出8242元，增长4.6%。全市在岗从业人员年平均工资17613元，增长17.2%。其中，在岗职工年平均工资17444元，增长17.0%。农民人均纯收入4989元，增长7.9%。

人口总量继续增加。据户籍统计，年末总人口395.7万人，比年初增加4.1万人。全年出生率为12.22‰，死亡率5.51‰，自然增长率为6.71‰，比上年提高0.83个千分点。

六、科技、教育、卫生及体育事业

科技、教育事业全面发展。全市高新技术企业达305家，高新技术产品达404种。全市实现高新技工贸总收入221.5亿元，增长20.6%；高新技术产业增加值54.6亿元，增长21.3%。国家首批“国际科技合作基地”落户廊坊，廊坊还被科技部认定为“国家信息产业基地”。另外，全市18所普通高中和8所中等职业学校进行了改、扩建设。在2006年高考中，全市考生人数29510人，本三以上上线人数10875人，上线率为36.9%。全市共录取14433人，录取率达48.9%。

文化事业繁荣活跃。年末全市共有艺术表演团体12个，艺术表演场所8个，县级文化馆9个，群众艺术馆1个，公共图书馆10个，博物馆1个。全市推出一大批风格多样的优秀文艺作品，获省级以上奖项12个，其中，获国家级奖项的5个。全年铺设广电光缆、电缆主支干线里程712.5公里，有线电视用户达30.2万户，广播、电视综合人口覆盖率均达到100%。

卫生事业稳步发展。年末全市乡以上医疗卫生机构151个。疾病预防控制中心（防疫站）11个，妇幼保健院（所、站）10个。年末卫生机构实有床位9402张。全市拥有卫生技术人员18251人。

体育事业取得新成果。在省十二运会的19个大项32次比赛中，获得金牌41枚、银牌44枚、铜牌38枚，竞赛得分1554.5分。成功举办了全国马拉松冠军赛等多项国际国内高水平赛事。全市体育人口达170余万人，占总人口的44%，居全省前列。

旅游业发展势头良好。全年共接待国内外游客467.2万人次，旅游收入36.3亿元，分别比上年增长13.5%和15.0%。其中接待国内旅游者460.3万人次，创收34.4亿元，分别增长13.5%和15.3%；接待国际旅游者6.9万人次，创汇2204.8万美元，分别增长6.9%和10.2%。

七、社会保障与环保

社会保障工作不断加强。年末全市各类企业参加基本养老保险社会统筹20.5万人。机关及事业单位参加基本养老保险15.1万人。企业和机关事业单位的养老金发放率均为100%。全市职工失业保险参保17.4万人，农村社会养老保险参保7.6万人。年末全市30.2万人参加了医疗保险，覆盖率为77.9%。共有3.96万人享受城镇居民最低生活保障。

城市环境保护工作进一步加强。全年市区空气质量二级以上天数达到332天，综合污染指数2.16，污水处理率80.5%，集中饮水水质100%达标，市医废处置中心建成并投入试运行。全市共划定县级自然保护区（含风景名胜区、森林公园）面积达500平方公里，覆盖率7.78%。2006年，廊坊市荣获国家环保模范城市、保护臭氧层示范城市两个国家级称号。

（廊坊市统计局　张　斌）

保　定　市

2006年，保定市全面落实科学发展观，坚持以经济建设为中心，奋发努力，狠抓工作落实，实现了“十一五”的良好开局，国民经济和社会发展取得新成就，人民生活水平进一步提高，向建设“京南近海强市名城”的战略目标迈出了坚实的一步。

一、综合

国民经济持续健康发展，年内实现生产总值1199.96亿元，比上年增长10.2%。人均国内生产总值11146元，比上年增长9.6%，三次产业比重为17.3∶49.0∶33.7。市场物价稳中微升，居民消费价格较上年提高1.9个百分点。

交通运输业稳定发展。全年完成货运量7502.3万吨，全年完成客运量8018.6万人。通讯业加快发展，电信业务收入38.9亿元。旅游业发展良好。接待海外旅游者7.2万人次，比上年增长15.85%，接待国内游客1850万人次，比上年增长8.5%。

财政、金融、保险发展较快。全市完成财政收入119.2亿元，可比增长18.3%。财政支出123.7亿元，可比增长21.5%。金融形势稳定，年末金融机构存款余额达1449.7亿元，增长18%，金融机构贷款余额616.6亿元，增长16%。年末城乡居民储蓄存款余额达1070.7亿元，增长14.2%。保险事业继续发展，各类险种保费收入32.2亿元，处理赔案赔付金额达7.3亿元。

对外贸易较快增长。据海关统计，全年完成出口创汇16.28亿美元，比上年增长48.2%。全市引进内外资金98.53亿元，比上年增长17%，其中引进内资84.2亿元，比上年增长14.53%，实际利用外资1.78亿美元，比上年增长37.43%，其中：外商直接投资1.74亿美元，比上年增长65.2%。

城乡市场繁荣活跃。全年社会消费品零售总额441.1亿元，比上年增长14.5%，其中，限额以上批发零售企业实现零售额75亿元。

二、农村经济

农村经济全面发展。全年农林牧渔业总产值完成363.07亿元，比上年增长4.54%。农业实现产值216.64亿元，比上年增长4.74%。粮食播种面积1287.5万亩，比上年增长1.19%，总产量488.92万吨，增长3.71%。实现畜牧业产值128.5亿元，比上年增长4.45%，肉类总产量达71.9万吨，比上年下降0.69%。实现渔业产值3.67亿元，下降6.11%，水产品总产量达到5.07万吨，比上年下降2.51%。实现林业总产值3.88亿元，比上年增长3.45%。农业基础设施建设进一步加强。年末拥有农业机械总动力1009.6万千瓦，比上年增长2.73%。

三、工业与建筑业及投资

工业经济实力增强。全年完成工业增加值493.44亿元，比上年增长11.4%。规模以上工业完成总产值1118.64亿元，完成工业增加值275.4亿元，比上年增长17.6%。规模以上工业实现利税81.54亿元，比上年增长20.6%，实现利润41.3亿元，比上年增长26.3%。名牌产品、市场畅销产品产量增长较快，其中规模以上工业中：汽车26.8万辆，增长39.2%；蓄电池673万千伏安，增长13.9%；变压器7076万千伏安，增长23.2%。

建筑业较快发展。全年完成增加值94亿元，比上年增长6.2%。全市辖区内具有建筑业资质的所有独立核算建筑业企业完成建筑业总产值226.3亿元，比上年增长10.4%。全年完成全社会固定资产投资578.5亿元，比上年增长17.8%，城镇固定资产投资完成465.0亿元，比上年增长18.6%，房地产开发投资完成43.5亿元，比上年增长50.3%。新增固定资产221亿元，固定资产交付使用率47.5%。

四、科技、教育、卫生事业

科技、教育事业取得新成就。共取得国际、国内领先成果216项，完成省重点攻关项目90项，开发省级以上新产品107项。专利申请量927项，19个项目获省级科技进步奖。教育事业全面发展。全市普通高等学校在校学生18.03万人，中等专业学校在校学生13.53万人，普通中学在校学生70.54万人，小学在校学生70.28万人。

文化、卫生、体育事业进一步发展。《保定日报》、《保定晚报》和《莲池周刊》年总发行量达5966.5万份。全市剧团演出场次5033场；剧场演映场次511场；组织文化活动593次。公共图书馆总藏书量163.5万册。拥有电视台1座，电视综合人口覆盖率97.69%。广播电台1座，广播综合人口覆盖率97.35%。卫生事业继续发展。年末共有卫生机构477个，各类卫生技术人员3.24万人，医生1.09万人。体育事业蓬勃发展。共举办市级以上各类比赛9次。各运动队参加比赛共获省级以上金牌78枚，获省级以上银牌63枚，获省级以上铜牌54枚。

五、居民收入和人口环境

城乡居民收入继续增长，社会保障工作进一步加强。全市城镇居民人均可支配收入9632.2元，比上年增长11%；农民人均纯收入（不含市区）达到3680元，增长6%。城镇居民人均消费性支出6815.2元，农村居民人均生活消费（不含市区）支出1954元。职工收入稳定增长。单位从业人员劳动报酬95.64亿元，同比增长13.49%；其中在岗职工工资总额89.63亿元，增长13.53%。城镇单位在岗职工平均工资14977元，增长12.82%。全市共有10.2万城市居民得到最低生活保障救济，9.2万农村居民得到最低生活保障救济，年末全市有52.1万职工参加了基本养老保险，65.8万人参加了基本医疗保险，51.4万人参加了失业保险。社会福利事业继续发展。国家优待优抚3.4万户，定期补助3.3万人，定期抚恤0.72万人，城镇临时救济10.22万人次，农村定期救济9.33万人，农村临时救济0.95万人次。

人口保持低速增长、环境保护事业继续发展。全市年末总户数310.6万户，年末总人口1106.1万人，其中市区105.2万人。年末全市重点工业企业专业环保人数达2382人。城市人均公共绿地面积7.6平方米，建成区绿地率31.41%，建成区绿化覆盖率36.5%，生态环境继续改善。

（保定市统计局　魏　勇）

沧　州　市

2006年，全市人民在市委、市政府的领导下，以科学发展观为指导，团结拼博，扎实苦干，在宏观调控中抓机遇，在克服困难中求发展，中心城市、临港区域、县域经济三大板块协调推进，经济和社会事业全面发展，实现了“十一五”开好局、起好步的目标，为实现沧州大发展、快发展奠定了较好基础。

——全市经济持续较快增长，产业结构逐步优化。初步核算，全市生产总值完成1281.67亿元，比上年增长15.2%。其中，第一产业增加值142.02亿元，增长4.8%；第二产业增加值699.49亿元，增长15.9%；第三产业增加值440.16亿元，增长17.6%。三次产业结构为11.1：54.6：34.3。全市人均生产总值18658元，比上年增长14.3%。

物价稳中趋升。居民消费价格总水平比上年上涨0.5%，其中城市下降0.1%，农村上涨0.9%。在各种消费品中，食品类和居住类价格上涨幅度较大，涨幅分别为0.9%和4.1%，是拉动居民消费价格上涨的主要因素。工业品出厂价格上涨6.2%，涨幅比上年回落2.3个百分点。农业生产资料价格上涨1.9%。

民营经济发展加快，实力不断增强。民营经济实现增加值727亿元，比上年增长15.8%，占全市生产总值的比重达到56.7%；实缴税金29.6亿元，增长29.3%，占全部财政收入的比重为29.4%。就业人员增加。年末城镇就业人员77.1万人，比上年增加1.52万人。年末城镇登记失业率3.58%。

——农业形势稳定，综合生产能力提高。农林牧渔业总产值完成265.98亿元，比上年增长5.8%。其中，农业产值150.81亿元，增长4.9%；牧业产值86.31亿元，增长5.5%。农业现代化经营取得进展，产业化经营率达到47.5%，比上年提高5个百分点。

全年粮食种植面积1263万亩，比上年增加24.4万亩；棉花种植面积216.7万亩，增加13.4万亩；油料种植面积61.8万亩，增加0.4万亩；蔬菜种植面积141.5万亩，增加2.7万亩。粮食和油料总产、单产都达到历史最高水平。全年粮食总产385.8万吨，比上年增产22.6万吨，增长6.2%。单产305.5公斤/亩，增产12.3公斤，增长4.2%；油料总产10.45万吨，增产0.57万吨；单产169.2公斤/亩，增产8.6公斤；棉花总产13.8万吨，增产0.1万吨；单产63.7公斤/亩，减产3.6公斤。

全市肉类总产量47.47万吨，同比增长5.25%；禽蛋产量34.18万吨，增长1.8%；奶类产量9.68万吨，增长9.87%；蔬菜产量422.2万吨，增长5.2%。

农业机械化水平提高。年末全市农业机械总动力为1050万千瓦，比上年增长3.28%。农村用电量45亿千瓦，比上年增长20.17%。

——工业速度加快，效益有所提高。国有及年产品销售收入500万元以上的非国有工业企业(规模以上工业企业,含华油)1031家,完成增加值445.32亿元,比上年增长20.8%。其中,国有企业74.06亿元,增长16.2%;集体企业12.5亿元,增长19%;股份制企业304.15亿元,增长12%;外商及港澳台企业29.23亿元,增长44%。

规模以上工业企业完成轻工业增加值68.66亿元，增长34.8%；重工业增加值382.96亿元，增长13.4%。工业经济运行质量和效益有所提高。规模以上工业企业经济效益综合指数为246.3，比上年提高7.6个百分点；工业产品销售率97.2%；资产负债率53.6%，上升5.1个百分点；总资产贡献率19.2%，下降3个百分点。主营业务收入1286.85亿元，增长27.1%；实现利税179.78亿元，增长28.7%；利润总额123.2亿元，增长32.7%；亏损企业亏损额28.89亿元，比上年增亏25.9%。

——固定资产投资较快增长，经济发展后劲增强。全社会固定资产投资完成458.2亿元，同比增长49.8%。其中，城镇投资完成308.12亿元，增长62.9%；农村投资完成150.08亿元，增长28.7%。

投资结构进一步优化。在城镇投资中，第一产业投资完成4.63亿元，同比增长49.5%；第二产业投资完成186.66亿元，增长121.1%；第三产业投资完成116.84亿元，增长15%。

——内外贸易稳中趋旺。社会消费品零售总额完成288.35亿元，增长15.3%。其中，城市零售额139.73亿元，增长16.5%；县的零售额42.26亿元，增长14.4%；县以下零售额106.36亿元，增长14%。

分行业看，批发零售贸易业完成零售额245.22亿元，增长15%；住宿和餐饮业完成38.82亿元，增长16.6%；其它行业完成4.32亿元，增长19.9%。

商品市场发展较快。年末全市各类商品市场517个，其中成交额超亿元的市场29个；市场成交额达到306.4亿元，同比增长10%。

对外贸易增长较快。全年进出口总额10.63亿美元，比上年增长30.2%。其中，出口总额88679.86万美元，增长40.9%；进口总额17607.99万美元，下降5.95%。利用外资有新进展。全年新批三资企业合同项目69个，合同总金额34816万美元，合同外资额16138万美元。全市直接利用外资1.36亿美元，比上年下降5.6%。

——财政保持增收态势。全部财政收入完成100.51亿元，比上年增长21.1%；地方一般预算收入完成37.27亿元，增长19.6%；一般预算支出78.91亿元，增长26.7%。地方财政一般预算收入中，增值税完成75927万元，比上年增长23.3%；营业税完成91458万元，增长29.2%；企业所得税完成17651万元，增长43.6%；个人所得税完成1727万元，增长9.1%；行政收费22207万元，增长16.3%；罚没收入29584万元，增长7.8%。金融运行平稳。年末全市金融机构存款余额1008.67亿元，比年初增加113.48亿元。其中，居民储蓄存款740.13亿元，占全部银行存款的73.4%；金融机构贷款余额459.61亿元，比年初增加10.34亿元。银行贷款占存款的45.6%，存贷差549.06亿元。

——社会事业进一步发展。全年财政科技三项费支出2590万元，比上年增长39.9%；科学事业费17.96亿元，增长12%。有55项科研成果获市级科技进步奖，11项获省科技进步奖。各项专利申请415项，授权255项。新增高新技术企业21家，高新技术产品27个，民办研究所9家。争取国家、省科技项目22项，资金578万元。

优先发展各级各类教育。全市共有普通高校3所，招生6747人，在校生1.27万人，毕业生3431人。普通中学464所，招生17.04万人，在校生45.42万人，毕业17.04万人；中等职业教育在校生5.21万人。初中毕业生升学率45.8%，小学毕业生升学率94.9%，小学学龄儿童入学率99.1%。

文化事业和文化产业加快发展。以打造文化强市为目标，一批文化重点项目相继建成或开工建设，公共文化服务体系、文化市场体系建设取得新进展。全市共有公共文化设施40个，公共图书馆总藏量786千册。广播人口综合覆盖率和电视人口综合覆盖率均达100%，有线电视用户50.17万户，比上年增长6.9%，有线电视入户率25.5%。

卫生事业发展较快。年末共有各类卫生机构2991个，其中医院、卫生院243个；卫生机构病位数1.43万张，其中医院、卫生院病床1.37万张；共有卫生技术人员1.89万人，其中医生8504人，注册护士4816人。进一步加大对农村卫生的扶持力度，新型农村合作医疗试点覆盖人口133.03万人。

体育事业进一步发展。竞技体育取得好成绩，在参加的43项省级赛事中，获得金牌41面，银牌63面，铜牌67面；群众体育蓬勃开展，成功举办了市第六届全民健身运动会和“希望之星”武术比赛，全民健身活动中心建成使用。

环境保护工作力度加大。工业废水排放达标量7221万吨，工业固体废物综合利用率99.97%，烟尘控制区面积40平方公里，环境噪声达标区面积30平方公里。

——人民生活水平继续提高。全年城市居民人均可支配收入9885.6元，比上年增长15%，考虑物价因素，实际增长14.5%；人均消费性支出6452.3元，增长9%，其中食品支出占人均消费性支出的比重为34.3%。农村居民人均纯收入3652元，比上年增长10.3%；人均生活消费支出1970元，增长10.9%，其中食品支出占人均生活消费支出的比重为29.3%。

城乡居民居住条件进一步改善。城市居民人均住房建筑面积为30.2平方米，农村居民人均住房使用面积为25.4平方米。全市在岗职工人均工资16967元，比上年增长17.1%。

社会保障覆盖面进一步扩大。企业养老保险、失业保险、工伤保险和机关事业养老保险参保人数分别增加2.25万人、2.16万人、0.76万人和0.38万人，医疗保险参保人数达到39万人。争取上级优抚、低保、救灾、安置等各种专项资金1.6亿元，福利彩票总销售2.3亿元。沧州市区城镇低保标准由160元提高到190元。全市共有农村低保户2.3万户、4.7万人。五保老人集中供养率达到71.5%。

（沧州市统计局　提长刚）

衡　水　市

2006年是实施“十一五”规划的第一年。一年来，衡水人民在市委、市政府的领导下，全面落实科学发展观，积极贯彻中央宏观调控政策措施，深入实施“工业立市、农业强市、商贸兴市”三大主体战略，加快经济结构调整和增长方式转变，着力深化改革和扩大开放，国民经济继续保持较好的增长势头，各项社会事业加快发展，人民生活持续改善，实现了“十一五”的良好开局。

国民经济继续保持较好的增长势头。初步核算，全年实现生产总值548.8亿元，按可比价格计算，比上年增长7.6%，人均GDP达12971元。三次产业共同推动全市经济增长，第一产业增加值98.5亿元，增长4.8%；第二产业增加值285.6亿元，增长7.2%；第三产业增加值164.7亿元，增长9.8%。三次产业增加值占生产总值的比重分别为18%、52%和30%。

农村经济发展势头良好。各项惠农政策全面落实，农民的生产积极性继续提高，农业产业结构调整继续推进。全年完成农林牧渔业总产值188.4亿元，比上年增长4.5%。其中，农业产值109.3亿元，增长5.5%；畜牧业产值71.2亿元，增长3.3%。严格实行耕地保护，粮食种植面积和总产量同步增长，全年粮食种植面积达到55.9万公顷，较上年增加1.1万公顷，粮食产量达到317.9万吨，较上年增产7.9万吨；棉花种植面积达到12.7万公顷，增加0.2万公顷，产量达14.4万吨，增产0.5万吨；油料作物播种面积3.9万公顷，减少0.3万公顷，产量11万吨，下降了7.7%。全年蔬菜产量408.0万吨，牛奶产量3.9万吨，生猪出栏数321.4万头，家禽存栏4825.4万只。

全市工业生产继续保持增长势头，工业产销衔接良好。全年实现工业增加值265.2亿元，比上年增长7.7%。其中规模以上增加值139.7亿元，增长8.3%；规模以下工业实现增加值125.5亿元，增长7.2%。在规模以上工业中，轻工业实现增加值37.1亿元，下降9.4%；重工业实现增加值102.6亿元，增长12.8%。全市规模以上工业产销率达98.7%，规模以上工业实现利税总额45.6亿元，比上年增长4.8%，其中，国有及国有控股工业企业实现利税14.2亿元，增长11.6%。全年工业企业经济效益综合指数为191.9%，比上年提高7.86个百分点。

固定资产投资保持小幅增长。全年完成全社会固定资产投资总额268亿元，比上年增长3.9%，其中城镇投资完成170亿元，增长2.3%。投资结构发生新变化，从城镇投资产业投向看，第一产业投资1.8亿元，比上年下降1.9%；第二产业投资108亿元，增长9.6%，其中工业投资101亿元，增长10.9%；第三产业投资60.3亿元，下降8.4%。在城镇投资中，建设项目投资完成151.8亿元，同比下降了0.8%；施工项目个数629个，新开工项目545个。

市场流通规模继续扩大，商业布局与结构调整不断加快。消费品市场销售稳中趋旺。全年完成社会消费品零售总额162.8亿元，比上年增长15.1%。住宿餐饮、住房、交通通讯、娱乐文教等服务型、投资型消费热点是拉动消费增长的重要因素。其中，城市消费品零售额55.5亿元，增长23%，县及县以下消费品零售额107.3亿元，增长11.3%。各类商品市场持续发展。至年末，全市共有商品交易市场126个，比上年增加39个，全年成交额147亿元，比上年增加3亿元。

外贸进出口有所回落，对外经济合作取得新成效。全年外贸进出口总额73001万美元，比上年下降5.5%，其中，出口总额63812万美元，下降了7.2%，进口总额9189万美元，增长8.7%。全年新批“三资”企业合同项目37项，比上年增长23.3%；新批“三资”企业合同外资额10624万美元，实际到位金额8511万美元；外商直接投资7487万美元。

交通运输业平稳发展。年末，国省干线总里程达到1074公里。其中高速公路140公里，占总里程的比重达13.0%；全年完成货物周转量35亿吨公里，比上年增长1.7%；旅客周转量26.6亿人公里，下降2.2%。

邮电业务发展较快。全年完成邮电业务总量13.9亿元，比上年增长20.9%。年末固定电话达到87.8万户；移动电话用户数达到124.5万户，比上年末增长21.8%；全市互联网用户达到10.6万户，较上年增长了1%。

旅游业发展迅猛。全年接待海外旅客3835人次，较上年增长30.9%，海外旅客创汇收入88.97万美元，较上年增长了27.2%。

财政收入持续增长。全年实现财政收入32.66亿元，比上年增长7.1%，其中，增值税12.5亿元，增长15.1%；企业所得税增幅最大，完成2.3亿元，增长57.8%。全年财政一般预算支出44.06亿元，比上年增长12.1%。其中，基本建设支出2.4亿元，农业支出2.0亿元，科教文卫事业支出12.6亿元，分别增长20.1%、6.7%、7.5%。

金融服务功能不断增强。至年末，全市金融机构各项存款余额586.1亿元，当年新增69.3亿元；贷款余额305.9亿元，当年新增24.4亿元。全年金融机构现金收入1405亿元，现金支出1422亿元，收支相抵现金净投放17亿元。

保险业健康发展。至年末，全市有各类保险公司13家，比上年末增加3家。全年保费收入11.5亿元，比上年增长19.3%。其中，财产险保费收入2.3亿元，增长14.8%；人身险保费收入9.2亿元，增长21.0%。全年支付各类保险赔款及给付1.97亿元。

素质教育全面深化，基础教育平稳发展。至年末，全年普通高中在校生9.6万人，中等专业学校在校生4.4万人，分别较上年增长了9.0%、5.4%，小学在校生28.6万人，普通初中在校生23.2万人，分别较上年下降了8.5%和6.6%。

科技创新水平不断提高，自主创新能力有所增强。全年受理专利申请403件，比上年增长12.3%；授权专利241件，增长37.7%。全年共签订技术合同316项，技术合同成交额1338万元。共有42项成果获得科技进步奖，科技成果省级鉴定40项，市级成果鉴定41项。

文化事业取得新成就。年末，全市有文化馆11个，群众艺术馆1个，艺术表演团体4个，公共图书馆11个，博物馆2个。广播电视节目丰富多彩，广播、电视综合覆盖率均达到100%。

公共卫生设施和医疗服务体系建设进一步加强。至年末，全市共有卫生机构198所，其中，医院46所；全市共有卫生技术人员10589人，其中，执业医生5203人；全市共有卫生机构床位8228张，比上年增长4.1%。两个新型农村合作医疗试点工作取得明显成效，参加合作医疗农民58.5万人，其中18.95万人次得到补偿达1568万元，在一定程度上缓解了农民看病难、看病贵的问题。

体育事业蓬勃发展，竞技体育取得好成绩。全市投资30多万元在市区公园安装健身器材，进一步满足了市民的多元化健身需求。同时还投资20万元在10个文明生态村安装了体育器材，受到群众欢迎。承办了全国青年男子篮球联赛、全国排球联赛、河北省青少年足球锦标赛。衡水运动员在多哈亚运会比赛中，获得女子铁饼冠军。

计划生育工作得以巩固。根据1%人口抽样调查结果，至年末，全市总人口424.4万人。全年出生率12.4‰，死亡率6.95‰，人口自然增长率5.45‰，比上年增0.3个千分点。

城乡居民收入水平不断提高。今年以来城乡居民家庭耐用消费品拥有量继续增加，居民储蓄存款持续增加。据抽样调查显示，城市居民家庭人均年可支配收入9936元，比上年增长11.1%；农村居民人均纯收入3607元，增长2.1%。全年城市居民人均消费支出7066元，比上年增长5.1%，农村居民人均消费支出1903元，增长11.6%。至年末，城市居民人均住房使用面积22.7平方米，比上年末增加2.7平方米；农村居民人均住房使用面积27平方米，比上年末增加0.23平方米。

社会保障体系进一步完善。至年末，全市共发放低保资金3796万元，城市低保人均补差72元，最低生活保障标准市区达到月人均190元，全市最低生活保障实际户数2万户，涉及人数50111人。全市城镇基本医疗保险参保22.4万人，共有17.5万人（包括离退休人员）参加企业养老保险，11.0万人参加机关事业养老保险；有18.2万人参加失业保险，年末领取失业保险金的人数3545人；全市工伤保险参保11.2万人。职工最低工资标准继续提高。月最低工资标准提高了20元，达到440—540元。

环境保护工作见成效。全年废水排放量为6607万吨，废水处理率达到35.7%；气体污染物同比均有所下降，二氧化硫全年排放量7.5万吨，较上年下降3.6%，烟尘排放量5.95万吨，下降3.0%，粉尘排放量0.7万吨，下降3.0%；空气质量继续改善，全年市区空气达到二级标准的天数为300天，较去年增加4天。

（衡水市统计局　闫晓洁）

邢　台　市

2006年是“十一五”规划的起步年，全市上下紧紧围绕实现更好更快发展、构建和谐邢台两大任务，以主导产业、县域经济和项目建设为支撑，强力推进各项重点工作，全市经济继续平稳较快增长，运行质量不断提高，社会事业全面进步，实现了“十一五”起好步、开好局的目标。

——平稳较快区间拉长，经济实力跃上新水平。全市生产总值达到790亿元，比上年增长13.0%。其中第一产业增加值130.8亿元，增长5.2%；第二产业增加值454.1亿元，增长15.8%；第三产业增加值205.1亿元，增长12.3%。全市GDP保持了2003年以来的第四个连续较快增长年份。人均GDP达到11584元，比上年增加1543元，经济总量和人均增量均为历史最高，总体经济实力明显增强。

——产业结构趋向合理，支柱带动作用增强。三次产业结构呈现“二、三升、一产降”趋势。三次产业增加值比重分别为16.5%、57.5%和26.0%，与上年相比，第一产业比重下降1.8个百分点，第二产业比重上升0.2个百分点，第三产业比重近年来首次提高，较上年提高1.6个百分点。各次产业内部，支柱带动作用增强。

——三次产业持续增长，产业支撑基础增强。第一产业稳步发展。全市农林牧渔业总产值240.3亿元，比上年增长4.4%。主要农产品丰产丰收。粮食生产在上年较大幅度增产的基础上达到374.1万吨，增长2.9%；棉花总产量18.1万吨，增长7.8%；油料播种面积减少5万亩，单产略有增加，总产量12.3万吨，下降6.3%；蔬菜总产量287.7万吨，增长3.6%。奶类生产能力快速扩大。牛奶产量达到21.9万吨，增长21.2%。肉类总产量42.9万吨，增长4.2%；禽蛋产量53.9万吨，与上年基本持平。

第二产业较快增长。第二产业增加值同比增长15.8%，是2004年以来的第三个连续较快增长年，其中全部工业增加值达到414.8亿元，增长16.0%。规模工业实力增强，规模以上工业企业已发展到817家，实现增加值242.8亿元，增长19.8%。焦炭、发电等主要工业产品生产快速增长。

第三产业发展加快。第三产业增加值比上年增长12.3%，增速较上年提高0.7个百分点。第三产业中，交通运输、仓储和邮电业增加值50.0亿元，比上年增长13.2%；批发和零售贸易业增加值43.2亿元，比上年增长12.7%；房地产业增加值27.5亿元，比上年增长19.3%；信息传输、计算机服务及软件业增加值13.4亿元，比上年增长11.9%；居民服务业和其它服务业实现增加值5.39亿元，比上年增长10.9%。第三产业对经济的支撑作用进一步增强。

——投资消费较快增长，内需仍是主要拉力。固定资产投资较快增长。全社会固定资产投资突破400亿，达到407.8亿元，增长38.1%，增幅为近十年最高。其中固定资产投资265.1亿元，增长38.5%；农村投资103.8亿元，增长37.5%。投资结构不断优化。水利、环境和公共设施管理业、教育、农村牧渔业投资得到加强，增幅度均在80%以上；制造业投资份额大，增长较快，投资额127.5亿元，增长45.9%。亿元以上项目数量增加，达到117个，增加18个。龙海钢铁高速线材生产线、华瑞热电2×24兆瓦热电工程、威县国能生物发电、沙河安全实业集团浮发玻璃二线等一批较大项目顺利竣工，增强了经济发展的后劲。

消费品市场稳中趋旺。实现社会消费品零售总额231.7亿元，增长15.1%，增幅为近年来较高水平。城乡消费同步增长。城市零售额65.1亿元，增长15%；农村零售额166.6亿元，增长15.1%。住宿餐饮业零售额增长较快，增幅为18.1%，快于批发零售贸易业2.9个百分点。在限额以上批发零售贸易业中，中西药品类和饮料、烟酒类零售额增长最快，分别增长1.8倍和35.5%。

——经济运行质量提高，居民收入加快增长。财政收入较快增长。财政收入突破70亿，完成70.2亿元，比上年增长16.8%（可比增长18.2%）。其中地方一般预算收入25.5亿元，增长16.7%（可比增长19.8%）。增值税、营业税、企业所得税、个人所得税四大税种占地方一般财政收入的比重达85.4%。全部财政收入占GDP比重为8.87%，较上年有所提高。

工业效益大幅提高。规模以上工业企业达到817家，实现利税总额102.1亿元，增长30.2%，实现利润66.7亿元，增长28.9%，增幅均为近年较高水平。工业综合效益指数199.7，比上年提高12.9个百分点。主导行业效益增长明显，化学原料及化学制品制造业、电力、热力的生产和供应业、黑色金属冶炼及压延业和纺织业四大行业利税增幅均在20%以上，其中化学原料及化学制品制造业增幅最高，利税比上年增长1.1倍。

居民收入加快增长。城市居民可支配收入9020元，比上年增长16.4%，增幅比上年提高0.6个百分点，为近年最高。农民人均纯收入3568元，增长8.8%。

——物价水平基本平稳，金融保险稳定发展。居民消费价格和工业品出厂价格同步小幅上扬。全市居民消费价格总水平比上年上涨1.9%，其中城市上涨1.8%，农村上涨2.0%。八大类消费品价格中，食品类、烟酒及用品类、医疗保健和个人用品类、衣着类、居住类、交通和通讯类六类消费品价格呈现涨势，分别上涨3.1%、1.4%、0.8%、1.0%、4.8%，0.5%，家庭设备用品及维修服务类、娱乐教育文化用品类价格较上年回落，分别下降0.6%、1.1%。工业品出厂价格上涨2.3%。其中生产资料价格上涨2.4%，生活资料价格上涨1.6%。

金融保险业稳定发展。金融机构存贷款较快增长，继续保持存大于贷格局。年末金融机构各项存款余额797.1亿元，比年初增长14.1%；各项贷款余额423.0亿元，增长13.4%，存款余额大于贷款余额374.1亿元。保险事业稳步发展。保费收入14.91亿元，各项赔款和给付2.99亿元。

——科教文卫健康发展，社会事业全面进步。科技创新能力增强。全年共取得科技成果110项，专利申请量404件，其中发明专利60项，实用新型专利202件；授权量232件，其中发明专利15项，实用新型专利136项。全年签订技术合同63份，合同成交金额1700万元。

教育事业加快发展。普通高等学校5所，在校学生4.1万人；中等专业学校83所，在校学生11.0万人；普通中学519所，在校学生55.6万人；小学2311所，在校学生51.0万人。学龄儿童入学率达99.9%。幼儿园在园幼儿13.3万人。

文化事业发展较快。年末全市共有艺术表演团体13个，文化馆18个，公共图书馆18个。广播电台17座，中、短波广播发射台和转播台4座，电视台1座。有线电视用户29万户，增加1.67万户。广播综合人口覆盖率达99.1%，电视综合人口覆盖率达99.06%。

卫生事业进一步发展。年末全市共有卫生机构335个，其中医院、卫生院278个，卫生防疫、防治机构20个。卫生技术人员16329人，其中医生8009人，护师、护士3661人。卫生机构床位16476张，其中医院、卫生院床位15900张。

——社保体系不断完善，福利事业继续发展。年末参加基本医疗保险人数达到37.2万人，比上年增加4.4万人，其中参保职工29万人，参保退休人员8.2万人。参加城镇基本养老保险人数为36.0万人，其中参保职工达26.9万人，参保离退休人员达9.2万人。参加失业保险人数32.1万人。企业养老金社会化发放率达到100%。全市12.4万人享受居民最低生活保障。

社会福利事业继续发展。年末全市各类收养性社会福利单位173个，社会福利院床位达5163张，收养各类人员2566人。城镇社区服务设施达到849个，其中综合性社区服务中心4个。全年筹集社会福利资金1766.5万元，直接接收社会捐赠款146.8万元。社会救济总人数14.9万人，其中城镇居民最低生活保障人数7.1万人，农村居民最低生活保障人数5.3万人。

（邢台市统计局　杨会英）

邯　郸　市

2006年，是实施"十一五"规划的开局之年，全市人民在市委、市政府的正确领导下，以科学发展观为统领，全面贯彻落实中央、省、市一系列决策部署，坚持开放总揽、环境先导、民营突破，突出结构调整和增长方式转变，强力推进"四大"建设，努力促进社会和谐，经济社会保持了良好发展态势，圆满完成了"十一五"开局之年的各项目标任务。

一、综合

全市生产总值突破1300亿元大关，达到1359.5亿元，比上年增长14.9%，超年目标1.9个百分点。其中：第一产业增加值172.7亿元，增长8.5%；第二产业增加值708.3亿元，增长19.4%；第三产业增加值478.4亿元，增长11.0%。按常住人口计算，当年人均GDP达到15642元，增长14.1%。

三次产业支撑作用增强。2006年，第一产业对经济增长的贡献率为7.3%；第二产业贡献率达到62.4%；第三产业贡献率达到30.3%。三次产业结构由上年的13.7：50.3：36.0变化为2006年的12.7：52.1：35.2。

财政收入稳定增长。2006年，全市全部财政收入完成138.3亿元，为历史上最高水平，比上年增长14.5%。其中：地方一般预算收入52.8亿元，增长23.1%。分区域来看，主要是县级收入的快速增长拉动了全市一般预算收入的增长，县级收入增长29.6%；分税种来看，主要是增值税、营业税和企业所得税完成较好，三项完成24.75亿元，占地方一般预算收入的46.9%，资源税、印花税、土地增值税、车船使用税等税种增长幅度均超过30%以上。地方一般预算支出109.6亿元，增长30.7%。

物价平稳上涨。全市居民消费价格指数为102.1%，比上年上涨2.1%。其中：城市上涨2.3%，农村上涨1.9%；商品零售价格指数101.9%，上涨1.9%。

年末城镇登记失业率为4.1%，仍处于4.5%的计划调控目标之内。全市城镇单位从业人员59.36万人，比上年增加1.35万人。当年全市新增就业岗位5.9万个，下岗失业人员实现再就业2.89万人，其中困难就业对象再就业人员实现再就业7153人，分别完成计划的120.9%、107%和149%，24.3万名农村劳动力实现转移就业。下岗职工基本生活费足额发放，保障率达100%。

二、农业

农业丰产丰收。随着各项惠农政策逐步落实，以及市场导向作用等因素的共同推动，农业实现丰产丰收，农业综合生产能力稳步提高。一是农业生产稳定增长。2006年全市粮食播种面积达1137.0万亩，亩产366.0公斤，总产量达416.1万吨，分别比上年增加3.9万亩、1.3公斤和2.8万吨，分别增长0.3%、0.3%和0.7%。其中：秋粮播种面积达557.6万亩，比上年增加1.7万亩，亩产372.5公斤，与上年持平，总产量达207.7万吨，增加6444吨，分别增长0.3%、持平和0.3%。全市棉花播种面积159.5万亩，亩产80.1公斤，总产12.8万吨，分别增长3.2%、2.8%和6.1%；蔬菜播种面积为13.1万公顷，总产达684.4万吨，分别增长2.3%和5.6%。全年油料面积90.9万亩，亩产199.3公斤，总产18.1万吨，分别比上年增加－2.8万亩、2.3公斤、－0.4万吨，分别增长－3.0%、1.1%与－1.9%。二是畜牧业较快增长。肉类总产量达70.1万吨，增长7.5%；禽蛋总产量达105.9万吨，增长3.3%；奶类产量达16.5万吨，增长60.5%。

三、工业和建筑业

工业生产较快增长，经济效益稳步提高。随着部分新建项目的投产、达产和国企改革、改组的深入推进，使全市工业生产继续承接了上年快速增长态势，活力明显增强，生产继续加快。2006年，全市完成工业增加值610.17亿元，比上年增长21.1%。其中规模以上工业完成增加值452.3亿元，增长25.7%。一是产销衔接良好，产品销售率为98.6%；二是重点行业拉动明显。全市工业第一大支柱行业——钢铁行业完成增加值249.6亿元，增长24.8%，占全市规模以上工业增加值比重为55.2%；煤炭行业完成62.3亿元，增长20.1%，所占比重为13.8%；三是工业效益表现良好。全年实现利税突破一百五十亿，达157.9亿元，增长32.5%。其中实现利润89.1亿元，增长39.4%。邯郸钢铁集团有限责任公司、河北文丰钢铁有限公司、河北普阳钢铁有限公司、邯峰发电有限公司、新兴铸管股份有限公司、邯邢冶金矿山局、峰峰集团有限公司、邯郸供电公司、武安市新金钢铁有限公司、邯郸矿业集团有限公司和纵横钢铁有限公司等20家企业实现利税均超亿元。

全市建筑业实现增加值80.13亿元，比上年增长11.4%。全市具有资质等级的总承包和专业承包建筑业企业实现利润3.9亿元，增长5.8%；上缴税金5.8亿元，增长5.4%。

四、固定资产投资

固定资产投资扩张有力。全市上下牢固树立抓项目就是抓发展的理念，以建设大项目为载体，加快发展大产业、培育大基地、做强大园区，以项目调结构，以项目强实力，以项目促发展，积极培育经济社会发展的战略支撑，在邯郸钢铁、国电龙山等优化产业升级项目和邯郸机场、青兰高速、城市路网等基础设施建设项目的强劲带动下，全市固定资产投资继续保持了持续快速增长的趋势。2006年，全市完成全社会固定资产投资599.5亿元，比上年增长37.5%，增幅比上年提高15.5个百分点。其中：城镇完成498.3亿元，增长42.6%，增幅比上年提高15.6个百分点。一是三次产业呈现“低、中、高”阶梯式发展态势。在全社会固定资产投资中，第一产业完成投资36.3亿元，增长12.4%，增幅比上年提高2.0个百分点；第二产业完成投资293.0亿元，增长28.6%，增幅比第一产业高16.2个百分点，占全社会比重由上年46.6%提高到48.9%。其中：工业投资完成287.1亿元，增长31.0%，增幅超出第二产业2.4个百分点；第三产业固定资产投资完成270.2亿元，增长53.6%，分别比第一产业、第二产业高41.2个百分点和25个百分点。二是大项目带动明显。全市安排的100项重点项目，总投资879亿元，年计划投资100亿元，全年累计完成投资138.3亿元，占年计划的138.3%。其中：10大立市兴市项目完成投资83.9亿元，占年计划的119.9%，90项重点建设项目完成投资54.3亿元，占年计划的181.1%。

五、国内贸易

贸易市场交易活跃。全市批零贸易业实现增加值81.26亿元，比上年增长11.7%；实现社会消费品零售总额358.5亿元，增长15.3%。一是批零贸易市场持续活跃，批发和零售业实现零售额304.0亿元，增长13.8%，占全市零售额比重为84.8%；二是住宿和餐饮业高位运行，实现零售额50.5亿元，增长26.4%；三是城乡消费同步增长，城市、县及县以下消费品零售额分别完成129.3亿元和229.2亿元，分别增长16.6%和14.6%；四是主要大类商品销售增长较快，在限额以上批零贸易企业统计的23类零售商品中，有18类商品保持增长。其中：汽车类、日用品类、体育娱乐用品类、通信器材类、机电产品及设备类成为销售热点，零售额增幅较大，均在16%以上。

六、对外经济

全市加大招商引资力度，抓住国外产业转移机会，打造邯郸外资进入平台，全年引资工作取得较大成绩。全市实际利用外资17354万美元，比上年增长13.8%，完成全年任务的102.1%。其中：直接利用外资15233万美元，增长17.9%。批准外资合同51个，批准合同总投资额30693万美元，批准合同外资额15321万美元。注册企业47个，注册外方资本13640万美元。

全市在加大引资力度的同时，完善出口扶持政策，提升出口企业质量，使外贸进出口额增长较快。全年外贸进出口总值突破10亿美元大关，达到103478.4万美元，增长8.5%。其中：出口40065.2万美元，增长25.4%，超年目标13.4个百分点；进口63413.2万美元，与上年持平。

七、交通、邮电和旅游

交通运输、仓储和邮电通信业实现增加值86.21亿元，比上年增长6.0%。货物运输总量11649.2万吨，增长9.2%。其中：铁路2482.2万吨，增长7.7%；公路9167万吨，增长9.6%。旅客运输总量12453.1万人，增长4.0%。其中：铁路546.1万人，增长24.4%；公路11907万人，增长3.4%。

年末主城区公共汽车线路达到106条，比上年末增加14条，年内更新车辆204辆。运营里程647万公里，主城区共有公共汽车运营车辆1279辆，客运出租车运营车辆4261辆；全年公共交通共运送乘客1.2亿人次（不含出租车）；全年出租汽车载客率为31%。年末全市民用汽车保有量达到32.03万辆，比上年末增长3.8%。其中：轿车12.33万辆，增长20.6%。私人汽车保有量达到23.37万辆，增长6.0%。其中：轿车10.14万辆，增长22.4%。

邮电驶入快车道。全市完成邮电业务总量54.6亿元，比上年增长23.3%。其中：邮政业务总量2.51亿元，增长17.2%；电信业务总量52.1亿元，增长23.8%。本年增加固定电话用户33.1万户，年末达到154.0万户。新增移动电话用户3.0万户，年末达到190.8万户。

旅游事业平稳发展。全年接待海外游客6909人次，比上年增长10.9%。旅游创汇收入308.75万美元，增长22.4%。国内旅游发展良好，全年接待国内旅游者850万人次，增长10.7%。旅游业总收入35.9亿元人民币。年末，全市共有星级饭店19家，客房2500间，客房年平均出租率49%。旅行社53家，其中国际社1家。

八、金融、证券和保险

全年金融保险业完成增加值15.74亿元，比上年增长11.4%。金融业务进一步扩大。年末全市金融机构（含外资）本外币存款余额1169.42亿元，比年初增加153.19亿元。金融机构（含外资）本外币贷款余额753.95亿元，按可比口径计算，比年初增加106.38亿元。证券市场交易活跃。证券市场各类证券成交额170.9亿元，比上年增长193.6%。其中：股票成交额132.3亿元，增长140.4%；国债成交额3.3亿元，增长164.4%；基金成交额5.5亿元，增长459.7%。保险业务较快增长。全年保费收入26.3亿元，比上年增长18.2%。其中：财产险保费收入5.1亿元，增长21.7%；人身险保费收入21.2亿元，增长17.4%。全年各类保险赔款给付支出6.0亿元，比上年增长90.0%；其中：财产险赔款2.3亿元，寿险业务给付3.7亿元，分别增长27.9%和175.6%。

九、教育和科学技术

教育事业稳步发展。2006年，全市小学招生12.8万人，初中招生16万人，高中招生11.7万人。现有幼儿园676所，在园幼儿18.3万人，专任教师4031人；小学2849所，在校生67.09万人，专任教师4.1万人；普通中学549

所，在校生70.4万人，专任教师3.57万人。小学适龄儿童入学率达到99.96%，初中适龄人口入学率达到99.23%，万人平均普通高中在校生达到199人，比上年增加15人，创历史最好水平。教育质量进一步提高，全市高考5.5万名考生中，本科一批上线2807人，比2005年增加809人；本科二批以上上线4658人，增加436人；本科三批以上上线1.3万人，减少4700人。全市拥有普通高等院校4所，在校生5.1万人，专任教师2779人。

科技事业稳步推进。全市共取得各类科技成果146项，其中达到国内领先水平的52项，国际先进水平的14项。获得2006年度省自然科学奖二等奖1项，省科技进步奖一等奖1项、三等奖5项。新通过省认定的高新技术产品24个，高新技术企业19家，实现高新技术技工贸总收入168亿元。专利申请受理量624项，专利申请授权量296项。

十、文化、卫生和体育

年末全市共有公共图书馆19个，总藏书117万册。年末有线电视用户达到44万户；有线电视入户率为19.72%。广播、电视综合覆盖率分别达到99.98%和98.29%。卫生服务体系逐步完善，医疗卫生力量不断增强。年末全市共有卫生机构431个，比上年增加7个。其中：医院140个，乡镇卫生院214个；医疗卫生机构共有床位2.1万张，其中：医院1.5万张，卫生院3063张；全市卫生技术人员达到2.21万人，其中：执业医师7435人，注册护士6251人。

全市经常参加体育锻炼的人口达到367.8万人，约占全市人口总数的42%。全年组织1300余名运动员参加了河北省各项比赛，共获得金牌27.8枚、银牌35.6枚和铜牌57枚。全市拥有体育场4个；室外游泳场35个；运动场30个

十一、人口、人民生活和社会保障

全市年末总人口达到884.1万人，比上年末增加12.7万人，增长1.5%。全市人口出生率为14.07‰，比上年增加2.78个千分点；死亡率3.93‰，比上年下降1.11个千分点。

城乡居民收入稳定增加，生活质量进一步提高。全年城镇单位在岗职工人均劳动报酬15328元，比上年增长11.3%。城市居民人均可支配收入达到10503元，增长13.8%。城市居民恩格尔系数为34.0%，降低1.4个百分点。城镇居民人均住房建筑面积26.3平方米，增加0.6平方米。农村居民人均纯收入3929元，增长9.8%。农村居民恩格尔系数为37.4%，下降1.0个百分点。农村居民人均住房面积30.2平方米，增加0.7平方米。

年末全市参加基本养老、基本医疗、失业、工伤保险人数分别为53.7万人、70.5万人、65.5万人和43.1万人，分别比上年末净增3.8万人、8.2万人、1.8万人和2.9万人。全市享受城市最低生活保障的居民为14.4万人，增加1.2万人；享受农村最低生活保障的农民8.4万人，增加1.5万人。

（邯郸市统计局　贾向东）

县（区、市）域经济专辑

三　河　市

三河市因洵河、泇河、鲍邱河三水流经市域而得名。全市总面积643平方公里，有山有水有平原，耕地总面积53.9万亩。现辖10镇2区（河北省级燕郊经济技术开发区、国家级农业高新技术园区）4个街道办事处，395个行政村街。总人口47.8万人。2005年被河北省确定为扩权县。三河历史悠久，春秋战国时属燕，秦属渔阳郡，汉属幽州潞县，唐武德二年（627年）置临洵县，唐开元四年（716年）建三河县，清康熙年间，曾在三河燕郊建造行宫，为皇帝拜谒东陵往返歇息之所，素有“天子脚下、御驾行宫”之美称。区位优越，市区西距北京58公里、南距天津125公里、东到唐山121公里，是京、津、唐三大城市构成的金三角的核心地带，在京津冀一体化和环渤海经济圈中居重要地位。102国道穿腹而过，京秦、大秦两条电气化铁路横贯东西，西北直通首都机场，东南连接天津、京唐两大港口，形成了陆海空立体交通网络。社会进步，经济实力连续13年居廊坊市首位，连续8年进入“河北十强”，连续6年进入全国最发达县市，先后被国家和省命名为“全国科技百强县（市）”、“全国文化工作先进市”、“全国教育改革先进市”、“全国创建文明村镇工作先进县（市）”、“国家两基工作先进市”、“省级卫生城市”、“省级文明城市”。

2006年，三河市委、市政府团结带领全市广大干部群众，按照“全党抓经济、重点抓工业、集中精力上项目”的总体要求，突出“率先发展、更好发展、更快发展”的主题，紧紧抓住“工业立市、项目兴市、和谐稳市、富民强市”四个重点，全市上下戮力同心，团结奋进，开拓进取，克难攻坚，圆满完成了年度各项目标任务，各条战线捷报频传，亮点频出。

经济总量创新高。全社会固定资产投资达到92.1亿元、同比增长52.2%，各项存款余额达到129亿元、同比增长30.3%，各项贷款余额突破100亿元大关，贷款增量居廊坊之首，民营企业新增2049家，增强了“率先发展”的后劲；地区生产总值达到158.1亿元、同比增长15.4%，财政收入达到15.05亿元、同比增长22.7%，体现了“更快发展”的成果；产业结构日趋合理，三次产业结构优化为10.7：60.7：28.6，产品结构优化升级，新发展注册商标18件，福成及图标实现了三河市“中国驰名商标”零的突破，大力发展循环经济，开展企业清洁生产审核，取缔非法电镀企业14家、粉灰企业24家，注销25家不合格的采矿企业，建立全省首家县级环境监控中心，单位土地投资强度同比提高40万元，展示了“更好发展”的态势。

工业立市显成效。工业发展水平进一步提高，全市二产增加值同比增长20.8%，规模以上工业企业增加9家、增加值同比增长38.3%，重点产业集聚效应不断增强，企业达到631家，实现产值55.7亿元、利税7.4亿元；工业发展后劲进一步增强，半导体后封装、量子高科一期等61个工业项目竣工投产，电厂二期、裕泰纺织等74个工业项目开工在建；发展载体进一步拓展，大燕郊战略全面实施，工业新区扎实启动，韩国工业园、燕京工业园等“区中园”建设步伐加快，华隆工业园投产达效，印装工业园总体规划完成、区内道路峻工，南巷口、季辛屯等村级工业园方兴未艾。

项目兴市结硕果。始终咬定项目不放松，扎实推进“大项目攻坚年”和“招商引资突破年”，全年千万元以上项目竣工88个、在建125个，总投资267.8亿元，比去年增长一倍多，其中，引进外资项目13个，实际利用外资8198万美元。特别是中兴通讯、成功（中国）大广场等投资10亿元以上超大型项目的成功引入，世原精工、三友、因派克、平恩康等多个韩资项目的集群化跟进，阳光硅谷、纳米材料等一批高新技术项目的落地，标志着三河项目建设的质量和数量都取得了新的突破。

和谐稳市出新策。在各镇和22个市直重点部门建立信访服务中心，实行依法治访、领导干部开门接访、集中化解信访，全年共解决信访案件920件，信访秩序明显好转，信访总量和越级访总量同比均下降12%；建立监控中心系统，对全市主要道路、重点部位、居民小区进行全天候实时监控，投资180万元升级改造公安局指挥中心，组建了镇级治安巡逻中队，形成城乡衔接、上下贯通的专业巡防新格局，全年可预防性案件同比下降20%，人民群众的安全感显著增强；深入开展了安全生产专项整治活动，提高矿用炸药贮藏、运输、使用的安全系数，建立健全市、镇、村、企四级安全生产监管网络，防止了重特大安全生产事故的发生，同上一年相比各类事故数下降9.07%，死亡人数下降25.9%，经济损失下降30.27%。

新农村建设上台阶。69个村街如期完成文明生态村创建任务；发放直补资金1522万元，惠农补贴在全省范围落实最坚决、最彻底；投入1000多万元进行农业基础设施建设，维修改建12座生产桥，新增节水灌溉面积5000亩，新增各类农业机械300台套，粮食总产比去年增加了9662吨，农业产业化经营率达到73.9%。

计生服务创先进。新建生殖健康服务中心，改扩建乡镇计生服务站，落实计划生育各类基金383万元，扎实开展免费计生服务，人口出生率控制在8.18‰以下，被国家人口计生委授予“全国计划生育优质服务先进县”光荣称号。

城市面貌换新颜。实施了鼎盛东大街拓宽改造、南出口综合改造、市区道路改造、平房居民区改造等工程，城市功能进一步完善；完成了市府广场建设、迎宾大桥建设、迎宾路两侧建筑物外立面装饰等工程，城市形象进一步提升；进行了东市区规划修编，编制大燕郊总体规划和其他7个专项规划，城市发展进一步科学；强化重点部位环境卫生管理，集中治理非法小广告，综合整治迎宾路，城市秩序进一步优化；西市区进行了一批道路绿化、硬化和给排水工程，开发区的吸引力和承载力进一步增强。

“六项工程”得民心。医，改扩建卫生院，规范村街卫生室，集中培训乡村医生，严厉查处医疗服务乱收费、药价虚高等问题，取缔非法行医，进一步完善新型农村合作医疗，参合率达到96.43%，兑现补偿金1161万元，农村医疗水平在全省领先。学，率先免除小学学杂费和孤儿全部费用，率先普及高中阶段教育，加大控辍保学和贫困生救助力度，改善农村学校办学条件，稳定边远村街教师，促进了城乡教育均衡发展。路，新建农村公路58.5公里，彻底实现了“村村通柏油路”。水，基本实现了“村村通自来水”，并实施了“农村学校饮水安全工程”，彻底解决了3万名师生的饮水安全问题，新打机井30眼。保，城乡低保应保尽保，覆盖面和月补差额均居廊坊之首；继续实施农村特困户安居工程，认真做好特困群众医疗救助工作；切实加大就业扶助力度，全面推行“三险合一”工作机制，累计新增参保人员1.1万多人。养，建成4所高标准乡镇敬老院，五保户集中供养率达到70%，超过廊坊市平均水平10个百分点，有意愿的五保户全部可以实现集中供养。

2007年是三河发展史上聚能蓄势、越坎提速的关键之年。三河市委、市政府将团结带领全市广大干部群众，高举邓小平理论和“三个代表”重要思想伟大旗帜，全面贯彻落实科学发展观，和衷共济，发奋图强，真抓实干，着力实施“提质提速年”、“和谐稳定年”战略，全力打造经济社会协调快速发展的京东强市名城！

滦南县

滦南县隶属河北省唐山市，北依燕山，南临渤海，国土面积1270平方公里，辖17个镇，594个行政村，总人口57.7万，是评剧、皮影、乐亭大鼓的发祥地，全国文化先进县。

滦南县资源物产丰富，区位优势明显。全县拥有110万亩耕地、90公里海岸线，素有“三米之乡”（大米、海米、花生米）的美誉。正在建设中的河北省“一号工程”曹妃甸深水大港位于南部海域，县内唐港高速公路横穿东西，迁曹铁路、迁曹公路纵贯南北，国家级项目沿海高速公路正加紧建设，县乡道路四通八达。得天独厚的区位优势，使滦南成为环渤海经济隆起带和京津冀都市圈的前沿地带。近年来，滦南县充分发挥优势，积极抢抓机遇，扎实推进农业产业化、工业化、城镇化和外向化战略，经济社会保持了健康快速协调发展的良好态势。2006年，全县预计完成地区生产总值154.8亿元，实现大口径财政收入8.5亿元，农民人均纯收入达到4745元，同比分别增长15.5%、30.4%和11.9%。2003年以来，县域经济发展综合水平连续三年位居河北省三十强。

农业经济特色鲜明。以农业增效、农民增收为目标，以产业化经营为方向，先后建设中红普林肉鸡屠宰和熟食加工、蒙牛液态奶、三鹿无抗奶粉、普林海珍水产工厂化养殖、富源合果菜配送、海都水产食品加工、兴鹿豆奶粉加工、南京雨润生猪屠宰加工等农业龙头项目，培育五大优势产业带，发展壮大了奶业、瘦肉型猪、肉鸡、水产、果菜五大龙型产业，培育了苇草加工、稻米加工等特色产业，构建了特色鲜明的农业农村经济发展格局。全县奶牛存栏12.5万头，年出栏瘦肉型猪100万头、肉鸡1600万只，水产工厂化养殖23万平方米，果树、蔬菜种植面积12.5万亩和38万亩，是全国奶牛十强县、瘦肉型猪养殖基地县、河北省肉鸡养殖大县、河北省重点渔业县、河北省最大的海水工厂化养殖基地。

工业经济迅猛发展。坚持把工业化作为加快发展的主导战略，千方百计谋划项目，多种形式引进项目，全力以赴建设项目，促进了工业经济实现体制创新、规模扩张和效益提升三大飞跃，构建了以钢铁、造纸、热电、钢锹、食品加工、化工等主导产业为支撑的工业生产格局。全县钢锹加工企业132家，年产1.5亿把，占全国钢锹产量的80%，是全国最大的钢锹生产基地；已建成PVC手套生产线43条，年生产能力43亿只，是全省最大的PVC手套生产基地。河北永新纸业公司年生产能力30万吨，居河北省同行业之首，总投资7亿元的30万吨箱板纸扩建项目建成投产后，企业生产规模将进入全国同行业十强。

城市建设日新月异。坚持走内涵发展之路，扎实推进县城旧城改造。几年来共投入县城建设资金12.7亿元，拆迁改造旧城面积895亩，在不占用耕地的前提下，新建水、电、路、暖等配套设施齐全的住宅小区7个，新增商住面积94万平方米，新修、翻修城区道路24公里，新增园林绿地119公顷，城区面积12平方公里，总人口达到10万人。县城实现了集中供热、集中供水、集中排污，城市化水平显著提高。

外向型经济成效显著。牢固树立“县外就是外”的大开放观念，着力打造“投资滦南，商机无限”的环境品牌，努力扩大双向开放，已有美国、日本、新加坡、香港、台湾等十几个国家和地区的客商到滦南投资兴业，建成三资企业22家，累计引进外资1.5亿美元。江苏华西集团、内蒙古蒙牛集团、厦门国贸集团、南京雨润集团等企业纷纷到滦南投资，引进利用省外资金22亿元。在扩大外贸出口的同时积极发展自营出口，有自营出口权的企业达到49家，PVC手套、肉鸡制品、电子产品等出口十几个国家和地区，2006年出口创汇额达到6000万美元，同比增长38.5%。

曹妃甸的开发建设为滦南的发展带来了前所未有的历史性机遇，滦南人民热诚邀请各界朋友来滦南投资合作，共谋发展。

临 漳 县

2006年，临漳县在省委、省政府和市委、市政府的正确领导下，按照“兴特色产业、活县域经济、富全县人民”的工作思路，大力实施“开放兴县、项目立县、工业强县”战略，促进了全县经济社会的又好又快发展。全县生产总值完成44.69亿元（不变价），同比增长17.4%；财政收入完成7656万元，按可比口径增长30.4%；全社会固定资产投资完成19.79亿元，同比增长54%；全县工业总产值完成42.35亿元，同比增长35.7%；民营经济营业收入同比增长28.2%；农民人均纯收入3936元，同比增长9.3%。在特色经济发展方面，着力培育了五大主导特色产业。

造纸产业。北京嘉禾木科技有限公司2006年6月收购县纸厂和县新闻纸厂，7月进厂启动建设，计划利用3年时间，投资5.9亿元，实施清洁造纸产业化项目。该项目有四个子项目：一是利用小麦秸秆生产麦草纸浆，设计年生产能力为10万吨；二是从造纸黑液中提取木质素，设计年生产能力与制浆配套，也是10万吨；三是利用生产废渣生产有机肥，设计年生产能力为10万吨；四是利用生产余热建设热电联厂，装机容量为6000KW。项目全部完成实现正常运行后，不仅企业自身年创产值8.5亿元、利税6000万元，有望成为中原最大造纸企业、中国北方秸秆环保造纸第一家，而且可以拉动全县20家达标纸厂恢复生产，拉动运输、包装相关产业新增产值2亿元，使临漳及周边地区秸秆变废为宝，解决6000余人就业。

林木加工产业。林木加工是借助临漳林木资源优势发展起来的“龙头带基地、企业加个户”的绿色循环经济产业，加工环节已形成“八木一业”格局（细木板、木线条、原木、废木粉碎、胶合板、木制家具、刨花板、机制木炭），涉及14个乡镇300多个村，近100家加工企业，2500多个加工户，从业人员2万余人，2006年创产值5亿多元、利润1.5亿元，拉动农民增收近亿元。龙头企业鑫鑫木业有限公司年产中高密度纤维板16万立方米、刨花板8万立方米，创产值2.7亿元、利税4500万元，促进农民增收4000万元。2006年又引进了河北冀材木业有限公司总投资6亿元，集林木基地、林下经济、板材加工为一体的林木产业化项目，计划利用3年时间，发展变性杨树1万亩、林下经济3000亩（主要种植双孢菇），建设一条变性杨树制造门窗生产线。

酒产业。借助临漳丰富的优质粮食资源、上乘的地下水资源、独特的有机果品资源等优势，引进了两个白酒项目、一个啤酒项目。由韩国客商独资建设的邯郸和平酒业有限公司，年产白酒1500吨，实现销售收入1500万元，创税收375万元。由临漳县铜雀台酒业有限公司与邯郸市高开九波生物酿酒技术研究所、河北金百家酒业有限公司合作组建的赵国酒典酒业有限公司，其产品赵国酒典、永不分梨酒被评为中国优质产品，赵国酒典牌系列白酒被评为中国历史文化名酒，年产量已达3000吨，计划在3—5年内达到1万吨生产规模，实现销售收入10亿元、利税过亿元。由原邯郸市钟楼啤酒厂搬迁临漳建设的邯郸仁泰啤酒项目，总投资3亿元，分两期建设，一期投资9800万元，年产优质啤酒10万吨；二期于2009年开工建设，投资2.2亿元使生产规模达到20万吨，实现销售收入2

亿元，创利税4700万元。同时与青岛啤酒集团开展合作。

燃料产业。主要包括三部分。一是无铅汽柴油。总投资5000万元，占地30亩，是邯郸恒业化工有限公司应用北京理工大学研制、北京清研利华科技有限公司独家享用的“复合无铅汽柴油”技术专利于2006年三季度竣工投产的项目，具有节能、环保、附加值高等特点，设计年生产能力8万吨，年可创产值4亿元、利税2800万元以上。二是生物柴油，也是由邯郸恒业化工有限公司谋划投建的项目。总投资1.697亿元，其中固定资产投资1.2亿元，项目投产后，年产生物柴油20万吨，可创产值8.4亿元，利税1亿元。三是燃料乙醇，由加拿大太平洋国际能源有限公司谋划投建，总投资20亿元，其中固定资产16亿元，项目投产后，年产燃料乙醇60万吨，年产值76亿元，利税7亿元。

文化旅游产业。临漳古称邺，邺城在魏晋南北朝时期曾为曹魏、后赵、冉魏、前燕、东魏、北齐六朝都城，居于黄河流域政治、经济、文化、军事中心长达四个世纪，创造了光辉灿烂的历史文化。邺城建筑中轴安排、均齐对称、结构严谨、分区明显，街道作棋盘格式，其建筑布局前承秦汉，后启隋唐，对隋唐长安城、北宋汴梁城、明清北京城以及日本平城京都建筑格局均有深远影响，开世界都城布局规划之先河。发祥于临漳的建安文学，铸就了震古烁今的建安风骨，创立了一代文学新风，在中国文学发展史上占有重要地位。邺城遗址为全国重点文物保护单位，全国36大遗址之一，总体保护规划已通过国家文物局评审，保护开发项目列入国家和省“十一五”重点建设项目，国家将拿出2.3亿元进行保护开发；漳河邺城遗址水利风景区纳入了水利部国家水利风景区重点建设项目。三至五年内，建成邺城博物馆、西门豹祠、鬼谷子祠、铜雀三台苑、倪辛庄宫殿苑、朱明门遗址苑，把邺城遗址打造成北方最大的三国时期遗址公园、国家级高端文化旅游景区、中国乃至东亚地区最具代表性的古代都城研究基地。

此外，獭兔产业，以中国农大、河北农大为主要技术依托，已形成分散与规模饲养结合、良种繁育供应与收购相协调、从养殖到加工、从屠宰到兔肉制品加工、从兔皮鞣制到染色和服装服饰加工、产品从内销到外贸一个较为完整的产业链。蟠桃产业，主要依托中国农大“桃树高密度优质丰产栽培技术”，全县种植面积已达6万多亩，其中棚室蟠桃1000亩，已初步形成了种植、加工、销售一条龙经营格局；临漳为中国蟠桃之乡、全国桃产业十强县。石墨电极产业，全县加工企业60家，年加工石墨电极产品7万吨，产值7亿元、增加值2.1亿元；经销户150余户，年经销石墨电极产品15万吨，经营额12亿元。全县石墨电极经营量占据了全国三分之一左右。仪器仪表产业，依托河北珠峰仪器仪表公司、邯郸奥图威尔仪器仪表公司和中航607研究所、北京理工大学等院所，培育形成了以自动化测量仪表、测绘仪器、石化设备、报警装置为主导产品的，具有国内领先地位的高新技术产业。珠峰公司拥有自主知识产权的精密铟钢条文码水准标尺达到国际先进水平，2004年被中国珠峰高程测量首选使用。

武 强 县

武强县辖2镇4乡，238个行政村，面积445平方公里，是联合国地名专家组命名的“千年古县”，也是文化部命名的“木版年画艺术之乡”。由于地处滹滏区间，地势低洼，历史上水旱灾害频发，1986年和1992年两次被国务院确定为国家级贫困县，2001年被确定为全国扶贫开发工作重点县。2006年，完成生产总值22.56亿元，增长4.8%；全部财政收入完成7913万元，其中税收收入可比增长8.3%；全县社会消费品零售总额达到6.88亿元，增长12.3%；城镇居民人均可以支配收入与农民人均纯收入分别达到6028元、2696元。

一、投资增势强劲，项目建设成效显著。将2006年确定为“项目建设年”，制定出台了金融投资考核、项目建设考核和项目前期费用补贴办法等政策性文件，组织开展了两次大规模的观摩拉练，激发了全县上下谋项目、上项目的积极性，项目建设取得了明显成效。2006年共谋划建设投资千万元以上项目42个，完成投资6.2亿元。其中，12个省市重点建设项目全部完成年度投资计划。

二、城乡工业快速发展，特色产业初具规模。工业立县战略深入实施，全年规模以上工业增加值达到2.66亿元，实现利税9227万元。重点骨干企业拉动作用增强，年纳税10万元以上企业达到52家（其中年纳税100万元以上企业10家），上缴税金达到3697万元，占全县工商税收的54%，比上年提高9.3个百分点，成为推动全县工业增长和财政增收的重要力量。特色行业稳定增长，化工、线缆、乐器、玻纤四大特色行业新增注册企业23家，完成工业增加值占全县工业的比重达78%。对内对外开放取得新成效，2006年实际利用外资676万美元，完成外贸出口1044万美元。园区建设迈出实质性步伐，完成了滏东项目区建设整体规划，基础设施建设全面推进，目前正在进行园区招商。

三、农业结构调整步伐加快，新农村建设扎实推进。各项惠农政策有效落实，2006年共发放粮食直补等四项补贴资金1022万元，全县农民人均受益53.8元。种植结构进一步优化，粮食总产达到15.87万吨，同比增长1.2%。新增保护地蔬菜1.25万亩，植树造林8000亩，新建农田林网10万亩。畜禽养殖业迅猛发展，全县新增规模养殖场、养殖小区30个，蛋鸡存栏、肉鸭和猪出栏分别达到280万只、160万只和11.2万头，畜牧业占农业总产值比重比上年提高3个百分点，达到38%。产业化经营快速发展，新注册各类农民专业协会5家，东方食品有限公司成为武强县第一家省级农业产业化龙头企业，全县农业产业化经营率达到27.8%。扶贫和劳务输出工作扎实推进，链式产业化扶贫新模式在全省推广，代表河北省接受了国务院检查验收，被省委、省政府评为扶贫开发工作先进县。完成农民工引导性培训7023人，职业技能培训2180人，且全部实现了转移就业。文明生态村建设迈出新步伐，第二批23个文明生态村接受了市级检查验收。

四、基础设施投入力度加大，城乡环境明显改善。总投资1.2亿元的10项重点工程进展顺利，滏东项目区规划建设、石黄高速出口绿化包装、县城主要街道贯通改造、滏阳河县城段综合治理、文化宫改造包装及街道亮化、县城供排水、住宅小区建设、市政料场新建八项工程全部完成投资计划，沿街6个单位完成了立面包装，小商品市场建设工程正在进行招商开发。深入开展县城秩序集中整治行动，占道经营、乱停乱放、垃圾乱倒、私搭乱建等不文明行为得到有效遏制，县城功能更加完善，形象得到有效提升。

五、各项社会事业协调发展，和谐武强创建扎实推进。公共卫生体系进一步完善，5所乡镇卫生院和妇幼保健院改扩建工程顺利完工，中医院改造工程启动，群众就医条件明显改善。教育事业稳步发展，投资591万元完成了6所学校的改扩建，普及学前三年教育和“三类城市语言文字达标”顺利通过省市评估验收。文化事业取得重大突破，武强年画被列为国家首批非物质文化遗产，年画特种邮票成功发行，“千年古县”通过专家评审并正式颁牌。人民群众的精神和文化生活日趋丰富，编排的民间舞蹈《打花膀》，在2006年11月份举行的河北文化艺术展演上与唐山的《俏夕阳》一并成为最受群众欢迎的节目，在2007年省春节晚会上获歌舞类节目三等奖，并在中央及省市等多家电视台播放；引导梅花拳组织健康发展，在2006年11月举行的全国梅花拳争霸赛上，武强籍选手武龙水获得第一名。人口与计划生育、环境保护等各项社会事业取得新成绩，安全生产和社会治安防控体系得到加强，全县政治安定、社会稳定、人民群众安居乐业的良好局面进一步巩固和发展。

南 皮 县

南皮县辖三乡六镇、312个行政村，总面积789.9平方公里，耕地面积67.2万亩，全县总人口36.5万人，2006年人口自然增长率7.42‰。

2006年南皮县以大发展、快发展为主基调，强力推进“项目立县、工业强县、开放兴县”三大战略，积极打造五金机电、棉纺制衣、玻璃制品三大特色主导产业，全县经济和社会各项事业实现快速、健康、持续、协调发展。全县地区生产总值完成32.05亿元，同比增长17.3%，其中第一、二、三产业增加值分别完成8.15亿元、13.12亿元和10.78亿元，同比分别增长7.3%、27.1%和13.5%；单位生产总值能源消耗1.03吨/万元，同比减少1.9%；全社会固定资产投资完成13.9亿元，同比增长64.2%；全部财政收入完成2.41亿元，按可比口径同比增长20%；乡镇企业完成总产值94.19亿元，同比增长24.7%；社会消费品零售总额完成7.25亿元，同比增长15.5%；职工年平均工资12975元，同比增长20.9%；城镇居民人均可支配收入8100元，同比增长9%；农民人均纯收入达2957元，同比增长7.4%；年末各项存款余额31.08亿元，比年初增加3.51亿元。

项目建设取得新成果，带动工业经济进入新阶段。2006年，南皮县共运作投资百万元以上的项目373个，其中超亿元项目9个、超千万元项目80个，项目总投资42.7亿元，完成投资16.9亿元，总投资额和完成投资增幅分别是29%和13.6%。在项目建设的强力带动下，中小企业茁壮成长，五金机电、纺织制衣和玻璃制品三大主导产业整合升级步伐加快，集群化发展趋势逐步显现。至2006年底，城东、乌马营和付庄三大工业区入驻企业已达96家，总投资规模13.2亿元，年产值8.7亿元，以三大园区为依托，以三大特色主导产业为支柱，布局合理、集群发展的工业经济发展新格局初步形成。

经济环境实现新提升，对外开放取得新突破。园区平台进一步拓展，城东工业园区规划面积由原来的2000亩扩大到5000亩，投入3000万元，新修4条道路，建成四纵两横“目”字型路网，完善了给排水及路灯等配套设施。服务更加高效快捷，组建了工业区管理委员会，继续实施了县级领导干部“四个一”分包制度，把“全程服务代理制”由原来的10个重点部门扩大到所有涉企职能部门，将“宁静日”制度由纳税50万元以上企业延伸到所有中小企业。对外开放和招商引资取得明显成效，投资1.3亿元的新腾达钢结构项目、投资3000万元的北京海能海特无缝钢管项目和宜德铜材与天津滨海新区铜材公司合作项目等一大批新引进的规模项目成为新亮点；直接利用外资成倍增长，完成407万美元，同比增长171.8%；完成利用省外资金2.3亿元，同比增长28%；直接出口创汇900万美元，同比增长55.2%。

农村经济持续增长，三农工作迈上新台阶。在春旱严重和历史罕见的风雹袭击的情况下，农业仍喜获丰收：小麦总产7300万公斤、皮棉1172万公斤、秋粮9000万公斤，蔬菜总产1.8亿公斤，肉、蛋、奶总产量4.3万吨；完成造林3万亩，新增和改善农田林网2万亩，四旁植树18万株，发展林地养鸡、养兔、种菇等后续产业面积1万亩。农业引资力度继续加大，获准实施农业项目19个，争取上级资金1767万元，争取财政扶贫资金599万元、粮食直补资金1413万元。农产品质量安全得到加强，进一步巩固了4万亩无公害蔬菜基地和14个无公害样板果园，认真做好了以口蹄疫、狂犬病、高致病性禽流感为重点的动物防疫工作。农业产业链条拉长，刁家五香鸡加工、佳加旺玉米深加工和华远公司籽棉加工三个超千万元重点项目相继建成投产，进一步提高了农业产业化水平。

基础建设投入力度加大，城乡面貌发生新变化。住宅小区建设新开工新鑫、信和、幸福三个小区面积3.5万平方米，全县建成住宅小区面积已累计达32万平方米，累计投入3.2亿元；东兴大街和投资1.5亿元模具城建设基本完成，投资6000万元的庆悦宾馆项目的完成主体施工，投资1.2亿元的县医院新区工程顺利启动，投资800万元的青少年校外活动中心综合项目建成并投入使用，天然气入城项目已完成配储站及部分管网建设，随着这一系列的工程的竣工和启动，城镇载体功能进一步加强，县城新区框架基本形成。交通道路建设力度加大，引进资金4121.8万元，完成李寨路北段改建、董大路新建和寨子支线工程，总投资3200万元的寨子大桥建成通车。

宁　晋　县

宁晋县历史悠久，《尚书·尧典》称杨纡，汉置瘿陶郡，天宝元年改瘿陶为宁晋，寓“安宁晋福”之意，位于河北省中南部，辖10镇4乡346个行政村，总面积1046平方公里，耕地面积98.2万亩，总人口70万。地处邢台市最北端，与赵县、晋州、冀州、辛集等县市相邻，青银高速公路和308国道穿境而过，西临京广铁路、107国道、京深高速公路，距石家庄市60公里、邢台市100公里，距北京、天津均在单日往返里程之内，交通十分便利。

近年来，县委、县政府先后实施了“东城西区”发展战略、“项目建设年、城市建设年、环境建设年”活动、“招商引资年”活动，倾全县之力上经济，搞建设，全县经济呈现出快速发展态势。2005年，地区生产总值完成76亿元，同比增长18.6%；财政收入4.03亿元，同比增长33.9%；全社会固定资产投资33.8亿元，同比增长36.3%；城镇居民可支配收入6810元，农民人均纯收入3606元，同比分别增长9.8%和9.2%。2006年，又大力开展了“行业提升年”、“农村和社会事业发展年”活动，突出招商引资、项目建设、城市建设、环境建设等关键环节，抓住结构调整和增长方式转变这条主线，着力提高经济增长的质量和效益，实现又快又好发展，推进社会主义新农村和“和谐宁晋”建设，为顺利实施“十一五”规划开好局、起好步。全县地区生产总值完成86.3亿元，同比增长15%。财政收入完成5.5亿元，同比增长37%，全社会固定资产投资完成43.5亿元，同比增长28.6%。

农业产业化经营卓有成效。粮食生产稳定，粮食总产63万吨，是全国粮食生产先进县、全国首批优质小麦生产基地县和“国家粮食丰产科技工程”、“国家标准粮田建设”示范县。形成了“以邢台三鹿乳业为龙头的奶牛业、以健民淀粉为龙头的粮食加工业和以国宾食用菌公司为龙头的蔬菜加工业”三条龙型经济和“优质梨生产”一大特色农业。奶牛业，大力推行规模养殖，实行小区化管理，奶牛存栏4.3万头，被评为“全国牛奶生产先进县”和“河北省规模化养殖示范县”，列入全国牛奶生产50强。粮食加工业，实现营业收入32亿元，获“全国食品工业强县”、“全国农产品加工示范基地县”称号；邢台三鹿、玉锋淀粉、宏威饼业、国宾食品四个企业获“全国优秀龙头食品企业”。蔬菜加工业，食用菌种植户达1.9万户，总产达2.9万吨，是全省规模较大的食用菌生产集散出口基地，产业龙头国宾食品公司已成为华北地区最大的食用菌加工龙头企业。优质梨产业，全部实现了无公害生产，先后被命名为“中国鸭梨之乡”、“全国梨产业十强县”。培育了“绿唐”、“燕赵”两个国家级优质品牌，“燕赵”牌优质梨被评为“中国名优果品”，“宁晋鸭梨”被确定为“国家地理标志产品”。

工业基础雄厚。全县民营经济完成营业收入327亿元，上缴税金4.4亿元，同比分别增长27%和71.8%。形成了单晶硅、纺织服装、电线电缆、机械制造四大产业同步发展的良好格局，特色产业支撑力进一步增强。晶龙集团、宁纺集团被评为河北百强企业；晶龙集团又进入了全国信息产业百强，是全省仅有的两家企业之一；永进、克瑞、恒纺等8家企业被评为全省重点行业排头兵。单晶硅产业，建成了占地500余亩的单晶硅工业园区，年产值37亿元，上缴税金2亿元。年产单晶硅1200吨，占全国总量的60%左右，占世界市场份额的20%左右，是世界上规模较大的太阳能级单晶硅生产基地。单晶硅园区被列为“国家火炬计划宁晋太阳能硅材料产业基地”和“第一批河北省区域特色产业基地”。总投资7.5亿元的晶澳太阳能电池一期工程顺利投产。纺织服装业，以生产牛仔服装和外贸出口服装为主，年产值81亿元，生产能力1.2亿件套，是北方最大的牛仔服装生产基地，被确定为“中国纺织服装休闲名城”、“河北省服装生产基地县”，宁纺集团是“全国灯芯绒研发生产基地”称号，“灵音”牌灯芯绒荣获“中国名牌产品”。电缆业，年产值65亿元，被评为“中国电线电缆特产之乡”。永进集团电力电缆获“国家免检产品”。机件业，拥有华北地区最大的农机交易市场——大陆村农机配件市场，行业产值达31.6亿元。

对外开放和项目建设成效显著。吸引了美、日、港、台等13个国家和地区的客商来宁投资，注册三资企业达32家。2006年，引进内资3.8亿元，实际利用外资1595万美元；出口创汇1.82亿美元。工业项目投资占全社会固定资产投资的76%；在建千万元以上项目129个，总投资超亿元的项目25个，其中，5亿元以上项目4个，2亿元以上项目4个。21个市级以上重点项目完成投资15亿元；8个省级重点项目完成投资7.1亿元。在建或完工高新技术项目15个，完成投资11.1亿元。

城市建设日新月异。城区规划面积37平方公里，建成区面积15平方公里，城市化率35.5%，绿化率30%。为适应发展形势要求，不断加大城市基础设施建设。民乐园广场、文体活动中心、天然气管网、水厂、污水处理厂、住宅小区的建设，进一步完善了城市功能；开通了14条城区道路，总里程达75公里，初步形成了“外围成环、七纵七横”的路网格局和乡镇到县城的“半小时交通圈”，构筑了30万人口中等城市框架。

社会事业全面进步。近年来，先后被评为“全国环境监察先进集体”、“全省国土资源执法模范县”、“全国科技工作先进县”、“全国婚育新风进万家活动先进县”、全省唯一的“国家关爱女孩行动试点县”等荣誉称号。医疗、保险、教育、卫生、宗教、环保等工作均健康发展，全县呈现出政通人和的良好局面。

宁晋已具备了实现跨越的实力和基础。面对新的发展机遇，县委、县政府将通过实施“工业立县、项目强县、特色兴县”战略，努力建成世界上最著名的光电能源生产基地、华北最大的电缆生产基地、华北最大的牛仔休闲服装生产基地、河北省南部最大的奶牛生产基地；争取2010年实现国内生产总值200亿元以上，财政收入10亿元以上，进入全省县域经济综合实力30强；2020年建成集工业、商贸、生态为一体的30万人口中等城市，打造石家庄周边有影响的中小卫星城。

威 县

威县地处冀南平原，属黑龙港流域，总面积994平方公里，总人口53.8万人，现辖5镇、11乡、522个行政村。威县是义和团运动发源地，国家优质专用棉基地县，河北扶贫开发工作重点县。素有"冀南棉海"之美誉，是全国棉花生产百强县之一，河北省第一产棉大县。2006年，威县以科学发展观为指导，大力弘扬"在干中解放思想，靠发展凝聚人心"的主旋律，积极实施招商引资和城镇建设两大战略，努力谋求项目建设、环境建设和农业产业化三大突破的"123"发展思路，全县经济和社会发展取得了新成就，实现了"十一五"的良好开局。

——国民经济快速健康发展。全县生产总值完成26.5亿元，增长16.9%，其中，三次产业的增速分别为6%、74.2%、13.3%，二产在GDP中的比重比上年提高了8.8全百分点，经济结构明显优化。全部财政收入完成6066万元，可比增长17.2%；全社会固定资产投资完成16.96亿元，同比增长19.5%；入统工业企业增加值完成1.3亿元，增长19.8%；社会消费品零销总额9.2亿元，增长18%。

——项目建设实现了新的突破。大力开展"项目建设年"活动，全年共运作投资百万元以上重点项目186个，总投资19.6亿元，比上年增加12个。实施市级以上重点项目7个，完成投资5.89亿元，占年任务的113.3%。尤其是省级重点项目——国能发电一期工程实现了当年开工。

——农业结构调整迈出新步伐。按照"养猪鸡、扩蔬菜、种优棉、搞间作"的"十二字"富民方针，调整优化农业结构，全年新增规模养殖户300个，养殖小区3个，专业村2个。新增设施蔬菜5000亩，高效设施蔬菜总面积达到5.5万亩。全县植棉75万亩，其中棉田间作15万亩，皮棉总产6.21万吨，同比增长8.3%。新增河北洺州、强达棉业等市级龙头企业6家。新增和改善灌溉面积3.5万亩。争取并实施了土地整理项目，新增耕地2097亩。农业基础设施不断完善，农业综合生产能力不断提高。

——城镇和基础设施建设取得重大进展，县城建设全年完成总投资3.2亿元。县城基础设施建设投资1.4亿元，完成了义和路西延工程、东延工程，县城西环、北环即将竣工，正在实施旧城区商贸城开发、污水处理厂和洺水华庭小区建设，县城供水管网改造基本完成。原粮库、种子公司等县属企业改制后闲置的35亩土地，以1510万元的价格出让。县城新区全面实现"七通一平"，成为项目的重要承载区。县城管理力量得到充实和加强，管理水平有所提高。积极推进小城镇产业区建设，夯实了小城镇建设的经济基础。"村村通"完成投资1798.2万元，建成村路60多条、133.2公里；武馆线威县段、东大线、邢临路罩面竣工通车，吕清线开工建设；总投资1.3亿元的220千伏变电站实现当年开工、当年投运。城网改造通过省级验收，建成30个安全用电村。

——发展环境进一步优化。出台了《对新上规模企业实行挂牌保护的通知》和《严格控制对企业进行检查的暂行规定》，对13个新上规模企业实行了挂牌保护，取消收费项目38个，降低标准15个，查处破坏发展环境案件4起，退还企业不合理收费8.63万元。发展环境的优化，增强了对外吸引力。全年共引进内资5.7亿元，是上年的3倍，实际利用外资达到320万美元，争取引进上级体制外、规划外资金近亿元。

——财税金融形势稳定。完善了收入征管机制，狠抓了重点税源，保证了收入及时足额入库。补发了1999—2000年两个年度的欠发工资和行政离退休人员34个月的离退休费；兑现了职务工资正常晋档和职务津贴提升标准，公教人员人均月增工资150元，全辖金融机构各项存款余额21亿元，各项贷款余额11.4亿元，其中新增贷款4.5亿元。

——人民生活水平不断提高。落实中央各项惠农政策，取消农业税，发放粮食直补和综合直补1999万元，农民人均纯收入达到2758元，同比增长10%。筹资900万元，实施了"菜单式"扶贫，受益贫困群众8000多人。改造危桥9座，建成15个饮水安全村。全年完成养老、失业、医疗保险扩面2153人，城镇新增就业1182人，城镇登记失业率控制在3.5%。新增劳务输出5200人，农村剩余劳动力实现就地转移8100人。

——和谐稳定的社会局面进一步巩固。认真实施"大信访"格局，信访总量比去年又下降了50%，实现了"无越级到市集体访、无进省赴京非正常访"的"双无"目标。大力开展"平安创建"活动，社会治安综合治理进一步强化。加强安全生产监管，全年未发生一起生产死亡事故，为全市唯一的零死亡县。

——各项社会事业突飞猛进。筹资2170万元用于发展教育事业，建成项目学校17所。威县被河北师大确定为全省唯一的顶岗学习基地，县二中创建为省级示范性高中。教育工作顺利通过省级五项督导评估检查验收。县疾控中心、县医院医技楼、传染病区项目投入使用，急救站顺利通过全市验收，建成了县医院、防疫站两个二级安全生物实验室。实施了中国初级卫生保健基金会健康扶贫项目，被卫生部批准为2007年新型农村合作医疗试点县。义和拳议事厅旧址被国务院公布为国家第六批重点文物保护单位，威县乱弹入选河北省首批非物质遗产代表作名录。通过推行育龄妇女小组长星级管理机制和育龄妇女管理平面图制度，有效地提高了计生管理水平。建成河北农民频道威县转播台，开通了威县电视台二套节目。民政、档案、地方志等社会事业，也取得了新的成绩。

改革开放篇

REFORM AND OPENING TO THE OUTSIDE WORLD

经济体制改革

【行政管理体制改革】 一是行政审批制度改革。取消行政许可项目1310项，依法保留实施行政许可项目830项；规范行政审批行为，省政府各部门实行了一个“窗口”对外统一受理的集中审批模式。全省9个设区市、101个县（市、区）建立了行政服务中心，有的还实行了“一个中心、多种功能”的模式。省发改委、省商务厅等部门的286项行政许可项目实现了审批结果的网上公开。二是扩权强县改革。对扩权改革政策措施的落实情况进行了跟踪调研，省政府办公厅下发了《关于“一县一策”调研中扩权县（市）反映的问题及建议解决情况的通报》，对改革中49个操作层面上的问题，提出了解决办法并付诸实施。三是行业协会改革。146家全省性经济类行业协会主管单位统一变更为省工经联（省经团联），实现了对行业协会的统一组织、协调和指导。

【国有企业改革】 一是积极推进国有企业和资产的战略性重组。新唐钢、金能两大集团正式挂牌运营，整合优势逐步显现。新增16个项目列入国家政策性破产计划，涉及职工3.8万人，可核销呆账13.6亿元；研究出台了《省属国有劣势企业先行安置职工操作实施意见》，为加快省属国有劣势企业退出创造了条件。二是产权制度改革不断深入。省属重点企业改革取得新进展，华药集团完成了债转股新公司注册；省医药公司成功引入民营企业——北京爱家控股集团公司投资收购，完成了整体改制并挂牌运作。国有上市公司股权分置改革走在全国前列，河北省辖区内22家地方国企控股上市公司已完成股权分置改革20家，占公司总数的90.91%，股改后市值完成比率为98%。国企“两分”继续深入推进，完成了邯钢、开滦、金能等集团辅业单位的改制工作。三是加强国有资产监督管理。学习借鉴国内外先进绩效考核理念，在全国国资系统率先将经济增加值（EVA）引入到考核指标体系，引导企业不断增强价值创造能力、自主创新能力、节约发展能力、核心竞争力、风险管理能力和可持续发展能力。建立健全了国资监管的工作体系，对国有企业形成了发展规划、重大投资、产权管理、业绩考核、薪酬激励、责任追究等环环相扣、较为严密的管理制度。四是积极推进垄断行业和公用事业改革。积极稳妥地推进邮政体制改革，顺利实现了政企分开。省政府办公厅下发了《关于贯彻国务院办公厅农村公路管理养护体制改革方案的意见》。市政设施养护、环境卫生清扫保洁、园林绿化养护等作业任务推向了市场。

【农村经济体制改革】 一是积极推进农村综合改革。全部取消了农业税，减轻农民负担6.1亿元。县乡财政体制改革试点扩大到81个县（市）的871个乡镇，其中659个乡镇实行了统收统支加激励的财政体制。乡镇机构改革试点工作正式启动，研究制定了《关于积极稳妥地推进我省乡镇机构改革试点工作的通知》和《关于深化乡镇机构改革试点工作的指导意见》。农村义务教育改革等不断深入，建立了农村义务教育经费保障新机制，加强了农村义务教育的保障力度，投入资金7亿元，新建校舍173万平方米，改造危房105万平方米。二是继续推进国有粮食购销企业与供销社改革。全省11个设区市、162个县（市、区）国有粮食购销企业产权制度改革任务全部完成。省政府办公厅下发了《关于加快实施县级供销社综合改革的通知》。三是水管、林权体制改革开始启动。唐山、沧州等8个设区市出台了水管体制改革实施意见。省林业局下发了《河北省集体林业产权制度改革试点方案》，在平山等19个试点县(市、区)开展了集体林权制度改革试点工作。

【发展非公有制经济】 一是进一步优化发展环境。省政府下发了《关于促进中小企业发展若干政策的意见》，以中小企业为主体的民营经济发展环境不断改善，民营经济发展势头强劲，增加值达到全省和GDPR的50%左右。二是非公有制经济服务体系建设不断加强。全省各级各类担保机构达到250家，筹集担保资金51亿元，累计担保总额79.4亿元。省政府出台了《加快中小企业产业集群发展的指导意见》，对26个产业集群公共技术服务平台项目给予了专项资金支持。建立了100个中小企业远程教育培训基地，帮助企业培训人才。在社会信用体系建设上，制定出台了《河北省信用优良中小企业评选暂行办法》和《河北省中小企业公示、征集、披露信用信息暂行办法》。

【现代市场体系建设】 推动金融生态环境建设，出台了《河北省金融突发事件应急预案》。大力推动企业境内外上市，石家庄奥星药业在美国纳斯达克上市，沧州明珠塑料通过了中国证券监督管理委员会发审委审批。出台了《河北省征地区片综合地价测算暂行办法》和《河北省县（市）征地统一年产值标准制订暂行办法》，在电力基础设施、通信基础设施的有偿用地上开始了偿试，下一步将全面推开，进一步规范土地市场的管理，探索工业用地招标、拍卖挂牌出让和经营性基础设施用地有偿使用的有益办法。制定出台了《河北省科学和技术发展“十一五”规划及2020年远景目标》和《关于实施科技发展“十一五”规划的若干政策指导意见》。

【财政、金融、投资、价格体制改革】 一是深化财政体制改革。国库管理制度改革试点范围继续扩大，省级107个一级预算单位纳入改革试点，基层试点单位由上年的145个增加到240个，市级试点单位增加到616个。进一步深化政府采购改革，完善制度，扩大范围，全年政府采购规模达100.1亿元，比上年增长17.6%，资金节约率12.3%。深化财政监督和法制建设，省政府颁布实施了《河北省财政监督规定》，向石家庄等六个设区市财政局派驻了财政监察员，对市县进行了巡回监察，加强了监督管理力度。二是完善投资和金融管理体制改革。投资体制改革相关配套文件陆续出台，企业投资项目备案实现网上运行。农村信用社改革基本完成，全年农村信用社优化发放的农业贷款占全省金融机构农业贷款的90%以上。三是深化价格改革。省政府下发了《关于深化水价改革促进节约用水保护水资源的实施意见》，调整了河北省水利工程供工业及城市用水的价格。结合河北省实际，实行了城乡用电同价，同时对低保家庭实行优惠政策。严格规范公办高中择校生收费，年减轻学生家长经济负担约8000万元。贯彻落实药品降价措施，共涉及800多个剂型规格，平均降价幅度23%。

【涉外经济体制改革】 一是深化外贸体制改革。扩大机电产品、高新技术产品和农产品出口。完成机电产品出口30.8亿美元，高新技术产品出口4.3亿美元，同比分别增长53.4%和109.7%，占全省出口的比重分别达到26.6%和3.7%。农产品出口完成6.6亿美元，同比增长7.4%。建立了农产品出口联席会议制度、信息专报制度和预警服务机制，积极应对国外技术壁垒。加强出口品牌建设。研究制定了《关于扶持出口名牌发展的指导意见》，评出惠达等50个品牌为“2006—2008年度河北省出口名牌”，在资金支持、出口管理、便利通关和知识产权保护等方面给予支持。打造具有较强出口优势的出口商品基地和龙头企业。明确了11家重点扶持的出口商品基地和16家大型出口骨干企业，在市场开拓、展位分配等方面实施重点倾斜。提高加工贸易发展水平。研究制定了促进加工贸易发展的意见，进一步简化审批程序，下放加工贸易审批权，全省加工贸易出口16亿美元，同比增长21.9%，增幅高于全省平均水平4.4个百分点。二是利用外资有了新进展。全省年实际利用外资23.8亿美元，比上年增长4.6%。对外合资合作项目质量水平明显提高，世界500强企业富士康科技集团落户河北。三是积极开展对外经济合作。完善政策环境。研究制定了《河北省关于加快实施“走出去”战略的若干意见》、《关于加快实施农业“走出去”战略的实施意见》和《河北省外派劳务培训管理办法》。加大对纺织企业“走出去”的支持力度，争取国家资金1400多万元。推进境外投资大项目。对长城汽车股份有限公司投资7000万美元在俄罗斯设立汽车生产厂、唐山曙光实业集团投资8277万美元在马达加斯加建设年产110万吨水泥厂、秦皇岛耀华玻璃集团投资7000万美元在俄罗斯生产浮法玻璃等项目实行跟踪管理、全程服务。发展对外承包工程。确定了10家重点企业，从政策、项目、信息等方面给予支持。加强外派劳务管理。规范了外派劳务企业经营，加强了外派劳务基地建设，开展了打击对外经济合作领域商业欺诈专项行动。加强了对国有境外投资企业的监管，健全了境外国有资产的监管制度。

【就业和社会保障制度改革】 一是就业再就业目标超额完成。全省城镇新增就业46.5万人，下岗失业人员再就业25.8万人，困难对象再就业8.98万人，分别完成全年任务的113%、129%和224.5%。城镇登记失业率3.84%，控制在4.6%的目标之内。培训农村劳动力120.4万人，完成年目标的120.4%，全省农村劳动力向非农产业转移193.5万人。二是社会保障体系进一步完善。社会保险扩面进展较快。城镇基本养老保险覆盖人数达到790万，医疗参保人数达到685万，失业保险参保人数达到464万，工伤保险参保人数达到470万，生育保险参保人数达到310万。社会保险制度改革加快推进。贯彻国发〔2005〕38号文件，印发了《河北省完善企业职工基本养老保险制度实施意见》（冀政〔2006〕67号），突出了建立养老保险扩面联动机制、改革基本养老金计发办法、推进省级统筹、整合社会保险经办机构等内容，并在鼓励低收入者参保、控制提前退休、遏止断保欠费等具体政策方面进行了新的探索和突破。三是分配制度改革不断深入。省政府以冀政〔2006〕88号文件印发了《河北省公务员工资制度改革实施办法》、《河北省事业单位工作人员收入分配制度改革实施办法》、《河北省机关事业单位离退休人员计发离退休费和增加离退休费实施办法》和《河北省艰苦边远地区津贴制度实施办法》，对工资制度改革工作进行了安排部署，全面完成工资套改和兑现工作。四是社会救助体系建设取得显著成效。全省所有县（市、区）全部建立了城市医疗救助制度，全年共有5.95万人次得到城市医疗救助，累计发放城市医疗救助资金2224万元。五是住房制度不断完善。全省11个设区市成立了住房公积金管理委员会和住房公积金管理中心。136个县（市）建立了住房公积金制度，基本完成了“实现住房公积金制度的全覆盖”的目标要求。各市对人均住房建筑面积12平方米以下的城镇最低收入家庭的补贴资金列入了财政预算，及时为城镇最低收入家庭提供住房保障。

【社会领域体制改革】 一是深化科技体制改革。积极推进转制科研机构深化产权制度改革，经省政府常务会审定有关部门联合印发了《关于转制科研机构产权制度改革有关问题的通知》。积极建立区域科技合作新机制，与北京等6省市共同签署了《环渤海技术转移合作协议》，成立了环渤海技术转移联盟。二是深化教育体制改革。省政府出台了《河北省贯彻落实〈国务院关于大力发展职业教育的决定〉的实施意见》和《河北省职业教育“十一五”发展规划》。稳步推进招生考试制度改革，探索以国家统一考试录取为主、多元化考试评价并存的普通高校招生录取机制。三是深化文化体制改革。省委、省政府印发了《河北省文化体制改革试点工作实施方案》。确定选取省图书馆作为公益性文化单位改革试点，选取省电影公司为经营性文化单位转企改制试点，选取省交响乐团和省河北梆子剧院作为保留事业体制单位改革试点。制定了《河北省图书馆改革方案》、《河北省电影公司改制转企方案》、《河北省交响乐团改革方案》和《河北省河北梆子剧院改革方案》。四是推进卫生体制改革。出台了《河北省人民政府关于发展城市社区卫生服务的实施意见》等6个配套文件。全省社区卫生街道覆盖率已达到75%。新型合作医疗试点工作平稳、规范运行，全省36个新型农村合作医疗试点县（市、区）覆盖农业人口1486.16万人，参合农民1170.39万人，参合率为79%，共有453.67万人次参合农民得到合作医疗补偿，总费用为4.24亿元，其中住院补偿费用3.47亿元，平均每住院病人补偿868.82元，平均住院补偿比为30%，大病统筹基金使用率为81%。

（河北省发展和改革委员会体改处　顾雄飞）

对 外 开 放

【概况】 2006年，是“十一五”开局之年。全省商务系统以科学发展观为统领，围绕开放和市场两条主线，以新视角、新思维、新理念、新方法谋划开展商务工作，在改革、建设、发展各方面都取得了新突破、新进展，为全省经济更好更快发展做出了积极贡献。全省完成进出口总额185.3亿美元，同比增长15.3%，其中出口128.4亿美元，同比增长17.5%。机电产品、高新技术产品出口分别达到33.8亿美元和4.85亿美元，增幅分别为51.5%和107.8%，占全省出口的比重分别达到26.3%和3.8%。全省实际利用外资23.8亿美元，其中外商直接投资20.1亿美元，同比分别增长4.6%和5.3%。新批总投资1000万美元以上项目79个，合同利用外资8.6亿美元，占全省的57%。全省新核准非贸易类境外投资企业24家，中方投资2.1亿美元，继2005年首次突破1亿美元后，2006年又突破2亿美元，增幅高达93.1%。完成对外承包工程合同额17.6亿美元、营业额8.3亿美元，同比分别增长59.1%和44.4%。全省开发区完成生产总值837.6亿元、工业销售收入2015亿元、财政收入101.8亿元、固定资产投资432.9亿元、利用外资7.7亿美元、外贸出口27.6亿美元，同比分别增长33.6%、24%、23.3%、19.5%、13.8%和35.1%。

【对外贸易】 2006年，进出口贸易分别完成128.35亿美元和56.91亿美元，比2005年分别增长17.5%和10.6%。进出口结构优化，质量和效益提高。一是在机电、医药、纺织、服装、建材、钢材、农产品、化工等17个品类中有12个品类的出口商品平均价格同比上升。二是出口商品结构有所改善。2006年河北第一大出口商品——机电产品出口33.8亿美元，比2005年增长51.5%，高出全省平均增幅34个百分点，对全省出口的贡献率为60.2%。其中，电器及电子产品出口5.11亿美元，同比增长82.6%；汽车和汽车底盘出口2.97亿美元，同比增长93.1%；汽车零件出口2.88亿美元，同比增长85.9%。高新技术产品出口也保持了强势增长，2006年比上年增长107.8%。其中，电子技术出口2.0亿美元，同比增长378.7%；计算机集成制造技术出口2373万美元，同比增长124.7%。三是出口企业结构优化。2006年外商投资企业和私营企业出口分别比上年增长30.5%和19.7%，占全省出口份额分别比上年提高3.5个和0.5个百分点。四是出口市场结构呈多元化发展。2006年对新兴市场和高价地区出口增长强劲。对非洲、拉丁美洲新兴市场的出口同比分别增长42.3%和55.6%。对美国、加拿大、德国和意大利的出口同比分别增长40.1%、58.4%、34.7%和50.0%，对印度出口增长137.3%。资源和原料的初级产品进口增长较快。2006年初级产品进口33.70亿美元，同比增长14.2%，占全省进口总额的59.2%。其中，大豆进口198万吨，增长37.4%，进口额5.1亿美元，增长19.2%；棉花进口6.5万吨，增长171.8%，进口额8402万美元，增长183.5%；铁矿砂及其精矿进口3286万吨，增长13.2%，进口额20.9亿美元，增长11.3%；初级形状的塑料进口14.7万吨，增长28.1%，进口额2亿美元，增长27.4%。

农产品出口在困难中保持了小幅增长，加工深度有所提高。2006年5月29日，日本开始实施《食品中残留农业化学品肯定列表制度》，这是日本为加强食品和农产品中包括农药、兽药、饲料添加剂等在内的农业化学品残留管理而制定的一项新制度。“肯定列表制度”的实施加大了中国对日农产品出口风险。首先，该制度涉及范围广，涵盖了 肉类制品、蔬菜、水果及制品、水产品、食用菌、茶叶、谷物等几乎所有中国对日出口大类商品。其次，限量标准异常严格，其中的“一律标准”更是对未涵盖在“暂定标准”项下的所有其他农业化学品和其他农产品制定了一个极为苛刻的统一限量标准，即0.01ppm。第三，根据该制度，每种食品和农产品涉及的残留限量标准平均约200项，有的甚至超过400项。在制度实施前，猪肉仅需检测25项，而制定实施后上升至425项，大米则由129项上升至579项。“肯定列表制度”对河北省农产品的生产和出口管理提出了全面挑战，对农业生产经营的规模化、标准化建设和源头管理提出了新的要求。为此，全省采取措施，积极应对。2006年河北农产品出口在十分困难的情况下，仍增长6.2%，而且提高了深加工水平，经加工的水果及坚果出口9637万美元，增长42.2%；制作或保藏的鸡肉出口4864万美元，增长24.3%。

【利用外资】 2006年，全省实际利用外资23.8亿美元，其中外商直接投资20.1亿美元，与上年同比分别增长4.6%和5.3%。新批外商投资企业446家，合同外资额15.1亿美元，同比分别下降22.7%和40.5%。新注册外商投资企业402家，外方注册资本13.6亿美元，同比分别下降23.4%和35.7%。一是服务贸易领域利用外资实现新发展。2006年，新奥能源销售有限公司、河北怀德贸易有限公司等7家外商投资商业企业获准设立，河北省天然气有限责任公司、好利友食品有限公司、华升富士达电梯有限公司等25家外商投资非商业企业获准增加分销经营范围。2005年，河北省有了第一家外资连锁超市、第一家合资电影院、第一家外资贸易公司、第一家合资图书和报刊零售企业，商业领域利用外资的步伐在悄然加快。二是大项目对利用外资拉动效果明显。2006年，全省审批了保定天威英利新能源、石家庄钢铁、中油宝世顺（秦皇岛）钢管、石家庄三鹿集团股份有限公司等79个总投资超过1000万美元的大项目，合同利用外资8.6亿美元，分别占审批项目个数和合同外资总额的17.7%和57%。其中：石家庄钢铁有限责任公司和保定天威英利新能源有限公司等2家企业投资总额超过1亿美元；中油宝世顺（秦皇岛）钢管有限公司、邯郸力尔高分子科技有限公司、衡水东风兴达化工有限公司等6家企业投资总额超过3000万美元。三是制造业仍是外商投资产业的主要领域。2006年，外商对第一、二、三产业的直接投资为3237万美元、18.28亿美元和1.54亿美元，分别占外商直接投资总额的1.6%、90.8%和7.6%。在第二产业中，制造业外商实际投资17.80亿美元，其中列前十位的行业为：黑色金属冶炼及压延加工业（5.30亿美元）、食品制造业（1.52亿美元）、交通运输设备制造业（1.52亿美元）、通信设备、计算机设备及其他电子设备制造业（1.30亿美元），有色金属冶炼及压延加工业（1.05亿美元），化学原料及化学制品制造业（9034万美元）、农副食品加工业（7427万美元）、金属制品业（7352万美元）、通用设备制造业（5342万美元）、非金属矿物制品业（4795万美元）。在第三产业中，房地产业5108万美元，交通运输、仓储和邮政业4089万美元。四是亚洲地区依然是河北省吸引外资的主要来源地。亚洲国家（地区）投资12.8亿美元，同比增长8.2%，占全省外商直接投资的63.5%。欧洲地区投资1.24亿美元，同比下降38.6%，占全省外商直接投资的6.2%。拉丁美洲地区投资3.39亿美元，同比增长24.1%，占全省外商直接投资的16.8%。北美地区投资2.29亿美元，同比增长17.4%，占全省外商直接投资的11.4%。大洋洲地区投资3797万美元，同比下降33.7%，占全省外商直接投资的1.9%。五是外资并购逐步成为新亮点。适应国家宏观调控的新形势，鼓励通过股权、产权并购方式吸引外商投资，注重利用存量资产，以建设用地零增长方式扩大利用外资。2006年，已有石钢、三鹿集团、天威英利、兴茂轮胎等23家企业通过并购进行融资，合同利用外资2.4亿美元。

【对外经济合作】 2006年全省核准非贸易类境外投资企业24家，中方投资额2.1亿美元，同比增长93.1%。对外承包工程新签合同168份，合同额17.6亿美元，同比增长59.1%；完成营业额8.3亿美元，同比增长44.4%。外派劳务人员9053人/次，同比增长5.6%，期末在外人数1.45万人；共争取援外项目4个，中标总价2930万元人民币，援外培训项目3个，共培训学员70多人。第一，积极推进企业境外投资。一是重点抓项目促进。积极促进推动企业走出去，协调解决企业境外投资、融资和核准中遇到的困难。唐山曙光实业集团投资8277.4万美元在马达加斯加设立年产110万吨水泥厂项目、长城汽车股份有限公司在俄罗斯投资7000万美元设立年产5万辆汽车项目。二是积极探索企业境外投资的新形式。省建设投资公司申请将其持有的26%的邢钢股权（折合1950万美元）划归其子公司燕山国际投资有限公司持有的投资项目，该项目获商务部核准，为今后企业境外投资开辟了一条新路。三是认真谋划、积极筹建"中国河北境外经济贸易合作区"。2006年初全国商务工作会议提出建立10个境外中国投资合作区，并列入了商务部当年的十二大工程。河北省把河北晶牛集团津巴布韦建材合作区作为推荐首选，并正式向商务部报送了投标文件，参加了商务部组织的陈述和答疑。四是组织企业参加各类经贸洽谈活动，了解拟投资国的政治、经济环境和投资政策，规避投资风险。在第十届国际经贸洽谈会上签约的秦皇岛奔牛商贸公司在南非生产安全玻璃项目，在第三届东盟博览上签约的青龙县普赢铁业有限公司在老挝开发铜矿项目、邯郸冀达制铁有限公司在越南开发铁矿项目等都已获核准，中方投资总额826万美元。第二，积极做好对外承包工程工作。一是抓服务。中石油天然气管道局新签的印度天然气项目合同额3.3亿美元，创河北省企业对外承包工程单项合同的最高记录。二是积极为符合条件的企业申报对外承包工程经营权。2006年共为中国北车集团唐山机车车辆厂、芦台农场、秦皇岛中铁山桥等7家企业新批了对外承包工程经营权。三是进一步加大有资格的企业承揽国家援外项目的力度。已争取到我国政府对坦桑尼亚革命党援助的办公设备供货项目，援助刚果（布）两城市供水项目等。四是积极争取援外培训项目，2006年全省共获得"对非洲棉花技术培训班"等3个援外培训项目。培训学员70多人。五是协助商务部完成了2006年援外企业资格核验工作。第三，进一步规范外派劳务，加强行业管理。一是抓经营规范，大力发展境外劳务市场。全省现有外派劳务企业13家，直接签约、直接外派的"一手劳务"比例有所提高；日本、韩国、新加坡、中东等主要市场规模不断扩大；大客户、大项目越来越多。二是抓基地规范，大力做好劳务资源储备。在全省宣传、推广故城县外派劳务基地建设的基本经验；组织部分基地参加了由国家商会组织的全国外派劳务对接大会，扩大了基地与省内外各类外派劳务企业的交流与合作。三是抓市场规范，大力整顿市场经营秩序。省内9个部门开展专项行动，严厉打击了对外劳务合作领域中的商业欺诈行为，遏制了非法外派劳务中介活动。

【高新技术产品出口】 2006年高新技术产品进出口8.4亿美元，增长49.0%，其中出口4.9亿美元，增长107.8%，高于全省外贸出口平均增幅90.3个百分点，高于全国高新技术产品出口增幅78.8个百分点，占全省外贸出口总额的3. 8%，比上年提高1.6个百分点。高新技术产品出口主要集中在电子技术领域。电子技术产品出口2.04亿美元，比去年同期增长了366.5%，占高新技术产品出口的42%。位居其后的是生命科学技术产品和计算机与通信技术产品，分别出口1.26亿美元、7802万美元，同比增长49. 7%、46.6%，占高新技术产品出口的25.9%、16.1%。此外，计算机集成制造技术类产品和光电技术类产品虽在高新技术产品出口中占比仅为4.9%、0.5%，但同比增长幅度却分别达到124.7%和80.2%，尤其12月份当月的出口增长速度和去年同期比较，均超过了10倍以上。重点出口企业支撑作用明显，出口企业集中度较高。保定天威英利新能源有限公司从2003年开始起步，当年出口7.3万美元。2006年，该公司出口1.97亿美元，成为河北省高新技术产品出口首家过亿美元的骨干企业；同上年相比，该企业出口净增1.54亿美元，占全省高新技术产品出口额的31.7%，拉动全省高新技术产品出口增长61个百分点。计算机集成制造技术累计进口 1.61 亿美元，占高新技术产品进口总额的 49.9%，同比增长 7.2%。此外，对航空航天技术领域内的商品进口大幅增长，达 4723 万美元，比上年净增 4467 万美元，占进口总额 13.7%，占比比上年增 14.5 个百分点。

【开发区建设】 2006 年全省开发区以科学发展观为统领，坚持“三为主、二致力、一促进”的发展方针，在对外开放、经济发展、科技创新等方面都取得了显著成绩。全省 34 个开发区（包括 1 个国家级经济技术开发区，2 个国家级高新技术开发区，29 个省级经济开发区，2 个省级高新技术产业园区）完成地区生产总值 851.5 亿元，同比增 35.8%；工业销售收入 2123.5 亿元，同比增 30.7%；财政收入 102.5 亿元，同比增 22.5%；实际利用外资 7.4 亿美元，同比增 10.3%；贸易进口 16.6 亿美元，同比增 9.0%；贸易出口 30.2 亿美元，同比增 47.6%。2006 年，全省开发区固定资产投资完成 449.3 亿元，同比增 24.0%，竣工建筑面积 1121.4 万平米，同比增 62.1%。在区内就业人数达 52.1 万人，同比增 17.%，其中在工业企业就业 42.8 万人，同比增 25.6%，在外商投资企业就业 19.6 万人，同比增 32.9%。开发区主要经济指标均超额完成了年初预期指标。2006 年经济总量排名前十位的开发区依次为：秦皇岛、廊坊、燕郊、石家庄（高新区）、保定（高新区）、唐山海港、唐山、南堡、藁城、香河开发区。到 2006 年底，全省开发区累计进区企业达 1.95 万家，较上年增 2517 家，其中外商投资企业 2206 家，较上年增 190 家。开发区累计利用外资 64.1 亿美元。

【河北省地理标识推介与保护项目】 按照 WTO/TRIPs 协议，在知识产权保护方面，长期以来施行的“原产地名称保护”逐渐转型为“地理标识保护”。地理标识与版权、商标权、专利权等一样成为受 WTO 保护的知识产权类型。地理标识虽与商标一样，具有很高的商业价值，并极易被假冒、滥用和不当使用。河北省作为一个具有悠久历史和诸多文化遗产的农业大省，地理标识资源十分丰富，如：沙城长城葡萄酒、昌黎葡萄酒、沧县金丝小枣、泊头鸭梨、蠡县麻山药、迁西板栗等。经普查，目前河北省拥有地理标识资源 113 项。其中，已获保护的有 17 项，正申请保护的 9 项；有待开发保护的 87 项。河北地理标识保护还有很大发展空间。2006 年 10 月，河北省商务厅启动了“河北省地理标识推介与保护项目”，并将之纳入河北省商务厅品牌建设项目体系。执行“河北地理标识项目”，要实施一系列活动，包括建立河北省地理标识推介与保护网络平台，举行新闻发布会，对省内外地理标识资源及保护现状进行调查和调研，制定河北省地理标识保护方案，编写培训教材，组织相关群体研讨培训，利用网络和媒体进行多渠道宣传，申请设立河北省著名的地理标识保护产品等。通过执行这个项目，要实现五项产出：一是在全省范围内，特别是在相关商品的原产地地域范围内，广泛周知地理标识及地理标识保护知识；二是摸清全省范围内符合 WTO/TRIPs 协议要求、能够纳入地理标识保护的原产地标志资源；三是摸清全省地理标识保护现状及存在问题；四是对全省进一步加强地理标识保护及相关制度建设提出对策建议；五是对国家进一步完善地理标识保护法律体系，使之进一步与国际接轨（特别包括由 TRIPs 协议之前的原产地名称管理转型为地理标识保护）提出意见和建议。目前，河北省地理标识项目已顺利完成省内实地考察和宣传推介活动，摸清了省内地理标识资源，宣传了地理标识知识，提升了全省地理标识保护意识，为全面完成项目奠定了基础。与此同时，项目其他规定动作也正按预定方案稳步进行。

（河北省商务厅　曹国华）

石家庄海关

【概况】 2006 年，在海关总署和河北省委、省政府的正确领导下，石家庄海关党组带领关区全体关员，以科学治关的理念为指引，全面贯彻“依法行政，为国把关，服务经济，促进发展”海关工作 16 字方针和“政治坚强、业务过硬、值得信赖”海关队伍建设 12 字要求，狠抓准军事化建设、作风建设和规范管理三项重点工作，税收征管、打击走私、通关监管、队伍建设等各项工作都取得了显著成绩。

税收征管。加大综合治税力度，依法征管、科学征管、量质并举、应收尽收，全方位提高关区税收征管质量。全年实现税收净入库 43.73 亿元，增长 43.8%。一般贸易进口应税商品的价格水平，持续保持在 0.95—1.05 绿色区间。备案加工贸易手册 3578 份，备案金额 8.84 亿美元，对 14 家企业实现加工贸易联网监管。

打击走私。充分运用刑事、行政两种执法手段，坚持“以打促税”思路，以情报和风险分析为先导，以货运渠道（价格瞒骗）、加工贸易渠道和减免税货物（倒卖、挪用）为主攻方向，发挥刑事执法威力，保持打私高压态势。年内，共立案各类走私、违规案件 59 起，案值人民币 2.34 亿元，涉税 3676 万元。

通关监管。以“管得住、通得快”为着眼点，规范监管作业流程。进一步加强监管技术设备管理力度，提升监管技术设备使用效益。应用通关监管风险信息网上报送系统，真正实现了关区风险信息共享、交流互补，通关监管风险分析能力和水平不断提高。2006 年，关区共监管进出境货物 8163 万吨，增长 13%，关区进出口总值 83.02 亿美元，人员 16 万人次，监管运输工具 5684 辆（艘），监管集装箱 4.37 万箱次，增长 50%。报出《海关统计专报》、《农产品监测月报》各 12 期，河北省领导先后 15 次做出重要批示。围绕外贸发展变化进行专题分析研究，参加了海关总署组织的 4 个专题的联合调研，调研报告得到吴仪副总理、牟新生署长批示。全年共撰写各类统计信息 130 余篇，采用 216 篇次。以“风险分析监控中心”实体化运作为重点，推动“三级防控体系”任务落实。自主开发的“石家庄海关风险管理网站”从风险信息、规章制度、培训资料、经验交流、疑难解答等多个角度提供服务，成为日常宣传风险管理理念的重要阵地。

服务经济。2006年，依法减免，规范操作，年内办理减免税证明1504份，审批货值6.73亿美元，减免税款14.81亿元。积极推广区域通关改革工作。确定了省内33家企业享受此种便捷通关模式，至2006年底，区域通关共放行进出口报关单502票，征收税款1.7亿元。继续推进口岸大通关机制建设。电子口岸采用了“多点对外、即办即评”的业务受理新模式，全年联合办公12次，办理入网1641家，接听热线1万6千余次。对曹妃甸等全省重点建设项目提前介入，全程跟踪服务，积极参与曹妃甸港区建设规划研究，加强与相关部门的联系沟通，开展实地调研，到兄弟海关就陆路港、监管模式等问题进行学习考察，为山海关机场临时开放等有关工作做准备。实行预约报关制度，确保7×24小时全天候通关，及时为企业办理通关手续。

队伍建设。加强关党组自身建设，努力建设“学习型、和谐型、人本型、诚信型、创新型、廉洁型”领导班子。以纪律作风建设为突破口，以开展军事化训练、严格内务规范秩序、落实监管现场内部设施设置和关员行为语言规范化建设、深化行风建设和政务公开四项工作为主要内容，务实推进准军事化部队建设。着重抓好基层责任制建设和责任追究工作，加大纠风力度，深入开展“树新风，促廉洁”主题廉政共建活动。2006年，组织关区各单位走访驻地党政、口岸部门60余个，签订廉政共建协议13份，聘请行风监督员108人，走访重点企业和税源大户30余家，组织召开企业座谈会27场340余人次，发放公开信和宣传手册865册，出台便民措施和服务承诺50余条，健全完善各项内部管理8项。制定了《2006年民主评议工作方案》，筹划部署了行风、效能建设和行政权力公开3项工作，组织阳光热线直播活动5次，解答各类咨询投诉50余个，获得了河北省省直机关民主评议行风先进单位的荣誉。

（石家庄海关　程　捷）

出入境检验检疫

【概况】 2006年全年共检验检疫出入境货物14.22万批，货值138.78亿美元，同比分别增长11.45%和6.58%。其中检验检疫出境货物13.22万批、货值93.27亿美元，同比分别增长13.18%和2.2%；检验检疫入境货物9956批、货值45.51亿美元，同比批次减少7.31%、货值增加16.83%。检出不合格货物983批，货值3.05亿美元，同比批次增长5.14%、货值增长5.85%。其中检出不合格出境货物251批、货值282.83万美元；检出不合格入境货物732批、货值3.02亿美元。截获二、三类检疫性动植物有害生物39批，76种次；完成出入境人员查验14.7万人次，同比增长11%；健康检查及预防接种1.8万人次，同比增长63.43%；发放国际旅行健康证1万多份。对3559艘船舶、489架国际航班飞机进行了卫生检疫。共发现各类传染病例1349例，有效防止了传染性疾病的传播。普惠制产地证签证减免关税、对外索赔获赔等为企业争取有效利益约1.21亿美元。

【口岸执法】 加强口岸公共卫生安全执法把关。一是认真落实口岸防病“八项制度”和“五到位、五不漏、五及时”要求，加强和规范出入境人员、交通工具、集装箱、旅客携带物等卫生检疫查验工作。实行联防联控，强化对人禽流感等疫情防控，保障了口岸公共卫生安全。二是加强口岸卫生安全监督，开展了外来有害生物的监测和普查，严格对口岸餐饮、娱乐、外轮供应、垃圾处理等行业的卫生监管和进出境卫生除害处理从业单位资质管理，有效防范了食源性疫病发生和外来有害生物入侵。三是各口岸出入境检验检疫机构能力建设进一步加强。(1)不断完善把关服务功能，提升能力，确保了出入境人员安全和大宗、敏感商品的质量安全；(2)紧密配合河北省“一号工程”曹妃甸港区建设，积极推进唐山港口岸出入境检验检疫设施建设；(3)在石家庄机场成功举办了空港口岸防控人禽流感应急处置联合演习，受到质检总局和省委省政府的充分肯定。四是加强对旅保中心的管理，组织开展对各旅保中心业务工作质量检查，加大了对医学诊断试剂、疫苗购进和使用的监管力度。唐山分中心顺利通过质检总局的考核，各旅保中心工作质量和保障能力进一步提高。

【对重点、大宗、敏感商品执法】 一是加强了对进口铁矿石、棉花，出口煤炭、皮革、汽车、陶瓷、纺织服装等大宗进出口商品的出入境检验检疫工作。在对进口印度铁矿石实施检验监管过程中，发现2.1万吨铁矿石中掺混非原矿物质，及时对货物作退运处理，为进口企业挽回损失近600万美元，总局主管部门给予了高度评价，并在全国出入境检验检疫系统发布了预警通报。对进口的18.5万吨棉花实施了严格检验，帮助企业对外索赔405万美元。二是抓好出入境食品、动植物及其产品的检验检疫，严防疫病疫情和有毒有害物质传入传出。重点加强对进口粮谷、水果、木质包装等商品的检验检疫。在全省组织开展了3次进口预包装食品市场检查，对发现的100余种不合格预包装食品按规定进行了处理。严格出口监管，从源头抓质量，加强出口基地备案管理，加大了对农药、兽药和其它有毒有害物质的检测和防控力度，从生产、加工到出口全过程控制能力明显增强。修订了《供港澳活牛注册育肥场检验检疫监管手册》，加强了活牛疫情监测工作，保证了供港澳448批、1.11万头活牛的质量安全。进一步加大了对出口肠衣、肉食、水产品的监管力度，提高了该类产品出口的安全系数。三是加强了对涉及安全、卫生、健康、环保和反欺诈方面产品的检验检疫监管。在对出口机电产品、化工产品、危险品及包装等涉及安全、卫生、健康、环保产品加强检验检疫监管的基础上，重点加大了对进口旧机电、旧医疗设备、废物原料等进口商品的监管和违法行为的查处力度。四是加强了援外物资的检验和监管。对60批紧急援外物资进行了严格的检验检疫，确保了援外物资的质量和通关效率。

【应对国外技术性贸易措施】 对总局发布的115项预警通报进行了积极部署，并对涉及河北的7次重点预警进行了调查处理。积极应对日本"肯定列表制度"，加强出入境检验检疫工作人员和相关企业的学习培训，在全省范围内开展了输日动植物源性食品农业化学品普查工作。根据普查数据，深入开展风险分析，科学确定重点检测项目和监控措施，提高了监管针对性。河北局作为全国坚果类产品、牛羊肉及制品两个检验检疫协作组的组长单位，积极组织成员单位加强了应对工作措施的研究，同时还参加了质检总局应对"肯定列表制度"专家组的研究工作，为全国范围的应对工作提供了技术与数据的支持。由于工作措施得力，全省出口农产品、食品突破7亿美元，同比增长6.2%，未发生安全质量问题。省局还通过建立预警机制、强化企业管理体系建设、组织企业培训等措施，加强对企业的监管和指导帮扶。积极应对欧盟ROSH、WEEE和REACH指令，促进了省内重点行业和优势产业的健康发展。

【服务地方经济】 一是帮助一批企业转入新的验放通关监管模式。目前，全省实施"绿色通道"企业有62家；实施出口免验企业2家，继续向质检总局推荐出口免验企业1家；实施分类管理的一、二类企业已达176家；加强了"电子监管"工作模式改革，首批35家出口企业实施了"电子监管"。二是帮助一批农产品出口基地提高了管理水平。积极实施"公司＋基地＋标准化"管理模式，狠抓源头，提高农产品出口质量。对214家养鸡场、37家养猪场、21家养兔场进行了备案管理。对2.95万亩共35个备案果园实行了注册规范化管理。基地整体管理水平进一步提高。河北梨重新进入美国、加拿大、澳大利亚、新西兰等高端市场，同时开辟了智利、秘鲁、阿根廷等新市场。全年出口鲜梨7.88万吨，数量、金额同比分别增长54.3%、56.6%，促进了农民增收和河北梨产业的健康发展。赢得了省政府的高度赞誉。三是引导一批企业通过注册登记提高了市场竞争力。目前，取得国家出口食品卫生登记注册企业总数达613家，其中年内新增91家；取得对外注册企业达64家，其中年内新增15家；获得国家出口质量许可证的企业159家。120多家企业进行了原产地证申领注册，21家企业经过审核被批准原产地标记注册续展。四是加快重点项目建设促进龙头企业发展。重点抓了曹妃甸港区矿石码头、秦皇岛港煤五期检验检疫配套设施建设。就曹妃甸港区检验检疫配套设施建设等，国家质检总局与河北省政府建立了"省部合作机制"，签署了合作备忘录。对省内50多家龙头型企业开展了重点帮扶工作，取得了明显成效。尤其是帮助汽车出口企业加强质量管理，使河北省汽车出口数量突破5万辆，高居全国第二位。五是帮助一批企业建立了先进的管理体系。在出入境检验检疫部门帮助下，新增200多家内外贸企业建立了ISO9000、ISO14000、OHSMS18000、HACCP等质量、安全管理体系认证。还帮助部分企业开展了IP认证（非转基因产品）、生态纺织品认证、CHINAGAP（中国良好农业操作规范）认证。企业通过开展相关认证，提高了管理和经营水平，增强了产品的市场竞争能力。六是扶持培养了一批诚信企业。按照《河北出入境检验检疫局企业诚信体系实施意见（试行）》，以企业监管档案为基础，以提高企业信用为核心，在20家对外贸易额较大、行业代表性较强、管理水平较高的企业开展了"诚信企业"建设试点工作，积极引导企业提高自律意识，走信誉兴企、质量兴企之路。

【实验室建设】 积极推进实验室认可/计量"二合一"评审认证工作。制定和落实重点实验室投入计划，加强实验室仪器设备管理和实验室间的交流与合作，开展实验室能力验证和应对日本"肯定列表制度"食品实验室检测能力调查活动，促进实验室资源共享，发挥重点实验室的辐射带动作用，认真负责的完成了仪器设备政府采购计划，进一步提高了全局系统实验室的技术检测能力和水平。省局技术中心实验室经过扩项评审，认可商品类别由原来的7类增加到16类，检验项目由70多项增加到246项，新开验检测项目达到92项，已成为国家有机产品检测认证实验室、CQC委托检测签约实验室、Rohs指令检测批准实验室。目前河北局系统4个实验室可以针对日本"肯定列表制度"开展安全卫生项目检测。

【科研制标】 年内共完成36项国家标准、2项出入境检验检疫行业标准、16项河北省地方标准和1项总局下达的科研项目，分别通过质检总局、国家认监委、国家标准委等组织的鉴（审）定。特别是秦皇岛局技术中心研究完成了《牛甲状腺和肌肉中硫脲嘧啶、甲基硫脲嘧啶、正丙基硫脲嘧啶、它巴唑、硫基苯并咪唑残留量的检测方法》等28项和《水果蔬菜中500种农药多残留测定方法 气相色谱—质谱法》等8项农产品中农药多残留测定方法国家标准共计36项检验方法国家标准课题，并顺利通过国家标准委员会审定。由于科技创新成绩突出，省局技术中心被评为全国质检系统"科技兴检"先进集体，秦皇岛局庞国芳同志荣获全国质检系统"科技兴检"突出贡献奖，秦皇岛局技术中心荣获首届"中国标准创新贡献奖"一等奖，另有1名同志被授予"国家质检总局优秀中青年专家"称号，3名同志被授予"国家质检总局学术技术骨干"称号。

【信息化建设】 积极围绕出入境检验检疫大通关建设，完成了机房环境改造、系统集成等工作，为实现全省系统CIQ2000数据大集中奠定了基础。进行了9次CIQ2000系统优化升级，提高了网络运行安全性，保障了出入境检验检疫业务工作的顺利进行。根据电子监管工作需要，搭建了电子监管测试平台，保证了出口电子监管系统的顺利上线和推广实施。开发了"进境动物产品审批统计系统"、"认证监管工作管理系统"，进行了"河北局综合数据信息平台"建设的前期工作，"业务统计信息网"辅助决策的作用得到了较好的发挥。省局机关办公自动化系统正式运行，分支机构办公自动化系统建设即将完成，行政办公质量和效率进一步得到提高。

【基础管理】 一是积极推进绩效考评管理。以提高行政执法效能为目标，制定并分解了出入境检验检疫工作目标责任制，加强日常和阶段性监督检查，定期通报公布检查考核情况，推进绩效管理，促进了工作落实。二是加强了调研工作。突出围绕新农村建设、应对日本“肯定列表制度”及口岸建设主题，组织开展了调研活动，为各级领导科学决策提供了依据。三是提高行政办公质量和效能。以精细化服务为目标，加强了文秘、机要档案、保密、信息宣传、会议接待等项基础工作，有效保障了全局中心工作的顺利进行。

【企事业发展】 不断探索和完善企事业财务管理和监督机制。在调查研究的基础上，结合实际，制定了企事业单位年度考核奖励办法。聘请会计师事务所对企事业财务进行了审计，进一步规范了企事业财务审核工作，促进了企事业单位健康发展。省局技术中心完成了中国合格评定国家认可委员会（CANS）的复评审和扩项评审，通过了欧盟健康与消费者保护总公司（FVO）专家组的检查，较好的发挥了技术保障职能作用。河北评审中心坚持以做优做强民族品牌为目标，认证业务实现持续稳步增长，全年新开发认证企业90家，同比增长30%，累计有效认证企业达到531家。省局旅保中心按照ISO9000质量管理体系，规范管理，提高队伍素质和工作质量，在保障执法把关的同时，积极开拓体检市场，取得了良好的社会效益和经济效益。秦皇岛局、京唐港办事处旅保中心也较好地完成了执法保障任务，出入境检验检疫协会不断拓展新业务，较好发挥了在政府和企业间的桥梁纽带作用。省局机关和各分支机构后勤服务保障工作有效开展，省局机关服务中心通过完善制度，明确责任，促进了办公物业、物资采购、食堂等工作的规范化管理，后勤服务功能和保障能力明显增强。中检河北分公司坚持以市场为导向，不断加强管理创新、技术保障手段创新和资源整合，积极开拓业务新领域，取得了较好的成绩。

【财务管理与基建】 一是深化财务管理，提高资金保障能力。加强了财务管理、预算管理、国有资产管理、财务稽查和审计工作。省局仪器设备专项资金管理工作和仪器设备配置效能得到了国家审计署驻海关审计局的高度评价。统筹运用资金，积极开展增收节支，保证重点项目建设和出入境检验检疫一线需要，较好发挥了财务促进、监督和保障作用。

加强基础设施建设。完成了省局综合楼竣工决算审计、档案整理及备案工作，已具备申报总体验收条件。黄骅港检验检疫一期配套工程和沧州局综合楼顺利通过了质检总局的总体验收。张家口局综合楼已经竣工并投入使用。秦皇岛局、邯郸局综合楼建设进展顺利，已完成主体施工，正在进行内外装修。曹妃甸港区检验检疫配套设施和秦皇岛煤五期采制样设施初步设计通过总局审定。完成了原动植检楼续建工程的前期准备工作。

（河北省出入境检验检疫局　李慧卿）

外事　　侨务

【概况】 2006年，全省外事、侨务、港澳工作全面贯彻落实科学发展观，认真学习贯彻中央外事工作会议精神，高扬“树正气、讲团结、求发展”的主旋律，坚持为国家总体外交服务、为侨服务、为全省经济社会发展服务，各项工作取得了新的成绩。

充分发挥工作优势，积极开展对外交往。利用外事、侨务、港澳等渠道，邀请接待外国人、华侨华人、港澳同胞等687批6378人次。主要有：俄罗斯列宁格勒州州长、津巴布韦西马绍纳兰省省长、荷兰南荷兰省副省长、澳大利亚昆士兰州能源部长暨土著居民和托雷斯海峡居民政策部长等一批重要团组，以及荷兰、瑞典、澳大利亚、墨西哥、智利等国家的驻华使节26批152人次。精心组织各类洽谈活动156场次，推动了与有关国家的交流合作。邀请外交部、我驻外使领馆外交官来河北考察指导工作，安排省、市领导访问我驻外使领馆，与我驻大国、周边国家、部分发展中国家使领馆保持了经常性的联系。

做好争取接受境外捐赠工作，积极促进公益事业发展。全省共争取和接受国际组织、友好城市、友好人士、华侨华人和港澳台同胞捐赠折合人民币1219万元，促进了河北省公益事业的发展。其中实现捐建小学3所，捐建乡镇卫生院13所，无偿援助儿童发展项目1个，无偿援助绿化合作项目1个，受益群众达数十万。

深入开展友城或友好交流，积极推进友城结好工作。进一步巩固和加强了河北省与18个国家的53个外国地方政府的友好关系，密切了与24个国家的44个外国地方政府的友好交流关系。接待友城团组来访65批697人次，双方多领域的交流与合作不断深入。新建友好城市1对，新建友好交流关系9对，新争取全国友协批准友好城市2对。与津巴布韦西马绍纳兰省签署了《关于进一步加强交流与合作关系的备忘录》，与罗马尼亚登博维察县签署了《河北省与登博维察县友好交流与合作备忘录》等，增进了与有关国家地方政府的友好交流关系。

切实加强因公出访管理和服务，不断提高工作水平。认真学习贯彻《中华人民共和国护照法》，严格护照颁发和回收。切实加强因公出访审批管理，认真组织市厅级干部出访省七部门会审，积极协调省直有关牵头单位抓好省领导出访计划的落实。全省派遣因公出国（含赴港澳）团组2916批1.10万人次，同比增加10.9%和15.0%，出访93个国家和地区，促进了全省的对外交流与合作。积极做好外派工作，派出赴日、韩交流员3名，外派教师延期3名，外派工作受到外交部、国侨办以及外方的好评。

坚持依法护侨、为侨服务、凝聚侨心、发挥侨力，取得好效果。认真贯彻执行“一法两办法”，依法保护归侨侨眷的合法权益。结合河北实际，制定了“五五”侨法普法规划，并列入全省“五五”法制宣传教育规划。“两节”期间，全省走访慰问归侨侨眷988户2587人，发放慰问金及节日物品40.6万元，进一步凝聚了侨心。争取中央财政下拨河北省华侨事业费58万元，省财政安排扶救款35万元，用于全省困难归侨侨眷的帮扶工作。组织全省40位朝蒙归难侨代表进行脱贫培训交流，组织全省近百名下岗归侨侨眷和待业子女进行再就业和创业培训，有针对性地做好脱困和帮扶工作。严格按照政策规定，审查、办理“四侨”考生出证321份。在规定期限内，认真承办了3份省“两会”代表、委员的建议和提案。认真受理归侨侨眷来信来访、政策法规咨询1400余人次，做到了“有问必答，有信必复”。全年接待华侨华人256批2326人次。其中，省外（侨）办接待华侨华人37批345人次，新结识了21个国家80多个社团负责人和120多位重点人士，组织来访华侨华人与相关企业举办经贸洽谈46场次，签订一批合作意向，促进了河北省的对外交流与合作。

进一步深化港澳交往，推动冀港、冀澳合作。加强与香港、澳门特别行政区政府和中央驻港、澳联络办以及外交部驻港、澳特派员公署的交往，积极开展与港澳地区知名企业、民间组织和社会名流的交流，努力推动冀港、冀澳合作。在国务院港澳办、驻港中联办的大力支持下，在香港成功举办了河北省（香港）投资贸易洽谈会暨河北（香港）文化周活动，季允石省长、才利民副省长出席活动，季允石省长会见了全国政协副主席董建华、香港特区政府行政长官曾荫权、中央驻港中联办主任高祀仁和外交部驻港特派员公署特派员吕新华，进一步密切了河北与香港的交往。季允石省长与澳门特区政府行政长官何厚铧就冀澳交流合作进行会谈，推动了冀澳合作。

采取有力措施，进一步加强涉外、涉侨管理工作。加强了对境外机构、组织和人员等在冀活动管理，积极配合做好2008年第29届奥运会秦皇岛赛区有关工作，不断提高应对和处置各类重大突发事件的能力。认真开展行政公开透明运行工作，规范管理，完善服务，努力简化行政审核、审批手续，提高行政效率。全省制定下发各类外事侨务管理文件14项，编印了《行政公开透明运行工作相关法律法规汇编》、《外事礼宾礼仪》，适时开通了河北省人民政府外事（侨务）办公室门户网站等，不断为基层（单位）提供更加优质的服务，受到有关部门和领导的好评。

全省邀请、接待境外记者来访39批286人次，受理签发留学生202表679份，办理外国人来华签证延期和居留手续104件，依法及时妥善处置涉外、涉侨案（事）件43件，确保对外交往的健康发展。

【俄罗斯列宁格勒州代表团访问河北】 11月10日至11日，应省政府邀请，以州长谢尔久科夫为团长的俄罗斯列宁格勒州代表团一行54人访问河北。期间，代表团考察了石家庄高新技术开发区，参观了正定大佛寺，与省内有关部门、企业、院校进行了洽谈交流。

11月10日晚，省委书记、省人大常委会主任白克明，代省长郭庚茂在石家庄人民会堂会见了谢尔久科夫州长及代表团主要成员。白克明向代表团介绍了河北近年来经济社会发展情况。白克明强调，自1992年两省州建立友好关系以来，双方在经济、文化等各方面的交流合作不断加深，相信通过双方不懈努力，两省州之间的友好关系必将得到进一步巩固与发展。郭庚茂表示，耀华玻璃集团公司与列宁格勒州方面的合作，标志着两省州的交流合作掀开了新的一页，结出了又一个成果。河北将积极推进与列宁格勒州的合作，并为双方企业的合作提供力所能及的服务。会见结束后，中国耀华玻璃集团公司与列宁格勒州政府签署了关于在列宁格勒州吉利什市建立浮法玻璃生产厂项目的相互理解备忘录。白克明、郭庚茂出席了签字仪式。

【津巴布韦西马绍纳兰省代表团访问河北】 9月11日至9月15日，以省长萨姆康格为团长的津巴布韦西马绍纳兰省代表团和津巴布韦驻华大使穆次万格瓦一行12人来河北访问了石家庄、衡水、保定，进一步促进了双方在农业、畜牧业、医药卫生、建筑等领域的交流与合作，并达成11个经贸合作意向。期间，省长季允石在河北会堂亲切会见了代表团及津巴布韦驻华大使穆次万格瓦，并与萨姆康格省长共同签署了《河北省与西马绍纳兰省关于进一步加强交流与合作关系的备忘录》。在会见时，季允石表示，河北省与西马绍纳兰省的产业结构有很强的互补性，合作基础良好、前景广阔。希望代表团通过此次访问，进一步加深对河北的了解，促进双方在更多的领域开展合作。愿通过双方的共同努力，把业已存在的友好关系不断推向前进，从而为两国关系的巩固和发展作出积极贡献。萨姆康格省长高度评价了河北经济和社会发展取得的巨大成绩，表示，西马绍纳兰省非常珍惜与河北省之间的兄弟般的友谊，愿意与河北在农业、旅游、环保、矿产等方面开展广泛合作，欢迎河北的企业家到西马绍纳兰省投资。

【荷兰南荷兰省、澳大利亚昆士兰州代表团访问河北】 9月25日至28日，以达惠斯·万德比克副省长为团长的荷兰南荷兰省政府经济代表团一行访问河北。期间，省委副书记、省纪委书记张毅，副省长付双建，副省长宋恩华分别会见了代表团。两省的水利、环保等部门分别签订了有关合作协议。两省政府举行了工作会谈，签署了《中华人民共和国河北省与荷兰王国南荷兰省发展合作意向书》。双方商定：两省将从实际出发，确定经贸、水利、环保、教育、科技、医药、农牧业、港口建设等为双方开展合作的重点领域，以实现两省优势互补和共同发展。两省政府将各设一个协调委员会，负责本省方面工作监督，协调委员会的主任分别由双方的一位副省长担任。河北省的对口联络机构为省政府外事办公室，南荷兰省的对口联络机构为该省政府科技厅。两省政府将根据本省实际情况，给予必要的资金支持。两省政府将根据双方目前的合作情况，积极推动在谈项目的进展。达惠斯·万德比克副省长表示，南荷兰省与河北省在水利、环保、农业方面有着广阔的合作空间，南荷兰省已经把与河北省的经贸合作作为重要的对外交往关系。

3月23日，以州能源部长暨土著居民和托雷斯海峡居民政策部长约翰·迈克尔为团长的澳大利亚昆士兰州代表团一行11人访问了河北省石家庄、保定。期间，才利民副省长宴请了代表团。省外办、省发改委、省科技厅与代表团就发展双边关系和能源领域合作进行了洽谈。

【友城与友好交流】 应全国青联邀请，美国青年政治领袖理事会组派由美国民主和共和两党人士组成的青年政治领袖代表团一行9人9月9日至22日来华访问。9月14日至17日在河北停留四天，在此期间，代表团对河北省政治、经济和社会发展情况进行了考察。9月14日，省长季允石在省会石家庄会见了美国青年政治领袖理事会代表团一行。

6月20日至21日，以新日中友好21世纪委员会委员石川好为团长的包括4名日本国会众议院议员在内的日本日中友好漫画家访华团一行30人访问河北。期间，与河北省漫画家进行友好交流。省委书记白克明，省长季允石，省委常委、常务副省长郭庚茂，省人大常委会副主任赵世居，在中国大酒店设宴欢迎访华团一行。

10月23日至30日，以日本长野县日中友好协会会长井出正一为团长的日本长野县日中友好协会代表团一行53人访问河北。期间，出席河北省政府举办的纪念长野县日中友好协会成立50周年招待会，参加绿化合作项目“中日民间绿化合作小渊基金项目河北—长野友好纪念林”（易县）启动仪式和纪念植树等活动。10月24日，副省长宋恩华在河北会堂会见了代表团一行。双方就农林、卫生、体育等多方面的合作与发展进行了交流。

【白克明率团访问芬兰丹麦意大利】 5月28日至6月8日，应芬兰东芬兰省政府、丹麦菲特列堡州政府和意大利达涅利公司的邀请，省委书记、省人大常委会主任白克明率河北省代表团对芬兰、丹麦、意大利进行了友好访问，取得圆满成功。

代表团这次出访，主要是对去年5月和8月，丹麦菲特列堡州州长和芬兰东芬兰省省长率团访问河北省的回访。出访期间，代表团先后与往访国地方政府和议会负责人、科技园区和企业、研究机构负责人进行了会见会谈，并与当地各界人士进行了广泛接触。在东芬兰省和菲特列堡州还分别召开了经济合作洽谈会。代表团此次出访，进一步扩大了河北的影响，推进了河北省的对外交流与合作。

在芬兰，白克明会晤了东芬兰省省长比若奥·阿拉·卡比·哈库利宁女士和库奥皮奥市市长皮特瑞·潘若内先生，围绕发展两省友好关系、推进多领域合作进行了深入磋商。在东芬兰省库奥皮奥市泰克尼亚科技园区召开了两省合作说明会和对口企业洽谈会。代表团还详细了解和实地考察了泰克尼亚科技园区。该园区是芬兰政府重视科技进步、推动科技成果转化的典范。访问中，代表团就该园区在河北省设立办事机构、开展工作交流与人员培训、建立长期合作关系达成了初步意向。代表团还考察了世界500强企业——诺基亚公司总部，对他们技术创新方面的情况进行了了解。

在丹麦，白克明与菲特列堡州州长同时也是新成立的大哥本哈根地区经济委员会主席尤根·克里斯滕森先生举行了友好会谈，就如何拓展河北与大哥本哈根地区多领域合作问题进行了深入讨论。在丹麦科技大学赛恩科技园区召开了两省州合作项目说明会。华北制药集团与诺和诺德公司、石家庄常山生物制品有限公司与弗克生物咨询公司、邯郸垃圾处理厂与索隆公司等，分别就今后的项目合作事宜进行了对口洽谈。代表团还考察了世界著名制药企业——诺和诺德公司，参观了城市污水处理设施和农业产业化项目。

在意大利，白克明会见了弗留利——威尼斯朱利亚大区议会主席亚历山大·台西尼先生和南迪罗尔省省长博恩瓦尔德先生。考察了世界最大的滑雪设备制造商——莱特纳公司和多乐美地滑雪集团，推动了这两个公司投资张家口崇礼县塞北旅游滑雪项目的落实，签订了中意塞北多乐美地滑雪度假区第一阶段第二期投资建设合同。考察了世界三大冶金设备制造商之一的达涅利公司，签订了邯钢集团引进达涅利公司连铸机项目合同。代表团还就进一步扩大他们与河北展开多领域合作问题进行了深入探讨。

代表团所到之处，白克明都详细介绍了河北经济社会发展状况、河北在全国未来发展中的战略地位和对外开放的优势与潜力，充分表达了与往访国加强经贸合作与科技文化交流的良好愿望，在出访地各界人士中引起积极反响，受到当地新闻媒体的关注。芬兰国家广播公司、东芬兰省库奥皮奥时报，丹麦菲特列堡时报和电视台，意大利威尼托通讯、博尔扎诺市和乌迪内市电视台分别对白克明进行了采访报道。

【季允石率团访问泰国韩国日本】 7月4日至15日，应泰国正大集团、韩国忠清南道政府、日本鸟取县政府邀请，省长季允石率河北省友好经济代表团对泰国、韩国、日本进行了友好访问。出访期间，代表团与各国政府和企业界人士深入交流，增进了相互了解，推动了一批合资合作项目的进展，促进了河北与三国的友好关系和经贸合作，出访取得圆满成功。

在泰国，季允石拜会了泰国副总理兼商务部长颂奇，双方就进一步推进河北省与泰国的经贸合作深入交换了意见。季允石与泰国外交部副部长李天文进行了会谈，双方在加强河北与泰国的文化艺术等领域的交流、与地方政府发展友好省府关系等问题上达成了广泛共识。季允石表示，中泰两国是友好近邻，河北与泰国有着良好的经贸与文化合作基础，希望通过此次访问，使双方增进了解，不断扩大合作的规模和范围。季允石还会见了正大集团董事长谢国民，双方均表示愿意进一步扩大合作。访问期间，代表团与泰中促进投资贸易商会共同举办了河北省经贸推介会，与80多位泰国经济界人士交流洽谈；考察了位于泰国可乐府的正大集团CPF养鸡国际标准饲料厂和肉鸡屠宰加工厂。

在韩国，季允石分别与河北的友好省道——忠清南道新任知事李完九和庆尚北道新任知事金宽容就进一步加强双方友好交流合作举行了工作会谈，并与李完九知事共同商谈了河北省设区市与忠清南道发展市级友好关系事宜。季允石还出席了大丰株式会社社长金钟甲为代表团举办的

40多家企业参加的见面交流活动，有效地推进了秦皇岛经济技术开发区与韩国三养公司、三河燕郊经济技术开发区与韩国世原精工株式会社的合作。代表团先后考察了釜山港务局、忠清南道的东一精工企业和现代制铁唐津工厂。季允石在韩国期间表示，当前中韩经贸合作越来越密切，随着东北亚地区合作日益紧密，韩国已成为河北重要的经济合作伙伴。希望双方不断拓展经贸合作的广度和深度，使之从传统产业向高科技、服务贸易领域延伸。

在日本访问期间，季允石与日本自民党政调会长中川秀直先生进行了友好会晤。在会见外务副大臣金田胜年时，双方就加强河北省与日本多领域的交流深入交换了意见。季允石还与河北省的友好省县——鸟取县知事片山善博就进一步加强交流合作举行了工作会谈。代表团与鸟取县共同举办了河北省与鸟取县结好20周年庆典活动。季允石表示，中日两国一衣带水，隔海相望，不断发展双方的睦邻友好关系，符合两国人民的根本利益和共同愿望。近年来，河北省与日本特别是鸟取县保持着良好的交流合作关系，希望通过两省县的共同努力，实现共同发展和繁荣，促进两国友好关系和两国人民的友谊不断得到巩固和发展。此次访日，推进了保定天威集团与日本三菱电机株式会社、唐山高新技术开发区与日本江东电气株式会社、秦皇岛金海工业股份有限公司与日本兼松株式会社的进一步合作。代表团与日本中华总商会就加强与河北省的交流合作交换了意见，考察了鸟取县二十世纪梨生产、科研情况，参观了鸟取县花卉展示项目。

代表团每到一地，季允石都详细介绍河北经济社会发展情况，以及独特的发展优势和巨大的发展潜力，充分表达了与往访国加强经贸合作与科技文化交流的美好愿望，在出访国各界人士中引起积极反响。往访国有关人士纷纷看好河北省良好的发展机遇和环境，表示愿意与河北开展互利共赢的交流与合作。

【河北省（香港）投资贸易洽谈会】 2006年3月28日至30日，河北省（香港）投资贸易洽谈会暨河北（香港）文化周在香港举行。在特区政府、中联办、外交部驻港特派员公署、各协办单位的大力支持下，通过参会人员的共同努力，经贸活动和文化活动取得良好效果。

洽谈会期间，季允石省长先后拜访了全国政协副主席董建华、香港特区行政长官曾荫权、中央人民政府驻香港特区联络办公室主任高祀仁、外交部驻香港特区特派员公署特派员吕新华，以及香港中华总商会、华润集团等一批知名公司。高层拜访和会见活动树立了河北对外开放的良好形象，使香港高层对河北省有了更深刻的了解，增进了友谊，为此次投洽会的成功举办和进一步加强冀港合作奠定了良好基础。

3月28日上午，投资贸易洽谈会暨文化周开幕式隆重举行，中联办副主任郭莉、外交部驻港特派员公署特派员吕新华、香港特区政府财经事务及库务局长马时亨、全国人大常委、金利来集团董事会主席曾宪梓、新世界发展有限公司郑裕彤、中信秦富有限公司主席荣智健等20多位政界、商界要人作为礼嘉宾出席了开幕式，季允石、郭莉、吕新华、马时亨、曾宪梓、郑裕彤、荣智健一同为开幕式剪彩。香港企业及河北省参会代表1000余人参加了开幕式并参观了贸易展览。

洽谈会期间，分别举办了“河北省工业制造、基础设施及服务贸易项目恳谈会”、“河北省高新技术合作项目恳谈会”、“河北省国有企业产权转让项目恳谈会”、“河北企业境外上市融资恳谈会”、“河北省高速公路、高速铁路项目恳谈会”五个专题性招商活动，发布100个全省对外合作重点项目。各市也安排了一系列形式多样、针对性较强的经贸洽谈活动，推介500多个对外合作项目。本次洽谈会共签订合作协议项目160个，总投资31.2亿美元，协议利用外资17.5亿美元。其中协议利用外资1000万美元以上项目49个，总投资23.9亿美元，协议利用外资14亿美元。

在举办经贸洽谈会的同时，还首次举行了河北（香港）文化周。洽谈会与文化周相互配合，相得益彰收到了良好效果。3月28日、29日，在香港新光戏院演出了两场专为文化周精心制作的大型主题晚会——《燕赵风韵》，香港各界2000多名观众观看了演出。裴艳玲、刘秀荣等国内外著名表演艺术家的精湛表演，还有获国际大奖的杂技、歌舞等节目，赢得香港广大观众的阵阵掌声和喝彩。河北民间工艺大师和著名书法家、画家现场表演的特技杂活，吸取了众多的观看者。文化周特色鲜明、内容丰富、形式多样，全面展示了燕赵文化的深厚底蕴和独特魅力。

【季允石省长率团访问澳门】 香港洽谈会后，季允石省长率代表团部分人员访问了澳门，会见了澳门特区行政长官何厚铧、中央人民政府驻澳门特区联络办公室主任白志健、外交部驻澳门特区特派员公署特派员万永祥，召开了冀澳合作恳谈会，进一步推动了河北省与澳门特区的交流与合作。

4月1日，冀澳合作恳谈会在澳门濠景酒店举行，中联办、澳门特区政府有关负责人，澳门中华总商会、澳门厂商联合会、澳门归侨总会等澳门工商界人士，澳门的河北省政协委员等参加恳谈会并在会上发言。

【华侨华人专业人士经济技术合作洽谈会】 6月30日至7月1日，华侨华人专业人士经济技术合作洽谈会在省会石家庄举行，来自美国、日本、德国、香港等14个国家和地区的82位华侨华人专业人士携带210多个合作项目，同省会680多个企事业单位1370多名代表进行了多领域的洽谈交流，共签订合作协议、意向82个，拟利用外资3.56亿美元。

【京津冀外办交流合作】 3月4日，北京、天津、河北三省市外办主任在廊坊举行地方外事工作会谈，建立了京津冀三省市外办交流合作机制。三方本着促进地方经济社会协调发展的原则，根据国家《十一五规则纲要》关于京津冀都市圈区域开发整体部署，积极推动京津冀三地外事交流与合作，以实现资源共享、区域联动、优势互补，充分利用国际国内资源，更好地为京津冀的对外开放和现代化建设服务。

【华侨·华人·港澳同胞】 河北省籍华侨、华人、港澳同胞约35万人。分布在5大洲的80多个国家和地区，主要居住在亚洲、美洲、欧洲，以东南亚、日本、蒙古、法国、美国、加拿大最为集中。其特点：一是热爱家乡。中共十一届三中全会以后，大都与家乡取得了联系，并有不少人为家乡建设做出了贡献；二是文化素质较高，重视实业。学有专长和有一定经济实力的达3000多人。科技界的有：世界著名的美籍生物学家牛满江、美籍世界知名植物遗传学家梁学礼、美籍农业专家耿旭、法国科学院研究导师宋守信、原香港大学校长王赓武、美籍生物遗传学家翟振纲；实业界的有：欧洲共同体经济顾问、法籍华人钱法仁，美国旧金山工业电子国际分行董事长刘融淳，香港义生实业有限公司董事长沈炳枢等；政界的有：美国蒙特利尔公园市市长陈李婉若、世界祖国统一促进会主席张曼新等；三是有强烈的认同感、归属感，建有河北省籍人士或与邻省籍人士联合的同乡会等社团，如法国巴黎河北同乡会，英国河北同乡会，香港冀鲁旅港同乡会，日本留日华侨河北省同乡联合会，大阪中华北邦公所，新加坡华北同乡会，加拿大河北协会等。

河北省华侨早年出国定居，主要有3种情况：一是由于生活所迫，张家口地区的人移居蒙古；二是众多的杂技艺人出国卖艺，在国外定居；三是赴法勤工俭学，20世纪初中国赴法勤工俭学的创始人是高阳县的李石曾。

全省共有归国华侨、侨眷、港澳同胞眷属30余万人，其中归国华侨3775人。河北省华侨回国定居起始于1910年，当时主要是输出南非的契约华工。第一次世界大战后又有赴法、赴俄的契约华工陆续回国。新中国成立后，大批爱国华侨青年回国参加社会主义建设，50年代形成了华侨归国的高潮。1983年至1984年，河北省又安置了旅蒙华侨近2000人，截至1984年全省共有归侨4387人。由于近年来一部分归侨出国与家人团聚或调外省工作，河北省归侨人数降至3775人，他们分别来自东南亚各国、蒙古、日本、朝鲜等23个国家和地区。全省有阳原、高阳、吴桥3个侨乡县。

中共十一届三中全会以后，各项侨务政策得到落实，充分调动了广大归侨、侨眷、港澳同胞眷属的积极性。河北省充分信任、大胆使用归侨、侨眷干部，并切实保障归侨、侨眷参政议政的权利。截至目前，全省累计提拔到县级以上领导岗位的有600多人，现有侨界全国人大代表1人、全国政协委员9人，省人大代表9人，省政协委员33人。河北省还注意鼓励先进、树立典型。近年来，全省归侨、侨眷有2800多人被评为各级劳模和先进工作者，有22人被评为全国归侨、侨眷先进个人，11个单位被评为全国侨务工作“先进集体”，13名同志被评为“先进个人”。其中，2004年底，人事部、国务院侨务办公室共同授予河北省政府侨务办公室侨政处“全国侨办系统先进集体”荣誉称号。国务院侨务办公室授予河北省3个单位“全国侨办系统先进单位”荣誉称号，3名同志“全国侨办系统先进个人”荣誉称号。2006年，国务院侨务办公室授予河北省2个单位“全国社区侨务工作先进单位”荣誉称号，1名同志“全国侨法宣传先进个人”荣誉称号，2名同志“全国社区侨务工作先进个人”荣誉称号。唐山欧联豪门啤酒有限公司被评为“2003—2005年度全国百家明星侨资企业”。

全省6000多名归侨、侨眷知识分子中，现有高级职称的1500人，中级职称1700人，他们为河北省现代化建设发挥了重要作用，有380多人获省部级以上科技进步奖、科技成果奖和科技发明奖，60余人被授予有突出贡献的中青年专家和省管专家。近年来，河北省就归侨侨眷退休金、招生、招工、房改、工资改革、扶贫救济、养老、医疗改革等，先后制定了9项操作性较强的配套政策，使维护归侨侨眷权益既有法可依，又有章可循。还从实际出发，采取了积极有效的措施努力推进侨务扶贫工作，积极筹集资金，争取贷款，加大了对侨务扶贫的投入。为扩大就业门路，积极引导兴办侨属企业，各地为此先后出台了优惠政策，予以重点扶持和保护，侨务扶贫工作得到了国务院侨办的肯定，在2001年全国侨务扶贫工作会议和2003年全国归侨侨眷下岗职工再就业暨发展归侨侨眷非公有制经济会议上，分别介绍了河北省的经验。2005年国侨办国内司先后3次到河北调研，充分肯定河北的侨务扶贫和再就业工作。在发展外向型经济中，不少归侨侨眷发挥自身的“海外关系”优势，为河北省引进人才、资金、技术和设备牵线搭桥，做出了贡献。

（河北省外事办　李宏银）

省际经济技术合作

【概况】 2006年，全省经济技术合作系统在推动区域合作，省校（院）合作和对口支援工作方面做了大量工作。在区域合作方面，重点推进了与北京市的合作，签署了《北京市人民政府河北省人民政府关于加强经济与社会发展合作备忘录》；重点加强了与大公司、大集团的战略合作；进一步推动了与西部省区和资源大省的合作。在省校（院）合作方面，成功召开了省校（院）合作研讨会，推动了大专院校科技成果在河北省的转化，促进了本省经济结构，特别是产业结构的调整和传统产业的优化升级；省校（院）合作机构在科技项目转化、研发中心的建立，以及人才引进方面发挥了应有作用。在对口支援工作中，讲政治、顾大局，圆满完成了各项工作任务，参加了全国对口支援三峡库区成果展览，承办了河北展区的工作；积极协调落实了对口支援资金；完成了对西藏阿里、新疆巴州、重庆丰都等对口支援地区团组的接待工作任务。2006年通过全省经济技术合作系统的共同努力，共吸引省外资金690.1亿元，引进技术4966项，引进人才4.68万人，同比分别增长26.93%、3.42%、3.97%，超额完成全年预期指标。其中从北京、天津两市引进资金302.63亿元，占全省引进省外资金的56.56%。从广东、福建、江苏、山东、上海、浙江引进资金168.4亿元，占全省引进资金总量的24.45%。按行业比较，制造业引进资金最多，为404.56亿元，占引进资金总量的58.62%。

【区域合作】 一是京津的合作取得实质性进展。为加强河北省与京津的经济社会全面合作，2006年10月11日河北省与北京市在北京饭店举行了两省市经济与社会发展合作座谈会。中央政治局委员、北京市委书记刘淇、北京市委副书记、市长王岐山，河北省省委书记白克明，河北省委常委、常务副省长郭庚茂出席了座谈会。双方就进一步加强两省市经济与社会发展合作进行了深入研究与探讨。双方商定，"十一五"时期要在经济建设和社会发展多个领域进一步加强沟通和协作，在交通基础设施建设、水资源和生态环境保护、能源开发、产业调整、农业、旅游、劳动市场，卫生事业等方面达成了具体合作意见，共同签署了《北京市人民政府河北省人民政府关于加强经济与社会发展合作备忘录》。二是加强了与大集团、大公司的战略合作。与国家电网公司签署了"十一五"电力建设框架协议，与中石油、中石化、中电科、中化集团、兵装集团等大集团、大公司开展战略合作的一批重点项目正在扎实推进。三是注重了与西部省区的合作。根据省政府的统一安排，积极参与西部大开发，成功组织了与西部地区省份的合作洽谈活动。一是省长助理、省政府党组成员李俊渠率河北省经贸合作代表团参加了乌鲁木齐对外经济贸易洽谈会，其间在河北省对口支援的巴州召开了河北巴州对口支援座谈会，推进了与新疆及巴州的经贸合作。二是省政府宋振华副秘书长带队参加了在西安举办的中国东西部投资贸易洽谈会，推进了河北与陕西省的合作关系。三是按照省领导的批示，省发改委主管主任组织参加了青海省举办的经济结构调整暨投资贸易洽谈会。四是与资源大省的合作进一步加强。河北省的一些大企业在省政府的大力支持下，走出本省，到山西、内蒙等资源富集省区积极挖掘省外资源，促进企业发展，缓解了本省能源相对不足的矛盾。2006年4月，河北金能集团与山西寿阳县段王煤化公司煤矿煤机合作项目签约，总投资达5亿元以上。8月18日河北金能集团内蒙古磴口煤电化基地启动，规划以2×30万千瓦热电联产项目为龙头，逐步建设煤化工等产业项目。

【省校（院）合作】 一是与院校开展的合作活动取得了实效。为总结和交流省校（院）合作工作的经验，进一步推动合作工作的开展，2006年7月，成功召开了河北省省校（院）合作研讨会。中国科学院、中国林科院、清华大学、天津大学、天津科技大学等省外8所院校的领导和部分专家教授应邀出席，省直有关部门、各市发改委负责人参加了会议。龙庄伟副省长出席会议并作重要讲话。会议期间举办了科技合作项目发布暨项目签约仪式，参会院校发布科技成果200多项，河北省发布企业技术需求101项。通过校企对接，有13个科技项目签订了合作协议。二是省校（院）合作机构的作用进一步得到发挥。河北省政府与清华大学合作成立的河北清华发展研究院在科研开发、项目合作、人才培养等方面取得了重要进展。中韩合资企业——廊坊清华科技园光电有限公司，2005年度注册后，仅用半年时间就生产出合格的LED外延片及芯片，产品达到了世界先进水平。中日合资同方川崎空调设备有限公司已入驻清华科技园（廊坊）。落户河北清华发展研究院创新大厦中的八个研发中心，都取得了初步成果。同时，清华研究院还牵头组织，为河北省委组织部、省国资委、省发改委、省财政厅等部门以及承德、香河等地培训副处级以上干部382人。为企业培训各类管理人员943人。三是形成了省校（院）合作的整体合力。各级领导、省直和市直有关部门都非常重视省校（院）合作工作，省领导多次听取省校（院）合作工作的汇报，并就省校（院）合作问题多次做出指示。在省领导的直接推动下，河北省政府与中国农科院、中国农大分别签订了"十五"期间农业科技合作协议。由省发改委牵头，组织省直有关部门多次为中科院与河北省院地合作发展规划河北分规划提出修改意见。

【对口支援】 2006年，河北省认真贯彻党中央、国务院关于对口支援的精神，讲政治，顾大局，扎实开展对口支援工作，在支援西藏阿里、新疆巴州、重庆丰都的工作中取得了明显成效。一是圆满完成了三个对口支援地区领导率团来访的洽谈和接待工作。2006年3月，阿里地委副书记、专员董明俊（现任阿里地委书记）率领的阿里地区党政代表团来河北考察访问，双方签署了《河北省对口支援西藏阿里地区会谈纪要》。省长季允石、省委副书记刘德旺，省委常委、常务副省长郭庚茂，省委常委、组织部长付志方，副省长才利民会见了西藏代表团一行。7月，重庆市丰都县县委书记沈文彪率丰都县党政代表团来河北考察访问，与省直有关部门座谈、赴唐山参观考察曹妃甸港区，并与唐山冀东水泥有限公司、唐山陶瓷厂等企业进行了合作洽谈。副省长付双建会见了代表团一行。11月，阿里地委副书记、专员达瓦扎西再次率阿里代表团来河北考察访问。双方就进一步加大援阿工作力度进行了座谈交流，与省直有关部门衔接了第五批援藏干部、项目资金等有关事宜。省委常委、组织部长车俊，省委常委、常务副省长付志方，副省长付双建等省领导会见了代表团一行。12月，新疆巴州州委副书记、州长巴代率州党政代表团来河北考察，举行了河北省对口支援新疆巴州座谈会、巴州项目推介会并对人才培训等事宜进行了衔接。代表团还先后到石家庄、承德等地参观考察。省委常委、组织部长车俊，副省长付双建会见了代表团一行。二是积极会同有关部门，针对阿里地区和丰都县提出的援助请求，结合河北实际，按照受援地区不同的情况，研究提出2007年至2009年河北省对阿里地区援助项目资金安排意见，已报请省政府同意。在川渝地区遭受百年不遇的特大旱灾后，按照省领导要求，及时协调落实50万元救灾资金，慰问了丰都县灾民。三是认真筹备对口支援三峡库区成果展览。根据国务院三峡办的部署和省领导的批示要求，省市经合部门密切配合，由省发改委牵头承办了全国对口支援三峡库区成果展览河北展区的各项筹备工作。河北展览分为文字图片展览、编印画册宣传和制做电视专题片三个部分，于12月3日开展，党和国家领导人及各省、市、区领导都参观了此次展览。省经合办获全国对口支援三峡库区移民工作展览的优秀组织奖。四是积极落实丰都移民培训和移民就业事宜。2006年9月，河北省为丰都县移民举办了为期一个月的蔬菜种植、生猪养殖两个培训班，共培训43人；安排丰都移民来河北省有关企业就业740多人。为丰都移民实现“搬得出、稳得住、逐步能致富”创造了条件。

（省发改委经合办　张书婷）

市场体系建设

【概况】　“十五”期间，全省市场建设以“提升档次，完善功能，更新业态，增强竞争力”为主题，掀起了新一轮市场建设高潮，并取得了积极成效。

市场化资源配置机制趋于完善。“十五”期间，流通领域市场化程度进一步提高，劳动力、资本、技术、信息和产权等要素市场进一步发展，生产要素自由流动有所改善，市场配置资源的基础性作用进一步增强，到2005年底，全省要素市场（机构）数量由“九五”末的1.10万个增加到2.07万多个，增长87%。

对经济增长贡献度不断提高。初步形成了批发与零售相结合、大中小市场相结合、有形交易与无形交易相结合、内贸与外贸相结合的市场体系，成为拉动经济增长的重要力量。2005年，全省各类商品市场达4107个，商品市场交易总额3310.32亿元，年交易额超亿元市场达到240个，超亿元市场成交额2322.9亿元。超十亿元市场46个，超百亿元市场3个。

商品市场进入新一轮整合和改造提升期。“十五”期间，省政府实施了“重点示范市场”建设计划，重点培育了石家庄新华集贸中心、石家庄南三条、冀东果菜等20个重点示范市场，壮大了一批具有较高知名度的专业特色市场。市场发展模式由数量扩张转向质量提升，呈现出集中化趋势，商品市场向大而专方向集中，在市场内部向经营大户集中。南三条小商品、新华集贸中心和白沟市场等三个市场年交易额超过百亿元，保龙仓、石家庄怀特、邯郸阳光、邢台新亚等大型商业企业荣膺“全国服务业500强”。

市场现代化水平显著提高。市场交易设施和功能不断完善，大型交易市场告别了露天市场、马路市场和简易棚台等初级形态，建设了楼宇式、棚厅式交易设施。现代流通方式和新兴业态加速发展，全省商业连锁企业总店达到196家，分店2777家。沃尔玛、泰国易初莲花、台湾乐购、上海联华、天津家世界等国内外著名连锁企业相继进驻，国大36524、河北好日子等省内大型连锁企业深入社区快速扩张，经营触角向农村延伸。现代物流理念和现代物流技术加快推广，全省现代物流业增加值达到1100亿元，第三方物流加快发展。电子商务水平稳步提高，网上购物、网上交易等网络消费迅猛发展。

大市场、大流通和大贸易格局初步形成。市场改革步伐加快，相关法律法规和运行规则日趋健全，创业门槛降低，发展环境优化，90%以上年交易额超十亿元商品市场建立了现代企业制度，非公有制经济成为市场发展的主导性因素，实现了市场投资主体多元化。“十五”期间，市场建设投资额累计达到110亿元，是“九五”期间的1.3倍。魏县天仙果品、馆陶金凤禽蛋、冀东果菜等12个大型农产品市场在国债资金支持下建设了信息处理和检验检测等两大系统。

市场中介组织发展迅速。行业协会、评价监督、代理服务等多种门类的市场中介组织取得长足发展，市场中介组织体系日趋健全。全省各类中介组织机构达到2.5万多家，经纪业务服务领域不断拓宽，已由传统的商贸领域拓展到房地产、技术、信息、劳动力、人才、产权、体育、文化等诸多领域，服务触角已由流通环节拓展到整个产业链。

市场体制的不断完善，对国民经济和人民生活产生了积极而重要的影响。

为区域特色产业发展提供了强大动力。依托特色专业市场，形成并壮大了一批特色产业，扩大了经济外向度和影响力，促进了区域特色经济发展。同时，市场释放出巨大集聚效应，延伸了产业链条，促进了多业态融合，带动了运输、仓储、包装、加工、装卸、餐饮、住宿、文化等关联产业的兴起和发展，拓展了产成品和原辅材料相互配套和自成体系的产业链。

为产业结构调整营造了市场环境。各类市场通过为生产者提供准确及时的市场信息，引导和带动生产要素向优势产业集中，促进了产业结构升级。“工业围着市场办，商业围着市场转，农业围着市场变，城镇围着市场建”成为一种成功的发展模式。冀东果菜批发市场通过提供果菜集散、仓储保鲜、加工运输、信息传递、质量检测、农资服务等全方位服务，带动形成了果菜产业化发展模式，当地果菜种植规模在“九五”末的40万亩基础上翻了一番。

为扩大就业和农民增收提供了有效途径。各类市场充分发挥劳动密集优势，在繁荣和带动众多关联产业的同时，吸纳了大量社会就业，缓解了严峻的就业压力，转移了大量农村剩余劳力。白沟市场吸纳各类服务人员高达30万人，是当地固定人口的四倍。市场不仅为广大农民提供了稳定的销售渠道，解决了农产品卖难问题，还提高了农民的收入水平。馆陶金凤禽蛋市场的发展和繁荣，带动全县农民人均纯收入增长40%。

为流通现代化奠定了良好基础。经过改造提升的商品市场为流通产业现代化打下坚实基础。大型市场硬件设施日益完善，运行机制日趋健全，交易手段不断创新，管理方式更加科学，市场对交易模式升级的适应能力增强。连锁经营、物流配送、电子商务等现代流通手段和交易方式加快发展，并加快与传统流通业态的交织和融合。

为推动各项改革提供了有力保障。产权、人才、劳动力、技术等要素市场的快速发展，提高了生产要素配置效率，为进一步深化企业产权制度、劳动用工制度、城镇住房制度、土地使用制度等改革创造了条件。

“十五”期间，河北省在市场体系培育建设中还存在一些矛盾和若干需研究解决的问题：一是市场基础设施尤其是农产品市场基础设施建设仍然滞后，市场信息化水平不高，信息传递方式传统，流通效率较低，缺乏大型现代化的贮藏保鲜设施、农产品检验检测设施。二是市场主体规模偏小，组织化程度较低，抵御风险能力较弱。以满足初级交易为主的传统经营方式和业态大量存在，单体经营的个体商户数量占全部流通主体比重高达90%以上。战略支撑项目不多，市场发展后劲堪忧。三是城乡和区域之间发展不平衡。一方面新建市场大量集中在城市黄金地段，有的“有场无市”；另一方面，在新建城市社区、新建城镇、偏远农村和部分农产品产地，能提供多功能便利服务的集散型市场发展不足，有些地方还“有市无场”。四是要素市场对经济带动能力不强。满足居民日常消费需求的商品市场相对健全且竞争激烈，而为生产者提供物流、人才、科技、融资等生产性服务的要素市场相对短缺，存在大量的垄断经营和限制性经营，社会化程度较低，生产要素配置效率不高。五是市场中介组织作用未能真正发挥。缺乏高水平的市场中介组织，一些行业组织仍带有行政管理色彩，部分中介机构缺乏自律和规范。

2006年，河北省以科学发展观为统领，围绕扩大规模、完善功能、提升业态、优化布局，进一步加大投资力度，推动了市场建设的平稳发展。当年全省商品市场规模稳步扩大，成交总额达到3670.3亿元，同比增长10.9%。全省各类商品市场4195个，超亿元市场247个，超十亿元市场52个。超亿元市场成交额2622.8亿元，占全部商品市场成交额的71.5%。超百亿元市场3个，即南三条批发市场、新华集贸中心市场、白沟市场，其中南三条批发市场和新华集贸中心市场成交额超过300亿元。2006年，全省市场建设总投资34.1亿元，同比增长18.8%。其中消费品市场投资28.0亿元，生产资料市场投资6.1亿元，分别增长4.9%和203.4%。一批大型市场得到改造提升，“万村千乡”和“双百”市场工程加快推进。产权、技术、劳动力等要素市场（机构）达到2万多个，并率先实现了劳动力、人才和毕业生就业市场的并轨，在破除体制障碍，合力促进就业等方面进行了积极探索。2006年，全省市场建设以产权制度改革为突破口，坚持“企业办市场，市场企业化”，着力推进市场管理体制改革，完善法人治理结构，建立现代企业制度。一些政府主管的市场逐步与政府脱钩，成立了专门的市场管理机构，采取市场化运作方式。越来越多的批发市场通过多种渠道和方式，吸引国有资本、集体资本、非公有制资本以及外资等参与市场的改组改造，推进股权多元化，实现跨地区、跨行业、跨所有制联合重组，为市场的发展注入了强大动力。与此同时，连锁经营、物流配送、电子商务等新型流通方式加快发展，超市、大卖场、便利店、直营店、直销店等新型业态加快普及，50多家国内外大型连锁企业进入河北，沃尔玛落户廊坊即将开业。54%的大型商业企业和21%的中小企业建立了电子网站。

【农产品市场建设】 “十五”期间，河北省农产品市场建设取得了显著成绩，显示了强大的集散功能、广阔的辐射范围和充沛的带动能力。到2005年，全省农产品批发市场达到591个，年成交额696.1亿元，同比增长10.3%，占全部商品市场年交易额的21.0%。实施了地面硬化、大棚改造等工程，多数市场实现“退路进厅”，市场配套设施不断完善，集散、物流、信息传输等功能不断增强，有力地带动了城市建设、交通、餐饮、住宿等关联产业发展，促进了社会就业，增加了地方税收，成为当地经济发展的重要支撑。

多层次农产品市场体系已见雏形。经过大规模建设和改造升级，全省初步形成了大中小并存，高中低档并举，产地型、销地集散型相衔接，城市与农村互补，批发与零售相结合的市场网络格局。围绕重要农产品产地和大中城市、环京津一线地区等销地，建立起一大批特色鲜明、规模较大、设施先进的农产品批发市场，在推进农村产业结构调整、满足城乡居民消费、扩大京津农产品市场份额等方面发挥了重要作用。对全部鲜活农产品开辟了“绿色通道”，提高了农产品流通效率。

市场经营主体多元化。随着市场经济不断发展，国有、集体、民营、外资等多种经济成份，通过参股、合资合营等形式进入农产品市场经营领域，市场主体规模不断扩大，提升了市场竞争力。农产品市场管理体制发生了重大变化，“企业办市场，市场企业化”，许多市场改制为有限责任公司，发展机制更加灵活。全省农产品市场已初步形成非公有制经济占较大比重的市场主体多元化发展格局。

农村中介组织初具规模。随着农业产业化程度的提高，农协、合作社、农民运销队伍、经纪人组织等各种农产品流通组织应运而生。到2005年底，全省农民专业合作经济组织2694个，农业行业协会180个，注册农村经纪人1.6万户，从业人员2.9万人。这些中介组织在帮助农民抵御市场风险，提高规模经济效益，增加农民收入，缓解小生产与大市场矛盾等方面发挥了积极作用。涌现出一批从事农产品经营的大型龙头企业，不断拓展经营范围，开拓国内外市场。

农产品出口规模不断扩大。“十五”期间，河北省农产品进出口总额累计实现54亿美元，其中出口27.1亿美元。农产品进出口基地建设发展迅速，外向型农业产业化龙头企业带动能力增强，实施“走出去”战略取得了一定成效，农产品出口企业质量安全意识提高，化解疫情风险和突破技术壁垒成效明显。

“十五”期间，河北省在农产品批发市场建设和经营中还存在一些矛盾和需解决的问题：一是市场发展水平不够高。档次高、辐射面广、带动作用强、知名度大的大型现代化市场还不多。一些市场在建设中存在着自发性、盲目性，低水平重复建设分散了市场资源，市场规模普遍偏小，尤其是缺乏国家级大型农产品中心批发市场和大型特色专业市场，与农业大省的地位不相称，对地方特色经济的支撑度不够。二是市场功能不完善。相当比例的农产品市场基础设施建设滞后，档次较低，功能单一，储藏、保鲜、加工、运输、配送等配套功能发展缓慢，特别是信息处理和检验检测系统发展不足，不适应时代的要求。三是市场布局不合理。经济欠发达地区、交通不便地区农产品市场较少，制约了当地农产品生产和流通。四是市场中介组织不成熟。农村经纪人队伍和中介组织不健全，缺少大型农副产品经销企业，市场规模化程度不高，农民运销队伍组织化程度低，参与竞争能力弱。五是交易手段不发达。主要以现货交易为主，缺乏现代化经营方式和交易手段，合同、契约、期货及拍卖等现代交易方式尚未普及，市场运行稳定性较差。六是经营秩序不规范。缺乏健全的市场管理制度和市场法律法规，仍然存在贩假售假、欺行霸市等行为，市场运营中各种税费相对过多过滥，运营成本相对较高。七是农产品出口总体规模小，农产品出口主体和骨干龙头企业少，实力弱，农产品出口结构不合理，出口市场过于集中，抗风险能力较低。

（河北省发展和改革委员会服务业处　刘　媛）

【证券期货市场发展】　截至2006年底，河北辖区内共有境内上市公司35家，其中沪市18家，深市17家；36只股票挂牌交易，其中A股34只，B股2只，拟上市公司10家。2006年底，上市公司总市值965.36亿元，比年初增长了65%；32家公司完成了股改或进入股改程序，占应股改公司的94%，对应的股本和市值比例均接近98%，尚有ST湖科和乐凯胶片2家央企未进入股改程序；12家存在大股东违规资金占用的公司得到清偿，仅剩宝硕股份一家未完成清欠，已被立案稽查。2006年，天威保变、承德钒钛、新兴铸管三家公司再融资22.11亿元，建投能源、晶源电子的融资申请审核，拟融资23.65亿元，河北上市公司历年累计融资达279.82亿元。

河北辖区有1家正常经营证券公司（财达证券公司），1家风险处置证券公司（河北证券公司），61家证券营业部，61家证券服务部，1家证券投资咨询机构。截至2006年底，证券投资者累计开户110万户，客户交易结算资金余额65亿元，证券托管市值249亿元；2006年累计证券交易额（A股、B股、基金）2183亿元，证券经营机构实现营业收入7.5亿元。年内，河北证券公司风险处置工作取得了阶段性成果，财达证券公司通过全面整改解决了困扰多年的遗留问题，通过了规范类券商评审，完成增资扩股4.4亿元，股本增至6.7亿元。

河北辖区有1家期货经纪公司，5家期货营业部。客户开户数2019户，2006年度代理交易额600亿元，营业收入610万元。

【证券期货市场监管】　2006年，是我国资本市场发生转折性变化的一年。在中国证监会和省委、省政府的正确领导下，在各市委、市政府和有关部门的大力支持下，省证监局与各上市公司、各证券期货经营机构共同努力，围绕股权分置改革和清欠、证券公司综合治理等重点工作，扎实工作，进一步夯实市场规范发展的基础，开拓进取，推动了河北省资本市场持续稳定发展。

大力推进股改和清欠，基本完成目标任务。截至2006年底，全省已有32家公司完成了股改或进入股改程序，占应股改公司的94%，对应的股本和市值比例均接近98%。在2005年取得良好开局的基础上，2006年又有风帆股份、凌云股份、太行水泥、邯郸钢铁、宝石电子、沧州大化、威远生化、承德露露、冀东水泥、宝硕股份、沧州化工、渤海物流、玉源控股、东方热电、福成五丰、耀华玻璃、裕丰股份、华北制药、唐山陶瓷等19家公司完成了股改，河北宣工和石炼化2家公司进入股改程序，仅有ST湖科和乐凯胶片2家央企尚未进入股改程序。总体上看，上市公司的股改效应正逐步显现，全省上市公司总市值比年初增长了65%，达到965.36亿元，有些公司通过股改化解了经营风险，有些公司通过股改解决了历史遗留问题。到2006年底，存在大股东违规资金占用的上市公司从年初的13家下降到1家，12家公司10.47亿元被占用的资金得到清偿，其中现金清偿3.86亿元，以资抵债4.12亿元，以股抵债1.59亿元，通过债权重组方式清偿0.91亿元。仅剩宝硕股份一家未完成清欠，已被立案稽查。

围绕综合治理和风险处置，促进证券经营机构规范发展。2006年，根据中国证监会的统一部署，在省委、省政府领导高度重视和支持下，全省证券公司综合治理取得阶段性成果。一是妥善处置河北证券风险。一年来，托管中的河北证券运行基本平稳，员工、客户、业务基本稳定。截至年底，账户清理工作已经完成，三方存管已有10家营业部上线运行，个人债权甄别工作进展正常，证券类资产转让方案通过论证，初步具备了处置条件。二是推动财达证券规范发展。通过全面整改，财达证券解决了困扰多年的高管人员交叉任职、流动性不足等遗留问题，省政府拨专款帮助公司解决了股东占款。6月16日，财达证券顺利通过了规范类券商评审，11月20日完成增资扩股4.4亿元，股本增至6.7亿元，具备了发展、创新的基本条件。三是各证券经营机构连续亏损的局面得到根本扭转，长期积累的风险和遗留问题平稳化解。2006年，辖区证券经营机构全年实现营业收入7.5亿元，较上年增加152%，总体盈利2.82亿元；截至年底，证券托管市值249亿元，较上年末增加了79%；客户交易结算资金余额66亿元，较上年末增加了154%；全年省内证券交易额（含基金）2184亿元，较上年增加168%；投资者开户新增6万余户，累计已突破100万户。

【日常监管】　在突出抓好重点工作的同时，河北证监局坚持做好日常监管，狠抓辖区监管责任制的落实，不断加大现场监管力度，加大对高风险公司的监管力度。一年来，累计现场检查上市公司61次，例行检查4家公司，对6家公司实施了11次专项核查，对12家公司实施了募集资金使用情况的专题检查，列席董事会及股东大会14次，完成定期报告事后审查70家次，重新进行了风险分类。针对现场检查发现的帝贤财务状况恶化、玉源控股资金占用等各类问题，河北证监局发出监管函50份，约见谈话20多次，对6家上市公司和52名高管人员采取了监管措施，及时向有关部门通报了情况。通过这些措施，纠正了上市公司一些不规范行为，提高了规范运作水平。

全年现场检查15家证券营业部，发出整改通知15份，约见高管人员谈话17次；开展了“银证通”业务的专项治理，进一步规范了辖区经纪业务。

妥善处理群众来信来访。一年来，累计处理来信来访90件次，处理来电咨询200多次，答复信访投诉30多件，没有出现一件重复上访。责令深圳国诚投资石家庄分公司停止了违规会员制咨询业务；叫停了任丘市华田投资咨询公司非法经营证券业务，避免投资者上当受骗。

落实期货保证金安全存管制度，不断夯实期货公司规范运作的基础。深入开展法制宣传工作，加大《公司法》、《证券法》的学习宣传力度，在报刊上开辟宣传专栏，提醒社会公众防止非法发行股票的骗局。举办各类培训学习6次，培训480多人次，增强了高管人员的法制意识、诚信意识。

推动上市公司创新发展，培育后备上市资源。2006年，河北省享受了“早股改，早受益”的股改优惠政策，全年实施再融资22.11亿元。2006年5月新兴铸管公开发行股票募集资金7.23亿元，用于技术改造项目；6月天威保变非公开发行股票募集资金6.16亿元，用于新能源项目建设；8月承德钒钛公开发行股票募集资金8.72亿元，用于钒钛资源综合开发利用技改项目；年底建投能源、晶源电子的定向增发方案也获得批准。并购重组活跃，太行水泥通过重组引入优质资产，生产能力将由500万吨跃升为1000万吨。湖大科教自1996年上市后多年亏损，2005年还因连续三年亏损而被暂停上市，通过重组将彻底改变面貌。承德露露定向回购注销了第一大股东持有的全部股份，消除了产生资金占用问题的根源。宝石电子通过出售硝子公司的股权切断了亏损源。这些上市公司通过资本市场谋发展，为进一步壮大公司实力、提高核心竞争力打下了基础。2006年，河北证监局还联合深交所举办拟上市公司培训班，及时向拟上市公司传达新的融资政策。到年底，全省已有8家拟上市公司进入辅导期，2家公司辅导验收完毕。荣盛房地产公司再次提出发行上市申请，沧州明珠于2007年1月24日在深交所挂牌上市。

加强行政执法力度，依法查处违法违规行为。2006年是河北省证券期货案件最多、最集中的一年。省证监局加大执法力度，查处了河北证券涉嫌违反证券法规案，查明了河北证券挪用客户交易结算资金、挪用客户国债、为客户证券交易提供融资、违规从事客户资产管理业务等大量违规事实。查处了宝石电子未按期披露2005年年报案，给予有关责任人行政处罚。经报证监会同意，河北证监局正式开始对宝硕股份实施立案稽查，通过立案稽查，打击了证券违法违规活动，保护了中小投资者的合法权益，维护了辖区正常的市场秩序。

发挥行业协会职能，维护正常经营秩序。一是完善自律体系，组织驻保定证券营业部签订自律公约，组织石家庄证券营业部停止与凯华公司的合作，维护了正常的竞争秩序。二是就工商部门查处证券营业部收取委托费事件进行协调，维护会员合法权益。三是开展后续职业培训，培训从业人员500多人次。四是做好证券从业资格考试工作，办好河北证券期货业通讯。

（河北证监局　王威峰）

统计资料篇

STATISTICAL DATA

行政区划基本情况（2006年）
Basic Statistics of Administrative Divisions(2006)

地　区	城市合计	地级市	县级市	县	市辖区	街道办事处	镇	乡
全　省	**33**	**11**	**22**	**114**	**36**	**250**	**946**	**1016**
石家庄市	6	1	5	12	6	49	120	103
承 德 市	1	1		8	3	7	75	130
张家口市	1	1		13	4	23	89	120
秦皇岛市	1	1		4	3	18	40	35
唐 山 市	3	1	2	6	6	42	120	57
廊 坊 市	3	1	2	6	2	10	63	27
保 定 市	5	1	4	18	3	28	124	188
沧 州 市	5	1	4	10	2	20	78	92
衡 水 市	3	1	2	8	1	4	62	52
邢 台 市	3	1	2	15	2	22	84	89
邯 郸 市	2	1	1	14	4	27	91	123

自然状况和资源（2006年）
Natural Condition and Resources(2006)

项　目	单　位	数　量	项　目	单　位	数　量
自然状况			草场面积	千公顷	4499.27
地表总面积	平方公里	187693	#可利用面积	千公顷	2830.69
地表总面积构成			**气候(主要城市)**		
山　地	%	37.40	年降水总量	毫　米	323.2—583.0
坝上高原	%	12.97	年平均气温	摄氏度	12.4
丘　陵	%	4.83	**森林资源**		
平　原	%	30.49	森林面积	千公顷	5029.7
盆　地	%	12.10	林木蓄积量	万立方米	10226
湖泊洼淀	%	2.21	森林覆盖率	%	23.25
大陆海岸线长度	公　里	487	**水利资源**		
土地资源			水力资源可开发量	万千瓦	156
耕地面积	千公顷	5882.5	内陆水域养殖面积	公　顷	86825
#水田面积	千公顷	107.2	海水养殖面积	公　顷	102302

行政区划（2006年）
Administrative Divisions(2006)

地　　区	城市合计	地级市	县级市	县	市辖区	街道办事处	镇	乡
全　省	**33**	**11**	**22**	**114**	**36**	**250**	**946**	**1016**
石家庄市	长安区	桥东区	桥西区	新华区	裕华区	井陉矿区	辛集市	藁城市
	晋州市	新乐市	鹿泉市	深泽县	无极县	赵　县	灵寿县	高邑县
	元氏县	赞皇县	平山县	井陉县	行唐县	栾城县	正定县	
承 德 市	双桥区	双滦区	鹰手营子矿区		承德县	兴隆县	平泉县	滦平县
	隆化县	丰宁满族自治县		宽城满族自治县		围场满族蒙古族自治县		
张家口市	桥东区	桥西区	宣化区	下花园区	宣化县	张北县	康保县	沽源县
	尚义县	蔚　县	阳原县	怀安县	万全县	怀来县	涿鹿县	赤城县
	崇礼县							
秦皇岛市	海港区	山海关区	北戴河区	青龙满族自治县		昌黎县	抚宁县	卢龙县
唐 山 市	路南区	路北区	古冶区	开平区	丰润区	丰南区	遵化市	迁安市
	滦　县	滦南县	乐亭县	迁西县	玉田县	唐海县		
廊 坊 市	安次区	广阳区	霸州市	三河市	固安县	永清县	香河县	大城县
	文安县	大厂回族自治县						
保 定 市	新市区	北市区	南市区	涿州市	定州市	安国市	高碑店市	满城县
	清苑县	涞水县	阜平县	徐水县	定兴县	唐　县	高阳县	容城县
	涞源县	望都县	安新县	易　县	曲阳县	蠡　县	顺平县	博野县
	雄　县							
沧 州 市	新华区	运河区	泊头市	任丘市	黄骅市	河间市	沧　县	青　县
	东光县	海兴县	盐山县	肃宁县	南皮县	吴桥县	献　县	
	孟村回族自治县							
衡 水 市	桃城区	冀州市	深州市	枣强县	武邑县	武强县	饶阳县	安平县
	故城县	景　县	阜城县					
邢 台 市	桥东区	桥西区	沙河市	南宫市	邢台县	临城县	内丘县	柏乡县
	隆尧县	任　县	南和县	宁晋县	巨鹿县	新河县	广宗县	平乡县
	威　县	清河县	临西县					
邯 郸 市	邯山区	丛台区	复兴区	峰峰矿区	武安市	邯郸县	临漳县	成安县
	大名县	涉　县	磁　县	肥乡县	永年县	邱　县	鸡泽县	广平县
	馆陶县	魏　县	曲周县					

各部门机构数
Grassroots Units in Various Sectors

部　　门	2006年	2005年	部　　门	2006年	2005年
农村基层单位(个)			**群众文化事业(个)**	**2231**	**2149**
乡政府	1016	1018	群众艺术馆	13	1
镇政府	946	944	文化馆	162	174
村民委员会	49118	49678	文化站	2056	1974
乡村户数(万户)	1445.6	1448.6	＃乡文化站	1900	1833
国营农场(个)	**30**	**30**	**艺术教育事业(个)**	**5**	**5**
乡镇企业单位数（万个)	**129.3**	**124.7**	**其他文化事业(个)**	**41**	**139**
国有及规模以上非国有工业企业(个	**10634**	**9935**	艺术创作机构	5	6
大型企业	136	129	艺术研究机构	12	12
中型企业	1162	1077	艺术展览机构	1	1
小型企业	9336	8729	**文物事业(个)**	**217**	**216**
＃国有及国有控股企业	1120	1232	博物馆	46	46
集体企业	614	788	文物机构	167	167
外商及港澳台商投资企业	1043	993	文物商店	3	3
建筑业企业(个)	**2117**	**2094**	**广播电视台站(座)**	**163**	**24**
邮电业(个)			广播电台	12	12
邮政局所	1986	1957	电视台	12	12
教育事业(所)			**卫生事业(个)**	**3394**	**3284**
普通高等学校	88	86	＃医院、卫生院	2839	2783
普通中学	4464	4734	疗养院	5	4
＃高　中	404	1136	门诊部、所	68	60
初　中	3343	4320	专科防治所、站	8	8
普通小学(所)	19162	20883	疾病预防控制中心	192	192
艺术事业(个)	**228**	**221**	**妇幼保健院(所、站)**	**183**	**184**
＃艺术表演团体	135	126	**社会福利(个)**	**4141**	**4181**
艺术表演场所	93	95	社会福利事业单位	2489	2560
＃剧场、影剧院	91	93	＃收养性福利事业单位	1885	2053
公共图书馆(个)	**156**	**153**	社会福利企业	1652	1621

主要年份国民经济和社会发展总量指标
Principal Aggregate Indicators on National Economic and Social Development in Main Years

指　　标	单　位	1990年	1995年	2000年	2005年	2006年
人　口						
年底总人口	万　人	6159	6437	6674	6851	6898
#男	万　人	3147	3266	3397	3441	3486
就业及工资						
就业人员数	万　人	2955.47	3252.01	3385.71	3568.97	3609.99
#职　工	万　人	652.71	698.02	621.95	557.83	554.56
城镇登记失业人员数	万　人	7.67	17.48	17.40	27.82	28.69
城镇登记失业率	%	1.1	2.5	2.8	3.9	3.84
工资总额	亿　元	129.32	336.00	427.18	716.07	809.58
职工平均工资	元/人	2019	4839	7781	14707	16590
国民核算						
地区收入总值	亿　元	896.41	2853.02	5062.69	10127.42	11697.22
地区生产总值	亿　元	896.33	2849.52	5043.96	10096.106	11660.43
第一产业	亿　元	227.89	631.34	824.55	1503.07	1606.48
第二产业	亿　元	387.52	1322.77	2514.96	5232.496	6115.01
第三产业	亿　元	280.92	895.41	1704.45	3360.54	3938.94
支出法地区生产总值	亿　元	896.33	2849.52	5043.96	10096.11	11660.43
#最终消费	亿　元	518.86	1348.75	2240.68	4315.20	4987.29
资本形成总额	亿　元	334.66	1226.07	2246.67	4628.48	5505.80
固定资产投资						
全社会固定资产投资总额	亿　元	177.21	939.32	1847.23	4210.25	5501.00
#国有单位固定资产投资	亿　元	110.98	415.61	827.66	1215.51	1442.15
集体单位固定资产投资	亿　元	21.18	252.51	507.68	786.87	432.58
城乡个人投资	亿　元	45.05	162.96	310.58	712.71	1544.33
财　政						
地方财政收入	亿　元	81.15	119.95	248.76	515.70	620.53
地方财政支出	亿　元	87.28	191.18	415.54	979.16	1180.36
物价指数(以上年价格为100)						
商品零售物价总指数	%	99.9	115.8	99.1	101.1	101.5
城镇居民消费价格总指数	%	101.2	116.1	100.5	101.4	101.7
人民生活						
家庭总户数	万　户	1584	1743	1840	2046	2086
城镇平均每户家庭人口	人	3.37	3.16	3.06	2.91	2.89
农村平均每户家庭人口	人	4.52	4.26	4.11	3.92	3.89
城镇人均居住面积	平方米	9.18	11.43	15.42	21.53	21.81
农村人均居住面积	平方米	17.34	21.53	22.87	28.35	29.13
城镇居民人均可支配收入	元	1397.4	3991.72	5661.16	9107.09	10304.56
农村居民人均纯收入	元	621.67	1668.73	2478.86	3481.64	3801.82
城乡储蓄存款余额	亿　元	504.59	1811.23	3957.06	7084.03	8014.16
结婚数	对	447300	434310	475291	1075042	1109230
离婚数	对	10010	11163	17159	50280	56926

主要年份国民经济和社会发展总量指标(续一)

Principal Aggregate Indicators on National Economic and Social Development in Main Years

指　　标	单　位	1990年	1995年	2000年	2005年	2006年
农　业						
耕地面积	千公顷	6556.0	6517.3	6466.0	5988.9	5882.52
乡村劳动力	万　人	2360.5	2573.5	2707.1	2805.9	2817.80
农林牧渔业总产值	亿　元	357.63	1147.83	1544.65	2600.83	2771.83
主要农产品产量						
粮　食	万　吨	2276.9	2739.0	2551.1	2598.6	2702.8
棉　花	万　吨	57.08	37.05	30.00	57.7	62.8
油　料	万　吨	74.89	109.86	147.00	152.7	150.3
甜　菜	万　吨	12.34	12.36	11.50	42.7	71.2
水　果	万　吨	175.47	431.97	677.31	918.5	968.5
肉　类	万　吨	130.06	310.72	435.30	577.6	606.4
水产品	万　吨	21.86	39.61	80.95	98.9	108.0
工　业						
工业总产值	亿　元	1123.23	3688.23	3426.05	11007.98	13489.80
主要工业产品产量						
纱	万　吨	33.55	38.97	43.70	68.59	86.38
布	亿　米	12.69	17.71	15.60	23.37	28.23
化学纤维	万　吨	2.59	6.61	10.24	22.67	25.30
机制纸及纸板	万　吨	88.75	236.97	216.34	315.82	370.46
糖	万　吨	0.55	0.56	1.28	3.87	6.41
卷　烟	万　箱	118.53	112.99	107.97	600.00	620.00
缝纫机	万　架	0.34	8.78	23.76	27.17	25.73
原　煤	万　吨	6242.97	8108.31	5781.21	7956.40	7927.71
原　油	万　吨	570.52	517.02	518.26	562.45	610.81
发电量	亿千瓦小时	368.97	607.45	844.42	1338.63	1461.00
钢	万　吨	383.69	793.25	1230,10	7386.40	9096.29
成品钢材	万　吨	281.27	771.03	1306.52	6465.10	8467.10
生　铁	万　吨	521.25	1214.49	1709.23	6765.60	8250.14
水　泥	万　吨	1310.13	3154.70	4694.59	8850.04	8482.68
平板玻璃	万重量箱	1078.95	2576.94	2083.30	4964.25	5808.40
农用化肥(折纯量)	万　吨	128.51	155.68	195.23	208.87	210.54
小型拖拉机	万　台	12.85	17.91	10.54	0.02	
金属切削机床	台	1699	2109	555	1717	3279
建筑业						
建筑业企业从业人员	万　人	159.7	209.9	171.2	108.4	107.3
建筑业总产值	亿　元	133.06	555.23	712.28	1285.29	1448.73
施工房屋面积	万平方米	5195.52	11563.18	9257.77	11261.39	12557.73
竣工房屋面积	万平方米	4324.61	9146.28	6680.54	5744.23	6024.09
交通运输邮电						
货物周转量	亿吨公里	1546.47	2029.48	2325.85	4750.64	5157.40
铁　路	亿吨公里	1256.80	1534.74	1474.77	2120.98	2331.11
公　路	亿吨公里	215.42	397.36	555.42	691.45	748.86
水　运	亿吨公里	48.53	67.88	267.97	1908.07	2051.41
管　道	亿吨公里	25.72	29.50	27.69	30.14	26.02

注：1.2002年及以后年份建筑业统计范围为具有资质等级的建筑业企业。2.2005年工业数据为快报数。3.2005年卷烟产量单位为亿支。

主要年份国民经济和社会发展总量指标(续二)

Principal Aggregate Indicators on National Economic and Social Development in Main Years

指标	单位	1990年	1995年	2000年	2005年	2006年
旅客周转量	亿人公里	358.09	493.92	782.87	989.77	1068.57
铁路	亿人公里	249.44	287.72	377.24	504.44	552.45
公路	亿人公里	108.44	206.20	405.63	485.33	516.12
港口货物吞吐量	万吨	6960	8815	10771	27341	33805
邮电业务量	万元	55643	360930	1910400	5284674	6415679
函件	万件	23716	31471	26302	25742	22444
报刊期发数(报纸和杂志)	万份	799	831	758	590	513
社会消费品零售总额	**亿元**	**308.1**	**852.1**	**1613.9**	**2952.9**	**3397.4**
外贸、外经和旅游						
海关进出口总额	亿美元	22.68	39.28	52.35	160.71	185.26
出口总额	亿美元	19.01	28.66	37.07	109.27	128.35
进口总额	亿美元	3.67	10.62	15.28	51.44	56.91
实际利用外资额	万美元	4447	108620	139378	227890	238274
#外商直接投资	万美元	3935	78061	102376	191256	201434
外国人旅游人数	人	32695	135868	345494	573890	654003
旅游外汇收入额	万美元	511	4201	13035	20917	24314
金融、保险						
金融机构存款余额	亿元		2505.57	5543.49	10764.93	12551.62
金融机构贷款余额	亿元		2121.33	4632.96	6415.23	7411.88
保费收入	万元	82439	187354	566000	2173100	2533700
保险金额	亿元		2678	6625	25152	30088
赔款额	万元		104327	165700	404300	523100
教育、文化						
财政用于教育支出	万元	151240	376931	736530	1705374	1895526
高等学校所数	所	50	47	47	86	88
高等学校在校学生数	万人	7.60	12.63	24.38	73.86	82.71
中等专业学校在校学生数	万人	10.76	18.03	23.52	32.68	36.75
普通中学在校学生数	万人	207.61	310.24	481.75	509.54	480.63
小学在校学生数	万人	705.48	851.31	813.73	500.36	470.25
报纸出版数量	亿份	5.29	7.02	9.00	21.6	22.05
杂志出版数量	亿册	0.22	0.38	0.52	0.43	0.41
图书出版数量	亿册	2.44	3.3	3.1	1.88	1.74
科技						
研究与发展经费支出	亿元	2.56	15.86	26.27	59.3	77.2
技术市场成交额	万元		84277	81892	104000	158800
卫生						
卫生机构病床数	万张	14.60	15.90	16.89	16.23	17.30
专业卫生技术人员	万人	18.05	20.18	20.12	19.11	19.86
#医生	万人	8.73	9.36	9.17	8.41	8.75

注：2001年及以后年份邮电业务量采用2000年不变价计算。

主要年份国民经济和社会发展速度指标

Related Indices and Growth Rates on National Economic and Social Development in Main Years

指　　标	指数(2006年为以下各年%)				平均增长%	
	1990年	1995年	2000年	2005年	1991-1995年	1996-2006年
人　口						
年底总人口	112.0	107.2	103.4	100.7	0.9	0.6
#男	110.8	106.7	102.6	101.3	0.7	0.6
就业及工资						
就业人员	122.1	111.0	106.6	101.1	1.9	1.0
#职　工	85.0	79.4	89.2	99.4	1.4	-2.1
城镇登记失业人员数	374.1	164.1	164.9	103.1	17.9	4.6
工资总额	626.0	240.9	189.5	113.1	21.0	8.3
职工平均工资	821.7	342.8	213.2	112.8	19.1	11.9
国民核算						
国民生产总值						
地区生产总值	644.3	326.0	193.0	113.4	14.6	11.3
第一产业	234.3	181.4	140.2	105.0	5.2	5.6
第二产业	852.8	382.1	208.8	115.1	17.4	13.0
第三产业	739.4	331.7	196.0	114.3	17.5	11.5
固定资产投资						
全社会固定资产投资总额	3104.2	585.6	297.8	132.9	40.7	15.7
#国有单位固定资产投资	1299.5	347.0	174.2	118.6	32.0	11.9
集体单位固定资产投资	2042.4	171.3	85.2	55.0	70.3	12.2
城乡个人投资	3428.0	947.7	497.2	216.7	28.1	16.6
财　政						
地方财政收入	764.7	517.3	249.4	120.3	8.1	16.1
地方财政支出	1352.4	617.4	284.1	120.5	17.0	18.0
物价指数						
商品零售物价总指数	181.2	107.9	105.1	101.5	10.9	0.7
城镇居民消费价格总指数	206.5	117.1	109.8	101.7	14.1	1.5
人民生活						
家庭总户数	131.7	119.7	113.4	101.9	1.9	1.6
城镇平均每户家庭人口	85.8	91.5	94.4	99.3	-1.3	-0.8
农村平均每户家庭人口	86.1	91.3	94.6	99.2	-1.2	-0.8
城镇人均居住面积	237.6	190.8	141.4	101.3	4.5	6.0
农村人均居住面积	168.0	135.3	127.4	102.7	4.4	2.8
城镇居民人均可支配收入	737.4	258.1	182.0	113.1	23.4	9.0
农村居民人均纯收入	611.5	227.8	153.4	109.2	21.8	7.8
城乡储蓄存款余额	1588.3	442.5	202.5	113.1	29.1	14.5
结婚数	248.0	255.4	233.4	103.2	-0.6	8.9
离婚数	568.7	510.0	331.8	113.2	2.2	16.0
农　业						
耕地面积	89.7	90.3	91.0	98.2	-0.1	-0.9

主要年份国民经济和社会发展速度指标(续一)

Related Indices and Growth Rates on National Economic and Social Development in Main Years

指标	指数(2006年为以下各年%)				平均增长%	
	1990年	1995年	2000年	2005年	1991-1995年	1996-2006年
乡村劳动力	119.4	109.5	104.1	100.4	1.7	0.8
农林牧渔业总产值	292.4	197.9	140.9	105.5	8.1	6.4
主要农产品产量						
粮　食	118.7	98.7	105.9	104.0	3.8	-0.1
棉　花	110.0	169.5	209.3	108.8	-8.3	4.9
油　料	200.7	136.8	102.2	98.4	8.0	2.9
甜　菜	577.0	576.1	619.1	166.7	0.0	17.3
水　果	551.9	224.2	143.0	105.4	19.7	7.6
肉　类	466.2	195.2	139.3	105.0	19.0	6.3
水产品	494.1	272.7	133.4	109.2	12.6	9.5
工　业						
主要工业产品产量						
纱	257.5	221.7	197.7	124.5	3.0	7.5
布	222.5	159.4	181.0	124.3	6.9	4.3
化学纤维	976.8	382.8	247.1	114.7	20.6	13.0
机制纸及纸板	417.4	156.3	171.2	121.0	21.7	4.1
糖	1165.5	1144.6	500.8	165.7	0.4	24.8
缝纫机	7567.6	293.1	108.3	92.6	91.6	10.3
原　煤	127.0	97.8	137.1	99.8	5.4	-0.2
原　油	107.1	118.1	117.9	108.6	-2.0	1.5
发电量	396.0	240.5	173.0	109.1	10.5	8.3
钢	2370.7	1146.7	739.5	120.7	15.6	24.8
成品钢材	3010.3	1098.2	648.1	132.3	22.3	24.3
生　铁	1582.8	679.3	482.7	119.7	18.4	19.0
水　泥	647.5	268.9	180.7	110.6	19.2	9.4
平板玻璃	538.3	225.4	278.8	116.6	19.0	7.7
农用化肥(折纯量)	163.8	135.2	107.8	101.3	3.9	2.8
金属切削机床	193.0	155.5	590.8	191.1	4.4	4.1
建筑业						
建筑业企业人数	67.2	51.1	62.7	98.9	5.6	-5.9
建筑业总产值	241.7	108.6	135.6	111.5	17.4	0.8
施工房屋面积	241.7	108.6	135.6	111.5	17.4	0.8
竣工房屋面积	139.3	65.9	90.2	104.9	16.2	-3.7
交通运输邮电						
货物周转量	333.5	254.1	221.7	108.6	5.6	8.8
铁　路	185.5	151.9	158.1	109.9	4.1	3.9
公　路	347.6	188.5	134.8	108.3	13.0	5.9
水　运	4227.1	3022.1	765.5	107.5	6.9	36.3
管　道	101.2	88.2	94.0	86.3	2.8	-1.1

主要年份国民经济和社会发展速度指标(续二)

Related Indices and Growth Rates on National Economic and Social Development in Main Years

指　　标	指数(2006年为以下各年%)				平均增长%	
	1990年	1995年	2000年	2005年	1991-1995年	1996-2006年
旅客周转量	298.4	216.3	136.5	108.0	6.6	7.3
铁　路	221.5	192.0	146.4	109.5	2.9	6.1
公　路	475.9	250.3	127.2	106.3	13.7	8.7
港口货物吞吐量	485.7	383.5	313.8	123.6	4.8	13.0
邮电业务量	11530.1	1777.5	335.8	121.4	45.3	29.9
函　件	94.6	71.3	85.3	87.2	5.8	-3.0
报刊期发数(报纸和杂志)	64.2	61.7	67.7	86.9	0.8	-4.3
社会消费品零售总额	**1102.7**	**398.7**	**210.5**	**115.1**	**22.6**	**13.4**
外贸、外经和旅游						
进出口总额	816.8	471.6	353.9	115.3	11.6	15.1
出口总额	675.2	447.8	346.2	117.5	8.6	14.6
进口总额	1550.7	535.9	372.4	110.6	23.7	16.5
实际利用外资额	5358.1	219.4	171.0	104.6	89.5	7.4
#外商直接投资	5119.0	258.0	196.8	105.3	81.8	9.0
外国人旅游人数	2000.3	481.4	189.3	114.0	33.0	15.4
旅游外汇收入额	4758.2	578.8	186.5	116.2	52.4	17.3
金融、保险						
金融机构存款余额		500.9	226.4	116.6		15.8
金融机构贷款余额		349.4	160.0	115.5		12.0
保费收入	3073.4	1352.4	447.7	116.6	17.8	26.7
保险金额		1123.5	454.2	119.6		24.6
赔款额		501.4	315.7	129.4		15.8
教育、文化						
财政用于教育支出						
高等学校所数	176.0	187.2	187.2	102.3	-1.2	5.9
高等学校在校学生数	1088.3	654.9	339.3	112.0	10.7	18.6
中等学校在校学生数	341.5	203.8	156.3	112.5	10.9	6.7
普通中学在校学生数	231.5	154.9	99.8	94.3	8.4	4.1
小学在校学生数	66.7	55.2	57.8	94.0	3.8	-5.3
报纸出版数量	416.9	314.1	245.0	102.1	5.8	11.0
杂志出版数量	187.0	108.2	79.1	95.7	11.6	0.7
图书出版数量	71.2	52.6	56.0	92.5	6.2	-5.7
科　技						
研究与发展经费支出	3015.6	486.8	293.9	130.2	44.0	15.5
技术市场成交额		188.4	193.9	152.7		5.9
卫　生						
卫生机构病床数	118.5	108.8	102.5	106.6	1.7	0.8
专业卫生技术人员	110.0	98.4	98.7	103.9	2.3	-0.1
#医　生	100.2	93.4	95.4	104.0	1.4	-0.6

主要年份国民经济和社会发展结构指标
Structural Indicators on National Economic and Social Development in Main Years

指　　标	1990年	1995年	2000年	2005年	2006年
人口与就业					
人　口					
性别结构					
男	51.09	50.74	50.9	50.2	50.5
女	48.91	49.26	49.1	49.8	49.5
就　业					
产业结构					
第一产业	61.60	53.18	50.07	43.84	42.24
第二产业	23.01	27.03	26.13	29.24	29.99
第三产业	15.39	19.79	23.80	26.92	27.77
宏观经济					
国民核算					
地区生产总值产业结构					
第一产业	25.4	22.2	16.3	14.9	13.8
第二产业	43.2	46.4	49.9	51.8	52.4
第三产业	31.3	31.4	33.8	33.3	33.8
地区生产总值支出结构					
最终消费	57.89	47.33	44.42	42.74	42.77
居民消费	50.97	37.94	33.36	29.16	29.15
政府消费	6.92	9.39	11.07	13.58	13.62
资本形成总额	37.34	43.03	44.54	45.84	47.22
固定资本形成总额	22.76	33.52	36.6	41.99	43.69
存货增加	14.58	9.51	7.94	3.86	3.53
货物和服务净出口	4.78	9.64	11.04	11.42	10.01
投　资					
资金来源结构					
国家预算内资金	7.6	2.12	3.52	2.44	2.51
国内贷款	19.73	15.60	17.49	13.52	12.98
利用外资	4.45	6.05	2.08	2.01	1.61
自筹和其他投资	68.22	76.23	76.91	82.09	82.90
财　政					
财政支出结构					
#基本建设	4.21	3.65	7.35	7.51	5.84
教　育	17.33	19.72	17.72	17.42	16.06

主要年份国民经济和社会发展结构指标(续一)

Structural Indicators on National Economic and Social Development in Main Years

指　　标	1990年	1995年	2000年	2005年	2006年
利用外资					
实际利用外资结构					
对外借款	…	27.55	20.7	7.81	4.6
外商直接投资	88.49	71.87	76.4	83.92	84.5
外商其他投资	11.51	0.58	2.9	8.27	10.9
产　业					
农　业					
农林牧渔业产值结构					
农　业	71.24	65.65	54.82	48.4	50.3
林　业	2.68	2.05	1.64	1.5	1.6
牧　业	23.31	29.98	39.73	43.2	41.0
渔　业	2.77	2.32	3.81	3.1	3.1
工　业					
轻重工业结构					
轻工业	48.5	41.1	34.3	21.2	21.2
重工业	51.5	58.9	65.7	78.8	78.8
运输业					
货运量结构					
按运输方式分					
铁　路	19.76	16.31	16.33	20.86	20.30
公　路	76.04	80.66	81.14	75.17	75.70
水　运	0.63	0.54	0.74	2.78	2.87
民用航空	…	….	…	…	…
管　道	3.57	2.49	1.78	1.19	1.13
国内贸易					
社会消费品零售总额构成					
市		51.1	46.4	46.8	47.4
县		18.0	19.4	20.0	20.0
县以下		30.8	34.2	33.2	32.6
对外经济贸易和国际旅游					
出口商品结构					
初级产品		40.5	30.2	17.7	15.0
工业制成品		59.5	69.8	82.3	85.0

注:2000年及以后年份轻重工业结构为规模以上工业。

主要年份国民经济和社会发展结构指标(续二)

Structural Indicators on National Economic and Social Development in Main Years

指　　标	1990年	1995年	2000年	2005年	2006年
进口商品结构					
初级产品			36.3	57.3	59.2
工业制成品			63.7	42.7	40.8
来华旅游人数结构					
外国人	68.73	82.33	86.27	91.6	90.2
港澳台同胞	30.86	15.77	13.73	8.4	9.8
教育、科技					
教　育					
在校学生结构					
大学生	0.80	1.00	1.75	6.33	7.32
中学生	24.98	29.60	39.75	50.76	51.08
小学生	74.22	69.40	58.50	42.91	41.60
专任教师结构					
大　　学	2.89	2.94	2.99	6.19	6.85
中　　学	39.63	43.36	46.26	47.44	47.57
小　　学	57.48	53.70	50.75	46.37	45.58
科　技					
各类专业技术人员结构					
#工程技术人员	18.38	14.42	14.42	10.98	10.3
农业技术人员	2.44	2.24	2.14	2.33	2.3
科学研究人员	0.82	4.19	0.28	0.32	0.3
卫生技术人员	11.00	11.57	10.98	12.54	12.7
教学人员	38.99	52.40	55.38	61.73	62.5
生　活					
城镇居民消费结构					
食品类	51.16	46.22	34.91	34.57	33.94
衣着类	14.18	15.42	12.29	11.75	11.57
用品及其他	27.14	31.22	43.22	42.3	42.71
居　住	7.52	7.14	9.58	11.37	11.78
农村居民消费结构					
食品类	51.19	56.82	39.50	41.02	36.69
衣着类	9.59	8.12	7.68	7.18	6.73
用品及其他	24.98	20.08	29.23	33.4	35.27
居　住	14.24	14.98	23.59	18.42	21.31

主要年份平均每天主要社会经济活动

Key Indicators of Average Daily Social and Economic Activities in Main Years

指　　标	单　位	1990年	1995年	2000年	2005年	2006年
每天创造的财富						
地区生产总值	万　元	24557	78069	138191	276606	319464
第一产业	万　元	6244	17297	22590	41180	44013
第二产业	万　元	10617	36240	68903	143356	167535
工　业	万　元	9706	31520	60321	127814	150426
建筑业	万　元	911	4720	8582	15542	17109
第三产业	万　元	7696	24532	46697	92070	107916
地方财政收入	万　元	2223	3286	6815	14129	17001
财政支出	万　元	2391	5238	11385	26826	32339
粮　食	万　吨	6.24	7.50	6.99	7.12	7.40
棉　花	吨	1564	1015	822	1581	1721
油　料	吨	2052	3010	4027	4184	4118
肉　类	吨	3563	8513	11926	15825	16614
水产品	吨	599	1085	2218	2710	2959
纱	吨	919	1068	1197	1879	2367
布	万　米	348	485	427	640	773
原　煤	万　吨	17.10	22.21	15.84	21.8	21.7
发电量	亿千瓦小时	1.01	1.66	2.31	3.67	4.00
原　油	万　吨	1.56	1.42	1.42	1.54	1.67
钢	万　吨	1.05	2.17	3.37	20.24	24.92
成品钢材	万　吨	0.77	2.11	3.58	17.71	23.20
水　泥	万　吨	3.59	8.64	12.86	24.25	23.24
每天消费量						
最终消费	亿　元	1.42	3.70	6.14	11.82	13.66

主要年份平均每天主要社会经济活动(续)
Key Indicators of Average Daily Social and Economic Activities in Main Years

指　　标	单　位	1990年	1995年	2000年	2005年	2006年
居民消费	亿　元	1.25	2.96	4.61	8.07	9.31
农　　民	亿　元	0.87	1.88	2.50	3.03	3.32
城镇居民	亿　元	0.38	1.09	2.11	5.04	5.99
政府消费	亿　元	0.17	0.73	1.53	3.76	4.35
社会消费品零售额	万　元	8438	23344	44217	80901	93079
每天其他社会活动						
资本形成总额	万　元	9169	33591	61553	126808	150844
固定资产	万　元	5590	26170	50583	116140	139571
存货增加	万　元	3579	7421	10969	10667	11273
货运量	万　吨	159	203	210	250	265
客运量	万　人	71	101	179	222	230
邮电业务总量	万　元	152	989	5234	14479	17577
海关进出口总额	万美元	621	1076	1434	4403	5076
进口总额	万美元	100	291	419	1409	1559
出口总额	万美元	521	785	1016	2994	3516
实际利用外资额	万美元	12	298	382	624	653
来河北旅游人数	人	130	452	1097	1716	1986
居民储蓄额	万　元	13824	49623	108413	194083	219566
每天人口变动和婚姻						
出　生	人	3429	2451	2066	2410	2414
死　亡	人	1143	1111	1134	1267	1241
结　婚	对	1225	1190	1302	2945	3039
离　婚	对	27	31	47	138	156

主要年份人均主要工农业产品产量
Per Capita Output of Major Industrial and Major Agricultural in Main Years

年 份	粮 食 (千克)	棉 花 (千克)	油 料 (千克)	鲜 果 (千克)	猪牛羊肉 (千克)	水产品 (千克)	蔬 菜 (千克)	纱 (千克)
1978	335.72	2.32	4.87	15.81	8.29	2.76	109.53	3.80
1980	396.42	4.81	8.79	15.60	13.45	1.90	103.50	4.00
1985	356.43	11.39	15.75	29.03	14.84	2.31	166.94	4.22
1990	378.23	9.48	12.44	29.15	20.13	3.64	192.19	5.57
1995	427.17	5.78	17.13	67.37	40.36	6.18	355.06	6.08
1996	431.80	4.00	18.68	77.89	44.53	7.85	399.60	5.90
1997	422.30	3.28	18.14	85.50	47.49	9.32	466.38	6.07
1998	445.62	4.13	21.20	96.18	49.77	10.59	548.01	5.33
1999	416.66	3.38	19.65	97.67	51.39	11.52	578.84	5.49
2000	383.97	4.52	22.13	101.94	52.47	12.18	670.38	6.58
2001	372.66	6.27	23.00	100.17	53.33	12.70	731.71	6.88
2002	362.63	5.98	22.52	111.44	55.98	12.96	815.43	7.19
2003	353.64	7.73	24.16	188.20	59.50	12.78	874.32	7.30
2004	365.30	9.80	22.73	198.31	63.50	13.67	911.41	7.35
2005	380.47	8.45	22.36	204.67	67.75	14.48	946.94	10.04
2006	393.16	9.14	21.86	211.38	70.77	15.71	966.88	12.57

主要年份人均主要工农业产品产量(续)
Per Capita Output of Major Industrial and Major Agricultural in Main Years

年 份	布 (米)	原 煤 (吨)	原 油 (吨)	发电量 (千瓦小时)	钢 (千克)	成品钢材 (千克)	生 铁 (千克)	水 泥 (千克)
1978	16.33	1.14	0.34	335.50	28.94	18.73	44.26	92.18
1980	17.52	1.04	0.31	370.93	37.07	24.12	48.98	107.05
1985	18.07	1.09	0.19	474.76	45.15	34.70	51.52	170.84
1990	21.08	1.04	0.09	612.91	63.74	46.72	86.59	217.63
1995	27.62	1.26	0.08	946.93	123.71	120.25	189.41	492.00
1996	25.18	1.26	0.08	1008.22	140.63	111.59	194.71	527.06
1997	25.50	1.21	0.08	1067.06	162.36	120.83	214.84	578.30
1998	19.80	0.86	0.08	1051.17	168.95	142.20	198.24	593.71
1999	19.81	0.84	0.08	1171.07	197.81	167.42	222.23	627.14
2000	23.48	0.87	0.08	1270.95	185.51	196.65	257.26	706.60
2001	25.04	0.88	0.08	1383.38	294.57	279.82	325.59	729.53
2002	23.75	0.91	0.07	1509.99	395.96	373.68	434.87	858.90
2003	24.13	0.98	0.08	1611.67	597.60	539.50	602.89	979.18
2004	26.84	1.05	0.08	1849.09	830.96	691.97	778.25	1152.67
2005	34.22	1.16	0.08	1959.93	1081.46	946.57	990.57	1295.76
2006	41.06	1.15	0.09	2125.25	1323.19	1231.67	1200.11	1233.93

地区收入总值（1978–2006年）
Gross National Income(1978-2006)

单位：亿元

年份	地区收入总值	地区生产总值	第一产业	第二产业	工业	建筑业	第三产业	人均地区生产总值（元）
1978	183.06	183.06	52.20	92.38	83.19	9.19	38.48	364
1979	203.22	203.22	61.11	101.76	89.69	12.07	40.35	400
1980	219.24	219.24	68.09	105.88	94.08	11.80	45.27	427
1981	222.54	222.54	71.03	103.15	92.34	10.81	48.36	427
1982	251.45	251.45	85.59	107.83	95.33	12.50	58.03	474
1983	283.21	283.21	102.10	114.89	101.95	12.94	66.22	526
1984	332.22	332.22	111.46	145.84	129.83	16.01	74.92	609
1985	396.75	396.75	120.34	184.26	164.27	19.99	92.15	719
1986	436.65	436.65	123.45	207.28	185.48	21.80	105.92	782
1987	521.98	521.92	137.66	255.97	231.43	24.54	128.29	921
1988	701.40	701.33	162.31	323.40	289.22	34.18	215.62	1219
1989	822.89	822.83	196.35	374.92	338.79	36.13	251.56	1409
1990	896.41	896.33	227.89	387.52	354.26	33.26	280.92	1465
1991	1073.09	1072.07	236.89	459.91	417.17	42.74	375.27	1727
1992	1279.55	1278.50	257.08	573.15	517.75	55.40	448.27	2040
1993	1694.78	1690.84	301.68	847.92	758.10	89.82	541.24	2682
1994	2192.67	2187.49	451.91	1053.12	926.36	126.76	682.46	3439
1995	2853.02	2849.52	631.34	1322.77	1150.49	172.28	895.41	4444
1996	3468.24	3452.97	700.94	1664.61	1463.18	201.43	1087.42	5345
1997	3970.06	3953.78	761.76	1934.38	1701.42	232.96	1257.64	6079
1998	4271.79	4256.01	790.60	2084.33	1822.05	262.28	1381.08	6501
1999	4530.95	4514.19	805.97	2188.59	1895.21	293.38	1519.63	6849
2000	5062.69	5043.96	824.55	2514.96	2201.73	313.23	1704.45	7592
2001	5536.14	5516.76	913.82	2696.63	2378.04	318.59	1906.31	8251
2002	6039.42	6018.28	956.84	2911.69	2580.90	330.80	2149.75	8960
2003	6944.21	6921.29	1064.05	3417.56	3009.92	407.64	2439.68	10251
2004	8504.50	8477.63	1333.57	4301.73	3812.31	489.42	2842.33	12487
2005	10127.42	10096.11	1503.07	5232.50	4665.21	567.29	3360.54	14782
2006	11697.22	11660.43	1606.48	6115.01	5490.54	624.47	3938.94	16962

注：1.本表按当年价格计算。2.本表为经济普查后对历史数据进行调整数据。3.2005年数据为按新行业分类。（以下各表同）

地区生产总值构成（1978-2006年）
Composition of Gross Domestic Product(1978-2006)

单位：%

年份	地区生产总值	第一产业	第二产业	工业	建筑业	第三产业
1978	100.0	28.52	50.46	45.44	5.02	21.02
1979	100.0	30.07	50.07	44.13	5.94	19.86
1980	100.0	31.06	48.29	42.91	5.38	20.65
1981	100.0	31.92	46.35	41.49	4.86	21.73
1982	100.0	34.04	42.88	37.91	4.97	23.08
1983	100.0	36.05	40.57	36.00	4.57	23.38
1984	100.0	33.55	43.90	39.08	4.82	22.55
1985	100.0	30.33	46.44	41.40	5.04	23.23
1986	100.0	28.27	47.47	42.48	4.99	24.26
1987	100.0	26.38	49.04	44.34	4.70	24.58
1988	100.0	23.14	46.11	41.24	4.87	30.75
1989	100.0	23.85	45.56	41.17	4.39	30.57
1990	100.0	25.43	43.23	39.52	3.71	31.34
1991	100.0	22.10	42.90	38.91	3.99	35.00
1992	100.0	20.11	44.83	40.50	4.33	35.06
1993	100.0	17.84	50.15	44.84	5.31	32.01
1994	100.0	20.66	48.14	42.35	5.79	31.20
1995	100.0	22.16	46.42	40.37	6.05	31.42
1996	100.0	20.30	48.21	42.37	5.84	31.49
1997	100.0	19.27	48.92	43.03	5.89	31.81
1998	100.0	18.58	48.97	42.81	6.16	32.45
1999	100.0	17.86	48.48	41.98	6.50	33.66
2000	100.0	16.35	49.86	43.65	6.21	33.79
2001	100.0	16.56	48.88	43.11	5.77	34.56
2002	100.0	15.90	48.38	42.88	5.50	35.72
2003	100.0	15.37	49.38	43.49	5.89	35.25
2004	100.0	15.73	50.74	44.97	5.77	33.53
2005	100.0	14.89	51.83	46.21	5.62	33.28
2006	100.0	13.78	52.44	47.09	5.36	33.78

地区收入总值指数（1978-2006年，上年=100）

Indices of Gross National Income (1978-2006, Precending Year =100)

单位：%

年份	地区收入总值	地区生产总值						人均地区生产总值
			第一产业	第二产业			第三产业	
					工业	建筑业		
1978	114.5	114.5	110.4	118.0	118.9	111.2	112.0	112.9
1979	106.2	106.2	104.2	107.8	105.2	131.3	104.9	105.1
1980	103.2	103.2	97.4	102.4	103.0	97.7	112.5	102.1
1981	101.0	101.0	105.3	96.5	98.1	84.1	105.0	99.5
1982	111.8	111.8	119.5	103.2	102.8	106.7	118.7	109.7
1983	111.5	111.5	118.7	105.3	105.7	101.0	112.2	109.7
1984	114.4	114.4	108.0	122.8	123.2	119.3	110.0	113.0
1985	112.5	112.5	102.2	118.2	118.0	120.3	117.5	111.3
1986	105.1	105.1	97.4	108.0	108.7	101.9	109.8	103.8
1987	111.6	111.6	101.6	114.9	116.4	100.2	117.3	110.0
1988	113.5	113.5	101.1	116.9	116.7	119.4	120.1	111.9
1989	106.0	106.1	103.7	105.4	106.8	88.2	109.7	104.5
1990	105.8	105.8	105.7	104.0	104.6	95.7	109.0	100.9
1991	111.1	111.0	102.5	110.0	109.3	117.0	120.8	109.4
1992	115.6	115.6	99.4	120.7	122.1	106.9	121.4	114.6
1993	117.8	117.7	104.4	124.6	124.3	128.4	116.6	117.0
1994	114.9	114.9	111.8	116.9	116.2	124.3	113.7	113.9
1995	113.8	113.9	108.6	115.4	115.0	119.5	114.6	113.0
1996	114.2	113.5	105.5	116.6	116.9	113.4	113.0	112.7
1997	112.5	112.5	105.4	114.9	115.1	112.2	112.5	111.7
1998	110.7	110.7	106.2	112.2	112.1	113.3	110.6	110.0
1999	109.1	109.1	104.3	110.6	110.5	111.7	109.0	108.4
2000	109.5	109.5	105.1	110.1	110.8	103.3	110.4	108.7
2001	108.7	108.7	105.3	108.3	108.9	104.0	111.0	108.2
2002	109.6	109.6	105.4	110.6	111.0	107.1	110.2	108.9
2003	111.6	111.6	106.1	114.3	113.9	117.2	110.0	111.0
2004	112.9	112.9	106.7	114.8	115.1	112.7	112.6	112.3
2005	113.4	113.4	106.2	115.4	115.7	113.5	113.2	112.7
2006	113.4	113.4	105.0	115.1	116.0	108.3	114.3	112.6

地区收入总值指数（1978－2006年，1978年=100）
Indices of Gross National Income(1978-2006,1978=100)

单位：%

年份	地区收入总值	地区生产总值	第一产业	第二产业	工业	建筑业	第三产业	人均地区生产总值
1978	100.0	100.0	100.0	100.0	100.0	100.0	100.0	100.0
1979	106.2	106.2	104.2	107.8	105.2	131.3	104.9	105.1
1980	109.6	109.6	101.5	110.4	108.4	128.3	118.0	107.3
1981	110.7	110.7	106.9	106.5	106.3	107.9	123.9	106.8
1982	123.8	123.8	127.7	110.0	109.3	115.1	147.1	117.1
1983	138.0	138.0	151.6	115.8	115.6	116.3	165.0	128.5
1984	157.9	157.9	163.7	142.2	142.4	138.7	181.4	145.2
1985	177.6	177.6	167.4	168.1	168.0	166.9	213.2	161.6
1986	186.6	186.6	163.1	181.6	182.6	170.1	234.2	167.7
1987	208.3	208.3	165.7	208.7	212.6	170.4	274.6	184.5
1988	236.4	236.4	167.5	244.0	248.1	203.4	329.8	206.5
1989	250.6	250.8	173.6	257.1	265.0	179.5	361.7	215.8
1990	265.1	265.4	183.6	267.4	277.3	171.8	394.3	217.7
1991	294.6	294.6	188.2	294.2	303.1	201.0	476.4	238.2
1992	340.5	340.5	187.0	355.0	370.0	214.9	578.5	272.9
1993	401.1	400.8	195.3	442.4	459.9	275.9	674.6	319.3
1994	460.9	460.5	218.3	517.2	534.5	342.9	766.7	363.7
1995	524.5	524.5	237.1	596.8	614.6	409.8	879.0	411.0
1996	599.0	595.4	250.1	695.9	718.5	464.7	993.3	463.2
1997	673.9	669.8	263.6	799.5	827.0	521.4	1117.4	517.4
1998	746.0	741.4	280.0	897.1	927.1	590.7	1235.9	569.1
1999	813.9	808.9	292.0	992.2	1024.4	659.8	1347.1	617.0
2000	891.2	885.8	306.9	1092.4	1135.0	681.6	1487.2	670.6
2001	968.7	962.8	323.2	1183.1	1236.1	708.9	1650.8	725.6
2002	1061.7	1055.3	340.6	1308.2	1372.5	759.0	1819.9	790.2
2003	1184.9	1177.7	361.5	1495.4	1563.9	889.4	2002.2	877.1
2004	1337.7	1329.6	385.7	1716.7	1800.1	1002.4	2254.3	985.0
2005	1516.9	1507.8	409.7	1981.2	2081.9	1137.7	2550.8	1110.1
2006	1720.2	1709.8	430.1	2280.4	2414.8	1232.7	2915.5	1250.4

支出法计算的地区生产总值（1978-2006年）

Gross Domestic Product by Expenditure Approach(1978-2006)

年份	地区生产总值（亿元）	最终消费	资本形成总额	货物和服务净流出	最终消费率（消费率）(%)	资本形成率（投资率）(%)
1978	183.06	93.28	64.26	25.52	51.0	35.1
1979	203.22	104.43	68.95	29.84	51.4	33.9
1980	219.24	114.68	63.84	40.72	52.3	29.1
1981	222.54	129.06	50.73	42.75	58.0	22.8
1982	251.45	140.19	73.96	37.30	55.8	29.4
1983	283.21	156.34	90.10	36.77	55.2	31.8
1984	332.22	186.56	114.66	31.00	56.2	34.5
1985	396.75	229.73	156.90	10.12	57.9	39.5
1986	436.65	262.33	162.79	11.53	60.1	37.3
1987	521.92	318.27	176.58	27.07	61.0	33.8
1988	701.33	434.25	242.39	24.69	61.9	34.6
1989	822.83	480.95	295.30	46.58	58.5	35.9
1990	896.33	518.86	334.66	42.81	57.9	37.3
1991	1072.07	634.73	384.84	52.50	59.2	35.9
1992	1278.50	712.19	475.18	91.13	55.7	37.2
1993	1690.84	870.45	679.12	141.27	51.5	40.2
1994	2187.49	1059.29	884.46	243.74	48.4	40.4
1995	2849.52	1348.75	1226.07	274.70	47.3	43.0
1996	3452.97	1553.79	1547.80	351.38	45.0	44.8
1997	3953.78	1740.18	1838.54	375.06	44.0	46.5
1998	4256.01	1848.19	2030.17	377.65	43.4	47.7
1999	4514.19	1978.25	2152.02	383.92	43.8	47.7
2000	5043.96	2240.68	2246.67	556.61	44.4	44.5
2001	5516.76	2490.38	2325.61	700.77	45.1	42.2
2002	6018.28	2838.41	2429.90	749.97	47.2	40.4
2003	6921.29	3029.25	2860.73	1031.31	43.8	41.3
2004	8477.63	3677.23	3659.84	1140.56	43.4	43.2
2005	10096.11	4315.20	4628.48	1152.43	42.7	45.8
2006	11660.43	4987.29	5505.80	1167.34	42.8	47.2

居民消费水平（1978-2006年）
Household Consumption(1978-2006)

单位:元、 %

年份	全省居民 (元)			城乡消费水平对比(农村居民=100)	指数(上年=100)			指数(1978年=100)		
		农村居民	城镇居民		全省居民	农村居民	城镇居民	全省居民	农村居民	城镇居民
1978	165	137	402	293.4	103.7	104.9	90.9	100.0	100.0	100.0
1979	183	153	423	276.5	99.4	106.3	93.4	99.4	106.3	93.4
1980	199	164	460	280.5	119.9	120.6	119.5	119.2	128.2	111.6
1981	223	187	481	257.2	111.1	113.4	103.7	132.4	145.4	115.7
1982	236	198	507	256.1	104.5	104.8	104.0	138.4	152.4	120.4
1983	258	221	513	232.1	110.8	112.8	100.6	153.3	171.9	121.1
1984	301	261	569	218.0	116.8	118.2	111.0	179.1	203.1	134.4
1985	366	319	672	210.7	117.1	118.1	112.8	209.7	239.9	151.6
1986	413	356	773	217.1	104.8	104.6	104.8	219.8	250.9	158.9
1987	494	423	917	216.8	105.2	105.3	104.3	231.2	264.2	165.7
1988	664	557	1300	233.4	112.9	110.4	118.3	261.0	291.7	196.1
1989	722	583	1557	267.1	94.7	93.3	98.9	247.2	272.2	193.9
1990	783	605	1592	263.1	103.9	102.6	107.0	256.8	279.2	207.5
1991	847	675	1839	272.4	107.0	105.6	108.5	274.8	294.9	225.1
1992	950	729	2182	299.3	108.6	107.0	109.6	298.4	315.5	246.7
1993	1089	831	2496	300.4	111.9	110.2	114.3	333.9	347.7	282.0
1994	1320	1001	3009	300.6	109.5	107.8	110.8	365.7	374.8	312.5
1995	1686	1306	3397	260.2	110.6	110.0	106.8	404.4	412.3	333.7
1996	1925	1554	3499	225.2	106.8	110.7	104.9	431.9	456.4	350.1
1997	2151	1711	3765	220.1	108.8	105.2	104.5	469.9	480.2	365.8
1998	2207	1731	3833	221.5	102.2	101.9	101.2	480.3	489.3	370.2
1999	2327	1803	3950	219.0	112.7	108.8	100.4	541.3	532.3	371.7
2000	2533	1848	4523	244.8	106.6	109.0	100.8	577.0	580.3	374.7
2001	2749	1912	4991	261.0	107.4	103.2	108.3	619.7	598.8	405.8
2002	3081	1987	5776	290.7	107.9	102.2	109.5	668.6	612.0	444.3
2003	3271	2042	6063	297.0	106.7	105.4	104.0	713.4	645.1	462.1
2004	3758	2167	7096	327.5	111.9	104.9	113.5	798.3	676.7	524.4
2005	4311	2449	7927	323.6	110.2	109.7	106.8	879.7	742.3	560.1
2006	4945	2725	9008	330.6	111.9	109.5	110.3	984.4	812.8	617.8

资 金 流

Funds Flow of

指　标	非金融企业部门		金融机构部门		政府部门	
	使　用	来　源	使　用	来　源	使　用	来　源
货物和服务净出口						
增加值		5235.40		211.17		848.99
劳动者报酬	1701.29		83.73		704.55	
工资及工资性收入	1432.90		-197.87		704.55	
单位社会保险付款	268.39		281.60			
生产税净额	1112.01		21.14		35.97	1035.19
生产税	1153.73		21.14		35.97	1087.12
生产补贴		41.72			51.93	
财产收入	159.72	76.64	453.90	426.82	0.12	20.85
利　息	141.29	54.91	452.94	423.26	0.12	20.12
红　利	18.43	21.06		3.56		0.73
土地租金						
其　他		0.67	0.96			
初次分配总收入		2339.02		79.22		1164.39
经常转移	298.61	26.95	37.31	77.24	399.55	1088.19
收入税	174.75		1.32			212.97
财政经常性拨款						281.60
社会保险付款					242.44	
社会补助	0.02				49.74	0.02
其　他	123.85	26.95	36.00	77.24	107.37	593.60
可支配总收入		2067.36		119.15		1853.04
最终消费					1370.82	
居民消费						
政府消费					1370.82	
总储蓄		2067.36		119.15		482.22
资本转移		36.24			117.99	81.75
投资性补助		36.24			117.99	81.75
其　他						
资本形成总额	3166.54		4.63		588.86	
固定资本形成总额	2932.92		4.63		588.86	
存货增加	233.62					
其他非金融资产获得减处置						
净金融投资	-1062.94		114.52		-142.88	

量　表(收入分配)（2005年）
Funds Table(2005)

单位：亿元

住户部门		省内合计		国内省外		国外部门	
使　用	来　源	使　用	来　源	使　用	来　源	使　用	来　源
					-674.18		-478.25
	3800.55		10096.11				
1670.44	4130.01	4160.01	4130.01		30.00		
1670.44	3848.41	3878.41	3848.41		30.00		
	281.60	281.60	281.60				
146.94		1316.06	1035.19		280.87		
157.15		1367.99	1087.12		280.87		
	10.21	51.93	51.93				
35.98	148.93	649.71	673.25	44.77	21.24		
35.98	139.44	630.32	637.73	17.60	10.19		
	9.20	18.43	34.56	27.17	11.05		
	0.29	0.96	0.96				
	6226.13		9808.76				
399.15	324.47	1134.62	1516.84	446.64	64.42		
70.53		246.59	212.97		33.63		
281.60		281.60	281.60				
	242.44	242.44	242.44				
	49.74	49.76	49.76				
47.02	32.29	314.23	730.08	446.64	30.79		
	6151.44		10190.98				
2944.38		4315.20					
2944.38		2944.38					
		1370.82					
	3207.06		5875.78		-769.06		-478.24
		117.99	117.99				
		117.99	117.99				
1102.07		4628.48					
712.71		4239.12					
389.36		389.36					
2104.99		1247.30		-769.06		-478.24	

资　产
Assets and

指　　标	非金融企业部门		金融机构部门		政府部门		住户
	使　用	来　源	使　用	来　源	使　用	来　源	使　用
非金融资产	**13265.11**		**1066.87**		**1860.25**		**10944.26**
固定资产	10572.10		154.24		1858.85		10543.77
#在建工程	1638.14		4.46		2.96		
存　货	2135.23		0.66		1.28		361.00
#产成品和商品库存	891.45						
其他非金融资产	557.78		911.97		0.12		39.49
#无形资产	471.91		3.83				
金融资产与负债	**9073.03**	**13388.25**	**9907.89**	**10769.14**	**1491.69**	**1102.89**	**9042.70**
国内金融资产与负债	9073.03	13154.95	9907.89	10767.34	1491.69	1052.92	9042.70
通　货	296.68		101.13		8.50		503.40
存　款	3090.80			8204.38	644.60		7152.90
长　期	823.75			2508.48	22.56		5151.89
短　期	2267.05			5695.90	622.04		2001.01
贷　款		5960.28	7136.03			12.15	
长　期		2024.08	2498.64			3.00	
短　期		3936.20	4637.39			9.15	
股票及其他股权	1103.06	2192.07	449.16		51.21		158.84
证　券(不含股票)	147.80	87.09	66.11	29.86			473.11
保险准备金	109.53			547.64			438.11
其　他	4325.16	4915.51	2155.46	1985.46	787.38	1040.77	316.34
国外金融资产与负债		233.30		1.80		49.97	
直接投资		139.87				2.53	
证券投资							
其他投资		93.43		1.80		47.44	
资产负债差额		**8949.88**		**205.62**		**2249.05**	
资产、负债与差额总计	**22338.14**	**22338.14**	**10974.76**	**10974.76**	**3351.94**	**3351.94**	**19986.96**

注：本表包括公路、市政设施、水利设施。

负　　债（2005年12月31日）
Liabilities (December, 31,2005)

单位：亿元

部门	省内部门合计		国内省外		国　外		总　计	
来　源	使　用	来　源	使　用	来　源	使　用	来　源	使　用	来　源
	27136.49						**27136.49**	
	23128.96						23128.96	
	1645.56						1645.56	
	2498.17						2498.17	
	891.45						891.45	
	1509.36						1509.36	
	475.74						475.74	
810.33	**29515.31**	**26070.61**	**1894.99**	**5624.76**	**285.07**		**31695.37**	**31695.37**
810.33	29515.31	25785.54	1894.99	5624.76			31410.30	31410.30
	909.71			909.71			909.71	909.71
	10888.30	8204.38	805.80	3489.72			11694.10	11694.10
	5998.20	2508.48		3489.72			5998.20	5998.20
	4890.10	5695.90	805.80				5695.90	5695.90
508.34	7136.03	6480.77		655.26			7136.03	7136.03
471.47	2498.64	2498.55		0.09			2498.64	2498.64
36.87	4637.39	3982.22		655.17			4637.39	4637.39
	1762.27	2192.07	429.80				2192.07	2192.07
	687.02	116.95		570.07			687.02	687.02
	547.64	547.64					547.64	547.64
301.99	7584.34	8243.73	659.39				8243.73	8243.73
		285.07			285.07		285.07	285.07
		142.40			142.40		142.40	142.40
		142.67			142.67		142.67	142.67
19176.63		**30581.19**		**-3729.77**		**285.07**		**27136.49**
19986.96	**56651.80**	**56651.80**	**1894.99**	**1894.99**	**285.07**	**285.07**	**58831.86**	**58831.86**

企业家信心指数（2006年）
Index of Confidence on Macro Economy of Enterprises(2006)

项　　目	一季度	二季度	三季度	四季度
企业家对宏观经济的信心指数	**122.58**	**134.17**	**126.95**	**130.78**
按注册登记类型分				
国有企业	132.29	135.34	136.92	131.99
集体企业	129.49	126.70	122.83	107.49
有限责任公司	111.51	126.84	116.99	129.41
股份有限公司	107.48	136.76	114.52	127.35
私营企业	125.00	123.44	122.71	128.98
外商及港澳台投资企业	137.88	161.52	149.99	153.08
按行业门类分				
工　业	117.67	135.06	124.04	130.80
建筑业	132.02	132.06	141.05	128.60
交通运输、仓储及邮政业	133.52	131.34	132.07	135.45
批发零售业	117.29	129.89	113.12	120.26
房地产业	147.32	139.75	154.18	144.11
社会服务业	124.14	127.59	120.69	114.29
信息传输、计算机服务及软件业	166.59	161.11	167.46	173.54
住宿和餐饮业	121.08	116.93	121.04	125.44
按企业规模分				
大型(含特大型)企业	123.36	148.34	133.96	141.72
中型企业	114.73	112.39	111.34	113.16
小型企业	112.90	109.68	112.90	103.23
按特殊群体分				
国家重点企业	94.08	144.51	111.19	142.32
国家试点企业集团成员企业	72.36	100.00	100.00	110.06
乡镇企业	153.24	144.70	144.55	147.99
上市公司	81.44	131.27	106.64	129.25
国有控股企业	115.33	132.50	122.58	128.31

企业景气指数（2006年）

Prosperity Index of Enterprises(2006)

项　　目	一季度	二季度	三季度	四季度
全省企业综合生产经营景气指数	**123.08**	**137.12**	**133.72**	**130.14**
按行业门类分				
工　业	122.24	142.77	132.73	128.78
建筑业	115.79	126.05	144.73	154.71
交通运输、仓储及邮政业	127.75	119.09	125.68	112.43
批发零售业	125.33	133.97	136.87	137.34
房地产业	120.88	135.21	142.71	144.64
社会服务业	124.14	120.69	124.14	107.14
信息传输、计算机服务及软件业	156.43	151.15	154.41	167.75
住宿和餐饮业	109.78	117.21	133.81	121.18
按注册登记类型分				
国有企业	127.06	135.10	137.12	140.19
集体企业	119.74	115.85	118.73	104.58
有限责任公司	119.23	137.39	131.27	129.97
股份有限公司	115.75	152.67	139.78	130.59
私营企业	115.60	114.76	119.77	135.76
外商及港澳台投资企业	148.02	160.24	151.51	141.13
按企业规模分				
大型(含特大型)企业	136.13	160.58	152.75	147.19
中型企业	102.23	106.53	107.94	107.39
小型企业	87.10	109.68	103.23	109.68
按特殊群体分				
国家重点企业	126.80	167.66	138.93	137.74
国家试点企业集团成员企业	89.98	116.75	79.93	91.13
乡镇企业	143.21	136.69	137.55	150.30
上市公司	90.85	168.90	144.52	126.60
国有控股企业	116.85	141.39	136.27	132.71
工　业				
生产成本	111.20	87.30	76.88	94.88
生产总量	90.87	143.08	135.09	120.03
产品订货	119.87	141.80	123.64	134.45
#国外订货	99.98	110.92	102.14	100.02
产品销售	109.13	139.99	134.94	123.92
产品销售价格	106.48	118.19	104.41	97.49
产成品库存	124.80	124.72	122.95	117.53
盈利(亏损)变化	107.96	131.14	127.20	103.76
流动资金	77.93	87.76	85.25	78.37
货款拖欠	79.95	89.92	87.24	87.50
劳动力需求	105.40	120.71	102.02	125.39
固定资产投资	98.90	102.67	106.60	107.32
科技创新	87.99	131.36	129.05	115.93
主要原材料及能源购进价格	106.29	122.97	121.14	121.53
主要原材料及能源供应	85.65	55.27	47.46	57.52

企业景气指数(续一)（2006年）

Prosperity Index of Enterprises(2006)

项　　目	一季度	二季度	三季度	四季度
建筑业				
工程合同	99.17	147.76	117.75	115.29
＃国(境)外工程合同	107.26	112.90	110.67	86.53
建筑工程量	88.37	149.97	145.19	125.38
新开工工程量	97.41	137.29	118.13	115.15
工程结算收入	95.28	155.85	153.03	161.09
建筑材料购进价格	87.07	27.58	55.48	72.10
工程结算成本	81.30	46.53	47.52	60.68
盈利(亏损)变化	101.44	141.24	138.18	162.95
流动资金	80.79	69.72	81.81	80.47
工程款拖欠	73.30	73.47	82.78	96.28
劳动力需求	77.50	158.01	139.82	100.23
固定资产投资	107.78	129.42	124.06	116.91
交通运输、仓储和邮政业				
业务收费价格	101.61	124.72	123.91	106.78
盈利(亏损)变化	118.23	107.74	99.48	87.99
流动资金	34.62	59.03	59.03	57.61
货款拖欠	88.59	85.38	93.13	96.87
劳动力需求	91.72	96.30	96.17	91.98
固定资产投资	73.90	121.66	97.41	131.82
批发和零售业				
商品购进价格	76.44	72.70	76.41	86.99
商品销售	93.51	108.56	95.70	126.60
＃出　口	96.05	95.65	100.71	97.15
商品销售价格	112.32	111.95	101.47	105.81
商品库存	98.40	93.42	93.96	120.94
经营费用	110.37	98.04	97.06	87.44
盈利(亏损)变化	114.16	103.91	127.10	143.05
流动资金	93.25	80.70	80.75	92.13
货款拖欠	126.20	123.34	117.14	120.32
劳动力需求	93.55	84.19	85.41	89.60
固定资产投资	99.05	99.53	111.98	115.10
房地产业				
土地开发	91.95	101.51	91.44	107.50
完成投资	72.82	133.08	120.07	131.49
新开工情况	93.81	110.06	89.61	83.30
房屋竣工	67.70	78.49	78.42	95.76
商品房预售	84.99	97.83	105.55	121.42
商品房销售	84.30	74.60	90.31	101.05
商品房销售价格	120.41	132.14	139.39	137.75

企业景气指数(续二)(2006年)
Prosperity Index of Enterprises(2006)

项　　目	一季度	二季度	三季度	四季度
空置商品房	151.69	154.94	142.68	156.19
盈利(亏损)变化	108.63	124.04	127.93	132.09
流动资金	80.91	87.01	90.88	105.21
货款拖欠	116.99	130.46	121.1	113.7
劳动力需求	97.39	95.57	121.89	91.12
固定资产投资	94.99	119.07	124	133.04
社会服务业				
竞争能力	134.48	127.59	124.14	125
旅游客源	128.57	171.43	171.43	133.33
收费(服务)价格	103.45	89.66	89.66	89.29
营业成本	55.17	48.28	72.41	67.86
盈利(亏损)变化	96.55	100	110.34	85.71
流动资金	75.86	86.21	89.66	78.57
货款拖欠	113.79	96.55	93.1	114.29
劳动力需求	103.45	131.03	124.14	114.29
固定资产投资	100	103.45	103.45	103.57
信息传输、计算机服务和软件业				
产品销售(提供服务)	147.17	156.97	151.81	153.26
产品订货	137.5	136.6	131.54	141.14
竞争能力	151.74	158.69	156.17	161.36
销售(收费)价格	91.3	95.81	88.3	71.81
营业收入	137.47	167.98	145.91	146.5
营业成本	110.45	70.25	109.47	59.52
盈利(亏损)变化	116.16	134.46	128.74	122.14
流动资金	108.35	121.39	126.66	119.71
货款拖欠	122.64	86.07	73.89	84.07
劳动力需求	105.35	104.35	95.65	96.13
固定资产投资	98.12	116.6	96.41	118.51
住宿和餐饮业				
竞争能力	124.34	121.31	131.81	123.44
客房出租	40.44	70.59	82.35	82.14
收费(服务)价格	87.5	113.04	93.48	97.87
营业收入	71.64	107.01	121.19	121.42
营业成本	105.26	111.35	94.2	78.98
盈利(亏损)变化	89.74	119.64	108.98	108.98
流动资金	70.77	72.81	68.85	70.45
货款拖欠	106.23	97.39	91.17	93.72
劳动力需求	91.37	112.77	106.24	106.38
固定资产投资	97.92	119.09	104.34	108.74

主要年份人口基本情况
Basic Statistics of Population in Main Years

指　　标	1995年	2000年	2001年	2005年	2006年
年末总人口(万人)	**6437**	**6674**	**6699**	**6851**	**6898**
城镇人口		1741		2582	
乡村人口		4933		4269	
男性人口	3266	3397	3384	3441	3486
女性人口	3171	3277	3315	3410	3412
出生率(‰)	13.93	11.30	11.20	12.84	12.82
死亡率(‰)	6.32	6.21	6.20	6.75	6.59
自然增长率(‰)	7.61	5.09	5.00	6.09	6.23
人口密度(人/平方公里)				365	368
家庭户数(万户)				2046.4	2085.87
各年龄段人口比例(%)					
0—14岁	28.4	22.8	21.8	17.7	16.61
15—64岁	65.1	70.3	70.2	74.1	74.90
65岁以上	6.5	6.9	8.0	8.2	8.49
文化程度人口比重(%)					
未上学人口		8.7	7.6	6.9	5.98
小学文化程度人口		35.7	36.9	30.1	30.30
初中文化程度人口		41.3	41.7	46.3	47.20
高中文化程度人口		11.3	10.8	12.0	12.03
大专以上文化程度人口		2.9	3.1	4.7	4.49

注：未上学人口2005年以前为不识字或识字很少的人口。

总人口及人口自然变动(1978–2006年)
Total Population and Natural Changes of Population (1978-2006)

年 份	总 人 口 (万人)	#男	出 生 率 (‰)	死 亡 率 (‰)	自然增长率 (‰)
1978	5057	2595	20.88	6.49	14.39
1979	5105	2620	19.86	6.36	13.50
1980	5168	2651	20.47	6.46	14.01
1981	5256	2692	23.99	6.05	17.94
1982	5356	2742	19.35	5.94	13.41
1983	5420	2777	17.91	6.60	11.31
1984	5487	2815	16.73	5.41	11.32
1985	5548	2852	17.10	5.30	11.80
1986	5627	2893	20.42	6.12	14.30
1987	5710	2936	22.50	6.00	16.50
1988	5795	2978	20.35	5.50	14.85
1989	5881	3021	20.19	5.44	14.75
1990	6159	3147	20.46	6.82	13.64
1991	6220	3167	16.61	6.75	9.86
1992	6275	3212	15.33	6.43	8.90
1993	6334	3227	15.43	6.11	9.32
1994	6388	3264	14.93	6.50	8.43
1995	6437	3266	13.93	6.32	7.61
1996	6484	3309	13.85	6.55	7.30
1997	6525	3327	13.11	6.82	6.29
1998	6569	3343	13.01	6.18	6.83
1999	6614	3357	12.99	6.26	6.73
2000	6674	3397	11.30	6.21	5.09
2001	6699	3384	11.16	6.18	4.98
2002	6735	3420	11.53	6.25	5.28
2003	6769	3454	11.43	6.27	5.16
2004	6809	3480	11.98	6.19	5.79
2005	6851	3438	12.84	6.75	6.09
2006	6898	3486	12.82	6.59	6.23

五次人口普查基本情况
Basic Statistics on Population Census in 1953，1964，1982, 1990 and 2000

项　　目	单　位	第一次人口普查 (1953.7.1)	第二次人口普查 (1964.7.1)	第三次人口普查 (1982.7.1)	第四次人口普查 (1990.7.1)	第五次人口普查 (2000.11.1)
总人口	**万　人**	**3563.46**	**4568.77**	**5300.55**	**6108.28**	**6668.44**
男	万　人	1794.83	2338.17	2712.56	3121.01	3393.63
女	万　人	1768.63	2230.60	2587.99	2987.27	3274.81
总户数	**万　户**	**820.12**	**1017.15**	**1237.70**	**1536.61**	**1830.27**
家庭户	万　户			1231.72	1530.21	1793.50
平均家庭户规模	人／户	4.39	4.49	4.14	3.89	3.59
民　族						
民族个数	个	11	30	41	55	56
汉族人口	万　人	3527.83	4494.98	5215.14	5867.37	6378.16
各少数民族人口	万　人	35.63	73.75	85.34	240.91	290.28
市镇总人口	**万　人**	**419.53**	**644.79**	**725.89**	**1173.39**	**1756.01**
各种文化程度人口						
大　　学	万　人		18.08	23.43	58.25	178.11
高　　中	万　人		56.87	399.86	455.47	716.36
初　　中	万　人		234.91	1020.08	1509.42	2609.93
小　　学	万　人		1400.54	1930.58	2249.16	2213.51
文盲、半文盲(15周岁及以上)	万　人			1193.54	1023.52	513.81
在业人口	**万　人**			**2759.90**	**3410.11**	**3836.27**
不在业人口	**万　人**			**908.76**	**924.47**	**1313.09**

注：1.第五次人口普查少数民族人口中含“其他未识别的民族”和“外国人加入中国籍”(入籍)人口；2.第五次人口普查“高中”文化程度含“高中”和“中专”；“大学”含“大学专科”和“大学本科”。

分行业就业人员(2006年底)

Number of Employed Persons by Sector (End of 2006)

单位：万人

行　　业	就业人员	城　镇				乡　村
		就业人员	单　位 就业人员	私营个体 就业人员	灵活就业 及其他 就业人员	就业人员
全省总计	**3609.99**	**909.19**	**501.22**	**302.39**	**105.58**	**2700.8**
农、林、牧、渔业	1524.89	11.85	8.24	2.72	0.89	1513.04
采矿业	86.03	36.30	27.65	7.79	0.86	49.73
制造业	651.91	205.84	121.36	83.60	0.88	446.07
电力、燃气及水的生产和供应业	29.13	19.92	18.12	0.91	0.89	9.21
建筑业	315.59	59.13	35.81	19.01	4.31	256.46
交通运输、仓储和邮政业	159.60	47.97	25.71	18.45	3.81	111.63
信息传输、计算机服务和软件业	12.65	7.95	5.27	1.81	0.87	4.7
批发和零售业	270.87	127.55	25.27	83.21	19.07	143.32
住宿和餐饮业	112.99	66.61	5.01	51.60	10.00	46.38
金融业	24.12	19.06	19.06			5.06
房地产业	6.08	5.01	2.87	1.15	0.99	1.07
租赁和商务服务业	32.78	20.48	5.44	5.09	9.95	12.3
科学研究、技术服务和地质勘查业	9.35	7.91	7.47		0.44	1.44
水利、环境和公共设施管理业	13.12	10.25	8.89		1.36	2.87
居民服务和其他服务业	114.55	64.12	2.07	25.70	36.36	50.43
教　育	112.57	93.84	83.95		9.89	18.73
卫生、社会保障和社会福利业	41.28	27.44	23.32		4.11	13.84
文化、体育和娱乐业	14.87	6.99	4.74	1.35	0.90	7.88
公共管理和社会组织	77.61	70.97	70.97			6.64

注：本表就业人员不包括离开本单位仍保留劳动关系的职工。

主要年份按三次产业分的就业人员及构成(年底数)

Number of Employed Persons by Type of Industry and Composition in Main Years (End of Year)

年份	就业人员(万人)				构成(以就业人员为100)		
		第一产业	第二产业	第三产业	第一产业	第二产业	第三产业
1978	2109.39	1621.61	292.83	194.95	76.88	13.88	9.24
1980	2182.80	1637.42	321.01	224.37	75.01	14.71	10.28
1985	2555.43	1603.36	557.49	394.58	62.74	21.82	15.44
1986	2626.41	1602.21	607.42	416.78	61.00	23.13	15.87
1987	2725.75	1615.62	653.23	456.90	59.27	23.97	16.76
1988	2808.33	1659.62	690.33	458.38	59.10	24.58	16.32
1989	2857.92	1739.11	674.31	444.50	60.85	23.60	15.55
1990	2955.47	1820.51	680.14	454.82	61.60	23.01	15.39
1991	3040.30	1905.27	690.04	444.99	62.67	22.70	14.63
1992	3106.28	1874.64	722.61	509.03	60.35	23.26	16.39
1993	3171.37	1857.14	778.68	535.55	58.56	24.55	16.89
1994	3210.37	1780.48	832.60	597.29	55.46	25.93	18.61
1995	3252.01	1729.29	879.08	643.64	53.18	27.03	19.79
1996	3300.16	1635.17	942.08	722.91	49.55	28.55	21.90
1997	3324.23	1634.03	940.24	749.96	49.16	28.28	22.56
1998	3367.18	1650.22	932.60	784.36	49.01	27.70	23.29
1999	3322.30	1653.25	879.69	789.36	49.76	26.48	23.76
	(3312.09)	(1653.25)	(876.34)	(782.50)	(49.91)	(26.46)	(23.63)
2000	3385.71	1678.12	886.99	820.60	49.56	26.20	24.24
	(3351.42)	(1678.12)	(875.75)	(797.55)	(50.07)	(26.13)	(23.80)
2001	3409.16	1676.34	899.68	833.14	49.17	26.39	24.44
	(3328.85)	(1676.34)	(866.40)	(786.11)	(50.36)	(26.03)	(23.61)
2002	3435.00	1662.59	929.12	843.29	48.40	27.05	24.55
	(3286.56)	(1662.59)	(874.12)	(749.85)	(50.59)	(26.60)	(22.81)
2003	3470.23	1672.26	942.84	855.13	48.19	27.17	24.64
2004	3516.71	1612.85	992.74	911.12	45.86	28.23	25.91
2005	3568.97	1564.72	1043.56	960.69	43.84	29.24	26.92
2006	3609.99	1524.89	1082.66	1002.44	42.24	29.99	27.77

注：1.1999年起资料不包括离开本单位仍保留劳动关系职工人数。 2.2003年城镇就业人员包括城镇单位就业人员、城镇私营和个体经济实际就业人员、城镇社区公益岗位和各种灵活方式就业人员。3.1999-2002年资料按新的统计口径做了调整。括号内数据为调整前老口径数据。

主要年份职工人数(年底数)

Number of Staff and Workers in Main Years (End of Year)

单位：万人

年份	职工人数	#国有经济	#城镇集体经济	女职工人数	#国有经济	#城镇集体经济
1952	60.39	57.85	2.54		6.68	
1957	135.13	104.47	30.66		14.45	
1962	149.50	132.88	16.62		24.78	
1965	161.64	139.95	21.69		26.86	
1970	219.48	185.82	33.66	53.83	41.11	12.72
1975	344.99	289.52	55.47	85.54	63.36	22.18
1978	445.10	369.83	75.27	122.55	94.78	27.77
1980	476.83	394.27	82.56	146.84	109.95	36.89
1985	555.15	424.26	130.16	177.64	123.99	53.32
1990	652.71	497.19	151.61	223.90	158.66	63.61
1991	673.75	512.60	155.50	231.10	164.24	64.20
1992	688.45	527.79	154.71	236.95	171.79	62.35
1993	703.72	538.67	151.41	246.63	179.95	60.47
1994	699.25	533.24	141.41	249.44	181.87	57.32
1995	698.02	535.14	132.79	252.84	185.42	54.43
1996	696.16	538.42	126.78	255.56	190.91	51.02
1997	676.74	531.51	112.13	252.52	191.88	45.98
1998	657.00	502.35	93.57	221.41	168.77	30.94
1999	639.62	488.88	84.27	220.62	168.49	27.38
2000	621.95	474.88	75.52	212.13	162.79	23.28
2001	603.86	459.13	69.53	205.47	159.35	20.56
2002	589.14	441.13	62.29	196.89	150.35	17.61
2003	576.57	427.40	57.41	193.58	147.08	15.85
2004	562.67	409.48	52.81	191.15	142.72	14.44
2005	557.83	390.46	48.90	191.86	139.26	13.59
2006	554.56	381.36	46.28	193.98	139.00	13.25

注：1998年女职工人数为在岗女职工人数,1999年起为女性单位就业人数。

分登记注册类型和行业职工人数(2006年底)

Number of Staff and Workers by Registration Status and Sector (End of 2006)

单位：万人

行业	职工人数	国有经济	城镇集体经济	其他经济类型	在岗职工人数	#国有经济	#城镇集体经济	在岗职工占全部职工(%)
全省总计	**554.56**	**381.36**	**46.28**	**126.92**	**488.07**	**339.63**	**34.94**	**88.01**
按企、事业和机关分组								
企业	341.63	170.94	43.82	126.87	283.00	136.93	32.62	82.84
事业	147.25	144.80	2.4	0.05	143.82	141.51	2.26	97.67
机关	65.68	65.62	0.06		61.25	61.19	0.06	93.26
按国民经济行业分组								
农、林、牧、渔业	8.70	8.19	0.38	0.13	8.23	7.82	0.29	84.60
采矿业	30.73	14.31	1.12	15.30	27.57	13.05	0.80	89.72
制造业	148.42	58.82	15.63	73.97	119.53	42.87	10.48	80.53
电力、燃气及水的生产和供应业	18.23	14.75	0.11	3.37	17.57	14.16	0.11	96.38
建筑业	36.89	15.37	8.02	13.50	31.98	12.42	7.51	86.69
交通运输、仓储和邮政业	29.29	24.25	1.52	3.52	25.25	21.77	0.89	86.21
信息传输、计算机服务和软件业	5.38	3.66	0.02	1.70	5.01	3.41	0.02	93.12
批发和零售业	37.53	20.00	9.18	8.35	24.87	12.15	5.38	66.27
住宿和餐饮业	5.73	3.76	0.52	1.45	4.93	3.15	0.45	86.04
金融业	17.25	9.93	4.55	2.77	15.48	8.49	4.41	89.74
房地产业	2.87	1.91	0.06	0.90	2.71	1.78	0.06	94.43
租赁和商务服务业	6.16	3.11	2.36	0.69	5.31	2.78	1.89	86.20
科学研究、技术服务和地质勘查业	8.09	7.71	0.03	0.35	7.31	6.95	0.03	90.36
水利、环境和公共设施管理业	9.11	8.41	0.21	0.49	8.77	8.14	0.18	96.27
居民服务和其他服务业	2.13	1.54	0.49	0.10	2.05	1.49	0.47	96.24
教育	84.18	84.01	0.11	0.06	83.36	83.19	0.10	99.03
卫生、社会保障和社会福利业	23.54	21.82	1.65	0.07	23.02	21.38	1.58	97.79
文化、体育和娱乐业	4.89	4.48	0.21	0.20	4.69	4.30	0.19	95.91
公共管理和社会组织	75.44	75.33	0.11		70.43	70.33	0.10	93.36

分登记注册类型和行业女性就业人数(2006年底)

Number of Female Employed Persons by Registration Status and Sector (End of 2006)

单位：万人

行　　业	女性就业人数	国有经济	城　镇 集体经济	其　他 经济类型
全　省　总　计	**193.98**	**139.00**	**13.25**	**41.73**
按企、事业和机关分				
企　业	100.08	46.29	12.09	41.70
事　业	77.38	76.20	1.15	0.03
机　关	16.52	16.51	0.01	
按国民经济行业分				
农、林、牧、渔业	2.92	2.79	0.06	0.07
采矿业	5.26	2.10	0.51	2.65
制造业	46.42	15.65	5.10	25.67
电力、燃气及水的生产和供应业	5.13	4.15	0.03	0.95
建筑业	4.95	2.41	0.81	1.73
交通运输、仓储和邮政业	6.87	5.99	0.18	0.70
信息传输、计算机服务和软件业	2.01	1.25	0.01	0.75
批发和零售业	12.74	5.75	2.27	4.72
住宿和餐饮业	2.79	1.79	0.29	0.71
金融业	9.03	4.53	1.92	2.58
房地产业	1.05	0.72	0.02	0.31
租赁和商务服务业	1.75	0.78	0.69	0.28
科学研究、技术服务和地质勘查业	2.32	2.16	0.01	0.15
水利、环境和公共设施管理业	3.71	3.40	0.08	0.23
居民服务和其他服务业	0.93	0.68	0.21	0.04
教　育	50.11	50.01	0.07	0.03
卫生、社会保障和社会福利业	13.98	13.04	0.90	0.04
文化、体育和娱乐业	2.01	1.82	0.07	0.12
公共管理和社会组织	20.00	19.98	0.02	

城镇单位就业人员劳动报酬(2006年)

Labor Reward of Urban Units Employed Persons (2006)

单位：万元

行业	就业人员劳动报酬	在岗职工工资总额	#国有经济	#城镇集体经济	其他就业人员劳动报酬	离开本单位仍保留劳动关系的职工生活费
全省总计	**8255426**	**8095785**	**5819518**	**369771**	**159641**	**338197**
按企、事业和机关分						
企业	4976557	4831691	2581907	344094	144866	229979
事业	2287286	2275927	2250023	25098	11359	34477
机关	991583	988167	987588	579	3416	73741
按国民经济行业分						
农、林、牧、渔业	55108	55016	52085	1947	92	1590
采矿业	709357	708338	308603	5020	1019	21482
制造业	1811382	1781468	719176	93176	29914	99588
电力、燃气及水的生产和供应业	472500	467459	354411	1494	5042	7765
建筑业	501175	451200	226835	82976	49975	14889
交通运输、仓储和邮政业	447825	443631	380637	7664	4194	17852
信息传输、计算机服务和软件业	138153	135299	91155	274	2854	4589
批发和零售业	244876	242438	137963	38366	2438	24522
住宿和餐饮业	52557	51815	33556	3494	742	1994
金融业	429972	386229	231049	83730	43743	32322
房地产业	44478	42987	29874	921	1491	1500
租赁和商务服务业	66908	65487	37544	20357	1421	2051
科学研究、技术服务和地质勘查业	191857	189338	182065	241	2520	6804
水利、环境和公共设施管理业	113875	113038	105351	1527	837	2722
居民服务和其他服务业	46463	46287	40103	5277	176	382
教育	1345071	1340279	1338047	1562	4792	10727
卫生、社会保障和社会福利业	391935	388214	368797	18604	3722	4009
文化、体育和娱乐业	72659	71890	68238	1800	770	1555
公共管理和社会组织	1119275	1115375	1114032	1343	3900	81854

主要年份职工工资总额和指数

Total Wages of Staff and Workers and Related Indices in Main Years

年 份	工资总额 (万元)	#国 有 经济单位	#城镇集体 经济单位	指 数 (上年=100)	#国 有 经济单位	#城镇集体 经济单位
1952	24245	23393	852			
1957	75864	61966	13898			
1962	97735	89214	8521			
1965	99235	88722	10513	102.31	101.41	110.55
1970	118670	103934	14736	109.64	108.87	115.40
1975	189208	163144	26064	109.99	110.64	106.08
1978	256463	219056	37407	114.39	113.15	122.28
1980	340513	292414	48099	118.81	118.69	119.51
1985	580441	466525	113244	121.86	121.73	122.36
1986	716788	579844	135878	123.49	124.29	119.99
1987	825146	667635	156254	115.12	115.14	115.00
1988	1035447	841302	190789	125.49	126.01	122.10
1989	1147097	937626	204030	110.78	111.45	106.94
1990	1293229	1064042	221831	112.74	113.48	108.72
1991	1422357	1163790	246622	109.98	109.37	111.18
1992	1684325	1393304	276422	118.42	119.72	112.08
1993	2108195	1739368	323734	125.17	124.84	117.12
1994	2895850	2391572	387584	137.36	137.50	119.72
1995	3360002	2767436	441368	116.03	115.72	113.88
1996	3652207	3020439	464211	108.70	109.14	105.18
1997	3859772	3218123	440888	105.68	106.54	94.98
1998	3755910	3036502	349331	99.75	96.68	81.46
1999	3979361	3227728	332995	105.95	106.30	95.32
2000	4271797	3459724	318530	107.35	107.19	95.66
2001	4580897	3709329	313935	107.24	107.21	98.56
2002	5040301	4039839	296030	110.03	108.91	94.30
2003	5481960	4343902	292264	108.76	107.53	98.73
2004	6255065.2	4842572.5	311543	114.10	111.48	106.60
2005	7160660	5260503	341572	114.48	108.63	109.66
2006	8095785	5819518	369771	113.06	110.63	108.26

注：1998年以后职工工资总额为在岗职工工资总额，指数按可比口径计算。

主要年份职工平均工资及指数

Average Wage of Staff and Workers and Related Indices in Main Years

年份	平均货币工资（元）				实际工资指数(上年=100)			
	全部职工	国有经济	城镇集体经济	其他经济类型	全部职工	国有经济	城镇集体经济	其他经济类型
1952	435	438	364					
1957	566	598	457		103.0	102.9	102.9	
1962	577	593	453		107.5	107.9	107.7	
1965	627	647	495		102.3	102.5	102.6	
1970	568	590	451		99.4	99.6	99.6	
1975	564	579	484		99.5	99.7	98.6	
1978	592	608	512		105.5	105.9	104.5	
1980	726	753	592		107.2	107.2	106.8	
1985	1075	1128	901	949	107.5	107.3	108.2	106.7
1986	1268	1338	1035	1180	111.3	111.9	108.4	117.3
1987	1394	1471	1139	1308	101.6	101.6	101.7	102.4
1988	1688	1788	1351	1910	102.4	102.7	100.3	123.4
1989	1821	1940	1421	1870	93.1	93.6	90.8	84.5
1990	2019	2166	1522	2002	109.6	110.3	105.8	105.8
1991	2156	2314	1629	2210	100.2	100.2	100.4	103.6
1992	2485	2685	1806	2537	106.2	106.9	102.2	105.8
1993	3035	3272	2157	3460	105.7	105.5	103.4	118.1
1994	4185	4531	2762	4896	106.0	106.4	98.8	110.5
1995	4839	5208	3303	5158	99.6	99.0	103.0	90.7
1996	5286	5653	3658	5625	101.5	100.9	102.9	101.4
1997	5692	6066	3843	6118	103.8	103.4	101.3	104.9
1998	5820	6169	3746	6190	103.6	103.0	98.8	102.5
1999	7022	7354	4836	7107	112.9	113.0	112.4	116.3
2000	7781	8146	5187	7846	110.3	110.2	106.7	109.9
2001	8730	9139	5746	8678	111.8	111.7	110.3	110.2
2002	10032	10578	6343	9537	116.5	117.4	112.0	111.5
2003	11189	11783	6919	10701	109.0	108.9	106.6	109.7
2004	12925	13576	7916	12527	111.4	111.1	110.3	112.9
2005	14707	15291	9041	14835	112.2	111.1	112.6	116.8
2006	16590	17152	10337	16882	110.9	110.3	112.4	111.9

注：1.1994年实际工资指数是按可比口径计算的。

分细行业在岗职工平均工资(2006年)
Average Wage of Staff and Workers by Sector in Detail (2006)

单位: 元

项　　目	在岗职工平均工资	国有单位	城镇集体单位	其他单位
全　省　总　计	**16590**	**17152**	**10337**	**16882**
按企业、事业、机关分				
企　业	17010	18746	10288	16883
事　业	15904	15982	11065	16086
机　关	16246	16252	9860	
按国民经济行业分				
农、林、牧、渔业	**6621**	**6608**	**6681**	**7232**
农　　业	4061	4026	6026	5949
林　　业	9798	9826	3743	10353
畜 牧 业	8093	8232	8250	5717
渔　　业	7903	7781		9598
农、林、牧、渔服务业	11739	12554	6706	17623
采　矿　业	**25757**	**23849**	**6285**	**28680**
煤炭开采和洗选业	24655	21404	6275	28446
石油和天然气开采业	40628	39372		42200
黑色金属矿采选业	21513	27867	6602	13520
有色金属矿采选业	14224	12548		15622
非金属矿采选业	14275	14622		11129
制　造　业	**14968**	**16663**	**8822**	**14842**
农副食品加工业	10808	7557	6611	12110
食品制造业	11210	8794	5867	12105
饮料制造业	10359	9018	4754	10997
烟草制品业	33441	34447	22271	
纺织业	8523	9836	6748	7385
纺织服装、鞋、帽制造业	8404	11286	6056	8597
皮革、毛皮、羽毛(绒)及其制品业	9842	9584	4388	10370
木材加工及木、竹、藤、棕、草制品业	11775	10468	8257	12613
家具制造业	8526	6052	7107	11861
造纸及纸制品业	14007	21724	7692	11704
印刷业和记录媒介的复制	13700	17826	7467	11335
文教体育用品制造业	10124	14292	6075	10643
石油加工、炼焦及核燃料加工业	21940	24222	13904	20233
化学原料及化学制品制造业	12829	14882	8902	11853
医药制造业	16227	19040	10139	14132
化学纤维制造业	12637	13065	3429	11700
橡胶制品业	8226	8816	6610	8462
塑料制品业	10952	12495	7304	11059
非金属矿物制品业	10990	10679	8476	11465
黑色金属冶炼及压延加工业	27130	28319	10172	27550
有色金属冶炼及压延加工业	14272	13376	8835	14777
金属制品业	12821	14075	10510	13708
通用设备制造业	12525	11553	9494	14743
专用设备制造业	16627	16427	10667	17637
交通运输设备制造业	16978	18815	10393	16403
电气机械及器材制造业	15103	20183	8959	13881

分细行业在岗职工平均工资(续一)(2006年)

Average Wage of Staff and Workers by Sector in Detail (2006)

单位:元

项目	在岗职工平均工资	国有单位	城镇集体单位	其他单位
通信设备计算机及其他电子设备制造	15512	12489	6448	16035
仪器仪表及文化、办公用机械制造业	10295	15610	5793	10250
工艺品及其他制造业	8666	3063	6388	9363
废弃资源和废旧材料回收加工业	11184		5685	13198
电力、燃气及水的生产和供应业	**26866**	**25292**	**14630**	**33956**
电力、热力的生产和供应业	29818	28253	14965	36223
燃气生产和供应业	16160	15067		20270
水的生产和供应业	15004	15008	7980	15129
建　筑　业	**13489**	**18017**	**10130**	**11162**
房屋和土木工程建筑业	13045	17773	10137	10863
建筑安装业	17535	19545	10282	16064
建筑装饰业	10533	12449	8158	9817
其他建筑业	11404	10459	6400	12475
交通运输、仓储和邮政业	**17645**	**17575**	**8522**	**21399**
铁路运输业	16720	16552	17218	24079
道路运输业	13200	13771	7782	12339
城市公共交通业	12001	12136	5658	12965
水上运输业	44295	43880		46296
航空运输业	38636	23456		45349
管道运输业	53031	14602		83513
装卸搬运和其他运输服务业	11866	13418	7430	12274
仓　储　业	13808	14003	6782	14402
邮政业	17235	17209		25857
信息传输、计算机服务和软件业	**27394**	**26914**	**17329**	**28555**
电信和其他信息传输服务业	27661	27092	15750	29020
计算机服务业	11201	9990	19774	10294
软件业	18298	20034		17694
批发和零售业	**9591**	**10858**	**6999**	**9325**
批发业	10825	12129	7248	10684
零售业	8318	8786	6741	8724
住宿和餐饮业	**10431**	**10516**	**7821**	**11106**
住宿业	11037	10970	8240	12294
餐饮业	8976	8648	7288	9818
金融业	**25081**	**27375**	**19019**	**27947**
银行业	25749	28621	19103	30572
证券业	26592	23565		29738
保险业	20327	18014		22828
其他金融活动	16945	22339	9540	22535
房地产业	**15927**	**17019**	**15801**	**13769**
#房地产开发经营	14337	14793	11513	13888
物业管理	17805	19817	19577	13702
房地产中介服务	11761	11789		9769
租赁和商务服务业	**12493**	**13626**	**10951**	**12087**
租赁业	9962	10945	8951	11134
商务服务业	12532	13642	10996	12121

分细行业在岗职工平均工资(续二)(2006年)
Average Wage of Staff and Workers by Sector in Detail (2006)

单位:元

项　　目	在岗职工平均工资	国有单位	城镇集体单位	其他单位
科学研究、技术服务和地质勘查业	**26102**	**26436**	**9136**	**20656**
研究与试验发展	31841	31790		35768
自然科学研究与试验发展	34130	34130		
工程和技术研究与试验发展	37466	37507		35768
农业科学研究与试验发展	21284	21284		
医学研究与试验发展	16603	16603		
社会人文科学研究与试验发展	18972	18972		
专业技术服务业	19774	19753	9989	20557
#气象服务	16809	16809		
地震服务	23647	23647		
海洋服务	22534	22534		
测绘服务	17105	17273	6938	
技术检测	17363	17412	7911	18697
环境监测	16616	16616		
工程技术与规化管理	20944	21062	10443	20729
科技交流和推广服务业	14157	14031	10686	20049
地质勘查业	31653	31831	4444	4277
水利、环境和公共设施管理业	**13043**	**13089**	**8234**	**14247**
水利管理业	14210	14376	9541	4932
环境管理业	11377	11375	7224	15735
公共设施管理业	13752	13795	8559	14098
居民服务和其他服务业	**22781**	**27112**	**11221**	**11017**
居民服务业	12681	15399	8616	10120
其他服务业	27085	30723	12988	15393
教　　育	**16117**	**16120**	**15265**	**13357**
#初等教育	14553	14553	21695	8643
中等教育	16052	16048	19024	
高等教育	25222	25222		
卫生、社会保障和社会福利业	**16878**	**17279**	**11714**	**11716**
卫　　生	16929	17353	11715	11716
社会保障业	15889	15889		
社会福利业	15768	15801	11438	
文化、体育和娱乐业	**15296**	**15814**	**9531**	**9438**
新闻出版业	25111	25181	18886	
广播、电影、电视和音像业	13178	13319	4935	6928
文化艺术业	14048	14660	9231	
体　　育	14488	15009		5068
娱乐业	12274	13483	6522	10521
公共管理和社会组织	**15973**	**15977**	**13143**	
#中国共产党机关	17302	17302		
国家机构	15954	15959	13143	
人民政协和民主党派	18728	18728		
群众团体、社会团体和宗教组织	17230	17230		

主要年份全社会固定资产投资
Total Investment in Fixed Assets in Main Years

指　　标	1990年	1995年	2000年	2005年	2006年
投资总额(亿元)	**177.21**	**939.32**	**1847.23**	**4210.25**	**5501.00**
按经济类型分					
国有经济	110.98	415.61	827.66	1215.51	1442.15
集体经济	21.18	252.51	507.68	786.87	432.58
城　镇	5.80	34.36	63.92	192.39	284.40
农　村	15.38	218.15	443.76	594.48	148.18
私营个体经济	45.05	163.00	310.58	712.71	1544.33
城　镇	2.12	30.22	118.90	475.26	837.36
农　村	42.93	132.77	191.68	237.45	706.97
联营经济			9.34	22.65	37.16
股份制经济			89.21	1096.92	1541.10
港澳台商投资经济			20.01	161.20	114.38
外商投资经济			38.97	106.89	180.66
其他经济			5.90	107.51	208.64
按资金来源分					
国家预算内投资	13.47	19.91	65.34	102.72	118.39
国内贷款	34.96	146.54	321.19	569.35	637.99
利用外资	7.88	56.82	36.79	84.73	76.96
自筹投资	94.51	557.87	1185.43	3024.11	4247.02
其他投资	26.39	158.18	238.48	449.86	600.34
按构成分					
建筑安装工程	99.76	542.84	1145.57	2442.38	3161.07
设备工器具购置	62.05	318.18	487.35	1280.11	1598.12
其他费用	15.40	78.30	214.31	487.76	741.80
按三次产业分					
第一产业	15.68	64.28	88.96	224.25	239.19
第二产业	91.10	470.13	784.34	1971.88	2791.10
第三产业	70.43	404.91	973.93	2014.11	2470.71
房屋建筑面积(万平方米)					
施工面积	4662.40	9858.77	13473.63	18061.61	17973.34
竣工面积	3924.42	7762.93	10512.58	11283.61	9598.17
#住　宅	3045.15	4215.38	6842.97	6424.85	5917.40

注：1.1990年房地产开发投资只包括商品房投资，不包括土地开发投资。2.1998年及以前为个人投资。3.2003年及以后资金来源分组为财务拨款数。

按经济类型分全社会固定资产投资(2006年)
Total Investment in Fixed Assets by Ownership(2006)

指　　标	总　计	国有经济	集体经济	#农　村	私营个体	#农　村
投资总额(亿元)	**5501.00**	**1442.15**	**432.58**	**148.18**	**1544.33**	**706.97**
按隶属关系分						
中　央	298.25	215.99				
地　方	5202.75	1226.16	432.58	148.18	1544.33	706.97
按构成分						
建筑安装工程	3161.07	968.88	306.10	98.74	795.45	348.77
设备工器具购置	1598.12	267.55	66.09	24.56	524.02	252.22
其他费用	741.80	205.71	60.39	24.88	224.86	105.98
按三次产业分						
第一产业	239.19	40.88	38.38	31.86	121.11	107.26
第二产业	2791.10	455.80	110.81	30.88	859.57	360.81
第三产业	2470.71	945.47	283.40	85.44	563.66	238.89
房屋建筑面积(万平方米)						
施工面积	17973.34	2346.64	1697.62	274.97	8724.57	5232.23
竣工面积	9598.17	1003.89	803.94	153.78	5804.47	4444.55
#住　宅	5917.40	314.50	423.98	59.25	4378.63	3714.61

按经济类型分全社会固定资产投资(续)(2006年)
Total Investment in Fixed Assets by Ownership(2006)

指　　标	联营经济	股份制经济	港澳台商投资经济	外商投资经　济	其他经济
投资总额(亿元)	**37.16**	**1541.10**	**114.38**	**180.66**	**208.64**
按隶属关系分					
中　央		72.44	2.62	7.20	
地　方	37.16	1468.66	111.76	173.46	208.64
按构成分					
建筑安装工程	21.79	822.86	51.90	63.20	130.88
设备工器具购置	10.95	514.48	56.50	107.43	51.10
其他费用	4.42	203.76	5.97	10.02	26.66
按三次产业分					
第一产业	0.66	23.97	0.22	0.98	12.99
第二产业	20.81	1021.43	86.44	135.57	100.69
第三产业	15.69	495.70	27.73	44.11	94.96
房屋建筑面积(万平方米)					
施工面积	133.87	4238.28	217.50	171.05	443.81
竣工面积	38.14	1538.54	65.11	51.93	292.15
#住　宅	14.07	625.71	28.64	5.57	126.30

按城乡分全社会固定资产投资(1978-2006年)

Total Investment in Fixed Assets of Rural and Urban Area(1978-2006)

年　份	完成投资(亿元)			比上年增长(%)		
	全社会投资总额	城　镇	农　村	全社会投资总额	城　镇	农　村
1978	37.05	37.05		24.0	24.0	
1979	37.95	37.95		2.4	2.4	
1980	37.16	37.16		-2.1	-2.1	
“六五”时期	**401.08**	**233.71**	**167.37**	**20.6**	**7.8**	
1981	53.31	30.73	22.58	43.5	-17.3	
1982	78.09	41.18	36.91	46.5	34.0	63.5
1983	74.34	43.79	30.55	-4.8	6.3	-17.2
1984	84.68	50.86	33.82	13.9	16.1	10.7
1985	110.66	67.15	43.51	30.7	32.0	28.7
“七五”时期	**864.33**	**528.34**	**335.99**	**15.3**	**15.5**	**14.9**
1986	131.30	82.05	49.25	18.7	22.2	13.2
1987	152.01	92.97	59.04	15.8	13.3	19.9
1988	210.85	123.37	87.48	38.7	32.7	48.2
1989	192.96	111.04	81.92	-8.5	-10.0	-6.4
1990	177.21	118.91	58.30	-8.2	7.1	-28.8
“八五”时期	**2764.95**	**1767.18**	**997.77**	**40.7**	**38.8**	**44.2**
1991	240.45	138.66	101.79	35.7	16.6	74.6
1992	335.79	217.94	117.85	39.7	57.2	15.8
1993	540.20	360.31	179.89	60.9	65.3	52.6
1994	709.19	461.87	247.32	31.3	28.2	-26.4
1995	939.32	588.40	350.92	32.4	27.4	41.9
“九五”时期	**7954.03**	**5035.95**	**2918.08**	**18.1**	**18.5**	**17.4**
1996	1187.70	717.73	469.97	26.4	22.0	33.9
1997	1469.99	880.65	589.34	23.8	22.7	25.4
1998	1651.15	1041.43	609.72	12.3	18.3	3.5
1999	1797.96	1184.35	613.61	8.9	13.7	0.6
2000	1847.23	1211.79	635.44	2.7	2.3	3.6
“十五”时期	**13966.34**	**10320.08**	**3646.26**	**14.1**	**18.3**	**4.6**
2001	1941.90	1282.53	659.37	5.1	5.8	3.8
2002	2046.69	1373.69	673.00	5.4	7.1	2.1
2003	2515.86	1810.68	705.18	22.9	31.8	7.6
2004	3251.65	2474.87	776.78	29.2	39.7	10.2
2005	4210.25	3378.32	831.93	29.5	36.5	7.1
“十一五”时期						
2006	5501.00	4433.99	1067.01	32.9	34.0	28.3

注：各时期为平均增长速度。

分行业全社会固定资产投资

Total Investment in Fixed Assets by Sector

单位：万元

行业	2006年			2005年		
	全社会投资总额	城镇	农村	全社会投资总额	城镇	农村
全省总计	**55009984**	**44339879**	**10670105**	**42102474**	**33783207**	**8319267**
农、林、牧、渔业	2391884	837096	1554788	2242518	612073	1630445
采矿业	2448569	1862012	586557	1340758	1195437	145321
制造业	21052130	16341287	4710843	14864148	11795736	3068412
电力、燃气及水的生产和供应业	4068586	4000876	67710	3289548	3204258	85290
建筑业	341674	216576	125098	224390	200410	23980
交通运输、仓储和邮政业	5485592	4858658	626934	4204527	3518754	685773
信息传输、计算机服务和软件业	822136	806690	15446	684972	664194	20778
批发和零售业	2216615	1816739	399876	1590012	1249218	340794
住宿和餐饮业	568914	507042	61872	323141	292824	30317
金融业	99187	97985	1202	46339	41550	4789
房地产业	8516297	6636760	1879537	6889889	5486872	1403017
租赁和商务服务业	514804	503224	11580	318736	300085	18651
科学研究、技术服务和地质勘查业	431599	403747	27852	475973	475597	376
水利、环境和公共设施管理业	2451651	2282305	169346	1712262	1603775	108487
居民服务和其他服务业	280107	141034	139073	194964	61519	133445
教育	1176512	1118720	57792	1152484	943136	209348
卫生、社会保障和社会福利业	477421	429384	48037	436488	331276	105212
文化、体育和娱乐业	413040	376298	36742	284522	220373	64149
公共管理和社会组织	1253266	1103446	149820	1826803	1586120	240683

城镇建设项目固定资产投资
Investment in Capital Construction Projects in Urban Area

指　　标	2004年	2005年	2006年
投资总额(万元)	**20640892**	**29162424**	**39524050**
#住 宅	1527403	1663112	2059899
按隶属关系分			
中　央	1708323	2887335	2972926
地　方	18932569	26275089	36551124
按产业分			
第一产业	448041	612073	837096
第二产业	11233312	16395841	22420751
第三产业	8959539	12154510	16266203
按登记注册类型分			
内　资	18583263	26716506	36695577
国　有	9767829	11587793	13784573
集　体	948641	1561956	2384161
股份合作	131271	304639	372240
联　营	309282	353189	409802
国有联营	39706	111620	33136
集体联营	10438	15090	48300
国有与集体联营	22779	11724	29820
其他联营	236359	214755	298546
有限责任公司	4048194	6397604	8696572
国有独资公司	174558	300108	421516
其他有限责任公司	3873636	6097496	8275056
股份有限公司	2099533	2877198	3605281
私　营	657495	2573060	5986956
其　他	621018	1061067	1455992
港、澳、台商投资企业	941153	1408006	934787
外商投资	1072685	968896	1677409
个体经营	43791	69016	216277

城镇建设项目固定资产投资（续）
Investment in Capital Construction Projects in Urban Area

指　　标	2004年	2005年	2006年
按项目规模分			
亿元及以上项目投资	10559946	15680028	19466235
亿元以下项目投资	10080946	13482396	20057815
按农轻重工业分			
农　业	448041	612073	837096
轻工业	2410869	3736695	4856678
重工业	8196346	12458736	17347497
按主要行业分			
能源工业	2495757	4172805	5094961
交通运输	2099157	3424134	4725188
教　　育	911984	943136	1118720
科学研究	223103	289895	213292
按资金来源分			
国家预算内资金	671699	793625	1151915
国内贷款	3286941	3962294	5087820
债　券	43789	21182	46912
利用外资	565158	748327	728230
自筹资金	14784392	21557079	30503254
其他资金	1677038	2069081	2470371
本年新增固定资产（万元）	**13716798**	**18048126**	**23875558**
固定资产交付使用率（%）	**66.5**	**61.9**	**60.4**
房屋建筑面积（万平方米）			
施工面积	5411.98	6434.17	7337.33
#住　宅	1819.92	1946.22	2156.85
竣工面积	2571.78	2989.18	3389.57
#住　宅	865.33	840.44	858.00
竣工房屋价值(万元)	2334975	2941091	3733023
#住　宅	731918	751139	891263

城镇建设项目分行业固定资产投资(2006年)

Investment in Capital Construction Projects in Urban Area by Sector(2006)

单位：万元

行　　业	投资总额	按建设性质分			按构成分		
		#新　建	#扩　建	#改建和技术改造	#建筑工程	#安装工程	#设备工器具购置
全省总计	**39524050**	**24291209**	**9711442**	**4025253**	**19690632**	**2797070**	**12253957**
农、林、牧、渔业	**837096**	**584306**	**193266**	**39293**	**409869**	**33434**	**144937**
农　业	164083	126814	27259	7630	93914	2535	15778
林　业	162668	126168	31009	1281	66260	6174	7657
畜牧业	318215	207048	99187	9025	155985	16499	76968
渔　业	10935	3400	7535		4065	810	2900
农、林、牧、渔服务业	181195	120876	28276	21357	89645	7416	41634
采矿业	**1862012**	**699848**	**773801**	**350168**	**800863**	**108303**	**661411**
煤炭开采和洗选业	597510	154004	184870	234827	193325	51174	263191
石油和天然气开采业	379740	1900	366421	9612	309193	2095	23302
黑色金属矿采选业	691558	413478	178880	87429	238702	47448	287424
有色金属矿采选业	73633	42931	21702	9000	33309	2216	26995
非金属矿采选业	118271	86235	21928	9300	26084	5220	59699
其他采矿业	1300	1300			250	150	800
制造业	**16341287**	**8659641**	**4611560**	**2349773**	**5663902**	**1254969**	**7967290**
农副食品加工业	613573	400833	144359	48322	257815	37685	244885
食品制造业	561594	327405	208456	16056	175478	24914	310322
饮料制造业	273599	165844	82209	22095	122617	12827	121862
烟草制品业	30986	1655		20328	12645	1453	16883
纺织业	906234	444600	287678	90527	287414	60064	467797
纺织服装、鞋、帽制造业	245487	139340	62409	22850	93798	14610	113772
皮革、毛皮、羽绒及其制品业	319073	185949	102186	15638	131034	32387	97545
木材加工及竹、藤、棕、草制品业	184517	112980	55655	9291	57848	14943	99573
家具制造业	202662	163870	33165	5167	91084	15863	75817
造纸及纸制品业	420122	172955	118138	68594	118141	28624	244169
印刷业和记录媒介的复制	136884	36893	57780	13704	42647	10019	73566
文教体育用品制造业	35964	14774	16460	4500	11156	2536	19996
石油加工、炼焦业及核燃料加工业	450078	203756	170311	68340	151851	71620	176868
化学原料及化学制品制造业	1276303	660413	419981	133432	396860	102173	638726
医药制造业	411358	211449	121223	62681	131287	46447	191941
化学纤维制造业	46189	24479	14000	5160	22312	1977	16452
橡胶制品业	395066	169444	160877	53885	135505	21189	202822
塑料制品业	599579	317448	241088	18215	218727	48716	272061
非金属矿物制品业	1209524	767019	280453	102368	476771	110538	536437
黑色金属冶炼及压延加工业	3262107	1527438	494661	1195682	857990	254427	1967173
有色金属冶炼及压延加工业	227762	165689	49698	5332	80507	20693	108159
金属制品业	1108980	569981	384336	109102	415943	88939	520692
通用设备制造业	1097640	599774	347133	90507	412221	75603	497215

城镇建设项目分行业固定资产投资(续一)(2006年)

Investment in Capital Construction Projects in Urban Area by Sector(2006)

单位：万元

行　业	投资总额	按建设性质分			按构成分		
		#新　建	#扩　建	#改建和技术改造	#建筑工程	#安装工程	#设备工器具购置
专用设备制造业	581617	303881	186472	60645	254193	33390	229209
交通运输设备制造业	746120	347438	296216	60005	276315	68549	321128
电气机械及器材制造业	545113	329387	164793	20554	202729	31190	255874
通信设备、计算机及电子设备制造业	275791	196889	51775	18791	149788	17312	81033
仪器仪表及文化、办公用机械制造业	80884	45654	27196	4350	40266	3343	19678
工艺品及其他制造业	68775	32374	25562	3266	26581	1548	34999
废弃资源和废旧材料回收加工业	27706	20030	7290	386	12379	1390	10636
电力、煤气及水的生产和供应业	**4000876**	**2426641**	**1389847**	**151151**	**1190986**	**758570**	**1574137**
电力、热力的生产和供应业	3369346	1937280	1281389	122233	810723	663176	1466674
燃气生产和供应业	298287	244751	44246	8090	205260	44966	34591
水的生产和供应业	333243	244610	64212	20828	175003	50428	72872
建筑业	**216576**	**156360**	**18608**	**10672**	**140317**	**6412**	**54654**
房屋和土木工程建筑业	184711	135765	18608	8612	127387	5972	38904
建筑安装业	20670	11550		1700	9250	400	9820
建筑装饰业	5415	3265		360	720		3830
其他建筑业	5780	5780			2960	40	2100
交通运输、仓储及邮政业	**4858658**	**3245864**	**1047096**	**455645**	**3905986**	**41617**	**265785**
铁路运输业	456723	434350	200	22173	336739	12569	28942
道路运输业	3481559	2148654	826749	422087	2817504	17712	141487
城市公共交通业	58741	34648	11209		30111	400	26963
水上运输业	677149	492403	178011	6495	599893	1463	27648
航空运输业	7380		6780		6540		600
管道运输业	18450	18400			6000	2000	9150
装卸搬运和其他运输服务业	25186	16696	8490		23236	250	800
仓储业	121218	91763	15295	4850	80023	5923	25695
邮政业	12252	8950	362	40	5940	1300	4500
信息传输、计算机服务和软件业	**806690**	**563262**	**177127**	**8463**	**95120**	**131192**	**544709**
电信和其他信息传输服务业	744431	503970	175917	8253	72372	106532	538400
计算机服务业	49002	47492	550	210	19653	23110	4752
软件业	13257	11800	660		3095	1550	1557
批发和零售业	**1816739**	**1362645**	**286221**	**104870**	**1171070**	**123464**	**237262**
批发业	729176	543341	129250	31014	458279	46227	119622
零售业	1087563	819304	156971	73856	712791	77237	117640
住宿和餐饮业	**507042**	**325374**	**99642**	**55615**	**326914**	**51502**	**80491**
住宿业	295345	205846	52392	20851	200737	23019	44118
餐饮业	211697	119528	47250	34764	126177	28483	36373
金融业	**97985**	**52490**	**1619**	**22810**	**34525**	**7950**	**36221**
银行业	71136	28010	100	21960	27066	6750	36159

城镇建设项目分行业固定资产投资(续二)(2006年)
Investment in Capital Construction Projects in Urban Area by Sector(2006)

单位：万元

行业	投资总额	按建设性质分			按构成分		
		#新建	#扩建	#改建和技术改造	#建筑工程	#安装工程	#设备工器具购置
证券业	21600	21600			5600	1200	
保险业	1719	200	1519		859		
其他金融活动	3530	2680		850	1000		62
房地产业	**1820931**	**1542170**	**155431**	**58771**	**1510938**	**64852**	**24507**
房地产业	1820931	1542170	155431	58771	1510938	64852	24507
租赁和商务服务业	**503224**	**441956**	**21990**	**23875**	**402349**	**22118**	**28403**
租赁业	25525	25220		305	20545	2400	1650
商务服务业	477699	416736	21990	23570	381804	19718	26753
科学研究、技术服务和地质勘查业	**403747**	**193922**	**188617**	**10844**	**159848**	**8643**	**191718**
研究与试验发展	145736	128515	7383	9628	98078	4361	14756
专业技术服务业	50856	40013	460	1166	25174	2255	16021
科技交流和推广服务业	16700	13680	2250	50	10939	370	1620
地质勘查业	190455	11714	178524		25657	1657	159321
水利、环境和公共设施管理业	**2282305**	**1661147**	**334733**	**268051**	**1576086**	**67987**	**97543**
水利管理业	573169	489267	27346	54175	308459	9159	7916
环境管理业	187435	136855	29795	18962	141847	9415	24682
公共设施服务业	1521701	1035025	277592	194914	1125780	49413	64945
居民服务和其他服务业	**141034**	**113975**	**16831**	**3688**	**104014**	**5171**	**20969**
居民服务业	64289	47695	12026	2558	52032	2350	7051
其他服务业	76745	66280	4805	1130	51982	2821	13918
教　育	**1118720**	**828864**	**199177**	**31692**	**839924**	**45235**	**76504**
教　育	1118720	828864	199177	31692	839924	45235	76504
卫生、社会保障和社会福利业	**429384**	**277013**	**60629**	**30123**	**291785**	**13446**	**93843**
卫　生	395406	249655	56784	27401	266157	12474	91704
社会保障业	2025	1772	200		1692		93
社会福利业	31953	25586	3645	2722	23936	972	2046
文化、体育和娱乐业	**376298**	**296051**	**41712**	**24552**	**241143**	**21181**	**44791**
新闻出版业	17839	12540	1689	3200	8873	1191	803
广播、电视、电影和音像业	41961	31780	2005	6715	21132	7910	6381
文化艺术业	111991	72976	16470	11433	81133	3951	15781
体　育	40110	32908	4663	2539	29535	2424	4586
娱乐业	164397	145847	16885	665	100470	5705	17240
公共管理和社会组织	**1103446**	**859680**	**93535**	**25197**	**824993**	**31024**	**108782**
中国共产党机关	9693	4522	5171		8892	6	32
国家机构	693260	493993	65166	13317	507757	21633	102099
人民政协和民主党派	3430			3430	3430		
群众团体、社会团体和宗教组织	11292	7702	3470		9927	110	
基层群众自治组织	385771	353463	19728	8450	294987	9275	6651

主要年份国有单位固定资产投资
Investment in Fixed Assets of State-owned Units in Main Years

年　份	投资总额 (亿元)	建设项目 投　资	#国家预算内投资	房地产开发
1978	36.69	36.69	23.69	
1980	36.17	36.17	18.57	
1985	62.64	62.64	15.10	
1986	76.28	76.28	18.02	
1987	86.36	86.36	18.43	
1988	111.35	111.35	17.10	
1989	101.25	101.25	14.89	
1990	110.98	107.10	12.24	3.88
1991	127.97	122.50	11.81	5.47
1992	200.39	189.07	12.78	11.32
1993	295.29	275.86	15.60	19.43
1994	336.16	312.78	12.61	23.38
1995	415.61	390.19	14.59	25.42
1996	506.07	481.50	15.24	24.57
1997	640.71	613.80	17.70	26.91
1998	725.85	690.17	23.02	35.68
1999	823.18	779.26	34.31	43.93
2000	827.66	783.90	32.04	43.76
2001	773.63	720.13	50.87	53.49
2002	720.51	672.66	26.09	47.85
2003	829.12	788.81	35.45	40.31
2004	1020.93	998.21	57.44	22.72
2005	1174.13	1158.78	77.54	15.35
2006	1396.12	1378.50	105.65	17.62

注：国有建设项目2004年及以前包括国有基本建设项目、国有更新改造项目和国有其他固定资产投资项目。2005年为城镇国有建设项目。国家预算内投资2004年及以前为国有基本建设项目。

城镇建设项目新增主要产品生产能力(效益)(2006年)
Newly Increased Production Capacity(Efficiency) through Capital Construction Projects in Urban Area(2006)

能力(效益)名称	单　位	数　量	能力(效益)名称	单　位	数　量
原煤开采	万吨/年	480.2	冷轧薄宽钢带	万吨/年	4.5
洗　煤	万吨/年	403	热轧窄钢带	万吨/年	250
焦　炭	万吨/年	541	冷轧窄钢带	万吨/年	52.4
天然原油	万吨/年	40	镀层板(带)	万吨/年	42.43
石油加工:加氢精制设备能力	处理万吨/年	45.9	涂层板(带)	万吨/年	3
铁矿石原矿开采	万吨/年	1806.8	无缝钢管	万吨/年	62.5
铁矿选矿处理量	万吨/年	441	焊接钢管	万吨/年	127
铁矿石成品矿	万吨/年	1111.5	其他钢材	万吨/年	3
生　铁	万吨/年	511.5	铜采矿(原矿)	万吨/年	2
粗　钢	万吨/年	475	铜选矿:处理原矿	万吨/年	2
＃转炉钢	万吨/年	180	铜含量	吨/年	0.4
连铸坯	万吨/年	652	铅锌采矿(原矿)	万吨/年	287
铁合金	万吨/年	68900	铅锌选矿:处理原矿	万吨/年	85
钢　材			铅冶炼	吨/年	4000
按加工工艺分:			锌冶炼	吨/年	5000
热轧钢材	万吨/年	1058	电解铝	吨/年	23000
冷轧(拔)钢材	万吨/年	191.92	铝加工	吨/年	480
镀层、涂层钢材	万吨/年	45.43	黄　金	公斤/年	533
按品种分:			发电机组容量		
大型型钢	万吨/年	100	水力发电	万千瓦	0.6
中小型型钢	万吨/年	41	火力发电	万千瓦	256.68
棒　材	万吨/年	60	其他发电	万千瓦	24.79
钢　筋	万吨/年	10.02	输电线路长度(11万伏及以上)	公　里	2187.99
线材(盘条)	万吨/年	128	水　泥	万吨/年	333.9
厚钢板	万吨/年	10	平板玻璃	万重量箱/年	843.5
冷轧薄板	万吨/年	91.5	石墨及炭素制品	吨/年	5200
中厚宽钢带	万吨/年	80	硫　酸	吨/年	52008
热轧薄宽钢带	万吨/年	230	烧　碱	吨/年	10000

城镇建设项目新增主要产品生产能力(效益)(续)(2006年)

Newly Increased Production Capacity(Efficiency) through Capital Construction Projects in Urban Area(2006)

能力(效益)名称	单 位	数 量	能力(效益)名称	单 位	数 量
纯 碱	吨/年	100000	新建铁路主线正线交付运营里程	公 里	5
合成氨	吨/年	381010	新建公路	公 里	2786.88
氮 肥	吨/年	1058470	#高速公路	公 里	186.89
磷 肥	吨/年	15800	一级公路	公 里	258.73
钾 肥	吨/年	3000	二级公路	公 里	519.4
化学农药	吨/年	4300	改建公路	公 里	2376.7
精甲醇	吨/年	3001.5	#一级公路	公 里	1.1
塑料树脂及共聚物	吨/年	19120	二级公路	公 里	974.28
合成橡胶	吨/年	1350	新建独立公路桥梁	延长米	4930.2
轮胎外胎	万条/年	660		座	31
轮胎内胎	万条/年	13	新(扩)建客、货运站	个	2
化学原料药	吨/年	102252.5		平方米	3550
中成药	吨/年	1854	耕地面积	万 亩	0.2
内燃机制造	台/年	30008	造林面积	万 亩	79.86
	万千瓦/年	408.8	有效灌溉面积	万 亩	5.6
载货汽车制造	辆/年	60000	各类院校:学生席位	个	157837
摩托车制造	辆/年	150000	建筑面积	平方米	1289426
化学纤维	吨/年	16000	医院病床	张	9443
棉纺锭	锭	1276340	宾馆、旅馆、招待所客房数	间	2729
毛纺锭	锭	14000		平方米	122502
啤 酒	万吨/年	71.08	城市自来水供水能力	万吨/日	69.2
白 酒	万吨/年	0.6	城市公共交通车辆购置	辆	1240
其他酒	万吨/年	0.3	城市道路扩建长度	公 里	212.35
机制纸浆	万吨/年	5	城市道路扩建面积	万平方米	349.91
机制纸	万吨/年	45.44	城市排水管道铺设长度	公 里	167.56
机制纸板	万吨/年	12.5	城市污水处理能力	万吨/日	51.62
家用电冰箱	万台/年	3	城市永久性桥梁	座	7
程控交换机	万线/年	0.37	城市防洪堤长度	公 里	27.8

分行业城镇建设项目施工、投产个数和新增固定资产(2006年)

Number of Capital Construction Projects in Urban Area under Construction and Put into Use and Newly Increased Fixed Assets by Sector(2006)

行业	施工项目个数(个)	本年投产项目个数(个)	建设项目投产率(%)	本年完成投资(万元)	本年新增固定资产(万元)	固定资产交付使用率(%)
全省总计	**16082**	**9786**	**61**	**39524050**	**23875558**	**60.41**
农、林、牧、渔业	**797**	**565**	**71**	**837096**	**620945**	**74.18**
农业	144	104	72	164083	125120	76.25
林业	169	131	78	162668	130728	80.36
畜牧业	230	144	63	318215	210034	66.00
渔业	7	3	43	10935	4800	43.90
农、林、牧、渔服务业	247	183	74	181195	150263	82.93
采矿业	**684**	**401**	**59**	**1862012**	**1235105**	**66.33**
煤炭开采和洗选业	163	78	48	597510	260502	43.60
石油和天然气开采业	4			379740	254201	66.94
黑色金属矿采选业	337	216	64	691558	563140	81.43
有色金属矿采选业	60	31	52	73633	66534	90.36
非金属矿采选业	118	76	64	118271	90728	76.71
其他采矿业	2			1300		
制造业	**7368**	**4382**	**59**	**16341287**	**10531484**	**64.45**
农副食品加工业	397	243	61	613573	454474	74.07
食品制造业	240	145	60	561594	335798	59.79
饮料制造业	121	74	61	273599	208875	76.34
烟草制品业	4			30986	2931	9.46
纺织业	570	338	59	906234	623715	68.82
纺织服装、鞋、帽制造业	150	86	57	245487	162808	66.32
皮革、毛皮、羽毛(绒)及其制品业	108	57	53	319073	109463	34.31
木材加工及木、竹、藤、棕、草制品业	102	66	65	184517	101055	54.77
家具制造业	170	72	42	202662	115300	56.89
造纸及纸制品业	280	154	55	420122	252875	60.19
印刷业和记录媒介的复制	110	72	65	136884	92962	67.91
文教体育用品制造业	39	30	77	35964	34239	95.20
石油加工、炼焦及核燃料加工业	78	39	50	450078	285869	63.52
化学原料及化学制品制造业	627	363	58	1276303	762336	59.73
医药制造业	190	115	61	411358	273612	66.51
化学纤维制造业	26	15	58	46189	29903	64.74
橡胶制品业	171	124	73	395066	332586	84.18
塑料制品业	387	286	74	599579	494443	82.47
非金属矿物制品业	694	418	60	1209524	797425	65.93
黑色金属冶炼及压延加工业	340	182	54	3262107	2164167	66.34
有色金属冶炼及压延加工业	128	91	71	227762	165087	72.48
金属制品业	620	367	59	1108980	750549	67.68
通用设备制造业	658	389	59	1097640	699627	63.74

分行业城镇建设项目施工、投产个数和新增固定资产(续一)(2006年)

Number of Capital Construction Projects in Urban Area under Construction and Put into Use and Newly Increased Fixed Assets by Sector(2006)

行　　业	施工项目个　数(个)	本年投产项目个数(个)	建设项目投产率(%)	本年完成投　资(万元)	本年新增固定资产(万元)	固定资产交付使用率(%)
专用设备制造业	321	163	51	581617	313083	53.83
交通运输设备制造业	316	197	62	746120	432893	58.02
电气机械及器材制造业	294	164	56	545113	318571	58.44
通信设备、计算机及其他电子设备制造业	105	59	56	275791	124154	45.02
仪器仪表及文化、办公用机械制造业	44	16	36	80884	33758	41.74
工艺品及其他制造业	57	41	72	68775	48470	70.48
废弃资源和废旧材料回收加工业	21	16	76	27706	10456	37.74
电力、燃气及水的生产和供应业	**631**	**333**	**53**	**4000876**	**2296452**	**57.40**
电力、热力的生产和供应业	410	230	56	3369346	1890981	56.12
燃气生产和供应业	76	36	47	298287	254471	85.31
水的生产和供应业	145	67	46	333243	151000	45.31
建筑业	**120**	**81**	**68**	**216576**	**163795**	**75.63**
房屋和土木工程建筑业	104	71	68	184711	136700	74.01
建筑安装业	6	3	50	20670	18240	88.24
建筑装饰业	5	3	60	5415	3675	67.87
其他建筑业	5	4	80	5780	5180	89.62
交通运输、仓储和邮政业	**1121**	**761**	**68**	**4858658**	**2484080**	**51.13**
铁路运输业	11	4	36	456723	29000	6.35
道路运输业	962	680	71	3481559	1771484	50.88
城市公共交通业	16	11	69	58741	52993	90.21
水上运输业	34	9	26	677149	517391	76.41
航空运输业	1			7380	600	8.13
管道运输业	2	1	50	18450	8450	45.80
装卸搬运和其他运输服务业	11	5	45	25186	12356	49.06
仓储业	80	50	63	121218	88544	73.05
邮政业	4	1	25	12252	3262	26.62
信息传输、计算机服务和软件业	**134**	**87**	**65**	**806690**	**454042**	**56.28**
电信和其他信息传输服务业	118	82	69	744431	408632	54.89
计算机服务业	10	4	40	49002	44810	91.45
软件业	6	1	17	13257	600	4.53
批发和零售业	**1029**	**689**	**67**	**1816739**	**1180466**	**64.98**
批发业	427	286	67	729176	437559	60.01
零售业	602	403	67	1087563	742907	68.31
住宿和餐饮业	**296**	**192**	**65**	**507042**	**345468**	**68.13**
住宿业	132	85	64	295345	201377	68.18
餐饮业	164	107	65	211697	144091	68.06
金融业	**34**	**10**	**29**	**97985**	**64126**	**65.44**
金融业	26	8	31	71136	61366	86.27

分行业城镇建设项目施工、投产个数和新增固定资产(续二)(2006年)

Number of Capital Construction Projects in Urban Area under Construction and Put into Use and Newly Increased Fixed Assets by Sector(2006)

行　业	施工项目个数(个)	本年投产项目个数(个)	建设项目投产率(%)	本年完成投资(万元)	本年新增固定资产(万元)	固定资产交付使用率(%)
证券业	2			21600		
保险业	2	1	50	1719	200	11.63
其他金融活动	4	1	25	3530	2560	72.52
房地产业	**657**	**368**	**56**	**1820931**	**1102338**	**60.54**
房地产业	657	368	56	1820931	1102338	60.54
租赁和商务服务业	**127**	**53**	**42**	**503224**	**182821**	**36.33**
租赁业	10	4	40	25525	4115	16.12
商务服务业	117	49	42	477699	178706	37.41
科学研究、技术服务和地质勘查业	**116**	**63**	**54**	**403747**	**260906**	**64.62**
研究与试验发展	52	30	58	145736	60413	41.45
专业技术服务业	36	20	56	50856	23665	46.53
科技交流和推广服务业	18	11	61	16700	13277	79.50
地质勘查业	10	2	20	190455	163551	85.87
水利、环境和公共设施管理业	**958**	**586**	**61**	**2282305**	**1078788**	**47.27**
水利管理业	211	146	69	573169	182932	31.92
环境管理业	80	34	43	187435	71957	38.39
公共设施管理业	667	406	61	1521701	823899	54.14
居民服务和其他服务业	**91**	**70**	**77**	**141034**	**104445**	**74.06**
居民服务业	50	37	74	64289	44160	68.69
其他服务业	41	33	80	76745	60285	78.55
教　育	**704**	**464**	**66**	**1118720**	**608474**	**54.39**
教　育	704	464	66	1118720	608474	54.39
卫生、社会保障和社会福利业	**328**	**195**	**59**	**429384**	**298814**	**69.59**
卫　生	276	157	57	395406	270146	68.32
社会保障业	3	1	33	2025	1125	55.56
社会福利业	49	37	76	31953	27543	86.20
文化、体育和娱乐业	**222**	**101**	**45**	**376298**	**140351**	**37.30**
新闻出版业	8	1	13	17839	1760	9.87
广播、电视、电影和音像业	35	19	54	41961	13424	31.99
文化艺术业	79	31	39	111991	37338	33.34
体　育	22	12	55	40110	25371	63.25
娱乐业	78	38	49	164397	62458	37.99
公共管理和社会组织	**665**	**385**	**58**	**1103446**	**722658**	**65.49**
中国共产党机关	12	7	58	9693	4493	46.35
国家机构	508	281	55	693260	455957	65.77
人民政协和民主党派	3			3430		
群众团体、社会团体和宗教组织	13	7	54	11292	5890	52.16
基层群众自治组织	129	90	70	385771	256318	66.44

总投资10亿元以上城镇建设项目主要经济指标(2006年)

Major Economic Indicators of Investment Over One Hundred Million under Construction(2006)

单位：万元

建设单位及建设项目	开工时间	计划总投资	累计完成投资	#本年完成投资	累计新增固定资产
总　　计		**34776816**	**14258032**	**8221196**	**3572633**
石家庄长安区长风办事处南翟营村住宅楼	200103	110000	81000	38000	
西古城村委会旧村改造	200504	100000	80000	50000	
石家庄城市交通项目	200003	223900	233435	65460	
石家庄滹沱河生态开发整治工程	200301	146000	94000	41747	
张石高速石家庄段	200511	436582	89937	89937	
石家庄市环城公路建设	200509	428000	268793	241569	200000
石家庄市裕华区位同城中村改造	200606	130000	14500	14500	
河北师范大学新校区	200609	122000	6000	6000	
河北科技大学新校区	200409	180000	78000	40000	
华能国际电力股份有限公司上安电厂三期工程	200601	500000	72000	72000	
河北张河湾蓄能发电项目	200312	412000	210100	95000	
滨湖国际生态度假村建设	200604	150000	3000	3000	
河北西柏坡第二发电有限责任公司三期工程	200501	498000	371064	228998	228998
京唐港焦化厂一期工程	200312	131500	106280	2328	2328
开滦精煤股份有限公司200万吨焦化厂一期	200303	117262	78741	45800	45800
唐山恒通集团涂镀板厂酸洗、冷轧、镀锌、彩板	200303	275000	273000	18000	18000
京唐港33-34号煤炭泊位工程	200601	292964	183736	175350	175350
唐山曹妃甸钢铁围海造地工	200503	138720	127000	29576	29576
曹妃甸矿石码头一期工程	200503	328400	272801	27001	27001
迁曹铁路	200510	481481	412190	410190	2000
曹妃甸煤炭码头起步工程	200603	485209	165422	165422	165422
曹妃甸液化天然气工程	200605	865625	17786	17786	17786
曹妃甸原油码头及配套设施工程	200603	293700	60000	60000	60000
唐山钢铁集团有限责任公司超薄带钢续建及加工	200309	136000	104725	600	
唐钢130万吨冷轧	200412	315853	134008	55892	
冀东石油油气勘探开发工程	200101	1728240	366421	366421	242732
唐山市开滦集团有限公司技改	199005	165040	123074	123074	38589
唐山不锈钢有限责任公司 钢铁	200301	610000	247767	129597	123801
唐山开滦东方发电有限责任公司建设工程	200605	134991	5187	5187	5187
唐山国丰钢铁有限公司新丰三期工程	200404	205390	205390	49386	49386
唐钢滦县司家营铁矿有限责任公司项目	200406	169000	148800	82000	82000
唐山市中厚板材有限公司 120万吨中厚板项目	200311	500000	362345	204490	204490
唐山市新戴河旅游开发有限公司岛内道路建设	200206	1241000	39986	17596	17596
乐亭县旅游开发总公司旅游开发	200203	176100	63880	11270	11270
河北省津西钢铁股份有限公司大H型钢工程	200409	130000	165000	85000	140000
唐山市港陆钢铁有限公司 1250热轧生产线	200401	200000	190221	100000	190221
迁安市水务局滦河生态防洪工程	200304	125000	96122	10828	
大唐热电有限公司热力中心综合利用电厂	200608	111211	15354	15354	
迁安联钢松汀钢铁有限公司200万吨钢扩建工程	200511	105000	47000	47000	
秦皇岛秦热发电有限公司三期扩建	200409	308347	245994	114704	
秦皇岛港务集团有限公司煤五期工程	200501	461000	385519	96519	
秦皇岛美铝渤海铝业公司热扎项目	200605	222708	10033	10033	
秦皇岛山海关古城保护开发	200403	182000	86000	28000	10000
秦皇岛抚宁县首秦金属材料有限公司技改二期	200601	419958	395380	395380	
河北鑫港国际商贸中心	200408	250000	127700	87700	
峰峰矿区裕泰集团裕泰煤化工项目	200605	130000	16000	16000	
邯郸县兼庄乡新城拉德芳斯小区	200502	140000	20000	20000	18000
国电河北龙山发电有限责任公司	200501	499733	278505	216243	4976
邯郸市交通局青兰高速山东界至邯郸西段	200408	273140	239000	123000	12310

总投资10亿元以上城镇建设项目主要经济指标(续)(2006年)

Major Economic Indicators of Investment Over One Hundred Million under Construction(2006)

单位：万元

建设单位及建设项目	开工时间	计划总投资	累计完成投资	#本年完成投资	累计新增固定资产
邯郸市交通局青兰高速邯郸西至涉县段		769346	23000	20000	
峰峰集团西锡盟能源化工开发办事处	200601	459979	8185	1970	
邯钢集团公司新区建设	200604	1937000	87333	61733	
普阳钢铁有限公司板坯连铸、宽厚板生产线	200503	100000	100000	19000	19000
邢台市交通局 七里河综合治理	200605	260000	53280	53280	
邢台国泰发电有限责任公司供热机组	200405	232059	188204	17949	
中煤旭阳公司煤化工	200311	140000	46987	7532	
莲子镇乡隆尧东方食品城建设项目	200605	191000	62800	62800	
大唐保定热电厂八期扩建工程	200501	184215	118104	86007	
河北省保沧高速公路	200412	484100	235609	136889	
长城汽车股份有限公司工业园一二期	200305	422100	267248	95661	
张石高速公路唐县段	200606	150000	30387	30387	
高阳县交通局保沧高速公路高阳段	200410	110000	90000	58000	
河北省易县滨河新区项目	200603	190000	1100	1100	
河北省易县安格庄乡易水湖景区开发项目	200602	100000	1000	1000	
顺平县交通局张石高速公路顺平段	200605	100000	12807	12807	
保定天威英利新能源有限公司太阳能电池三期	200608	500000	17000	17000	
中国石油集团东方地球物理堪探有限责任公司项目	200501	185000	173524	173524	159794
张北县华田有限责任公司生态度假村	200506	100818	21700	4800	
国电怀安热电有限公司热电厂工程	200609	278504	20230	20230	
崇礼县塞北多乐美地滑雪厂一期建设工程	200609	100000	7000	7000	
张石高速张北至旧罗家洼段	200409	283580	257923	123543	
张石高速化稍营至蔚县段	200601	465236	99979	99979	
北京至化稍营高速公路	200612	145038	10	10	
张家口市高新技术产业开发区经三路纬二路	200404	173900	58677	26704	
滦电热电联产工程	200507	298343	28567	28567	
遵小地方铁路有限责任公司 修铁路	200611	100000	5000	5000	
承德市京承高速路	200306	275513	275513	19327	275513
黄骅发电厂一期工程	200308	537068	487900	187573	
河北沧州大化集团有限责任公司5万吨TDI项目	200512	123000	21100	21000	
河北省石黄高速公路沧黄段	200312	264000	216241	81901	
沧州市交通局津汕高速	200404	254970	190982	87243	
沧保高速公路(沧州段)	200503	242194	100029	60825	
任丘市炼油厂炼油扩产	200504	100000	72000	42000	
新奥高科工业有限公司科技园	200406	200000	18570	6242	6242
华为廊坊生产基地一期工程	200503	200000	37345	25947	
京东方科技集团股份有限公司一期工程	200602	186000	35000	35000	
经纬家具材料装饰城	200410	100000	57000	28500	
中信国安第一城国际会议展览中心	199204	385000	405000	27338	27338
文安东都再生资源环保产业基地管理有限公司项目	200603	135000	12300	12300	
三河发电厂二期	200505	287288	124196	124196	
三河汇福粮油集团有限公司物流项目	200602	140000	10000	10000	
省南水北调中线干线京石应急段工程	200312	586304	121433	73221	
省南水北调中线干线京石河北征迁安置	200312	3047729	193288	178929	
省南水北调中线干线供水工程河北段	200312	310000	67610	55478	
廊坊至涿州高速公路	200508	339603	130518	89996	
沿海高速公路	200508	632052	402869	215096	
华北电力集团 河北北部送变电	199703	891407	650881	345550	319288
河北省移动通信有限公司移动通信工程	199904	336923	336923	336923	277134
河北省联通通信有限公司设备购置	199804	141600	132368	132368	6031
河北省电力公司河北省南网送变电	199706	814893	725116	502833	359474

农村个人固定资产投资和建房(1985-2006年)
Individual Investment in Fixed Assets and Building Construction in Rural Areas(1985-2006)

年份	投资总额 (万元)	竣工房屋投资 (万元)	#住宅	购买生产性固定资产投资 (万元)	竣工房屋建筑面积 (万平方米)	#住宅	竣工房屋造价 (元/平方米)	#住宅
1985	298000	195642	182533	102358	4501	4180	44	44
1986	359822	260767	245397	99055	5210	4920	50	50
1987	398281	291036	273402	107245	4814	4519	61	61
1988	499057	369514	319109	129543	4556	3962	81	81
1989	541861	409349	349993	132512	4172	3569	98	98
1990	429344	300279	294392	129065	2657	2605	113	113
1991	766958	582594	550727	184364	5206	4996	112	110
1992	546134	401504	375097	144630	3599	3493	112	107
1993	630000	475398	428400	154602	3087	2898	154	148
1994	939969	569168	438813	370801	2357	1915	190	182
1995	1327776	763276	633945	564500	2742	2301	278	275
1996	1435517	803518	650362	631999	2690	1959	299	332
1997	1905761	1101954	929314	803807	3210	2716	343	342
1998	1924263	1358974	1358974	565289	3475	3475	391	391
1999	1756132	1418346	1163256	337786	3887	3613	365	322
2000	1916841	1613181	1178865	303660	4370	4044	369	292
2001	2086309	1321156	1370608		3978	3892	332	352
2002	2050000	1174363	1110486		3693	3402	318	326
2003	1994491	1203077	1100113		3660	3348	329	329
2004	2166460	1187529	1092411		3424	3146	347	347
2005	2374485	1250814.7	1197038.7		3879	3588	322	334
2006	2935796	1697233	1607621		3945	3700	430	434

农村非农户建设项目固定资产投资(2006年)

Investment in Capital Construction Projects in Rural Area(2006)

指 标	投资额	指 标	投资额
投资总额(万元)	**7734309**	个体经营	
#住 宅	234955	**按农轻重工业分**	
按隶属关系分		农 业	738975
中 央		轻工业	1642030
地 方	7734309	重工业	3570384
按产业分		**按主要行业分**	
第一产业	738975	能源工业	227537
第一产业	5282687	交通运输	341364
第一产业	1712647	教 育	57792
按登记注册类型分		科学研究	26952
内 资	7632715	**按资金来源分**	
国 有		国家预算内资金	32017
集 体	1402085	国内贷款	246918
股份合作	70545	债 券	
联 营	52404	利用外资	29995
国有联营		自筹资金	6799029
集体联营	9164	其他资金	833878
国有与集体联营	2410	**本年新增固定资产(万元)**	**5888944**
其他联营	40830	**固定资产交付使用率(%)**	**76.1**
有限责任公司	868391	**房屋建筑面积(万平方米)**	
国有独资公司		施工面积	1336.7396
其他有限责任公司	868391	#住 宅	211.5993
股份有限公司	481212	竣工面积	885.0236
私 营	4133892	#住 宅	113.5153
其 他	624186	竣工房屋价值(万元)	851886
港、澳、台商投资企业	30383	#住 宅	128908
外商投资	71211		

农村非农户建设项目分行业固定资产投资(2006年)

Investment in Capital Construction Projects in Urban Area by Sector(2006)

单位：万元

行　　业	投资总额	按建设性质分			按构成分		
		#新　建	#扩　建	#改建和技术改造	#建筑工程	#安装工程	#设备工器具购置
全省总计	**7734309**	**3997088**	**2436046**	**840862**	**3143765**	**456741**	**3211277**
农、林、牧、渔业	**738975**	**492657**	**163521**	**42055**	**323345**	**32459**	**181626**
农　业	175198	129885	33076	7080	87209	4865	29417
林　业	83960	68753	12221	661	28060	975	9347
畜牧业	202925	135717	51650	4313	92741	9585	52002
渔　业	25074	13009	7670	2335	11084	1508	7372
农、林、牧、渔服务业	251818	145293	58904	27666	104251	15526	83488
采矿业	**586557**	**305516**	**163145**	**91875**	**188148**	**29001**	**286122**
煤炭开采和洗选业	74317	29560	14872	27630	29943	3555	31234
石油和天然气开采业	3370	3220	150		3010	60	100
黑色金属矿采选业	345415	175781	106639	53051	109472	17118	167071
有色金属矿采选业	36030	14426	17145	3006	11682	1267	16896
非金属矿采选业	126625	82529	24339	8088	33991	7001	70071
其他采矿业	800			100	50		750
制造业	**4558147**	**1918829**	**1754674**	**601711**	**1427823**	**315402**	**2406701**
农副食品加工业	239356	123027	75812	31780	89827	15168	109974
食品制造业	103043	56025	29518	13652	45805	6257	43759
饮料制造业	72912	26551	32538	11930	21855	4855	35007
烟草制品业							
纺织业	263764	154992	67654	31422	84842	21278	132882
纺织服装、鞋、帽制造业	146433	94858	42726	4457	49813	4840	74253
皮革、毛皮、羽绒及其制品业	111146	77492	15173	3836	63319	2670	38059
木材加工及竹、藤、棕、草制品业	64825	32936	23366	4750	14784	3226	39841
家具制造业	54134	35728	14291	600	21053	2811	25522
造纸及纸制品业	149114	49447	46494	42949	36374	10958	93866
印刷业和记录媒介的复制	107325	24152	45920	21511	29548	4307	60870

农村非农户建设项目分行业固定资产投资(续一)(2006年)

Investment in Capital Construction Projects in Urban Area by Sector(2006)

单位：万元

行业	投资总额	按建设性质分			按构成分		
		#新建	#扩建	#改建和技术改造	#建筑工程	#安装工程	#设备工器具购置
黑色金属冶炼及压延加工业	272643	116180	57433	90270	67432	35491	153183
有色金属冶炼及压延加工业	38530	21592	13110	2488	16250	3209	15628
金属制品业	457670	141782	239740	56723	151947	34202	237471
通用设备制造业	443063	143336	223344	46725	130539	34441	225775
专用设备制造业	186138	52506	90714	27430	56408	7680	107294
交通运输设备制造业	172865	72082	82838	11130	65017	11245	85257
电气机械及器材制造业	191492	82046	89742	6716	53377	11735	115778
通信设备、计算机及其他电子设备制造业	30130	10266	17558	920	6656	1628	17181
仪器仪表及文化、办公用机械制造业	12940	5790	6450	700	4235	485	7408
工艺品及其他制造业	40468	16196	12676	5480	15900	1306	20287
废弃资源和废旧材料回收加工业	16121	11521	4150	450	6161	1251	7406
电力、燃气及水的生产和供应业	**67710**	**47091**	**10570**	**7903**	**19481**	**7899**	**28091**
电力、热力的生产和供应业	26232	13464	5988	5440	9410	1764	10782
燃气生产和供应业	19750	18550	1200		5024	2440	9743
水的生产和供应业	21728	15077	3382	2463	5047	3695	7566
建筑业	**70273**	**38497**	**13363**	**1520**	**54645**	**1607**	**12576**
房屋和土木工程建筑业	64623	33347	12863	1520	51615	867	10886
建筑安装业	800	300	500		150	650	
建筑装饰业	110	110			60		40
其他建筑业	4740	4740			2820	90	1650
交通运输、仓储和邮政业	**419947**	**248628**	**92040**	**28611**	**252506**	**10914**	**108427**
铁路运输业	60	60			60		
道路运输业	331933	206727	59463	25136	214379	6511	72613
城市公共交通业	680	680			680		
水上运输业	3850	50		400	450		3400
装卸搬运和其他运输服务业	4841	1010			490	50	4281
仓储业	78583	40101	32577	3075	36447	4353	28133
信息传输、计算机服务和软件业	**15446**	**10096**	**2930**	**2020**	**6802**	**1865**	**4957**
电信和其他信息传输服务业	15446	10096	2930	2020	6802	1865	4957
批发和零售业	**388221**	**271160**	**86493**	**20151**	**233345**	**21229**	**78340**
批发业	161120	109629	39784	8715	80313	11446	44665
零售业	227101	161531	46709	11436	153032	9783	33675
住宿和餐饮业	**54427**	**39907**	**9760**	**4760**	**40713**	**1490**	**6193**
住宿业	21211	14991	5960	260	12499	800	3981
餐饮业	33216	24916	3800	4500	28214	690	2212

农村非农户建设项目分行业固定资产投资(续二)(2006年)

Investment in Capital Construction Projects in Urban Area by Sector(2006)

单位: 万元

行　　业	投资总额	按建设性质分			按构成分		
		#新　建	#扩　建	#改建和技术改造	#建筑工程	#安装工程	#设备工器具购置
金融业	**1202**	**602**	**600**		**910**	**95**	**105**
银行业	1132	532	600		852	95	105
其他金融活动	70	70			58		
房地产业	**274453**	**243802**	**16271**	**6600**	**225400**	**9355**	**16495**
房地产业	274453	243802	16271	6600	225400	9355	16495
租赁和商务服务业	**11580**	**7495**	**2295**	**950**	**4872**	**237**	**5240**
租赁业	2265	1425			209	20	1848
商务服务业	9315	6070	2295	950	4663	217	3392
科学研究、技术服务和地质勘查业	**27852**	**14282**	**13370**	**200**	**13117**	**1808**	**1770**
研究与试验发展	5680	5680			3047	948	735
专业技术服务业	20252	6902	13150	200	9495	765	75
科技交流和推广服务业	1020	800	220		560	90	280
地质勘查业	900	900			15	5	680
水利、环境和公共设施管理业	**169346**	**107379**	**50956**	**10041**	**124709**	**7917**	**19094**
水利管理业	20645	18875	609	651	14554	785	1554
环境管理业	21479	15779	5020	680	15680	519	2044
公共设施管理业	127222	72725	45327	8710	94475	6613	15496
居民服务和其他服务业	**58518**	**51005**	**3300**	**2516**	**23518**	**4140**	**14475**
居民服务业	46229	40888	2940	1256	17479	3163	10513
其他服务业	12289	10117	360	1260	6039	977	3962
教　育	**57792**	**38431**	**10830**	**2788**	**41644**	**2250**	**10686**
教　育	57792	38431	10830	2788	41644	2250	10686
卫生、社会保障和社会福利业	**48037**	**22627**	**17224**	**3391**	**25211**	**1377**	**16150**
卫　生	39937	15977	16094	3331	18551	747	15840
社会福利业	8100	6650	1130	60	6660	630	310
文化、体育和娱乐业	**36006**	**23406**	**8240**	**3180**	**20805**	**1392**	**4383**
广播、电视、电影和音像业	1502	1082	60	360	912	35	465
文化艺术业	10395	5585	1440	2190	5473	1020	760
体　育	70	70			70		
娱乐业	24039	16669	6740	630	14350	337	3158
公共管理和社会组织	**149820**	**115678**	**16464**	**10590**	**116771**	**6304**	**9846**
国家机构	36534	28683	4535	2358	29214	1228	1275
群众团体、社会团体和宗教组织	2080	2080			1930		100
基层群众自治组织	111206	84915	11929	8232	85627	5076	8471

分行业农村非农户建设项目施工、投产个数和新增固定资产(2006年)

Number of Capital Construction Projects in Rural Area under Construction and Put into Use and Newly Increased Fixed Assets by Sector(2006)

行业	施工项目个数(个)	本年投产项目个数(个)	建设项目投产率(%)	本年完成投资(万元)	本年新增固定资产(万元)	固定资产交付使用率(%)
全省总计	**12865**	**9134**	**71**	**7734309**	**5888944**	**76.14**
农、林、牧、渔业	**1572**	**1157**	**74**	**738975**	**565914**	**76.58**
农业	358	283	79	175198	141347	80.68
林业	203	126	62	83960	54577	65.00
畜牧业	451	323	72	202925	152198	75.00
渔业	43	29	67	25074	17564	70.05
农、林、牧、渔服务业	517	396	77	251818	200228	79.51
采矿业	**1070**	**762**	**71**	**586557**	**468706**	**79.91**
煤炭开采和洗选业	119	69	58	74317	51370	69.12
石油和天然气开采业	4	2	50	3370	2720	80.71
黑色金属矿采选业	544	409	75	345415	276217	79.97
有色金属矿采选业	86	61	71	36030	27555	76.48
非金属矿采选业	316	220	70	126625	110134	86.98
其他采矿业	1	1	100	800	710	88.75
制造业	**6769**	**4756**	**70**	**4558147**	**3448231**	**75.65**
农副食品加工业	433	301	70	239356	177230	74.04
食品制造业	195	116	59	103043	70165	68.09
饮料制造业	117	75	64	72912	50432	69.17
纺织业	464	329	71	263764	210990	79.99
纺织服装、鞋、帽制造业	292	170	58	146433	74825	51.10
皮革、毛皮、羽绒及其制品业	131	94	72	111146	84610	76.13
木材加工及竹、藤、棕、草制品业	113	83	73	64825	55885	86.21
家具制造业	89	67	75	54134	41054	75.84
造纸及纸制品业	257	196	76	149114	120627	80.90
印刷业和记录媒介的复制	114	97	85	107325	88568	82.52
文教体育用品制造业	57	46	81	38797	33925	87.44
石油加工、炼焦业及核燃料加工业	61	32	52	103868	34091	32.82
化学原料及化学制品制造业	375	253	67	274239	192635	70.24
医药制造业	22	15	68	24815	22935	92.42
化学纤维制造业	24	21	88	14562	12462	85.58
橡胶制品业	183	118	64	156559	137430	87.78
塑料制品业	290	212	73	165041	137113	83.08
非金属矿物制品业	1031	762	74	606154	518442	85.53
黑色金属冶炼及压延加工业	186	98	53	272643	203666	74.70

分行业农村非农户建设项目施工、投产个数和新增固定资产(续一)(2006年)

Number of Capital Construction Projects in Urban Area under Construction and Put into Use and Newly Increased Fixed Assets by Sector(2006)

行　　业	施工项目个数(个)	本年投产项目个数(个)	建设项目投产率(%)	本年完成投资(万元)	本年新增固定资产(万元)	固定资产交付使用率(%)
有色金属冶炼及压延加工业	57	39	68	38530	33478	86.89
金属制品业	658	493	75	457670	313944	68.60
通用设备制造业	685	502	73	443063	363326	82.00
专用设备制造业	243	169	70	186138	133067	71.49
交通运输设备制造业	267	174	65	172865	137206	79.37
电气机械及器材制造业	245	148	60	191492	112512	58.76
通信设备、计算机及其他电子设备制造业	40	32	80	30130	24640	81.78
仪器仪表及文化、办公用机械制造业	18	14	78	12940	12240	94.59
工艺品及其他制造业	87	67	77	40468	33892	83.75
废弃资源和废旧材料回收加工业	35	33	94	16121	16841	104.47
电力、燃气及水的生产和供应业	**144**	**97**	**67**	**67710**	**48532**	**71.68**
电力、热力的生产和供应业	45	33	73	26232	18898	72.04
燃气生产和供应业	25	15	60	19750	12130	61.42
水的生产和供应业	74	49	66	21728	17504	80.56
建筑业	**77**	**53**	**69**	**70273**	**62371**	**88.76**
房屋和土木工程建筑业	68	47	69	64623	59221	91.64
建筑安装业	2	1	50	800	300	37.50
建筑装饰业	1	1	100	110	110	100.00
其他建筑业	6	4	67	4740	2740	57.81
交通运输、仓储和邮政业	**945**	**709**	**75**	**419947**	**324178**	**77.19**
铁路运输业	1	1	100	60	60	100.00
道路运输业	812	610	75	331933	259197	78.09
城市公共交通业	3	3	100	680	680	100.00
水上运输业	2			3850	400	10.39
装卸搬运和其他运输服务业	4	4	100	4841	4841	100.00
仓储业	123	91	74	78583	59000	75.08
信息传输、计算机服务和软件业	**48**	**34**	**71**	**15446**	**10093**	**65.34**
电信和其他信息传输服务业	48	34	71	15446	10093	65.34
批发和零售业	**717**	**548**	**76**	**388221**	**302259**	**77.86**
批发业	327	250	76	161120	131435	81.58
零售业	390	298	76	227101	170824	75.22
住宿和餐饮业	**83**	**61**	**73**	**54427**	**32417**	**59.56**
住宿业	31	21	68	21211	14881	70.16
餐饮业	52	40	77	33216	17536	52.79

分行业农村非农户建设项目施工、投产个数和新增固定资产(续二)(2006年)

Number of Capital Construction Projects in Urban Area under Construction and Put into Use and Newly Increased Fixed Assets by Sector(2006)

行业	施工项目个数(个)	本年投产项目个数(个)	建设项目投产率(%)	本年完成投资(万元)	本年新增固定资产(万元)	固定资产交付使用率(%)
金融业	**5**	**5**	**100**	**1202**	**1202**	**100.00**
银行业	4	4	100	1132	1132	100.00
其他金融活动	1	1	100	70	70	100.00
房地产业	**209**	**123**	**59**	**274453**	**195900**	**71.38**
房地产业	209	123	59	274453	195900	71.38
租赁和商务服务业	**26**	**13**	**50**	**11580**	**5354**	**46.23**
租赁业	6	4	67	2265	1694	74.79
商务服务业	20	9	45	9315	3660	39.29
科学研究、技术服务和地质勘查业	**26**	**12**	**46**	**27852**	**16296**	**58.51**
研究与试验发展	4	2	50	5680	4150	73.06
专业技术服务业	17	8	47	20252	10496	51.83
科技交流和推广服务业	3	1	33	1020	750	73.53
地质勘查业	2	1	50	900	900	100.00
水利、环境和公共设施管理业	**330**	**214**	**65**	**169346**	**134215**	**79.25**
水利管理业	87	66	76	20645	16231	78.62
环境管理业	47	34	72	21479	19639	91.43
公共设施管理业	196	114	58	127222	98345	77.30
居民服务和其他服务业	**100**	**73**	**73**	**58518**	**44912**	**76.75**
居民服务业	71	54	76	46229	36498	78.95
其他服务业	29	19	66	12289	8414	68.47
教　育	**242**	**181**	**75**	**57792**	**52689**	**91.17**
教　育	242	181	75	57792	52689	91.17
卫生、社会保障和社会福利业	**121**	**93**	**77**	**48037**	**38567**	**80.29**
卫　生	102	79	77	39937	34667	86.80
社会福利业	19	14	74	8100	3900	48.15
文化、体育和娱乐业	**85**	**54**	**64**	**36006**	**24891**	**69.13**
广播、电视、电影和音像业	11	10	91	1502	2855	190.08
文化艺术业	26	13	50	10395	7690	73.98
体　育	1			70		
娱乐业	47	31	66	24039	14346	59.68
公共管理和社会组织	**296**	**189**	**64**	**149820**	**112217**	**74.90**
国家机构	92	62	67	36534	30038	82.22
群众团体、社会团体和宗教组织	2			2080		
基层群众自治组织	202	127	63	111206	82179	73.90

农村非农户建设项目新增主要产品生产能力(效益)(2006年)

Newly Increased Production Capacity(Efficiency) through Capital Construction Projects in Urban Area (2006)

能力(效益)名称	单　位	数　量	能力(效益)名称	单　位	数　量
原煤开采	万吨/年	41.4	化学原料药	吨/年	120
洗　煤	万吨/年	79	中成药	吨/年	570
铁矿石原矿开采	万吨/年	1312.2	摩托车制造	吨/年	46000
铁矿选矿处理量	万吨/年	784.94	化学纤维	吨/年	10000
铁矿石成品矿	万吨/年	384.6	＃合成纤维	吨/年	10000
生　铁	万吨/年	38	棉纺锭	锭	38362
钢　材			毛纺锭	锭	3000
按加工工艺分:			啤　酒	万吨/年	3
热轧钢材	万吨/年	156.07	白　酒	万吨/年	1.37
冷轧(拔)钢材	万吨/年	99	其他酒	万吨/年	0.94
按品种分:			机制纸	万吨/年	13.05
中小型型钢	万吨/年	91	机制纸板	万吨/年	8.15
热轧薄板	万吨/年	35	新建公路	公　里	448.8
冷轧薄板	万吨/年	14	＃二级公路	公　里	10
冷轧薄宽钢带	万吨/年	25	改建公路	公　里	213.77
其他钢材	万吨/年	90.07	＃二级公路	公　里	106.7
铜采矿(原矿)	万吨/年	1.5	新建独立公路桥梁	延长米	1206
铜选矿:处理原矿	万吨/年	0.27		座	11
铜含量	吨/年	88	新(扩)建客、货运站	个	1
铅锌采矿(原矿)	万吨/年	10.5		平方米	2250
电解铝	吨/年	2000	耕地面积	万　亩	0.07
黄　金	公斤/年	47	造林面积	万　亩	16.62
发电机组容量			高等院校:学生席位	个	28438
水力发电	万千瓦	0.62	建筑面积	平方米	126979
水　泥	万吨/年	538.2	医院病床	张	614
氮　肥	吨/年	60000	宾馆、旅馆、招待所客房数	间	241
塑料树脂及共聚物	吨/年	350		平方米	10600
轮胎外胎	万条/年	40	城市自来水供水能力	万吨/日	0.02

房地产开发企业主要指标
Main Indicators of Real Estate Development

指　　标	2003年	2004年	2005年	2006年
企业个数(个)	**762**	**1653**	**1169**	**1272**
内　资	716	1574	1111	1215
港澳台投资	30	49	37	37
外商投资	15	30	21	20
个体经营	1			
年末从业人员数(人)	**30892**	**51472**	**39573**	**44690**
内　资	29448	49395	36950	42563
港澳台投资	1127	1444	1913	1187
外商投资	312	633	710	940
个体经营	5			
土地开发及购置(万平方米)				
本年土地开发面积	559.58	645.80	523.01	772.70
本年土地购置面积	1040.32	1246.93	968.57	1040.27
本年完成投资额(万元)	**2512674**	**3512546**	**3915256**	**4815829**
#商品房投资	1838167	2351282	2896485	3588521
土地开发投资	193688	428274	239192	379112
#住　宅	1642136	2429507	2920522	3796297
#经济适用房	288197	381347	367261	308589
资金来源小计(万元)	**2631696**	**3868821**	**4131320**	**5940799**
国家预算内资金	7644	9350		
国内贷款	384960	511538	682504	873142
利用外资	23715	23898	34424	11340
自筹资金	1131948	1567805	1776377	2508219
其他资金来源	1083429	1756230	1638015	2548098
房屋建筑面积(万平方米)				
施工房屋面积	2908.68	3753.05	3820.96	4769.50
#新开工面积	1529.49	1813.38	1970.80	2280.51
竣工房屋面积	1207.27	1536.85	1129.92	1378.89
#住　宅	1011.75	1318.58	1021.79	1245.76
#经济适用房	168.18	196.92	132.07	128.63
商品房屋销售面积(万平方米)	**939.43**	**1440.97**	**1408.74**	**1817.94**
#住　宅	838.02	1274.74	1322.32	1692.42
#经济适用房	139.59	165.22	155.81	143.84
商品房屋销售价格(元/平方米)	**1463**	**1612**	**1862**	**2111**
#住　宅	1343	1482	1777	2028
#经济适用房	1122	1210	1493	1461
主要财务指标				
实收资本(万元)	850783	1704576	1881471	2142068
资产总计(万元)	4362011	7761168	9317561	11892735
资产负债率(%)	77.39	73.50	69.52	71.48
经营总收入(万元)	1409743	2531215	2607415	3465617
主营业务税金及附加(万元)	70408	132187	147751	227910
利润总额(万元)	18995	102743	84997	276006

注：2005年及以后为年平均从业人员数。

房地产开发企业基本情况(2006年)

Basic Condition of Enterprises for Real Estate Development(2006)

项　　目	企业个数(个)	年平均从业人员(人)	资本金(万元)	资产总计(万元)	净资产(所有者权益)(万元)
全省总计	**1272**	**44690**	**2142068**	**11892735**	**3391696**
按登记注册类型分					
内资企业	1215	42563	1967391	11155399	3197069
国　有	57	2880	52015	401447	66041
集　体	10	299	63497	100332	75116
股份合作	18	993	47149	109231	54524
有限责任公司	422	14079	538983	3833659	887617
国有独资公司	1	55	2000	33857	2000
其他有限责任公司	421	14024	536983	3799802	885617
股份有限公司	98	2895	116708	718258	177141
私　营	604	21264	1144197	5981074	1931078
其他内资企业	6	153	4842	11398	5552
港澳台商投资	37	1187	81830	416390	107655
合资经营	30	1028	68569	295365	90039
合作经营	2	12	-188	6335	-42
独资经营	5	147	13449	114690	17658
股份有限					
外商投资经济	20	940	92847	320946	86972
合资经营	11	285	56276	109505	50486
合作经营	3	63	3278	23857	3336
外　资	5	590	32293	186078	32150
股份有限	1	2	1000	1506	1000
按隶属关系分					
中　央	3	99	3258	15427	4410
省	15	1072	56388	480722	106624
市	244	9820	342136	2166844	493143
县	154	4315	167754	815201	257687
其　他	856	29384	1572532	8414541	2529832
按资质等级分					
一　级	7	2117	83672	682803	135235
二　级	67	6347	285500	2445025	649062
三　级	270	10849	645185	3354607	953726
四　级	641	16528	750102	3896382	1213208
暂　定	264	8424	314019	1364980	365067
其　他	23	425	63590	148938	75398
按营业状况分					
营　业	1196	43765	2080397	11734409	3325313
其　他	76	925	61671	158326	66383

房地产开发企业建设总规模、完成投资及新增固定资产(2006年)

Total Size of Construction, Actually Completed Investment and Newly Increased Fixed Assets for Real Estate Development (2006)

单位：万元

项　　目	计划总投资	自开始建设累计完成投资	本年完成投资			本年新增固定资产
				商品房投资	土地开发投资	
全　省　总　计	**16270574**	**8507243**	**4815829**	**3588521**	**379112**	**2238760**
按登记注册类型分						
内资企业	14878086	8011122	4579281	3387199	378162	2139715
国　有	459553	305974	176267	137596	12735	86183
集　体	86388	25297	7255	6177	90	14880
股份合作	61504	52675	32050	29850		18974
有限责任公司	6818568	3324641	1889796	1358876	195945	710921
国有独资公司	31000	10000	6000	6000		16800
其他有限责任公司	6787568	3314641	1883796	1352876	195945	694121
股份有限公司	820906	507908	297257	224659	23355	195062
私　营	6616305	3782116	2170392	1626673	145657	1106924
其他内资企业	14862	12511	6264	3368	380	6771
港澳台商投资	1076466	347259	178616	153352	950	72774
合资经营	838878	280717	113274	88210	950	65774
合作经营						
独资经营	237588	66542	65342	65142		7000
股份有限						
外商投资经济	316022	148862	57932	47970		26271
合资经营	119400	54279	26173	23247		
合作经营	8050	8005	136			
外　　资	188572	86578	31623	24723		26271
股份有限						
按隶属关系分						
中　　央	19000	9600	9600	7842	1132	918
省	541520	320671	143948	117989	13010	77697
市	2789423	1619973	960360	622112	90422	496860
县	889309	541338	387147	316199	38431	154549
其　　他	12031322	6015661	3314774	2524379	236117	1508736
按资质等级分						
一　　级	481234	410832	206200	174400	22924	110000
二　　级	2388023	1650424	662572	544478	43798	401478
三　　级	4706145	2360821	1420189	1102148	116187	608883
四　　级	6448698	3022410	1818705	1286078	138857	833344
暂　　定	2168574	1031819	691611	467672	54539	276061
其　　他	77900	30937	16552	13745	2807	8994
按营业状况分						
营　　业	16017519	8413355	4757915	3567657	377202	2237560
其　　他	253055	93888	57914	20864	1910	1200

按用途分的房地产开发企业完成投资额(2006年)

Actually Completed Investment of Enterprises for Real Estate Development by Use (2006)

单位：万元

项目	完成投资额	按工程用途分						
		住宅	#90平方米以下	#经济适用房	#别墅、高档公寓	办公楼	商业营业用房	其他
全省总计	**4815829**	**3796297**	**1503239**	**308589**	**227314**	**112802**	**462714**	**444016**
按登记注册类型分								
内资企业	4579281	3596439	1415917	296016	210215	109127	444867	428848
国有	176267	151553	36882	91952		1080	5005	18629
集体	7255	7188		1700				67
股份合作	32050	26216	8606	150		4920	816	98
有限责任公司	1889796	1444154	493368	128834	65201	47668	176247	221727
国有独资公司	6000	6000	900	5100				
其他有限责任公司	1883796	1438154	492468	123734	65201	47668	176247	221727
股份有限公司	297257	237669	95818	25843	7446	18273	28803	12512
私营	2170392	1724045	777139	47537	137568	37186	233856	175305
其他内资企业	6264	5614	4104				140	510
港澳台商投资	178616	146521	84014	12573	8787	3395	14070	14630
合资经营	113274	86218	33514	12573	8787	3395	11252	12409
合作经营								
独资经营	65342	60303	50500				2818	2221
股份有限								
外商投资经济	57932	53337	3308		8312	280	3777	538
合资经营	26173	26173			8247			
合作经营	136						136	
外资	31623	27164	3308		65	280	3641	538
股份有限								
按隶属关系分								
中央	9600	9600	9600					
省	143948	138044	87351	15800	10300		3666	2238
市	960360	694349	262877	96526	10001	31265	107904	126842
县	387147	326006	63739	101222	6600	7943	36864	16334
其他	3314774	2628298	1079672	95041	200413	73594	314280	298602
按资质等级分								
一级	206200	191404	172157	3174	1181		10758	4038
二级	662572	542622	225899	26625	69083	16281	78581	25088
三级	1420189	1154157	538548	93423	49041	40976	109017	116039
四级	1818705	1337602	403993	95992	89496	45204	211584	224315
暂定	691611	558373	153401	85775	18513	10341	50388	72509
其他	16552	12139	9241	3600			2386	2027
按营业状况分								
营业	4757915	3755022	1503239	299183	222214	112752	458430	431711
其他	57914	41275		9406	5100	50	4284	12305

房地产开发企业的土地开发及购置(2006年)
Land Development and Purchase of Enterprises for Real Estate Development (2006)

项　　目	本年完成开发土地面积(平方米)	土地购置费用(万元)	待开发的土地面积(平方米)	本年购置土地面积(平方米)
全省总计	**7726997**	**697622**	**7143849**	**10402650**
按登记注册类型分				
内资企业	7657041	687685	6666627	10103402
国　有	244706	14888		245551
集　体	3500	90	153180	3500
股份合作				
有限责任公司	3238555	284517	1543884	3381185
国有独资公司				
其他有限责任公司	3238555	284517	1543884	3381185
股份有限公司	398760	28307	374329	493951
私　营	3751520	359373	4595234	5964215
其他内资企业	20000	510		15000
港澳台商投资	69956	8499	387222	299248
合资经营	69956	6578	387222	212581
合作经营				
独资经营		1921		86667
股份有限				
外商投资经济		1438	90000	
合资经营		1438		
合作经营				
外　资			90000	
股份有限				
按隶属关系分				
中　央	32667	1185	30000	52667
省	232111	11463	325852	189496
市	1469465	85007	658476	1308363
县	848946	43739	395372	898855
其　他	5143808	556228	5734149	7953269
按资质等级分				
一　级	249101	26597	319771	228688
二　级	807261	72312	602210	829770
三　级	2040504	171839	2452499	3272454
四　级	3279062	329426	2793621	4099376
暂　定	1269454	96822	975748	1894362
其　他	81615	626		78000
按营业状况分				
营　业	7687897	668814	6910515	10119576
其　他	39100	28808	233334	283074

房地产开发企业的资金来源(2006年)

Source of Funds of Enterprises for Real Estate Development(2006)

单位：万元

项目	本年资金来源小计	国内贷款	#银行贷款	利用外资	#外商直接投资	自筹资金	其他资金来源
全省总计	**5940799**	**873142**	**831629**	**11340**	**6418**	**2508219**	**2548098**
按登记注册类型分							
内资企业	5622058	816402	784410	2200		2420639	2382817
国有	236446	47041	47041			148639	40766
集体	5443	2000	2000			820	2623
股份合作	42298	50				17029	25219
有限责任公司	2202153	255081	249192			1085903	861169
国有独资公司	8300	6500	6500				1800
其他有限责任公司	2193853	248581	242692			1085903	859369
股份有限公司	335316	54449	54281			103772	177095
私营	2791826	456921	431036	2000		1060480	1272425
其他内资企业	8576	860	860	200		3996	3520
港澳台商投资	205462	45480	35959	8940	6218	81870	69172
合资经营	136773	38480	28959	8940	6218	28724	60629
合作经营							
独资经营	68689	7000	7000			53146	8543
股份有限							
外商投资经济	113279	11260	11260	200	200	5710	96109
合资经营	47066	5860	5860	200	200	2726	38280
合作经营	136					136	
外资	66077	5400	5400			2848	57829
股份有限							
按隶属关系分							
中央	20460						20460
省	172433	52000	52000			71910	48523
市	1209719	184064	183964	400	200	569365	455890
县	433163	27430	27380	4000	4000	254602	147131
其他	4105024	609648	568285	6940	2218	1612342	1876094
按资质等级分							
一级	300744	70700	70700			67631	162413
二级	911353	229888	210888			173827	507638
三级	1727884	218879	202496	1258	1258	766999	740748
四级	2130234	237678	233399	4160	960	956996	931400
暂定	851470	114647	112796	5922	4200	532766	198135
其他	19114	1350	1350			10000	7764
按营业状况分							
营业	5894768	853142	811629	11340	6418	2483431	2546855
其他	46031	20000	20000			24788	1243

房地产开发建设房屋建筑面积和造价(2006年)
Floor Space of Building and Their Cost in Real Estate Development (2006)

项目	施工房屋面积(万平方米)	竣工房屋面积(万平方米)	#住宅	房屋面积竣工率(%)	竣工房屋价值(万元)	竣工房屋造价(元/平方米)	竣工房屋住宅套数(套)
全省总计	**4769.50**	**1378.89**	**1245.76**	**28.91**	**1962323**	**1423**	**109281**
按登记注册类型分							
内资企业	4553.77	1334.35	1214.13	29.30	1891370	1417	106831
国有	136.12	66.23	61.36	48.66	70412	1063	5863
集体	12.27	1.00	1.00	8.15	700	700	95
股份合作	36.93	8.77	8.14	23.75	18894	2154	464
有限责任公司	1802.69	466.15	427.10	25.86	646770	1387	36615
国有独资公司	16.40	7.60	7.60	46.34	16800	2211	575
其他有限责任公司	1786.29	458.55	419.50	25.67	629970	1374	36040
股份有限公司	341.15	127.28	117.91	37.31	193267	1518	9759
私营	2213.75	658.36	592.07	29.74	954656	1450	53238
其他内资企业	10.86	6.55	6.55	60.31	6671	1018	797
港澳台商投资	161.30	39.76	26.85	24.65	62140	1563	1906
合资经营	125.41	36.26	23.85	28.91	56140	1548	1704
合作经营							
独资经营	35.89	3.50	3.00	9.75	6000	1714	202
股份有限							
外商投资经济	54.44	4.78	4.78	8.78	8813	1844	544
合资经营	17.04						
合作经营	3.19						
外资	34.21	4.78	4.78	13.97	8813	1844	544
股份有限							
按隶属关系分							
中央	5.40	0.54	0.54	10.00	918	1700	96
省	224.05	43.58	42.83	19.45	63511	1457	4364
市	925.41	282.67	259.64	30.54	459027	1624	22026
县	440.08	125.94	115.04	28.62	126889	1008	9806
其他	3174.56	926.16	827.71	29.17	1311978	1417	72989
按资质等级分							
一级	193.80	46.84	45.56	24.17	92542	1976	4040
二级	829.16	226.06	199.67	27.26	373555	1652	15518
三级	1377.15	412.98	373.83	29.99	553667	1341	32288
四级	1762.59	526.74	475.29	29.88	707450	1343	44716
暂定	587.07	163.28	151.41	27.81	226115	1385	12719
其他	19.74	3.00		15.19	8994	3000	
按营业状况分							
营业	4747.33	1377.62	1245.43	29.02	1961183	1424	109251
其他	22.17	1.27	0.33	5.73	1140	898	30

商品房屋销售情况(2006年)
Selling of Commercial Houses (2006)

项 目	实际销售商品房屋面积(万平方米)	#住宅	商品房销售额(万元)	#住宅	商品房平均售价(元/平方米)	#住宅
全省总计	**1817.94**	**1692.42**	**3838442**	**3432923**	**2111**	**2028**
按登记注册类型分						
内资企业	1748.55	1630.24	3660275	3278931	2093	2011
国有	59.39	57.78	103776	96903	1748	1677
集体	2.10	2.10	2571	2571	1224	1224
股份合作	12.80	10.88	31560	25526	2466	2347
有限责任公司	617.67	573.58	1280124	1139654	2072	1987
国有独资公司	0.30	0.30	675	675	2250	2250
其他有限责任公司	617.37	573.28	1279449	1138979	2072	1987
股份有限公司	118.87	110.58	199536	184476	1679	1668
私营	931.16	868.77	2030139	1817232	2180	2092
其他内资企业	6.57	6.57	12569	12569	1914	1914
港澳台商投资	44.64	38.15	86008	65326	1927	1712
合资经营	38.16	32.18	73705	54323	1931	1688
合作经营						
独资经营	6.47	5.97	12303	11003	1901	1842
股份有限						
外商投资经济	24.75	24.03	92159	88666	3723	3690
合资经营	9.75	9.74	43733	43686	4485	4484
合作经营	0.64		2936		4605	
外资	14.36	14.29	45490	44980	3167	3148
股份有限						
按隶属关系分						
中央	6.03	6.03	16723	16723	2773	2773
省	75.53	72.08	123291	116737	1632	1620
市	277.31	260.63	619577	563524	2234	2162
县	173.25	159.34	253806	221158	1465	1388
其他	1285.83	1194.34	2825045	2514781	2197	2106
按资质等级分						
一级	90.73	87.49	237550	223312	2618	2552
二级	249.59	228.41	679120	599181	2721	2623
三级	519.69	474.87	1011208	890922	1946	1876
四级	758.31	709.96	1526467	1360277	2013	1916
暂定	197.55	191.69	375155	359231	1899	1874
其他	2.08		8942		4300	
按营业状况分						
营业	1808.08	1683.40	3821924	3418085	2114	2030
其他	9.86	9.02	16518	14838	1675	1645

按用途分的商品房屋实际销售面积(2006年)

Floor Space of Buildings Actually Sold by Use (2006)

单位：平方米

项　　目	商品房销售面积	住宅	#90平方米以下	#经济适用房	#别墅、高档公寓	办公楼	商业营业用房	其他
全省总计	**18179434**	**16924231**	**4849232**	**1438359**	**688912**	**192850**	**933689**	**128664**
按登记注册类型分								
内资企业	17485530	16302446	4809794	1436359	610738	184703	870956	127425
国　　有	593852	577791	165135	174651			12775	3286
集　　体	21007	21007						
股份合作	128003	108770	21807	1350		14760	4473	
有限责任公司	6176722	5735755	921111	700221	268978	105107	265472	70388
国有独资公司	3000	3000	3000					
其他有限责任公司	6173722	5732755	918111	700221	268978	105107	265472	70388
股份有限公司	1188684	1105751	251677	171441	22763	13780	63408	5745
私　　营	9311591	8687701	3430479	388696	318997	51056	524828	48006
其他内资企业	65671	65671	19585					
港澳台商投资	446375	381493	36514	2000	26928	8147	55496	1239
合资经营	381644	321762	14047	2000	26928	8147	50496	1239
合作经营								
独资经营	64731	59731	22467				5000	
股份有限								
外商投资经济	247529	240292	2924		51246		7237	
合资经营	97506	97427			51246		79	
合作经营	6376						6376	
外　　资	143647	142865	2924				782	
股份有限								
按隶属关系分								
中　　央	60305	60305	60305					
省	755256	720803	166883	44000	103600		31557	2896
市	2773075	2606277	553808	343252	59085	54560	84978	27260
县	1732471	1593441	121837	321444	37242	26739	105212	7079
其　　他	12858327	11943405	3946399	729663	488985	111551	711942	91429
按资质等级分								
一　　级	907278	874881	702971	11641	21290		30117	2280
二　　级	2495908	2284096	949667	90394	102752	50795	90390	70627
三　　级	5196861	4748729	1171632	574774	292340	64915	361093	22124
四　　级	7583060	7099588	1551768	550229	214434	74518	380844	28110
暂　　定	1975533	1916937	473194	211321	58096	2622	50451	5523
其　　他	20794						20794	
按营业状况分								
营　　业	18080815	16834017	4849232	1364003	688912	192850	925284	128664
其　　他	98619	90214		74356			8405	

按销售方式分的商品房实际销售面积及平均销售价格(2006年)

Floor Space of Buildings Actually Sold and Average Selling Price of Commercial Houses by Sale Method (2006)

项　　目	商品房销售面积(平方米)	现　房	期　房	商品房平均销售价格(元/平方米)	现　房	期　房
全　省　总　计	**18179434**	**7280901**	**10898533**	**2111**	**1952**	**2218**
按登记注册类型分						
内资企业	17485530	6969606	10515924	2093	1930	2202
国　　有	593852	300680	293172	1748	2166	1319
集　　体	21007	21007		1224	1224	
股份合作	128003	102412	25591	2466	2845	946
有限责任公司	6176722	2134846	4041876	2072	1831	2200
国有独资公司	3000		3000	2250		2250
其他有限责任公司	6173722	2134846	4038876	2072	1831	2200
股份有限公司	1188684	657473	531211	1679	1756	1583
私　　营	9311591	3695903	5615688	2180	1981	2312
其他内资企业	65671	57285	8386	1914	1755	3003
港澳台商投资	446375	169225	277150	1927	1623	2112
合资经营	381644	131225	250419	1931	1579	2116
合作经营						
独资经营	64731	38000	26731	1901	1776	2077
股份有限						
外商投资经济	247529	142070	105459	3723	3430	4118
合资经营	97506	6250	91256	4485	8733	4194
合作经营	6376	6376		4605	4605	
外　　资	143647	129444	14203	3167	3116	3629
股份有限						
按隶属关系分						
中　　央	60305		60305	2773		2773
省	755256	412279	342977	1632	1644	1618
市	2773075	1236082	1536993	2234	2269	2206
县	1732471	395014	1337457	1465	1546	1441
其　　他	12858327	5237526	7620801	2197	1932	2379
按资质等级分						
一　　级	907278	661057	246221	2618	2972	1669
二　　级	2495908	851045	1644863	2721	2343	2916
三　　级	5196861	2173324	3023537	1946	1830	2029
四　　级	7583060	2910253	4672807	2013	1666	2229
暂　　定	1975533	664428	1311105	1899	2014	1841
其　　他	20794	20794		4300	4300	
按营业状况分						
营　　业	18080815	7264138	10816677	2114	1955	2221
其　　他	98619	16763	81856	1675	811	1852

房地产开发经营情况(2006年)
Real Estate Development and Management(2006)

单位：万元

项　目	主营业务收入	土地转让收入	商品房屋销售收入	房屋出租收入	其他收入	主营业务税金及附加	利润总额
全省总计	**3430269**	**493**	**3381775**	**4389**	**43612**	**227910**	**276006**
按登记注册类型分							
内资企业	3321514	493	3277156	4275	39590	222013	273714
国　有	83117		81825	59	1233	6258	-13272
集　体	10458		10458			245	2582
股份合作	30787		29557		1230	2233	5237
有限责任公司	1207108	493	1181232	2453	22930	76436	96937
国有独资公司	1856		1856			230	-574
其他有限责任公司	1205252	493	1179376	2453	22930	76206	97511
股份有限公司	275278		270013	622	4643	17177	10537
私　营	1709776		1699081	1141	9554	119392	171386
其他内资企业	4990		4990			272	307
港澳台商投资	82832		82718	114		4521	2622
合资经营	67349		67235	114		3741	2659
合作经营							-48
独资经营	15483		15483			780	11
股份有限							
外商投资经济	25923		21901		4022	1376	-330
合资经营	6769		3150		3619	452	3623
合作经营	403				403	26	-102
外　资	18751		18751			898	-3839
股份有限							-12
按隶属关系分							
中　央	15210		15210			819	1439
省	147202		146991	211		13019	6553
市	620861	493	600863	1437	18068	37070	22784
县	242002		226372	507	15123	14109	16116
其　他	2404994		2392339	2234	10421	162893	229114
按资质等级分							
一　级	251434		250854	580		13829	33590
二　级	775709		773349	867	1493	51217	75487
三　级	1017596		1006262	805	10529	66650	133714
四　级	1071652		1055073	1056	15523	75118	41549
暂　定	299434		294034	1081	4319	20150	-6471
其　他	14444	493	2203		11748	946	-1863
按营业状况分							
营　业	3422900	493	3374691	4389	43327	227451	276178
其　他	7369		7084		285	459	-172

主要年份地方财政收入
Local Revenue in Main Years

单位：万元

年　份	总 收 入	#企业收入	#农牧业税和耕地占用税	#工商税收
1978	451034	206861		204513
1980	350210	115870		72583
1985	451481	35531		386628
1990	811520	-115310	36518	714170
1995	1199520	152643	93523	798228
1996	1517776	190896	124303	942598
1997	1760742	226458	131656	1100859
1998	2067587	257773	136175	1262950
1999	2232757	296603	119756	1323028
2000	2487621	358488	142700	1386300
2001	2835023	524774	131618	1525131
2002	3023068	337433	316685	1710832
2003	3358263	308921	336805	1930839
2004	4078273	440135	263825	2397923
2005	5157017	628482	223720	3063154
2006	6205340	818402	212598	3668490

注：1994年以后为新口径。

主要年份预算外资金收入
Extra-budgetary Revenue in Main Years

单位:亿元

年　份	预算收入	预算外收入	地方财政预算外资金	行政事业单位预算外资金	其　他预算外资金	预算外收入相当于预算收　入(%)
1980	35.02	18.93	2.74	4.74	11.45	54.05
1985	45.15	39.86	2.45	9.59	27.81	88.28
1990	81.15	80.01	3.43	26.91	49.67	98.60
1995	119.95	92.29	13.06	79.24		76.94
1996	151.78	158.05	13.69	88.40	55.96	104.13
1997	176.07	138.13	4.31	72.22	61.60	78.45
1998	206.76	104.65		85.99	18.66	50.61
1999	223.28	113.98		80.49	33.49	51.05
2000	248.76	117.53		78.47	39.06	47.25
2001	283.50	140.79		106.43	34.36	49.66
2002	302.31	126.01		114.10	11.91	41.68
2003	335.83	147.33		136.3	11.03	43.87
2004	407.83	178.52		159.40	19.12	43.77
2005	515.70	206.80		181.16	25.56	40.10
2006	620.53	223.40		205.45	17.95	36.00

注：2004年预算外收入为预算外财政专户资金收入。

主要年份地方财政支出
Local Expenditures in Main Years

单位：万元

年　份	总支出	#基本建设	#流动资金	#支援农业	#文教科学卫生事业费	#行政经费
1978	324358	109662	20312	36082	47773	21888
1980	283627	82516	7242	35438	63532	27639
1985	416591	66010	899	14142	122630	52431
1990	872853	35780	1164	50375	254800	98951
1995	1911822	69728		44812	580457	236027
1996	2318975	89171		56002	658976	250175
1997	2704603	161698		57501	753651	252177
1998	3015508	222220		68529	812039	277567
1999	3507969	271852		71160	913974	306893
2000	4155374	305316		70714	1039202	373495
2001	5141754	381937		72459	1264178	462856
2002	5765891	465864		76212	1523360	582588
2003	6467439	415300			1736165	670410
2004	7855591	618577			1999282	802101
2005	9791635	735846			2443590	974398
2006	11803590	689620			2725393	1129634

主要年份预算外资金支出
Extra-budgetary Expenditures in Main Years

单位：亿元

年　份	预算外支出	#固定资产投资支出	#福利支出	#奖励支出	#行政事业费支出	#基本建设支出	#乡镇统筹支出	#社会保障基金支出
1980	19.15							
1985	36.46	15.79	3.50	2.70	2.07			
1990	80.79	30.23	9.08	2.14	12.07			
1995	89.97	26.92	1.81		44.67			
1996	152.11				46.91	43.23	13.51	35.64
1997	133.33				44.31	20.84	18.38	41.24
1998	97.67				48.52	7.17	18.80	
1999	107.21				59.73	23.46	19.65	
2000	110.00				71.76	12.90	20.07	
2001	129.75				81.6	15.59	19.24	
2002	119.86				93.11	9.71	5.78	
2003	147.33				89.78	3.90	4.44	
2004	161.03				145.86	0.85	3.36	
2005	191.88				173.66	1.14	3.74	
2006	215.80				199.95	2.10	5.04	

分项目地方财政收支(2006年)
Local Revenue and Expenditures by Item(2006)

项目	金额(亿元)	比重(%)	项目	金额(亿元)	比重(%)
财政总收入	**620.53**	**100.00**	企业挖潜改造资金	19.38	1.64
#工商税收类	366.84	59.12	科技三项费用类	8.86	0.75
增值税	140.55	22.65	农业支出	37.32	3.16
营业税	133.61	21.53	社会保障补助支出	82.86	7.02
个人所得税	29.35	4.73	工交等部门事业费	17.81	1.51
城建税	33.42	5.39	流通部门事业费	1.97	0.17
其他工商税	29.91	4.82	城市维护费	57.69	4.89
农牧业税收耕地税	21.26	3.43	文教卫生事业费	268.56	22.75
农牧业税	…	…	科学事业费	3.98	0.34
农业特产税			抚恤和社会救济费	35.34	2.99
耕地占用税	3.90	0.63	国防支出费	1.16	0.10
契　税	17.36	2.80	行政管理费类	112.96	9.57
企业收入	81.84	13.19	公检法支出类	77.81	6.59
#国有企业计划亏损补贴	-0.88	-0.14	政策性补贴支出类	52.52	4.45
财政总支出	**1180.36**	**100.00**	支援不发达地区支出	6.44	0.55
#基本建设类	68.96	5.84	其他支出类	326.74	27.68

各时期地方财政收支及指数
Local Revenue and Expenditures and Indices by Period

时期(年份)	总收入(万元)	总支出(万元)	平均增长(%)	
			总收入	总支出
"一五"时期	311571	207744	8.56	22.00
"二五"时期	839252	640968	9.96	2.98
1963－1965	313804	306963	4.78	17.98
"三五"时期	715957	475430	10.67	4.68
"四五"时期	1302940	891644	8.13	11.51
"五五"时期	1840251	1539005	2.89	6.28
"六五"时期	1865313	1550232	5.21	7.99
"七五"时期	3304361	3392465	12.44	15.94
"八五"时期	5512131	6881072	8.13	16.98
"九五"时期	10066483	15702429	15.71	16.80
"十五"时期	18451644	35022310	15.70	18.70
"十一五"时期				
1952－2006	50773447	78432652	9.58	12.67
1978－2006	46635172	75302298	9.82	13.70

各种价格指数(1978–2006年,上年=100)
General Price Indices(1978-2006, Preceding Year=100)

年　份	居民消费价格指数	城市居民消费价格指数	农村居民消费价格指数	商品零售价格指数	城市商品零售价格指数	农村商品零售价格指数
1978		100.2		99.8	100.2	99.8
1979		101.7		101.4	101.7	101.1
1980		107.2		105.3	107.5	103.7
1981		103.2		102.1	103.4	101.4
1982		100.9		101.5	100.9	101.7
1983		102.0		101.4	101.8	101.1
1984	102.5	103.1	102.1	103.4	102.7	103.6
1985	106.8	108.9	105.7	106.8	109.2	105.5
1986	105.7	106.0	105.4	105.2	105.7	104.8
1987	107.8	108.2	107.4	108.3	108.3	108.2
1988	118.0	118.3	117.8	118.1	119.0	117.5
1989	118.7	115.9	122.2	118.4	115.8	120.8
1990	100.6	101.2	99.9	99.9	99.9	100.0
1991	103.4	106.6	101.6	102.8	106.5	101.3
1992	106.1	108.5	103.9	105.2	107.4	103.3
1993	113.8	115.5	111.9	110.5	111.7	109.5
1994	122.6	124.9	120.0	121.4	123.1	119.8
1995	115.2	116.1	114.8	115.8	115.2	116.6
1996	107.1	107.6	106.8	106.2	106.0	106.3
1997	103.5	103.7	103.4	102.1	102.0	102.1
1998	98.4	98.7	98.1	97.7	97.9	97.3
1999	98.1	98.7	97.6	97.8	98.0	97.7
2000	99.7	100.5	99.1	99.1	99.2	98.9
2001	100.5	100.4	100.6	99.8	99.4	100.2
2002	99.0	98.6	99.5	99.2	98.8	99.6
2003	102.2	102.3	102.0	100.2	100.1	100.4
2004	104.3	103.7	104.8	103.2	102.3	104.0
2005	101.8	101.4	102.2	101.1	101.0	101.2
2006	101.7	101.7	101.7	101.5	101.6	101.5

各种价格指数(1979-2006年,1978年=100)
General Price Indices(1979-2006,1978=100)

年　份	居民消费价格指数	城市居民消费价格指数	农村居民消费价格指数	商品零售价格指数	城市商品零售价格指数	农村商品零售价格指数
1979		101.7		101.4	101.7	101.1
1980		109.0		106.8	109.3	104.8
1981		112.5		109.0	113.0	106.3
1982		113.5		110.6	114.0	108.1
1983		115.8		112.1	116.1	109.3
1984	102.5	119.4	102.1	115.9	119.2	113.2
1985	109.5	130.0	107.9	123.8	130.2	119.4
1986	115.7	137.8	113.7	130.2	137.6	125.1
1987	124.7	149.1	122.1	141.0	149.0	135.4
1988	147.1	176.4	143.8	166.5	177.3	159.1
1989	174.6	204.4	175.7	197.1	205.3	192.2
1990	175.6	206.9	175.5	196.9	205.1	192.2
1991	181.6	220.6	178.3	202.4	218.4	194.7
1992	192.7	239.4	185.3	212.9	234.6	201.1
1993	219.3	276.5	207.4	235.3	262.0	220.2
1994	268.9	345.3	248.9	285.7	322.5	263.8
1995	309.8	400.9	285.7	330.8	371.5	307.6
1996	331.8	431.4	305.1	351.3	393.8	327.0
1997	343.4	447.4	315.5	358.7	401.7	333.9
1998	337.9	441.6	309.5	350.4	393.3	324.9
1999	331.5	435.9	302.1	342.7	385.4	317.4
2000	330.5	438.1	299.4	339.6	382.3	313.9
2001	332.2	439.9	301.2	338.9	380.0	314.5
2002	328.9	433.7	299.7	336.2	375.4	313.2
2003	336.1	443.7	305.7	336.9	375.8	314.5
2004	350.6	460.1	320.4	347.7	384.4	327.1
2005	356.9	466.5	327.4	351.5	388.3	331.0
2006	363.0	474.4	333.0	356.8	394.5	336.0

注：全省居民消费价格指数及农村居民消费价格指数是以1983年＝100计算的。

居民消费价格分类指数(上年=100)
Consumer Price Indices by Category(Preceding Year=100)

项　目	2006年			2005年		
	全　省	城　市	农　村	全　省	城　市	农　村
居民消费价格指数	**101.7**	**101.7**	**101.7**	**101.8**	**101.4**	**102.2**
食　品	**103.2**	**103.7**	**102.5**	**102.4**	**103.0**	**101.6**
粮　食	103.0	102.8	103.3	103.1	103.2	103.0
淀　粉	100.7	100.0	101.7	109.8	111.8	106.2
干豆类及豆制品	99.7	99.7	99.6	103.8	104.8	101.6
油　脂	98.5	99.5	97.8	96.6	96.4	96.6
肉禽及其制品	95.8	95.1	96.5	102.5	101.9	103.0
蛋	94.6	94.9	94.3	102.8	102.6	103.3
水产品	101.7	102.1	101.0	104.0	106.3	99.3
菜	110.9	111.0	110.7	100.5	104.0	94.4
调味品	101.7	101.5	101.9	100.7	101.1	100.4
糖	111.0	108.3	113.9	101.6	101.2	102.4
茶及饮料	100.6	100.8	100.1	100.0	99.9	100.3
干鲜瓜果	125.2	126.0	123.7	109.8	108.9	112.6
糕点饼干面包	101.6	101.8	101.3	100.3	99.9	101.4
液体乳及乳制品	101.4	101.6	100.6	101.7	101.5	102.2
在外用膳食品	101.7	102.2	100.7	101.0	101.3	100.4
其他食品	100.7	100.7	100.8	100.7	104.2	99.3
烟酒及用品	**100.6**	**100.3**	**100.8**	**99.9**	**99.8**	**99.9**
烟　草	99.8	99.1	100.5	99.4	99.1	99.6
酒	101.5	101.9	101.1	100.3	100.4	100.3
吸烟饮酒用品	100.7	100.5	101.7	99.9	100.2	98.7
衣　着	**99.9**	**100.5**	**98.9**	**98.8**	**98.4**	**99.6**
服　装	98.9	99.3	98.4	98.7	98.2	99.7
衣着材料	99.8	99.6	100.0	99.7	99.1	100.6
鞋袜帽	102.2	103.9	99.8	98.7	98.3	99.2
衣着加工服务费	100.4	100.1	101.0	101.2	100.7	103.1
家庭设备用品及维修服务	**99.7**	**100.0**	**99.4**	**98.4**	**97.9**	**99.4**
耐用消费品	99.2	99.6	98.6	97.8	97.7	98.3
室内装饰品	99.1	99.3	98.7	99.0	98.7	99.4
床上用品	97.9	96.8	99.1	99.5	99.1	100.2
家庭日用杂品	101.0	101.4	100.5	99.0	98.2	100.1
家庭服务及加工维修服务	102.1	102.1	102.0	99.4	98.1	102.9
医疗保健和个人用品	**100.3**	**99.8**	**101.1**	**99.2**	**99.1**	**99.4**
医疗保健	98.8	98.5	99.3	98.7	98.4	99.0
个人用品及服务	104.4	103.4	105.6	100.3	100.6	100.1
交通和通信	**100.5**	**99.8**	**101.3**	**99.0**	**98.3**	**99.8**
交　通	104.1	103.5	104.6	100.7	100.7	100.8
通　信	97.3	96.8	97.9	97.5	96.6	98.7
娱乐教育文化用品及服务	**100.0**	**99.9**	**100.2**	**105.0**	**101.3**	**108.3**
文娱用耐用消费品及服务	94.4	93.6	96.0	93.5	91.8	95.8
教　育	100.9	101.1	100.7	108.3	104.6	110.9
文化娱乐类	101.6	102.0	100.9	100.3	100.3	100.2
旅　游	101.8	101.9	101.8	96.4	96.2	99.5
居　住	**104.5**	**104.2**	**104.8**	**105.5**	**106.8**	**104.5**
建房及装修材料	103.7	101.5	104.5	101.8	100.2	102.2
租　房	103.6	103.4	104.5	105.3	105.9	100.0
自有住房	102.5	103.3	100.6	100.4	100.9	100.2
水、电、燃料	106.0	106.0	105.9	109.7	109.7	109.6

商品零售价格分类指数(上年=100)

Retail Price Indices by Category of Commodities(Preceding Year=100)

项　　目	2006年			2005年		
	全　省	城　市	农　村	全　省	城　市	农　村
商品零售价格指数	**101.5**	**101.6**	**101.5**	**101.1**	**101.0**	**101.2**
食　品	103.2	104.1	102.4	102.2	102.9	101.5
饮料、烟酒	101.0	100.8	101.1	100.1	100.3	100.0
服装、鞋帽	100.1	101.2	99.0	99.1	98.1	100.2
纺织品	99.1	97.9	100.1	101.2	99.6	102.1
家用电器及音像器材	97.0	96.4	97.6	95.9	95.8	96.1
文化办公用品	98.0	97.6	98.4	98.0	97.1	98.8
日用品	100.8	101.1	100.5	99.9	99.3	100.4
体育娱乐用品	98.7	98.2	99.2	99.5	99.4	99.6
交通、通信用品	94.4	93.0	95.9	93.3	92.0	94.6
家　具	99.5	99.1	99.9	100.3	99.8	100.9
化妆品	100.3	100.2	100.4	99.5	99.2	99.8
金银珠宝	124.5	117.5	133.3	104.2	104.9	103.5
中西药品及医疗保健用品	98.6	98.7	98.5	98.5	98.6	98.3
书报杂志及电子出版物	99.9	100.1	99.6	100.6	100.9	100.2
燃　料	112.0	112.8	111.3	114.7	114.7	114.5
建筑材料及五金电料	102.2	101.4	102.6	101.3	100.6	101.8

居民消费和商品零售价格指数(2006年)

Consumer Price Indices and Retail Price Indices of Commodities(2006)

项　　目	居民消费价格指数			商品零售价格指数			农业生产资料
	全　省	城　市	农　村	全　省	城　市	农　村	价格指数
1950年=100		521.6		406.8	429.4	393.6	348.4
1952年=100		458.6		352.0	379.1	341.2	307.1
1957年=100		427.6		329.7	350.1	323.7	299.4
1965年=100		481.8		348.2	402.5	319.7	335.9
1970年=100		480.9		351.2	400.1	325.1	354.7
1978年=100		474.5		356.7	394.5	336.0	401.5
1980年=100		434.8		334.7	361.0	320.6	398.8
1985年=100	331.6	364.6	308.8	288.4	303.2	281.1	340.5
1990年=100	206.4	229.2	189.7	181.2	192.5	174.7	208.6
1995年=100	117.1	118.3	116.4	107.9	106.2	109.3	128.5
2000年=100	109.8	108.3	111.2	105.1	103.2	107.0	116.2
2005年=100	101.7	101.7	101.7	101.5	101.6	101.5	101.6

农业生产资料价格分类指数(2000-2006年,上年=100)
Price Indices of Agricultural Means of Production by Category(2000-2006,Preceding Year=100)

项目	2000年	2001年	2002年	2003年	2004年	2005年	2006年
农业生产资料价格指数	**101.5**	**100.2**	**100.4**	**99.8**	**106.7**	**106.8**	**101.6**
农用手工工具	98.8	101.2	103.0	99.8	99.6	100.5	100.8
饲料	96.2	104.7	99.6	101.6	110.7	99.2	100.0
产品畜	113.5	104.2	103.4	101.3	124.4	106.2	83.2
半机械化农具	99.1	99.0	98.2	94.8	99.7	99.9	99.9
机械化农具	97.7	98.6	98.3	97.8	99.1	101.3	100.5
化学肥料	95.0	100.3	101.6	100.8	106.4	112.0	101.0
农药及农药械	97.7	96.9	97.8	98.5	102.9	101.2	100.4
农用机油	120.3	99.7	98.4	109.7	110.8	116.6	115.1
其他农业生产资料	97.8	99.4	108.0	85.9	106.6	108.6	107.7
农业生产服务							110.4

工业品出厂价格分类指数(2000-2006年,上年=100)
Ex-factory Price Indices of Industrial Products (2000-2006,Preceding Year=100)

项目	2000年	2001年	2002年	2003年	2004年	2005年	2006年
全部工业品	**105.27**	**99.85**	**99.40**	**107.13**	**111.55**	**104.39**	**100.78**
轻工业	99.17	99.22	98.60	101.51	103.88	100.66	100.98
以农产品为原料	100.44	99.25	98.56	103.19	106.00	99.80	101.03
以非农产品为原料	95.27	99.07	98.73	99.69	101.57	101.62	100.91
重工业	107.92	100.06	99.78	111.30	117.36	107.13	100.68
采掘	135.25	97.64	103.13	114.45	135.56	122.89	105.51
原料	106.76	100.68	99.78	112.99	115.44	106.15	101.38
加工	98.53	99.35	98.55	108.00	113.40	102.96	98.43
生产资料	106.98	99.65	99.34	108.43	113.07	105.15	100.92
采掘	132.56	98.13	103.22	114.49	135.64	122.85	104.45
原料	105.95	100.62	99.66	111.74	112.85	105.22	101.65
加工	99.20	98.38	97.91	104.96	109.25	102.01	99.63
生活资料	98.44	101.18	99.69	100.80	104.21	100.63	99.91
食品	95.96	101.99	100.11	101.71	105.77	100.35	101.04
衣着	101.82	99.40	100.68	100.86	102.54	100.48	101.08
一般日用品	97.49	99.87	98.18	98.01	101.61	102.01	96.46
耐用消费品	98.75	99.17	99.35	98.71	99.29	100.98	100.35

主要原材料、燃料、动力购进价格指数(2000－2006年,上年=100)
Purchasing Price Indices of Major Raw Material, Fuel and Motive (2000-2006,Preceding Year=100)

项　　目	2000年	2001年	2002年	2003年	2004年	2005年	2006年
全部原材料	**103.31**	**101.02**	**97.25**	**109.38**	**118.39**	**107.02**	**104.99**
燃料、动力类	107.50	103.00	105.71	110.41	116.70	115.70	110.95
黑色金属材料类	100.10	105.07	98.58	122.96	133.95	107.27	95.19
#钢　材	102.78	99.84	97.12	115.61	123.78	104.89	96.30
其　他	99.46	107.22	100.02	127.31	139.30	110.61	92.88
有色金属材料和电线类	115.59	94.22	93.48	111.80	122.93	111.26	122.94
化工原料类	104.56	98.65	98.05	107.01	111.49	106.76	101.78
木材及纸浆类	102.57	97.53	93.35	100.53	102.34	103.35	100.34
建筑材料及 非金属矿类	111.17	99.33	89.21	98.72	111.22	104.03	99.80
其他工业原料及半成品类	94.65	101.08	98.44	101.45	117.93	105.83	107.31
农副产品类	94.79	102.91	94.20	113.97	121.49	98.90	103.92
纺织原料类	109.95	93.75	89.37	112.24	107.32	97.19	103.87

固定资产投资价格指数(1991－2006年,上年=100)
Price Indices of Investment in Fixed Assets(1991-2006,Preceding Year=100)

年　　份	固定资产投资			
		建筑安装工程	设备、工器具购置	其　他　费　用
1991	106.8	104.1	110.5	107.2
1992	129.3	131.2	122.0	148.3
1993	124.8	133.0	121.0	86.0
1994	110.0	108.1	110.1	123.2
1995	106.9	106.0	106.2	115.1
1996	103.9	106.0	100.0	101.9
1997	101.5	105.0	95.0	101.2
1998	97.8	99.4	94.4	98.5
1999	99.4	100.0	96.4	104.3
2000	101.1	102.3	98.4	100.9
2001	99.9	100.6	97.9	100.4
2002	99.5	100.0	98.0	100.3
2003	102.3	104.2	98.5	101.4
2004	107.0	109.6	103.6	102.1
2005	101.9	101.8	101.9	102.0
2006	101.7	101.6	101.6	102.0

农产品生产价格指数(2002-2006年,上年=100)
Production Price Indices of Farm Produces (2002-2006,Preceding Year=100)

指　　标	2002年	2003年	2004年	2005年	2006年
农产品生产价格指数	**98.01**	**107.48**	**110.09**	**102.45**	**100.22**
种植业产品	**98.02**	**111.76**	**107.10**	**103.85**	**102.27**
谷物及其他作物	102.81	117.84	111.94	100.42	100.62
谷　物(原粮)	95.71	106.09	123.91	98.03	101.58
小　麦	97.14	102.85	135.25	100.25	98.77
稻　谷	95.52	111.18	119.90	107.02	104.59
玉　米	94.68	108.13	115.97	95.90	103.43
薯　类	113.57	99.85	117.51	111.47	105.59
豆　类	99.38	120.28	127.48	92.69	98.23
大　豆	100.00	120.73	128.05	96.60	98.16
油　料	103.75	127.33	117.76	98.75	102.24
花　生	103.76	127.37	117.76	96.78	103.18
油菜籽	100.55	106.45	120.76	106.39	96.84
芝　麻	102.19	105.49	116.59	103.28	99.43
向日葵	112.44	101.95	125.24	107.54	100.09
棉花(籽棉)	115.38	139.88	85.73	104.86	98.05
其他农作物					
青饲料		114.29		100.36	113.33
蔬菜、园艺作物	72.01	103.99	105.64	106.03	103.86
蔬　菜	72.01	103.99	105.64	106.03	103.86
叶菜类	97.90	108.41	95.41	105.59	100.21
瓜菜类	67.10	91.06	106.00	107.36	106.30
块根、块茎菜类	68.21	125.99	81.16	102.39	93.13
茄果菜类	68.88	102.82	110.89	105.33	101.23
葱蒜类	55.33	115.52	112.12	105.92	102.23
菜用豆类	41.23	88.88	127.72	115.34	110.76
食用菌(干鲜混合)	109.59	106.81	93.17	94.14	111.13

农产品生产价格指数(续)(2002-2006年,上年=100)
Production Price Indices of Farm Produces(2002-2006,Preceding Year=100)

指　　标	2002年	2003年	2004年	2005年	2006年
水果、饮料和香料作物	98.46	97.11	92.88	113.25	106.43
水　果	98.46	97.11	92.88	113.25	106.43
苹　果	89.13	107.55	92.77	111.72	112.94
梨	99.43	109.44	87.70	110.80	120.92
瓜果类	131.00	83.11	126.18	113.51	94.73
其他水果	98.96	91.22	93.08	114.41	100.68
中药材	156.58	124.12	85.66	113.59	107.58
林业产品	**79.72**	**95.00**	**112.34**	**100.58**	**118.77**
林木的培育和种植				90.69	100.97
育种育苗		96.57		90.69	100.97
林产品	79.27	94.60	112.34	100.58	126.57
牧　业(畜产品)	**98.30**	**102.97**	**112.06**	**100.40**	**97.05**
牲畜的饲养	100.84	101.43	102.25	100.17	103.97
牛	106.60	101.69	103.07	100.24	106.88
羊	93.98	101.06	100.72	100.17	100.90
奶　类	91.92	101.02	102.66	100.10	102.75
毛绒类	95.94	103.68	122.57	94.53	99.28
猪的饲养	93.35	107.68	125.25	98.50	93.32
家　禽	100.14	99.56	112.86	103.41	93.22
肉　禽(毛重)	100.53	101.97	111.27	103.92	94.06
禽　蛋	99.89	97.97	113.91	103.08	92.65
渔　业	**104.34**	**106.14**	**126.99**	**107.08**	**97.73**
海水水产品	109.84	108.89	136.98	110.55	97.34
海水虾蟹类	54.51	99.61	90.73	113.46	102.71
海水贝类	141.18	114.15	163.16	108.90	91.62
内陆水域水产品	93.57	100.76	107.47	100.28	98.48
淡水鱼类	93.57	100.76	107.47	100.28	98.48

主要年份人民物质文化生活提高情况

Improvement in People's Material and Cultural Life in Main Years

项　　目	单　位	1990年	1995年	2000年	2005年	2006年
城乡居民收入						
农民人均纯收入(抽样调查)	元	621.7	1668.7	2478.9	3481.6	3801.8
职工平均工资	元	2019	4839	7043	14707	16590
城镇居民家庭人均可支配收入(抽样调查)	元	1397.4	3991.7	5661.2	9107.1	10304.6
每人每年生活消费						
全省居民消费水平	元	783	1686	2533	4311	4945
城镇居民人均生活费支出	元	1278.0	3256.8	4348.5	6699.7	7343.5
农民人均生活费支出	元	456.8	1104.3	1365.2	2165.7	2495.3
社会消费品零售额(包括社会集团)	元	511.7	1328.8	2429.1	2952.9	3397.4
平均每人居住面积(抽样调查)						
城　镇	平方米	9.18	11.43	15.42	21.5	21.8
农　村	平方米	17.34	21.53	22.87	28.4	29.1
交　通						
每百户拥有自行车　城　镇	辆	259	256	221	194	198
农　村	辆	174	192	186	174	178
城市每万人拥有公共车辆(省辖市区)	辆	2.37	3.94	7.97	7.30	8.7
储　蓄						
年底城乡居民储蓄存款余额	亿　元	504.59	1811.23	3957.06	7084.03	8014.16
人均储蓄存款余额	元	819.27	2813.99	5955.84	10372.3	11657.8
文　化						
每百户拥有彩色电视机　城　镇	台	68	92	112	124	127
农　村	台	6	23	65	102	106
每百户拥有收录机　城　镇	台	78	77	49	41	43
农　村	台	18	29	20	11	11
每百户拥有电冰箱　城　镇	台	49	77	84	92	94
农　村	台	1	6	22	31	33
教　育						
学龄儿童入学率	%	99.0	99.2	99.9	99.7	99.4
每万人口拥有当年大学生毕业生数	人	3.8	5.7	6.2	25.0	30.2
卫　生						
每万人口拥有病床	张	23.9	24.8	25.4	23.8	25.2
每万人口拥有医生	人	14.5	14.6	13.8	12.3	12.7
就　业(抽样调查)						
城镇每一就业者负担人数(含本人)	人	1.65	1.67	1.83	1.94	1.91
农村居民家庭每户整半劳动力	人		2.73	2.74	2.81	2.82

城乡居民家庭人均收入及恩格尔系数(1978-2006年)

Per Capita Annual Income and Engle Coefficient of Urban and Rural Households(1978-2006)

年　份	农村居民家庭人均纯收入		城镇居民家庭人均可支配收入		农村居民家庭恩格尔系数 (%)	城镇居民家庭恩格尔系数 (%)
	绝对值 (元)	指　数 (1978年=100)	绝对值 (元)	指　数 (1978年=100)		
1978	114.06	100.0	276.24	100.0		
1979	136.11	119.3	313.20	113.4		
1980	175.77	154.1	400.56	145.0	56.06	60.08
1981	204.41	179.2	402.48	145.7	52.19	53.34
1982	238.70	209.3	432.84	156.7	54.29	56.28
1983	298.07	261.3	448.68	162.4	53.52	56.93
1984	345.00	302.5	519.24	188.0	52.24	55.36
1985	385.23	337.7	630.72	228.3	50.03	49.96
1986	407.61	357.4	766.44	277.5	48.51	50.24
1987	444.40	389.6	855.00	309.5	48.44	51.67
1988	546.62	479.2	1080.48	391.1	46.95	46.50
1989	589.40	516.7	1256.88	455.0	48.12	52.00
1990	621.67	545.0	1397.35	505.8	49.05	51.16
1991	657.38	576.3	1489.32	539.1	47.94	51.34
1992	682.48	598.4	1763.40	638.4	52.47	49.51
1993	803.80	704.7	2201.04	796.8	58.39	46.31
1994	1107.25	970.8	3007.68	1088.8	56.69	47.29
1995	1668.73	1463.0	3674.16	1330.1	56.81	46.22
1996	2054.95	1801.6	4429.66	1476.0	52.18	44.78
1997	2286.01	2004.2	4958.67	1652.3	50.28	41.95
1998	2405.32	2108.8	5084.64	1694.3	47.51	40.02
1999	2441.50	2140.5	5365.03	1787.7	43.68	37.70
2000	2478.86	2073.3	5661.16	1886.4	39.50	34.39
2001	2603.60	2282.7	5984.82	1994.3	39.72	35.35
2002	2685.16	2354.2	6678.73	2225.5	38.92	35.42
2003	2853.29	2501.6	7239.12	2412.2	39.94	35.16
2004	3171.06	2780.2	7951.31	2649.4	42.51	36.82
2005	3481.64	3052.5	9107.09	2734.6	41.02	34.56
2006	3801.82	3333.2	10304.56	3092.8	36.69	33.94

注:1995年及以前城镇居民家庭使用“生活费收入”，1996年及以后使用“可支配收入”，指数为可比。

城镇居民家庭基本情况(2001－2006年)

Basic Indicators of Urban Households(2001-2006)

项　　目	单　位	2001年	2002年	2003年	2004年	2005年	2006年
调查户数	**户**	**2160**	**2260**	**2260**	**2260**	**2380**	**2380**
平均每户家庭人口数	人	3.07	2.97	2.97	2.94	2.91	2.89
平均每户就业人口数	人	1.65	1.51	1.52	1.52	1.50	1.52
平均每户就业面	%	53.75	50.84	51.18	51.70	51.50	52.60
平均每一就业者负担人数	人	1.86	1.97	1.95	1.93	1.94	1.91
(含就业者本人)							
平均每人全部年收入	**元**		**7014.24**	**7608.48**	**8381.42**	**9616.80**	**10887.19**
＃可支配收入	元		6678.73	7239.12	7951.31	9107.09	10304.56
平均每人总支出	**元**		**6588.91**	**7284.12**	**7747.18**	**8461.56**	**9972.60**
＃服务性消费支出	元		1164.48	1214.40	1324.12	1550.04	1729.62
平均每人消费性支出	**元**	**4479.75**	**5068.38**	**5439.72**	**5819.18**	**6699.67**	**7343.49**
食　品	元	1583.68	1795.05	1912.44	2142.36	2315.76	2492.26
＃粮　食	元	205.43	179.10	182.88	218.07	219.04	221.30
油脂类	元	82.42	78.42	95.28	107.58	109.28	108.35
肉禽及制品	元	297.63	329.89	340.80	383.25	492.20	381.51
在外用餐	元	90.02	162.05	184.08	250.21	330.62	409.48
衣　着	元	530.02	577.39	587.64	630.93	787.33	849.58
＃服　装	元	339.69	390.41	403.92	438.51	551.98	591.39
家庭设备用品及服务	元	399.04	356.24	365.40	343.21	414.49	460.27
医疗保健	元	420.15	527.15	550.92	550.29	642.71	737.43
交通和通信	元	390.24	509.14	607.80	595.95	772.34	875.43
教育文化娱乐服务	元	498.06	603.51	660.60	682.87	795.43	827.72
居　住	元	461.18	553.66	595.20	705.18	762.08	864.92
杂项商品及服务	元	197.39	146.22	159.96	168.39	209.51	235.88
现住房人均总使用面积	**平方米**	**15.75**	**18.74**	**18.91**	**19.33**	**21.53**	**21.81**

按收入等级划分的城镇居民家庭基本情况(2006年)

Basic Indicators of Urban Households by Level of Income(2006)

项目	城镇居民家庭	按收入等级分			
		最低收入户	#困难户	低收入户	中等偏下户
调查户数(户)	2380				
调查户比重(%)	100.00	10.00	5.00	10.00	20.00
平均每户家庭人口(人)	2.89	3.33	3.33	3.10	3.05
平均每户就业人口(人)	1.52	1.41	1.21	1.54	1.58
平均每户就业面(%)	52.60	42.34	36.34	49.68	51.80
平均每一就业者负担人数(包括就业者本人)(人)	1.91	2.36	2.75	2.02	1.94
平均每人全部年收入(元)	10887.19	4023.92	3286.96	5911.30	7794.33
平均每人可支配收入(元)	10304.56	3784.25	3038.81	5597.03	7389.71
平均每人消费性支出(元)	7343.49	3304.35	2956.09	4655.19	5699.07

按收入等级划分的城镇居民家庭基本情况(续)(2006年)

Basic Indicators of Urban Households by Level of Income(2006)

项目	按收入等级分				
	中等收入户	中等偏上户	高收入户	最高收入户	#更高收入户
调查户数(户)					
调查户比重(%)	20.00	20.00	10.00	10.00	5.00
平均每户家庭人口(人)	2.94	2.85	2.50	2.44	2.34
平均每户就业人口(人)	1.60	1.61	1.32	1.36	1.37
平均每户就业面(%)	54.42	56.49	52.80	55.74	58.55
平均每一就业者负担人数(包括就业者本人)(人)	1.84	1.77	1.88	1.80	1.71
平均每人全部年收入(元)	9808.97	12763.57	16158.10	23769.97	27921.85
平均每人可支配收入(元)	9312.25	11936.05	15402.56	22643.24	26662.84
平均每人消费性支出(元)	6607.64	8362.35	11063.71	14057.58	15468.61

城镇居民家庭人均全年现金收支(2002-2006年)
Per Capita Cash Income and Cash Expenditure in Urban Households(2002-2006)

单位：元

指　　标	2002年	2003年	2004年	2005年	2006年
总　收　入	**7014.24**	**7608.48**	**8381.42**	**9616.80**	**10887.19**
＃可支配收入	6678.73	7239.12	7951.31	9107.09	10304.56
工薪收入	4496.61	4924.32	5589.89	6346.53	7065.29
工资及补贴收入	4295.37	4720.56	5384.09	6157.99	6870.19
其他劳动收入	201.25	203.76	205.80	188.54	195.09
经营净收入	227.15	279.24	334.28	643.84	779.27
财产性收入	98.73	118.80	108.97	117.46	113.49
转移性收入	2191.76	2286.12	2348.28	2508.96	2929.14
＃养老金或离退休金	1957.02	1991.76	2078.40	2188.22	2539.78
出售财物收入	**51.62**	**56.04**	**138.35**	**91.26**	**207.95**
借贷收入	**1773.79**	**2379.24**	**2293.25**	**2628.91**	**3400.10**
总支出	**6588.91**	**7284.12**	**7747.18**	**8461.56**	**9972.60**
消费支出	5068.38	5439.72	5819.18	6699.67	7343.49
＃服务性消费支出	1164.48	1214.40	1324.12	1550.04	1729.62
购房与建房支出	470.21	740.64	670.96	409.85	1051.32
转移性支出	759.04	785.88	893.97	911.81	1052.95
财产性支出	10.60	10.08	5.50	9.82	8.76
社会保障支出	280.67	307.80	357.57	430.41	516.08
借贷支出	**1884.35**	**2507.16**	**2875.99**	**3374.32**	**4211.31**

城镇居民家庭平均每百户年底耐用消费品拥有量(2000-2006年)
Number of Major Durable Consumer Goods Owned Per 100 Urban Households at the Year-end(2000-2006)

项　目	单位	2000年	2001年	2002年	2003年	2004年	2005年	2006年
自行车	辆	221	232	216	216	225	194.06	197.70
成套家具	架			77	79	83	85.83	87.75
电风扇	台	166	170	160	160	164	137.87	141.03
洗衣机	台	93	95	96	97	100	95.52	97.91
电冰箱	个	84	86	91	92	95	92.07	93.60
微波炉	个	10	14	20	25	31	40.27	44.22
家用电脑	个	7	9	14	17	24	37.63	42.68
影碟机	个	32	34	41	45	48	50.91	53.21
彩色电视机	台	112	116	121	122	127	124.34	126.73
录音机	台	49	51	54	55	57	41.49	42.60
照相机	架	38	38	44	45	48	46.47	48.54
空调器	台	33	38	47	53	62	81.43	86.72
摩托车	辆	37	37	31	34	36	31.56	31.96

城镇居民家庭平均每人全年购买的主要商品数量(2001-2006年)
Per Capita Purchases of Major Commodities in Urban Households(2001-2006)

项　目	单　位	2001年	2002年	2003年	2004年	2005年	2006年
粮　食	千　克	97.13	83.76	85.44	83.75	80.40	78.86
鲜　菜	千　克	134.45	131.52	138.12	140.88	133.91	133.68
食用植物油	千　克	10.42	10.08	10.68	10.54	10.62	10.38
猪　肉	千　克	12.79	14.64	14.64	13.48	13.86	14.01
牛羊肉	千　克	3.78	4.32	4.32	5.08	5.01	4.93
家　禽	千　克	2.64	4.92	4.80	4.45	4.81	4.24
鲜　蛋	千　克	16.46	15.84	16.92	15.61	15.56	15.53
鱼　虾	千　克	6.03	7.56	8.16	7.72	7.57	7.99
酒	千　克	11.68	13.08	12.72	12.93	12.69	12.70
鲜瓜果及制品	千　克	63.14	67.32	68.16	62.82	63.37	67.07
糕　点	千　克	3.24	3.84	4.20	4.52	4.55	4.79
鲜　奶	千　克	13.29	23.64	29.28	25.29	23.80	24.38
男士服装	件	1.84	2.04	2.04	1.95	2.09	2.14
女士服装	件	2.61	2.88	2.88	2.77	3.12	3.24
儿童服装	件	0.90	1.08	1.08	1.02	1.31	1.26

按收入等级分城镇居民家庭平均每人全年购买主要商品数量(2006年)

Per Capita Annual Purchases of Major Commodities of Urban Households by Level of Income(2006)

项目	单位	总平均	最低收入户	#困难户	低收入户	中等偏下户	中等收入户	中等偏上户	高收入户	最高收入户	#更高收入户
粮食	千克	78.86	70.71	73.47	74.25	78.90	76.13	78.19	87.37	92.01	89.17
淀粉及薯类	千克	13.27	10.27	11.10	11.42	13.28	12.23	13.34	16.35	17.71	17.30
食用植物油	千克	10.38	8.89	9.76	10.15	10.23	10.60	10.72	10.86	10.95	11.48
食用动物油	千克	0.05	0.06	0.06	0.05	0.05	0.04	0.04	0.04	0.06	0.04
猪肉	千克	14.01	9.95	9.77	11.24	13.23	13.46	14.99	17.43	18.97	19.08
牛肉	千克	2.73	1.76	1.53	2.37	2.12	2.62	3.21	3.44	4.03	4.37
羊肉	千克	2.20	1.60	1.20	1.65	1.91	2.35	2.34	3.08	2.61	2.40
家禽	千克	4.24	2.27	1.78	3.14	3.84	4.19	4.55	6.13	6.10	6.15
鲜蛋	千克	15.53	12.66	12.47	14.19	15.07	15.16	15.94	18.73	17.97	18.84
鱼	千克	6.38	3.82	3.72	5.27	5.34	6.37	6.98	8.95	8.81	8.75
虾	千克	1.61	0.59	0.46	0.81	1.18	1.45	2.07	2.49	3.00	3.29
鲜菜	千克	133.68	101.00	105.48	117.55	125.59	131.27	140.10	162.60	167.94	174.30
白酒	千克	3.42	2.85	1.57	3.27	3.04	2.84	3.49	3.81	5.74	4.84
果酒	千克	0.24	0.06	0.02	0.13	0.19	0.22	0.29	0.45	0.35	0.38
啤酒	千克	8.94	5.54	4.73	6.44	8.80	9.37	9.24	11.29	11.94	10.94
茶叶	千克	0.22	0.13	0.15	0.16	0.19	0.23	0.23	0.31	0.35	0.33
鲜果	千克	44.25	25.50	23.13	34.85	39.86	43.84	49.62	55.38	63.19	66.39
鲜瓜	千克	22.35	12.75	12.13	17.01	19.87	21.72	24.57	29.74	33.57	35.41
糕点	千克	4.79	2.87	2.54	4.30	4.44	4.51	5.39	5.79	6.58	6.53
鲜奶	千克	24.38	12.92	12.39	20.19	21.77	25.10	25.92	30.55	36.39	39.30
奶粉	千克	0.34	0.21	0.24	0.19	0.35	0.40	0.50	0.21	0.31	0.35
酸奶	千克	6.30	3.05	2.40	4.46	5.14	7.20	7.26	8.75	8.02	7.82
男士服装	件	2.14	1.27	1.09	1.81	1.98	2.07	2.46	2.44	2.96	3.10
女士服装	件	3.24	1.94	1.55	2.44	2.98	3.16	3.77	4.01	4.45	4.72
儿童服装	件	1.26	1.01	0.90	1.14	1.35	1.18	1.46	1.18	1.24	1.22
鞋类	双	2.67	1.92	1.83	2.51	2.65	2.61	2.81	2.99	3.21	3.36

按收入等级分城镇居民家庭平均每百户年底耐用消费品拥有量(2006年)

Number of Durable Consumer Goods Owned Per 100 Urban Households at Year-end by Level of Income(2006)

项 目	总平均	最低收入户	#困难户	低收入户	中等偏下户	中等收入户	中等偏上户	高收入户	最高收入户	#更高收入户
成套家具(套)	87.75	78.14	72.81	73.19	85.37	88.56	91.32	95.42	97.06	98.74
摩托车(辆)	31.96	22.79	15.79	40.33	39.11	34.83	33.62	23.85	19.45	14.18
自行车(辆)	197.70	187.21	160.28	206.90	186.75	193.20	214.51	203.32	187.42	178.86
助力车(辆)	17.78	4.72	6.14	10.57	17.07	20.14	22.18	19.70	21.71	25.41
家用汽车(辆)	4.50	2.11	1.70	2.52	3.51	3.84	3.92	6.60	10.15	13.21
洗衣机(台)	97.91	83.86	80.32	95.37	97.62	98.39	97.74	100.84	108.76	107.39
电风扇(台)	141.03	126.06	109.28	138.17	138.31	132.59	154.46	143.59	147.81	150.54
电冰箱(台)	93.60	76.30	64.28	88.57	89.79	93.95	99.71	96.81	103.48	100.17
冰柜(台)	15.69	9.38	7.43	9.77	10.75	14.08	17.97	20.60	28.39	27.35
彩色电视机(台)	126.73	105.32	100.95	114.36	123.45	120.99	137.37	137.79	140.43	145.01
影碟机(台)	53.21	39.29	34.52	41.47	48.35	59.63	59.81	49.01	63.63	57.82
录音机(台)	42.60	32.05	25.99	26.49	35.08	42.71	52.43	51.09	51.49	51.31
录放像机(台)	15.05	8.03	3.67	11.17	12.32	13.51	17.66	19.14	22.80	22.03
家用电脑(台)	42.68	14.58	13.90	29.55	34.64	42.78	55.25	51.77	58.38	58.72
组合音响(套)	23.98	14.32	10.84	16.37	20.97	25.46	27.82	23.03	34.90	35.05
摄像机(架)	4.24	1.38	1.03	1.55	1.23	2.42	7.30	4.89	10.98	11.02
照相机(架)	48.54	20.74	12.79	27.59	36.44	46.39	59.67	68.09	74.42	74.69
钢琴(架)	1.47	0.23	0.48	1.04	1.04	0.39	2.14	1.37	4.34	3.56
其他中高档乐器(件)	5.48	0.83	1.21	5.11	3.90	6.11	7.49	4.75	8.10	7.14
微波炉(台)	44.22	16.15	10.02	29.47	33.77	40.60	52.97	63.84	68.94	71.84
空调器(台)	86.72	36.97	32.00	54.58	72.21	85.33	100.52	115.41	129.42	131.82
取暖器(台)	21.39	14.58	13.83	12.86	17.77	22.22	26.29	23.00	28.50	31.84
电炊具(台)	80.06	44.11	47.79	59.12	64.71	83.08	98.31	98.08	96.80	96.49
淋浴热水器(台)	71.59	44.56	32.66	56.00	65.09	71.59	83.12	79.25	89.60	87.52
排油烟机(台)	77.17	54.49	46.13	63.54	74.21	79.96	84.29	83.20	88.67	90.67
消毒碗柜(台)	4.55	0.42	0.55	4.39	1.71	4.12	5.22	7.74	9.25	9.80
洗碗机(台)	0.65	0.28		1.40	0.24	0.49	0.77	0.23	1.42	1.51
饮水机(台)	43.55	15.80	15.93	37.18	37.99	42.53	50.94	55.80	57.29	56.05
吸尘器(台)	13.35	3.24	4.00	7.60	8.21	11.26	14.39	19.45	31.37	31.60
健身器材(套)	5.74	1.02	2.15	2.87	3.75	4.37	8.68	4.13	14.08	16.74
普通电话(部)	92.05	83.51	85.92	87.77	89.06	90.98	95.56	98.90	96.56	94.03
移动电话(部)	136.53	75.76	63.41	103.08	128.02	145.61	160.48	144.44	161.67	157.38
传真机(部)	0.87	0.28		0.46	0.90	0.68	1.12	1.36	1.03	0.17

农民家庭基本情况(2000-2006年)
Basic Indicators of Rural Households(2000-2006)

项　　目	2000年	2001年	2002年	2003年	2004年	2005年	2006年
调查户数(户)	**4200**	**4200**	**4200**	**4200**	**4200**	**4200**	**4200**
调查户人口(人)							
常住人口	17267	17021	16859	16723	16588	16465	16335
平均每户常住人口	4.11	4.05	4.01	3.98	3.95	3.92	3.89
平均每户整、半劳动力	2.74	2.72	2.74	2.79	2.80	2.81	2.82
平均每个劳动力负担人口	1.50	1.49	1.47	1.43	1.41	1.40	1.38
平均每人全年收入(元)							
总收入	3307.55	3478.42	3631.13	3785.42	4213.45	4985.96	5426.84
纯收入	2478.86	2603.60	2685.16	2853.29	3171.06	3481.64	3801.82
现金收入	2607.23	2788.67	3041.33	3201.98	3434.60	4317.68	4729.14
按人均纯收入水平							
分组的户数构成(%)							
500元以下	3.17	2.52	2.23	1.64	1.57	0.90	1.45
500－1000元	8.02	7.36	7.17	6.38	4.55	3.48	2.79
1000－1500元	13.36	13.60	12.63	12.00	9.71	7.98	6.69
1500－2000元	15.31	14.64	14.17	14.57	12.60	10.88	9.14
2000－2500元	17.60	15.24	14.83	15.02	14.48	12.93	11.26
2500－3000元	12.81	13.62	14.17	13.31	13.26	13.29	11.79
3000元以上	29.74	33.02	34.80	37.07	43.83	50.54	56.88
调查户居住情况(平方米／百人)							
年末住房面积	2287.28	2408.14	2489.83	2555.47	2607.78	2835.30	2912.53
#钢筋混凝土结构面积	297.90	335.23	344.16	379.13	384.91	611.14	581.60
砖木结构面积	1835.00	1924.10	2010.29	2060.75	2095.31	2109.87	2214.91
年末住房价值(元／百人)	529279.85	569674.23	597849.90	629090.36	649274.89	835221.47	895963.57
年内新建(购)住房面积	94.37	100.49	77.48	65.05	43.24	74.30	54.62
#钢筋混凝土结构面积	43.17	37.20	34.12	29.56	16.67	38.40	22.47
砖木结构面积	49.73	60.59	44.42	35.49	25.36	35.90	31.78
新建楼房面积	22.49	12.34	14.46	16.12	11.01	13.26	14.58
新建(购)住房价值(元／百人)	32516.69	32676.55	26526.48	23578.89	19314.00	30869.91	22476.03

农民家庭平均每人纯收入(2000-2006年)
Per Capita Net Income of Rural Households(2000-2006)

单位：元

指标	2000年	2001年	2002年	2003年	2004年	2005年	2006年
平均每人纯收入	**2478.86**	**2603.60**	**2685.16**	**2853.29**	**3171.06**	**3481.64**	**3801.82**
工资性收入	949.25	978.38	1043.67	1071.83	1110.92	1293.50	1514.68
家庭经营纯收入	1417.99	1501.22	1506.11	1645.17	1887.68	1988.58	2039.64
按产业划分							
第一产业企业得到的	914.45	993.62	931.14	1076.84	1310.51	1455.91	1490.24
第二产业企业得到的	113.26	121.46	155.02	159.05	164.94	154.89	165.95
第三产业企业得到的	390.28	386.15	419.95	409.28	412.23	377.77	383.45
转移性、财产性收入	111.62	124.00	135.38	136.28	172.45	199.56	247.49

农民家庭平均每人生活消费支出(2000-2006年)
Per Capita Living Expenditures of Rural Households(2000-2006)

单位：元

项目	2000年	2001年	2002年	2003年	2004年	2005年	2006年
平均每人生活消费支出	**1365.23**	**1429.81**	**1476.42**	**1600.10**	**1834.92**	**2165.72**	**2495.33**
食 品	539.33	567.95	574.59	639.10	780.09	888.37	915.50
主 食	203.77	214.02	216.58	218.46	294.83	281.22	264.10
在外饮食	30.26	33.22	38.44	56.66	59.78	92.04	116.72
衣 着	104.84	106.24	109.18	114.97	127.06	155.52	167.87
居 住	322.04	329.39	318.99	311.46	340.88	398.90	531.66
家庭设备、用品服务	65.41	66.59	68.58	71.65	80.42	101.49	115.84
医疗保健	78.28	81.33	99.14	101.63	115.97	221.96	166.34
交通和通讯	84.55	98.89	110.42	149.52	176.60	225.79	285.70
文化教育娱乐用品及服务	130.71	139.22	156.91	186.46	182.56	134.77	265.38
其他商品和服务	40.07	40.21	38.60	25.28	31.33	38.92	47.03

农民家庭平均每百户耐用消费品年底拥有量(2000-2006年)

Number of Durable Consumer Goods Owned Per 100 Rural Households at the Year-end(2000-2006)

品　名	单位	2000年	2001年	2002年	2003年	2004年	2005年	2006年
自行车	辆	186	188.98	192.57	191.02	202.71	174.38	177.93
电风扇	台	150.36	155.05	159.43	161.24	165.69	161.00	162.45
洗衣机	台	58.86	63.14	65.57	68.17	70.74	74.17	77.24
电冰箱	台	21.74	23.83	25.17	26.83	27.86	30.64	32.62
摩托车	辆	34.33	39.26	43.62	43.83	46.62	58.17	61.50
大型家具	件	186	195.67	203.67	202.10	197.67	246.57	242.79
黑白电视机	台	51.17	47.02	44.64	40.71	40.60	14.60	12.64
彩色电视机	台	64.76	71.52	77.38	79.64	83.98	102.14	106.24
收录机	台	19.74	18.71	18.64	17.36	18.55	11.10	10.83
照相机	架	4.17	3.79	4.14	4.33	4.36	3.50	3.60
吸尘器	台	0.36	0.38	0.40	0.43	0.43	0.48	0.50
录放像机	台	3.24	2.76	2.79	2.71	2.86	2.83	3.14
抽油烟机	台	1.86	2.26	2.52	2.98	3.12	3.81	4.88

农民家庭平均每人主要消费品消费量(2000-2006年)

Per Capita Consumption of Major Consumer Goods in Rural Households(2000-2006)

单位:千克

品　名	2000年	2001年	2002年	2003年	2004年	2005年	2006年
粮食(原粮)	213.75	205.41	209.38	217.40	215.49	200.84	190.11
#小　麦	153.10	153.47	156.31	153.62	149.42	139.80	132.37
稻　谷	14.63	12.55	12.60	17.59	19.21	17.47	17.96
豆类及豆制品	3.31	3.58	3.23	2.66	2.70	2.81	2.53
#大　豆	1.95	2.03	1.80	1.97	2.01	1.97	1.84
蔬　菜	61.45	63.37	58.78	55.97	57.89	57.70	61.61
食　油	5.91	6.79	6.85	6.59	4.95	6.75	7.07
#植物油	5.32	6.23	6.35	6.12	4.51	6.28	6.63
肉禽及制品	8.06	8.39	8.57	8.69	8.53	10.54	10.73
#猪　肉	6.63	6.74	6.85	6.58	6.13	7.15	7.58
牛　肉	0.35	0.38	0.34	0.29	0.43	0.47	0.40
羊　肉	0.19	0.18	0.21	0.23	0.31	0.37	0.42
家　禽	0.37	0.43	0.40	0.54	0.53	0.75	0.56
蛋及制品	5.09	5.23	5.63	6.36	6.00	6.27	6.97
水产品	1.79	1.98	2.18	2.25	2.21	2.48	2.55
#鱼　类	1.65	1.78	2.00	2.06	1.99	2.23	2.29
虾贝蟹类	0.06	0.07	0.09	0.08	0.10	0.12	0.11
食　糖	0.59	0.89	0.98	0.65	0.73	0.77	0.76
酒	6.50	6.63	6.93	7.29	7.64	9.16	9.19
水果及制品	16.74	14.58	13.43	9.40	11.02	12.42	12.99
坚果及制品	0.60	0.73	0.58	0.69	0.79	1.11	1.09

农村基层组织和农业基本情况(2000-2006年)

Basic Conditions of Rural Grassroots Units and Agrigulture(2000-2006)

指　　标	单　位	2000年	2001年	2002年	2003年	2004年	2005年	2006年
农村乡镇情况								
乡政府	个	1073	1064	1035	1034	1030	1018	1016
镇政府	个	900	910	933	937	937	944	946
村民委员会	个	49951	49914	49838	49752	49697	49678	49118
乡村户数、人口、劳动力								
乡村总户数	万　户	1422.6	1434.1	1434.7	1436.1	1439.4	1448.55	1445.60
乡村人口数	万　人	5382.4	5385.6	5388.8	5383.0	5389.9	5422.28	5412.04
乡村从业人员	万　人	2707.1	2717.9	2731.8	2748.0	2772.0	2805.94	2817.80
#男	万　人	1447.7	1454.0	1462.1	1470.8	1484.1	1504.12	1513.34
按行业分								
农、林、牧、渔业	万　人	1665.4	1665.0	1652.0	1660.2	1600.4	1552.75	1513.04
工　业	万　人	388.4	390.3	403.5	441.9	481.5	518.86	545.32
建筑业	万　人	202.5	205.7	212.5	243.7	259.4	275.22	285.43
交通运输、仓储和邮电通信业	万　人	92.1	93.7	94.5	101.0	107.9	114.71	117.63
批发和零售业、住宿和餐饮业	万　人	135.3	137.5	141.2	162.7	183.6	202.87	211.41
金融业	万　人	5.5	5.2	5.5	5.5	5.5	5.60	5.10
其他非农行业	万　人	217.9	220.5	222.6	133.0	133.7	135.93	139.87
国有农林牧渔场从业人员	万　人	8.5	8.0	7.6	7.9	8.0	8.4	7.5
年末常用耕地面积	千公顷	6466.00	6448.93	6125.15	5991.27	6000.63	5988.93	5882.52
农用化肥施用量(折纯量)	万　吨	270.62	273.38	278.8	283.31	289.88	303.4	304.9
农村用电量	亿千瓦小时	180.45	184.07	201.73	216.77	266.58	337.1	388.2
农业机械总动力	万千瓦	7000.39	7244.43	7451.21	7764.5	8135.63	8487.2	8795.8
主要农作物播种面积								
#粮　食	千公顷	6918.7	6628.9	6484.4	5944	6003.4	6240.2	6199.4
主要农作物产量								
#粮　食	万　吨	2551.1	2491.8	2435.8	2387.8	2480.1	2598.6	2702.8
棉　花	万　吨	30.01	41.93	40.19	52.2	66.54	57.7	62.8
油　料	万　吨	146.97	153.81	151.26	163.1	154.32	152.7	150.3
农业产业化经营率	%	36.1	37.6	40.8	44.1	46.7	49.4	51.8
农村基础设施								
自来水受益村	个	37613	37993	38472	39102	39782	40404	40257
通汽车村	个	46610	47008	47414	47565	48272	48846	48460
通电话村	个	47822	48280	48517	48701	48862	49321	48955

主要年份耕地面积
Area of Cultivated Land in Main Years

单位：千公顷

年份	年末实有耕地面积	旱地	#水浇地	水田	水田、水浇地占耕地面积(%)
1962	6953.83	6881.93	1285.41	71.90	19.52
1965	6983.71	6898.31	1668.87	85.40	25.12
1970	6849.55	6756.41	2585.17	93.14	39.10
1975	6718.61	6644.99	3479.60	73.62	52.89
1978	6675.01	6570.90	3556.06	104.11	54.83
1980	6648.01	6515.95	3490.19	132.06	54.49
1985	6603.41	6471.69	3440.98	131.72	54.10
1986	6592.02	6463.24	3425.30	128.78	53.91
1987	6576.51	6445.18	3474.33	131.33	54.83
1988	6567.44	6435.39	3497.13	132.05	55.26
1989	6560.45	6423.15	3545.18	137.30	56.13
1990	6556.03	6415.64	3618.10	140.39	57.33
1991	6549.72	6401.58	3691.33	148.14	58.62
1992	6543.73	6397.08	3738.99	146.65	59.38
1993	6536.05	6408.62	3803.62	127.43	60.14
1994	6524.33	6402.32	3840.87	122.01	60.74
1995	6517.25	6390.70	3913.47	126.55	61.99
1996	6498.80	6361.20	4110.55	137.60	65.37
1997	6493.74	6352.18	4181.01	141.56	66.57
1998	6484.58	6342.41	4245.87	142.17	67.67
1999	6478.71	6333.06	4298.81	145.65	68.60
2000	6465.96	6329.32	4345.68	136.64	69.32
2001	6448.93	6338.37	4374.83	110.56	69.55
2002	6125.15	6017.82	4307.84	107.33	72.08
2003	5991.27	5898.28	4311.00	92.99	73.51
2004	6000.63	5904.36	4363.50	96.27	74.32
2005	5988.93	5885.00	4443.82	103.93	75.94
2006	5882.52	5775.28	4462.53	107.24	77.68

注：2001年及以前年份为年末实有耕地面积,包括坡度在25度以上的陡坡地;2001年以后年份为年末常用耕地面积，不包括坡度在25度以上的陡坡地。

常用耕地面积变动情况(2000-2006年)
Change in Cultivated Area Regularly Cultivated Land(2000-2006)

项　　目	单　位	2000年	2001年	2002年	2003年	2004年	2005年	2006年
年初耕地总资源	**千公顷**	**6868.80**	**6857.10**	**6847.60**	**6692.02**	**6486.51**	**6441.51**	**6396.25**
年内增加的耕地面积	**千公顷**	2.00	2.00	9.70	7.40	9.60	8.10	61.20
#新开荒地面积	千公顷	0.50	1.40	3.50	5.40	5.00	4.39	21.37
占增加耕地面积比重	%	22.70	67.90	35.70	72.60	52.10	54.1	34.9
园地改为耕地	千公顷				0.85	0.68	0.91	11.28
占增加耕地面积比重	%				11.49	7.10	11.17	18.42
年内减少的耕地面积	**千公顷**	14.80	19.00	172.60	212.90	54.60	53.37	142.11
#国家基建占地	千公顷	5.90	7.00	4.70	5.30	5.48	4.83	7.70
占减少耕地面积比重	%	39.70	36.80	2.70	2.50	10.10	9.05	5.42
其他基建占地	千公顷				3.74	1.30	2.19	18.32
占减少耕地面积比重	%				1.80	2.40	4.11	12.89
退耕还林还草占地	千公顷				182.73	43.58	44.70	37.98
占减少耕地面积比重	%				85.83	79.82	83.75	26.73
耕地改为园地	千公顷				19.27	0.90	0.73	55.21
占减少耕地面积比重	%				9.10	1.65	1.36	38.85
年末耕地总资源	**千公顷**	**6857.10**	**6847.60**	**6692.02**	**6486.51**	**6441.50**	**6396.25**	**6315.34**
#常用耕地面积	千公顷	6466.00	6448.93	6125.15	5991.27	6000.63	5988.93	5882.52
临时性耕地	千公顷				495.24	440.89	407.32	432.82
人均常用耕地面积	**公顷/人**	**0.097**	**0.096**	**0.091**	**0.089**	**0.088**	**0.087**	**0.085**

主要年份农、林、牧、渔业总产值及构成
Gross Output Value and Composition of Farming, Forestry, Animal Husbandry and Fishery in Main Years

年　份	农林牧渔业产值	农业	林业	牧业	渔业	农林牧渔服务业
绝对数(亿元)						
1980	97.79	79.86	3.10	14.00	0.83	
1985	167.33	128.65	6.15	31.16	1.37	
1990	357.63	254.77	9.58	83.38	9.90	
1991	377.64	259.28	12.38	94.88	11.10	
1992	419.82	282.47	13.93	108.50	14.92	
1993	511.29	344.52	15.30	139.10	12.37	
1994	796.33	518.27	19.44	238.17	20.45	
1995	1147.83	753.52	23.50	344.18	26.63	
1996	1298.04	801.26	24.80	437.59	34.39	
1997	1437.29	845.18	26.38	523.14	42.59	
1998	1505.91	885.88	27.37	547.57	45.09	
1999	1539.77	879.64	28.14	582.96	49.03	
2000	1544.65	846.72	25.37	613.68	58.88	
2001	1680.48	899.38	34.02	685.92	61.16	
2002	1729.16	918.62	37.49	707.13	65.92	
	(1739.41)	(840.07)	(38.52)	(732.43)	(55.82)	(72.57)
2003	1956.87	958.30	41.27	820.58	57.72	79.00
2004	2375.89	1135.75	40.01	1037.72	72.08	90.33
2005	2600.83	1258.00	40.13	1124.43	79.44	98.83
2006	2771.83	1394.72	44.26	1136.78	86.90	109.17
构成(农业总产值=100)						
1980	100	81.66	3.17	14.32	0.85	
1985	100	76.88	3.68	18.62	0.82	
1990	100	71.24	2.68	23.31	2.77	
1991	100	68.65	3.28	25.13	2.94	
1992	100	67.28	3.32	25.85	3.55	
1993	100	67.38	2.99	27.21	2.42	
1994	100	65.08	2.44	29.91	2.57	
1995	100	65.65	2.05	29.98	2.32	
1996	100	61.73	1.91	33.71	2.65	
1997	100	58.80	1.84	36.40	2.96	
1998	100	58.83	1.82	36.36	2.99	
1999	100	57.13	1.83	37.86	3.18	
2000	100	54.82	1.64	39.73	3.81	
2001	100	53.52	2.02	40.82	3.64	
2002	100	53.13	2.17	40.89	3.81	
	(100)	(48.30)	(2.21)	(42.11)	(3.21)	(4.17)
2003	100	48.97	2.11	41.93	2.95	4.04
2004	100	47.80	1.69	43.68	3.03	3.80
2005	100	48.37	1.54	43.23	3.05	3.80
2006	100	50.32	1.60	41.01	3.13	3.94

注：本表按当年价格计算，2002年括号内数及以后年份数据按新分类、生产者价格计算，不包括农民家庭兼营商品性工业，包括农林牧渔服务业。

主要年份农、林、牧、渔业总产值指数(上年＝100)

Indices of Farming, Forestry ,Animal Husbandry and Fishery in Main Years(Preceding Year=100)

年 份	农林牧渔业总产值	农 业	林 业	牧 业	渔 业	农林牧渔服务业
1978	122.1	125.0	113.1	97.2	101.5	
1980	93.8	92.1	96.2	104.0	100.9	
1985	103.3	98.6	104.6	131.1	126.2	
1986	98.5	97.0	91.7	106.0	123.2	
1987	104.5	404.3	103.3	105.3	116.9	
1988	107.8	105.6	104.8	117.6	115.4	
1989	103.1	102.5	98.9	105.5	109.2	
1990	105.4	104.4	107.3	107.1	143.7	
1991	103.6	102.1	104.3	106.6	111.4	
1992	100.9	95.1	103.8	110.3	140.7	
1993	108.7	109.3	95.2	119.5	57.8	
1994	116.2	113.1	105.4	123.6	120.3	
1995	111.9	110.5	105.4	114.0	124.3	
1996	109.4	104.0	103.0	119.1	123.2	
1997	107.5	105.0	105.2	110.6	120.1	
1998	107.8	107.4	102.1	108.6	110.2	
1999	104.8	102.2	102.9	108.6	110.4	
2000	105.7	105.4	98.4	106.2	108.7	
2001	105.3	105.2	122.1	104.7	104.3	
2002	105.0	104.0	110.9	106.5	103.3	
2003	106.3	105.6	111.7	107.3	99.4	110.5
2004	106.7	106.8	93.8	106.8	107.8	109.6
2005	106.5	106.0	96.9	107.7	104.1	107.5
2006	105.5	106.0	92.8	104.9	108.3	108.8

注：本表按可比价格计算，2003年以后年份数据不包括农民家庭兼营商品性工业，包括农林牧渔服务业。

农、林、牧、渔业分项产值
Gross Output Value of Farming, Forestry, Animal Husbandry and Fishery by Branch

指　　标	绝对数(亿元)		构　成(%)	
	2006年	2005年	2006年	2005年
农、林、牧、渔业总产值	**2771.83**	**2600.83**	**100.00**	**100.00**
农业产值	**1394.72**	**1258.00**	**50.32**	**48.37**
谷物及其他作物	584.01	556.93	21.07	21.41
谷　物	361.08	344.36	13.03	13.24
薯　类	37.56	37.44	1.36	1.44
油　料	54.39	52.09	1.96	2.00
豆　类	14.96	14.90	0.54	0.57
棉　花	103.62	95.76	3.74	3.68
麻　类	0.20	0.20	0.01	0.01
糖　类	2.27	1.35	0.08	0.05
烟　草	0.74	0.76	0.03	0.03
其他农作物	9.20	10.07	0.33	0.39
蔬菜、园艺作物	611.62	520.25	22.07	20.00
蔬菜(含果用瓜)	601.99	510.65	21.72	19.63
花　卉	1.07	1.14	0.04	0.04
其他园艺作物	8.56	8.46	0.31	0.33
水果、坚果、饮料和香料作物	185.15	169.00	6.68	6.50
水　果	185.15	169.00	6.68	6.50
园林水果	151.66	125.65	5.47	4.83
瓜果类	33.49	43.35	1.21	1.67
中药材	13.93	11.83	0.50	0.46
林业产值	**44.26**	**40.13**	**1.60**	**1.54**
林木的培育和种植	11.04	14.40	0.40	0.55
育种育苗	2.10	2.40	0.08	0.09
造　林	3.67	6.18	0.13	0.24
抚育和管理	5.26	5.82	0.19	0.22
木材采运	3.36	3.76	0.12	0.15
林产品	29.86	21.97	1.08	0.84
#干　果	22.45	15.21	0.81	0.58
牧业产值	**1136.78**	**1124.43**	**41.01**	**43.23**
牲畜饲养	339.55	308.10	12.25	11.85
牛的饲养	173.40	162.94	6.26	6.26
羊的饲养	81.07	71.76	2.92	2.76
其他牲畜饲养	7.70	8.20	0.28	0.32
奶产品	72.81	60.51	2.63	2.33
毛绒产品	4.53	4.69	0.16	0.18
猪的饲养	416.57	422.81	15.03	16.26
家禽饲养	322.17	355.95	11.62	13.68
肉　禽	103.30	120.24	3.73	4.62
禽　蛋	218.87	235.71	7.90	9.06
猎狩和捕捉动物	0.02	0.02	0.00	
其他畜牧业	58.46	37.55	2.11	1.44
渔业产值	**86.90**	**79.44**	**3.14**	**3.06**
海水产品	50.61	46.45	1.83	1.79
内陆水域水产品	36.30	32.99	1.31	1.27
农林牧渔服务业产值	**109.17**	**98.83**	**3.94**	**3.80**

注：本表按新分类、生产者价格计算，不包括农民家庭兼营商品性工业，包括农林牧渔服务业。

农、林、牧、渔业增加值(2006年)

Value-added of Farming, Forestry, Animal Husbandry and Fishery (2006)

指标	金额(万元)	构成(%)	指标	金额(万元)	构成(%)
农林牧渔业总产值	**27718282**	**100.00**	牧业	5999725	51.48
农业	13947179	50.32	渔业	355352	3.05
林业	442586	1.60	农林牧渔服务业	649920	5.58
牧业	11367824	41.01	**农林牧渔业增加值**	**16064841**	**100.00**
渔业	869003	3.13	农业	9404014	58.54
农林牧渔服务业	1091690	3.94	林业	337307	2.10
中间消耗	**11653441**	**100.00**	牧业	5368099	33.41
农业	4543165	38.99	渔业	513651	3.20
林业	105279	0.90	**农林牧渔服务业**	**441770**	**2.75**

注：本表按新分类、生产者价格计算，不包括农民家庭兼营商品性工业，包括农林牧渔服务业。

农村非农行业总产值(2006年)

Gross Output Value of Non-agricultural Sector(2006)

单位：亿元

指标	金额	指标	金额
农村非农行业总产值	**16540.63**	#农村供销社	0.76
农村工业总产值	**13880.09**	补充资料:	
农村建筑业总产值	**1040.81**	**农民进城(含县城)办非农行业产值**	**833.04**
#开垦荒地产值	2.69	农民进城办工业产值	349.10
农村运输业总产值	**726.43**	农民进成办建筑业产值	153.36
农村批发、零售贸易业、餐饮业总产值	**893.30**	农民进城办运输业产值	79.00
批发、零售贸易业产值	582.52	农民进成办批发零售贸易业产值	186.12
#农村供销社	10.87	农民进成办餐饮业产值	65.46
餐饮业产值	310.79		

主要年份主要农作物总播种面积

Total Sown Areas of Major Farm Crops in Main Years

单位：千公顷

年　份	总播种面　积	#粮食作物播种面积	#夏　收	#经济作物播种面积	#棉　花	#油　料
1978	9370.9	7949.4	2979.1	959.1	576.6	300.2
1980	9013.9	7487.2	2703.8	1073.9	548.7	461.0
1985	8656.5	6492.7	2367.5	1677.5	850.3	749.8
1990	8786.7	6827.8	2515.0	1502.1	910.9	543.5
1991	8814.8	6798.0	2535.0	1564.5	955.2	559.1
1992	8570.5	6625.9	2550.1	1481.4	882.1	549.4
1993	8676.7	7040.5	2530.4	1129.6	520.0	556.3
1994	8649.3	6801.7	2466.5	1327.2	685.3	590.2
1995	8720.1	6829.5	2515.3	1349.3	700.5	604.5
1996	8872.1	7137.3	2610.4	1071.6	427.5	601.1
1997	8856.9	7099.4	2745.3	1033.3	377.1	602.7
1998	9097.7	7305.7	2793.8	990.2	315.7	632.4
1999	9055.2	7236.1	2765.8	932.3	266.6	635.2
2000	9024.4	6918.7	2716.6	1033.9	307.4	686.4
2001	8990.8	6628.9	2629.6	1091.0	418.5	631.7
2002	8935.1	6484.4	2493.2	1099.5	407.4	642.0
2003	8638.5	5944.0	2232.9	1266.7	581.4	634.0
2004	8695.4	6003.4	2200.5	1303.2	669.1	583.6
2005	8785.5	6240.2	2415.4	1180.3	573.5	559.0
2006	8777.4	6199.4	2450.1	1216.9	623.1	537.8

主要年份粮食、棉花、油料单位面积产量

Yield of Grain, Cotton and Oil-bearing Per Hectare in Main Years

单位：千克／公顷

年份	粮食耕地面积产量	粮食播种面积产量	棉花播种面积产量	油料播种面积产量	#花生
1978	3300.0	2123.0	203.0	816.0	1305.0
1980	3081.8	2033.5	450.5	979.2	1508.8
1985	4551.3	3028.9	739.3	1159.2	1749.6
1990	4997.0	3334.7	626.6	1377.9	1951.5
1991	5012.5	3337.3	664.0	1303.3	2014.0
1992	5249.0	3298.6	346.9	1207.0	1645.0
1993	5081.0	3380.7	370.0	1447.5	2110.4
1994	5428.7	3710.1	569.1	1808.9	2483.9
1995	5985.8	4010.6	528.8	1817.3	2547.6
1996	5919.0	3908.0	604.0	2007.0	2686.0
1997	5828.0	3869.0	660.0	1957.0	2672.0
1998	6170.0	3993.0	856.0	2195.0	2787.0
1999	5628.6	3795.3	835.0	2038.9	2740.5
2000	5500.0	3687.2	976.4	2141.1	2861.6
2001	5723.4	3759.0	1000.9	2434.8	2917.6
2002	5650.5	3756.4	986.5	2356.1	2927.3
2003	5824.5	4017.2	897.9	2572.6	3026.4
2004	5986.4	4131.1	994.4	2644.2	3071.2
2005	6108.8	4164.2	1006.5	2732.0	3198.1
2006	6059.8	4359.7	1007.9	2794.5	3223.8

注：2001年以后粮食耕地面积产量数据中粮食耕地面积与粮食抽样面积衔接，并按粮食抽样产量计算而得。

主要农作物分品种播种面积和产量
Yield and Sown Area of Major Farm Crops by Assortment

项目	播种面积(千公顷)		总产量(万吨)		每公顷产量(千克)	
	2006年	2005年	2006年	2005年	2006年	2005年
农作物总播种面积	**8777.4**	**8785.5**				
粮食作物	**6199.4**	**6240.2**	**2702.8**	**2598.6**	**4360**	**4164**
谷　物	5595.9	5611.3	2537.8	2452.9	4535	4371
稻　谷	92.2	87.7	53.2	51.6	5770	5884
小　麦	2420	2377.1	1149.5	1150.3	4750	4839
玉　米	2658.1	2677.4	1280.5	1193.8	4817	4459
谷　子	187.8	194.8	41.1	43.5	2188	2233
高　粱	28	30.4	7.2	7.4	2571	2434
豆　类	304.6	333.1	52.9	51.2	1737	1537
#大　豆	238	254.9	44.6	42.4	1874	1663
薯　类	298.9	295.8	112.1	94.5	3750	3195
经济作物	**1216.9**	**1180.3**				
油　料	537.8	559.0	150.3	152.7	2795	2732
#花　生	425.1	438.8	137	140.3	3223	3197
油菜籽	31.1	35.4	4.1	4.7	1318	1328
芝　麻	13.7	15.2	1.4	1.5	1022	987
胡麻籽	41.6	43.4	4	2.3	962	530
葵花籽	24.5	24.0	3.7	3.5	1510	1458
棉　花	623.1	573.5	62.8	57.7	1005	1006
麻　类	2	2.2	0.7	0.7	3500	3182
#黄红麻	0.4	0.3	0.1	0.1	2500	3333
大　麻	0.1	0.1	…	…	586	3000
甜　菜	17.5	10.5	71.2	42.7	40686	40667
烟　叶	3.7	3.7	0.9	1.0	2432	2703
#烤　烟	2.6	2.6	0.4	0.5	1538	1923
药　材	32.9	31.4				
蔬菜瓜类	**1231.4**	**1210.2**	**7131.3**	**6947.0**	**57912**	**57404**
蔬　菜	1122.9	1104.8	6646.8	6467.6	59193	58541
瓜　类(果用瓜)	108.5	105.4	484.5	479.4	44654	45484
其他农作物	**129.6**	**154.8**				
#青饲料	68	84.4				
绿　肥		…				

主要年份主要农产品产量
Yield of Major Farm Crops in Main Years

年份	粮食总产量（万吨）	谷物	#小麦	#稻谷	#玉米	豆类	#大豆	薯类	棉花总产量（万吨）
1978	1687.9		631.4	54.3	516.6		32.3	163.8	11.71
1980	1522.5		378.8	83.1	663.2		29.7	125.2	24.72
1985	1966.6		744.3	78.0	678.9		38.5	144.5	62.86
1990	2276.9		927.7	91.6	829.2		53.5	138.6	57.08
1995	2739.0	2507.0	1060.3	90.3	1183.4	94.3	78.6	137.7	37.05
1996	2789.5	2557.1	1139.1	92.2	1168.4	89.9	73.6	142.5	25.84
1997	2746.7	2554.1	1330.7	102.4	1009.5	68.0	58.2	124.6	24.87
1998	2917.5	2680.3	1253.6	99.2	1187.2	95.0	76.0	142.2	27.02
1999	2746.3	2552.1	1280.5	93.1	1088.0	68.6	56.7	125.6	22.26
2000	2551.1	2355.6	1208.0	65.8	994.5	74.5	62.9	121.0	30.01
2001	2491.8	2309.0	1122.7	47.2	1059.5	67.1	56.3	115.7	41.93
2002	2435.8	2256.3	1099.5	55.7	1035.0	60.6	49.4	118.9	40.19
2003	2387.8	2205.9	1018.8	41.1	1073.6	60.6	46.4	121.3	52.20
2004	2480.1	2319.4	1053.2	47.3	1157.6	57.6	44.3	103.1	66.54
2005	2598.6	2452.9	1150.3	51.6	1193.8	51.2	42.4	94.5	57.72
2006	2702.8	2537.8	1149.5	53.2	1280.5	52.9	44.6	112.1	62.8

主要年份主要农产品产量（续）
Yield of Major Farm Crops in Main Years

年份	油料总产量（吨）	#花生	#芝麻	烟叶总产量（吨）	#烤烟	麻类总产量（吨）	#黄红麻	#青麻	#大麻（线）
1978	24.50	17.37	1.26	10940	6385	16615	9130	2425	4840
1980	45.14	35.77	3.23	5900	1540	17785	9720	2535	5315
1985	86.92	58.01	5.14	20135	5440	59890	52305	3530	3045
1990	74.89	57.81	2.74	22090	11596	20148	18158	565	750
1995	109.86	94.68	2.47	9427	6513	13996	13095	283	388
1996	120.65	100.48	2.22	16334	9661	11575	10805	83	339
1997	117.98	106.79	1.62	18872	13965	14294	12966	585	230
1998	138.82	118.53	2.23	12488	8302	14257	13313	475	344
1999	129.51	117.98	1.85	12082	7839	9042	8535	212	220
2000	146.97	132.59	2.03	12429	7360	7951	7436	358	157
2001	153.81	144.27	1.99	9356	4062	7231	6897	154	180
2002	151.26	140.45	1.64	11083	5252	10271	10060	119	96
2003	163.10	148.14	1.64	10693	4378	6214	5801	34	72
2004	154.32	137.85	1.50	10952	5135	4329	778	13	3534
2005	152.73	140.33	1.46	9759	4928	7262	767	71	28
2006	150.30	137.05	1.39	9474	4494	7365	831		41

主要年份平均每人主要农产品产量(按平均人口计算)
Per Capita of Major Agricultural Products in Main Years (Calculated by Average Population)

单位：千克

年　份	粮　食	棉　花	油　料	园林水果	生猪存栏(头)	猪牛羊肉	水产品
1978	335.72	2.32	4.87	15.81	0.25	8.29	2.76
1980	296.42	4.81	8.79	15.60	0.25	13.45	1.90
1985	356.43	11.39	15.75	29.03	0.26	14.84	2.31
1990	378.23	9.48	12.44	29.15	0.25	20.13	3.64
1991	366.55	10.25	11.77	31.84	0.25	21.19	3.83
1992	349.83	4.90	10.61	36.27	0.26	23.13	4.87
1993	377.53	3.05	12.77	41.77	0.26	26.20	3.95
1994	396.71	6.13	16.78	56.04	0.28	33.34	4.98
1995	427.17	5.78	17.13	67.37	0.32	40.36	6.18
1996	431.80	4.00	18.68	77.89	0.35	44.53	7.85
1997	422.30	3.82	18.14	85.50	0.36	47.49	9.32
1998	445.62	4.13	21.00	96.18	0.37	49.77	10.59
1999	416.64	3.38	19.65	97.67	0.38	51.39	11.52
2000	383.97	4.52	22.12	101.94	0.38	52.47	12.18
2001	372.65	6.27	23.00	100.17	0.38	53.33	12.70
2002	362.63	5.98	22.52	111.44	0.39	55.98	12.96
2003	353.64	7.73	24.16	118.03	0.41	59.50	12.78
2004	365.30	9.80	22.73	129.17	0.44	63.50	13.67
2005	380.48	8.45	22.36	134.48	0.45	67.74	14.49
2006	391.17	9.14	21.86	140.89	0.43	70.77	15.71

主要年份主要农业机械和农产品加工机械拥有量(年底数)
Ownership of Agricultural Machinery and Machinery for Procession Farm Products in Main Years (End of Year)

指　　标	单　位	1990年	1995年	2000年	2005年	2006年
农业机械总动力	**万千瓦**	**2822.2**	**4336.3**	**7000.4**	**8487.2**	**8795.77**
大中型拖拉机	万　台	3.0	2.9	6.4	10.1	11.11
小型拖拉机	万　台	59.4	91.5	129.8	144.7	145.47
大中型拖拉机配套农具	万　台	4.1	4.6	10.8	18.4	20.55
小型拖拉机配套农具	万　台	56.0	89.7	156.7	191.6	227.69
排灌用动力机械	万　台	184.3	223.7	269.5	265.3	264.44
#电动机	万　台	75.3	97.5	131.2	139.5	139.87
柴油机	万　台	109.0	125.7	138.2	125.8	124.33
农用水泵	万　台	111.1	134.9	163.7	165.9	164.99
节水灌溉机械	万　套	1.1	1.7	3.1	3.5	4.07
农副产品加工机械						
粮食加工机械	万　部	17.2	16.5	19.0	36.2	37.52
棉花加工机械	万　台	2.0	1.7	1.7	3.2	3.18
油料加工机械	万　台	2.2	2.9	3.4	5.4	5.73
运输机械						
农用运输汽车	万　辆	2.2	61.9	160.4	252.2	242.44
(包括农用机动三轮车)	万千瓦	17.6	530.4	1706.1	3070.1	3099.64

主要年份农业机械化、电气化、化肥、水利

Mechanization, Electrification, Chemical Fertilizer and Water Conservancy of Agriculture in Main Years

指　标	单　位	1995年	2000年	2005年	2006年
农业机械化情况					
当年实际机械耕地面积	千公顷	4595.89	5072.60	4745.47	4768.88
当年机械播种面积	千公顷	2956.26	4550.57	5282.47	5354.98
当年机械收获面积	千公顷	1881.15	2688.00	2480.45	2623.25
农业电气化情况					
农村用电量	亿千瓦小时	118.51	180.45	337.05	388.22
乡、村及村以下办水电站	个	120	105	116	103
乡、村及村以下办水电站装机容量	万千瓦	1.98	1.90	3.68	3.68
农用化肥施用量					
折纯量	万　吨	220.68	270.62	303.39	304.89
平均每公顷耕地施用化肥(折纯)	千　克	338.61	418.52	506.60	518.30
农药使用量	**万　吨**	**7.27**	**7.28**	**8.08**	**8.12**
平均每公顷耕地使用农药	千　克	11.15	11.26	13.48	13.80
农田水利情况					
有效灌溉面积	千公顷	4040.01	4482.32	4547.75	4569.78
年末实有机井数量	万　眼	79.80	88.03	93.72	94.39

农民家庭平均每户生产性固定资产原值(2000-2006年，年底数)

Original Value of Productive Fixed Assets Per Rural Households (End of Year)

单位:元

项　目	2000年	2001年	2002年	2003年	2004年	2005年	2006年
平均每户生产性固定资产原值	**6328.32**	**6365.72**	**6671.58**	**7273.40**	**7879.61**	**9335.54**	**10294.68**
农　业	4132.77	4321.84	4503.24	4337.65	4693.35	4646.31	4992.52
工　业	586.06	715.16	771.66	874.41	936.57	1085.80	1274.25
建筑业	31.57	29.07	48.40	69.00	85.67	38.33	83.9
交通运输业	1101.14	963.71	959.11	928.83	1144.44	1356.43	1493.07
批发零售贸易及餐饮业	309.91	183.68	224.91	357.73	350.29	528.02	562.35
社会服务业	104.06	82.09	81.20	87.24	96.69	123.43	151.07
文教卫生事业	10.00	10.31	13.40	19.17	19.29	71.55	86.5
其　他	52.80	59.87	69.64	95.58	80.91	19.21	64.22

农民家庭平均每百户生产性固定资产数量(2000-2006年,年底数)
Number of Productive Fixed Assets Per 100 Rural Households (2000-2006,End of Year)

项　　目	2000年	2001年	2002年	2003年	2004年	2005年	2006年
汽　车(辆)	2.33	2.20	2.27	2.51	2.61	3.32	3.15
大中型拖拉机(台)	2.03	1.95	2.07	2.20	2.29	2.48	2.37
小型及手扶拖拉机(台)	34.49	33.03	34.15	35.50	35.77	36.43	38.24
机动脱粒机(台)	6.30	6.12	6.03	5.43	5.55	2.17	2.41
胶轮大车(辆)	12.34	11.68	11.24	10.91	10.45	7.15	7.16
农用水泵(台)	25.91	27.53	28.92	30.62	31.66	22.99	24.61

主要年份林业及干鲜果生产
Forestry，Yield of Dry Fruit and Fruit in Main Years

指　　标	单　位	1990年	1995年	2000年	2005年	2006年
林业生产						
当年造林面积	千公顷	276.68	328.98	305.00	304.77	196.19
#用材林	千公顷	99.79	101.20	72 .22	51.16	24.85
经济林	千公顷	26.19	68.80	50.16	19.90	10.11
防护林	千公顷	120.90	148.74	179.67	232.27	160.86
当年零星(四旁)植树	万　株	13009	13950	12748	12496	10713
村及村以下林木采伐量	万立方米	57.31	65.00	66.37	48.25	43.48
年末实有林地面积	千公顷	3435.44	3673.75	4331.94	4724.87	5029.72
干鲜果生产						
干　果	吨	50042	65532	71900	164307	189815
#核　桃	吨	12254	19099	30102	47032	46044
板　栗	吨	26565	28812	34620	107079	134895
园林水果	吨	1754709	4319652	6791425	9184789	9685262
#苹　果	吨	467647	1255794	1806155	2202273	2357620
梨	吨	763038	1686062	2551647	3246220	3334972
花椒产量	**吨**	**3687**	**5324**	**7743**	**11936**	**12027**

主要年份大牲畜头数

Number of Large Livestock in Main Years

单位：万头

年份	大牲畜年末数	#役畜	牛	马	驴	骡
1978	354.70	270.43	134.60	79.81	83.07	56.95
1980	341.05	252.91	120.71	78.02	78.26	63.88
1985	446.50	341.94	155.10	71.95	142.57	76.88
1990	525.22	396.40	207.90	56.95	176.71	83.66
1995	870.88	486.57	579.34	48.68	167.69	75.17
1996	926.92	517.55	639.59	49.36	164.23	73.74
1997	939.07	488.61	661.70	49.54	158.17	69.66
1998	950.98	477.29	678.85	49.03	155.36	67.74
1999	962.55	489.90	693.94	48.21	153.61	66.79
2000	955.40	474.64	697.89	45.04	149.14	63.33
2001	935.80	438.84	693.35	43.31	138.92	60.22
2002	935.09	383.15	708.81	40.64	130.04	55.60
2003	965.13	347.58	757.94	36.83	121.05	49.31
2004	999.05	332.31	805.63	35.53	112.56	45.33
2005	1019.05	309.46	841.34	33.13	104.11	40.47
2006	983.92	278.58	829.85	28.99	90.16	34.92

注：1980年前大牲畜总数中含骆驼。

主要年份肉类总产量、牛奶产量及猪、羊头数

Output of Meat，Milk and Number of Hogs，Sheep and Goats in Main Years

年份	猪牛羊肉产量（万吨）	年末出栏肉猪（万头）	生猪存栏头数（万头）	羊存栏只数（万只）	山羊	绵羊	牛奶产量（万吨）
1978	41.7	570.5	1245.7	600.7	346.1	254.6	1.82
1980	69.1	716.9	1293.4	814.9	461.4	353.5	2.65
1985	81.9	1018.5	1421.4	721.1	372.8	348.3	7.32
1990	121.2	1395.5	1494.2	1074.5	562.6	511.9	11.18
1995	258.8	2409.6	2052.8	1565.7	803.4	762.3	32.55
1996	287.7	2740.4	2235.9	1781.2	904.6	876.6	40.06
1997	308.9	2948.0	2372.3	1922.7	971.0	951.7	46.74
1998	325.8	3110.7	2447.1	2014.0	1003.2	1010.8	55.82
1999	338.7	3258.0	2497.7	2063.5	1014.5	1049.0	68.35
2000	348.6	3374.1	2516.5	2090.0	999.3	1090.7	84.20
2001	356.6	3475.6	2530.5	2120.4	970.0	1150.4	107.38
2002	376.0	3651.8	2647.0	2121.7	906.2	1215.5	136.89
2003	401.8	3921.4	2800.9	2252.8	928.8	1324.0	197.90
2004	431.1	4224.1	2962.6	2425.6	973.6	1452.0	266.46
2005	462.7	4546.4	3093.5	2513.7	1013.3	1500.4	340.35
2006	486.5	4788.2	2959.9	2425.5	991.8	1433.7	407.62

主要年份水产品产量
Output of Aquatic Products in Main Years

单位：吨

年份	水产品总产量	海水产品	#鱼类	#甲壳类	内陆水域水产品	#鱼类	#甲壳类
1978	139017	128043	43988	63856	10974	10232	214
1980	97610	86479	41902	38144	11131	9811	643
1985	127495	104529	58578	39276	22966	21464	1489
1990	218553	164880	61762	71295	53673	50912	2722
1995	396070	210215	73868	62853	185855	178218	6330
1996	506930	283038	81682	72035	223892	215806	5317
1997	606110	338322	119981	69949	267788	255759	11192
1998	693317	384917	156073	84556	308400	290273	14679
1999	759566	423429	180402	84302	336137	316480	15356
2000	809496	482032	187945	80707	327464	306535	15084
2001	848887	514411	185570	92362	334476	312911	15942
2002	870571	518440	181557	91831	352131	315759	19720
2003	862715	489702	177773	90483	373013	340328	25936
2004	928218	541332	190417	94519	386886	351315	26843
2005	989461	571808	191613	95057	417653	386333	23696
2006	1079786	618285	192459	96378	461501	424418	27903

受灾情况
Natural Disaster

指标	单位	2006年	2005年	指标	单位	2006年	2005年
受灾面积	**千公顷**	**1774.12**	**1721.80**	**成灾人口**	**万人**	**448.69**	**468.68**
#成灾	千公顷	899.86	976.02	特重灾民	万人	27.23	28.46
旱灾	千公顷	1046.99	934.15	重灾民	万人	62.38	82.86
#成灾	千公顷	530.34	596.17	轻灾民	万人	359.08	357.36
水灾	千公顷	118.61	108.80	**得到国家救济**			
#成灾	千公顷	67.10	65.28	人次数	万人次	48.18	69.53
风雹灾	千公顷	282.86	347.47	**因灾缺粮情况**			
#成灾	千公顷	158.81	188.14	缺粮数量	万吨	12.71	17.59
霜灾	千公顷	55.57	18.29	缺粮人口	万人	103.61	156.92
#成灾	千公顷	36.54	8.75	**因灾损失**			
病虫灾	千公顷	240.86	247.75	减产粮食	万吨	128.45	144.19
#成灾	千公顷	90.09	93.55	减产棉花	万吨	5.09	4.28
其他灾	千公顷	29.24	65.36	减产油料	万吨	4.68	6.65
#成灾	千公顷	16.99	24.14	死亡人口	人	7	92

农垦系统国营农牧场基本情况(2000-2006年)

Basic Statistics on State-owned Farms and Pastured of Farmland Reclamation System(2000-2006)

指　标	单位	2000年	2001年	2002年	2003年	2004年	2005年	2006年
农场数	**个**	**30**	**30**	**31**	**30**	**30**	**30**	**30**
农场人口及职工								
总人口	人	290157	294244	294857	292047	295221	397033	407535
职工人口	人	94660	88198	92261	87633	83851	85212	94165
土地总面积	**公顷**	**35720**	**351804**	**351767**	**351767**	**352607**	**352607**	**354876**
#耕地面积	公顷	90380	86849	81903	80098	79785	80297	82931
牧草地面积	公顷	99080	86967	78381	71687	70800	70062	67651
#已利用面积	公顷	84730	82616	78381	53013	52126	52126	49465
林地面积	公顷	38330	44909	60209	70147	74950	89785	96235
水面面积	公顷	47680	47500	47323	47183	47080	48663	45087
#养殖面积	公顷	10010	11924	11300	11904	13089	15156	15124
茶果桑园面积	公顷	2880	2798	2957	2710	2873	2913	2349
农作物总播种面积	**公顷**	**94840**	**81392**	**86303**	**74022**	**82985**	**87903**	**91956**
#粮　食	公顷	68540	53090	59843	38424	45763	59393	58282
#谷　物	公顷	61350	44031	54461	35480	42553	54083	53727
#小　麦	公顷	19710	14379	13282	7511	9212	15975	15386
稻　谷	公顷	27010	10847	22317	9805	15692	17962	19958
经济作物	公顷							
#棉　花	公顷	3390	8961	9812	20133	27830	21454	22810
油　料	公顷	12380	2573	2315	1874	1140	920	1605
主要农产品产量								
#粮　食	吨	240341	194500	298392	227379	290060	339161	342114
#谷　物	吨	232711	186475	292010	219233	279347	324412	325782
#小　麦	吨	50070	48026	40210	38495	40429	54400	49572
稻　谷	吨	141569	71525	182816	91386	151699	174670	195782
经济作物								
#棉　花	吨	4121	12751	12292	23247	32567	25133	26105
油　料	吨	3466	2573	1479	2472	1700	983	1879
鲜　果	吨	17295	18141	19282	19408	21475	21762	21812
林业生产情况								
当年造林面积	公顷	5417	6757	16177	13805	5682	8011	6883
林业采伐量	立方米	2420	1950	3372	2600	4900	2758	3770
畜牧业渔业生产								
年末大牲畜存栏	头	36500	41100	49360	61100	72439	82832	94800
年末猪存栏	头	90100	97100	100047	141900	297771	199849	234400
年末羊存栏	只	51700	60900	68609	78200	101466	102147	74200
#山　羊	只	14600	10700	17656	13500	10651	8373	7500
畜产品产量								
肉类总产量	吨	21210	35091	25026	30605	35507	42800	44600
牛奶产量	吨	68104	97390	125446	149520	182850	208148	233824
禽蛋产量	吨	6817	2839	3179	6986	6858	7801	7770
水产品产量	吨	48207	52633	53917	59209	62664	68933	82854
#养　殖	吨	39057	42622	45786	49212	53888	61000	73565

农村乡镇企业基本情况
Basic Statistics on Township and Village Enterprises

项目	2006年	2005年	项目	2006年	2005年
乡镇企业单位数(万个)	**129.3**	**124.7**	商、饮、服务及其他企业	517.6	233.8
按隶属关系分			**乡镇企业增加值(亿元)**	**4672.7**	**3922.9**
集　体	0.9	2.6	**按隶属关系分**		
私营及个体	128.4	122.1	集　体	227.6	633.4
按部门分			私营及个体	4445.1	3289.5
农业企业	3.2	3.1	**按部门分**		
工业企业	40.2	36.9	农业企业	46.0	27.4
建筑企业	3.2	2.8	工业企业	3075.0	2604.6
交通运输企业	21.5	20.9	建筑企业	237.9	343.2
商、饮、服务及其他企业	61.2	61.0	交通运输企业	306.2	281.8
乡镇企业人数(万人)	**1092.4**	**1006.5**	商、饮、服务及其他企业	1007.6	665.9
按隶属关系分			**主要财务指标(亿元)**		
集　体	59.7	127.6	营业收入	17676.7	14693.1
私营及个体	1032.7	878.9	成本费用		
按部门分			国家税金(实交)	394.2	306.2
农业企业	27.2	14.9	净利润	1184.2	1130.7
工业企业	339.3	574.7	劳动者报酬	734.5	628.1
建筑企业	26.7	120.1	年末固定资产原值	5498.2	5072.6
交通运输企业	181.6	63.0			

按各种分组的全部国有及年产品销售收入500万元以上非国有工业主要指标(2006年)

Major Indicators of State-owned Enterprises and Non-state-owned Enterprises with Annual Product Sales Over 5 Million by Various Kinds(2006)

单位：亿元

类　　别	企　业 单位数 (个)	#亏损企业	工业总产值	固定资产 原价合计	亏损企业 亏损总额	利税总额
全 省 总 计	**10634**	**1722**	**13489.80**	**7479.91**	**126.70**	**1473.43**
按登记注册类型分						
内资企业	9591	1488	11145.14	6199.89	114.93	1161.13
国有企业	744	291	1444.00	1438.71	34.75	118.91
中央企业	88	25	925.93	854.48	27.05	76.56
地方企业	656	266	518.07	584.23	7.70	42.36
集体企业	614	103	438.41	94.03	1.45	44.64
股份合作企业	110	22	75.48	17.07	0.28	5.63
联营企业	48	9	143.93	107.71	0.61	13.35
国有联营企业	9	1	73.32	77.96	0.35	5.28
集体联营企业	7		9.11	0.78		0.88
国有与集体联营企业	9	3	4.34	6.11	0.19	0.58
其他联营企业	23	5	57.16	22.86	0.08	6.60
有限责任公司	2051	397	4216.69	2817.89	49.63	367.99
国有独资公司	60	23	1174.82	1300.21	33.90	90.57
其他有限责任公司	1991	374	3041.87	1517.68	15.73	277.42
股份有限责任公司	455	74	1044.60	785.65	18.42	227.53
私营企业	5567	592	3779.01	938.68	9.79	382.35
私营独资企业	1482	77	714.81	141.01	0.90	102.21
私营合伙企业	493	34	242.50	38.35	0.32	27.61
私营有限责任公司	3242	442	2442.52	654.18	7.61	211.34
私营股份有限公司	350	39	379.19	105.14	0.96	41.20
其他企业	2		3.02	0.15		0.72
港澳台商投资企业	322	80	945.62	373.10	2.61	128.52
合资经营企业(港或澳台资)	235	60	519.04	256.99	1.67	61.14
合作经营企业(港或澳台资)	19	6	90.72	39.07	0.04	22.80
港澳台商独资企业	67	14	251.27	63.05	0.90	37.51
港澳台商投资股份有限公司	1		84.59	13.99		7.07
外商投资企业	721	154	1399.04	906.91	9.16	183.78
中外合资经营企业	470	97	821.74	561.43	5.86	91.25
中外合作经营企业	23	3	20.61	11.12	0.53	4.78
外资企业	220	54	416.72	236.60	2.77	59.35
外商投资股份有限公司	8		139.97	97.76		28.40
按轻重工业分						
轻工业	3762	601	2951.79	1140.25	19.82	290.61
重工业	6872	1121	10538.01	6339.66	106.88	1182.82
按企业规模分						
大型企业	136	14	5070.21	3786.94	43.01	708.47
中型企业	1162	220	4170.65	2405.82	56.58	349.00
小型企业	9336	1488	4248.93	1287.14	27.10	415.97

分行业全部国有及年产品销售收入500万元以上非国有工业企业主要指标(2006年)

Major Indicators of State-owned Enterprises and Non-state-owned Enterprises with Annual Product Sales Over 5 Million by Sector(2006)

单位：亿元

行业类别	企业单位数(个)	#亏损企业	工业总产值(当年价)	工业增加值(生产法)	实收资本	流动资产合计	#产成品
全省总计	**10634**	**1722**	**13489.80**	**3880.22**	**2548.02**	**4763.83**	**560.09**
煤炭开采和洗选业	177	39	357.53	174.93	144.45	212.01	12.71
石油和天然气开采业	5		346.01	239.52	134.05	123.93	3.99
黑色金属矿采选业	635	144	407.23	180.45	47.63	151.18	23.69
有色金属矿采选业	37	10	18.46	9.97	5.62	9.56	0.91
非金属矿采选业	85	18	37.14	15.32	8.76	18.78	2.71
农副食品加工业	637	85	612.63	142.65	59.40	134.67	24.03
食品制造业	242	44	291.18	70.42	61.32	72.47	7.61
饮料制造业	154	48	133.79	46.90	43.87	68.18	9.29
烟草制品业	4		61.39	41.95	10.42	35.32	1.22
纺织业	709	91	513.54	134.49	86.22	154.19	34.73
纺织服装、鞋、帽制造业	254	26	109.48	30.90	15.78	30.36	7.10
皮革、毛皮、羽毛(绒)及其制品业	306	17	264.06	85.82	14.14	38.13	7.23
木材加工及木、竹、藤、棕、草制品业	99	10	80.09	23.61	7.28	11.46	2.01
家具制造业	96	13	50.49	13.98	8.06	14.31	2.44
造纸及纸制品业	313	42	185.75	49.69	36.32	47.80	10.66
印刷业和记录媒介的复制	110	36	54.46	19.33	15.98	21.21	2.35
文教体育用品制造业	51	9	11.38	2.99	2.12	3.32	0.45
石油加工、炼焦及核燃料加工业	123	29	643.82	96.27	108.39	156.26	22.59
化学原料及化学制品制造业	765	87	729.46	185.76	157.82	286.76	37.25
医药制造业	161	38	227.21	65.07	77.92	148.39	14.75
化学纤维制造业	21	5	35.61	7.27	9.00	13.12	1.05
橡胶制品业	252	18	94.22	27.35	18.97	35.11	6.17
塑料制品业	359	48	189.48	45.05	36.67	76.38	8.56
非金属矿物制品业	1124	235	587.04	175.74	154.32	237.82	38.81
黑色金属冶炼及压延加工业	492	92	4027.64	1044.12	429.86	1362.26	117.53
有色金属冶炼及压延加工业	194	32	177.69	37.42	48.10	52.77	7.79
金属制品业	606	81	389.99	111.78	59.79	128.49	22.70
通用设备制造业	830	103	364.65	109.73	75.48	172.68	34.41
专用设备制造业	403	69	284.78	84.74	56.43	170.10	24.81
交通运输设备制造业	369	62	421.75	94.72	106.77	254.47	35.91
电气机械及器材制造业	392	40	403.76	115.37	55.49	156.67	27.68
通信设备、计算机及其他电子设备制造业	100	13	73.61	25.98	32.66	35.47	4.11
仪器仪表及文化、办公用机械制造业	66	9	26.49	8.65	6.76	21.74	1.71
工艺品及其他制造业	82	9	28.33	7.73	5.13	11.96	0.93
废弃资源和废旧材料回收加工业	7	1	3.56	1.11	0.29	0.94	0.02
电力、热力的生产和供应业	257	57	1214.77	339.91	368.61	250.25	0.13
燃气生产和供应业	21	12	14.35	5.38	11.31	28.93	0.02
水的生产和供应业	96	50	16.96	8.15	26.84	16.39	0.02

分行业全部国有及年产品销售收入500万元以上非国有工业企业主要指标(续一)(2006年)

Major Indicators of State-owned Enterprises and Non-state-owned Enterprises with Annual Product Sales Over 5 Million by Sector(2006)

单位: 亿元

行业类别	流动资产年平均余额	固定资产合计	固定资产原价	固定资产净值年平均余额	资产总计	流动负债合计
全省总计	**4470.92**	**5520.14**	**7479.91**	**4573.30**	**11250.95**	**5213.81**
煤炭开采和洗选业	205.17	290.75	383.44	224.41	546.53	216.81
石油和天然气开采业	114.06	252.99	474.40	188.34	393.88	87.85
黑色金属矿采选业	138.43	112.85	133.22	95.46	293.84	147.76
有色金属矿采选业	8.16	8.04	10.79	7.13	19.31	7.98
非金属矿采选业	15.72	25.11	31.60	22.77	46.17	16.54
农副食品加工业	115.40	97.37	120.11	90.41	255.80	136.89
食品制造业	67.60	81.06	98.56	71.68	177.66	76.83
饮料制造业	64.51	60.62	92.87	55.65	146.17	89.11
烟草制品业	33.91	15.90	25.25	12.82	51.58	23.59
纺织业	153.18	165.64	205.75	132.43	359.36	165.87
纺织服装、鞋、帽制造业	29.94	18.13	24.04	16.27	53.44	27.49
皮革、毛皮、羽毛(绒)及其制品业	36.49	19.37	23.19	18.21	63.89	36.00
木材加工及木、竹、藤、棕、草制品业	10.44	12.92	15.10	12.74	27.52	12.04
家具制造业	12.98	10.91	14.16	10.21	33.38	12.95
造纸及纸制品业	45.13	72.44	93.61	65.99	127.62	52.33
印刷业和记录媒介的复制	18.65	24.32	38.49	23.61	47.98	20.97
文教体育用品制造业	3.02	1.94	2.70	1.99	5.45	2.60
石油加工、炼焦及核燃料加工业	136.06	182.24	226.86	145.50	353.94	199.87
化学原料及化学制品制造业	273.97	255.55	365.34	215.46	637.40	296.78
医药制造业	148.35	123.20	180.29	120.24	326.38	168.04
化学纤维制造业	13.02	17.62	28.93	18.89	35.23	16.47
橡胶制品业	33.19	26.06	33.00	23.25	65.32	30.48
塑料制品业	72.95	64.84	80.89	56.78	152.16	72.97
非金属矿物制品业	231.02	314.36	418.67	285.85	621.06	296.39
黑色金属冶炼及压延加工业	1265.49	1413.94	1672.86	1042.22	3042.94	1593.81
有色金属冶炼及压延加工业	49.86	35.24	56.42	34.20	106.46	45.27
金属制品业	118.39	73.43	96.81	69.57	216.54	116.13
通用设备制造业	161.21	102.35	135.37	87.31	296.38	156.61
专用设备制造业	155.41	71.23	102.71	60.51	265.72	171.40
交通运输设备制造业	243.18	134.65	170.79	109.27	425.76	236.52
电气机械及器材制造业	127.44	83.54	94.16	69.68	270.43	120.10
通信设备、计算机及其他电子设备制造业	33.10	30.44	60.21	32.22	75.87	30.95
仪器仪表及文化、办公用机械制造业	19.36	7.06	10.20	6.17	31.11	17.10
工艺品及其他制造业	11.48	6.12	7.82	4.80	19.39	10.81
废弃资源和废旧材料回收加工业	0.92	0.43	0.62	0.35	1.37	0.95
电力、热力的生产和供应业	259.86	1222.37	1840.69	1067.91	1519.63	448.08
燃气生产和供应业	27.40	25.05	32.40	21.74	57.94	32.85
水的生产和供应业	16.48	60.08	77.59	51.25	80.33	18.63

分行业全部国有及年产品销售收入500万元以上非国有工业企业主要指标(续二)(2006年)

Major Indicators of State-owned Enterprises and Non-state-owned Enterprises with Annual Product Sales Over 5 Million by Sector(2006)

单位：亿元

行业类别	长期负债合计	所有者权益合计	主营业务收入	主营业务成本	主营业务税金及附加	利润总额	本年应交增值税
全省总计	**1496.55**	**4378.09**	**13124.58**	**11158.19**	**113.85**	**884.74**	**474.85**
煤炭开采和洗选业	103.15	225.41	377.21	281.71	4.10	19.09	25.48
石油和天然气开采业	83.44	222.59	345.78	179.50	5.24	134.66	29.61
黑色金属矿采选业	11.96	132.84	400.33	287.47	8.62	67.63	25.40
有色金属矿采选业	0.61	10.71	17.72	10.25	0.33	5.27	1.65
非金属矿采选业	7.35	21.90	32.96	22.47	0.85	3.79	1.72
农副食品加工业	14.25	101.11	598.20	526.22	2.16	30.27	8.19
食品制造业	10.00	90.43	288.28	239.19	0.89	15.89	7.50
饮料制造业	16.62	38.22	121.37	89.93	7.94	5.73	5.84
烟草制品业	1.19	26.80	61.84	25.40	24.10	7.22	6.62
纺织业	45.67	144.74	480.72	418.81	3.09	27.06	11.29
纺织服装、鞋、帽制造业	2.11	23.57	103.96	89.10	0.40	5.57	1.71
皮革、毛皮、羽毛(绒)及其制品业	2.26	23.97	252.41	223.75	1.48	21.08	6.30
木材加工及木、竹、藤、棕、草制品业	0.72	13.82	76.83	64.04	0.88	5.34	1.91
家具制造业	3.20	16.33	46.61	38.63	0.43	3.25	1.38
造纸及纸制品业	23.73	49.75	177.57	150.83	0.92	8.55	5.29
印刷业和记录媒介的复制	2.63	24.16	48.91	38.52	0.20	3.56	1.87
文教体育用品制造业	0.12	2.73	9.87	8.75	0.03	0.37	0.25
石油加工、炼焦及核燃料加工业	34.28	97.71	634.81	628.76	13.45	-31.3	12.22
化学原料及化学制品制造业	60.42	242.22	685.47	569.86	3.46	49.73	19.15
医药制造业	28.78	124.30	225.39	172.53	1.01	15.61	9.47
化学纤维制造业	3.06	15.68	34.41	31.33	0.10	0.10	1.05
橡胶制品业	4.31	29.86	88.58	73.31	0.60	6.99	2.55
塑料制品业	9.56	37.96	182.18	156.78	0.87	-11.1	3.83
非金属矿物制品业	75.46	243.47	556.23	459.68	3.98	31.35	20.59
黑色金属冶炼及压延加工业	321.36	1116.22	3929.79	3491.15	11.92	258.46	143.87
有色金属冶炼及压延加工业	11.27	49.50	174.40	160.23	0.35	2.14	2.64
金属制品业	6.29	90.42	375.56	329.66	1.16	17.11	6.92
通用设备制造业	18.27	116.38	347.34	283.55	1.88	29.22	10.78
专用设备制造业	10.67	81.75	271.69	217.93	1.78	17.87	8.48
交通运输设备制造业	28.53	159.38	424.41	361.59	3.24	23.23	8.54
电气机械及器材制造业	18.92	122.79	382.99	317.75	1.43	31.00	7.56
通信设备、计算机及其他电子设备制造业	4.73	39.91	66.67	56.16	0.19	2.68	2.23
仪器仪表及文化、办公用机械制造业	0.88	12.83	25.27	18.38	0.25	2.83	1.04
工艺品及其他制造业	2.85	5.59	26.75	22.67	0.15	1.69	0.42
废弃资源和废旧材料回收加工业		0.42	3.40	2.79	0.05	0.29	0.11
电力、热力的生产和供应业	495.26	568.75	1216.29	1083.95	6.03	72.94	70.06
燃气生产和供应业	10.02	15.06	14.36	11.62	0.10	0.28	0.52
水的生产和供应业	22.60	38.85	18.00	13.89	0.17	-0.72	0.82

分行业国有及国有控股工业企业主要指标(2006年)

Major Indicators of State-owned and State-holding Industrial Enterprises by Sector(2006)

单位:亿元

行业类别	企业单位数(个)	#亏损企业	工业总产值(当年价)	实收资本	流动资产合计	#产成品
全省总计	**1120**	**408**	**4308.68**	**1266.26**	**1939.31**	**165.90**
煤炭开采和洗选业	40	13	281.57	131.34	191.78	11.02
石油和天然气开采业	4		345.19	133.75	123.70	3.99
黑色金属矿采选业	13	3	31.64	5.11	21.71	1.09
有色金属矿采选业	2		1.09	0.49	0.84	0.02
非金属矿采选业	20	5	11.62	5.79	15.38	2.25
其他采矿业						
农副食品加工业	48	15	12.92	3.86	5.08	0.67
食品制造业	32	10	13.78	4.31	5.14	0.36
饮料制造业	22	13	12.18	4.44	8.50	1.43
烟草制品业	3		61.05	10.39	35.26	1.20
纺织业	40	22	55.12	17.45	34.54	8.46
纺织服装、鞋、帽制造业	9	3	7.10	1.75	3.33	0.75
皮革、毛皮、羽毛(绒)及其制品业	3	1	2.35	0.79	2.04	0.61
木材加工及木、竹、藤、棕、草制品业	2	1	0.07	0.25	0.12	0.02
家具制造业	5	4	2.17	0.18	0.65	0.06
造纸及纸制品业	7	2	11.34	5.95	6.31	1.33
印刷业和记录媒介的复制	29	17	12.42	7.58	6.20	1.02
文教体育用品制造业	1	1	0.14	0.05	0.08	0.02
石油加工、炼焦及核燃料加工业	12	6	403.97	70.69	69.03	10.12
化学原料及化学制品制造业	63	15	196.67	82.94	102.96	9.99
医药制造业	19	7	100.60	43.67	82.25	7.84
化学纤维制造业	4	2	28.17	8.07	12.13	0.75
橡胶制品业	7	3	2.33	1.41	1.90	0.52
塑料制品业	22	12	34.72	11.03	28.21	1.48
非金属矿物制品业	81	32	100.96	47.42	84.43	10.35
黑色金属冶炼及压延加工业	18	2	1009.05	182.47	508.67	30.34
有色金属冶炼及压延加工业	14	7	19.15	13.37	6.75	0.98
金属制品业	29	7	16.18	6.44	16.61	3.33
通用设备制造业	69	31	43.65	21.75	52.11	13.65
专用设备制造业	71	25	92.48	23.96	74.44	11.08
交通运输设备制造业	49	20	142.09	38.03	119.79	19.49
电气机械及器材制造业	36	11	75.33	13.00	47.70	8.48
通信设备、计算机及其他电子设备制造业	18	7	18.19	23.34	20.16	2.90
仪器仪表及文化、办公用机械制造业	5	3	3.14	0.89	2.74	0.15
工艺品及其他制造业	5	2	0.69	0.82	3.68	0.02
废弃资源和废旧材料回收加工业						
电力、热力的生产和供应业	215	47	1136.37	311.80	221.98	0.08
燃气生产和供应业	13	9	8.00	6.66	7.32	0.02
水的生产和供应业	90	50	15.21	25.05	15.79	0.02

分行业国有及国有控股工业企业主要指标(续一)(2006年)

Major Indicators of State-owned and State-holding Industrial Enterprises by Sector(2006)

单位:亿元

行业类别	流动资产年平均余额	固定资产合计	固定资产原价	固定资产净值年平均余额	资产总计	流动负债合计
全省总计	**1854.20**	**3080.49**	**4501.08**	**2511.41**	**5472.76**	**2382.71**
煤炭开采和洗选业	187.01	275.68	364.52	210.63	506.58	200.76
石油和天然气开采业	113.81	252.87	474.22	188.25	393.46	87.81
黑色金属矿采选业	20.36	18.17	23.15	14.06	45.54	20.28
有色金属矿采选业	0.78	0.69	1.61	0.62	1.74	0.92
非金属矿采选业	12.38	15.64	19.73	13.39	31.98	12.07
其他采矿业						
农副食品加工业	5.25	4.17	6.45	3.93	10.55	6.53
食品制造业	5.35	8.96	10.53	6.36	15.09	9.99
饮料制造业	8.79	8.46	12.99	8.42	18.70	14.38
烟草制品业	33.85	15.90	25.24	12.80	51.52	23.53
纺织业	35.02	48.04	66.43	38.51	93.42	54.08
纺织服装、鞋、帽制造业	4.04	2.35	4.28	1.52	6.21	3.47
皮革、毛皮、羽毛(绒)及其制品业	2.22	0.78	1.48	0.62	3.03	1.76
木材加工及木、竹、藤、棕、草制品业	0.13	0.28	0.28	0.28	0.42	0.15
家具制造业	0.66	0.88	1.22	0.88	1.54	0.22
造纸及纸制品业	6.36	8.23	17.14	7.08	16.12	8.36
印刷业和记录媒介的复制	6.16	12.25	21.66	12.03	18.91	6.28
文教体育用品制造业	0.08	0.08	0.11	0.08	0.16	0.07
石油加工、炼焦及核燃料加工业	53.55	88.62	129.78	72.29	164.35	89.89
化学原料及化学制品制造业	105.86	129.28	201.86	103.34	289.81	123.82
医药制造业	83.39	79.84	123.38	76.65	199.42	107.71
化学纤维制造业	11.99	16.54	27.67	18.05	32.99	15.23
橡胶制品业	1.95	1.51	1.96	1.66	3.55	3.34
塑料制品业	26.79	27.43	33.52	21.62	59.89	29.74
非金属矿物制品业	85.19	126.52	173.88	119.14	232.66	123.65
黑色金属冶炼及压延加工业	467.80	599.52	729.37	418.05	1247.70	643.74
有色金属冶炼及压延加工业	7.18	14.48	26.40	14.60	25.45	8.51
金属制品业	15.05	9.71	13.33	9.34	27.59	17.89
通用设备制造业	49.68	30.46	40.40	21.78	89.43	50.58
专用设备制造业	70.60	33.49	50.08	25.76	121.16	92.03
交通运输设备制造业	113.31	55.04	78.19	48.64	183.08	129.51
电气机械及器材制造业	39.67	20.61	21.70	15.22	84.66	46.39
通信设备、计算机及其他电子设备制造业	18.50	18.52	43.74	22.99	42.23	19.04
仪器仪表及文化、办公用机械制造业	2.37	1.91	2.48	1.79	5.04	2.87
工艺品及其他制造业	3.69	1.20	1.67	1.01	5.09	4.06
废弃资源和废旧材料回收加工业						
电力、热力的生产和供应业	232.50	1080.31	1657.78	939.50	1343.87	397.45
燃气生产和供应业	7.01	15.07	19.47	12.38	23.69	8.77
水的生产和供应业	15.89	57.02	73.39	48.15	76.12	17.83

分行业国有及国有控股工业企业主要指标(续二)(2006年)

Major Indicators of State-owned and State-holding Industrial Enterprises by Sector(2006)

单位:亿元

行业类别	长期负债合计	所有者权益合计	主营业务收入	主营业务成本	主营业务税金及附加	利润总额	本年应交增值税
全省总计	**1008.86**	**1975.19**	**4318.41**	**3637.93**	**64.50**	**232.43**	**213.70**
煤炭开采和洗选业	101.63	204.16	305.69	220.71	3.60	14.77	23.05
石油和天然气开采业	83.44	222.22	344.97	178.83	5.23	134.59	29.56
黑色金属矿采选业	1.50	23.77	32.22	18.76	1.00	6.44	2.62
有色金属矿采选业	0.13	0.68	1.02	0.88	0.01	0.06	0.02
非金属矿采选业	6.73	12.87	9.96	6.52	0.70	0.61	1.14
其他采矿业							
农副食品加工业	1.65	1.92	12.62	11.31	0.10	0.20	0.13
食品制造业	1.61	3.31	13.15	10.75	0.03	0.27	0.27
饮料制造业	2.74	1.26	10.48	6.98	1.64	-0.33	0.87
烟草制品业	1.19	26.80	61.48	25.15	24.09	7.21	6.59
纺织业	16.23	22.25	56.78	51.94	0.30	-1.43	2.67
纺织服装、鞋、帽制造业	0.35	2.38	6.93	6.08	0.01	0.11	0.09
皮革、毛皮、羽毛(绒)及其制品业		1.28	2.42	1.95		0.17	0.03
木材加工及木、竹、藤、棕、草制品业		0.27	0.06	0.05			
家具制造业		0.79	2.15	1.94		0.05	0.01
造纸及纸制品业	1.42	6.33	12.72	9.50	0.09	0.80	0.82
印刷业和记录媒介的复制	0.73	11.89	12.09	8.19	0.09	1.57	0.84
文教体育用品制造业	0.05	0.04	0.10	0.09		-0.01	0.01
石油加工、炼焦及核燃料加工业	12.8	39.92	401.14	420.47	12.56	-41.13	2.49
化学原料及化学制品制造业	36.83	95.26	187.31	155.75	0.96	6.68	5.96
医药制造业	22.5	69.14	104.64	88.91	0.19	2.30	2.91
化学纤维制造业	2.95	14.79	27.30	25.01	0.09	-0.29	0.91
橡胶制品业	0.22	-0.01	2.40	2.10	0.01	-0.26	0.05
塑料制品业	5.01	-3.94	30.82	27.56	0.09	-19.84	0.95
非金属矿物制品业	37.49	70.29	97.96	81.26	0.45	-0.08	5.37
黑色金属冶炼及压延加工业	150.96	449.48	990.45	867.22	5.16	53.54	50.95
有色金属冶炼及压延加工业	9.39	7.54	20.46	18.23	0.09	-1.42	0.55
金属制品业	1.94	7.03	15.74	13.44	0.07	0.40	0.43
通用设备制造业	10.86	24.41	41.47	34.04	0.18	0.48	1.57
专用设备制造业	5.94	22.42	90.30	71.50	0.44	4.07	3.59
交通运输设备制造业	18.62	34.80	158.55	137.12	1.02	3.24	2.93
电气机械及器材制造业	6.26	30.71	80.87	70.64	0.22	3.71	1.57
通信设备、计算机及其他电子设备制造业	4.01	19.18	16.10	14.45	0.07	-2.47	0.84
仪器仪表及文化、办公用机械制造业	0.17	1.98	3.13	2.27		0.35	0.06
工艺品及其他制造业	1.26	-0.22	0.49	0.20		-0.02	0.01
废弃资源和废旧材料回收加工业							
电力、热力的生产和供应业	436.09	503.31	1139.89	1027.79	5.79	59.44	62.74
燃气生产和供应业	5	9.92	8.17	7.41	0.04	-0.27	0.38
水的生产和供应业	21.17	36.95	16.40	12.94	0.17	-1.06	0.74

分行业年产品销售收入500万元以上集体工业企业主要指标(2006年)

Major Indicators of Collective-owned Enterprises with Annual Product Sales Over 5 Million by Sector(2006)

单位：亿元

行业类别	企业单位数(个)	#亏损企业	工业总产值(当年价)	实收资本	流动资产合计	#产成品
全省总计	**614**	**103**	**438.41**	**42.24**	**85.76**	**14.76**
煤炭开采和洗选业	18	2	6.20	0.64	1.63	0.14
黑色金属矿采选业	51	13	24.34	2.42	5.71	1.09
有色金属矿采选业	2		0.96	0.03	0.12	0.03
非金属矿采选业	7		1.85	0.11	0.29	0.03
农副食品加工业	29	4	47.71	1.11	2.61	0.40
食品制造业	6	1	2.09	0.19	0.24	0.06
饮料制造业	2	1	2.68	0.38	1.05	0.16
纺织业	33	4	23.42	3.48	6.39	1.22
纺织服装、鞋、帽制造业	21	6	12.22	1.69	2.94	1.14
皮革、毛皮、羽毛(绒)及其制品业	6		10.57	0.40	0.56	0.12
木材加工及木、竹、藤、棕、草制品业	5		2.44	0.11	0.35	0.06
家具制造业	2	1	12.35	0.02	0.27	0.05
造纸及纸制品业	29	5	16.72	2.21	2.43	0.87
印刷业和记录媒介的复制	11	2	9.67	0.53	2.25	0.18
文教体育用品制造业	1		0.23		0.03	
石油加工、炼焦及核燃料加工业	5	2	7.72	1.32	1.69	0.39
化学原料及化学制品制造业	58	2	46.10	5.10	9.38	1.06
医药制造业	5	2	13.61	1.95	4.64	0.24
化学纤维制造业	1		1.79	0.01	0.02	
橡胶制品业	11	1	3.69	0.17	0.57	0.07
塑料制品业	8	1	3.24	0.35	0.54	0.13
非金属矿物制品业	121	23	68.01	7.01	11.23	1.91
黑色金属冶炼及压延加工业	16	6	21.99	1.74	4.51	0.98
有色金属冶炼及压延加工业	9	3	8.96	0.45	1.51	0.19
金属制品业	30	6	17.91	3.99	7.75	1.42
通用设备制造业	49	5	28.44	2.47	5.99	1.45
专用设备制造业	23	3	9.10	0.93	2.20	0.27
交通运输设备制造业	19	5	5.93	0.92	4.12	0.60
电气机械及器材制造业	26	2	24.91	1.72	3.09	0.42
通信设备、计算机及其他电子设备制造业	2		0.95	0.07	0.53	0.02
仪器仪表及文化、办公用机械制造业	1		0.17	0.05	0.05	
工艺品及其他制造业	4	1	1.00	0.23	0.31	0.04
电力、热力的生产和供应业	2	2	1.10	0.39	0.71	0.02

分行业年产品销售收入500万元以上集体工业企业主要指标(续一)(2006年)

Major Indicators of Collective-owned Enterprises with Annual Product Sales Over 5 Million by Sector (2006)

单位：亿元

行业类别	流动资产年平均余额	固定资产合计	固定资产原价	固定资产净值年平均余额	资产总计	流动负债合计
全省总计	**81.61**	**67.75**	**94.03**	**63.23**	**170.45**	**79.63**
煤炭开采和洗选业	1.31	1.68	1.91	1.65	3.46	1.67
黑色金属矿采选业	5.36	3.96	5.52	3.29	11.05	6.65
有色金属矿采选业	0.07	0.09	0.12	0.05	0.21	0.10
非金属矿采选业	0.24	0.29	0.43	0.30	0.59	0.24
农副食品加工业	3.00	2.12	2.71	2.84	6.65	1.97
食品制造业	0.26	0.43	0.53	0.44	0.70	0.30
饮料制造业	1.14	1.42	2.14	1.42	2.67	3.24
纺织业	5.91	3.76	4.87	2.84	10.65	6.35
纺织服装、鞋、帽制造业	2.66	1.80	2.75	1.56	5.84	3.86
皮革、毛皮、羽毛(绒)及其制品业	0.44	0.45	0.50	0.54	1.51	0.19
木材加工及木、竹、藤、棕、草制品业	0.26	0.22	0.35	0.24	0.60	0.15
家具制造业	0.27	0.25	0.33	0.15	3.61	0.12
造纸及纸制品业	2.44	4.46	5.94	3.61	6.96	2.81
印刷业和记录媒介的复制	1.73	1.39	1.87	1.33	3.92	1.20
文教体育用品制造业	0.03	0.03	0.05	0.03	0.06	0.03
石油加工、炼焦及核燃料加工业	1.90	2.14	2.85	2.05	4.00	1.33
化学原料及化学制品制造业	8.71	6.05	8.06	5.70	16.37	6.37
医药制造业	4.93	4.98	6.44	5.39	11.21	2.71
化学纤维制造业	0.02	0.03	0.04	0.03	0.05	0.03
橡胶制品业	0.53	0.52	0.62	0.45	1.10	0.65
塑料制品业	0.50	0.63	0.88	0.64	1.18	0.50
非金属矿物制品业	10.59	13.09	17.69	12.08	25.88	12.72
黑色金属冶炼及压延加工业	3.94	2.07	2.95	2.01	6.63	4.01
有色金属冶炼及压延加工业	1.50	1.30	4.24	1.20	3.00	2.27
金属制品业	7.55	3.58	4.99	3.47	12.14	6.40
通用设备制造业	5.64	3.88	5.76	3.78	10.68	4.63
专用设备制造业	2.09	0.93	1.71	0.86	3.23	1.87
交通运输设备制造业	3.47	1.19	1.65	1.08	5.46	3.26
电气机械及器材制造业	3.03	2.53	3.30	2.36	5.87	2.10
通信设备、计算机及其他电子设备制造业	0.94	1.65	1.66	1.00	2.92	0.34
仪器仪表及文化、办公用机械制造业	0.05	0.03	0.03	0.01	0.07	0.05
工艺品及其他制造业	0.26	0.19	0.25	0.20	0.62	0.40
电力、热力的生产和供应业	0.78	0.60	0.86	0.60	1.51	1.05

分行业年产品销售收入500万元以上集体工业企业主要指标(续二)(2006年)

Major Indicators of Collective-owned Enterprises with Annual Product Sales Over 5 Million by Sector(2006)

单位：亿元

行业类别	长期负债合计	所有者权益合计	主营业务收入	主营业务成本	主营业务税金及附加	利润总额	本年应交增值税
全省总计	**9.75**	**78.66**	**417.61**	**351.86**	**3.94**	**28.77**	**11.93**
煤炭开采和洗选业	0.07	1.72	6.14	5.51	0.12	0.28	0.19
黑色金属矿采选业	0.10	4.29	23.88	20.41	0.35	1.77	1.64
有色金属矿采选业	0.04	0.07	0.94	0.74	0.03	0.12	0.04
非金属矿采选业	0.07	0.28	1.70	1.33	0.02	0.21	0.05
农副食品加工业	0.55	3.97	47.10	39.63	0.20	4.65	0.75
食品制造业	0.05	0.33	2.06	1.74	0.01	0.22	0.03
饮料制造业		-0.58	1.79	1.41	0.40	-0.20	0.10
纺织业	1.15	2.97	19.53	17.20	0.12	1.16	0.55
纺织服装、鞋、帽制造业	0.24	1.65	11.27	8.87	0.08		0.15
皮革、毛皮、羽毛(绒)及其制品业	0.09	0.76	10.05	9.07	0.12	0.90	0.19
木材加工及木、竹、藤、棕、草制品业	0.07	0.37	2.42	2.05	0.02	0.26	0.15
家具制造业		3.29	12.00	10.21	0.26	0.89	0.69
造纸及纸制品业	0.65	3.04	14.53	12.24	0.15	1.12	0.34
印刷业和记录媒介的复制	0.18	2.47	9.62	7.64	0.02	0.29	0.11
文教体育用品制造业		0.03	0.23	0.20		0.03	
石油加工、炼焦及核燃料加工业	0.55	2.12	8.90	8.10	0.04	0.20	0.17
化学原料及化学制品制造业	0.52	9.36	44.04	37.54	0.50	2.96	1.02
医药制造业	1.91	6.56	13.40	10.32	0.32	1.29	0.68
化学纤维制造业		0.02	1.71	1.55		0.15	0.01
橡胶制品业	0.01	0.44	3.62	3.04	0.02	0.28	0.15
塑料制品业	0.01	0.63	2.88	2.48	0.01	0.15	0.07
非金属矿物制品业	1.63	11.41	63.19	52.96	0.49	4.24	1.86
黑色金属冶炼及压延加工业	0.11	2.34	21.32	19.98	0.07	0.84	0.35
有色金属冶炼及压延加工业		0.73	8.29	7.42	0.01	0.31	0.24
金属制品业	0.25	5.38	18.02	15.17	0.08	0.96	0.47
通用设备制造业	0.60	5.35	27.28	22.30	0.18	2.71	0.64
专用设备制造业	0.08	1.25	8.82	7.55	0.05	0.57	0.37
交通运输设备制造业	0.08	2.13	5.69	4.91	0.03	0.22	0.17
电气机械及器材制造业	0.59	3.16	23.58	17.17	0.24	2.12	0.55
通信设备、计算机及其他电子设备制造业		2.58	1.00	0.78		0.05	0.05
仪器仪表及文化、办公用机械制造业		0.02	0.17	0.07	0.01	0.02	
工艺品及其他制造业	0.03	0.18	0.95	0.89	0.01	0.04	0.01
电力、热力的生产和供应业	0.12	0.35	1.12	1.16	0.01	-0.04	0.07

主要年份主要工业产品产量

Output of Major Industrial Products in Main Years

产品名称	单 位	1990年	1995年	2000年	2005年	2006年
化学纤维	万 吨	2.59	6.61	10.26	22.67	25.30
#合成纤维	万 吨	1.62	5.32	6.15	8.94	8.88
纱	万 吨	33.55	38.97	43.70	68.59	86.38
布	亿 米	12.69	17.71	15.60	23.37	28.23
呢 绒	万 米	696.81	3641.00	662.86	133.30	177.20
毛 线	吨	7081.36	105725.10	105574.00	95151.30	96235.40
丝织品	万 米	4081.36	4805.97	3478.20	1866.00	1746.00
机制纸及纸板	万 吨	88.75	236.97	216.34	315.82	370.46
皮 鞋	万 双	743.77	1646.02	309.59	107.35	163.06
胶 鞋	万 双	5204.75	11458.21	4814.50	2104.58	2129.39
日用陶瓷	亿 件	5.03	6.38	6.01	6.31	5.53
塑料制品	万 吨	11.33	74.66	42.33	140.75	137.86
缝纫机	万 架	0.34	8.78	23.76	27.17	25.73
自行车	万 辆	43.94	29.68	3.74	9.41	1.18
灯 泡	万 只	6104.94	9533.07	8397.36	25462.24	6131.30
干电池(折一号电池)	亿 只	2.66	4.93	2.93	4.36	2.08
原 盐	万 吨	190.68	334.57	432.62	419.07	412.56
食用植物油	万 吨	22.91	40.66	29.88	78.87	88.71
糖	万 吨	0.55	0.56	1.28	3.87	6.41
饮料酒(混合量)	万 吨	73.16	136.22	160.39	163.68	163.53
#白 酒	万 吨	20.25	27.22	26.40	10.17	13.16
啤 酒	万 吨	50.04	107.06	130.60	142.96	138.38
罐 头	万 吨	8.78	25.03	16.40	29.46	7.69
卷 烟	万 箱	118.53	112.99	107.97	600.00	620.00
钢	万 吨	383.69	793.25	1230.10	7386.40	9096.29
生 铁	万 吨	521.25	1214.49	1709.23	6765.61	8250.14
铁合金	万 吨	5.06	10.88	8.78	7.47	11.09
成品钢材	万 吨	281.27	771.03	1306.62	6465.10	8467.10
铝	万 吨	2.22	6.57	4.15	7.22	3.33
发电量	亿千瓦小时	368.97	607.45	844.42	1338.63	1461.00
#水 电	亿千瓦小时	7.03	12.63	4.70	5.61	15.74

注：1998年开始工业产品产量统计口径为全部国有及年产品销售收入500万元以上的非国有工业企业。饮料酒2004、2005和2006年为万千升,卷烟2004、2005和2006年为亿支。

主要年份主要工业产品产量(续)
Output of Major Industrial Products in Main Years

产品名称	单 位	1990年	1995年	2000年	2005年	2006年
原 煤	万 吨	6242.97	8108.31	5781.21	7956.40	7927.71
原 油	万 吨	570.52	517.02	518.26	562.45	610.81
天然气	亿立方米	2.94	3.49	5.14	6.90	6.55
铁矿石(原矿量)	万 吨	2826.98	5183.92	5889.44	15227.10	24951.89
焦炭(折标)	万 吨	417.10	866.36	792.47	2485.34	3209.12
硫酸(折100%)	万 吨	56.90	81.69	96.83	97.49	96.89
烧碱(氢氧化钠)	万 吨	12.33	28.30	32.48	56.56	73.03
纯碱(无水碳酸钠)	万 吨	26.61	69.84	99.84	177.37	187.64
合成氨	万 吨	165.10	200.08	252.27	339.52	357.44
农用化肥(折纯量)	万 吨	128.51	155.68	195.23	208.87	210.54
化学农药(原药)	吨	13649.90	39789.16	55733.00	35063.10	33484.63
纯 苯	吨	11949	25564	38962	64259	73222
电石(碳化钙)	万 吨	12.77	17.81	10.52	5.85	6.64
塑料树脂及共聚物	万 吨	5.11	17.10	31.25	62.96	64.52
油 漆	万 吨	4.18	15.53	6.06	10.41	11.11
合成橡胶	吨	576.00	3922.00	8489.00	8518.00	21903.30
轮胎外胎	万 条	78.54	189.55	121.37	112.48	70.51
合成洗涤剂	万 吨	3.77	5.29	1.83	12.89	12.05
化学药品(原药)	万 吨	1.90	5.95	10.17	39.20	54.96
中成药	吨	7157.90	10679.20	20077.00	33333.71	35698.71
工业锅炉	蒸发量吨	3771.00	10165.40	4418.00	11546.00	8503.60
内燃机生产量	万千瓦	49.64	70.78	51.05	484.42	446.39
变压器	万千伏安	967.75	1548.28	2394.54	5971.52	7333.55
泵	万 台	22.22	39.41	14.40	18.33	21.69
金属切削机床	台	1699	2109	555	1717	3279
汽 车	辆	8494	20256	13989	193941	268410
改装汽车	辆	7221	24414	31070	46911	49569
摩托车	辆	26810	26836	273231	377251	462291
水 泥	万 吨	1310.13	3154.70	4694.59	8850.04	8492.68
平板玻璃	万重量箱	1078.95	2576.94	2083.30	4964.25	5808.40
卫生陶瓷	万 件	577.41	1158.71	105715.00	1492.34	1852.65
砖	亿 块	328.00	481.54	115.26	104.99	150.90
瓦	亿 片	6.02	12.92	1.24	1.21	0.78

注：卫生陶瓷2000年计量单位为吨。

全部国有及年产品销售收入500万元以上非国有工业企业全员劳动生产率

Overall Labor Productivity of State-owned Enterprises and Non-state-owned Enterprises with Annual Product Sales over 5 Million

单位：元／人 · 年

类型	2006年		2005年	
	全部企劳动生产率	国有及国有控股企业劳动生产率	全部企业劳动生产率	国有及国有控股企业劳动生产率
全省总计	**127913**	**126247**	**108446**	**112867**
大型企业	165248	151923	143313	133115
中型企业	115525	97028	103111	97710
小型企业	107692	54410	86739	50890
按主要行业分				
煤炭开采和洗选业	74483	71656	59914	58655
石油和天然气开采业	351048	352451	275193	276572
黑色金属矿采选业	165232	77972	135208	98972
有色金属矿采选业	105174	49342	47433	27195
非金属矿采选业	71683	38795	56928	40336
农副食品加工业	157408	44313	145261	89644
食品制造业	96393	56687	77966	42178
饮料制造业	124023	56535	99728	74303
烟草制品业	661842	679475	582712	610957
纺织业	55527	25526	46391	25550
纺织服装、鞋、帽制造业	39375	43110	33931	31572
皮革、毛皮、羽毛(绒)及其制品业	149355	36949	122817	36498
木材加工及木、竹、藤、棕、草制品业	120669	24725	92298	39822
家具制造业	95514	154878	69499	8501
造纸及纸制品业	81943	119000	65242	65204
印刷业和记录媒介的复制	83869	72483	63739	64844
文教体育用品制造业	39163	19283	34522	17291
石油加工、炼焦及核燃料加工业	221262	239982	240612	422221
化学原料及化学制品制造业	111188	67441	89155	68244
医药制造业	93073	55118	90343	69559
化学纤维制造业	60887	54958	78453	75381
橡胶制品业	70404	14048	55049	22063
塑料制品业	80913	28168	77205	57367
非金属矿物制品业	65299	56050	53142	48437
黑色金属冶炼及压延加工业	243929	235509	219294	218133
有色金属冶炼及压延加工业	136062	83755	125418	43796
金属制品业	107149	61073	90481	42378
通用设备制造业	69434	33345	58050	22541
专用设备制造业	87044	68668	57132	39726
交通运输设备制造业	84748	62446	72144	58629
电气机械及器材制造业	161828	89742	129780	78591
通信设备、计算机及其他电子设备制造业	109866	67981	79474	54353
仪器仪表及文化、办公用机械制造业	80045	58054	71700	55226
工艺品及其他制造业	39477	17014	38737	13380
废弃资源和废旧材料回收加工业	95831		88723	
电力、热力的生产和供应业	246335	236205	227102	227228
燃气生产和供应业	61005	53272	42974	34323
水的生产和供应业	36328	33955	34105	31789

注：本表按工业增加值。

全部大中型工业企业主要指标(2006年)
Major Indicators of All Large and Medium-sized Industrial Enterprises(2006)

单位:亿元

行业	企业单位数(个)	工业总产值(现价)	实收资本	流动资产合计	固定资产原价	主营业务收入	本年应交增值税
全省总计	**1298**	**9240.86**	**1851.24**	**3608.11**	**6192.76**	**9087.26**	**369.99**
轻工业	378	1399.29	305.85	604.07	761.21	1365.22	45.45
重工业	920	7841.57	1545.39	3004.04	5431.55	7722.04	324.54
按主要行业分							
煤炭开采和洗选业	23	286.56	132.90	198.02	364.85	310.28	23.46
石油和天然气开采业	5	346.01	134.05	123.93	474.40	345.78	29.61
黑色金属矿采选业	52	165.11	18.81	77.39	68.64	163.22	11.85
有色金属矿采选业	4	4.26	1.08	1.46	2.03	3.62	0.28
非金属矿采选业	5	8.26	4.91	13.92	17.20	7.21	1.01
农副食品加工业	43	264.34	24.85	82.72	60.43	262.27	4.54
食品制造业	32	220.07	46.07	52.63	72.15	219.98	5.83
饮料制造业	27	76.44	24.57	41.42	61.00	68.14	3.91
烟草制品业	3	61.05	10.39	35.26	25.24	61.48	6.59
纺织业	86	206.41	41.12	88.74	136.17	189.42	5.51
纺织服装、鞋、帽制造业	17	25.78	4.97	13.02	9.21	25.02	0.33
皮革、毛皮、羽毛(绒)及其制品业	15	64.94	3.62	12.17	6.92	61.08	0.71
木材加工及木、竹、藤、棕、草制品业	10	33.22	1.69	4.44	5.98	32.91	0.73
家具制造业	5	15.73	0.38	3.98	2.17	15.26	0.78
造纸及纸制品业	35	74.60	21.57	27.35	63.41	73.23	2.65
印刷业和记录媒介的复制	11	26.64	7.97	10.98	19.64	25.67	1.05
石油加工、炼焦及核燃料加工业	43	579.82	97.80	139.94	206.61	574.19	10.76
化学原料及化学制品制造业	98	407.84	106.84	200.67	282.29	383.98	11.94
医药制造业	30	173.45	60.52	122.14	155.68	177.22	7.67
化学纤维制造业	4	28.17	8.07	12.13	27.67	27.30	0.91
橡胶制品业	17	28.84	5.30	13.77	12.45	26.87	0.87
塑料制品业	20	67.28	13.70	42.61	42.46	66.81	1.81
非金属矿物制品业	104	238.44	83.91	147.25	274.99	232.64	10.83
黑色金属冶炼及压延加工业	150	3650.31	393.12	1286.30	1607.67	3562.72	138.46
有色金属冶炼及压延加工业	16	57.82	35.18	22.85	39.49	57.74	0.54
金属制品业	52	156.33	17.76	53.08	34.72	152.74	2.48
通用设备制造业	75	132.10	35.83	97.01	71.28	126.93	4.22
专用设备制造业	44	136.74	31.98	101.60	61.16	134.72	5.26
交通运输设备制造业	63	304.14	76.01	200.63	128.09	312.30	5.55
电气机械及器材制造业	31	208.49	27.58	103.08	55.21	195.82	3.28
通信设备、计算机及其他电子设备制造业	13	31.25	23.44	21.92	49.29	26.93	1.41
仪器仪表及文化、办公用机械制造业	4	9.04	2.90	6.61	4.48	8.86	0.30
工艺品及其他制造业	3	3.79	1.79	5.37	2.62	3.52	0.05
电力、热力的生产和供应业	140	1127.66	321.87	216.94	1663.94	1129.38	63.80
燃气生产和供应业	7	9.03	7.84	14.30	23.21	9.34	0.37
水的生产和供应业	10	10.42	20.72	11.81	59.51	12.17	0.58

按行业分大中型工业企业主要经济效益指标(2006年)
Major Indicators on Economic Benefit of Large and Medium-sized Industrial Enterprises (2006)

行业	工业增加值率(%)	总资产贡献率(%)	资产负债率(%)	流动资产周转次数(次)	工业成本费用利润率(%)	全员劳动生产率(元/人·年)	产品销售率(%)
全省总计	**28.44**	**13.20**	**61.84**	**2.68**	**7.17**	**140483**	**98.45**
煤炭开采和洗选业	53.99	8.85	58.89	1.62	5.67	72843	99.82
石油和天然气开采业	69.23	43.29	43.49	3.03	65.02	351048	98.17
黑色金属矿采选业	47.29	33.62	51.03	2.35	25.86	143047	96.44
有色金属矿采选业	48.21	22.23	62.74	2.27	8.97	52838	97.15
非金属矿采选业	57.90	7.62	58.92	0.65	5.68	35579	89.40
农副食品加工业	21.40	14.17	66.98	3.94	4.89	164626	100.92
食品制造业	23.47	13.93	48.28	4.48	5.13	100308	98.35
饮料制造业	36.19	15.69	81.04	1.74	5.07	131661	94.82
烟草制品业	68.43	74.40	47.98	1.82	23.14	679475	100.95
纺织业	24.40	5.88	63.62	2.14	1.99	35452	97.30
纺织服装、鞋、帽制造业	29.26	8.30	56.60	1.84	5.19	37201	96.14
皮革、毛皮、羽毛(绒)及其制品业	33.36	28.85	63.28	5.12	6.92	160435	96.38
木材加工及木、竹、藤、棕、草制品业	30.09	38.38	54.37	8.70	7.98	133095	99.53
家具制造业	25.65	21.22	47.19	3.86	7.47	116259	98.03
造纸及纸制品业	24.70	6.64	62.98	2.79	2.38	82612	99.27
印刷业和记录媒介的复制	40.11	14.92	37.30	2.86	10.00	117311	98.82
石油加工、炼焦及核燃料加工业	13.54	-1.39	74.11	4.75	-5.62	225993	97.74
化学原料及化学制品制造业	22.65	10.55	64.86	1.97	7.60	89325	97.04
医药制造业	26.80	8.74	62.10	1.44	6.93	87261	98.17
化学纤维制造业	20.38	4.20	55.17	2.28	-1.07	54958	101.69
橡胶制品业	28.53	14.13	67.87	2.12	7.91	56008	96.54
塑料制品业	17.18	-14.16	89.46	1.60	-23.08	49592	100.66
非金属矿物制品业	29.09	7.78	62.45	1.61	4.55	57424	98.22
黑色金属冶炼及压延加工业	25.87	14.77	63.49	2.98	7.47	244140	98.56
有色金属冶炼及压延加工业	15.78	-1.61	51.27	2.58	-4.6	73801	97.70
金属制品业	27.46	11.13	61.83	3.17	3.96	99412	97.02
通用设备制造业	30.74	10.66	63.22	1.42	9.49	59805	99.63
专用设备制造业	28.95	10.43	70.90	1.41	6.50	80223	96.55
交通运输设备制造业	20.70	7.69	61.65	1.62	5.12	84880	98.59
电气机械及器材制造业	28.76	12.06	55.46	2.51	7.97	203424	96.27
通信设备、计算机及其他电子设备制造业	39.55	3.37	41.71	1.30	-0.29	112152	87.45
仪器仪表及文化、办公用机械制造业	28.25	14.81	47.02	1.51	14.07	57263	97.65
工艺品及其他制造业	29.02	4.44	80.71	0.65	5.49	17896	90.03
电力、热力的生产和供应业	27.60	12.04	61.66	4.94	6.46	257513	99.84
燃气生产和供应业	41.89	2.50	64.85	0.73	1.35	58766	99.19
水的生产和供应业	50.09	0.36	52.02	1.01	-7.4	39633	99.79

全部国有及年产品销售收入500万元以上非国有工业企业主要经济效益指标(2006年)

Major Indicators of Economic Benefit of State-owned Enterprises and Non-state-owned Enterprises with Annual Product Sales over 5 Million(2006)

行业	工业增加值率(%)	总资产贡献率(%)	资产负债率(%)	流动资产周转次数(次)	工业成本费用利润率(%)	全员劳动生产率(元/人·年)	产品销售率(%)
全省总计	**28.76**	**14.40**	**61.05**	**2.94**	**7.33**	**127913**	**98.21**
轻工业	27.92	15.77	59.84	3.20	6.49	86338	97.87
重工业	29.00	14.10	61.32	2.87	7.56	147002	98.31
大型企业	30.60	14.44	61.10	2.57	9.03	165248	99.18
中型企业	25.81	11.34	62.95	2.83	4.92	115525	97.56
小型企业	29.47	18.88	58.13	3.74	7.71	107692	97.70
主要工业部门							
煤炭开采和洗选业	48.93	9.28	58.76	1.84	5.40	74483	101.04
石油和天然气开采业	69.23	43.29	43.49	3.03	65.02	351048	98.17
食品制造业	24.19	14.69	49.10	4.26	5.86	96393	98.39
饮料制造业	35.05	14.71	73.85	1.88	5.35	124023	95.37
烟草制品业	68.33	74.39	48.04	1.82	22.91	661842	100.98
纺织业	26.19	13.09	59.72	3.14	6.08	55527	97.22
纺织服装、鞋、帽制造业	28.22	15.56	55.90	3.47	5.80	39375	97.70
造纸及纸制品业	26.75	12.79	61.02	3.93	5.17	81943	99.11
石油加工、炼焦及核燃料加工业	14.95	-0.09	72.39	4.67	-4.82	221262	97.57
化学原料及化学制品制造业	25.46	13.06	62.00	2.50	7.84	111188	97.12
医药制造业	28.64	9.39	61.92	1.52	7.42	93073	97.83
非金属矿物制品业	29.94	10.74	60.80	2.41	6.02	65299	98.01
黑色金属冶炼及压延加工业	25.92	14.79	63.20	3.11	7.10	243929	98.55
金属制品业	28.66	12.70	58.24	3.17	4.86	107149	97.50
通用设备制造业	30.09	15.15	60.73	2.15	9.18	69434	97.94
电气机械及器材制造业	28.57	16.69	54.59	3.01	8.83	161828	96.96
通信设备、计算机及其他电子设备制造业	35.29	7.42	47.40	2.01	4.27	109866	92.03
电力、热力的生产和供应业	27.98	11.55	62.57	4.68	6.40	246335	99.85

国有及国有控股工业企业主要经济效益指标(2006年)
Major Indicators of Economic Benefit of State-owned and State-holding Industrial Enterprises(2006)

行　　业	工业增加值率(%)	总资产贡献率(%)	资产负债率(%)	流动资产周转次数(次)	工业成本费用利润率(%)	全员劳动生产率(元/人·年)	产品销售率(%)
全省总计	**29.99**	**10.62**	**63.84**	**2.33**	**5.74**	**126247**	**99.02**
轻工业	33.06	10.28	67.35	1.49	2.21	62128	99.79
重工业	29.71	10.67	63.42	2.46	6.07	140985	98.95
大型企业	34.12	12.41	62.09	2.19	8.36	151923	99.08
中型企业	20.92	7.46	64.33	3.07	1.20	97039	99.26
小型企业	29.33	3.88	80.04	1.45	-0.1	54423	96.92
主要工业部门							
煤炭开采和洗选业	53.87	8.51	59.70	1.63	5.11	71656	99.76
石油和天然气开采业	69.30	43.31	43.52	3.03	65.21	352451	98.16
食品制造业	25.49	4.30	78.04	2.46	2.11	56687	98.93
饮料制造业	42.94	13.90	93.24	1.19	-3.56	56535	91.67
烟草制品业	68.43	74.40	47.98	1.82	23.14	679475	100.95
纺织业	26.74	3.11	76.18	1.62	-2.47	25526	99.90
纺织服装、鞋、帽制造业	33.69	2.86	61.59	1.72	1.59	43110	100.46
造纸及纸制品业	38.14	10.29	60.70	2.00	6.75	119000	105.09
石油加工、炼焦及核燃料加工业	6.71	-14.42	75.71	7.49	-9.54	239982	98.83
化学原料及化学制品制造业	18.45	6.61	67.13	1.77	3.65	67441	99.17
医药制造业	18.50	4.62	65.33	1.25	2.18	55118	99.72
非金属矿物制品业	27.12	4.63	69.79	1.15	-0.08	56050	99.01
黑色金属冶炼及压延加工业	26.63	10.09	63.69	2.12	5.69	235509	98.46
金属制品业	31.08	4.03	74.53	1.05	2.60	61073	100.66
通用设备制造业	26.22	3.43	72.71	0.83	1.16	33345	96.70
电气机械及器材制造业	15.94	8.32	63.73	2.04	4.69	89742	96.84
通信设备、计算机及其他电子设备制造业	30.09	-3.02	54.58	0.87	-13.46	67981	92.58
电力、热力的生产和供应业	26.63	11.13	62.55	4.90	5.52	236205	99.97

年产品销售收入500万元以上集体工业企业主要经济效益指标(2006年)

Major Indicators of Economic Benefit of Collective-owned Enterprises with Annual Product Sales over 5 Million(2006)

行业	工业增加值率(%)	总资产贡献率(%)	资产负债率(%)	流动资产周转次数(次)	工业成本费用利润率(%)	全员劳动生产率(元/人·年)	产品销售率(%)
全省总计	**30.16**	**27.72**	**53.85**	**5.12**	**7.88**	**101575**	**97.99**
轻工业	30.65	30.79	56.75	5.99	8.24	120516	97.79
重工业	29.83	25.87	52.10	4.67	7.08	91481	98.13
大型企业	45.08	21.54	30.94	2.64	12.70	206413	99.56
中型企业	30.01	22.18	52.55	4.57	6.82	98483	97.58
小型企业	29.77	31.70	56.64	5.61	7.72	100616	98.12
主要工业部门							
煤炭开采和洗选业	30.52	17.93	50.33	4.67	4.94	53008	98.22
石油和天然气开采业							
食品制造业	31.50	37.99	52.30	7.94	12.00	176536	97.70
饮料制造业	31.74	13.56	121.61	1.57	-12.49	71871	91.36
烟草制品业	51.00	68.53	92.52	6.11	2.44	91258	106.29
纺织业	30.67	18.17	72.08	3.31	6.45	103396	97.86
纺织服装、鞋、帽制造业	22.14	5.07	71.64	4.23		37267	94.38
造纸及纸制品业	25.90	25.42	56.27	5.96	8.90	67221	98.50
石油加工、炼焦及核燃料加工业	38.76	11.40	47.11	4.69	2.35	119831	101.44
化学原料及化学制品制造业	26.47	28.70	42.82	5.05	7.66	125912	98.08
医药制造业	38.44	22.12	41.49	2.72	12.00	162345	99.08
非金属矿物制品业	30.18	27.15	55.93	5.97	7.78	74971	98.73
黑色金属冶炼及压延加工业	26.49	19.91	64.69	5.41	4.15	137370	96.08
金属制品业	28.16	13.38	55.72	2.39	6.01	61779	98.43
通用设备制造业	29.50	34.61	49.86	4.84	11.54	85190	96.80
电气机械及器材制造业	28.89	55.88	46.23	7.79	11.58	157691	98.95
通信设备、计算机及其他电子设备制造业	39.93	4.55	11.58	1.05	6.13	55419	96.99
电力、热力的生产和供应业	27.81	2.37	77.01	1.44	-3.84	22600	100.00

建筑业主要经济指标(2000-2006年)

Major Economic Indictors on Construction Enterprises(2000-2006)

指　　标	单　位	2000年	2001年	2002年	2003年	2004年	2005年	2006年
建筑业总产值	亿　元	492.10	614.50	729.04	779.93	1000.44	1285.29	1448.73
竣工产值	亿　元	357.67	435.30	563.31	585.71	682.94	755.01	904.97
产值竣工率	%	72.70	70.80	77.27	75.10	68.26	58.74	62.47
按总产值计算的劳动生产率	元／人	51217	57869	64410	70048	80818	108148	135067
房屋建筑竣工面积	万平方米	3481.42	4365.8	4741	4748.3	5827.08	5744.23	6024.1
#住　宅	万平方米	2260.98	2748.5	3042	3092.7	3723.06	3693.9	4080.2
房屋面积竣工率	%	55.6	21.6	57.2	53.3	52.3	51.0	48.0
人均竣工面积	平方米／人	36.0	41.0	42.0	42.6	51.2	48.3	56.2
年末固定资产原价	亿　元	185.15	219.90	268.17	271.14	313.01	315.30	331.81
年末固定资产净值	亿　元	125.09	152.90	202.62	177.50	215.34	211.54	258.77
利润总额	亿　元	6.74	12.60	14.60	18.06	24.60	29.41	31.66
人均利润	元／人	701	1190	1292	1622	2162	2475	2952
年末自有机械设备总功率	万千瓦	603.88	663.70	604.35	575.40	1251.48	716.67	723.70
年末自有机械设备净值	亿　元	57.16	69.55	103.01	104.60	98.94	97.59	106.57
技术装备率	元／人	6525	7342	10331	10573	8697	8212	9936
动力装备率	千瓦／人	7	7	6	6	11	6	7
资金利润率	%	1.41	2.23	2.00	9.30	2.87	3.31	3.16

建筑业企业
Main Economic Indicators

指 标	合 计	按登记类型分		
		内资企业	#国有经济	#集体经济
企业单位数(个)	2117	2109	176	152
从业人员(人)	1072642	1071358	148198	82747
自有施工机械设备年末总台数(万台)	51.69	51.67	5.69	3.05
自有施工机械设备年末净值(万元)	1065747.1	1065026.4	208116.3	47909.5
自有机械设备年末总功率(万千瓦)	723.70	722.06	145.24	42.99
建筑业总产值(万元)	14487321.0	14465079.0	3562612.3	780105.8
建筑工程	12074667.2	12068735.0	2958201.7	458475.8
安装工程	1796465.6	1795806.4	440486.3	303818.5
其他产值	616188.2	600537.6	163924.3	17811.5
应付工资(万元)	1291848.6	1290188.2	226390.6	85907.9
应付福利费(万元)	122810.5	122680.5	26090.8	6754.9
工程结算税金及附加(万元)	501418.6	500227.7	149462.9	20046.7
管理费用中的税金(万元)	19819.1	19326.1	2597.7	1396.4
营业利润(万元)	336954.3	335482.1	37487.5	18999.0
房屋建筑施工面积(万平方米)	12557.73	12557.51	1534.44	722.80
房屋建筑竣工面积(万平方米)	6024.09	6023.86	541.25	437.98
资产合计(万元)	10745212.0	10732714.6	2677787.6	468683.7
流动资产合计(万元)	7445383.1	7435583.2	1929320.3	310000.4
固定资产原价(万元)	2587741.0	2585399.4	583932.5	132171.7
流动负债合计(万元)	6343043.1	6337602.3	1941874.8	246488.0
长期负债合计(万元)	211264.3	211264.3	72522.6	8547.0
所有者权益(万元)	4190704.6	4183648.0	663390.2	213648.7
#实收资本(万元)	3005033.9	2999746.4	515876.2	137969.4
利润总额(万元)	316632.1	314760.1	29711.5	18276.6
利税总额(万元)	837869.8	834313.9	181772.1	39719.7
劳动生产率(元/人)(按总产值计算)	135062	135016	240395	94276
技术装备率(元/人)	9936	9941	14043	5790
动力装备率(千瓦/人)	6.7	6.7	9.8	5.2
房屋建筑面积竣工率(%)	48.0	48.0	35.3	60.6
产值利润率(%)	2.2	2.2	0.8	2.3
产值利税率(%)	5.8	5.8	5.1	5.1

主要经济指标(2006年)
on Construction Enterprises(2006)

按登记类型分		按行业分					
港澳台商投资企业	外商投资企业	房屋和土木工程建筑业	房屋工程建筑	土木工程建筑	建筑安装业	建筑装饰业	其他建筑业
6	2	1451	1130	321	255	335	76
1193	91	975875	823029	152846	64361	22505	9901
0.02		46.05	40.31	5.74	2.16	1.44	2.04
720.7		979736.3	672182.3	307554.0	53997.0	14658.7	17355.1
1.64		672.65	471.63	201.02	24.92	15.75	7.99
21359.4	882.6	12793116.4	8920143.7	3872972.7	1374587.1	223988.6	95628.9
5049.6	882.6	11619486.6	8361626.7	3257859.9	326335.0	76521.3	52324.3
659.2		941252.1	440069.3	501182.8	833408.1	15144.6	6660.8
15650.6		232377.7	118447.7	113930.0	214844.0	132322.7	36643.8
1602.2	58.2	1182314.3	941625.2	240689.1	80601.3	18483.0	10450.0
127.9	2.1	110949.2	84016.3	26932.9	9009.4	1616.9	1235.0
1164.4	26.5	465001.7	333077.4	131924.3	25092.1	8482.9	2841.9
492.7	0.3	15911.4	11454.9	4456.5	2475.6	1131.2	300.9
1507.8	-35.6	296500.7	213916.0	82584.7	25040.5	9681.5	5731.6
0.22		12380.17	12000.78	379.39	165.67	2.49	9.40
0.22		5942.90	5789.03	153.87	70.62	2.44	8.13
10566.1	1931.3	9497120.5	6594168.5	2902952.0	837776.5	302178.1	108136.9
7931.5	1868.4	6555429.1	4639823.1	1915606.0	608025.2	225490.9	56437.9
2278.7	62.9	2307445.3	1487226.5	820218.8	169283.7	65369.6	45642.4
4923.5	517.3	5635012.0	3844839.8	1790172.2	506726.9	156145.2	45159.0
		184460.2	85542.9	98917.3	25563.4	516.1	724.6
5642.6	1414.0	3677648.3	2663785.8	1013862.5	305286.2	145516.8	62253.3
3687.5	1600.0	2623377.2	1926427.1	696950.1	214989.1	113014.3	53653.3
1918.2	-46.2	277863.8	197687.2	80176.6	24565.0	10026.5	4176.8
3575.3	-19.4	758776.9	542219.5	216557.4	52132.7	19640.6	7319.6
179039	96989	131094	221300	674593	213575	99528	96585
6041		10040	8167	20122	8390	6514	17529
13.8		6.9	5.7	13.2	3.9	7.0	8.1
100.0		48.0	48.2	40.6	42.6	97.8	86.5
9.0	-5.2	2.2	2.2	2.1	1.8	4.5	4.4
16.7	-2.2	5.9	6.1	5.6	3.8	8.8	7.7

建筑业企业技术装备情况(1991-2006年)

Number and Power of Machinery and Equipment Owned by Construction Enterprises (1991-2006)

年份	自有机械设备年末总台数(台)	自有机械设备年末总功率(万千瓦)	#施工机械功率	自有机械设备年末净值(万元)	技术装备率(元/人)	动力装备率(千瓦/人)
1991	109405	226.15	147.81	133116	3362	5.71
1992	94837	212.56	144.15	138588	3398	5.21
1993	188111	330.00	220.00	169752	2637	5.13
1994	196886	412.22	251.00	247707	2926	4.90
1995	213972	331.78	248.29	2851719	3741	4.35
1996	326300	471.49	368.98	399500	3884	4.58
1997	291800	483.63	399.64	490300	4995	4.93
1998	309600	482.76	389.03	448200	5166	5.56
1999	363100	519.76	425.95	497700	5775	6.03
2000	380673	603.88	457.22	5715649	6525	7.00
2001	432840	663.66	520.42	6955482	7342	7.00
2002	449741	604.35	509.69	1030110	10331	6.10
2003	443997	575.41	416.01	1046003	10573	5.80
2004	508692	1251.48		989386	8697	11.00
2005	435734	716.67		975913	8212	6.00
2006	516915	723.70		1065747	9936	6.75

注：2004年自有机械设备总台数、总功率、净值数据为自有施工机械设备总台数、总功率、净值数,技术装备率和动力装备率是用自有施工机械设备净值和自有施工机械设备总功率计算。

按承包类型分的建筑业企业主要指标

Main Economic Indicators on Construction Enterprise by General Contractors

指标	2003年	2004年	2005年	2006年
总承包企业				
企业个数(个)	1124	1371	1338	1344
从业人员(人)	684976	1025503	1053286	1072642
建筑业总产值(万元)	6774134	8924352	11518883	12872972.4
一级	2798941	3803432	5256800	5997294.2
二级	2145880	2787101	3195002	3736277
三级及以下	1423628	1696404	1888373	2307956.3
利润总额(万元)	135661	197672	239490	261301.1
利税总额(万元)	406816	839388	592672.3	735501.6
专业承包企业				
企业个数(个)	494	792	756	773
从业人员(人)	124341	112101	132664	132369
建筑业总产值(万元)	1025179	1080089	1334048	1614348.6
一级	370096	420389	489944	401150
二级	455069	422721	544565	802305.7
三级及以下	200014	236979	299539	410892.9
利润总额(万元)	44963	48309	54655.5	55331
利税总额(万元)	104659	184223	94566.1	102368.2

主要年份运输线路长度

Length of Transportation Routes in Main Years

单位：公里

年　份	公路通车里程	内河通航里程	地方铁路里程	中央铁路营业里程
1978	40260	177	562.7	2012.5
1980	39883	29	572.8	2087.7
1985	40698		721.6	2481.1
1990	43640	75	691.5	2815.3
1991	47464	75	774.0	2825.2
1992	48334	75	783.1	2825.7
1993	49195	75	775.4	3031.2
1994	50496	75	765.9	3078.1
1995	51630	75	770.0	3076.3
1996	54146	75	665.8	3450.6
1997	56009	75	665.8	3464.0
1998	57263	75	632.1	3473.0
1999	58162	75	585.5	3467.0
2000	59152	75	554.8	3474.2
2001	62615	75	613.8	3476.4
2002	63079	75	1004.7	3508.1
2003	65391	75	1200.7	3508.1
2004	70198	75	1218.7	3521.6
2005	75894	286	1207	3675.9
2006	143778	286	1489.1	3594.9

注：内河通航里程2005年为普查数据，指水深1米以上的航道。

交通运输工具拥有量

Number of Transportation Tools

指　标	单　位	2006年			2005年		
		合　计	#个　人	#占合计%	合　计	#个　人	#占合计%
汽　车		3017402	2212061	73.3	2829441	1988958	70.3
载客汽车	辆	1495221	1237945	82.8	1199797	969982	80.8
#轿　车	辆	728709	625054	85.8	531255	446339	84.0
载货汽车	辆	703926	374429	53.2	708612	344505	48.6
#普通载货	辆	548897	295730	53.9	576146	283041	49.1
其他汽车	辆	818255	599687	73.3	921032	674471	73.2
摩托车	辆	4858226	4052978	83.4	4699041	3866923	82.3
拖拉机	辆	1565776	1526632	97.5	1546900	1507230	97.4
挂　车	辆	123454	43003	34.8	121134	41029	33.9
运输船舶							
(1)货　船	艘	78	61		88	61	
净载货量	吨	2717565	354065		3014425	298502	
(2)拖　船	艘	6	5		7		
功　率	千瓦	17064	16599		17529		
(3)货运驳船	艘	15	14		15	14	
净载重量	吨	13790	12470		14523	12470	
地方铁路							
机　车	台	150			122		
货　车	辆	1449			1427		
客　车	辆	21			21		

全社会客运量(1990-2006年)

Passenger Traffic (1990-2006)

单位:万人

年份	总计	铁路	#地方铁路	公路	水运	民航
1990	25745	5034	45	20525	183	4.0
1991	26745	4849	34	21721	172	3.0
1992	31525	4832	32	26693		
1993	35686	5118	20	30567		1.0
1994	35109	5093	8	30013		3.0
1995	36714	4655		32038		21.0
1996	36589	4272		32303		13.6
1997	38021	4254		33755		12.0
1998	58403	4633		53761		8.7
1999	61575	4704		56862		8.6
2000	65255	4902		60341		12.0
2001	72229	4841		67377		10.7
2002	76094	5004		71081		9.1
2003	65219	4441		60767		10.7
2004	77784	5270		72500		13.8
2005	80918	5492		75402		23.8
2006	83988	6024		77931		33.3

全社会旅客周转量(1990-2006年)

Passenger-Kilometers(1990-2006)

单位:亿人公里

年份	总计	铁路	#地方铁路	公路	水运	民航
1990	358.09	249.44	0.12	108.44	0.20	
1991	386.23	268.41		117.68	0.14	
1992	466.66	290.09	0.09	176.56		
1993	489.95	305.32	0.06	184.63		
1994	499.63	307.03	0.03	192.61		
1995	493.92	287.72		206.20		
1996	480.14	264.97		215.17		
1997	514.21	287.75		226.46		
1998	676.38	313.09		363.29		
1999	729.94	338.23		391.71		
2000	782.87	377.24		405.63		
2001	849.33	402.56		445.35		1.42
2002	897.84	415.26		482.58		
2003	780.46	383.76		396.69		
2004	945.4	479.07		466.33		
2005	989.77	504.44		485.33		
2006	1068.57	552.45		516.12		

全社会货运量(1990−2006年)
Freight Traffic (1990-2006)

单位：万吨

年 份	总 计	铁 路	#地方铁路	公 路	水 运	民 航	管 道	港口货物吞吐量
1990	58203	11501	597	44258	363	0.10	2080	6960
1991	58735	11460	626	44900	345		2030	7236
1992	60648	11734	664	46571	354		1989	8156
1993	61979	11929	733	47722	340		1988	7877
1994	73510	12056	740	59097	409	…	1949	8404
1995	74214	12106	879	59860	404	…	1844	8815
1996	76786	12159	969	62235	439	0.10	1953	8944
1997	76347	12452	1117	61568	363	2.00	1962	8426
1998	75559	11720	1109	61564	414	2.70	1858	8420
1999	76141	11723	1313	62340	504	3.70	1570	9012
2000	76808	12546	1314	62321	571	3.09	1366	10771
2001	80835	14954	2293	63696	945	3.80	1236	12558
2002	84315	15368	2915	66655	1105	2.62	1184	14432
2003	80551	16646	3815	61570	1172	2.48	1161	18002
2004	87265	18216	4504	66227	1700	1.81	1120	22515
2005	91330	19051	5690	68652	2539	1.45	1087	27341
2006	96784	19646	6214	73263	2778	0.88	1096	33805

注：管道输油量1987年后为河北省境内数。

全社会货物周转量(1990−2006年)
Freight Ton-kilometers (1990-2006)

单位:亿吨公里

年 份	总 计	铁 路	#地方铁路	公 路	水 运	管 道
1990	1546.47	1256.80	1.89	215.42	48.53	25.72
1991	1619.00	1291.43	2.04	248.71	52.61	26.25
1992	1782.31	1375.26	2.26	333.94	51.40	21.70
1993	1858.00	1428.66	2.51	346.08	52.80	30.45
1994	1945.85	1478.67	2.67	372.56	65.86	28.75
1995	2029.48	1534.74	3.45	397.36	67.88	29.50
1996	2098.49	1514.31	3.85	473.62	78.97	31.59
1997	2063.13	1504.09	4.51	455.01	70.82	33.21
1998	1956.15	1345.11	4.31	501.78	80.74	28.51
1999	2116.34	1371.23	4.95	537.52	180.78	26.81
2000	2325.85	1474.77	5.34	555.42	267.97	27.69
2001	2760.82	1613.04	7.92	608.01	512.70	27.07
2002	2862.79	1658.24	9.98	632.40	543.34	28.82
2003	3023.79	1787.73	11.75	591.60	612.19	32.28
2004	3796.05	1955.54	16.19	658.59	1150.00	31.93
2005	4750.64	2120.98	20.24	691.45	1908.07	30.14
2006	5157.40	2331.11	20.70	748.86	2051.41	26.02

注：管道1987年后为河北省境内数。

沿海港口基本情况(2006年)
Basic Indicators of Coastal Ports (2006)

港口名称	合计 码头长度(米)	合计 泊位个数(个)	合计 泊位个数 #万吨级	#生产用 码头长度(米)	#生产用 泊位个数(个)	#生产用 泊位个数 #万吨级	设计吞吐能力(万吨)
总　计	**21043**	**107**	**70**	**19638**	**84**	**70**	**35541**
#秦皇岛港	13566	73	42	12248	52	42	22641
#生产用码头	12248	52	42	12248	52	42	22641
煤码头	5822	23	21	5822	23	21	19250
油码头	1035	4	3	1035	4	3	1540
散杂码头	4410	22	17	4410	22	17	1233
其　他	700	3	1	700	3	1	433
黄骅港	3033	16	10	2946	14	10	6785
唐山港	4444	18	18	4444	18	18	6115

沿海主要港口货物吞吐量(2006年)
Volume of Freight Handled in Major Coastal Ports (2006)

单位：万吨

货类品名	合计	合计 外贸	合计 内贸	出港量	出港量 外贸	出港量 内贸	进港量	进港量 外贸	进港量 内贸
总　计	**33805**	**8216**	**25589**	**29427**	**4855**	**24572**	**4378**	**3361**	**1017**
煤炭及制品	27181	4173	23008	27103	4109	22994	77	64	14
石油、天然气及制品	558	30	528	352	10	341	206	20	186
#原　油	370		370	281		281	89		89
金属矿石	3613	3048	565	17		17	3596	3048	548
#铁矿石	3494	2951	544	6		6	3489	2951	538
钢　铁	1259	392	867	1253	390	863	7	3	4
#钢　材	480	77	404	478	75	403	2	2	1
生　铁	1		1	1		1			
矿建材料	133	3	130	19	1	18	114	2	111
水　泥	143	133	11	143	133	10	0		0
木　材	4	4		4	4		0	0	
非金属矿石	44	10	33	12	9	3	32	2	30
化肥农药	27	22	5	17	12	5	10	10	
盐	33	4	29				33	4	29
粮　食	229	162	67	49	13	36	181	149	32
#小　麦	10	6	5	6	6		5		5
玉　米	38	6	33	38	6	33			
大　豆	122	120	2	1	0	1	121	120	1
其　他	580	234	346	459	176	284	121	59	63

注：主要港口包括秦皇岛港、黄骅港和唐山港。

主要年份邮电通信网(年底数)

Telecommunications Facilities in Main Years (End of year)

年份	邮政局、所 (处)	#设在农村的	邮路总长度 (万公里)	长话电路 (路)
1978	1802	1511	16.5	1350
1980	1752	1434	17.0	4539
1985	2928	2588	2.6	2304
1990	2443	1078	2.8	5177
1991	2411	1083	2.9	8024
1992	2403	1090	3.0	11692
1993	2398	1087	3.2	13248
1994	2470	1902	3.3	30846
1995	2538	1869	3.5	33090
1996	2555	1820	3.7	43537
1997	2472	1863	3.9	61111
1998	2389	1750	3.9	70111
1999	2081	1455	4.0	87497
2000	2018	1390	4.1	122560
2001	2013	1371	4.1	187292
2002	1978	1312	4.5	796340
2003	1952	1272	5.3	20173
2004	1955	1258	5.4	22531
2005	1957	1242	4.7	27306
2006	1986	1244	4.6	21425

注：1.1982年后的邮路长度不包括农村路线。2.2003年及以后长话电路计量单位为2M。

主要年份邮电业务量

Post and Telecommunications Services in Main Years

年份	邮电业务总量 (万元)	函件 (万件)	报纸期发数 (万份)	城市固定电话用户 (户)	农村固定电话用户 (户)
1978	5904	15417	267	59630	20773
1980	6420	15961	304	62100	19800
1985	12618	21639	580	99340	63682
1990	55643	23716	473	198242	37691
1991	72836	22570	567	252755	43604
1992	103676	24692	609	381549	53250
1993	164048	29282	876	579960	79909
1994	217834	32172	672	957791	146473
1995	360930	31471	504	1513364	380026
1996	485001	30171	584	1995767	657122
1997	634216	25858	589	2356302	932078
1998	885071	25699	499	2762371	1272000
1999	1164413	21235	1149	3153630	1720036
2000	1910400	26302	522	3917457	2755083
2001	1670100	31698	422	4860720	4191530
2002	2198441	36078	508	5584495	5459573
2003	2931845	20056	484	7315000	6075000
2004	4307925	32623	451	9062000	6718000
2005	5284674	25742	378	9469503	6808869
2006	6415679	22444	340	10051585	6520321

社会消费品零售总额(2000-2006年)
Total Retail Sales of Consumer Goods(2000-2006)

项　　目	2000年	2001年	2002年	2003年	2004年	2005年	2006年
社会消费品零售总额(亿元)	**1613.9**	**1778.3**	**1968.3**	**2177.9**	**2576.4**	**2952.9**	**3397.4**
按销售地区分							
市的零售额	749.6	837.2	941.6	1064.4	1206.7	1382.5	1612.1
县的零售额	312.8	346.3	382.7	421.1	515.1	591.3	680.1
县以下的零售额	551.6	594.7	643.9	692.4	854.6	979.1	1105.2
按行业分							
批发和零售业	1121.1	1240.0	1382.9	1558.5	2226.5	2541.3	2913.1
住宿和餐饮业	162.6	189.1	216.2	233.5	293.8	349.6	419.4
其　　他	330.2	349.1	369.1	385.9	56.1	62.0	64.9

注：2003年以前(含2003年)按行业分组中“住宿和餐饮业”的数据仅为“餐饮业”，不含“住宿业”零售额。

商品交易市场基本情况(2006年)
Basic Indicators of Commodity Markets(2006)

项　　目	市场个数(个)	当年成交额(万元)	当年投资额(万元)
总　　计	**4195**	**36702515.5**	**340968.1**
消费品市场	**3912**	**31356248.9**	**280009.0**
消费品综合市场	2961	13900727.2	113376.4
农副产品市场	593	8224905.5	49505.6
工业消费品市场	265	8245770.3	50597.0
其他市场	93	984845.9	66530.0
生产资料市场	**283**	**5346266.6**	**60959.1**
生产资料综合市场	44	538880.0	3429.0
工业生产资料市场	173	3768773.2	55319.1
农业生产资料市场	33	773555.0	208.0
其他市场	33	265058.4	2003.0

限额以上批发零售贸易业基本情况(2006年)

Basic Indicators of Enterprises above Designated Size in Wholesale and Retail Sale Trade(2006)

项目	法人企业(个)	产业活动单位(个)	年末从业人数(人)	年末零售业面积(万平方米)
总计	**1055**	**2751**	**199004**	**482.8**
#国有及国有控股	362	1069	85830	170.1
按登记注册类型分组				
内资	1050	2741	197474	477.5
国有	273	589	54400	81.6
集体	116	317	12382	23.6
股份合作	19	125	2297	4.6
联营企业	4	4	141	0.1
国有联营	2	2	61	
集体联营	1	1	25	
其他联营	1	1	55	0.1
有限责任公司	319	704	55542	162.7
国有独资公司	12	12	2725	8.1
其他有限责任公司	307	692	52817	154.6
股份有限公司	87	607	30843	114.6
私营企业	232	395	41869	90.3
私营独资	22	25	3169	6.5
私营合伙	6	6	299	1.1
私营有限责任公司	187	347	35489	77.0
私营股份有限公司	17	17	2912	5.7
港澳台商投资企业	1	2	182	
与港澳台商合资经营	1	1	152	
港澳台商独资		1	30	
外商投资企业	4	8	1348	5.3
中外合资经营	1	4	736	1.5
中外合作经营		1	18	
外资企业	3	3	594	3.8
按国民经济行业分组				
农畜产品批发业	57	74	5158	2.4
食品、饮料及烟草制品批发业	67	173	16029	3.0
#米、面制品及食用油批发业	18	30	2411	1.8
烟草制品批发业	15	88	9220	0.2
纺织、服装及日用品批发业	18	33	2937	0.9
#服装批发业	6	6	1750	

限额以上批发零售贸易业基本情况(续)(2006年)

Basic Indicators of Enterprises above Designated Size in Wholesale and Retail Sale Trade(2006)

单位：万元

项目	法人企业(个)	产业活动单位(个)	年末从业人数(人)	年末零售业面积(万平方米)
文化、体育用品及器材批发业	5	5	668	0.2
医药及医疗器材批发业	56	216	8726	4.8
矿产品、建材及化工产品批发业	202	565	32970	12.2
#煤炭及制品批发业	54	54	3176	2.3
石油及制品批发业	36	277	23161	6.7
金属及金属矿批发业	49	51	3103	0.8
建材批发业	7	7	444	
化肥批发业	40	160	2056	1.6
机械设备、五金交电及电子产品批发业	92	104	7436	13.9
#汽车、摩托车及零配件批发业	27	27	2243	6.6
家用电器批发业	9	15	917	0.8
计算机、软件及辅助设备批发业	2	2	89	
贸易经纪与代理	4	4	106	
其他批发业	16	121	1579	2.4
综合零售业	253	628	91878	320.9
#百货零售业	151	351	57547	234.0
超级市场零售业	88	250	31866	81.1
食品、饮料及烟草制品专门零售业	15	36	2314	3.8
纺织、服装及日用品专门零售业	15	27	2128	6.9
#服装零售业	6	6	1069	3.8
文化、体育用品及器材专门零售业	71	88	4289	9.4
#图书零售业	69	86	4171	8.8
医药及医疗器材专门零售业	38	293	5678	7.2
#药品零售业	35	262	5430	6.8
汽车、摩托车、燃料及零配件专门零售业	75	198	9595	66.0
#汽车零售业	62	108	6788	29.7
机动车燃料零售业	8	84	2292	35.1
家用电器及电子产品专门零售业	53	150	6233	23.2
#家用电器零售业	42	63	4843	19.0
计算机、软件及辅助设备零售业	3	3	148	0.3
通讯设备零售业	7	83	1234	3.9
五金、家具及室内装修材料专门零售业	15	33	1090	5.0
无店铺及其他零售业	3	3	190	0.6

限额以上批发零售贸易业商品购进、销售、库存总额(2006年)
Total Purchases, Sales and Inventory of Enterprises above Designated Size in Wholesale and Retail Sale Trade(2006)

单位：万元

项目	购进总额	#进口	销售总额	批发	零售	年末库存总额
总计	**16424110**	**109986**	**17955630**	**12674382**	**5281248**	**2022864**
#国有及国有控股	9288296	31538	9911942	7295266	2616676	1237810
按登记注册类型分组						
内资	16382491	109986	17874204	12630291	5243912	2018702
国有	4680939	20862	4865062	3893479	971583	370191
集体	374859	840	412162	266091	146071	43964
股份合作	45275		47008	19776	27233	7565
联营企业	33883		41314	34823	6491	766
国有联营	20687		26240	23450	2790	209
集体联营	10174		11373	11373		5
其他联营	3022		3701		3701	552
有限责任公司	4715875	27923	5385502	3493179	1892323	432066
国有独资公司	209960	234	194962	123582	71380	27045
其他有限责任公司	4505915	27689	5190540	3369597	1820943	405020
股份有限公司	3922277	18250	4370365	2799912	1570453	828519
私营企业	2609383	42111	2752791	2123033	629758	335631
私营独资	92207		80487	44563	35924	7970
私营合伙	28228		30431	26660	3771	3950
私营有限责任公司	2407647	42111	2555579	2001017	554563	283584
私营股份有限公司	81301		86294	50794	35500	40126
港澳台商投资企业	7207		7988	5381	2606	546
与港澳台商合资经营	5193		6088	5381	706	226
港澳台商独资	2014		1900		1900	320
外商投资企业	34412		73439	38709	34730	3616
中外合资经营	6918		38889	33090	5799	638
中外合作经营	4190		5620	5620		344
外资企业	23303		28931		28931	2634
按国民经济行业分组						
农畜产品批发业	349379	14625	383700	381269	2431	94016
食品、饮料及烟草制品批发业	1844585	139	2332863	2305299	27565	108605
#米、面制品及食用油批发业	111555	139	114632	112372	2259	14395
烟草制品批发业	1427971		1775995	1775492	503	61587
纺织、服装及日用品批发业	513476	13267	503839	491628	12211	26637
#服装批发业	234731	10633	236357	235650	706	15087

限额以上批发零售贸易业商品购进、销售、库存总额(续)(2006年)

Total Purchases, Sales and Inventory of Enterprises above Designated Size in Wholesale and Retail Sale Trade(2006)

单位：万元

项目	购进总额	#进口	销售总额	批发	零售	年末库存总额
文化、体育用品及器材批发业	143099		145317	129399	15919	16382
医药及医疗器材批发业	973878	3696	1098205	938237	159968	94698
矿产品、建材及化工产品批发业	7090563	65827	7617136	6678906	938231	1067307
#煤炭及制品批发业	1188649	40209	1403517	1401240	2278	114022
石油及制品批发业	4056532		4266354	3366670	899684	789254
金属及金属矿批发业	1258024	2136	1287598	1271912	15686	53987
建材批发业	43271		57495	54781	2714	14909
化肥批发业	309763	840	310501	295494	15008	58746
机械设备、五金交电及电子产品批发业	1044122	10442	1107577	970331	137246	62911
#汽车、摩托车及零配件批发业	460506		465012	360032	104980	21262
家用电器批发业	47079		68781	63283	5498	6195
计算机、软件及辅助设备批发业	10301		7854	7854		440
贸易经纪与代理	2524		6807	6807		
其他批发业	87735		94554	94231	323	8250
综合零售业	1883091		2486248	92107	2394142	313058
#百货零售业	1330980		1858749	66499	1792250	183589
超级市场零售业	521149		590953	22113	568841	122309
食品、饮料及烟草制品专门零售业	13044		13891	4458	9433	4067
纺织、服装及日用品专门零售业	29638		31499	600	30900	3828
#服装零售业	17164		17024	157	16867	1246
文化、体育用品及器材专门零售业	587367		116068	5624	110443	24581
#图书零售业	584383		112611	5624	106986	22914
医药及医疗器材专门零售业	117614	1990	128451	37033	91418	29450
#药品零售业	95265	1990	103764	26490	77274	28421
汽车、摩托车、燃料及零配件专门零售业	1321338		1479525	501494	978031	112855
#汽车零售业	1069727		1210574	486801	723774	103608
机动车燃料零售业	241021		258508	12724	245784	7214
家用电器及电子产品专门零售业	393763		381080	31841	349239	50110
#家用电器零售业	265073		237094	21641	215454	41549
计算机、软件及辅助设备零售业	7063		7759	1449	6310	827
通讯设备零售业	121275		135853	8752	127102	7653
五金、家具及室内装修材料专门零售业	21396		21081	5121	15960	5744
无店铺及其他零售业	7500		7791		7791	364

星级住宿业和限额以上餐饮业基本情况(2006年)
Basic Indicators of Star-ranking Hotels and Catering Services above Designated Size(2006)

项　　目	法人企业 (个)	产　　业 活动单位 (个)	从业人数 (个)	年末餐饮 营业面积 (万平方米)	年末住宿和餐饮 企业拥有床位数 (万个)	年末住宿和餐饮 企业拥有餐位数 (万位)
总　　计	**465**	**523**	**71806**	**92.6**	**7.5**	**22.4**
#国有及国有控股	187	191	31704	37.7	4.4	9.6
按登记注册类型分组						
内　　资	451	484	67795	88.9	7.2	21.3
国　　有	156	160	25857	32.1	3.8	8.3
集　　体	31	31	3833	4.1	0.5	1.1
股份合作	10	12	1702	1.8	0.1	0.4
联营企业	5	5	702	0.6	0.1	0.1
国有联营	1	1	377	0.2		0.1
集体联营	1	1	163	0.1		
国有与集体联营	1	1	44	0.1		
其他联营	2	2	118	0.2		
有限责任公司	87	96	13383	16.3	1.2	3.9
国有独资公司	2	2	957	0.8	0.1	0.2
其他有限责任公司	85	94	12426	15.5	1.1	3.8
股份有限公司	20	24	3319	4.8	0.2	0.9
私营企业	140	154	18537	29.2	1.2	6.3
私营独资	53	61	6293	8.7	0.3	2.5
私营合伙	9	9	866	1.7		0.2
私营有限责任公司	67	72	10246	16.6	0.7	3.1
私营股份有限公司	11	12	1132	2.2	0.1	0.5
其　　他	2	2	462	0.1		
港澳台商投资企业	7	8	1694	1.6	0.2	0.4
与港澳台商合资经营	5	6	1001	1.2	0.1	0.3
与港澳台商合作经营	1	1	188	0.1	…	…
港澳台商独资股份有限公司	1	1	505	0.3	…	…
外商投资企业	7	31	2317	2.0	0.1	0.8
中外合资经营	4	6	575	0.3	0.1	0.1
中外合作经营	1	2	250	0.2		…
外资企业	2	20	1266	1.4		0.5
外商投资股份有限公司		3	226	0.1		0.1
按国民经济行业分组						
旅游饭店	239	247	38230	39.4	5.1	10.3
一般旅馆	55	55	8164	10.9	1.5	2.6
其他住宿服务	8	8	2051	0.9	0.2	0.2
正餐服务业	163	190	21917	39.9	0.8	8.8
快餐服务业		23	1444	1.5		0.6

星级住宿业和限额以上餐饮业经营情况(2006年)

Business of Star-ranking Hotels and Catering Services above Designated Size(2006)

单位：万元

项　　目	营业额				
		客房收入	餐费收入	商品销售收入	其他收入
总　　计	**499186.8**	**144844.8**	**311053.3**	**16103.2**	**27185.5**
＃国有及国有控股	214312.7	88212.7	104832.3	5891.0	15376.7
按登记注册类型分组					
内　　资	442986.2	137779.0	268832.3	12147.8	24227.1
国　　有	166258.5	69521.4	82134.1	5196.6	9406.4
集　　体	19731.1	7399.1	11060.5	670.0	601.5
股份合作	11517.5	2326.6	8404.0	34.9	752.0
联营企业	6338.1	1775.5	3805.2	52.1	705.3
国有联营	3009.6	1260.6	1074.2		674.8
集体联营	1005.9	323.9	668.9	13.1	
国有与集体联营	283.5	99.0	115.0	39.0	30.5
其他联营	2039.1	92.0	1947.1		
有限责任公司	90769.2	29711.6	50536.4	2984.8	7536.4
国有独资公司	7994.7	2793.4	3865.4	28.1	1307.8
其他有限责任公司	82774.5	26918.2	46671.0	2956.7	6228.6
股份有限公司	22962.6	6026.7	14883.8	566.0	1486.1
私营企业	122016.1	19800.6	96318.2	2620.8	3276.5
私营独资	44709.4	5632.4	37218.1	946.2	912.7
私营合伙	5873.9	217.3	5361.0	231.8	63.8
私营有限责任公司	63454.3	12427.8	47508.0	1412.2	2106.3
私营股份有限公司	7978.5	1523.1	6231.1	30.6	193.7
其　　他	3393.1	1217.5	1690.1	22.6	462.9
港澳台商投资企业	12462.7	3900.5	5384.3	1311.3	1866.6
与港澳台商合资经营	6233.5	2572.8	3494.0	92.7	74.0
与港澳台商合作经营	1215.0	579.0	492.9		143.1
港澳台商独资股份有限公司	5014.2	748.7	1397.4	1218.6	1649.5
外商投资企业	43737.9	3165.3	36836.7	2644.1	1091.8
中外合资经营	5417.6	2110.3	2946.1	9.2	352.0
中外合作经营	2661.1	435.5	1513.4		712.2
外资企业	32983.0	619.5	29701.0	2634.9	27.6
外商投资股份有限公司	2676.2		2676.2		
按国民经济行业分组					
旅游饭店	247372.3	103864.3	117982.7	7443.7	18081.6
一般旅馆	45557.3	20778.9	20936.5	903.7	2938.2
其他住宿服务	14573.0	5402.2	4935.9	1223.8	3011.1
正餐服务业	156949.8	14799.4	133373.3	5622.5	3154.6
快餐服务业	34734.4		33824.9	909.5	

限额以上批发零售贸易业商品分类销售额(2006年)

Total Sales of Enterprises above Designated Size in Wholesale and Retail Sale Trade by Category(2006)

单位：亿元

项　　目	销售额	批　发	零　售
合　计	**1809.4**	**1298.1**	**511.3**
食品、饮料、烟酒类	353.3	281.1	72.1
#粮油类	43.7	33.2	10.5
肉禽蛋类	10.4	1.3	9.1
其他食品类	56.7	23.3	33.5
饮料类	9.3	1.7	7.5
烟酒类	233.2	221.6	11.6
服装鞋帽、针、纺织品	119.0	36.6	82.4
#服装类	70.4	19.9	50.5
鞋帽类	18.5	1.0	17.5
针、纺织品类	30.1	15.8	14.3
化妆品类	13.6	3.3	10.3
金银珠宝类	9.9		9.9
日用品类	29.6	6.2	23.3
#洗涤用品类	10.0	2.6	7.4
儿童玩具类	1.1		1.1
五金、电料类	8.1	5.5	2.7
体育、娱乐用品类	3.7	0.5	3.2
书报杂志类	22.7	13.5	9.2
电子出版物及音像制品	1.3	0.1	1.2
家用电器和音像器材类	68.7	11.7	56.9
中西药品类	119.8	91.8	28.0
#西　　药	102.3	79.9	22.4
中草药及中成药	13.0	8.5	4.5
文化办公用品类	5.9	2.6	3.3
家俱类	2.2	0.3	1.9
通讯器材类	27.0	11.2	15.8
煤炭及制品类	120.4	120.1	0.3
木材及制品类	0.6	0.6	
石油及制品类	472.0	370.1	101.9
化工材料及制品类	79.5	79.1	0.5
#化肥类	29.3	29.3	
金属材料类	129.5	128.2	1.3
建筑及装潢材料类	10.3	8.8	1.5
机电产品及设备类	36.9	34.0	2.9
#农机类	6.9	6.9	
汽车类	143.9	63.3	80.6
种子饲料类	3.9	3.9	
棉麻类	13.6	13.6	
其他类	14.1	12.0	2.1

限额以上批发和零售、住宿

Major Financial Indicators of Enterprises above Designated

项目	年末资产负债			损益	
	资产总计	负债总计	所有者权益合计	主营业务收入	主营业务成本
批发和零售企业总计	**7159859.7**	**5495178.7**	**1676173.9**	**16213351.4**	**14828887.2**
#国有及国有控股	3396090.3	2505802.2	901781.0	8783706.5	7984523.0
按登记注册类型分组					
内资	7138509.7	5476498.9	1673503.7	16178965.9	14798440.5
国有	2072493.3	1399548.4	672944.9	4206828.0	3745098.6
集体	454352.9	417254.8	37098.1	323062.6	305079.9
股份合作	26156.9	22094.8	4062.1	40708.1	36385.3
联营企业	11782.6	10172.3	1610.3	38909.3	32489.0
国有联营	5893.9	5000.9	893.0	24002.4	18798.7
集体联营	3381.5	3274.1	107.4	11372.9	10580.7
其他联营	2507.2	1897.3	609.9	3534.0	3109.6
有限责任公司	2063817.3	1675156.1	388661.2	5017250.6	4586944.1
国有独资公司	83522.8	67185.3	16337.5	208105.7	195296.0
其他有限责任公司	1980294.5	1607970.8	372323.7	4809144.9	4391648.1
股份有限公司	1243369.9	1016761.4	238101.4	3974305.6	3683314.7
私营企业	1266536.8	935511.1	331025.7	2577901.7	2409128.9
私营独资	42259.1	30356.9	11902.2	72611.5	68136.6
私营合伙	8099.9	5812.8	2287.1	30422.2	28256.0
私营有限责任公司	1138551.8	839875.0	298676.8	2391640.3	2236667.4
私营股份有限公司	77626.0	59466.4	18159.6	83227.7	76068.9
港澳台商投资企业	1565.5	2578.1	-1012.6	6504.3	5203.1
与港澳台商合资经营	1565.5	2578.1	-1012.6	6504.3	5203.1
外商投资企业	19784.5	16101.7	3682.8	27881.2	25243.6
中外合资经营	8526.6	4956.4	3570.2	4958.1	4413.7
外资企业	11257.9	11145.3	112.6	22923.1	20829.9
按国民经济行业分组					
农畜产品批发业	501638.7	436751.0	64887.7	387747.3	368776.7
食品、饮料及烟草制品批发业	828252.7	372234.7	456018.0	2070727.1	1731355.9
#米、面制品及食用油批发业	87436.3	65352.0	22084.3	113114.4	110114.0
烟草制品批发业	501083.1	64130.9	436952.2	1537925.8	1260992.2
纺织、服装及日用品批发业	196664.1	161775.9	34888.2	501276.3	471401.9
#服装批发业	111487.0	81476.3	30010.7	254232.6	238034.1
文化、体育用品及器材批发业	69617.4	38368.5	31248.9	96509.0	87428.6
医药及医疗器材批发业	444773.9	431773.3	13000.6	1004334.6	956349.2
矿产品、建材及化工产品批发业	2139095.5	1657790.4	492798.0	7124430.7	6606673.7
#煤炭及制品批发业	562164.5	380198.0	181966.5	1366365.6	1162299.6
石油及制品批发业	825126.1	669254.3	167364.7	3939515.0	3698129.0
金属及金属矿批发业	404204.4	325184.6	79019.8	1185352.7	1148436.8
建材批发业	37735.4	16172.0	21563.4	56591.0	50926.9
化肥批发业	158400.3	135713.4	22686.9	292978.2	284751.1
机械设备、五金交电及电子产品批发业	390953.4	341377.1	49576.3	1012290.8	960930.5
#汽车、摩托车及零配件批发业	133853.5	103795.8	30057.7	465639.0	444070.5
家用电器批发业	37550.9	36937.0	613.9	42142.3	40381.2
计算机、软件及辅助设备批发业	1121.7	324.1	797.6	8091.1	7830.6
贸易经纪与代理	10386.8	8718.2	1668.6	6806.9	6411.9
其他批发业	45756.7	39405.7	6351.0	67997.5	68026.0
综合零售业	1476831.1	1202307.0	274524.1	1940654.2	1704215.2
#百货零售业	1142535.3	905274.7	237260.6	1380707.5	1203074.3
超级市场零售业	295961.0	262833.3	33127.7	527402.1	470874.8
食品、饮料及烟草制品专门零售业	22999.1	18161.4	4837.7	9509.5	7523.6

和餐饮企业财务状况(2006年)

Size in Wholesale and Retail Sale Trade，Catering Services(2006)

单位：万元

及	分	配					
主营业务税金及附加	主营业务利润	其他业务利润	营业费用	管理费用	财务费用	营业利润	利润总额
29512.7	**1250609.4**	**121119.1**	**674851.5**	**437283.3**	**71734.9**	**316801.3**	**320921.5**
15299.9	722478.0	62327.3	295365.4	276617.8	28985.9	251990.3	271713.8
29461.5	1249127.3	119256.1	669268.7	435687.1	71456.5	318499.9	322653.3
9388.1	408235.1	40962.8	130142.9	182726.1	17811.6	165279.4	194434.2
592.0	15401.6	4542.3	8467.4	13606.9	2359.4	-1949.0	-1488.7
254.1	3823.0	241.2	2072.6	2111.9	312.6	-131.1	-107.8
78.1	6224.7	85.9	5453.8	412.1	346.5	253.6	355.1
73.4	5130.3	51.8	4691.9	220.0	62.0	219.7	326.5
0.2	792.0	34.1	663.7	31.4	144.2	13.2	13.2
4.5	302.4		98.2	160.7	140.3	20.7	15.4
7167.0	380916.2	47735.5	275486.1	121221.4	22982.6	59560.6	42492.6
93.3	12067.0	2500.9	8011.6	11667.8	1613.0	-6066.9	-2706.6
7073.7	368849.2	45234.6	267474.5	109553.6	21369.6	65627.5	45199.2
7963.9	279287.1	9595.2	125419.2	74800.5	12735.0	82646.9	71626.9
4018.3	155239.6	16093.2	122226.7	40808.2	14908.8	12839.5	15341.0
158.1	2869.4	75.1	1985.6	1630.3	280.0	753.9	622.3
23.7	2062.3	55.8	1871.3	288.7	24.1	19.2	18.6
3622.1	143867.2	15727.2	115071.8	36845.5	12907.8	11925.5	14633.2
214.4	6440.7	235.1	3298.0	2043.7	1696.9	140.9	66.9
	1301.2	6.8	782.7	512.4	-0.9	13.8	15.5
	1301.2	6.8	782.7	512.4	-0.9	13.8	15.5
51.2	180.9	1856.2	4800.1	1083.8	279.3	-1712.4	-1747.3
41.0	503.4	642.9	306.9	562.2	275.7	1.5	0.3
10.2	-322.5	1213.3	4493.2	521.6	3.6	-1713.9	-1747.6
184.3	16139.1	2959.3	15311.5	12212.6	7201.1	-10206.2	-803.2
6695.7	323087.4	3748.1	65269.7	81144.5	75.8	189996.8	189064.0
25.2	-142.2	248.7	5864.4	3773.0	1297.8	-7710.0	1014.6
5628.5	266649.2	1403.7	30686.0	68174.1	-2408.1	176256.9	175537.5
156.5	19867.9	1485.3	17768.6	14483.9	2397.6	-2720.9	-2508.2
24.7	8709.7	547.7	10571.9	7253.9	994.3	-1396.0	-1383.2
88.0	8380.4	163.9	1174.3	6656.7	-48.4	1373.8	1467.7
1111.2	44237.9	756.5	25893.0	17297.1	6467.7	-749.8	-4251.8
9666.1	483992.2	6752.7	309104.5	89341.5	22398.7	98587.1	121209.9
2483.0	190559.4	4503.0	173341.0	17389.9	6590.8	8772.9	15443.8
4273.9	237112.1	-621.0	102857.1	46065.9	7213.4	83658.3	96804.6
625.8	30329.2	966.7	16475.8	12692.7	3206.6	5599.8	6827.2
102.6	3704.2	73.7	3451.3	1521.8	384.8	277.3	289.1
23.4	7296.8	583.8	3849.2	3676.1	1466.2	-92.7	1243.0
717.3	49050.5	2962.3	31191.4	15473.2	3535.5	4018.1	3989.2
297.4	20267.4	492.8	14209.4	3404.9	1422.1	3014.4	3064.7
9.7	1636.0	214.5	978.5	1202.6	465.5	-676.4	-881.3
2.9	257.6		234.0	22.2	1.0	1.4	0.6
4.6	252.0	46.2	330.8	257.5	151.7	-296.4	-322.4
58.5	-88.1	924.1	1892.2	2262.8	1034.9	-4352.0	-3136.5
7471.9	191494.1	84416.1	136182.5	140204.6	20034.0	25781.1	14729.8
6399.5	146967.6	66329.5	68727.2	116383.4	18861.0	33982.1	21952.0
1019.0	43442.3	15752.6	65883.3	19916.0	1108.0	-7234.1	-7164.4
26.1	1801.3	487.7	1184.0	2056.6	431.6	-1216.0	-762.1

限额以上批发和零售、住宿

Major Financial Indicators of Enterprises above Designated

项　　目	年末资产负债			损益	
	资产总计	负债合计	所有者权益合计	主营业务收入	主营业务成本
纺织、服装及日用品专门零售业	16079.7	12692.5	3387.2	23123.8	20236.4
#服装零售业	6851.0	6276.2	574.8	15163.6	12872.4
文化、体育用品及器材专门零售业	124743.3	82495.4	42247.9	97943.9	71573.2
#图书零售业	120531.7	80618.9	39912.8	94181.8	68649.3
医药及医疗器材专门零售业	78021.7	76451.6	1570.1	118197.9	108474.5
#药品零售业	66721.2	66767.1	-45.9	98618.9	89369.5
汽车、摩托车、燃料及零配件专门零售业	624800.5	447112.3	177688.2	1381858.3	1308466.2
#汽车零售业	544615.3	401240.8	143374.5	1115626.4	1068813.8
机动车燃料零售业	50658.9	26693.5	23965.4	255788.8	230148.0
家用电器及电子产品专门零售业	143792.7	123925.4	19867.3	341400.4	325385.5
#家用电器零售业	109581.3	98237.8	11343.5	211969.2	201110.8
计算机、软件及辅助设备零售业	3541.2	2246.6	1294.6	7841.8	7441.7
通讯设备零售业	30319.7	23200.8	7118.9	121216.0	116482.2
五金、家具及室内装修材料专门零售业	43981.9	42397.6	1584.3	20752.1	18513.8
无店铺及其他零售业	1470.5	1440.7	29.8	7791.1	7144.4
住宿和餐饮企业总计	**1238614.5**	**809049.4**	**429565.1**	**446302.4**	**199484.1**
#国有及国有控股	733452.6	443025.5	290427.1	206972.3	83591.4
按登记注册类型分组					
内　资	1178429.1	754110.4	424318.7	425590.6	192726.9
国　有	537354.5	328990.9	208363.6	159194.6	68696.9
集　体	36823.2	29934.2	6889.0	19470.5	8303.2
股份合作	15612.4	12385.6	3226.8	10497.2	5390.7
联营企业	18584.2	4463.8	14120.4	6135.3	3025.8
国有联营	8423.0	365.3	8057.7	3009.6	1094.6
集体联营	5988.9	381.2	5607.7	1005.9	603.5
国有与集体联营	2700.0	2500.0	200.0	80.7	114.5
其他联营	1472.3	1217.3	255.0	2039.1	1213.2
有限责任公司	284797.5	168377.3	116420.2	88088.5	35486.1
国有独资公司	51212.6	17783.1	33429.5	8070.6	2819.4
其他有限责任公司	233584.9	150594.2	82990.7	80017.9	32666.7
股份有限公司	53933.0	43673.1	10259.9	19805.2	9062.7
私营企业	202100.4	144771.9	57328.5	119006.2	61705.9
私营独资	54006.1	38705.6	15300.5	44635.1	24433.8
私营合伙	7042.7	3354.5	3688.2	5828.1	3931.8
私营有限责任公司	127356.4	91694.0	35662.4	60590.7	29846.9
私营股份有限公司	13695.2	11017.8	2677.4	7952.3	3493.4
其　他	29223.9	21513.6	7710.3	3393.1	1055.6
港澳台商投资企业	22918.0	21599.4	1318.6	11707.9	4039.2
与港澳台商合资经营	14190.4	13434.2	756.2	5478.6	1995.6
与港澳台商合作经营	287.5	349.9	-62.4	1215.1	409.2
港澳台商独资股份有限公司	8440.1	7815.3	624.8	5014.2	1634.4
外商投资企业	37267.4	33339.6	3927.8	9003.9	2718.0
中外合资经营	10545.0	9709.1	835.9	4265.0	813.9
中外合作经营	23940.2	22637.3	1302.9	2071.7	529.4
外资企业	2782.2	993.2	1789.0	2667.2	1374.7
按国民经济行业分组					
旅游饭店	861281.7	501477.5	359804.2	233566.7	91667.6
一般旅馆	134592.1	126755.2	7836.9	46671.2	17879.0
其他住宿服务	51410.9	35095.7	16315.2	14493.9	5175.8
正餐服务业	191329.8	145721.0	45608.8	151570.6	84761.7

和餐饮企业财务状况(续)(2006年)

Size in Wholesale and Retail Sale Trade，Catering Services(2006)

单位：万元

及分配							
主营业务税金及附加	主营业务利润	其他业务利润	营业费用	管理费用	财务费用	营业利润	利润总额
174.1	2590.9	774.4	1737.9	1667.7	278.7	-186.0	-165.1
79.9	2211.3	449.7	1407.0	1344.5	178.8	-268.9	-213.5
444.0	24830.2	2898.8	6873.1	17005.3	162.9	4861.0	4086.5
434.1	24001.9	2887.1	6747.3	16502.5	117.6	4694.9	3923.9
234.5	7808.4	403.0	7225.8	5710.3	703.0	-3460.2	-3354.6
225.7	7624.5	400.4	6930.9	5445.6	567.9	-3235.3	-3127.1
2075.7	59804.6	5910.7	36625.4	19226.7	5805.9	19142.8	6317.8
1776.3	42655.9	5907.8	20174.7	15296.3	5545.7	13501.1	9134.8
233.9	16306.8	2.9	15393.3	3720.3	6.9	6289.3	-2209.8
286.2	15038.7	5773.3	15536.6	10108.6	706.7	-3090.0	-3965.1
178.6	10047.4	4413.3	10848.8	8747.3	567.2	-3327.5	-4113.4
5.4	387.4	14.2	227.5	123.7	31.1	26.6	25.1
101.9	4581.6	1345.8	4423.9	1233.2	105.4	228.1	141.3
103.2	1690.0	578.3	1025.0	2060.9	369.8	-726.5	-712.4
14.8	631.9	78.4	525.2	112.8	27.7	44.6	38.0
24074.5	**163281.3**	**1539.9**	**161296.5**	**90666.1**	**16556.5**	**-31745.8**	**-38136.2**
11009.3	77637.1	1091.5	86378.8	51623.0	10070.3	-24930.0	-28561.1
23101.6	150348.8	1493.8	156006.2	82499.4	15568.4	-31269.0	-36379.6
8213.4	49721.1	1085.3	70802.3	35280.5	3636.0	-16270.5	-19900.9
1139.5	8071.2	9.3	6074.7	4044.5	347.3	-686.4	-726.3
588.8	2740.3	-26.0	2809.9	1915.5	90.9	-505.3	-476.9
377.0	1442.7		973.8	1315.4	26.2	3.1	-44.0
169.3	1167.9		577.8	1169.9	-2.0	0.1	0.1
80.5	321.9		198.1	98.6	25.2		
13.3	-47.1		164.3				-47.1
113.9			33.6	46.9	3.0	3.0	3.0
5859.3	36231.9	67.3	31533.1	20824.8	7264.4	-10521.8	-11451.5
589.2	4331.1	-145.6	3457.6	1577.3	879.0	-1728.4	-1453.6
5270.1	31900.8	212.9	28075.5	19247.5	6385.4	-8793.4	-9997.9
1072.5	9083.3	32.4	6502.6	3162.2	1339.3	-1269.3	-1693.4
5696.6	40908.0	322.8	36491.1	13986.9	2358.9	-910.7	-975.4
2453.1	13229.2	165.2	13320.2	3399.4	894.1	63.2	-577.8
332.1	1212.8	0.9	1114.1	578.7	36.7	-180.5	-121.4
2642.8	22665.9	130.5	19507.8	8894.8	1310.5	-1334.2	-636.0
268.6	3800.1	26.2	2549.0	1114.0	117.6	540.8	359.8
154.5	2150.3	2.7	818.7	1969.6	505.4	-1108.1	-1111.2
598.9	7069.7	46.1	2734.0	3728.3	343.7	335.0	348.5
281.4	3201.5		1284.2	2135.0	-9.1	-183.5	-168.6
66.8	739.1	1.7	382.4	323.1	0.5	34.9	35.4
250.7	3129.1	44.4	1067.4	1270.2	352.3	483.6	481.7
374.0	5862.8		2556.3	4438.4	644.4	-811.8	-2105.1
223.3	3178.7		1491.8	2232.8	206.4	-703.2	-1098.7
103.6	1438.7		419.5	1579.4	440.5	-100.6	-998.1
47.1	1245.4		645.0	626.2	-2.5	-8.0	-8.3
12950.5	94281.8	856.7	95445.1	57853.4	12092.3	-25969.9	-30674.1
2686.8	17502.1	176.4	20387.3	12508.3	708.0	-3748.7	-3533.9
740.9	7950.3	53.0	3472.9	5165.5	888.6	-896.6	-895.2
7696.3	43547.1	453.8	41991.2	15138.9	2867.6	-1130.6	-3033.0

亿元以上商品交易市场摊位分类情况(2006年)

Classification of Commodity Transaction Markets of Turnover above 100 Million Yuan(2006)

项　　目	摊 位 数 (个)	成 交 额 (万元)
总　　计	**287168**	**26227635**
食品、饮料、烟酒类	118828	6088045
#食品类	110678	5630150
#粮油类	13599	861894
肉禽蛋类	7131	741037
水产品类	5583	345802
蔬菜类	65209	2559246
干鲜果品类	16630	922344
饮料类	3097	195502
烟酒类	5053	262393
服装鞋帽、针、纺织品	60128	4949160
#服装类	38906	3492241
鞋帽类	8414	327589
针、纺织品类	12808	1129330
化妆品类	2207	334114
金银珠宝类	189	6457
日用品类	22319	2325840
#洗涤用品类	2261	448706
儿童玩具类	1570	164815
五金、电料类	4095	740924
体育、娱乐用品类	1161	274517
书报杂志类	375	49336
电子出版物及音像制品	291	21929
家用电器和音像器材类	2311	1329023
中西药品类	7562	685535
#西　药	35	3101
中草药及中成药	7520	682240
文化办公用品类	1972	310091
家俱类	6893	747143
通讯器材类	298	96403
煤炭及制品类	859	332821
木材及制品类	600	212251
石油及制品类	7	694
化工材料及制品类	5965	1185938
#化肥类	200	147216
金属材料类	8039	2435337
建筑及装潢材料类	5820	853253
机电产品及设备类	4647	734451
#农机类	2284	486909
汽车类	2501	467975
种子饲料类	3957	33726
棉麻类	25	484
其他类	26119	2012188

商品销售总额前10名的批发企业
（2006年，按国民经济行业中类分别排序）
The Top 10 Wholesale Enterprises of Total Sale Value (2006)

单位：千元

位次	企业名称	商品销售总额	位次	企业名称	商品销售总额
	农畜产品批发业		5	华北制药集团销售有限公司	935416
1	中棉集团河北棉华有限公司	423570	6	保定市保北医药药材有限责任公司	615968
2	保定银河棉业有限公司	351640	7	河北同汇医药有限公司	562057
3	河北柏乡国家粮食储备库	325993	8	河北省医药药材公司	245623
4	衡水和平国储粮库有限责任公司	260621	9	保定康华医药药材有限责任公司	225386
5	河北邢台国家粮食储备库有限公司	194646	10	沧州天元医药有限公司	209585
6	隆化县三北种业公司	174012		**矿产品、建材及化工产品批发业**	
7	衡水市棉麻总公司	152064	1	中国石化有限公司唐山分公司	5049164
8	景县吉源粮油有限公司	114514	2	中国石化有限公司石家庄分公司	4683656
9	衡水前么头国储粮库有限责任公司	104404	3	河北物产金属材料有限公司	3932340
10	南宫市供销合作社联合社	97938	4	中国石化有限公司邯郸石油分公司	2731219
	食品、饮料及烟草制品批发业		5	中国石化有限公司保定市石油分公司	2679265
1	河北省烟草公司石家庄分公司	2728260	6	秦皇岛秦发实业集团有限公司	2475448
2	河北省烟草公司保定分公司	2687510	7	中国石化有限公司邢台石油分公司	2284323
3	河北省烟草公司唐山分公司	2210870	8	中国石化有限公司沧州石油公司	2230210
4	河北省烟草公司邯郸分公司	1836372	9	中国石化有限公司张家口石油分公司	1841288
5	河北省烟草公司沧州分公司	1608310	10	中国石化有限公司廊坊石油分公司	1837409
6	河北省烟草公司邢台分公司	1340698		**机械设备、五金交电及电子产品批发业**	
7	河北省烟草公司廊坊分公司	1220650	1	唐山市冀东物贸集团有限公司	3984191
8	河北省烟草公司张家口分公司	1189870	2	保定市科美贸易有限公司	2217471
9	河北省烟草公司衡水分公司	943150	3	河北中机合作有限公司	745593
10	河北省烟草公司秦皇岛分公司	845540	4	河北机械进出口公司	609063
	纺织、服装及日用品批发业		5	唐山供电公司物资供应公司	487869
1	河北圣仑进出口集团公司	1837396	6	沧州新世纪外贸有限公司	448320
2	河北省宏远国际经贸集团公司	715479	7	石家庄松联通讯器材有限公司	388385
3	保定市天鹏进出口集团有限公司	496398	8	石家庄市建江通信设备有限公司	344734
4	石家庄中山日化有限责任公司	408748	9	承德市冀东机动车销售有限责任公司	337292
5	河北轻工进口股份有限公司	249876	10	邢台大众汽车广场有限公司	329158
6	石家庄常山纺织集团供销公司	194387		**贸易经纪与代理**	
7	保定市东大日化有限公司	168610	1	河北省安平县进出口公司	41117
8	河北方达出口公司	168304	2	河北轻工进出口秦皇岛公司	22419
9	邯郸县供销合作社联合社	166672	3	衡水祥运工贸物流有限公司	4030
10	廊坊市泉宏达纺织工业有限公司	165502	4	河北省冀州市进出口公司	503
	文化、体育用品及器材批发业			**其他批发业**	
1	河北省新华书店	1330196	1	邯郸市汇力物资有限公司	174542
2	河北省保定市工艺品进出口公司	81945	2	邯郸市第一物资再生利用总公司	122260
3	遵化市新华书店	21058	3	唐山市再生资源有限公司	111325
4	河北教育厚朴实业公司	11970	4	滦南县永新废品收购有限公司	106762
5	河北省隆尧县新华书店	8001	5	石家庄市物资回收总公司	88536
	医药及医疗器材批发业		6	邢台市进出口贸易有限公司	73047
1	石家庄乐仁堂股份有限公司	1890252	7	保定市中创物资贸易有限公司	68817
2	河北东盛英华医药有限公司	1650374	8	承德市奥联资源再生利用有限公司	49462
3	河北恒祥医药集团有限公司	1011437	9	邯郸市土产回收总公司	37050
4	邢台市万邦医药有限公司	1009172	10	香河县渠口供销合作社	32865

商品销售总额前10名的零售企业
(2006年，按国民经济行业中类分别排序)
The Top 10 Retail Enterprises of Total Sale Value(2006)

单位：千元

位次	企业名称	商品销售总额
	综合零售业	
1	石家庄北国商城有限责任公司	3575990
2	唐山百货大楼集团有限责任公司	2005783
3	河北保百集团有限公司	1619097
4	石家庄东方城市广场	918510
5	秦皇岛渤海物流控股股份有限公司	855704
6	河北保定时代商厦有限公司	754058
7	廊坊市商业明珠大厦	724074
8	河北保龙仓商业连锁有限公司	641453
9	邯郸市新世纪商业广场股分有限公司	590638
10	唐山华盛超市有限公司	583783
	食品、饮料及烟草制品专门零售业	
1	唐山隆义实业集团公司	42654
2	怀来县供销社稻香园食品店	24365
3	邯郸市峰峰矿区峰都商业有限责任公司	18200
4	保定市新市区粮食局	11236
5	承德县旺源商贸有限公司	10127
6	河北省唐山市炊具机械贸易中心	9813
7	邯郸市峰峰矿区经贸公司太安批零商店	9600
8	邯郸市峰峰矿区食品公司彭城商店	3645
9	宣化区粮食局粮油仓库	3474
10	唐山市前成商贸有限公司	3000
	纺织、服装及日用品专门零售业	
1	河北建投能源投资股份公司世贸名品	85807
2	河北三利国际名品购物有限公司	48065
3	涉县金帝商业大厦有限责任公司	23000
4	怀来县百货大楼有限公司	20380
5	峰峰矿区峰峰供销社	18700
6	石家庄北百缝纫机有限公司	18540
7	涉县供销合作社联合社工业品公司	16739
8	石家庄牛仔王商贸有限公司	12358
9	秦皇岛天洋东方经营管理有限公司	9493
10	宁晋县好万家商贸有限公司	8052
	文化、体育用品及器材专门零售业	
1	石家庄市新华书店	104619
2	河北省保定市新华书店	51891
3	河北省张家口市新华书店	43290
4	邯郸市新华书店	42473
5	三河市新华书店	39394
6	河北省唐山市新华书店	38881
7	定州市新华书店	31947
8	河北省秦皇岛市新华书店	28663
9	河北省沧州市新华书店	27347
10	河北省邢台市新华书店	26774
	医药及医疗器材专门零售业	
1	唐山市新华医药贸易有限公司	224840
2	河北省唐山药材采购供应站	166063
3	衡水市仁和医药有限公司	66924
4	唐山市医药药材公司	63169
5	河北神威大药房连锁有限公司	59725
6	承德富士康医药有限公司	55159
7	唐山市北大医药有限公司	48978
8	河间市河发医药公司	48691
9	唐山市丰南医药药材有限公司	48452
10	石家庄新兴药房连锁有限公司	45038
	汽车、摩托车、燃料及零配件专门零售业	
1	保定轩宇汽车集团有限公司	1196207
2	中国石油天然气公司唐山销售分公司	943234
3	中油河北秦皇岛销售分公司	865254
4	河北汽车集团有限责任公司	657980
5	中国石油天然气公司衡水销售分公司	643123
6	邯郸交通运输集团汽车贸易服务公司	413869
7	河北一汽贸易有限公司	345798
8	唐山市冀东机电设备公司邯郸分公司	337258
9	河北荣华东风汽车销售服务有限公司	309241
10	唐山润田机电设备有限公司	285979
	家用电器及电子产品专门零售业	
1	河北恒信移动商务股份有限公司	885554
2	河北国美电器有限公司	523733
3	石家庄市大中电器有限公司	243427
4	秦皇岛天洋电器有限公司	191334
5	唐山市鹏润国美电器有限公司	187541
6	天津苏宁电器联销加盟有限公司	165594
7	河北恒信移动商务股份公司唐山分公司	154903
8	张家口五交化大厦	103753
9	邢台市华业通信设备有限公司	98886
10	沧州市天一商贸有限公司	94084
	五金、家具及室内装修材料专门零售业	
1	张家口市通达机电汽车销售有限公司	35535
2	唐山大陆建材家居用品超市有限公司	28437
3	邯郸市五交化总公司五金家电公司	26711
4	河北省邯郸市峰峰矿区彭城供销合作社	20800
5	唐县恒达电力公司	20686
6	鹿泉市宏鑫五交化有限责任公司	17722
7	涉县鸿源土产日杂有限责任公司	14510
8	邯郸市五交化总公司五金大楼	13258
9	邯郸市五交化总公司联纺五交化公司	9835
10	石家庄求实家具有限公司	7004
	无店铺及其他零售业	
1	河北恒信移动商务股份公司保定分公司	60090
2	遵化市天赐液化气有限公司	15121
3	唐县国泰燃气有限公司	2700

营业收入前50名的餐饮企业(2006年)

The Top 50 Catering Enterprises of Business Revenue(2006)

单位：千元

位次	企业名称	营业收入	位次	企业名称	营业收入
1	保定唐人美食山	75715	26	邯郸市大光明餐饮服务有限公司	15360
2	唐山大陆海鲜餐饮有限公司	66810	27	廊坊市广阳区爱民道阳光海鲜巨无霸	15160
3	唐山凤凰园美食城	55376	28	唐山圣典餐饮有限公司	14857
4	唐山市路北长城大酒店	37563	29	河北玉兰香保定会馆饮食有限公司	13241
5	唐山新华大酒店有限责任公司	31585	30	邢台市邢州大酒店有限公司	13238
6	石家庄市湘君府餐饮有限公司	30640	31	保定市南市区慧泽园酒楼	13035
7	唐山港岛大酒店	29501	32	承德市东坡餐饮有限公司	12960
8	石家庄市燕凤楼烤鸭店	29078	33	承德乾隆酒业有限公司庆元亨大酒楼	12930
9	唐山明星饭店	29003	34	福华楼火锅城	12871
10	河北思特利贸易集团有限公司	27804	35	秦皇岛秦皇宫餐饮有限公司	12402
11	邢台市人民政府第二招待处	26503	36	唐山紫微星实业有限公司	12018
12	保定市金泰花园酒店	25824	37	河北都江堰餐饮有限公司	11159
13	唐山鸿宴饭庄	23999	38	石家庄市釜洋斋总店	11067
14	石家庄市裕华区光明渔港饭店	23600	39	石家庄市知青部落村饮食有限公司美味苑	11026
15	秦皇岛羊城酒店有限公司	23375	40	迁西宾馆	10893
16	唐山市京东餐厅	22300	41	承德市顺凯达海洋康乐城有限公司	10691
17	石家庄市桥西区光明渔港饭店	20640	42	衡水老北京餐饮有限公司	10220
18	秦皇岛丰圣企业有限公司	20049	43	唐山市洋洋大酒店有限公司	10167
19	承德市乾隆餐饮有限公司新乾隆酒楼	18522	44	石家庄饭店	10007
20	全聚德烤鸭店和平路分店	18371	45	张家口香楼餐饮有限公司	9986
21	武安市蓝天宾馆	18124	46	昌黎大厦金岛商务酒店有限公司	9985
22	唐山南澳餐饮有限公司	17130	47	任丘市五洲大酒店有限责任公司	9949
23	廊坊市浪淘沙餐饮服务中心	16815	48	唐山京唐宾馆有限公司	9841
24	保定市玉兰香饮食有限公司	16185	49	石家庄荷塘月色美食有限公司	9780
25	唐山市蓝天大酒店	15974	50	石家庄楚风楼酒店	9592

营业收入前50名的住宿企业(2006年)

The Top 50 Chain Catering Services Enterprises of Business Revenue(2006)

单位：千元

位次	企业名称	营业收入	位次	企业名称	营业收入
1	石家庄世贸广场酒店有限公司	83926	26	武安市武安宾馆管理有限公司	25539
2	河北世纪大饭店有限公司	70314	27	石家庄市东方龙大酒店	25110
3	河北建投能源投资股份公司国际大厦酒店	60718	28	秦皇岛大酒店	25090
4	廊坊市国际饭店	50193	29	承德市云山饭店	23563
5	保定国际俱乐部有限公司	50142	30	唐山开滦大酒店	23263
6	河北宾馆	44793	31	石家庄市燕春饭店	23058
7	唐山宾馆	43574	32	三河燕苑国际度假村俱乐部有限公司	22950
8	石家庄国宾大酒店有限公司	42734	33	河北汇宾大酒店	22256
9	河北燕山大酒店有限责任公司	37932	34	河北北方大厦	21604
10	石家庄市燕春花园酒店	37511	35	廊坊迎宾馆	21450
11	河北汇源大酒店	35547	36	沧州市人民政府招待处	20762
12	迁安市锦江饭店	35468	37	华北制药集团宏信国际商务开发有限公司	20717
13	石家庄市凯旋金悦大酒店有限公司	34408	38	邯郸宾馆	20660
14	河北金圆大厦有限公司	34354	39	河北诚信大厦有限责任公司	20184
15	河北阳光大厦	33821	40	张家口市蓝鲸大厦餐饮娱乐有限公司	19874
16	河北保定星光集团有限公司	30728	41	石家庄市裕华大酒店	19650
17	秦皇岛国际饭店	30096	42	河北中国大酒店	19650
18	唐山饭店集团	28135	43	肃宁县华阳大酒店	19463
19	邯郸市赵王宾馆有限公司	28038	44	唐山锦江贵宾楼饭店有限公司	19072
20	石家庄亚太大酒店	27435	45	石家庄市银河宾馆	19038
21	廊坊市碧海宾馆	26529	46	河北汇文大酒店	19000
22	承德山庄宾馆	26171	47	秦皇岛鸿升扬州饭店有限公司	18595
23	张家口市迎宾馆	26146	48	邯郸市迎宾国际饭店有限公司	18543
24	新奥集团艾力枫社酒店有限公司	25760	49	河北省政协招待处	18537
25	邢台辰光大酒店	25733	50	任丘市新世纪国际酒店有限公司	18344

亿元以上商品市场按市场成交额排序(2006年)
Order of Commodity Markets by Transaction Value Over 100 Million Yuan(2006)

单　　　　位	位 次	成　交　额 (万元)	营 业 面 积 (平方米)
南三条批发市场	1	3069400	650000
新华集贸中心市场	2	3033000	160000
高碑店市白沟市场	3	1880000	1800000
永年县标准件市场	4	900000	130000
安国市东方药城	5	681241	36000
香河县家俱城	6	600000	1200000
河北省肃宁县尚村皮毛市场	7	547600	150000
安平县丝网大世界	8	432150	60500
留史皮毛市场	9	400150	98660
石家庄桥西蔬菜中心批发市场	10	385000	200000
玉田县鸦鸿桥小商品市场	11	374929	229846
唐山市路南区荷花坑市场	12	366000	66200
高阳县庞口汽车农机配件城	13	350000	210000
秦皇岛市海阳农副产品批发市场	14	340767	150000
魏县天仙果品批发市场	15	333000	80000
石家庄青年街市场	16	322000	30000
邯郸市(馆陶)金风禽蛋农贸批发市场	17	312544	200000
沧县崔尔庄小枣批发市场	18	310000	26000
孟村辛大管件市场	19	304070	700000
邯郸市现代轻纺城	20	300000	26000
晋州市新世纪商城	21	280000	55000
清河县绒毛市场	22	259346	76000
高阳县纺织商贸城	23	249000	210000
定州市鲜活农产品批发市场	24	245693	36100
正定县恒山板材批发市场	25	244754	190000
永年南大堡蔬菜批发市场	26	220000	132100
河北衡水橡胶城	27	213500	53000
唐山市丰润区鑫旺钢材市场	28	200000	100000
保定市工农路批发市场	29	199000	210000
乐亭县冀东果菜批发市场	30	190000	120000
宁晋县大陆村农机配件市场	31	162000	46620
张家口市怀来县京西果菜批发市场	32	158000	11330
唐山市路南区小山批发市场	33	155500	10000
饶阳县瓜菜果品交易市场	34	153280	199800
河古庙自行车零件城	35	151732	40000
长安装饰材料和平路市场	36	146948	24084
辛集市皮革商业城市场	37	139060	10000
冀东胶合板批发市场	38	136000	90000
邯郸市魏县天龙建筑材料交易市场	39	135000	90000
廊坊市钢材交易市场	40	130900	20000

亿元以上商品市场按市场成交额排序(续一)(2006年)

Order of Commodity Markets by Transaction Value Over 100 Million Yuan(2006)

单　　位	位　次	成　交　额 (万元)	营　业　面　积 (平方米)
邯郸市陶山市场	41	129925	8300
唐山市路南区南新道水产批发市场	42	127700	61940
永清县大辛阁蔬菜瓜果销售中心	43	121000	140000
井陉县煤炭市场	44	120000	374854
桃城区蔬菜批发市场	45	120000	25000
文安县小王东机床市场	46	115630	120000
轴承大世界	47	112000	47000
武安市摩托车大世界	48	112000	21000
涉县商贸城	49	110000	113000
保定市果品批发市场	50	101716	31074
保定市利民路农资科技市场	51	100750	7000
张家口市怀来县土木煤炭市场	52	100467	1033333
沧州市新华区车站工业品批发市场	53	97656	70000
长安装饰材料北宋路市场	54	96109	21500
承德市裕华路市场	55	90324	8500
藁城市禽蛋市场	56	86106	70000
汽车贸易交易中心	57	81813	123000
河北高邑蔬菜批发市场	58	80000	200000
石家庄市光华路生产资料贸易区	59	79992	105000
河北一山摩托车市场	60	76200	21317
秦皇岛市农副产品批发市场	61	73527	70000
磁县磁州新市场	62	72620	36000
河北时代汽车广场	63	72177	12000
定州市中山市场	64	72159	11000
唐山市新华道集贸市场	65	71282	125000
河北省永年县中原农副产品批发市场	66	70002	20000
范西路电子通讯器材市场	67	69665	32000
元氏县马村乡禽蛋批发市场	68	68000	11000
张家口市宣化盛发蔬菜副食市场	69	65445	54170
辛集市河北一集市场	70	65365	70010
井陉县建材市场	71	61450	7500
新乐市花生米市场	72	60130	35000
张家口市钢材市场	73	60000	36000
丰南区通达商贸城	74	59000	2600
枣强县大营皮毛交易市场	75	58100	70000
任丘市张刘庄铝型材市场	76	56800	125000
玉田县二郎庙市场	77	56430	124330
正定县东权城禽蛋批发市场	78	55000	12000
大名县南李庄花生市场	79	52800	63800
魏县当歌酒类批发市场	80	52000	5000

亿元以上商品市场按市场成交额排序(续二)(2006年)
Order of Commodity Markets by Transaction Value Over 100 Million Yuan(2006)

单 位	位 次	成交额 (万元)	营业面积 (平方米)
任丘市瓜果蔬菜市场	81	50646	50000
佳农批发市场	82	50600	53077
武安市钢材市场	83	50000	11000
保定市府河市场	84	49683	1000
银白佛钢材市场	85	48730	10500
井陉县钙镁市场	86	48380	20000
河北省汽车自选市场北市场	87	47200	40000
唐山市路南区建国路市场	88	46500	10400
晋州市古城禽蛋市场	89	44936	7000
大城县东阜摩配市场	90	43870	300000
玉田县鸦鸿桥河西市场	91	43302	51178
辛兴毛线市场	92	42000	30386
张家口市康保县杂粮市场	93	42000	330000
张家口市阳原县煤炭市场	94	41360	333783
磁县磁州商都	95	41343	60000
河间米各庄汽车配件专业市场	96	40500	30000
河北省故城县东阳市场	97	40130	32000
正定县梅山商城	98	40000	15000
威县冀南瓜菜有限公司	99	40000	66000
任丘市华油东风市场	100	38549	35160
藁城市新市场	101	38477	75400
米氏家具精品城	102	38266	20400
正定县西关蔬菜批发市场	103	38000	30000
新华区道东批发市场	104	37754	72000
晋州市东寺果品市场	105	37580	4000
长安装饰材料燕山市场	106	36498	9550
晋州市农副产品批发市场	107	36000	6700
徐水县高林村镇白塔铺蔬菜批发市场	108	36000	7371
邯郸市建材超级批发市场	109	36000	120000
张家口市宣化区煤炭市场	110	35544	6566
玉田县鸦鸿桥综合市场	111	34602	125000
涉县清漳批发市场	112	33326	20748
深州市贸易城亿元市场	113	33240	400000
宁晋县华鑫建材市场	114	33132	120000
饶阳县果品蔬菜市场管理委员会	115	32925	30060
长安装饰材料跃进路市场	116	32760	27030
青县津南盘古市场	117	32684	126620
霸州市益津市场	118	32140	1000000
唐山市路南区大里路市场	119	31500	14003
邢台市蔬菜公司顺兴综合商场	120	31056	3890

亿元以上商品市场按市场成交额排序(续三)(2006年)
Order of Commodity Markets by Transaction Value Over 100 Million Yuan(2006)

单　　位	位　次	成　交　额（万元）	营　业　面　积（平方米）
任丘会占道综合市场	121	30874	69800
抚宁县关内第一集	122	30448	96400
冀州市辣椒专业市场	123	30100	23400
新乐市集贸市场	124	30090	49000
武安市建材市场	125	30000	50000
遵化市贸易城综合市场	126	29800	116550
沧州市朝阳农贸市场	127	29711	6924
石家庄市兽药市场	128	29400	13000
秦皇岛市旧机动车交易市场	129	29193	60000
张家口市宣化县煤炭市场	130	28800	190000
鸡泽县辣椒工贸城	131	28670	41500
唐山市北方陶瓷城	132	28580	78000
北戴河石塘路市场	133	28337	15000
定州市高蓬布匹批发市场	134	27799	12000
秦皇岛市华运建筑装饰材料城	135	27500	43000
泊头市红旗路综合批发市场	136	27289	6500
消费品综合市场	137	27278	4500
定州市地道桥钢材市场	138	27109	82708
任丘市西环建材市场	139	27100	31000
马坊市场	140	26410	5896
张家口市华北牲畜交易中心	141	26000	45384
迁安市购物中心	142	25604	9604
任丘市裕华市场	143	24970	27000
广平县广源市场	144	24347	3990
赵县梨乡商城	145	24090	78100
好家居建材市场	146	24060	25000
香河县绿源综合批发	147	23869	4000
邯郸县北方建筑装饰材料城	148	23800	45000
沧州市新华区富园蔬菜批发市场	149	23744	23744
抚宁县城关商贸中心	150	23567	66700
邯郸市魏县天民粮油批发交易市场有限公司	151	23500	66667
任丘市废旧钢铁市场	152	23190	77260
赵县集贸市场	153	23125	53100
武安市商贸城	154	23000	60500
古城石材贸易区	155	22364	51667
吴桥县荣昌市场	156	22107	7500
安次区兴安市场	157	22000	40000
邯郸市康德超级市场	158	21915	66000
天河移动通讯广场	159	21333	4500
魏县飞天干菜食品市场	160	21200	2000

亿元以上商品市场按市场成交额排序(续四)(2006年)

Order of Commodity Markets by Transaction Value Over 100 Million Yuan(2006)

单 位	位 次	成交额 (万元)	营业面积 (平方米)
藁城市南董集贸市场	161	21080	30500
沧州市新华区鞋类批发市场	162	20832	20000
黄骅市海圆市场	163	20700	17566
大城县平舒市场	164	20686	4050
邢台市中北商城有限公司	165	20591	3000
霸州市宾鹏钢木家具市场	166	20100	42000
河北省武强县蔬菜交易市场	167	19800	100050
石家庄城东农副产品批发市场	168	19565	15000
文安县芦阜庄旧钢材市场	169	19286	200000
泊头市刘庄蔬菜批发市场	170	19207	1800
肃宁县兴宁集贸市场	171	19150	64000
新华区中化钢铁市场	172	18816	20000
京南刘园蔬菜果品交易市场	173	18800	135500
景县橡塑市场	174	18739	15000
阜城县崔庙镇粮保器材批发市场	175	18630	7500
邯郸市腾达商贸家电市场	176	18500	10000
固安方城农副产品批发市场	177	18500	30000
由由水鲜城	178	18446	7000
古郡新市场	179	18093	5000
新乐市机动三轮车市场	180	18090	35000
峰峰矿区新市区市场	181	18059	10300
曲周县城北蔬菜市场	182	18000	15000
磁县粮油食品批发市场	183	17650	19066
阜城县古城灯具市场	184	17600	6500
涞源县商业街市场	185	17510	1840
天桥市场	186	16726	4000
新乐市承安集贸市场	187	16070	26000
武安市杜庄农副产品批发市场	188	16000	30000
秦皇岛市果菜批发市场	189	16000	13400
藁城市南孟集贸市场	190	15849	8000
峰峰矿区蔬菜副食品批发交易市场	191	15482	11880
河间市堤口农产品批发市场	192	15200	53333
棋盘山大牲畜市场	193	15150	39960
邯郸市意蓝德农产品市场	194	15100	10000
鸡泽县商贸城	195	15000	11620
井陉县中心市场	196	14980	18000
宽城县城关市场	197	14400	6250
昌黎县碣石山市场	198	14208	10759
藁城市梅花集贸市场	199	14197	150000
枣强县玻璃钢城材料市场	200	14027	202366

亿元以上商品市场按市场成交额排序(续五)(2006年)

Order of Commodity Markets by Transaction Value Over 100 Million Yuan(2006)

单　　位	位　次	成交额（万元）	营业面积（平方米）
沧州商城	201	13882	22191
滦南县奔城综合集贸市场	202	13800	13937
围场县锥子山大集	203	13700	12774
乐亭县北新路市场	204	13658	15000
承德商城	205	13496	21300
藁城市果品市场	206	13010	55500
张家口市张北县农副产品批发市场	207	13000	7384
阜城县衡德瓜菜批发市场	208	13000	53000
承德市兴隆县中心市场	209	12980	4010
承德市桥东市场	210	12885	11200
宁晋县绿源蔬菜果品批发市场	211	12800	50000
桃城区问津街副食市场	212	12795	5200
腰栈时差蔬菜市场	213	12773	20000
邢台市荣昌果品商贸总汇	214	12668	13200
满城镇陶佐草莓果品批发市场	215	12500	26640
张家口市工业品批发中心	216	12310	5500
深州果品专业市场	217	12276	46000
唐山市西郊蔬菜果品批发市场	218	12157	3240
霸州市胜芳镇星光商城	219	12050	8000
秦皇岛市北方机动车配件交易城	220	12050	26583
邯郸市亚森家俱城	221	12000	8000
盐山县兴隆果蔬批发市场	222	12000	8000
邯郸市冀粤建材市场	223	12000	1900
张家口市佳禾农资市场	224	11600	60000
西柏坡山珍山货市场	225	11563	20437
冀州市迎宾市场	226	11532	68498
河间市故仙乡神农农产品批发市场	227	11500	11000
行唐县口头集贸市场	228	11209	30600
唐县城关消费品市场	229	11120	21340
行唐县龙州商城	230	11107	66667
石家庄北方摩托车商城	231	11000	11000
海兴县辛集镇鱼子鱼粉专业市场	232	11000	200000
二道河子胡萝卜市场	233	11000	30000
枣强县人民市场	234	10880	50000
承德市农副产品批发市场	235	10790	7000
望都县新望农贸市场	236	10637	11000
平山县中山文化商贸广场	237	10550	42000
衡水市商贸城	238	10348	56000
张家口市宣化县沙岭子综合贸易大市场	239	10204	10000
威县邵古古堤市场	240	10203	100000
涿州市农副产品批发交易中心	241	10200	66000
滦南县京东第一集	242	10111	233330
河间卧佛堂镇汽车配件市场	243	10050	68000
张家口市纬一路万博大市场	244	10030	6400
迁西县板栗开发市场	245	10002	8000
正定县肉食水产批发市场	246	10000	8000
乐亭县冀东皮毛交易市场	247	10000	2000

海关进出口贸易总额(1989-2006年)

Total Value of Imports and Exports by Customs(1989-2006)

单位：万美元

年份	进出口贸易总额	出口总额	进口总额	进出口差额(+、-)
1989	219587	179905	39682	140223
1990	226785	190069	36716	153353
1991	240550	202052	38498	163554
1992	246227	194801	51426	143375
1993	243727	167991	75736	92255
1994	316065	230303	85762	144541
1995	392804	286635	106169	180466
1996	420412	308989	111423	197566
1997	411928	325480	86448	239032
1998	422917	311632	111286	200346
1999	458038	311957	146081	165876
2000	523460	370685	152775	217910
2001	573775	395613	178163	217450
2002	666565	459402	207163	252239
2003	897892	592863	305029	287834
2004	1352624	934031	418593	515438
2005	1607132	1092685	514447	578238
2006	1852616	1283469	569147	714322

石家庄海关进出口商品总额(2006年)

Total Value of Imports and Exports by Shijiazhuang Customs(2006)

单位：万美元

贸易方式	进出口商品总额	出口	进口
合计	**1852616**	**1283469**	**569147**
一般贸易	1540444	1087143	453300
国家间、国际组织援助赠送物资	424	413	11
加工贸易:	255165	174552	80613
来料加工装配贸易	36799	22510	14289
进料加工贸易	218366	152042	66324
加工贸易进口的设备	44		44
对外承包工程货物	21075	21075	
租赁贸易	2	2	
外商投资企业投资进口的设备物品	31328		31328
出料加工贸易	1	1	
保税仓库进出境货物	3781	225	3556
出口加工区进口设备	56		56
其他	297	58	239

石家庄海关按国别(地区)分的进出口商品总额(2006年)

Import and Export Value through Shijiazhuang Customs by Country and Region(2006)

单位：万美元

国别(地区)	进出口	出口	进口	国别(地区)	进出口	出口	进口
合　计	**1852616**	**1283469**	**569147**	阿联酋	23840	22602	1238
亚　洲	**825858**	**615810**	**210048**	也　门	2721	2709	13
阿富汗	92	92		越　南	19556	19520	36
巴　林	1089	1084	5	中　国	302		302
孟加拉国	5176	5171	5	台湾省	82028	66497	15531
文　莱	261	254	6	东帝汶	2	2	
缅　甸	2492	2492		哈萨克斯坦	2202	1847	355
柬埔寨	1130	1127	3	吉尔吉斯	549	549	
塞浦路斯	725	723	2	塔吉克斯坦	80	80	
朝　鲜	868	797	71	土库曼斯坦	94	92	2
香　港	37137	34615	2522	乌兹别克斯坦	501	348	153
印　度	95885	35722	60163	**非　洲**	**71316**	**59445**	**11871**
印度尼西亚	36382	25237	11145	阿尔及利亚	5034	5034	
伊　朗	21508	10248	11260	安哥拉	2432	2432	
伊拉克	7312	7312		贝　宁	2007	1538	469
以色列	11913	11588	324	博茨瓦那	53	53	
日　本	173458	120976	52482	布隆迪	55	55	
约　旦	3152	3152		喀麦隆	807	457	349
科威特	3788	3759	28	加那利群岛	33	33	
老　挝	9	9		佛得角	45	45	
黎　巴嫩	871	865	6	中　非	2	2	
澳　门	252	223	29	乍　得	310	112	198
马来西亚	17031	12939	4092	科摩罗	60	60	
马尔代夫	48	48		刚　果	627	556	72
蒙　古	2270	1411	858	吉布提	355	349	5
尼泊尔	191	187	4	埃　及	6084	6025	59
阿　曼	892	892		赤道几内亚	21	21	
巴基斯坦	8401	8235	166	埃塞俄比亚	1938	1439	500
巴勒斯坦	8	8		加　蓬	592	146	446
菲律宾	13046	9398	3648	冈比亚	268	268	
卡塔尔	1665	1217	448	加　纳	3010	3010	
沙特阿拉伯	13068	11791	1277	几内亚	450	450	
新加坡	13601	11679	1922	几内亚(比绍)			
韩　国	170993	133228	37765	科特迪瓦	443	375	68
斯里兰卡	2580	2517	63	肯尼亚	2344	2212	133
叙利亚	5090	5090	1	利比里亚	243	243	
泰　国	24102	21489	2612	利比亚	2714	2714	
土耳其	17500	15990	1511	马达加斯加	1620	1610	9

石家庄海关按国别(地区)分的进出口商品总额(续一)(2006年)

Import and Export Value through Shijiazhuang Customs by Country and Region(2006)

单位：万美元

国别(地区)	进出口	出口	进口	国别(地区)	进出口	出口	进口
马拉维	93	93		意大利	62402	45958	16444
马里	419	59	360	卢森堡	464	289	175
毛里塔尼亚	426	426		荷兰	27028	23422	3606
毛里求斯	718	712	6	希腊	5002	4878	124
摩洛哥	6560	6508	52	葡萄牙	3247	3032	215
莫桑比克	364	298	66	西班牙	35703	30744	4959
纳米比亚	50	50		阿尔巴尼亚	529	523	6
尼日尔	108	108		安道尔			
尼日利亚	6104	6094	10	奥地利	4286	542	3745
留尼汪	179	179		保加利亚	2061	2043	17
卢旺达	61	61		芬兰	3979	3105	874
圣多美和普林西比	5	5		直布罗陀	5	5	
塞内加尔	1145	820	325	匈牙利	2524	2215	309
塞舌尔	5	5		冰岛	75	75	
塞拉利昂	167	167		列支敦士登	3	1	2
索马里	24	24		马耳他	520	519	
南非(阿扎尼亚)	14250	6390	7860	摩纳哥	3	3	
苏丹	4047	3905	142	挪威	2642	1411	1232
坦桑尼亚	1391	1308	83	波兰	5781	5487	294
多哥	773	574	198	罗马尼亚	3742	3574	168
突尼斯	807	751	56	圣马力诺	1	1	
乌干达	448	397	51	瑞典	6037	3690	2347
布基纳法索	406	57	349	瑞士	3904	1859	2046
民主刚果	280	280		爱沙尼亚	381	381	
赞比亚	643	640	3	拉脱维亚	1383	1379	3
津巴布韦	99	99		立陶宛	671	663	8
莱索托	180	180		格鲁吉亚	242	242	
斯威士兰	6	6		亚美尼亚	164	164	
厄立特里亚	7	7		阿塞拜疆	334	334	
非洲其他	1	1		白俄罗斯	269	258	11
欧洲	**422572**	**332141**	**90431**	摩尔多瓦	28	25	3
比利时	20589	17727	2861	俄罗斯联邦	68970	67234	1736
丹麦	7646	6326	1320	乌克兰	13578	13091	487
英国	28751	24986	3764	南斯拉夫联盟	1204	1204	
德国	84288	44494	39794	斯洛文尼亚	694	668	26
法国	17186	13791	3394	克罗地亚	1215	1214	1
爱尔兰	2462	2394	69	捷克共和国	2172	1829	342

石家庄海关按国别(地区)分的进出口商品总额(续二)(2006年)

Import and Export Value through Shijiazhuang Customs by Country and Region(2006)

单位：万美元

国别(地区)	进出口	出口	进口	国别(地区)	进出口	出口	进口
斯洛伐克	280	246	34	圣卢西亚	28	28	
马其顿	29	21	8	圣文森特和格林纳丁斯	7	7	
波黑	100	92	8	萨尔瓦多	442	442	
拉丁美洲	**140757**	**42272**	**98485**	苏里南	195	195	
安提瓜和巴布达	21	21		特立尼达和多巴哥	531	531	
阿根廷	2505	1853	652	特克斯和凯科斯群岛			
阿鲁巴岛	1	1		乌拉圭	1257	362	895
巴哈马	11	11		委内瑞拉	8463	3330	5134
巴巴多斯	49	49		英属维尔京群岛	86	86	
伯利兹	32	32		圣其茨-尼维斯	6	6	
玻利维亚	66	66		拉丁美洲其他			
巴西	98169	8513	89656	**北美洲**	**285770**	**219314**	**66456**
开曼群岛	12	12		加拿大	38647	31496	7151
智利	7326	6414	912	美国	247096	187791	59305
哥伦比亚	2196	2182	14	格陵兰	4	4	
多米尼加	118	118		北美洲其他	24	24	
哥斯达黎加	917	917		**大洋洲**	**106342**	**14486**	**91856**
古巴	755	752	3	澳大利亚	101461	11744	89718
库腊索岛	4	4		斐济	282	282	
多米尼加	790	790		新喀里多尼亚	60	60	
厄瓜多尔	1019	1018	1	瓦努阿图	15	15	
法属圭亚那	1	1		新西兰	3871	1733	2138
格林纳达	12	12		巴布亚新几内亚	451	451	
瓜德罗普	35	35		社会群岛	4	4	
危地马拉	1805	1805		所罗门群岛	64	64	
圭亚那	204	204		汤加	5	5	
海地	334	334		萨摩亚	16	16	
洪都拉斯	383	383		基里巴斯	2	2	
牙买加	352	352		图瓦卢			
马提尼克	41	41		密克罗尼西亚	46	46	
墨西哥	7046	5982	1064	马绍尔群岛			
尼加拉瓜	525	525		帕劳			
巴拿马	1907	1907		大洋洲其他	1	1	
巴拉圭	186	186		**东南亚国家联盟**	**127609**	**104145**	**23464**
秘鲁	1907	1903	4	**欧洲联盟**	**324198**	**239490**	**84708**
波多黎各	980	830	150	**亚太经济合作组织**	**1064670**	**770579**	**294091**

利用外资概况(1984-2006年)

Utilization of Foreign Capital(1984-2006)

项目单位:个　金额单位:万美元

年份	总计		对外借款		外商直接投资		外商其他投资	
	项目	金额	项目	金额	项目	金额	项目	金额
合同利用外资额								
1984	22	904			7	174	15	730
1985	53	4804	1	175	39	4093	13	536
1986	31	1751			17	1011	14	740
1987	25	4539			25	4233		306
1988	91	19962			91	18689		1273
1989	73	9486			73	6310		3176
1990	110	8877			110	8593		284
1991	322	16351			322	16161		190
1992	1428	144090	65	8972	1363	133253		1865
1993	1975	193358	58	24149	1917	169052		157
1994	1096	148462	27	60125	1069	88014		323
1995	1220	188794	16	19445	1204	168656		693
1996	923	210368	17	30777	906	179216		375
1997	742	172670	11	20175	731	142088		10407
1998	652	128467	9	12004	643	111611		4852
1999	530	113879	6	21645	524	91057		1177
2000	510	94822	9	19624	501	72445		2753
2001	507	107759	4	3332	503	99763		4664
2002	482	136259	8	3540	474	127929		4790
2003	586	251313	13	27703	573	196502		27108
2004	603	244047	9	2614	594	214731		26702
2005	581	272736	4	742	577	253154		18840
2006	447	177048	1	495	446	150625		25928
实际利用外资额								
1984		546		51		160		335
1985		1423		597		393		433
1986		1127				685		442
1987		1032				744		288
1988		1910				1673		237
1989		4373				2685		1688
1990		4447				3935		512
1991		18967		11133		7615		219
1992		28682		10441		17951		290
1993		48447		12572		35735		140
1994		73742		21402		52340		
1995		108620		29924		78061		635
1996		160062		36035		123652		375
1997		213649		53622		149620		10407
1998		210348		41603		163893		4852
1999		193747		48292		144278		1177
2000		139378		34249		102376		2753
2001		93521		13196		75661		4664
2002		104793		17558		82445		4790
2003		155800		17125		111567		27108
2004		197856		8813		162341		26702
2005		227890		17794		191256		18840
2006		238274		10912		201434		25928

注：1990年以前年度数据为部门数，仅供参考使用。

外商直接
Statistics on Foreign

项　　　目	新　批　合　同			外商直接投资
	项目个数（个）	项目总投资	合同外资额	
合　　计	**446**	**329079**	**150625**	**201434**
按投资方式分组				
港、澳、台投资经济	161	115654	56867	92083
港澳台合资经营企业	63	43097	11331	28240
港澳台合作经营企业	12	14411	6198	3432
港澳台独资经营企业	85	54447	37747	39151
港澳台投资股份公司	1	3699	1591	21260
外商投资经济	285	213425	93758	109351
中外合资经营企业	130	125176	42622	60168
中外合作经营企业	11	12213	8478	3444
外资企业	144	76036	42658	45739
外商投资股份公司				
按产业分组				
第一产业	14	8407	4269	3237
第二产业	350	268149	115599	182819
第三产业	82	52523	30757	15378
按国民经济行业分组				
农、林、牧、渔业	14	8407	4269	3237
采矿业	6	5460	2027	1355
制造业	334	247635	109585	177992
电力、燃气及水的生产和供应业	5	13282	3313	2133
建筑业	5	1772	674	1339
交通运输、仓储和邮政业	6	7354	6896	4089
信息传输、计算机服务和软件业	12	4128	1839	207
批发和零售业	9	5811	1811	774
住宿和餐饮业	9	2735	1620	1321
金融业	1	1250	1150	178
房地产业	25	18805	10599	5108
租赁和商务服务业	7	1838	1238	2604
科学研究、技术服务和地质勘查业	2	105	45	50
水利、环境和公共设施管理业	1	497	174	200
居民服务和其他服务业	1	34	-1026	407
教　　育	1	2996	1498	
卫生、社会保障和社会福利业	1	600	282	
文化、体育和娱乐业	7	6370	4631	440

投资情况(2006年)
Direct Investment(2006)

单位:万美元

新注册三资企业				期末实有三资企业(个)			
注册户数(户)	投资总额	注册资本	外商注册资本	合计	开工在建	投产企业	#当年
402	**274207**	**192559**	**136480**	**3987**	**673**	**1876**	**84**
142	91229	75439	54643	1552	264	719	25
57	37000	36771	19603	1033	137	540	17
11	13210	7514	5780	103	12	45	1
73	37320	27455	27669	412	115	130	7
1	3699	3699	1591	4		4	
260	182978	117120	81837	2435	409	1157	59
122	127141	75820	42833	1432	228	758	33
10	7558	8628	5899	155	34	51	2
128	48279	32672	33105	848	147	348	24
15	18402	8786	7874	101	20	31	3
313	209435	153060	103311	3359	547	1672	68
74	46370	30713	25295	527	106	173	13
15	18402	8786	7874	101	20	31	3
5	4810	1424	1370	46	14	10	1
298	195306	140709	97128	3196	512	1621	65
4	7145	8938	3230	65	18	29	2
6	2174	1989	1583	52	3	12	
6	12139	7001	5217	70	15	31	1
10	2478	1245	1107	24	4	6	
7	4952	2624	1779	34	1	17	4
8	1736	913	684	74	29	22	2
1	1250	1250	1150	5	2		
26	17685	13952	12105	165	29	56	4
8	2047	1638	1268	56	6	16	1
1	15	15	15	27	2	7	
1	497	249	174	14	7	1	
1	2	2	2	23	3	12	1
				4	2	1	
1	600	300	300	3	1	1	
4	2969	1524	1494	28	5	3	

外商直接
Statistics on Foreign

项目	新批合同			外商直接投资
	项目个数(个)	项目总投资	合同外资额	
按投资国别、地区分组				
亚　洲	277	160635	76477	127955
#香　港	141	107656	51666	86348
澳　门	4	1486	800	610
台　湾	16	6512	4401	5125
印度尼西亚	3	352	586	750
日　本	27	14544	5187	12229
马来西亚	2	2824	1212	2419
菲律宾	1	434	62	1608
新加坡	9	7339	3201	5491
韩　国	65	14817	7794	11584
泰　国				580
东南亚联盟	16	10999	5111	10898
非　洲		1973	798	437
欧　洲	45	17745	10038	12447
#比利时				31
丹　麦				1003
英　国	7	4649	2706	4325
德　国	7	875	350	570
法　国	5	2885	1369	634
爱尔兰	1	22	20	
意大利	3	1258	764	2006
卢森堡				
荷　兰		707	1484	981
希　腊				
葡萄牙				81
西班牙	3	1363	738	75
芬　兰				
瑞　士				
欧　盟	37	15957	8948	11846
拉丁美洲	45	89773	38784	33898
开曼群岛	9	28375	12843	11002
英属维尔京群岛	33	59711	25222	22441
北美洲	61	39755	17290	22900
#加拿大	21	9975	4692	2411
美　国	40	29780	12598	20425
大洋洲	17	17198	6438	3797
#澳大利亚	11	9345	3263	1724
新西兰	4	3883	2043	1240

投资情况(续)(2006年)
Direct Investment(2006)

单位:万美元

新注册三资企业				期末实有三资企业(个)			
注册户数(户)	投资总额	注册资本	外商注册资本	合计	开工在建	投产企业	#当年
246	123963	96800	68747	2603	430	1239	44
126	87847	71802	52074	1250	203	556	23
4	1486	836	800	20	2	6	
12	1896	2801	1769	282	59	157	2
1	426	50	50	13	3	7	
23	7697	6935	4495	361	48	197	3
1	24	24	12	27	4	12	
				18	6	6	
9	5868	3652	2832	140	19	80	1
63	15905	8492	5537	434	74	192	13
				17	3	9	1
12	6368	3776	2944	222	37	117	2
		-17	-17	24	2	15	
39	15751	10911	10566	401	67	214	13
				7	1	5	
				7	1	4	
7	4489	2973	2708	75	12	44	2
5	512	558	418	68	10	31	1
5	2735	1827	1331	34	4	19	1
1	22	20	20	1			
1	879	703	696	41	8	22	5
				2		2	
	743	302	1795	16	1	12	
				1	1		
				1			
3	1363	698	698	21	3	7	
				1	1		
				5	2	2	
32	14214	9123	9176	327	53	172	11
42	89470	53731	34244	214	34	92	13
7	23080	11649	10483	19	4	6	1
33	64764	41394	23073	171	30	72	9
60	31498	25598	18412	616	116	268	13
18	7875	6902	3586	128	28	47	3
42	23623	18696	14826	484	88	218	10
14	11525	4736	3728	128	24	48	1
9	7522	2739	2451	97	17	38	1
3	207	348	205	13	3	3	

对外承包工程和劳务合作(1984-2006年)
Contracted Projects and Labor Cooperation with Foreign Countries and Territories(1984-2006)

年份	签订合同的国家(地区)(个)	合同份数(份)	合同金额(万美元)	派出人次(人次)	完成营业额(万美元)
承包工程					
1985	4	4	321		466
1986	1	2	9		326
1987	1	6	672		301
1988	2	9	1468		679
1989	3	3	422		902
1990	9	9	327	121	584
1991	5	15	1291	971	1085
1992	9	9	4881	623	1363
1993	1	1	947	2	
1994	3	4	608	65	263
1995	7	16	2127	428	1798
1996	4	9	317	113	902
1997	6	60	1518	330	1467
1998	11	26	5187	855	2486
1999	12	24	5770	836	4001
2000	13	50	9440	1170	4624
2001	16	26	5265	662	2412
2002	22	38	21329	2998	12022
2003	25	40	31669	1509	17940
2004	25	69	48200	1484	23095
2005	35	91	107533	1832	54139
2006	52	84	171035	3176	78583
劳务合作					
1984	1	1	7		
1985	1	1	11		7
1986	1	1	15		
1987		2	8		2
1988	2	9	1188		21
1989	7	19	314		79
1990	16	16	523	67	50
1991	13	19	1339	18	108
1992	8	8	167	470	8
1993	9	13	232	88	49
1994	36	62	1405	1124	477
1995	29	71	1238	1796	862
1996	24	159	4093	2937	2761
1997	33	157	4167	3344	3235
1998	33	195	4726	3055	2500
1999	27	255	5664	3415	2985
2000	37	219	6035	4151	3975
2001	21	110	3377	5753	4206
2002	15	61	3373	4218	2751
2003	25	62	2258	2256	2144
2004	15	62	1919	1829	1602
2005	12	53	2169	1707	1557
2006	38	66	2489	5806	1929

旅游事业发展情况(2000–2006年)

Development of International Tourism(2000-2006)

指　　标	2000年	2001年	2002年	2003年	2004年	2005年	2006年
海外旅游人数总计(人)	**400464**	**434288**	**473580**	**280256**	**580662**	**626484**	**724838**
外国人	345494	380772	426983	257642	536486	573890	654003
港澳和台湾同胞	54970	53516	46597	22614	44176	52594	70835
旅游外汇收入总额(万美元)	**13035**	**14715**	**16703**	**8460**	**19042**	**20917**	**24314**

接待外国旅游人数

Number of Foreign Tourism

单位：人

国　　别	2000年		2005年		2006年	
	人　数	比　重%	人　数	比　重%	人　数	比　重%
总　计	**400464**	**100.0**	**626484**	**100.0**	**724838**	**100.0**
亚　洲	**199170**	**49.7**	**299196**	**47.8**	**315902**	**43.6**
#日　本	48613	12.1	84874	13.5	86049	11.9
韩　国	25220	6.3	81216	13.0	75643	10.4
蒙　古	4805	1.2	4130	0.7	6448	0.9
印度尼西亚	8004	2.0	7552	1.2	10223	1.4
马来西亚			59506	9.5	59343	8.2
菲 律 宾	7039	1.8	5831	0.9	8042	1.1
新 加 坡	23686	5.9	34688	5.5	41369	5.7
泰　国	7650	1.9	6911	1.1	9444	1.3
印　度	3022	0.8	3658	0.6	6656	0.9
其　他			10830	1.7	12631	1.7
美　洲	**26131**	**6.5**	**46713**	**7.5**	**63861**	**8.8**
#美　国	17309	4.3	27164	4.3	38642	5.3
加 拿 大	5510	1.4	13163	2.1	17233	2.4
其　他			6386	1.0	7986	1.1
欧　洲	**102396**	**25.6**	**200693**	**32.0**	**236101**	**32.6**
#英　国	18007	4.5	43615	7.0	42867	5.9
法　国	11392	2.8	34070	5.4	46107	6.4
德　国	11123	2.8	26020	4.2	29248	4.0
意 大 利	12531	3.1	10207	1.6	13831	1.9
瑞　士	3390	0.8	3866	0.6	5108	0.7
瑞　典	2897	0.7	5116	0.8	5618	0.8
荷　兰	11012	2.7	3044	0.5	4462	0.6
俄 罗 斯	22801	5.7	56231	9.0	68404	9.4
西 班 牙	1476	0.4	3615	0.6	5093	0.7
其　他			14909	2.4	15363	2.1
大洋洲	**15659**	**3.9**	**20378**	**3.3**	**24004**	**3.3**
#澳大利亚	8042	2.0	10782	1.7	13621	1.9
新 西 兰	2989	0.7	5022	0.8	5816	0.8
其　他			4574	0.7	4567	0.6
其他(含非洲)	**57108**	**14.3**	**6910**	**1.1**	**14161**	**2.0**

主要年份各项存款、贷款余额

Deposits Balances and Loans Balances in Main Years

年份	存款余额（亿元）	#企业存款	#财政性存款	#城镇储蓄存款	#农村存款	#其他存款	农村信用社存款余额（万元）
1978	77.23	16.35	43.59	6.69	10.60		118004
1980	100.91	23.65	46.23	12.46	18.32		199947
1985	195.64	69.99	24.09	52.08	41.21	3.98	619463
1990	554.15	135.20	32.89	305.81	63.88	14.31	1998984
1995	1694.65	465.34	49.72	1171.37	4.04		5983353
1996	2159.37	612.33	47.39	1494.06	4.45		7199155
1997	2591.11	780.30	17.48	1756.54	5.20	5.29	8414377
1998	3030.11	822.06	30.65	2080.25	12.65	84.39	9829637
1999	3306.12	818.40	23.40	2341.58	7.69	54.14	11506000
2000	3780.74	1020.15	33.96	2553.83	8.26	80.06	13890293
2001	4053.75	983.52	39.66	2813.36	12.75		
2002	4543.39	993.92	57.16	3158.92	13.71	130.20	16514254
2003	5273.35	1138.11	93.95	3599.96	8.84	190.45	18467326
2004	9249.94	2083.56	156.20	6207.48	161.84	278.81	20775253
2005	10764.93	2360.31	154.94			484.79	
2006	12551.62	2825.42	240.18	5606.72	243.00	608.21	25730880

主要年份各项存款、贷款余额(续)

Deposits Balances and Loans Balances in Main Years

年份	贷款余额（亿元）	#工业贷款	#商业贷款	#农业贷款	#乡镇企业贷款	#固定资产贷款	农村信用社贷款余额（万元）
1978	91.51	27.04	56.90	6.90			29123
1980	114.13	30.24	72.58	9.09			38354
1985	266.25	62.45	154.46	9.34	6.42	22.26	274502
1990	631.31	209.40	266.30	27.39	24.27	76.59	1364223
1995	1578.21	467.55	520.54	57.60	46.27	262.85	3852480
1996	1894.66	572.68	605.72	72.02	54.74	295.75	4880514
1997	2372.15	740.81	695.87	101.68	70.28	337.00	5418593
1998	2795.20	793.06	779.52	124.79	80.03	444.56	6171363
1999	3038.32	786.08	786.22	120.81	86.52	539.79	7387681
2000	2933.19	660.74	688.80	88.53	59.36	784.92	8957068
2001	3098.89	647.83	664.32	85.78	58.41	1019.51	9967546
2002	3488.18	692.62	662.78	87.52	59.38	1207.92	10770927
2003	3854.72	763.69	603.63	86.62	63.63	1442.65	12078868
2004	6152.24	873.62	641.38	800.21	467.92	1949.57	13535025
2005	6415.23	810.43	642.85	831.80	449.43		
2006	7411.88	1111.61	593.60	1307.03	2.66	3033.10	16239938

注：自1996年始农村存款改为农业存款。

主要年份现金收入和现金支出

Cash Income and Cash Expenditures in Main Years

单位：万元

年　　份	现金收入	#商品销售收入	#服务业收入	#税款收入	#储蓄存款收入
1978	581646	434012	38996	1063	64794
1980	883638	628480	52955	1921	131752
1985	2351353	1317808	128510	17231	535151
1990	8326524	2816258	355716	56194	3641342
1995	40146305	7634560	1334905	195156	21499385
1996	47834631	8463347	1787602	240599	25454039
1997	56189042	8879143	2229539	307315	31381250
1998	89302980	11020384	3642531	558778	56741368
1999	105846615	12391995	4361178	662092	70715939
2000	125598106	14469568	5371622	681124	83383702
2001	150703510	15839873	6192185	840218	104198087
2002	167912500	17220100	7220800	1067300	117973600
2003	211376800	20068800	7981200	1181700	156902300
2004	270270900	25033500	9903100	1387000	202526400
2005	301279400	27895800	10281100	1618200	226476300
2006	330364800	29969800	11698300	1824700	254806400

主要年份现金收入和现金支出(续)

Cash Income and Cash Expenditures in Main Years

单位:万元

年　　份	现金支出	#工资及对个人其他支出	#农副产品采购支出	#行政企业管理费支出	#储蓄存款支出
1978	621924	260476	48231		57509
1980	960476	343693	140497		96186
1985	2535431	625838	556336	129343	419930
1990	8255698	1605053	1071153	401484	2909771
1995	38895164	5043474	1606715	1929194	19446260
1996	46829586	5539896	1449220	2376629	23633380
1997	55850392	5830839	1750640	2757207	30298281
1998	89417079	7291524	2023377	3771349	54559311
1999	106532452	7589913	3159343	4480451	69352622
2000	127065619	7822688	4088124	5349049	83104261
2001	151694685	7703198	4303961	6271392	103880163
2002	169345700	8073000	4545500	7358400	117945100
2003	214088000	8906100	4907900	8298300	155920500
2004	273588300	10645700	5805700	10365400	199783900
2005	305840800	12031100	7115400	10686400	223996000
2006	334926300	12452600	6972000	11151200	252931900

主要年份城乡居民储蓄存款年末余额
Outstanding Amount of Saving Deposit in Urban and Rural Areas in Main Years

单位：亿元

年　　份	城乡居民储蓄存款年末余额	城镇储蓄	农户储蓄
1978	11.17	6.69	4.48
1980	21.06	12.46	8.60
1985	102.86	52.08	50.78
1990	504.59	316.10	188.49
1995	1811.23	1247.77	563.46
1996	2288.77	1943.06	345.71
1997	2712.98	2284.55	428.43
1998	3207.62	2693.00	514.62
1999	3681.89	3022.05	659.84
2000	3957.06	3152.35	804.71
2001	4364.18	3419.48	944.70
2002	4811.30	3680.17	1131.13
2003	5457.00	4064.09	1392.91
2004	6207.48	4517.25	1690.23
2005	7084.03	5096.75	1987.28
2006	8014.16	5606.72	2407.44

注：本表为全部金融机构数。1996年后城镇储蓄为定期储蓄，农户储蓄为活期储蓄。

保险业务经济技术指标(1993-2006年)
Economic and Technical Indicators of Insurance Business(1993-2006)

年　　份	保险业务收入（万元）	保险金额（亿元）	已决赔款（万元）
1993	121274	2163	73260
1994	159981	2660	97910
1995	187354	2678	104327
1996	216803	3633	117235
1997	373377	5376	124631
1998	403400	5858	123200
1999	436000	5215	164900
2000	565800	6625	165700
2001	764100	7376	268500
2002	1126300	12094	267900
2003	1671000	10804	283300
2004	2054081	14450	367793
2005	2173100	25152	404300
2006	2533700	30088	523100

各级各类学校数(1990–2006年)

Number of Schools by Level and Type of School (1990-2006)

单位: 所

年份	普通高等学校	普通中学			职业中学	普通小学
			高中	初中		
1990	50	5403	181	4745	362	48568
1991	50	5321	199	4687	313	48414
1992	48	5314	206	4712	323	48189
1993	54	5260	212	4680	318	47975
1994	52	5294	257	4723	358	47623
1995	47	5256	250	4695	359	47133
1996	45	5175	273	4598	392	465.3
1997	46	5076	301	4465	436	46243
1998	46	4984	325	4338	474	45343
1999	48	4949	358	4272	494	39770
2000	47	4910	380	4194	463	36465
2001	63	5098	377	4024	362	31529
2002	75	5053	390	3908	369	28433
2003	83	5024	394	3863	361	25700
2004	87	4917	814	4103	313	22953
2005	86	4734	1136	4320	288	20883
2006	88	4464	801	3343	290	19162

注: 2004年以前年份的职业中学包括职业高中与职业初中,2005年后为职业高中(以下各表同)。

各级各类学校专任教师数(1990–2006年)

Number of Full-time Teachers by Level and Type of School (1990-2006)

年份	普通高等学校(人)	普通中学(万人)			职业中学(人)	普通小学(万人)
			高中	初中		
1990	13585	15.59	2.55	13.04	11312	26.99
1991	13226	15.81	2.62	13.19	11940	27.25
1992	13372	16.18	2.62	13.56	12570	26.91
1993	14250	16.43	2.51	13.92	13531	27.16
1994	14740	17.01	2.47	14.54	14822	27.20
1995	14808	17.95	2.59	15.37	16621	27.01
1996	15514	19.43	2.88	16.56	19854	27.73
1997	16656	21.06	3.25	17.81	22303	28.98
1998	16622	22.57	3.65	18.91	24544	30.29
1999	17263	23.98	4.05	19.93	25002	31.54
2000	19414	25.37	4.37	21.00	23782	32.95
2001	23707	26.92	4.82	22.10	21824	33.28
2002	28091	27.73	5.35	22.37	21110	33.22
2003	34542	28.59	6.13	22.46	19990	32.92
2004	39235	29.01	6.75	22.25	19782	32.48
2005	46538	29.00	7.34	21.66	19223	32.01
2006	47428	28.71	7.82	20.89	20788	31.53

各级各类学校招生数(1990-2006年)

Number of New Students Enrollment by Level and Type of School(1990-2006)

年　份	普通高等学校(人)	普通中学(万人)	高中	初中	职业中学(人)	普通小学(万人)
1990	23803	75.78	10.81	64.97	51512	125.33
1991	23701	83.28	10.61	72.67	60654	125.32
1992	32956	89.39	10.16	79.23	70162	132.54
1993	41789	92.54	10.11	82.43	74930	144.48
1994	42141	104.41	11.87	92.54	88741	159.10
1995	43027	120.64	14.66	105.98	95099	162.60
1996	42796	129.43	15.76	113.67	125393	156.74
1997	46357	140.14	18.77	121.37	154997	148.33
1998	49578	149.84	21.61	128.23	187611	128.24
1999	76900	163.12	23.22	139.90	169533	116.15
2000	106447	177.22	26.22	151.00	134336	107.05
2001	148260	181.02	31.20	149.82	137325	93.34
2002	170792	185.65	37.96	147.69	135341	78.96
2003	192135	187.90	44.93	142.97	144724	72.74
2004	238597	172.40	46.40	126.00	128854	71.50
2005	256873	164.67	49.47	115.20	181050	72.00
2006	297058	157.19	49.70	107.49	207170	80.07

各级各类学校在校学生数(1990-2006年)

Number of Students Enrollment by Level and Type of School (1990-2006)

年　份	普通高等学校(人)	普通中学(万人)	高中	初中	职业中学(人)	普通小学(万人)
1990	76018	207.61	31.24	176.37	126727	705.48
1991	74349	222.21	31.82	190.39	141444	724.35
1992	84083	239.26	31.13	208.13	160727	747.68
1993	104287	247.76	28.92	218.84	172061	775.85
1994	120297	273.60	30.45	243.15	206078	816.04
1995	126290	310.24	35.58	274.66	242698	851.31
1996	126645	350.09	41.39	308.70	303659	882.85
1997	135974	389.35	48.78	340.57	373509	901.12
1998	144383	416.08	55.87	360.21	446580	895.44
1999	180700	447.43	62.99	384.44	465441	864.35
2000	243847	481.75	70.04	411.71	416143	813.73
2001	350518	501.76	80.39	421.37	353652	747.65
2002	472966	528.05	94.80	433.25	342748	674.55
2003	553255	543.72	114.23	429.49	349822	606.58
2004	697440	532.92	129.39	403.53	337000	547.00
2005	789792	509.54	139.11	370.43	391232	500.36
2006	827127	480.63	143.81	336.83	471121	470.25

各级各类学校毕业生数(1990−2006年)
Number of Graduates by Level and Type of School(1990-2006)

年　　份	普通高等学校（人）	普通中学（万人）			职业中学（人）	普通小学（万人）
			高　　中	初　　中		
1990	22762	65.70	10.54	55.16	39780	82.56
1991	23406	58.75	9.78	48.97	38691	90.66
1992	23387	58.99	10.05	48.94	40252	96.91
1993	22130	63.02	10.53	52.49	45617	101.50
1994	27491	67.27	9.26	58.01	52576	108.04
1995	36388	75.35	66.50	8.84	57460	119.22
1996	41837	82.84	9.34	73.50	83979	121.62
1997	42234	97.24	11.33	85.91	97938	124.72
1998	40562	116.52	14.06	102.46	114501	132.68
1999	39606	124.61	15.82	108.79	133644	144.52
2000	41255	131.42	18.16	113.42	151104	154.93
2001	15871	137.08	21.28	115.80	147822	153.78
2002	62910	147.54	23.48	124.06	123220	152.69
2003	107562	163.10	26.49	136.61	100617	145.92
2004	143148	173.06	31.87	141.19	100150	128.09
2005	183213	178.03	39.63	138.40	91352	117.46
2006	207566	178.09	45.06	133.03	114058	108.58

高等教育学校(机构)数(2006年)
Number of School or Institution of Higher Education(2006)

单位：所

项　　目	总　　计	中央部委		地方部门			民　　办
			其他部委		教育部门	非教育部门	
研究生培养机构	**17**	**3**	**3**	**14**	**14**		
普通高校	15	1	1	14	14		
科研机构	2	2	2				
普通高校	**88**	**4**	**4**	**70**	**52**	**18**	**14**
本科院校	30	4	4	26	25	1	
专科院校	58			44	27	17	14
#高等职业学校	49			36	20	16	13
成人高等学校	**14**			**14**	**4**	**10**	
民办的其他高等教育机构	**47**						**47**

普通高等学校(机构)学生数(2006年)

Number of Students in Regular Institutions of Higher Education(2006)

单位：人

项　目	招生数	在校学生数	毕(结)业生数	授予学位数
研究生	7685	20020	3925	3870
博　士	427	1522	255	246
硕　士	7258	18498	3670	3624
普通本科、专科生	297058	827127	207566	73183
本　科	125497	395381	80631	73183
专　科	171561	431746	126935	
成人本科、专科生	74001	218535	25700	1510
本　科	24179	67810	5162	1510
专　科	49822	150725	20538	
在职人员攻读博士硕士学位	1408	3556		824
学历文凭考试				
自考助学班	227	227	3000	
研究生课程进修班		553	635	
普通预科生		188		
进修及培训		2654	33051	
留学生	504	659	407	25

分学科研究生情况(2006年)

Number of Postgraduate Students by Field of Study (2006)

单位：人

项目	招生数	博士	硕士	在校学生数	博士	硕士	毕业生数	博士	硕士
分学科研究生数（总计）	**7712**	**427**	**7285**	**20088**	**1522**	**18566**	**3954**	**255**	**3699**
哲学	81		81	207		207	31		31
经济学	278	10	268	736	28	708	119		119
法学	380	11	369	939	29	910	203		203
教育学	286	11	275	652	30	622	133	6	127
文学	587	7	580	1616	23	1593	307	3	304
历史学	135	15	120	375	44	331	89	8	81
理学	758	47	711	2073	132	1941	501	36	465
工学	2744	170	2574	7448	738	6710	1384	71	1313
农学	303	25	278	834	84	750	246	14	232
医学	1308	91	1217	3205	280	2925	695	108	587
军事学	39		39	107		107			
管理学	813	40	773	1896	134	1762	246	9	237
分学科研究生数(普通高校)	**7685**	**427**	**7258**	**20020**	**1522**	**18498**	**3925**	**255**	**3670**
哲学	81		81	207		207	31		31
经济学	278	10	268	736	28	708	119		119
法学	380	11	369	939	29	910	203		203
教育学	286	11	275	652	30	622	133	6	127
文学	587	7	580	1616	23	1593	307	3	304
历史学	135	15	120	375	44	331	89	8	81
理学	758	47	711	2073	132	1941	501	36	465
工学	2717	170	2547	7380	738	6642	1355	71	1284
农学	303	25	278	834	84	750	246	14	232
医学	1308	91	1217	3205	280	2925	695	108	587
军事学	39		39	107		107			
管理学	813	40	773	1896	134	1762	246	9	237
分学科研究生数(科研机构)	**27**		**27**	**68**		**68**	**29**		**29**
工学	27		27	68		68	29		29

普通本、专科分学科学生数(2006年)
Number of Students in Undergraduate and Junior Colleges by Field of Study (2006)

单位：人

项　目	招生数	本　科	专　科	在校学生数	本　科	专　科	毕业生数	本　科	专　科
总　计	**309689**	**125497**	**184192**	**862618**	**395381**	**467237**	**221049**	**80631**	**140418**
#师　范	29891	14712	15179	90597	46693	43904	32033	12517	19516
哲　学	38	38		152	152		39	39	
经济学	13717	6509	7208	39294	20136	19158	12276	4994	7282
法　学	14779	6612	8167	41626	20621	21005	13720	5467	8253
教育学	22697	4157	18540	65312	13273	52039	26646	3311	23335
文　学	39053	18997	20056	99142	53189	45953	23090	11505	11585
#外　语	15887	7698	8189	42218	22180	20038	9456	4233	5223
艺　术	14692	5505	9187	33239	13758	19481	6778	3210	3568
历史学	810	810		2220	2220		478	478	
理　学	12391	12197	194	41120	40619	501	8674	8310	364
工　学	106574	42943	63631	302940	137387	165553	73525	27202	46323
农　学	8015	2735	5280	22033	8333	13700	5373	1632	3741
医　学	30386	10940	19446	92429	41200	51229	21154	6842	14312
管理学	61229	19559	41670	156350	58251	98099	36074	10851	25223

成人本、专科分学科学生数(2006年)
Number of Students in Adult Institutions of Higher Education by Field of Study(2006)

单位：人

项目	招生数	本科	专科	在校学生数	本科	专科	毕业生数	本科	专科
总计	**77120**	**24179**	**52941**	**234218**	**68719**	**165499**	**30198**	**5739**	**24459**
成人高等学校办	**3119**		**3119**	**15683**	**909**	**14774**	**4498**	**577**	**3921**
#师范	13		13	80		80			
经济学	209		209	684		684	193		193
法学	220		220	1178		1178	476		476
教育学	67		67	181		181	89		89
文学	407		407	2196		2196	524		524
#外语	58		58	248		248	173		173
艺术				27		27	39		39
理学				1		1	2		2
工学	512		512	1656		1656	693		693
医学	3		3	4156	909	3247	828	577	251
管理学	1701		1701	5631		5631	1693		1693
普通高等学校办	**74001**	**24179**	**49822**	**218535**	**67810**	**150725**	**25700**	**5162**	**20538**
#师范	4633	3688	945	15443	11370	4073	466	307	159
经济学	1690	622	1068	4833	1751	3082	398	92	306
法学	4596	2696	1900	16052	9173	6879	2574	1060	1514
教育学	3135	1090	2045	6761	2267	4494	20	11	9
文学	5880	3218	2662	15575	8393	7182	1288	654	634
#外语	2699	1129	1570	6808	3186	3622	471	167	304
艺术	1372	741	631	3880	2154	1726	511	235	276
历史学	159	105	54	532	429	103			
理学	1493	894	599	4794	2808	1986	157	15	142
工学	18131	6043	12088	64160	20111	44049	6437	1494	4943
农学	409	156	253	1843	297	1546	136		136
医学	10769	4437	6332	43934	10309	33625	7612	805	6807
管理学	27739	4918	22821	60051	12272	47779	7078	1031	6047

中等职业学校机构数(2006年)
Number of Secondary Vocational Schools(2006)

单位：个

项目	总计	中央部门	地方部门			民办
				教育部门	非教育部门	
中等职业学校	**718**	**2**	**526**	**399**	**127**	**190**
普通中等专业学校	231	2	114	65	49	115
成人中等专业学校	197		174	134	40	23
职业高中学校	290		238	200	38	52
其他机构(教学点)(不计校数)	**88**	**1**	**72**	**53**	**19**	**15**

注：中等职业学校未含技工学校数据(以下各表均同)。

中等职业学校(机构)学生分科类情况(2006年)
Students in Secondary Vocational Schools by Field of Study(2006)

单位:人

项目	招生数	#初中毕业生	#应届毕业生	在校学生数	毕业生数	#获得职业资格证书
总计	**376930**	**355866**	**347630**	**904003**	**235699**	**113711**
农林类	30764	29425	28669	71535	20032	10815
资源与环境类	2798	2693	2657	5291	1594	1439
能源类	3801	3186	3177	9395	2105	496
土木水利工程类	11838	11468	10662	27226	6088	3896
加工制造类	78954	73926	72073	167103	30788	19237
交通运输类	12692	11843	11321	31050	6937	2999
信息技术类	87202	84558	82995	207774	54742	31182
医药卫生类	35840	31586	30824	97669	25424	9736
商贸与旅游类	19851	18775	18565	47580	13867	6051
财经类	24826	23584	22970	60496	19721	10121
文化艺术与体育类	15215	14551	14306	39648	10500	4689
社会公共事物类	6548	5980	5658	19182	5973	2622
师范类	14155	13323	13159	47627	19088	4849
其他	32446	30968	30594	72427	18840	5579

普通高中学校和学生情况(2006年)

Statistics on Regular Senior Secondary Schools and Students(2006)

项　　目	学校数(所)	高级中学	完全中学	招生数(人)	在校学生数(人)	毕业生数(人)
总　　计	**801**	**404**	**397**	**496971**	**1438065**	**450595**
教育部门和集体办	605	362	243	440692	1276032	405898
社会力量办	176	38	138	52807	151881	40902
其他部门办	20	4	16	3472	10152	3795
城　　市	**253**	**75**	**178**	**133897**	**396126**	**121133**
教育部门和集体办	177	58	119	113106	331614	103246
社会力量办	66	17	49	18473	57983	15542
其他部门办	10		10	2318	6529	2345
县　　镇	**441**	**283**	**158**	**324852**	**932592**	**290322**
教育部门和集体办	351	263	88	294467	848410	269149
社会力量办	81	16	65	29243	80604	19761
其他部门办	9	4	5	1142	3578	1412
农　　村	**107**	**46**	**61**	**38222**	**109347**	**39140**
教育部门和集体办	77	41	36	33119	96008	33503
社会力量办	29	5	24	5091	13294	5599
其他部门办	1		1	12	45	38

普通初中学校和学生情况(2006年)

Statistics on Regular Junior Secondary Schools and Students(2006)

项　　目	学校数(所)	#初级中学	#九年一贯制	招生数(人)	在校学生数(人)	毕业生数(人)
总　　计	**3663**	**3343**	**320**	**1074907**	**3368253**	**1330344**
教育部门和集体办	3345	3155	190	964490	3031719	1217660
社会力量办	290	177	113	103308	313100	104411
其他部门办	28	11	17	7109	23434	8273
城　　市	**281**	**205**	**76**	**157144**	**469624**	**157766**
教育部门和集体办	218	170	48	127489	378492	131470
社会力量办	41	26	15	24137	72588	19926
其他部门办	22	9	13	5518	18544	6370
县　　镇	**1126**	**1011**	**115**	**445509**	**1369246**	**519451**
教育部门和集体办	995	932	63	389019	1197836	460972
社会力量办	128	78	50	55020	166871	56767
其他部门办	3	1	2	1470	4539	1712
农　　村	**2256**	**2127**	**129**	**472254**	**1529383**	**653127**
教育部门和集体办	2132	2053	79	447982	1455391	625218
社会力量办	121	73	48	24151	73641	27718
其他部门办	3	1	2	121	351	191

普通小学学校和学生情况(2006年)

Statistics on Regular Primary Schools and Students(2006)

项　　目	学校数 (所)	招生数 (人)	在校学生数 (人)	毕业生数 (人)
总　计	**19162**	**800719**	**4702450**	**1085840**
教育部门和集体办	18773	773271	4510891	1030914
社会力量办	363	22587	160826	49103
其他部门办	26	4861	30733	5823
城　市	**689**	**104461**	**621841**	**114272**
教育部门和集体办	643	96301	566716	102062
社会力量办	30	4783	33588	8118
其他部门办	16	3377	21537	4092
县　镇	**2007**	**167509**	**990836**	**212574**
教育部门和集体办	1871	155880	911308	190315
社会力量办	128	10385	71722	20826
其他部门办	8	1244	7806	1433
农　村	**16466**	**528749**	**3089773**	**758994**
教育部门和集体办	16259	521090	3032867	738537
社会力量办	205	7419	55516	20159
其他部门办	2	240	1390	298

各类技工学校情况(2006年)

Statistics on Technical Schools(2006)

指　　标	单　位	合　计		
			国务院各部门	其　他
学校数	所	160	4	156
在校学生数	人	129845	4119	125726
教职工数	人	10951	348	10603
专任教师数	人	8988	270	8718
文化技术理论课指导教师	人	5406	175	5231
生产实习课指导教师	人	2228	67	2161
理论实习一体化教师	人	1354	28	1326

各级普通学校毕业生升学率和学龄儿童入学率(1990-2006年)

Proportion of students Entering into Schools of Higher Grade and Enrollment Rate of School-age Children(1990-2006)

单位：%

年 份	学龄儿童入学率	小学升初中	初中升高级中学	高中升高等教育
1990	99.0	79.9	35.3	
1991	98.3	81.6	41.5	
1992	98.4	83.7	42.6	
1993	98.5	82.9	44.0	
1994	98.4	86.9	47.3	
1995	99.2	90.2	47.3	
1996	99.7	93.5	21.4	
1997	99.8	98.8	49.0	
1998	99.8	98.1	47.1	
1999	99.9	98.0	42.3	
2000	99.9	98.7	43.3	
2001	99.5	98.8	43.4	
2002	99.5	96.7	39.5	
2003	99.4	98.0	32.9	
2004	99.8	98.4	32.9	
2005	99.7	98.1	39.0	63.16
2006	99.4	99.0	37.4	68.73

注：1.初中升高级中学包含升入技工学校。2.高中升学率为普通高校招生数与普通高中毕业生数之比。

主要年份平均每万人口在校学生数和大中小学学生构成

Student Enrollment Per 10000 Population and Composition of Student Enrollment in Main Years

年 份	各级学校学生占全省人口(%)	平均每万人口中			大中小学学生各占学生总数比重(%)		
		大学生(人)	中学生(人)	小学生(人)	大学生(人)	中学生(人)	小学生(人)
1980	20.8	8	650	1421	0.4	31.3	68.3
1985	15.8	10	484	1084	0.7	30.7	68.6
1990	15.8	12	394	1171	0.8	25.0	74.2
1995	19.0	20	567	1333	1.0	29.6	69.4
1996	20.2	20	636	1367	1.0	31.4	67.6
1997	21.1	21	726	1386	1.0	33.4	65.6
1998	21.4	22	755	1368	1.0	35.2	63.8
1999	15.9	27	800	1316	1.3	37.3	61.4
2000	20.8	37	832	1225	1.8	39.8	58.5
2001	20.2	52	845	1118	2.6	41.9	55.5
2002	19.5	70	875	1002	3.6	44.9	51.5
2003	18.8	82	902	896	4.3	48.0	47.7
2004	17.9	102	886	803	5.7	49.5	44.8
2005	17.1	115	864	730	6.7	50.5	42.7
2006	16.4	119	837	682	7.3	51.1	41.6

注：1.本表仅为普通学校在校学生数，不含各级各类成人学校在校学生。2.中学生包括中等专业学校、技工学校、普通中学和农、职中学。

主要年份各级学校教师负担学生数

Student-teacher Ratio by Level of School in Main Years

年份	高等学校		中等学校		小学	
	教师数(万人)	平均每个教师负担学生数(人)	教师数(万人)	平均每个教师负担学生数(人)	教师数(万人)	平均每个教师负担学生数(人)
1980	0.9	4.9	20.1	16.7	27.1	27.1
1985	1.2	4.9	17.2	15.6	24.7	24.3
1990	1.4	5.6	18.6	12.8	27.0	26.1
1991	1.3	5.7	18.9	13.4	27.2	26.6
1992	1.3	6.3	19.4	14.1	26.9	27.8
1993	1.4	7.3	19.8	14.5	27.2	28.6
1994	1.5	8.2	20.6	15.5	27.2	30.0
1995	1.5	8.4	21.8	16.6	27.0	31.5
1996	1.6	8.2	23.7	17.3	27.7	32.5
1997	1.7	8.2	25.6	17.3	29.0	31.1
1998	1.7	8.7	27.3	18.1	30.3	29.6
1999	1.7	10.4	28.8	18.3	31.5	27.4
2000	1.9	12.6	29.9	18.5	33.0	24.7
2001	2.4	14.8	31.1	18.2	33.3	22.5
2002	2.8	16.8	31.8	18.5	33.2	20.3
2003	3.5	15.8	32.2	19.0	32.9	18.4
2004	3.9	18.2	31.8	19.0	32.5	16.8
2005	4.7	22.0	33.8	17.8	32.0	15.6
2006	5.1	16.9	32.8	17.6	31.5	14.9

注：1.教师是指专任教师。2.中等学校包括中等专业学校、技工学校、普通中学和农、职业中学。3.高等学校是指普通高校、成人高校、民办的其他高等教育机构。

主要年份各级学校女学生和女教师数
Number of Female Students and Teachers by Level of School in Main Years

单位：万人

项　　目	1990年	1995年	2000年	2005年	2006年
女学生数	**448.45**	**590.03**	**678.86**	**576.44**	**551.77**
高等学校	3.26	5.81	11.77	37.71	45.30
中等专业学校	5.71	9.82	14.19	22.67	19.32
普通中学	96.22	149.29	233.06	253.89	239.15
农业、职业中学	6.31	13.45	21.84	20.46	24.39
小　　学	336.95	411.66	398.00	238.78	223.61
女学生占学生总数比重(%)	**47.18**	**48.50**	**49.01**	**49.04**	**48.81**
高等学校	42.94	46.02	48.28	51.06	54.77
中等专业学校	53.05	54.45	60.32	54.08	52.57
普通中学	46.35	48.12	48.38	49.83	49.76
农业、职业中学	49.86	55.42	52.49	52.3	51.77
小　　学	47.76	48.36	48.91	47.72	47.55
女教师数	**21.50**	**25.39**	**37.90**	**44.31**	**43.47**
高等学校	0.43	0.53	0.84	2.09	2.39
中等专业学校	0.51	0.65	0.74	1.13	0.69
普通中学	6.05	8.30	14.09	17.41	17.38
农业、职业中学	0.43	0.80	1.31	1.15	1.24
小　　学	14.08	15.09	20.92	22.09	21.77
女教师占教师总数比重(%)	**45.78**	**51.36**	**59.17**	**63.25**	**63.66**
高等学校	32.01	37.16	43.50	48.86	50.42
中等专业学校	41.89	48.66	52.45	55.07	56.56
普通中学	38.77	46.24	55.53	60.05	60.54
农业、职业中学	38.37	48.19	54.95	59.59	59.62
小　　学	52.17	55.87	63.50	69.01	69.05

注：2005年农业、职业中学是指职业高中。

从事科技活动人员(2001−2006年)

Number of Scientific and Technical Personnel (2001-2006)

单位：人

项　目	2001年		2002年		2003年	
	从事科技活动人员	#科学家和工程师	从事科技活动人员	#科学家和工程师	从事科技活动人员	#科学家和工程师
总　计	**100797**	**68304**	**109451**	**73879**	**113510**	**78575**
按单位类型分						
科研机构	9673	6483	9731	6330	10094	7393
高等院校	12364	12300	12835	12773	13376	13244
规模以上工业企业						
#大中型工业企业	48017	28812	51142	30170	55850	34510
其　他	30743	20709	35743	24606	34190	23428
按隶属关系分						
中　央	25285	17278	27200	17446	27979	19720
地　方	75512	51026	82251	56433	85531	58855

从事科技活动人员(续)(2001−2006年)

Number of Scientific and Technical Personnel (2001-2006)

单位：人

项　目	2004年		2005年		2006年	
	从事科技活动人员	#科学家和工程师	从事科技活动人员	#科学家和工程师	从事科技活动人员	#科学家和工程师
总　计	**112591**	**74950**	**125278**	**85747**	**132706**	**91542**
按单位类型分						
科研机构	9648	7320	11446	8069	9955	7266
高等院校	12321	10543	12697	10954	14109	12297
规模以上工业企业	69199	42499	74977	49388	80660	53316
#大中型工业企业	60101	37420	66670	44398	71262	47965
其　他	21423	14588	26158	17336	27982	18663
按隶属关系分						
中　央	26177	18040	31578	20252	32733	20937
地　方	86414	56910	93700	65495	99973	70605

科技活动经费筹集与使用总额(2001-2006年)

Total Funds and Expenditures for Scientific and Technological Activities (2001-2006)

单位:万元

项目	当年科技活动经费筹集总额	#政府资金	#企业资金	当年科技活动经费使用情况(内部支出)	#人员劳务费	#固定资产购置	外部支出
2001年 总计	**534944**	**142024**	**311123**	**491089**	**116408**	**167464**	**28863**
按单位类型分							
科研机构	107520	97360	775	100265	28566	22854	811
高等院校	35537	21321	8988	33180	7279	23296	716
大中型工业企业	229970	6691	195351	210949	45272	63616	15689
其他	161916	16653	106008	146696	35290	57698	11647
按隶属关系分							
中央	180995	80454	86615	174349	40808	53219	6961
地方	353949	61570	224507	316741	75600	114245	21902
2002年 总计	**644340**	**163389**	**387556**	**613500**	**144043**	**162761**	**34386**
按单位类型分							
科研机构	122092	111700	1584	128563	32937	13748	303
高等院校	42815	22882	14496	32721	7546	11494	331
大中型工业企业	289966	6495	251195	278862	56499	76496	20588
其他	189467	22312	120281	173354	47061	61023	13164
按隶属关系分							
中央	228771	96611	112005	233004	52041	58779	9250
地方	415568	66778	275551	380496	92002	103982	25136
2003年 总计	**795662**	**209663**	**461690**	**742940**	**151542**	**216431**	**49203**
按单位类型分							
科研机构	228771	96611	112005	233004	52041	58779	350
高等院校	58369	28947	26010	52202	8661	15078	972
大中型工业企业	387175	16483	317583	370848	77505	108917	34972
其他	121347	67622	6092	86886	13335	33657	12909
按隶属关系分							
中央	280048	122579	114016	276536	45022	76324	10794
地方	515614	87086	347674	466405	106520	140106	38409

科技活动经费筹集与使用总额(续)(2001－2006年)

Total Funds and Expenditures for Scientific and Technological Activities (2001-2006)

单位:万元

项　　目	当年科技活动经费筹集总额	#政府资金	#企业资金	当年科技活动经费使用情况(内部支出)	#人员劳务费	#固定资产购置	外部支出
2004年　总　计	**951032**	**205292**	**644945**	**860294**	**178457**	**270217**	**62972**
按单位类型分							
科研机构	184726	146674	8223	141442	30060	20615	325
高等院校	71786	33940	35046	65648	10250	19622	759
规模以上工业企业	592904	14901	535580	560724	115411	192192	54788
#大中型工业企业	553860	13205	506029	513369	102717	174993	52711
其　　他	101616	9777	66095	92480	22736	37788	7099
按隶属关系分							
中　　央	302555	119181	138522	271676	48452	74922	9325
地　　方	648477	86111	506423	588619	130005	195295	53646
2005年　总　计	**1200993.7**	**218664**	**906872**	**1113700**	**198973**	**351817**	**59463**
按单位类型分							
科研机构	262091	157658	97463	191592	25542	25216	310
高等院校	75235	37975	33593	68978	8717	24761	2655
规模以上工业企业	743303	12834	691383	746391	139023	256118	48182
#大中型工业企业	692041	7909	651425	690149	129511	233834	46313
其　　他	120365	10197	84433	106739	25691	45721	8316
按隶属关系分							
中　　央	399721	126818	250279	343618	48151	99585	12397
地　　方	801272	91847	656593	770084	150822	252232	47065
2006年　总　计	**1383420.5**	**287079**	**981466**	**1346852**	**221046**	**507784**	**63119**
按单位类型分							
科研机构	222747	197124	980	209377	31218	57707	424
高等院校	90634	44466	38155	83897	10097	31922	2934
规模以上工业企业	924080	17236	853278	920938	148062	361542	51434
#大中型工业企业	843818	11016	799438	854283	137468	332993	49573
其　　他	145960	28253	89053	132640	31669	56612	8327
按隶属关系分							
中　　央	446614	181569	215172	444148	63248	179347	20036
地　　方	936807	105509	766294	902703	157798	328437	43083

国有地方企事业单位各部门专业技术人员
Number of Scientific and Technical Personnel in Local State-owned Enterprises and Institutions

单位：人

项目	2003年	2004年	2005年	2006年
全省总计	**1142766**	**1121921**	**1131635**	**1139267**
农、林、牧、渔业	39337	38276	38189	37438
采矿业	28508	26077	22779	24140
制造业	103656	70589	65311	57622
电力、煤气及水的生产和供应业	7904	9669	9760	10383
建筑业	14891	18756	19534	19027
交通运输 、仓储和邮政业	26543	21802	21305	23074
信息传输、计算机服务和软件业	1128	735	737	859
批发和零售业	24697	16112	13313	9920
住宿和餐饮业	729	1257	1029	896
金融业	3223	2980	2536	2513
房地产业	762	4311	4317	3482
租赁和商务服务业	3835	1010	952	761
科学研究、技术服务和地质勘查业	16618	14564	14834	14232
水利、环境和公共设施管理业	20600	19367	20153	20740
居民服务和其他服务业	24729	3542	4630	4710
教育	671342	700154	700685	725699
卫生、社会保障和社会福利业	127990	130826	138063	140840
文化、体育和娱乐业	25600	24488	31489	24144
公共管理和社会组织	674	17406	22019	18787

大中型工业企业技术开发机构、人员情况(2006年)

Number of Scientific and Technical Personnel for Technical Development of Large and Medium-sized Industrial Enterprises(2006)

项　　目	技术开发机构数(个)	企业从事技术开发人员总计(人)	技术开发机构中的开发人员人数(人)
全省总计	**578**	**80660**	**28825**
按工业行业分			
煤炭开采和洗选业	11	6551	1637
石油和天然气开采业	20	4225	2220
黑色金属矿采选业		351	
有色金属矿采选业			
非金属矿采选业	1	39	23
其他采矿业			
农副食品加工业	13	765	279
食品制造业	12	878	344
饮料制造业	12	960	360
烟草制品业		70	
纺织业	21	3708	1056
纺织服装、鞋、帽制造业	3	77	33
皮革、毛皮、羽毛(绒)及其制品业	3	196	63
木材加工及木、竹、藤、棕、草制品	20	203	156
家具制造业	1	228	20
造纸及纸制品业	2	314	27
印刷业和记录媒介的复制	1	141	108
文教体育用品制造业	1	16	4
石油加工、炼焦及核燃料加工业	5	284	111
化学原料及化学制品制造业	71	6004	2346
医药制造业	26	5520	2325
化学纤维制造业	3	1257	541
橡胶制品业	12	955	229
塑料制品业	18	1375	613
非金属矿物制品业	34	3047	1453
黑色金属冶炼及压延加工业	24	15503	4674
有色金属冶炼及压延加工业	5	740	150
金属制品业	21	1132	513
通用设备制造业	60	4918	1697
专用设备制造业	58	4639	1780
交通运输设备制造业	48	7530	2187
电气机械及器材制造业	40	3740	2722
通信设备、计算机及其他电子设备制	10	1156	353
仪器仪表及文化、办公用机械制造业	14	1367	724
工艺品及其他制造业		30	
废弃资源和废旧材料回收加工业			
电力、热力的生产和供应业	7	2672	61
燃气生产和供应业		35	
水的生产和供应业	1	34	16

大中型工业企业技术开发经费收支情况(2006年)
Funds and Expenditures for Technical Development of Large and Medium-sized Industrial Enterprises(2006)

单位：万元

项　　目	筹集总额	#政府资金	#企业资金	支出总额	#开发新产品用款
全省总计	**924080.4**	**17235.6**	**853278.5**	**972371.7**	**448510.8**
按隶属关系分					
中央工业	190627.2	5476.8	168361.2	213447.8	79972.9
地方工业	733453.2	11758.8	684917.3	758923.9	368537.9
按工业行业分					
煤炭开采和洗选业	63624.0		63624.0	64413.5	5125.8
石油和天然气开采业	32876.4	254.0	22988.2	34306.5	1717.5
黑色金属矿采选业	1551.6	800.0	751.6	2078.6	95.0
有色金属矿采选业					
非金属矿采选业	2110.6		2110.6	1233.3	
其他采矿业					
农副食品加工业	11335.5	49.0	9266.5	12802.7	5552.3
食品制造业	13270.7	148.7	13110.5	17632.6	6166.5
饮料制造业	6629.5	188.0	5671.5	7105.2	1152.4
烟草制品业	19793.6		19793.6	19395.1	467.1
纺织业	20544.2	66.0	17840.5	20510.9	17958.0
纺织服装、鞋、帽制造业	464.0	33.0	176.0	132.0	71.0
皮革、毛皮、羽毛(绒)及其制品业	1016.9		1016.9	1378.9	1317.6
木材加工及木、竹、藤、棕、草制品	1726.5		1637.5	1524.0	27.0
家具制造业	1572.0		1572.0	870.0	803.0
造纸及纸制品业	3829.7		3829.7	3836.4	3376.0
印刷业和记录媒介的复制	2589.4		2589.4	2593.6	
文教体育用品制造业	21.0		21.0	21.0	15.0
石油加工、炼焦及核燃料加工业	12533.9	15.0	12453.2	13138.1	3222.9
化学原料及化学制品制造业	65520.9	3849.5	54854.2	64701.0	29871.6
医药制造业	47082.6	2769.3	43031.3	53927.5	26293.8
化学纤维制造业	7064.8		6834.8	6643.7	4645.3
橡胶制品业	4226.1	48.0	3467.1	4347.1	3823.3
塑料制品业	10178.2	152.0	9965.2	16912.5	5188.7
非金属矿物制品业	36219.4	729.1	32895.5	37934.5	22563.8
黑色金属冶炼及压延加工业	273262.0	75.0	272387.0	283761.8	157510.7
有色金属冶炼及压延加工业	10186.0	64.3	9881.2	10240.6	7927.9
金属制品业	6713.1	356.6	6097.5	6875.1	4947.4
通用设备制造业	28597.1	1232.6	25298.5	28886.2	18273.0
专用设备制造业	31584.8	1525.0	26359.8	41079.6	22880.0
交通运输设备制造业	90504.4	1762.0	85755.8	103098.9	49093.3
电气机械及器材制造业	72250.0	700.0	71388.0	84964.6	40416.5
通信设备、计算机及其他电子设备制	8382.8	1115.5	5510.2	6362.2	3492.6
仪器仪表及文化、办公用机械制造业	23231.7	1300.0	8711.7	5177.4	4160.9
工艺品及其他制造业	104.0		104.0	107.0	107.0
废弃资源和废旧材料回收加工业					
电力、热力的生产和供应业	13167.9		11971.9	14136.5	247.9
燃气生产和供应业	196.6	3.0	193.6	124.6	
水的生产和供应业	118.5		118.5	118.5	

省内三种专利申请受理量及批准量(2000-2006年)
Three Kinds of Patent Applications Examined and Granted(2000-2006)

单位：件

项 目	2000年	2001年	2002年	2003年	2004年	2005年	2006年
受理专利合计	**3848**	**4693**	**5153**	**5623**	**5647**	**6401**	**7220**
发 明	601	650	837	994	979	1273	1597
实用新型	2429	2807	2982	3292	3248	3618	3894
外观设计	818	1236	1334	1365	1420	1510	1729
受理专利分布情况							
个人发明	3080	3562	3973	4437	4340	4705	5100
单位发明	768	1131	1180	1186	1307	1696	2120
大专院校	27	27	55	92	108	218	254
科研单位	45	78	97	80	63	103	96
工矿企业	682	1003	1007	1001	1131	1353	1738
机关团体	14	23	21	13	5	22	32
批准专利合计	**2812**	**2790**	**3352**	**3572**	**3407**	**3585**	**4131**
发 明	221	196	191	272	357	371	407
实用新型	1917	1837	2015	2189	2064	2246	2699
外观设计	674	757	1146	1101	986	968	1025
批准专利分布情况							
个人发明	2137	2036	2465	2660	2507	2650	2875
单位发明	675	754	887	912	900	935	1256
大专院校	27	31	20	30	52	80	133
科研单位	61	46	63	59	71	56	70
工矿企业	568	659	787	809	765	791	1047
机关团体	19	18	17	14	12	8	6

文化、文物事业机构、人员数

Number of Institution and Personnel in Culture and Cultural Relics

机构类别	2006年		2005年	
	机构数(个)	从业人数(人)	机构数(个)	从业人数(人)
文化事业合计	**2673**	**18088**	**12068**	**52375**
艺术事业	228	7821	221	7546
#艺术表演团体	135	6064	126	5715
#话剧、儿童剧、滑稽剧团	2	163	2	167
歌舞团、轻音乐团	6	514	7	610
文工团、文宣队、乌兰牧骑	6	128	6	121
戏曲剧团	100	3797	99	3798
#京　剧	5	350	5	359
曲艺、杂技、木偶、皮影团	15	844	6	490
艺术表演场所	93	1757	95	1831
#剧场、影剧院	91	1670	93	1740
公共图书馆事业	156	1680	153	1690
群众文化事业	2231	5601	2149	5590
群众艺术馆	13	561	1	60
文化馆	162	1995	174	2520
文化站	2056	3045	1974	3010
#乡文化站	1900	2857	1833	2811
艺术教育事业	5	682	5	540
其他文化事业	53	2304	9540	36909
艺术创作机构	5	44	6	33
艺术研究机构	12	145	12	150
艺术展览机构	1	40	1	40
其　他	35	2075	9521	36686
文物事业合计	**216**	**6201**	**216**	**6333**
文物保护管理机构	161	4284	161	4256
文物科研机构	4	162	4	168
其他文物机构	2	404	2	598
博物馆	46	1335	46	1295
综合性博物馆	20	375	20	385
历史类博物馆	25	939	25	889
艺术类博物馆	1	21	1	21
文物商店	3	16	3	16

艺术表演团体演出情况
Basic Statistics on Performance of Art Troupes

种　类	演出场次(万场)		#到农村演出		观众人数(万人次)	
	2006年	2005年	2006年	2005年	2006年	2005年
全 省 总 计	**2.8**	**3.1**	**2.3**	**1.9**	**2696.9**	
按剧种分						
#话剧、儿童剧、滑稽剧团					17.7	
歌舞团、轻音乐团	0.1	0.1			95.0	99.4
文工团、文宣队、乌兰牧骑	0.1	0.1	0.1	0.1	48.4	54.6
戏曲剧团	1.8	2.1	1.7	1.7	1906.1	1946.5
#京　剧	0.1	0.1			70.1	72.6
曲、杂、木、皮团	0.5	0.7	0.2	0.1	259.6	64.4

艺术表演团体收支情况(2006年)
Income and Expenditures of Art Troupes(2006)

种　类	补贴团数(个)	总收入(万元)	#演出收入	总支出(万元)	经费自给率(%)	人均收入(元)
全 省 总 计	**91**	**14364.8**	**4731.9**	**8777.6**	**32.9**	**23688.7**
话剧、儿童剧、滑稽剧团	2	823.2	49.0	627.2	6.0	50503.1
歌舞团、轻音乐团	5	1833.9	443.0	1119.5	24.2	35679.0
乐　团	1	569.6	125.9	350.3	22.1	38748.3
文工团、文宣队、乌兰牧骑	5	108.8	21.8	95.4	20.0	8500.0
戏曲剧团	69	7809.6	2146.9	4765.4	27.5	20567.8
#京　剧	4	1196.6	98.0	685.0	8.2	34188.6
曲、杂、木、皮团	4	2124.0	1479.4	1076.4	69.7	25165.9

群众艺术馆、文化馆(站)业务活动及经费收支(2006年)

Basic Statistics on Activities and Expenditures of Mass Art Centers and Cultural Centers(2006)

项目	单位	总计	群众艺术馆	文化馆	文化站
机构数	个	2231	13	162	2056
举办展览	个	6323	73	1092	5158
组织文艺活动	次	32426	375	15568	16483
举办培训班					
班次	次	13149	2460	2194	8495
结业人次	千人次	506	52	59	395
负责指导单位					
农村集镇文化中心	个	906	62	844	
馆办文艺团体	个	76	24	52	
基层文化示范点	个	1234	108	1126	
文化户	户	26923	401	16847	9675
群众业余演出团(队)	个	3787	137	3650	
总支出	万元	10922.4	3201.9	4505.9	3214.6
社会保障缴费	万元	369.5	145.6	182.6	41.3
修缮费	万元	137.4	46.4	81.5	9.5

公共图书馆业务活动及经费收支(2006年)

Facilities, Services and Expenditures of Public Libraries(2006)

项目	单位	总计	省级图书馆	地(市)级图书馆	县(市)级图书馆
总藏量	万册(件)	1351.0	158.3	532.4	660.3
书架单层总长度	万米	49.1	3.4	31.0	14.6
图书流通情况					
总流通人次	万人次	588.4	36.9	218.1	333.4
累计发放借书证数	万个	43.7	14.6	12.2	16.9
为读者服务举办各种活动					
次数	次	2281	74	409	1798
参加人数	万人次	42.5	5.6	15.8	21.2
总支出	万元	6736.6	1148.4	3075.8	2512.4
#购书费	万元	948.5	402.9	404.8	140.8
本年新购图书	万册	33.4		17.9	15.5
公用房屋建筑面积	万平方米	26.0	1.9	7.0	17.1
#书库	万平方米	6.4	1.0	1.7	3.6
阅览室座席	万个	2.0	0.1	0.4	1.6

博物馆、文物机构业务活动及经费情况(2006年)
Facilities, Services and Expenditures of Museums and Cultural Relics Agencies(2006)

项目	单位	合计			
			文物保护管理机构	文物科研机构	博物馆
藏品	件	524226	113261	197780	213185
#一级品	件	1119	258	458	403
展览	个	193	38		155
参观人数	人次	7550	4047		3503

主要年份广播、电视事业发展情况
Basic Statistics on Broadcasting and Television Stations in Main Years

项目	单位	1990年	1995年	2000年	2005年	2006年
职工年末人数	人	16799	18987	21779	27367	29070
广播电台	座	84	115	12	12	12
发射台及转播(中波)	座	27	30	30	30	30
发射机功率(中波)	部/千瓦	33/353.6	38/366.5	40/288	40/268	43/300
广播覆盖率	%	73.1	73.7	97.9	98.63	98.63
县广播电视站(台)	座			128	139	139
电视台	座	39	47	11	12	12
电视发射台及转播台	座	619	728	593	362	235
发射机功率	部/千瓦	708/168	860/211	695/219	441/260.9	304/286.6
电视覆盖率	%	83.1	89.0	97.42	98.62	98.55

图书、报纸、杂志出版种类和数量(2006年)
Number of Books,Newspaper and Magazines Published(2006)

门　　类	本版图书种类(种)	租型种类(种)	总印数(万册)	总印张(千印张)
图　书	**2199**	**381**	**17357.03**	**1153586.87**
马克思主义、列宁主义、毛泽东思想	1		0.51	39.57
哲　学	5		0.75	126.61
社会科学总论	15		4.40	808.12
政治、法律	24	3	60.94	10430.61
军　事				
经　济	52		20.64	4281.98
文化、科学、教育、体育	1468	364	16366.92	1061830.80
语言、文字	5		0.78	79.23
文　学	172		147.17	19198.06
艺　术	170	14	323.65	14041.50
历史、地理	53		28.82	4435.19
自然科学总论				
数理科学、化学	2		0.16	27.16
天文学、地理科学	2		0.60	118.40
医药、卫生	141		91.45	12008.29
农业科学	27		11.14	837.99
工业技术	52		295.30	24564.26
交通运输				
环境科学	2		0.71	76.75
综合性图书	8		3.09	682.35
报　纸	**66**		**220530**	**4930725**
省　级	30		176739	3525013
地（市）级	35		43621	1404015
县　级	1		170	1697
杂　志	**222**		**4113**	**154625**
综合类	29		1001	42451
哲学、社会科学类	40		1034	44720
自然科学、技术类	113		346	22133
文化、教育类	25		748	19305
文学、艺术类	10		230	8638
画　刊	2		7	326
少年儿童读物	3		747	17052

体委系统职工人数(2006年)

Number of Staff and Workers in Sports Commissions(2006)

单位: 人

项　　目	总　　计	#各级体委机关	#体育运动学校	#业余体校	#优秀运动队	#训练基地
全 省 总 计	**5684**	**1289**	**730**	**1274**	**1120**	**35**
运 动 员	737				737	
专职教练员	1100		159	778	157	
专职文化教师	662		248	166		12
科研人员	29		2		7	
公 务 员	891	891				
医务人员	42		8	5	12	1
管理人员	1025	213	138	167	140	3
其他人员	1198	185	175	158	67	19

等级运动员、裁判员分项发展人数(2006年)

Number of Athletes and Referees in Grades by Type of Sports(2006)

单位: 人

运动项目	等级运动员	#女　性	#一　级 运动员	#二　级 运动员	等级裁判员	#女　性	#一　级	#二　级
全 省 总 计	**2485**	**910**	**253**	**2198**	**1158**	**423**	**94**	**1044**
#田　　径	1057	370	44	1010	429	161	60	363
游　　泳	192	97	35	155	115	43		114
举　　重	23	15	6	15	12	1		12
体　　操	8	5	7		7	5		7
射　　击	56	25	30	24	36	12		36
摔　　跤	36	9	9	23	2			
柔　　道	32	8		25	1			
篮　　球	207	63	4	203	187	55	23	164
排　　球	116	51		110	64	31	11	51
乒 乓 球	103	44	15	87	135	60		134
羽 毛 球	24	10		24	40	14		38
足　　球	191	33		189	28	7		28
武　　术	142	60	24	111	43	14		43

卫生机构、床位、人员数(2006年)
Number of Health Institutions, Beds and Persons Engaged(2006)

机构名称	机构数(个)	床位数(张)	全部职工(人)	卫生技术人员	执业医师	执业助理医师
全省总计	**3394**	**173048**	**244081**	**198551**	**68087**	**19371**
市	1273	99689	142740	114152	41266	7854
县	2121	73359	101341	84399	26821	11517
医院	874	126330	169394	136692	49211	8385
市	560	84522	113496	90911	33298	4588
县	314	41808	55898	45781	15913	3797
综合医院	575	95120	128440	104369	37647	5693
中医医院	157	15744	22230	18217	6811	1838
中西医结合医院	15	2013	2820	2231	910	117
专科医院	127	13453	15904	11875	3843	737
#口腔医院	7	190	540	383	175	36
眼科医院	10	1213	2143	1532	580	63
耳鼻喉科医院	2	115	292	263	82	36
肿瘤医院	6	421	498	397	128	27
精神病医院	23	2764	1971	1470	374	88
传染病医院	10	1727	2353	1804	524	46
结核病医院	2	270	271	177	37	8
骨科医院	15	1450	1821	1410	438	131
疗养院	5	920	348	213	46	8
社区卫生服务中心	10	139	252	207	68	41
卫生院	1965	37656	43137	37780	9732	8099
门诊部	68	854	1165	998	397	88
急救中心	3	79	171	148	42	9
采供血机构	12		1455	882	143	34
妇幼保健院(所、站)	183	6619	13230	10721	4060	1302
专科疾病防治院(所、站)	8	427	356	278	155	27
疾病预防控制中心(防疫站)	192	24	12058	8942	3499	1214
卫生监督所	64		2233	1528	688	158
卫生监督检验(监测、检测)所(站)	3		69	52	1	4
医学科学研究机构	6		204	101	39	1
医学在职培训机构						
健康教育所(站、中心)						
其他卫生机构	1		9	9	6	1

卫生机构、床位、人员数(续)(2006年)

Number of Health Institutions, Beds and Persons Engaged(2006)

机构名称	注册护士	药剂人员	检验人员	其他	其他技术人员	管理人员	工勤人员
全省总计	**53044**	**15110**	**11501**	**31438**	**12199**	**13818**	**19513**
市	36333	8095	6421	14183	6421	8615	13552
县	16711	7015	5080	17255	5778	5203	5961
医院	46553	10380	6713	15450	7182	10001	15519
市	33148	6465	4195	9217	4482	6831	11272
县	13405	3915	2518	6233	2700	3170	4247
#综合医院	37316	7632	5067	11014	4942	7346	11783
中医医院	4343	1815	948	2462	1209	1250	1554
中西医结合医院	661	120	101	322	98	250	241
专科医院	4233	813	597	1652	933	1155	1941
#口腔医院	70	16	11	75	70	41	46
眼科医院	527	109	46	207	99	139	373
耳鼻喉科医院	63	22	14	46		13	16
肿瘤医院	101	32	21	88	26	29	46
精神病医院	580	120	59	249	92	135	274
传染病医院	757	135	141	201	124	176	249
结核病医院	73	11	9	39	2	27	65
骨科医院	439	91	58	253	93	169	149
疗养院	64	12	9	74	13	80	42
社区卫生服务中心	49	21	14	14	25	8	12
卫生院	3198	3534	2137	11080	2388	1749	1220
门诊部	198	108	58	149	43	67	57
急救中心	65	10	7	15	4	5	14
采供血机构	265	41	235	164	204	100	269
妇幼保健院(所、站)	2311	667	685	1696	758	764	987
专科疾病防治院(所、站)	40	15	21	20	11	39	28
疾病预防控制中心(防疫站)	252	251	1540	2186	1187	820	1109
卫生监督所	39	64	72	507	325	163	217
卫生监督检验(监测、检测)所(站)			5	42		5	12
医学科学研究机构	8	7	5	41	59	17	27
医学在职培训机构							
健康教育所(站、中心)							
其他卫生机构	2						

县及县以上医院病床使用情况(2006年)

Utilization of Hospital Beds at County and above County Level(2006)

分组名称	病床周转数(次)	病床工作日数(日)	病床使用率(%)	出院者平均住院日数(日)
合计	**22.25**	**210.99**	**57.81**	**9.33**
#医院	23.18	245.21	67.18	10.42
卫生院	17.58	108.30	29.67	6.10
门诊部	6.98	66.02	18.09	9.34
妇幼保健院(所、站)	37.73	188.75	51.71	4.95
专科疾病防治院(所、站)	1.99	68.53	18.77	33.51
非营利性	23.91	250.16	68.54	10.30
#医院	25.42	262.30	71.86	10.24
门诊部	37.73	188.75	51.71	4.95
妇幼保健院(所、站)	41.23	204.48	56.02	4.91
营利性	14.41	186.24	51.03	12.79
#医院	16.65	203.27	55.69	12.10
政府办	26.55	262.94	72.04	9.74
#医院	29.31	282.88	77.50	9.57
卫生院				
门诊部	37.73	188.75	51.71	4.95
妇幼保健院(所、站)	41.23	204.48	56.02	4.91
专科疾病防治院(所、站)				

医院诊疗人次及入院人数(2006年)

Hospital Patients(2006)

医院类别	诊疗人次(万人次)	#门、急诊	入院人数(万人)	每百诊次入院人数(人)	出院人数(万人)	#治愈
全省总计	**8853.44**	**8518.84**	**386.33**	**4.54**	**383.90**	**234.24**
医院	5238.19	5044.84	294.04	5.83	292.14	157.13
疗养院	10.65	10.55	0.11	1.00	0.10	0.06
卫生院	3087.13	2971.58	66.48	2.24	66.04	56.43
门诊部	57.72	57.27	0.63	1.09	0.60	0.54
妇幼保健院(所、站)	438.79	416.17	24.94	5.99	24.87	20.03
专科疾病防治院(所、站)	3.18	2.46	0.08	3.36	0.09	0.01

社会福利事业、企业单位和工作人员数
Number of Social Welfare Institutions and Enterprises and Persons Engaged

项目	单位数(个)			工作人员数(人)		
	2000年	2005年	2006年	2000年	2005年	2006年
全省总计	**4675**	**4477**		**84594**	**65251**	
社会福利事业单位	2217	2560	2489	11234	13458	13852
民政部门办	195			4193		
社会办	2022			7041		
社会福利企业单位	2180	1621	1652	69555	47450	52718
民政部门办	141	71		7677	4275	
社会办	2039	1550		61878	43175	
烈士纪念建筑物管理单位	87	90	90	864	812	804
救助类单位	19	21	22	410	400	362
#救助管理站	17	20	22	361	371	362
安置农场	2	1		49	29	
殡仪服务单位	172	185	186	2531	3131	3330

注：社会福利事业单位中的“民政部门办”指国家办社会福利事业，“社会办”包括“集体和民办社会福利事业；社会福利企业中的“民政部门办”指国有社会福利企业，“社会办”包括“集体和其他社会福利企业”。

社会福利事业单位基本情况
Basic Statistics on Social Welfare Institutions

项目	院数(个)		工作人员(人)		床位(张)		年末收养人数(人)	
	2006年	2005年	2006年	2005年	2006年	2005年	2006年	2005年
全省收养性事业单位总计	**1885**	**2053**	**11771**	**11436**	**74353**	**66850**	**49122**	**42470**
优抚类收养性单位	159	161	3279	3429	10729	10662	7324	7131
福利类收养性单位	1726	1892	8492	8007	63624	56188	41798	35339
#社会福利院	43	47	785	793	3713	4008	2674	2749
城乡老年福利机构	368	1829	1974	6839	12641	50732	7972	32024
其他福利机构	31	16	479	375	1708	1448	882	566

注：城乡老年福利机构是指城镇和农村老年福利机构之和。

享受救济、补助人员情况

Persons Relief Funds or Receiving Subsidies

项　　目	单　位	2003年	2004年	2005年	2006年
城乡居民最低生活保障人数					
城镇居民最低生活保障人数	人	818323	811250	816314	871386
农村居民最低生活保障人数	人	178003	138999	347505	665151
传统救济情况					
城镇临时救济人次数	人 次	68515	56580	27404	7531
农村临时救济人次数	人 次	854727	367970	394719	180378
农村定期救济人数	人	103129	109395	88129	2797
农村定期救济五保户数	户	12076	15604	22789	200244

婚姻登记情况(2000－2006年)

Basic Statistics on Marriage Registration(2000-2006)

项　　目	2000年	2001年	2002年	2003年	2004年	2005年	2006年
内地居民登记结婚数(对)	**475153**	**445421**	**470499**	**524041**	**574611**	**1075042**	**1109230**
初婚数(人)	881891	816272	851947	952850	1041641	974708	1004070
再婚数(人)	68415	74570	89051	95232	107581	100884	105780
男　性	34944	39443	43770	49207	54087	50736	56711
女　性	33471	35127	45281	46025	53494	50148	49069
恢复结婚数(对)	2013	2562	2659	3669	4128	5552	5426
内地居民申请离婚数(对)							
＃准予登记离婚数(对)	17084	19321	22924	25785	43117	50280	56926
涉外婚姻(对)	**213**	**188**	**197**	**223**	**227**	**275**	**325**
＃准予登记结婚数(对)	138	185	193	219	227	275	310
＃国内公民(人)	138	185	193	219	227	275	310

注：涉外婚姻包括结婚和离婚对数。

国内公证文书分类

Domestic Notary Documents by Type

项　　目	办理公证(件)			各类公证所占比重(%)		
	2000年	2005年	2006年	2000年	2005年	2006年
经济合同公证合计	**428719**	**96309**	**87024**	**100.00**	**100.00**	**100.00**
购　　销	10338	1273	1875	2.41	1.32	2.15
建筑工程承包	1192		351	0.28		0.40
联　　营	210	60	134	0.05	0.06	0.15
拍　　卖	845	301	1779	0.20	0.31	2.04
财产租赁	1005	1120	725	0.23	1.16	0.83
贷　　款	32100	44285	29623	7.49	45.98	34.04
担 保 书	1347	740	1356	0.31	0.77	1.56
科技协作	15	31	37	0.00	0.03	0.04
招标、投标	1294	1232	2337	0.30	1.28	2.69
农林牧副渔业承包	315511	7414	16383	73.59	7.70	18.83
乡镇企业承包	342	148	235	0.08	0.15	0.27
供 用 电	875	260	292	0.20	0.27	0.34
企业租赁	354	183	218	0.08	0.19	0.25
资产经营责任制	69		3	0.02		…
工商服务业承包	406	28	26	0.09	0.03	0.03
劳务合同	9533	1602	3291	2.22	1.66	3.78
其他经济合同	5810	6051	16283	1.36	6.28	18.71
法人(代表人)资格	278	412	292	0.06	0.43	0.34
法人委托书	617	3182	3041	0.14	3.30	3.49
执行许可证明	221	226	338	0.05	0.23	0.39
其　　他	46357	27761	8405	10.80	28.82	9.66
民事公证合计	**167024**	**92343**	**95959**	**100.00**	**100.00**	**100.00**
收　　养	426	482	86	0.26	0.52	0.09
解除收养	75	31	43	…	0.03	0.04
继 承 权	2134	9342	11667	1.28	10.12	12.16
遗　　嘱	3051	3923	6110	1.83	4.25	6.37
产　　权	319	205	941	0.19	0.22	0.98
亲属关系	559	2415	3261	0.33	2.62	3.40
房屋买卖	9374	9785	7784	5.61	10.60	8.11
房屋租赁	987	2501	1480	0.59	2.71	1.54
留学协议	259	97	340	0.16	0.11	0.35
遗赠抚养协议	545	393	440	0.33	0.43	0.46
其他民事协议	21614	8660	6799	12.94	9.38	7.09
委 托 书	2720	11461	14933	1.63	12.41	15.56
赠 与 书	2879	7970	7933	1.72	8.63	8.27
声 明 书	2023	5675	6336	1.21	6.15	6.60
现场监督	2179	1159	2786	1.30	1.26	2.90
文本相符	208	470	1081	0.12	0.51	1.13
宅基地使用权	79	190	1039	…	0.21	1.08
证据保全	1066	1924	4864	0.64	2.08	5.07
计划生育	88088	6665	6296	52.74	7.22	6.56
死　　亡	578	37	226	0.35	0.04	0.24
其　　他	27861	18958	11514	16.80	20.53	12.00

涉外公证文书分类

Foreign-related Notary Documents by Type

项目	办理公证(件)			各类公证所占比重(%)		
	2000年	2005年	2006年	2000年	2005年	2006年
合计	**37924**	**37004**	**43741**	**100.00**	**100.00**	**100.00**
出生	5644	4864	7028	14.88	13.14	16.07
学历	6543	6378	9150	17.25	17.24	20.92
经历	1485	642	1584	3.92	1.73	3.62
生存、居住	121	97	282	0.32	0.26	0.64
死亡	26	190	327	0.07	0.51	0.75
国籍	59	230	319	0.16	0.62	0.73
收养子女	6	150	73	…	0.41	0.17
亲属关系	2858	4253	5711	7.54	11.49	13.06
婚姻状况	7293	1746	2865	19.23	4.72	6.55
继承权		109	91		0.29	0.21
受、未受刑事处分	4020	4119	5925	10.60	11.13	13.55
委托书	107	298	624	0.28	0.81	1.43
职称	905	290	178	2.39	0.78	0.41
声明书	259	387	764	0.68	1.05	1.75
文本相符	2722	2899	3238	7.18	7.83	7.40
其他	5876	10352	5582	2.40	27.98	12.76

各城市地区生产总值(2006年)
Gross Domestic Product(2006)

单位：亿元

城市名称	地区生产总值	第一产业	第二产业	#工　业	第三产业
城市合计	**3901.73**	**132.32**	**2030.14**	**1811.43**	**1739.27**
石家庄市	804.69	8.06	289.73	239.14	506.91
承 德 市	114.83	2.47	71.97	62.69	40.38
张家口市	201.12	3.94	120.57	112.84	76.61
秦皇岛市	335.10	5.48	114.39	97.83	215.24
唐 山 市	1225.25	70.67	752.07	709.60	402.51
廊 坊 市	160.10	14.21	73.90	60.06	71.99
保 定 市	258.50	9.57	111.43	88.53	137.49
沧 州 市	170.46	2.92	85.95	66.35	81.59
衡 水 市	116.61	9.79	64.27	56.20	42.55
邢 台 市	154.53	1.72	105.42	98.47	47.39
邯 郸 市	360.54	3.50	240.43	219.72	116.61

各城市地区生产总值(续)(2006年)
Gross Domestic Product(2006)

单位：亿元

城市名称	#交通运输、仓储和邮政业	#金融业	#房地产业	地区生产总值增长率(%)	人均地区生产总值(元)
城市合计	**368.74**	**136.53**	**128.55**		
石家庄市	95.31	45.68	24.95	10.1	35333
承 德 市	4.65	4.68	2.22	14.0	24712
张家口市	7.07	6.31	9.11	10.1	22126
秦皇岛市	69.04	9.18	15.36	12.2	42819
唐 山 市	104.76	30.72	27.56	13.4	40833
廊 坊 市	6.82	10.69	8.08	17.7	20819
保 定 市	15.88	12.20	9.73	13.6	25104
沧 州 市	21.04	1.70	8.59	16.0	34113
衡 水 市	4.87	5.37	2.36	10.7	25566
邢 台 市	13.02	6.32	12.36	13.6	23947
邯 郸 市	26.28	3.67	8.24	14.8	25081

各城市土地面积和人口状况(2006年)
Area of Land and Conditions of Population(2006)

城市名称	城区面积 (平方公里)	#建成区面积	#城市建设用地面积	年末总人口 (万人)	年出生人口 (人)	年末总户数 (万户)
城市合计	**4181.65**	**1013.12**	**932.69**	**1227.19**	**118787**	**364.79**
石家庄市	212.54	174.96	176.19	231.35	20268	58.61
承 德 市	381.41	77.27	39.11	46.91	4879	17.50
张家口市	385.10	76.82	76.82	87.74	6825	30.86
秦皇岛市	363.20	82.62	82.62	78.88	6423	27.11
唐 山 市	1230.20	209.11	203.12	301.17	30719	93.82
廊 坊 市	292.00	54.07	54.07	77.36	8010	20.68
保 定 市	312.00	100.00	83.71	105.23	11236	29.97
沧 州 市	183.00	42.00	37.69	50.06	5040	14.49
衡 水 市	273.40	43.90	36.23	45.99	6208	13.22
邢 台 市	114.80	50.57	41.33	58.32	5264	18.32
邯 郸 市	434.00	101.80	101.80	144.19	13915	40.23

各城市职工人数、工资及人民生活(2006年)
Staff and Workers, Wage and People's Life(2006)

城市名称	在岗职工平均人数 (万人)	在岗职工工资总额 (亿元)	城镇居民人均可支配收入 (元)	城镇居民人均消费性支出 (元)	#食 品	城镇居民人均住房使用面积 (平方米)
城市合计	**248.80**	**477.50**				
石家庄市	55.30	109.01	11495	8287	3033	21.67
承 德 市	10.00	17.23	8477	6129	2328	15.87
张家口市	17.05	31.01	8940	6510	2375	17.46
秦皇岛市	19.60	43.98	10774	7705	2651	19.00
唐 山 市	49.27	106.73	12376	9922	3468	16.80
廊 坊 市	9.60	20.30	11255	8579	2696	23.19
保 定 市	20.41	35.50	10098	6985	2242	23.60
沧 州 市	11.96	18.23	9886	6452	2213	22.85
衡 水 市	8.58	13.11	9936	7066	2090	22.66
邢 台 市	13.99	25.73	9020	5244	1948	22.95
邯 郸 市	33.04	56.67	10503	7121	2420	20.61

各城市就业及失业人员(2006年底)

Employed Persons and Unemployed Persons(End of 2006)

单位：万人

城市名称	年末单位就业人员	第一产业	第二产业	#制造业	第三产业	#交通运输、仓储及邮政业
城市合计	**255.43**	**1.62**	**130.58**	**82.82**	**123.23**	**19.72**
石家庄市	56.10	0.19	25.51	19.21	30.40	5.08
承 德 市	9.78	0.06	4.30	3.05	5.42	0.95
张家口市	17.65	0.05	8.84	6.69	8.76	1.48
秦皇岛市	19.79	0.16	7.62	5.67	12.01	3.45
唐 山 市	50.92	0.31	30.96	16.96	19.65	2.97
廊 坊 市	10.02	0.02	3.96	2.63	6.04	0.43
保 定 市	22.03	0.05	11.80	8.97	10.18	1.12
沧 州 市	12.24	0.71	5.40	3.37	6.13	0.99
衡 水 市	8.76	0.04	3.11	2.57	5.61	1.03
邢 台 市	14.22	0.01	7.47	3.83	6.74	0.62
邯 郸 市	33.92	0.02	21.61	9.87	12.29	1.60

各城市就业及失业人员(续)(2006年底)

Employed Persons and Unemployed Persons(End of 2006)

单位：万人

城市名称	#批发和零售业	#住宿和餐饮业	#金融业	#房地产业	私营和个体就业人员	年末城镇登记失业人员
城市合计	**14.64**	**3.63**	**10.22**	**2.17**	**94.43**	**16.91**
石家庄市	5.05	1.19	2.45	0.29	11.45	1.70
承 德 市	0.28	0.21	0.31	0.06	4.94	0.89
张家口市	1.14	0.17	0.61	0.37	3.44	2.43
秦皇岛市	0.58	0.25	1.15	0.15	13.90	1.48
唐 山 市	1.63	0.49	1.84	0.26	12.75	4.32
廊 坊 市	0.46	0.23	0.40	0.34	5.59	0.28
保 定 市	1.45	0.35	0.84	0.12	2.58	1.08
沧 州 市	0.70	0.15	0.37	0.10	2.08	0.13
衡 水 市	0.85	0.09	0.55	0.11	4.17	0.40
邢 台 市	0.91	0.23	0.54	0.18	7.21	1.14
邯 郸 市	1.59	0.27	1.16	0.19	26.34	3.06

各城市固定资产投资(2006年)
Investment in Fixed Assets(2006)

城市名称	全社会固定资产投资完成额(亿元)	#城镇固定资产投资完成额	施工项目个数(个)	商品房屋销售面积(万平方米)	商品房屋空置面积(万平方米)	商品房屋销售额(亿元)
城市合计	**1875.66**	**1751.42**	**4372**	**1117.00**	**150.17**	**267.18**
石家庄市	502.59	502.51	685	217.00	34.00	51.34
承德市	59.81	57.87	199	58.00	11.20	13.06
张家口市	99.25	95.83	229	111.84	15.04	19.54
秦皇岛市	124.57	113.63	246	153.92	31.61	49.40
唐山市	393.69	342.59	1311	139.80	2.22	34.64
廊坊市	101.76	83.75	175	139.56	10.41	39.45
保定市	136.20	133.60	236	62.56	5.50	13.83
沧州市	115.33	113.78	266	56.44	3.30	11.07
衡水市	64.39	56.13	167	51.66	4.34	8.41
邢台市	74.61	74.49	285	50.12	15.55	10.00
邯郸市	203.45	177.23	573	76.10	17.00	16.44

各城市财政、金融主要经济指标(2006年)
Major Indicators of Public Finance and Banking(2006)

单位：亿元

城市名称	地方财政一般预算收入	财政支出	#基本建设支出	年末金融机构存款余额	#城乡居民储蓄存款余额	年末金融机构贷款余额
城市合计	**261.90**	**378.17**	**25.94**	**6664.91**	**3444.16**	**4147.85**
石家庄市	50.61	64.16	5.83	2111.30	854.90	1378.47
承德市	17.28	25.28	2.20	216.59	120.06	154.86
张家口市	16.00	29.92	3.11	310.17	198.82	221.42
秦皇岛市	25.79	35.40	2.31	527.02	284.45	372.83
唐山市	54.17	81.17	5.47	1213.08	665.71	650.75
廊坊市	14.30	23.41	0.53	349.14	173.15	207.50
保定市	20.19	28.08	2.02	483.56	319.13	244.90
沧州市	15.75	21.71	0.92	257.48	149.76	170.83
衡水市	6.74	13.40	0.41	202.75	100.88	138.19
邢台市	13.14	17.96	0.83	344.59	207.58	190.81
邯郸市	27.93	37.67	2.31	649.24	369.72	417.31

各城市规模以上工业企业主要经济指标(2006年)

Major Indicators on Economic Benefit of Industrial Enterprises Above Designated Size(2006)

单位:亿元

城市名称	工业企业数(个)	工业增加值	从业人员年平均人数(万人)	主营业务收入	本年应交增值税	工业利润总额
城市合计	**2587**	**1608.10**	**137.39**	**5983.56**	**238.94**	**293.80**
石家庄市	367	213.61	25.26	1015.40	37.93	22.01
承德市	114	58.12	5.17	185.91	9.48	7.82
张家口市	165	108.87	9.21	313.53	20.09	16.85
秦皇岛市	278	91.57	7.72	409.98	9.28	3.54
唐山市	719	574.27	41.28	2020.58	82.57	132.37
廊坊市	186	52.96	3.91	197.77	5.80	9.20
保定市	166	86.18	9.22	387.09	11.58	0.15
沧州市	144	51.64	4.36	306.79	4.49	-7.92
衡水市	153	50.58	3.99	185.24	5.67	12.58
邢台市	96	89.97	6.81	255.19	15.21	23.23
邯郸市	199	230.34	20.46	706.07	36.82	73.98

各城市内贸、外经主要经济指标(2006年)

Major Indicators of Domestic Trade and Foreign Economy Trade(2006)

城市名称	社会消费品零售总额(亿元)	限额以上批发零售贸易企业(个)	限额以上批发零售贸易业商品销售额(亿元)	当年新签项目(合同)个数(个)	当年合同外资金额(万美元)	当年实际使用外资金额(万美元)
城市合计	**1179.08**	**631**	**1497.84**	**141**	**68077**	**143450**
石家庄市	297.53	148	442.88	28	19674	45325
承德市	41.77	28	49.43	2	2983	687
张家口市	72.57	46	55.15	4	3690	1076
秦皇岛市	118.74	59	174.97	22	1614	15196
唐山市	250.23	103	217.79	18	9477	32303
廊坊市	40.34	33	90.33	23	7645	21415
保定市	126.63	58	180.26	14	10097	14629
沧州市	36.22	30	72.61	13	3853	2670
衡水市	46.12	35	60.88	7	4557	3048
邢台市	44.55	27	56.61	2	1350	1744
邯郸市	104.39	64	96.94	8	3137	5357

各城市交通、邮电及用电情况(2006年)

Conditions of Transportation, Post and Telecommunications Services and Electricity Consumption(2006)

城市名称	民用汽车拥有量(万辆)	公路客运量(万人)	公路货运量(万吨)	年末邮政局(所)数(处)	国际互联网用户数(万户)
城市合计	**301.74**	**77931**	**73263**	**392**	**239.34**
石家庄市	46.73	13027	10745	83	97.96
承德市	11.48	3496	3617	26	6.56
张家口市	15.02	2818	5390	19	15.42
秦皇岛市	15.24	6133	4494	43	18.36
唐山市	36.66	11356	10708	67	24.39
廊坊市	32.67	5316	5351	31	8.09
保定市	42.96	7575	7386	26	18.97
沧州市	32.34	6897	9497	16	6.81
衡水市	14.34	3755	3452	18	5.42
邢台市	22.27	5651	3456	22	11.14
邯郸市	32.03	11907	9167	41	26.22

各城市交通、邮电及用电情况(续)(2006年)

Conditions of Transportation, Post and Telecommunications Services and Electricity Consumption(2006)

城市名称	电话用户数(万户)			全年用电量(万千瓦小时)	
		固定电话用户数	移动电话用户数		#工业用电
城市合计	**1533.83**	**531.51**	**1002.32**	**7297495**	**5982159**
石家庄市	365.02	91.30	273.72	1136665	811100
承德市	48.95	12.10	36.85	304329	264745
张家口市	121.05	44.43	76.62	496152	389217
秦皇岛市	120.21	44.16	76.05	598868	413101
唐山市	333.86	125.89	207.97	2637663	2446642
廊坊市	91.98	34.03	57.95	174602	100062
保定市	110.20	44.81	65.39	475788	358200
沧州市	64.69	22.77	41.92	184282	119193
衡水市	64.32	16.57	47.75	173003	130112
邢台市	73.70	30.72	42.98	391012	319989
邯郸市	139.85	64.73	75.12	725131	629798

各城市教育事业及专业人员主要指标(2006年)
Conditions of Education and Scientific and Technical Personnel(2006)

城市名称	学校数（个）				专任教师数（人）			
	普通高等学校	中等职业技术学校	普通中学	小学	普通高等学校	中等职业技术学校	普通中学	小学
城市合计	**83**	**399**	**669**	**1592**	**46908**	**24282**	**56351**	**48684**
石家庄市	31	131	102	207	17311	6347	8720	7305
承 德 市	5	19	18	64	1566	597	2243	1671
张家口市	3	15	46	115	1940	1995	3961	3586
秦皇岛市	5	16	49	87	4410	1011	4085	3732
唐 山 市	8	61	157	468	4127	4303	12183	11198
廊 坊 市	7	10	35	153	2922	569	2892	3412
保 定 市	10	28	44	117	7722	2294	3585	3251
沧 州 市	4	25	62	107	1208	1709	4074	3758
衡 水 市	2	29	23	78	766	1462	2827	2473
邢 台 市	4	28	58	83	2112	1916	4325	2557
邯 郸 市	4	37	75	113	2824	2079	7456	5741

各城市教育事业及专业人员主要指标(续)(2006年)
Conditions of Education and Scientific and Technical Personnel(2006)

城市名称	在校学生数（万人）					各类专业技术人员（万人）	#中级技术职称以上人员	高中阶段在校学生数（万人）
	普通高等学校	中等职业技术学校	普通中学	小学	成人高等教育学校			
城市合计	**80.35**	**50.38**	**87.14**	**80.62**	**21.65**	**35.17**	**16.26**	**66.53**
石家庄市	29.03	14.85	14.80	15.32	8.16	8.59	1.53	20.22
承 德 市	2.74	1.86	3.22	2.81	0.86	1.47	0.86	3.52
张家口市	3.13	2.92	5.96	6.37	1.72	2.03	1.75	5.24
秦皇岛市	7.84	1.36	5.19	4.68	1.18	3.21	1.61	2.89
唐 山 市	7.93	7.44	16.15	17.06	2.00	6.84	3.75	5.99
廊 坊 市	4.27	3.07	4.61	4.95	1.05	1.66	0.81	4.68
保 定 市	13.52	5.68	5.36	5.89	3.61	2.09	1.29	2.36
沧 州 市	2.14	2.43	5.93	5.68	0.76	2.13	1.17	2.76
衡 水 市	0.98	2.84	4.06	3.35	0.13	2.51	1.03	4.95
邢 台 市	3.64	3.19	7.73	4.18	0.74	1.87	0.94	7.61
邯 郸 市	5.12	4.73	14.13	10.33	1.44	2.77	1.53	6.32

各城市文化、卫生及社会保障情况(2006年)
Conditions of Culture, Public Health, Social Security(2006)

城市名称	公共图书馆数(个)	公共图书馆图书藏量(千册)	医院、卫生院(个)	医院、卫生院床位数(张)	医生数(人)	注册护士数(人)
城市合计	**23**	**7328**	**584**	**70828**	**35481**	**29255**
石家庄市	4	2615	98	14009	7299	5746
承德市	2	304	30	3753	1627	1476
张家口市	2	696	47	5024	2224	2200
秦皇岛市	2	500	24	3009	2046	1655
唐山市	5	969	128	13734	6772	6073
廊坊市	2	601	24	2285	1449	1079
保定市	1	744	42	7105	3010	2884
沧州市	1	231	13	3170	1890	1511
衡水市	1	77	27	2683	1978	754
邢台市	1	205	39	5096	2364	1737
邯郸市	2	386	112	10960	4822	4140

各城市文化、卫生及社会保障情况(续)(2006年)
Conditions of Culture, Public Health, Social Security(2006)

城市名称	基本养老保险参保人数(万人)	基本医疗保险参保人数(万人)	失业保险参保人数(万人)	社会福利院(个)	社会福利院床位数(张)	城镇居民最低生活保障人数(万人)
城市合计	**284.79**	**342.39**	**291.84**	**179**	**11635**	**32.55**
石家庄市	60.80	69.82	60.63	24	2294	3.18
承德市	11.06	8.98	13.54	12	553	2.88
张家口市	24.42	26.66	23.72	14	1011	6.11
秦皇岛市	27.94	31.12	21.86	7	385	2.48
唐山市	49.36	73.26	52.62	64	4144	2.67
廊坊市	10.33	13.95	7.03	9	1025	1.56
保定市	26.24	34.45	29.22	6	410	1.60
沧州市	12.97	18.00	12.52	5	298	1.54
衡水市	9.25	8.96	8.24	10	555	1.73
邢台市	18.55	18.42	16.90	7	232	1.93
邯郸市	33.87	38.75	45.55	21	728	6.87

各城市市政公用事业(2006年)

Basic Statistics on Urban Public Utilities(2006)

城市名称	年末实有城市道路面积(万平方米)	排水管道长度(公里)	供水综合生产能力(万立方米/日)	供水总量(万立方米)	用水人口(万人)	煤气(人工、天然气)供气总量(万立方米)	用煤气(人工、天然气)人口(万人)
城市合计	**12721**	**8718**	**621.60**	**118167**	**1015.57**	**94158**	**552.54**
石家庄市	2061	1612	108.80	22764	195.05	19150	149.35
承德市	373	285	31.30	6763	41.12	1025	4.80
张家口市	790	530	50.00	8976	81.12	5349	51.37
秦皇岛市	1168	1141	41.70	10536	78.87	5891	32.25
唐山市	2420	1907	118.10	22303	187.07	27878	106.18
廊坊市	659	332	22.50	3640	40.00	3701	31.12
保定市	1275	709	50.10	8936	105.23	4490	37.84
沧州市	748	302	31.40	4386	50.05	2300	19.26
衡水市	591	326	12.10	3273	35.30		
邢台市	836	502	53.60	6981	57.63	9949	25.95
邯郸市	1800	1072	102.00	19609	144.13	14425	94.42

各城市市政公用事业(续)(2006年)

Basic Statistics on Urban Public Utilities(2006)

城市名称	液化石油气供气总量(吨)	用液化气人口(万人)	公共交通运营车数(标台)	全年公共汽(电)车客运总量(万人次)	年末实有出租汽车(辆)	园林绿地面积(公顷)	建成区绿化覆盖面积(公顷)
城市合计	**138106**	**411.70**	**9987**	**115581**	**38649**	**37108**	**38405**
石家庄市	19826	45.70	2370	30240	6806	6613	6326
承德市	8051	31.98	375	8004	2201	2027	2279
张家口市	14168	18.39	574	8551	3560	2206	2689
秦皇岛市	12926	46.62	726	11233	4474	3024	3544
唐山市	35778	77.90	2616	19598	4586	7664	8813
廊坊市	2300	8.88	220	3000	1700	3938	2473
保定市	15835	65.23	609	7865	3036	3141	3650
沧州市	7788	30.79	376	5000	3018	1082	1335
衡水市	4216	24.20	410	2910	1319	788	1091
邢台市	8355	28.16	517	6212	3148	3062	1822
邯郸市	8863	33.85	1194	12968	4801	3563	4383

各市地区生产总值及指数(2006年)

Gross Domestic Product and Its Indices(2006)

市	地区生产总值(亿元)	第一产业	第二产业	工业	建筑业	第三产业
全省	**11660.43**	**1606.48**	**6115.01**	**5490.54**	**624.47**	**3938.94**
石家庄市	2026.63	257.49	979.97	875.16	104.81	789.17
承德市	428.00	75.94	224.53	192.14	32.39	127.52
张家口市	484.17	79.25	214.80	190.70	24.10	190.11
秦皇岛市	552.05	58.19	208.47	180.75	27.72	285.39
唐山市	2362.14	256.00	1370.58	1269.14	101.44	735.56
廊坊市	729.87	107.26	407.61	358.20	49.41	215.01
保定市	1199.96	207.87	587.44	493.44	94.00	404.65
沧州市	1281.67	147.65	684.16	620.90	63.26	449.86
衡水市	546.99	98.40	283.79	262.24	21.55	164.79
邢台市	790.93	133.90	458.32	424.14	34.18	198.71
邯郸市	1359.46	172.75	708.28	628.15	80.13	478.43

各市地区生产总值及指数(续)(2006年)

Gross Domestic Product and Its Indices(2006)

市	地区生产总值指数(上年=100)	第一产业	第二产业	工业	建筑业	第三产业
全省	**113.4**	**105.0**	**115.1**	**116.0**	**108.3**	**114.3**
石家庄市	113.4	104.2	114.9	116.5	102.9	114.7
承德市	118.1	111.8	124.1	126.2	112.6	111.8
张家口市	113.8	116.2	113.1	113.3	111.5	113.7
秦皇岛市	112.6	112.3	114.1	115.2	107.1	111.6
唐山市	114.6	105.1	117.1	117.4	113.8	113.7
廊坊市	115.2	102.8	119.0	120.3	110.5	115.1
保定市	110.2	104.5	110.5	111.4	106.2	112.8
沧州市	115.2	104.8	115.9	116.0	114.7	117.6
衡水市	107.6	104.3	107.2	107.7	102.6	110.2
邢台市	113.0	105.5	115.0	115.1	113.1	114.2
邯郸市	114.9	108.5	119.4	121.1	107.1	111.0

各市地区生产总值(2000-2006年)
Gross Domestic Product in Main Years(2000-2006)

单位：亿元

市	2000年	2001年	2002年	2003年	2004年	2005年	2006年
全　省	**5043.96**	**5516.76**	**6018.28**	**6921.29**	**8477.63**	**10096.11**	**11660.43**
石家庄市	969.83	1044.38	1134.82	1307.35	1541.70	1786.78	2026.63
承 德 市	161.16	179.27	195.72	228.50	292.83	360.29	428.00
张家口市	227.89	244.88	267.69	306.31	368.65	415.79	484.17
秦皇岛市	263.13	284.84	314.15	361.66	430.28	491.15	552.05
唐 山 市	915.05	1006.46	1102.29	1295.32	1630.04	2027.64	2362.14
廊 坊 市	328.91	368.70	410.20	471.35	545.10	621.23	729.87
保 定 市	592.22	636.05	690.65	778.69	922.95	1072.14	1199.96
沧 州 市	451.34	487.20	516.33	608.86	730.56	1130.80	1281.67
衡 水 市	277.22	309.79	348.92	396.77	454.66	519.69	546.99
邢 台 市	366.28	395.68	420.28	486.61	594.86	680.75	790.93
邯 郸 市	542.35	584.28	637.23	735.91	896.30	1157.29	1359.46

注：2000—2003年全省数据及各市数据为按照经济普查口径调整的历史数，其中唐山未做历史数据调整。

各市支出法计算的地区生产总值(2006年)
Gross Domestic Product by Expenditure Approach(2006)

单位：亿元

市	支出法地区生产总值	最终消费	居民消费	政府消费	资本形成总额	货物和服务净流出
全　省	**11660.43**	**4987.29**	**3404.15**	**1588.14**	**5505.80**	**1167.34**
石家庄市	2026.63	800.14	586.24	213.90	1124.45	102.03
承 德 市	428.00	195.71	152.49	43.22	261.95	-29.66
张家口市	484.17	230.81	162.47	68.34	252.16	1.20
秦皇岛市	552.05	214.22	149.85	64.37	251.98	85.85
唐 山 市	2362.14	815.26	614.82	200.44	681.86	865.03
廊 坊 市	729.87	277.08	220.91	56.17	449.62	3.17
保 定 市	1199.96	623.29	466.61	156.68	651.76	-75.09
沧 州 市	1281.67	449.33	336.54	112.79	639.80	192.53
衡 水 市	548.80	246.41	188.92	57.50	290.87	11.53
邢 台 市	795.89	334.36	261.13	73.23	452.40	9.13
邯 郸 市	1359.46	410.61	354.24	56.37	735.20	213.65

各市人口数及人口自然变动(2006年)
Total Population and Natural Changes of Population(2006)

市	总人口(万人)	#男	出生率(‰)	死亡率(‰)	自然增长率(‰)
全　省	**6898**	**3486**	**12.82**	**6.59**	**6.23**
石家庄市	970	495	11.71	6.12	5.59
承 德 市	337	170	14.83	7.17	7.66
张家口市	418	211	12.54	6.98	5.56
秦皇岛市	290	147	11.91	5.73	6.18
唐 山 市	733	365	11.03	6.26	4.77
廊 坊 市	400	207	11.49	5.51	5.98
保 定 市	1080	541	13.82	6.85	6.97
沧 州 市	689	352	12.55	6.13	6.42
衡 水 市	424	212	12.40	6.95	5.45
邢 台 市	684	349	13.42	6.52	6.90
邯 郸 市	872	436	13.08	6.24	6.84

各市职工人数(2006年底)
Number of Staff and Workers(End of 2006)

单位：万人

市	职工人数	#国有经济	#城镇集体经济	在岗职工人数	#国有经济	#城镇集体经济
全　省	**554.56**	**381.36**	**46.28**	**488.07**	**339.63**	**34.94**
石家庄市	95.87	69.46	9.09	85.59	63.03	7.56
承 德 市	25.87	17.35	1.37	23.61	15.91	1.12
张家口市	43.66	31.84	5.21	34.53	25.81	3.17
秦皇岛市	30.28	20.28	1.55	27.66	18.78	1.19
唐 山 市	82.36	43.79	5.70	73.10	39.55	4.41
廊 坊 市	26.14	19.20	1.05	24.58	17.89	0.88
保 定 市	68.10	48.60	5.80	60.16	42.68	4.68
沧 州 市	49.15	33.89	4.17	45.85	32.01	3.32
衡 水 市	23.38	17.48	2.26	21.14	15.85	1.95
邢 台 市	37.47	26.64	2.90	32.19	22.96	2.28
邯 郸 市	70.66	51.24	7.18	58.17	43.67	4.38

注：全省总计中含河北驻天津单位和其他单位，不等于各市汇总数。

各市城镇单位就业人员劳动报酬(2006年)
Labor Reward of Urban Units Employment(2006)

单位：万元

市	就业人员劳动报酬	在岗职工工资总额	#国有经济	#城镇集体经济	其他就业人员劳动报酬	离开本单位仍保留劳动关系职工的生活费
全省	**8255426**	**8095785**	**5819518**	**369771**	**159641**	**338197**
石家庄市	1483829	1459934	1185064	73004	23894	61248
承德市	363682	362027	243297	11879	1655	16156
张家口市	542455	534608	403366	38746	7847	38354
秦皇岛市	566254	556839	398732	15734	9415	20163
唐山市	1443299	1417362	722426	53227	25938	66129
廊坊市	429768	420969	309257	10674	8799	13440
保定市	956428	896251	682617	50234	60178	36143
沧州市	778596	773233	570130	37585	5364	16057
衡水市	285138	282089	215873	21571	3049	11156
邢台市	492636	486385	341398	18323	6251	23861
邯郸市	892150	885114	726386	38795	7036	35005

注：全省总计中含河北驻天津单位和其他单位，不等于各市汇总数。

各市在岗职工工资总额及平均工资(2006年)
Total Wages and Average Wage of Staff and Workers(on Post)(2006)

市	在岗职工工资总额(万元)	国有经济	城镇集体经济	其他经济类型	在岗职工平均工资(元)	国有经济	城镇集体经济	其他经济类型
全省	**8095785**	**5819518**	**369771**	**1906495**	**16590**	**17152**	**10337**	**16882**
石家庄市	1459934	1185064	73004	201867	16911	18629	9395	13504
承德市	362027	243297	11879	106851	14981	15275	10413	15055
张家口市	534608	403366	38746	92496	15337	15730	11457	15861
秦皇岛市	556839	398732	15734	142374	19648	20822	11849	18105
唐山市	1417362	722426	53227	641709	19538	18304	12237	22337
廊坊市	420969	309257	10674	101039	17444	17534	12208	17975
保定市	896251	682617	50234	163400	14977	16067	10200	13146
沧州市	773233	570130	37585	165517	16967	17806	11061	16298
衡水市	282089	215873	21571	44646	13365	13676	11038	13257
邢台市	486385	341398	18323	126664	15164	14949	8068	18179
邯郸市	885114	726386	38795	119934	15361	16767	8859	12092

注：全省总计中含河北驻天津单位和其他单位，不等于各市汇总数。

各市全社会固定资产投资(2006年)
Total Investment in Fixed Assets(2006)

单位：万元

市	投资总额	城　镇	建设项目	房地产开发	农　村	非农户	农　户
全　省	**55009984**	**44339879**	**39524050**	**4815829**	**10670105**	**7734309**	**2935796**
石家庄市	10994463	9981142	8659690	1321452	1013321	632121	381200
承 德 市	2305131	1892198	1683157	209041	412933	297688	115245
张家口市	2238403	1900703	1550061	350642	337700	255161	82539
秦皇岛市	2118529	1755378	1278158	477220	363151	312363	50788
唐 山 市	7654807	5961317	5477263	484054	1693490	1410227	283263
廊 坊 市	4600816	3805258	3141203	664055	795558	590643	204915
保 定 市	5784486	4644369	4208720	435649	1140117	750731	389386
沧 州 市	4582035	3081200	2860478	220722	1500835	1232915	267920
衡 水 市	2679840	1701221	1518265	182956	978619	777181	201438
邢 台 市	4078202	2650545	2449656	200889	1427657	778774	648883
邯 郸 市	5995223	4976460	4707311	261949	1018763	696505	322258

注：全省农村农户投资为抽样调查数，各市为全面调查数。

各市按构成和建设性质分的城镇建设项目投资(2006年)
Investment in Capital Construction Projects in Urban Area by Use of Funds and Type of Construction(2006)

单位：万元

市	投资总额	按构成分			按建设性质分		
		#建筑工程	#安装工程	#设备工器具购置	#新　建	#扩　建	#改建和技术改造
全　省	**39524050**	**19690632**	**2797070**	**12253957**	**24291209**	**9711442**	**4025253**
石家庄市	8659690	4169897	725863	2607075	5742642	1612017	726817
承 德 市	1683157	954937	87863	489969	1117477	361422	152141
张家口市	1550061	963893	63770	396169	840380	509477	184528
秦皇岛市	1278158	624724	51549	462915	413191	364976	462686
唐 山 市	5477263	3084015	307420	1658328	3409120	1152569	781384
廊 坊 市	3141203	1580999	175656	1097361	2301789	589136	160553
保 定 市	4208720	2158972	248432	1164266	2700616	976831	316561
沧 州 市	2860478	1417569	203212	908158	204563	2364972	225293
衡 水 市	1518265	644187	59961	615634	823700	400627	194448
邢 台 市	2449656	1016549	166226	950933	1761138	415502	200702
邯 郸 市	4707311	2546786	327891	1194395	3473423	485995	611140

各市城镇建设项目施工、投产个数和新增固定资产(2006年)
Number of Capital Construction Projects in Urban Area under Construction and Put into Use and Newly Increased Fixed Assets(2006)

市	施工项目个数(个)	全部建成投产项目个数(个)	项目建成投产率(%)	新增固定资产(万元)	固定资产交付使用率(%)
全　省	**16082**	**9786**	**60.9**	**23875558**	**60.4**
石家庄市	3391	1838	54.2	4671638	53.9
承 德 市	961	603	62.7	1259555	74.8
张家口市	844	438	51.9	739316	47.7
秦皇岛市	345	205	59.4	512690	40.1
唐 山 市	1210	795	65.7	4220737	77.1
廊 坊 市	1154	683	59.2	2001782	63.7
保 定 市	2428	1679	69.2	2503853	59.5
沧 州 市	2014	1504	74.7	1523494	53.3
衡 水 市	612	375	61.3	1026772	67.6
邢 台 市	1134	492	43.4	1301734	53.1
邯 郸 市	1977	1173	59.3	3151490	66.9

注：全省总计中含不分地区数，不等于各市合计。

各市城镇建设项目施工、竣工房屋建筑面积及价值(2006年)
Floor Space of Buildings under Construction, Completed and Value in Capital Construction Projects in Urban Area(2006)

市	施工面积(万平方米)		竣工面积(万平方米)		竣工房屋价值(万元)	
		#住　宅		#住　宅		#住　宅
全　省	**7337.33**	**2156.85**	**3389.57**	**858.00**	**3733023**	**891263**
石家庄市	1958.39	667.30	884.01	258.26	911219	253719
承 德 市	246.87	60.15	116.66	31.33	116153	30462
张家口市	243.94	103.27	115.52	35.65	106734	30050
秦皇岛市	226.98	26.91	80.11	14.23	131936	15048
唐 山 市	520.44	157.92	289.44	84.13	330789	95891
廊 坊 市	721.70	38.99	373.45	35.30	489921	47274
保 定 市	850.06	337.92	385.69	111.12	459313	126441
沧 州 市	740.47	153.35	372.79	61.50	430961	68714
衡 水 市	415.47	108.35	202.71	62.57	226400	72505
邢 台 市	564.86	151.75	267.66	60.92	236596	56617
邯 郸 市	808.66	350.94	296.84	102.97	282115	94542

注：全省总计中含不分地区数，不等于各市合计。

各市城镇建设项目资金来源(2006年)
Source of Funds of Investment in Capital Construction Projects in Urban Area(2006)

单位: 万元

市	本年资金来源	国家预算内资金	国内贷款	债券	利用外资	自筹资金	其他资金
全省	**39988502**	**1151915**	**5087820**	**46912**	**728230**	**30503254**	**2470371**
石家庄市	8793983	298872	548439	8628	44602	7333850	559592
承德市	1707764	137410	109064		13414	1377527	70349
张家口市	1694724	56252	503408	1190	16997	913076	203801
秦皇岛市	1443032	40326	359044		180149	806555	56958
唐山市	5226339	43949	1007418	10	142219	3757533	275210
廊坊市	3331175	76844	247095		159759	2701244	146233
保定市	4138750	104644	229271	24750	15830	3518254	246001
沧州市	3123925	129388	587582		73170	2146493	187292
衡水市	1560455	4610	65432	860	43800	1288348	157405
邢台市	2575609	16972	151801	2521	8000	2294089	102226
邯郸市	4679755	46052	494415	200	30290	3676960	431838

各市分行业城镇建设项目投资(2006年)
Investment in Capital Construction Projects in Urban Area by Sector(2006)

单位:万元

市	投资总额	农林牧渔业	采矿业	制造业	电力、燃气及水的生产和供应业	建筑业	交通运输、仓储和邮政业
全省	**39524050**	**837096**	**1862012**	**16341287**	**4000876**	**216576**	**4858658**
石家庄市	8659690	181640	117350	3311464	831951	36566	861876
承德市	1683157	85694	376762	460263	139531	15461	225526
张家口市	1550061	50952	103573	330263	211987	1844	429358
秦皇岛市	1278158	24123		706150	128847	2510	170338
唐山市	5477263	33550	690346	2279900	340640	29410	1256622
廊坊市	3141203	69407	1807	1887890	202408	18217	107117
保定市	4208720	118539	137016	1754944	271278	40556	511426
沧州市	2860478	46740	1820	1563155	260981	23138	436801
衡水市	1518265	21784		979488	29134	11538	73258
邢台市	2449656	40199	177406	1292969	236597	4290	133476
邯郸市	4707311	164468	255932	1774801	499139	33046	347768

各市分行业城镇建设项目投资(续一)(2006年)

Investment in Capital Construction Projects in Urban Area by Sector(2006)

单位:万元

市	信息传输、计算机服务和软件业	批发和零售业	住宿和餐饮业	金融业	房地产业	租赁和商务服务业	科学研究、技术服务和地质勘查业
全　省	**806690**	**1816739**	**507042**	**97985**	**1820931**	**503224**	**403747**
石家庄市	143612	425008	107463	49017	601446	307168	65620
承德市	5015	42616	38860		55972	1150	7021
张家口市	756	81194	21127		59443	5720	5603
秦皇岛市	210	12553	28098		9490	7490	755
唐山市	33038	82283	46637	2150	209037	3545	3512
廊坊市	11900	171749	69034	3000	82435	39838	8263
保定市	44847	188617	76917	28372	301255	29700	240817
沧州市	14099	131678	14765	7259	111995	3195	9415
衡水市	20137	98332	17375	4667	78200	1700	31665
邢台市	5886	73688	10817	260	143715	6670	2400
邯郸市	7775	509021	75949	3260	167943	97048	28676

各市分行业城镇建设项目投资(续二)(2006年)

Investment in Capital Construction Projects in Urban Area by Sector(2006)

单位:万元

市	水利、环境和公共设施管理业	居民服务和其他服务业	教育	卫生、社会保障和社会福利业	文化、体育和娱乐业	公共管理和社会组织
全　省	**2282305**	**141034**	**1118720**	**429384**	**376298**	**1103446**
石家庄市	507254	15875	366417	147923	97764	484276
承德市	70969	3415	77495	23541	7990	45876
张家口市	129544	9848	57343	11440	13881	26185
秦皇岛市	91823	1135	32945	11064	33727	16900
唐山市	214533	44563	75946	35348	14644	81559
廊坊市	181223	21890	94111	39344	91730	39840
保定市	125472	10095	143128	45920	49314	90507
沧州市	98524	1430	56743	20437	14429	43873
衡水市	99970		22146	6020	258	22593
邢台市	177962	400	36330	36833	11665	58093
邯郸市	276833	32383	147116	51513	40896	193744

各市工业分行业城镇建设项目投资(2006年)
Investment in Capital Construction Projects in Urban Area by Industrial Sector(2006)

单位:万元

市	工业投资	采矿业	煤炭开采和洗选业	石油和天然气开采业	黑色金属矿采选业	有色金属矿采选业	非金属矿采选业
全　省	**22204175**	**1862012**	**597510**	**379740**	**691558**	**73633**	**118271**
石家庄市	4260765	117350	33972		44250		37828
承德市	976556	376762	4794		311116	47472	13380
张家口市	645823	103573	71764		21449	8462	1898
秦皇岛市	834997						
唐山市	3310886	690346	152791	376033	153902		7620
廊坊市	2092105	1807		1807			
保定市	2163238	137016			83842	17699	35475
沧州市	1825956	1820					1820
衡水市	1008622						
邢台市	1706972	177406	121997	1900	37359		16150
邯郸市	2529872	255932	212192		39640		4100

各市工业分行业城镇建设项目投资(续一)(2006年)
Investment in Capital Construction Projects in Urban Area by Industrial Sector(2006)

单位:万元

市	其他采矿业	制造业	农副食品加工业	食品制造业	饮料制造业	烟草制品业	纺织业
全　省	**1300**	**16341287**	**613573**	**561594**	**273599**	**30986**	**906234**
石家庄市	1300	3311464	137202	136988	36643	9003	300003
承德市		460263	27058	21288	12263		3900
张家口市		330263	29067	20847	7275	21983	7373
秦皇岛市		706150	40246	1574	27441		700
唐山市		2279900	43730	52090	34267		5100
廊坊市		1887890	62009	57654	13530		17403
保定市		1754944	35161	82099	21600		194648
沧州市		1563155	28900	16440	55080		45437
衡水市		979488	7303	9305	15805		36888
邢台市		1292969	50629	97347	11618		177749
邯郸市		1774801	152268	65962	38077		117033

各市工业分行业城镇建设项目投资(续二)(2006年)

Investment in Capital Construction Projects in Urban Area by Industrial Sector(2006)

单位:万元

市	纺织服装、鞋、帽制造业	皮革、毛皮、羽绒及其制品业	木材加工及竹、藤、棕、草制品业	家具制造业	造纸及纸制品业	印刷业和记录媒介的复制	文教体育用品制造业
全　省	**245487**	**319073**	**184517**	**202662**	**420122**	**136884**	**35964**
石家庄市	52552	207155	74497	32000	81815	44808	2176
承 德 市	1250		1850	1950	36000		450
张家口市		60	1800	160	5212	700	
秦皇岛市	70	128	1400	600	400	1210	250
唐 山 市	1560		8400	3200	48894	9670	
廊 坊 市	26160	450	53038	116200	38049	28350	17305
保 定 市	47190	50854	4785	12010	88515	20218	6233
沧 州 市	8278	27495	8456	11390	32102	23865	5485
衡 水 市	36735	25843	9950	7540	6620	70	2500
邢 台 市	34762	1088	3410	2350	77225	1540	
邯 郸 市	36930	6000	16931	15262	5290	6453	1565

各市工业分行业城镇建设项目投资(续三)(2006年)

Investment in Capital Construction Projects in Urban Area by Industrial Sector(2006)

单位:万元

市	石油加工、炼焦业及核燃料加工业	化学原料及化学制品制造业	医药制造业	化学纤维制造业	橡胶制品业	塑料制品业	非金属矿物制品业
全　省	**450078**	**1276303**	**411358**	**46189**	**395066**	**599579**	**1209524**
石家庄市	24250	503473	178107	10140	55062	116903	347522
承 德 市	500	19007	8840		2400	1380	37054
张家口市		27994	2373	373	600	1420	28367
秦皇岛市	738	4819	17476	530		7170	45798
唐 山 市	126722	42205	6340	2760	36260	24220	103978
廊 坊 市	4300	91484	7273		16440	128598	178673
保 定 市	30430	98889	67105	9790	88986	80379	74711
沧 州 市	127770	161194	19990	5000	24240	81330	59881
衡 水 市	19040	119919	31300	1700	144923	62033	62597
邢 台 市	16502	87454	41594	645	19530	18550	178011
邯 郸 市	99826	119865	30960	15251	6625	77596	92932

各市工业分行业城镇建设项目投资(续四)(2006年)

Investment in Capital Construction Projects in Urban Area by Industrial Sector(2006)

单位：万元

市	黑色金属冶炼及压延加工业	有色金属冶炼及压延加工业	金属制品业	通用设备制造业	专用设备制造业	交通运输设备制造业	电气机械及器材制造业
全　省	**3262107**	**227762**	**1108980**	**1097640**	**581617**	**746120**	**545113**
石家庄市	225573	30431	106925	215252	140672	57680	93283
承 德 市	242714	14454	3970	7460	400	2360	1810
张家口市	102381	4255	1981	11025	31387	3086	1234
秦皇岛市	404651	11119	17480	20160	20941	31593	45949
唐 山 市	1473009	70	117443	30589	36847	33724	21900
廊 坊 市	134653	45060	261398	129597	67133	169704	94536
保 定 市	29620	83521	77766	158308	57338	200026	98455
沧 州 市	44422	4700	264785	126343	103496	119800	76376
衡 水 市	19595	9000	166881	109270	8250	30950	20951
邢 台 市	133589	19012	17055	127504	39089	61750	70986
邯 郸 市	451900	6140	73296	162135	76064	35447	19633

各市工业分行业城镇建设项目投资(续五)(2006年)

Investment in Capital Construction Projects in Urban Area by Industrial Sector(2006)

单位:万元

市	通信设备、计算机及电子设备制造	仪器仪表及文化、办公用机械制造	工艺品及其他制造业	废弃资源和废旧材料回收加工业	电力、煤气及水的生产和供应业	电力、热力的生产和供应业	燃气生产和供应业	水的生产和供应业
全　省	**275791**	**80884**	**68775**	**27706**	**4000876**	**3369346**	**298287**	**333243**
石家庄市	66062	13619	11068	600	831951	716853	29206	85892
承 德 市	3013	2114	6778		139531	110827	1000	27704
张家口市	18310		1000		211987	194272	7911	9804
秦皇岛市	1480	1227	1000		128847	118487	5860	4500
唐 山 市	9442		7320	160	340640	116798	164229	59613
廊 坊 市	91997	15659	7340	13900	202408	182468	8380	11560
保 定 市	10287	11065	13105	1850	271278	205524	16321	49433
沧 州 市	51274	12016	10480	7130	260981	234111	8192	18678
衡 水 市	5800	6080	2640		29134	19615	2200	7319
邢 台 市	1160	1000	1820		236597	180650	44964	10983
邯 郸 市	16966	18104	6224	4066	499139	441358	10024	47757

各市按构成和建设性质分的农村非农户建设项目投资(2006年)
Investment in Capital Construction Projects in Rural Area by Use of Funds and Type of Construction(2006)

单位：万元

市	投资总额	按构成分			按建设性质分		
		#建筑工程	#安装工程	#设备工器具购置	#新建	#扩建	#改建和技术改造
全省	**7734309**	**3143765**	**456741**	**3211277**	**3997088**	**2436046**	**840862**
石家庄市	632121	229218	53430	269591	464624	105785	30114
承德市	297688	162241	8012	90622	152094	66725	56918
张家口市	255161	127639	14957	81184	176876	58983	15463
秦皇岛市	312363	118923	15862	135372	176895	105421	15010
唐山市	1410227	624406	105900	576145	931451	224723	189958
廊坊市	590643	216732	31384	286984	286149	160627	73812
保定市	750731	311850	31768	294748	380628	185988	64461
沧州市	1232915	428074	92386	574534	160	1077616	139143
衡水市	777181	267909	26753	365178	333442	223840	154776
邢台市	778774	289851	31314	374669	582644	129442	35862
邯郸市	696505	366922	44975	162250	512125	96896	65345

各市农村非农户建设项目施工、投产个数和新增固定资产(2006年)
Number of Capital Construction Projects in Urban Area under Construction and Put into Use and Newly Increased Fixed Assets(2006)

市	施工项目个数(个)	全部建成投产项目个数(个)	项目建成投产率(%)	新增固定资产(万元)	固定资产交付使用率(%)
全省	**12865**	**9134**	**71.0**	**5888944**	**76.1**
石家庄市	1108	688	62.1	441072	69.8
承德市	921	695	75.5	227085	76.3
张家口市	905	699	77.2	207724	81.4
秦皇岛市	625	418	66.9	212780	68.1
唐山市	1919	1393	72.6	1240722	88.0
廊坊市	612	513	83.8	520354	88.1
保定市	1491	1307	87.7	725411	96.6
沧州市	1837	1537	83.7	925088	75.0
衡水市	819	501	61.2	523360	67.3
邢台市	1708	890	52.1	421662	54.1
邯郸市	920	493	53.6	443686	63.7

各市农村非农户建设项目施工、竣工房屋建筑面积及价值(2006年)
Floor Space of Buildings under Construction, Completed and Value in Capital Construction Projects in Urban Area(2006)

市	施工面积（万平方米）	#住宅	竣工面积（万平方米）	#住宅	竣工房屋价值（万元）	#住宅
全　省	**1336.74**	**211.60**	**885.02**	**113.52**	**851886**	**128908**
石家庄市	117.65	9.75	80.70	7.61	67250	7184
承 德 市	28.49	7.70	21.26	5.66	18980	4777
张家口市	39.95	14.31	21.78	4.68	18280	3670
秦皇岛市	62.27	24.78	33.12	6.50	42812	7707
唐 山 市	233.64	84.55	187.08	61.09	190752	78665
廊 坊 市	122.97	5.54	84.33	3.95	91341	5414
保 定 市	93.83	17.90	60.00	3.89	43826	3398
沧 州 市	307.69	4.95	206.74	4.26	229374	5414
衡 水 市	106.69	19.16	59.62	8.68	50467	6372
邢 台 市	168.31	6.53	100.08	5.22	76384	4977
邯 郸 市	55.26	16.44	30.30	1.97	22420	1330

各市农村非农户建设项目资金来源(2006年)
Source of Funds of Investment in Capital Construction Projects in Urban Area (2006)

单位：万元

市	本年资金来源	国家预算内资金	国内贷款	债　券	利用外资	自筹资金	其他资金
全　省	**7941837**	**32017**	**246918**		**29995**	**6799029**	**833878**
石家庄市	675911	775	61366		780	519772	93218
承 德 市	298918	2977	2260		40	248196	45445
张家口市	278041	14724	4075		740	209259	49243
秦皇岛市	325566	3270	4776		3853	294432	19235
唐 山 市	1415853	1442	11855		2049	1254235	146272
廊 坊 市	583637	3860	16608		3395	523539	36235
保 定 市	746344	915	17702		200	691801	35726
沧 州 市	1273404	459	49673		12756	1089091	121425
衡 水 市	833888	400	31458		1093	697038	103899
邢 台 市	806622	2050	35525		2970	696837	69240
邯 郸 市	703653	1145	11620		2119	574829	113940

各市分行业农村非农户建设项目投资(2006年)

Investment in Capital Construction Projects in Urban Area by Sector(2006)

单位:万元

市	投资总额	农林牧渔业	采矿业	制造业	电力、燃气及水的生产和供应业	建筑业	交通运输、仓储和邮政业
全　省	**7734309**	**738975**	**586557**	**4558147**	**67710**	**70273**	**419947**
石家庄市	632121	60196	14472	359306	11975		41766
承 德 市	297688	41744	126388	47853	2915	1352	33723
张家口市	255161	35678	80279	47369	1453	1105	21272
秦皇岛市	312363	19657	69895	147963	1220	2380	13365
唐 山 市	1410227	141736	154161	668648	12195	49035	78405
廊 坊 市	590643	18077	15966	433775	4735		28215
保 定 市	750731	86780	49751	396195	8100	8043	61057
沧 州 市	1232915	79136	2420	1019624	3120	3000	45640
衡 水 市	777181	90807		583092	10003		31334
邢 台 市	778774	78877	44845	553797	5201		25685
邯 郸 市	696505	86287	28380	300525	6793	5358	39485

各市分行业农村非农户建设项目投资(续一)(2006年)

Investment in Capital Construction Projects in Urban Area by Sector(2006)

单位:万元

市	信息传输、计算机服务和软件业	批发和零售业	住宿和餐饮业	金融业	房地产业	租赁和商务服务业	科学研究、技术服务和地质勘查业
全　省	**15446**	**388221**	**54427**	**1202**	**274453**	**11580**	**27852**
石家庄市	315	47243	60		13374	3840	
承 德 市	2472	12060	2646	162	8680	360	
张家口市	1073	25495	2795		8096	110	54
秦皇岛市		6548	1200		27415	1605	980
唐 山 市	400	73720	17327		94633	865	800
廊 坊 市	500	38908	1260		9689	760	200
保 定 市	5503	37329	6289	670	21386	100	1420
沧 州 市	390	33800	5490		13070	600	
衡 水 市	3583	4383			13782		19518
邢 台 市	370	33587	1010	70	14710	1560	
邯 郸 市	840	75148	16350	300	49618	1780	4880

各市分行业农村非农户建设项目投资(续二)(2006年)
Investment in Capital Construction Projects in Urban Area by Sector(2006)

单位:万元

市	水利、环境和公共设施管理业	居民服务和其他服务业	教育	卫生、社会保障和社会福利业	文化、体育和娱乐业	公共管理和社会组织
全省	**169346**	**58518**	**57792**	**48037**	**36006**	**149820**
石家庄市	24552	34936	5011	855	2150	12070
承德市	9140	252	1582	967	1922	3470
张家口市	8018	4562	5464	1591	1968	8779
秦皇岛市	5303	2922	1385	1181	850	8494
唐山市	53268	1340	4251	11291	4565	43587
廊坊市	7710	850	2535	3790	8931	14742
保定市	18005	2716	14322	15655	2927	14483
沧州市	10347	1480	3828	2740	5180	3050
衡水市	300	7980	3796	2582	76	5945
邢台市	7876	530	6271	1050	2075	1260
邯郸市	24827	950	9347	6335	5362	33940

各市工业分行业农村非农户建设项目投资(2006年)
Investment in Capital Construction Projects in Urban Area by Industrial Sector(2006)

单位:万元

市	工业投资	采矿业	煤炭开采和洗选业	石油和天然气开采业	黑色金属矿采选业	有色金属矿采选业	非金属矿采选业
全省	**5212414**	**586557**	**74317**	**3370**	**345415**	**36030**	**126625**
石家庄市	385753	14472	2667		3400		8405
承德市	177156	126388	4650		81018	15205	24715
张家口市	129101	80279	10850	600	51240	3770	13819
秦皇岛市	219078	69895	2880	2150	50140	8545	6180
唐山市	835004	154161	14010		112442	2300	25409
廊坊市	454476	15966					15966
保定市	454046	49751			32030	4700	13021
沧州市	1025164	2420					2420
衡水市	593095						
邢台市	603843	44845	20710	620	7840	1510	14165
邯郸市	335698	28380	18550		7305		2525

各市工业分行业农村非农户建设项目投资(续一)(2006年)
Investment in Capital Construction Projects in Urban Area by Industrial Sector(2006)

单位:万元

市	其他采矿业	制造业	农副食品加工业	食品制造业	饮料制造业	烟草制品业	纺织业
全　省	**800**	**4558147**	**239356**	**103043**	**72912**		**263764**
石家庄市		359306	23443	15507	5157		65493
承 德 市	800	47853	9046	5743	3844		120
张家口市		47369	10478	2493	385		210
秦皇岛市		147963	22418	3616	16593		1070
唐 山 市		668648	31110	10606	4758		14287
廊 坊 市		433775	16055	16990	1200		6420
保 定 市		396195	13707	5665	2030		38096
沧 州 市		1019624	43193	11380	23225		21515
衡 水 市		583092	27917	8992	5180		32912
邢 台 市		553797	19439	11881	1970		64751
邯 郸 市		300525	22550	10170	8570		18890

各市工业分行业农村非农户建设项目投资(续二)(2006年)
Investment in Capital Construction Projects in Urban Area by Industrial Sector(2006)

单位:万元

市	纺织服装、鞋、帽制造业	皮革、毛皮、羽绒及其制品业	木材加工及竹、藤、棕、草制品业	家具制造业	造纸及纸制品业	印刷业和记录媒介的复制	文教体育用品制造业
全　省	**146433**	**111146**	**64825**	**54134**	**149114**	**107325**	**38797**
石家庄市	10044	17278	20022	8325	8271	5587	999
承 德 市	614		100		454	110	870
张家口市	70	350	250		270	290	
秦皇岛市	1837	420	1680	2785	6722	950	
唐 山 市	22055	300	1580	6780	39013	1700	
廊 坊 市	1091	1895	21940	16090	3640	62667	11625
保 定 市	28545	10940	5238	4436	23099	6770	11181
沧 州 市	10906	5265	2960	4055	23425	17270	6360
衡 水 市	6221	63021	5645	2701	8005	5401	4290
邢 台 市	60215	9677	3450	6522	30145	5020	3472
邯 郸 市	4835	2000	1960	2440	6070	1560	

各市工业分行业农村非农户建设项目投资(续三)(2006年)

Investment in Capital Construction Projects in Urban Area by Industrial Sector(2006)

单位:万元

市	医药制造业	化学纤维制造业	橡胶制品业	塑料制品业	非金属矿物制品业	黑色金属冶炼及压延加工业	有色金属冶炼及压延加工业	金属制品业
全 省	**24815**	**14562**	**156559**	**165041**	**606154**	**272643**	**38530**	**457670**
石家庄市	4160	1800	3608	9998	46679	5010	2165	22338
承 德 市				880	10418	3884	3340	2429
张家口市				970	17487	930	502	1450
秦皇岛市	2120	1800		4905	17011	19090	1230	13990
唐 山 市	10000	3100	8109	18706	169319	119669	8668	63071
廊 坊 市	360	1700	900	27717	57338	46540	5255	27308
保 定 市	205	1025	19063	28410	41404	800	980	42630
沧 州 市	4950	3160	8530	37210	85706	18700	7800	203971
衡 水 市	720	1977	86243	18159	44386	3000	560	53238
邢 台 市	2300		26726	11585	57774	11190	4790	9775
邯 郸 市			3380	6501	58632	43830	3240	17470

各市工业分行业农村非农户建设项目投资(续四)(2006年)

Investment in Capital Construction Projects in Urban Area by Industrial Sector(2006)

单位:万元

市	通用设备制造业	专用设备制造业	交通运输设备制造业	电气机械及器材制造业	通信设备、计算机及其他电子设备制造业	仪器仪表及文化、办公用机械制造业	工艺品及其他制造业	废弃资源和废旧材料回收加工业
全 省	**443063**	**186138**	**172865**	**191492**	**30130**	**12940**	**40468**	**16121**
石家庄市	14529	3473	9051	14750	150		3168	3521
承 德 市	510		740	20	1180		625	
张家口市	5140	600	50	260			1380	270
秦皇岛市	9475	6530	585	1530	150		166	120
唐 山 市	33371	38668	14240	7782	1870	1695	2554	5250
廊 坊 市	35854	21590	9250	6680	5934	1995	2820	1450
保 定 市	35504	11380	5650	14848	1800	3400	7215	930
沧 州 市	139348	56498	59528	71084	7466	4150	10806	3100
衡 水 市	62834	25019	11726	18689	10680	200	7694	
邢 台 市	70106	14045	49505	50049	900	1500	2790	930
邯 郸 市	36392	8335	12540	5800			1250	550

各市房地产开发企业个数和从业人员(2006年)

Number of Enterprises and Employed Persons of Real Estate Development(2006)

市	企业个数（个）	内资企业	港澳台投资企业	外商投资企业	从业人员年平均人数（人）	内资企业	港澳台投资企业	外商投资企业
全　省	**1272**	**1215**	**37**		**44690**	**42563**	**1187**	**940**
石家庄市	211	194	11	6	9683	8723	520	440
承 德 市	82	81	1		2324	2324		
张家口市	120	117	2	1	3993	3889	94	10
秦皇岛市	150	146	2	2	3602	3532	46	24
唐 山 市	121	116	1	4	5654	5336	17	301
廊 坊 市	131	126	3	2	6007	5870	79	58
保 定 市	82	81	1		3193	3182	11	
沧 州 市	91	86	5		2350	2206	144	
衡 水 市	66	66			2018	2018		
邢 台 市	111	100	8	3	2567	2356	151	60
邯 郸 市	107	102	3	2	3299	3127	125	47

各市房地产开发企业建设总规模、完成投资及新增固定资产(2006年)

Total Size of Construction, Actually Completed Investment and Newly Increased Fixed Assets for Real Estate Development(2006)

单位：万元

市	计划总投资	自开始建设累计完成投资	本年完成投资	商品房投资	土地开发投资	本年新增固定资产
全　省	**16270574**	**8507243**	**4815829**	**3588521**	**379112**	**2238760**
石家庄市	4489545	2295792	1321452	927417	110508	482106
承 德 市	831360	356730	209041	168743	11711	107264
张家口市	1403297	564389	350642	176851	39509	185507
秦皇岛市	1327063	868199	477220	383221	19083	245465
唐 山 市	1177684	850633	484054	374454	25983	341186
廊 坊 市	2105489	1168000	664055	564397	37609	344224
保 定 市	1056525	735056	435649	310829	50091	137756
沧 州 市	642709	405165	220722	179985	9287	123266
衡 水 市	1290380	255540	182956	142976	22796	69404
邢 台 市	649935	406453	200889	150032	22979	86860
邯 郸 市	1296587	601286	269149	209616	29556	115722

各市房地产开发完成投资情况(2006年)
Completed Investment of Real Estate Development(2006)

单位：万元

市	完成投资额	按工程用途分						
		住宅	#90平方米以下	#经济适用房	#别墅、高档公寓	办公楼	商业营业用房	其他
全　省	**4815829**	**3796297**	**1503239**	**308589**	**227314**	**112802**	**462714**	**444016**
石家庄市	1321452	951255	298148	95716	41331	31100	144144	194953
承德市	209041	161822	37093	7459		3544	22994	20681
张家口市	350642	273090	88494	37998	22795	6597	42015	28940
秦皇岛市	477220	384052	206298	22216	63730	14849	27387	50932
唐山市	484054	392718	107627	11090		5539	60471	25326
廊坊市	664055	580186	481288	5100	61161	4680	63182	16007
保定市	435649	359943	108284	5000	6216	11988	36549	27169
沧州市	220722	175310	58606	27004	6680	3100	26363	15949
衡水市	182956	147098	34222	5417	2	11224	5785	18849
邢台市	200889	161161	31281	29203	20364	2796	13680	23252
邯郸市	269149	209662	51898	62386	5035	17385	20144	21958

各市房地产开发企业的土地开发及购置(2006年)
Land Development and Purchase of Enterprises for Real Estate Development(2006)

市	本年完成开发土地面积（平方米）	土地购置费用（万元）	待开发的土地面积（平方米）	本年购置土地面积（平方米）
全　省	**7726997**	**697622**	**7143849**	**10402650**
石家庄市	1384750	116234	1862245	1040536
承德市	251355	29289	35819	423414
张家口市	730310	40172	192057	1086808
秦皇岛市	713717	155595	361380	1472647
唐山市	858190	68936	864397	682445
廊坊市	735688	93780	1605224	1880644
保定市	961664	91658	810307	1536599
沧州市	793416	28566	401383	1079270
衡水市	290990	15948	202203	469810
邢台市	336148	25022	186761	337557
邯郸市	670769	32422	622073	392920

各市房地产开发企业的资金来源(2006年)
Source of Funds of Enterprises for Real Estate Development(2006)

单位：万元

市	本年资金来源小计	国内贷款	#银行贷款	利用外资	#外商直接投资	自筹资金	其他资金来源
全　省	**5940799**	**873142**	**831629**	**11340**	**6418**	**2508219**	**2548098**
石家庄市	1478743	132301	123698			909204	437238
承 德 市	269783	42874	42774			79331	147578
张家口市	467851	78924	76604	2332	1332	227547	159048
秦皇岛市	636185	109030	109030			213842	313313
唐 山 市	699835	174466	157666	1200		148422	375747
廊 坊 市	903531	140897	139097	960	960	267539	494135
保 定 市	435584	55559	55325			242794	137231
沧 州 市	284866	27030	27030	6522	4000	104872	146442
衡 水 市	191556	23681	23681	200		74442	93233
邢 台 市	224672	13120	13070			102332	109220
邯 郸 市	348193	75260	63654	126	126	137894	134913

各市房地产开发建设房屋建筑面积和造价(2006年)
Floor Space of Building and Their Cost in Real Estate Development(2006)

市	施工房屋面积(平方米)	竣工房屋面积(平方米)	#住宅	房屋面积竣工率(%)	竣工房屋价值(万元)	竣工房屋造价(元/平方米)	竣工房屋住宅套数(套)
全　省	**47695028**	**13788866**	**12457616**	**28.9**	**1962323**	**1423.1**	**109281**
石家庄市	9605221	2774446	2483643	28.9	420648	1516.2	21256
承 德 市	2549797	621060	543040	24.4	88226	1420.6	5215
张家口市	4052006	1387137	1224968	34.2	157687	1136.8	9886
秦皇岛市	5869552	1247086	1152015	21.2	192282	1541.9	11874
唐 山 市	4801168	1854906	1673899	38.6	314097	1693.3	15467
廊 坊 市	6443394	2105744	1949589	32.7	328501	1560.0	16250
保 定 市	3905522	928829	767210	23.8	117763	1267.9	6925
沧 州 市	2504262	974508	930516	38.9	118542	1216.4	7619
衡 水 市	1743780	510496	478656	29.3	56850	1113.6	4711
邢 台 市	2660719	602838	554471	22.7	82047	1361.0	4317
邯 郸 市	3559607	781816	699609	22.0	85680	1095.9	5761

各市商品房屋销售情况(2006年)
Selling of Commercial Houses(2006)

市	实际销售商品房屋面积(平方米)	#住宅	商品房销售额(万元)	#住宅	商品房平均售价(元/平方米)	#住宅
全省	**18179434**	**16924231**	**3838442**	**3432923**	**2111**	**2028**
石家庄市	3035256	2879642	627821	577405	2068	2005
承德市	1040222	965817	205187	177564	1973	1838
张家口市	1564614	1461214	251754	220294	1609	1508
秦皇岛市	2053691	1899549	589304	535438	2869	2819
唐山市	2289186	2142188	532286	480486	2325	2243
廊坊市	2716900	2478404	714503	640241	2630	2583
保定市	1604643	1455974	260744	228234	1625	1568
沧州市	1160260	1134444	195234	185459	1683	1635
衡水市	661490	621959	97311	88260	1471	1419
邢台市	917452	867521	151117	133818	1647	1543
邯郸市	1135720	1017519	213181	165724	1877	1629

各市按用途分的商品房屋实际销售面积(2006年)
Floor Space of Buildings Actually Sold by Use(2006)

单位：平方米

市	商品房销售面积	住宅	#90平方米以下	#经济适用房	#别墅、高档公寓	办公楼	商业营业用房	其他
全省	**18179434**	**16924231**	**4849232**	**1438359**	**688912**	**192850**	**933689**	**128664**
石家庄市	3035256	2879642	182317	158406	92907	29904	117198	8512
承德市	1040222	965817	176259	7010		14403	54600	5402
张家口市	1564614	1461214	446519	174090	84255	8587	87626	7187
秦皇岛市	2053691	1899549	729710	133000	177456	38466	44932	70744
唐山市	2289186	2142188	385546	125163			143127	3871
廊坊市	2716900	2478404	2260946	6832	178058	328	234226	3942
保定市	1604643	1455974	406621	53078	35880	32670	103890	12109
沧州市	1160260	1134444	101125	227294	28225	1569	24247	
衡水市	661490	621959	90173	21199	3341		39531	
邢台市	917452	867521	40482	108821	60000		38220	11711
邯郸市	1135720	1017519	29534	423466	28790	66923	46092	5186

各市按用途分的商品房屋平均销售价格(2006年)

Average Selling Price of Commercial Houses by Use(2006)

单位：元/平方米

市	商品房平均销售价格	住宅	#90平方米以下	#经济适用房	#别墅、高档公寓	办公楼	商业营业用房	其他
全省	**2111**	**2028**	**2280**	**1461**	**3656**	**3667**	**3365**	**1602**
石家庄市	2068	2005	2329	1794	1800	4455	2974	2637
承德市	1973	1838	1604	1218		2141	4384	1111
张家口市	1609	1508	1454	1563	2180	3216	3182	1130
秦皇岛市	2869	2819	2819	1287	5035	3603	6152	1748
唐山市	2325	2243	2784	1676			3577	1576
廊坊市	2630	2583	2411	1259	5041	4085	3127	2220
保定市	1625	1568	1834	1067	2312	2734	2178	783
沧州市	1683	1635	1704	1625	2576	3869	3781	
衡水市	1471	1419	1076	1936	2125		2290	
邢台市	1647	1543	1440	891	2407		4067	1499
邯郸市	1877	1629	1478	1378	2425	4187	4130	777

按销售方式分的商品房实际销售面积及平均销售价格(2006年)

Floor Space of Buildings Actually Sold and Average Selling Price of Commercial Houses by Sale Method(2006)

市	商品房销售面积(平方米)	现房	期房	商品房平均销售价格(元/平方米)	现房	期房
全省	**18179434**	**7280901**	**10898533**	**2111**	**1952**	**2218**
石家庄市	3035256	1542123	1493133	2068	1836	2308
承德市	1040222	439275	600947	1973	1859	2055
张家口市	1564614	552674	1011940	1609	1538	1648
秦皇岛市	2053691	411397	1642294	2869	2297	3013
唐山市	2289186	1218314	1070872	2325	2066	2620
廊坊市	2716900	1284055	1432845	2630	2497	2749
保定市	1604643	574338	1030305	1625	1519	1684
沧州市	1160260	372393	787867	1683	1654	1696
衡水市	661490	147912	513578	1471	1444	1479
邢台市	917452	373216	544236	1647	1747	1579
邯郸市	1135720	365204	770516	1877	1899	1867

各市房地产开发经营情况(2006年)
Real Estate Development and Management(2006)

单位：万元

市	主营业务收入	土地转让收入	商品房屋销售收入	房屋出租收入	其他收入	主营业务税金及附加	利润总额
全省	**3430269**	**493**	**3381775**	**4389**	**43612**	**227910**	**276006**
石家庄市	702916	493	687079	462	14882	58828	21328
承德市	186623		186227	299	97	9784	3851
张家口市	223069		220258	141	2670	13755	7999
秦皇岛市	360503		360225	276	2	27026	37318
唐山市	412655		411572	1072	11	27395	63043
廊坊市	701984		700882	280	822	41123	63858
保定市	242316		241494	241	581	12646	18959
沧州市	162100		151913	662	9525	11538	6117
衡水市	79462		79261		201	4456	7407
邢台市	136812		126452	1	10359	7646	5645
邯郸市	221829		216412	955	4462	13713	40481

各市地方财政收入及支出(2006年)
Local Revenue and Expenditures(2006)

单位：万元

市	地方财政收入	#增值税	#营业税	地方财政支出	#基本建设
全省	**6205340**	**1405500**	**1336099**	**11803590**	**689620**
石家庄市	773736	113287	238736	1282462	85386
承德市	244495	40540	56318	621812	51515
张家口市	242764	52610	65353	686134	55015
秦皇岛市	325259	34096	109596	554172	27864
唐山市	933758	227488	187790	1515404	90111
廊坊市	305372	41024	98523	607483	33940
保定市	430603	65412	87932	1036614	45178
沧州市	372729	75923	91459	805971	31554
衡水市	121500	25026	28019	440563	23796
邢台市	255082	57362	46989	680545	25509
邯郸市	528139	110531	93387	1095592	94466

注：全省总计数中含省本级数，故不等于各市相加。

各市人民生活基本情况(2006年)
Basic Conditions of People's Livelihood(2006)

单位：元

市	城镇居民人均可支配收入	城镇居民人均消费性支出	#食品支出	农村居民人均纯收入	农村居民人均生活费总支出
石家庄市	11495.10	8286.91	3033.16	4456	2444
承德市	8476.91	6128.81	2327.92	2922	2391
张家口市	8939.95	6510.23	2375.24	2757	2081
秦皇岛市	10774.47	7705.44	2651.43	3832	2380
唐山市	12375.81	9921.95	3467.65	5155	3276
廊坊市	11255.22	8579.40	2696.38	4989	2705
保定市	10097.58	6985.10	2242.00	3680	1954
沧州市	9885.58	6452.32	2212.78	3652	2215
衡水市	9936.23	7065.91	2090.22	3610	1905
邢台市	9020.46	5244.49	1948.44	3569	1833
邯郸市	10503.25	7121.05	2420.44	3929	1869

各市区居民消费价格分类指数(2006年，上年＝100)
Consumer Price Indices by Category and by Cities(2006, Preceding Year=100)

市区	总指数	食品	烟酒及用品	衣着	家庭设备用品及维修服务	医疗保健和个人用品	交通和通信	娱乐教育文化用品及服务	居住
全省	**101.7**	**103.2**	**100.6**	**99.9**	**99.7**	**100.3**	**100.5**	**100.0**	**104.5**
石家庄市	101.8	103.5	99.7	104.3	99.4	98.7	99.4	97.9	105.5
承德市	101.8	102.8	100.4	92.7	100.0	100.1	98.5	110.8	104.5
张家口市	101.6	103.6	100.7	97.3	99.8	101.4	99.9	99.7	104.7
秦皇岛市	102.3	103.1	102.5	103.4	103.5	98.4	101.1	100.1	105.9
唐山市	101.2	102.2	100.0	104.1	101.0	98.6	99.8	99.5	102.1
廊坊市	100.1	105.7	99.5	92.1	100.3	97.0	97.6	100.1	100.4
保定市	102.4	105.1	100.0	101.2	99.6	101.9	100.4	99.8	103.1
沧州市	102.8	107.0	101.5	96.2	101.4	99.8	99.2	98.8	107.3
衡水市	101.0	102.0	99.0	100.3	96.5	102.0	100.1	98.3	105.7
邢台市	101.8	104.5	102.3	99.4	98.9	97.8	100.9	98.5	105.8
邯郸市	102.3	104.5	101.1	99.4	98.6	102.6	99.2	98.7	106.3

各市区商品零售价格分类指数(2006年，上年＝100)
Retail Price Indices by Category of Commodities by Cities(2006, Preceding Year=100)

市　　区	总指数	食　　品	饮　料、烟　酒	服　装、鞋　帽	纺织品	家用电器及音像器材	文　　化办公用品	日用品	体　　育娱乐用品
全　　省	**101.5**	**103.2**	**101.0**	**100.1**	**99.1**	**97.0**	**98.0**	**100.8**	**98.7**
石家庄市	101.8	104.2	99.7	104.2	94.0	95.3	95.5	101.7	95.2
承德市	99.5	102.9	100.6	93.0	99.9	94.7	97.1	98.4	94.5
张家口市	101.4	104.3	100.6	97.3	99.8	95.6	100.0	100.8	100.0
秦皇岛市	102.6	103.1	102.9	103.6	94.7	102.2	99.6	101.7	102.8
唐山市	101.2	102.5	100.4	105.4	99.2	99.5	97.2	100.9	98.5
廊坊市	100.5	106.0	100.6	92.7	98.4	94.9	97.6	100.3	95.3
保定市	102.6	105.8	100.2	101.1	100.0	99.2	100.5	100.4	100.3
沧州市	103.0	106.2	102.1	96.2	100.1	100.6	96.8	99.1	99.9
衡水市	101.0	102.7	99.7	100.0	100.6	90.2	96.2	101.0	99.5
邢台市	101.6	105.3	102.0	99.2	97.8	94.6	97.1	101.1	99.7
邯郸市	101.5	104.8	101.0	99.3	98.2	95.0	99.9	101.0	99.7

各市区商品零售价格分类指数(续)(2006年，上年＝100)
Retail Price Indices by Category of Commodities by Cities(2006, Preceding Year=100)

市　　区	交　通、通信用品	家　具	化妆品	金银珠宝	中西药品及医疗保健用品	书报杂志及电子出版物	燃　料	建筑材料及五金电料
全　　省	**94.4**	**99.5**	**100.3**	**124.5**	**98.6**	**99.9**	**112.0**	**102.2**
石家庄市	91.4	98.1	99.8	119.9	96.6	99.0	112.1	102.0
承德市	88.0	100.0	97.8	115.1	99.1	100.5	114.8	100.8
张家口市	96.3	100.0	100.0	116.8	97.9	101.2	114.3	98.5
秦皇岛市	97.2	99.4	100.1	118.4	95.5	102.3	115.0	100.9
唐山市	92.9	100.0	100.7	114.4	98.6	99.8	112.7	99.9
廊坊市	89.4	98.8	99.9	123.2	95.1	99.2	112.1	99.3
保定市	98.8	99.5	102.1	100.0	101.9	100.6	106.7	101.7
沧州市	94.4	100.0	100.0	116.5	98.9	100.0	118.2	102.5
衡水市	90.8	99.0	102.7	124.1	100.9	100.0	113.4	102.6
邢台市	96.3	100.5	100.0	119.2	95.9	100.5	113.6	101.2
邯郸市	91.4	96.4	98.8	121.2	102.0	101.5	111.8	105.1

各市常用耕地面积(2006年)
Areas of Cultivation(2006)

单位：公顷

市	年末常用耕地面积	旱地	#水浇地	水田	水田、水浇地占耕地面积%
全　省	**5882522**	**5775278**	**4462531**	**107244**	**77.7**
石家庄市	552813	552422	495237	391	89.7
承德市	261521	240736	117953	20785	53.1
张家口市	664864	658034	242191	6830	37.5
秦皇岛市	167552	152869	109681	14683	74.2
唐山市	544528	491440	445980	53088	91.7
廊坊市	365773	365773	283788		77.6
保定市	767083	761010	649040	6073	85.4
沧州市	709890	709890	561042		79.0
衡水市	550580	550580	473719		86.0
邢台市	646282	646153	553458	129	85.7
邯郸市	651636	646371	530442	5265	82.2

各市农、林、牧、渔业总产值和增加值(2006年)
Gross Output Value and Value-added of Farming, Forestry, Animal Husbandry and Fishery(2006)

单位：万元

市	农林牧渔业总产值	农业	林业	牧业	渔业	农林牧渔服务业
全　省	**27718282**	**13947179**	**442586**	**11367824**	**869003**	**1091690**
石家庄市	4731008	2122758	53857	2372818	40688	140887
承德市	1313538	559709	129653	597553	15568	11055
张家口市	1412895	694820	48701	637787	10349	21238
秦皇岛市	1105530	429072	17827	530339	105822	22470
唐山市	4266678	1970175	108142	1579169	500760	108432
廊坊市	1933416	1118649	15915	739946	30296	28610
保定市	3630750	2166386	38848	1284674	36732	104110
沧州市	2659814	1508068	4814	863116	107176	176640
衡水市	1883856	1092802	6822	712489	4994	66749
邢台市	2403447	1315887	26080	872154	4728	184598
邯郸市	3395912	1677977	34193	1455122	33654	194966

各市农、林、牧、渔业总产值和增加值(续一)(2006年)

Gross Output Value and Value-added of Farming, Forestry, Animal Husbandry and Fishery(2006)

单位：万元

市	农林牧渔业中间消耗	农业	林业	牧业	渔业	农林牧渔服务业
全省	**11653441**	**4543165**	**105279**	**5999725**	**355352**	**649920**
石家庄市	2156113	762372	10631	1300817	18288	64005
承德市	554093	194095	31976	316736	5892	5394
张家口市	620346	295938	21851	287705	5163	9689
秦皇岛市	523643	151507	2479	317442	42189	10026
唐山市	1706671	567066	27014	848085	212710	51796
廊坊市	860828	388787	4171	438812	14515	14543
保定市	1552088	708167	15268	757776	19218	51659
沧州市	1183276	552463	1685	474855	53588	100685
衡水市	899808	442128	3100	412215	2316	40049
邢台市	1064429	450033	12894	481865	2110	117527
邯郸市	1668446	655801	14256	868073	15481	114835

各市农、林、牧、渔业总产值和增加值(续二)(2006年)

Gross Output Value and Value-added of Farming, Forestry, Animal Husbandry and Fishery(2006)

单位：万元

市	农林牧渔业增加值	农业	林业	牧业	渔业	农林牧渔服务业
全省	**16064841**	**9404014**	**337307**	**5368099**	**513651**	**441770**
石家庄市	2574895	1360386	43226	1072001	22400	76882
承德市	759445	365614	97677	280817	9676	5661
张家口市	792549	398882	26850	350082	5186	11549
秦皇岛市	581887	277565	15348	212897	63633	12444
唐山市	2560007	1403109	81128	731084	288050	56636
廊坊市	1072588	729862	11744	301134	15781	14067
保定市	2078662	1458219	23580	526898	17514	52451
沧州市	1476538	955605	3129	388261	53588	75955
衡水市	984048	650674	3722	300274	2678	26700
邢台市	1339018	865854	13186	390289	2618	67071
邯郸市	1727466	1022176	19937	587049	18173	80131

注：全省总数为省计算数，各市数为上报数，各市相加不等于全省总数。

各市农、林、牧渔中间消耗、增加值占总产值的比重(2006年)
Intermediate Consumption and Value-added of Farming, Forestry, Animal Husbandry and Fishery as Percentage of Gross Output Value(2006)

单位：%

市	农业		林业		牧业
	中间消耗	增加值	中间消耗	增加值	中间消耗
全　省	**32.57**	**67.43**	**23.79**	**76.21**	**52.78**
石家庄市	35.91	64.09	19.74	80.26	54.82
承 德 市	34.68	65.32	24.66	75.34	53.01
张家口市	42.59	57.41	44.87	55.13	45.11
秦皇岛市	35.31	64.69	13.91	86.09	59.86
唐 山 市	28.78	71.22	24.98	75.02	53.70
廊 坊 市	34.76	65.24	26.21	73.79	59.30
保 定 市	32.69	67.31	39.30	60.70	58.99
沧 州 市	36.63	63.37	35.00	65.00	55.02
衡 水 市	40.46	59.54	45.44	54.56	57.86
邢 台 市	34.20	65.80	49.44	50.56	55.25
邯 郸 市	39.08	60.92	41.69	58.31	59.66

注：本表按当年价格计算。

各市农、林、牧渔中间消耗、增加值占总产值的比重(续)(2006年)
Intermediate Consumption and Value-added of Farming, Forestry, Animal Husbandry and Fishery as Percentage of Gross Output Value(2006)

单位：%

市	牧业	渔业		农林牧渔服务业	
	增加值	中间消耗	增加值	中间消耗	增加值
全　省	**47.22**	**40.89**	**59.11**	**59.53**	**40.47**
石家庄市	45.18	44.95	55.05	45.43	54.57
承 德 市	46.99	37.85	62.15	48.79	51.21
张家口市	54.89	49.89	50.11	45.62	54.38
秦皇岛市	40.14	39.87	60.13	44.62	55.38
唐 山 市	46.30	42.48	57.52	47.77	52.23
廊 坊 市	40.70	47.91	52.09	50.83	49.17
保 定 市	41.01	52.32	47.68	49.62	50.38
沧 州 市	44.98	50.00	50.00	57.00	43.00
衡 水 市	42.14	46.38	53.62	60.00	40.00
邢 台 市	44.75	44.63	55.37	63.67	36.33
邯 郸 市	40.34	46.00	54.00	58.90	41.10

各市农、林、牧渔业总产值指数(2006年，上年＝100)

Indices of Gross Output Value of Farming，Forestry，Animal Husbandry and Fishery(2006, Preceding Year=100)

市	农林牧渔业总产值	农业	林业	牧业	渔业	农林牧渔服务业
全省	**105.5**	**106.0**	**92.8**	**104.9**	**108.3**	**108.8**
石家庄市	104.2	102.6	93.6	105.3	124.0	109.3
承德市	111.4	114.0	114.3	107.5	204.2	106.2
张家口市	115.3	117.8	82.2	114.8	219.5	125.6
秦皇岛市	115.4	102.0	104.0	125.6	130.5	115.0
唐山市	106.1	104.8	116.4	107.8	108.1	91.0
廊坊市	101.8	101.9	98.3	101.1	103.9	117.1
保定市	104.5	104.7	103.5	104.5	93.9	106.3
沧州市	105.8	104.9	51.7	105.5	120.3	110.0
衡水市	104.5	105.5	50.9	103.3	102.8	115.5
邢台市	104.4	104.5	93.0	103.1	99.8	112.0
邯郸市	106.2	106.0	109.1	106.3	87.1	110.2

注：本表按可比价格计算。

各市农村非农行业总产值(2006年)

Gross Output Value of Non-agriculture(2006)

单位：万元

市	农村非农行业总产值	农村工业总产值	农村建筑业总产值	#开垦荒地产值	农村运输业总产值	农村批发零售贸易和餐饮业产值	批发、零售贸易业产值	餐饮业产值
全省	**165406345**	**138800909**	**10408088**	**26948**	**7264339**	**8933009**	**5825151**	**3107858**
石家庄市	27379724	20202188	1430562	3259	1753144	3993830	3126645	867185
承德市	25132701	18490206	1519485	1055	1276284	3846726	3001808	844918
张家口市	21614170	15365105	1671017	2068	1369793	3208255	2235262	972993
秦皇岛市	4199390	1855680	334349	860	670101	1339260	1037503	301757
唐山市	6082216	3933576	436811	85	684908	1026921	751632	275289
廊坊市	16054963	12711336	789314	3301	826608	1727705	1320955	406750
保定市	18932763	14357486	805887	278	826793	2942597	2353524	589073
沧州市	13533151	10588296	690501	5	513108	1741246	1315310	425936
衡水市	24482228	15675077	1154576	5715	2281522	5371053	3989729	1381324
邢台市	35636049	28228852	1164809	3435	2441286	3801102	3262789	538313
邯郸市	4650391	2613611	407741	6887	665647	963392	711687	251705

注：全省总数为省计算数，各市数为上报数，各市相加不等于全省总数。

各市主要农作物总播种面积(2006年)
Total Sown Areas of Major Farm Crops(2006)

单位：千公顷

市	总播种面积	#粮食作物播种面积	#谷物	#夏收	#棉花播种面积	#油料播种面积	#蔬菜播种面积
全　省	**8777.37**	**6199.44**	**5595.91**	**2420.87**	**623.07**	**537.83**	**1122.88**
石家庄市	1010.04	737.39	672.82	344.21	16.95	68.08	164.62
承 德 市	299.72	227.95	170.34			4.07	55.45
张家口市	669.74	455.81	323.12			57.14	84.72
秦皇岛市	218.53	152.70	111.05	12.60	1.69	21.28	36.57
唐 山 市	793.62	478.81	438.38	118.33	32.80	74.68	175.36
廊 坊 市	511.91	320.44	292.80	111.58	46.45	20.68	102.77
保 定 市	1185.71	858.33	791.85	367.26	31.95	81.94	153.85
沧 州 市	1135.29	842.00	766.31	380.63	144.48	41.19	78.98
衡 水 市	819.30	558.72	531.07	272.90	126.94	38.53	81.26
邢 台 市	986.99	696.23	662.98	343.38	168.03	48.73	58.44
邯 郸 市	1065.19	757.99	722.11	386.03	106.31	60.60	130.85

各市农业机械化、电气化、化肥、水利(2006年)
Mechanization, Electrification, Chemical Fertilizer and Water Conservancy of Agriculture(2006)

市	农业机械化情况			农村电气化情况			农用化肥施用量		农田水利情况
	机耕面积(公顷)	机播面积(公顷)	机收面积(公顷)	农村用电量(万千瓦小时)	乡、村办水电站(个)	乡、村办水电站发电量(万千瓦小时)	折纯量(吨)	平均每公顷耕地施化肥(折纯，千克)	有效灌溉面积(公顷)
全　省	**4768884**	**5354984**	**2623252**	**3882184**	**103**	**4227.13**	**3048942**	**518.31**	**4569775**
石家庄市	471295	592654	354717	564034	31	3106.91	480271	868.78	495628
承 德 市	170905	98939	16343	136870	10	392.60	90940	347.73	138738
张家口市	435816	346793	140626	59340	7	263.18	92244	138.74	249021
秦皇岛市	99610	44716	28804	78205	3		119564	713.59	124364
唐 山 市	457202	388535	157100	1032253	7	10.00	368135	676.06	499068
廊 坊 市	291579	318035	122270	381678			162788	445.05	283788
保 定 市	616079	696988	352861	301786	16	382.20	427989	557.94	655113
沧 州 市	588536	864476	399665	450799			304958	429.58	561042
衡 水 市	506676	583145	309527	227648			250714	455.36	473719
邢 台 市	559763	717065	362910	231121			318218	492.38	553587
邯 郸 市	571423	703638	378429	418450	29	72.24	433121	664.67	535707

各市主要农产品产量(2006年)

Yield of Major Farm Crops(2006)

单位：粮食：万吨，其他：吨

市	粮食							
	总产量	谷物	#夏收	#稻谷	#小麦	#玉米	豆类	薯类
全　省	**2702.80**	**2537.84**	**1149.85**	**53.23**	**1149.54**	**1280.52**	**52.91**	**112.05**
石家庄市	485.20	455.47	229.47	0.39	229.47	218.40	10.12	19.62
承德市	108.80	92.81		11.32		73.69	4.34	11.65
张家口市	126.48	100.13		1.91		76.24	5.42	20.93
秦皇岛市	84.87	66.77	6.89	7.32	6.53	48.80	3.39	14.71
唐山市	282.51	265.96	61.27	46.32	61.19	156.78	5.65	10.90
廊坊市	176.01	168.40	58.10		57.97	109.44	4.48	3.12
保定市	488.92	458.15	207.21	1.69	207.21	244.56	5.17	25.61
沧州市	385.84	364.67	152.93		152.93	205.74	13.35	7.82
衡水市	317.86	308.44	154.22		154.22	149.39	4.56	4.86
邢台市	374.09	363.73	184.99		184.99	163.57	5.46	4.90
邯郸市	416.07	403.91	208.27	1.99	208.27	181.63	5.64	6.52

各市主要农产品产量(续)(2006年)

Yield of Major Farm Crops(2006)

单位：粮食：万吨，其他：吨

市	棉花	油料			麻类		烟叶	
	总产量	总产量	#芝麻	#花生	总产量	#黄红麻		#烤烟
全　省	**628000**	**1502957**	**13918**	**1370480**	**7365**	**831**	**9474**	**4494**
石家庄市	17746	230712	1080	213538	17		1136	1136
承德市		6502	181	1629	5		240	62
张家口市		56558		825	6451		2976	2953
秦皇岛市	1659	72829	282	72000				
唐山市	37642	234220	208	234002	846	810	3366	3
廊坊市	49857	44980	1171	39824			6	
保定市	30538	281285	1619	277319	1		1786	324
沧州市	138144	104527	3557	93193				
衡水市	144381	109606	1446	106805				
邢台市	181419	122942	2098	112159	2			
邯郸市	127762	181188	1523	167041	6			

注：粮食作物产量全省数均为抽样调查数，各市为全面调查，相加不等于总数。

各市主要农业机械和农产品加工机械拥有量(2006年底)

Ownership of Agricultural Machinery and Machinery for Processing Farm Products (End of 2006)

市	农业机械总动力(万千瓦)	大中型拖拉机(混合台)	小型拖拉机(台)	排灌用动力机械(台)	#柴油机	#电动机	粮食加工机械(台)	农用运输车(辆)
全省	**87957677**	**111080**	**1454696**	**2644444**	**1243347**	**1398692**	**375214**	**2424440**
石家庄市	18678518	18810	180727	471621	244342	227269	86759	436256
承德市	1928000	2732	28763	30388	7312	23076	22640	56360
张家口市	2001230	1431	43303	19062	3804	15153	9394	60527
秦皇岛市	2661004	1871	47072	71363	23302	48061	81104	98569
唐山市	8868598	15525	134552	300522	51101	249421	26954	223926
廊坊市	6209963	10313	80334	140687	45479	95208	17123	239119
保定市	10095743	17383	155815	291898	141532	150366	24473	341188
沧州市	10502379	12064	249149	443838	305061	138777	30851	269666
衡水市	7615150	7855	238938	255424	159790	93578	9572	122040
邢台市	8034337	12270	210931	280244	109561	170449	27453	183703
邯郸市	11362755	10826	85112	339397	152063	187334	38891	393086

各市大牲畜头数(2006年底)

Number of Large Livestock(End of 2006)

单位：百头

市	大牲畜年末数	#役畜	牛	马	驴	骡
全省	**98392**	**27858**	**82985**	**2899**	**9016**	**3492**
石家庄市	16692	3691	15114	334	888	356
承德市	9553	2230	8168	594	397	394
张家口市	8076	2797	6153	224	887	812
秦皇岛市	2697	956	2334	16	301	46
唐山市	11640	3256	9909	224	1257	250
廊坊市	5995	929	4885	142	769	199
保定市	5233	721	4280	92	768	93
沧州市	11544	3910	9920	327	961	336
衡水市	10740	4281	9083	399	994	264
邢台市	8619	2691	7164	232	1006	217
邯郸市	7603	2396	5975	315	788	525

各市肉类总产量、牛奶产量及猪、羊头数(2006年)
Output of Meat， Milk and Number of Hogs，Sheep and Goats(2006)

市	猪牛羊肉产量(万吨)	年末出栏肉猪(万头)	生猪存栏头数(万头)	羊存栏只数(万只)			牛奶产量(万吨)
					山羊	绵羊	
全　省	**4864969**	**478820**	**295991**	**242552**	**99180**	**143372**	**4076186**
石家庄市	914963	92282	52289	24251	5329	18922	852768
承德市	320458	28383	18867	15551	6780	8771	114962
张家口市	244121	22062	12732	21273	1907	19366	706145
秦皇岛市	224456	22951	12108	8548	4245	4303	52024
唐山市	661091	73537	41866	12142	4231	7911	1321427
廊坊市	326799	23207	15285	23271	6075	17196	79892
保定市	662930	72615	38156	22033	7470	14563	433328
沧州市	303560	21802	17137	28852	15114	13738	96630
衡水市	327125	32139	23380	23076	11028	12048	38582
邢台市	319283	30125	21808	17008	8465	8543	218970
邯郸市	560183	59717	42363	46547	28536	18011	161458

各市水产品产量(2006年)
Output of Aquatic Products(2006)

单位：吨

市	水产品总产量	海水产品	#鱼类	#甲壳类	内陆水域水产品	#鱼类	#甲壳类
全　省	**1079786**	**618285**	**192459**	**96378**	**461501**	**424418**	**27903**
石家庄市	37073				37073	32950	1977
承德市	21251				21251	20800	441
张家口市	10590				10590	9843	747
秦皇岛市	202115	196965	21222	6437	5150	4811	325
唐山市	526054	314797	101494	73384	211257	193414	17723
廊坊市	37882	5653	5032	491	32229	31731	468
保定市	50748				50748	42138	1828
沧州市	130636	100870	64711	16066	29766	27627	2128
衡水市	7241				7241	7187	54
邢台市	5140				5140	5117	21
邯郸市	51056				51056	48800	2191

各市非国有经济基本情况及效益(2006年)

Basic Statistic on Township and Village Enterprises(2006)

市	企业个数 (个)	企业 从业人数 (人)	企业增加值 (万元)	企业 营业收入 (万元)	企业 实交税金 (万元)	固定资产 原值 (万元)
全　省	**1895619**	**13829412**	**61754967**	**233963359**	**5569896**	**77756216**
石家庄市	239383	2685971	13765413	51596796	927964	14484455
承 德 市	114999	486742	2240861	7455554	345644	2410924
张家口市	101433	561591	1979720	5969706	271467	1925503
秦皇岛市	79770	471280	2629495	10419850	265930	3406645
唐 山 市	280619	1523420	15466384	51621971	1451261	13988670
廊 坊 市	114092	928441	5798306	22456593	329803	6417015
保 定 市	227446	1888132	8108344	30506265	453007	6695097
沧 州 市	170313	1395852	9079646	31354252	350157	8775078
衡 水 市	178795	976974	3561175	14312188	179234	3855395
邢 台 市	149471	1095696	6288941	22758494	352780	7325152
邯 郸 市	239298	1815313	9878638	38209860	642649	8402599

各市全部国有及年产品销售收入500万元以上非国有工业企业个数和工业总产值(2006年)

Number and Gross Industrial Value of State-owned Enterprises and Non-state-owned Enterprises with Annual Product Sales Over 5 Million(2006)

单位: 个数: 个 产值: 亿元

市	全部工业		内资企业		#国有企业		#集体企业	
	企业个数	工业总产值	企业个数	工业总产值	企业个数	工业总产值	企业个数	工业总产值
全　省	**10634**	**13489.80**	**9591**	**11145.14**	**744**	**1444.00**	**614**	**438.41**
石家庄市	2126	2560.66	1983	2233.14	141	338.04	203	227.60
承 德 市	508	489.32	493	480.74	35	11.84	15	5.74
张家口市	395	422.76	362	345.13	74	57.58	19	5.20
秦皇岛市	535	570.99	417	302.13	38	23.37	24	9.36
唐 山 市	1481	3292.39	1349	2655.23	67	114.29	103	35.98
廊 坊 市	765	836.05	588	662.81	50	78.03	42	21.99
保 定 市	1361	1118.64	1193	961.28	106	152.26	37	21.83
沧 州 市	1140	1296.04	1038	1204.89	47	404.07	28	35.97
衡 水 市	771	459.64	717	407.66	39	41.61	30	12.96
邢 台 市	886	890.64	839	705.29	63	70.07	59	33.15
邯 郸 市	666	1552.67	612	1186.85	84	152.82	54	28.65

各市全部国有及年产品销售收入500万元以上非国有工业企业个数和工业总产值(续)(2006年)

Number and Gross Industrial Value of State-owned Enterprises and Non-state-owned Enterprises with Annual Product Sales Over 5 Million(2006)

单位:个数: 个 产值: 亿元

市	股份制经济		中外合资、合作企业		外资企业		港、澳、台投资企	
	企业个数	工业总产值	企业个数	工业总产值	企业个数	工业总产值	企业个数	工业总产值
全　省	**6098**	**8083.00**	**493**	**842.35**	**220**	**416.72**	**322**	**945.62**
石家庄市	1155	1304.31	71	74.35	16	27.61	55	223.66
承 德 市	393	440.41	10	6.76			5	1.81
张家口市	228	274.54	16	51.67	9	12.63	7	6.17
秦皇岛市	304	259.41	51	153.46	43	93.80	24	21.60
唐 山 市	718	2109.99	54	194.52	27	23.66	49	290.73
廊 坊 市	413	511.97	66	59.43	74	74.36	36	39.02
保 定 市	786	695.84	98	72.57	18	27.36	51	56.48
沧 州 市	745	691.71	53	47.64	18	8.18	29	34.06
衡 水 市	429	289.78	31	28.65	4	3.47	19	19.87
邢 台 市	514	529.68	26	23.18	6	141.06	15	21.11
邯 郸 市	413	975.36	17	130.13	5	4.60	32	231.10

各市全部国有及年产品销售收入500万元以上非国有工业企业主要指标(2006年)

Major Indicators of State-owned Enterprises and Non-state-owned Enterprises with Annual Product Sales Over 5 Million(2006)

单位: 亿元

市	企业单位数(个)	#亏损企业	工业增加值(生产法)	资本金总额	流动资产合计	#产成品
全　省	**10634**	**1722**	**3880.22**	**2548.02**	**4763.83**	**560.09**
石家庄市	2126	159	679.34	451.22	653.85	90.94
承 德 市	508	161	151.31	97.67	210.13	22.84
张家口市	395	164	152.45	103.94	193.93	24.92
秦皇岛市	535	205	136.66	157.06	273.48	44.25
唐 山 市	1481	286	971.85	590.75	1219.00	115.24
廊 坊 市	765	151	206.39	166.61	316.27	33.60
保 定 市	1361	206	275.40	232.72	475.21	69.17
沧 州 市	1140	100	450.51	268.90	356.78	48.75
衡 水 市	771	59	127.36	86.06	160.94	22.89
邢 台 市	886	69	276.61	163.90	311.75	33.10
邯 郸 市	666	162	452.34	229.19	592.48	54.37

各市全部国有及年产品销售收入500万元以上非国有工业企业主要指标(续一)(2006年)

Major Indicators of State-owned Enterprises and Non-state-owned Enterprises with Annual Product Sales Over 5 Million(2006)

单位：亿元

市	流动资产年平均余额	固定资产合计	固定资产原价	固定资产净值年平均余额	资产总计	流动负债合计
全省	**4470.92**	**5520.14**	**7479.91**	**4573.30**	**11250.95**	**5213.81**
石家庄市	627.75	826.17	1198.89	743.45	1632.83	748.39
承德市	186.79	267.17	320.88	210.39	528.36	271.04
张家口市	193.22	254.65	381.62	212.85	482.33	260.43
秦皇岛市	255.22	296.67	412.58	255.21	619.01	337.52
唐山市	1151.80	1503.94	1869.93	1140.29	2949.26	1394.65
廊坊市	274.66	255.14	326.64	223.59	628.61	313.33
保定市	445.42	400.44	530.38	353.53	975.48	457.54
沧州市	343.34	492.34	787.00	383.21	935.90	288.15
衡水市	156.43	157.85	215.05	141.05	342.81	160.25
邢台市	298.50	374.78	517.64	326.37	759.10	313.69
邯郸市	537.79	690.98	919.29	583.37	1397.26	668.82

各市全部国有及年产品销售收入500万元以上非国有工业企业主要指标(续二)(2006年)

Major Indicators of State-owned Enterprises and Non-state-owned Enterprises with Annual Product Sales Over 5 Million(2006)

单位：亿元

市	长期负债合计	所有者权益合计	主营业务收入	主营业务成本	主营业务税金及附加	本年应交增值税
全省	**1496.55**	**4378.09**	**13124.58**	**11158.19**	**113.85**	**474.85**
石家庄市	238.20	626.10	2468.35	2107.28	28.50	78.31
承德市	64.67	189.74	433.06	346.33	7.30	23.50
张家口市	88.99	124.04	422.10	340.24	16.13	25.24
秦皇岛市	63.04	214.92	576.27	520.57	2.87	15.89
唐山市	445.49	1109.00	3242.50	2728.29	14.90	137.57
廊坊市	54.83	255.49	796.78	692.29	2.14	18.75
保定市	105.03	375.77	1075.20	920.62	10.91	29.32
沧州市	127.05	455.15	1275.93	1074.80	15.41	41.83
衡水市	39.51	140.93	444.34	380.92	2.88	12.37
邢台市	84.29	354.69	859.10	711.68	4.11	32.00
邯郸市	185.43	532.26	1530.96	1335.18	8.70	60.07

各市国有及国有控股工业企业主要指标(2006年)
Major Indicators of State-owned Industrial Enterprises(2006)

单位：亿元

市	企业单位数(个)	#亏损企业	实收资本总额	流动资产合计	#产成品	流动资产年平均余额
全省	**1120**	**408**	**1266.26**	**1939.31**	**165.90**	**1854.20**
石家庄市	215	67	255.95	315.32	35.78	313.28
承德市	55	29	33.86	66.88	5.05	64.40
张家口市	100	60	65.99	102.17	10.07	108.77
秦皇岛市	68	28	58.13	101.41	19.12	100.91
唐山市	106	40	326.45	491.07	27.32	465.63
廊坊市	90	37	36.68	51.61	3.89	42.87
保定市	151	61	92.54	172.49	20.02	163.96
沧州市	64	15	182.21	188.39	14.95	181.10
衡水市	58	19	23.27	25.44	2.54	26.87
邢台市	85	18	53.47	85.97	4.98	83.57
邯郸市	128	34	137.70	338.56	22.20	302.85

各市国有及国有控股工业企业主要指标(续一)(2006年)
Major Indicators of State-owned Industrial Enterprises(2006)

单位：亿元

市	固定资产合计	固定资产原价	固定资产净值年平均余额	资产总计	流动负债合计	长期负债合计
全省	**3080.49**	**4501.08**	**2511.41**	**5472.76**	**2382.71**	**1008.86**
石家庄市	507.54	795.08	458.38	901.85	435.78	163.22
承德市	134.29	176.77	111.07	220.79	116.43	40.98
张家口市	199.28	310.91	165.23	315.74	167.44	78.63
秦皇岛市	124.39	203.97	118.77	243.81	125.61	34.26
唐山市	880.45	1098.13	657.16	1490.51	631.23	303.24
廊坊市	85.43	124.20	79.15	141.85	65.62	32.86
保定市	206.88	291.22	183.94	425.21	186.67	71.18
沧州市	348.62	608.52	255.02	590.11	147.75	106.28
衡水市	53.89	90.23	46.55	86.03	31.80	17.45
邢台市	124.63	213.64	111.14	229.22	80.80	26.68
邯郸市	415.08	588.41	324.99	827.64	393.58	134.09

各市国有及国有控股工业企业主要指标(续二)(2006年)
Major Indicators of State-owned Industrial Enterprises(2006)

单位：亿元

市	所有者权益合计	主营业务收入	主营业务成本	主营业务税金及附加	本年应交增值税
全　省	**1975.19**	**4318.41**	**3637.93**	**64.50**	**213.70**
石家庄市	294.98	695.13	620.14	16.33	26.88
承德市	61.97	139.72	121.13	0.82	7.24
张家口市	65.93	271.79	218.28	13.70	18.37
秦皇岛市	83.86	181.01	163.81	0.76	4.94
唐山市	555.91	1027.84	838.47	7.72	58.43
廊坊市	43.26	112.10	94.37	0.63	5.14
保定市	137.36	357.65	306.81	5.15	14.21
沧州市	280.19	597.12	480.23	12.73	30.04
衡水市	36.76	89.45	78.55	1.02	3.95
邢台市	118.33	163.47	128.99	1.31	9.80
邯郸市	296.63	683.13	587.17	4.33	34.70

各市年产品销售收入500万元以上集体工业企业主要指标(2006年)
Major Indicators of Collective-owned Enterprises with Annual Product Sales Over 5 Million(2006)

单位：亿元

市	企业单位数(个)	#亏损企业	实收资本总额	流动资产合计	#产成品	流动资产年平均余额
全　省	**614**	**103**	**42.24**	**85.76**	**14.76**	**81.61**
石家庄市	203	15	15.61	25.66	5.32	24.68
承德市	15	4	1.3	2.37	0.29	2.42
张家口市	19	7	0.66	2.46	0.44	2.5
秦皇岛市	24	17	1.59	3.71	0.6	3.69
唐山市	103	27	6.56	12.62	2.6	12.16
廊坊市	42	1	2.63	4.54	0.77	3.96
保定市	37	8	1.11	4.12	0.72	4.02
沧州市	28	1	2.88	6.5	0.81	6.69
衡水市	30	1	1.42	5.48	0.65	4.31
邢台市	59	2	4.72	8.03	1.2	8.41
邯郸市	54	20	3.73	10.29	1.36	8.77

各市年产品销售收入500万元以上集体工业企业主要指标(续一)(2006年)

Major Indicators of Collective-owned Enterprises with Annual Product Sales Over 5 Million(2006)

单位：亿元

市	固定资产合计	固定资产原价	固定资产净值年平均余额	资产总计	流动负债合计	长期负债合计
全　省	**67.75**	**94.03**	**63.23**	**170.45**	**79.63**	**9.75**
石家庄市	19.02	27.89	18.45	52.74	20.3	2.23
承 德 市	1.99	3.22	1.48	5.14	3.31	0.22
张家口市	1.24	1.76	1.06	3.9	3.05	0.23
秦皇岛市	3.86	5.48	2.94	8.43	7.09	0.38
唐 山 市	10.63	16	9.61	24.68	13.61	1.62
廊 坊 市	3.21	4.53	3.21	8.52	3.37	0.31
保 定 市	2.62	3.5	2.56	6.92	3.3	0.63
沧 州 市	5.33	6.68	4.98	12.8	4.59	0.3
衡 水 市	2.9	4.08	2.73	8.54	4.79	0.36
邢 台 市	10.04	11.76	9.94	20.02	4.8	2.16
邯 郸 市	6.93	9.11	6.26	18.75	11.43	1.32

各市年产品销售收入500万元以上集体工业企业主要指标(续二)(2006年)

Major Indicators of Collective-owned Enterprises with Annual Product Sales Over 5 Million(2006)

单位：亿元

市	所有者权益合计	主营业务收入	主营业务成本	主营业务税金及附加	本年应交增值税
全　省	**78.66**	**417.61**	**351.86**	**3.94**	**11.93**
石家庄市	28.70	214.61	177.19	1.90	5.96
承 德 市	1.59	5.68	4.41	0.20	0.43
张家口市	0.62	5.13	4.60	0.07	0.21
秦皇岛市	0.96	8.24	7.24	0.42	0.38
唐 山 市	9.46	35.92	32.29	0.16	1.47
廊 坊 市	4.77	21.44	18.62	0.14	0.59
保 定 市	2.91	18.54	15.43	0.08	0.27
沧 州 市	7.91	35.76	30.95	0.16	0.61
衡 水 市	3.36	11.74	9.18	0.07	0.22
邢 台 市	12.72	31.40	25.28	0.52	0.79
邯 郸 市	5.66	29.15	26.67	0.23	0.99

各市主要工业产品产量(2006年)
Output of Major Industrial Products(2006)

市	化学纤维(万吨)	纱(吨)	布(万米)	印染布(万米)	毛线(吨)	呢绒(万米)	机制纸及纸板(万吨)
全省	**25.30**	**863785.70**	**282277.47**	**108699.62**	**96235.40**	**177.20**	**370.46**
石家庄市	2.71	238949.50	124737.4	83082.30			72.27
承德市		27329.00				145.70	4.50
张家口市		70.00	14.50				1.29
秦皇岛市	6.11	7342.02					15.72
唐山市	12.91	18017.00	1667.00	854.00			154.76
廊坊市	0.24		516.00				7.04
保定市	3.20	97720.50	99202.20	6153.20	96235.40	31.50	58.93
沧州市	0.13	117771.00	2512.00	3024.10			13.31
衡水市		44645.56	8029.97				5.86
邢台市		139124.00	19855.29	8551.08			36.78
邯郸市		172817.12	25743.11	7034.94			

各市主要工业产品产量(续一)(2006年)
Output of Major Industrial Products(2006)

市	自行车(辆)	日用陶瓷(万件)	肥皂(吨)	合成洗涤剂(吨)	卷烟(亿支)	原盐(万吨)	饮料酒(万千升)
全省	**11760**	**55255.78**	**64420**	**120473**	**620.00**	**412.56**	**163.53**
石家庄市		2418.30	64355	120473	178.5		28.45
承德市							10.41
张家口市		5045.42	65		345.0		22.07
秦皇岛市		462.00					24.09
唐山市	11760	31196.06				250.70	49.21
廊坊市							7.47
保定市					96.5		11.88
沧州市						161.86	4.75
衡水市		1144.00					1.77
邢台市							1.35
邯郸市		14990.00					2.06

注:卷烟单位为亿支,饮料酒为万千升,日用陶瓷为万件。

各市主要工业产品产量(续二)(2006年)

Output of Major Industrial Products(2006)

市	发电量(亿千瓦小时)	原煤(万吨)	生铁(万吨)	钢(万吨)	成品钢材(万吨)	水泥(万吨)	硫酸(万吨)
全省	**1461.00**	**7927.71**	**8250.14**	**9096.29**	**8467.10**	**8492.68**	**96.89**
石家庄市	258.04	101.31	538.85	571.77	459.25	2505.52	14.49
承德市	23.97	240.10	392.70	405.83	318.68	258.50	15.25
张家口市	173.12	917.01	483.48	468.61	412.48	177.50	7.62
秦皇岛市	66.96	55.95	32.76	255.23	110.37	323.95	7.30
唐山市	292.93	3231.80	3784.25	4427.06	4182.45	2910.97	14.56
廊坊市	42.06		166.78	201.57	613.24	412.92	
保定市	115.28	13.94	8.14	74.24	27.63	454.31	4.51
沧州市	31.47		12.30	26.55	136.04	50.58	5.08
衡水市	78.61		28.12		56.61	137.94	13.78
邢台市	143.35	1102.06	559.84	544.50	535.32	618.72	3.96
邯郸市	235.21	2265.53	2242.90	2120.93	1615.03	641.77	10.33

各市主要工业产品产量(续三)(2006年)

Output of Major Industrial Products(2006)

市	烧碱(万吨)	合成氨(万吨)	农用化肥(折100%)(万吨)	化学农药(吨)	金属切削机床(台)	变压器(万千伏安)	化学药品(吨)
全省	**73.03**	**357.44**	**210.54**	**33484.63**	**3279.00**	**7333.55**	**549630.75**
石家庄市	4.97	119.98	66.08	13305.0	138	41.23	308203.50
承德市		10.86	6.64				893.44
张家口市	6.59	36.36	18.11	5380.9		21.78	270.85
秦皇岛市		9.41	0.26			8.99	220017.32
唐山市	15.69	26.76	21.78			48.03	2539.00
廊坊市	1.72		0.60				145.33
保定市	9.15	8.18	1.99	1997.0	1064	7076.03	
沧州市	17.46	65.69	43.33	1180.0	156		821.70
衡水市	11.22	40.06	27.40	147.7			10768.00
邢台市		7.44	7.39	1172.0	1778	54.21	825.00
邯郸市	6.23	32.70	16.95	10302.0	143	83.27	5146.61

各市全部国有及年产品销售收入500万元以上非国有工业企业全员劳动生产率

Overall Labor Productivity of state-owned Enterprises and Non-state-owned Enterprises with Annual Product Sales Over 5 Million

单位：元／人·年

市	2006年			2005年		
	全员劳动生产率	轻工业	重工业	全员劳动生产率	轻工业	重工业
全　省	**127913**	**86338**	**147002**	**108446**	**73565**	**125032**
石家庄市	123490	117400	129276	109021	101267	116512
承德市	116510	69607	130531	90439	51892	102926
张家口市	99646	124850	93693	85572	95852	83094
秦皇岛市	108375	88003	117193	100782	99760	101208
唐山市	157095	72928	171762	132546	59728	146577
廊坊市	135257	108998	148440	102543	75512	116948
保定市	83699	63210	103006	74825	56111	92311
沧州市	166342	87799	194328	138419	75535	160311
衡水市	102198	66363	123255	101681	80577	116082
邢台市	113619	73450	140349	87597	58207	108852
邯郸市	134930	42444	160386	112883	30609	136402

注：本表按工业增加值计算。

各市建筑业生产情况(2006年)

Productive Indicators on Construction Enterprises(2006)

市	建筑企业个数(个)	从业人员(人)	建筑企业平均人数(人)	建筑业总产值(万元)	房屋建筑施工面积(万平方米)	房屋建筑竣工面积(万平方米)	#住宅
全　省	**2117**	**1072642**	**1281857**	**14487321.0**	**12557.7**	**6024.1**	**4080.2**
石家庄市	217	149662	172255	2388596.2	2169.9	897.5	563.4
承德市	154	35299	58410	737343.2	430.9	211.7	142.6
张家口市	94	43941	65900	646716.3	640.8	330.4	221.3
秦皇岛市	240	49579	70359	779214.0	744.4	350.3	240.2
唐山市	265	165309	205233	2916088.3	2132.0	736.1	453.0
廊坊市	246	83238	89038	1006606.6	886.7	478.7	294.8
保定市	219	192045	223812	2209873.2	2232.6	1260.4	990.2
沧州市	216	114214	143274	1263321.4	971.0	590.3	416.7
衡水市	109	38688	42787	268359.3	392.4	229.1	155.5
邢台市	111	53955	57594	568593.0	669.7	308.2	206.9
邯郸市	246	146712	153195	1702609.5	1287.3	631.4	395.6

各市建筑业主要财务指标(2006年)
Major Financial Indicators on Construction Enterprises(2006)

单位：万元

市	资产合计	#流动资产	#固定资产	负债合计	流动负债	长期负债	所有者权益	#实收资本
全　省	**10745212**	**7445383**	**2587741**	**6554307**	**6343043**	**211264**	**4190705**	**3005034**
石家庄市	1697717	1054651	506399	1003257	953631	49626	694460	566349
承 德 市	478700	281298	180715	223353	213194	10159	255348	203197
张家口市	449519	338450	84499	324663	317066	7598	124856	96987
秦皇岛市	1069321	829837	173086	750398	733332	17066	318723	230659
唐 山 市	1814511	1322945	372673	1252344	1231901	20444	562166	363792
廊 坊 市	990352	695557	216908	554548	536146	18402	435804	288040
保 定 市	1818490	1306176	384089	1126301	1107990	18311	692189	488360
沧 州 市	576283	361854	170539	276242	271026	5216	300041	217116
衡 水 市	242798	145373	80580	98445	95247	3198	144353	93781
邢 台 市	351565	223197	102295	173690	160085	13605	177875	125904
邯 郸 市	1255957	886046	315959	771067	723426	47641	484890	330848

各市社会消费品零售总额(2006年)
Total Retail Sales of Consumer Goods(2006)

单位：亿元

市	社会消费品零售总额(亿元)	按销售单位所在地分			按 行 业 分		
		市	县	县以下	批发和零售业	住宿和餐饮业	其　他
全　省	**3397.4**	**1612.1**	**680.1**	**1105.2**	**2913.1**	**419.4**	**64.9**
石家庄市	698.8	395.0	109.3	194.6	623.9	64.0	11.0
承 德 市	132.9	41.8	38.5	52.6	108.4	20.5	4.0
张家口市	165.2	86.7	37.4	41.1	129.5	26.9	8.9
秦皇岛市	167.8	118.7	18.5	30.6	144.4	23.0	0.4
唐 山 市	544.3	321.0	81.2	142.1	459.9	75.6	8.8
廊 坊 市	206.0	55.3	39.3	111.3	171.8	32.3	1.9
保 定 市	441.1	203.8	96.6	140.7	379.3	43.6	18.2
沧 州 市	288.4	139.7	42.3	106.4	245.2	38.8	4.3
衡 水 市	162.8	55.6	47.8	59.4	143.2	18.0	1.6
邢 台 市	231.7	65.1	70.3	96.3	203.5	26.3	1.9
邯 郸 市	358.5	129.4	98.9	130.2	304.0	50.5	3.9

各市限额以上批发和零售业基本情况(2006年)

Basic Indicators of Enterprises above Designated Size in Wholesale and Retail Sale Trade(2006)

单位: 万元

市	法人企业(个)	年末从业人员(人)	购进总额	销售总额	#零售	年末库存总额	年末零售营业面积(万平方米)
全省	**1055**	**199004**	**16424109.7**	**17955630.4**	**5281248.3**	**2022863.9**	**482.8**
石家庄市	201	38577	4185639.1	4695523.1	1674317.6	331078.1	128.4
承德市	46	6991	517340.2	593825.8	129100.8	55417.1	12.0
张家口市	65	9439	613232.8	824630.0	215102.7	87076.3	23.5
秦皇岛市	68	9563	1660305.0	1846157.1	412534.6	134398.0	36.8
唐山市	163	34099	2466596.4	2746339.8	790169.8	200976.0	71.9
廊坊市	90	17399	1058535.0	1160473.1	344403.3	304910.9	31.4
保定市	117	26031	2376596.8	2117620.7	705376.8	162432.2	50.1
沧州市	69	18481	938423.6	1033202.4	284233.0	80832.1	34.3
衡水市	65	9315	707561.3	767131.6	219585.4	113736.5	32.5
邢台市	61	9789	876175.1	1023280.7	140610.8	72967.5	14.6
邯郸市	110	19320	1023704.4	1147446.1	365813.5	479039.2	47.3

各市星级住宿业和限额以上餐饮业基本情况(2006年)

Basic Indicators of Star-ranking Hotels and Catering Serveces above Designated Size(2006)

单位: 万元

市	法人企业(个)	从业人数(人)	营业额	#客房收入	#餐费收入	#商品销售收入	年末餐饮营业面积(平方米)	年末住宿和餐饮企业拥有床位数(个)	年末住宿和餐饮企业拥有餐位数(位)
全省	**465**	**71806**	**499186.8**	**144844.8**	**311053.3**	**16103.2**	**92.6**	**7.5**	**22.4**
石家庄市	88	18938	138998.9	42058.5	84829.1	1825.8	20.6	1.6	4.5
承德市	33	3758	26244.6	9783.8	14995.1	585.1	4.6	0.6	1.0
张家口市	31	3798	24682.5	6099.4	16441.7	1263.7	6.8	0.3	2.0
秦皇岛市	54	6494	47830.6	14805.9	29599.6	455.3	7.7	1.0	2.1
唐山市	59	9687	77825.4	18679.0	53847.4	2505.2	16.9	0.7	3.3
廊坊市	36	4910	39140.2	14089.7	20875.4	2108.5	4.2	0.5	1.1
保定市	59	8440	53573.1	12017.8	33908.1	3892.8	9.4	0.6	2.2
沧州市	27	4266	26397.9	8024.2	16553.7	1013.7	6.5	0.8	1.6
衡水市	19	2185	12671.6	3613.8	8165.5	593.3	4.1	0.3	1.0
邢台市	24	3244	18093.6	5987.6	10485.2	616.4	4.3	0.4	1.4
邯郸市	35	6086	33728.4	9685.1	21352.5	1243.4	7.4	0.5	2.1

各市商品交易市场及亿元以上商品交易市场基本情况(2006年)
Basic Statistics of Commodity Markets and Commodity Markets on Sales Value Over 100 Million Yuan(2006)

市	市场个数 (个)	当年成交额 (万元)	当年投资额 (万元)	摊位数 (个)	市场成交额 (万元)
全　省	**4195**	**36702515.5**	**340968.1**	**287168**	**26227635**
石家庄市	716	12372761.3	136918.0	58590	9620774
承 德 市	417	808667.1	7500.0	8791	207498
张家口市	236	1015778.4	35236.0	4130	614760
秦皇岛市	208	849152.0	1157.3	22543	638733
唐 山 市	543	4054706.0	7245.0	27947	2046457
廊 坊 市	250	1971551.0	5950.0	16986	1198831
保 定 市	781	5367110.2	31248.2	50713	4524267
沧 州 市	517	3064451.2	33100.0	40249	1897581
衡 水 市	126	1470391.0	13150.0	20785	1273052
邢 台 市	114	1301278.3	8282.0	20153	890899
邯 郸 市	287	4426669.0	61181.6	16281	3314783

各市外商投资企业情况(2006年)
Basic Condition of foreign funded Enterprises(2006)

金额单位：万美元　企业单位：个

市	批准合同			注册			外商直接	到2006年		
	合同个数	合同总金额	合同外资额	个数	注册资本	外方注册资本	投资额	底实有外商投资企业数	#开工在建企业	#投产(开业)企业
全　省	**446**	**329079**	**150625**	**402**	**192559**	**136480**	**201434**	**3987**	**673**	**1876**
石家庄市	56	65206	25541	58	43630	26152	35035	632	15	349
承 德 市	7	6475	4562	5	1887	1496	457	105	24	42
张家口市	22	23665	13240	20	13164	10608	2520	118	16	59
秦皇岛市	35	7722	3868	34	16392	12268	26629	417	89	193
唐 山 市	34	33730	12672	33	17948	11684	47919	401	56	260
廊 坊 市	54	42123	18455	50	23143	16352	18895	501	40	219
保 定 市	59	40307	17378	51	18775	15373	17411	615	191	322
沧 州 市	69	42986	21442	64	27927	19915	13611	423	83	162
衡 水 市	37	17628	10624	23	5591	4410	7487	214	9	98
邢 台 市	22	18544	7522	17	5400	4582	16237	188	60	69
邯 郸 市	51	30693	15321	47	18702	13640	15233	373	90	103

各市大中型工业企业技术开发活动情况(2006年)
Basic Condition of Technical Development of Large and Medium-sized Industrial Enterprises(2006)

市	技术开发机构数(个)	企业从事技术开发人员(人)	技术开发机构中的开发人员(人)	新产品销售收入(万元)
全省	**578**	**80660**	**28825**	**6398870**
石家庄市	125	15668	6365	1160099
承德市	11	2168	385	127576
张家口市	26	4004	1920	417485
秦皇岛市	25	4662	2322	566109
唐山市	79	14876	4395	1535793
廊坊市	72	4078	830	86016
保定市	61	10573	3709	1303780
沧州市	32	5192	2648	213064
衡水市	52	2599	858	63399
邢台市	25	6238	1324	227787
邯郸市	70	10602	4069	697762

各市人才状况
Basic Condition on Talent

单位:人

市	人才资源总量		劳动年龄人口		人才密度指数 (%)	
	2006年	2005年	2006年	2005年	2006年	2005年
全省	**4493382**	**4240239**	**46563326**	**47372591**	**9.7**	**9.0**
石家庄市	717861	669597	6560006	6489178	10.9	10.3
承德市	171700	167183	2305560	2309073	7.4	7.2
张家口市	223952	212233	2782148	2779045	8.0	7.6
秦皇岛市	210624	198692	1923527	1909700	10.9	10.4
唐山市	481460	475093	4839752	4866802	9.9	9.8
廊坊市	241818	237253	2763936	2755208	8.7	8.6
保定市	496696	474305	7251656	7147321	6.8	6.6
沧州市	429213	432531	4590639	4567854	9.3	9.5
衡水市	214208	205265	2764150	2726990	7.7	7.5
邢台市	301585	296219	5155900	5043000	5.8	5.9
邯郸市	494046	427936	5988533	5883977	8.2	7.3

各市婚姻登记情况(2006年)

Basic Condition on Marriage Registrations(2006)

市	内地居民登记结婚(对)	#初婚数(人)	#再婚数(人)	内地居民登记离婚(对)	准予登记涉外婚姻(对)
全　省	**554615**	**1004070**	**105780**	**56926**	**310**
石家庄市	81009	148772	13246	7687	
承 德 市	58036	100771	15301	9558	
张家口市	22579	37533	7625	4135	
秦皇岛市	64828	122774	6882	5401	
唐 山 市	57078	109108	5048	4197	
廊 坊 市	92719	166976	18462	7209	
保 定 市	28250	49272	7228	4082	
沧 州 市	28413	46632	10194	3761	
衡 水 市	52469	94308	10630	5366	
邢 台 市	34813	64042	5584	3093	
邯 郸 市	34421	63479	5363	2437	

各市社会团体机构情况(2006年)

Basic Condition on Social Organization and Institution(2006)

单位:个

市	年末实有社团数	#地级社团	#学术性社团	#行业性社团	#专业性社团
全　省	**7985**	**2451**	**1405**	**3046**	**2448**
石家庄市	1021	258	137	270	462
承 德 市	907	273	137	322	326
张家口市	621	308	148	178	173
秦皇岛市	769	330	165	295	220
唐 山 市	840	169	96	354	225
廊 坊 市	859	269	121	311	302
保 定 市	525	174	88	204	153
沧 州 市	535	204	108	184	214
衡 水 市	385	128	74	166	69
邢 台 市	445	196	88	157	142
邯 郸 市	374	142	52	237	47

县域经济发展评价综合位次(2006年)

The Synthesised Ranking Based on Economic Growth for County(2006)

县 (市)	综合位次	县 (市)	综合位次	县 (市)	综合位次
迁安市	1	兴隆县	48	阳原县	95
唐市丰南区	2	昌黎县	49	邱　县	96
武安市	3	永年县	50	蔚　县	97
任丘市	4	怀来县	51	广平县	98
迁西县	5	宁晋县	52	武邑县	99
三河市	6	高阳县	53	涿鹿县	100
遵化市	7	无极县	54	定兴县	101
鹿泉市	8	枣强县	55	卢龙县	102
唐市开平区	9	东光县	56	献　县	103
霸州市	10	高邑县	57	临西县	104
唐海县	11	河间市	58	安新县	105
香河县	12	隆尧县	59	怀安县	106
乐亭县	13	大城县	60	青龙满族自治县	107
宽城满族自治县	14	深泽县	61	清苑县	108
涉　县	15	景　县	62	万全县	109
唐市丰润区	16	涞源县	63	阜城县	110
滦　县	17	赵　县	64	盐山县	111
正定县	18	平泉县	65	阜平县	112
滦南县	19	容城县	66	武强县	113
藁城市	20	安国市	67	巨鹿县	114
辛集市	21	元氏县	68	新河县	115
大厂回族自治县	22	徐水县	69	张北县	116
黄骅市	23	满城县	70	曲周县	117
玉田县	24	深州市	71	博野县	118
栾城县	25	蠡　县	72	馆陶县	119
邯郸县	26	孟村回族自治县	73	望都县	120
涿州市	27	丰宁满族自治县	74	赤城县	121
清河县	28	成安县	75	平乡县	122
沙河市	29	崇礼县	76	南和县	123
文安县	30	雄　县	77	任　县	124
邢台县	31	临城县	78	海兴县	125
磁　县	32	吴桥县	79	顺平县	126
井陉县	33	承德县	80	易　县	127
肃宁县	34	赞皇县	81	临漳县	128
新乐市	35	灵寿县	82	肥乡县	129
高碑店市	36	南宫市	83	魏　县	130
平山县	37	固安县	84	曲阳县	131
晋州市	38	宣化县	85	围场满蒙自治县	132
定州市	39	行唐县	86	大名县	133
青　县	40	安次区	87	涞水县	134
沧　县	41	隆化县	88	唐　县	135
抚宁县	42	南皮县	89	威　县	136
安平县	43	永清县	90	广宗县	137
冀州市	44	饶阳县	91	尚义县	138
泊头市	45	故城县	92	康保县	139
滦平县	46	鸡泽县	93	沽源县	140
内丘县	47	柏乡县	94		

各县(市)地区生产总值(2006年)

Gross Domestic Product(2006)

单位：万元

县（市）	位次	地区生产总值	县（市）	位次	地区生产总值	县（市）	位次	地区生产总值
任丘市	1	3645896	景　县	47	609555	馆陶县	93	306702
迁安市	2	3134121	献　县	48	601378	深泽县	94	304733
武安市	3	2870434	井陉县	49	594286	吴桥县	95	304524
遵化市	4	2517792	徐水县	50	583344	肥乡县	96	296855
迁西县	5	1790324	魏　县	51	565883	容城县	97	296705
藁城市	6	1735929	安平县	52	552341	高邑县	98	288504
三河市	7	1581385	冀州市	53	536401	临西县	99	287305
滦南县	8	1551553	大城县	54	517435	广平县	100	282301
玉田县	9	1421611	蠡　县	55	516989	武邑县	101	279136
辛集市	10	1402093	东光县	56	499653	鸡泽县	102	277978
乐亭县	11	1401232	清苑县	57	487093	赞皇县	103	272606
霸州市	12	1313895	大名县	58	484253	巨鹿县	104	272015
鹿泉市	13	1296626	行唐县	59	478007	涿鹿县	105	268208
滦　县	14	1158734	故城县	60	476417	围场满蒙自治县	106	267076
沧　县	15	1135107	满城县	61	458062	邱　县	107	262258
涉　县	16	1100245	卢龙县	62	450089	宣化县	108	261490
定州市	17	1081746	怀来县	63	447714	威　县	109	261349
河间市	18	1070112	临漳县	64	434887	张北县	110	259201
永年县	19	1038839	定兴县	65	434695	唐　县	111	257428
磁　县	20	1020616	内丘县	66	425668	阳原县	112	246367
涿州市	21	1008941	南宫市	67	423251	涞源县	113	236682
邯郸县	22	1001260	高阳县	68	419960	孟村回族自治县	114	227231
黄骅市	23	978998	枣强县	69	419952	武强县	115	225462
正定县	24	933880	兴隆县	70	411771	大厂回族自治县	116	215456
宁晋县	25	921111	承德县	71	406211	临城县	117	198900
泊头市	26	888115	平泉县	72	406030	望都县	118	195464
高碑店市	27	879807	成安县	73	402898	柏乡县	119	181866
晋州市	28	878726	安国市	74	390662	赤城县	120	178550
平山县	29	856460	滦平县	75	388667	顺平县	121	178272
栾城县	30	849668	蔚　县	76	378640	南和县	122	174853
清河县	31	845866	盐山县	77	376218	博野县	123	171766
新乐市	32	842135	曲周县	78	375060	涞水县	124	168203
沙河市	33	838587	易　县	79	373880	平乡县	125	168062
抚宁县	34	818215	青龙满族自治县	80	372968	广宗县	126	160043
文安县	35	806579	丰宁满族自治县	81	363080	任　县	127	152711
昌黎县	36	766161	唐海县	82	350884	万全县	128	151526
香河县	37	728025	灵寿县	83	347048	怀安县	129	144889
邢台县	38	718397	安新县	84	336719	海兴县	130	141076
赵　县	39	705830	雄　县	85	328179	康保县	131	136820
肃宁县	40	700934	永清县	86	327560	阜平县	132	131297
无极县	41	688181	固安县	87	326520	新河县	133	112960
元氏县	42	671445	曲阳县	88	324399	沽源县	134	107504
深州市	43	662253	南皮县	89	320466	崇礼县	135	104697
青　县	44	657572	饶阳县	90	317847	尚义县	136	87659
宽城满族自治县	45	615066	阜城县	91	308631			
隆尧县	46	612568	隆化县	92	307387			

各县(市)在岗职工平均工资(2006年)
Average Wage of Staff and Workers(on Post)(2006)

单位：元

县（市）	位次	在岗职工平均工资	县（市）	位次	在岗职工平均工资	县（市）	位次	在岗职工平均工资
任丘市	1	29343	蔚　县	47	13411	故城县	93	11772
涿州市	2	24115	平山县	48	13319	固安县	94	11681
迁西县	3	19983	大城县	49	13264	阜城县	95	11665
乐亭县	4	18822	邯郸县	50	13208	安国市	96	11643
三河市	5	18299	栾城县	51	13183	饶阳县	97	11638
迁安市	6	18209	宁晋县	52	13149	河间市	98	11595
遵化市	7	17028	博野县	53	13128	成安县	99	11590
磁　县	8	16640	冀州市	54	13097	万全县	100	11525
霸州市	9	16457	雄　县	55	13096	顺平县	101	11483
武安市	10	16411	围场满蒙自治县	56	13092	内丘县	102	11429
滦　县	11	16301	涞源县	57	13043	巨鹿县	103	11425
大厂回族自治县	12	16054	高碑店市	58	12977	广平县	104	11423
崇礼县	13	15757	南皮县	59	12975	永清县	105	11384
滦南县	14	15469	南宫市	60	12825	灵寿县	106	11381
沙河市	15	15130	卢龙县	61	12807	任　县	107	11378
肃宁县	16	15116	孟村回族自治县	62	12798	平乡县	108	11361
唐海县	17	15017	沽源县	63	12759	尚义县	109	11312
宽城满族自治县	18	14949	柏乡县	64	12752	肥乡县	110	11270
涉　县	19	14761	青龙满族自治县	65	12730	临漳县	111	11264
徐水县	20	14757	景　县	66	12724	元氏县	112	11219
玉田县	21	14655	临城县	67	12695	辛集市	113	11198
张北县	22	14418	藁城市	68	12682	馆陶县	114	11195
青　县	23	14346	新乐市	69	12654	临西县	115	11138
黄骅市	24	14325	泊头市	70	12645	无极县	116	11109
滦平县	25	14215	隆尧县	71	12623	广宗县	117	11039
清河县	26	14177	南和县	72	12615	承德县	118	10945
香河县	27	14148	定州市	73	12581	涞水县	119	10921
平泉县	28	14042	康保县	74	12551	威　县	120	10885
文安县	29	13979	新河县	75	12533	大名县	120	10885
兴隆县	30	13974	清苑县	76	12530	魏　县	121	10797
抚宁县	31	13973	涿鹿县	77	12486	深泽县	122	10746
丰宁满族自治县	32	13890	东光县	78	12426	曲周县	123	10694
井陉县	33	13815	唐　县	79	12409	行唐县	124	10534
正定县	34	13790	怀来县	80	12400	武强县	125	10439
高阳县	35	13756	赵　县	81	12390	武邑县	126	10435
隆化县	36	13685	阳原县	82	12385	怀安县	127	10429
宣化县	37	13586	安平县	83	12267	定兴县	128	10386
沧　县	38	13537	吴桥县	84	12261	鸡泽县	129	10385
阜平县	39	13525	安新县	85	12229	望都县	130	10185
满城县	40	13521	容城县	86	12183	晋州市	131	10023
鹿泉市	41	13503	盐山县	87	12112	高邑县	132	9770
邢台县	42	13489	蠡　县	88	11974	海兴县	133	9499
易　县	43	13470	曲阳县	89	11915	邱　县	134	8990
枣强县	44	13458	赤城县	90	11861	赞皇县	135	7895
永年县	45	13456	献　县	91	11813			
昌黎县	46	13445	深州市	92	11774			

各县(市)全社会固定资产投资总额(2006年)

Total Investment in Fixed Assets(2006)

单位：万元

县（市）	位次	全社会固定资产投资总额	县（市）	位次	全社会固定资产投资总额	县（市）	位次	全社会固定资产投资总额
三河市	1	921301	河间市	47	271430	怀来县	93	153000
迁安市	2	860932	安国市	48	270863	武邑县	94	150302
霸州市	3	749615	邢台县	49	269374	饶阳县	95	147150
遵化市	4	631485	徐水县	50	268267	南皮县	96	139037
香河县	5	618672	内丘县	51	255806	阜城县	97	137424
藁城市	6	609568	肃宁县	52	248036	威　县	98	135579
武安市	7	603363	青　县	53	243144	涞源县	99	134030
定州市	8	596085	宽城满族自治县	54	242465	蔚　县	100	132200
涿州市	9	568907	大名县	55	237199	吴桥县	101	130075
任丘市	10	536425	盐山县	56	236605	临西县	102	129864
鹿泉市	11	525378	平泉县	57	231958	阜平县	103	129035
抚宁县	12	515189	无极县	58	229676	孟村回族自治县	104	127980
涉　县	13	510215	清苑县	59	225981	肥乡县	105	120102
乐亭县	14	500309	魏　县	60	225002	曲阳县	106	119299
滦　县	15	488936	定兴县	61	222741	深泽县	107	117664
辛集市	16	451794	丰宁满族自治县	62	221764	平乡县	108	117200
新乐市	17	436727	承德县	63	220937	张北县	109	116364
宁晋县	18	435051	故城县	64	220600	容城县	110	113917
黄骅市	19	423490	兴隆县	65	220402	顺平县	111	111967
文安县	20	420356	固安县	66	219864	青龙满族自治县	112	110264
晋州市	21	407311	献　县	67	212370	唐　县	113	105031
井陉县	22	404996	东光县	68	209418	涞水县	114	104717
栾城县	23	402653	巨鹿县	69	208802	任　县	115	104697
平山县	24	394227	满城县	70	208711	涿鹿县	116	98888
永年县	25	383796	成安县	71	207431	望都县	117	97893
沙河市	26	381670	滦平县	72	207300	柏乡县	118	93534
玉田县	27	380371	广平县	73	207185	尚义县	119	90889
景　县	28	367120	蠡　县	74	207000	万全县	120	90734
正定县	29	366086	安平县	75	204265	卢龙县	121	90370
滦南县	30	350326	易　县	76	203881	怀安县	122	90143
迁西县	31	343141	临漳县	77	197929	南和县	123	89983
高碑店市	32	340034	赞皇县	78	194153	大厂回族自治县	124	86519
磁　县	33	337168	曲周县	79	190461	新河县	125	84565
赵　县	34	329417	鸡泽县	80	187070	广宗县	126	82704
元氏县	35	325503	隆化县	81	183109	博野县	127	81841
邯郸县	36	318544	围场满蒙自治县	82	179080	阳原县	128	80275
沧　县	37	316159	高阳县	83	178025	宣化县	129	80143
隆尧县	38	312715	雄　县	84	174915	康保县	130	74705
灵寿县	39	303107	安新县	85	174545	邱　县	131	72107
清河县	40	300069	枣强县	86	170439	武强县	132	68817
深州市	41	296825	南宫市	87	163217	沽源县	133	67932
永清县	42	294787	馆陶县	88	163104	赤城县	134	67385
泊头市	43	285560	唐海县	89	161221	崇礼县	135	59750
行唐县	44	285386	高邑县	90	157400	海兴县	136	49000
冀州市	45	273018	昌黎县	91	156976			
大城县	46	272082	临城县	92	156871			

各县(市)地方财政一般预算收入(2006年)
Local Revenue(2006)

单位:万元

县(市)	位次	地方财政一般预算收入	县(市)	位次	地方财政一般预算收入	县(市)	位次	地方财政一般预算收入
迁安市	1	138430	肃宁县	47	13803	临西县	93	5480
武安市	2	104423	怀来县	48	13779	涿鹿县	94	5405
任丘市	3	88928	徐水县	49	13418	魏县	95	5316
遵化市	4	68595	无极县	50	11681	高邑县	96	5287
三河市	5	62569	清河县	51	11020	崇礼县	97	5215
迁西县	6	52250	蔚县	52	10927	盐山县	98	5207
乐亭县	7	39402	兴隆县	53	10614	永清县	99	4924
涿州市	8	36797	安国市	54	10084	南皮县	100	4775
霸州市	9	36637	赵县	55	10058	临漳县	101	4640
藁城市	10	35342	元氏县	56	9883	大名县	102	4638
涉县	11	30171	泊头市	57	9857	故城县	103	4620
滦南县	12	29817	清苑县	58	9587	围场满蒙自治县	104	4545
鹿泉市	13	29151	青县	59	9424	怀安县	105	4533
磁县	14	28959	内丘县	60	9340	南宫市	106	4522
滦县	15	27377	大城县	61	9223	临城县	107	4345
定州市	16	27062	安新县	62	8939	成安县	108	4179
黄骅市	17	27007	行唐县	63	8886	平乡县	109	4048
辛集市	18	26430	隆尧县	64	8813	孟村回族自治县	110	3921
邯郸县	19	26089	高阳县	65	8634	顺平县	111	3917
抚宁县	20	25646	隆化县	66	8375	武邑县	112	3888
平山县	21	24297	定兴县	67	8335	阜城县	113	3732
宽城满族自治县	22	23915	冀州市	68	8165	广平县	114	3710
邢台县	23	23127	蠡县	69	8103	望都县	115	3620
永年县	24	22306	固安县	70	7858	肥乡县	116	3588
玉田县	25	20899	易县	71	7847	吴桥县	117	3540
正定县	26	20730	安平县	72	7822	万全县	118	3518
香河县	27	20272	满城县	73	7721	海兴县	119	3464
井陉县	28	19853	雄县	74	7526	饶阳县	120	3452
沙河市	29	19684	深泽县	75	7448	馆陶县	121	3228
沧县	30	19575	灵寿县	76	7151	巨鹿县	122	3213
承德县	31	19518	枣强县	77	6735	曲周县	123	3178
宁晋县	32	18400	容城县	78	6601	威县	124	2929
高碑店市	33	18359	卢龙县	79	6526	博野县	125	2818
青龙满族自治县	34	17725	景县	80	6511	武强县	126	2723
滦平县	35	16301	深州市	81	6441	邱县	127	2401
晋州市	36	15681	大厂回族自治县	82	6388	鸡泽县	128	1996
昌黎县	37	15582	宣化县	83	6370	柏乡县	129	1993
涞源县	38	15396	阳原县	84	6290	南和县	130	1884
唐海县	39	15301	唐县	85	6136	任县	131	1860
栾城县	40	15188	曲阳县	86	6118	康保县	132	1770
新乐市	41	14882	张北县	87	6107	尚义县	133	1628
平泉县	42	14562	献县	88	6092	沽源县	134	1597
文安县	43	14547	涞水县	89	5912	新河县	135	1316
丰宁满族自治县	44	14425	阜平县	90	5724	广宗县	136	1124
赤城县	45	14025	赞皇县	91	5684			
河间市	46	14009	东光县	92	5674			

各县(市)农民人均纯收入(2006年)
Rural Household Per Capital Net Income (2006)

单位:元

县 (市)	位次	农民人均纯收入	县 (市)	位次	农民人均纯收入	县 (市)	位次	农民人均纯收入
乐亭县	1	5910	清苑县	47	4152	行唐县	93	3076
迁安市	2	5885	满城县	48	4140	馆陶县	94	3063
鹿泉市	3	5866	安新县	49	4111	献　县	95	3022
香河县	4	5804	冀州市	50	4103	饶阳县	96	2990
三河市	5	5746	邢台县	51	4102	临城县	97	2988
遵化市	6	5515	柏乡县	52	4098	巨鹿县	98	2980
藁城市	7	5465	景　县	53	4096	南皮县	99	2957
新乐市	8	5391	元氏县	54	4084	平泉县	100	2931
晋州市	9	5320	怀来县	55	4071	平乡县	101	2917
正定县	10	5305	雄　县	56	4070	盐山县	102	2849
大厂回族自治县	11	5285	青　县	57	4018	易　县	103	2846
霸州市	12	5263	定州市	58	4005	涞水县	104	2844
迁西县	13	5205	宁晋县	59	4003	怀安县	105	2842
栾城县	14	5166	泊头市	60	4000	魏　县	106	2819
文安县	15	5154	井陉县	61	3993	灵寿县	107	2787
清河县	16	4973	成安县	62	3972	武邑县	108	2768
玉田县	17	4946	肃宁县	63	3966	新河县	109	2760
滦　县	18	4936	抚宁县	64	3956	威　县	110	2758
辛集市	19	4915	沧　县	65	3945	大名县	111	2745
武安市	20	4903	临漳县	66	3936	曲阳县	112	2698
邯郸县	21	4887	隆尧县	67	3936	承德县	113	2686
无极县	22	4875	曲周县	68	3882	武强县	114	2682
唐海县	23	4850	深州市	69	3868	滦平县	115	2670
蠡　县	24	4796	临西县	70	3760	赞皇县	116	2592
涿州市	25	4780	枣强县	71	3757	平山县	117	2588
滦南县	26	4745	邱　县	72	3725	广宗县	118	2575
任丘市	27	4719	兴隆县	73	3619	张北县	119	2573
安国市	28	4700	鸡泽县	74	3593	崇礼县	120	2509
永清县	29	4669	宽城满族自治县	75	3593	海兴县	121	2509
昌黎县	30	4647	南宫市	76	3580	万全县	122	2488
容城县	31	4535	卢龙县	77	3560	唐　县	123	2420
赵　县	32	4526	任　县	78	3531	蔚　县	124	2417
沙河市	33	4483	吴桥县	79	3530	隆化县	125	2402
高阳县	34	4481	南和县	80	3508	沽源县	126	2378
大城县	35	4429	故城县	81	3506	丰宁满族自治县	127	2376
永年县	36	4416	东光县	82	3500	顺平县	128	2371
磁　县	37	4410	肥乡县	83	3470	康保县	129	2361
固安县	38	4389	广平县	84	3426	阳原县	130	2287
徐水县	39	4369	内丘县	85	3388	尚义县	131	2181
深泽县	40	4350	博野县	86	3355	围场满蒙自治县	132	2100
高碑店市	41	4350	阜城县	87	3347	阜平县	133	1988
黄骅市	42	4339	涉　县	88	3300	青龙满族自治县	134	1958
高邑县	43	4293	望都县	89	3181	赤城县	135	1927
安平县	44	4248	涿鹿县	90	3119	涞源县	136	1751
河间市	45	4217	宣化县	91	3101			
定兴县	46	4207	孟村回族自治县	92	3096			

各县(市)城乡居民储蓄存款年末余额(2006年)

Saving Deposit in Urban and Oural Areas (2006)

单位:万元

县(市)	位次	城乡居民储蓄存款年末余额	县(市)	位次	城乡居民储蓄存款年末余额	县(市)	位次	城乡居民储蓄存款年末余额
武安市	1	1359888	平山县	47	357692	滦平县	93	202186
任丘市	2	1354358	邯郸县	48	354999	威　县	94	200654
遵化市	3	1185896	清河县	49	353539	平乡县	95	199985
迁安市	4	1154459	故城县	50	345410	魏　县	96	194932
辛集市	5	973656	献　县	51	345232	望都县	97	193840
定州市	6	854030	栾城县	52	342677	永清县	98	188654
三河市	7	832696	唐　县	53	341740	隆化县	99	185954
涿州市	8	808134	井陉县	54	339911	涞水县	100	185774
河间市	9	745943	东光县	55	332299	饶阳县	101	182911
霸州市	10	736227	南宫市	56	329470	顺平县	102	181102
玉田县	11	714942	高阳县	57	323161	丰宁满族自治县	103	180725
正定县	12	706821	易　县	58	319741	围场满蒙自治县	104	177580
高碑店市	13	706097	怀来县	59	318942	阜平县	105	177119
藁城市	14	696323	新乐市	60	313728	大名县	106	167512
迁西县	15	644093	安新县	61	310661	曲周县	107	166364
晋州市	16	640164	赵　县	62	300836	阳原县	108	165484
沧　县	17	610770	元氏县	63	299038	南和县	109	165444
沙河市	18	591217	固安县	64	296070	武强县	110	165123
文安县	19	568351	曲阳县	65	295765	临城县	111	164924
鹿泉市	20	545012	肃宁县	66	294344	大厂回族自治县	112	162931
泊头市	21	535332	安平县	67	294251	临西县	113	155615
蔚　县	22	512562	卢龙县	68	287647	赞皇县	114	150544
涉　县	23	509847	定兴县	69	285732	赤城县	115	150303
黄骅市	24	505690	深泽县	70	283157	高邑县	116	149486
徐水县	25	503401	宽城满族自治县	71	272748	博野县	117	146736
抚宁县	26	501355	平泉县	72	272061	孟村回族自治县	118	139487
蠡　县	27	467888	涞源县	73	269144	张北县	119	139473
景　县	28	467276	兴隆县	74	259667	万全县	120	134337
昌黎县	29	463424	宣化县	75	258637	成安县	121	131366
大城县	30	459923	南皮县	76	251493	新河县	122	130556
宁晋县	31	448664	容城县	77	250579	任　县	123	122649
枣强县	32	443086	行唐县	78	248660	海兴县	124	120497
乐亭县	33	443036	吴桥县	79	247246	肥乡县	125	117146
滦　县	34	439758	隆尧县	80	245966	馆陶县	126	116609
永年县	35	433020	承德县	81	240890	怀安县	127	110336
无极县	36	432280	雄　县	82	240780	邱　县	128	106272
香河县	37	419539	灵寿县	83	235175	鸡泽县	129	100832
冀州市	38	404780	武邑县	84	234655	康保县	130	83306
深州市	39	403329	青龙满族自治县	85	233835	广宗县	131	83008
滦南县	40	400594	盐山县	86	231341	柏乡县	132	80306
邢台县	41	395086	阜城县	87	231037	广平县	133	76996
青　县	42	389317	唐海县	88	222311	尚义县	134	73841
清苑县	43	379543	临漳县	89	215023	崇礼县	135	69012
安国市	44	369951	内丘县	90	209175	沽源县	136	57296
满城县	45	361667	涿鹿县	91	207285			
磁　县	46	359322	巨鹿县	92	206518			

各县(市)粮食总产量(2006年)

Output of Grain(2006)

单位:吨

县(市)	位次	粮食总产量	县(市)	位次	粮食总产量	县(市)	位次	粮食总产量
宁晋县	1	636026	滦县	47	251792	武强县	93	158661
景县	2	527995	武安市	48	233811	博野县	94	154471
辛集市	3	514513	霸州市	49	233778	沙河市	95	154347
藁城市	4	504199	东光县	50	233576	内丘县	96	154062
隆尧县	5	498037	馆陶县	51	231613	抚宁县	97	152441
临漳县	6	488458	大城县	52	231040	永清县	98	151693
沧县	7	487070	成安县	53	230554	新河县	99	149983
大名县	8	472396	三河市	54	230244	巨鹿县	100	145882
深州市	9	469930	肃宁县	55	226169	高阳县	101	145553
定州市	10	466287	卢龙县	56	224067	蔚县	102	138177
河间市	11	458931	临西县	57	221781	灵寿县	103	137487
赵县	12	455204	冀州市	58	220396	邱县	104	133525
永年县	13	447839	雄县	59	220005	鸡泽县	105	133431
魏县	14	446244	平泉县	60	216030	涿鹿县	106	133194
玉田县	15	420695	鹿泉市	61	214082	高邑县	107	126399
任丘市	16	411425	安平县	62	212689	顺平县	108	123795
定兴县	17	392044	安国市	63	212273	万全县	109	121200
清苑县	18	389445	迁安市	64	211455	涞水县	110	120559
晋州市	19	387729	吴桥县	65	209434	青龙满族自治县	111	117801
泊头市	20	378516	平山县	66	207492	赞皇县	112	115003
滦南县	21	365177	唐海县	67	202933	井陉县	113	110124
徐水县	22	365120	容城县	68	201454	孟村回族自治县	114	109022
无极县	23	350169	香河县	69	201148	威县	115	107135
献县	24	338488	文安县	70	198925	围场满蒙自治县	116	106452
故城县	25	336170	安新县	71	197156	怀来县	117	106115
昌黎县	26	320067	望都县	72	193082	滦平县	118	102126
枣强县	27	309776	隆化县	73	191302	怀安县	119	97472
乐亭县	28	307329	易县	74	189660	海兴县	120	92295
正定县	29	306527	邢台县	75	185744	广宗县	121	91559
阜城县	30	304775	深泽县	76	183905	张北县	122	89254
新乐市	31	302253	邯郸县	77	181984	大厂回族自治县	123	88515
涿州市	32	298963	柏乡县	78	181862	康保县	124	85233
磁县	33	292377	蠡县	79	180401	涉县	125	83602
高碑店市	34	292338	曲阳县	80	179921	沽源县	126	74282
肥乡县	35	291271	清河县	81	178616	迁西县	127	73103
任县	36	287234	承德县	82	174507	临城县	128	72513
曲周县	37	282058	满城县	83	174100	涞源县	129	71367
行唐县	38	280452	唐县	84	173065	阳原县	130	71109
栾城县	39	274887	宣化县	85	172741	宽城满族自治县	131	63900
元氏县	40	272467	饶阳县	86	170212	阜平县	132	56940
武邑县	41	264280	丰宁满族自治县	87	170100	赤城县	133	49900
盐山县	42	263450	南宫市	88	168806	兴隆县	134	46325
遵化市	43	260801	黄骅市	89	167819	尚义县	135	30644
青县	44	258927	南皮县	90	164949	崇礼县	136	19846
固安县	45	254520	平乡县	91	160167			
南和县	46	252902	广平县	92	160103			

各县(市)棉花总产量(2006年)
Output of Cotton(2006)

单位:吨

县（市）	位次	棉花总产量	县（市）	位次	棉花总产量	县（市）	位次	棉花总产量
威　县	1	57619	广平县	39	5897	正定县	77	574
南宫市	2	40427	新河县	40	5756	昌黎县	78	544
邱　县	3	28707	安新县	41	4924	高碑店市	79	544
故城县	4	26675	青　县	42	4924	内丘县	80	537
东光县	5	26366	肃宁县	43	4611	抚宁县	81	510
冀州市	6	24522	永清县	44	4295	雄　县	82	493
成安县	7	22524	玉田县	45	3928	藁城市	83	489
吴桥县	8	21605	永年县	46	2981	行唐县	84	478
枣强县	9	21043	魏　县	47	2926	滦　县	85	462
广宗县	10	19743	磁　县	48	2913	平山县	86	426
深州市	11	19515	清苑县	49	2902	柏乡县	87	424
文安县	12	18871	泊头市	50	2858	望都县	88	388
曲周县	13	17209	安平县	51	2740	易　县	89	376
景　县	14	16647	平乡县	52	2679	高邑县	90	359
河间市	15	16449	武强县	53	2675	新乐市	91	316
临西县	16	14956	海兴县	54	2453	栾城县	92	268
肥乡县	17	14815	任　县	55	2360	沙河市	93	268
献　县	18	12131	邯郸县	56	2042	迁安市	94	260
南皮县	19	12111	乐亭县	57	1908	三河市	95	234
巨鹿县	20	10867	武安市	58	1707	鹿泉市	96	226
辛集市	21	10180	大名县	59	1336	无极县	97	219
任丘市	22	10170	赵　县	60	1312	迁西县	98	213
宁晋县	23	9404	滦南县	61	1231	遵化市	99	193
霸州市	24	9085	博野县	62	1201	灵寿县	100	167
阜城县	25	8968	唐　县	63	1154	顺平县	101	136
鸡泽县	26	8927	唐海县	64	1099	赞皇县	102	135
馆陶县	27	8416	定兴县	65	992	香河县	103	131
武邑县	28	8410	元氏县	66	945	容城县	104	126
高阳县	29	7549	邢台县	67	842	曲阳县	105	96
清河县	30	7440	孟村回族自治县	68	833	徐水县	106	71
大城县	31	7439	晋州市	69	780	涞水县	107	69
蠡　县	32	7407	定州市	70	746	大厂回族自治县	108	65
临漳县	33	7269	安国市	71	735	涉　县	109	64
沧　县	34	7126	临城县	72	722	井陉县	110	63
饶阳县	35	6873	深泽县	73	715	青龙满族自治县	111	7
黄骅市	36	6317	南和县	74	639			
盐山县	37	6042	卢龙县	75	596			
隆尧县	38	6010	满城县	76	590			

各县(市)油料总产量(2006年)
Output of Oil-bearing Crops(2006)

单位:吨

县（市）	位次	油料总产量	县（市）	位次	油料总产量	县（市）	位次	油料总产量
大名县	1	115394	元氏县	47	8963	邱　县	93	3268
定州市	2	65590	广宗县	48	8512	青　县	94	3245
滦南县	3	45851	涞水县	49	8139	平乡县	95	3170
滦　县	4	45401	永年县	50	7918	南和县	96	3004
遵化市	5	40063	高阳县	51	7906	孟村回族自治县	97	3003
河间市	6	39765	威　县	52	7628	新河县	98	2977
昌黎县	7	39268	容城县	53	7209	泊头市	99	2958
辛集市	8	38005	沙河市	54	6942	肥乡县	100	2906
新乐市	9	37280	武邑县	55	6885	黄骅市	101	2698
高碑店市	10	31690	曲阳县	56	6881	栾城县	102	2570
深州市	11	28963	平山县	57	6830	清河县	103	2542
迁安市	12	27687	雄　县	58	6704	隆化县	104	2495
安国市	13	24463	任丘市	59	6702	阜城县	105	2420
定兴县	14	22940	故城县	60	6697	赤城县	106	2409
正定县	15	22219	高邑县	61	6666	海兴县	107	2261
献　县	16	21842	临漳县	62	6620	南皮县	108	2257
清苑县	17	20861	魏　县	63	6608	邯郸县	109	2088
行唐县	18	20419	深泽县	64	6551	东光县	110	2019
巨鹿县	19	17474	霸州市	65	6237	万全县	111	2014
无极县	20	16163	枣强县	66	6139	盐山县	112	1822
抚宁县	21	16086	井陉县	67	5969	怀安县	113	1706
饶阳县	22	15251	柏乡县	68	5794	沧　县	114	1629
蠡　县	23	15063	尚义县	69	5747	涿鹿县	115	1571
馆陶县	24	14287	沽源县	70	5735	青龙满族自治县	116	1202
隆尧县	25	14000	南宫市	71	5280	涉　县	117	1137
乐亭县	26	13786	徐水县	72	5062	怀来县	118	977
赞皇县	27	13772	武强县	73	5005	丰宁满族自治县	119	973
康保县	28	13430	灵寿县	74	4918	阜平县	120	971
安平县	29	13012	玉田县	75	4892	鸡泽县	121	942
卢龙县	30	12911	鹿泉市	76	4862	崇礼县	122	916
固安县	31	12737	吴桥县	77	4623	兴隆县	123	811
内丘县	32	12604	迁西县	78	4545	文安县	124	780
博野县	33	12590	磁　县	79	4477	香河县	125	774
藁城市	34	12201	阳原县	80	4342	任　县	126	770
景　县	35	12024	临城县	81	4160	承德县	127	731
望都县	36	11786	广平县	82	4150	安新县	128	729
宁晋县	37	11713	大城县	83	4081	大厂回族自治县	129	678
邢台县	38	11521	顺平县	84	3917	围场满蒙自治县	130	653
赵　县	39	11505	武安市	85	3914	三河市	131	551
涿州市	40	11097	临西县	86	3911	宽城满族自治县	132	351
易　县	41	9596	蔚　县	87	3771	滦平县	133	324
晋州市	42	9557	唐　县	88	3664	涞源县	134	306
肃宁县	43	9485	宣化县	89	3631	唐海县	135	275
张北县	44	9300	成安县	90	3612	平泉县	136	123
冀州市	45	9248	满城县	91	3343			
永清县	46	9239	曲周县	92	3325			

各县(市)猪牛羊肉产量(2006年)
Output of Pork, Beaf and Mutton(2006)

单位:吨

县　(市)	位次	猪牛羊肉产量	县　(市)	位次	猪牛羊肉产量	县　(市)	位次	猪牛羊肉产量
定州市	1	132610	大厂回族自治县	47	36339	霸州市	93	20204
藁城市	2	115476	肥乡县	48	36205	沙河市	94	19936
玉田县	3	114691	安平县	49	35777	赞皇县	95	19318
遵化市	4	90299	曲周县	50	35274	枣强县	96	19109
新乐市	5	83654	冀州市	51	34987	深泽县	97	19089
三河市	6	80146	磁　县	52	34899	阜城县	98	19043
抚宁县	7	79801	曲阳县	53	33201	高邑县	99	18575
滦南县	8	79617	成安县	54	33091	清苑县	100	18044
正定县	9	76483	景　县	55	32907	博野县	101	17813
迁安市	10	72945	围场满蒙自治县	56	32760	东光县	102	17487
大名县	11	68633	沧　县	57	32628	任丘市	103	16622
易　县	12	68396	乐亭县	58	31885	肃宁县	104	15523
辛集市	13	66103	灵寿县	59	31693	怀安县	105	15237
无极县	14	65127	香河县	60	31666	宽城满族自治县	106	15149
平山县	15	62508	井陉县	61	31255	巨鹿县	107	14381
滦　县	16	60781	容城县	62	31082	柏乡县	108	14258
丰宁满族自治县	17	60732	唐　县	63	30510	广宗县	109	13606
鹿泉市	18	56626	献　县	64	30498	临城县	110	13532
晋州市	19	55922	望都县	65	30063	孟村回族自治县	111	13532
承德县	20	54805	涿鹿县	66	29123	鸡泽县	112	13418
永年县	21	53725	隆尧县	67	28306	邱　县	113	13223
隆化县	22	53613	盐山县	68	27914	顺平县	114	13120
栾城县	23	53497	南宫市	69	27470	青　县	115	12762
魏　县	24	52118	平泉县	70	26779	阳原县	116	12565
深州市	25	51186	蔚　县	71	26040	广平县	117	12494
武安市	26	49393	宣化县	72	25938	黄骅市	118	11879
临漳县	27	47138	武邑县	73	25898	海兴县	119	10484
卢龙县	28	46499	吴桥县	74	25848	涉　县	120	10440
固安县	29	46172	满城县	75	25735	清河县	121	10385
元氏县	30	45350	兴隆县	76	25658	怀来县	122	10172
青龙满族自治县	31	45258	赤城县	77	25369	雄　县	123	10110
滦平县	32	43712	河间市	78	25218	任　县	124	9844
徐水县	33	41539	迁西县	79	24817	武强县	125	9758
故城县	34	41157	文安县	80	24518	沽源县	126	9127
赵　县	35	40740	饶阳县	81	24451	万全县	127	8847
高碑店市	36	40474	安国市	82	24218	尚义县	128	8583
定兴县	37	40450	涞水县	83	23836	新河县	129	8441
昌黎县	38	40109	康保县	84	23437	蠡　县	130	8196
威　县	39	39358	唐海县	85	23266	高阳县	131	7934
馆陶县	40	38945	宁晋县	86	22362	阜平县	132	7468
涿州市	41	38487	南皮县	87	22324	平乡县	133	7302
永清县	42	37510	邢台县	88	22114	涞源县	134	6396
行唐县	43	37002	大城县	89	21341	崇礼县	135	4603
泊头市	44	36990	临西县	90	21307	安新县	136	3848
邯郸县	45	36930	内丘县	91	20775			
张北县	46	36913	南和县	92	20277			

各县(市)社会消费品零售总额(2006年)
Total Retail Sales of Consumer Goods(2006)

单位：万元

县（市）	位次	社会消费品零售总额	县（市）	位次	社会消费品零售总额	县（市）	位次	社会消费品零售总额
辛集市	1	676459	抚宁县	47	158031	武邑县	93	93358
迁安市	2	587695	行唐县	48	156047	饶阳县	94	92491
任丘市	3	531871	昌黎县	49	153188	宽城满族自治县	95	92118
遵化市	4	501449	青　县	50	152005	内丘县	96	90641
河间市	5	468130	邯郸县	51	144957	高邑县	97	88355
藁城市	6	456092	承德县	52	141117	阳原县	98	88334
滦南县	7	423802	满城县	53	137397	任　县	99	86689
武安市	8	384251	元氏县	54	136544	馆陶县	100	85712
三河市	9	376416	故城县	55	136390	唐海县	101	84573
永年县	10	370095	平山县	56	136028	肥乡县	102	83930
滦　县	11	368388	怀来县	57	135449	广平县	103	83773
定州市	12	364018	隆尧县	58	135406	东光县	104	82549
乐亭县	13	363657	兴隆县	59	135286	唐　县	105	79037
高碑店市	14	360409	安平县	60	133377	青龙满族自治县	106	78646
玉田县	15	351389	高阳县	61	130068	宣化县	107	77552
涿州市	16	346247	平泉县	62	128477	鸡泽县	108	77387
鹿泉市	17	317703	南宫市	63	128452	南和县	109	76082
霸州市	18	315912	成安县	64	121643	涞水县	110	74456
无极县	19	303580	雄　县	65	121366	南皮县	111	72546
香河县	20	298840	固安县	66	120300	张北县	112	70936
正定县	21	297002	冀州市	67	120042	阜城县	113	70629
晋州市	22	290382	安新县	68	119848	平乡县	114	69207
赵　县	23	288615	定兴县	69	118014	武强县	115	68760
新乐市	24	267183	临漳县	70	117024	顺平县	116	68537
迁西县	25	259562	围场满蒙自治县	71	114999	万全县	117	65601
磁　县	26	257628	井陉县	72	112638	吴桥县	118	64978
沧　县	27	254308	永清县	73	112320	孟村回族自治县	119	64109
黄骅市	28	241287	盐山县	74	111065	临城县	120	60849
泊头市	29	237879	深泽县	75	110776	怀安县	121	58501
宁晋县	30	220505	易　县	76	109144	赤城县	122	57380
魏　县	31	213744	蔚　县	77	108310	邱　县	123	56913
文安县	32	213472	献　县	78	106700	博野县	124	56202
沙河市	33	202179	赞皇县	79	104992	康保县	125	54307
徐水县	34	198981	滦平县	80	103450	望都县	126	52638
栾城县	35	197135	灵寿县	81	103358	大厂回族自治县	127	49870
大名县	36	194741	曲阳县	82	102864	柏乡县	128	49415
清河县	37	190854	容城县	83	102410	新河县	129	47525
涉　县	38	189831	巨鹿县	84	102320	广宗县	130	47049
深州市	39	180251	卢龙县	85	100843	沽源县	131	45220
安国市	40	178852	隆化县	86	100490	阜平县	132	44649
景　县	41	174225	肃宁县	87	99639	涞源县	133	43541
蠡　县	42	171906	涿鹿县	88	98954	海兴县	134	34266
邢台县	43	170139	枣强县	89	97454	尚义县	135	33794
大城县	44	169000	临西县	90	95727	崇礼县	136	26695
清苑县	45	163918	丰宁满族自治县	91	95124			
曲周县	46	159497	威　县	92	93857			

各县(市)国民
Major Indicators of National

县　(市)	行政区域土地面积(平方公里)	乡镇个数(个)	村民委员会(个)	#自来水受益村	#通电话的村	地区生产总值(万元)	第一产业
石家庄市							
井陉县	1381	17	318	262	317	594286	58196
正定县	468	9	174	174	174	933880	172717
栾城县	345	8	182	182	182	849668	182935
行唐县	1025	15	330	252	330	478007	103085
灵寿县	1066	15	279	147	279	347048	52287
高邑县	222	5	107	107	107	288504	63205
深泽县	296	6	125	111	125	304733	64781
赞皇县	1210	11	212	122	212	272606	67405
无极县	524	11	213	212	213	688181	112407
平山县	2951	23	717	690	717	856460	135160
元氏县	668	15	208	157	208	671445	114970
赵　县	675	11	281	281	281	705830	171689
辛集市	951	15	344	344	344	1402093	278941
藁城市	836	14	239	239	239	1735929	336182
晋州市	619	10	224	224	224	878726	148209
新乐市	525	11	160	160	160	842135	176796
鹿泉市	603	12	208	207	208	1296626	135357
承德市							
承德县	3997	25	421	288	420	406211	102127
兴隆县	3123	20	290	99	290	411771	88630
平泉县	3296	19	329	211	329	406030	118510
滦平县	3213	22	220	106	220	388667	71796
隆化县	5475	25	362	208	359	307387	93801
丰宁满族自治县	8765	26	309	264	309	363080	114852
宽城满族自治县	1932	18	205	114	205	615066	47530
围场满蒙自治县	9220	37	312	238	310	267076	94914
张家口市							
宣化县	2108	13	306	297	304	261490	65120
张北县	3863	18	366	146	365	259201	105844
康保县	3365	15	326	43	275	136820	65618
沽源县	3654	14	218	59	210	107504	56994
尚义县	2632	14	172	123	164	87659	37372
蔚　县	3220	22	547	320	531	378640	62988
阳原县	1849	14	301	152	301	246367	41763
怀安县	1706	11	273	242	272	144889	43431

经 济 主 要 指 标(2006年)(1-1)

Economy by County and City(2006)(1-1)

第二产业	第三产业	地区生产总值指数(上年=100)	第一产业	第二产业	第三产业	年末总人口(万人)	年末总户数(户)	#乡村户数
329055	207035	116.2	108.5	119.0	114.2	32.1	105770	81036
443479	317684	114.5	104.0	118.3	115.5	44.3	123751	98421
418375	248358	114.7	105.0	120.8	112.6	32.6	89115	71142
259288	115634	113.4	104.0	117.4	113.6	42.0	127038	108071
202323	92438	114.3	105.0	119.1	109.8	31.4	93575	71985
145457	79842	111.6	102.1	118.2	108.3	17.7	49395	39605
167065	72887	115.0	105.1	121.0	111.8	24.9	72393	59504
143198	62003	115.2	106.9	120.0	114.7	23.1	68320	59870
373943	201831	114.3	101.9	121.0	110.5	48.7	135253	114370
532058	189242	113.2	103.0	115.9	113.4	45.6	136374	114968
352211	204264	113.3	104.0	117.2	112.4	39.6	93209	76442
350311	183830	115.6	103.7	123.3	114.0	55.9	150194	132081
771138	352014	114.3	103.9	119.8	111.6	60.8	187189	151574
875087	524660	114.2	100.7	121.1	112.6	75.0	202547	174119
444405	286112	114.8	105.3	119.3	113.4	51.9	144887	122599
457878	207461	110.4	103.8	118.2	100.7	46.1	122782	95755
806679	354590	114.2	104.4	117.7	111.0	36.4	111775	86939
196064	108020	117.1	105.6	124.4	116.7	47.6	155128	121783
209603	113538	121.6	132.4	122.5	112.7	32.1	102009	77974
162644	124876	120.2	115.6	123.4	120.5	46.7	141560	116142
203381	113490	123.3	106.8	137.7	113.3	33.6	108361	83552
115236	98350	114.1	106.9	124.1	110.7	42.3	130059	105418
146807	101421	119.5	109.3	133.2	113.1	38.5	124795	97239
461395	106141	130.0	109.9	134.5	120.6	23.7	72456	59188
67757	104405	108.5	107.8	106.0	110.8	52.2	158712	126401
96189	100181	113.0	119.0	112.4	110.0	27.8	100287	85470
85706	67651	113.5	110.6	119.9	112.9	35.5	137408	103566
26075	45127	116.1	126.5	104.2	108.8	28.2	101009	73634
15454	35056	113.2	113.6	111.4	113.4	21.9	73812	59076
17737	32550	114.6	117.8	119.0	109.0	19.2	70863	54054
140605	175047	115.0	115.6	110.9	118.4	46.3	151447	138216
66990	137614	116.2	119.3	114.6	116.2	27.5	101960	72077
32542	68916	114.7	119.1	114.0	112.3	24.3	87221	66878

各县（市）国民
Major Indicators of National

县　（市）	行政区域土地面积（平方公里）	乡镇个数（个）	村民委员会（个）	#自来水受益村	#通电话的村	地区生产总值（万元）	第一产业
万全县	1162	11	172	159	172	151526	33922
怀来县	1801	17	279	252	275	447714	58439
涿鹿县	2802	17	373	347	371	268208	86106
赤城县	5287	18	440	293	401	178550	57678
崇礼县	2324	10	211	202	206	104697	21954
秦皇岛市							
青龙满族自治县	3510	25	396	201	396	372968	84913
昌黎县	1212	16	446	88	446	766161	274809
抚宁县	1618	11	615	281	615	818215	192366
卢龙县	961	12	548	63	548	450089	105558
唐山市							
滦　县	1028	12	504	377	504	1158734	168687
滦南县	1270	17	594	269	594	1551553	315149
乐亭县	1399	14	533	434	533	1401232	434977
迁西县	1439	17	417	235	417	1790324	118522
玉田县	1165	20	420	199	420	1421611	330008
唐海县	732	1				350884	108660
遵化市	1513	25	648	648	648	2517792	202319
迁安市	1208	17	461	312	461	3134121	175022
廊坊市							
固安县	697	9	421	400	421	326520	151983
永清县	774	10	386	336	386	327560	131775
香河县	458	9	300	300	300	728025	119238
大城县	910	10	394	394	394	517435	74901
文安县	1038	13	383	383	383	806579	85227
大厂回族自治县	176	5	105	91	105	215456	60695
霸州市	784	12	383	383	383	1313895	100982
三河市	643	10	395	393	395	1581385	168713
保定市							
满城县	650	12	204	204	204	458062	90303
清苑县	867	18	266	248	266	487093	139436
涞水县	1658	15	284	116	283	168203	47901
阜平县	2495	13	209	208	209	131297	30715
徐水县	723	14	304	271	304	583344	131996
定兴县	714	16	274	30	274	434695	125191
唐　县	1417	20	345	219	345	257428	75781
高阳县	472	9	170	170	170	419960	44430

经 济 主 要 指 标(2006年)(1-2)
Economy by County and City(2006)(1-2)

第二产业	第三产业	地区生产总值指数(上年=100)	第一产业	第二产业	第三产业	年末总人口(万人)	年末总户数(户)	#乡村户数
63390	54214	115.1	113.1	120.1	111.1	22.1	62691	61887
155841	233434	116.0	119.2	118.9	113.8	34.1	118841	87424
87300	94802	116.1	114.0	124.6	110.0	33.3	115903	92396
64619	56253	116.8	116.5	121.1	112.1	28.5	96057	82823
54819	27924	115.0	113.8	116.6	113.2	12.4	46264	36238
188424	99631	115.5	113.3	117.3	114.0	52.9	154110	131640
276440	214912	115.5	125.7	111.8	109.5	55.1	190459	155414
435634	190215	124.0	108.3	139.1	111.3	51.7	172761	137247
143062	201469	113.0	106.0	112.5	117.7	41.9	134539	117329
622636	367411	121.1	107.6	131.5	111.7	54.3	155189	144392
784981	451423	115.7	107.1	119.7	115.1	58.0	172460	154908
508129	458126	121.1	103.2	144.5	116.9	49.3	163067	142135
1162934	508868	123.8	109.4	129.2	114.1	36.9	110905	96513
621726	469877	112.1	101.8	118.0	111.8	66.2	194777	158591
121525	120699	119.3	104.6	130.2	124.5	13.8	47016	37791
1426084	889389	116.0	104.0	120.1	112.5	70.2	218353	178619
1937324	1021775	127.8	100.1	137.8	116.2	69.2	210538	147395
100401	74136	112.2	102.9	120.8	123.1	39.9	113614	87950
121152	74633	112.2	103.1	126.5	106.6	36.8	98943	84981
407181	201606	113.2	100.5	118.5	111.3	30.5	93524	75330
305656	136878	113.2	102.2	115.5	114.3	45.9	127069	103151
512356	208996	114.3	106.7	115.5	114.5	46.4	128087	106709
105328	49433	112.0	106.6	115.2	111.7	11.3	37422	23264
887253	325660	119.5	100.7	126.9	108.0	57.7	162029	118254
966345	446327	115.3	99.3	121.4	109.8	49.9	155016	86896
249729	118030	99.1	105.0	92.2	111.7	39.2	112338	86638
233676	113981	111.3	102.2	114.2	118.1	61.7	169941	142984
55834	64468	113.7	107.8	120.9	112.5	34.4	98207	82751
41979	58603	111.0	110.2	107.3	114.3	21.2	66639	52505
281790	169558	111.4	101.9	116.4	111.5	56.2	158556	127110
209789	99715	103.9	109.5	103.1	99.2	56.8	148212	124056
110685	70962	111.7	105.3	118.0	109.7	55.0	148847	125934
292914	82616	114.2	102.4	116.9	111.8	31.5	89173	70058

各县（市）国民
Major Indicators of National

县（市）	行政区域土地面积（平方公里）	乡镇个数（个）	村民委员会（个）	#自来水受益村	#通电话的村	地区生产总值（万元）	第一产业
容城县	314	8	127	115	127	296705	58253
涞源县	2448	17	285	242	283	236682	18930
望都县	320	8	143	48	143	195464	68972
安新县	724	12	207	207	207	336719	44858
易　县	2534	27	469	303	469	373880	115967
曲阳县	1084	18	367	146	367	324399	58311
蠡　县	649	13	232	232	232	516989	81725
顺平县	708	10	237	202	237	178272	50672
博野县	340	7	133	133	133	171766	59174
雄　县	524	9	223	194	223	328179	47472
涿州市	742	11	406	127	406	1008941	108638
定州市	1274	22	486	266	486	1081746	359496
安国市	486	10	198	161	198	390662	103198
高碑店市	672	10	442	88	442	879807	91282
沧州市							
沧　县	1520	19	517	517	517	1135107	145801
青　县	968	10	345	345	345	657572	176709
东光县	710	9	447	432	447	499653	108181
海兴县	920	7	197	197	197	141076	32514
盐山县	795	12	450	413	450	376218	66482
肃宁县	515	9	253	253	253	700934	124391
南皮县	790	9	312	275	312	320466	81560
吴桥县	583	10	473	472	473	304524	100302
献　县	1173	18	500	500	500	601378	135376
孟村回族自治县	387	6	126	126	126	227231	29430
泊头市	1007	12	657	657	657	888115	119193
任丘市	1023	15	413	413	413	3645896	110926
黄骅市	1545	10	327	327	327	978998	90712
河间市	1333	20	615	615	615	1070112	125300
衡水市							
枣强县	903	11	553	551	553	419952	109013
武邑县	833	9	545	545	545	279136	110680
武强县	444	6	238	238	238	225462	48950
饶阳县	574	7	197	197	197	317847	132039
安平县	495	8	230	230	230	552341	57071
故城县	941	13	538	505	538	476417	142690
景　县	1189	16	848	837	848	609555	125278

经 济 主 要 指 标(2006年)(1-3)

Economy by County and City (2006)(1-3)

		地区生产总值指数(上年=100)				年末总人口(万人)	年末总户数(户)	
第二产业	第三产业		第一产业	第二产业	第三产业			#乡村户数
179810	58642	111.3	100.7	115.1	111.5	25.3	78229	52729
155146	62606	114.9	109.9	115.5	115.1	26.8	87441	66809
77703	48789	111.0	109.9	111.8	111.4	26.0	72236	58384
207705	84156	110.5	97.1	113.8	111.1	41.6	124149	107139
143806	114107	115.4	112.1	118.2	115.7	55.5	160548	135386
155722	110366	110.3	104.9	113.9	108.5	54.8	132051	125242
296478	138786	103.7	104.0	100.2	111.8	49.9	129035	99833
73621	53979	109.6	103.2	114.6	110.0	30.4	73738	73106
70479	42113	113.8	106.2	122.5	111.6	25.4	66636	61050
211739	68968	112.9	98.7	114.8	118.9	34.3	93605	75851
410033	490270	116.9	105.6	125.4	113.1	60.7	201977	107464
502466	219784	108.3	103.4	110.3	112.4	116.0	318573	253106
166457	121007	108.3	101.2	111.8	110.5	40.2	115039	88955
523928	264597	103.5	106.2	99.1	112.7	58.0	161485	109932
591684	397622	116.2	106.8	119.7	114.5	66.4	176514	166365
337207	143656	118.0	111.5	124.8	110.0	39.8	120593	89810
251021	140451	117.7	106.1	124.9	115.5	35.4	110257	90233
57510	51052	115.0	101.1	124.6	114.6	21.9	65593	47918
205025	104711	123.1	103.1	138.9	112.2	41.5	113544	96339
305622	270921	120.3	108.3	124.5	121.8	32.9	94052	74778
131176	107730	117.3	107.5	127.1	113.5	35.7	100256	83665
94466	109756	111.8	102.9	120.1	113.3	27.9	91561	70390
290824	175178	118.5	106.8	115.8	135.3	56.6	149829	132378
136900	60901	123.0	108.0	127.2	121.5	18.9	51863	41936
463344	305578	114.5	101.3	118.2	114.3	55.8	168434	118153
2911422	623548	106.8	104.5	105.5	114.6	79.7	259659	150987
486422	401864	125.9	116.7	133.6	119.4	42.1	120212	92323
595138	349674	109.1	110.3	108.3	110.0	78.1	208884	177831
177533	133406	86.6	101.9	71.8	107.0	38.5	115212	79487
100335	68121	100.7	95.1	101.9	109.2	31.3	89855	72478
120717	55795	102.9	98.4	102.2	108.5	21.1	60953	50800
125185	60623	105.0	100.1	108.5	109.5	28.7	78825	71223
328259	167011	109.7	100.5	112.3	108.0	31.5	93684	78326
177909	155818	105.4	102.5	106.4	106.9	48.2	137242	105674
316885	167392	109.2	105.3	110.6	109.9	50.7	143231	115593

各县(市)国民
Major Indicators of National

县　(市)	行政区域土地面积(平方公里)	乡镇个数(个)	村民委员会(个)	#自来水受益村	#通电话的村	地区生产总值(万元)	第一产业
阜城县	697	10	610	606	610	308631	69143
冀州市	922	11	412	412	412	536401	93093
深州市	1252	17	469	469	469	662253	154348
邢台市							
邢台县	1928	17	581	568	580	718397	65352
临城县	797	8	220	167	220	198900	32216
内丘县	788	9	309	282	309	425668	37733
柏乡县	268	6	121	121	121	181866	49886
隆尧县	749	12	276	276	276	612568	123917
任　县	431	8	195	195	195	152711	49088
南和县	418	8	218	218	218	174853	69291
宁晋县	1029	14	346	346	346	921111	139043
巨鹿县	630	10	291	291	291	272015	61418
新河县	366	6	169	169	169	112960	30861
广宗县	503	8	213	178	213	160043	52304
平乡县	412	7	253	253	253	168062	33512
威　县	994	16	522	472	522	261349	134306
清河县	502	6	320	304	320	845866	43716
临西县	542	9	295	292	295	287305	73683
南宫市	854	11	456	440	456	423251	87213
沙河市	999	10	290	267	289	838587	49010
邯郸市							
邯郸县	463	10	241	236	241	1001260	67422
临漳县	744	14	425	425	425	434887	147426
成安县	2729	9	234	234	234	402898	130669
大名县	1053	20	651	352	651	484253	153278
涉　县	1509	17	308	252	308	1100245	37920
磁　县	1015	19	372	210	372	1020616	92798
肥乡县	502	9	263	242	263	296855	96875
永年县	898	20	450	444	450	1038839	230612
邱　县	448	7	218	214	218	262258	71975
鸡泽县	336	7	169	169	169	277978	57266
广平县	320	7	169	163	169	282301	45230
馆陶县	456	8	277	262	277	306702	96216
魏　县	862	21	542	435	542	565883	111088
曲周县	677	10	338	338	338	375060	108250
武安市	1806	22	502	374	501	2870434	73115

经济主要指标(2006年)(1-4)

Economy by County and City (2006)(1-4)

第二产业	第三产业	地区生产总值指数(上年=100)	第一产业	第二产业	第三产业	年末总人口(万人)	年末总户数(户)	#乡村户数
172020	67468	101.9	87.1	106.5	108.2	33.3	95963	86324
272258	171050	104.5	100.3	101.1	113.3	36.4	119594	91292
312534	195371	102.5	96.5	106.3	101.1	56.8	161469	137821
510458	142587	120.0	104.4	124.0	115.0	39.4	115769	101011
112370	54314	114.6	101.6	121.7	109.5	19.7	59900	46205
281209	106726	118.0	106.1	120.5	115.9	26.0	70570	59755
94332	37648	111.7	103.5	115.3	115.0	18.2	54059	42534
312284	176367	115.0	103.5	120.1	114.9	49.5	131528	109794
53655	49968	114.4	107.4	124.3	112.0	31.3	82249	69296
56032	49530	111.5	106.2	115.5	115.0	32.7	81586	71403
602837	179231	117.9	103.0	123.4	114.2	70.5	187090	160368
137204	73393	116.9	107.4	121.2	117.5	36.5	98885	85280
52577	29522	116.8	120.7	115.6	114.9	16.7	49115	39489
73318	34421	115.0	107.9	121.2	113.8	27.4	73844	65596
78192	56358	114.8	105.8	117.9	116.4	28.4	70592	62409
58742	68301	114.0	104.7	148.9	110.8	54.7	146080	125676
645947	156203	115.3	102.4	116.2	115.6	36.3	95914	74707
122858	90764	112.3	102.0	116.8	115.7	33.9	97649	69622
225443	110595	112.6	102.1	116.7	113.6	45.7	125280	102035
599085	190492	114.6	105.7	114.0	119.2	47.6	135012	101006
662676	271162	118.3	103.0	121.0	116.4	38.1	94944	83148
155690	131771	117.4	108.1	127.4	116.7	61.8	158111	128018
160874	111355	117.6	108.3	127.1	116.9	37.7	100485	84111
126920	204055	115.0	119.4	110.3	114.8	77.2	186141	152573
882012	180313	120.0	108.4	120.6	120.1	39.4	134693	107186
613783	314035	116.3	109.9	116.6	117.8	65.1	164272	141117
94303	105677	113.1	107.5	118.8	113.1	31.5	79707	72507
481293	326934	116.5	117.4	113.6	120.2	87.0	221261	190965
109049	81234	115.1	106.4	119.2	117.4	21.9	55220	48082
140014	80698	115.2	109.2	116.8	117.3	26.0	59611	54734
145856	91215	117.2	106.0	119.9	120.0	25.7	62898	51895
118785	91701	115.8	107.2	119.7	121.0	30.9	88525	66134
200704	254091	116.2	106.5	123.0	115.4	82.5	196783	166851
142880	123930	116.1	110.0	112.1	127.4	42.0	96187	86589
2057477	739842	116.5	100.7	117.5	115.5	73.2	218028	181081

各县（市）国民
Major Indicators of National

县（市）	出生人口（人）	死亡人口（人）	人口密度（人/平方公里）	年末单位从业人员（人）	#第二产业	#第三产业	乡村从业人员（人）
石家庄市							
井陉县	4454	1382	232.7	20357	8375	11800	144609
正定县	10797	5182	946.1	24534	7206	17141	222861
栾城县	5627	1954	944.3	15760	4927	10529	169687
行唐县	6393	2789	409.7	15891	2538	12852	186099
灵寿县	5168	2565	294.5	13379	3743	9587	132635
高邑县	2775	1029	795.1	10428	3990	6394	90285
深泽县	3776	1332	840.5	7412	515	6897	125010
赞皇县	4036	2102	191.2	14881	5790	8962	113540
无极县	7093	2995	930.3	17431	5893	11488	247625
平山县	8437	3391	154.6	17959	4022	13621	207210
元氏县	7477	2614	592.5	15534	3762	11576	186705
赵　县	7881	3470	828.1	16988	3665	13220	275866
辛集市	6572	3818	639.2	28326	8549	19541	300960
藁城市	9690	4565	897.3	26582	8818	17670	386262
晋州市	5687	2472	838.8	22183	7497	14586	258944
新乐市	9542	2457	878.1	17067	5735	10422	182040
鹿泉市	4650	1782	603.5	25356	7799	17504	157637
承德市							
承德县	6100	2453	119.2	26487	11755	13753	230996
兴隆县	6318	4445	102.7	16327	4703	11205	146150
平泉县	5343	1441	141.9	21117	5291	14848	227386
滦平县	5433	3196	104.6	10305	848	9072	158245
隆化县	5909	1800	77.3	14676	1239	12641	222686
丰宁满族自治县	6419	2268	44.0	15128	1540	12491	175171
宽城满族自治县	5605	1964	122.8	17598	8221	9195	103759
围场满蒙自治县	6502	2972	56.6	18275	2337	14850	235917
张家口市							
宣化县	3701	1465	131.7	13966	4270	9448	134791
张北县	4746	2249	91.8	11076	1507	9331	174124
康保县	3193	1373	83.7	10533	1710	8296	138544
沽源县	2452	539	60.0	7529	600	6760	116831
尚义县	1922	1330	72.9	8188	1253	6850	101284
蔚　县	5390	3343	143.9	23587	7439	15889	180977
阳原县	2948	1648	148.8	16434	5266	11054	112021
怀安县	3052	1047	142.3	12371	2627	9595	110729

经济主要指标(2006年)(2-1)

Economy by County and City (2006)(2-1)

#农 林 牧渔业	城镇在岗职工人数 (人)	城镇在岗职 工 工资总额 (万元)	在岗职工平均工资 (元)	全社会固定资产投资额 (万元)	地方财政一般预算收入 (万元)	地 方 财政支出 (万元)	农村居民人均纯收入 (元)	农民人均住房面积 (平方米)
70801	19885	27509	13815	404996	19853	34765	3993	39
71092	24534	33396	13790	366086	20730	44444	5305	32
91939	15760	20712	13183	402653	15188	35032	5166	48
97136	15891	16799	10534	285386	8886	31523	3076	31
85414	13339	15194	11381	303107	7151	28785	2787	29
45928	10415	10429	9770	157400	5287	16247	4293	41
52178	7368	7864	10746	117664	7448	20246	4350	39
49390	14869	11658	7895	194153	5684	22739	2592	29
119750	17170	18937	11109	229676	11681	32200	4875	38
142674	17894	23916	13319	394227	24297	65107	2588	29
125092	15321	17336	11219	325503	9883	28933	4084	35
127990	16971	21359	12390	329417	10058	34487	4526	32
104953	28201	33817	11198	451794	26430	54562	4915	44
88133	26177	33426	12682	609568	35342	63054	5465	39
106724	22170	22244	10023	407311	15681	38122	5320	39
54290	17019	21728	12654	436727	14882	35737	5391	34
75577	24868	33512	13503	525378	29151	54849	5866	43
153045	26404	29199	10945	220937	19518	58025	2686	21
99035	16303	23387	13974	220402	10614	40671	3619	31
110430	20651	30171	14042	231958	14562	58770	2931	21
94007	10139	16168	14215	207300	16301	49115	2670	18
145613	14622	21106	13685	183109	8375	48437	2402	18
92587	15128	21050	13890	221764	14425	58549	2376	18
65755	17187	24741	14949	242465	23915	56923	3593	21
182400	18212	23878	13092	179080	4545	50017	2100	18
95216	13842	18748	13586	80143	6370	26625	3101	26
129342	11000	15588	14418	116364	6107	35564	2573	16
111359	10181	12730	12551	74705	1770	24802	2361	17
96340	7255	8817	12759	67932	1597	21753	2378	19
74999	7887	9498	11312	90889	1628	19595	2181	14
125348	23538	31859	13411	132200	10927	36930	2417	21
79197	16017	20902	12385	80275	6290	29547	2287	17
76100	12369	14229	10429	90143	4533	28610	2842	21

各县（市）国民

Major Indicators of National

县　（市）	出生人口（人）	死亡人口（人）	人口密度（人／平方公里）	年末单位从业人员（人）	#第二产业	#第三产业	乡　村从业人员（人）
万全县	3230	1440	190.2	11059	3777	7282	102615
怀来县	3779	1767	189.4	16987	5055	11739	144333
涿鹿县	5160	2554	119.0	21889	9046	11469	147195
赤城县	4246	2943	53.9	10970	1997	8345	110244
崇礼县	1471	893	53.2	8823	3761	5006	58150
秦皇岛市							
青龙满族自治县	7294	1623	150.7	17363	4245	12885	250179
昌黎县	5966	3531	454.5	21923	2716	18877	276720
抚宁县	4897	3722	319.8	31095	13357	17610	240576
卢龙县	4227	2534	436.1	15313	3230	11853	221806
唐山市							
滦　县	6570	3354	528.0	25838	2677	23100	272923
滦南县	5702	2486	456.4	28592	12259	15908	281366
乐亭县	4409	3276	352.6	21398	7042	14092	256724
迁西县	5748	1666	256.7	22029	7480	14527	166008
玉田县	6874	3516	568.0	29853	10536	19317	318578
唐海县	1316	469	188.8	44423	7411	6039	65639
遵化市	10122	3193	464.2	25798	3860	21267	311956
迁安市	8228	5579	573.0	44271	21485	22378	277988
廊坊市							
固安县	5071	705	573.0	13375	1391	11984	177570
永清县	4721	4393	475.6	12100	1810	10231	179374
香河县	2912	2171	666.5	22993	8255	14720	132540
大城县	5551	2740	503.9	16317	1493	14824	196479
文安县	8085	5103	446.7	17752	1470	15000	202741
大厂回族自治县	1091	266	641.0	9969	3553	6360	43302
霸州市	7847	1295	736.1	22050	2291	19750	237228
三河市	5083	1680	775.4	33824	12800	21024	136548
保定市							
满城县	6075	1219	603.7	16947	4080	12651	195545
清苑县	8335	1413	711.9	21803	7043	14678	332783
涞水县	3438	2077	207.5	16854	7968	8837	170996
阜平县	2791	785	85.1	9169	1150	7694	82261
徐水县	8222	4197	776.7	19088	4979	13871	282809
定兴县	6950	1698	795.5	21735	9541	12140	273867
唐　县	11529	3835	387.8	39033	25953	12946	259040
高阳县	3762	1213	667.8	11204	483	9415	156135

经济主要指标(2006年)(2-2)
Economy by County and City(2006)(2-2)

#农林牧渔业	城镇在岗职工人数(人)	城镇在岗职工工资总额(万元)	在岗职工平均工资(元)	全社会固定资产投资额(万元)	地方财政一般预算收入(万元)	地方财政支出(万元)	农村居民人均纯收入(元)	农民人均住房面积(平方米)
69423	10970	12620	11525	90734	3518	23555	2488	22
102446	16774	21443	12400	153000	13779	40920	4071	23
109081	20989	26241	12486	98888	5405	31960	3119	25
79150	10945	13764	11861	67385	14025	39166	1927	19
42458	8794	13641	15757	59750	5215	19699	2509	14
162616	17329	21987	12730	110264	17725	49983	1958	20
178475	21813	29378	13445	156976	15582	49064	4647	29
173395	30521	45612	13973	515189	25646	61826	3956	30
161023	15252	20045	12807	90370	6526	39259	3560	31
138457	25430	40190	16301	488936	27377	56000	4936	30
199772	28325	43133	15469	350326	29817	73048	4745	32
133172	20714	38191	18822	500309	39402	75957	5910	36
85762	21519	42575	19983	343141	52250	89012	5205	31
88344	28891	42612	14655	380371	20899	59911	4946	26
39824	12067	23386	15017	161221	15301	42318	4850	31
109703	25599	43346	17028	631485	68595	118205	5515	31
75143	43563	76638	18209	860932	138430	189246	5885	30
140215	13361	15639	11681	219864	7858	30489	4389	26
121718	11526	13122	11384	294787	4924	29605	4669	28
67692	22885	31439	14148	618672	20272	46440	5804	26
98219	16298	21626	13264	272082	9223	33500	4429	30
84645	17718	24618	13979	420356	14547	42268	5154	25
19749	9921	15966	16054	86519	6388	19302	5285	33
86793	21972	35101	16457	749615	36637	72369	5263	38
52064	33683	60466	18299	921301	62569	99434	5746	31
122015	16867	22801	13521	208711	7721	30779	4140	27
197069	21339	26566	12530	225981	9587	42791	4152	30
130225	16841	18110	10921	104717	5912	28403	2844	26
59724	8952	12115	13525	129035	5724	27218	1988	22
177512	18497	27399	14757	268267	13418	39072	4369	30
173303	21328	23655	10386	222741	8335	32245	4207	35
172283	16639	21004	12409	105031	6136	36504	2420	30
71081	11029	15144	13756	178025	8634	27565	4481	29

各县（市）国民
Major Indicators of National

县　（市）	出生人口（人）	死亡人口（人）	人口密度（人／平方公里）	年末单位从业人员（人）	#第二产业	#第三产业	乡村从业人员（人）
容城县	3300	979	804.5	9358	1058	8284	125454
涞源县	3784	1197	109.4	11892	1287	10427	121700
望都县	3049	829	812.5	21648	12023	6970	125618
安新县	7266	3936	575.1	12081	512	11434	224272
易　县	8055	5004	219.0	20805	5554	14949	256887
曲阳县	10739	1339	505.8	19067	7062	10760	248706
蠡　县	7759	1864	768.2	14617	1426	13191	246275
顺平县	4525	1178	429.1	12904	4107	8710	147915
博野县	4110	1584	747.9	6995	685	6292	140775
雄　县	6373	2591	654.7	10494	1323	9118	187233
涿州市	7165	2919	818.0	45636	16793	28681	241402
定州市	21972	6213	910.5	39590	13841	25668	619178
安国市	5733	605	826.3	14265	1955	12182	160288
高碑店市	7926	2944	863.1	35521	19703	15648	260801
沧州市							
沧　县	9271	2514	436.8	24822	7725	17078	358912
青　县	4730	1031	410.8	19331	4888	12873	186382
东光县	4490	1016	498.0	16800	6711	10053	164027
海兴县	3230	461	237.7	11476	4243	5853	98327
盐山县	6678	1988	522.2	16983	5340	11643	199324
肃宁县	2862	307	639.3	13092	3316	9728	183745
南皮县	4065	1618	451.8	12497	3255	9242	150991
吴桥县	3085	1253	479.2	14444	4032	10317	148773
献　县	9436	2376	482.7	16798	721	15962	259203
孟村回族自治县	1876	507	488.2	9044	2340	6699	83218
泊头市	8319	2097	553.9	31231	14360	16867	235190
任丘市	9491	1866	779.5	97488	52664	44231	278232
黄骅市	5096	1117	272.8	28802	10701	17600	162934
河间市	8887	1501	585.5	26999	8966	17802	397062
衡水市							
枣强县	7600	1381	426.5	10459	932	9464	156124
武邑县	10968	3436	375.9	9599	1432	8167	143315
武强县	3510	964	475.9	8033	1551	6482	93209
饶阳县	3103	1767	500.3	8732	1362	7185	145990
安平县	5200	2367	634.9	12167	2893	9203	147135
故城县	7676	759	512.3	14546	3042	11463	191583
景　县	7316	4603	426.9	16065	4202	11765	221831

经济主要指标(2006年)(2-3)
Economy by County and City(2006)(2-3)

#农林牧渔业	城镇在岗职工人数(人)	城镇在岗职工工资总额(万元)	在岗职工平均工资(元)	全社会固定资产投资额(万元)	地方财政一般预算收入(万元)	地方财政支出(万元)	农村居民人均纯收入(元)	农民人均住房面积(平方米)
48279	9182	11178	12183	113917	6601	22025	4535	30
86378	11888	15352	13043	134030	15396	48020	1751	25
89119	21606	21589	10185	97893	3620	20618	3181	33
142790	11790	14527	12229	174545	8939	28970	4111	33
179427	17757	23909	13470	203881	7847	39733	2846	27
160601	15355	18274	11915	119299	6118	27027	2698	37
134793	13855	16560	11974	207000	8103	30295	4796	33
110533	12812	15263	11483	111967	3917	23323	2371	26
68077	6452	8417	13128	81841	2818	16048	3355	28
105916	10444	13775	13096	174915	7526	24791	4070	30
158670	45006	108328	24115	568907	36797	64451	4780	33
390030	39066	46329	12581	596085	27062	76490	4005	29
84398	14236	16712	11643	270863	10084	29365	4700	34
145248	35099	44154	12977	340034	18359	40093	4350	27
106282	24711	32924	13537	316159	19575	50620	3945	27
94208	19313	27211	14346	243144	9424	38658	4018	23
83001	16707	20926	12426	209418	5674	33916	3500	32
61610	11228	11055	9499	49000	3464	23371	2509	21
115665	16615	20051	12112	236605	5207	38784	2849	27
74735	13082	19499	15116	248036	13803	41847	3966	22
108196	12497	16216	12975	139037	4775	35422	2957	25
105723	14426	17470	12261	130075	3540	26875	3530	28
167034	16798	19984	11813	212370	6092	42351	3022	24
47902	9044	11549	12798	127980	3921	25922	3096	21
86113	31192	39078	12645	285560	9857	43088	4000	26
64633	96687	283981	29343	536425	88928	91016	4719	32
43369	28582	40401	14325	423490	27007	46339	4339	26
107570	26707	30548	11595	271430	14009	50666	4217	26
85809	10452	14188	13458	170439	6735	40203	3757	25
75391	9329	9684	10435	150302	3888	26868	2768	18
62267	7923	8246	10439	68817	2723	19664	2682	20
68573	8729	10247	11638	147150	3452	24244	2990	26
51044	11958	12218	12267	204265	7822	26176	4248	25
113266	14501	17358	11772	220600	4620	34338	3506	26
104310	16065	20950	12724	367120	6511	37790	4096	31

各县（市）国民

Major Indicators of National

县　（市）	出生人口（人）	死亡人口（人）	人口密度（人／平方公里）	年末单位从业人员（人）	#第二产业	#第三产业	乡　村从业人员（人）
阜城县	4880	1211	477.8	11198	1813	9188	128475
冀州市	3300	1445	394.9	16830	6744	10021	155442
深州市	6516	3066	453.8	19113	4792	14110	265246
邢台市							
邢台县	5060	1782	204.4	15983	4729	10950	194483
临城县	3134	1531	247.6	6318	434	5884	85412
内丘县	3957	578	329.8	9113	2558	6539	111665
柏乡县	2490	678	679.9	6950	1671	5255	84154
隆尧县	7103	2331	661.3	13305	998	11593	211551
任　县	3733	462	725.4	6838	550	6288	135458
南和县	5839	481	782.7	6490	628	5755	147218
宁晋县	11690	2839	685.4	19326	5502	13768	322423
巨鹿县	5498	3954	579.7	9613	1293	8277	186439
新河县	2320	456	456.7	5168	1141	4027	69618
广宗县	5525	1576	545.5	6248	646	5589	131120
平乡县	4985	1132	688.4	9795	1958	7389	120038
威　县	9148	3293	550.0	11675	1669	9989	246605
清河县	6434	1346	723.4	12535	1078	11457	137695
临西县	8687	1882	625.2	9234	906	8298	137502
南宫市	7240	2031	535.0	13749	3025	10673	148759
沙河市	6804	1812	476.4	22305	4217	17828	187802
邯郸市							
邯郸县	6554	1197	823.6	14450	5717	8609	163207
临漳县	16388	1304	830.0	13585	1332	12253	250177
成安县	4874	1216	138.0	17162	6511	10651	184722
大名县	8796	3328	733.1	17786	2953	14636	308058
涉　县	4701	2509	261.2	22188	6279	15731	177194
磁　县	6835	3385	641.6	27906	9950	17228	293323
肥乡县	2938	631	627.1	10536	2521	8002	152345
永年县	7434	2194	969.3	27249	6661	20503	405839
邱　县	2591	591	487.9	11412	2312	5038	99679
鸡泽县	3747	961	774.2	7734	1086	6494	106899
广平县	5718	1032	801.9	9880	3388	6466	107499
馆陶县	6270	789	678.2	8294	733	7561	145993
魏　县	16537	6143	957.2	21589	5685	15881	321842
曲周县	4917	1905	620.2	13019	2869	10046	185398
武安市	11303	4125	405.2	30986	5098	25261	340774

经济主要指标(2006年)(2-4)

Economy by County and City(2006)(2-4)

#农林牧渔业	城镇在岗职工人数(人)	城镇在岗职工工资总额(万元)	在岗职工平均工资(元)	全社会固定资产投资额(万元)	地方财政一般预算收入(万元)	地方财政支出(万元)	农村居民人均纯收入(元)	农民人均住房面积(平方米)
56503	11194	1356	11665	137424	3732	25742	3347	27
76471	16698	22077	13097	273018	8165	34348	4103	29
106210	19093	22431	11774	296825	6441	37191	3868	38
68070	15237	20491	13489	269374	23127	53161	4102	41
63693	6210	7925	12695	156871	4345	21684	2988	33
71184	9008	10694	11429	255806	9340	25638	3388	34
46027	6928	8590	12752	93534	1993	13218	4098	31
77421	13073	16482	12623	312715	8813	28150	3936	33
60078	6551	7473	11378	104697	1860	18906	3531	34
97350	6419	7997	12615	89983	1884	18392	3508	27
177483	18946	24965	13149	435051	18400	49542	4003	29
123409	8946	10223	11425	208802	3213	22858	2980	25
42241	5132	6430	12533	84565	1316	16159	2760	26
84530	6181	6834	11039	82704	1124	18749	2575	23
58071	9761	10904	11361	117200	4048	20411	2917	24
157761	11016	11836	10885	135579	2929	39868	2758	28
27006	12431	17716	14177	300069	11020	34730	4973	31
79362	9234	10265	11138	129864	5480	31737	3760	30
98061	12816	16474	12825	163217	4522	37837	3580	30
87193	21543	31830	15130	381670	19684	46882	4483	33
91578	14333	18928	13208	318544	26089	46014	4887	40
169456	13538	15313	11264	197929	4640	37402	3936	31
81333	16600	17593	11590	207431	4179	32626	3972	35
257017	17782	18846	10885	237199	4638	55331	2745	25
69855	22048	32266	14761	510215	30171	67252	3300	33
110718	27723	44543	16640	337168	28959	62323	4410	31
118612	9664	10320	11270	120102	3588	24301	3470	19
143288	27098	36407	13456	383796	22306	55332	4416	29
57733	10817	9715	8990	72107	2401	20380	3725	35
52165	7659	7947	10385	187070	1996	20126	3593	29
65614	9850	11132	11423	207185	3710	23419	3426	27
82082	8286	9464	11195	163104	3228	28015	3063	24
246110	20901	22278	10797	225002	5316	60415	2819	29
94378	12984	13475	10694	190461	3178	28386	3882	28
117500	30946	50225	16411	603363	104423	157528	4903	42

各县（市）国民
Major Indicators of National

县（市）	常用耕地面积（公顷）	农林牧渔业总产值（万元）	农林牧渔业总产值指数（上年=100）	农业机械总动力（万千瓦）	化肥使用量（折纯量）（吨）	农村用电量（万千瓦时）	有效灌溉面积（公顷）
石家庄市							
井陉县	22690	105237	109.7	42.2	9625	12128	11432
正定县	27303	344635	107.7	143.1	44434	13619	27303
栾城县	25975	336486	105.1	61.2	17917	13427	25975
行唐县	35926	198067	106.3	96.7	22733	13620	28349
灵寿县	21951	136304	105.0	35.6	9855	22605	16597
高邑县	15970	118158	102.3	32.2	11088	9294	15970
深泽县	18079	118394	104.9	65.4	14393	17586	18079
赞皇县	17602	111901	103.4	37.0	10880	17381	9630
无极县	34647	261197	103.0	94.6	28699	26155	34647
平山县	30131	231570	104.2	77.7	13601	9560	16800
元氏县	35579	216679	106.1	57.9	29675	9462	26130
赵　县	41579	302501	106.2	281.7	56894	37918	41579
辛集市	63665	527299	109.4	204.1	63079	30542	63665
藁城市	54306	633505	103.7	216.9	58764	71416	54306
晋州市	40510	278872	109.2	131.6	32648	100230	40510
新乐市	27525	332768	103.3	200.3	27934	22280	27525
鹿泉市	25519	240714	104.8	62.7	14889	90098	23275
承德市							
承德县	31599	193511	106.4	22.4	15902	39726	19110
兴隆县	6367	158205	135.1	20.1	8143	7008	5690
平泉县	39237	192007	120.3	27.1	14125	10780	18387
滦平县	15747	135116	119.8	17.7	8238	31705	14240
隆化县	39039	161377	112.1	22.9	12576	4068	27350
丰宁满族自治县	65233	197837	115.3	25.4	9639	4986	23715
宽城满族自治县	8030	77568	117.4	8.4	5158	24356	3217
围场满蒙自治县	52061	159335	108.3	37.2	14884	8288	24985
张家口市							
宣化县	42243	119476	117.7	13.2	8239	6507	26084
张北县	102373	184873	103.5	13.0	9107	2755	22455
康保县	95932	126157	118.1	31.9	2276	1459	14154
沽源县	79913	105859	107.5	10.2	3668	1443	17079
尚义县	52196	73574	114.5	7.8	3684	1228	11333
蔚　县	76665	110505	116.7	19.3	9912	5958	29780
阳原县	36910	75973	114.2	11.2	6191	2218	21939
怀安县	34228	69224	119.7	8.8	8387	3237	18680

经济主要指标(2006年)(3-1)
Economy by County and City(2006)(3-1)

总播种面积 (公顷)	#粮食作物播种面积	粮食产量 (吨)	棉花产量 (吨)	油料产量 (吨)	猪肉产量 (吨)	牛肉产量 (吨)	羊肉产量 (吨)	奶类产量 (吨)
33551	26513	110124	63	5969	20827	7203	3225	10389
55976	40533	306527	574	22219	60088	16105	290	62976
52039	35422	274887	268	2570	41648	11114	735	102969
60051	46779	280452	478	20419	32381	3629	992	159266
36549	30101	137487	167	4918	23695	6510	1488	14858
32837	20566	126399	359	6666	17152	874	549	3935
34951	27070	183905	715	6551	17667	425	997	20548
34760	24476	115003	135	13772	10433	8300	585	4488
64011	49852	350169	219	16163	36570	26357	2200	26000
47790	37240	207492	426	6830	36750	22848	2910	15000
56574	45806	272467	945	8963	36750	5600	3000	42000
80111	62782	455204	1312	11505	31460	8020	1260	34083
111058	76332	514513	10180	38005	50840	9235	6028	48504
105570	66458	504199	489	12201	74443	38784	2249	85266
67754	57003	387729	780	9557	43063	10363	2496	27945
60726	38045	302253	316	37280	62527	18880	2247	59000
48946	35242	214082	226	4862	54851	1142	633	106658
34724	27632	174507		731	41956	10616	2233	1820
12313	9152	46325		811	22664	1050	1944	1150
42725	37388	216030		123	18668	5160	2951	811
24542	18503	102126		324	34642	5620	3450	12000
37211	29684	191302		2495	29693	19937	3983	3780
64633	49555	170100		973	28080	24736	7916	77904
14745	11341	63900		351	13125	608	1416	613
61620	41475	106452		653	16500	14112	2148	12500
43440	36269	172741		3631	18452	2751	4735	29602
100334	47000	89254		9300	22400	8865	5648	166980
93922	48366	85233		13430	11895	5712	5830	43784
81913	55957	74282		5735	4211	1653	3263	77950
40794	24441	30644		5747	4372	2372	1839	4627
73151	60528	138177		3771	17829	2609	5602	15633
47126	39505	71109		4342	8377	1524	2664	9225
32392	25940	97472		1706	13085	396	1756	11200

各县（市）国民
Major Indicators of National

县　（市）	常用耕地面积（公顷）	农林牧渔业总产值（万元）	农林牧渔业总产值指数（上年=100）	农业机械总动力（万千瓦）	化肥使用量（折纯量）（吨）	农村用电量（万千瓦时）	有效灌溉面积（公顷）
万全县	27315	56528	110.4	10.4	5188	6824	17562
怀来县	24755	110632	126.7	22.3	12396	6741	16576
涿鹿县	23255	145696	115.2	10.9	15131	7708	23255
赤城县	28894	98666	116.0	17.7	3744	1328	11440
崇礼县	15059	34720	113.2	7.7	1197	751	5080
秦皇岛市							
青龙满族自治县	20034	155371	117.5	15.3	14906	7865	18840
昌黎县	61158	492509	139.4	80.3	47980	26483	46555
抚宁县	35859	339137	116.3	65.9	23039	26877	25100
卢龙县	40405	203661	104.5	90.6	31078	8855	29190
唐山市							
滦　县	52482	284470	109.7	82.0	44166	23033	44790
滦南县	67451	555374	108.5	100.5	39898	15707	67451
乐亭县	62950	664212	107.0	103.8	71813	9731	62950
迁西县	14885	176881	118.9	35.3	15526	19525	10710
玉田县	69227	588465	118.9	88.7	46295	95918	62870
唐海县	23882	204426	106.3	15.2	8233	27466	23882
遵化市	50985	342250	106.9	118.3	29254	281508	50920
迁安市	44659	281947	102.5	168.1	16542	162454	33600
廊坊市							
固安县	43966	293297	105.3	93.2	23695	12568	39240
永清县	42585	268683	109.8	107.5	20090	10041	32600
香河县	28253	215388	104.0	43.7	22491	12625	23310
大城县	54772	154935	105.7	60.3	10579	33814	32320
文安县	59447	155879	109.2	69.9	11916	58367	38630
大厂回族自治县	10276	105241	109.5	25.0	5387	5151	9450
霸州市	41135	174847	102.0	107.9	26357	197620	40120
三河市	35436	315222	102.6	75.8	28927	39103	35210
保定市							
满城县	25176	161224	105.1	46.9	13445	20767	23004
清苑县	60325	244816	102.2	71.7	40911	17438	51885
涞水县	22484	88688	111.9	25.7	7075	11580	17939
阜平县	8377	51493	111.2	12.3	4405	2589	5446
徐水县	44335	233062	104.5	79.6	27385	14038	44335
定兴县	48409	217497	111.0	52.2	30070	10220	48405
唐　县	27121	127984	106.7	45.1	18979	9501	19155
高阳县	33560	84178	104.0	18.9	11643	16389	28970

经 济 主 要 指 标(2006年)(3-2)
Economy by County and City(2006)(3-2)

总播种面积 (公顷)	#粮食作物 播种面积	粮食产量 (吨)	棉花产量 (吨)	油料产量 (吨)	猪肉产量 (吨)	牛肉产量 (吨)	羊肉产量 (吨)	奶类产量 (吨)
24000	20095	121200		2014	6889	1256	702	24851
29990	24430	106115		977	7862	1200	1110	80101
24763	21399	133194		1571	23227	1307	4589	45930
35958	27337	49900		2409	13643	7650	4076	13638
15898	8854	19846		916	2542	912	1149	12000
32838	28867	117801	7	1202	34628	6375	4255	1241
76795	56189	320067	544	39268	25365	12464	2280	16750
53329	26236	152441	510	16086	72398	5264	2139	14319
43570	35857	224067	596	12911	36315	7136	3048	16610
71100	45235	251792	462	45401	42319	16492	1970	220492
110833	60235	365177	1231	45851	71334	7563	720	330205
87008	48155	307329	1908	13786	26197	2976	2712	55994
18845	13599	73103	213	4545	18488	2010	4319	25072
116939	76229	420695	3928	4892	94496	18650	1545	29320
23850	20921	202933	1099	275	23071	108	87	1558
69503	46983	260801	193	40063	68839	18320	3140	73778
62124	40432	211455	260	27687	58672	12378	1895	55601
75398	43698	254520		12737	25783	18128	2261	6164
62173	26648	151693	4295	9239	21418	9009	7083	15271
45648	31430	201148	131	774	20481	9568	1617	1084
66013	48557	231040	7439	4081	10500	6576	4265	20000
62590	40411	198925	18871	780	11550	5840	7128	210
17970	14787	88515	65	678	6146	28190	2003	1236
60733	39618	233778	9085	6237	14573	2240	3391	2664
54315	38449	230244	234	551	39313	34653	6180	11305
43648	30927	174100	590	3343	24008	677	1050	12078
90260	62642	389445	2902	20861	16148	858	1038	44800
32056	26614	120559	69	8139	18487	1797	3552	1743
13973	12513	56940		971	6288	816	364	3900
72849	60146	365120	71	5062	35479	5245	815	77987
78889	61988	392044	992	22940	34665	3053	2732	7488
45291	37522	173065	1154	3664	23603	1872	5035	1751
40787	25765	145553	7549	7906	7321	104	509	11014

各县(市)国民
Major Indicators of National

县　　(市)	常用耕地面　积(公顷)	农林牧渔业总产值(万元)	农林牧渔业总产值指数(上年=100)	农业机械总动力(万千瓦)	化肥使用量(折纯量)(吨)	农村用电量(万千瓦时)	有效灌溉面积(公顷)
容城县	20723	108185	104.6	43.1	9405	6640	20158
涞源县	16529	37458	114.0	17.4	4048	2805	932
望都县	22471	121387	110.8	36.6	18878	5692	22471
安新县	32567	87421	95.8	41.6	11340	7784	24914
易　县	36843	214083	111.8	24.0	19938	8028	19658
曲阳县	29206	110667	103.7	38.2	10573	3550	17857
蠡　县	47791	145161	107.4	58.3	20682	40298	47791
顺平县	24844	91379	99.6	38.2	15984	12012	21560
博野县	21589	105852	109.9	34.4	17801	7288	21589
雄　县	31731	80349	97.6	28.0	10932	25181	19543
涿州市	46546	192473	107.1	49.8	23266	17047	35274
定州市	77004	668876	105.7	125.4	61364	26012	77004
安国市	32608	158928	100.7	65.8	21938	6030	32608
高碑店市	44317	180663	109.4	38.2	15131	14771	42100
沧州市							
沧　县	63699	248836	106.0	130.4	37522	52845	63699
青　县	55041	277195	113.1	87.4	27116	25036	32774
东光县	48062	196924	109.6	48.2	20814	16806	46043
海兴县	28716	64703	103.3	26.9	7939	7254	11210
盐山县	38414	122309	103.8	47.4	14233	8836	26865
肃宁县	37370	225428	113.0	47.3	23633	20823	35792
南皮县	45045	144700	106.0	69.8	14690	13290	32780
吴桥县	37781	169819	105.8	48.2	21927	9983	36920
献　县	63038	256239	108.7	62.3	25750	32430	48472
孟村回族自治县	20490	59361	112.0	23.2	5646	34579	13406
泊头市	54526	226998	112.7	121.8	31177	36076	51807
任丘市	56242	235129	105.4	98.5	33241	59522	50469
黄骅市	47956	172057	115.3	85.4	13031	44113	24042
河间市	90538	240449	108.8	128.3	25001	79029	78924
衡水市							
枣强县	60487	173421	102.1	30.7	17593	20399	52259
武邑县	53370	183010	96.2	38.9	16209	13026	43302
武强县	28899	84324	102.3	40.0	6572	5860	22401
饶阳县	38666	211728	95.0	55.3	17702	14670	34406
安平县	34902	111848	99.7	45.4	14802	22713	30463
故城县	57845	299601	105.7	139.0	32392	12003	40083
景　县	79251	236382	102.5	101.4	33884	11959	71980

经 济 主 要 指 标(2006年)(3-3)
Economy by County and City(2006)(3-3)

总播种面积 (公顷)	#粮食作物播种面积	粮食产量 (吨)	棉花产量 (吨)	油料产量 (吨)	猪肉产量 (吨)	牛肉产量 (吨)	羊肉产量 (吨)	奶类产量 (吨)
34851	29927	201454	126	7209	28800	1536	746	16146
21316	19466	71367		306	4423	953	1020	716
39026	27617	193082	388	11786	27323	1204	1536	22089
45515	38852	197156	4924	729	3241	223	384	7714
51647	41952	189660	376	9596	45432	17376	5588	460
43137	37950	179921	96	6881	26460	4910	1831	19250
58424	35444	180401	7407	15063	7364	253	579	5691
33258	25125	123795	136	3917	11197	1184	739	6620
36227	23649	154471	1201	12590	15753	586	1474	2592
42805	35924	220005	493	6704	7960	260	1890	1335
71263	54031	298963		11097	33953	1556	2978	22058
141805	72744	466287	746	65590	111353	15776	5481	94083
53526	31713	212273	735	24463	21896	1228	1094	10541
68337	50558	292338	544	31690	33322	4414	2738	6803
126142	113897	487070	7126	1629	15780	13344	3504	8400
88727	57340	258927	4924	3245	6374	3546	2842	30535
65496	39125	233576	26366	2019	6641	6907	3939	1505
42436	32937	92295	2453	2261	2959	5084	2441	460
69923	60369	263450	6042	1822	16302	9744	1868	200
55955	39062	226169	4611	9485	12926	1609	988	3264
63640	37051	164949	12111	2257	8329	11275	2720	5679
60483	34560	209434	21605	4623	12410	11292	2146	1800
107139	75126	338488	12131	21842	19650	8176	2672	7704
31927	28205	109022	833	3003	1688	9296	2548	625
82705	74658	378516	2858	2958	24000	8800	4190	3400
98639	75325	411425	10170	6702	11925	2045	2652	7113
80426	63801	167819	6317	2698	4307	4724	2848	3010
130297	89541	458931	16449	39765	16892	5273	3053	2175
80508	56468	309776	21043	6139	13907	3500	1702	4682
74462	50001	264280	8410	6885	14873	7709	3316	1000
40320	30163	158661	2675	5005	7743	1126	889	1159
60591	30676	170212	6873	15251	22761	822	868	1425
49092	38362	212689	2740	13012	34796	327	654	784
92306	57699	336170	26675	6697	27457	7305	6395	4800
120220	90679	527995	16647	12024	22411	8274	2222	1230

各县（市）国民
Major Indicators of National

县　（市）	常用耕地面　积（公顷）	农林牧渔业总产值（万元）	农林牧渔业总产值指数（上年=100）	农业机械总动力（万千瓦）	化肥使用量（折纯量）（吨）	农　村用电量（万千瓦时）	有　效灌溉面积（公顷）
阜城县	38864	139322	91.7	49.8	19119	17681	37266
冀州市	57180	193866	100.3	60.8	25775	27331	48835
深州市	66568	296849	100.0	160.3	56263	38712	63518
邢台市							
邢台县	33474	126915	112.8	32.3	16286	24956	23907
临城县	18743	66841	101.0	21.3	8395	3365	9733
内丘县	24138	74141	105.4	21.5	9706	5449	16422
柏乡县	19490	115670	99.7	29.7	11740	5651	18737
隆尧县	53884	256198	105.2	79.8	38409	28403	50165
任　县	31914	90270	108.7	48.1	14504	19353	30415
南和县	29915	135998	104.9	43.6	13292	9963	29057
宁晋县	65832	257552	110.0	85.7	43534	24502	64527
巨鹿县	40907	123364	110.9	47.9	13423	9257	29507
新河县	22624	73731	120.1	24.9	6051	4971	18666
广宗县	35073	117225	104.6	21.0	10398	5900	18549
平乡县	27696	59529	104.8	31.5	13973	10915	24453
威　县	68828	303336	106.0	73.3	32972	8205	63037
清河县	33755	101982	107.1	38.5	16720	22775	33755
临西县	39335	149093	102.6	53.8	26389	8555	32570
南宫市	59745	180273	104.2	67.2	23408	11728	58600
沙河市	27578	122495	100.6	63.7	12859	13153	20230
邯郸市							
邯郸县	32061	130160	104.2	59.6	23734	23564	19050
临漳县	49868	274563	106.8	90.4	43477	8720	48900
成安县	37069	261488	104.3	61.4	45965	15079	35250
大名县	76104	314386	107.3	83.7	40105	10467	66070
涉　县	16017	77379	111.7	27.8	6956	3395	5840
磁　县	49257	183194	111.5	130.0	26113	38669	32370
肥乡县	38796	226369	106.1	49.3	37887	8494	37870
永年县	63952	554600	116.7	145.3	44444	24144	54490
邱　县	33307	192271	101.9	36.1	21184	2676	27550
鸡泽县	26143	132522	111.8	30.3	14993	7625	22060
广平县	23216	84836	109.2	27.3	16571	5663	23020
馆陶县	30424	290911	101.9	59.8	19482	11733	28110
魏　县	61451	229970	105.6	85.9	25954	5085	50320
曲周县	51113	241225	106.3	84.5	42870	9926	40620
武安市	50268	151472	97.5	152.6	15651	236283	35460

经济主要指标(2006年)(3-4)

Economy by County and City(2006)(3-4)

总播种面积 (公顷)	#粮食作物播种面积	粮食产量 (吨)	棉花产量 (吨)	油料产量 (吨)	猪肉产量 (吨)	牛肉产量 (吨)	羊肉产量 (吨)	奶类产量 (吨)
66654	51485	304775	8968	2420	14250	2784	2009	586
73356	37434	220396	24522	9248	23186	7709	4092	3550
113647	81745	469930	19515	28963	39461	7406	4319	1667
49168	38670	185744	842	11521	13563	7602	949	1681
29166	23354	72513	722	4160	9132	3991	409	840
43053	34205	154062	537	12604	18163	2303	309	930
32699	27859	181862	424	5794	13644	249	365	3000
94403	76556	498037	6010	14000	21774	4549	1983	3811
52418	46537	287234	2360	770	8759	200	885	534
52701	45282	252902	639	3004	17229	2242	806	8270
121636	102415	636026	9404	11713	18967	2490	905	126584
61902	32213	145882	10867	17474	8857	4544	980	1459
36465	29228	149983	5756	2977	6416	1301	724	6200
43827	18500	91559	19743	8512	8755	3248	1603	1130
39138	32882	160167	2679	3170	4582	1888	832	900
80393	22592	107135	57619	7628	21735	13095	4528	2200
49328	38223	178616	7440	2542	6710	2410	1265	1000
54153	37485	221781	14956	3911	11482	6176	3649	1210
81638	35999	168806	40427	5280	15224	9351	2895	1200
44350	38110	154347	268	6942	13835	5304	797	9220
45962	38938	181984	2042	2088	33250	1776	1904	34500
91437	71822	488458	7269	6620	30195	10416	6527	14700
62574	35866	230554	22524	3612	25120	4128	3843	22250
128436	84048	472396	1336	115394	52515	11056	5062	924
26778	23919	83602	64	1137	7305	2380	755	1332
73052	61369	292377	2913	4477	28915	3664	2320	21250
72810	48778	291271	14815	2906	28007	4644	3554	5045
118132	68026	447839	2981	7918	41655	7216	4854	22145
49780	22824	133525	28707	3268	7920	1797	3506	503
44480	24366	133431	8927	942	10462	1520	1436	1200
38479	29572	160103	5897	4150	10904	558	1032	2137
55683	37751	231613	8416	14287	32763	4364	1818	1642
95344	84361	446244	2926	6608	45261	2512	4345	519
74915	51427	282058	17209	3325	25620	6304	3350	6500
70579	61630	233811	1707	3914	42757	5968	668	2050

各县（市）国民

Major Indicators of National

县（市）	水产品产量（吨）	规模以上工业总产值（万元）	#内资企业	#港澳台商投资企业	#外商投资企业	流动资产年平均额（万元）	固定资产净值年平均余额（万元）
石家庄市							
井陉县	457	561254	501894	15122	44238	69713	69331
正定县	2500	1478544	1356563	104307	17674	79133	172683
栾城县	240	551461	420399	14979	116083	84855	104178
行唐县	1000	721345	721345			32914	59303
灵寿县	6136	349434	263197	52601	33636	50872	65109
高邑县	32	345366	345366			33094	38664
深泽县	55	348162	300321	28705	19136	21946	22379
赞皇县	800	356855	274734	536	81585	64296	74239
无极县	505	914815	774846	52514	87455	56965	52475
平山县	15500	1538586	1502555	36031		316354	656475
元氏县	568	639099	630410	3000	5689	79109	73090
赵　县	220	980954	873210	9313	98431	100902	264936
辛集市	523	1631431	1560433	30487	40511	288963	280757
藁城市	100	1756242	1529645	123692	102905	301972	207137
晋州市	350	889450	853732		35718	131846	106646
新乐市	60	895570	894154	206	1210	92079	135925
鹿泉市	6638	1421195	1314365	26906	79924	260328	342304
承德市							
承德县	502	434050	429268		4782	117296	96786
兴隆县	4300	381152	372935	4251	3966	82549	122007
平泉县	314	334754	311824	3438	19492	115073	104100
滦平县	530	318293	318293			166068	141260
隆化县	490	132354	132354			72940	67466
丰宁满族自治县	3600	196768	196768			71368	76642
宽城满族自治县	10210	755259	755259			275818	163170
围场满蒙自治县	450	61258	58561	1707	990	27878	70334
张家口市							
宣化县	540	104379	103796		583	52265	33891
张北县	1000	97375	51368		46007	40788	48002
康保县	86	17329	17329			10597	8228
沽源县	2500	6156	6156			2570	2189
尚义县	150	8847	4713	4134		8532	56008
蔚　县	660	120402	119267	1135		93746	95319
阳原县	550	30560	13682	3830	13048	17307	9832
怀安县	308	25418	25418			9708	4991

经济主要指标(2006年)(4-1)

Economy by County and City(2006)(4-1)

产品销售收入(万元)	本年应交增值税(万元)	利润总额(万元)	建筑业企业单位数(个)	建筑业从业人员(人)	建筑业总产值(万元)	公路里程(公里)	民用汽车拥有量(辆)	邮电业务总量(万元)
453127	8516	34149	5	2243	16824	964	19800	11203
1438395	20874	80860	11	4621	51634	897	12860	27010
544881	14595	53197	9	4697	37315	492	4600	10003
667995	32317	75482	1	348	824	1090	1386	8165
291343	6892	49487	3	452	10723	396	1861	3282
314632	14153	35452				306	1298	2684
251432	5001	9014	5	10428	76770	128	1062	2945
341836	7232	32072	7	1556	6180	634	6026	4279
829357	13387	57771	5	3835	16311	472	9600	6784
1519927	56148	125162	6	2522	14879	2504	6639	5788
502092	8564	57859	2	1242	10433	761	7800	8426
967734	18725	68099	2	445	4800	546	8110	5760
1594769	59683	133726	8	6073	53946	974	15000	20723
1608258	20286	150189	9	4697	33763	1103	16020	13556
883788	44707	86495	4	1632	845	507	4896	3366
887907	24229	97137	8	4788	19432	631	6290	8858
1410960	34814	119609	9	4370	18374	720	21145	16702
360232	11524	25270	11	1080	70900	2679	7100	6419
366496	17123	21012	5	4006	24447	2655	8669	5493
315759	14459	28076	11	1596	13844	1594	2278	5419
307354	31974	30647	11	896	60145	2266	3186	4133
134333	5739	11014	8	2036	38024	1048	3155	4399
181581	20541	23649	5	3268	42020	2483	1117	8911
745426	36356	68084	7	620	21090	1058	5688	9312
60290	2436	38196	10	2273	54358	2341	2114	5610
94313	3966	4321	12	1580	21000	1172	5144	14249
93798	7194	3669	5	1607	14186	2254	3251	377
14697	892	2109	3	1151	11990	2474	4560	1423
5785	109	161	1	470	2834	981	425	3606
8494	632	450	2	860	4696	618	590	2632
120448	9455	1731	4	677	19000	2110	9213	4066
28906	935	639	4	4950	42230	1851	1143	2921
22897	533	1371	5	879	18611	1431	2650	2805

各县(市)国民
Major Indicators of National

县　(市)	水产品产量 (吨)	规模以上工业总产值 (万元)	#内资企业	#港澳台商投资企业	#外　商投资企业	流动资产年平均额 (万元)	固定资产净值年平均余额 (万元)
万全县	4	118430	111970		6460	64198	26355
怀来县	3720	239336	114830	50313	74193	151141	81612
涿鹿县	230	113640	107245		6395	90120	86871
赤城县	570	65004	65004			48092	19244
崇礼县	12	56737	56737			20480	17904
秦皇岛市							
青龙满族自治县	980	104598	102880	1288	430	40031	106859
昌黎县	123320	523270	446090	2782	74398	148255	122227
抚宁县	41327	956610	352513	12253	591844	294861	541168
卢龙县	1686	132465	123631	854	7980	56984	41510
唐山市							
滦　县	3022	856939	787115	68147	1677	188582	221621
滦南县	144833	1198641	938039	82137	178465	371466	279120
乐亭县	146401	900829	457747		443082	182666	168270
迁西县	26500	1606742	548475		1058267	452644	509878
玉田县	5701	834190	668498	163762	1929	230098	179768
唐海县	73698	375932	371330		4602	51669	41730
遵化市	3662	2452159	1408232	937143	106784	616467	686486
迁安市	755	4406089	4389825	1869	14395	1441401	1246179
廊坊市							
固安县	345	89602	80097		9505	63818	59145
永清县	530	198717	169508	23293	5917	57527	51172
香河县	2555	552966	374540	47394	131032	116830	101790
大城县	970	294992	282486		12506	41854	33493
文安县	7906	443575	409676	18174	15725	92245	103391
大厂回族自治县	2689	337857	295245	1756	40857	141964	70001
霸州市	6400	2302438	2237911	23202	41325	582653	387970
三河市	14100	2057294	1824612	62983	169698	534477	562988
保定市							
满城县	800	369951	365347		4604	86535	87689
清苑县	225	471968	415450	420	56098	120464	54918
涞水县	700	85730	80394	5336		38319	29500
阜平县	3250	26983	26983			11501	6800
徐水县	260	392082	346057	5716	40309	241756	137743
定兴县	300	319025	316485		2540	119459	68964
唐　县	1652	107043	92050		14993	53659	51001
高阳县	603	413871	366749	16836	30286	135791	96306

经 济 主 要 指 标(2006年)(4-2)

Economy by County and City(2006)(4-2)

产品销售收入(万元)	本年应交增值税(万元)	利润总额(万元)	建筑业企业单位数(个)	建筑业从业人员(人)	建筑业总产值(万元)	公路里程(公里)	民用汽车拥有量(辆)	邮电业务总量(万元)
152573	3789	4967	5	2476	17846	678	1380	2689
231903	10797	6776	4	3641	20412	1077	2176	6112
108030	4946	1313	5	278	50581	1500	1250	3861
68013	4931	3871	3	577	9183	584	2200	1965
51529	1296	5500	3	693	6944	1148	1528	2461
114783	7281	-8680	5	698	7506	1950	4230	3626
489537	19621	13789	12	2772	19068	1804	6905	22818
920970	35369	13074	24	7943	58992	904	11196	8008
137560	3794	-34	9	1793	24665	810	4950	9607
816440	37378	60405	13	3382	28286	1131	11006	11261
1186804	41927	55622	9	9741	57977	1359	10000	9422
870181	18376	56256	13	8323	68476	1853	8527	8973
1612713	73207	170183	13	5089	56330	1840	12819	7269
777509	41490	29935	17	6628	48436	2077	20013	15720
378882	6535	12832	12	3969	66065	574	5634	11158
2353260	148760	410475	19	13954	106202	2485	29018	28488
4204795	210828	697985	28	6833	113977	2244	47601	26356
86358	3515	7270	12	2212	12218	782	19943	5243
192883	5040	6132	9	4370	28445	665	9194	6814
430069	11661	23443	10	7546	38149	740	11719	8446
270439	7554	16839	7	5640	24752	625	14337	17677
433634	6365	15122	4	1273	12865	1246	25858	19547
337569	4307	1614	5	1305	14933	95	6092	3235
2273982	44031	86450	19	5458	41808	1533	30921	37583
1965101	46951	156752	27	13411	289387	972	20331	25446
361872	10989	24737	5	7520	56049	288	5350	5830
449252	7983	14635	10	7156	42885	652	9579	7461
76280	4824	1436	6	5019	22761	1229	1842	4010
22019	843	681	1	2891	8216	1679	2916	3824
387484	10642	51562	2	2325	9265	1189	12601	7699
254006	6267	38527	6	6120	35566	769	4965	5103
82895	2157	867	130	21483	114637	770	2760	5437
312105	8628	16903	1	1500	2100	400	2673	10161

各县(市)国民
Major Indicators of National

县 (市)	水产品产量(吨)	规模以上工业总产值(万元)	#内资企业	#港澳台商投资企业	#外商投资企业	流动资产年平均额(万元)	固定资产净值年平均余额(万元)
容城县	1430	220331	138296	21857	60178	95106	34078
涞源县	500	313019	309441	3578		160979	98410
望都县	41	67662	52000	8517	7145	19148	24437
安新县	30800	498799	473123		25676	127433	41327
易　县	5200	221258	186689	3667	30902	54834	86577
曲阳县	2270	62924	59795	1050	2079	36210	37514
蠡　县	20	595251	557900	34348	3003	78550	64960
顺平县	80	150553	89017	12447	49089	51530	32865
博野县		119035	108889		10146	39571	16321
雄　县	605	293348	281335		12013	56320	74144
涿州市	1400	735809	479506	200782	55521	452530	277770
定州市	300	911804	779078	42234	90492	210315	437925
安国市	21	315853	310120	2195	3538	61658	58766
高碑店市	230	618183	566923	9105	42155	177718	93936
沧州市							
沧　县	239	896716	883335	1879	11502	110921	60443
青　县	294	848889	589374	55078	204437	251806	150699
东光县	720	252227	252227			67350	66151
海兴县	7405	60491	33743	875	25873	30174	17049
盐山县	302	402113	398471	3642		107263	69696
肃宁县	141	530025	411020	10470	108535	80978	63459
南皮县	612	115101	112868		2233	49064	35680
吴桥县	68	158807	117822	33658	7327	33109	32708
献　县	2320	291500	266371		25129	47432	88516
孟村回族自治县	71	180090	167300	3876	8914	53778	55323
泊头市	780	423007	398540	12520	11948	114511	99532
任丘市	16650	4695240	4631466	8869	54905	1395983	1730420
黄骅市	84512	570199	353377	177304	39518	112536	134596
河间市	690	476772	434515	27144	15113	166730	164003
衡水市							
枣强县	181	155228	145428	9799		45100	41112
武邑县	185	118287	114745		3542	43175	37017
武强县	114	110561	99568	579	10414	44364	34946
饶阳县	28	156137	143756		12381	38720	35610
安平县	193	273589	174983	16300	82306	96974	57746
故城县	1832	165203	120900	18321	25982	51986	37815
景　县	121	551690	531337		20353	136270	191274

经济主要指标(2006年)(4-3)
Economy by County and City(2006)(4-3)

产品销售收入(万元)	本年应交增值税(万元)	利润总额(万元)	建筑业企业单位数(个)	建筑业从业人员(人)	建筑业总产值(万元)	公路里程(公里)	民用汽车拥有量(辆)	邮电业务总量(万元)
215394	2316	11450	1	2100	8478	359	12000	3789
322214	16880	24208	8	1581	12413	845	4510	7885
42985	1974	2550	4	15291	65078	510	965	2954
477711	5885	6399	6	2327	18009	496	1403	9901
175271	5654	5803	6	4442	31412	1400	2843	11972
64692	3671	1635	9	9331	50069	900	4858	5092
595113	4474	21880				613	4000	6766
143767	3231	2928	3	3379	23250	770	1868	3157
115524	2598	3324	1	600	2720	292	1850	3091
287410	4044	15598	4	3191	22089	617	17160	13408
728498	21299	37634	26	17071	375637	775	28800	20462
931155	30578	59794	25	36237	261596	1782	3152	57168
286121	5784	33198	2	1480	8840	502	896	8600
617864	10536	45927	9	13193	192063	1050	9650	24048
892922	12964	48915	32	11466	126268	1633	9892	10895
866618	15453	62099	9	4810	33784	774	19872	8615
234485	6759	23616	6	3781	18091	1087	7720	9269
52281	4113	1599	6	1784	6107	481	1540	6237
400654	6249	12705	4	4216	21997	921	4742	4474
510227	7096	35981	13	1727	24528	418	4426	9030
114832	7081	3327	4	268	14291	784	6038	4185
148339	2715	6073	6	2800	12116	523	1701	4062
290981	9438	14358	4	4180	24563	1191	11915	7590
181329	3755	5397	3	2280	19170	471	2590	6709
402702	15956	27851	12	8484	96334	1520	4364	18416
4596456	264392	981970	47	20708	145426	1246	56510	46426
536782	12170	8352	18	11937	99418	1494	6543	25423
463861	7752	48034	8	8742	52982	1205	25471	41987
135402	3286	10485	9	1791	146734	615	11236	22540
86873	5337	6354	3	1344	75870	760	7079	13276
87197	2771	6127	6	2476	127644	338	5911	10871
146692	3764	5702	5	5359	206510	367	8329	13522
269035	7259	12298	5	973	66168	517	14468	23455
161572	3407	8699	6	3682	154754	458	12485	20458
532113	14580	49515	9	1458	150911	941	15974	22276

各县（市）国民

Major Indicators of National

县（市）	水产品产量（吨）	规模以上工业总产值（万元）	#内资企业	#港澳台商投资企业	#外商投资企业	流动资产年平均额（万元）	固定资产净值年平均余额（万元）
阜城县	232	127935	127935			26123	43977
冀州市	2350	540937	534369	851	5717	153277	115890
深州市	230	522101	514564		7537	108655	88527
邢台市							
邢台县	754	1064237	436885		627352	367521	374016
临城县	830	138984	129086	9898		61594	48595
内丘县	39	505948	401627	104321		128537	185122
柏乡县		88104	80445	1263	6396	14930	21802
隆尧县		546315	544636		1679	237674	247720
任　县	20	45545	45545			13132	13848
南和县	65	35606	35600		6	16338	21714
宁晋县	8	1362049	1174845	40445	146759	341071	205933
巨鹿县	88	190380	190380			60649	107639
新河县	798	61562	51446		10116	11640	15884
广宗县	70	69424	67293		2131	24414	16042
平乡县	214	66527	56141	6898	3488	5015	19565
威　县	190	42280	42280			23783	18833
清河县	575	928988	853013	40208	35767	249148	164455
临西县	150	80992	74885		6107	14883	28026
南宫市	230	211491	186252	4386	20853	51798	51066
沙河市	321	792277	788604	3673		240629	311985
邯郸市							
邯郸县	686	1019454	305560	701308	12586	345134	375464
临漳县	15	64502	63976	526		14476	21746
成安县	60	185737	183638	1588	511	69911	49461
大名县	1520	321261	304255	17006		25036	25304
涉　县	2000	1031177	1025596	5581		165542	78679
磁　县	29580	360290	358858	1432		136773	79652
肥乡县	160	102540	88668	13872		19879	14048
永年县	11020	586454	414638	86211	85605	93774	120122
邱　县	120	90838	90838			23946	24578
鸡泽县	126	136025	136025			16687	11982
广平县	140	163418	103193		60225	54462	44506
馆陶县	175	145433	113955	31478		26209	29149
魏　县	95	136284	133167	642	2475	28525	29760
曲周县	3100	210342	210342			25717	23190
武安市	908	4185490	1904543	1442476	838471	1250891	1134821

经济主要指标(2006年)(4-4)

Economy by County and City(2006)(4-4)

产品销售收入(万元)	本年应交增值税(万元)	利润总额(万元)	建筑业企业单位数(个)	建筑业从业人员(人)	建筑业总产值(万元)	公路里程(公里)	民用汽车拥有量(辆)	邮电业务总量(万元)
116075	3359	7499	3	822	50883	395	8124	13349
546713	12917	33475	10	4410	193057	589	14705	18894
509270	10240	25408	4	1798	107713	844	17838	22333
1036431	44864	82021	16	8559	65179	2283	1807	2639
135224	5617	5421	6	820	2661	630	1380	2123
521356	21318	22097	3	347	5426	800	1160	3088
86070	1469	6816	1	710	3902	231	292	1842
520488	14124	18266	2	876	6376	860	4071	13265
40561	1430	807	4	3416	25184	432	3827	3016
38933	823	737	4	1926	9751	414	4100	5574
1268055	20236	159883	7	3053	30025	1797	9123	16315
175857	3516	12407	2	1453	27780	572	1013	4248
53814	1688	3923	5	2857	12848	299	411	1431
65592	1285	5943	3	1125	8622	534	790	1885
58179	2029	2406	1	540	2621	405	1150	6008
41603	990	1981	4	846	2834	1046	2099	3879
906625	20806	76615	9	2709	10100	737	2848	10487
75730	1741	9401	6	43	480	647	978	3140
197356	3138	13266	8	5205	41064	790	1621	9362
783059	21475	60902	7	2728	36898	1404	7000	13509
967033	26998	89396	15	5595	37779	693	14210	6741
59444	999	2743	6	5476	34210	974	829	4095
172618	2520	7603	6	7245	28483	938	3500	3336
290218	1576	9297	6	2532	19770	1134	202	7846
969722	27998	92913	21	6901	55758	1894	9830	9792
384296	23906	73039	9	2488	32541	1970	6724	14250
95493	1010	4661	4	1370	23523	560	2890	3930
580854	18373	51127	24	7927	46285	1227	9218	13491
68102	933	2109	3	1450	17827	458	479	3412
116556	2745	9214	5	667	3986	432	1755	2393
147152	1139	7305	3	1570	13991	342	706	2520
140095	2257	7859	4	4009	32827	820	1661	5954
123087	2012	7027	14	17396	82324	986	2936	6799
202855	4065	9192	6	2455	24815	709	2650	6268
4084622	133290	302672	16	4573	49036	1317	14368	21961

各县（市）国民
Major Indicators of National

县（市）	本地电话用户（户）	社会消费品零售总额（万元）	城乡居民储蓄存款年末余额（万元）	学龄儿童入学率（%）	小学学校（所）	小学专任教师（人）	小学在校学生（人）
石家庄市							
井陉县	79658	112638	339911	100	72	1538	25223
正定县	142520	297002	706821	100	112	2194	30753
栾城县	98623	197135	342677	100	100	1860	25931
行唐县	46066	156047	248660	100	177	1977	30984
灵寿县	38700	103358	235175	100	209	1668	22710
高邑县	34618	88355	149486	100	77	1060	9950
深泽县	55221	110776	283157	100	48	902	15981
赞皇县	26779	104992	150544	100	89	1266	16700
无极县	92290	303580	432280	100	149	2248	30545
平山县	72487	136028	357692	100	200	2217	32901
元氏县	58978	136544	299038	100	150	1975	36734
赵　县	91992	288615	300836	100	155	2484	49643
辛集市	170037	676459	973656	100	160	2606	39174
藁城市	186801	456092	696323	100	165	2947	49053
晋州市	119031	290382	640164	100	175	2046	34060
新乐市	79311	267183	313728	100	89	2073	36350
鹿泉市	112576	317703	545012	100	98	1730	24670
承德市							
承德县	58000	141117	240890	100	109	1830	27510
兴隆县	62000	135286	259667	100	226	1622	19571
平泉县	61500	128477	272061	100	241	2719	34571
滦平县	48500	103450	202186	100	148	1641	23644
隆化县	48200	100490	185954	100	285	2133	30307
丰宁满族自治县	51000	95124	180725	100	285	1873	25702
宽城满族自治县	38616	92118	272748	100	166	1357	13765
围场满蒙自治县	63000	114999	177580	100	139	2065	34939
张家口市							
宣化县	53866	77552	258637	100	93	1356	17882
张北县	32336	70936	139473	100	276	1666	22096
康保县	20280	54307	83306	99.3	221	1299	14947
沽源县	14100	45220	57296	100	181	893	11769
尚义县	12841	33794	73841	100	53	945	12034
蔚　县	55000	108310	512562	100	126	2315	39308
阳原县	39800	88334	165484	100	195	1426	25016
怀安县	42798	58501	110336	98.7	70	1116	14752

经 济 主 要 指 标(2006年)(5-1)
Economy by County and City(2006)(5-1)

普通中学学校(所)	普通中学专任教师(人)	普通中学在校学生(人)	农业技术人员(人)	医院、卫生院(个)	医院、卫生院床位数(床)	医院、卫生院技术人员(人)	参加农村合作医疗的人数(人)	参加农村养老保险的人数(人)
25	1476	23646	750	19	598	564	234324	20090
32	3942	52255	726	12	811	951	355345	109486
20	1945	29609	162	11	561	508	271713	44120
26	1776	36009	1923	17	831	781	293600	16217
32	1658	25886	660	17	453	567	240687	3000
14	919	14140	413	7	268	271		4721
15	920	17153	398	8	408	440		700
19	1025	17291	4963	13	450	381	175964	7344
22	1769	29850	612	13	535	485	388323	4620
41	2080	32734	800	28	755	877	329369	15180
38	1869	27355	67	18	586	742	284405	130
42	2738	51661	114	13	700	847	416123	
52	3509	56965	288	21	1045	1243	437049	50969
45	3481	66910	576	16	1179	1099	610508	4531
32	1934	38586	2690	14	748	899	403234	37380
29	1930	37476	80	14	935	926	317791	3244
25	2026	29297	279	20	838	816	272435	100000
30	2045	16172	148	27	640	673	308944	1375
26	1150	13743	126	24	586	813	224761	2324
30	1618	25449	789	23	730	884	334155	33034
23	1257	17207	998	24	641	748	292540	13494
34	1420	24614	103	28	833	1151	292540	14000
28	2114	23649	325	29	780	1132	278954	219
29	1074	13417	363	21	537	498	171152	4467
29	1595	30508	823	41	787	952		290
18	1013	14859	74	17	649	485	230000	9828
22	1437	24169	430	22	633	511		18551
19	1240	12546	209	17	365	290		19512
12	769	8726	310	16	340	180		5410
9	584	9040	144	17	291	236	425	14634
21	1307	24455	220	25	784	822	288136	25398
20	1077	15847	136	16	414	546		7010
12	742	9720	72	13	404	390	139740	7307

各县（市）国民
Major Indicators of National

县（市）	本地电话用户（户）	社会消费品零售总额（万元）	城乡居民储蓄存款年末余额（万元）	学龄儿童入学率（%）	小学学校（所）	小学专任教师（人）	小学在校学生（人）
万全县	38485	65601	134337	100	98	1048	15860
怀来县	72932	135449	318942	100	124	1494	22353
涿鹿县	66400	98954	207285	100	112	1610	20435
赤城县	24843	57380	150303	99.98	49	1246	14824
崇礼县	13345	26695	69012	99.68	66	599	8173
秦皇岛市							
青龙满族自治县	51198	78646	233835	100	266	2228	28324
昌黎县	114878	153188	463424	100	180	2645	33387
抚宁县	107845	158031	501355	100	194	2348	32033
卢龙县	61752	100843	287647	100	117	2289	30918
唐山市							
滦　县	171621	368388	439758	100	113	2130	32713
滦南县	179358	423802	400594	100	141	2763	41482
乐亭县	223089	363657	443036	100	118	2121	29861
迁西县	103658	259562	644093	100	172	1884	26832
玉田县	229451	351389	714942	100	127	3860	37535
唐海县	51365	84573	222311	100	34	662	8818
遵化市	244600	501449	1185896	100	158	3246	45402
迁安市	251668	587695	1154459	100	157	3008	42275
廊坊市							
固安县	86864	120300	296070	100	103	2022	21707
永清县	75404	112320	188654	100	104	1941	26276
香河县	96984	298840	419539	100	74	1785	16283
大城县	105923	169000	459923	100	158	3542	34784
文安县	131414	213472	568351	100	154	2787	35427
大厂回族自治县	30116	49870	162931	100	27	620	5978
霸州市	163533	315912	736227	100	144	3992	46812
三河市	127735	376416	832696	100	87	2112	32595
保定市							
满城县	67024	137397	361667	100	100	2094	24323
清苑县	89678	163918	379543	100	146	2428	36366
涞水县	51610	74456	185774	100	97	2989	17847
阜平县	43858	44649	177119	100	92	1068	13315
徐水县	90659	198981	503401	100	239	1912	31792
定兴县	102154	118014	285732	100	169	3342	38186
唐　县	71019	79037	341740	100	195	2248	41905
高阳县	72464	130068	323161	100	94	1728	18660

经济主要指标(2006年)(5-2)
Economy by County and City(2006)(5-2)

普通中学学校(所)	普通中学专任教师(人)	普通中学在校学生(人)	农业技术人员(人)	医院、卫生院(个)	医院、卫生院床位数(床)	医院、卫生院技术人员(人)	参加农村合作医疗的人数(人)	参加农村养老保险的人数(人)
11	735	11053	164	12	289	231		
18	1640	21770	115	20	572	561		11472
19	1079	17236	2012	20	472	589	216433	9148
21	893	9287	70	21	529	413	171147	18000
6	370	5041	93	12	286	229	82076	6713
48	2070	31055	418	27	823	873	343583	4875
40	2414	33607	620	20	1310	1535	416087	43713
46	2279	27548	194	13	769	926	361493	51283
33	1943	24175	600	14	500	804	255866	14287
37	3258	41851	507	14	1252	1084	392479	32078
38	2905	37265	408	22	937	1384	463021	59987
32	2071	30038	528	18	920	874	382036	35873
29	2033	25649	860	20	1018	765	291452	20416
39	3679	46559	619	24	1451	1293	534992	5034
11	641	9147	412	2	499	261	96583	
45	4931	70510	426	28	1568	1167	503092	39300
50	4897	55112	654	28	2500	2811	539302	52600
21	1591	28952	352	11	539	709	5476	6011
20	1396	27557	121	12	466	419	269143	6962
14	1715	28528	2180	12	729	727	219056	17983
37	2337	30020	266	12	610	785	320780	6189
31	2196	40391	967	15	868	777	356592	37251
8	556	8358	53	7	419	405	77810	210
27	2682	50203	1200	18	1172	1393	329697	643
22	2410	36062	2855	20	1822	1924	309810	2334
25	1071	19760	2820	16	657	610	244552	3150
41	2597	45848	2438	20	362	688	5777	17997
16	1309	23659	47	17	512	614	209402	2117
18	684	7980	938	15	290	490		
36	3622	49687	108	17	853	924	367244	9800
38	2331	39717	1950	18	450	542		3216
41	1893	33870	180	22	608	564		
20	1257	19239	89	11	497	535	177815	654

各县(市)国民
Major Indicators of National

县　(市)	本地电话用户(户)	社会消费品零售总额(万元)	城乡居民储蓄存款年末余额(万元)	学龄儿童入学率(%)	小学学校(所)	小学专任教师(人)	小学在校学生(人)
容城县	34029	102410	250579	100	64	1251	15895
涞源县	38763	43541	269144	100	208	1573	18515
望都县	44951	52638	193840	100	47	1193	14540
安新县	73204	119848	310661	100	128	2258	31334
易　县	88135	109144	319741	100	179	2565	41844
曲阳县	65613	102864	295765	100	160	2518	38693
蠡　县	73475	171906	467888	99	135	2093	39059
顺平县	34395	68537	181102	100	100	1348	15766
博野县	32491	56202	146736	100	76	833	14009
雄　县	81841	121366	240780	100	124	1725	22032
涿州市	164636	346247	808134	100	107	2381	34533
定州市	627012	364018	854030	100	287	4651	77453
安国市	78219	178852	369951	100	106	2174	22012
高碑店市	133800	360409	706097	100	119	2253	34426
沧州市							
沧　县	144660	254308	610770	100	183	3037	38706
青　县	137872	152005	389317	100	119	2035	26345
东光县	77431	82549	332299	99.99	73	2070	19838
海兴县	40895	34266	120497	100	86	1198	16341
盐山县	65695	111065	231341	99.86	144	1860	32701
肃宁县	64321	99639	294344	98.91	72	1346	15323
南皮县	64055	72546	251493	100	129	1948	24337
吴桥县	63143	64978	247246	100	62	1651	14974
献　县	103953	106700	345232	98.87	168	3102	39289
孟村回族自治县	36966	64109	139487	98.13	70	1245	16921
泊头市	123591	237879	535332	91.83	144	2874	33412
任丘市	283003	531871	1354358	100	165	4227	44468
黄骅市	127000	241287	505690	100	145	3064	45826
河间市	181911	468130	745943	100	184	3384	39405
衡水市							
枣强县	90046	97454	443086	100	108	2146	27186
武邑县	44068	93358	234655	100	110	1487	24510
武强县	38060	68760	165123	100	76	698	13894
饶阳县	51752	92491	182911	100	84	1141	14508
安平县	79544	133377	294251	99.94	121	1959	18048
故城县	93289	136390	345410	100	105	2060	35494
景　县	92149	174225	467276	99.32	108	2360	35459

经 济 主 要 指 标(2006年)(5-3)

Economy by County and City(2006)(5-3)

普通中学学校(所)	普通中学专任教师(人)	普通中学在校学生(人)	农业技术人员(人)	医院、卫生院(个)	医院、卫生院床位数(床)	医院、卫生院技术人员(人)	参加农村合作医疗的人数(人)	参加农村养老保险的人数(人)
13	776	10694	120	10	382	482	171159	460
15	1765	18031	403	19	568	502	220000	4530
15	1458	16720	370	10	386	426	178460	2600
21	1139	22203	181	14	368	367	287302	11600
46	2373	43950	68	30	649	664	398503	60015
36	2049	33818	910	23	863	804	164	59
25	2143	29653	554	15	357	815		3000
20	1148	16615	43	12	394	700	195500	273
9	596	12206	140	9	250	312		
18	1098	16947	190	11	289	483	232530	838
37	2265	31315	426	24	1798	1386	340404	28505
58	4903	89927	428	26	1397	1745	760772	72151
20	1857	20998	1097	12	693	692		51000
33	1726	25929	550	17	802	1102	321755	
43	2257	37484	312	21	693	753		6435
26	1612	27354	1320	12	583	783	305023	34257
18	1273	20095	145	11	647	686	254509	14875
17	866	14760	40	10	268	311		1973
23	1458	30389	175	14	395	622		24409
18	1341	21729	407	11	600	462	232740	4307
26	1429	27827	242	11	562	581		2546
21	1074	15541	601	12	531	754	194605	7862
36	1882	37379	1936	20	937	687	451116	1101
15	731	11415	143	8	207	297		1346
41	2121	32792	861	16	705	1585	349428	
66	3987	53699	3151	43	2425	3416	429771	16500
35	2189	37479	728	19	1334	1485	306087	2900
51	2591	44554	3201	22	723	983	566965	
26	1702	26503	36	12	457	439	239100	34784
20	1498	30965	225	11	386	384		1804
13	895	15764	170	8	283	238		572
17	1144	20089	125	11	541	520		1727
16	1458	21044	145	15	569	558		6571
28	1789	35462	192	15	579	748		26651
35	2151	38681	189	17	720	1095	353065	54049

各县（市）国民
Major Indicators of National

县（市）	本地电话用户（户）	社会消费品零售总额（万元）	城乡居民储蓄存款年末余额（万元）	学龄儿童入学率（%）	小学学校（所）	小学专任教师（人）	小学在校学生（人）
阜城县	52870	70629	231037	100	81	1647	27706
冀州市	83011	120042	404780	100	49	1664	24558
深州市	90246	180251	403329	100	193	2496	30654
邢台市							
邢台县	67000	170139	395086	100	104	1537	19792
临城县	33971	60849	164924	100	42	735	12604
内丘县	51543	90641	209175	100	82	1371	15801
柏乡县	27510	49415	80306	100	60	873	13319
隆尧县	112777	135406	245966	100	187	2482	31599
任　县	44689	86689	122649	100	113	1049	24495
南和县	41653	76082	165444	100	102	1134	28725
宁晋县	133499	220505	448664	100	259	2722	45924
巨鹿县	42533	102320	206518	100	145	1603	23364
新河县	23769	47525	130556	100	67	702	12583
广宗县	19504	47049	83008	100	154	1336	24860
平乡县	46507	69207	199985	100	111	1276	26878
威　县	56720	93857	200654	100	209	2174	39732
清河县	89339	190854	353539	100	80	1524	23108
临西县	39156	95727	155615	100	140	1996	36691
南宫市	81430	128452	329470	100	165	2112	27934
沙河市	105400	202179	591217	100	187	2962	49742
邯郸市							
邯郸县	76015	144957	354999	100	133	2080	29220
临漳县	62943	117024	215023	100	174	1762	32239
成安县	102147	121643	131366	100	121	1800	24100
大名县	86000	194741	167512	100	238	4188	57794
涉　县	168636	189831	509847	100	159	1693	28257
磁　县	119487	257628	359322	100	206	2690	37266
肥乡县	24001	83930	117146	100	87	1377	23626
永年县	141670	370095	433020	99.9	371	4453	102159
邱　县	20202	56913	106272	98.5	112	1222	16431
鸡泽县	31242	77387	100832	99.5	95	1888	33600
广平县	24735	83773	76996	100	73	1211	15785
馆陶县	47186	85712	116609	100	109	1125	22181
魏　县	84560	213744	194932	99.99	318	3276	66255
曲周县	45454	159497	166364	100	155	2712	49358
武安市	323000	384251	1359888	100	407	3986	69113

经济主要指标(2006年)(5-4)

Economy by County and City(2006)(5-4)

普通中学学校(所)	普通中学专任教师(人)	普通中学在校学生(人)	农业技术人员(人)	医院、卫生院(个)	医院、卫生院床位数(床)	医院、卫生院技术人员(人)	参加农村合作医疗的人数(人)	参加农村养老保险的人数(人)
23	1348	24967	1910	12	282	545		6800
19	1663	32486	420	13	596	815		74813
45	2343	41325	320	19	770	887		33616
29	2057	33111	1600	23	1022	905	327896	6600
20	849	15975	128	11	454	457	152681	
20	1425	21094	65	11	506	521		1043
14	837	13924	54	8	274	258		
33	2187	37608	308	16	775	694		4257
31	943	21998	43	13	489	510	201500	
20	915	24224	583	13	582	274		
50	2469	47238	113	20	997	1018	414000	300
33	1443	27629	114	12	530	410		1363
14	634	12778	331	10	399	369		
20	786	19133	641	14	372	528		50
22	995	19588	21	10	456	281	178000	
30	1504	36592	1520	18	812	725	350000	1600
29	2249	33953	88	9	967	867	6598	2202
20	1080	28475	1256	15	596	482		1029
34	1838	30014	1402	16	712	559		25918
39	2493	48284	297	20	913	846	100	9574
26	1831	36241	461	17	795	869	278324	17645
34	2766	54494	155	16	530	587	278741	4100
35	1942	26584	766	11	500	457		
44	2594	53434	186	23	545	647	508627	150
41	2743	37536	673	20	1010	787	319505	17753
39	2723	53299	244	24	1061	927	450330	8608
14	967	22770	33	12	434	360		601
56	3418	72009	435	23	969	1271		3861
15	813	16782	820	9	323	399	17639	803
15	1130	26448	82	9	314	310		50
17	1349	23649	60	8	214	214		
22	1280	18669	79	10	364	560	29984	1021
41	2371	56630	1716	24	790	888		246
22	1778	35823	503	12	487	486	326901	4261
63	4377	63937	172	24	1460	909	570277	89406

地区生产总值(2005年)
Gross Domestic Product(2005)

单位：亿元

地区	地区生产总值	第一产业	第二产业	工业	建筑业	第三产业	交通运输仓储及邮电通信业	人均地区生产总值(元/人)
全国	**183084.8**	**23070.4**	**87046.7**	**76912.9**	**10133.8**	**72967.7**	**10526.1**	**14040**
北京	6886.31	97.99	2026.51	1707.04	319.47	4761.81	404.66	45444
天津	3697.62	112.38	2051.17	1885.04	166.13	1534.07	227.16	35783
河北	**10096.11**	**1503.07**	**5232.50**	**4665.21**	**567.29**	**3360.54**	**702.00**	**14782**
山西	4179.52	262.42	2353.16	2117.68	235.48	1563.94	351.19	12495
内蒙古	3895.55	589.56	1773.21	1477.88	295.33	1532.78	360.19	16331
辽宁	8009.01	882.41	3953.28	3489.58	463.70	3173.32	509.37	18983
吉林	3620.27	625.61	1580.83	1363.94	216.89	1413.83	208.10	13348
黑龙江	5511.50	684.60	2971.68	2696.30	275.38	1855.22	318.39	14434
上海	9154.18	80.34	4452.92	4129.52	323.40	4620.92	582.60	51474
江苏	18305.66	1461.49	10355.03	9334.69	1020.34	6489.14	741.06	24560
浙江	13437.85	892.83	7166.15	6349.34	816.81	5378.87	512.94	27703
安徽	5375.12	966.49	2221.17	1818.45	402.72	2187.46	358.71	8675
福建	6568.93	841.20	3200.26	2842.43	357.83	2527.47	455.18	18646
江西	4056.76	727.37	1917.47	1455.50	461.97	1411.92	300.60	9440
山东	18516.87	1963.51	10628.62	9568.58	1060.04	5924.74	968.64	20096
河南	10587.42	1892.01	5514.14	4896.01	618.13	3181.27	625.87	11346
湖北	6520.14	1082.13	2810.01	2436.55	373.46	2628.00	365.71	11431
湖南	6511.34	1274.15	2596.71	2189.91	406.80	2640.48	366.72	10426
广东	22366.54	1428.27	11339.93	10482.03	857.90	9598.34	990.53	24435
广西	4075.75	912.50	1510.68	1264.84	245.84	1652.57	225.20	8788
海南	894.57	300.75	220.07	156.16	63.91	373.75	64.34	10871
重庆	3070.49	463.40	1259.12	1023.35	235.77	1347.97	218.97	10982
四川	7385.11	1481.14	3067.23	2527.08	540.15	2836.74	380.28	9060
贵州	1979.06	368.94	826.63	714.24	112.39	783.49	115.82	5052
云南	3472.89	669.81	1432.76	1180.83	251.93	1370.32	163.08	7835
西藏	251.21	48.04	63.52	17.48	46.04	139.65	11.10	9114
陕西	3675.66	435.77	1849.28	1553.60	295.68	1390.61	242.12	9899
甘肃	1933.98	308.06	838.56	685.80	152.76	787.36	144.70	7477
青海	543.32	65.34	264.61	203.94	60.67	213.37	31.88	10045
宁夏	606.10	72.08	281.23	229.07	52.16	252.79	45.81	10239
新疆	2604.19	509.99	1164.79	961.61	203.18	929.41	149.63	13108

各地区人口平均预期寿命
Population Life Expectancy by Region

单位：岁

地 区	1990年			2000年		
	预期寿命	男	女	预期寿命	男	女
全 国	**68.55**	**66.84**	**70.47**	**71.40**	**69.63**	**73.33**
北 京	72.86	71.07	74.93	76.10	74.33	78.01
天 津	72.32	71.03	73.73	74.91	73.31	76.63
河 北	**70.35**	**68.47**	**72.53**	**72.54**	**70.68**	**74.57**
山 西	68.97	67.33	70.93	71.65	69.96	73.57
内蒙古	65.68	64.47	67.22	69.87	68.29	71.79
辽 宁	70.22	68.72	71.94	73.34	71.51	75.36
吉 林	67.95	66.65	69.49	73.10	71.38	75.04
黑龙江	66.97	65.50	68.73	72.37	70.39	74.66
上 海	74.90	72.77	77.02	78.14	76.22	80.04
江 苏	71.37	69.26	73.57	73.91	71.69	76.23
浙 江	71.78	69.66	74.24	74.70	72.50	77.21
安 徽	69.48	67.75	71.36	71.85	70.18	73.59
福 建	68.57	66.49	70.93	72.55	70.30	75.07
江 西	66.11	64.87	67.49	68.95	68.37	69.32
山 东	70.57	68.64	72.67	73.92	71.70	76.26
河 南	70.15	67.96	72.55	71.54	69.67	73.41
湖 北	67.25	65.51	69.23	71.08	69.31	73.02
湖 南	66.93	65.41	68.70	70.66	69.05	72.47
广 东	72.52	69.71	75.43	73.27	70.79	75.93
广 西	68.72	67.17	70.34	71.29	69.07	73.75
海 南	70.01	66.93	73.28	72.92	70.66	75.26
重 庆				71.73	69.84	73.89
四 川	66.33	65.06	67.70	71.20	69.25	73.39
贵 州	64.29	63.04	65.63	65.96	64.54	67.57
云 南	63.49	62.08	64.98	65.49	64.24	66.89
西 藏	59.64	57.64	61.57	64.37	62.52	66.15
陕 西	67.40	66.23	68.79	70.07	68.92	71.30
甘 肃	67.24	66.35	68.25	67.47	66.77	68.26
青 海	60.57	59.29	61.96	66.03	64.55	67.70
宁 夏	66.94	65.95	68.05	70.17	68.71	71.84
新 疆	62.59	61.95	63.26	67.41	65.98	69.14

注：2000年各省人口平均预期寿命是根据各省1990年以来人口变动调查公布的死亡率对2000年人口普查死亡数据修正后计算的。

各地区人口年龄构成和抚养比(2005年)

Age Composition and Dependency Ratio of Population by Region(2005)

地 区	人口数 (人)	0-14岁	15-64岁	65岁及以上	总抚养比 (%)	少年儿童抚养比	老年人口抚养比
全 国	**16985766**	**3321029**	**12123681**	**1541056**	**40.10**	**27.39**	**12.71**
北 京	203582	20932	160636	22014	26.74	13.03	13.70
天 津	138060	17488	107195	13377	28.79	16.31	12.48
河 北	**906856**	**160282**	**672457**	**74117**	**34.86**	**23.84**	**11.02**
山 西	444096	94573	315280	34244	40.86	30.00	10.86
内蒙古	315884	53884	236945	25056	33.32	22.74	10.57
辽 宁	558727	79560	424584	54583	31.59	18.74	12.86
吉 林	359512	52084	279851	27577	28.47	18.61	9.85
黑龙江	505647	74876	392334	38437	28.88	19.08	9.80
上 海	235351	21182	186010	28159	26.53	11.39	15.14
江 苏	989454	153721	728207	107525	35.88	21.11	14.77
浙 江	648340	103086	476673	68581	36.01	21.63	14.39
安 徽	810095	187067	541274	81754	49.66	34.56	15.10
福 建	467922	86487	340481	40954	37.43	25.40	12.03
江 西	570672	143226	379303	48143	50.45	37.76	12.69
山 东	1224142	194922	907427	121794	34.90	21.48	13.42
河 南	1241616	262380	876943	102292	41.58	29.92	11.66
湖 北	755824	142736	543773	69314	39.00	26.25	12.75
湖 南	837363	156693	595873	84797	40.53	26.30	14.23
广 东	1217005	260401	866533	90071	40.45	30.05	10.39
广 西	616837	146466	411440	58931	49.92	35.60	14.32
海 南	109601	25964	74277	9360	47.56	34.96	12.60
重 庆	370367	76551	253202	40614	46.27	30.23	16.04
四 川	1087009	237516	730821	118672	48.74	32.50	16.24
贵 州	493715	139899	313312	40504	57.58	44.65	12.93
云 南	589039	142052	402662	44325	46.29	35.28	11.01
西 藏	36666	10010	24397	2259	50.29	41.03	9.26
陕 西	492410	96302	353629	42480	39.25	27.23	12.01
甘 肃	343364	80364	238196	24804	44.15	33.74	10.41
青 海	71903	17307	50254	4341	43.08	34.44	8.64
宁 夏	78892	20438	53701	4753	46.91	38.06	8.85
新 疆	265815	62580	186012	17223	42.90	33.64	9.26

注:本表是2005年全国1%人口抽样调查样本数据，抽样比为1.325%。

在岗职工工资总额及平均工资(2005年)
Total and Average Wage Bill of Staff and Workers(on Post)(2005)

地区	工资总额（亿元）				平均货币工资(元)			
	合计	国有单位	城镇集体单位	其他单位	合计	国有单位	城镇集体单位	其他单位
全国	**19789.9**	**12009.2**	**867.8**	**6912.8**	**18364**	**19313**	**11283**	**18244**
北京	1520.1	694.9	30.8	794.4	34191	39067	14695	32324
天津	419.8	212.7	14.4	192.7	25271	26685	15713	24945
河北	**716.1**	**526.1**	**34.2**	**155.9**	**14707**	**15291**	**9041**	**14835**
山西	548.1	394.4	30.2	123.4	15645	16027	10157	16580
内蒙古	387.7	265.7	13.6	108.4	15985	16598	10804	15514
辽宁	827.5	540.7	37.5	249.2	17331	18360	9161	17550
吉林	377.4	259.7	18.4	99.3	14409	14566	8735	15868
黑龙江	654.6	412.2	29.1	213.3	14458	14424	7724	16492
上海	911.9	440.1	25.3	446.5	34345	36077	22486	33756
江苏	1252.1	672.7	48.8	530.6	20957	24659	13064	18468
浙江	1298.4	667.2	58.6	572.6	25896	39048	20567	18958
安徽	484.1	307.2	27.7	149.3	15334	15450	9894	16788
福建	648.1	299.1	24.8	324.2	17146	20897	13811	14947
江西	358.3	272.6	15.7	70.0	13688	14276	8952	13140
山东	1440.3	823.7	73.2	543.4	16614	19823	11474	14018
河南	950.0	575.6	90.3	284.0	14282	14877	10383	14852
湖北	652.4	469.8	31.6	151.0	14419	15585	8923	13062
湖南	591.5	408.1	31.5	151.9	15659	16649	11547	14422
广东	2085.6	1059.0	88.6	938.0	23959	28835	13240	21500
广西	410.1	301.8	19.1	89.2	15461	16113	10684	14852
海南	104.2	81.5	3.3	19.5	14417	14427	8640	16185
重庆	345.8	222.5	15.8	107.5	16630	18614	11614	14373
四川	773.4	543.0	44.4	186.0	15826	17898	11067	12812
贵州	284.2	202.4	10.2	71.6	14344	14681	10506	14161
云南	377.2	283.3	10.8	83.1	16140	16900	10516	14894
西藏	46.3	44.8	0.4	1.0	28950	29644	12336	19154
陕西	478.0	367.3	16.6	94.1	14796	15223	7926	15465
甘肃	280.0	242.4	11.3	26.3	14939	15840	9291	11827
青海	78.0	64.8	2.1	11.2	19084	21158	10080	13591
宁夏	101.6	66.8	2.0	32.7	17211	17634	13630	16668
新疆	387.4	287.2	7.6	92.7	15558	15364	12738	16503

全社会固定资产投资(2005年)
Total Investment in Fixed Assets(2005)

单位：亿元

地　区	全社会投资	按城乡分			按经济类型分		
		城　镇	#房地产开发	农　村	国有经济	集体经济	个体经济
全　国	**87095.7**	**73417.2**	**15909.2**	**13678.5**	**29666.9**	**11969.6**	**13890.6**
北　京	2827.2	2595.4	1525.0	231.8	821.3	227.3	193.5
天　津	1495.1	1364.0	327.5	131.1	591.4	134.3	169.5
河　北	**4139.7**	**3307.8**	**391.5**	**831.9**	**1215.5**	**786.9**	**642.2**
山　西	1826.6	1666.5	178.0	160.1	797.9	138.6	223.9
内蒙古	2643.6	2555.3	162.1	88.3	1233.5	73.4	273.1
辽　宁	4200.4	3666.5	874.3	533.9	1245.5	499.0	813.4
吉　林	1741.1	1581.3	195.7	159.8	617.6	83.0	256.1
黑龙江	1737.3	1581.2	267.6	156.1	784.1	31.1	294.0
上　海	3509.7	3198.6	1246.9	311.1	1202.6	377.3	433.6
江　苏	8165.4	6218.9	1545.2	1946.5	2043.6	1901.7	1437.4
浙　江	6520.1	4784.7	1456.5	1735.4	1738.2	1536.8	942.1
安　徽	2525.1	2126.7	459.4	398.4	847.3	224.6	541.0
福　建	2316.7	1958.3	540.4	358.4	730.4	293.5	432.8
江　西	2176.6	1902.7	301.1	273.9	862.3	196.3	441.3
山　东	9307.3	7275.1	977.7	2032.2	1674.5	2304.7	1593.8
河　南	4311.6	3461.2	388.5	850.4	1311.3	554.7	892.6
湖　北	2676.6	2387.4	448.0	289.2	997.2	221.1	421.8
湖　南	2629.1	2204.0	457.0	425.1	965.0	306.1	446.3
广　东	6977.9	5890.1	1591.9	1087.8	1957.6	1109.2	964.5
广　西	1661.2	1480.9	286.8	180.3	666.9	63.5	392.2
海　南	367.2	339.2	70.8	27.9	159.7	12.7	36.9
重　庆	1933.2	1777.1	517.7	156.1	766.9	119.7	357.4
四　川	3585.2	2991.8	701.4	593.4	1202.7	418.5	629.5
贵　州	998.3	899.3	154.1	98.9	537.7	39.8	161.4
云　南	1777.6	1592.3	246.9	185.3	815.3	63.0	279.4
西　藏	181.4	181.4	6.0		146.9	6.4	11.5
陕　西	1882.2	1740.9	299.0	141.3	990.9	77.6	224.9
甘　肃	870.4	786.0	86.6	84.3	505.5	58.1	108.6
青　海	329.8	310.8	29.1	19.0	155.5	13.7	27.7
宁　夏	443.3	382.0	74.8	61.3	189.2	34.6	89.2
新　疆	1339.1	1210.0	101.7	129.1	557.9	62.4	159.0

各地区全社会住宅投资(2005年)

Total Investment in Residential Building by Region(2005)

单位：亿元

地　区	合　计	城　镇	#房地产	农　村	#农　户
全　国	**15427.2**	**12825.8**	**10860.9**	**2601.5**	**2211.6**
北　京	877.9	843.5	779.5	34.4	13.6
天　津	273.0	241.3	234.9	31.7	15.4
河　北	**607.6**	**458.4**	**292.1**	**149.2**	**128.6**
山　西	211.7	164.9	116.9	46.8	46.0
内蒙古	198.2	180.7	114.7	17.5	17.3
辽　宁	753.6	679.5	614.5	74.1	57.4
吉　林	211.3	183.5	145.3	27.7	21.2
黑龙江	262.4	230.0	174.8	32.5	32.4
上　海	940.8	929.7	920.8	11.1	5.6
江　苏	1386.5	1210.6	1133.1	175.9	113.1
浙　江	1377.3	1169.0	1089.5	208.2	158.2
安　徽	554.6	379.0	323.4	175.6	146.2
福　建	437.9	381.3	363.7	56.7	50.7
江　西	297.1	228.7	208.2	68.4	65.1
山　东	1276.1	1028.9	698.3	247.2	179.4
河　南	713.6	404.2	271.6	309.4	306.6
湖　北	441.6	350.9	317.6	90.7	86.5
湖　南	504.8	362.1	306.1	142.7	133.8
广　东	1283.5	1121.0	1065.7	162.6	144.9
广　西	341.6	231.0	190.8	110.6	106.9
海　南	78.6	67.9	56.6	10.8	9.9
重　庆	408.5	357.8	300.4	50.7	38.1
四　川	697.6	583.1	473.3	114.5	92.3
贵　州	142.4	101.9	85.9	40.5	39.9
云　南	322.6	235.0	173.4	87.5	83.5
西　藏	19.5	19.5	4.3		
陕　西	369.6	315.6	212.3	54.0	53.6
甘　肃	140.0	114.5	61.1	25.5	23.6
青　海	27.8	22.7	16.6	5.1	5.0
宁　夏	63.6	54.2	47.5	9.4	9.4
新　疆	166.3	135.8	68.0	30.5	27.4

地方财政收入与支出(2005年)
Local Financial and Expenditure(2005年)

单位：万元

地区	收入合计	#增值税	#营业税	支出合计	#基本建设	#农业支出	#教育事业费
地方合计	**148842198**	**26442211**	**41028163**	**251543091**	**26757770**	**8673075**	**37299753**
北京	9192098	975976	3837623	10583114	844269	276401	1458723
天津	3318507	642377	964545	4421207	732323	87498	672034
河北	**5157017**	**1210346**	**1052792**	**9791635**	**735846**	**322693**	**1705374**
山西	3683437	1026952	606999	6687508	505365	228410	1020914
内蒙古	2774553	484469	782709	6818772	1106816	242095	786645
辽宁	6752768	1130567	1646848	12043636	1268402	434798	1421954
吉林	2071520	395328	475904	6311212	504908	213980	741472
黑龙江	3182056	850156	595595	7877854	603916	295465	1065721
上海	14173976	2261236	5129265	16462550	3692060	246078	1829415
江苏	13226753	2655705	3428176	16733965	1537082	662191	2582399
浙江	10665964	2042343	3243348	12655345	924118	578958	2315489
安徽	3340170	577244	781042	7130633	641160	289279	1174312
福建	4326003	731267	1246076	5930663	489241	203307	1115121
江西	2529236	338739	628395	5639525	417475	268330	879253
山东	10731250	1930040	2177928	14662271	704835	641754	2487484
河南	5376514	879692	1115960	11160412	1083689	353795	1873208
湖北	3755217	659098	913346	7787159	452024	322293	1188461
湖南	3952651	589327	942450	8734181	749789	402771	1230010
广东	18072044	3235854	5557670	22890691	2644339	451444	3292088
广西	2830359	393267	683811	6114806	699528	231545	1052608
海南	686802	97395	236794	1512421	174881	57985	242088
重庆	2568072	336548	702018	4873543	733446	130318	606598
四川	4796635	710737	1347643	10821769	1142259	416192	1405260
贵州	1824963	313700	463060	5207261	412285	245928	933707
云南	3126490	560191	676429	7663115	878316	336445	1222810
西藏	120312	11824	48721	1854502	563995	59904	203794
陕西	2753183	553438	692717	6389627	580587	217540	993134
甘肃	1235026	253337	315890	4293479	452723	136613	674831
青海	338222	78378	100177	1697547	265122	62651	203132
宁夏	477216	87318	157580	1602509	384608	65865	195197
新疆	1803184	429362	476652	5190179	832363	190549	726517

注：2005年中央本级出口退税增列216.54亿元，增加地方财政本级收入中增值税216.54亿元，这一增加额未在本表中反映。

居民消费价格指数和商品零售价格指数(2005年,上年=100)

Consumer Price Indices and Retail Price Indices(2005,Preceding Year=100)

地　　区	居民消费价格指数			商品零售价格指数		
	全省(区、市)	城　　市	农　　村	全省(区、市)	城　　市	农　　村
全　国	**101.81**	**101.59**	**102.19**	**100.78**	**100.50**	**101.40**
北　京	101.45	101.45		99.72	99.72	
天　津	101.55	101.55		99.89	99.89	
河　北	**101.80**	**101.43**	**102.19**	**101.11**	**101.01**	**101.22**
山　西	102.30	101.66	103.72	100.27	100.01	100.73
内蒙古	102.44	102.04	103.29	101.46	101.52	101.37
辽　宁	101.36	100.76	104.02	100.14	100.00	100.92
吉　林	101.50	101.37	101.88	101.13	101.02	101.51
黑龙江	101.18	100.82	102.29	100.36	99.70	102.25
上　海	100.96	100.96		99.44	99.44	
江　苏	102.11	101.95	102.36	100.34	100.02	101.12
浙　江	101.32	101.51	101.17	100.86	100.96	100.70
安　徽	101.35	100.99	101.94	100.56	99.99	101.15
福　建	102.22	101.86	102.75	100.59	100.32	101.01
江　西	101.72	101.49	102.20	100.86	100.26	101.44
山　东	101.68	101.09	102.38	100.63	100.39	101.22
河　南	102.08	102.07	102.08	101.66	101.76	101.56
湖　北	102.90	102.67	103.33	102.11	101.89	102.41
湖　南	102.32	102.05	102.78	102.27	101.63	103.04
广　东	102.25	102.05	102.71	101.77	101.53	102.24
广　西	102.44	103.00	101.58	101.14	101.29	101.00
海　南	101.46	101.26	101.66	100.91	100.36	101.55
重　庆	100.76	100.76		98.73	98.73	
四　川	101.66	101.69	101.61	100.58	100.09	101.03
贵　州	101.01	100.56	102.09	101.29	100.27	102.79
云　南	101.43	101.67	100.99	100.09	100.35	99.78
西　藏	101.47	101.50	100.94	100.80	100.76	100.41
陕　西	101.17	100.88	101.77	100.12	99.77	100.84
甘　肃	101.75	101.19	102.95	99.91	99.54	100.61
青　海	100.76	99.66	103.06	100.72	100.57	101.00
宁　夏	101.50	101.61	101.17	100.39	100.51	100.09
新　疆	100.73	100.57	101.15	99.39	99.45	99.30

城镇居民家庭人均收支(2005年)

Urban Household Per Capita Income and Expenditure(2005)

单位：元

地 区	可支配	总收入	消费性支出	#食 品	#衣 着	#医疗保健	#教育文化娱乐服务	#居 住
全 国	**10493.03**	**11320.77**	**7942.88**	**2914.39**	**800.51**	**600.85**	**1097.46**	**808.66**
北 京	17652.95	19533.33	13244.20	4215.56	1184.14	1295.76	2186.55	1039.78
天 津	12638.55	13563.32	9653.26	3542.90	698.91	996.35	1283.70	1291.60
河 北	**9107.09**	**9616.80**	**6699.67**	**2315.76**	**787.33**	**642.71**	**795.43**	**762.08**
山 西	8913.91	9538.56	6342.63	2056.79	933.03	538.70	932.53	727.91
内蒙古	9136.79	9565.14	6928.60	2177.63	1047.91	533.36	968.81	722.62
辽 宁	9107.55	9837.20	7369.27	2860.98	740.83	751.16	849.53	792.75
吉 林	8690.62	9122.99	6794.71	2356.00	826.21	675.77	800.22	845.45
黑龙江	8272.51	8722.47	6178.01	2071.62	877.96	613.15	802.49	695.23
上 海	18645.03	20602.90	13773.41	4940.06	940.45	796.82	2272.76	1412.11
江 苏	12318.57	13329.95	8621.82	3205.79	804.23	579.32	1287.90	794.94
浙 江	16293.77	17877.36	12253.74	4140.34	1264.06	831.79	1849.73	1059.36
安 徽	8470.68	9184.55	6367.67	2781.50	763.54	400.34	666.42	590.27
福 建	12321.31	13407.60	8794.41	3595.20	708.79	478.41	1106.95	1071.86
江 西	8619.66	9042.45	6109.39	2495.09	647.80	326.46	805.41	646.16
山 东	10744.79	11607.82	7457.31	2512.73	925.94	579.01	1039.99	751.69
河 南	8667.97	9145.98	6038.02	2067.51	806.39	472.31	805.08	651.98
湖 北	8785.94	9395.10	6736.56	2625.41	806.67	499.34	904.76	683.89
湖 南	9523.97	10106.07	7504.99	2689.39	790.70	601.34	1138.67	771.47
广 东	14769.94	16249.89	11809.87	4265.19	673.90	704.90	1669.09	1181.42
广 西	9286.70	10022.40	7032.80	2906.73	519.96	466.04	998.87	769.77
海 南	8123.94	8670.15	5928.79	2819.96	309.45	351.06	652.03	585.40
重 庆	10243.46	11079.15	8623.29	3135.65	849.53	629.32	1391.11	882.41
四 川	8385.96	9003.59	6891.27	2709.69	640.91	442.83	909.03	705.43
贵 州	8151.13	8385.08	6159.29	2458.30	702.90	403.43	811.73	583.46
云 南	9265.90	9994.65	6996.90	2997.06	643.94	663.01	775.61	543.10
西 藏	9431.18	10659.31	8617.11	3830.45	1051.80	338.57	678.26	517.53
陕 西	8272.02	8902.26	6656.46	2401.52	673.07	605.31	1081.92	653.40
甘 肃	8086.82	8738.11	6529.20	2352.82	806.26	492.23	942.75	680.78
青 海	8057.85	8766.68	6245.26	2267.36	690.76	554.11	803.08	666.38
宁 夏	8093.64	8744.86	6404.31	2228.63	776.51	535.92	769.97	711.21
新 疆	7990.15	8693.67	6207.52	2257.44	825.98	499.16	741.35	571.72

农村居民家庭人均收支(2005年)

Rural Household Per Capita Income and Expenditure(2005)

单位: 元

地　区	纯收入	#工资性收入	#家庭经营纯收入	生活消费支出合计	#食品	#衣着	#居住	#文教、娱乐用品及服务
全　国	**2936.40**	**998.46**	**1745.79**	**1754.46**	**629.88**	**119.55**	**297.16**	**247.63**
北　京	6170.33	3698.74	1600.80	4562.58	1443.57	308.85	745.04	743.72
天　津	5019.53	2358.69	2427.51	2513.22	888.93	181.21	508.06	376.87
河　北	**3171.06**	**1110.92**	**1887.68**	**1557.52**	**503.70**	**127.00**	**340.88**	**182.56**
山　西	2589.60	987.52	1497.19	1366.32	486.45	171.51	172.06	235.01
内蒙古	2606.37	394.79	2037.70	1667.23	500.57	132.87	241.41	291.98
辽　宁	3307.14	1075.86	1991.49	1692.82	607.45	154.23	265.24	217.95
吉　林	2999.62	457.80	2292.76	1662.30	624.33	133.50	182.87	237.34
黑龙江	3005.18	413.14	2329.44	1554.23	565.37	123.87	290.94	188.51
上　海	7066.33	5468.54	854.08	6032.42	1894.83	279.64	1446.15	805.55
江　苏	4753.85	2443.35	2018.51	2528.29	859.21	163.53	462.08	373.39
浙　江	5944.06	2855.82	2533.15	4410.85	1602.97	258.34	786.50	597.96
安　徽	2499.33	884.62	1489.17	1407.47	491.56	86.68	263.57	199.95
福　建	4089.38	1488.47	2206.92	2606.75	1054.57	159.60	377.47	313.09
江　西	2786.78	1017.51	1670.18	1534.38	610.00	105.80	190.10	237.28
山　东	3507.43	1178.32	2147.47	2024.82	642.00	137.27	361.71	298.23
河　南	2553.15	753.99	1716.71	1248.80	439.70	107.74	222.41	168.04
湖　北	2890.01	755.23	2051.62	1479.46	502.01	92.04	241.17	245.68
湖　南	2837.76	1081.23	1614.57	1895.31	774.87	112.29	280.13	279.96
广　东	4365.87	2173.21	1805.69	2791.74	1196.85	116.49	431.59	314.34
广　西	2305.22	857.63	1365.26	1447.75	613.79	64.42	264.75	178.83
海　南	2817.62	397.32	2257.56	1295.70	614.85	58.96	97.40	164.42
重　庆	2510.41	931.69	1418.84	1231.90	440.91	79.08	177.49	198.65
四　川	2518.93	829.17	1568.26	1373.49	525.33	91.03	191.94	209.68
贵　州	1721.55	505.24	1115.87	821.69	292.86	55.57	153.71	140.21
云　南	1864.19	325.86	1386.61	1087.22	393.96	61.87	209.90	143.20
西　藏	1861.31	530.33	1103.41	839.23	320.89	154.28	114.07	37.84
陕　西	1866.52	690.38	1028.34	1352.61	428.89	91.71	229.44	258.83
甘　肃	1852.22	527.58	1228.93	1050.94	296.03	82.27	174.73	202.64
青　海	1957.65	460.90	1333.62	1191.05	356.05	120.27	208.03	108.14
宁　夏	2320.05	618.37	1506.06	1488.81	379.60	122.49	316.15	217.06
新　疆	2244.93	138.23	1970.36	1283.90	384.25	134.81	283.78	126.92

农业生产条件(2005年)

Basic Indicators of Agriculture(2005)

地　区	农业机械总动力(万千瓦)	农用大中型拖拉机(台)	小型拖拉机(台)	大中型拖拉机配套农具(部)	有效灌溉面积(千公顷)	化肥施用量(万吨)	农村用电量(亿千瓦时)
全　国	**68397.8**	**1395981**	**15268916**	**2262004**	**55029.3**	**4766.2**	**4375.7**
北　京	337.7	9487	18961	18515	181.5	14.8	42.2
天　津	611.9	10260	35360	14780	355.2	23.3	55.2
河　北	**8487.2**	**100894**	**1446840**	**183516**	**4547.8**	**303.4**	**337.1**
山　西	2288.7	35928	251260	74607	1088.6	95.7	66.9
内蒙古	1922.0	73658	544600	100614	2702.2	116.7	29.3
辽　宁	1918.1	42777	235585	56958	1527.1	119.9	183.0
吉　林	1471.3	90750	538024	171632	1613.7	138.1	28.0
黑龙江	2234.0	217275	744126	318803	2394.1	150.9	36.3
上　海	96.5	4210	8152	10724	237.3	14.4	124.5
江　苏	3135.3	41500	901135	80792	3817.7	340.8	825.1
浙　江	2111.3	4482	197453	6214	1417.7	94.3	520.6
安　徽	3983.8	36040	2079830	79730	3330.9	285.7	64.0
福　建	1000.0	1400	98806	406	949.7	122.0	160.6
江　西	1781.3	12800	147000	7000	1831.4	129.4	45.1
山　东	9199.3	227858	1827326	419555	4790.0	467.6	346.5
河　南	7934.2	110840	2984520	239910	4864.1	518.1	172.1
湖　北	2057.4	76644	483915	93583	2064.6	285.8	70.1
湖　南	3189.9	8820	168738	6722	2690.4	209.9	65.2
广　东	1782.1	5900	352000	7800	1317.8	204.6	766.4
广　西	1909.7	16950	344382	15273	1519.8	201.3	34.3
海　南	268.2	5800	34419	2645	168.3	37.3	3.8
重　庆	776.0	104	3910	156	618.1	79.1	42.9
四　川	2181.7	12728	124783	12622	2508.3	220.9	112.9
贵　州	1011.5	13900	48270	4740	711.6	77.4	30.2
云　南	1666.1	44978	274764	11545	1485.4	142.7	41.7
西　藏	230.9	6658	79020	2531	162.6	4.2	0.6
陕　西	1406.3	35500	180049	57100	1298.8	147.3	88.2
甘　肃	1406.9	18342	375612	28905	1030.4	75.9	33.9
青　海	327.3	2745	221664	3900	176.5	7.0	3.0
宁　夏	555.1	13245	169500	14127	423.5	29.9	9.3
新　疆	1116.3	113508	348912	216599	3204.3	107.8	36.5

注：2002年及以后大中型拖拉机中不包括变形拖拉机，2001年数据相应做了调整。

主要农产品人均占有量(2005年)
Per Capita Output of Major Farm Products(2005)

地 区	主要农产品人均占有量(千克)					
	粮 食	棉 花	油 料	猪牛羊肉	水产品	牛 奶
全 国	**371**	**4.4**	**23.6**	**47.2**	**39.2**	**21.1**
北 京	62	0.1	1.6	25.9	4.2	41.9
天 津	132	8.0	1.2	43.2	32.5	61.0
河 北	**380**	**8.4**	**22.4**	**67.0**	**14.5**	**49.8**
山 西	292	3.1	6.4	18.6	1.1	21.3
内蒙古	699		51.3	81.4	3.5	290.4
辽 宁	415		8.8	57.2	101.1	17.8
吉 林	953		20.1	60.3	4.4	10.9
黑龙江	812		15.9	37.4	11.7	115.6
上 海	59	0.1	3.9	10.5	19.9	13.4
江 苏	380	4.3	29.0	32.5	52.2	7.6
浙 江	167	0.4	10.3	26.7	99.1	5.5
安 徽	427	5.3	44.4	43.4	29.1	1.8
福 建	203		7.8	39.3	170.9	5.5
江 西	409	2.0	17.7	43.7	39.2	2.9
山 东	425	9.2	39.5	52.5	79.8	20.3
河 南	490	7.2	48.1	62.9	5.5	11.1
湖 北	382	6.6	51.6	48.9	55.9	2.1
湖 南	425	3.1	22.4	74.0	28.4	1.1
广 东	152		8.4	28.8	75.8	1.3
广 西	320		13.6	44.5	61.2	1.2
海 南	185		10.3	50.0	181.7	0.1
重 庆	419		15.3	54.9	9.0	3.1
四 川	392	0.3	28.4	68.7	12.0	7.2
贵 州	310		22.8	41.6	2.5	1.0
云 南	341		8.2	62.2	5.4	7.0
西 藏	338		22.2	77.7		76.8
陕 西	281	2.1	12.2	24.2	2.0	30.6
甘 肃	324	4.3	19.5	29.3	0.6	12.1
青 海	172		58.8	46.4	0.2	43.6
宁 夏	505		20.5	37.5	9.8	97.4
新 疆	438	93.6	19.4	60.1	4.0	76.0

注:农林牧渔业总产值按当年价格计算。

平均每一农林牧渔业从业人员主要农产品生产量(2005年)
Output of Major Farm Corps Per Agricultural Laborer(2005)

单位:千克

地区	粮食	棉花	油料	猪牛羊肉	水产品	牛奶
全国	**1598**	**18.9**	**101.6**	**203.3**	**168.6**	**90.9**
北京	1630	3.6	42.8	681.0	110.3	1102.3
天津	1718	104.4	16.2	561.1	422.4	792.2
河北	**1648**	**36.6**	**96.9**	**290.5**	**62.8**	**215.9**
山西	1531	16.1	33.3	97.4	5.9	111.6
内蒙古	3157	0.3	232.0	367.8	15.7	1312.6
辽宁	2545	0.4	53.7	350.7	619.9	109.1
吉林	5169	0.3	109.0	327.1	23.8	58.9
黑龙江	4408		86.4	202.8	63.6	627.7
上海	1696	2.9	111.6	300.8	569.0	382.4
江苏	2585	29.4	197.0	220.8	354.4	51.6
浙江	1010	2.7	62.1	161.7	599.6	33.1
安徽	1463	18.2	152.0	148.8	99.7	6.2
福建	1011		38.8	195.7	851.2	27.4
江西	1838	9.1	79.6	196.3	176.4	13.1
山东	1854	40.1	172.2	229.1	348.4	88.5
河南	1440	21.3	141.3	184.9	16.2	32.7
湖北	1973	34.0	266.3	252.5	288.3	11.1
湖南	1364	10.1	71.8	237.7	91.3	3.5
广东	912		50.4	172.8	454.6	7.6
广西	985	0.1	41.9	136.9	188.3	3.5
海南	797		44.4	214.8	781.0	0.6
重庆	1482		54.2	194.4	31.8	10.9
四川	1371	1.1	99.2	240.0	41.9	25.0
贵州	901		66.4	121.0	7.4	2.9
云南	895		21.4	163.1	14.1	18.3
西藏	1094		71.8	251.4	0.1	248.5
陕西	1094	8.2	47.6	94.0	7.7	118.9
甘肃	1098	14.5	66.0	99.4	2.1	40.9
青海	716		244.5	193.0	0.7	181.3
宁夏	2107		85.8	156.5	41.0	406.5
新疆	2565	548.4	113.9	352.0	23.2	445.4

全部国有及规模以上非国有工业企业主要指标(2005年)

Main Indicators of All State-owned and Non-state-owned above Designated Size Industrial Enterprises(2005)

单位: 亿元

地　区	企业单位数(个)	资产总计	流动资产年平均余额	固定资产净值年平均余额	主营业务收入	利润总额	本年应交增值税
全　国	**271835**	**244784.25**	**105901.69**	**89460.49**	**248544.00**	**14802.54**	**8520.94**
北　京	6300	12829.79	3701.52	2590.44	7278.96	413.50	207.19
天　津	6144	6347.92	3058.69	2155.41	7125.93	551.60	186.29
河　北	**9936**	**9473.70**	**3822.08**	**3894.23**	**10745.98**	**690.38**	**378.18**
山　西	4441	7045.09	2659.71	2855.68	4784.59	261.28	320.37
内蒙古	2447	4595.89	1351.71	2022.55	3050.96	235.13	166.43
辽　宁	11510	11902.12	5045.59	4848.73	10747.31	355.98	336.47
吉　林	2774	4506.88	1707.86	1854.24	3634.64	141.00	135.36
黑龙江	2887	5174.47	2060.46	2379.94	4765.42	1067.09	327.93
上　海	14809	15905.94	7833.28	5226.52	16353.73	939.56	437.98
江　苏	32224	25488.86	12579.76	8758.69	32098.48	1384.64	805.50
浙　江	40275	20609.30	10305.43	6518.30	23044.63	1103.53	679.47
安　徽	5277	5067.10	2008.12	1910.87	4523.27	218.20	183.97
福　建	12396	6841.37	3260.86	2521.27	7848.24	407.55	206.26
江　西	4403	3058.34	1231.43	1220.96	2909.13	112.41	117.65
山　东	27540	22131.24	9437.49	8309.62	30023.87	2164.70	1007.60
河　南	10867	9158.03	3750.85	3788.63	10114.44	643.39	402.71
湖　北	6813	8683.39	3059.06	3850.14	5962.54	371.84	242.86
湖　南	8022	4611.60	1761.49	1886.62	4585.31	189.25	205.65
广　东	35157	27076.08	14411.12	8834.68	34781.58	1693.99	956.53
广　西	3687	3009.98	1125.00	1248.34	2466.79	134.99	120.56
海　南	616	791.28	265.54	358.52	449.76	35.04	25.34
重　庆	2943	3091.96	1357.20	1056.30	2515.17	115.59	99.10
四　川	7959	7908.62	3150.69	3039.99	6008.12	326.65	241.67
贵　州	2585	2734.05	947.98	1122.67	1577.16	70.79	97.40
云　南	2362	3964.32	1587.77	1361.54	2569.71	227.91	177.68
西　藏	197	112.43	28.58	70.49	28.39	4.47	2.57
陕　西	2997	5085.87	1916.50	2155.18	3302.51	400.65	186.20
甘　肃	1733	2483.04	916.73	1117.68	1984.67	59.65	84.28
青　海	404	1145.49	329.91	560.46	462.83	72.82	29.98
宁　夏	685	1113.10	404.58	426.84	647.47	21.09	26.02
新　疆	1445	2837.00	824.72	1514.97	2152.45	387.89	125.75

注: 本表为统计快报数据。

主要工业产品产量(2005年)
Output of Major Industrial Products(2005)

地　　区	纱 (万吨)	卷　烟 (亿支)	原　煤 (亿吨)	原　油 (万吨)	发 电 量 (亿千瓦小时)	钢　材 (万吨)	平板玻璃 (万重量箱)
全　国	**1450.54**	**19389.08**	**22.05**	**18135.29**	**25002.60**	**37771.14**	**40210.24**
北　京	2.10	136.78	0.09		213.35	966.29	293.42
天　津	7.32	132.50		1792.99	369.06	1670.15	458.29
河　北	**68.59**	**600.00**	**0.86**	**562.45**	**1338.63**	**6591.12**	**7598.18**
山　西	10.39	125.00	5.54		1311.97	1368.60	360.24
内蒙古	3.22	172.50	2.56		1056.59	747.77	1144.60
辽　宁	17.41	229.40	0.64	1260.96	904.21	3235.93	1853.96
吉　林	6.71	278.50	0.27	550.57	433.43	479.36	426.49
黑龙江	4.88	400.00	0.95	4516.01	596.02	236.69	520.81
上　海	11.65	798.67		25.27	733.97	2108.63	830.61
江　苏	335.60	816.36	0.28	164.70	2120.00	4424.63	5233.13
浙　江	96.41	657.65			1456.42	803.45	2109.14
安　徽	38.31	1040.02	0.85		648.41	1198.96	507.72
福　建	64.53	604.99	0.18		778.25	729.67	1438.57
江　西	20.44	409.07	0.26		373.49	1023.33	626.36
山　东	371.77	1170.25	1.40	2694.54	1911.39	3010.86	4761.21
河　南	141.80	1303.29	1.88	507.16	1414.68	1338.96	3434.69
湖　北	89.82	1123.17	0.10	78.11	1289.80	1580.87	1626.88
湖　南	26.06	1395.31	0.57		644.41	965.96	1091.16
广　东	36.64	1053.57	0.04	1470.03	2278.59	1415.79	2372.73
广　西	11.87	534.50	0.07	3.43	446.04	519.88	515.74
海　南		59.00		10.07	82.19	14.86	
重　庆	6.90	396.08	0.36		253.90	294.70	218.27
四　川	25.48	686.31	0.81	13.92	1018.77	1172.20	1347.41
贵　州	1.58	1041.07	1.08		797.65	214.89	
云　南	1.44	3157.36	0.65	0.09	624.20	486.93	270.15
西　藏					13.34		
陕　西	19.43	631.25	1.52	1778.16	548.80	337.80	541.14
甘　肃	1.78	354.98	0.36	78.91	506.17	452.25	339.62
青　海	0.36		0.06	221.49	215.89	48.47	90.35
宁　夏	0.15	11.50	0.26		312.87	9.21	66.42
新　疆	27.90	70.00	0.39	2406.43	310.11	322.93	132.95

运输邮电业基本情况(2005年)

Basic Conditions of Transport, Post and Telecommunication Services(2005)

地 区	公路里程 (公里)	#等级路	民用汽车 总 计 (万辆)	#私人汽车	移动电话 用 户 (万户)	互联网 上网人数 (万人)	本地电话 年末用户 (万户)	#住宅电话
全 国	**1930543**	**1591791**	**3159.66**	**1848.07**	**39340.6**	**11100**	**35044.5**	**17201.2**
北 京	14696	14481	209.73	149.31	1459.4	428	943.7	625.6
天 津	10836	10791	67.68	45.02	502.6	229	428.9	347.4
河 北	**75894**	**67229**	**198.23**	**133.36**	**1785.5**	**486**	**1581.6**	**755.5**
山 西	69563	67785	107.44	58.77	906.2	269	873.2	492.9
内蒙古	79029	70880	65.82	44.25	712.3	116	525.5	340.3
辽 宁	53521	53325	134.87	57.91	1358.2	372	1626.6	962.2
吉 林	50308	48487	65.27	35.88	915.7	201	756.0	429.4
黑龙江	67077	61691	85.90	43.88	1132.3	316	1056.5	648.0
上 海	8110	8110	95.16	41.00	1444.2	463	996.7	685.0
江 苏	82739	74958	192.25	109.43	2550.0	790	3059.1	1450.6
浙 江	48600	46167	202.92	135.08	2686.3	707	2231.7	849.4
安 徽	72807	67083	80.50	35.41	1046.9	276	1349.5	501.8
福 建	58286	47987	69.79	42.07	1302.3	397	1398.5	657.1
江 西	62300	43523	48.36	17.55	798.4	187	829.3	349.4
山 东	80131	80131	246.96	136.07	2347.3	988	2637.9	1103.5
河 南	79506	75003	152.17	83.85	1815.0	396	1796.3	830.4
湖 北	91131	76075	86.24	43.47	1401.3	463	1236.4	614.9
湖 南	88200	45801	78.34	48.19	1266.2	348	1227.8	523.4
广 东	115337	106476	372.96	251.60	6406.6	1486	3442.5	1653.2
广 西	62003	51046	59.14	29.62	1021.1	330	869.5	386.9
海 南	21162	12671	16.40	7.67	203.9	69	230.3	106.0
重 庆	38215	30835	46.93	23.15	943.4	189	688.9	326.8
四 川	114694	79337	138.00	89.32	1689.7	609	1577.4	772.2
贵 州	46893	35447	46.77	30.26	509.4	109	466.5	232.8
云 南	167638	111920	103.60	66.84	898.8	241	597.8	294.1
西 藏	43716	10905	7.07	4.06	46.9	9	52.0	33.1
陕 西	54492	49274	63.21	33.77	938.1	314	859.3	385.5
甘 肃	41330	32792	33.74	12.99	408.4	125	548.0	260.3
青 海	29720	26982	12.18	5.27	131.6	29	113.5	65.7
宁 夏	13078	13001	15.63	8.02	181.1	32	138.9	67.1
新 疆	89531	71599	56.42	24.97	531.3	126	592.7	318.9

贸易、外经主要指标(2005年)
Main Indicators of Internal and Foreign Trade(2005)

地　区	社会消费品零售总额(亿元)	限额以上连锁零售企业从业人数(万人)	进口贸易总额(万美元)	出口贸易总额(万美元)	年末外商投资总额(亿美元)
全　国	**67176.6**	**148.8**	**65995276**	**76195341**	**14640**
北　京	2902.8	12.1	9464052	3086590	607
天　津	1190.1	2.0	2589592	2738088	568
河　北	**2952.9**	**2.6**	**514605**	**1092430**	**219**
山　西	1401.2	2.0	201716	352849	77
内蒙古	1344.1	1.6	310263	177362	126
辽　宁	2999.0	2.7	1757494	2343832	815
吉　林	1460.8	0.5	406157	246616	207
黑龙江	1760.1	1.1	349658	606944	110
上　海	2973.0	23.2	9561922	9071752	2007
江　苏	5699.9	20.6	10495605	12296671	2657
浙　江	4631.7	7.0	3058721	7680245	1019
安　徽	1765.0	5.6	393088	518850	155
福　建	2345.8	2.6	1956932	3484187	753
江　西	1236.2	2.8	162527	243934	185
山　东	6126.4	9.1	3061298	4612289	786
河　南	3358.4	3.4	263739	508753	206
湖　北	2964.6	6.1	462607	442868	258
湖　南	2459.1	6.4	225305	374714	158
广　东	7882.6	21.4	18980614	23815883	2889
广　西	1397.0	2.1	230487	287663	147
海　南	268.6	0.3	151979	102254	92
重　庆	1215.8	4.0	177226	252058	80
四　川	2981.4	2.7	320036	470161	166
贵　州	606.9	1.1	54463	85894	23
云　南	1034.4	1.9	210172	264173	84
西　藏	73.1		4009	16538	4
陕　西	1322.4	1.8	149998	307689	137
甘　肃	632.8	0.5	153928	109100	32
青　海	160.5	0.2	9011	32320	7
宁　夏	174.3	0.6	27915	68742	45
新　疆	637.8	0.6	290157	503892	19

注：1.各地区相加不等于全国总计，原因是全国数据进行了修正。2.进出口贸易总额为按经营单位所在地。

教育、卫生情况(2005年)

Main Indicators on Education and Public Health(2005)

地区	在校学生数(人)					卫生机构数(个)	医疗机构床位数(张)	执业(助理)医师(人)
	普通高等学校	中等职业学校	普通中学	职业初中	小学			
全国	**15617767**	**13247421**	**85808980**	**431363**	**108640655**	**298997**	**3350810**	**1938272**
北京	548270	208554	599943		494482	4818	79067	50642
天津	331553	135426	576290		533003	2472	41513	24996
河北	**774006**	**810472**	**5095401**	**13137**	**5003578**	**18046**	**162061**	**105582**
山西	407036	361634	2611539	27518	3502562	9430	107980	66689
内蒙古	230902	199875	1554738	54991	1596381	7629	69047	50308
辽宁	659351	431756	2314498		2666155	14925	177524	91519
吉林	407262	182929	1547353	34037	1625238	8755	87279	56411
黑龙江	540867	260073	2279390	8058	2204055	8326	119692	65135
上海	442620	206326	778699	392	540362	2526	89758	43956
江苏	1159795	1060824	4915714		4855321	15324	197515	108700
浙江	651307	732778	2610838		3424042	12555	140734	88050
安徽	589075	633437	4608626	136855	5841133	9197	126587	66102
福建	406996	447689	2501740	310	2732702	7934	81645	44314
江西	646086	541604	2861491	1268	3841576	10669	84836	49701
山东	1171284	1093400	5924900	332	6153703	16323	247574	140628
河南	851864	1076826	7582155	4434	9868409	14554	212407	111134
湖北	1012665	606014	4466879	26524	4291881	9459	139147	89507
湖南	754859	705568	4291123	358	4198314	15008	151297	92073
广东	874686	710162	6116907		10670304	16318	208936	118023
广西	338261	365996	3038782	4297	4527888	9416	93532	54563
海南	69984	58424	584351		1056730	2464	18651	11811
重庆	333563	308194	1735166	138	2609754	6380	64174	37321
四川	775436	783244	4855390	7864	7145093	23832	193171	113697
贵州	206754	201373	2549575	36538	4737645	6571	61594	40928
云南	254687	294946	2388817	20093	4412267	10110	106334	55837
西藏	18979	7027	154048	265	327497	1378	6767	4593
陕西	666943	427967	3045582	2924	3400893	11701	106391	60316
甘肃	229459	195551	1943839	200	3035794	11849	63314	35246
青海	32753	24656	327502	439	506853	1478	15088	8478
宁夏	48650	58773	406422	3823	693207	1463	17754	10586
新疆	181814	115923	1541282	46568	2143833	8087	79441	41426

国土面积和人口
Territory and Population

国家和地区	国土面积（万平方公里）	2004年年中人口数（万人）	2004年人口增长率（%）	2004年人口密度（人/平方公里）
世界总计	**13427.9①**	**636498**	**1.2**	**49**
亚　洲④	**3187.0**	**382339**	**1.3**	**120**
中　国②	960.0	129608	0.6	136
日　本	36.5	12776	0.1	351
印　度③	297.3	107972	1.4	363
印度尼西亚	181.2	21759	1.3	120
菲律宾	29.8	8162	1.8	274
泰　国	51.1	6369	0.9	125
马来西亚	32.9	2489	1.9	76
新加坡	0.1	424	1.3	6329
巴基斯坦	77.1	15206	2.4	197
缅　甸	65.8	5000	1.1	76
孟加拉国	13.0	13921	1.9	1069
土耳其	77.0	7173	1.4	93
蒙　古	156.7	251	1.4	2
朝　鲜	12.0	2238	0.5	186
韩　国	9.9	4808	0.5	487
越　南	32.5	8216	1.0	252
非　洲④	**3030.9**	**85056**	**2.2**	**28**
埃　及	99.5	7264	1.9	73
尼日利亚	91.1	12871	2.2	141
欧　洲④	**2297.6**	**72634**	**-0.1**	**32**
德　国	34.9	8252	0.0	236
英　国	24.2	5987	0.5	247
法　国	55.0	6038	0.6	110
意大利	29.4	5757	-0.1	196
捷　克	7.7	1022	0.1	132
波　兰	30.6	3818	0.0	125
罗马尼亚	23.0	2168	-0.3	94
保加利亚	11.1	776	-0.8	70
俄罗斯联邦	1638.1	14385	-0.5	9
北美洲④	**2272.5**	**50667**	**1.2**	**22**
美　国	915.9	29366	1.0	32
加拿大	909.4	3197	1.1	4
墨西哥	190.9	10380	1.5	54
南美洲④	**1783.4**	**36228**	**1.4**	**20**
巴　西	845.9	18391	1.4	22
阿根廷	273.7	3837	1.0	14
大洋洲④	**856.4**	**3223**	**1.2**	**4**
澳大利亚	768.2	2011	1.2	3
新西兰	26.8	406	1.3	15

注：①指有定居人口的各大洲面积，未包括尚无定居人口的南极洲。如包括南极洲，全世界陆地面积为14950万平方公里。②中国为年底总人口。③不包括查谟、克什米尔和锡金等地区。④ 2003年数据。

按三次产业划分的就业
Employment by Type of Industry

单位：%

国家	第一产业		第二产业		第三产业	
	2000年	2003年	2000年	2003年	2000年	2003年
中国	50.0	49.1	22.5	21.6	27.5	29.3
孟加拉国	62.1		10.3		23.5	
印度尼西亚	45.3	46.4	13.5	13.2	41.2	40.4
以色列	2.2	1.8	24.0	22.6	73.0	74.8
日本	5.1	4.6	31.2	28.8	63.1	65.6
哈萨克斯坦		35.3	16.3①	17.0	48.1①	47.8
韩国	10.6	8.8	28.1	27.6	61.2	63.5
马来西亚	18.4	14.3	32.2	32.0	49.5	53.7
蒙古	48.6	41.8	14.1	15.6	37.2	42.6
巴基斯坦	48.4	42.1②	18.0	20.8②	33.5	37.1②
菲律宾	37.4	37.4①	16.0	15.6①	46.5	47.0①
斯里兰卡		34.3		23.4		38.7
新加坡	0.2	0.2	34.2	24.1	65.4	75.6
泰国	48.5	44.9	17.9	19.7	33.5	35.3
土耳其	36.0	33.9	24.0	22.8	40.0	43.4
越南	65.3	59.7	12.4	16.4	22.3	23.9
埃及	29.6	27.5②	21.3	20.6②	49.1	51.9②
南非	14.5	10.3	24.1	24.5	60.9	65.1
加拿大	3.3	2.8	22.6	22.5	74.1	74.7
墨西哥	17.4	16.3	26.9	25.0	55.2	58.4
美国	2.6	2.5②	23.0	21.6②	74.4	75.9②
阿根廷	0.7	1.3	22.7	19.9	76.2	78.3
巴西		19.8②	20.0①	21.6②	59.4①	58.4②
委内瑞拉	10.2	10.7	22.3	19.8	67.4	69.1
保加利亚	26.2	10.1	28.3	32.8	45.5	57.1
捷克	5.1	4.5	40.0	39.7	54.8	55.8
德国	2.6	2.5	33.7	31.9	63.6	65.5
意大利	5.4	4.9	32.4	32.2	62.1	62.8
荷兰	3.3	3.0②	21.3	20.3②	72.9	74.1②
波兰	18.8	18.4	30.9	28.6	50.4	53.0
罗马尼亚	42.8	35.7	26.2	29.8	31.0	34.5
俄罗斯联邦	12.7	10.0	29.6	31.3	57.7	58.7
西班牙	6.6	5.7	31.3	30.8	62.0	63.6
乌克兰	20.5	18.9	31.4	29.9	48.1	51.2
英国	1.5	1.2	25.4	23.5	72.7	75.0
澳大利亚	5.0	4.0	21.8	21.2	73.2	74.8
新西兰	8.7	8.2	23.2	22.3	67.6	69.3

注：①2001年数据。②2002年数据。

国内生产总值及其增长率

Gross Domestic Product and Its Growth Rate

国家和地区	2005年国内生产总值（亿本币）	国内生产总值增长率（比上年增长%）				
		2001年	2002年	2003年	2004年	2005年
世　界		**2.6**	**3.1**	**4.1**	**5.3**	**4.8**
中　国	183085	8.3	9.1	10.0	10.1	10.2
孟加拉国	39133	4.8	4.8	5.8	5.9	5.8
印　度	341953	4.1	4.2	7.2	8.1	8.3
印度尼西亚	26786641	3.8	4.4	4.7	5.1	5.6
伊　朗	17686654	3.7	7.5	6.7	5.6	5.9
以色列	5540	-0.3	-1.2	1.7	4.4	5.2
日　本	5029054	0.4	0.1	1.8	2.3	2.7
哈萨克斯坦	74530	13.5	9.8	9.3	9.6	9.4
韩　国	8121966	3.8	7.0	3.1	4.6	4.0
马来西亚	4945	0.3	4.4	5.4	7.1	5.3
蒙　古	22665	1.0	4.0	5.6	10.7	6.2
缅　甸	102300	11.3	12.0	13.8	3.0	5.0
巴基斯坦	70556	2.5	4.1	5.7	7.1	7.0
菲律宾	53793	1.8	4.4	4.5	6.0	5.1
新加坡	1944	-2.3	4.0	2.9	8.7	6.4
斯里兰卡	23637	-1.5	4.0	6.0	5.4	5.9
泰　国	69243	2.2	5.3	7.0	6.2	4.4
土耳其	4872	-7.5	7.9	5.8	8.9	7.4
越　南	8068549	6.9	7.1	7.3	7.7	7.5
埃　及	5580	3.5	3.2	3.1	4.1	5.0
尼日利亚	129896	3.1	1.5	10.7	6.0	6.9
南　非	15233	2.7	3.7	3.0	4.5	4.9
加拿大	13687	1.8	3.1	2.0	2.9	2.9
墨西哥	83743		0.8	1.4	4.2	3.0
美　国	124857	0.8	1.6	2.7	4.2	3.5
阿根廷	5323	-4.4	-10.9	8.8	9.0	9.2
巴　西	19303	1.3	1.9	0.5	4.9	2.3
委内瑞拉	2805307	3.4	-8.9	-7.7	17.9	9.3
白俄罗斯	636789	4.7	5.0	7.0	11.4	9.2
保加利亚	419	4.1	4.9	4.5	5.7	5.5
捷　克	29507	2.6	1.5	3.2	4.7	6.0
法　国	16904	2.1	1.3	0.9	2.1	1.4
德　国	22455	1.2	0.1	-0.2	1.6	0.9
意大利	14177	1.8	0.3	0.1	0.9	0.1
荷　兰	5019	1.4	0.1	-0.1	1.7	1.1
波　兰	9722	1.1	1.4	3.8	5.3	3.2
罗马尼亚	2872	5.7	5.1	5.2	8.4	4.1
俄罗斯联邦	216650	5.1	4.7	7.3	7.2	6.4
西班牙	9043	3.5	2.7	3.0	3.1	3.4
乌克兰	4185	9.2	5.2	9.6	12.1	2.6
英　国	12093	2.2	2.0	2.5	3.1	1.8
澳大利亚	9269	2.2	4.1	3.1	3.6	2.5
新西兰	1541	3.0	4.8	3.4	4.4	2.2

农业生产指数(2005年,1999-2001年=100)
Agricultural Production Indices(2005, 1999-2001=100)

	农　业	种植业	畜牧业	食　品	非食品
世　界	**111.3**	**111.2**	**111.1**	**111.3**	**114.3**
发达国家	**103.4**	**105.1**	**103.4**	**102.7**	**105.2**
发展中国家	**115.6**	**113.9**	**115.5**	**118.9**	**117.5**
亚　洲	**115.6**	**113.6**	**115.4**	**120.5**	**118.5**
中　国①	129.1	122.2	139.7		
孟加拉国	109.1	109.7	109.3	105.2	104.0
印　度	106.2	102.8	105.5	114.1	120.4
印度尼西亚	122.7	120.8	122.7	138.2	124.0
伊　朗	114.3	119.2	115.0	106.9	93.1
以色列	109.9	105.3	110.2	118.2	96.0
日　本	96.8	94.8	96.8	98.8	94.2
哈萨克斯坦	111.1	106.3	111.0	122.6	113.5
朝　鲜	112.3	111.8	112.8	122.4	104.9
韩　国	95.7	94.1	96.3	102.6	58.2
马来西亚	126.7	128.2	126.0	122.7	135.0
蒙　古	75.2	119.4	75.3	73.0	72.1
缅　甸	124.1	122.5	124.9	132.9	94.2
巴基斯坦	115.3	115.5	113.6	115.6	127.8
菲律宾	114.1	115.3	114.4	111.2	100.7
新加坡	107.1	115.8	107.1	100.7	
斯里兰卡	106.4	104.2	107.0	119.9	103.7
泰　国	105.3	105.5	103.6	100.3	120.6
土耳其	105.0	104.1	106.1	110.4	92.9
越　南	126.6	124.1	125.8	136.2	136.8
非　洲	**110.2**	**109.7**	**110.6**	**110.7**	**102.0**
埃　及	116.8	114.6	117.0	118.9	110.8
尼日利亚	106.1	105.9	106.1	107.7	102.9
南　非	111.1	111.1	112.0	111.3	79.4
北美洲	**106.8**	**107.0**	**106.5**	**105.6**	**113.5**
加拿大	106.9	108.5	106.9	108.0	109.2
墨西哥	108.8	107.2	109.1	110.6	94.7
美　国	106.4	106.9	105.9	104.3	118.4
南美洲	**119.7**	**121.2**	**119.2**	**115.6**	**129.9**
阿根廷	113.3	122.2	113.5	99.8	102.1
巴　西	126.1	124.0	124.8	123.6	145.8
委内瑞拉	94.3	100.0	94.4	91.2	88.9
欧　洲	**101.2**	**103.9**	**101.4**	**100.9**	**94.1**
白俄罗斯	119.0	124.8	118.5	115.8	191.5
保加利亚	100.8	107.4	99.3	96.7	136.8
捷　克	97.9	101.6	97.9	90.8	90.8
法　国	97.2	97.4	97.2	98.9	99.2
德　国	97.1	96.6	97.2	100.2	83.2
意大利	101.2	105.1	101.4	96.7	105.8
荷　兰	93.3	96.8	93.2	92.3	107.8
波　兰	101.5	86.8	101.5	107.4	86.0
罗马尼亚	107.2	111.1	107.5	110.9	73.7
俄罗斯联邦	111.9	123.4	111.9	103.7	122.4
西班牙	94.9	87.6	95.0	110.3	83.7
乌克兰	113.2	130.7	113.2	100.8	98.0
英　国	97.1	98.4	97.2	97.5	87.2
大洋洲	**98.4**	**94.4**	**100.9**	**101.4**	**76.0**
澳大利亚	92.4	92.4	95.2	93.4	70.5
新西兰	113.9	105.9	115.3	115.0	97.3

注：① 2000年为基期的总产值指数。

工业生产指数(1995年=100)
Industry Production Indices(1995=100)

国　家	总　指　数			#制造业		
	2000年	2004年	2005年	2000年	2004年	2005年
中　国①	162.5	244.1	271.9			
孟加拉国	131.5	164.8	178.9	132.8	162.8	178.1
印　度	131.9	165.6	188.6②	134.9	171.8	197.8②
印度尼西亚				91.5	107.3	113.7③
以色列	123.0	122.2	127.0	123.6	122.7	127.5
日　本	105.5	106.0	107.4	105.2	105.4	106.6
韩　国	154.1	194.5	206.6	154.6	195.1	207.1
马来西亚	148.1	180.6	188.0	159.8	194.1	204.0
蒙　古						
巴基斯坦	114.2	177.6	204.8②	116.3	183.5	216.2②
新加坡	141.4	159.3	174.1	141.3	158.9	173.9
泰　国				111.9	149.8	155.5
土耳其	121.2	144.5	152.4	121.3	146.8	153.9
南　非	104.5	116.3	118.7	106.0	116.6	120.7
加拿大	125.9	129.4	132.7	135.0	132.9	139.0
墨西哥	142.0	142.1	144.3	145.8	142.9	144.7
美　国	129.2	130.5	134.9	133.2	134.6	140.0
阿根廷				101.8	109.2	119.0
巴　西	109.6	124.0	127.8	105.8	116.7	119.9
委内瑞拉				95.9	93.7	104.4
保加利亚	78.2	111.7	119.1	74.7	117.1	126.5
捷　克	105.7	132.8	141.6	108.2	138.4	148.9
法　国	114.9	117.2	117.6	116.3	117.9	118.1
德　国	114.5	117.3	121.5	116.3	119.4	124.0
意大利	107.7	104.9	103.1	106.7	102.3	99.8
荷　兰	110.0	112.3	110.9	113.8	113.0	112.8
波　兰	143.5	179.1	186.4	153.7	198.0	207.0
罗马尼亚	83.2	101.8	124.9	85.1	109.2	131.8
西班牙	119.3	122.0	122.2	119.7	121.0	120.7
乌克兰	109.0	170.1	173.7			
英　国	107.1	103.0	100.9	106.6	103.9	102.7
澳大利亚	112.5	120.2	120.8	110.1	120.3	119.0
新西兰	104.8	115.5	117.1	104.1	117.4	119.3

注：①工业增加值指数。②2005年12月数字。③2005年第三季度数字。

中国主要指标居世界位次
Precedence of Main Indicators of China in the World

指　　标	1978年	1990年	2000年	2003年	2004年	2005年
国内生产总值	**10**	**11**	**6**	**7**	**6**	**4**
人均国民总收入①	**175(188)**	**178(200)**	**141(207)**	**133(206)**	**108(180)**	**110(180)**
进出口贸易额	**27**	**16**	**8**	**4**	**3**	**3**
主要工业产品产量						
钢	5	4	1	1	1	
煤	3	1	1	1	1	
原　油	8	5	5	5	6	
发电量	7	4	2	2	2	
水　泥	4	1	1	1	1	
化　肥	3	3	1	1	1	
化学纤维	7	2	2			
棉　布	1	1	2	1	1	
糖	8	6	4			
电视机	8	1	1	1		
主要农业产品产量						
谷　物	2	1	1	1	1	1
肉　类②	3	1	1	1	1	1
籽　棉	3	1	1	1	1	1
大　豆	3	3	4	4	4	4
花　生	2	2	1	1	1	1
油菜籽	2	1	1	1	1	1
甘　蔗	9	4	3	3	3	3
茶　叶	2	2	2	2	1	1
水　果		4	1	1	1	1

注：①括号中所列数为排序的国家和地区数。

居民消费价格指数(2000年=100)
Consumer Price Indices(2000=100)

国　家	总指数			#食品		
	2003年	2004年	2005年	2003年	2004年	2005年
中　国①	101.2	103.9	101.8	103.4	109.9	102.9
孟加拉国②	111.5	118.4		110.1	118.3	
印　度③	112.5	116.6	121.5	108.4	111.5	115.0
印度尼西亚	133.0	141.3	156.0	121.2	128.3	140.3
伊　朗	148.1	192.9	192.9	145.9	164.8	186.3
以色列	107.5	107.1		108.4	108.0	
日　本	98.1	98.1	97.8	98.4	99.3	98.4
哈萨克斯坦④	122.0	130.5	140.3			
韩　国	110.7	114.7	117.8	112.4	119.5	122.8
马来西亚	104.4	105.9	109.1	102.7	105.0	108.8
蒙　古(乌兰巴托)	112.8	122.1		105.7	118.8	
缅　甸	259.8	271.6		274.3	277.5	
巴基斯坦	110.5	118.7	129.5	108.6	120.2	132.1
菲律宾④	112.5	120.6	129.8	108.2	116.3	123.8
新加坡	101.1	102.8	103.2	101.1	103.2	104.6
斯里兰卡(科伦坡)	133.0	143.0	159.7	134.9	145.5	163.0
泰　国(曼谷)	104.1	107.0		104.6	109.4	
土耳其	280.4	310.1	380.5	290.0	316.1	112.1
越　南	107.0	115.0		108.7	119.8	
埃　及⑤	109.5	127.5	133.7	112.3	100.0	105.0
南　非⑥	122.1	123.8	128.0	131.9	134.9	137.9
加拿大	107.8	109.7	112.2	109.1	111.3	114.1
墨西哥④	116.8	122.3		115.1	122.9	
美　国(加拉加斯)	106.9	109.7	113.4	107.3	111.0	113.6
阿根廷(布宜诺斯艾利斯)	141.3	147.5	161.7	157.3	165.1	183.3
巴　西	132.9	141.7	151.4	140.8	146.5	117.0
委内瑞拉④	180.6	219.9	255.0			
白俄罗斯	295.0	348.3	384.3	267.6	320.1	358.2
保加利亚	116.3	123.4	129.6	105.4	112.5	114.1
捷　克	106.6	109.7	111.7	104.0	109.0	110.3
法　国	105.8	108.0	109.9	110.2	110.9	111.0
德　国	104.5	106.2	108.3	105.2	104.8	105.3
意大利⑦	108.2	110.5	112.3	111.3	113.7	113.6
荷　兰	109.9	111.2	113.1	111.7	107.8	106.5
波　兰⑧	108.4	112.2	114.6	103.0	108.6	110.6
罗马尼亚	189.9	212.5	231.7	184.1	201.5	213.8
俄罗斯联邦	159.8	177.3	199.7	151.3	166.9	189.7
西班牙	106.7	109.9	113.6	109.0	113.2	116.7
乌克兰	110.5	114.5	124.1	106.7	111.4	126.1
英　国⑨	106.5	109.6	112.7	105.4	106.0	107.3
澳大利亚	110.5	113.1	116.1	114.4	117.1	120.0
新西兰	107.2	109.7	113.0	109.7	110.6	112.2

注：① 上年为100。②政府官员。③指产业工人。④包含酒精饮料和烟草。⑤包括烟草。⑥2001年=100。⑦不包括烟草。⑧包括酒精饮料。⑨指城市消费者。

统 计 资 料 使 用 说 明

一、统计资料内容说明

1.《河北经济年鉴—2007》的统计资料篇全面反映河北省经济和社会发展情况。收录了全省 2006 年及历史重要年份经济和社会各方面大量的统计数据,以及各市、县 2006 年经济和社会发展的主要统计数据,并附有各省市自治区主要指标及国际统计主要指标。本篇内容分为 23 部分,即:综合,人口、就业人员及工资,固定资产投资,财政,物价,人民生活,农村经济,工业,建筑业,运输、邮电,国内贸易,对外经济、旅游,金融、保险,教育,科技、专利,文化、体育,卫生,民政、司法、其他,城市概况,各市概况,各县概况,各省市自治区主要指标,国际统计主要指标。为了便于读者使用,篇尾的《主要统计指标解释》对主要统计指标的含义、统计范围、统计方法以及历史变动情况作了简要说明。

2. 本年鉴统计资料所使用的度量衡单位均采用国际统一标准计量单位。

3. 本年鉴资料大部分来自年度统计报表,部分来自抽样调查,各省市自治区主要指标和国际统计主要指标来自 2006 年《中国统计年鉴》。

4.“城市概况”中各市数据为市区数,不含所辖县。

5.“各市概况”中有些指标是由各市统计部门计算的,在方法上与全省有不一致的地方,故分市之和不等于全省,这些指标是:地区生产总值、农业总产值、农业中间消耗和农业增加值等。

6. 本年鉴部分数据合计数或相对数由于单位取舍不同而产生的计算误差均未作机械调整。

7. 由于各种原因,本年鉴对以前发表的统计资料进行了核实,相应调整了部分数据。读者在使用历史资料时,如数据有出入,请以本年鉴数据为准。

二、符号说明

1.“…”,表示数据不足本表最小单位数;

2.“空格”,表示该项统计指标数据不详或无该项统计指标数据;

3.“#”,表示其中的主要项;

4.“①”,表示本表下有注解。

主 要 统 计 指 标 解 释

森林覆盖率 通常是指森林面积占土地总面积之比，是反映一个国家或地区森林资源和绿化水平的重要指标。国家规定在计算森林覆盖率时，森林面积还包括灌木林面积、农田林网树占地面积以及四旁树木的覆盖面积。计算公式为：

$$森林覆盖率(\%)=\frac{森林面积}{土地总面积}\times 100\%$$

本《年鉴》森林覆盖率是按有林地面积计算的。

矿产保有储量 指探明的矿产储量（包括工业储量和远景储量）扣除已开采部分和地下损失量后的年末实有储量，是反映国家矿产资源现状的重要指标。

可比价格 指计算各种总量指标所采用的扣除了价格变动因素的价格，和进行不同时期总量指标的对比。按可比价格计算总量指标有两种方法：一种是直接用产品产量乘某一年的不变价格计算；另一种是用价格指数进行伸缩。

不变价格 指以同类产品某年的平均价格作为固定价格，用于计算各年的产品价值。按不变价格计算的产品价值消除了价格变动因素，不同时期对比可以反映生产的发展速度。新中国成立后，随着工农业产品价格水平的变化，国家统计局先后五次制定了全国统一的工业产品不变价格和农业产品不变价格。从1949年到1957年使用1952年工（农）业产品不变价格，从1957年到1971年使用1957年不变价格，从1971年到1981年使用1970年不变价格，从1981年到1990年使用1980年不变价格，从1991年开始使用1990年不变价格。

平均增长速度 我国计算平均增长速度有两种方法：一种是习惯上经常使用的“水平法”，又称几何平均法，是以间隔期最后一年的水平同基期水平对比来计算平均每年增长（或下降）速度；另一种是“累积法”，又称代数平均法或方程法，是以间隔期内各年水平的总和同基期水平对比来计算平均每年增长（或下降）速度。

在一般正常情况下，两种方法计算的平均每年增长速度比较接近；但在经济发展不平衡、出现大起大落时，两种方法计算的结果差别较大。

本《年鉴》内所列的平均增长速度，除固定资产投资用“累积法”计算外，其余均用“水平法”计算。从某年到某年平均增长速度的年份，均不包括基期年在内。如建国四十三年的平均增长速度是以1949年为基期计算的，则写为1950－1992年平均增长速度，其余类推。

各个计划时期 年鉴中各个“时期”代表的年份如下：恢复时期为1950年到1952年；第一个五年计划时期（简称一五时期）为1953年到1957年；第二个五年计划时期（简称二五时期）为1958年到1962年；第三个五年计划时期（简称三五时期）为1966年到1970年；第四个五年计划时期（简称四五时期）为1970年到1975年；第五个五年计划时期（简称五五时期）为1976年到1980年；第六个五年计划时期（简称六五时期）为1981年到1985年；第七个五年计划时期（简称七五时期）为1986年到1990年；第八个五年计划时期（简称八五时期）为1991年到1995年；第九个五年计划时期（简称九五时期）为1996年到2000年；第十个五年计划时期（简称十五时期）为2001年到2005年。

企业（单位）登记注册类型 是以在工商行政管理机关登记注册的各类企业为划分对象，以工商行政管理部门对企业登记注册的类型为依据，将企业登记注册类型分为内资企业、港澳台商投资企业和外商投资企业三大类。内资企业包括国有企业、集体企业、股份合作企业、联营企业、有限责任公司、股份有限公司、私营公司和其他企业；港澳台商投资企业和外商投资企业分别包括合资经营企业、合作经营企业、独资经营企业和股份有限公司。对不在工商行政管理部门进行登记注册的行政机关、事业单位和社会团体，主要按其经费来源和管理方式进行划分。

国内生产总值（GDP） 指按市场价格计算的一个国家（或地区）所有常住单位在一定时期内生产活动的最终成果。国内生产总值有三种表现形态，即价值形态、收入形态和产品形态。从价值形态看，它是所有常住单位在一定时期内生产的全部货物和服务价值超过同期投入的全部非固定资产货物和服务价值的差额，即所有常住单位的增加值之和；从收入形态看，它是所有常住单位在一定时期内创造并分配给常住单位和非常住单位的初次收入之和；从产品形态看，它是所有常住单位在一定时期内最终使用的货物和服务价值减去货物和服务进口价值。在实际核算中，国内生产总值有三种计算方法，即生产法、收入法和支出法。三种方法分别从不同的方面反映国内生产总值及其构成。

国民总收入（GNI） 即国民生产总值，指一个国家

（或地区）所有常住单位在一定时期内收入初次分配的最终结果。一国常住单位从事生产活动所创造的增加值在初次分配中主要分配给该国的常住单位，但也有一部分以生产税及进口税（扣除生产和进口补贴）、劳动者报酬和财产收入等形式分配给非常住单位；同时，国外生产所创造的增加值也有一部分以生产税及进口税（扣除生产和进口补贴）、劳动者报酬和财产收入等形式分配给该国的常住单位，从而产生了国民总收入的概念。它等于国内生产总值加上来自国外的净要素收入。与国内生产总值不同，国民总收入是个收入概念，而国内生产总值是个生产概念。

三次产业　三产业的划分是世界上较为常用的产业结构分类，但各国的划分不尽一致。我国的三次产业划分是：

第一产业是指农、林、牧、渔业。

第二产业是指采矿业，制造业，电力、煤气及水的生产和供应业，建筑业。

第三产业是指除第一、二产业以外的其他行业。

劳动者报酬　指劳动者因从事生产活动所获得的全部报酬。包括劳动者获得的各种形式的工资、奖金和津贴，既包括货币形式的，也包括实物形式的，还包括劳动者所享受的公费医疗和医药卫生费、上下班交通补贴、单位支付的社会保险费、住房公积金等。对于个体经济来说，其所有者所获得的劳动报酬和经营利润不易区分，这两部分统一作为劳动者报酬处理。

生产税净额　指生产税减生产补贴后的余额。生产税指政府对生产单位从事生产、销售和经营活动以及因从事生产活动使用某些生产要素（如固定资产、土地、劳动力）所征收的各种税、附加费和规费。生产补贴与生产税相反，指政府对生产单位的单方面转移支出，因此视为负生产税，包括政策亏损补贴、价格补贴等。

固定资产折旧　指一定时期内为弥补固定资产损耗按照规定的固定资产折旧率提取的固定资产折旧，或按国民经济核算统一规定的折旧率虚拟计算的固定资产折旧。它反映了固定资产在当期生产中的转移价值。各类企业和企业化管理的事业单位的固定资产折旧是指实际计提的折旧费；不计提折旧的政府机关、非企业化管理的事业单位和居民住房的固定资产折旧是按照统一规定的折旧率和固定资产原值计算的虚拟折旧。原则上，固定资产折旧应按固定资产的重置价值计算，但是目前我国尚不具备对全社会固定资产进行重估价的基础，所以暂时只能采用上述办法。

营业盈余　指常住单位创造的增加值扣除劳动者报酬、生产税净额和固定资产折旧后的余额。它相当于企业的营业利润加上生产补贴，但要扣除从利润中开支的工资和福利等。

支出法国内生产总值　是从最终使用的角度反映一个国家（或地区）一定时期内生产活动最终成果的一种方法，包括最终消费、资本形成总额及货物和服务净出口三部分。计算公式为：

支出法国内生产总值＝最终消费＋资本形成总额＋货物和服务净出口

最终消费　指常住单位为满足物质、文化和精神生活的需要，从本国经济领土和国外购买的货物和服务的支出。它不包括非常住单位在本国经济领土内的消费支出。最终消费分为居民消费和政府消费。

居民消费　指常住住户在一定时期内对于货物和服务的全部最终消费支出。居民消费除了直接以货币形式购买的货物和服务的消费支出外，还包括以其他方式获得的货物和服务的消费支出，即所谓的虚拟消费支出。居民虚拟消费支出包括如下几种类型：单位以实物报酬及实物转移的形式提供给劳动者的货物和服务；住户生产并由本住户消费了的货物和服务，其中的服务仅指住户的自有住房服务和付酬的家庭雇员提供的家庭和个人服务；金融机构提供的金融媒介服务；保险公司提供的保险服务。

政府消费　指政府部门为全社会提供的公共服务的消费支出和免费或以较低的价格向居民住户提供的货物和服务的净支出，前者等于政府服务的产出价值减去政府单位所获得的经营收入的价值，后者等于政府部门免费或以较低价格向居民住户提供的货物和服务的市场价值减去向住户收取的价值。

资本形成总额　指常住单位在一定时期内获得减去处置的固定资产和存货的净额，包括固定资本形成总额和存货增加两部分。

固定资本形成总额　指生产者在一定时期内获得的固定资产减处置的固定资产的价值总额。固定资产是通过生产活动生产出来的，且其使用年限在一年以上、单位价值在规定标准以上的资产，不包括自然资产。可分为有形固定资本形成总额和无形固定资本形成总额。有形固定资本形成总额包括一定时期内完成的建筑工程、安装工程和设备工器具购置（减处置）价值，以及土地改良、新增役、种、奶、毛、娱乐用牲畜和新增经济林木价值。无形固定资本形成总额包括矿藏的勘探、计算机软件等获得减处置。

存货增加　指常住单位在一定时期内存货实物量变动的市场价值，即期末价值减期初价值的差额，再扣除当期由于价格变动而产生的持有收益。存货增加可以是正值，也可以是负值，正值表示存货上升，负值表示存货下降。存货包括生产单位购进的原材料、燃料和储备物资等存货，以及生产单位生产的产成品、在制品和半成品等存货。

货物和服务净出口　指货物和服务出口减货物和服务进口的差额。出口包括常住单位向非常住单位出售或无偿转让的各种货物和服务的价值；进口包括常住单位从非常住单位购买或无偿得到的各种货物和服务的价值。由于服务活动的提供与使用同时发生，一般把常住单位从非常住单位得到的服务作为进口，非常住单位从常住单位得到的服务作为出口。货物的出口和进口都按离岸价格计算。

直接消耗系数 也称为投入系数，记为 aij（ij＝1，2，…，n）它是指在生产经营过程中第 j 产品（或产业）部门的单位总产出所直接消耗的第 i 产品部门货物或服务的价值量，将各产品（或产业）部门的直接消耗系数用表的形式表现出来，就是直接消耗系数表或直接消耗系数矩阵，通常用字母 A 表示。

完全消耗系数 指第 j 产品部门每提供一个单位最终使用时，对第 i 产品部门货物或服务的直接消耗和间接消耗之和。将各产品部门的完全消耗系数用表的形式表现出来，就是完全消耗系数表或完全消耗系数矩阵，通常用字母 B 表示。

机构单位 指有权拥有资产和承担负债，能够独立地从事经济活动并与其他实体进行交易的经济实体。

机构部门 将相同性质的机构单位归并在一起，就形成机构部门。资金流量核算将常住机构单位划分为以下四个机构部门：非金融企业部门、金融机构部门、政府部门、住户部门。与常住单位发生经济往来关系的非常住单位组成国外部门，在资金流量核算中也视同机构部门。

非金融企业与非金融企业部门 非金融企业指主要从事市场货物生产和提供非金融市场服务的常住企业，它主要包括从事上述活动的各类法人企业。所有非金融企业归并在一起，就形成非金融企业部门。

金融机构与金融机构部门 金融机构指主要从事金融媒介以及与金融媒介密切相关的辅助金融活动的常住单位，它主要包括中央银行、商业银行和政策性银行、非银行信贷机构和保险公司。所有金融机构归并在一起，就形成金融机构部门。

政府单位与政府部门 政府单位指在我国境内通过政治程序建立的、在一特定区域内对其他机构单位拥有立法、司法和行政权的法律实体及其附属单位。政府单位的主要职能是利用征税和其他方式获得的资金向社会和公众提供公共服务。通过转移支付，对社会收入和财产进行再分配。它主要包括各种行政单位和非营利性事业单位。所有政府单位归并在一起，就形成政府部门。

住户与住户部门 住户指共享同一生活设施、部分或全部收入和财产集中使用、共同消费住房、食品和其他消费品与消费服务的常住个人或个人群体。所有住户归并在一起，就形成住户部门。

非常住单位与国外部门 所有不具有常住性的机构单位都是非常住单位。将所有与我国常住单位发生交易的非常住单位归并在一起，就形成国外部门。

初次分配总收入 初次分配是生产活动形成的净成果在参与生产活动的生产要素的所有者及政府之间的分配。生产活动的净成果是增加值。生产要素包括劳动力、土地、资本。劳动力所有者因提供劳动而获得劳动报酬；土地所有者因出租土地而获得地租；资本的所有者因资本的形态不同而获得不同形式的收入：借贷资本所有者获得利息收入；股权所有者获得红利或未分配利润；政府因直接或间接介入生产过程而获得生产税或支付补贴。初次分配的结果形成各个机构部门的初次分配总收入。各部门的初次分配总收入之和就等于国民总收入，亦即国民生产总值。

经常转移 转移是一个机构单位向另一个机构单位提供货物、服务或资产，而同时并没有从后一机构单位获得任何货物、服务或资产作为回报的一种交易。经常转移包括扣除资本转移外的所有转移。其形式有收入税、社会保险付款、社会补助和其他经常转移。

可支配总收入 在初次分配总收入的基础上，通过经常转移的形式对初次分配总收入进行再次分配。再分配的结果形成各个机构部门的可支配总收入。各部门的可支配总收入之和称为国民可支配总收入。

总储蓄 指可支配总收入用于最终消费后的余额。各部门的总储蓄之和称为国民总储蓄。

资本转移 指一个部门无偿地向另一个部门支付用于非金融投资的资金，是一种不从对方获取任何对应物作为回报的交易。资本转移具有不同于经常转移的两个特征，一是转移的目的是用于投资，而不是用于消费；二是资本转移其实物形式往往涉及除存货和现金以外资产所有权的转移；其现金形式往往涉及除存货以外的资产的处置。资本转移包括投资性补助和其他资本转移。

净金融投资 它反映机构部门或经济总体资金富余或短缺的状况。从实物交易角度看，它是指总储蓄加资本转移收入减资本转移支出减非金融投资后的差额。从金融交易角度看，它是金融资产的增加额减金融负债的增加额之后的差额。

通货 指以现金形式存在于市场流通中的货币，包括本币和外币。

存款 指金融机构接受客户存入的货币款项，存款人可随时或按约定时间支取款项的信用业务。包括活期存款、定期存款、住户储蓄存款、财政存款、外汇存款和其他存款等。

贷款 指金融机构将其所吸收的资金，按一定的利率贷放给客户并约期归还的信用业务。包括短期贷款、中长期贷款、财政贷款、外汇贷款和其他贷款。

证券（不含股票） 由债券购买者承购的或因销售产品而拥有的，可在金融市场上交易并代表一定债权的书面证明。包括政府债券、金融债券、企业债券、商业票据、支付固定收入但不提供法人企业残余价值分享权的优先股等。

股票及其他股权 指股票购买者及直接投资者对其投资企业净资产所拥有的权益。股票是股份公司签发的证明股东投资并按其所持股份享有权益和承担义务的权益性证券。其他股权是机构单位以直接投资的方式用除股票、债权性证券以外的土地、房屋及建筑物、机器设备、存货、资源资产等实物资产，商标、专利权、土地使用权、特许使用权、商誉等无形资产及货币资金直接向其他单位进行的投资。通常以股权证、出资证明书、参与证或类似的单据为凭证。

保险准备金 指对人寿保险准备金和养恤基金的净权益、保险费预付款和未结索赔准备金。

结算资金 指金融机构用于结算目的汇兑在途的资金。

金融机构往来 指各金融机构之间的资金往来，包括同业存放款和同业拆借款。

准备金 指各金融机构在中央银行的存款及缴存中央银行的法定准备金。

中央银行贷款 指中央银行向各金融机构的贷款。

经常项目 包括货物、服务、收益及经常性转移。

货物进出口 指通过我国海关进出口的货物。货物的进出口值都按离岸价格估价。离岸价格可视为进口商在出口商边境领取货物时支付的购买者价格。当进口商领取该货物时，该货物已装载到进口商自己的运载工具或其他运载工具，出口商已为该货物支付了出口税或获得了出口退税。

服务进出口 指常住单位与非常住单位之间相互提供的服务。包括运输服务、旅游服务、通讯服务、建筑服务、保险服务、金融服务、计算机和信息服务、咨询服务、广告、宣传服务、电影音像服务、专有权力使用费和特许费、其他商务服务、政府服务。

收益 指常住单位与非常住单位之间因相互提供生产要素而产生的收入，包括劳动者报酬和投资收益。其中投资收益包括直接投资、证券投资和其他投资的收益和支出，以及直接投资收益的再投资。

资本项目 包括移民转移、债务减免等资本性转移。

金融项目 包括直接投资、证券投资和其他投资。

直接投资 指外国、港澳台地区在我国和我国在外国、港澳台地区以独资、合资、合作及合作勘探开发方式进行的投资。

证券投资 指我国对外国、港澳台地区发行的股票、债券等有价证券和我国购买外国、港澳台地区发行的股票、债券等有价证券。

其他投资 指除直接投资和证券投资以外的所有对外金融资产与负债交易项目。包括外国提供给我国和我国提供给外国的贸易信贷、贷款、货币和存款以及其他资产。

储备资产增减额 指我国在黄金储备、外汇储备、在国际货币基金组织的储备头寸、特别提款权、使用基金信贷等方面本年末与上年末余额之间的差额。负号表示储备资产增加,正号表示储备资产减少。

企业景气调查 企业景气调查的对象是企业主要负责人。调查方式是问卷调查，收集企业家对本行业景气状况和生产经营状况的判断以及对本行业、企业未来发展的预期，由企业主要负责人亲自填表。企业景气调查为季度调查。全省共抽中样本单位1120多家，包括全部大型企业和部分中小型企业；调查范围覆盖国民经济六个主要行业，即工业，建筑业，交通运输、仓储及邮电通信业，批发和零售贸易、餐饮业，房地产业和社会服务业等。企业景气指数通常用百分数表示，0.00％－100％表示景气，0.00％－－100％表示不景气，一般说来，正值越高越景气，负值越高越不景气。

出生率（又称粗出生率） 指在一定时期内（通常为一年）平均每千人所出生的人数的比率，一般用千分率表示。计算公式为：

$$出生率=\frac{年出生人数}{年平均人数}\times 1000‰$$

式中：出生人数指活产婴儿，即胎儿脱离母体时（不管怀孕月数），有过呼吸或其他生命现象。年平均人数指年初、年底人口数的平均数，也可用年中人口数代替。

死亡率（又称粗死亡率） 指在一定时期内（通常为一年）一定地区的死亡人数与同期平均人数（或期中人数）之比，一般用千分率表示。计算公式为：

$$死亡率=\frac{年死亡人数}{年平均人数}\times 1000‰$$

人口自然增长率 指在一定时期内（通常为一年）人口自然增加数（出生人数减死亡人数）与该时期内平均人数（或期中人数）之比，一般用千分率表示。计算公式为：

人口自然增长率

$$=\frac{本年出生人数-本年死亡人数}{年平均人数}\times 1000‰$$

=人口出生率－人口死亡率

总抚养比 也称总负担系数。指人口总体中非劳动年龄人口数与劳动年龄人口数之比。通常用百分比表示。说明每100名劳动年龄人口大致要负担多少名非劳动年龄人口。用于从人口角度反映人口与经济发展的基本关系。计算公式为：

$$GDR=P_{0\sim14}+P\,65+/\,P_{15\sim64}\times 100\%$$

其中：GDR为总抚养比；$P_{0\sim14}$为0～14岁少年儿童人口数；P_{65+}为65岁及65岁以上的老年人口数；$P_{15\sim64}$为15～64岁劳动年龄人口数。

老年人口抚养比 也称老年人口抚养系数。指某一人口中老年人口数与劳动年龄人口数之比。通常用百分比表示。用以表明每100名劳动年龄人口要负担多少名老年人。老年人口抚养比是从经济角度反映人口老化社会后果的指标之一。计算公式为：

$$ODR=P_{65+}/P_{15\sim64}\times 100\%$$

其中：ODR为老年人口抚养比；P_{65+}为65岁及65岁以上的老年人口数；$P_{15\sim64}$为15～64岁的劳动年龄人口数。

少年儿童抚养比 也称少年儿童抚养系数。指某一人口中少年儿童人口数与劳动年龄人口数之比。通常用百分比表示。以反映每100名劳动年龄人口要负担多少名少年儿童。计算公式为：

$$CDR = P_{0\sim14}/P_{15\sim64} \times 100\%$$

其中：CDR为少年儿童抚养比；$P_{0\sim14}$为0～14岁少年儿童人口数；$P_{15\sim64}$为15～64岁劳动年龄人口数。

就业人员 指从事一定社会劳动并取得劳动报酬或经营收入的人员，包括在岗职工、再就业的离退休人员、私营业主、个体户主、私营和个体就业人员、乡镇企业就业人员、农村就业人员、其他就业人员（包括民办教师、宗教职业者、现役军人等）。这一指标反映了一定时期内全部劳动力资源的实际利用情况，是研究我国基本国情国力的重要指标。

各单位的就业人员 指在各级国家机关、政党机关、社会团体及企业、事业单位中工作，取得工资或其他形式的劳动报酬的全部人员。包括在岗职工、再就业的离退休人员、民办教师以及在各单位中工作的外方人员和港澳台方人员、兼职人员、借用的外单位人员和第二职业者。不包括离开本单位仍保留劳动关系的职工。各单位的就业人员反映了各单位实际参加生产或工作的全部劳动力。

城镇私营和个体就业人员 城镇私营就业人员指在工商管理部门注册登记，其经营地址设在县城关镇（含县城关镇）以上的私营企业就业人员，包括私营企业投资者和雇工。城镇个体就业人员指在工商管理部门注册登记，并持有城镇户口或在城镇长期居住，经批准从事个体工商经营的就业人员，包括个体经营者和在个体工商户劳动的家庭帮工和雇工。

职工 指在国有、城镇集体、联营、股份制、外商和港、澳、台投资、其他单位及其附属机构工作，并由其支付工资的各类人员。不包括下列人员：（1）乡镇企业就业人员；（2）私营企业就业人员；（3）城镇个体劳动者；（4）离休、退休、退职人员；（5）再就业的离、退休人员；（6）民办教师；（7）在城镇单位中工作的外方及港、澳、台人员；（8）其他按有关规定不列入职工统计范围的人员。

在岗职工 指在本单位工作并由单位支付工资的人员，以及有工作岗位，但由于学习、病伤产假等原因暂未工作，仍由单位支付工资的人员。

工资总额 指各单位在一定时期内直接支付给本单位全部职工的劳动报酬总额。工资总额的计算原则应以直接支付给职工的全部劳动报酬为根据。各单位支付给职工的劳动报酬以及其他根据有关规定支付的工资，不论是计入成本的还是不计入成本的，不论是按国家规定列入计征奖金税项目的，还是未列入计征奖金税项目的，不论是以货币形式支付的还是以实物形式支付的，均包括在工资总额内。

平均工资 指企业、事业、机关单位的职工在一定时期内平均每人所得的货币工资额。它表明一定时期职工工资收入的高低程度，是反映职工工资水平的主要指标。计算公式为：

$$平均工资 = \frac{报告期实际支付的全部职工工资总额}{报告期全部职工平均人数}$$

平均工资指数 指报告期职工平均工资与基期职工平均工资的比率，是反映不同时期职工货币工资水平变动情况的相对数。计算公式为：

平均工资指数

$$= \frac{报告期职工平均工资}{基期职工平均工资} \times 100\%$$

平均实际工资指数 职工平均实际工资指扣除物价变动因素后的职工平均工资。职工平均实际工资指数是反映实际工资变动情况的相对数，表明职工实际工资水平提高或降低的程度。计算公式为：

平均实际工资指数

$$= \frac{报告期职工平均工资指数}{报告期城镇居民消费价格指数} \times 100\%$$

在业人口（又称就业人口） 指十五周岁及十五周岁以上人口中从事一定社会劳动并取得劳动报酬或经营收入的人口。

不在业人口 指十五周岁及十五周岁以上人口中未从事社会劳动的人口，包括在校学生、料理家务、待升学、市镇待业、离退休、退职、丧失劳动能力等非在业人口。

从业人员 指从事一定社会劳动并取得劳动报酬或经营收入的人员，包括全部职工、再就业的离退休人员、私营业主、个体户主、私营和个体从业人员、乡镇企业从业人员、农村从业人员、其他从业人员（包括民办教师、宗教职业者、现役军人等）。这一指标反映了一定时期内全部劳动力资源的实际利用情况，是研究我国基本国情国力的重要指标。

各单位的从业人员 指在各级国家机关、政党机关、社会团体及企业、事业单位中工作，取得工资和其他形式的劳动报酬的全部人员。包括在岗职工、再就业的离退休人员、民办教师以及在各单位中工作的外方人员和港澳台方人员、兼职人员、借用的外单位人员和第二职业者。不包括离开本单位仍保留劳动关系的职工。各单位的从业人员反映了各单位实际参加生产或工作的全部劳动力。

城镇私营和个体从业人员 城镇私营从业人员指在工商管理部门注册登记，其经营地址设在县城关镇（含城关镇）以上的私营企业从业人员；包括私营企业投资者和雇工。城镇个体从业人员指在工商管理部门注册登记，并持有城镇户口或在城镇长期居住，经批准从事个体工商经营的从业人员；包括个体经营者和在个体工商户劳动的家庭帮工和雇工。

城镇登记失业人员 指有非农业户口，在一定的劳动年龄内，有劳动能力，无业而要求就业，并在当地就业服务机构进行求职登记的人员。

城镇登记失业率 指城镇登记失业人数同城镇从业人数与城镇登记失业人数之和的比。计算公式为：

城镇登记失业率

$$=\frac{\text{城镇登记失业人数}}{\text{城镇从业人数}+\text{城镇登记失业人数}}\times 100\%$$

职工 指在国有经济、城镇集体经济、联营经济、股份制经济、外商和港、澳、台投资经济、其他经济单位及其附属机构工作，并由其支付工资的各类人员，不包括返聘的离退休人员、民办教师、在国有经济单位工作的外方人员和港、澳、台人员。

在岗职工 指在本单位工作并由单位支付工资的人员，以及有工作岗位，但由于学习、病伤产假等原因暂未工作，仍由单位支付工资的人员。

职工工资总额 指各单位在一定时期内直接支付给本单位全部职工的劳动报酬总额。工资总额的计算原则应以直接支付给职工的全部劳动报酬为根据。各单位支付给职工的劳动报酬以及其他根据有关规定支付的工资，不论是计入成本的还是不计入成本的，不论是按国家规定列入计征奖金税项目的还是未列入计征奖金税项目的，不论是以货币形式支付的还是以实物形式支付的，均包括在工资总额内。

职工平均工资 指企业、事业、机关单位的职工在一定时期内平均每人所得到货币工资额。它表明一定时期职工工资收入的高低程度，是反映职工工资水平的主要指标。计算公式为：

职工平均工资

$$=\frac{\text{报告期实际支付的全部职工工资总额}}{\text{报告期全部职工平均人数}}$$

职工平均实际工资 扣除物价变动因素后的职工平均工资。计算公式为：

职工平均实际工资

$$=\frac{\text{报告期职工平均工资}}{\text{报告期城镇居民消费价格指数}}$$

全社会固定资产投资 以货币形式表现的在一定时期内全社会建造和购置固定资产的工作量以及与此有关的费用的总称。该指标是反映固定资产投资规模、结构和发展速度的综合性指标，又是观察工程进度和考核投资效果的重要依据。全社会固定资产投资按登记注册类型可分为国有、集体、个体、联营、股份制、外商、港澳台商、其他等。

城镇固定资产投资 指城镇各种登记注册类型的企业、事业、行政单位及个体户进行的计划总投资（或实际需要总投资）50万元及50万元以上的建设项目投资、房地产开发投资、城镇和工矿区私人建房投资。县城及以上区域内发生的投资，县及县以上各级政府及主管部门直接领导、管理的建设项目和企业事业单位的投资均为城镇固定资产投资。

房地产开发投资 指各种登记注册类型的房地产开发公司、商品房建设公司及其他房地产开发法人单位和附属于其他法人单位实际从事房地产开发或经营活动的单位统一开发的包括统代建、拆迁还建的住宅、厂房、仓库、饭店、宾馆、度假村、写字楼、办公楼等房屋建筑物和配套的服务设施，土地开发工程（如道路、给水、排水、供电、供热、通讯、平整场地等基础设施工程）的投资；不包括单纯的土地交易活动。

城镇和工矿区私人建房投资 包括市、县城、城关镇、工矿区所辖范围内的全部私人建房，不论其房主是否系本地的常住户口均应包括。

农村投资 包括在农村区域范围内进行固定资产投资活动的企业、事业、行政单位及农村个人投资。

建设总规模 是指在报告期内所有施工项目的计划总投资。这个指标和施工项目相对应。

在建总规模 是指在报告期末所有在建项目的计划总投资。

在建净规模 是指报告期末所有在建项目建成投产尚需的投资总量。在建净规模＝在建总规模－累计完成投资。

固定资产投资的资金来源 根据固定资产投资的资金来源不同，分为国家预算内资金、国内贷款、利用外资、自筹资金和其他资金。

（1）国家预算内资金：分为财政拨款和财政安排的贷款两部分。包括中央财政的基本建设基金（分经营性基金和非经营性基金两部分）、专项支出（如煤代油专项等）、收回再贷、贴息资金，财政安排的挖潜改造和新产品试制支出、城建支出、商业部门简易建筑支出、不发达地区发展基金等资金中用于固定资产投资的资金；地方财政中由国家统筹安排的资金等。

（2）国内贷款：指报告期固定资产投资单位向银行及非银行金融机构借入的用于固定资产投资的各种国内借款，包括银行利用自有资金及吸收的存款发放的贷款、上级主管部门拨入的国内贷款、国家专项贷款（包括煤代油贷款、劳改煤矿专项贷款等）、地方财政专项资金安排的贷款、国内储备贷款、周转贷款等。

（3）利用外资：指报告期收到的用于固定资产建造和购置的国外资金（包括设备、材料、技术在内）。包括对外借款（外国政府、国际金融组织贷款、出口信贷、外国银行商业贷款、对外发行债券和股票）、外商直接投资及外商其他投资。不包括我国自有外汇资金（国家外汇、地方外汇、留成外汇、调剂外汇和中国银行自有资金发行的外汇贷款等）。计算利用外资时，需要折算成人民币，折算中所使用的外汇汇率按现汇计算，即按使用外汇时的汇率计算。

(4) 自筹资金：指固定资产投资单位报告期收到的，由各地区、各部门及企、事业单位筹集用于固定资产投资的预算外资金，包括中央各部门、各级地方和企、事业单位的自筹资金。

(5) 其他资金：指在报告期收到的除以上各种资金之外其他用于固定资产投资的资金，包括企业或金融机构通过发行各种债券筹集到的资金、群众集资、个人资金、无偿捐赠的资金及其他单位拨入的资金等。

固定资产投资按国民经济行业分 根据建设项目建成投产后的主要产品或主要用途及社会经济活动性质来确定国民经济行业。一般情况下，一个建设项目或一个企业、事业单位只能属于一种国民经济行业。

固定资产投资按隶属关系分 是按建设单位或企业、事业、行政单位的主管上级机关确定的。

(1) 中央：是指中共中央、人大常委会和国务院各部、委、局、总公司以及直属机构直接领导的建设项目和企业、事业、行政单位。这些单位的固定资产投资计划由国务院各部门直接编制和下达，建设中所需物资、主要设备以及建设中的问题都由中央有关部门安排和解决。

(2) 地方：是由省（自治区、直辖市）、地区（州、盟、省辖市）、县（旗、县级市）三级政府及业务主管部门直接领导和管理的建设项目、企业、事业、行政单位。地方项目还包括不隶属以上各级政府及主管部门的建设项目和企业、事业单位，如外商投资企业和无主管部门的企业等。

固定资产投资按建设性质分 根据整个建设项目情况来确定。建设项目的性质一般分为新建、扩建、改建和技术改造、迁建、恢复。房地产开发单位、农村投资、城镇工矿区私人建房投资不划分建设性质。

(1) 新建：一般指从无到有"平地起家"开始建设的企业、事业和行政单位或建设项目。现有企业、事业、行政单位一般不属于新建。但如有的单位原有基础很小，经过建设后新增的固定资产价值超过该企、事业、行政单位原有固定资产价值（原值）三倍以上的也应作为新建。

(2) 扩建：指在厂内或其他地点，为扩大原有产品的生产能力（或效益）或增加新的产品生产能力，而增建主要的生产车间（或主要工程）、分厂、独立的生产线。行政、事业单位在原单位增建业务用房（如学校增建教学用房、医院增建门诊部、病房等）也作为扩建。

现有企、事业单位为扩大原有主要产品生产能力或增加新的产品生产能力，增建一个或几个主要生产车间（或主要工程）、分厂，同时进行一些更新改造工程的，也应作为扩建。

(3) 改建和技术改造：指现有企业、事业单位，对原有设施进行技术改造或更新（包括相应配套的辅助性生产、生活福利设施）的建设项目。现有企业、事业单位为适应市场变化的需要，而改变企业的主要产品种类（如军工企业转产民用品等）的建设项目，应作为改建。原有产品生产作业线由于各工序（车间）之间能力不平衡，为填平补齐充分发挥原有生产能力而增建不增加本企业主要产品设计能力的车间，也应作为改建。技术改造是指企业、事业单位在现有基础上，用先进的技术代替落后的技术，用先进的工艺和装备代替落后的工艺和装备，以改变企业落后的技术经济面貌，实现以内涵为主的扩大再生产，达到提高产品质量、促进产品更新换代、节约能源、降低消耗、扩大生产规模、全面提高社会经济效益的目的。技术改造具体包括以下内容：机器设备和工具的更新改造；生产工艺改革、节约能源和原材料的改造；厂房建筑和公共设施的改造；劳动条件和生产环境的改造等。

固定资产投资按构成分 固定资产投资活动按其工作内容和实现方式分为建筑安装工程，设备、工具、器具购置，其他费用三个部分。

(1) 建筑安装工程（建筑安装工作量）：指各种房屋、建筑物的建造工程和各种设备、装置的安装工程。包括各种房屋建造工程，各种用途设备基础和各种工业窑炉的砌筑工程及金属结构工程；为施工而进行的各种准备工作和临时工程以及完工后的清理工作等；铁路、道路的铺设，矿井的开凿及石油管道的架设等；水利工程；防空地下建筑等特殊工程；列入房屋工程预算内的暖气、卫生、通风、照明、煤气等设备的价值及装设油饰工程；列入建筑工程预算内的各种管道（蒸汽、压缩空气、石油、给排水等管道）、电力、电讯电缆导线等的敷设工程；以及各种机械设备的安装工程；为测定安装工程质量，对设备进行的试运工作；房地产开发单位进行的商品房屋开发建设工程、土地开发工程。

在安装工程中，不包括被安装设备本身的价值。(2) 设备、工具、器具购置：指建设单位或企、事业单位购置或自制的，达到固定资产标准的设备、工具、器具的价值。新建单位及扩建单位的新建车间，按照设计或计划要求购置或自制的全部设备、工具、器具，不论是否达到固定资产标准均计入"设备、工具、器具购置"中。

(3) 其他费用：指在固定资产建造和购置过程中发生的，除上述几项内容以外的各种应分摊计入固定资产的费用。

施工项目 指报告期内进行过建筑或安装施工活动的项目。凡是报告期内施过工的建设项目，不论施工时间长短，均作为施工项目统计。施工项目个数可以反映一定时期固定资产投资的实际规模，与同期全部建成投产项目个数相比，可以从建设速度的角度反映固定资产投资的效果。根据建设项目施工活动的不同性质，施工项目又分为：本年正式施工项目、本年收尾项目和以前年度全部停缓建项目。

全部建成投产项目 工业项目指设计文件规定形成生产能力的主体工程及其相应配套的辅助设施全部建成，经负荷试运转，证明具备生产设计规定合格产品的条件，并经过验收鉴定合格或达到竣工验收标准，与生产性工程配套的生活福利设施可以满足近期正常生产的需要，正式移交生产的建设项目。非工业项目指设计文件规定的主体工程和相应的配套工程全部建成，能够发挥设计规定的全部效益，经验收鉴定合格或达到竣工验收标准，正式移交使用的建设项目。

新增生产能力（或工程效益） 指通过固定资产投资活动而增加的设计能力（或工程效益），该指标是以实物形态表现的反映固定资产投资成果的指标，也是考核投资经济效果的重要依据之一。新增生产能力（或工程效益）一般有以下几种表现形式：

（1）用产品数量表示，以工程在单位时间内（一般是一年）所能生产的产品数量（即年产量）表示。如原煤开采用万吨/年表示，化学农药用吨/年表示，拖拉机制造用台/年表示等。某些化工产品由于含量差别较大，按其设计含量计算折合量表示，如硫酸、纯碱、烧碱等。

（2）用单位时间内所能处理的原料数量表示，以工程每天（或小时）所能处理原料的数量表示。如机制糖工程日处理原料吨，食用植物油日处理原料吨，城市污水处理能力用万吨/日表示等。

（3）用新增加的主要设备的数量或容量表示，如新增棉布织机、丝织机等台数，毛纺锭等锭数，发电厂新增发电机组容量用千瓦表示等。

（4）用建筑物容积、容量、面积、长度表示，是非工业项目或工程新增效益的一种表现形式。如铁路投产里程、新建公路、水库容量、粮食仓库、学校学生席位、医院病床、有效灌溉面积等。

根据工程的特点，有时需要用两种或两种以上的复合计量单位表示新增生产能力（或工程效益），如新增内燃机生产能力同时用年产台数、千瓦数表示等。

为了规范新增生产能力（或工程效益）的名称和计算单位，国家统计局制订了《新增生产能力（或工程效益）目录及代码》。各固定资产投资单位在统计新增生产能力（或工程效益）时，必须按目录中规定的名称、计量单位和代码填报。

房屋建筑面积 指房屋建筑物勒脚以上外墙外围的水平截面面积，包括房屋建筑物的有效面积和结构面积。该指标是从实物形态上反映建设规模和建设成果的重要指标之一，也是检查工程形象进度、计算工程造价、分析投资效果、研究施工任务和建筑材料之间平衡情况的重要依据。

住宅建筑面积 指施工和竣工房屋建筑面积中供居住用的房屋建筑面积。

施工面积 指报告期内施工的全部房屋建筑面积。包括本期新开工的面积和上期开工跨入本期继续施工的房屋面积，以及上期已停建在本期恢复施工的房屋面积。本期竣工和本期施工后又停缓建的房屋，其建筑面积仍计入本期房屋施工面积中。

竣工面积 指在报告期内房屋建筑按照设计要求已经全部完工，达到住人和使用条件，经验收鉴定合格（或达到竣工验收标准），正式移交使用单位的各栋房屋建筑面积的总和。

房屋建筑面积竣工率 指一定时期内房屋竣工面积占同期房屋施工面积的比率。是从房屋建筑施工速度的角度反映投资效果的指标。

新增固定资产 指报告期内已经完成建造和购置过程，并已交付生产或使用单位的固定资产价值。该指标是表示固定资产投资成果的价值指标，也是反映建设进度，计算固定资产投资效果的重要指标。

建设项目投产率 指一定时期内全部建成投产项目个数与同期施工项目个数的比率。该指标是从建设单位建设速度的角度反映投资效果的指标。

固定资产交付使用率 指一定时期新增固定资产与同期完成投资额的比率。该指标是反映固定资产动用速度，衡量建设过程中宏观投资效果的综合指标。由于新增固定资产是较长时期内形成的结果，而投资额则是当年完成的，因此，该指标一般适宜于反映较长时期内固定资产的动用情况。

经济适用房 指根据地方经济适用房计划安排建设的政策性住宅。经济是指房屋建筑造价和销售价格低于一般商品住宅；适用是指适合中低收入家庭购买使用。经济适用房主要是由国家统一下达投资计划，房地产公司开发，对外销售；用地一般采用行政划拨或招标投标方式，免收土地出让金；对各种经批准的收费减半征收，开发利润不超过3%；销售价格实行政府指导价。该指标可以分析房地产投资结构，反映中低收入家庭商品住宅的供求平衡情况。

财政收入 指国家财政参与社会产品分配所取得的收入，是实现国家职能的财力保证。财政收入所包括的内容几经变化，目前主要包括：营业税，地方企业所得税，利息所得税之外的个人所得税地方分享的部分，城镇土地使用税，固定资产投资方向调节税，城镇维护建设税，房产税，车船使用税，印花税，屠宰税，农牧业税，农业特产税，耕地占用税，契税，土地增值税、国有土地有偿使用收入，增值税25%部分，证券交易税（印花税）6%部分和除海洋石油资源税以外的其他资源税。

财政支出 国家财政将筹集起来的资金进行分配使用，以满足经济建设和各项事业的需要，主要包括：地方行政管理和各项事业费，地方统筹的基本建设、技术改造支出，支援农村生产支出，城市维护和建设经费，价格补贴支出等。

预算外资金收支 预算外资金指国家机关、事业单位和社会团体为履行或代行政府职能，依据国家法律、法规和具有法律效力的规章而收取、提取和安排使用的未纳入国家预算管理的各种财政性资金。其范围主要包括：法律、法规规定的行政事业性收费、政府性基金和附加收入等；国务院或省级人民政府及其财政、计划（物价）部门审批的行政事业性收费；国务院及财政部审批建立的政府性基金、附加收入等；主管部门所属单位集中上缴资金；用于乡镇政府开支的乡自筹和乡统筹资金；其他未纳入预算管理的财政性资金。社会保障基金在国家财政尚未建立社会保障预算制度以前，先按预算外资金管理制度进行管理，专款专用。财政部门在银行开设统一的专户，用于预算外资金收入和支出管理。部门和单位的预算外收入必须上缴同级财政专户，支出由同级财政按预算外资金收支计划和单位财务收支计划统筹安排，从财政专户中拨付，实行收支两条线管理。

居民消费价格指数 是反映一定时期内城乡居民所购买的生活消费品价格和服务项目价格变动趋势和程度的相对数，是对城市居民消费价格指数和农村居民消费价格指数进行综合汇总计算的结果。该指数可以观察和分析消费品的零售价格和服务价格变动对城乡居民实际生活费支出的影响程度。

城市居民消费价格指数 是反映一定时期内城市居民家庭所购买的生活消费品价格和服务项目价格变动趋势和程度的相对数。该指数可以观察和分析消费品的零售价格和服务项目价格变动对职工货币工资的影响，作为研究职工生活和确定工资政策的依据。

农村居民消费价格指数 是反映一定时期内农村居民家庭所购买的生活消费品价格和服务项目价格变动趋势和程度的相对数。该指数可以观察农村消费品的零售价格和服务项目价格变动对农村居民生活消费支出的影响，直接反映农民生活水平的实际变化情况，为分析和研究农村居民生活问题提供依据。

商品零售价格指数 是反映一定时期内城乡商品零售价格变动趋势和程度的相对数。商品零售物价的变动直接影响到城乡居民的生活支出和国家的财政收入，影响居民购买力和市场供需的平衡，影响到消费与积累的比例关系。因此，该指数可以从一个侧面对上述经济活动进行观察和分析。

农业生产资料价格指数 指反映一定时期内农业生产资料价格变动趋势和程度的相对数。农业生产资料价格指数分为小农具、饲料、幼禽家畜、半机械化农具、机械化农具、化学肥料、农药及农药械、农机用油等八大类。其编制目的是了解农业生产中物质资料投入价格的变动状况，服务于国民经济核算。1994 年以前，农业生产资料价格指数仅仅是商品零售价格指数的一个类别，此后，从商品零售价格指数中分离出来，单独编制。

农产品生产价格指数 是反映一定时期内，农产品生产者出售农产品价格水平变动趋势及幅度的相对数。该指数可以客观反映农产品生产价格水平和结构变动情况，满足农业与国民经济核算需要。其中某代表品生产价格指数是通过对全部有出售该产品行为的调查单位的个体指数进行几何平均求得的，类价格指数是通过对其所属的类（或代表品）的价格指数进行加权平均求得的。季度累计价格指数的计算方法与分季指数的计算方法相同。

工业品出厂价格指数 是反映一定时期内全部工业产品出厂价格总水平的变动趋势和程度的相对数，包括工业企业售给本企业以外所有单位的各种产品和直接售给居民用于生活消费的产品。该指数可以观察出厂价格变动对工业总产值及增加值的影响。

原材料、燃料和动力购进价格指数 是反映工业企业作为生产投入，而从物资交易市场和能源、原材料生产企业购买原材料、燃料和动力产品时，所支付的价格水平变动趋势和程度的统计指标，是扣除工业企业物质消耗成本中的价格变动影响的重要依据。

目前，我国编制的原材料、燃料和动力购进价格指数所调查的产品包括燃料动力、黑色金属、有色金属、化工、建材等九大类的 900 多种产品。

固定资产投资价格指数 是反映一定时期内固定资产投资品及项目的价格变动趋势和程度的相对数。固定资产投资额是由建筑安装工程投资完成额、设备工器具购置投资完成额和其他费用投资完成额三部分组成的。编制固定资产投资价格指数应首先分别编制上述三部分投资的价格指数，然后采用加权算术平均法求出固定资产投资价格总指数。

该指数可以准确地反映固定资产投资中涉及的各类投资品和取费项目价格变动趋势和变动幅度，消除按现价计算的固定资产投资指标中的价格变动因素，真实地反映固定资产投资的规模、速度、结构和效益，为国家科学地制定、检查固定资产投资计划并提高宏观调控水平，为完善国民经济核算体系提供科学的、可靠的依据。

城镇居民家庭总收入 指家庭成员得到的工薪收入、经营净收入、财产性收入、转移性收入之和，不包括出售财物收入和借贷收入。

城镇居民家庭可支配收入 指家庭成员得到可用于最终消费支出和其它非义务性支出以及储蓄的总和，即居民家庭可以用来自由支配的收入。它是家庭总收入扣除交纳的所得税、个人交纳的社会保障支出以及记账补贴后的收入。计算公式为：

可支配收入＝家庭总收入－交纳所得税－个人交纳的社会保障支出－记账补贴

城镇居民家庭消费性支出 指家庭用于日常生活的支出，包括食品、衣着、家庭设备用品及服务、医疗保健、交通和通信、娱乐教育文化服务、居住、杂项商品和服务等八大类支出。

城镇家庭服务性消费支出 指家庭用于支付社会提

供的各种非商品性服务费用。

城镇居民家庭购买商品支出 指被调查的城镇居民家庭为自用或赠送亲友而购买商品的全部支出，包括从商店、工厂、饮食业、工作单位食堂、集市以及直接从农民手中购买各种商品的开支。商品支出分为以下八类：食品；衣着；家庭设备用品及服务；医疗保健、交通与通信；娱乐、教育、文化服务；居住；杂项商品和服务。

城镇家庭收入分组方法 将所有调查户依户人均可支配收入由低到高排队，按10%，10%，20%，20%，20%，10%，10%的比例依次分成：最低收入户、低收入户、中等偏下收入户、中等收入户、中等偏上收入户、高收入户、最高收入户等七组。总体中最低5%的户为困难户。

农村居民家庭总收入 指调查期内农村住户和住户成员从各种来源渠道得到的收入总和。按收入的性质划分为工资性收入、家庭经营收入、财产性收入和转移性收入。

农村居民家庭工资性收入 指农村住户成员受雇于单位或个人，靠出卖劳动而获得的收入。

家庭经营收入 指农村住户以家庭为生产经营单位进行生产筹划和管理而获得的收入。农村住户家庭经营活动按行业划分为农业、林业、牧业、渔业、工业、建筑业、交通运输业邮电业、批发和零售贸易餐饮业、社会服务业、文教卫生业和其他家庭经营。

农村居民家庭财产性收入 指金融资产或有形非生产性资产的所有者向其他机构单位提供资金或将有形非生产性资产供其支配，作为回报而从中获得的收入。

农村居民家庭转移性收入 指农村住户和住户成员无须付出任何对应物而获得的货物、服务、资金或资产所有权等，不包括无偿提供的用于固定资本形成的资金。一般情况下，是指农村住户在二次分配中的所有收入。

农村居民家庭现金收入 指农村住户和住户成员在调查期内得到以现金形态表现的收入。按来源分成工资性收入、家庭经营现金收入、财产性收入、转移性收入。

农村居民家庭纯收入 指农村住户当年从各个来源得到的总收入相应地扣除所发生的费用后的收入总和。计算方法：

纯收入＝总收入－税费支出－家庭经营费用支出－税费支出－生产性固定资产折旧－调查补贴－赠送农村外部亲友支出

纯收入主要用于再生产投入和当年生活消费支出，也可用于储蓄和各种非义务性支出。“农民人均纯收入”按人口平均的纯收入水平，反映的是一个地区或一个农户农村居民的平均收入水平。

农村居民家庭生活消费支出 指农村常住居民家庭用于日常生活的全部开支，是反映和研究农民家庭实际生活消费水平高低的重要指标。

恩格尔系数 指食物支出金额在生活消费总支出金额中所占的比例。计算公式为：

$$恩格尔系数=\frac{食品支出金额}{生活消费总支出金额}\times 100\%$$

农林牧渔业总产值 指以货币表现的农、林、牧、渔业全部产品和对农林牧渔业生产活动进行的各种支持性服务活动的价值总量，它反映一定时期内农林牧渔业生产总规模和总成果。1957年以前的农林牧渔业总产值中包括了厩肥和农民自给性手工业（如农民自制衣服、鞋、袜，自己从事粮食初步加工等）。1958年及以后，林业中增加了村及村以下竹木采伐产值；牧业中取消了厩肥产值；副业中取消了农民自给性手工业产值，增加了村及村以下办的工业产值；渔业中增加了海洋捕捞水产品产值。1980年及以后，在副业中增加了农民家庭兼营工业商品部分的产值。从1984年起村及村以下工业产值划归工业。从1993年起取消副业，将野生动物的捕猎划入牧业、野生植物采集和农民家庭兼营商品性工业划归农业。从2003年起，执行新的国民经济行业分类标准，农林牧渔业总产值中包括了农林牧渔服务业产值。林业中增加了森林采运业产值。农业中取消了家庭兼营商品性工业产值，将野生林产品的采集划归林业。第一次农业普查以后，由于畜牧业产品年报数据与普查数据之间存在一定的差距，国家统计局农调总队对畜牧业年报数据与普查数据进行衔接，相应的畜牧业产值进行调整。

农林牧渔业总产值的计算方法通常是按农、林、牧、渔业产品及其副产品的产量分别乘以各自单位产品价格求得；少数生产周期较长，当年没有产品或产品产量不易统计的，则采用间接方法匡算其产值；然后将四业产品产值相加即为农林牧渔业总产值。

粮食产量 指全社会的产量。包括国有经济经营的、集体统一经营的和农民家庭经营的粮食产量，还包括工矿企业办的农场和其他生产单位的产量。粮食除包括稻谷、小麦、玉米、高粱、谷子及其他杂粮外，还包括薯类和豆类。其产量计算方法，豆类按去豆荚后的干豆计算；薯类（包括甘薯和马铃薯，不包括芋头和木薯）1963年以前按每4公斤鲜薯折1公斤粮食计算，从1964年开始改为按5公斤鲜薯折1公斤粮食计算。城市郊区作为蔬菜的薯类（如马铃薯等）按鲜品计算，并且不作粮食统计。其他粮食一律按脱粒后的原粮计算。

棉花产量 指全社会的产量。包括春播棉和夏播棉。产量按皮棉计算。3公斤籽棉折1公斤皮棉，不包括木棉。

油料产量 指全部油料作物的生产量。包括花生、油菜籽、芝麻、向日葵籽、（亚麻籽）和其他油料，不包括大豆、木本油料和野生油料。花生以带壳干花生计算。

水产品产量 指人工养殖的水产品和天然生长的水产品的捕捞量。包括海水的鱼类、虾蟹类、贝类和藻类以及内陆水域的鱼类、虾蟹类和贝类，不包括淡水生植物。水产品产量是通过各级水产和统计部门逐级上报取得数据。

1995年及以前，贝类中牡蛎按鲜肉计算；蚶、蛤、蛙按5斤鲜品折1斤计算。1996年以后则统一按鲜品计算。

猪、牛、羊肉产量 指当年出栏并已屠宰、除去头蹄下水后带骨肉（即胴体重）的重量。

耕地面积 是指耕地总资源中专门种植农作物并经常进行耕种、能够正常收获的土地。包括当年实际耕种的熟地；弃耕、休闲不满三年，随时可以复耕的地；开荒利用三年以上的土地。在统计口径上包括南方小于1米、北方小于2米宽的沟、渠、路和田埸。不包括临时种植农作物的坡度在25度以上的陡坡地；在河套、湖畔、库区临时开发的成片或零星土地；也不包括已列为国家和省（区、市）退耕计划但临时耕种的土地。

农作物播种面积 指实际播种或移植有农作物面积。凡是实际种植有农作物的面积，不论种植在耕地上还是种植在非耕地上，均包括在农作物播种面积中。在播种季节基本结束后，因遭灾而重新改种和补种的农作物面积，也包括在内。它是反映我国耕地面积利用情况的一个重要指标。目前，农作物播种面积主要包括粮食、棉花、油料、糖料、麻类、烟叶、蔬菜和瓜类、药材和其它农作物九大类。

农用化肥施用量 指本年内实际用于农业生产的化肥数量，包括氮肥、磷肥、钾肥和复合肥。化肥施用量要求按折纯量计算数量。折纯量是指把氮肥、磷肥、钾肥分别按含氮、含五氧化二磷、含氧化钾的百分之百成份进行折算后的数量。复合肥按其所含主要成分折算。公式为：

折纯量＝实物量×某种化肥有效成份含量的百分比

农业机械总动力 指主要用于农、林、牧、渔业的各种动力机械的动力总和。包括耕作机械、排灌机械、收获机械、农用运输机械、植物保护机械、牧业机械、林业机械、渔业机械和其他农用机械内燃机按引擎马力折成瓦（特）计算、电动机按功率折成瓦（特）计算不包括专门用于乡、镇、村、组办工业、基本建设、非农业运输、科学试验和教学等非农业生产方面用的动力机械与作业机械。

乡村从业人员 指乡村人口中劳动年龄在16周岁以上实际参加生产经营活动并取得实物或货币收入的人员，包括劳动年龄内经常参加劳动的人员，也包括超过劳动年龄但经常参加劳动的人员，但不包括户口在家的在外学生、现役军人和丧失劳动能力的人，也不包括待业人员和家务劳动者。从业人员按从事主业时间最长（时间相同按收入）分为农业从业人员、工业从业人员、建筑业从业人员、交运仓储及邮电业从业人员、批零贸易及餐饮业从业人员、其它从业人员。

工业 工业 指从事自然资源的开采，对采掘品和农产品进行加工和再加工的物质生产部门。具体包括：(1)对自然资源的开采，如采矿、晒盐等（但不包括禽兽捕猎和水产捕捞）；(2)对农副产品的加工、再加工，如粮油加工、食品加工、缫丝、纺织、制革等；(3)对采掘品的加工、再加工，如炼铁、炼钢、化工生产、石油加工、机器制造、木材加工等，以及电力、自来水、煤气的生产和供应等；(4)对工业品的修理、翻新，如机器设备的修理、交通运输工具（包括小卧车）的修理等。

1984年以前农村的村及村以下办工业归属农业，1984年以后划归工业。

工业统计调查单位为独立核算法人工业企业。

独立核算法人工业企业指从事工业生产经营活动的单位。独立核算法人工业企业应同时具备以下条件：①依法成立，有自己的名称、组织机构和场所，能够承担民事责任；②独立拥有和使用资产，承担负债，有权与其他单位签订合同；③独立核算盈亏，并能够编制资产负债表。

本年鉴中涉及的企业登记注册类型：

国有及国有控股企业 指国有企业加上国有控股企业。国有企业（即原全民所有制工业或国营工业）指企业全部资产归国家所有，并按《中华人民共和国企业法人登记管理条例》规定登记注册的非公司制的经济组织。包括国有企业、国有独资公司和国有联营企业。1957年以前的公私合营和私营工业，后均改造为国营工业，1992年改为国有工业，这部分工业的资料不单独分列时，均包括在国有企业内。国有控股企业是对混合所有制经济的企业进行的"国有控股"分类。它是指这些企业的全部资产中国有资产（股份）相对其他所有者中的任何一个所有者占资（股）最多的企业。该分组反映了国有经济控股情况。

集体企业 指企业资产归集体所有，并按《中华人民共和国企业法人登记管理条例》规定登记注册的经济组织。是社会主义公有制经济的组成部分。包括城乡所有使用集体投资举办的企业，以及部分个人通过集资自愿放弃所有权并依法经工商行政管理机关认定为集体所有制的企业。

股份合作企业 指以合作制为基础，由企业职工共同出资入股，吸收一定比例的社会资产投资组建，实行自主经营，自负盈亏，共同劳动，民主管理，按劳分配与按股分红相结合的一种集体经济组织。

联营企业 指两个及两个以上相同或不同所有制性质的企业法人或事业单位法人，按自愿、平等、互利的原则，共同投资组成的经济组织。联营企业包括：

国有联营企业指国有企业与国有企业间的联营；

集体联营企业指集体企业与集体企业间的联营；

国有与集体联营企业指国有企业与集体企业间的联营。

有限责任公司 指根据《中华人民共和国公司登记管理条例》规定登记注册，由两个以上，五十个以下的股东共同出资，每个股东以其所认缴的出资额对公司承担有限责任，公司以其全部资产对其债务承担责任的经济组织。

有限责任公司包括国有独资公司以及其他有限责任公司。

股份有限公司 指根据《中华人民共和国企业法人登

记管理条例》规定登记注册，其全部注册资本由等额股份构成并通过发行股票筹集资本，股东以其认购的股份对公司承担有限责任，公司以其全部资产对其债务承担责任的经济组织。

私营企业 指由自然人投资设立或由自然人控股，以雇佣劳动为基础的营利性经济组织。包括按照《公司法》、《合伙企业法》、《私营企业暂行条例》规定登记注册的私营有限责任公司、私营股份有限公司、私营合伙企业和私营独资企业。

港、澳、台商投资企业 指企业注册登记类型中的港、澳、台资合资、合作、独资经营企业和股份有限公司之和。

外商投资企业 指企业注册登记类型中的中外合资、合作经营企业、外资企业和外商投资股份有限公司之和。

“三资”企业系指港、澳、台商投资企业和外资企业的简称。

轻工业 指主要提供生活消费品和制作手工工具的工业。按其所使用的原料不同，可分为两大类：(1) 以农产品为原料的轻工业，是指直接或间接以农产品为基本原料的轻工业。主要包括食品制造、饮料制造、烟草加工、纺织、缝纫、皮革和毛皮制作、造纸以及印刷等工业；(2) 以非农产品为原料的轻工业，是指以工业品为原料的轻工业。主要包括文教体育用品、化学药品制造、合成纤维制造、日用化学制品、日用玻璃制品、日用金属制品、手工工具制造、医疗器械制造、文化和办公用机械制造等工业。

重工业 指为国民经济各部门提供物质技术基础的主要生产资料的工业。按其生产性质和产品用途，可以分为下列三类：(1) 采掘（伐）工业，是指对自然资源的开采，包括石油开采、煤炭开采、金属矿开采、非金属矿开采等工业；(2) 原材料工业，指向国民经济各部门提供基本材料、动力和燃料的工业。包括金属冶炼及加工、炼焦及焦炭、化学、化工原料、水泥、人造板以及电力、石油和煤炭加工等工业；(3) 加工工业，是指对工业原材料进行再加工制造的工业。包括装备国民经济各部门的机械设备制造工业、金属结构、水泥制品等工业，以及为农业提供的生产资料如化肥、农药等工业。

根据上述划分原则，修理业中以重工业产品为修理作业对象的划为重工业，反之划为轻工业。

工业增加值 指工业企业在报告期内以货币表现的工业生产活动的最终成果。

工业增加值有两种计算方法：一是生产法，即工业总产出减去工业中间投入加上应交增值税；二是收入法，即从收入的角度出发，根据生产要素在生产过程中应得到的收入份额计算，具体构成项目有固定资产折旧、劳动者报酬、生产税净额、营业盈余，这种方法也称要素分配法。本年鉴中的工业增加值是以生产法计算的。

生产法工业增加值的计算方法为：

工业增加值＝工业总产出－工业中间投入＋应交增值税

(1) 工业总产出：指工业企业在一定时期内工业生产活动的总成果。工业总产出包括：成品生产价值，对外加工费收入，自制半成品、在产品期末期初差额价值。1995年后用新规定计算的工业总产值代替。

(2) 工业中间投入：指工业企业在工业生产活动中消耗的外购物质产品和对外支付的服务费用。服务费用包括支付给物质生产部门（工业、农业、批发零售贸易业、建筑业、运输邮电业）的服务费用和支付给非物质生产部门（如保险、金融、文化教育、科学研究、医疗卫生、行政管理等）的服务费用。工业中间投入的确定须遵循以下原则：必须从外部购入的，并已计入工业总产出的产品和服务价值；必须是本期投入生产，并一次性消耗掉（包括本期摊销的低值易耗品等）的产品和服务价值。

工业中间投入包括直接材料费用、制造费用中的工业中间投入、管理费用中的工业中间投入、销售费用中的工业中间投入和利息支出五部分。

资产总计 指企业拥有或控制的能以货币计量的经济资源，包括各种财产、债权和其他权利。资产按流动性分为流动资产、长期投资、固定资产、无形资产、递延资产和其他资产。该指标根据企业会计“资产负债表”中“资产总计”项目的期末数增列。

流动资产平均余额 指企业在报告期内全部流动资产的平均余额。

固定资产净值年平均余额 指固定资产净值在报告期内余额的平均数。计算公式为：

$$\text{固定资产净值年平均余额} = \frac{\text{1至12月各月月初、月末固定资产净值之和}}{24}$$

该指标根据“资产负债表”中“固定资产原价”、“累计折旧”指标的期初、期末数计算填列。

固定资产净值 指固定资产原价减去历年已提折旧额后的净额。计算公式为：

固定资产净值＝固定资产原价－累计折旧

负债合计 指企业所承担的能以货币计量，将以资产或劳务偿付的债务，偿还形式包括货币、资产或提供劳务。负债一般按偿还期长短分为流动负债和长期负债。根据会计“资产负债表”中“负债合计”的年末数填列。

产品销售收入 指企业在报告期内生产的成品、自制半成品和工业性劳务取得的收入。

产品销售成本 指企业在报告期内销售本企业生产的成品、自制半成品和工业性劳务等的实际成本。

产品销售费用 指工业企业销售产品和提供劳务等过程中所发生的费用。该指标根据工业企业会计“利润表”中“产品销售费用”项的数值填列。

产品销售税金及附加 指企业在报告期内销售产品、提供的劳务等主要经营业务应负担的城市维护建设税、消费税、资源税和教育费附加等。

利润总额 指企业生产经营活动的最终成果，是企业在一定时期内实现的盈亏相抵后的利润总额（亏损以"—"号表示），它等于营业利润加上补贴收入加上投资收益加上营业外净收入再加上以前年度损益调整。

本年应交增值税 指企业在报告期内应交纳的增值税额。它等于本年销项税额加上出口退税加上进项税额转出数减去本年进项税额。小规模纳税企业直接按全年计税销售额乘以征收率计算取得。

从业人员平均人数 是指报告期内每天拥有的从业人员人数。其计算公式为：

$$\text{月平均人数}=\frac{\text{报告月内每天实有人数之和}}{\text{报告月日历日数}}$$

$$\text{季平均人数}=\frac{\text{季内各月平均人数之和}}{3}$$

$$\text{年平均人数}=\frac{\text{年内各月平均人数之和}}{12}$$

总资产贡献率 反映企业全部资产的获利能力，是企业经营业绩和管理水平的集中体现，是评价和考核企业盈利能力的核心指标。计算公式为：

$$\text{总资产贡献率}(\%)=\frac{\text{利润总额}+\text{税金总额}+\text{利息支出}}{\text{平均资金总额}}\times 100\%$$

公式中：税金总额为产品销售税金及附加与应交增值税之和；平均资产总额为期初期末资产之和的算术平均值。

资产负债率 该指标既反映企业经营风险的大小，也反映企业利用债权人提供的资金从事经营活动的能力。计算公式为：

$$\text{资产负债率}(\%)=\frac{\text{负债总额}}{\text{资产总额}}\times 100\%$$

资产与负债均为报告期期末数。

流动资产周转次数 指一定时期内流动资产完成的周转次数，反映投入工业企业流动资金的周转速度。计算公式为：

$$\text{流动资产周转资转}=\frac{\text{产品销售收入}}{\text{全部流动资产平均余额}}$$

公式中：全部流动资产平均余额为期初和期末的流动资产之和的算术平均值。

成本费用利润率 反映企业投入的生产成本及费用的经济效益，同时也反映企业降低成本所取得的经济效益。计算公式为：

$$\text{成本费用利润}(\%)=\frac{\text{利润总额}}{\text{成本费用总额}}\times 100\%$$

公式中：成本费用总额为产品销售成本、销售费用、管理费用、财务费用之和。

建筑业统计单位 指从事房屋、构筑物建造和设备安装活动的法人企业。建筑业法人企业应同时具备的条件是：① 依法成立，有自己的名称、组织机构和场所，能够承担民事责任；②独立拥有和使用资产，承担负债，有权与其他单位签订合同；③独立核算盈亏，能够编制资产负债表。

建筑业总产值（自行完成施工产值） 是以货币表现的建筑企业在一定时期内生产的建筑业产品和服务的总和。建筑业总产值包括建筑工程产值、安装工程产值和其他产值三部分内容。

（1）建筑工程产值：指列入建筑工程预算内的各种工程价值。

（2）安装工程产值：指设备安装工程价值，不包括被安装设备本身价值。

（3）其他产值：建筑业总产值中除建筑工程、安装工程以外的产值。包括房屋构筑物修理产值、非标准设备制造产值、总包企业向分包企业收取的管理费以及不能明确划分的施工活动所完成的产值。

建筑业增加值 指建筑业企业在报告期内以货币表现的建筑业生产经营活动的最终成果。目前建筑业增加值采用分类法（收入法）计算，即从收入的角度出发，根据生产要素在生产过程中应得到的收入份额计算。具体计算公式为：

建筑业增加值＝本年固定资产折旧＋本年应付工资＋本年应付福利费总额＋工程结算税金及附加＋营业利润＋管理费用中的税金＋劳动失业保险费

房屋建筑施工面积 指在报告期内施工的全部房屋建筑面积，包括本期新开工的房屋面积、上期施工跨入本期继续施工的房屋面积、上期停缓建在本期恢复施工的房屋面积、本期竣工的房屋面积及本期施工后又停缓建的房屋面积。

房屋建筑竣工面积 指在报告期内房屋建筑按照设计要求全部完工，达到了住人和使用条件，经验收鉴定合格，正式移交使用单位的房屋建筑面积。

公路里程 指在一定时期内实际达到《公路工程技术标准 JTJ01－88》规定的等级公路，并经公路主管部门正式验收交付使用的公路里程数。包括大中城市的郊区公路以及通过小城镇街道部分的公路里程和桥梁、渡口的长度，不包括大中城市的街道、厂矿、林区生产用道和农业生产用道的里程。两条或多条公路共同经由同一路段，只计算一次，不得重复计算里程长度。它是反映公路建设发展规模的重要指标，也是计算运输网密度等指标的基础资料。

货（客）运量 指在一定时期内，各种运输工具实际运送货物（旅客）数量。它是反映运输业为国民经济和人民生活服务的数量指标，也是制订和检查运输生产计划、研究运输发展规模和速度的重要指标。货运按吨计算，客运按人计算。货物不论运输距离长短、货物类别，均按实际重量统计。旅客不论行程远近或票价多少，均按一人一次客运量统计；半价票、小孩票也按一人统计。

货物（旅客）周转量 指在一定时期内，由各种运输工具运送的货物（旅客）数量与其相应运输距离的乘积之总和。它是反映运输业生产总成果的重要指标，也是编制和检查运输生产计划，计算运输效率、劳动生产率以及核算运输单位成本的主要基础资料。计算货物周转量通常按发出站与到达站之间的最短距离，也就是计费距离计算。

邮电业务总量 指以价值量形式表现的邮电通信企业为社会提供各类邮电通信服务的总数量。邮电业务量按专业分类包括函件、包件、汇票、报刊发行、邮政快件、特快专递、邮政储蓄、集邮、公众电报、用户电报、传真、长途电话、出租电路、无线寻呼、移动电话、分组交换数据通信、出租代维等。计算方法为各类产品乘以相应的平均单价（不变价）之和，再加上出租电路和设备、代用户维护电话交换机和线路等的服务收入。它综合反映了一定时期邮电业务发展的总成果，是研究邮电业务量构成和发展趋势的重要指标。计算公式为：

$$邮电业务总量=\sum（各类邮电业务量\times不变单价）+出租代维及其他业务收入$$

社会消费品零售总额 指批发和零售业、餐饮业、新闻出版业、邮政业和其他服务业等，售予城乡居民用于生活消费的商品和社会集团用于公共消费的商品之总量。社会消费品零售总额包括：

1. 批发和零售业企业（单位）：

（1）售予城乡居民的各种生活消费品；

（2）售予入境旅游的外国人、华侨、港澳台同胞的各类商品；

（3）售予行政事业单位、社会团体、军队和武警等机构的商品，以及以零售方式售予各类企业的商品。具体包括：用于非生产和社会交往的办公用品，如通讯设备、计算器具和设备、电讯网络设备、文印设备、音像视听器材和设备、纸张、本册、文具及装订文印材料、家具、日用电器、针纺织品、清洁卫生用品、文体用品、奖品、纪念品、礼品等；供内部人员乘坐的交通工具和燃料；用于办公设施修缮的各类配件、材料、工具等；用于取暖和防暑降温的设备、燃料、材料及食品等；专用于教学的用品和设备；非营利医疗机构的中、西药品、中药材和医疗设备器材；非专用的劳动保护用品；不对外营业的内部食堂用的餐具、炊具、设备、清洁卫生工具和食品、燃料等；军队、武警用于其人员生活的衣着品和个人用品；其他各类非生产性设备和用品。

2. 餐饮业出售的主食、菜肴、烟酒饮料和其他商品。

3. 新闻出版业、邮政业售予城乡居民、企事业单位、军队和武警等机构的书报杂志、音像制品、邮品等。

4. 其他服务业出售的食品、烟酒饮料、服装鞋帽、日常生活用品、医药保健用品、艺术品、工艺美术品、玩具、殡葬用品以及其他消费品。

消费品市场成交额 指从事消费品交易的商品市场的全部商品成交金额。消费品市场包括农副产品市场和工业消费品市场。

进出口总额 海关进出口总额指实际进出我国国境的货物总金额。包括对外贸易实际进出口货物，来料加工装配进出口货物，国家间、联合国及国际组织无偿援助物资和赠送品，华侨、港澳台同胞和外籍华人捐赠品，租赁期满归承租人所有的租赁货物，进料加工进出口货物，边境地方贸易及边境地区小额贸易进出口货物（边民互市贸易除外），中外合资经营企业、中外合作经营企业、外资独资经营企业进口货物和公用物品，到、离岸价格在规定限额以上的进出口货样和广告品（无商业价值、无使用价值和免费提供出口的除外），从保税仓库提取在中国境内销售的进口货物，以及其他进口货物。进出口总额用以观察一个国家在对外贸易方面的总规模。我国规定出口货物按离岸价格统计，进口货物按到岸价格统计。

利用外资 指我国各级政府、部门、企业和其他经济组织通过对外借款、吸收外资直接投资以及用其他方式筹措的境外现汇、设备、技术等。

对外借款 是我国利用外资的主要部分。指通过对外正式签订借款协议、从境外筹措的资金，包括外国政府贷款、国际金融组织贷款、外国银行商业贷款、出口信贷以及对外发行债券等。1996年及以前还包括对外发行股票。

外商直接投资 指外国企业和经营组织和个人（包括华侨、港澳台胞以及我国在境外注册的企业）按我国有关政策、法规，用现汇、实物、技术等在我国境内开办外商独资企业、与我国境内的企业和经济组织共同举办中外合资经营企业、合作经营企业或合作开发资源的投资（包括外商投资收益的再投资）以及经政府有关部门批准的项目投资总额，企业从境外借入的资金。

对外承包工程 指各对外承包公司以招标议标承包方式承揽的下列业务：(1）承包国外工程建设项目，(2）承包我国对外经援项目，(3）承包我国驻外机构的工程建设项目，(4）承包我国境内利用外资进行建设的工程项目，(5）与外国承包公司合营或联合承包工程项目时我国公司分包部分，(6）对外承包兼营的房屋开发业务。对外承包工程的营业额是以货币表现的本期内完成的对外承包工程的工作量，包括以前年度签订的合同和本年度新签订的合同在报告期内完成的工作量。

对外劳务合作 指已收取工资的形式向业主或承包商提供技术和劳动服务的活动。我国对外承包公司在境外开办的合营企业，中国公司同时又提供劳务的，其劳务部分也纳入劳务合作统计。劳务合作经营额按报告期内向雇主提交的结算数（包括工资、加班费和奖金等）统计。

存款 指企业、机关、团体和居民根据资金必须收回的原则，把货币资金存入银行和其他信用机构保管并取得一定利息的一种信用活动形式。根据存款对象的不同可划分为企业存款、财政存款、基本建设存款、城镇储蓄存款、农村存款等科目。它是银行信贷资金的主要来源。

贷款 指银行或其他信用机构根据资金必须归还的原则按一定利率，为企业、个人等提供资金的一种信用活动形式。我国银行贷款分为流动资金贷款、固定资产贷款、城乡个体工商户贷款以及农业贷款等科目。

城乡居民储蓄存款余额 指某一时点城乡居民存入银行及农村信用 的储蓄金额，包括城镇居民储蓄存款和农民个人储蓄存款，不包括居民的手存现金和工矿企业、部队、机关、团体等单位存款。

保险金额 指保险人承担赔偿或或者给付保险金责任的最高限额。

小学学龄儿童入学率 指调查范围内已入小学学习的学龄儿童占校内外学龄儿童总数（包括弱智儿童在内，但不包括盲聋哑儿童）的比重。计算公式为：

小学学龄儿童入学率

$$=\frac{\text{已入学的小学学龄儿童数}}{\text{校内外小学学龄儿童总数}}\times 100\%$$

工程技术人员 指在国民经济各行业中从事工程技术工作的自然科学技术专业人员，包括高级工程师、工程师、助理工程师、技术员和未评定职称的技术人员。

农业技术人员 指在国民经济各行业中从事农业技术工作的自然科学技术专业人员，包括高级农艺师、农艺师、助理农艺师、技术员和未评定职称的技术人员。

卫生技术人员 指在国民经济各行业中从事卫生医务工作的自然科学技术专业人员，包括正副主任医师、主治医师、医师、医（护）士和未评定职称的技术人员。

科学研究人员 指在国民经济各行业中从事科学技术活动的自然科学技术专业人员，包括正副研究员、助理研究员、研究实习员、技术员和未评定职称的技术人员。

教学人员 指在国民经济各行业中从事教学活动的专业人员，包括正副教授、讲师、助教、教师和在中学从事教学活动的人员。

等级运动员人数 指经过考试正式批准授予等级运动员称号的人数。运动员等级分为国际级运动健将、运动健将、一级运动员、二级运动员、三级运动员、少年级运动员。

等级裁判员人数 指经考试正式批准授予等级裁判员称号的人数。裁判员等级分为国际裁判、国家级裁判、一级裁判、二级裁判、三级裁判。

医院 指设有固定床位，能收容病人住院并能为病人提供医疗、护理服务的医疗机构，包括县及县以上医院、农村乡卫生院和其他医院三部分。医院按所属性质不同分为卫生部门、工业及其他部门和集体经济单位三类。县及县以上医院按业务性质不同分为综合医院和专科医院。

卫生技术人员 指卫生事业机构支付工资的全部职工中现任职务为卫生技术工作的专业人员，包括中医师、西医师、中西医结合高级医师、护师、中药师、西药师、检验师、其他技师、中医士、西医士、护士、助产士、中药剂师、西药剂师、检验士、其他技士、其他中医、护理员、中药剂员、西药剂员、检验员和其他初级卫生技术人员。

医生 指经卫生部门审查合格，从事医疗工作的专业人员。分为中医医生和西医医生。包括卫生技术人员中的中医师、西医师、中西医结合高级医师、中医士、西医士和其他中医。

社会福利事业单位 指集中收养社会孤老、残、幼的机构，包括由民政部门管理的社会福利院、儿童福利院、精神病人福利院和城镇集体举办的福利院及农村集体举办的敬老院。

社会福利事业单位收养人数 包括民政部门管理和城镇、农村集体举办的社会福利事业单位中收养的老人、少年儿童、缺乏生活自理能力的残疾人员和精神病人。

公证人员 指在国家公证机关依法办理公证事务的司法人员，包括公证员、助理公证员和在公证处工作的其他人员。

调解民间纠纷 指调解委员会依照法律规定，根据自愿原则，用说服教育的方法调解民间发生的有关民事权利和义务的争执，促成当事双方达到协议和谅解，解决纠纷。包括婚姻家庭纠纷，财产权益纠纷等，不包括法院受理调解的民事案件数。

全年供水总量 指公用自来水厂和自备水源的社会单位全年的供水总量，包括有效供给量及损失水量。

生活用水量 指居民日常生活与公共福利设施的用水量，包括居民、饮食店、旅馆、医院、理发店、浴池、洗衣店、游泳池、商店、学校、机关、部队等单位的用水量。

年底实有铺装道路长度 指除土路外，路面经过铺装宽度在3.5米以上的道路，包括高级、次高级道路和普通道路。

城市下水道总长度 指所有排水总管、干管、支管及暗渠、检查井、连接井进出水口等长度之和。

大事记

EVENTS

2006 年河北省经济与社会发展大事记

一月

一月四日

下午，省委召开议军会议，传达学习军委扩大会议和北京军区党委八届十次全会精神，听取省军区工作汇报，对河北省国防后备力量建设问题进行研究。省委书记、省军区党委第一书记白克明，省委副书记、省长、省国防动员委员会主任季允石讲话。

一月五日

今天，省长季允石分别主持召开座谈会，征求河北省经济界和社会事业界部分省人大代表对即将提交省十届人大四次会议审议的《关于国民经济和社会发展第十一个五年规划纲要的报告（征求意见稿）》和《国民经济和社会发展第十一个五年规划纲要（草案）》的意见和建议。省委常委、常务副省长郭庚茂，副省长付双建、柳宝全、龙庄伟，省政府顾问郭世昌出席座谈会，省长助理、省政府秘书长尹亚力和省直有关部门负责同志列席会议。

下午，河北省邮政局第八次工作会议召开。副省长付双建出席会议并讲话，省政府顾问郭世昌出席会议。

一月六日

上午，省政府召开全省“四帮一”扶贫工作队调度会。副省长宋恩华出席会议并讲话。

上午，全省建设工作会议召开。副省长柳宝全出席会议并讲话。

下午，省长季允石主持召开座谈会，征求部分非中共省人大代表、省政协委员对即将提交省十届人大四次会议审次的《关于国民经济和社会发展第十一个五年规划纲要的报告（征求意见稿）》和《国民经济和社会发展第十一个五年规划纲要（草案）》的意见和建议。副省长才利民、宋恩华出席座谈会。省长助理、省政府秘书长尹亚力及省直有关部门负责同志列席会议。

下午，全省财政工作会议召开。省委常委、常务副省长郭庚茂出席会议并讲话。

一月九日

上午，河北省文化体制改革领导小组召开第一次会议，学习中共中央、国务院《关于深化文化体制改革的若干意见》，讨论《河北省文化体制改革领导小组工作规划》及有关事项。省委常委、宣传部长、省文化体制改革领导小组组长张群生，副省长、省文化体制改革领导小组副组长孙士彬出席会议并讲话。

一月十日

下午，省委常委、常务副省长郭庚茂与省社会科学院部分应用学科专家学者进行座谈。郭庚茂针对本省“十一五”时期经济社会发展的若干问题，向与会专家学者作了辅导报告，并就社会科学应用学科如何更好地为省委、省政府正确决策服务发表了意见。

一月十一日

下午，全省人口与计划生育工作会议召开。省委副书记刘德旺、副省长孙士彬出席会议并讲话。

一月十三日

上午，中信集团向河北省赠送 10 万台保护农民查假信息机。省委书记白克明、省长季允石、中信集团董事长王军、中信 21 世纪集团执行主席陈晓颖出席赠送仪式，副省长宋恩华主持仪式。

下午，省长季允石主持召开省全面推进依法行政工作领导小组第一次会议。省委常委、常务副省长郭庚茂出席会议。

一月十七日

昨天和今天，中共河北省第六届委员会第九次全体会议在石家庄举行。全会由省委常委会主持。省委书记白克明作重要讲话。省委副书记、省长季允石传达了全国科技大会精神。

一月十八日

上午，省精神文明建设委员会第十三次全体（扩大）会议在石家庄召开。省委书记、省文明委主任白克明在会上强调，推进精神文明建设，贵在坚持，贵在务实。省委常委、宣传部长、省文明委常务副主任张群生代表省文明委作工作报告，副省长、省文明委副主任孙士彬，省军区副政委、省文明委副主任任宗清出席会议。

一月十九日

下午，河北省召开村通电话工程总结表彰电视电话会议，表彰为全省村通电话工程建设作出突出贡献的先进集体。省长季允石出席会议并讲话，省委常委、常务副省长郭庚茂出席会议，副省长宋恩华宣读了省政府

《关于表彰村通电话工程先进集体的决定》，副省长付双建主持会议。

一月二十日

下午，副省长付双建在石家庄市检查省会春运工作，慰问春运一线干部职工。

一月二十一日

上午，省长季允石在河北会堂会见神华集团董事长陈必亭一行。省委常委、常务副省长郭庚茂，副省长付双建会见时在座。省长助理、省政府秘书长尹亚力参加会见。

一月二十二日

上午，省长季允石到衡水市、深州市走访慰问，详细了解广大群众生产生活情况，并向他们致以新春的祝福。

一月二十三日

下午，省政府与中国建设银行在河北会堂签订《银政合作协议》。省长季允石，中国建设银行董事长郭树清、行长常振明、监事长谢渡扬出席签约仪式，省委常委、常务副省长郭庚茂主持签约仪式。季允石、常振明代表双方在协议上签字。

一月二十四日

上午，省长季允石主持召开会议，听取省直相关厅局关于关系全省经济发展全局的经济工作情况汇报。省委常委、常务副省长郭庚茂，副省长才利民一同听取了汇报。

一月二十五日

上午，省领导白克明、季允石、刘德旺、张毅、钟志明、郭庚茂、吴振华、车俊、付志方、陈秀芳、张力、臧胜业，分别走访慰问了驻省会的省级老干部，向他们致以新春的祝福。

一月二十六日

23日至今天，副省长才利民、宋恩华、付双建、孙士彬、龙庄伟分别走访慰问了宽城满族自治县西岔沟村、平泉县耿家沟村，武邑县刘只宁村、广宗县白寨村，以及石家庄市部分特困职工和劳动模范。

一月二十七日

上午，省会各界人士春节团拜会在中国大酒店举行。白克明、季允石、刘德旺、张毅、赵金铎、钟志明、郭庚茂、吴振华、车俊、付志方、陈秀芳、张力、臧胜业等省领导，同省会各界人士欢聚一堂，辞旧迎新，共庆佳节。省委书记白克明发表了热情洋溢的讲话。

下午，副省长付双建带领省安监局、省煤炭局负责同志深入到位于内丘的东庞煤矿和兴安煤矿，在井下500米工作面现场，详细查看工人操作状况，并向坚守工作岗位的煤矿工人致以新春问候。

一月二十八日

上午，为了认真贯彻落实国务院和省政府关于加强节日期间安全生产工作的部署，省委常委、常务副省长郭庚茂，副省长才利民、孙士彬、龙庄伟等分别深入石家庄有关单位和企业，检查安全生产工作，看望坚守在工作一线的广大官兵作职工，并代表省委、省政府向他们致以亲切的慰问和节日的祝贺。

二月

二月八日

上午，副省长孙士彬在白楼宾馆会见北京诚志股份有限公司总裁龙大伟一行，就清华大学与河北省合作，建设“诚志生命科技产业中心”事宜进行会谈。

二月九日

上午，全省卫生工作会议在石家庄召开，副省长孙士彬出席会议并讲话，肯定了“十五”时期全省卫生工作取得的成绩，分析了面临的形势，对进一步加快全省卫生事业发展讲了具体意见。

二月十日

上午，省政府领导集中学习全国科学技术大会文件。省长季允石主持学习并讲话。副省长才利民、付双建、柳宝全、孙士彬、龙庄伟，省政府顾问郭世昌，全省科技大会筹备领导小组成员及省政府有关部门负责同志参加了学习。

下午，副省长孙士彬到省新闻出版局、省版权局调研，指导工作。

二月十二日

下午，省会科技教育文化界元宵茶话会在省会中国大酒店举行。省领导同省会科技、教育、文化、新闻、社科、体育界知名人士代表，省决策咨询委员会委员，省直有关单位领导欢聚一堂，共庆佳节。省委书记、省人大常委会主任白克明发表了热情洋溢的讲话。省委副书记、省长季允石主持茶话会。

二月十四日

上午，省十届人大常委会第十九次会议在石家庄召开。省委书记、省人大常委会主任白克明主持会议。省人大常委会副主任赵世居、刘作田、张士儒、何少存、韩葆珍、王加林、白润璋、杨新农，秘书长韩生雨出席会议。省委常委、常务副省长郭庚茂，省法院院长刘瑞川、省检察院检察长侯磊，省政府有关部门负责人，省人大内务司法委员会组成人员，省从大常委会副秘书长和各厅、室、委负责人列席会议。

二月十五日

上午，政协河北省第九届委员会第四次会议在省会河北会堂开幕。省政协主席赵金铎，副主席冯文海、赵燕、杨迁、刘健生、秦朝镇、王建忠、赵铁练、刘德忠、李有成、段惠军、丛斌，秘书长解玉琦在主席台前排就座。出席大会并在主席台就座的有：白克明、季允石、刘德旺、张毅、钟志明、张群生、郭庚茂、吴振华、车俊、付志方、陈秀芳、张力、臧胜业、张和、张连仁、赵世居、刘作田、张士儒、何少存、韩葆珍、王加林、白润璋、杨新农、才利民、宋恩华、柳宝全、孙士彬、龙庄伟、刘瑞川、侯磊、陈来立、郭世昌。全国政协常委叶连松、孔小均也在主席台就座。担任过省级领导职务的老同志杨泽江、郭志、李文珊、吕传赞、刘善祥、吴野渡、李永进、宁全福、周欣、李炳良、张震环、张建新、龚焕文、陈立友、张润身、王树森、赵惠臣、王满秋、韩立成、郭洪岐、王幼辉、李月辉、杨国春、王士昌在主席台就座。省各民主党派、工商联、有关人民团体负责人应邀出席会议。省直有关部门和中直驻冀有关单位负责同志应邀列席会议。

下午，省领导白克明、季允石、赵金铎、陈秀芳、张力、才利民、王建忠，在省会白楼宾馆会见了出席省政协九届四次会议的来自港澳地区的省政协委员并与他们亲切交谈。

二月十六日

上午，省十届人大四次会议在省会河北会堂开幕。主席团常务主席白克明、赵世居、刘作田、张士儒、何少存、韩葆珍、王加林、白润璋、杨新农、韩生雨在主席台前排就座。省长季允石代表省政府向大会作了《关于河北省国民经济和社会发展第十一个五年规划纲要的报告》。出席大会并在主席台就座的有：季允石、刘德旺、张毅、赵金铎、叶连松、钟志明、张群生、郭庚茂、吴振华、车俊、付志方、陈秀芳、张力、臧胜业、张和、张连仁、才利民、宋恩华、付双建、柳宝全、孙士彬、龙庄伟、冯文海、杨迁、刘健生、秦朝镇、王建忠、赵铁练、刘德忠、李有成、段惠军、丛斌、刘瑞川、侯磊、陈进、赵海滨、高义勋、刘鑫、谢建华、陈来立、郭世昌。省十届人大代表中担任过省级领导职务的老同志吕传赞、于庆田、李炳良、张震环、郝廷华、龚焕文、韩立成在主席台就座。担任过省级领导职务的老同志杨泽江、郭志、李文珊、刘善祥、吴野渡、李永进、宁全福、周欣、张建新、陈立友、张润身、王树森、赵惠臣、王满秋、郭洪岐、王幼辉、陈慧、李月辉、杨国春、王士昌应邀出席大会并在主席台就座。列席今天大会的有：省政府各部门、省检察院、省其他有关单位的负责人，出席省政协九届四次会议的委员。

二月十九日

下午，历时5天的政协河北省第九届委员会第四次会议，圆满完成了各项预定议程，在石家庄落下帷幕。会议期间，委员们审议通过了政协河北省第九届委员会常务委员会工作报告、政协河北省第九届委员会常务委员会关于九届三次会议以来提案工作情况的报告，增补了九届政协副主席和常务委员，列席了省十届人大四次会议，听取并讨论了季允石省长所作的《河北省人民政府关于河北省国民经济和社会发展第十一个五年规划纲要的报告》以及其他重要报告。省政协主 席赵金铎，副主席冯文海、杨迁、刘健生、陈秀芳、秦朝镇、王建忠、赵铁练、刘德忠、李有成、段惠军、丛斌、孔小均、武四海及秘书长解玉琦在主席台前排就座。

二月二十日

上午，省十届人大四次会议圆满完成各项任务在石家庄闭幕。大会由大会执行主席、主席团常务主席白克明主持。会议号召，全省人民紧密团结在以胡锦涛同志为总书记的党中央周围，高举邓小平理论和“三个代表”重要思想的伟大旗帜，在中共河北省委的领导下，高扬树正气、讲团结、求发展的主旋律，同心同德，开拓创新，扎实工作，为胜利实现我省经济社会发展第十一个五年规划和全面建设小康社会的宏伟目标而努力奋斗！

下午，省政府召开全省安全生产工作电视电话会议，省长季允石出席会议并讲话。副省长付双建主持会议。省长助理、省政府秘书长尹亚力通报了2005年安全生产责任目标考核结果。

二月二十一日

上午，省政府召开设区市市长座谈会，就当前全省经济发展中的突出问题和薄弱环节，具体分析，研究办法，交流经验，明确努力方向和目标，确保“十一五”开好局、起好步。省领导白克明、季允石、郭庚茂、吴振华、张力、张和、才利民、宋恩华、付双建、柳宝全、孙士彬出席会议。各设区市市委书记、省直有关部门负责同志也参加了会议。

二月二十二日

上午，省委办公厅、省政府办公厅和省政协办公厅联合召开省政协九届四次会议提案交办会，610件政协提案移交承办单位办理。省领导赵金铎、郭庚茂、张力出席会议并讲话。省政协副主席王建忠主持会议。省政协秘书长解玉琦出席会议。

上午，全省国土资源工作会议在石家庄召开。副省长柳宝全出席会议并讲话。

二月二十三日

中共中央政治局委员、国务院副总理回良玉近日来河北省考察农业农村工作。回良玉在省委书记白克明、省长季允石的陪同下，深入田间地头实地察看小麦苗情长势，进村入户了解春耕备耕和政策落实情况。省领导郭庚茂、吴振华、张力、宋恩华等陪同考察。

二月二十四日

上午，省政府召开全省造林绿化工作广播电视动员大会。省长季允石出席会议并讲话，副省长宋恩华主持会议。省长助理、省政府秘书长尹亚力和省直有关部门负责同志参加会议。

作为中国产品质量电子监管网首家试点省份，河北省积极开展推广应用工作。上午，国家质检总局在石家庄召开现场会，总结、推广河北省试点经验，并决定在全国推广产品质量电子监管网。国家质检总局局长李长江、党组书记李传卿、国务院信息化工作领导小组办公室副主任陈大卫和省长季允石、副省长付双建出席会议。国家质检总局副局长蒲长城主持会议。

下午，省政府召开第四次廉政工作会议，贯彻落实国务院第四次廉政工作会议、中纪委六次全会和省纪委七次全会精神，研究部署今年省政府系统廉政建设和反腐败工作。

二月二十八日

上午，省委、省政府召开全省开展行政权力公开透明运行试点工作电视电话会议，在总结交流试点经验的基础上，进一步统一思想、明确措施，对在全省全面推进这项工作进行部署。省委书记白克明出席会议并讲话。省长季允石主持会议。

上午，由唐钢、宣钢、承钢三大钢铁联合重组形成的新唐钢集团正式挂牌成立。省长季允石出席揭牌仪式并讲话，省委常委、常务副省长郭庚茂宣读了省政府《关于同意组建唐山钢铁集团有限责任公司的批复》，副省长付双建主持揭牌仪式。

下午，省政府召开全省公路建设表彰电视电话会议，表彰全省公路建设先进集体和个人，安排部署下一阶段全省公路建设工作。省长季允石出席会议并讲话，副省长付双建主持会议，省长助理、省政府秘书长尹亚力宣读了省政府《关于表彰公路建设先进集体和先进个人的决定》。

下午，省大中专毕业生就业工作领导小组召开第三次会议，审议本省《引导和鼓励高校毕业生面向基层就业的实施意见》，省委常委、常务副省长郭庚茂出席会议并讲话。省委常委、组织部长付志方主持会议，并就如何贯彻落实会议精神讲了意见。副省长龙庄伟通报了省大中专毕业生就业工作领导小组成员调整情况。

三月

三月一日

上午，国家、省重点建设项目——神华集团国华三河发电厂二期工程在燕郊开发区破土动工。省长季允石、国家发改委副主任张国宝、北京市副市长张茅、神华集团有限责任公司董事长陈必亭出席开工典礼并致辞。

上午，河北省出席全国“两会”的政协委员抵达首都北京。省领导张毅、张力、何少存、宋恩华、赵铁练，省政协秘书长解玉琦等到石家庄火车站为委员们送行。

三月二日

上午，省扶贫开发领导小组2006年第一次全体会议召开，副省长、省扶贫开发领导小组组长宋恩华出席会议并讲话。

下午，出席十届全国人大四次会议的河北省代表抵达北京。省领导刘德旺、何少存、才利民、秦朝镇到石家庄火车站为省直、石家庄市代表送行。

三月三日

上午，省民族事务委员会全体委员会议在石家庄召开。会议总结了2005年全省民族工作，部署了今年民族工作任务。副省长柳宝全出席会议并讲话。

下午，出席十届全国人大四次会议的河北省代表团举行全体会议，推选代表团团长、副团长，审议大会主席团、秘书长名单草案及大会议程草案，传达日前召开的各代表团召集人会议精神。省委书记、省人大常委会主任白克明主持会议。会议经过表决，推选白克明为代表团团长，季允石、郭庚茂、张力、韩葆珍为副团长。

下午，全省促进规模以下工业发展座谈会召开。河北省将通过鼓励全民创业、突出创业辅导、加强融资担保、抓好扶持成长、搞好注册登记等措施，加快规模以下工业发展。副省长宋恩华、付双建出席会议并讲话。

三月五日

下午，出席十届全国人大四次会议的河北省代表团举行全体会议，认真审议温家宝总理所作的政府工作报告。全国人大常委会副委员长成思危作为河北省代表参加了审议。代表团团长白克明主持会议。省长季允石指出，河北必须突出抓好农民增收、结构调整、经济增长方式转变、区域平衡发展、就业等几大问题。

三月六日

在北京出席十届全国人大四次会议的省长季允石，利用大会休会的时间，考察了本省建筑业开拓北京市场的情况，看望了河北省在京的部分建筑企业施工人员。副省长柳宝全参加了考察。

下午，副省长孙士彬主持召开河北省城市社区卫生工作领导小组会议，传达学习全国城市社区卫生工作会议精神，研究河北省贯彻落实意见。

三月七日

上午，河北省各界妇女代表欢聚在石家庄人民会堂，庆祝“三八”国际劳动妇女节。

下午，省委书记白克明和省长季允石在河北省全国人大代表团驻地，分别接受了香港《大公报》采访团的采访。白克明、季允石向采访团介绍了河北的经济建设和社会发展情况，并回答了记者的提问。

三月十日

上午，中共中央政治局常委、全国人大常委会委员长吴邦国，参加了十届全国人大四次会议河北代表团的审议。刘作田、佟淑芸、郭庚茂、萧玉田、张和、韩葆珍、高金浩、郭成志等8位代表先后发言。

三月十四日

上午，全省红十字会工作会议在石家庄召开。副省长、省红十字会会长孙士彬出席会议并讲话。

上午，副省长孙士彬到正定乒乓球训练基地，看望了正在备战第48届世乒赛的国家乒乓球女队教练员、运动员。

13日至今日，全省城市总体规划修编工作座谈会在廊坊市召开。副省长柳宝全出席会议并讲话。

三月十五日

下午，副省长孙士彬主持召开河北体育中心项目论证会，对体育中心项目方案进行了讨论论证。省发改委、省财政厅、省国土资源厅、省体育局、石家庄市政府、裕华区政府等有关单位和部门负责同志参加会议。

三月十六日

下午，省领导季允石、刘德旺、郭庚茂、付志方、才利民在省会河北会堂会见了以阿里地委副书记、行署专员董明俊为团长的西藏阿里地区党政代表团一行。

晚上，省长季允石在省会中国大酒店会见并宴请了荷兰驻华大使闻岱博、荷兰帝斯曼公司董事长爱赋鼎一行。双方就进一步加强合作交换了意见。副省长付双建参加会见。

上午，河北省对口支援西藏阿里地区工作座谈会在省会河北会堂举行。省委常委、组织部长付志方出席座谈会并讲话，副省长才利民主持座谈会。西藏自治区阿里地委副书记、行署专员董明俊出席座谈会。

上午，由省妇联和省劳动和社会保障厅联合组织的“春风送岗位、巾帼创新业”活动在省会河北会堂广场举行。副省长付双建出席活动。

三月二十日

上午，全省统一战线各界代表人士培训班在中央社会主义学院开班，全国政协副主席、中央统战部部长刘延东在开班典礼前看望了全体学员，并与大家合影留念。省长季允石出席开班典礼，并就实现河北更快更好发展为全体学员作了经济社会形势报告。

三月二十一日

19日至今日，中共中央政治局常委、全国人大常委会委员长吴邦国在省委书记、省人大常委会主任白克明和省长季允石等陪同下，先后到唐山、廊坊等地，就贯彻落实党的十六届五中全会和十届全国人大四次会议精神进行专题调研。吴邦国对河北省在加快经济建设、促进协调发展、改善城乡面貌、提高人民生活水平等方面取得的成绩给予了充分肯定。

三月二十二日

上午，邢台抗震40周年纪念大会在隆尧县邢台地震纪念碑广场隆重举行。省委书记、省人大常委会主任白克明，省委副书记、省长季允石，省委常委、秘书长张力，省军区政委张连仁，省人大常委会副主任赵世居、张群生，副省长龙庄伟，省政协副主席王建忠，省军区副司令员芾福成，省人大常委会原副主任李炳良出席纪念大会。

上午，新组建的河北省天然气有限责任公司在石家庄市举行揭牌仪式，副省长才利民出席揭牌仪式并会见港方代表。

下午，由省政府和国家地震局主办的纪念邢台地震40周年研讨会在邢台举行。会上，专家学者就地震监测预报、震害防御和应急救援等方面的发展进行了学术交流和研讨。副省长龙庄伟、国家地震局局长陈建民出席会议并讲话。

三月二十三日

上午，投资1.5亿元建设的省科技馆隆重开馆，24日将正式对社会公众开放。省委书记、省人大常委会主任白克明宣布开馆，中国科协副主席、党组书记、书记处第一书记邓楠，省委副书记、省长季允石分别致辞，省委副书记刘德旺主持开馆仪式，省领导吴振华、赵勇、张群生、杨迁和驻冀部分院士、专家代表出席开馆仪式。开馆仪式结束后，白克明、邓楠、季允石等共同参观了展览和宇宙剧场。

上午，全省环保工作会议在石家庄召开。副省长柳宝全出席会议并讲话。

下午，省委政法委召开全省打黑除恶专项斗争电视电话会议，对全省开展打黑除恶专项斗争进行部署。省委常委、政法委书记车俊出席会议并讲话。省人大常委会副主任白润璋、副省长柳宝全参加会议。

晚上，省委常委、宣传部长赵勇，副省长孙士彬在世纪大酒店接待了我国驻埃及、英国、印度、南非、俄罗斯等国使馆文化参赞一行。

三月二十四日

上午，省政府召开全省春季农业生产工作电视电话会议，传达贯彻了全国春季农业生产工作会议精神，安排部署了全省春季农业生产工作。副省长宋恩华出席会议并讲话。

下午，副省长柳宝全和国家环保总局副局长张力军赴保定市就白洋淀死鱼事件进行调研。

三月二十五日

上午，省森林防火指挥部召开紧急会议，通报顺平等地森林火灾情况，要求各地各有关部门加大灭火力度，采取有力措施，坚决扑灭火灾。副省长宋恩华出席会议并讲话。

晚上，省委常委、常务副省长郭庚茂召开了省森林防火指挥部紧急会议。强调一定要认真落实国务院副总理回良玉和省委书记白克明、省长季允石对森林灭火工作做出的重要批示，采取有力措施，尽快扑灭森林大火。

三月二十六日

上午，由省长季允石率领的河北省经贸代表团抵达香港，参加2006河北（香港）投资贸易洽谈会暨河北（香港）文化周活动。河北省经贸代表团由省长季允石任团长，副省长才利民任副团长，省长助理、省政府秘书长尹亚力为秘书长，20个省直主要部门负责人，部分省属重点企业和民营企业主要负责人为成员，11个设区市分别组织分团在港开展招商活动。

下午，省长季允石在香港国际机场接受了香港文汇报和凤凰卫视记者的专访。在接受采访时，季允石向香港记者介绍了本次投资贸易洽谈会项目推介、贸易展览和文化周等基本情况。

晚上，省委书记白克明到省森林防火指挥中心，听取当前森林防火形势汇报，看望和慰问林业系统干部职工。省委常委、常务副省长郭庚茂，省委常委、秘书长张力一同前往。

晚上，香港河北联谊会在香港会展中心设宴，热情款待参加2006河北（香港）投资贸易洽谈会暨河北

（香港）文化周的河北省代表团。省长季允石、副省长才利民，香港河北联谊会创会会长杨勋、香港联合会会长梁伟浩等出席宴会。

三月二十七日

上午，河北省经贸代表团在香港君悦酒店举行新闻发布会。香港文汇报、东方日报、大公报、星岛日报、成报、南华早报、亚洲电视等20余家当地主流媒体记者应邀参加发布会。副省长、代表团副团长才利民向香港记者介绍了河北省情、“十一五”发展目标、对外开放和进一步推进与港澳的合作以及2006河北（香港）投资贸易洽谈会暨河北（香港）文化周的有关情况，并就香港媒体关心的问题回答了记者提问。

下午，赴香港出席2006年河北（香港）投资贸易洽谈会暨河北（香港）文化周的季允石省长拜会了全国政协副主席董建华和香港特别行政区行政长官曾荫权。

三月二十八日

上午，2006年河北（香港）投资贸易洽谈会暨河北（香港）文化周拉开帷幕。省经贸代表团团长、省长季允石在开幕式上致辞，中央人民政府驻港联络办副主任郭莉、外交部驻港特派员公署特派员吕新华、香港特区财经事务及库务局局长马时亨等20余位各界人士作为主礼嘉宾应邀出席开幕式。省经贸代表团副团长、副省长才利民主持开幕式。

下午，省长季允石到香港展览中心参观了2006河北（香港）投资贸易洽谈会暨河北（香港）文化周的文化展览。

三月二十九日

上午，河北省志续修总纂第一次会议召开，河北省志续修工作开始启动。省委常委、常务副省长郭庚茂讲话，并代表省地方志编纂委员会，向河北省志总纂、总顾问、常务副总纂和副总纂颁发了聘书。

三月三十一日

晚上，省长季允石在澳门特别行政区礼宾府拜会了澳门特别行政区行政长官何厚铧。何厚铧对近年来冀澳合作与交流给予了充分肯定，他表示，澳门在服务业、金融、法律等领域具有一定优势，希望两地加强合作，互惠互利，共同发展。副省长才利民参加了拜会。

四月

四月一日

上午，河北省在澳门濠景酒店举行冀澳合作恳谈会，与澳门各界人士广泛交流，就进一步加强合作交换意见。省长季允石主持会议并接受记者采访，副省长才利民介绍了河北省经济社会发展及冀澳合作情况。省长助理、省政府秘书长尹亚力及省直有关部门负责同志参加了恳谈会。

今天，省长季允石，副省长才利民分别拜访了中央人民政府驻澳联络办主任白志健和外交部驻澳特派员公署特派员万永祥，省长助理、省政府秘书长尹亚力和省直有关部门负责同志分别参加拜访活动。

今天，河北省第二次全国残疾人抽样调查入户调查启动仪式在石家庄举行。副省长柳宝全出席启动仪式。

四月三日

上午，省森林草原防火指挥部召开全体成员会议，传达学习回良玉副总理关于森林草原防火的重要指示，通报全省森林火警火灾发生和扑救工作情况，分析当前全省森林草原防火工作形势，研究安排下一阶段森林草原防火工作。副省长、省森林草原防火指挥部指挥长宋恩华出席会议并讲话。

四月六日

上午，省人民医院门诊医技病房楼工程举行奠基典礼。省领导季允石、张群生、孙士彬、刘健生出席典礼。

上午，省委人才工作协调小组召开第四次会议。省委副书记刘德旺主持会议并讲话。省委常委、常务副省长郭庚茂，省委常委、组织部长付志方出席会议，并分别就今年的人才工作讲了意见。

4日至今日，就推进中国产品质量电子监管网建设，全国政协副主席白立忱、全国政协常委叶连松率团到河北省视察。副省长付双建、省政协副主席秦朝镇陪同视察。

四月八日

上午，省森林草原防火指挥部在河北会堂举办全省森林防火指挥系统电视电话培训班，邀请全国资深森林防火扑火专家对全省森防指挥系统进行森林火灾指挥、扑救知识与技能培训。副省长、省森林草原防火指挥部指挥长宋恩华参加培训并讲话。

下午，河北省举行首届河北省工艺美术大师评审。省委常委、常务副省长郭庚茂看望了专家组成员并参观了参评作品。

四月十日

上午，省政府召开第十一次全体会议，贯彻全国和省“两会”精神，总结分析一季度经济形势，深入研究当前改革发展中面临的重大问题，安排部署第二季度政府工作。省长季允石，省委常委、常务副省长郭庚茂出席会议并讲话。

下午，河北省召开全省信息化暨信息产业工作电视电话会议。省长、省信息化工作领导小组组长季允石在保定分会场出席会议并讲话，省委常委、常务副省长郭庚茂出席会议，副省长付双建主持会议。

下午，省防汛抗旱指挥部举行今年第一次全体会议，收看全国防汛抗旱总指挥部第一次全体会议，对做好当前抗旱和防汛准备进行动员部署。副省长宋恩华出席会议并讲话。

四月十一日

上午，全省服务业发展座谈会召开。省长季允石发表了书面讲话，省委常委、常务副省长郭庚茂主持会议并讲话，副省长宋恩华、付双建、柳宝全、龙庄伟，省政府顾问郭世昌出席会议。

上午，省治理商业贿赂领导小组召开第一次会议，研究开展治理商业贿赂专项工作。省委常委、常务副省长、省治理商业贿赂领导小组组长郭庚茂出席会议并讲话。副省长、省治理商业贿赂领导小组副组长付双建主持会议。

近日，中共中央政治局常委李长春在省委书记白克明、省长季允石的陪同下，先后到秦皇岛、唐山、廊坊等地考察工作，深入农村、企业、社区、循环经济示范区、经济技术开发区和宣传文化单位，就学习宣传贯彻“十一五”规划、开展社会主义荣辱观教育、深化文化体制改革等进行调研，对河北改革开放和现代化建设取得的成绩给予充分肯定。

晚上，省委常委、常务副省长郭庚茂在省会中国大酒店会见了加拿大北电网络公司大中华区总裁兼首席执行官毛渝南先生一行。

四月十三日

上午，全省开展“劳动关系和谐企业”创建活动电视电话会议召开。省委副书记刘德旺出席会议并讲话，副省长付双建主持会议。

四月十五日

上午，全省科协科普工作会议在省会召开，会议明确了本省今后一个时期科普工作的五项重点任务。中国科协党组成员、机关党委书记苑郑民和省领导刘德旺、臧胜业、张群生、龙庄伟、李有成出席会议。

四月十七日

上午，由全国政协常委、经济委员会副主任吴敬琏和叶连松任组长的全国政协“环渤海经济圈经济发展”专题组莅临我省。晚上，省领导季允石、赵金铎、张力、付双建、秦朝镇在省会白楼宾馆会见了专题组一行。

四月十八日

上午，河北省迄今投资规模最大的工业项目——邯钢结构优化产业升级总体规划项目正式开工建设。省长季允石、省政协主席赵金铎、中国国际工程咨询公司专家委员会主任石启荣、全国政协副秘书长齐续春出席开工仪式并为工程奠基。副省长付双建主持开工仪式。

上午，省二院举行门诊医技楼竣工庆典，省领导孙士彬、杨迁、段惠军、刘作田出席仪式。

下午，河北省文化体制改革领导小组第二次会议召开。省委常委、宣传部长赵勇主持会议并讲话，副省长孙士彬传达了全国文化体制改革工作会议精神。会议研究讨论了《关于贯彻全国文化体制改革工作会议精神的意见》和《河北省关于文化体制改革试点工作实施方案(草案)》。

四月十九日

下午，省委、省政府召开全省人口和计划生育工作电视电话会议，贯彻落实中央关于人口和计划生育工作的决策部署，表彰人口和计划生育工作先进单位，安排部署“十一五”时期全省人口和计划生育工作。省长季允石出席会议并讲话，省委副书记刘德旺主持会议，省人大常委会副主任张群生出席会议，副省长孙士彬宣读了省委、省政府《关于兑现2005年度人口和计划生育目标管理责任书的决定》、省人口和计划生育领导小组《关于表彰2005年人口和计划生育工作先进个人的决定》。

四月二十日

上午，省委、省政府召开全省职业教育工作会议，总结交流“十五”以来全省职业教育工作的情况和经验，研究部署“十一五”期间职业教育改革与发展工作。

下午，河北省生态省建设领导小组召开第一次会议，强调要突出水、大气污染防治，把改善环境质量作为生态省建设的重要内容。河北生态省建设领导小组副组长、副省长柳宝全出席会议并讲话。

四月二十二日

凌晨，承德市兴隆县塔西沟村大南沟发生森林火灾。省长季允石，省森林草原防火指挥部指挥长、副省长宋恩华分别赶到省森林防火指挥中心，指挥扑救工作。

四月二十四日

上午，河北省第三届职工运动会在石家庄裕彤体育中心开幕。省委、省人大、省政府、省政协、省军区领导白克明、季允石、刘德旺、赵金铎、吴振华、车俊、张力、张连仁、赵世居、王加林、秦朝镇、段惠军出席开幕式。

上午，河北省举行纪念毛泽东等老一辈无产阶级革命家倡导火葬50周年纪念大会。副省长柳宝全出席纪念大会并讲话。

四月二十五日

昨天和今天，全省创建文明生态村工作观摩会议在邯郸市召开。省委常委、组织部长付志方，省委常委、宣传部长赵勇出席会议并讲话。副省长宋恩华、孙士彬出席会议。

下午，省委、省政府召开全省爱心助残募捐活动总结表彰电视电话会议。省委副书记、省爱心助残募捐活动领导小组组长刘德旺出席会议。省委常委、省委秘书长张力主持会议。副省长、省爱心助残募捐活动领导小组副组长柳宝全出席会议并讲话。

四月二十六日

上午，全省司法行政基层建设工作会议召开，河北省将采取有力措施，切实解决基层司法行政部门遇到的实际困难和问题，保障基层司法行政工作的正常开展。省委常委、政法委书记车俊，副省长柳宝全，司法部党组成员、政治部主任郝赤勇出席会议。

四月二十七日

上午，国家工商行政管理总局局长王众孚来河北省考察了12315指挥系统和产品质量电子监管网推广建设情况。副省长龙庄伟陪同考察。

四月二十八日

上午，省政府召开河北生态省建设工作电视电话会议，贯彻落实第六次全国环境保护大会精神，正式启动《河北生态省建设规划纲要》。省长季允石出席会议并讲话，副省长柳宝全主持会议，河北生态省建设领导小组副组长陈来立出席会议。

四月二十九日

上午，省委、省政府在河北会堂召开大会，热烈庆祝“五一”国际劳动节，表彰在改革开放和现代化建设事业中作出突出贡献的先进集体和先进个人。省领导白克明、季允石、刘德旺、张毅、赵金铎、赵勇、张力、臧胜业、杨新农出席大会。

上午，我国光伏产业投资最多、产能最大、产业链最完整的项目——天威英利三期工程在保定国家新能源与能源设备产业基地正式奠基开工，这标志着河北省太阳能光伏发电产业即将进入崭新的发展阶段。第九届全国人大常委会副委员长邹家华、省人大常委会副主席何少存、副省长孙士彬等出席奠基仪式。

上午，河北日报报业集团报业大厦在省会隆重奠基。省委常委、宣传部长赵勇出席奠基仪式并讲话。省人大常委会副主任张群生、省政府副省长龙庄伟、省政协副主席刘健生等出席仪式，并为报业大厦剪彩、奠基。

下午，河北建工集团与北京新奥集团正式签订施工总包合同，河北建工集团承建北京奥林匹克公园中心区地下空间（商业）Ⅱ标段工程项目正式启动。副省长柳宝全出席签约仪式。

五月

五月七日

下午，中国农工民主党向河北省捐赠价值4300万元的物资和健康扶贫项目，支持社会主义新农村建设。全国政协副主席、农工党中央常务副主席李蒙，全国人大常委、农工党中央副主席桑国卫，全国政协常委汪纪戎，省领导赵金铎、孙士彬、段惠军等出席捐赠仪式，陈秀芳主持捐赠仪式。

五月九日

下午，省政府与国家电网公司就共同推进河北电网“十一五”期间的建设发展和河北省农村“户户通电”工程举行会谈。省委书记、省人大常委会主任白克明主持恳谈会，省长季允石、国电公司总经理刘振亚签署了《关于共同推进河北电网建设发展会谈纪要》和《关于实现河北省农村“户户通电”目标的会议纪要》。省领导郭庚茂、张力、付双建，国电公司副总经理郑宝森出席恳谈会和签约仪式。

五月十日

上午，“国家火炬计划邯郸新材料产业基地”揭牌仪式在邯郸经济技术开发区世纪广场举行。国家火炬中心副主任胡世辉、副省长龙庄伟及省市有关领导出席揭牌仪式。

五月十七日

下午，省政协主席赵金铎、副省长付双建在廊坊国际会展中心会见了以香港得利集团有限公司执行主席梁伟浩为团长的香港企业代表团。

下午，副省长付双建分别会见了新加坡AIA投资促进股份有限公司亚太区总经理张邑倩率领的新加坡企业代表团，美国内华达州州政府资深参议员、州长特使马瑞率领的内华达州经贸代表团。

五月十八日

上午，2006东北亚暨环渤海国际商务节在廊坊会展中心开幕。全国政协副主席王忠禹，蒙古前总统奥其尔巴特，韩国前总理李寿成，省领导白克明、季允石、赵金铎、郭庚茂、张士儒、付双建，博鳌亚洲论坛秘书长龙永图，环渤海地区有关省、市、自治区政府负责人出席开幕式。王忠禹、奥其尔巴特、李寿成、白克明、季允石、龙永图共同为商务节开幕剪彩。开幕式后，王忠禹、白克明、季允石、赵金铎等领导和嘉宾参观了贸易展及廊坊市规划展。

上午，省委常委、常务副省长郭庚茂在廊坊市开发区会展中心会见了德国海斯集团董事长沃尔特·海斯率领的德国济根市企业家科技合作考察团，并就推进双方今后在建材及环保设备专业制造方面的合作达成了一致意见。

上午，省委常委、常务副省长郭庚茂，省人大常委会副主任张士儒会见了东莞台商投资企业协会辅导会长张汉文一行。

五月十九日

上午，省长季允石在廊坊燕郊开发区会见了马来西亚成功集团总裁陈志远一行。

五月二十日

上午，省消费者协会举行成立20周年庆典。省委书记白克明、省长季允石发来贺信表示祝贺，副省长孙士彬出席庆典大会。

五月二十一日

上午，随着省长季允石和上海宝钢集团公司董事长谢企华共同按下电钮，我国单线生产规模最大的钢制易拉罐生产线在遵化河北宝钢制罐北方有限公司正式建成投产。省委常委、常务副省长郭庚茂，中国包装协会会长石万鹏、上海宝钢集团公司总经理徐乐江在投产仪式上致辞，省委常委、唐山市委书记张和，副省长付双建出席投产仪式。

五月二十二日

20日至今日，省委常委、常务副省长郭庚茂就当前经济发展形势和钢铁、装备制造业运行情况进行专题调研。

五月二十五日

上午，副省长宋恩华就防治美国白蛾工作在廊坊市调研。

五月二十六日

上午，石家庄、沧州、廊坊、秦皇岛、唐山、张家口6家商业银行共同签署《河北城市商业银行合作组织框架协议》，6家城市商业银行将在今后的发展中通过建立沟通、协调与合作机制，构建全方位、多层次的战略合作框架，开展全面合作，进一步提升省内城市商业银行的整体竞争力和市场形象。省委常委、常务副省长郭庚茂出席签字仪式并讲话。

下午，为期三天的第六届北方电力工业博览会在石家庄市开幕。省政府顾问郭世昌出席开幕式并讲话。

五月二十七日

晚上，副省长宋恩华在省会中国大酒店会见了阿根廷斯帕多内集团总裁斯帕多内先生一行，双方就在葡萄酒行业的合作与发展进行了交流。

六月

六月一日

上午，省政府与中国粮油食品（集团）有限公司在省会白楼宾馆签署战略合作框架协议。省长季允石、中粮集团董事长宁高宁出席签字仪式并致辞，副省长宋恩华、中粮集团副总裁于旭波在框架协议上签字。省长助理、省政府秘书长尹亚力主持签约仪式。

上午，省领导季允石、刘德旺、吴振华、龙庄伟，省关心下一代工作委员会主任杨泽江，来到石市少保中心与孩子们一起欢度“六·一”儿童节。

六月二日

晚上，2006中国北方旅游交易会在廊坊会展中心开幕。全国政协副主席罗豪才，国家旅游局局长邵琪伟，省领导赵金铎、何少存、宋恩华等出席开幕式并为大会开幕剪彩。

六月三日

下午，省政府召开全省夏粮收购暨农业生产工作电视电话会议，副省长宋恩华出席会议并讲话。

昨天和今天，副省长付双建先后到承德滦平、宽城及唐钢集团承钢公司，就冶金工业结构调整及钒钛产业基地建设进行调研。

六月五日

下午，省长季允石在省会中国大酒店会见了前来参加2006中国河北国际商会经贸洽谈会的新加坡顶峰投资公司总裁兼首席执行官廖毅成一行。

下午，省委常委、常务副省长郭庚茂、省人大常委会副主任韩葆珍在省会河北会堂会见了俄罗斯联邦驻华大使馆高级参赞叶夫西柯夫、日本国际贸易促进协会理事长中田庆雄、克罗地亚驻华大使馆公使衔参赞拉达、几内亚比绍驻华大使馆公使衔参赞卡瑞丁、墨西哥驻华大使馆商务参赞郭磊、罗马尼亚驻华大使馆商务参赞考斯丁、中国马来西亚商会主席谢铁安、中国新加坡商会副会长杨逸坤、罗马尼亚外国投资局主席佛劳瑞等30多名国外商协会负责人、外国驻华使节。

下午，副省长付双建、省政协副主席刘健生在省会河北会堂会见了泰国正大集团副总裁陈圣如、波兰JB公司商务投资俱乐部总裁巴金斯基、美国德林集团董事长邓孝成、太平洋（水泥）秦皇岛浅野水泥有限公司总经理铃木保良、美国赫德森国际集团首席代表杨成凡等知名企业负责人及代表。

下午，庆祝省贸促会成立30周年座谈会在省会河北会堂举行。省人大常委会副主任韩葆珍、副省长付双建、省政协副主席刘健生出席座谈会。

晚上，“2006中国河北国际商会经贸洽谈会”欢迎酒会在省会中国大酒店举行。省长季允石，全国政协港澳台侨委员会副主任、中国贸促会特邀顾问、原会长俞晓松，省委常委、常务副省长郭庚茂，省委常委、秘书长张力，省人大常委会副主任韩葆珍，副省长付双建，省政协副主席刘健生，省长助理、省政府秘书长尹亚力出席欢迎酒会。

六月六日

下午，省长季允石与副省长孙士彬一起来到省中医院，看望医护人员，听取省中医院发展情况的汇报，并与医院负责同志亲切交谈，共同探讨省中医院发展大计。省长助理、省政府秘书长尹亚力及省直有关部门负责同志陪同考察。

六月八日

1日至今日，全国政协副主席李兆焯率全国政协调研组，就户籍制度改革问题来河北省进行调研。省长季允石、省政协主席赵金铎看望了调研组一行。省政协副主席刘健生、王建忠、赵铁练分别陪同调研。省长助理、省政府秘书长尹亚力陪同考察。

六月九日

上午，全省就业工作会议召开，省政府表彰了在全省劳务输出工作中取得显著成绩的先进集体和先进个人。省领导郭庚茂、宋恩华、付双建出席会议。

晚上，为迎接首个“文化遗产日”的到来，副省长孙士彬发表了题为《保护文化遗产，守护精神家园，让燕赵文化血脉生生不息》的电视讲话。

六月十日

上午，第一个“文化遗产日”暨河北省非物质文化遗产保护成果展在省会文化广场开幕。省领导赵勇、张群生、孙士彬、刘健生出席开幕式。

六月十二日

上午，河北省首家面向海洋经济，建设海洋科学体系，着力培育海洋学科人才的专门学院——河北农业大学海洋学院在秦皇岛成立。副省长龙庄伟出席揭牌仪式。

下午，一辆装有60吨煤焦油的货车在山西省繁峙县境内遭遇车祸，造成煤焦油泄露至大沙河，并顺流而下进入河北省境内。此次重大突发性环境事件引起了国家环保总局、河北省的高度重视，抢险救灾工作正在全力展开。

六月十四日

上午，部分地区和部门推进行政权力公开透明运行、深化政务公开工作座谈会在邯郸市召开。中共中央书记处书记、中央纪委副书记、全国政务公开领导小组组长何勇出席会议并讲话。省委书记白克明、省委副书记、省长季允石出席会议。

下午，省委书记白克明、省长季允石在省会白楼宾馆会见了以香港中华总商会会长霍震寰为团长的香港中华总商会环渤海地区考察团一行。省领导张力、付双建会见时在座。

六月十六日

上午，副省长宋恩华到阜平县大沙河防污抢险第一线，检查督导工作，转达了省委书记白克明、省长季允石的重要批示要求，并慰问奋战在一线的广大干部群众。

上午，河北省两大煤炭企业河北金能集团与井陉矿务局联合重组。副省长付双建、国家安全生产监督管理总局副局长王显政、中国煤炭工业协会副会长路德信出席联合重组仪式。

六月十八日

上午，石家庄三鹿集团与新西兰恒天然集团的合资公司——石家庄三鹿集团股份有限公司正式挂牌运营。省委常委、石家庄市委书记吴振华，副省长宋恩华出席挂牌仪式。

六月十九日

昨天和今天，国家人口计生委在定州市召开全国社会主义新农村建设与人口计生网络发展研讨会。中国人口文化促进会会长彭佩云、国家人口和计划生育委员会主任张维庆、副省长孙士彬出席会议。

六月二十日

16日至今日，中共中央政治局常委、国家副主席曾庆红在省委书记白克明、省长季允石陪同下，到唐山、廊坊、邢台和石家庄等地考察调研。省委常委、石家庄市委书记吴振华，省委常委、秘书长张力，省委常委、唐山市委书记张和陪同考察。

下午，省委书记白克明，省长季允石，省委常委、常务副省长郭庚茂，省人大常委会副主任赵世居在中国大酒店设宴，欢迎以新日中友好21世纪委员会委员石川好为团长的日本日中友好漫画家访华团一行。

六月二十一日

昨天和今天，以中国工程院院士、太原理工大学校长谢克昌为组长的专家组一行8人，对河北工业大学“十五”期间“211工程”建设项目进行综合考察，并对照国家提出的标准进行验收。副省长龙庄伟出席验收会议并讲话。

六月二十二日

昨天和今天，副省长宋恩华率省直有关部门负责人及相关县（市）、区负责人到中国农业大学和中国农业科学院对接洽谈，提出为河北省新农村建设搭建高科技支撑，中国农业大学校长陈章良、中国农业科学院院长翟虎渠参加了洽谈。

六月二十三日

下午，省委、省政府召开推进“平安河北”建设电视电话会议。省委常委、常务副省长郭庚茂主持会议，并传达了省委书记白克明就推进“平安河北”建设所作的重要指示。省领导车俊、何少存、刘健生出席会议。

下午，省防治重大动物疫情指挥部召开全省防治高致病性禽流感工作电视电话会议，贯彻落实国务院领导批示和农业部召开的七省市禽流感防控工作会议精神，对全省高致病性禽流感防控工作进行部署。副省长宋恩华出席会议并讲话。

六月二十五日

上午，全省科学技术大会在石家庄开幕。省委书记、省人大常委会主任白克明主持会议，省委副书记、省长季允石作重要讲话。省委常委，省人大常委会主持日常工作的副主任、分管科技工作的副主任，省政府副省长，省政协分管科技工作的副主席，省政协副主席（省委统战部长），两院院士代表出席会议并在主席台就座。

六月二十六日

下午，全省科学技术大会在石家庄闭幕。省委书记、省人大常委会主任白克明作重要讲话。省委副书记、省长季允石主持会议。国家科技部党组副书记、副部长李学勇出席会议并讲话。

六月二十七日

上午，全省推进社会主义新农村建设工作会议在石家庄开幕。省委书记、省人大常委会主任白克明作重要讲话。省委副书记、省长季允石主持会议。省领导张毅、段端武、郭庚茂、吴振华、付志方、赵勇、臧胜业、张和、赵世居、张群生、孙士彬、龙庄伟、陈秀芳、刘德忠出席会议。

上午，2006、2007年度河北省人口与计划生育目标管理责任书签字仪式在河北会堂举行。省委书记白克明、省长季允石分别代表省委、省政府，同11个设区市市委书记、市长签订了责任书。省领导吴振华、张和、张群生、孙士彬出席签字仪式。

六月二十九日

上午，河北省庆祝中国共产党成立85周年暨总结保持共产党员先进性教育活动大会在河北会堂举行。省委书记、省人大常委会主任白克明作重要讲话。省委副书记、省长季允石主持会议。

下午，省委书记白克明，省长季允石，省委常委、常务副省长郭庚茂，副省长宋恩华考察了南水北调中线滹沱河倒虹吸工程，并到黄壁庄水库检查了防汛工作。

下午，省长季允石，省委常委、常务副省长郭庚茂在中国大酒店设宴，欢迎华侨华人专业人士考察团。此次考察团成员均为取得了一定科研成果的高科技专业知识人才，他们共带着 249 个合作项目到河北省考察洽谈。

六月三十日

上午，省长季允石主持召开全省重点扶持成长型民营企业工作会议。副省长宋恩华就做好第二批重点扶持成长型民营企业工作讲了具体意见。

下午，省慈善总会成立大会召开。省委书记白克明、省长季允石联名向省慈善总会大会秘书处发了贺电表示祝贺，中华慈善总会会长范宝俊、省人大常委会副主任韩葆珍、副省长柳宝全、省政协副主席刘德忠出席大会。

七月

七月四日

省防汛指挥部指挥长、副省长宋恩华在元氏县就中小水库安全度汛工作进行检查。宋恩华强调，要坚决克服麻痹思想和侥幸心理，狠抓落实，认真抓好防汛工作，充分做好迎战洪水的各项准备。

全省治理商业贿赂领导小组负责人会议在石家庄召开。省委副书记、省纪委书记张毅，省委常委、常务副省长、省治理商业贿赂领导小组组长郭庚茂出席会议并讲话。副省长付双建主持会议。

七月六日

省委先进性教育活动领导小组召开第十一次会议，学习贯彻胡锦涛总书记在庆祝中国共产党成立 85 周年暨总结保持共产党员先进性教育活动大会上的重要讲话，传达全国组织部长座谈会精神，就巩固扩大先进性教育活动成果，抓好保持共产党员先进性的经常性工作进行研究讨论。省委书记白克明主持会议并讲话。省领导刘德旺、张毅、付志方、赵勇、张力、宋恩华出席会议。

省政府与唐钢、邯钢、新兴铸管、开滦集团等 112 家节能重点企业签订了《节能目标责任书》。省委常委、常务副省长郭庚茂出席会议并讲话。

七月十五日

7 月 4 日至今日，应泰国正大集团、韩国忠清南道政府、日本鸟取县政府邀请，省长季允石率河北省友好经济代表团对泰国、韩国、日本进行了友好访问。出访期间，代表团与各国政府和企业界人士深入交流，增进了相互了解，推动了一批合资合作项目的进展，促进了河北与三国的友好关系和经贸合作，出访取得圆满成功。

七月十七日

省委常委、常务副省长郭庚茂在石家庄市就高新技术产业发展进行调研。

七月二十四日

张家口蔚县水东煤矿北翼井发生爆炸事故。当时井下共有 96 名矿工，截至 20 日已有 79 名矿工安全升井，发现 17 具矿工尸体。接到事故报告后，省委书记白克明迅速作出指示，要求全力组织抢救，迅速查明原因，举一反三，防止类似事故发生。对有关情况要及时报告。省长季允石，副省长付双建带领省有关部门负责同志立即赶赴现场组织救援。

七月二十五日

23 日至今日，全国政协副主席董建华率香港特别行政区全国政协委员视察团一行，在唐山市进行视察，深入了解了唐山市震后的经济社会发展、曹妃甸工业区的开发建设以及环渤海经济圈的发展等情况。省长季允石，省委常委、唐山市委书记张和，省政协副主席、省委统战部长陈秀芳等陪同视察。全国政协常委徐展堂、刘汉铨、伍淑清，全国政协港澳台侨委员会副主任张道城，中央人民政府驻香港联络办公室协调部部长王永乐等 80 多人参加了视察和座谈。

七月二十八日

省委、省政府在唐山市召开纪念唐山抗震 30 周年大会。全国政协副主席张思卿出席大会，省委书记、省人大常委会主任白克明作重要讲话，省委副书记、省长季允石主持会议。

七月二十九日

昨天和今天，中共中央总书记、国家主席、中央军委主席胡锦涛在唐山市考察工作。胡锦涛和随行的中央中央政治局候补委员、中央书记处书记、中央办公厅主任王刚，在省委书记白克明和省长季允石等陪同下，深入唐山企业、农村、社区和曹妃甸工业区，了解新唐山建设情况，就贯彻落实科学发展观等问题进行调查研究。

七月三十日

省委召开常委（扩大）学习会议，认真传达学习胡锦涛总书记在河北视察指导工作时的重要讲话精神。省委常委、省政协主席、省人大常委会主持工作的副主任、省政府副省长、任省委统战部长的省政协副主席、省法院院长、省检察院检察长，以及省委、省政府主要部门负责同志参加了会议。

七月三十一日

省军区庆“八一”联欢会在秦皇岛举行。河北省军地领导和 300 多名军民欢聚一堂，共庆中国人民解放军建军 79 周年。

7 月 28 日至 31 日，中共中央政治局委员、国务院副总理回良玉在张家口市农村考察指导工作时指出，要始终把发展作为执政兴国的第一要务，把发展农村生产力放在第一位，扎实有效地推进社会主义新农村建设。副省长宋恩华和张家口市委、市政府领导同志陪同考察。

八月

八月一日

河北省院士联谊会第四次会员会议在北戴河召开。省委书记白克明，省长季允石，省委副书记刘德旺，省委常委、组织部长付志方，副省长龙庄伟，中国工程院副院长沈国舫，中国科学院副秘书长兼院士工作局局长沈保根等出席会议。

八月二日

7月30日至8月2日，正在北戴河召开的省委常委（扩大）学习会议，在认真学习领会胡锦涛总书记在唐山考察指导工作时所作重要讲话精神的基础上，深入研究了五年来特别是党的十六大以来省委工作的主要经验。会议认为，党的十六大以来，全省呈现出经济发展、社会和谐的新局面，这是全省广大党员干部始终牢记胡锦涛总书记“交一份优异答卷”的殷切嘱托，积极响应省委关于弘扬“树正气、讲团结、求发展”主旋律的要求，团结奋斗、开拓进取的结果。要巩固和发展当前的好形势，必须始终不渝、持之以恒地唱响正气之歌、团结之歌、发展之歌。

八月七日

亚稳材料制备技术与科学国家重点实验室在燕山大学挂牌，实现了河北省国家重点实验室零的突破。省长季允石为实验室揭牌，省委常委、常务副省长郭庚茂出席揭牌仪式。

八月八日

省委常委（扩大）学习会议认真分析讨论了当前的经济形势，研究部署了下半年全省的经济工作。会议强调，要切实把思想和行动统一到中央对当前经济形势的判断上来，统一到中央的方针政策和工作部署上来，审时度势，把握全局，进一步增强贯彻落实科学发展观的自觉性和主动性，落实各项措施，破解发展难题，确保“十一五”开好局、起好步。省委书记白克明主持会议，省委副书记、省长季允石作经济工作发言。

八月十日

省委书记白克明、省长季允石在听取秦皇岛市城市规划和环境保护工作情况汇报时强调，要切实保护和充分发挥好秦皇岛的滨海优势，按照科学发展、和谐发展的要求，把城市规划好、建设好、管理好。省委常委、常务副省长郭庚茂，省委常委、秘书长张力一起听取了汇报。

晚上，省长季允石在秦皇岛大酒店亲切会见了马来西亚成功集团总裁陈志远一行。

八月十一日

省长季允石在秦皇岛市山海关区考察时强调，山海关古城保护开发要坚持现代文明与古典文明相结合，打造世界旅游名城与改善群众生活环境相融合。充分利用好、保护好、发展好“山海关”这一品牌，统筹城乡发展，努力实现科学发展、和谐发展。

八月十五日

河北省第七届少数民族传统体育运动会在张家口开幕。省人大常委会副主任何少存、副省长孙士彬出席开幕式，省政协副主席陈秀芳宣布运动会开幕。

八月十六日

全省工业发展运行工作会议召开，副省长付双建出席会议并就如何进一步做好下半年工业发展运行工作讲了意见。

八月十七日

8月13日至今日，全省农业产业化重点项目建设观摩会在张家口、承德召开。

八月十八日

省委在省会河北会堂隆重召开学习《江泽民文选》动员会议。省委书记白克明在会上作重要讲话。省委副书记、省长季允石主持会议。

八月二十日

8月17日至20日，省委常委、常务副省长郭庚茂在张家口调研。郭庚茂强调，发展县域经济要以科学发展观为指导，坚持实事求是、因地制宜、选准有综合优势的特色主导产业，发挥特色主导产业在县域经济发展中的强力支撑作用。

八月二十一日

省长季允石在张家口考察时强调，要全面贯彻落实科学发展观，加快经济结构调整和增长方式转变，把经济发展好，环境保护好，群众利益维护好，促进经济社会全面协调可持续发展。省长助理、省政府秘书长尹亚力陪同考察。

八月二十四日

副省长付双建在省会白楼宾馆会见了来河北省参观考察的香港霍英东集团副总裁、香港启能投资有限公司董事局主席霍启刚一行。

八月二十五日

省政府召开全省应急管理工作会议。省长季允石出席会议并讲话，他强调，要站在讲政治、保稳定、保和谐的高度，加快转变管理和服务观念，把应急体系建设和管理作为一项重要的职能和任务，明确指导思想和工作目标，高度重视、加大力度，全面推进，努力把应急管理工作提高到新水平。省委常委、常务副省长郭庚茂对进一步做好全省的应急管理工作进行了全面部署。省长助理、省政府秘书长尹亚力主持会议。

八月二十六日

香港青少年代表团抵达省会，参加“冀港心·两地情”青少年交流活动。省长季允石，省委常委、省总工会主席臧胜业在中国大酒店会见了以香港特别行政区民政事务局局长何志平为名誉团长的代表团部分成员。

八月二十八日

廊坊清华科技园光电有限公司LED芯片生产线投

产典礼在廊坊清华科技园内举行。省委书记白克明，中国科学技术协会党组书记邓楠，中国社会保障基金会理事长项怀诚，清华大学校长顾秉林，省委常委、常务副省长郭庚茂出席投产典礼，并参观了LED生产线。

八月三十日

8月29日至今日，省政府在沧州市召开全省海洋环境保护工作会议，贯彻国务院渤海环境保护工作现场会议精神，安排部署进一步加强海洋环境保护，合理开发利用海洋资源，推动河北海洋经济更快更好发展。省长季允石、副省长柳宝全出席会议并讲话。

八月三十一日

省政府召开全省第七次环境保护大会，贯彻国务院《关于落实科学发展观加强环境保护的决定》和第六次全国环境保护大会精神，研究部署全省“十一五”环保工作。

九月

九月一日

省综治委召开2006年第二次全体（扩大）会议。省委常委、政法委书记、省综治委主任车俊强调，要充分认识构建人民调解、行政调解、司法调解“三位一体”调解工作体系对推进“平安河北”建设的重要性，不断增强责任感和紧迫感，切实把这项工作作为推进平安建设的基础性工作来抓。省人大常委会副主任白润璋出席会议，副省长柳宝全主持会议。

九月三日

9月1日至今日，卫生部部长高强一行先后到河北省保定市和石家庄市，就农村和社区卫生工作进行调研。他强调，各级党委、政府及卫生行政部门一定要把卫生工作的重点放在社区和农村，更加注重维护好广大群众的健康权益。省领导季允石、郭庚茂、孙士彬等参加了交换意见座谈会。副省长孙士彬陪同调研。

九月四日

全省文化体制改革和文化产业发展工作会议在石家庄举行。省委常委、宣传部长赵勇出席会议并讲话。副省长孙士彬主持会议。

九月五日

省长季允石在石家庄考察部分代建制项目时强调，要坚定信心，总结经验，加快推进政府职能转变和管理创新，全面深化政府投资项目管理体制改革，不断提高工程管理水平和投资效益。

河北省邮政管理局正式成立。原有的省邮政局将不再履行政府监管职能，全面实行市场化运作。副省长付双建、国家邮政局副局长张亚非出席成立会议并讲话。

九月六日

省长季允石在省会白楼宾馆会见了中国大唐集团公司总经理翟若愚一行。

省政府召开全省完善企业养老保险制度、加强扩大养老保险覆盖面征缴工作电视电话会议，会议提出进一步扩大养老保险覆盖面，做好计发办法改革，推进省级统筹，确保完成企业退休人员调整待遇工作。副省长付双建出席会议并讲话。

九月七日

上午，参加第十届中国国际投资贸易洽谈会的河北省经贸代表团在厦门宾馆举办重点利用外资项目洽谈会，发布重点项目100个，总投资180亿美元，拟利用外资70亿美元。洽谈会吸引了100多位中外客商参加。下午，8个重点项目举行签约仪式，项目总投资2.1亿美元，合同利用外资1.8亿美元。副省长付双建出席了项目签约仪式。

九月九日

正定国际小商品市场招商项目推介会在第十届中国国际投资贸易洽谈会上举行，引起了200余家国内外商会代表的关注。副省长付双建出席推介会并讲话。

今日，卓达集团向省慈善总会捐赠1100万元。此次捐赠的款项将全部用于支持省慈善总会开展扶贫济困、捐资助学、助老助医等慈善活动。副省长柳宝全出席捐赠仪式。

河北慈善助困救心工程正式启动，本省贫困家庭0至18岁的先天性心脏病患者可免费接受手术治疗。副省长柳宝全出席启动仪式。

九月十日

河北省召开庆祝教师节座谈会，来自全省教育战线的优秀教师代表齐聚一堂，欢度第22个教师节。省委常委、组织部长付志方，副省长龙庄伟出席座谈会。

省委书记白克明在香河县会见了意大利达涅利公司董事长兼首席执行官班尼戴提一行。省委常委、常务副省长郭庚茂会见时在座。

九月十一日

省委书记、省军区党委第一书记白克明，省长、省国防动员委员会主任季允石亲临渤海湾某训练基地，看望在这里集中驻训的本省民兵、预备役官兵。省委常委、省军区司令员段端武，省军区政委张连仁，省委常委、唐山市委书记张和等陪同前往。

九月十二日

省长季允石在河北会堂亲切会见了以省长萨姆康格为团长的津巴布韦西马绍纳兰省代表团和津巴布韦驻华大使穆次万格瓦一行。

《与党同行——庆祝河北民建成立50周年文艺晚会》在河北电视台举行，民建河北省委主委、副主委、名誉主委、名誉副主委、各市主委及会员代表欢聚一堂，共庆河北民建五十华诞。

九月十三日

9月12日至今日，建设部部长汪光焘在唐山、秦皇岛调研。省委常委、唐山市委书记张和，副省长孙士彬陪同考察。

九月十四日

9月13日至今日，河北省召开全省水库移民工作会议。省委常委、常务副省长郭庚茂要求，各级各有关部门一定要站在战略和全局的高度，准确把握政策精神，精心组织部署，深入细致、周全稳妥地把政策贯彻落实好，让移民在政策落实中切切实实得到实惠，为脱贫致富和长远发展创造条件。副省长宋恩华出席会议并对落实国家水库移民政策工作做出具体安排部署。

九月十五日

省长季允石在省会河北世纪大酒店亲切会见了美国青年政治领袖理事会代表团一行。

省长季允石在邯郸考察工作时强调，要把思想和行动统一到中央和省的决策部署上来，进一步增强贯彻落实科学发展观的自觉性和主动性，努力转变发展观念、创新发展模式、提高发展质量，把各项既定部署真正落到实处，确保完成全年预期目标任务。

第五届中国评剧艺术节在唐山市隆重开幕。全国政协副主席阿不来提·阿不都热西提，全国人大原副委员长布赫，省委常委、唐山市委书记张和，省人大常委会副主任白润璋，副省长付双建，省政协副主席刘德忠等参加了开幕式。

九月二十三日

副省长付双建率领省政府安全生产检查组先后来到省会中石化高庄油库、石家庄植物园、北国益友商场等地对消防安全和旅游设施安全进行检查。

九月二十五日

副省长宋恩华在廊坊国际饭店会见了菲律宾使馆驻华商务专员马睿、巴西中华工商总会首席代表罗尼等前来参加第六届河北国际绿色农业周的外商代表。

九月二十六日

由中华全国供销合作总社、河北省人民政府共同主办，廊坊市人民政府承办的第十届中国（廊坊）农产品交易会，今天在廊坊会展中心隆重开幕。副省长宋恩华，省政协副主席、省委统战部部长陈秀芳，以及中华全国供销合作总社副主任顾国新，中国农业大学校长陈章良，农业部党组成员、总经济师薛亮，中国农科院院长翟虎渠，国家粮食局副局长张桂凤等国家有关部委负责同志出席开幕式并为大会开幕剪彩。

省职业经理人协会在省会成立。省政府顾问郭世昌、省政协副主席秦朝镇出席成立大会。

九月二十七日

由省纪委、监察厅主办的“高扬主旋律、唱响正气歌”反腐倡廉综艺晚会在河北电视台举行。

副省长付双建与来河北省考察访问的南荷兰省副省长达惠斯·万德比克在省会河北会堂签订了《中华人民共和国河北省与荷兰王国南荷兰省发展合作意向书》。

全省出生人口性别比综合治理工作座谈会在石家庄召开。副省长孙士彬出席会议并讲话。

九月二十九日

在省会河北会堂，省政府为黄亨锡等30名外国专家颁发了2006年“燕赵友谊奖”，以表彰他们在河北省经济建设和社会发展中作出的突出贡献。副省长龙庄伟出席颁奖大会。

省国防动员委员会召开会议，从今年10月到明年2月，河北省将开展国防动员潜力调查工作，以全面、准确、及时掌握全省国防动员潜力情况。

十月

十月八日

省委、省政府机关举行了隆重的升国旗仪式。省委、省政府领导张毅、吴振华、车俊、付志方、张力、臧胜业、宋恩华、付双建、柳宝全、孙士彬、龙庄伟，省政府顾问郭世昌，以及近千名机关干部参加了升国旗仪式。省委常委、秘书长张力主持升旗仪式。

省农民工工作联席会议第一次全体会议在省会白楼宾馆召开，30家成员单位共同讨论了河北省2006年农民工工作要点以及分工方案。副省长宋恩华主持会议，副省长付双建就当前解决农民工面临的突出问题进行了部署。

十月九日

首届中国保定·高阳纺织精品展示推介会开幕。省人大常委会副主任张士儒、省政府副省长付双建、省政协副主席刘健生出席了开幕仪式，张士儒、刘健生为高阳“中国纺织基地县”、“中国毛毯之乡”揭牌。

省委常委、常务副省长郭庚茂，副省长龙庄伟在廊坊会展中心会见了以美国马萨诸塞州州立大学总校校长杰克·威尔逊为团长的马萨诸塞州代表团一行。

十月十二日

全省子牙河水系污染综合治理工作会议在石家庄召开，河北省将重点开展“三大战役”，迅速扭转子牙河水系污染恶化的趋势，加快改善整个流域水环境质量。副省长柳宝全出席会议并讲话。

十月十三日

全省征兵工作电视电话会议在石家庄召开，会议传达了全国和北京军区征兵工作会议精神，宣读了省政府、省军区2006年冬季征兵命令，并对今年新兵征集工作进行了部署。

河北省机关效能建设经验交流会在石家庄召开，会议总结交流了两年来开展机关效能建设的经验和做法，对当前和今后一个时期的工作任务进行了安排部署。省委副书记、省纪委书记张毅，省委常委、秘书长张力，副省长宋恩华以及中纪委监察部有关负责同志出席了会议。

十月十四日

河北省历史上规模最大的一次出版物展销活动——2006河北书市隆重开幕。省委书记、省人大常委会主任白克明，国家新闻出版总署署长、国家版权局局长龙新民，省委常委、常务副省长郭庚茂，省委常委、宣传部长赵勇，省人大常委会副主任张士儒，副省长孙士彬，省政协副主席刘健生等出席开幕式并剪彩。赵勇代表省委、省政府致开幕词。

十月十六日

中共河北省委在石家庄召开会议，传达党的十六届六中全会精神，对本省学习贯彻全会精神作出安排部署。省委书记白克明主持会议并讲话。省委副书记刘德旺，省委副书记、省纪委书记张毅，省委常委、常务副省长郭庚茂分别传达了全会的相关重要文件。在石的省级党员领导干部出席会议，省直有关单位党员负责人列席会议。

十月十八日

2006河北文化艺术展开幕式晚会——《魅力河北》在河北艺术中心隆重上演。

省委常委、常务副省长郭庚茂在省会世贸广场酒店会见了澳大利亚澳州政府工业和资源部副部长盖瑞·斯托克顿一行。副省长付双建会见时在座。

河北省生态省建设与水资源保持高峰论坛在石家庄市举行。中国工程院院士李文华、金涌，中国环境科学研究院博士韩永伟应邀到会，省人大常委会副主任何少存、副省长柳宝全、省政协副主席赵铁练出席会议。

河北省召开贯彻中央民族工作会议精神汇报会，总结交流经验，研究贯彻党的民族政策的措施，安排部署下一阶段的民族工作。副省长柳宝全出席会议并讲话。

十月十九日

省政府召开工作会议，贯彻落实十六届六中全会精神，分析今年以来的经济形势，研究当前改革发展中面临的重大问题，安排第四季度工作。同时对钢铁工业结构调整及淘汰落后生产能力工作进行部署。

十月二十日

省安全生产暨煤矿整顿关闭工作电视电话会议在石家庄召开，会议要求各级各部门一定要统一思想，提高认识，精心组织，狠抓落实，坚决打好煤矿整顿关闭攻坚战。副省长付双建出席会议并讲话。

十月二十四日

副省长宋恩华在河北会堂会见了以日本长野县日中友好协会会长井出正一为团长的日本长野县日中友好协会代表团一行。双方就河北省与长野县在农林、卫生、体育等多方面的合作与发展进行了交流。

十月二十六日

10月25日至26日，以全国政协委员、省政协主席赵金铎为团长的驻冀全国政协委员视察团一行，就南水北调河北段工程建设情况到保定和石家庄进行视察。驻冀全国政协委员叶连松、李有成、孔小均、赵燕等参加视察。副省长宋恩华出席驻冀全国政协委员视察南水北调座谈会。

十月二十七日

第六次全省见义勇为英雄表彰大会在省会召开，李文英等11人被省政府授予河北省见义勇为英雄荣誉称号。省委常委、政法委书记车俊出席会议并讲话。副省长柳宝全主持会议。

十一月

十一月三日

11月1日至今日，全国人大常委会副委员长李铁映一行到河北省视察。省领导白克明、郭庚茂、付志方、张力、王加林、龙庄伟等陪同视察。

中共河北省第六届委员会第十次全体会议11月2日至3日在石家庄举行。会议决定，中国共产党河北省第七次代表大会于2006年11月9日在石家庄召开。全会讨论并通过了六届中共河北省委向第七次党代会的报告，决定提交省第七次党代会审议。全会由省委常委会主持。省委书记白克明作重要讲话。省委委员、候补省委委员出席会议。在冀候补中央委员；省纪委委员；不是省委委员、候补省委委员的省人大常委会、省政府、省政协党员负责人，各市和省直各部门、各有关单位的党员负责同志列席会议。

十一月六日

上午，廊坊开发区与富士康科技集团签署投资协议书，这标志着富士康电子信息产业（廊坊）制造基地正式落户廊坊。省领导白克明、郭庚茂、付志方、张力、付双建，富士康科技集团总裁郭台铭、副总裁黄秋莲等出席签约仪式。

十一月七日

上午，省政府召开全省节能工作会议，省委副书记、代省长郭庚茂出席会议并讲话。强调要把节约能源作为经济结构是否优化的重要标志，作为检验是否真正落实科学发展观的衡量标准，进一步加大节能降耗工作力度。

十一月八日

11月6日至今日，北京军区司令员朱启、政委符廷贵、参谋长王喜斌、政治部主任董万才深入石家庄、保定等地视察。省领导白克明、郭庚茂前往看望。省委常委、省军区司令员段端武，政委张连仁等陪同视察。

下午，中国共产党河北省第七次代表大会预备会议在省会河北会堂举行。白克明同志主持会议。

十一月九日

上午，中国共产党河北省第七次代表大会隆重开幕。白克明同志代表中共河北省第六届委员会向大会作了题为《全面贯彻落实科学发展观，为建设沿海经济社会发展强省而团结奋斗》的报告，大会执行主席、大会主席团常务委员会委员白克明、郭庚茂、刘德旺、张毅、段端武、吴振华、车俊、付志方、赵勇、张力、臧胜业、张和在主席台前排就座。大会主席团其他成员和专程来河北指导这次大会的中共中央组织部的同志在主席台就座。大会由郭庚茂主持。

十一月十日

下午，中国共产党河北省第七次代表大会主席团举行第二次会议。会议由白克明同志主持。会议听取了大会秘书处关于各代表团审查六届省委工作报告情况的汇报；听取了付志方同志关于七届省委委员、候补省委委员，省纪委委员候选人预备人选情况的说明，以举手表决的方式通过了七届省委委员、候补省委委员，省纪委委员候选人预备人选名单；审议通过了大会选举办法（草案）并完成了其它议程。会议还审议了省委组织部关于全省党费收缴、使用和管理情况的报告。

晚上，省委书记、省人大常委会主任白克明、代省长郭庚茂在石家庄人民会堂会见了来河北省访问的俄罗斯列宁格勒州州长谢尔久科夫率领的州代表团一行。会见结束后，中国耀华玻璃集团公司与列宁格勒州政府签署了关于在列宁格勒州吉利什市建立浮法玻璃生产厂项目的相互谅解备忘录。白克明、郭庚茂出席了签字仪式。

十一月十三日

下午，中国共产党河北省第七次代表大会，在河北会堂胜利闭幕。中国共产党河北省第七次代表大会，是在我们全面实施“十一五”规划、加快推进河北现代化建设新的历史起点上召开的一次十分重要的会议。这次大会通过了中共河北省第六届委员会的报告和省纪律检查委员会的工作报告，鲜明地提出了建设沿海经济社会发展强省的宏伟目标，确定了河北未来发展的战略重点和重要举措；选举产生了中共河北省第七届委员会和纪律检查委员会，为我们在新的历史征程上夺取更大胜利提供有力的组织保证。大会号召，全省共产党员和干部群众要更加紧密地团结在以胡锦涛同志为总书记的党中央周围，高举邓小平理论和“三个代表”重要思想伟大旗帜，全面贯彻落实科学发展观，励精图治，开拓进取，为把河北建设成为沿海经济社会发展强省而努力奋斗！白克明同志主持大会。大会执行主席、大会主席团常务委员会委员在主席台就座。专程来河北省指导这次大会的中央共央组织部的同志在主席台就座。

十一月十四日

上午，中国共产党河北省第七届委员会第一次全体会议在省会河北会堂召开。白克明同志主持会议。会议以无记名投票方式差额选举白克明、郭庚茂、张毅、段端武、车俊、付志方、赵勇、张力、臧胜业、王其江、刘永瑞、吴显国、聂辰席为省委常委。会议选举白克明为省委书记，郭庚茂、张毅为副书记。

下午，省政府在河北会堂召开全省土地调控工作会议，省委副书记、代省长郭庚茂出席会议并讲话。强调要采取坚决有力措施，抓好当前土地管理和调控工作，落实最严格的土地管理制度，管好用好土地，更好地发挥土地对经济社会发展的保障作用。

十一月十五日

上午，省政府与中钢集团公司签署经济技术合作协议，双方将在企业联合重组、矿产资源开发与利用、冶金原材料及产品物流、科研开发与节能环保等领域开展广泛合作。代省长郭庚茂出席签约仪式，常务副省长付志方与中钢集团总裁黄天文代表双方在协议书上签字。省长助理、省政府秘书长尹亚力主持签约仪式。

下午，省委常委、邯郸市委书记聂辰席，副省长付双建在邯郸宾馆会见了前来参加2006冀台经济合作洽谈会的台湾农业考察团林享能先生一行。

十一月十六日

上午，省委办公厅、省政府办公厅、省委组织部、省委宣传部举行“送温暖、献爱心”募捐仪式，掀起了向灾区困难群众送温暖献爱心的热潮。省领导白克明、郭庚茂、张毅、车俊、付志方、赵勇、张力、臧胜业、王其江、刘永瑞、孙士彬、龙庄伟等带头捐款捐物，省领导宋恩华、付双建、张和、柳宝全、郭世昌委托工作人员捐款。

十一月十七日

上午，七届省委常委会举行了第一次集体学习。省委书记白克明主持学习。他指出，省委七届一次全会选举产生的新一届省委常委会，担负着团结和带领全省人民向建设沿海经济社会发展强省奋进的历史重任。必须切实加强自身建设，认真学习、严格遵守党的组织纪律，进一步弘扬“树正气、讲团结、求发展”的主旋律，以更好的工作态度和作风履行好历史赋予的职责。省委常委、省人大常委会党组副书记、省政府副省长、省政协党组书记、省法院院长参加了学习。

十一月十八日

上午，《风情神韵·魅力河北》——2006河北文化艺术展演闭幕式在邯郸越苑举行，省委书记、省人大常委会主任白克明，省政协主席赵金铎，省委常委、宣传部长赵勇，省委常委、邯郸市委书记聂辰席，副省长孙士彬观看了演出。赵勇致闭幕词。

十一月二十日

上午，全省无障碍设施建设工作会议在石家庄银河宾馆召开。“十一五”期间，河北省将全面推进无障碍设施建设，加大城市道路、建筑物、居民小区无障碍建设改造力度和信息交流无障碍建设，初步形成城市无障碍化的基本格局。副省长柳宝全出席会议并讲话。

下午，河北省在石家庄人民会堂隆重举行大会，欢送省会进藏兵首批新兵入伍。省委副书记、代省长郭庚茂，省委常委、省军区司令员段端武，省军区政委张连仁，副省长柳宝全，省军区副司令员苪福成出席欢送大会，并为新兵代表发放了优抚金。

十一月二十二日

21日至今日，省委副书记、代省长郭庚茂在沧州考察工作。他强调，要把思想统一到省第七次党代会精神上来，把广大干部群众的力量凝聚到建设沿海经济社会发展强省这一宏伟目标上来，团结奋进，扎实苦干，努力开创经济社会发展的新局面。各级领导干部要高度关注民生问题，努力为群众办实事、解难事。

今天省政府召开全省打击传销工作电视电话会议，从今年11月到明年8月，在全省范围内开展打击传销专项整治行动。副省长付双建出席会议并讲话。

十一月二十三日

11月22日至今，省委副书记、代省长郭庚茂就贯彻落实省第七次党代会精神、促进社会和谐、实现更快更好发展等问题在廊坊市调研。他强调，环京津地区要积极融入沿海，在优势互补、合理分工、平等错位的基础上，全面加强与京津两市的战略合作，努力实现自身更快更好发展，为建设沿海经济社会发展强省做出重要贡献。

十一月二十四日

今天，省委副书记、代省长郭庚茂在邢台考察工作。他强调，要把为广大人民群众谋利益作为最高准则，下大力解决好人民群众最关心、最直接、最现实的利益问题，促进社会和谐，激励全省人民为建设沿海经济社会发展强省团结奋斗。

十一月二十五日

今天，省委副书记、代省长郭庚茂在石家庄市调研。他强调，石家庄市要在建设沿海经济社会发展强省的征程上发挥领跑作用，在构建和谐河北进程中发挥首善之区的带动作用，在全省改革开放中发挥形象和窗口作用，加快构筑主导产业体系。

十一月二十六日

晚上，评剧现代戏《月嫂》在省军区礼堂上演，省委副书记、代省长郭庚茂，省委常委、石家庄市委书记、市长吴显国，省军区政委张连仁与省会部分下岗职工等共同观看了演出。

十一月二十八日

河北省商标协会今天在省会成立，副省长付双建担任名誉会长并到会讲话。全国工商联副主席、中华商标协会会长刘敏学到会祝贺。

十一月二十九日

上午，石家庄市、唐山市、廊坊市、秦皇岛市政府与省商务厅签订"信福工程共建协议书"，共同承诺：全力推进新农村商务信息服务体系建设，提升农村信息化应用水平。在签字仪式上，商务厅为各设区市、22个扩权县赠送了电脑、打印机等设备。副省长付双建出席签字仪式。

十二月

十二月一日

11月29日至今日，国务院南水北调工程建设委员会办公室主任张基尧来河北考察南水北调工程。省委副书记、代省长郭庚茂会见了考察团一行，副省长柳宝全参加了座谈会。

十二月二日

上午，省委副书记、代省长郭庚茂在廊坊国际会议中心亲切会见了富士康科技集团董事长郭台铭一行。

高等学校为社会主义新农村建设服务座谈会在保定召开。此次座谈会由教育部、科技部、农业部和省政府联合召开，旨在进一步深化农林教育改革，全面推进高等农林教育服务社会主义新农村建设。省委副书记、代省长郭庚茂，教育部部长周济、科技部副部长刘燕华、农业部副部长危朝安出席座谈会并讲话，副省长龙庄伟出席会议，座谈会由教育部副部长吴启迪主持。

十二月四日

下午，副省长柳宝全亲切接见了本省参加第九届远东及南太平洋地区残疾人运动会的8名残疾健儿。在本次运动会上，他们喜获20枚金牌，5枚银牌。

十二月十二日

今天召开的全省安全生产工作电视电话会议强调，各级各部门要进一步加大工作力度，全力以赴做好当前安全生产工作，决不让各类事故出现反弹，确保完成全年安全生产目标任务。副省长张和出席会议并讲话。

十二月十三日

省委常委、常务副省长付志方到中国电子科技集团公司13所、54所进行调研，并考察了石家庄信息产业基地。付志方强调，建设沿海经济社会发展强省，就必须抓好省委、省政府确立的十大主导产业，特别是要加快发展信息产业，大力推进科技产业化，把科技优势转化为经济优势。

上午，全省第二次农业普查电视电话会议在河北会堂召开。副省长宋恩华就农产品质量安全监管工作再一次进行了部署。强调一定要牢固树立安全为先意识，严格实行质量追溯制和责任追究制度，把农产品质量监管工作落到实处。

十二月十四日

近日，公安部做出决定，为河北省消防部队英雄模范李新宝、刘国荣记一等功。今天，省公安厅召开表彰会为他们庆功。省委常委、政法委书记王其江，副省长柳宝全出席表彰会并颁奖。

全省中小企业协会第五届会员代表大会结束。省人大常委会副主任韩葆珍，省政协副主席冯文海、秦朝镇出席会议。副省长宋恩华出席会议并讲话。

下午，省委副书记、代省长郭庚茂在省会白楼宾馆会见了首都钢铁总公司党委书记、董事长朱继民，总经理王青海一行。副省长张和，省长助理、省政府秘书长尹亚力等参观会见。

十二月十五日

12月14日至今天，中国红十字总会在河北省召开理顺县级红十字会管理体制工作座谈会。全国人大常委会原副委员长、中国红十字总会会长彭佩云出席会议。中国红十字总会常务副会长江亦曼，省人大常委会副主任杨新农，副省长柳宝全参加会议。

上午，省委在石家庄河北会堂召开干部警示教育大会，通报今年以来全省纪检监察机关查处的三起严重违纪违法案件。省委书记白克明出席会议并作重要讲话，省委副书记、代省长郭庚茂主持会议，省委常委、省纪委书记臧胜业宣读了中共河北省纪委、河北省监察厅《关于张全等三起严重违纪违法案件的通报》。

晚上，由省红十字会、省文化厅、省广播电视局和河北日报报业集团联合主办的爱在天地间——“救救孩子”大型募捐义演晚会在省体育馆举行。全国人大常委会原副委员长、中国红十字总会会长彭佩云，省委副书记、代省长郭庚茂，中国红十字总会常务副会长江亦曼，省政协副主席孔小均等观看了演出。

十二月十六日

上午，河北省第一家中学生红十字会——石家庄市第一中学红十字会正式成立。全国人大常委会原副委员长、中国红十字总会会长彭佩云，中国红十字总会常务副会长江亦曼，副省长龙庄伟出席成立仪式。

十二月十七日

上午，全省经济工作会议在石家庄河北会堂开幕。会议的主要任务是，深入贯彻党的十六届六中全会、中央经济工作会议的省第七次党代会精神，分析当前经济形势，部署明年经济工作。

十二月十八日

上午，全省经济工作会议闭幕。会议要求，统一思想，团结创业，形成经济更好更快发展、建设沿海经济社会发展强省的强大合力。郭庚茂就如何做好明年一季度经济工作讲了意见，张毅主持会议，付志方作总结讲话。

下午，河北金能集团分别与香港建滔化工集团、香港华润集团签署合作协议，合作建设河北（邢台）煤化工综合开发项目和内蒙古煤电一体化综合开发项目。省委副书记、代省长郭庚茂出席签约仪式并致辞，副省长张和、国家安监总局副局长王德学、香港建滔化工集团董事局主席张国荣、香港华润集团副总裁王帅廷等出席。

十二月十九日

上午，省政府在河北会堂召开全省深化国有农场改革工作会议。副省长宋恩华出席会议并讲话。

十二月二十日

上午，河北省科学技术协会第七次全省代表大会在河北会堂开幕。大会的主题是，高举邓小平理论和“三个代表”重要思想伟大旗帜，全面落实科学发展观，团结和动员全省广大科技工作者，为建设沿海经济社会发展强省而努力奋斗。省委书记、省人大常委会主任白克明，中国科协常务副主席、党组书记、书记处第一书记邓楠在开幕大会上讲话。省委常委、省人大常委会、省政府、省政协领导出席大会。

十二月二十一日

下午，代省长郭庚茂主持召开省政府第七十五次常务会议，听取省整顿和规范市场经济秩序领导小组办公室关于全省整顿和规范市场经济秩序专项行动有关情况的汇报，并就进一步做好整顿和规范市场经济秩序工作进行了安排部署。

十二月二十二日

上午，石家庄机场机楼扩建工程正式奠革，标志着投资 5 亿元的改扩建工程进入全面实施阶段。副省长张和出席奠基仪式并讲话。

上午，全省发展和改革工作会议在石家庄河北会堂召开。省委常委、常务副省长付志方出席会议并讲话。副省长张和主持会议。

十二月二十四日

上午，曹妃甸工业区供水工程正式通水。这标志着曹妃甸工业区大开发、大发展所必需的路、讯、电、水等基础设施条件已完全具备。省委书记、省人大常委会主任白克明宣布供水工程正式通水，开启了供水按钮，并同省委副书记、代省长郭庚茂一起为唐山市曹妃甸供水有限责任公司揭牌。

今天，被称为曹妃甸工业区开发建设“命脉工程”的唐曹高速公路正式开工。省领导白克明、郭庚茂、付志方、赵勇、张力、张和等出席开工仪式并为工程奠基。郭庚茂宣布工程正式开工。

十二月二十五日

24 日至今日，省委、省政府在唐山市召开曹妃甸建设工作会议，贯彻胡锦涛总书记视察曹妃甸时的重要讲话精神，落实省第七次党代会、全省经济工作会议部署，总结曹妃甸工业区开发建设情况，研究部署加快曹妃甸工业区开发建设工作。省委书记白克明，省委副书记、代省长郭庚茂出席会议并讲话。省领导付志方、赵勇、张和出席会议。

上午，省社会主义学院举行建院五十周年庆祝大会。全国人大常委会副委员长、民革中央主席、中央社会主义学院院长何鲁丽，中共河北省委分别为大会发来贺信。省委常委、统战部长刘永瑞出席会议并讲话，副省长、省民盟主委、省社会主义学院院长龙庄伟，原省委常委、石家庄市委书记吴振华，省政协副主席陈秀芳，省政协副主席、省农工党主委段惠军，省政协副主席、省民革主委孔小均，原省领导王树森、杨国春出席大会。

十二月二十六日

上午，河北省与铁道部在迁曹铁路曹妃甸南站举行迁曹铁路竣工通车庆祝大会。省委书记白克明宣布通车。省委副书记、代省长郭庚茂，铁道部副部长陆东福，省委常委、常务副省长付志方，省委常委、唐山市委书记赵勇，副省长张和也出席了庆祝大会。大会由铁道部总经济师黄民主持。

25 日至今日，全省政法工作会议在石家庄召开。省委常委、政法委书记王其江在讲话中要求，各级政法机关要以和谐社会建设者的姿态，充分发挥职能作用，为建设沿海经济社会发展强省创造和谐稳定的社会环境和公正、高效的法治环境。副省长柳宝全主持会议，省政协副主席刘健生、省法院院长刘瑞川出席会议。

上午，省政府召集省直有关部门召开保障双节市场供应、稳定物价工作协调会。会议要求，各部门要提前谋划，尽早安排、精心组织，并及时监测市场情况，保证粮油、肉类、蔬菜等生活必需品的供应，确保双节市场的繁荣稳定。副省长付双建参加会议并讲话。

下午，省委副书记、代省长郭庚茂在北戴河会见了中船重工集团总经理李长印一行。双方就有关项目的合作交换了意见。省委常委、常务副省长付志方会见时在座。

十二月二十七日

26日至今日，省委书记白克明，省委副书记、代省长郭庚茂在唐山和秦皇岛市考察工作，勉励两市的干部群众认真贯彻落实省第七次党代会精神，抓住难得机遇，更好更快发展，在打造沿海经济隆起带中发挥重要作用，为实现建设沿海经济社会发展强省的宏伟目标作出积极贡献。省领导付志方、赵勇、张和分别参加了在两市的考察。

河北省2007年煤炭产运需衔接会议召开，副省长柳宝全出席会议并讲话。

下午，秦皇岛港货物吞吐量越过2亿吨庆祝大会在秦皇岛港煤五期码头举行。省委常委、常务副省长付志方出席庆祝大会，并代表省委、省政府致以祝贺。

十二月二十八日

今天，河北柏粮集团挂牌成立。副省长宋恩华、中国粮食行业协会会长白美清为柏粮集团成立揭牌。

下午，省信息产业厅、省信息产业投资公司分别与国家开发银行河北省分行签署开发性金融合作会谈纪要、开发性金融合作协议和半导体照明（LED）项目贷款合同。副省长张和出席签字仪式并讲话。

十二月二十九日

上午和下午，省委副书记、代省长郭庚茂分别主持召开座谈会，征求河北省经济界和社会事业界部分省人大代表对《政府工作报告（征求意见稿）》的意见和建议。省委常委、常务副省长付志方出席了经济界省人大代表座谈会，副省长孙士彬、龙庄伟出席了社会事业界省人大代表座谈会。省长助理、省政府秘书长尹亚力、省直有关部门主要负责同志列席会议。

下午，省政府委托省发改委与河北省第一批9个重点产业支撑项目的法人、所在市政府分别签订责任书，确定建设目标，明确各方责任，确保省政府确定的重点产业支撑项目建设顺利进行，这标志着河北省重点产业支撑项目建设进入实施阶段。省委常委、常务副省长付志方出席会议并讲话，副省长张和主持会议。

（编辑部辑录）

附 录

APPENDIX

2007年河北百强企业名单
（按营业收入排序）

排名	企 业 名 称	所 在 地	2006年营业收入（万元）
1	唐山钢铁集团有限责任公司	唐山市	7211076
2	河北省电力公司	石家庄市	3462895
3	邯郸钢铁集团有限责任公司	邯郸市	3278530
4	中国石油天然气股份有限公司华北油田分公司	沧州市	1604097
5	石家庄炼油化工股份有限公司	石家庄市	1515981
6	唐山供电公司	唐山市	1479972
7	唐山国丰钢铁有限公司	唐山市	1414129
8	唐山冀东物贸集团有限责任公司	唐山市	1401621
9	河北敬业企业集团	石家庄市	1290113
10	开滦（集团）有限责任公司	唐山市	1172686
11	中国石化集团沧州炼油厂	沧州市	1153385
12	新兴铸管股份有限公司	邯郸市	1100733
13	河北津西钢铁股份有限公司	唐山市	1021479
14	河北金牛能源集团有限责任公司	邢台市	982261
15	唐山瑞丰钢铁（集团）有限公司	唐山市	891825
16	石家庄三鹿集团股份有限公司	石家庄市	868459
17	春风实业集团有限责任公司	衡水市	806683
18	河北文丰钢铁有限公司	邯郸市	798650
19	唐山港陆钢铁有限公司	唐山市	790843
20	邢台钢铁有限责任公司	邢台市	777992
21	三河汇福粮油集团有限公司	廊坊市	713348
22	峰峰集团有限公司	邯郸市	669476
23	唐山建龙实业有限公司	唐山市	657809
24	河北普阳钢铁有限公司	邯郸市	652880
25	长城汽车股份有限公司	保定市	650000
26	邯郸纵横钢铁集团有限公司	邯郸市	642254
27	石家庄钢铁有限责任公司	石家庄市	612874
28	保定天威集团有限公司	保定市	604871
29	中国第二十二冶金建设公司	唐山市	585111
30	华北制药集团有限责任公司	石家庄市	561072
31	邢台龙海钢铁集团有限公司	邢台市	555438
32	河北建工集团有限责任公司	石家庄市	530000
33	石家庄制药集团有限公司	石家庄市	528582
34	石家庄北国人百集团有限责任公司	石家庄市	513851
35	河北前进钢铁集团有限公司	廊坊市	511918
36	秦皇岛金海粮油工业有限公司	秦皇岛市	509783
37	唐山三友集团有限公司	唐山市	495000
38	河北新金钢铁有限公司	邯郸市	492591
39	河北建设集团有限公司	保定市	480212
40	辛集市澳森钢铁有限公司	石家庄市	450010
41	衡水京华制管有限公司	衡水市	445386
42	德龙钢铁有限公司	邢台市	424570
43	崇利制钢有限公司	邯郸市	407167
44	河北长安汽车有限公司	保定市	380289
45	河北中捷石化集团有限公司	沧州市	370000
46	河北物产金属材料有限公司	石家庄市	364438
47	河北晶龙实业集团有限公司	邢台市	359315

排名	企业名称	所在地	2006年营业收入（万元）
48	秦皇岛港务集团有限公司	秦皇岛市	356896
49	旭阳控股有限公司	邢台市	356053
50	石家庄常山纺织集团有限责任公司	石家庄市	344103
51	唐山贝氏体钢铁（集团）有限公司	唐山市	317619
52	华北石油管理局第一机械厂	沧州市	312500
53	张家口卷烟厂有限责任公司	张家口市	311214
54	河北白沙烟草有限责任公司	石家庄市	303587
55	河北滦河实业集团有限公司	唐山市	302825
56	唐山冀东水泥股份有限公司	唐山市	289374
57	河北东盛英华医药有限公司	邢台市	286000
58	秦皇岛秦发实业集团有限公司	秦皇岛市	285127
59	河北省新华书店集团	石家庄市	285080
60	唐山兴业工贸集团有限公司	唐山市	280472
61	华洋线缆集团有限公司	廊坊市	276747
62	天铁第一轧钢有限责任公司	邯郸市	272248
63	戴卡轮毂制造有限公司	秦皇岛市	269094
64	河北省武安市元宝山工业集团有限公司	邯郸市	268000
65	河北立中有色金属集团	保定市	262765
66	河北东山冶金工业有限公司	邯郸市	256262
67	中国乐凯胶片集团公司	保定市	255896
68	石家庄乐仁堂医药股份有限公司	石家庄市	255445
69	河北省高营企业集团公司	石家庄市	251351
70	河北中兴汽车制造有限公司	保定市	249638
71	唐山松汀钢铁有限公司	唐山市	246832
72	圣仑国际实业集团股份有限公司	石家庄市	243254
73	邯邢冶金矿山管理局	邯郸市	222168
74	河北远洋运输股份有限公司	秦皇岛市	219918
75	中交第一航局第五工程有限公司	秦皇岛市	209869
76	河北东升集团有限公司	廊坊市	207145
77	河北沧州大化集团有限责任公司	沧州市	205928
78	河北凯特饲料集团有限公司	邢台市	201351
79	唐山市清泉钢铁集团有限公司	唐山市	200000
80	唐山百货大楼集团有限责任公司	唐山市	200000
81	河北曲寨集团有限公司	石家庄市	198566
82	河北胜宝制管有限公司	廊坊市	198327
83	中国—阿拉伯化肥有限公司	秦皇岛市	192645
84	宝丰电缆集团有限公司	沧州市	190996
85	涞源县奥宇钢铁有限公司	保定市	189451
86	中国华北冶金建设公司	邯郸市	186563
87	河北西柏坡发电有限责任公司	石家庄市	185272
88	荣盛控股股份有限公司	廊坊市	184045
89	中煤建筑安装工程公司	邯郸市	183181
90	河北保龙仓商业连锁经营有限公司	石家庄市	183000
91	承德避暑山庄企业集团有限责任公司	承德市	182436
92	风帆股份有限公司	保定市	182204
93	河北凌云工业集团有限公司	保定市	179858
94	秦皇岛发电有限责任公司	秦皇岛市	178277
95	河北国华定州发电有限责任公司	保定市	177619
96	河北怀特集团股份有限公司	石家庄市	176870
97	河北永洋钢铁有限公司	邯郸市	170237
98	中钢集团邢台机械轧辊有限公司	邢台市	168699
99	中太建设集团股份有限公司	廊坊市	167823
100	石家庄焦化集团	石家庄市	166734

河北省百强民营企业名单

（转自2007年5月23日《河北日报》）

1 唐山国丰钢铁有限公司
2 唐山市冀东物贸集团有限责任公司
3 长城汽车股份有限公司
4 河北敬业集团有限责任公司
5 三河市汇福粮油集团有限公司
6 唐山建龙实业集团有限公司
7 河北文丰钢铁有限公司
8 华龙日清食品有限公司
9 春风实业集团有限责任公司
10 德龙钢铁有限公司
11 唐山港陆钢铁有限公司
12 邯郸纵横钢铁集团有限公司
13 河北前进钢铁有限公司
14 唐山惠达陶瓷（集团）股份有限公司
15 迁安市联钢燕山钢铁有限责任公司
16 衡水京华制管有限公司
17 唐山贝氏体钢铁（集团）有限公司
18 海湾安全技术有限公司
19 河北新金钢铁有限公司
20 神威药业有限公司
21 唐山松汀钢铁有限公司
22 河北晶龙丰利化工有限公司
23 唐山兴业工贸集团有限公司
24 河北东山冶金工业有限公司
25 河北东升集团有限公司
26 巨力集团有限公司
27 河北五得利面粉集团有限公司
28 宝丰电缆有限公司
29 承德建龙钢铁有限公司
30 唐山瑞丰钢铁（集团）有限公司
31 河北省高营企业集团公司
32 河北五兴能源集团有限公司
33 河北兴华钢铁有限公司
34 河北曲寨集团有限公司
35 河北宁纺集团
36 河北裕泰实业集团有限公司
37 石家庄双环汽车有限公司
38 河北三太子实业集团有限公司
39 廊坊金华实业有限公司
40 承德宽丰矿业集团有限公司
41 河北恒利集团有限公司
42 河北正元化工集团有限公司
43 石家庄以岭药业股份有限公司
44 唐山市清泉钢铁集团有限公司
45 河北诚信有限责任公司
46 河北辛集东明实业集团
47 衡水东风橡胶化工（集团）有限公司
48 邯郸市阳光百货集团总公司
49 蒙牛乳业（唐山）有限责任公司
50 河北银水实业集团有限公司
51 河北华夏实业有限公司
52 河北凯迪农药化工企业集团
53 唐山贝氏体钢铁（集团）荣程特种钢材有限公司
54 唐山市顺利实业集团有限公司
55 河北永新纸业有限公司
56 石家庄联碱化工有限责任公司
57 河北沧州东塑集团股份有限公司
58 石家庄三鹿乳品有限公司
59 河北远盛钢铁有限公司
60 河北宏润新型面料有限公司
61 河北古城香业集团股份有限公司
62 河北远大矿业集团有限公司
63 河北省保定城乡建设集团有限责任公司
64 承德乾隆醉酒业有限责任公司
65 河北中原钢管制造有限公司
66 河北华戈化学集团
67 三利集团有限公司
68 河北海生实业集团有限公司
69 武安市鑫山钢铁有限公司
70 河北苹乐面粉机械集团有限公司
71 秦皇岛海三建设工程发展股份有限公司
72 唐山友明金属制品有限公司
73 太阳石（唐山）药业有限公司
74 保定隆基泰和房地产开发有限公司
75 河北省唐山市滦通商贸有限公司
76 河北盛华化工有限公司
77 河北源祥羊绒集团有限公司
78 河北天源嘉华投资发展（集团）有限公司
79 武安市金鼎铸业有限公司
80 唐山中油石油销售有限公司汉沽分公司
81 河北金都铁合金集团有限公司
82 保定市立中车轮制造有限公司
83 河北金源化工股份有限公司
84 河北华斯实业集团有限公司
85 河北启信贸易企业集团
86 河北常青实业集团有限公司

87 永进电缆集团有限公司
88 承德剑峰矿业集团有限公司
89 唐山市东方建筑安装工程有限公司
90 河北奎山水泥集团有限公司
91 河北华润煤化电力有限公司
92 秦皇岛世纪星房地产开发有限公司
93 唐山海港永隆商贸有限公司
94 唐山钢铁集团金恒企业发展总公司
95 秦皇岛方圆玻璃有限公司
96 达力普石油专用管有限公司
97 昌黎淀粉有限公司
98 河北津海实业集团有限公司
99 河北省东光化工有限责任公司
100 石家庄桥西糖烟酒食品股份有限公司

河北省质量管理奖企业名单

（河北省质量技术监督局公告 2006 年第 17 号）

河北太行机械工业有限公司
　总经理　李兵凯（获省质量特别奖）
秦皇岛正大有限公司
　总经理　赵守宁（获省质量特别奖）
河北建设集团有限公司（复评）
新兴铸管股份有限公司（复评）
风帆股份有限公司（复评）
河北省安装工程公司（复评）
唐山钢铁股份有限公司（复评）
华北石油管理局第一机械厂（复评）
海湾安全技术有限公司（复评）
邯郸市中心医院（复评）

河北省质量效益型先进企业名单

（河北省质量技术监督局公告 2006 年第 17 号）

中国—阿拉伯化肥有限公司
河北正元化工集团有限公司
河北盛华化工有限公司
沧州临港捷虹颜料化工有限公司
河北省亚泰电化有限公司
张家口双环化肥有限责任公司
保定华月胶带有限公司
衡水橡胶股份有限公司
河北新华橡胶密封件集团有限公司
衡水中铁建工程橡胶有限责任公司
长城汽车股份有限公司
河北长安汽车有限公司
华北石油管理局第一机械厂
河北凌云工业集团有限公司
风帆股份有限公司
巨力集团有限公司
衡水电机股份有限公司
石家庄双环汽车股份有限公司
河北华北石油荣盛机械制造有限公司
永进电缆集团有限公司
石家庄安瑞科气体机械有限公司
河北金世纪电缆集团有限公司
保定天威电力线材有限公司
河北冀凯实业集团有限公司
唐山高压电瓷有限公司
河北小蜜蜂工具集团有限公司
河北农哈哈机械有限公司
张家口市大力神锅炉制造有限公司
承德市金建检测仪器有限公司
河北五得利面粉集团有限公司
张家口卷烟厂
河北承德露露股份有限公司
河北小洋人生物乳业有限公司
河北邯雪面粉集团有限公司
中国长城葡萄酒有限公司
四海科技实业集团有限公司
河北凯发面业集团有限公司
河北宝硕管材有限公司
鹿泉东方鼎鑫水泥有限公司
河北圣春散热器股份有限公司
高碑店东方顺达门窗制作有限公司
邯郸钢铁股份有限公司
承德新新钒钛股份有限公司
河北立中有色金属集团有限公司

华北铝业有限公司
石家庄永生华清液晶有限公司
邯郸博特纺织有限公司
承德颈复康药业集团有限公司
河北省磁县六合工业有限公司
河北兴达饲料集团有限公司
三北种业有限公司
河北省宽城种业有限责任公司
河北建设集团有限公司
秦皇岛海三建设工程发展股份有限公司

河北省服务质量奖单位名单

（河北省质量技术监督局公告 2006 年第 17 号）

保定高新技术创业服务中心
煤炭科学研究总院唐山分院
河北省迁西县生产力促进中心
承德市生产力促进中心
石家庄燕赵种业有限公司
河北省图书馆
石家庄市图书馆
唐山市图书馆
秦皇岛图书馆
河北省邯郸市图书馆
沧州市图书馆
张家口市图书馆
衡水市图书馆
武安市图书馆
河北省枣强县李玉霞图书馆
保定市燃气总公司
廊坊新奥燃气有限公司
邯郸市煤气公司
石家庄新奥燃气有限公司
张家口市煤气总公司
保定供电公司
华北电网有限公司廊坊供电公司
邯郸供电公司
华北电网秦皇岛电力公司
华北电网有限公司张家口供电公司
沧州供电公司
承德供电滦平分公司
华北电网承德供电承德县分公司
邱县供电公司
承德供电公司围场供电分公司
大名县供电公司
衡水武强供电有限责任公司
任县供电有限责任公司
中国人民财产保险股份有限公司保定市分公司
中国人民财产保险股份有限公司廊坊市分公司
中国人寿保险股份有限公司石家庄分公司
中国人寿保险股份有限公司唐山分公司
中国太平洋财产保险股份有限公司保定中心支公司
中国太平洋人寿保险股份有限公司廊坊中心支公司
中国平安财产保险股份有限公司石家庄中心支公司
中国平安人寿保险股份有限公司邯郸中心支公司
中国人民财产保险股份有限公司唐山市分公司
中国人寿保险股份有限公司承德分公司
中国人民财产保险股份有限公司沧州市分公司
中国人寿保险股份有限公司新乐支公司
泰康人寿保险股份有限公司唐山中心支公司
中国平安人寿保险股份有限公司廊坊中心支公司
中国人寿保险股份有限公司衡水分公司
中国人民财产保险股份有限公司秦皇岛市海港支公司开发区营业部
中国平安财产保险股份有限公司保定中心支公司

河北省名牌产品名单

（河北省质量技术监督局公告 2006 年第 17 号）

商标	产品名称	生产企业
博特	纯棉精梳本色纱	邯郸博特纺织有限公司
国风	纯棉精梳本色纱	邯郸安泰纺织印染有限责任公司
帝贤	纯棉精梳本色纱	承德帝贤针纺股份有限公司
博特	天然彩棉纱	邯郸博特纺织有限公司
三利	毛巾	三利集团有限公司
永亮	毛巾	高阳县永亮纺织品有限责任公司

商标	产品名称	生产企业
瑞春	毛巾	河北瑞春纺织有限公司
怡嘉琦	裘皮服装	河北华斯实业集团有限公司
狮迪	裘皮服装	河北天龙皮草有限公司
东兰	皮衣	河北辛集东兰（集团）有限公司
肃昂	皮衣	河北肃昂裘革有限公司
BML	皮衣	河北巴迈隆实业集团有限公司
巴萨尼奥	皮衣	辛集市周氏世家皮草服饰有限公司
依诺莎	皮衣	辛集市菁华皮草制衣有限公司
大羽	羽绒服	河北大羽羽绒制衣有限公司
蓝鸟	家具	河北蓝鸟家具有限公司
华日	民用实木家具	廊坊华日家具股份有限公司
双李	木制家具	广平县双李家具有限公司
力军力	沙发	河北力军力家具制造有限公司
红玫瑰	日用骨质瓷	唐山陶瓷股份有限公司
LongDa	日用骨质瓷	唐山隆达骨质瓷有限公司
海格雷	日用骨质瓷	唐山海格雷骨质瓷有限公司
力力	日用普通瓷	邯郸力力瓷业有限公司
白玫	日用普通瓷	玉源瓷业有限公司
	日用普通瓷	唐山华美陶瓷有限公司
名花	箱包	辛集市名花皮业有限公司
福润德	箱包	高碑店市福润德皮具有限责任公司
Godspeed	箱包	高碑店市广顺箱包工业有限责任公司
永乐	PVC电气胶粘带	河北华夏实业有限公司
	地毯	迁安市弘业地毯有限公司
虎牌	保险柜	河北虎牌集团柜业有限公司
骊骅	玉米淀粉	秦皇岛骊骅淀粉股份有限公司
燕南	玉米淀粉	河北燕南食品集团有限公司
健民桥	玉米淀粉	河北健民淀粉糖业有限公司
金三杯	普通锌锰电池	河北衡水电池集团有限公司
全能	碱性锌锰电池	长衡电池有限公司
宝硕	农用聚乙烯大棚膜	河北宝硕股份有限公司创业塑料分公司
三鹿	乳酸菌饮料	石家庄三鹿集团股份有限公司
蓝猫	酸枣汁	唐山蓝猫饮品集团有限公司
喜奥	胡萝卜汁	河北喜奥保健食品有限责任公司
沃尔旺	桃汁、橙汁	石家庄市沃尔旺饮品有限公司
蓝贝	橙汁	河北蓝贝酒业集团唐山饮料有限公司
佼佼	麻山药露	河北大洋食品有限公司
乐野	酸枣汁	承德乐野食品有限公司
珍极	酱油	石家庄珍极酿造集团有限责任公司
珍极	食醋	石家庄珍极酿造集团有限责任公司
益彰	食醋	河北益彰食品酿造有限公司
天赐	食醋	河北天赐调料有限公司
梅花	味精	河北梅花味精集团有限公司
五得利	小麦粉	河北五得利面粉集团有限公司
鹏泰	小麦粉	中粮面业（秦皇岛）鹏泰有限公司
邯雪	小麦粉	河北邯雪面粉集团有限公司
黑马	小麦粉	河北黑马粮油工业有限责任公司
廊雪	小麦粉	河北廊雪面粉有限责任公司
金沙河	小麦粉	河北金沙河面业有限责任公司

商标	产品名称	生产企业
迈都	小麦粉	阜城恒通食品有限公司
凯发	小麦粉	河北凯发面业集团有限公司
新石家庄、灵芝、玉兰	卷烟	河北白沙烟草有限责任公司
北戴河、钻石	卷烟	张家口卷烟厂
雪景	白糖	河北天露糖业有限公司
栗源	甘栗仁	遵化栗源食品有限公司
乙阿	40%乙莠水悬浮乳剂	河北宣化农药有限责任公司
双吉	代森锰锌	河北双吉化工有限公司
VEYONG	阿维菌素	河北威远生物化工股份有限公司
捷虹	酞菁蓝、酞菁绿	沧州临港捷虹颜料化工有限公司
贝利特	酞菁蓝、酞菁绿	河北美利达股份有限公司
	靛蓝	河北省武强县汇泉靛蓝染料有限公司
金鱼	涂料	石家庄市油漆厂
Chenhong	涂料	河北晨虹油漆集团有限公司
初蕾	涂料	博野县冀中漆业有限公司
玉友	高氯酸钾	河北省亚泰电化有限公司
飞马	工业癸二酸	衡水东风化工有限责任公司
诚信	工业氰化钠	河北诚信有限责任公司
雪环	聚氯乙烯树脂	河北盛华化工有限公司
眺山	碳酸钾	河北省眺山化工厂
白龙	邻苯二甲酸酐	石家庄白龙化工股份有限公司
沈志	35KV 及以下高压交联电力电缆	河北宝丰线缆有限公司
永进	35KV 及以下高压交联电力电缆	永进电缆集团有限公司
乾通	35KV 及以下高压交联电力电缆	河北新华线缆有限公司
弘飞	35KV 及以下高压交联电力电缆	河北弘飞线缆集团有限公司
万方	35KV 及以下高压交联电力电缆	河北万方线缆集团有限公司
宁超	35KV 及以下高压交联电力电缆	河北超达电线电缆有限公司
瑞源	35KV 及以下高压交联电力电缆	河北瑞源电缆有限公司
凌志	矿用电缆	河北金世纪电缆集团有限公司
五弘	矿用电缆	天津市电缆总厂第六厂
永进	矿用电缆	永进电缆集团有限公司
Mint	橡套电缆	河北明达线缆集团有限公司
乾兴	电线（架空绞线）	河北电力中兴线缆有限责任公司
乾通	电线（架空绞线）	河北新华线缆有限公司
皇牌	小型面粉加工成套设备	河北皇牌机械有限公司
苹乐	小型面粉加工成套设备	河北苹乐面粉机械集团有限公司
宣工	履带推土机	河北宣化工程机械股份有限公司
	电力变压器	保定天威保变电气股份有限公司
猛牛	中小型电机	衡水电机股份有限公司
冠生	中小型电机	河北电机股份有限公司
星硕	圆锯片基体	河北星硕锯业股份有限公司
博深	圆锯片	石家庄博深工具集团有限公司
冀凯	圆锯片	河北冀凯实业集团有限公司
博深	工程薄壁钻头	石家庄博深工具集团有限公司
尧宇	低压阀门	河北远大阀门集团有限公司
JS	低压阀门	石家庄光晋阀门有限公司
LH	高压阀门	承德高中压阀门管件有限公司
ZTY	自力式压差控制阀	河北平衡阀门制造有限公司
秦冶	热风阀门	秦皇岛冶金机械有限公司

商标	产品名称	生产企业
风帆	铅酸蓄电池	风帆股份有限公司
TD	棒形支柱绝缘子	唐山高压电瓷有限公司
石兰	电力金具	河北石兰电力金具有限公司
J&L	吊索具（含钢丝绳）	巨力集团有限公司
五岳	动态电子轨道衡	承德市五岳电子技术有限公司
安瑞科	高压气瓶式压力容器储运设备	石家庄安瑞科气体机械有限公司
保互	电力互感器	保定市电力互感器厂
GST	火灾自动报警及消防联动控制系统	海湾安全技术有限公司
华冷	半导体致冷器件	香河华北致冷设备有限公司
实力克	液晶显示材料	石家庄永生华清液晶有限公司
YINGLI	太阳能电池组件	保定天威英利新能源有限公司
晶龙	单晶硅	晶龙实业集团有限公司
邯钢	热轧宽钢带	邯郸钢铁集团有限责任公司
秦板	锅炉、压力容器用钢板	秦皇岛首钢板材有限公司
唐钢	钢筋	唐山钢铁股份有限公司
邯钢	钢筋	邯郸钢铁集团有限责任公司
燕山	钢筋	承德新新钒钛股份有限公司
新兴	钢筋	新兴铸管股份有限公司
龙烟	钢筋	宣化钢铁集团有限责任公司
唐钢	线材（盘条）	唐山钢铁股份有限公司
邯钢	线材（盘条）	邯郸钢铁集团有限责任公司
盾石	通用水泥	唐山冀东水泥股份有限公司
太行山	通用水泥	河北太行水泥股份有限公司
奎山	通用水泥	河北奎山水泥集团有限公司
鼎鑫	通用水泥	鹿泉东方鼎鑫水泥有限公司
QuZhai	通用水泥	鹿泉市曲寨水泥有限公司
浅野	通用水泥	秦皇岛浅野水泥有限公司
金隆	通用水泥	河北金隆水泥集团有限公司
矛牌	通用水泥	滦南县第二水泥厂
岚塔	通用水泥	迁安市永固油井水泥有限责任公司
玉螺	通用水泥	唐山玉螺水泥有限责任公司
沙滦	通用水泥	迁安市沙滦水泥有限责任公司
凤达	通用水泥	河北凤达水泥有限公司
岗岩	通用水泥	唐山三水岗岩水泥有限公司
燕王	通用水泥	河北燕王建材有限公司
北极熊	特种水泥	唐山北极熊特种水泥有限责任公司
雪豹	特种水泥	保定德源白水泥有限公司
惠达	卫生陶瓷	唐山惠达陶瓷（集团）股份有限公司
WEITAO	卫生陶瓷	唐山陶瓷股份有限公司
华丽	卫生陶瓷	唐山华丽陶瓷有限公司
monopy	卫生陶瓷	唐山梦牌瓷业有限公司
武洁	卫生洁具铜配件	河北润旺达洁具制造有限公司
JW	建筑扣件	河北省孟村回族自治县建筑扣件有限公司
圣春	采暖散热器	河北圣春散热器股份有限公司
华北	头孢拉定（供口服、注射用）原料药	华北制药集团倍达有限公司
CSPC	青霉素钠原料药	石药集团河北中润制药有限公司
华北	硫酸链霉素原料药	华北制药华胜有限公司
兰运	医用床	河北省霸州市长城医用设备有限责任公司
小护士	医用床	河北普康医疗设备有限公司

商标	产品名称	生产企业
开滦	肥煤	开滦（集团）有限责任公司
三北	玉米种子	三北种业有限公司
巡天	玉米种子	宣化巡天种业新技术有限责任公司
玉丰	玉米种子	承德裕丰种业有限公司
长城	玉米种子	中种集团承德长城种子有限公司
宽诚	玉米种子	河北省宽城种业有限责任公司
绿赛	草莓	满城县绿海果蔬有限公司
富岗	苹果	河北富岗食品有限责任公司
豹子头	苹果	徐水县豹子头农业发展有限责任公司
昊源	苹果	石家庄市昊源林果场
龙富	苹果	青龙满族自治县龙富果品营销中心
富兴	苹果	兴隆县富兴苹果协会
顺富	苹果	河北省顺平县优质果品产业协会
沛然	枣	沧州沛然世纪生物食品有限公司
十月红	枣	黄骅市天天食品发展有限公司
大秋红	枣	赞皇县林产品经销公司
三珍	核桃	涉县三珍农产品贸易有限公司
三珍	花椒	涉县三珍农产品贸易有限公司
京安	种猪	河北裕丰实业股份有限公司京安分公司
HBXD	种猪	河北兴达原种猪有限公司
中加	种猪	玉田县牧富种猪繁育有限公司
斯格尔	种猪	邯郸市方兴斯格种猪有限责任公司
金羽	种鸡	石家庄市机械化养鸡场祖代鸡场
大午	种鸡	河北大午农牧集团种禽有限公司
京安	商品猪	河北裕丰实业股份有限公司京安分公司
华牧	商品蛋鸡	石家庄华牧牧业有限责任公司
翡翠岛	中国对虾	秦皇岛市团林水产养殖科技开发有限公司

河北省第十届社会科学优秀成果奖获奖名单

一等奖：10 项（排名不分先后）

《疑难字考释与研究》（专著） 杨宝忠
《晚清海防：思想与制度研究》（专著） 王宏斌
《经济个人主义的哲学研究》（专著） 宫敬才
《中国企业融资法律问题研究》（专著） 樊鸿雁等
《主体参与型教学探索》（专著） 王升等
《企业并购整合研究》（专著） 杨 洁
《集团公司竞争力：评价理论、方法及案例》（专著） 孙班军
《自主管理灌区与农业用水制度改革研究》（研究报告） 彭建强等
《消除环京津贫困带促进京津冀协调发展》（研究报告） 李 岚等
《河北省新闻业者道德意识及现实状况调查报告》（研究报告） 胡连利等

二等奖：48 项（排名不分先后）

《银行制度比较与趋势研究》（专著） 康书生
《安全蔬菜生产与消费的经济学研究》（专著） 杨金深
《河北省区域创新系统研究》（专著） 胡宝民等
《集成化财政管理》（专著） 段国旭
《高新技术企业的成本管理机制研究》（专著） 冯雪莲
《社会道德与个体道德》（专著） 田秀云
《荀子礼学思想及其现代价值》（专著） 高春华
《第一资源论》（专著） 葛玉刚等
《公民权利与宪政历程》（专著） 张继良等
《分配关系的法律调整——基于经济法的研究视野》（专著） 孟庆瑜
《二十一世纪刑罚价值取向研究》（专著） 包雯等
《现实主义的当代中国命运》（专著） 崔志远

《中国文学理论现代性问题研究》（专著） 姜文振
《个性主义的悲剧——解读丁玲》（专著） 张永泉
《宋代矿冶业研究》（专著） 王菱菱
《白银与近代中国经济》（专著） 戴建兵
《战国中山国灵寿城——1975—1993年考古发掘报告》（专著） 陈应琪
《英国中等职业教育发展研究》（专著） 翟海魂
《知识服务模式与创新》（专著） 杜也力等
《视听中国的世纪跨越》（专著） 白 贵等
《统计基础与方法》（编著） 张举刚等
《产权交易》（编著） 王 彪等
《国际政治文化学导论》（编著） 张 骥等
《论衡词典》（编著） 时永乐等
《晋察冀边区史研究》（编著） 张伟良等
《百年历程——河北师范教育创建与发展》（编著） 耿文侠等
《大学生生活质量调研报告》（编著） 万素英等
《“一线两厢”的经济学内涵》（论文） 王亭亭
《马克思对生产劳动概念的三次扩展及其启示》（论文） 武建奇等
《复杂系统评价指标体系构建的定量分析方法研究》（论文） 孙庆文
《升华学术性与现实性之间张力的哲学操作制度》（论文） 崔 平
《关于“以人为本”若干问题的探析》（论文） 郭晓君等
《中国古代文学研究反思》（系列论文） 王长华
《春秋官制与〈周礼〉比较研究——〈周礼〉成书年代再探讨》（论文） 沈长云等
《构建和谐内部环境，推动事业快速发展的探索与实践》（论文） 计卫舸等
《还原大学——以历史的眼光看当今的大学》（论文） 贺国庆
《人力资源管理外包》（论文） 刘 兵等
《关于河北省文化产业发展的战略思考》（论文） 毕顺堂等
《继承还是颠覆——共建共享对传统文献信息资源建设理论的影响》（论文） 金胜勇
《河北太行山区农业发展系统分析与发展模式研究》（研究报告） 顾时贵等
《用高新技术提升河北经济增长战略研究》（研究报告） 王岳森等
《在粮食安全框架下河北农业增效农民增收战略研究》（研究报告） 王慧军等
《固定资产管理体系的构建》（研究报告） 张英军等
《高校内部财务管理体制改革研究与实践》（研究报告） 王耀忠等
《完善法人治理结构的理论与实践研究》（研究报告） 吕荣杰等
《河北省市、县政府行政信用状况的调查研究》（研究报告） 王秀华等
《改善乡镇公务员思想生活状况：一个必须高度重视的紧迫问题》（研究报告） 王彦坤等
《加强未成年人思想道德建设七项对策》（研究报告） 陈晓玉等

三等奖：140项（排名不分先后）

《流通创新与流通产业升级》（专著） 程瑞芳等
《银行监管的理论与模式——兼论日本的银行监管》（专著） 裴桂芬
《中国农民工的政治经济学考察》（专著） 杨思远
《托管经营——企业创新理论与实践》（专著） 孙增武等
《中国农业保险制度变迁研究》（专著） 冯文丽
《欠发达地区跨越式发展研究》（专著） 王殿茹
《排污权交易市场建设研究》（专著） 李利军等
《可持续发展县域经济的多维视角》（专著） 兰国良等
《河北农村经济问题研究——制度创新与金融支持》（专著） 杨兆廷等
《京津冀都市圈——正在崛起的中国经济增长第三极》（专著） 杨连云等
《中国分时度假发展研究——旅游房地产创新》（专著） 刘艳红
《浴火重生——透视中华老字号的经营之道》（专著） 郭会斌等
《基础设施建设管理与投资控制问题研究》（专著） 段晓晨等
《创新联盟：知识员工激励》（专著） 孟华兴等
《区域国土资源复合系统可持续发展的系统研究》（专著） 孙卫东等
《记忆心理学》（专著） 鲁忠义等
《困境与转型——黄宗羲哲学文本的一种解读》（专著） 程志华
《交往手段革命与交往方式变迁》（专著） 李素霞
《推理与诠释——民事司法技术范式研究》（专著） 冯文生
《领导者应对突发事件的理论与实务》（专著） 陈秀梅等
《中国共产党执政基础研究》（专著） 金丽薇等
《基层政治文明建设的新理念与创新模式》（专著） 肖 力等
《我国所有权制度的变迁与重构》（专著） 郭广辉等
《行政补偿制度研究》（专著） 高景芳等
《公司的环境责任研究——以可持续发展原则为导向的法律制度建构》（专著） 高桂林
《专家民事责任制度研究》（专著） 田韶华等
《唐代边塞诗的文化阐释》（专著） 任文京
《徘徊于七宝楼台——吴文英词研究》（专著） 田玉琪
《汉代造型艺术及其精神》（专著） 刘宗超
《书学美学詹言》（专著） 李世文等
《刘因的理学思想与文学》（专著） 王素美

《17世纪白话小说的创作与传播——以苏州地区为中心的研究》（专著） 许振东
《美人鱼的鱼网从哪里来——铁凝小说研究》（专著） 范川凤
《体制与观念的现代转型——中国科学社与中国的科学文化》（专著） 范铁权
《宋代家庭研究》（专著） 邢 铁
《隋唐使职制度研究（农牧工商编）》（专著） 宁志新
《燕赵历史文献研究》（专著） 秦进才
《燕下都瓦当研究》（专著） 刘德彪等
《颜元评传》（专著） 陈山榜
《美国赠地学院发展研究》（专著） 李素敏
《美国黑人教育发展研究》（专著） 屈书杰
《德育过程论》（专著） 范树成
《信息竞争论》（专著） 邢志强等
《会计理论精要及解读》（编著） 梁毅钢等
《中国高速公路资本经营管理》（编著） 赵智明等
《小城镇发展问题综合研究》（编著） 杜建芳等
《河北省区域海洋经济开发理论与实践》（编著） 尹紫东等
《服务业发展比较研究》（编著） 颜廷标等
《河北省创新能力分析报告》（编著） 杨铁星等
《技术创新能力与活力评价理论和实证研究》（编著） 李荣平等
《中国灰领——知识经济时代的高技能操作与现场管理阶层》（编著） 李景元等
《现代医院经营管理》（编著） 刘恒军等
《民法方法论》（编著） 任成印
《法律基础》（编著） 李树青等
《毛泽东从韶山到中南海》（编著） 贾章旺
《新时期基层党政干部执政能力建设20讲》（编著） 崔铁吉等
《汉字学》（编著） 郑振峰等
《敦煌写卷〈春秋经传集解〉校证》（编著） 李 索
《沧州古今名人传略》（编著） 商宗岳等
《中国南部古代科学文化史（1—4卷）》（编著） 吕变庭
《农村职业教育论》（编著） 汤生玲等
《大学素质教育》（编著） 刘志明等
《普通高校专科接本科教育模式研究》（编著） 王救文等
《现代教育评价》（编著） 史晓燕等
《文明礼仪教育》（编著） 李克荣等
《中国·河北》（编著） 相金科等
《教育报刊论》（编著） 马振行
《河北长城游》（编著） 李佐文等
《英美诗歌教程》（编著） 李正栓等
《区域协调发展：中国地区间财力差异与调节》（论文） 刘 亮
《公共财政框架下高新技术产业发展研究》（论文） 孙健夫等
《对中国农业企业核心能力培育问题的思考》（论文） 王素君
《制度变迁下中国居民消费行为研究》（论文） 张淑莲
《博弈双方合作导致社会利益损失研究》（论文） 郑小兰等
《非公经济发展政策执行的阻滞因素分析及对策》（论文） 尹凤婷等
《在培育特色中发展县域经济》（论文） 赵文广
《人力资本及其收益分配》（系列论文） 姚立根等
《面向网络化制造的中小企业协同管理平台研究》（论文） 李向东等
《循环经济活动中废弃物排放的测度研究》（论文） 高 波等
《提高注册会计师审计质量的治理措施》（论文） 赵立三等
《科学发展观的人文意蕴》（论文） 王新天
《知识经济背景下人力资源的开发与人的现代化》（论文） 马斌等
《人类智慧理性更高层次的复归——聚集科学与人文》（论文） 韩来平等
《心理和谐：社会和谐的重要内容》（论文） 石国兴
《内在批判：马克思哲学的本真语境》（论文） 李成旺
《道德建设的三个层面：人性、信仰、哲学信仰》（论文） 盖伯琳等
《人文主义法学引论》（论文） 刘国利等
《监狱警察队伍专业化标准及评价体系探讨》（论文） 薛兰霞等
《邓小平在涉县时期的革命实践与理论创新》（论文） 田苏苏
《英国新工党的选举改革及其影响》（论文） 王 军
《站在中西文化碰撞的平台上与西方人对话——钱锺书英文论著初探》（论文） 田建民
《汪曾祺小说“改写”的意义》（论文） 杨红莉
《试论明刻本增补〈玉台新咏〉的价值》（论文） 张 蕾
《抗日战争与中国文学地理变迁》（论文） 王维国
《冀南出土磁窑器物上的金元词曲》（论文） 杨 栋
《论宋代商人的广告自觉》（论文） 张金花
《题壁与唐宋寺院文化》（论文） 刘金柱
《〈荀子〉按断复句研究》（论文） 于峻嵘
《战后日本振兴偏僻地区教育措施及其启示》（论文） 李文英
《中小学生学源性心理障碍与学习心理辅导》（论文） 刘毅玮
《欧洲大学与近代自然科学》（系列论文） 辛彦怀等
《实施可持续发展的人文文化教育构建高校人文精神》（系列论文） 刘赞英等
《约翰·霍普金斯大学早期办学理念分析》（论文） 王 英
《强化道德教育的渗透性、个体性和实践性》（论文） 薛晓萍等

《高校怎样和谐招生》（论文） 李全柱
《大学生科研能力的培养与教师专业化发展的实践探索》（系列论文） 周志平等
《发展印刷产业建设出版大省》（论文） 杜金卿
《试论如何正确对待舆论监督的问题》（论文） 范文俭等
《整合存量资源实现内涵发展》（论文） 宋占禹
《驻站记者新闻报道规律探析》（论文） 张树春
《建立高校党政管理干部模糊综合评价模型的研究》（论文） 李晓华等
《让理论宣传在重大主题报道中发挥作用》（论文） 吴宏爱等
《从国际传播协会的三份期刊看学术期刊的标准化经营》（论文） 宋 悦
《出版业应尽快建立职业经理人制度》（论文） 杜恩龙
《关于河北省装备制造业发展的对策及建议》（研究报告） 刘成林
《石家庄市城市土地定级估价研究》（研究报告） 葛京凤等
《便利店业态延伸战略研究——以国大便利店为例》（研究报告） 于树中等
《河北省基础研究发展中培养优势研究领域的应用转化》（研究报告） 张经彦等
《河北省电子商务发展对策研究》（研究报告） 刘宝辉等
《河北省会展业发展研究报告》（研究报告） 赵玉甡等
《MBO在我省国有企业改革中的应用研究》（研究报告） 韩同银等
《河北省高速公路运营创新管理模式》（研究报告） 刘志勇等
《石家庄市可持续发展环境支持能力建设研究》（研究报告） 韩景元等
《石家庄市技术标准现状分析及标准战略研究》（研究报告） 姚培龙等
《如何实施可持续发展战略研究》（研究报告） 牛东晓等
《提高河北省区域创新能力的实用方法与工具（软件）的研究》（研究报告） 李惠军等
《河北省农村妇女人力资源开发研究》（研究报告） 曹素华等
《促进城市社区非营利组织健康发展的对策研究》（研究报告） 赵 巍等
《河北省大学生心理健康状况调查及对策研究》（研究报告） 许海元等
《河北农村劳动力转移就业存在的问题及对策研究》（研究报告） 李锡英等
《石家庄市城镇居民就业与社会保障状况研究》（研究报告） 贾美枝等
《邯郸社会信用体系建设研究》（研究报告） 白敏植等
《河北省国有企业改制中职工身份置换法律问题研究》（研究报告） 孙淑云等
《仲裁法律制度创新研究》（研究报告） 马永双等
《农村贫困地区义务教育系列研究》（研究报告） 刘 茗等
《全方位培训工程的启动与加入WTO后河北高师院校的发展》（研究报告） 徐 莉等
《河北省民办高等教育发展战略研究》（研究报告） 方 慈等
《经济全球化对我省青年大学生道德取向影响的调查分析》（研究报告） 王俊华等
《幼儿民间游戏及其价值开发问题研究》（研究报告） 刘保云等
《在燕赵大地上》（音像制品） 李智玮等

社会科学优秀图书编辑奖：3项（排名不分先后）

《在华日人反战纪实》 责任编辑：邓子平
《河北抗战“三亲”实录》 责任编辑：王广春
《河北省区域创新系统研究》 责任编辑：杨久信

2006年河北省三十大市场

工业消费品类

市场名称		成交额（亿元）
1	南三条批发市场	306.94
2	新华集贸中心市场	303.30
3	高碑店市白沟市场	188.00
4	香河县家俱城	60.00
5	玉田县鸦鸿桥小商品市场	37.49
6	石家庄青年街市场	32.20
7	邯郸市现代轻纺城	30.00
8	晋州市新世纪商城	28.00
9	清河县绒毛市场	25.93
10	高阳县纺织商贸城	24.90

农产品类

市场名称		成交额（亿元）
1	安国市东方药城	68.12
2	肃宁县尚村皮毛市场	54.76
3	蠡县留史皮毛市场	40.02
4	石家庄桥西蔬菜中心批发市场	38.50
5	唐山市路南区荷花坑市场	36.60
6	秦皇岛市海阳农产品市场	34.07

7	魏县天仙果品批发市场	33.30
8	邯郸市（馆陶）金风禽蛋农贸批发市场	31.25
9	沧县崔尔庄小枣批发市场	31.00
10	定州市鲜活农产品批发市场	24.57

生产资料类

市场名称		成交额（亿元）
1	永年县标准件市场	90.00
2	安平县丝网大世界	43.22
3	高阳县庞口汽车农机配件城	35.00
4	孟村辛大管件市场	30.40
5	正定县恒山板材批发市场	24.48
6	河北衡水橡胶城	21.35
7	唐山市丰润区鑫旺钢材市场	20.00
8	宁晋县大陆村农机配件市场	16.20
9	平乡县河古庙自行车零件城	15.17
10	长安装饰材料和平路市场	14.69

河北省2006年度百强市场

南三条批发市场
新华集贸中心
高碑店市白沟市场
永年县标准件市场
安国市东方药城
香河家俱城
肃宁县尚村皮毛市场
安平县丝网大世界
蠡县留史皮毛市场
石家庄桥西蔬菜中心批发市场
玉田县鸦鸿桥小商品市场
唐山市路南区荷花坑市场
高阳县庞口汽车农机配件城
秦皇岛海阳农产品批发市场
魏县天仙果品批发市场
石家庄青年街市场
邯郸市(馆陶)金凤禽蛋农贸批发市场
沧县崔尔庄小枣批发市场
孟村辛大管件市场
邯郸市现代轻纺城
晋州市新世纪商城
清河县绒毛市场
高阳县纺织商贸城
定州市鲜活农产品批发市场
正定县恒山板材批发市场
永年南大堡蔬菜批发市场
河北衡水橡胶城
唐山市丰润区鑫旺钢材市场
保定市工农路蔬菜批发市场
乐亭县冀东果菜批发市场
宁晋县大陆村农机配件市场
怀来县京西果菜批发市场
唐山市路南区小山批发市场
饶阳县瓜菜果品交易市场
平乡县河古庙自行车零件城
长安装饰材料和平路市场
辛集市皮革商业城
冀东胶合板批发市场
魏县天龙建筑材料交易市场
廊坊市钢材交易市场
邯郸市陶山市场
唐山市路南区南新道水产批发市场
永清县大辛阁蔬菜瓜果销售中心
井陉县煤炭市场
衡水市桃城区蔬菜批发市场
文安县小王东机床市场
邢台临西轴承大世界
武安市摩托车大世界
涉县商贸城
保定市果品批发市场
保定市利民路农资科技市场
怀来县土木煤炭市场
沧州市新华区车站工业品批发市场
石家庄长安装饰材料北宋路市场
承德市裕华路市场
藁城市禽蛋市场
石家庄汽车贸易交易中心
高邑县蔬菜批发市场
石家庄市光华路生产资料市场
河北一山摩托车市场
秦皇岛市农副产品批发市场
磁县磁州新市场
河北时代汽车广场
定州市中山市场
唐山市新华道集贸市场
永年县中原农副产品批发市场
石家庄市范西路电子通讯器材市场
元氏县马村乡禽蛋批发市场
张家口市宣化盛发蔬菜副食市场
辛集市河北一集市场
井陉县建材市场
新乐市花生米市场
张家口市钢材市场
丰南区通达商贸城
枣强县大营皮毛交易市场
任丘市张刘庄铝型材市场
玉田县二郎庙市场
正定县东权城禽蛋批发市场
大名县南李庄花生市场
魏县当歌酒类批发市场
任丘市瓜果蔬菜市场
石家庄佳农果菜批发市场
武安市钢材市场
保定市府河市场
石家庄银白佛钢材市场
井陉县钙镁市场
河北省汽车自选市场北市场
唐山市路南区建国路市场
晋州市古城禽蛋市场
大城县东阜摩配市场
玉田县鸦鸿桥河西市场
蠡县辛兴毛线市场
张家口市康保县杂粮市场
张家口市阳原县煤炭市场
磁县磁州商都
河间米各庄汽车配件专业市场
河北省故城县东阳市场
正定县梅山商城
威县冀南瓜菜市场
任丘市华油东风市场

中国银行业监督管理委员会
河北监管局

党委书记、局长 李蕴祺

2006年，河北银监局以常规性工作抓质量为重点，以提高监管工作有效性为中心，不断强化监管工作，为推动全省银行业金融机构改革，维护辖内银行业持续健康发展、支持全省经济又好又快发展做出了积极贡献。

高风险城市信用社（城市商业银行）风险处置任务圆满完成。截至2006年末，10家待处置社全部处置完毕；57家停整社已有55家批准撤销，占应退市总数的96.5%。全省城市信用社累计置换不良资产16.37亿元，平均不良贷款比例降至4.19%；城市商业银行和农村信用社改革工作深入开展。承德市商业银行于5月29日挂牌成立，6家城市商业银行发起设立了“河北省城市商业银行合作组织”，共同签署了《河北省城市商业银行合作组织框架协议》，实现了全省首次地方金融机构之间的战略合作；非银行金融机构风险化解工作取得初步成效。密切关注河北省信托投资有限责任公司重组工作，严格审查股东变更和股权结构调整方案，通过重组成功化解了多年来的金融风险；现场检查、非现场检查工作持续开展。先后开展了房地产信贷业务检查、个人消费贷款、非信贷资产分类情况、操作风险检查、集团客户授信业务等20多项现场检查工作，监督银行业金融机构不断强化资产管理；银行业案件专项治理工作和治理商业贿赂专项工作取得阶段性成果。截至2006年三季度末，全省各银行业金融机构发现案件42件，成功堵截和防范案件共12件，堵截率70.4%；加大自查力度，案件自查发现率为81%。；加快推进农村信用社统一法人社组建工作进度。已批准145家县（市）联社开业、2家筹建，完成统一法人改革计划目标的96%，超额完成本年度计划的110%；小企业金融服务工作稳步推进。小企业贷款违约信息定期向银行业金融机构发布，为小企业贷款创造了良好信用环境，推进了小企业贷款业务稳健发展。

2006年2月1日至2日，河北银监局召开2006年工作会议，传达贯彻银监会2006年工作会议精神，安排部署全年工作任务

2006年7月10日，河北银监局举办了“青春风采杯”监管知识大赛

2006年下半年，河北银监局组织女工开展了“情牵一线 关爱儿童”为孤残儿童编制爱心毛衣活动

国家开发银行

党委书记、行长 王力红

2006年5月17日，省委常委、常务副省长的郭庚茂同志在国家开发银行河北省分行召开省长办公会，听取省开行工作汇报，研究加快和推进省政府与开行合作问题。省长助理、省国资委主任赵世洪同志，省发改委、省财政厅、省金融办、省交通厅、省电力公司、省建设投资公司等部门领导参加会议

2006年12月28日，国家开发银行河北省分行与省信息产业厅、省信息产业投资有限公司签署《开发性金融合作会谈纪要》和《开发性金融合作协议》，并签订开发银行首笔选择权贷款合同。省委常委、副省长张和同志出席签字仪式并讲话

河北省分行

2006年11月23日，省政协副主席秦朝镇同志带领部分政协常委和委员视察国家开发银行河北省分行

2006年10月26日，国家开发银行与省政府召开支持农村金融改革与发展工作会议。省长助理赵世洪同志代表省政府出席并讲话

2006年9月15日，国家开发银行河北省分行与唐钢集团签订《开发性金融合作协议》

中国建设银行股份有限公司
河 北 省 分 行

团结奋进的新一届领导班子成员

2006年是建设银行公开上市后的第一年。一年来，建设银行河北省分行认真学习贯彻党的十六届五中、六中全会精神，按照总行要求，积极践行“以客户为中心”的经营理念，狠抓市场营销，强化基础管理，严控经营风险，积极稳妥地推进综合改革，市场竞争能力和盈利能力稳步提高，各项工作取得了较好成绩。经营效益持续提高，实现拨备前考核利润24.7亿元，创历史最好水平；成本收入比为41%，比年初下降3个百分点。主营业务快速增长，全口径存款余额为1983亿元，比年初增加209亿元。各项贷款余额为991.1亿元，比年初增加160.7亿元。实现收费类业务收入5.3亿元，比上年多实现3亿元。资产质量继续改善，不良资产率比年初下降0.29个百分点。集约经营水平明显提高，实现点均利润338.4万元，比年初增加52.6万元；点均全口径存款为2.7亿元，比年初增加0.3亿元。

中国建设银行股份有限公司董事长郭树清、行长常振明与河北省委常委、常务副省长郭庚茂接见演职人员

2006年1月，中国建设银行与河北省人民政府正式签署了“银政合作协议”

分行办公大楼

中国建设银行股份有限公司董事长郭树清在有关人员的陪同下视察河北省分行营业网点

2006年10月25日建行河北分行举办中小企业信贷产品发布会

华夏银行石家庄分行

华夏银行是一家全国性股份制商业银行，成立于1992年10月，总行设在北京。2003年9月12日，华夏银行正式在上海证券交易所挂牌交易（股票代码：600015）。

“团结、拼搏、敬业、创新”是华夏银行的企业精神。

华夏银行石家庄支行成立于1998年，是总行在河北设立的直属支行。开业之初，确定了“以质取胜”的发展战略，树立了“依法经营、自律管理、优质服务、科技兴行、效益立行”的经营方针，奉行“一切为了客户，为了一切客户，为了客户的一切”的服务理念，努力为广大客户提供最优质的金融服务。随着业务的不断发展，规模的日益壮大，行党组提出了“立足省会、依托京津、辐射河北”的新的发展战略，贯彻落实“从上到下讲团结、一心一意搞发展、依法治行、从严治行”的22字办行方针，从严管理，不断创新，各项业务得到持续、快速、健康发展。2004年12月，经银监会和华夏银行股份有限公司批准，华夏银行石家庄支行升格为分行，全称“华夏银行股份有限公司石家庄分行”，简称“华夏银行石家庄分行”。

党委书记、行长 默荣芬

2006年3月23日，华夏银行石家庄建华支行举行开业庆典，庆祝乔迁新址暨正式开业

2006年，石家庄分行坚持以科学发展为主题，以经营效益为中心，以结构调整为主线，以完善考核机制为保障，积极推进集中营销和资产保全模式的转变，在发展的过程中努力解决存在的突出问题，经营管理水平不断提升，经营业绩达到建行以来最好的水平。2006年，实现利润13047万元，增长35.78%。一般性存款余额首次突破100亿元，达到120.68亿元，增长26.13%。贷款总额75.24亿元。国际结算量实现42752万美元。

地址：石家庄市中山西路48号

电话：0311—87899120

邮政编码：050000

在河北会堂隆重举行产品推介暨银企洽谈会

组织青年员工进行野外拓展训练

华夏银行石家庄分行代表队在“河北省金融机构反假货币知识竞赛”中荣获二等奖

中信银行石家庄分行

2006年，石家庄分行定位为“管理年”，紧跟总行部署，扎扎实实抓管理、兢兢业业谋发展，坚持规模、质量、效益协调发展的主题，强化管理、加强创新，以追求过滤掉风险的真实利润为目标，坚持合规经营，在战略、机制、创新、文化四个方面进行了积极探索，按照“做好公司业务、做大零售业务、做强中间业务”的经营思路，坚持发展与风险防范并重的原则，通过全行员工的艰辛努力，在业务发展、结构调整、资产质量、市场形象、内部管理等诸多方面取得了有效突破。

截至2006年12月31日，全行各项资产总额为183亿元人民币，比年初增加57亿元人民币，增幅45.24%；实现账面利润折计人民币1.92亿元，完成计划的109%。各项存款余额折计人民币122.89亿元，其中自营存款119.1亿元，比年初增加38.33%。对公存款余额折人民币93.87亿元，较年初增加21.32亿元，增幅29.39%；储蓄存款余额折人民币25.24亿元，比年初增加11.67亿元，增幅86%，完成总行下达新增计划的687%。各项贷款余额折计人民币87.94亿元，较年初增加15.82亿元，增幅21.94%；实现进出口收付汇量2.88亿美元，全年累计办理有效信用卡17395张，完成总行下达全年新增计划的193%。不良率为0.62%。储蓄存款、信用卡、有效理财宝卡、资金产品交易量等业务指标均超额完成，储蓄、信用卡等指标提前半年完成总行下达的全年任务。

郭庚茂省长到中信银行石家庄分行指导工作

石家庄分行五周年行庆时，总行吴北英常务副行长与省领导座谈

市委书记吴振华到石家庄分行指导工作

河北银监局、省政协领导与陈彦明行长一起为中信银行站前街支行剪彩

石家庄分行成立五周年暨总结表彰大会

PICC 中国人保财险

北京2008年奥运会保险合作伙伴

OFFICIAL INSURANCE PARTNER OF THE BEIJING 2008 OLYMPIC GAMES

中国人民财产保险股份有限公司 河北省分公司

PICC Property and Casualty Company Limited

中国人民财产保险股份有限公司河北省分公司是一家实力雄厚、经营范围广泛、具有强大的保险补偿能力和良好社会信誉的公司。目前，已为全省25万多个企业，200多万个家庭，134万辆机动车办理了各种保险，每年为社会提供10000多亿元有效风险保障。仅自2003年以来，人保财险河北省分公司就处理各类保险赔案100多万件，赔款达80多亿元，在经济生活中充分发挥了保险补偿作用和社会管理功能，有力地促进了河北省经济的稳定发展。作为河北省财产保险市场的主导力量，人保财险河北省分公司业务网点健全、服务优质高效、产品丰富多样、管理手段先进，在全省11个城市开通了365天*24小时的全天候95518专线服务电话，赢得了广大客户的赞誉。美国AIG保险集团代表团在对人保财险河北省分公司考察后，给予了高度评价，称该司是“国内少见的、一流的公众公司”。自2003年以来，人保财险河北省分公司连续三年被河北省委、省政府命名为民主评议行风优秀单位，被省文明办、省文化经济促进会、省千家企事业单位诚信联盟授予“诚信示范单位”，被河北省工商行政管理协会授予“重合同、守信誉”单位，被河北省消费者协会授予“河北省消费者信得过单位”称号。

向河北省“交强险”第一单签单者颁发证书

为“三农”提供良好的保险保障

总经理 王乐枢

河北省副省长付双建在认真询问人保财险公司保险保障情况

深入企业了解防灾防损情况

中国人寿保险股份有限公司河北省分公司

党委书记、总经理 赵旭光

中国人寿保险股份有限公司是根据《中华人民共和国公司法》于2003年6月30日在北京注册成立，并于2003年12月17日及18日和2007年1月9日分别在纽约、香港和上海三地上市，在中国保险市场居领先地位。河北省分公司（以下简称河北国寿）是中国人寿保险股份有限公司在河北省设立的一级分公司。

河北国寿一直保持在我省寿险市场的领先地位。根据河北省保险行业协会公布数据，2006年末，公司市场份额达到64.6%。

河北国寿保持在全国系统的先进地位。2006年末，保费总收入121.65亿元，在全国系统居第4位。

河北国寿建立了完善的机构网络。截至2006年底，公司在全省设立分支机构1393个，分支机构和服务网点覆盖了全省所有的县（市、区）和50%以上的乡镇。

河北国寿培育了一支庞大的销售队伍。2006年末，保险销售队伍员工4万余人。

河北国寿具备了较强的服务经济社会能力。截至2006年底，公司积累长期险保单业务责任准备金435.5亿元，为提高城乡居民未来的养老和医疗水平积累了大量资金。2006年公司给付各类保险金和赔付各类赔款11亿元。

有一种关怀就在身边

从现在到未来

让保护无处不在

95519 客户服务专线 www.e-chinalife.com

相知多年·值得托付

中国人寿 CHINA LIFE

中国平安财产保险股份有限公司
河北分公司

2006，中国平安财产保险股份有限公司河北分公司坚持以“品质优先、利润导向、遵纪守法、挑战新高”的十六字经营方针为指引，跨越发展，经营业绩和管理水平进一步提升。2006年全年保费收入67268.37万元，同比增长24.3%，继续保持了河北财产保险市场第二的排名；为219161个企事业及个人客户提供了风险保障，全年累计处理赔案59622件，较好地发挥了保险的功能。

该公司在经营管理过程中始终坚持“以客户为导向”，一切服务项目的设计和实施都以“客户体验”为出发点，为客户提供及时周到的服务。通过实施统一的《理赔服务规范》、量化指标考核、严抓服务时效、出险客户100%回访、客户服务节等方式不断提升客户满意度，尊重客户的真实感受。

积极推进“服务三农”的进程，并将县域机构的发展作为全年的重要工作来抓，机构建设和网络延伸提速。截至2006年底，该公司共拥有省、市、县机构72家，其中省级机构1家，地市级机构11家，县级机构60家，在全省的机构覆盖面进一步扩大，为更多的客户带去保险服务。

第一期兼职讲师培训，为员工培训培养种子讲师

积极推进县域机构发展。图为四级机构发展会议现场

平安产险沧州中支举办“服务在我心中”演讲比赛

平安产险承德中支联合“世界旅游日”活动举办大型晚会

平安产险秦皇岛中支组织客户自驾游

为客户进行保险知识培训

中国平安人寿保险河北分公司

总经理 吴 越

2006年，平安人寿河北分公司认真贯彻落实国务院、省政府及保监局的各项政策、文件，充分利用有利的政策环境和社会环境，紧贴市场脉搏，全力推动业务发展，2006年分公司业务发展上了一个新台阶，1—11月份，分公司总资产达到710848.2万元，承保利润6676.44万元。1—11月实现总保费202817万元，较去年同期同比增长19.4%。其中：个险保费180480元，占比88.99%，其中个险新契约保费37141万元；团险保费收入9636万元，占比4.75%；银代保费收入12700万元，占比6.26%。

为促进公司的长足稳健发展，落实以“产品内涵价值”为导向的经营理念，分公司优化产品结构，注重产品内涵价值的提升，使险种逐步向效益型转变。2006年，分公司确立业务计划与内涵价值计划并驾齐驱的发展思路，持续推进新“三鸿”（鸿祥、鸿利、鸿盛）重疾组合产品的销售，提高新“三鸿”保费增量；调低万能件均保费、改变万能销售方式，提高万能活动量，以稳住平台，提高附加险附加率；有重点地提高传统保障型、健康型产品及短期意外险的占比，为客户提供全面合理的保障。

圣诞节前夕，平安人寿给石家庄市福利院孤残儿童送去温暖。图为吴越总经理向孩子们赠送礼物

平安人寿积极响应保监会的号召，组织全体外勤员工参加“诚信服务签名”活动

平安人寿致力于向客户提供周到、细致、专业服务。图为客服中心工作人员合影

2006年，平安保险捐资25万元修建了“赞皇平安希望小学”

中华联合财产保险股份有限公司
河 北 分 公 司

中华联合财产保险股份有限公司始创于1986年7月15日，是我国成立的第二家国有股份制保险公司，也是目前唯一一家以“中华”冠名的保险公司。公司主要经营各类财产保险业务、再保险业务、短期人身保险业务及涉外保险业务。

目前，公司在全国25个省、市（含计划单列市）已经设立各级机构1300多家，机构网点遍布祖国大江南北，员工两万余人。2005年实现保费收入105.42亿元，2006年实现保费收入150.5亿元。与此同时，公司的发展与实力不断壮大，稳居中国财险市场第四位。

总经理 王树谦

中华保险河北分公司成立于2004年9月30日，现已有10家地市级机构，34家市区直属业务部，55家县支机构，拥有员工及营销员4千余人。公司已累计实现保费收入9.56亿元，支付赔款2.7亿元，上缴地方税收5500万元。业务收入稳居河北产险市场第三位。两年多来，公司狠抓基础，强化内控建设，建立了以“两核”为中心的业务风险管控机制；建立了以安全性、规范性为中心的财务运行机制；建立了以提高效率为中心的机关指挥运行机制；建立了以绩效、利润为中心的经营考核和分配考核机制；建立了以人为本、以岗以绩定酬、实现个人价值为核心的用人机制。公司狠抓班子队伍建设，坚持把员工队伍建设成为一支综合素质高、业务精湛、勇于创新、追求卓越的一流团队，把公司建设成为一个以人为本、稳健经营、技术先进、服务一流、具有核心竞争力的品牌公司。

公司班子成员

省政府副秘书长、金融办主任董经纬视察公司办公职场

河北保监局副局长张雪峰来公司视察指导工作

美国教授勃吉亚先生偕夫人再次来到中华保险唐山中心支公司投保家财险

公司查勘员在事故现场积极参与营救伤者

2006年以来公司在全省范围内开展了一系列“解忧帮困 助学圆梦工程活动”。图为公司向河北经贸大学贫困大学生捐款

农村信用社深化改革添活力

2006年，河北省联社在省委、省政府的正确领导和有关部门的指导帮助下，坚持以邓小平理论和“三个代表”重要思想为指导，全面落实科学发展观，坚持改革、发展、管理并重方针，统筹推进各项工作，经营管理呈现出规模、质量与效益协调并进的良好势头。一是资产质量特别是新增贷款质量明显提高，发展后劲进一步增强。全辖不良贷款占比较2005年末下降5.5个百分点，风险拨备余额增加16.4亿元。从省联社成立以来至2006年底，全辖新增贷款不良率仅为1.3%。二是在全面撤销农村信用代办站的情况下，各项存款保持了平稳增长势头，达到2567亿元，较2005年末增长13%。三是成本费用得到有效控制，经营效益大幅提高。全辖综合费用率较2005年降低7.8个百分点，实现拨备前利润34.5亿元，增长127%。四是贷款规模稳步增长，对“三农”和县域经济发展的支持力度进一步加大。全辖各项贷款余额1616亿元，较2005年增长19%，农村信用社发放的农业贷款占全省金融机构农业贷款的90%以上。

河北省农村信用社综合业务网络在衡水市桃城区联社率先开通，省联社刘印楼理事长出席开通仪式并讲话

全省农村信用社行风建设知识竞赛决赛在河北电视台演播大厅举办

省联社社员大会通过全省农村信用社五年发展规划纲要

武安市农村信用合作联社

武安市农村信用合作联社辖45个信用社，1个营业部，90个储蓄所，共有干部职工959人，是全国率先实行与农行“脱钩”的改革试点。借着改革的良机，联社各项业务得到长足发展。2006年，各项存款超百亿，成为全省唯一一个存款突破百亿元的县（市）级农村信用联社，也是全省最大的县（市）级联社。武安联社在殷玉润理事长的带领下，扎实开展行风建设，强班子、聚合力，练内功、抓管理，增效益、促发展，实现了管理制度化、作风民主化、业务规范化、操作程序化、办事效率化，探索出一条适合自身发展的经营改革之路，为农村信用社的发展提供了宝贵经验，推动了农村金融改革、前进的步伐。《金融时报》、中国金融界网、《金融界》、《中国农村信用合作》等国家级重量媒体纷纷载文报道推广武安农村信用合作联社的做法，各级党政及其上级主管部门也对武安联社的工作业绩给予了充分肯定。

团结合作的领导班子

中国银监会合作部王珂（前排左三）在武安联社调研

祝贺武安联社存款突破百亿晚会

走上街头宣传联社业务

河北省建设投资公司

总经理 王永忠

河北省建设投资公司成立于1988年，是省政府明确由省国资委授权的国有资本运营机构和政策性投资机构，按照省政府对“四公司一中心”的职能定位，主要从事能源、交通等基础产业、基础设施和省支柱产业的投资与建设。自成立以来，公司始终坚持正确的投资导向，积极加强项目管理，努力提高国有资本运营效益，充分发挥政府投资主体的引导带动作用，通过合资合作、银行贷款、债券及利用外资、股票融资等多种形式并举，吸引各方资金用于全省重点项目建设。与香港华润、华能集团、大唐国际电力、国家开发投资公司等国内外知名大公司合作，先后投资建成大中型重点项目92个，完成项目总投资1700多亿元。

到2006年底，公司总资产从成立之初的2400万元发展到209亿元，净资产167亿元，实现国有资产增值率17.6%，合并报表总资产339亿元，是省属净资产规模最大的国有投资控股公司。根据中国投资协会国有投资公司委员会2005年底的统计数据，综合总资产、净资产、负债率、税后利润等四项指标，公司在全国国有投资公司中排名第六位。公司先后被省委、省政府评为“八五”、“九五”重点项目建设先进单位，并于1994、1996、1998、2000、2002、2004、2006年连续获得省直和省级文明先进单位荣誉称号。2004年4月公司被中华全国总工会授予“全国五一劳动奖状”。2005年5月公司总经理王永忠同志荣获全国劳动模范荣誉称号。

兴泰发电公司

办公楼夜景

西柏坡发电公司

河北省建设投资公司
HeBei Construction Investment Corp

华北制药集团有限责任公司

华北制药集团公司为特大型医药联合企业，是目前我国最大的化学制药企业，是最大的抗生素和半合抗生产基地。其前身华北制药厂是中国“一五”计划期间156项重点建设项目之一，总投资7588万元，1953年6月筹建，1958年6月建成投产。华北制药厂的建成，开创了我国大规模生产抗生素的历史，结束了我国青霉素、链霉素依赖进口的历史，我国缺医少药局面得到显著改善。截至2006年底，华北制药总资产140亿元，职工近2万人，累计实现利税112.6亿元，上交国家利税82.6亿元，累计出口创汇14.1亿美元。

华北制药外景

华北制药视质量如生命，在国内外市场上具有较高的质量信誉。1986年在医药行业首家荣获“国家质量管理奖”，2000年通过ISO9001质量体系认证，2003年通过ISO14001环境质量体系认证。“华北”牌商标在医药行业最早被认定为中国驰名商标，2004年入选《福布斯》中国最有价值五大工业品牌之一。2004年获“全国质量管理卓越企业”称号，并连续多年被评为“全国用户满意企业”，2006年获中国10强诚信品牌称号，荣获河北省自主品牌建设“重点培育品牌企业”称号。

华北制药以其规模优势、技术优势、质量优势连续多年跻身全国500家最大和最佳经济效益工业企业行列、国家首批6家技术创新试点企业之一和国家“863”高新技术研究发展计划成果产业化基地；被“中国工业经济联合会”评为16家最具国际竞争力的企业，是其中唯一的一家化学制药企业；在首届“百姓安全用药调查”活动中，被评为“百姓放心药企业”，入选“中国十大诚信企业”；2006年，华北制药新药中心被国家命名为“微生物药物国家工程研究中心”；华药集团公司荣获2005年度全国化学药品原药制造业“自主创新能力十强”第一名。

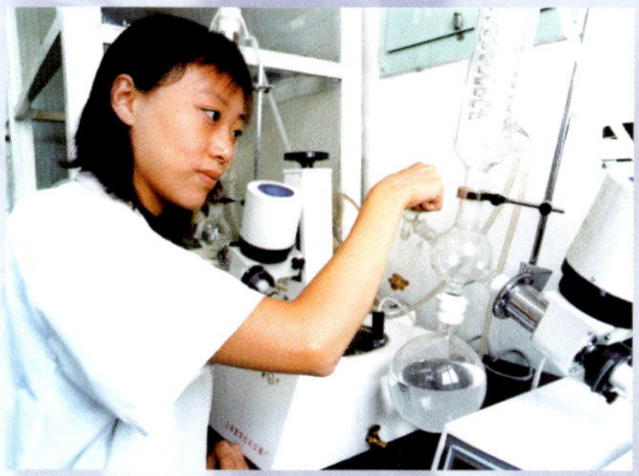
华北制药新药开发中心

药品分装流水线

生产岗位

文艺演出

中国网通（集团）有限

领导应用应急通信指挥救灾演练

中国网通（集团）有限公司河北省分公司是在原河北省邮电管理局改革重组、政企分开的基础上，由中国电信集团河北省电信公司更名而来。是以经营固定电话、小灵通、数据通信、国际业务和网元出租等基础电信业务、增值电信业务和系统集成、信息化应用、信息内容服务等业务产品为主的国有大型骨干电信企业，是河北省境内网络规模最大、客户数量最多、服务范围最广、服务争创最优的宽带通信和多媒体服务提供商。

公司始终致力于加快推进国民经济和社会信息化建设，坚持以科学发展观统领全局，以市场为导向，以客户为中心，以价值链为主线，为客户提供端到端综合信息服务。公司坚持开拓创新，以思想观念创新为前提，以业务产品创新为基

石家庄市第二通信枢纽楼

市话装机优质服务即装即通

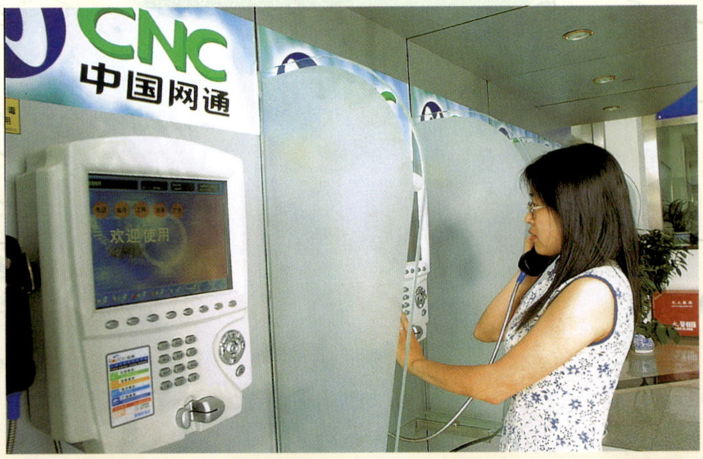

方便的公众通信

公司河北省分公司

础，以网络技术创新为支撑，以机制管理创新为保障，在经营、管理、服务、文化等各方面认真抓好创新落实，保持了企业持续健康和谐发展。公司下设11个市分公司，184个县（市、区）分公司。经营的产品达299个。本地电话客户总数1500多万户，其中小灵通客户总数超过300万户，宽带客户超过150万户。本地网交换机、无线市话总容量达到2200万门（线）。基础数据网与互联网覆盖全省所有乡镇，互联网出省带宽达到70G。公司努力普及基础通信业务，“亲情1＋”、“大众电话”等业务品牌得到广大客户欢迎。积极推进社区信息化、农村信息化、家庭信息化、个人信息化，信息魅力、宽视界、电话导航、宽频空间等新业务的相继推出，满足了社会多样化的通信需求。为方便客户使用各项业务，公司加强了营销服务网络的建设，在全省开办了营业网点2000余个，公话代办点约20000个。在城市小区和广大农村设立业务服务人员，并积极和社会各界建立合作经营关系，“网通家园”连锁网吧、“连锁亲情”话吧等形成了连锁经营品牌。通过10060客户服务中心和网上营业厅等为客户办理电信业务提供了多种方便渠道。

2006年，公司被中国通信企业协会评为“全国通信行业用户满意企业”，被中国质量协会、全国用户委员会授予“全国用户满意企业”称号，被省行风办评为行风建设免评单位，被省委、省政府授予“政风行风建设优秀单位”称号。截至目前，公司共有2个基层单位被国资委授予“中央企业学习型红旗班组”荣誉称号；1个单位被授予全国精神文明建设工作先进单位称号；78个单位被授予省级文明单位称号；3个单位被评为中国网通集团级文明单位；9个基层单位被评为全国青年文明号集体；56个基层单位被评为省级青年文明号集体。

通信维护

网络管理中心

小灵通营业厅

应急通信演练

唐山钢铁集团

董事长 王天义

唐山钢铁集团有限责任公司（简称唐钢集团）地处中国河北北部，总部位于河北省唐山市，依燕山，临渤海，接京津，享有得天独厚的资源条件和区位、交通优势。2005年以唐钢为核心，联合宣钢、承钢整合组建而成。2005年末，资产总额581亿元，在册职工总数93569人，产钢1607万吨，位居中国第二位。在中企协公布的企业排行榜上，排名2006全国企业500强第43位，全国制造业500强第16位，黑色冶金及压延加工企业第4位。

唐钢集团主导产品包括：棒材、线材、型材、热轧带钢、热轧板、冷轧板、镀锌板、彩涂板、焊管、五氧化二钒、钒氮合金、钒铁合金等系列，几乎涵盖市场需要的所有规格。唐钢集团坚持质量领先、用户至上的质量观和诚信为本的职业道德，追求产品和服务的高质量、高信誉，所有钢材产品均通过了ISO9001：2000质量管理体系认证，主要产品均获得国家和省优质称号。唐钢生产的Ⅱ级螺纹钢筋、矿用支撑钢、调质钢筋为国家优质产品，并与高线盘条共同被评为中国名牌产品，U型钢系列获国家“冶金产品实物质量金杯奖”，其中25U、36U填补了国内空白，超薄热带产品规格和质量处于国内领先水平；宣钢生产的炼钢生铁、热轧带肋钢筋、热轧钢带、热轧圆盘条、焊管等被评为“河北省名牌产品”，热轧带肋钢筋荣获国家“冶金产品实物质量金杯奖”和“产品质量免检”证书；承钢生产的螺纹钢筋是冶金行业唯一连续三届荣获中国质量协会、冶金质量协会评选的“产品质量、服务质量双十佳”产品，并荣获“全国质量稳定合格产品”称号及国家“冶金产品实物质量金杯奖”，

冷轧薄板

炼铁高炉群

唐钢股份荣获“2005年上市公司最佳投资回报奖”

唐钢集团承钢棒材产品下线

酸洗生产线

有限责任公司

五氧化二钒产品远销10多个国家和地区，获得“国际质量钻石星奖”。多年来，唐钢集团各种产品广泛应用于包括北京东方广场、中国大剧院、上海东方明珠电视塔、长江三峡工程、核电站、2008年北京奥运主场馆、中央电视台新址等国家重点工程，为国家的发展建设做出了突出贡献。

唐钢集团的发展具有优越的客观条件。唐山靠近港口和冀东铁矿、煤炭基地，承德地区拥有储量丰富的钒钛磁铁矿资源。唐钢集团将紧紧抓住发展机遇，朝着“国内领先，世界一流”的目标迈进，“十一五”末，形成年产3000万吨配套生产能力，建设成为国内最大的钒钛制品基地、华北地区最大的优质板材基地和优质结构钢生产基地，在2010年进入世界500强。

总经理 王义芳

唐钢集团创立暨揭牌仪式

唐钢集团宣钢高速线材产品

唐钢集团“携手铸辉煌”演出团巡回演出

邢台钢铁有

董事长、总经理　袁世臻

邢台钢铁有限责任公司始建于1958年，是全国500家最大工业企业和46家重点大型钢铁企业之一，是目前国内最大规模的高端线材专业化生产企业。已经通过ISO9002(2000版)国际质量体系认证，多次荣获全国线材产品质量过硬放心企业、河北省质量效益型先进企业等称号，产品获国家质量金杯奖，被评为全国冶金行业效益增幅最大、创效能力最强企业，荣获全国五一劳动奖状，为全国工业企业500强之一，名列河北省百强企业第17位。2004年末，成功实施企业重组改制，钢铁主业由原来国有独资公司改制重组为外商投资控股的中外合资企业；现已成为外方法人独资企业。

近年来，在公司董事长、总经理袁世臻带领下，邢钢坚持科学发展观，不断深化企业改革，实施“做精、做专、做强”发展战略，大力推进技术创新，工艺技术结构和产品结构全面优化，实现了从产量、规模效益向品种、质量效益的战略转移。自2000年第一条高速线材生产线投产以来，相继建成投产了4条高速线材生产线，实现了按品种、规格的分线轧制，充分满足市场和客户的需求。四条生产线采用了CCR、PRS精密轧机、减定径机组、无头焊接、高压水除磷、ABB控制系统以及全线无扭轧制等一系列国际最先进的轧钢技术，整体装备达到了国际先进水平。控冷控轧技术使产品组织晶粒更加细化，强度、韧性和焊接性能得到更大提高；无头轧制新技术彻底消除了盘条头尾力学性能不匀和头尾尺寸波动，使通条性能均匀一致，成材率大幅度提高。所生产线材能满足拉丝、制钉、丝网、紧固件、汽车和摩托车零部件和机械冷成型件、焊丝、弹簧、轴承等的不同需要。线材规格涵盖直径5.5mm–2mm光面线材和盘卷螺纹，盘重可达3000kg，年产线材270万吨。同时，引进国外先进技术装备，对盘条进行定径、酸洗、磷化、球化、连续退火等精制处理，满足冷镦、拉伸、挤压等冷加工工艺要求，产品可广泛

邢钢办公楼

限责任公司

用于制造中高档紧固件，汽车、摩托车零部件等产品；在北京投资建设汽车冷成型件生产线，采用国际先进的冷成型加工技术，专业生产汽车高档金属零部件、安全件和异型件，为汽车零部件的国产化提供高质量、低成本的解决方案。凭借优异的产品质量和良好的服务信誉，邢钢“三人牌”系列产品被评为“2005 年同行业最具影响力品牌”。

在未来的发展中，邢钢将继续以国际尖端技术促进整体工艺装备升级，不断研发适应市场需求的优质产品，实现效益增长方式的根本转变。邢钢，热诚期待着与各界朋友的合作！

地址：河北省邢台市钢铁南路 262 号

邮编：054027

电话：0319－2042022(公司)、0319－2042183(销售部)

传真：0319－2624517

网址：www.xtsteel.com

电子信箱：office@xtsteel.com

大盘卷生产线

刚走下生产线的线材产品

充满勃勃生机的邢钢厂区

炼钢生产车间

唐山港陆钢

办公大楼

唐山港陆钢铁有限公司座落在河北省遵化市。遵化交通便利，矿产资源丰富，铁矿石储量达3.2亿吨。公司主厂区位于遵化市区东9公里处，占地2200多亩，有员工6000多人。2005年，公司产铁184.8万吨，钢204.2万吨，材25.2万吨，实现产值66亿元，利税8亿元，为促进当地经济发展做出了突出贡献。现已形成200万吨铁钢轧综合配套生产能力。在2006年中国企业500强排名中列第459位；河北省百强企业排名第21位；入围2006年河北十大民营钢铁企业，被评为2006年河北省优秀民营企业。

公司以质量求生存，靠信誉求发展。2005年通过了ISO9000质量管理体系认证。被遵化市政府评为最佳诚信企业，被唐山市文明委评为AAA级诚信企业；公司组建以来，董事长杜振增多次受到各级党委、政府的表彰，被授予"河北省优秀民营企业家"光荣称号，当选为唐山市人大代表，遵化市企业信用管理协会副会长，被评为"唐山市劳动模范"，被遵化市政府聘为经济发展顾问；港陆公司被授予"河北省优秀民营企业"，遵化"纳税大户"称号，获得"投资遵化特别奖"。

1250中宽带生产线

1250中宽带产品

炼铁厂远景

铁有限公司

3、4号550立方米高炉

职工家属楼

专家住宅楼

1250厂房远景

港陆5.1文艺演出

河北省烟草专卖局
中国烟草总公司河北省公司

河北省烟草专卖局、中国烟草总公司河北省公司组建于1982年，1986年归属国家烟草专卖局统一管理，实行“统一领导、垂直管理、专卖专营”的体制，负责全省卷烟市场管理和业务经营。下辖11个市级烟草专卖局（公司）、137个县级烟草专卖局（营销部），全省行业在职职工1万余人。

河北省烟草专卖局（公司）党组班子

1997年以来，河北烟草坚持发展第一要务，深化改革，狠抓规范，锐意创新，团结奋进，走出一条规范发展的路子。1999年，石家庄、保定、张家口卷烟厂全部盈利，提前1年实现了国企脱困目标。2002年，河北烟草实现工商利税突破30亿元，提前3年完成了“十五”规划的主要经济指标。2003年，河北烟草顺利实施工商管理体制改革，所属三家工业企业划归新成立的河北中烟工业公司管理。2004年，全省县级烟草公司法人资格全部取消，建立了以市级公司为主体，以信息化为支撑，采购、访销、配送、财务管理和数据平台“五统一”的卷烟销售网络。2006年，河北烟草商业系统实现利税27.56亿元，比2000年增长了763%。2001年以来，全省共查获假烟2.47万箱，捣毁制售假烟窝点3629个，查获制假设备1174台，拘留制假售假分子861人，判刑376人；全省烟草商业系统累计销售卷烟1123.7万箱，实现利税92亿元，为增加国家财政积累、满足消费、支持河北经济发展做出了重要贡献。

国家烟草专卖局局长姜成康（左三）、河北省烟草专卖局局长滑福生（左一）考察石家庄市烟草公司电话访销大厅

电话访销大厅

公开销毁假冒卷烟

临漳县电力局

临漳县电力局是邯郸市供电公司趸售代管的县级供电企业。公司现有正式职工485人，农电工427人，年供电量2.18亿千瓦时。营业区面积744平方公里，担负着全县14个乡镇、61万人口生产和生活供电任务。公司下辖11个管理部门、15个供电所。全县有110千伏变电站2座，35千伏变电站11座，主变容量达113550千伏安，35千伏线路144.7公里，有10千伏线路1429公里。

公司召开行风听证会

临漳县电力在“努力超越、追求卓越”的企业精神激励下，带领全体干部职工，以建设“一强三优”现代企业为目标，实施“新农村、新电力、新服务”战略，以安全稳定、务实创新、和谐发展为工作方针，加快电网建设步伐，注重科技与管理创新，不断提升优质服务水平，大力加强党的建设、精神文明建设、企业文化建设和思想政治工作，促进了三个文明建设协调、健康发展。先后被河北省委、省政府授予“文明单位”；被河北省电力公司授予“一流县供电企业”；被邯郸市委、市政府评为“AA级劳动关系和谐企业”，被邯郸市政府授予农村电网建设与改造工作“先进集体”、“安全生产工作先进集体”；被邯郸市保护电力设施委员会评为“保护电力设施管理工作先进单位”；被邯郸市总工会授予“邯郸市模范职工小家”、被邯郸市委宣传部评为2003年度“邯郸市思想政治工作创新奖”； 被邯郸供电公司授予 “双文明单位”、“农电管理先进单位”等荣誉称号。

开展“情系客户、阳光服务”活动

快捷高效的客户中心

公司职工正在紧张、有序地施工

由电力员工组成的秧歌队上街宣传

邯郸县供电公司

经理 王绍文

市公司领导视察工作

邯郸县供电公司是邯郸供电公司趸售代管的县级供电企业。公司现有正式职工324人，农电工247人，年售电量2.03亿千瓦时，公司辖110千伏变电所1座，主变80000千伏安，35千伏变电所6座，主变容量达66900千伏安，35千伏线路74.34公里，10千伏线路696.4公里。

团结奋进中的邯郸县供电公司不断弘扬“和谐发展、创新向上”的企业精神，倡导“人民电业为人民”的服务理念，追求“创新服务水平，展示电力风貌”的发展目标，以优质服务开拓电力市场，先后开通了“95598”报修热线和业扩报装“一条龙”服务，简化了报修、报装手续，实行凌晨工作制和首问负责制，极大地方便了用户。建成了布局合理、调度灵活、安全经济的现代化供电网络，为地方经济发展和人民生活提供坚强的电力保障，为创建一流县级供电企业和建设“一强三优”现代公司奠定了坚实基础。

近年来，公司先后荣获了“河北省文明单位”、“河北省爱国卫生先进单位”、“河北省AAA级和谐企业”、“河北省综合治理先进单位”、“邯郸市文明单位”等称号。

县委、县政府领导视察工作

公司领导在优质服务宣传现场

标准化变电所

公司领导在变电所站现场指导工作

河北省环渤海湾经济技术集团有限公司

该集团于1993年由河北省顾问委员会牵头成立，1997年转为具有独立法人资格的企业。在集团建立之初，王小朋董事长审时度势，对当时河北乃至中国经济发展进行了深入地考察研究，最终把集团公司的发展目标锁定为开发旅游景区和发展文化事业。

集团以双龙山景区为试点，在全国首推旅游“万通卡”。持卡会员目前已在全国六省、区一百多个知名景区享受打折优惠。集团还把所属双龙山、东柏坡、易水湖等景区门票收入，按百分比分给万通卡持有者，形成景区与我是一家、人人参与人人夸的万通团队。

集团公司崇尚科学，注重人才。董事长王小朋先生被河北经贸大学聘为企业管理专业兼职教授、硕士研究生导师。集团麾下人才济济，大学以上学历者近七成，具有高级职称者众多。他们思想意识前卫，工作作风顽强，这已为集团今后的发展打下了良好的基础。景区开发之初，集团组织以下岗、离退休职工为主的旅游营销团队，进行培训上岗，至今已培养优秀营销人员一千五百余人。集团还与菲律宾国家经济开发区建立联系，就投资建设、培养人才、增进文化交流等方面进行广泛的合作。

易水湖

易水湖小桂林

环渤海湾集团一路走来，从没有放下肩上的文化背囊。集团成立了河北世纪方圆文化传播有限公司、河北世纪天歌影视艺术有限公司和文物艺术品陈列室，投入大量资金从事影视制作、文物保护及文化研究工作，业已完成了四十集电视连续剧《大境门》的题材规划立项及拍摄的相关手续，大型历史纪录片《长库大道》已在拍摄中。

双龙山全景

全面推进省直机关党的建设
—中共河北省委省直工委工作掠影

河北省直机关2006年党的工作会议在白楼宾馆举行。图为省直工委书记张力在会议上讲话

胜利召开省直机关党代表会议

省直妇工委组织省直妇女知识答题活动

张力同志听取省环保局情况汇报

省直机关召开《预防职务犯罪宣传画册》赠发仪式

省直机关开展十佳党建活动评选

举办了“迎奥运健步走”比赛

省直工委召开学习《江泽民文选》扩大会议

河北出入境检验检疫局

河北出入境检验检疫局主管河北境内的出入境卫生检疫、动植物检疫、商品检验、鉴定和监督管理，以及卫生注册、进出口安全质量许可、有关的质量认证认可工作。目前拥有检验检疫实验室27个，其中，国家级重点实验室6个，国家级区域性中心实验室9个，常规性实验室12个，配备了门类齐全、国内领先的检验检疫设备，形成了布局合理、功能完整、检测手段先进、创新能力较强、管理科学的检验检疫监管网络。

2006年，河北检验检疫系统共检验检疫出入境货物141288批、货值138.78亿美元，同比批次增长11.45%、货值增长6.58%，其中，检出不合格进口货物732批、货值3.02亿美元，同比分别增长56.75%和6.58%；不合格出口货物251批、货值282.83万美元，同比批次增长46.78%，货值下降38.6%，有效的维护了河北经济安全。

2006年5月31日，国家质检总局局长李长江(左一)在唐山市委书记张和(左二)及河北检验检疫局局长郭富荣(左三)的陪同下考察了曹妃甸港的建设和出入境检验检疫工作的情况，并对检验检疫人员作重要指示

2006年初，河北出入境检验检疫工作会议在石家庄召开。河北省副省长才利民到会并作重要讲话

2006年经检验检疫部门的严格把关，热情服务，确保四千多万吨煤炭顺利出口

河北检验检疫部门的科技带头人庞国芳（中）及其科研小组研制的同时检测农产品中数百种农药残留CC-MS技术，填补了我国在国际化学分析组织AOAC标准中的两项空白，两次荣获国家科技进步二等奖

邯郸、唐山检验人员积极引导和帮扶陶瓷生产企业建立先进的管理体系，改进生产工艺，严格控制铅镉，提高陶瓷的生产质量

强化疫病疫情防控体系建设，促进河北农产品食品出口

2006年，经检验检疫部门检验合格并放行出口的汽车在工业品出口总量中所占比例逐年增长

发展创新的河北邮政

河北省邮政管理局成立

2006年，河北邮政在实施“进位”战略和进位工程的基础上，提出了以“转变增长方式、调整业务结构、提高企业效益”为主旋律，把工作的重点放在提高企业运行质量上，邮政业务得到了快速发展。

2006年，河北邮政在做好函件、报刊发行、集邮、速递物流、邮政储蓄、邮政礼仪和各种代理业务等工作的同时，相继开发了短信平台系统，开通了邮政储蓄、电子汇兑、速递、储蓄电子稽查等短信业务。实施邮件条码化，提高了实物网的技术含量，实现了实物网与信息网的有效融合。建成了邮政经营管理系统、邮运生产指挥调度系统、报刊发行系统、邮资票品管理系统、邮区中心局生产作业系统、物流连锁配送系统、量收统计分析系统等，开通了省内会议电视电话系统和综合网省内内部电话系统。顺利完成了国家局在我省的邮政金融电子稽查系统试点工作，迈出了中国邮政金融稽查工作实现电子化、实时化的第一步。2006年河北邮政坚持两个文明一起抓，全省共建成国家级文明单位1个、省级文明单位32个、地市级108个、县级19个，首次被评为省级文明单位。全省邮政服务用户满意度2006年上半年达到96.13分，居全国第一位。

2006年9月5日，按照国务院27号文件和国家邮政局的工作部署，河北省邮政管理局正式成立，河北邮政正式实行政企分开。

服务三农

流动服务

业务宣传

邮政服务窗口

河北省外国专家局

河北省外国专家局管理来冀工作的外国专家(包括经济技术管理领域、教科文卫系统、外商投资企业、随引进项目合同和重点建设工程来冀的外国专家及香港、澳门特别行政区、台湾地区专家)和本省国家机关、企事业单位人员出国及赴香港、澳门特别行政区、台湾地区培训工作。两年来全省的引进智力工作为经济建设和社会发展做出了积极贡献。一是认真贯彻落实《行政许可法》,外国专家管理工作更加规范化。率先在全国建立了“引进国外智力工作联系会议制度”,组织实施了省政府外国专家“燕赵友谊奖”评选表彰工作,有60多名外国专家获奖;二是加强了农业引智成果示范推广基地建设,新建了20个基地和引智示范单位,每年拿出50-60万元的经费用于资助基地聘请外国专家和购买优良品种;三是引进国外智力积极服务于全省经济和社会发展。这两年国家局资助河北省聘请外国专家项目180多项、引进外国专家260多名;四是引进国外智力积极服务于人才强省战略,人才队伍建设取得较好成绩,两年共派出培训团65个、840人;五是引进政策法规建设、引智理论研究和引智宣传工作也取得较好成绩。在全国引智系统第一个出台了《河北省2006年至2010年引进国外智力工作发展规划》;六是引智机构、队伍的自身建设得到了加强。全省11个设区市外专局有9个为副处级,机构编制得到了加强、人员素质得到提高。

2006年有24个单位被评为省引进国外智力工作先进单位,36名同志被评为省引进国外智力工作先进个人

2006年,省委常委、常务副省长郭庚茂为获得“燕赵友谊奖”的外国专家颁奖

省委组织部副部长、省人事厅厅长、省编办主任田向利为获得全省引进国外智力工作先进个人的同志颁奖

“燕赵友谊奖”颁奖大会

河北省卫生厅卫生监督局

局领导班子成员

河北省卫生厅卫生监督局是省卫生厅在全省行使卫生行政执法监督的执行机构，在全省承担着《食品卫生法》、《传染病防治法》、《职业病防治法》、《执业医师法》、《献血法》等卫生法律、法规和规章的卫生执法监督职能。该局领导班子始终以“团结、务实、公开、公正、廉洁、高效”为目标，坚持科学发展观，从加强内涵建设入手，牢固树立依法行政、执法为民的工作理念，加强党风廉政建设和行业作风建设，全力推行行政权力公开透明，完善制度建设和运行机制，提高工作效能，为卫生执法监督工作夯实了基础。目前，全局设有4个职能处室、8个业务处室，高级职称55人，中级职称39人，大专以上学历占92%。全局配备了监督执法车辆18台，电脑120台，相继购置了价值300多万元的现场快速检测设备及取证工具。信息化建设、非线编设施、机房建设等在全国省级卫生监督机构处于领先。同时，大力倡导以人为本理念，开展了构建和谐单位、争做文明职工等活动，不断将群众性文明创建活动引向深入。筹建了职工食堂、图书阅览室、职工之家等，为干部职工工作生活创造了舒心、安心的环境和条件。连续五年获得“全省打假工作先进集体”、“全省卫生系统先进单位”、“全省卫生监督先进集体”、“全省卫生系统行风建设先进单位”、全省“青年文明号”等荣誉称号，局领导班子连续三年被省卫生厅党组评定为“实绩突出领导班子”。

卫生部马晓伟副部长来局视察

省领导检查该局行政权力公开透明工作

《食品执法》宣传周活动

执法人员对餐饮业进行卫生检查

执法人员查处假冒伪劣食品

唐山市汉沽管理区教育局

党委书记、局长　崔洪忠

汉沽管理区始终坚持把教育摆在优先发展的战略地位，大力实施科教兴区、人才强区战略，瞄准创建教育现代化的宏伟目标，以培养适应新时期发展的各类人才为己任，不断发展教育事业。2006年教育局一班人团结协作，率全体教职工，以“三个代表”重要思想为指导，不断解放思想，更新教育观念，全面落实科学发展观，努力开创教育新局面，在教育管理、硬件建设、队伍建设及教育教学等方面迈出了可喜的一步。

2006年，该区投资490多万元，新建第一中学科技实验楼；投资170多万元，新建第二幼儿园和扩建第一幼儿园；投资48万元，修缮校舍；投资13万元为学前购置图书和玩教具；投资75万元，装备远程教育系统。目前，该区教育现代化水平已初具规模，全区12所中小学共有微机413台，电视机125台，录音机400台，校园网4个，语音室10个，多功能教室10个。全区中小学都配备了计算机教室、远程教育网和校长办公系统，教育局建立了信息中心，实现了校校通工程。

该局始终把建设一支高素质的教师队伍作为一项长期的战略任务来抓。以“品德高尚、教艺精良、严谨治学、无私奉献”为目标，以校本教研为载体，以校本培训为主要形式，努力提高教师队伍的整体素质，积极实施名师工程。一年来完成了中小学幼儿园教师的全员培训，各级骨干教师的培训，新课程教材培训，普通话升级培训，使教师队伍的综合素质又上一个新台阶。涌现出以星建功为首的8名省市级骨干教师，13名省市级先进教育工作者、优秀班主任和28名省市级骨干教师培训对象。

不断深化课程改革，坚持以校本教研为重点，实施“研、训、教”一体化，以科研为先导，建立了以“问题即课题，行动即研究，改进即成果”的教研模式，提升了教学教研的整体水平。全年共有97篇论文获市级以上奖励，17节课获省市级优质课，4个研究课题圆满结题。教育教学成果显著，学生毕业合格率100%，高中阶段入学率86.5%，学生品德合格率100%。学前教育取得长足发展，高质量、高水平通过省级普及学前三年教育验收。

该局已连续四年被区命名为“实绩突出”单位，2006年教育局党委被唐山市委命名为“先进基层党组织”，被管理区评为“安全生产先进单位”和“计划生育先进单位”。第一中学，第一小学分别被命名为“市级文明和谐校园”和“普通话示范校”。

第一小学

语音室

计算机教室

第一中学教学楼

石家庄市公

2006年，是石家庄市公安交通管理工作取得突破性进展的一年。市交管局在市委、市政府和上级公安机关的正确领导下，以深入贯彻落实科学发展观为统领，以保平安、促发展、创和谐为指针，以“抓基层、打基础、苦练基本功”为载体，通过持续狠抓重点工程建设，狠抓各项措施落实，狠抓警务机制改革，狠抓执法效能提升，夯实基础、做优基层、固本强基，全市公安交通管理事业呈现出又好又快发展的良好态势。一年来，全市道路交通事故发生起数、死亡人数、受伤人数及直接经济损失与2005年同期相比分别下降24.11%、23.39%、22.06%和28.93%；在两度蝉联全国“安康杯”竞赛优胜单位的基础上，2006年再次通过中华全国总工会、省总工会和市总工会的联合评审，捧得了“安康杯”；交管局机关带长安交警大队顺利通过ISO9001：2000质量管理体系认证，全局质量管理跃上国际通行标准的新平台；省会交警规范执法、文明执法水平进一步提高，跻身全国百城交警规范执勤执法“示范城市”之列；精心创建的交通安全员四级网络机制已遍布全市城、乡，聘请交通安全员5210名；出入市口开始实现双向电

团结奋进的领导班子

加大基层基础项目建设，为增强公安交警队伍建设的发展后劲提供强有力的基础支撑

扎实推动交通安全宣传“五进”工程，加强对重点人群的针对性教育管理

市公安交通管理局机关带长安交警大队顺利通过ISO9001：2000国际质量管理体系认证，标志着石家庄市公安交通管理工作步入了精干高效、运转协调、职能清晰、规范统一的良性轨道

宣教民警带着交通宣传册等宣传品深入市拘留所，为因无证驾驶等交通违法行为而被行政拘留的交通违法人员进行交通安全教育

安交通管理局

子监控，驾驶员考试科技设施建设和局网上办公系统成功运转，基层交警计算机拥有量达到了80%以上，科技强警迈出新的步伐；在违法处理、车辆管理、驾驶人员管理等方面，出台并实施了一系列便民利民措施，人民满意度不断提升；春季组织的有400多名交、巡警参加的运动会，秋、冬季组织的800余名交、巡警及家属、协管员参加的《长征组歌》大合唱活动，极大地鼓舞和激发了广大基层干警的工作热情，强力推动了全局上下以更大决心和力度破难攻坚、履行使命。对于一年来全市交通管理工作和公安交警队伍的发展进步，各级领导和广大群众给予充分肯定，石家庄市公安交通管理局在2006年全市行风评议工作中再次被评为先进单位；被河北省公安交通管理局评为交通管理工作先进单位、预防道路交通事故先进单位；石家庄市委、石家庄市人民政府授予2006年度“保畅通创平安特别贡献奖”。被中共石家庄市委政法委员会、石家庄市社会综合治理委员会树为2006年度全市十大政法领导班子标兵；石家庄市公安局副局长、公安交管局局长苗社祥被石家庄市人民政府荣记二等功。

采取多种形式，大力开展丰富多样、贴近群众的社会化宣传活动，并取得明显成效。图为市公安局副局长、公安交管局局长苗社祥向群众发放交通安全宣传材料

市交管局与相关部门一道启动道路交通事故伤者应急抢救机制，尽最大努力减少交通事故死亡人数

把严厉打击假牌假证车辆上路行驶作为预防道路交通事故的重要关口，认真抓好，严格消除事故隐患

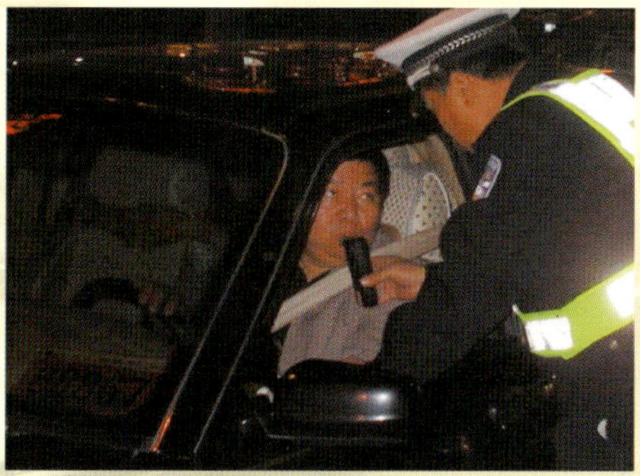

集中开展了大规模、高密度、不定期的以查处酒后驾车等严重交通违法行为为重点的夜查活动。酒后驾车已由专项整治行动刚开始时的20%以上下降到了不足3%

通过强化报废车的收缴、监销力度，从车、驾管源头上牢牢抓住预防道路交通事故的主动权

统筹发展促建设 科学规划绘蓝图

——邯郸市规划局

邯郸市规划局是主管全市城市规划的市政府工作部门，内设一室六处，下辖市规划设计院、邯郸市地理信息中心。主要负责城市规划研究、规划编制（设计）和城市规划实施管理，核发《建设项目选址意见书》、《建设用地规划许可证》、《建设工程规划许可证》（简称“一书两证”）；城市规划执法监察等，2006年，按照“建设独具魅力的国家历史文化名城、区域经贸中心、新型产业基地和生态园林城市”的总体目标，围绕建立和完善城市规划“五大”体系（围绕建立完善市域城镇规划体系，提高城市规划的覆盖率；围绕建立完善生态园林规划体系，改善人居环境；围绕建立完善园区规划体系，搭建发展平台，打造区域经贸中心；围绕建立完善市政公用设施规划体系，提升城市品味；围绕建立完善城市特色规划体系，凸现城市魅力和文化底蕴），加强规划管理，严格依法行政，较好地完成了各项工作目标和任务，促进了全市经济社会和城市建设的有序发展。

实现新跨越的河北省工经联（省经团联）

会长郭世昌在全省性经济类行业协会工作会议暨2006新春联谊会上发言

2006年来，省工经联（省经团联）认真履行全省性经济类行业协会业务主管单位职责，发挥联合组织优势，围绕中心、服务大局、励精图治、奋力开拓，在协助政府及其部门推进行业协会改革、发展与建设，构建经济管理新体制；组织指导行业协会开展或举办重大行业活动，促进行业健康发展；创新培优载体，组织全省性重大经济活动，搞好双向服务等方面实现了新的跨越。省政府领导对省工经联（省经团联）工作给予高度评价，2006年8月1日季允石省长对省工经联（省经团联）工作做出重要批示："工作开展有声有色，很有作为，参谋助手作用得到较好发挥，在政府和企业之间建立了一条实实在在的桥梁和纽带"。

目前，由省工经联（省经团联）作为业务主管单位的全省性经济类行业协会近200家，主要分布在工业、交通、建筑、商业、农业、旅游、信息、环保等领域。省冶金、石化、机械、食品、医药、信息产业、建筑、建材、纺织、旅游等行业协会建立并高效运转，标志着全省主导产业和重点行业政府宏观管理－协会自律管理－企业自主经营的经济管理新体制基本形成。省工经联（省经团联）组织相关行业协会紧紧围绕增强企业自主创新能力建设进行了大量调研并提出了切实可行的对策建议；与冶金、建筑、建材、机械等16家钢铁工业上下游产业行业协会联系，保障全省钢铁工业平稳运行；以主导产业和重点行业协会为主体的行业统计、行业分析、行业预警体系日臻完善；行业协会围绕行业发展热点、难点问题进行深度调研，取得一批新成果；行业协会围绕行业发展举办大型社会服务活动空前活跃；完成省人事厅委托撰写的《河北人才发展蓝皮书》产业专题篇；高质量的完成了2006年河北百强企业排序工作；"河北工经网"实用性增强，影响力彰显；标志着省工经联（省经团联）和行业协会不断拓宽了社会管理和公共服务领域，在全省经济社会发展中扮演着越来越重要的角色。

副会长兼秘书长鲁俊芳带队赴广东考察当地工经联及行业协会

在邯钢宾馆召开第三届理事会第三次会议

召开全省重点行业协会秘书长联席会议

召开全省重点行业协会行业运行信息发布会

河北省工商业联合会

2006年，省工商联以邓小平理论和“三个代表”重要思想为指导，认真学习贯彻中央十六届五中、六中全会和省委六届八次全会精神，落实科学发展观，紧紧围绕“构建社会主义和谐社会”、“建设社会主义新农村”、国家和省“十一五规划”等省委、省政府的中心工作开展活动，深入贯彻国务院《若干意见》和省政府《实施意见》，发挥工商联桥梁助手作用，努力促进民营经济更好更快的发展，圆满完成了各项工作任务。

截至2006年底，全省工商联共有各类会员112680个，其中非公有制经济会员99592个，占会员总数的88.4%；会员中有企业会员49658个，团体会员907个。在企业会员中，民营企业占93%以上。全省112680个会员中，企业团体会员的比例达到44.9%，比全国平均水平高出9.8个百分点。企业和私营企业会员数在全国排第五位，会员发展工作在全国处于先进行列。

省工商联积极贯彻落实中央新农村建设精神。图为省人大常委会副主任、省工商联会长韩葆珍在邯郸考察民营企业参与新农村建设情况

4月30日，由省工商联和上海通用五菱汽车股份有限公司联合举办的“立业创未来”——百姓创业巡讲活动在河北会堂举行隆重启动仪式，省人大常委会副主任、省工商联会长韩葆珍，省政府副省长付双建，省政协副主席、农工党河北省委主委段惠军以及上海通用五菱汽车股份有限公司副总经理郭吕敏出席启动仪式

在河北省第三届优秀中国特色社会主义建设者表彰大会上，曹伟等44名非公有制经济人士被授予“河北省优秀中国特色社会主义事业建设者”荣誉称号。吴以岭、张志祥、魏建军3人被授予“河北省优秀中国特色社会主义事业建设者特别奖”

7月22日，省委宣传部、省委统战部、省工商联联合举办的“河北省民营企业思想政治工作经验交流暨表彰大会”在石家庄召开。全国工商联副主席沈建国，省委常委、省委宣传部部长赵勇，河北省政协副主席、省委统战部部长陈秀芳，河北省人大常委会副主任、省工商联会长韩葆珍出席了会议

12月17日至20日，由河北省委统战部、省工商联主办，河北绿野阳光企业集团协办的河北省“绿野阳光民营企业家培训工程”首期培训班在清华大学举行。来自我省11个市100多个县(市、区)的近400名民营企业家参加了培训。清华大学副校长郑燕康、全国工商联副主席沈建国、省人大常委会副主任、省工商联会长韩葆珍出席开班仪式并作了重要讲话

沧州职业技术学院

龙庄伟副省长到校视察

中乌联合办学签约仪式

化工实验

化工实验

数控实训教学

新校区一角

沧州职业技术学院是经河北省政府批准教育部备案的国办全日制普通高校。学院占地面积1120余亩，建筑面积12万平方米，图书馆藏书30万册，实验设备总值3000万元，具有优越的教学科研环境。学院生活设施齐全完备，宽带网、电话连通学生公寓。学院专家治学，师资力量雄厚。院长霍献育教授现任中国化工教育协会常务理事、全国化工高职高专教学指导委员会委员、河北省高等教育学会理事。学院教职工602人，专任教师235人，正高职17人，副教授以上职称的教师149人，科研人员80余人，其中享受国务院津贴的专家4人，省突出贡献专家1人。

学院设九系二部一院：信息工程系、经济贸易系、工商管理系、机械工程系、自动化工程系、化学工程系、城乡建设工程系、畜牧兽医系、外语与艺术设计系、基础课部、继续教育部、农林科学院，开设52个专业，2006年有38个专业面向全国15个省市招生。根据职业技术教育的特点，学院确定了“以社会需求为导向，以能力培养为主线，以质量求发展，以特色创优势，为经济建设和社会进步服务”的办学理念。学院努力探索新时期高职教育发展之路，突出实践教学，强化技能训练，围绕“一专多能、一生多证”建立了一套行之有效的实践教学体系，走出了一条围绕市场办学的新路子。全日制在校生已突破6700人，已成为河北省重要的高技术实用型人才基地。

为了形成灵活多样的教学机制，适应教育国际化方向，满足一部分同学升本和留学的愿望，学院加强与国内外高水平大学的联系，积极开展多种形式的联合办学。2005年4月经省教育厅论证批准并报教育部备案，学院与乌克兰国立师范大学签署了合作办学协议，专科进、本科出、收费低、出路广，为包括工薪阶层家庭在内的广大考生铺就了一条专本连读出国留学的途径，开创了沧州市高校与国外高水平大学联合办学的先例。2005年招生46人，2006年增加到182人。2006年8月，学院与乌克兰塞瓦斯托波尔国立技术大学达成联合办学协议，将招收技术类学生到乌克兰留学深造。

该院重点科研单位－沧州农林科学院始建于1955年，是沧州唯一一所综合性农林科研单位。现设有农作物改良中心、农业高效研究所、林果蔬菜研究所和畜牧兽医研究所四个专业研究所。开展来自农业部、省科技厅、省农业厅、省林业厅及沧州市等重大科研项目的研究工作。近年来，共取得国家级科研成果9项、省部级科研成果115项、地市级科研成果200余项。为沧州的农业发展做出了重大贡献。

新校区鸟瞰图

京东强市名

市委书记 李 刚

三河因泃 河、洳河、鲍邱河三水流经县域而得名。全市总面积643平方公里，有山有水有平原，耕地总面积53.9万亩。现辖10镇2区（河北省级燕郊经济技术开发区、国家级农业高新技术园区）4个街道办事处，395个行政村街，总人口47.8万人。2005年被河北省确定为扩权县。三河历史悠久，春秋战国时属燕，秦属渔阳郡，汉属幽州潞县，唐武德二年（627年）置临泃 县，唐开元四年(716年)建三河县，清康熙年间，曾在三河燕郊建造行宫，为皇帝拜谒东陵往返歇息之所，素有“天子脚下、御驾行宫”之美称。区位优越，市区西距北京58公里、南距天津125公里、东到唐山

2006年3月15日，郭庚茂常务副省长到三河考察

中兴北方产业基地项目签约仪式

三河电厂

信息产业部第四十五研究所

三河公园一角

城—三河市

121公里，是京、津、唐三大城市构成的金三角的核心地带，在京津冀一体化和环渤海经济圈中居重要地位。102国道穿腹而过，京秦、大秦两条电气化铁路横贯东西，西北直通首都机场，东南连接天津、京唐两大港口，形成了陆海空立体交通网络。经济社会进步，经济实力连续13年居廊坊市首位，连续8年进入“河北十强”，连续6年进入全国最发达县市，先后被国家和省命名为“全国科技百强县（市）”、“全国文化工作先进市”、“全国教育改革先进市”、“全国创建文明村镇工作先进县（市）”、“国家两基工作先进市”、“省级卫生城市”、“省级文明城市”。

市长 张金波

汇福粮油食品制作有限公司全景

2006年12月5日付志方副省长到三河考察

五星级酒店－诺富特燕苑国际度假村

燕郊西北部景观

京华高尔夫球场

渤海湾畔璀璨

县委书记 秦少清

滦南县隶属河北省唐山市，北依燕山，南临渤海，国土面积1270平方公里，辖17个镇，594个行政村，总人口57.7万，是评剧、皮影、乐亭大鼓的发祥地，全国文化先进县。

滦南县资源物产丰富，区位优势明显。全县拥有110万亩耕地、90公里海岸线，素有“三米之乡”（大米、海米、花生米）的美誉。正在建设中的河北省“一号工程”曹妃甸深水大港位于南部海域，县内唐港高速公路横穿东西，迁曹铁路、迁曹公路纵贯南北，国家级项目沿海高速公路正加紧建设，县乡道路四通八达。得天独厚的区位优势，使滦南成为环渤海经济隆起带和京津冀都市

省委书记白克明、时任唐山市委书记张和视察文明生态村建设

河北省农业产业化重点龙头企业—中红普林有限公司生产车间

滦南奶业龙头—蒙牛乳业有限公司

全国奶牛十强县

明珠—滦南县

圈的前沿地带。

近年来，滦南县充分发挥优势，积极抢抓机遇，扎实推进农业产业化、工业化、城镇化和外向化战略，经济社会保持了健康快速协调发展的良好态势。2006年，全县预计完成地区生产总值154.8亿元，实现大口径财政收入8.5亿元，农民人均纯收入达到4745元，同比分别增长15.5%、30.4%和11.9%。2003年以来，县域经济发展综合水平连续三年位居河北省三十强。

县长 杨洁

时任河北省省长季允石、原江苏省华西村党委书记、全国劳动模范、人大代表吴仁宝参加华瑞钢铁有限公司奠基仪式

河北省最大造纸生产企业—河北永新有限公司

全国最大钢锹生产基地

滦南区位

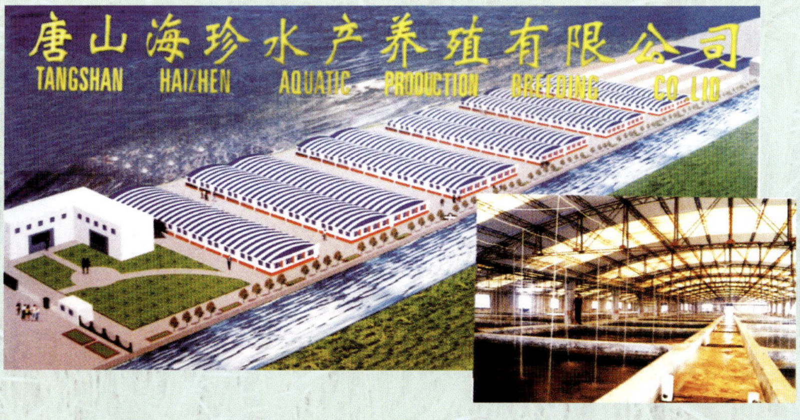

河北省最大的水产工厂化养殖基地

生态大棚富农家

快速发展的

南皮县辖三乡六镇、312个行政村，总面积789.9平方公里，耕地面积67.2万亩，全县总人口36.5万人，2006年人口自然增长率7.42‰。

2006年南皮县以大发展、快发展为主基调，强力推进“项目立县、工业强县、开放兴县”三大战略，积极打造五金机电、棉纺制衣、玻璃制品三大特色主导产业，全县经济和社会各项事业实现快速、健康、持续、协调发展。全县地区生产总值完成32.05亿元，同比增长17.3%，其中第一、二、三产业增加值分别完成8.15亿元、13.12亿元和10.78亿元，同比分别增长7.3%、27.1%和13.5%；

县委书记 许芳林

中共河北省委书记白克明视察南皮工业企业

工业园区输电设施

便捷发达的交通

初具规模的五金电子产业

南皮县

县长 贝军

单位生产总值能源消耗1.03吨/万元，同比减少1.9%；全社会固定资产投资完成13.9亿元，同比增长64.2%；全部财政收入完成2.41亿元，按可比口径同比增长20%；乡镇企业完成总产值94.19亿元，同比增长24.7%；社会消费品零售总额完成7.25亿元，同比增长15.5%；职工年平均工资12975元，同比增长20.9%；城镇居民人均可支配收入8100元，同比增长9%；农民人均纯收入达2957元，同比增长7.4%；年末各项存款余额31.08亿元，比年初增加3.51亿元。

具有百年建校历史的南皮第一中学，其前身为张之洞创办的“慈恩学堂”

不断做强做大的纺织品加工业

绿色生态农业

出口30多个国家和地区的玻璃制品业

木版年画之

县委书记 王世昆

武强县隶属河北省衡水市，地处河北省东南部，京津石三角中心，既是环渤海开放地带，又是内陆开放前沿。全县辖2镇4乡238个行政村，面积445平方公里，耕地45万亩，人口21万。武强县委、县政府始终坚持以富民强县为己任，以树正气、讲团结、求发展为主旋律，凝聚民心，鼓舞干群士气，激发全民创业热情，全县经济和社会各项事业全面发展，综合经济实力显著增强。2006年，完成生产总值22.56亿元，增长4.8%；全部财政收入完成7913万元，其中税收收入可比增长8.3%；全县社会消费品零售总额达到6.88亿元，增长12.3%；城镇居民人均可以支配收入与农民人均纯收入分别达到6028元、2696元。

历史文化悠久。西汉高祖六年（公元前201年），于今武强境南部置武强侯国，距今已有2200余年历史。2006年被联合国地名专家组评定为千年古县。年画久负盛名。武强县是中国木版年画的重要发祥地，被文化部命名为“木版年画艺

武强年画代表作 六子争头

工业项目区效果图

武强中学科技楼

安居住宅小区

津武公司

乡一武强县

术之乡”。工业发展迅速。全年规模以上工业增加值达到2.66亿元，实现利税9227万元。重点骨干企业拉动作用增强，年纳税10万元以上企业达到52家（其中年纳税100万元以上企业10家），上缴税金达到3697万元，占全县工商税收的54%，比上年提高9.3个百分点，成为推动全县工业增长和财政增收的重要力量。化工、线缆、乐器、玻璃纤维四大产业集群初具规模，完成增加值占全县工业增加值比重达到了78%。农副产品丰富。武强盛产小麦、玉米、花生、辣椒、蔬菜等农产品及大枣、苹果等干鲜果品，先后被国家有关部委命名为“辣椒生产基地县”、“食品生产基地县”、“旱作农业示范县”、“无公害蔬菜生产基地县”，被河北省命名为“黄瓜生产之乡”，被京津确定为“蔬菜供应基地县”。人居环境优良。近几年，全县累计投资4亿多元，对县城基础设施进行改造，城市面貌有了较大提升，城市功能逐渐完善，建成区面积达6.28平方公里，城镇化率达到22%。

县长 刘玉华

距今已有两千多年历史的武强民间舞蹈《打花膀》，曾入选河北电视台春节文艺晚会，在省第二届舞蹈艺术节中荣获编导、表演、服装设计三项奖，在天津市举办的国际友好城市艺术节中荣获二等奖，在2006年11月份举行的河北文化艺术展中与唐山的《俏夕阳》一并成为最受群众欢迎的节目

林网建设

金音乐器公司小提琴展区

北方线缆集团公司车间

中国优质专用

县委书记 孔祥友

威县地处冀南平原，属黑龙港流域，现辖5镇、11乡、522个行政村。总面积994平方公里，总人口53.8万人，其中农业人口50.3万人。少数民族人口占总人口近百分之一，其中以回民居多。

威县是华北南部公路交通枢纽。106国道、武（邑）馆（陶）公路和规划中的大广高速纵穿南北，刑临公路、邢清公路和青银高速、刑临高速横穿东西。威县距北京370公里，距天津港和黄骅港各330公里，距石家庄、济南机场各170公里。西距京广铁路70公里，东距京九铁路25公里，交通十分便利。

威县为传统的农业县，棉花是威县的第一大主导产业。全县植棉面积稳定在80万亩左右，素有“冀南棉海”之美誉，是国家优质专用棉基地县，全国

邢台市委书记董经纬听取公司总经理高军旺工作汇报

中华大街远景

西红柿交易市场

棉基地—威县

县长 卢建华

棉花生产百强县之一，河北省第一棉大县，全县以猪、鸡为主的专业养殖场户5000多个。牛、羊屠宰加工和冷藏比较集中的洺州黄街等回族群众聚居村，是邢台市最大的清真牛羊肉加工集散中心。设施蔬菜种植面积5.5万亩，威县瓜菜批发市场被农业部批准为“国家级定点农产品批发市场”。威县是国家林业局三倍体毛杨繁殖基地，全县毛白杨育苗面积3万亩。

工业经济发展迅速，现已形成棉花加工、皮毛加工、汽摩配件、建材装饰等骨干行业，涌现出洺州纺织、华新建材、俊兴皮业、华威汽车内饰、威德汽摩配件等规模企业近30家。

威县是义和团运动发源地、文化部命名的“中国民间艺术之乡”。义和拳议事厅被国务院列为第六批国家级重点文物保护单位。2003年建成全国唯一一所全面、系统反映义和团运动的“义和团纪念馆”。

龙腾制衣

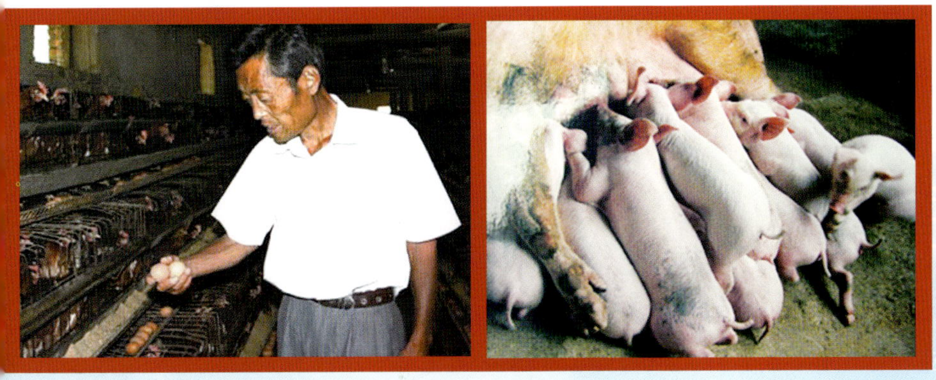

发达的养殖业

秸杆利用

中国蟠桃之

县委书记　胡梦玲

2006年，临漳县按照“兴特色产业、活县域经济、富全县人民”的工作思路，大力实施“开放兴县、项目立县、工业强县”战略，促进了全县经济社会的既快又好发展。全县生产总值完成446859万元（不变价），同比增长17.4%；财政收入完成7656万元，按可比口径增长30.4%；全社会固定资产投资完成197929万元，同比增长54%；全县工业总产值完成423516万元，同比增长35.7%；民营经济营业收入1351428万元，同比增长28.2%；农民人均纯收入3936元，同比增长9.3%。

在特色经济发展方面，着力培育了五大主导特色产业。一、造纸产业。北京嘉禾木科技有限公司2006年6月收购县纸厂和县新闻纸厂，计划利用3年时间，投资5.9亿元，实施清洁造纸产业化项目。二、林木加工产业。林木加工是借助临漳林木资源优势发展起来的“龙头带基地、企业加个户”的绿色循环经济产业，加工环节已形成“八木一业”格局（细木板、木线条、原木、废木粉碎、胶合板、木制家具、刨花板、机制木炭），涉及14个乡镇300多个村，近100家加工企业，2500多个加工户，从业人员2万余人，2006年创产值5亿多元、利润1.5亿元，拉动农民增收近亿元。三、酒产业。借助临漳丰富的优质粮食资源、上乘的地下水资源、独特的有机果品资源等优势，引进了两个白酒项目、一个啤酒项目。由韩国客商独资建设的邯郸和平酒业有限公司，年产白酒1500吨，实现销售收入1500万元，创税收375万元。四、燃料产业。主要包括：无铅汽柴油、生物柴油、燃料乙醇。由加拿大太平洋国际能源有限公司谋划投建，总投资20亿元，其中固定资产16亿

邯郸市委书记孙瑞彬（左一）到临漳指导工作

全国重点文物保护单位——邺城遗址

乡——临漳县

元，项目投产后，年产燃料乙醇60万吨，年产值76亿元，利税7亿元。五、文化旅游产业。临漳古称邺，邺城在魏晋南北朝时期曾为曹魏、后赵、冉魏、前燕、东魏、北齐六朝都城。邺城遗址为全国重点文物保护单位，全国36大遗址之一，总体保护规划已通过国家文物局评审，保护开发项目列入国家和省“十一五”重点建设项目，国家将出资2.3亿元进行保护开发。此外，蟠桃产业，主要依托中国农大“桃树高密度优质丰产栽培技术”，全县种植面积已达6万多亩，其中棚室蟠桃1000亩，已初步形成了种植、加工、销售一条龙经营格局。临漳为中国蟠桃之乡、全国桃产业十强县；獭兔产业、石墨电极产业也具有一定的规模和优势。

县长 暴常青

省委书记白克明（中）在邺城遗址调研

临漳造纸集团公司

林木加工生产线

恒业化工

胜芳—华北的一颗璀璨明珠

胜芳镇委书记 王子川

胜芳镇委副书记、镇长 常金林

霸州市胜芳镇现辖39个街村，常住人口9万人，其中城镇居民3.4万人；流动人口5万余人，镇域面积104.7平方公里，建成区面积22平方公里。

胜芳镇区位优势明显，位于环渤海经济圈京、津、保三角中心，东距天津35公里，北距廊坊60公里，北京120公里，西距保定130公里。112国道毗邻胜芳，省级廊大公路南北向贯穿全镇，保津高速公路在胜芳设有出口，距津霸铁路货站13公里，交通便捷。

胜芳镇历史悠久，始建于2400年前的春秋末期，原为水乡，始称堤头村，后称武平亭、渭城，宋时定名为胜芳，取意“胜水荷香，万古流芳”。古时的胜芳是我国北方著名的水旱码头，“水则帆樯林立，陆则车马喧阗”，客商云集、风景秀丽、交通便捷。清朝时被列为直隶六大重镇之一。

改革开放以后，在各级党委政府的正确领导下，经济迅速发展，社会全面进步，1985年胜芳镇成为河北省第一个亿元镇；1989年胜芳镇东升街成为河北省第一个亿元村。胜芳镇被国家有关部委命名为中国乡镇之星、全国综合改革试点镇、全国小康示范镇、亿万农民健身先进镇、2005年度小康建设明星镇、全国文明镇、中国金属玻璃家具产业基地等。

近年来，胜芳镇坚持“经济强镇、文化名城”的发展定位，坚持“工业立镇、商贸强镇、文化兴镇、和谐建镇”的总体思路，在项目建设、基础设施建设、环境建设等方面取得了长足进步，全镇呈现出经济发展、文化繁荣、政治稳定、社会和谐的良好态势。2006年全镇经济指标完成情况良好，实现社会总产值208亿元，同比增长30.08%；财政收入4.78亿元，占全年任务的120%，同比增长59.3%；农民人均纯收入5343元，同比增长8.8%。

胜芳国际家具博览城

胜芳香槟花园住宅小区

胜芳镇人民政府

发展中的望都县西后营村

西后营村隶属望都县寺庄乡，位于县城西三公里，距乡政府所在地二公里，京广铁路、107国道南北贯穿，距京深高速五公里，距403省道一公里，交通十分便利。

书记 刘跃进

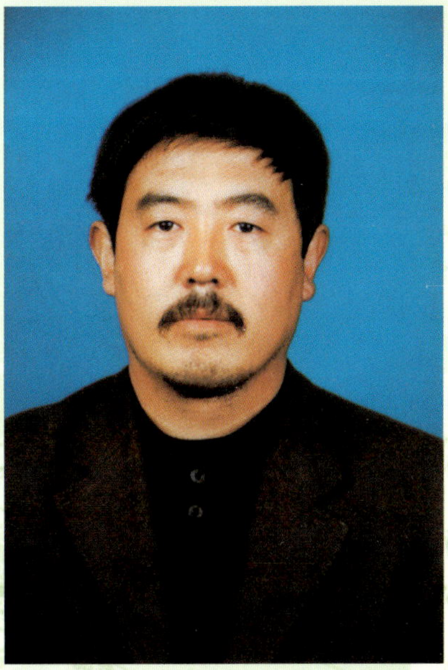

主任 李全来

近年来，在党中央和各级党委政府的领导下，村党支部带领全村广大党员群众，以经济建设为中心，以快补晚，跨越发展，各项事业都有很大进步。在传统种植业稳定发展的基础上，养殖业和高效农业、乡镇企业发展很快。全村现有50户养殖专业户，牛羊存栏478头，猪存栏500头，鸡8000只，食用菌生产初具规模。企业摊点逐年增多，苗木、花卉发展很快，成为村民致富的新亮点。

西营后村于2006年被保定市命名为“无邪教村”；被县委、县政府授予“平安望都建设”先进单位。

今天，西后营人民在党支部的带领下，已实现全村集体供水，并支持引导农民专业合作社的发展，规范农民专业合作社的组织和行为，加快建设社会主义新农村的步伐。

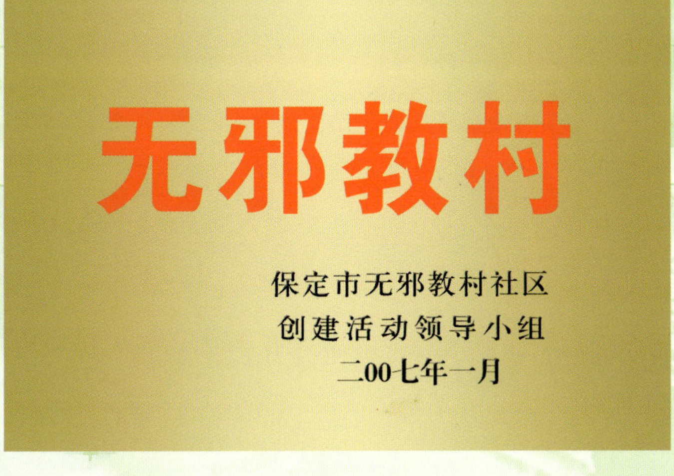

北北里舞狮艺术团

书记 李树德

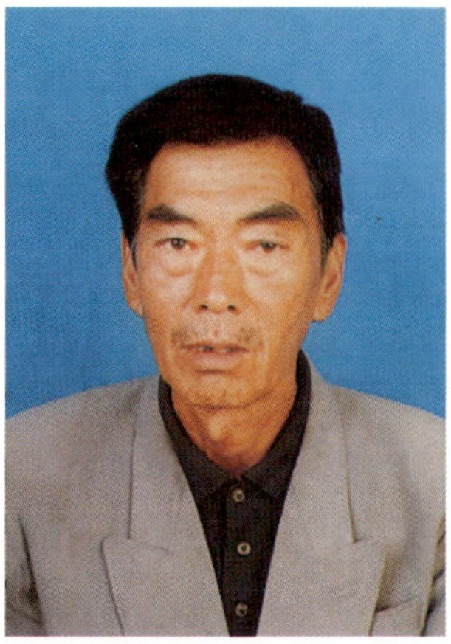
团长 徐振国

北北里舞狮艺术团 始建于1925年（民国14年），距今已有80多年的历史，是中国北方舞狮文化的发祥地，素有南狮广州，北狮北北里之称。1952年北北里舞狮团随贺龙元帅为团长的祖国慰问团赴朝鲜前线，慰问志愿军和朝鲜人民军。演员们冒着敌人的炮火，在战斗间隙为战士们演出鼓舞了士气。1953年随中央歌舞团出访东欧六国（苏联、波兰、匈牙利、罗马尼亚、德意志民主共和国、捷克斯洛伐克），并在罗马尼亚的首都布加勒斯特举办的第四届世界青年联欢节上获一等奖。回国途中正赶上朝鲜主席金日成访问北京，舞狮团立刻回到北京，在怀仁堂为金日成主席进行了专场演出。1954年、1955年、1956年连续三年参加北京国庆大游行，接受毛主席、周总理以及其他党和国家领导人的检阅。

1958年毛主席、刘少奇、周总理、贺龙副总理先后来徐水视察。北北里舞狮艺术团先后为首长们进行了专场汇报演出，受到了党和国家领导人的高度赞扬。

连续三次参加中国吴桥国际杂技艺术节，1997年在北京工人文化宫参加全球华人庆回归，受到了李瑞环、李铁映、贾庆林同志的好评。同年在北京人民大会堂参加“九州月圆”庆香港回归文艺晚会，受到了外交部长钱其琛、陈慕华同志的亲切接见。1998年、1999年应美国文化部门的邀请在美国迪斯尼乐园进行了长达15个月的演出，受到了美国人民的好评。2002年参加了第二届全国体育大会，同年在中国杭州参加了狂欢节。2006年8月远赴韩国的仁川、大丘两地进行了长达一个月的演出，受到韩国人民的热烈欢迎。2005年被国家文化部命名为第一批国家级非物质文化遗产保护。多次参加中央、省、市电视台举办的文艺晚会，并屡获殊荣。

北北里舞狮以它独特的魅力、高超的技艺，在各级领导的关怀帮助下，将会走向更加辉煌灿烂的明天。

团结协作的领导班子

2004年春节在北京天坛演出